사자성어 집대성

四字成語 集大成

- 春 -

사자성어 집대성

四字成語 集大成

초판 1쇄 발행 2025년 11월 28일

엮은이 배호식
펴낸이 장현수
펴낸곳 메이킹북스
출판등록 제 2019-000010호

디자인 최미영
교정 안지은
마케팅 이지현

주소 서울특별시 구로구 경인로 661, 핀포인트타워 912-914호
전화 02-2135-5086
팩스 02-2135-5087
이메일 making_books@naver.com
홈페이지 www.makingbooks.co.kr

ISBN 979-11-6791-799-7(04700)
979-11-6791-798-0 (세트)
값 55,000원

홈페이지 바로가기

메이킹북스는 저자님의 소중한 투고 원고를 기다립니다.
출간에 대한 관심이 있으신 분은 making_books@naver.com로 보내 주세요.

사자성어 집대성

四字成語 集大成

동의어, 유의어, 반의어 망라!

同義語, 類義語, 反義語 網羅!

배호식 엮음

春

ㄱ ㄴ ㄷ

총
23,100
단어 수록

메이킹북스

출간(出刊)의 변(辯)

윤동주(尹東柱) 시인(詩人)・김연아 선수(先手)・반기문 전(前) 유엔 사무총장(事務總長)・손흥민 선수, 이분들의 공통점(共通點)이 과연(果然) 무엇일까? 과거(過去)와 현재(現在)를 통틀어 대단히 유명(有名)한 분들이라는 것 외에는 전혀 공통점을 찾기 힘든데--. 중국은 놀랍게도 이들 모두를 자국인(自國人) 또는 자국의 후손(後孫)이라고 주장(主張)한다는 것이 공통점이다.

중국은 후안무치(厚顔無恥)하게도 국가(國家) 주도(主導)의 '동북공정(東北工程)'이라는 이름으로, 현재(現在) 자기네 영토(領土) 안의 모든 역사(歷史-고구려(高句麗), 발해(渤海) 등)를 자국(自國)의 역사로 왜곡(歪曲) 선전(宣傳)하고 있으며, 위에서 언급(言及)한 세계적(世界的)으로 이름난 유명 한국인(韓國人)에 대해서도 중국인(中國人)이라고 우기는 파렴치(破廉恥)함을 드러낸다.

그뿐만 아니라 55개의 소수(小數) 민족(民族) 중 하나인 조선족(朝鮮族)을 빌미로, 우리 민족(民族)의 고유(固有)한 문화(文化)를 도둑질하고 있다. 김치・한복(韓服)・아리랑・태권도(跆拳道)・사물놀이・매듭 등 세계적(世界的)인 관심(關心)의 중심(中心)에 있는 우리의 소중(所重)한 문화도 서슴없이 자기네 것이라고 우긴다. '중국이 또 중국했다'는 추악(醜惡)함의 극치(極致)이고 뻔뻔함이 아닐 수 없다. 멀게는 진시황(秦始皇)의 '분서갱유(焚書坑儒)'로, 가까이는 마오쩌뚱(毛澤東)의 '문화대혁명(文化大革命)'으로 자기들의 문화를 자기들의 손으로 파괴(破壞)해 놓고, 넓은 땅 많은 인구에 비해 자랑할 것이 변변찮아 훔치고 베끼는 것만 잘하는 민족임을 전 세계(世界)에 선전(宣傳) 중이다. 존재(存在)하는 그 자체(自體)로 온 인류(人類)에 어마어마한 해(害)가 되는 나라이다.

더욱 우려(憂慮)스러운 것은 우리 고유(固有)의 문자(文字)인 한글도 한자(漢字)에서 파생(派生)되었다는 황당(荒唐)한 주장(主張)을 펼치고 있다는 것이다. 세계 여러 석학(碩學)의 비판(批判)으로 궁색(窮塞)해지자 '대한민국(大韓民國)은 역사적(歷史的)으로 중국의 속국(屬國)이다'라는 미치광이에 가까운 수준(水尊) 낮음을 드러낸다. 세종대왕(世宗大王)께서 우리말과 한자와의 판이(判異)한 차이(差異)로 인하여, 일반(一般) 백성(百姓)이 깨우치기가 힘들어 이를 불쌍히 여겨 한글을 창제(創製)한다는 이유(理由)를 분명(分明)히 밝히는 역사적(歷史的) 증거(證據)까지 무시(無視)하고 있다. 세상(世上)의 모든 문명(文明)이 중국에서 비롯됐다는 허황(虛荒)한 거짓을 인구수(人口數)에 기대어 퍼뜨리는 그들의 망령(亡靈)을 규탄(糾彈)하지 않을 수 없다.

이런 상황(狀況)을 잘 인식(認識)하여 분노(忿怒)하는 자가 사자성어(四子成語)를 모아 출간(出刊)하는 것이 마치 중국의 말이나 역사, 문화를 선전(宣傳)하는 것이 아닌가? 하는 회의(懷疑)에 빠질 때가 있었다. 사자성어(대부분(大部分) 고사성어(故事成語))는 그 기원(起源)이 중국의 역사나 문화에 많이 기인(起因)하기 때문이다. 한글이 있기 전까지 우리 조상(祖上)들은 한자를 사용(使用)했고, 그로 인하여 많은 부분에 한자의 영향(影響)이 있다. 우리 대다수(大多數)는 한자로 된 이름을 갖고 있고, 생활(生活) 속에서 빈번(頻繁)하게 고사성어를 인용(引用)하는 것이 현실(現實)이다. 이에 우리가 사용하는 한자는 의당(宜當) 우리의 것으로 인정(認定)하는 차원(次元)에서 이 책을 기획(企劃)하였음을 밝힌다. 한자는 중국만의 문자(文字)가 아니라 한자 문화권(文化圈)에 속하는 모든 나라의 공통(共通) 문자이다. 또한, 한자의 발전(發展) 과정(過程)에서 우리 민족이 깊숙이 간여(干與) 됐다는 학설(學說)도 유력(有力)하게 존재(存在)한다. 한자를 한글로 읽고 쓰는 것이, 한글의 온 인류(人類)로의 보급(普及)에 큰 도움이 될 것이다.

한자의 쓰기와 읽기의 어려움, 음소(音素)의 한계(限界)로 인한 동음이어(同音二語) 등 불편(不便)한 점이 한둘이 아니라는 것은 중국 또한 잘 아는 바이기에, 역사상 여러 차례 간소화(簡素化) 작업(作業)을 하여 현재(現在)는 이른바 '간체자(簡体字)'라는 것을 쓰고 있다. 물론 그 과정(過程)에서 '위안스카이(袁世凱)'와 '류사오치(劉少奇)' 등이 한민족(韓民族)의 글자인 한글을 도입(導入)하려는 시도(試圖)가 있었다는 설도 존재한다. 그러나 대국(大國)이라는 알량한 자존심(自尊心)으로 포기(暴棄)되고, 지금은 그 어느 나라도 따를 수 없는 문맹률(文盲率)을 자랑하는 것이다. 재미있는 것은 현재 교육(教育)을 받은 세대(世代)는 역사적 문서(文書) 곧 '번체자(繁体字-번거로운 글자체)'로 쓰인 것을 읽을 수 없고, 예전 번체자를 공부(工夫)한 기성세대(旣成世代)는 지금(只今)의 간체자를 새로 배워야 하거나 읽지 못한다는 것이다. 멀지 않은 중국의 미래(未來)는 세대가 바뀌어 번체자를 아는 이들이 없어진다는 것이다. 비록 우리나라는 한자 교육(教育)을 공식적(公式的)으로 하지 않지만, 사회(社會) 전반(全般)에 꾸준히 사용되고 있다는 것으로 먼 훗날 원래(原來)의 한자인 번체자는 우리만 아는 문자가 될 거라는 것이다.

중국인(中國人)들은 참으로 불쌍한 국민(國民)이다. 한자의 수(數)는, 인터넷 자전(字典) 사이트에 93,898자가 수록(收錄)되었고 지금도 새로운 글자가 만들어지고 있으며, 그렇기에 문맹률은 40precent 정도(程度)로 아프리카 원주민(原住民) 수준(水尊)이다. 세계에서 가장 어렵고 불편(不便)한 문자를 14억(億) 인구가 사용하는 것이다. 중국의 사상가(思想家) 루쉰(魯迅)은, '**한자불망 중국필망**(漢字不亡 中國必亡-**한자가 망하지 않으면, 중국은 반드시 망한다**)'이라고 한자 사용의 한심(寒心)함을 탄식(歎息)한 바 있다. 작금(昨今)의 세계정세(世界情勢)를 보면 이 말이 얼추 맞아들어가고 있다고 생각한다.

이에 널리 퍼져 있는 수많은 사자성어를, 최선(最善)을 다해 모으고, 그 말의 동의어(同義語), 유의어(類義語), 반의어(反義語)를 지나치리만큼 많이 수록(收錄)하였다. 필요(必要)한 분들에게 유익(有益)한 자료(資料)가 될 것이라 믿는다. 여기에 수록된 사자성어는 네이버(Naver)의 사전(事典)과 지식백과(知識百科), 단어(單語) 검색시(檢索時) 나타나는 여러 블

로그를 참고(參考)했음을 밝힌다. 그분들의 노고(勞苦)에 심심(甚深)한 감사(感謝)의 말을 전한다. 고맙습니다. 더불어, 출판(出版) 업계(業界)의 극심(極甚)한 어려움에도 꿋꿋하게 제자리를 지키며 많은 작가(作家)와 독자(讀者)의 이음줄 역할(役割)을 묵묵히 해내는 '메이킹북스'의 대표님과, 방대(尨大)한 분량(分量)의 교정(校正)을 도리어 공부(工夫)의 기회(機會)였다며 꼼꼼히 해내신 안지은 님, 칙칙한 디자인을 과감(果敢)히 탈피(脫皮)해 주신 책 디자이너 최미영 님께 말로 표현(表現)할 수 없는 깊은 존경(尊敬)과 감사(感謝)를 표합니다.

대한민국(大韓民國)의 민주주의(民主主義)가 모든 나라에 모범(模範)이 되고, 한글이 온 인류(人類)의 공용어(公用語)가 되길 바라며---.

다시 도약(跳躍)하는 우리 모두의 계절(季節)에----.

배 호식 배상(拜上)

추천의 글

책을 만드는 사람으로서, 때때로 장인 정신이 온전히 스며든 책을 만날 때가 있습니다. 그럴 때면 감탄을 넘어, 그 노력과 시간에 경외심을 느끼게 됩니다.

『사자성어 집대성』이 바로 그런 책입니다. 약 2만3천 개의 단어를 네 권에 걸쳐 정리한 이 지난한 작업은, 뚝심과 의지, 그리고 언어에 대한 깊은 애정 없이는 결코 완성될 수 없는 결과물입니다.

처음 초고를 받아보았을 때 두 번 놀랐던 기억이 있습니다. 처음에는 방대한 양에, 두 번째로는 하나의 사자성어뿐 아니라, 유래와 유의어, 반의어 등을 최대한 실어냈음에 놀랐습니다. 부끄럽지만 이 책을 통해 처음 만나는 생경한 사자성어들도 많았습니다.

사자성어를 쉽고 가볍게 다루는 책들을 우리는 주변에서 쉽게 만날 수 있습니다. 하지만 이 책만큼, 집요함에 가까운 열정으로 사자성어를 깊이 있게 다룬 책을 만나기는 쉽지 않습니다. 책 속 사자성어를 빌리자면, 눈먼 거북이가 우연히 떠내려오는 나무 토막을 만나는 일만큼 귀하디귀한 인연입니다.

우리말을 제대로 구사하기 위해서는, 아이러니하지만 한자어를 깊이 이해해야만 합니다. 때로 고유어가 짚어낼 수 없는 한끗의 뉘앙스를 한자어는 적확하게 짚어내는 까닭입니다. 한자어의 뿌리가 튼튼해야 품격 있는 우리말을 구사할 수 있는 것이지요. 우리말을 제대로 바르게 쓰고자 하는 이들에게, 이 책이 단순한 참고서가 아니라 '언어의 뿌리'를 더듬어 가는 여정이 될 것을, 믿습니다.

메이킹북스 대표 장현수

ㄱ

【ㄱ】

가가대소 껄껄웃을呵 呵 큰大 웃을笑

소리 내어 크게 웃음.

간간대소(衎衎大笑) 얼굴에 기쁜 표정(表情)을 지으며 크게 소리를 내어 크게 웃음.

개구대소(開口大笑) 입을 크게 벌리고 웃음.

만당홍소(滿堂哄笑) 방안에 둘러앉은 사람들이 모두 흡족(洽足)해 크게 웃는 웃음.

박장대소(拍掌大笑) 손뼉을 치며 크게 웃는 웃음.

아연대소(啞然大笑) 크게 소리 내어 웃음.

앙천대소(仰天大笑) 고개를 젖히고 하늘을 우러르며 웃는 웃음. (어이가 없어 웃는 것)

요절복통(腰折腹痛) 허리가 끊어질 듯하고 배가 아플 정도(程度)로 몹시 웃음.

파안대소(破顔大笑) 표정이 일그러질 정도로 크게 웃는 웃음.

파안미소(破顔微笑) 얼굴빛을 부드럽게 하여 웃음.

파안일소(破顔一笑) 매우 즐거운 표정으로 한바탕 웃음.

포복절도(抱腹絶倒) 「배를 안고 넘어짐」 몹시 우스워서 배를 안고 몸을 가누지 못할 만큼 웃음.

홍연대소(哄然大笑) 크게 껄껄 웃음.

가가문전 집家 家 문門 앞前

집마다 문 앞.

가가성자 집家 家 성인聖 사람者

'성문사과'에서 일래과(一來果)를 얻기 위해 수행하는 지위(地位)에 있는 성인(聖人).

성문사과(聲聞四果) 아라한(阿羅漢)이 되고자 하는 불제자(佛弟子)들이 수행(修行)으로 도달(到達)하는 네 경지(境地).

가가호호 집家 家 지게戶 戶

집마다. 모든 집에.

가감부득 더할加 덜減 아닐不 얻을得

더할 수도, 뺄 수도 없음.

가부득감부득(加不得減不得)

가감승제 더할加 덜減 곱할乘 나눌除

더하기・빼기・곱하기・나누기.

사칙계산(四則計算), **사칙연산**(四則演算), **사칙산법**(四則算法)

가감지인 옳을可 견딜堪 어조사之 사람人

맡은 일을 감당(堪當)할 만한 사람.

↔ **불선거행**(不善擧行) 자기(自己)가 맡은 일을 잘 치러 나가지 못함.

가거지지 옳을可 살居 어조사之 땅地

머물러 살 만한 곳.

가격파괴 값價 격식格 깨뜨릴破 무너질壞

유통업체(流通業體)들의 과열경쟁(過熱競爭)으로 인한 가격 인하(引下)의 결과(結果), 기존(旣存) 가격체제(價格體制)가 무너지는 현상(現象).

비용파괴(費用破壞) 가격파괴에 맞서 제조업체(製造業體)들이 내놓은 대응전략(對應戰略)으로 자재조달비용(資材調達費用), 광고 선전비(廣告宣傳費), 인건비(人件費), 판매 관리비(販賣管理費), 점포 임대료(店鋪 賃貸料) 따위의 고정비(固定費)와 변동비(變動費)를 거의 없애는 정도(程度)까지 줄이는 일.

가경취숙 수레駕 가벼울輕 나갈就 익을熟

「경쾌(輕快)한 수레를 타고 낯익은 길을 달림」 어떤 일에 숙련(熟練)되어 있음.

경거숙로(輕車熟路)

가계수계 시집갈嫁 닭鷄 따를隨 鷄

「닭에게 시집가서 닭을 따름」 예전에 여자가 출가(出嫁)하면 남편(男便)이 좋든 싫든 영원(永遠)히 따라야 함.

불경이부(不更二夫) 두 남편을 섬기지 않음.

삼종지도(三從之道) 「여자가 따라야 할 세 가지의 도리(道理)」 아버지를, 남편을, 자식(子息)을 따라야 함.

앙망종신(仰望終身) 「일생을 존경(尊敬)하고 사모(思慕)하며 내 몸을 의탁(依託)함」 예전에, 아내가 남편에 대하여 가져야 할 태도(態度).

일부종사(一夫從事) 한 남편만 섬김.

일부종신(一夫終身) 남편이 죽은 뒤에도 개가(改嫁)하지 않고 수절(守節)하며 일생(一生)을 마침.

가계야목 집家 닭鷄 들野 오리鶩

「집의 닭을 미워하고 들의 오리를 사랑함」 일상(日常)의 흔한 것을 피하고 새로운 것, 진기(珍奇)한 것을 존중(尊重)함을 비유(比喩)함.

가계야치(家鷄野雉) 집의 닭을 미워하고 들의 꿩을 사랑함.

귀고천금(貴古賤今) 옛것을 귀하게 여기고 지금(只今)의 것을 천하게 여김.

귀곡천계(貴鵠賤鷄) 고니를 귀하게 여기고 닭을 천하게 여김.

귀이천목(貴耳賤目) 귀를 귀하게 여기고 눈을 천하게 여김.

무원홀근(務遠忽近) 먼 곳에만 힘을 쏟고 가까운 곳은 소홀(疏忽)히 함.

자천배타(自賤拜他) 자기 것은 천시(賤視)하고 남의 것을 숭배(崇拜)함.

중요경근(重遙輕近) 먼 데 것을 중히 여기고 가까운 것을 가벼이 여김.

가계야치 집家 닭鷄 들野 꿩雉

집의 닭을 미워하고 들의 꿩을 사랑함.

가계유여 집家 셈할計 있을有 넉넉할餘

「집안 살림을 꾸려나가는데, 넉넉하고 남음이 있음」 가정(家庭) 형편(形便)이 넉넉함.

가세부요(家勢富饒) 집안 살림의 형세(形勢)가 풍요(豊饒)로움.

끽착부진(喫着不盡) 먹을 것과 입을 것이 모자람 없이 넉넉함.

여유작작(餘裕綽綽) 빠듯하지 않고 넉넉함.

족과평생(足過平生) 한평생(限平生)을 넉넉히 지낼 만함.

족차족의(足且足矣) 흡족(洽足)하여 아주 넉넉함.

포식난의(飽食暖衣) 「배불리 먹고 옷을 따뜻하게 입음」 의식(衣食)이 넉넉함.

가고가하 가할可 높을高 可 아래下

「높아도 가하고 낮아도 가함」 인자(仁者)는 벼슬이 높아도 거만(倨慢)하지 않고 낮아도 두려워하지 않음으로써 지위(地位)의 고하(高下)를 가리지 않음.

공정무사(公正無私) 공정하고 사심(私心)이 없음.

공평무사(公平無私) 지극(至極)히 공평하여 사사(私私)로운 점이 없음.

무귀무천(無貴無賤) 귀함도 천함도 없음.

벽파문벌(劈破門閥) 인재(人才)를 뽑아 쓰는 데 있어 문벌(門閥)을 가리지 않음.

지공무사(至公無私) 매우 공평(公平)하여 사사로움이 없음.

탕탕평평(蕩蕩平平) 싸움이나 시비(是非), 논쟁(論爭) 따위에서 어느 쪽에도 치우치지 않음.

지여부지간(知與不知間) 알고 모름을 가리지 않고, 친하고 친하지 않음을 가리지 않고, 알건 모르건 간에.

태산불사토양(泰山不辭土壤) 태산은 작은 흙덩어리도 가리지 않고 받아들임으로써 큰 산이 됨.

↔ **가공제사**(假公濟私) 공적(公的)인 것으로 가장(假裝)해 사적(私的)인 것을 이룸.

자사자리(自私自利) 사사로운 이익(利益)과 욕심(慾心)만 채움.

탐장왕법(貪贓枉法) 뇌물(賂物)을 탐하여 법을 어김.

가고문적 옳을可 상고할考 글월文 자취籍
가고문헌 可 考 文 바칠獻

훗날에 참고(參考)가 될 만한 글과 서적(書籍).

가공가소 옳을可 두려울恐 可 웃을笑

두렵기도 하고 우스꽝스럽기도 함.

가공망상 시렁架 빌空 망령될妄 생각想

터무니없는 상상(想像).

근거(根據)가 없고 망령(妄靈)된 생각.

옹산화병(甕算畵餠) 「항아리를 셈하는 것과 그림의 떡」실속 없는 헛된 생각.

인적위자(認賊爲子) 도둑을 아들로 생각함.

호사난량(胡思亂量) 터무니없는 생각.

호사난상(胡思亂想) 「까닭을 알 수 없는 생각」이것저것 쓸데없는 생각을 함.

가공영사

거짓假 공변될公 경영할營 사사로울私

공사(公事)를 핑계로 사리(私利)를 꾀하는 일. **빙공영사**(憑公營私)

가공제사(假公濟私) 공적(公的)인 것을 가장(假裝)하여 사적(私的)인 이익(利益)을 이룸.

손인리기(損人利己) 남을 손해(損害) 보게 하고 자신(自身)을 이롭게 함.

↔ **사기위인**(捨己爲人) 남을 위해 자기(自己)의 이익을 버림.

비궁지절(匪躬之節) 자기 한 몸의 이해(理解)를 돌아보지 않는 충성(忠誠).

조인위락(助人爲樂) 남을 돕는 것을 기쁘게 생각함.

가공인물 시렁架 빌空 사람人 사람物

실제(實際)로는 존재(存在)하지 않는, 상상(想像) 또는 가상(假想)으로 꾸며 낸 인물.

유비자(有非子), **무시옹**(無是翁), **무시공**(無是公) 글에 쓰는 가공의 인물.

오유선생(烏有先生) 세상에 실재(實在)하지 않은 가상적인 인물.

자허오유(子虛烏有) 실제로는 있지 않은 허구(虛構)의 일이나 사람.

가공자 아름다울佳 공작公 사람子

품격(品格)이 높은 귀공자(貴公子).

가공제사

거짓假 공변될公 건널濟 사사로울私

공적(公的)인 것을 가장(假裝)하여 사적(私的)인 이익(利益)을 이룸. **가공영사**(假公營私)

가관진록 더할加 벼슬官 나갈進 녹봉祿

높은 벼슬자리로 승진(昇進)하는 일.

이재영구(以財營求) 뇌물(賂物)을 써서 승진을 구함.

절비삼공(折臂三公) 팔을 부러뜨린 후에 승진한 삼공.

출척유명(黜陟幽明) 관원(官員)의 성적(成績)이 좋은 사람을 승진시키고, 공적(功績)이 없는 사람을 내쫓음.

↔ **기로구차**(耆老久次) 늙을 때까지 오래 한 벼슬에 머물러 승진하지 못하는 일.

가구적간 집家 입口 들추어낼摘 간사할奸

죄(罪)를 저지른 사람이나 혐의(嫌疑)가 있는 사람을 잡기 위하여 이 집 저 집 다니면서 뒤짐.

가구향리폐 집家 개狗 향할向 속裏 짖을吠

「집에서 기르는 개가 집 안쪽을 향(向)해 짖음」은혜(恩惠)를 원수(怨讐)로 갚음.

축구서종(畜狗噬踵) 제가 기른 개에게 발꿈치 물림.

신목부웅(信木浮熊) 믿던 나무에 곰이 떴다.

신부작족(信斧斫足) 믿는 도끼에 발등 찍힘.

자부월족(自斧刖足) 제 도끼에 제 발등이 찍힘.

가극안치 더할加 가시棘 편안安 둘置

가극찬배 加 棘 숨을竄 나눌配

유배(流配)된 죄인(罪人)이 거처(居處)하는 집 둘레에 가시로 울타리를 치고 그 안에 가두는 것. **위리안치**(圍籬安置)

위리천극(圍籬栫棘), **천극안치**(栫棘安置) 유배된 죄인이 거처하는 집 둘레에 흙둑을 쌓고 그 주위(周圍)에 다시 가시로 울타리를 쳐서 자유(自由)를 구속(拘束)하던 형벌(刑罰). '위리안치'보다 더 무거운 형벌임.

가급인족 집家 넉넉할給 사람人 족할足

집마다 살림이 부족(不足)함이 없이 넉넉하고 사람마다 풍족(豐足)해 살기 좋음.

인급가족(人給家足)

가계유여(家計有餘) 가정 형편(家庭形便)이 넉넉함.

가세부요(家勢富饒) 집안 살림살이가 넉넉함.

끽착부진(喫着不盡) 먹을 것과 입을 것이 모자람 없이 넉넉함.

여유작작(餘裕綽綽) 빠듯하지 않고 아주 넉넉함.

족과평생(足過平生) 한평생(限平生)을 넉넉히 지낼 만함.

족차족의(足且足矣) 흡족(洽足)하게 아주 넉넉함.

포식난의(飽食暖衣) 「배불리 먹고 옷을 따뜻하게 입음」 의식(衣食)이 넉넉함.

국태민안 가급인족(國泰民安 家給人足) 나라는 태평(泰平)하고 백성은 편안(便安)하며, 집마다 풍족하고 사람마다 넉넉함.

가급천병 집家 줄給 일천千 병사兵

제후(諸侯) 나라에 일천(一千) 군사(軍士)를 주어 그의 집을 호위(護衛)시킴.

호봉팔현 가급천병(戶封八縣 家給千兵) 한(漢)나라가 천하(天下)를 통일(統一)하고 여덟 고을의 민호(民戶)를 주어 공신(功臣)으로 봉하였고, 제후 나라에 일천의 군사를 주어 그의 집을 호위케 함.

가기경과 시집갈嫁 기약할期 지날經 지날過

시집갈 만한 나이가 지남.

가기물색 아름다울佳 기간期 만물物 빛色

아름다울 때의 만물(萬物) 모습.

가기의방 옳을可 속일欺 마땅할宜 모方

가기이방 可 欺 써以 方

그럴듯한 말로써 남을 속일 수 있음.

〈'가난'을 뜻하는 사자성어(四子成語)〉

가도벽립(家徒壁立), **가도사벽**(家徒四壁) 집안에 세간이라고는 하나도 없고 다만 사면(四面)이 벽만이 둘러 있을 뿐임.

가무담석(家無擔石) 「집에 조금도 없음」 집에 재물(財物)의 여유(餘裕)가 조금도 없음.

가빈낙탁(家貧落魄) 집안이 가난하여 혼백(魂魄)이 땅에 떨어짐.

고고영정(孤苦零丁) 가난하게 되어 남의 도움 없이 고생함.

궁도지곡(窮途之哭) 가난으로 겪는 슬픔.

궁부자존(窮不自存) 가난하여 스스로 살 수 없음.

규여칠성(竅如七星) 북두칠성(北斗七星)처럼 구멍이 뚫림.

기식엄엄(氣息奄奄) 「숨이 거의 끊어지려

함」 생활(生活) 형편(形便)이 어려워 살아가기 힘들어하는 모습.

기아선상(飢餓線上) 굶어 죽을 지경(地境).

기한교박(飢寒交迫) 굶주림과 추위가 한꺼번에 닥침.

단갈불완(短褐不完) 짧은 털옷도 구비(具備)하지 못함.

단제획죽(斷虀晝粥) 「냉이로 국을 끓이고 이것을 엉기게 하여 나눠 먹음」 가난을 꾹 참고 고학(苦學)함.

동월무피(冬月無被) 겨울에 옷이 없음.

모거호상(茅居蒿牀) 띠로 인 집에 쑥을 깐 마루.

모옥채연(茅屋采椽) 띠로 인 지붕과 떡갈나무로 만든 서까래.

무실무가(無室無家) 썩 구차(苟且)하여 들어있을 만한 집이 없음.

별무장물(別無長物) 몸에 없어서는 안 될 물건을 제외(除外)하고는 이렇다 할 좋은 물건(物件)이 없음.

봉호옹유(蓬戶甕牖) 쑥으로 엮어 만든 문과 깨진 항아리의 주둥이로 만든 창.

부중생어(釜中生魚) 솥 안에 물고기가 생김.

불성모양(不成模樣) 「모양이 제대로 이루어지지 못함」 살림이 가난하여 옷차림이 말이 아님.

불폐풍우(不蔽風雨) 집이 허술하여 바람과 비를 가리지 못함.

빈한도골(貧寒到骨) 매우 가난하여 쓸쓸한 것이 뼈에까지 스며듦.

빈한막심(貧寒莫甚) 아주 형편(形便)없이 가난함.

삼순구식(三旬九食) 한 달에 아홉 번 끼니를 함.

상루하습(上漏下濕) 위에서는 비가 새고 아래에서는 습기(濕氣)가 차오름.

상우방풍(上雨旁風) 비바람에 시달리는 낡은 집.

상재지탄(傷哉之歎) 살림이 군색(窘塞)하고 가난함에 대한 한탄(恨歎).

상추옹유(桑樞甕牖) 뽕나무로 된 지게문과 헌 독 주둥이로 된 봉창. 빈가(貧家).

수간초옥(數間草屋) 몇 칸 안 되는 작은 초가(草家).

수갈불완(裋褐不完) 해진 옷도 갖추지 못함.

실여현경(室如懸磬) 집 안이 텅 비어, 마치 속이 빈 경쇠를 걸어 놓은 것 같음.

어숙지제(魚菽之祭) 물고기와 콩을 놓고 지내는 제사(祭祀).

역의병식(易衣竝食) 한 벌의 옷을 서로 바꾸어 가며 입고, 이삼일(二三日) 동안에 하루치의 밥을 먹음.

옥여칠성(屋如七星) 지붕이 헐어서 뚫린 구멍이 마치 북두칠성(北斗七星)과 같음.

옹유승추(甕牖繩樞) 깨진 항아리의 주둥이로 창을 하고, 새끼로 문을 닮.

우전조장(雨錢助葬) 한(漢)나라의 가난한 효자(孝子) 웅연(熊延)이 친상(親喪)을 당하여 곤란(困難)할 때 하늘에서 그의 집에다 돈을 뿌렸다 함.

위귀소소(爲鬼所笑) 가난을 면하지 못함.

의결구천(衣結屨穿), **의리폐천**(衣履弊穿) 옷은 해져서 꿰매고 신은 떨어져 구멍이 남.

이석위문(以席爲門) 「자리를 드리워 문으로 삼음」 가난한 집.

일구일갈(一裘一葛) 한 벌의 갖옷과 한 벌의 베옷.

일묘지궁(一畝之宮), **일무지궁**(一畝之宮) 아주 작은 집, 가난한 사람의 집.

일한여차(一寒如此) 「이토록 추운 지경에 이름」 극도(極度)로 빈궁(貧窮)한 상태(狀態).

적빈여세(赤貧如洗) 씻은 듯이 몹시 가난

함.

적시재상(赤屍在床) 「매어 놓은 시신(尸身)이 침상(寢牀)에 있음」 죽은 사람의 장사(葬事)를 지내지 못함.

제기호한(啼饑號寒) 추위와 굶주림으로 욺.

조강불포(糟糠不飽), **조강불염**(糟糠不厭) 지게미와 쌀겨도 배부르게 먹지 못함.

조다담반(粗茶淡飯) 질이 낮은 차를 마시고, 찬(饌) 없는 밥을 먹음.

조반석죽(朝飯夕粥) 아침에는 밥을 먹고, 저녁에는 죽을 먹음.

조제모염(朝虀暮鹽) 아침에는 냉이 나물을 먹고 저녁에는 소금을 반찬(飯饌)으로 삼음.

종결주견(踵決肘見) 옷과 신이 모두 해짐.

증중생진(甑中生塵) 밥을 짓는 시루를 오래 쓰지 않아 먼지가 앉음.

증진부어(甑塵釜魚) 시루에 먼지가 쌓이고 가마솥 물에 물고기가 생김.

지궁차궁(至窮且窮) 그 이상 더할 나위 없이 매우 곤궁(困窮)함.

지빈무의(至貧無依) 지극(至極)히 가난하여 의탁(依託)할 곳이 없음.

착금현주(捉襟見肘) 옷깃을 여미면 팔꿈치가 드러남.

천한백옥(天寒白屋) 추운 날의 허술한 초가.

청탕과수(淸湯寡水) 「기름기 없는 멀건 국」 담백(淡白)하고 맛이 없으며 기름지지 않음.

초가삼간(草家三間) 세 칸의 초가.

파옥수간(破屋數間) 허물어지고 협소(狹小)한 집.

풍창파벽(風窓破壁) 뚫린 창과 헐린 담벼락.

필문규두(篳門閨竇) 싸리나 대로 엮어 만든 사립문과 벽(壁)을 뚫어서 낸 작은 문.

호한제기(號寒啼饑) 추위와 굶주림으로 욺.

곡굉이침지(曲肱而枕之) 팔을 구부려 베개 삼아 잠을 잠.

가납기언 아름다울嘉 들일納 그其 말言

간(諫)하거나 권(勸)하는 말을 기꺼이 받아들임.

문과즉희(聞過則喜) 「자신의 허물을 듣고 기뻐함」 잘못을 듣고 기꺼이 받아들임.

가내균안 집家 안內 고를均 편안할安

온 집안이 고루 편안(便安)함.

거가행락(擧家行樂) 온 집안이 즐김.

↔ **거가행역**(擧家行役) 온 집안의 어려움.

가내하 가할可 어찌奈 어찌何

어찌할 수 있겠는가?

가담항설 거리街 이야기談 巷 이야기說

가담항어 街 談 거리巷 말語

가담항의 街 談 巷 의논할議

항간(巷間)에 떠도는 소문(所聞).

가설항담(街說巷談)

도청도설(道聽塗說) 길거리에서 들은 이야기를 곧 그 길에서 다른 사람에게 말함.

무근지설(無根之說) 터무니없는 뜬소문.

봉인즉설(逢人卽說) 만나는 사람마다 붙들고 지껄이어 소문을 퍼뜨림.

부언낭설(浮言浪說) 아무 근거(根據) 없이 널리 퍼진 소문.

부언참설(浮言讒說) 근거 없이 떠돌아다니는 참소(讒訴)하는 말.

부허지설(浮虛之說) 길거리에서나 항간에서 떠돌아다니는 허황(虛荒)한 말.

유언비어(流言蜚語) 흘러가는 해충(害蟲) 같은 말.

주작부언(做作浮言) 아무 근거 없는 엉뚱한 말을 지어냄.

가대타량 집家 대신할代 칠打 헤아릴量

집터를 측량(測量)하는 것. 조선시대(朝鮮

時代)에는 집터의 크기에 따라 해마다 세(稅)를 부과(賦課)하였는데, 이는 그 근거(根據) 자료(資料)가 되었음.

가도멸괵 빌릴假 길途 멸망할滅 나라 이름虢
가도벌괵 假 길道 칠伐 虢

「길을 빌려서 괵나라를 멸망(滅亡)시킴」 두 개의 강대국(强大國) 틈에 끼인 소국(小國)이 적(敵)의 위협(威脅)을 받게 되면 즉시(卽時) 군대(軍隊)를 보내 구해 줌으로써 영향력(影響力)을 확장(擴張)해야 함. 삼십육계(三十六計)의 제24계.

가도멸괵 천토회맹(假途滅虢 踐土會盟) 길을 빌려 괵국(虢國)을 멸하고 (진나라 문공이 제후를) 천토에 모아서 (주나라 천자(天子)를 공경(恭敬)하고 조공(朝貢)할 것을) 맹세(盟誓)함.

가도벽립 집家 다만徒 벽壁 설立
가도사벽 家 徒 넉四 壁

집안에 세간(世間)이라고는 하나도 없고 다만 사면(四面)이 벽만 둘러 있을 뿐임.

가도종용 집家 길道 좇을從 넉넉할容

살아가는 방도(方途)나 형편(形便)이 여유(餘裕) 있고 풍부(豊富)함.

가동가서 옳을可 동녘東 可 서녘西

「동쪽이라도 좋고 서쪽이라도 좋음」 이러나저러나 상관(相關)없음.

기양두마(騎兩頭馬) 「머리가 둘인 말을 탐」 모호(模糊)한 태도(態度)를 보임.

모릉양가(摸棱兩可) 「모서리를 더듬으면 두 가지가 모두 가함」 일을 결정(決定)짓지 못하고 이것도 저것도 아닌 어정쩡하게 주춤거리는 모양(模樣)이나 태도(態度).

반승반속(半僧半俗) 「반은 중이요, 반은 속인(俗人)」 이것도 저것도 아닌 어중간(於中間)한 상태(狀態).

비려비마(非驢非馬) 「나귀도 아니고 말도 아님」 이것도 아니며 저것도 아닌 경우(境遇).

위불위간(爲不爲間) 되든지 안 되든지 간에. 좌우간(左右間). 아무렇게나.

가동주졸 거리街 아동童 달릴走 졸개卒

무식(無識)한 사람이나 주착(主着) 없는 사람. 走卒은 남의 심부름을 하러 다니는 하인(下人).

마우금거(馬牛襟裾) 「소나 말에 옷을 입힘」 학식(學識)이 없는 사람.

일자무식(一字無識) 한 글자도 알지 못함.

가동체수 집家 하인僮 바꿀替 가둘囚

조선시대(朝鮮時代)에 법을 어긴 본인(本人) 대신(代身) 종을 수금(囚禁)하던 일.

차지수금(次知囚禁) 노비(奴婢)가 상전(上典), 또는 부형(父兄)이 가족(家族)을 대신하여 형벌(刑罰)을 받기 위하여 갇히던 일.

가두검색 거리街 머리頭 검사할檢 찾을索

범법자(犯法者)들을 잡기 위해 길거리에서 행인(行人)들을 조사(調査)하는 일.

검문검색(檢問檢索)

가두행렬 거리街 맨 앞頭 다닐行 벌일列
가두사화 街 頭 모일社 불火

도시(都市)의 길거리를 줄지어 감. 또는 그런 줄. 길놀이.

퍼레이드(Parade), **가장행렬**(假裝行列)

가두시위 거리街 맨 앞頭 보일示 위엄威

길거리에서 위력(威力)이나 기세(氣勢)를 떨쳐 보임. **가두데모**(街頭 demo)

가두행렬 거리街 맨 앞頭 다닐行 벌일列

도시(都市)의 거리를 줄지어 감.

연문축역(沿門逐疫) 중국에서 불리는 가두

행렬.

가등논죄 더할加 등급等 논할論 죄罪

형벌(刑罰)의 등수(等數)를 원래 정한 것보다 더 올려 죄를 논함.

가렴공생 값價 쌀廉 장인工 간략할省

값이 싸고 조작(造作)이 쉬움.

가렴물미 값價 값 쌀廉 만물物 아름다울美

값이 싸고 물건(物件)이 좋음.

가성비(價性比)가 좋음.

가렴주구 가혹할苛 거둘斂 책망할誅 탐할求

「가혹(苛酷)하게 거두고 강제(强制)로 빼앗음」 관리(官吏)들이 혹독(酷毒)하게 세금(稅金)을 걷어 백성(百姓)들이 살아가기 힘든 정치적(政治的) 상황(狀況).

오지고(熬脂膏) 폭정(暴政)을 하여 백성의 기름을 짜서 고통(苦痛)을 주는 것.

가정맹호(苛政猛虎) 가혹한 정치는 호랑이보다 더 무서움.

기렴각리(箕斂権利) 백성을 착취(搾取)하여 이익(利益)을 마음대로 함.

두회기렴(頭會箕斂) 사람의 머릿수로 곡식(穀食)을 내게 하여 키(삼태기)로 이것을 거두어들임.

민간질고(民間疾苦) 정치의 격변(激變)이나 부패(腐敗) 따위로 백성이 받는 괴로움.

민고민지(民膏民脂) 백성의 피와 땀.

백골징포(白骨徵布) 죽은 사람의 이름을 군적(軍籍)과 세금 대장(臺帳)에 올려놓고 군포(軍布)를 받던 일.

백지징세(白地徵稅) 천재지변(天災地變)으로 거둘 것이 없는 땅에 세금을 면하지 않고 억지로 받던 일.

수심화열(水深火熱) 「물은 깊고 불은 뜨겁다」 백성이 당하는 극심(極甚)한 고통(苦痛).

의관효경(衣冠梟獍) 「예장(禮裝)을 한 사나운 짐승」 횡포(横暴)하고 무례(無禮)한 관리.

주구무이(誅求無已) 세금과 재물(財物)의 착취(搾取)가 끝이 없음.

준민고택(浚民膏澤) 백성의 고혈(膏血)을 뽑아냄.

취렴지신(聚斂之臣) 백성을 가혹하게 다루고 세금이나 뇌물(賂物)을 긁어모으는 신하.

타가겁사(打家劫舍) 백성의 집을 때려 부수고 재물(財物)을 마구 빼앗음.

파가현령(破家縣令) 집안을 부수는 현령.

할박지정(割剝之政) 고을 원이 백성의 재물을 갈취(喝取)하여 긁어모으는 정사(政事).

할육충복(割肉充腹) 「자기의 살을 베어서 배를 채움」 관리 등이 백성들의 재물을 빼앗음.

황구첨정(黃口簽丁) 조선(朝鮮) 말 때, 젖먹이를 군적(軍籍)에 올려 군포(軍布)를 징수(徵收)하던 일.

횡정가렴(横征苛斂) 멋대로 취하고 가혹하게 거둠.

가례자장 아름다울嘉 예도禮 바탕資 꾸밀裝

가례(嘉禮)의 혼수(婚需).

가롱성진 거짓假 희롱할弄 이룰成 참眞

농담(弄談)이나 실없이 한 일이 나중에 진실(眞實)로 한 것처럼 됨.

농가성진(弄假成眞)

가류타이

부처 이름伽 머무를留 사타陀 오랑캐夷

십육나한(十六羅漢)의 하나. 살갗이 검고 빛나므로 이같이 이름. 항상(恒常) 밤에 나와 걸식(乞食)하여 사람들이 두려워하므로 부처가 이를 금하였다 함.

나쁜 짓을 많이 한 비구(比丘).

가릉빈가 부처 이름迦 언덕陵 자주頻 절伽

불경(佛經)에 나오는 가상(想像)의 새. 범

어(梵語)로 카라빈카(Kalavinka)로 미음조(美音鳥), 묘음조(妙音鳥), 옥조(玉鳥)라고도 함.

가명만년향

집家 밝을明 일만萬 해年 누릴享

가정(家庭)의 밝음은 광명(光明)이 있게 하기에, 이 빛이 꺼지지 않도록 보존(保存)함.

가모가유 아름다울嘉 꾀할謀 嘉 꾀할猷

좋은 모략(謀略)과 좋은 꾀.

인급계생(人急計生) 사람은 다급(多急)해지면 좋은 꾀가 생김.

가모수거 집家 어머니母 손手 클鉅

「집안의 가정주부(家庭主婦)가 손이 큼」 아무 데에도 소용이 없고 도리어 해로움.

노인발피(老人潑皮) 일정(一定)한 직업(職業)도 없이 떠돌아다니는 늙은 부랑자(浮浪者). 아무 데에도 소용(所用)이 없고 해로움.

가무금슬 노래歌 춤출舞 거문고琴 비파瑟

「노래와 춤, 거문고와 비파(琵琶)」 거문고와 비파소리에 맞추어 노래하고 춤을 춤.

가무담석 집家 없을無 멜擔 돌石

「집에 조금도 없음」 집에 저축(貯蓄)한 것이 조금도 없음. 얼마 안 되는 분량(分量). 石은 한 항아리, 擔은 두 항아리.

가무소장 노래歌 춤출舞 경우所 잘할長

노래를 잘하고 춤을 잘 춤.

가무연락 노래歌 춤출舞 잔치宴 즐거울樂

노래하고 춤추며 잔치를 베풀고 즐김.

영가무도(詠歌舞蹈) 노래를 부르고 춤을 춤.

음주가무(飮酒歌舞) 술을 마시고 노래를 부르면서 춤을 추는 일.

가무음곡 노래歌 춤출舞 소리音 곡조曲

노래와 춤과 음악(音樂).

가무이주 집家 없을無 둘二 주인主

「한 집안에 두 주인(主人)은 없음」 상하(上下)·군신(君臣)의 다름이 있음.

백주지조(栢舟之操) 「잣나무 배처럼 곧은 절개(節槪)」 남편(男便)을 일찍 여읜 아내가 재혼(再婚)하지 않고 정조(貞操)를 지킴.

불경이부(不更二夫) 두 남편을 섬기지 않음.

유사무이(有死無二) 죽는 한이 있어도 두 마음은 품지 않음.

지사미타(之死靡他) 진실(眞實)로 내 짝이니, 죽어도 마음 변치 않으리.

열녀불경이부(烈女不更二夫), **정녀불경이부**(貞女不更二夫) 열녀는 두 남편을 섬기지 않음.

가문설화 옳을可 들을聞 말씀說 이야기話

들을 만한 가치(價値)가 있는 이야기.

가물취비 빌릴假 만물物 가질取 비유할譬

사물(事物)을 빌려 비유(譬喩)로 삼음.

가방화주 거리街 동네坊 교화할化 임자主

인가(人家)에 다니면서 사람들로 법연(法緣)을 맺게 하고, 시주(施主)를 받아 절의 양식(糧食)을 대는 승려(僧侶).

운수승(雲水僧), **탁발승**(托鉢僧)

가벽문천 꾸짖을呵 벽壁 물을問 하늘天

분한 마음이 치밀어서 속이 답답한 것을 벽을 보고 꾸짖어 풂.

분기충천(憤氣衝天) 분한 마음이 하늘을 찌를 듯이 격렬(激烈)하게 솟구쳐 오름.

비분강개(悲憤慷慨) 슬프고 분하여 마음이 북받침.

음아질타(喑啞叱咤) 분한 마음이 한꺼번에 터져 나와서 큰 소리로 꾸짖음.

적분재중(積忿在中) 쌓이고 쌓인 분한 마음을 속에 가지고 있음.

가부동수 옳을可 아닐否 한가지同 셈할數

투표(投票) 등의 개표(開票) 결과(結果)가 찬성(贊成)과 반대(反對)가 동수임.

가부소족취

집家 부유할富 성길疎 일족族 모을聚

「집이 부유(富裕)해지면 사이가 멀게 지내던 친척(親戚)들도 모여듦」 인정(人情)의 야박(野薄)함.

가부자 거짓假 지아비夫 공자子

「가짜 공자(孔子)님」 성균관(成均館) 유생(儒生)들 사이에서 다른 사람보다도 지나치게 공부(工夫)에 골몰(汨沒)하거나, 언행(言行)을 성인(聖人)처럼 하는 유생을 비꼬던 말.

가부장제 집家 아버지父 어른長 법도制

가장(家長)이 가족(家族) 성원(成員)에 대하여 강력(强力)한 권한(權限)을 가지고 가족을 지배(支配)·통솔(統率)하는 가족 형태(形態). **부권제**(父權制)

↔ **모권제**(母權制) 어머니가 가족 내에서뿐만 아니라 사회(社會) 전반(全般)에 걸쳐 지배권을 갖는 사회 제도(制度).

가부지친 갈대葭 갈대청莩 어조사之 친척親

아주 엷은 교분(交分). 葭莩는 지극히 엷은 것으로 갈대 속의 엷은 막을 일컬음.

아주 먼 친척(親戚).

무복지친(無服之親) 복제(服制)에 들지 않는 먼 친척.

원족근린(遠族近隣) 먼 친척보다 가까운 이웃이 나음.

가불가일관 옳을可 아닐不 可 한一 꿸貫

가능하거나 불가능(不可能)하거나 그 차이(差異)가 크지 않음.

가빈낙백 집家 가난할貧 떨어질落 혼백魄

가빈낙탁 家 貧 落 영락할魄

「집안이 가난하여 혼백(魂魄)이 땅에 떨어짐」 집안이 가난하여 뜻을 얻지 못하고 실의(失意)에 빠짐.

가빈사양처

집家 가난할貧 생각思 어질良 아내妻

집이 가난해지면 좋은 아내를 생각함.

도원지기(道遠知驥) 「먼길을 달린 후에야 천리마(千里馬)의 재능(才能)을 앎」 난세(亂世)를 당해서야 비로소 그 인물(人物)의 진가(眞價)를 알 수 있음.

국난사충신(國亂思忠臣) 나라가 어지러워지면 충신을 생각함.

세란식충신(世亂識忠臣) 세상이 어지러운 연후(然後)에 비로소 누가 충신인지 알 수 있음.

세한지송백(歲寒知松柏) 「소나무와 잣나무의 푸른 기상(氣像)은 겨울이 되어야 앎」 지사(志士)의 높은 뜻은 나라가 어지러울 때 알게 됨.

질풍지경초(疾風知勁草) 「거친 바람에도 부러지지 않는 억센 풀」 역경(逆境)을 겪어야 비로소 그 사람의 절개(節槪)나 진가를 알 수 있음.

가빈사양처 국난사충신(家貧思良妻 國亂思忠臣) 집이 가난해지면 좋은 아내를 생각하고, 나라가 어지러워지면 충신을 생각함.

가빈친로 집家 가난할貧 어버이親 늙을老

집이 가난하고 부모(父母)가 늙었을 때는 마음에 들지 않는 벼슬자리라도 얻어서 어버이를 봉양(奉養)해야 함.

가빈효자출

집家 가난할貧 효도孝 아들子 날出

가난한 집에서 효자가 나옴.

빈문출효자 백옥출공경(貧門出孝子 白屋出公卿) 가난은 효자와 영웅(英雄), 달사(達士)를 낳음.

가사노동 집家 일事 일할勞 움직일動

가정생활(家庭生活)의 유지(維持)와 노동력 재생산(再生産)을 위하여 필요(必要)한 노동.

가사득결 집家 일事 얻을得 결정할決

집에 대한 소송(訴訟)에서 이기는 일.

가사불굴 아름다울佳 선비士 아닐不 굽을屈

훌륭한 사람은 오래도록 불우(不遇)한 지위(地位)에 굴복(屈服)하지 않음.

가사지인 옳을可 부릴使 어조사之 사람人

쓸 만한 사람. 부릴 만한 사람.

가상다반 집家 항상常 차茶 밥飯

「집에서 먹는 평소(平素)의 식사(食事)」 일상사(日常事)나 당연지사(當然之事).

항다반사(恒茶飯事), **일상다반**(日常茶飯)

가상존호 더할加 윗上 공경할尊 이름號

임금이나 왕후(王后)의 존호에 다시 존호를 더함.

가색지간난

농사稼 거둘穡 어조사之 어려울艱 어려울難

농사(農事)짓기의 어려움.

가서만금 집家 책書 일만萬 금金
가서저만금 家 書 이를抵 萬 金

「가서는 만금의 가치(價値)가 있음」 집에서 온 편지(便紙)의 반갑고 소중(所重)함.

가설무대 임시假 세울設 춤출舞 무대臺

임시(臨時)로 만든 무대.

가설항담 거리街 말씀說 거리巷 이야기談

「항간(巷間)에 떠도는 소문(所聞)」 길거리나 세상 사람들 사이에 떠도는 이야기나 뜬소문. **가담항어**(街談巷語), **가담항의**(街談巷議)

도청도설(道聽塗說) 길거리에서 들은 이야기를 곧 그 길에서 다른 사람에게 말함.

유언비어(流言蜚語) 흘러가는 해충(害蟲) 같은 말.

가세부요 집家 기세勢 부유할富 넉넉할饒

집안 살림살이가 넉넉함.

가계유여(家計有餘)

끽착부진(喫着不盡) 먹고 입는 데 부족(不足)함이 없음.

여유작작(餘裕綽綽) 빠듯하지 않고 아주 넉넉함.

인급가족(人給家足) 집마다 살림이 부족함이 없이 넉넉하고 사람마다 풍족(豐足)해 살기 좋음.

족과평생(足過平生) 한평생(限平生)을 넉넉히 지낼 만함.

족족유여(足足有餘) 아주 넉넉하여 남음이 있음.

족차족의(足且足矣) 흡족(洽足)하게 아주 넉넉함.

지족자부(知足者富) 만족(滿足)할 줄 아는 사람은 부자(富者)임.

포식난의(飽食暖衣) 「배불리 먹고 옷을 따뜻하게 입음」 의식(衣食)이 넉넉함.

↔ **적빈여세**(赤貧如洗) 「씻은 듯이 몹시 가난함」 극빈(極貧)하여 아무것도 없음.

가소빈혜 집家 본디素 가난할貧 어조사兮

집이 본디부터 가난함이여.

가수요자 거짓假 쓰일需 요긴할要 사람者

가격(價格)이 인상(引上)되거나 물자(物資)가 부족(不足)하게 될 것을 예상(豫想)하여, 당장(當場) 필요(必要)하지 않은데도 재화(財貨) 따위를 사려고 하는 사람.

↔ **실수요자**(實需要者) 물품(物品)이 실제(實際)로 필요해서 사거나 얻고자 하는 사람.

가슬추연 더할加 무릎膝 떨어뜨릴墜 연못淵

「무릎 위에 앉혀 사랑하거나, 못(池)에 밀어 넣어 미워함」 기분(氣分)에 따라 함으로써 그 행동(行動)이 예(禮)에서 벗어남.

경정직행(徑情直行) 조금도 꾸밈이 없이 마음 내키는 대로 곧이곧대로 함.

고하재심(高下在心) 「높이 하는 것도 낮게 하는 것도 모두 자기 마음에 달림」 때의 변함에 따라 그때 맞도록 함. 상벌(賞罰)이나 진퇴(進退)의 권리(權利)를 장악(掌握)함.

상벌무장(賞罰無章) 상과 벌이 일정(一定)한 규정(規定)이 없이 마음 내키는 대로 함.

여도담군(餘桃啗君) 「먹다 남은 복숭아를 임금에게 먹임」 처음에는 좋게 보여 사랑받던 것이, 나중에는 도리어 화근(禍根)이 됨.

유적지안(惟適之安) 자기 마음에 맞는 것에 만족(滿足)함.

일여일탈(一與一奪) 어느 때는 주고 어느 때는 뺏음.

종욕염사(從欲厭私) 욕심(慾心) 내키는 대로 하여 사사로운 감정(感情)을 만족시킴.

직정경행(直情徑行) 자신의 감정(感情)이 내키는 대로 앞뒤 분별(分別)없이 행동(行動)하며 절제(節制)할 줄 모름.

춘생추살(春生秋殺) 「봄은 만물(萬物)을 낳고 가을은 이를 죽임」 때에 따라 사랑하기도 하고 벌하기도 함.

희상노형(喜賞怒刑) 기쁠 때는 상을 주고 화가 날 때는 형벌(刑罰)을 내림.

가신지인 옳을可 믿을信 어조사之 사람人

믿을 만한 사람. 믿음직한 사람.

간담상조(肝膽相照) 서로가 마음속을 툭 털어놓고 숨김없이 친하게 사귐.

심복지인(心服之人) 마음 놓고 부리거나 일을 맡길 수 있는 사람.

가아가부 아름다울佳 아들兒 佳 며느리婦

훌륭한 아들과 며느리.

효자효부(孝子孝婦)

가아수년 일시假 나我 셈할數 해年
가아연수 假 我 年 數

몇 년이라도 더 오래 살기를 바라는 일.

매생(每生) 목숨을 아끼어 오래 살기를 바라는 일.

강릉지복(岡陵之福) 「산과 언덕 같은 큰 복」 오래 살기를 축원(祝願)하는 말.

만세천추(萬歲千秋) 천년만년(千年萬年) 오래 살기를 축원하는 말.

만수무강(萬壽無疆) 만년을 살아도 수명(壽命)은 끝이 없음.

무병장수(無病長壽) 병이 없이 건강(健康)하게 오래도록 삶.

성수무강(聖壽無疆) 「임금의 나이가 끝이 없음」 임금이 오래 살기를 비는 말.

향복무강(享福無疆) 끝없이 많은 복을 누림.

가야물감야물

더할加 어조사也 말勿 덜減 也 勿

「더하지도 덜하지도 말라」 한가위의 풍성(豐盛)한 만족(滿足)을 이르는 말.

가언선행 아름다울嘉 말言 착할善 행할行

아름다운 말과 착한 행실(行實).

선행무철적(善行無轍迹) 「착한 행실은 자국이 없음」 선행은 사람의 눈에 잘 띄지 않음.

가여낙성 가히可 더불어與 즐길樂 이룰成

「일의 성과(成果)를 함께 즐길 수 있음」

일이 잘된 뒤에는 같이 즐겨도 좋음.

가예치성 거짓假 기릴譽 달릴馳 소리聲

재능(才能)이 없는 사람들이 서로서로 치켜세워 명성(名聲)을 높임.

가용무태 노래歌 얼굴容 춤출舞 모양態

춤추고 노래하는 모습.

가유지지 가할可 놀遊 어조사之 곳地

노닐 만한 곳.

가유호세 집家 깨우칠諭 지게戶 달랠說

가유호효 家 喩 戶 밝을曉

「집마다 알려주어 알아듣게 함」 누구나 다 아는 것. **가지호고**(家至戶告)

문도호설(門到戶說) 호별(戶別)로 방문(訪問)하여 설명(說明)함.

호고인효(戶告人曉) 집마다 깨우쳐 알려주어 알아듣게 함.

호변가설(戶辯家說) 집마다 다니며 설명함.

가이동가이서

가할可 써以 동녘東 可 以 서녘西

이렇게 할 만도 하고 저렇게 할 만도 함.

이렇게든 저렇게든 아무렇게나 할 만함.

가이제모

꾸짖을訶 배나무梨 임금帝 어머니母

유아(幼兒)를 보호(保護)·양육(養育)하는 신(神), 또는 불법(佛法)을 수호(守護)하는 선녀신(仙女神).

하리제모(訶梨帝母), **귀자모신**(鬼子母神)

가인박명 아름다울佳 사람人 엷을薄 목숨命

미인은 불행(不幸)한 일이 따르기 쉽고 요절(夭折)하기 쉬움. **미인박명**(美人薄命)

규중박명(閨中薄命) 팔자(八字)가 사나운 젊은 여자(女子).

홍안박명(紅顔薄命) 얼굴에 복숭앗빛을 띤 여자는 팔자가 사나움.

가인일등 더할加 사람人 한一 무리等

학문(學文)과 재능 따위가 뛰어난 사람.

굉재탁식(宏才卓識) 큰 재능(才能)과 빼어난 식견(識見).

만고영준(萬古英俊) 세상에 유례(類例)가 없을 만큼 재능이 남보다 특별(特別)히 뛰어난 사람.

유위지재(有爲之才) 장차(將次) 큰일을 할 수 있는 재능, 또는 그 사람.

재간지사(才幹之士) 재능이 있어서 큰일을 해낼 수 있는 사람.

↔ **무재무능**(無才無能) 아무 재능도 없음.

가인재자

아름다울佳 사람人 재주才 젊은이子

고운 여인(女人)과 똑똑한 젊은이.

봉린지란(鳳麟芝蘭) 봉황(鳳凰)과 기린(麒麟)같이 잘난 남자(男子)와 지초(芝草)와 난초(蘭草)같이 예쁜 여자(女子).

홍남녹녀(紅男綠女) 옷을 멋지게 차린 남녀. 젊은 남녀.

가일배법 더할加 한一 곱倍 법法

하나에 하나를 보태어 둘이 되고 둘에 둘을 보태어 넷이 되게 하는 산법(算法).

기하급수(幾何級數), **등비급수**(等比級數) 서로 이웃하는 항(項)의 비(比)가 일정(一定)한 급수.

가자제 아름다울佳 젊은이子 어린 사람弟

훌륭한 소년(少年).

가장분면 거짓假 꾸밀裝 가루粉 얼굴面

「얼굴에 분을 바르고 거짓으로 꾸밈」 거짓스러운 말과 행실(行實).

분식(粉飾) 실제(實際)보다 좋게 보이려고 사실(事實)을 숨기고 거짓으로 꾸밈.

낭피양피(狼被羊皮) 「이리가 양가죽을 씀」 악인(惡人)이 선인(善人)으로 가장함.

가장집물 집家 꾸밀藏 가구什 물건物

집에서 사용(使用)하는 모든 살림 도구(道具). 장롱(欌籠), 문갑(文匣) 등 가구(家具).

가재도구(家財道具), **가중지물**(家中之物)

가장행렬 거짓假 꾸밀裝 다닐行 벌일列

참가자(參加者)들이 가면(假面)을 쓰거나 갖가지 의상(衣裳)으로 변장(變裝)하고 행진(行進)하는 것.

가두행렬(街頭行列), **퍼레이드**(parade)

가재기물 집家 재물財 그릇器 물건物

가재도구 家 財 길道 갖출具

가재범구 家 財 여러凡 具

집안 살림에 쓰는 온갖 물건(物件).

가장집물(家藏什物), **세간살이**, **가재**(家財)

가전보옥 집家 전할傳 보배寶 구슬玉

가전지보 家 傳 어조사之 寶

한 집안에 대대로 전해 내려오는 보물(寶物).

가전비방 집家 전할傳 숨길祕 방법方

비밀(祕密)히 그 집안에만 대대로 전해 내려오는 처방(處方).

궁구지업(弓裘之業) 「활을 만들고 갖옷을 만드는 일」 선조(先祖) 대대(代代)로 전해 오는 가업(家業).

세세상전(世世相傳) 여러 대에 걸쳐서 내려옴.

전가지보(傳家之寶) 집에 대대로 전해 내려오는 보물(寶物).

청전구물(靑氈舊物) 대대로 전하여 내려오는 오래된 가보(家寶).

가전지물 집家 전할傳 어조사之 물건物

한 집안에 대대(代代)로 전하여 내려오는 물건(物件).

가절전문 값價 꺾을折 돈錢 엽전文

값으로 책정(策定)한 돈의 액수(額數).

가정교육 집家 뜰庭 가르칠敎 기를育

일상생활(日常生活)을 통하여 가정의 어른들에게서 듣고 보고하여 받은 배움.

가정지학(家庭之學)

치실지훈(治室之訓) 가정을 다스리는 교훈(敎訓).

가정맹호 가혹할苛 정사政 사나울猛 범虎

가혹(苛酷)한 정치(政治)는 호랑이보다 더 무서움. **가정맹어호**(苛政猛於虎)

가렴주구(苛斂誅求) 가혹하게 거두고 강제(强制)로 빼앗음.

백골징포(白骨徵布) 죽은 사람의 이름을 군적(軍籍)과 세금(稅金) 대장(臺帳)에 올려놓고 군포(軍布)를 받던 일.

백지징세(白地徵稅) 천재지변(天災地變)으로 거둘 것이 없게 된 땅에 세금을 면하지 않고 억지로 받던 일.

불인지정(不忍之政) 아주 잔혹(殘酷)한 정치.

불한이율(不寒而慄) 춥지도 않은데 몸을 벌벌 떪.

솔수식인(率獸食人) 짐승을 몰아서 사람을 잡아먹게 함.

여랑목양(如狼牧羊) 늑대가 양을 치는 것과 같음.

준민고택(浚民膏澤) 백성(百姓)의 고혈(膏血)을 뽑아냄.

타가겁사(打家劫舍) 백성의 집을 때려 부수고 재물(財物)을 마구 빼앗음.

할박지정(割剝之政) 고을 원이 백성의 재물을 갈취(喝取)하여 긁어모으는 정사(政事).

수탁자어엄(水濁者魚噞) 「물이 흐리면 물

고기는 수면(水面) 가까이 나와 숨을 쉼」가혹한 정치를 베풀면 백성이 괴로워하며 어지럽게 됨.

가정지학 집家 뜰庭 어조사之 배울學

일상생활(日常生活)을 통하여 가정의 어른들에게서 듣고 보고하여 받은 배움.

가정교육(家庭教育)

가조시간 옳을可 비칠照 때時 사이間

가조시수 可 照 時 셈數

해가 떠서 질 때까지의 시간(時間).

가조지주 장사賈 바다거북鼂 어조사之 짝儔

한(漢)나라의 가의(賈誼)·조조(鼂錯)의 무리. '경국지재'가 있는 사람들.

경국지재(經國之才) 나라를 이끌어 갈 만한 인재(人才).

가족제복 더할加 발足 임금帝 배腹

후한(後漢)의 엄자릉(嚴子陵)은 광무제(光武帝)의 어렸을 적 친구(親舊)로, 후에 자면서 광무제의 배 위에 발을 얹었다는 고사(故事).

가중범절 집家 가운데中 여러凡 항목節

집안의 일상적(日常的)인 모든 일이나 그 절차(節次).

가중시첩 집家 가운데中 시중들侍 첩妾

집안에서 가까이 데리고 있는 낮은 신분(身分)의 첩.

가중연성 값價 귀중할重 이어질連 성城

여러 성을 합할 정도로 그 값어치가 귀중(貴重)함. **가치연성**(價値連城),

연성지보(連城之寶), **연성지치**(連城之値)

가중지물 집家 가운데中 어조사之 물건物

집 안의 물건(物件).

가장집물(家藏什物), **가재도구**(家財道具)

가중호걸 집家 가운데中 호걸豪 인걸傑

「집안의 호걸(지혜(知慧)와 용기(勇氣)가 뛰어나고 기개(氣槪)와 풍모가 있는 사람)」 호걸의 풍모(風貌)를 갖춘 여자(女子).

가증일고 값價 더할增 한一 돌아볼顧

「한 번 돌아보매 준마(駿馬)의 값이 열 배나 올랐음」 백락(伯樂)이 한번 돌아보면 값이 열 배가 뛰.

재능(才能)이 있는 사람도 그 재주를 알아주는 사람을 만나야 빛을 발함.

기언정혜(驥焉程兮) 「천리마(千里馬)임을 어찌 헤아릴 수 있으리오?」 천리마도 백락이 아니면 그 역량(力量)을 알지 못함.

백락일고(伯樂一顧) 명마(名馬)도 백락을 만나야 세상(世上)에 알려짐.

일고지영(一顧之榮) 한 번 돌아본 영광(榮光).

가지호고 집家 이를至 집戶 알릴告

가지호효 家 至 戶 깨달을曉

주지(周知)시키기 위하여 가가호호(家家戶戶)마다 직접(直接) 찾아가서 알림.

가유호세(家諭戶說)

문도호설(門到戶說) 호별(戶別)로 방문(訪問)하여 설명(說明)함.

호고인효(戶告人曉) 집마다 깨우쳐 알려주어 알아듣게 함.

호변가설(戶辯家說) 집마다 다니며 설명함.

가추불외양

집家 더러울醜 아닐不 바깥外 드날릴揚

집안의 수치(羞恥)를 밖에 드러내지 않음.

가취지례

시집 갈嫁 장가 들娶 어조사之 예도禮

혼인(婚姻)의 예식(禮式). **혼례**(婚禮)

가치부전 거짓假 어리석을痴 아닐不 미칠癲

「어리석은 척하되 미친 척하지 말라」 무지(無知)한 척 가장(假裝)하되 무슨 행동(行動)을 하지 말라. 삼십육계(三十六計)의 제27계.

총명(聰明)한 척하며 경거망동(輕擧妄動)하지 말라.

기밀(機密)을 누설(漏泄)하지 말고 조용히 계획(計劃)하라.

가치비판 값價 값値 비평할批 판단할判

사물(事物)이 지닌 쓸모의, 보편타당성(普遍妥當性)의 근거(根據)를 묻는 것.

가치연성 값價 값値 이어질連 성城

여러 성을 합한 것만큼의 소중(所重)한 보물(寶物)이나 가치 있는 물건(物件).

가중연성(價重連城), **연성지보**(連城之寶), **연성지치**(連城之値)

가친단기

때 못 만날軻 어버이親 끊을斷 베틀機

맹자(孟子)가 학문(學問)을 중도(中途)에서 폐하고 돌아오자, 어머니가 짜던 베를 끊고, "지금 네가 학문을 폐하는 것은 마치 짜던 베를 이처럼 끊어버리는 것과 같다"고 훈계(訓戒)했다는 옛일. '軻'는 맹자의 이름.

단기지계(斷機之戒), **맹모단기**(孟母斷機)

가타부타 옳을可 - 아닐否 -

어떤 일에 대하여 옳다느니 그르다느니 함.

갑론을박(甲論乙駁) 갑이 주장(主張)하고 을이 반박(反駁)함.

논인장단(論人長短) 남의 잘잘못을 평가(評價)하여 말함.

설왕설래(說往說來) 말이 오고 감.

왈가왈부(曰可曰否) 혹(或)은 옳다고 하고 혹은 그르다고 함.

왈시왈비(曰是曰非) 어떤 일에 대하여 옳으니 그르니 하고 말함.

가탄가탄 가할可 탄식할歎 可 歎

매우 한탄(恨歎)스러움.

가택침입 집家 집宅 침노할侵 들入

아무 이유(理由) 없이 남의 집이나 남이 지키고 있는 건조물(建造物)에 침입하는 일.

가통가통 가히可 아플痛 可 아플痛

매우 원통(寃痛)하고 분할 만함.

가통지사 가히可 아플痛 어조사之 일事

통탄(痛歎/痛嘆-몹시 탄식함)할 만한 일.

가특력교 더할加 특별할特 힘力 가르칠敎

가톨릭교의 음역(音譯). **천주교**(天主敎)

가패신망 집家 패할敗 몸身 망할亡

「가산(家産)을 탕진(蕩盡)하여 없애고 몸을 망침」 재산(財産)을 모두 떨어 없애서 집안이 형편(形便)없이 됨.

패가망신(敗家亡身)

경가파산(傾家破産) 집안 재산을 모두 없앰.

주색낭유(酒色浪遊) 술과 색을 탐하여 허랑(虛浪)하게 놂.

파락호(破落戶) 몰락(沒落)한 집안의 자제(子弟).

가향소식 집家 고향鄕 소식消 소식息

자기 집이 있는 고향(故鄕)의 안부(安否).

가호위호 빌릴假 범虎 위엄威 여우狐

「여우가 범의 위세(威勢)를 빌어 다른 짐승들을 위협(威脅)함」 신하(臣下)가 군주(君主)의 권세(權勢)에 힘입어 다른 신하를 공갈(恐喝)하거나, 약자(弱者)가 강자(强者)의 세력(勢力)에 힘입어 백성(百姓)을 협박(脅迫)함.

호가호위(狐假虎威), **차호위호**(借虎威虎)

가혹행위 가혹할苛 심할酷 행할行 할爲

상대(相對)에게 심한 수치심(羞恥心)이나 모욕감(侮辱感), 고통(苦痛) 따위를 주는 모질고 악한 행위(사람이 의지(意志)로 하는 짓).

가화만사성

집家 화목할和 일만萬 일事 이룰成

집안이 화목(和睦)하면 모든 일이 잘되어 감.

소문만복래(掃門萬福來) 「집 안을 깨끗이 쓸고 청소(淸掃)하면 만복이 들어옴」 '가화만사성'과 대(對)를 이루어 쓰이는 말.

각건사제 뿔角 수건巾 사사로울私 차례第

「양반(兩班)이나 지체(地體) 높은 사람이 평민(平民)의 옷을 입고 시골에서 삶」 평범(平凡)한 삶.

각계각층 각각各 지경界 各 층層

사회(社會) 각 분야(分野)의 여러 계층(階層).

각고면려 새길刻 괴로울苦 힘쓸勉 힘쓸勵

「고생(苦生)을 무릅쓰고 부지런히 힘씀」 몹시 애를 쓰고 정성(精誠)을 들임.

각근면려(恪勤勉勵)

부탕도화(赴湯蹈火) 「끓는 물과 타오르는 불 속으로 들어감」 물과 불을 가리지 않으며 위험(危險)을 무릅쓰고 용감(勇敢)하게 뛰어 들어감.

승위섭험(乘危涉險) 위태(危殆)하고 험난(險難)함을 무릅쓰고 나아감.

악전고투(惡戰苦鬪) 매우 어려운 조건(條件)을 무릅쓰고 고생(苦生)스럽게 싸움.

각고정려 새길刻 괴로울苦 정밀할精 힘쓸勵

어떤 일에 무척 애를 쓰면서 정성(精誠)을 들임.

각곡유목 새길刻 고니鵠 무리類 집오리鶩

「고니를 조각(彫刻)하다가 실패(失敗)하더라도 집오리와 비슷하게는 됨」 큰 뜻을 가지고 노력(努力)하면 작은 성과(成果)라도 이루게 됨.

↔ **묘호류견**(描虎類犬) 호랑이를 그린다고 한 것이 개와 비슷하게 됨.

화룡유구(畫龍類拘) 용을 그리려다 개를 그림.

화호유구(畵虎類狗) 범을 그리려다 개를 그림.

각곡유아 새길刻 고니鵠 무리類 거위鵝

고니를 새기려다 실패(失敗)하여 거위를 새김.

각골감은 새길刻 뼈骨 느낄感 은혜恩

「뼈에 새길 정도(程度)로 은혜(恩惠)에 감사(感謝)함」 받은 은혜에 깊이 감사하는 마음을 가짐.

각골난망 새길刻 뼈骨 어려울難 잊을忘

은혜(恩惠)를 입은 고마움이 뼈에 깊이 새겨 잊지 않음.

각골명심(刻骨銘心) 은혜나 원한(怨恨)을 마음속 깊이 새겨서 잊지 않음.

각골천은(刻骨天恩) 하늘이나 임금에게 받은 은혜가 뼈에 사무칠 만큼 마음속에 깊이 새겨짐.

각루심골(刻鏤心骨) 마음속 깊이 새겨 잊지 않음.

결초보은(結草報恩) 풀을 묶어서 은혜를 갚음.

난망지은(難忘之恩) 잊을 수 없는 은혜.

매반불망(每飯不忘) 「식사(食事) 때마다 옛일을 생각함」 늘 은혜를 갚고자 함.

명기누골(銘期鏤骨) 살갗에 새기고 뼈에 새김.

명심불망(銘心不忘) 마음에 깊이 새겨 두어 오래오래 잊지 않음.

백골난망(白骨難忘) 몸이 썩어 흰 가루가 되더라도 잊지 못함.

심입심비(沁入心脾) 깊이 마음속에 스며들어 잊을 수가 없음.

조간각신(雕肝刻腎) 「간담(肝膽)과 신장(腎臟)에 깊이 새김」 마음속 깊이 맺힘.

각골면려 새길刻 뼈骨 힘쓸勉 힘쓸勵

「뼈를 깎는 정성(精誠)으로 생각에 온 힘을 쏟음」 무슨 일을 하더라도 온 정성을 다 기울임.

각골명심 새길刻 뼈骨 새길銘 마음心

뼈에 새기고 마음에 새겨 잊지 않음.

각골난망(刻骨難忘), **각루심골**(刻鏤心骨)

각골분한 새길刻 뼈骨 성낼憤 원통할恨

뼈에 사무칠 만큼 분하고 한스러움.

각골지통 새길刻 뼈骨 어조사之 아플痛

뼈에 새겨진 고통(苦痛).

각골통한(刻骨痛恨)

각골천은 새길刻 뼈骨 하늘天 은혜恩

하늘이나 임금에게 받은 은혜(恩惠)가 뼈에 사무칠 만큼 마음속에 깊이 새겨짐.

각골통상 새길刻 뼈骨 아플痛 상할傷
각골통심 刻 骨 痛 마음心
각골통한 刻 骨 痛 한할恨

뼈에 새겨 놓을 만큼 잊지 못할 고통(苦痛)스러운 원한(怨恨).

애통망극(哀痛罔極) 슬픔과 아픔이 끝이 없음.

촉목상심(觸目傷心) 사물(事物)이 눈에 보이는 대로 슬픔을 자아내어 마음이 아픔.

통운망극(通隕罔極) 그지없는 슬픔.

각궁비빙 각자各 궁궐宮 왕비妃 예쁠娉

여러 궁궐(宮闕)에 있는 왕비(王妃)와 궁녀(宮女).

각귀기가 각자各 돌아갈歸 그其 집家

제각기 헤어져서 자기 집으로 돌아감.

각근면려

삼갈恪 부지런할勤 힘쓸勉 권장할勵

스스로 격려(激勵)하여 부지런히 힘씀.

각고면려(刻苦勉勵), **각고정려**(刻苦精勵)

각근봉공

삼갈恪 부지런할勤 받들奉 공변될公

나랏일에 정성을 다하여 부지런히 힘씀.

갈력진능(竭力盡能) 있는 힘을 다해 애쓰고 가진 능력(能力)을 다함.

함애치성(銜哀致誠) 애통(哀痛)한 마음으로 정성(精誠)을 다함.

각근비해

삼갈恪 부지런할勤 아닐匪 게으를懈

삼가고 힘써 게을리하지 않음.

각기명하 각자各 그其 이름名 아래下

「각 사람의 이름 아래」 각각(各各) 그 사람의 몫.

각기삭골 새길刻 살가죽肌 깎을削 뼈骨

「살을 에고 뼈를 깎음」 고통(苦痛)이 극심(極甚)함.

간난신고(艱難辛苦) 맵고 쓴 어려움.

도탄지고(塗炭之苦) 진흙과 숯 속에 빠진 고통.

수심화열(水深火熱) 「물은 깊고 불은 뜨거움」 백성(百姓)이 당하는 극심한 고통.

각기소원 각자各 그其 바랄所 바랄願

각자(各自) 바라는바.

각심소원(各心所願), **각심소위**(各心所爲)

각기소장 각자各 그其 바랄所 장점長

각기 저마다의 장기(長技)나 장점(長點).

각유소장(各有所長), **각유천추**(各有千秋)

각유일능(各有一能) 사람마다 한 가지씩 재주를 지니고 있음.

각내내각 대궐閣 안內 內 閣

전시(戰時)나 비상사태(非常事態) 등이 발생(發生)하였을 때, 소수(少數)의 주요(主要) 각료(閣僚)를 선정(選定)하여 최고(最高) 정책(政策)을 심의(審議)하고 결정(決定)하게 하는 내각.

각답실지 다리脚 밟을踏 충실할實 땅地

「발이 실제(實際)로 땅에 붙었음」일 처리(處理) 솜씨가 착실(着實)함.

행실(行實)이 바르고 태도(態度)가 성실(成實)함.

각득기소 각자各 얻을得 그其 바랄所

「자기(自己)가 원하는 바대로 행동(行動)함」모든 것이 그 있어야 할 곳에 있게 됨.

각자(各自) 그 능력(能力)이나 적성(適性)에 따라 적절(適切)히 배치(配置)되어 맡은 바를 다함.

각종기지(各從其志) 각자 제 뜻을 따름.

종심소욕(從心所欲) 하고 싶은 대로 함.

↔ **수행축대**(隨行逐隊) 남을 따라 행동함.

언청계용(言聽計用) 남을 깊이 믿어 그가 하자는 대로 함.

각로청수 새길刻 이슬露 맑을淸 빼어날秀

「나뭇잎이 저 산 모양(模樣)이 드러나 맑고 빼어남」가을 경치(景致)가 맑고 수려(秀麗)함.

각루심골 새길刻 새길鏤 마음心 뼈骨

「마음과 뼈에 새김」마음에 깊이 새겨 잊지 않음. **각골명심**(刻骨銘心)

각골난망(刻骨難忘) 은혜(恩惠)를 입은 고마움이 뼈에 깊이 새겨져 잊히지 않음.

명기누골(銘期鏤骨) 살갗에 새기고 뼈에 새김.

영시불훤(永矢弗諼) 언제까지나 마음에 맹세(盟誓)하여 잊지 않음.

각립대좌 뿔角 설立 대할對 앉을坐

서로 지지 않으려고 버티어 마주 앉음.

항형(抗衡) 서로 대항(對抗)하여지지 않음.

양호대치(兩虎對峙) 두 마리의 호랑이가 마주 노려봄.

각립독행 각자各 설立 홀로獨 행할行

각자(各自) 떨어져서 따로 실행(實行)함.

각자도생(各自圖生) 각자가 제 살길을 찾음.

각립찬하 거둘却 낟알粒 먹을湌 이내(놀)霞

「낟알을 먹지 않고 노을을 마심」신선(神仙)이 됨.

각목위리 새길刻 나무木 할爲 관리吏

「나무를 깎아 관리(官吏)의 형상(刑象)을 만듦」옥리(獄吏)를 심히 미워해서 하는 말.

삭목위리(削木爲吏)

각박성가 모질刻 박하게 할薄 이룰成 집家

몰인정(沒人情)하도록 인색(吝嗇)한 짓을 해서 부자(富者)가 됨.

갈구이상(葛屨履霜) 칡으로 만든 신을 서리가 내려도 신음.

계교치수(計較錙銖)「조그만 일을 비교(比較)하고 재어 봄」극히 작은 이해(利害)를 타산(打算)함.

미염박변(米鹽博辯) 쌀이나 소금에 대해

서도 자세(仔細)히 논함.

소렴곡근(小斂曲謹) 사소(些少)한 일에 매이고 삼감.

수미이취(數米而炊) 쌀알을 세어 밥을 지음.

양속이용(量粟而舂) 조를 세어 방아를 찧음.

이석추호(利析秋毫) 이익(利益)에는 가을날의 새털까지 쪼갬.

인색지심(吝嗇之心) 재물(財物)에 대한 욕심(慾心)이 많아서 인색한 마음.

일모불발(一毛不拔) 남을 위해서는 털 하나라도 뽑지 않음.

일전여명(一錢如命) 한 푼의 돈을 목숨같이 여김.

자린고비(玼吝考妣) 아주 다라울 정도(程度)로 인색하고 비정(非情)한 사람.

촌량수칭(寸量銖秤) 「한 치의 길이, 한 수(銖)의 무게도 재고 닮」 작은 일까지 조사(調査)함.

칭신이찬(秤薪而爨) 땔나무를 저울로 달아 땜.

풍취각여(豐取刻與) 많이 갖고 조금 줌.

각별경대 삼갈恪 나눌別 공경할敬 응대할對

특별(特別)히 공손(恭遜)하게 대접(待接)함.

↔ **차래지식**(嗟來之食) 무례(無禮)한 태도(態度)로 주는 음식(飮食).

각불위례 각자各 아닐不 할爲 예도禮

각자(各自)가 서로 상대(相對)에게 예(禮)를 행(行)하지 않음.

각사노비 각각各 맡을司 종奴 여자 종婢

조선시대(朝鮮時代) 서울의 여러 관아(官衙)에 배속(配屬)되어 있던 노비.

각산분립 각각各 흩을散 나눌分 설立

각각 흩어져 따로따로 갈라짐.

분문열호(分門裂戶) 한 겨레붙이나 한 무리 속에서 서로 패가 갈려 각각 나누어서 따로 문호(門戶)를 세움. 파(派)가 갈라짐.

각산진비 각각各 흩을散 다할盡 날飛

각기(各其) 뿔뿔이 흩어져 감.

각색각양 각자各 빛色 各 모양樣

각각(各各)의 색과 모양(模樣).

각양각색(各樣各色)

각색풍류 각자各 빛色 풍악風 흐를流

온갖 종류(種類)의 놀이.

온갖 풍류.

각선구검 새길刻 배船 찾을求 칼劍

「배에 흠집을 내어 칼을 찾음」 엉뚱하고 미련하여 융통성(融通性)이 없음.

각주구검(刻舟求劍)

각심소원 각자各 마음心 바랄所 바랄願

각심소위 各 心 所 할爲

사람마다 원하는 바가 다름.

각기소원(各其所願)

만인이심(萬人異心) 사람마다 각기 마음이 다름.

심부동여면(心不同如面) 사람의 마음이 같지 않음이, 마치 얼굴이 서로 같지 않음과 같음.

경전욕우 예욕청(耕田欲雨 刈欲晴) 밭을 갈 때는 비를, 수확(收穫)할 때는 갠 날을 바람.

각양각색 각자各 모양樣 各 빛色

여러 가지 모양(模樣)과 빛.

사람마다 각각 다름.

각양각태(各樣各態) 각기 다른 여러 가지 모양과 상태(狀態).

각인각설(各人各說) 사람마다 주장(主張)

하는 의견(意見)이나 설이 제각각 다름.

각인각성(各人各姓) 각 사람이 모두 성이 다름.

각인각색(各人各色) 사람마다 낯빛이 다름.

다종다양(多種多樣) 가짓수나 양식(樣式), 모양이 여러 가지로 많음.

두두물물(頭頭物物) 모든 종류의 여러 가지.

만단무방(萬端無方) 가지각색이어서 일정(一定)한 규정(規程)이 없음.

백인백색(百人百色) 사람마다 제각기 다른 특색(特色)이 있음.

종종색색(種種色色) 여러 가지 종류.

형형색색(形形色色) 모양이나 빛깔이 서로 다른 여러 가지.

각양각식 각자各 모양樣 各 법式

여러 가지 양식(樣式).

각오자살 알覺 깨달을悟 스스로自 죽일殺

닥쳐올 곤경(困境)을 미리 깨닫고 스스로 죽음.

각우금석 새길刻 어조사于 쇠金 돌石

「종정(鐘鼎)이나 비갈(碑碣)에 새김」 종(鍾)이나 정(鼎)이나 비(碑)나 갈(碣)에 사람의 공덕(功德) 등을 새겨서 후세에 전함. 鼎은 세 발 달린 쇠솥이고, 碑는 네모난 돌, 碣은 둥근 돌임.

늑우금석(勒于金石) 그 사람의 공덕(功德) 등을 종정(鐘鼎-솥이나 종), 비갈(碑碣)에 새겨 후세(後世)에 전함.

각유소장 각자各 있을有 바랄所 나을長

각각(各各)의 사람마다 장점(長點)이나 장기(長技)를 지니고 있음.

각유천추(各有千秋), **각기소장**(各其所長)

노마지지(老馬之智) 「늙은 말의 지혜(智慧)」 노인(老人)이나 경험(經驗)이 풍부(豊富)한 사람의 지혜.

마공매속(馬工枚速) 「글을 짓는데 사마상여(司馬相如)는 느리고 매고(枚皐)는 빠름」 각자(各自) 장점이 있음을 칭찬(稱讚)하는 말.

일장일단(一長一短) 사람이나 물건(物件)은 단점(短點)도 있고 장점도 있음.

척단촌장(尺短寸長) 「척도 짧을 때가 있고, 촌도 길 때가 있음」 장점도 단점도 있음.

↔ **일무시처**(一無是處) 장점이 하나도 없음.

각유일능 각자各 있을有 한一 능할能

사람마다 한 가지씩 재주를 지니고 있음.

각인각색 각자各 사람人 各 색色

말과 행동(行動)과 모양새와 몸가짐 등이 각 사람이 모두 다름.

각인각설(各人各說) 사람마다 주장(主張)하는 의견(意見)이나 설이 제각각 다름.

십인십색(十人十色) 생각이나 취향(趣向)이 사람마다 모두 다름.

천차만별(千差萬別) 여러 가지 사물(事物)이 모두 차이(差異)가 있고 구별(區別)이 있음.

침우기마(寢牛起馬) 「소는 눕는 것을 좋아하고 말은 서는 것을 좋아함」 사람마다 취미(趣味)가 다름.

각인각설 각자各 사람人 各 이야기說

사람마다 주장(主張)하는 의견(意見)이 각기(各其) 다름.

각인각성 각자各 사람人 各 성씨姓

각 사람이 모두 성이 다름.

각자도생 각자各 스스로自 꾀할圖 살生

제각기 살길을 도모(圖謀)함.

각자무치 뿔角 놈者 없을無 이빨齒

「뿔이 있는 짐승은 이빨이 없음」 한 사람이 여러 가지 재주나 복(福)을 다 가질 수 없음.

능주자탈익(能走者奪翼) 「달리기를 잘하는 짐승에게는 날개를 주지 않음」 하늘은 두 가지 좋은 조건(條件)을 다 주지 않음.

각자위심 각자各 스스로自 할爲 마음心

「각자의 마음이 제각각임」 각 사람이 다 마음을 다르게 먹음.

인심여면(人心如面) 「사람 마음은 그 얼굴과 같음」 사람의 마음이 제각각인 것은 사람의 얼굴이 제각각인 것과 같은 이치(理致)임.

각자위정 각자各 스스로自 할爲 정사政

「저마다 스스로 정치(政治)를 함」 사람마다 자기 마음대로 행동(行動)함.

다른 사람과 협력(協力)하지 않으면 실패(失敗)할 것이 분명(分明)함.

위비언고(位卑言高) 「지위(地位)는 낮은데 말은 높음」 낮은 지위(地位)에 있으면서 윗사람의 정치를 이렇다 저렇다 비평(批評)함.

정출다문(政出多門) 문외한(門外漢)으로 정치에 대하여 아는 체하는 사람이 많음.

중구난방(衆口難防) 여러 사람의 입은 막기 어려움.

각자일가 각자各 스스로自 한一 집家

제각기 일가를 이룸.

성문호(成門戶) 자신(自身)의 힘으로 일가를 이룸.

각장탁구 새길刻 문장章 쫄琢 구절句

「글을 쓸 때 장구(章句)를 새기고 쫌」 장구를 고치고 가다듬음.

장구를 열심(熱心)히 조탁(彫琢)함.

각전시정 각자各 가게廛 시장市 저자井

각 전방(廛房)과 시장(市場).

각종기류 각각各 따를從 그其 무리類

만물(萬物)은 각기(各其) 같은 종류(種類)끼리 서로 따름.

각종기지 각각各 따를從 그其 뜻志

「각자 제 뜻을 따름」 각자(各自) 좋아하는 대로 함.

종오소호(從吾所好) 자기(自己)가 좋아하는 대로 좇음.

각종본법 각각各 따를從 근본本 법法

여러 사람이 공모(共謀)하여 죄(罪)를 범(犯)했을 때, 그 주종(主從)에 따라 죄의 적용(適用)을 달리하여 하나같이 처단(處斷)하지 않음.

각주구검 새길刻 배舟 구할求 칼劍

초(楚)나라 사람이 배에서 칼을 물속에 떨어뜨리고 그 위치를 뱃전에 표시(標示)하였다가 나중에 배가 움직인 것을 생각하지 않고 칼을 찾았다는 데서 유래(由來)함.

융통성(融通性) 없이 현실(現實)에 맞지 않는 낡은 생각을 고집(固執)하는 어리석음.

각선구검(刻船求劍)

노이무공(勞而無功) 애만 쓰고 보람이 없음.

격화소양(隔靴搔癢) 신을 신고 발을 긁음.

동족방뇨(凍足放尿) 언 발에 오줌 누기.

두양소근(頭痒搔跟) 머리가 가려운데 발뒤꿈치를 긁음.

서과피지(西瓜皮舐) 수박 겉핥기.

슬양소배(膝痒搔背) 무릎이 가려운데 등을 긁음.

수주대토(守株待兎) 나무 그루터기에서 토끼를 기다림.

대린부처불취(待隣婦妻不娶) 「이웃 색시 기다리다 장가(丈家)를 못 감」 한 가지만 고집(固執)하다가 실패(失敗)하는 융통성 없는 짓.

↔ **일침견혈**(一針見血) 침을 한 번 놓아 피를 봄.

단도직입(單刀直入) 한 자루 칼만 들고 곧장 들어감.

각지불공 물리칠却 어조사之 아닐不 공손할恭

「물리치는 것은 공손(恭遜)한 것이 아님」 다른 사람의 호의(好意)나 성의(誠意)를 받아들일 때 고맙다는 뜻으로 사용(使用)하는 공손한 표현(表現).

과공비례(過恭非禮) 지나친 공손은 예의(禮儀)가 아님.

은근무례(慇懃無禮) 지나치게 정중(鄭重)하고 겸손(謙遜)해서 도리어 예의가 없음.

각지불이 각각各 알知 아닐不 옮길移

각자(各自)가 깨닫고 마음에 새기어 변함이 없는 일.

각질천리 느낄覺 어그러질跌 일천千 거리里

「여기서 반걸음이라도 잘못 내딛는 날엔 천 리 먼길이 어그러짐을 알겠구나」 큰일을 그르치는 자를 깨우치게 하는 말.

각촉부시 새길刻 촛불燭 글賦 시詩

각촉위시 刻 燭 지을爲 詩

초에 눈금을 새기고 그 눈금이 타기 전까지 시(詩)를 짓는 놀이.

촉각부시(燭刻賦時)

격발성시(擊鉢成詩) 동발(銅鈸) 소리가 끝나는 동안에 시를 지음.

봉장풍월(逢場風月) 아무 데나 그 자리에서 즉흥적(卽興的)으로 시를 지음.

의마초격(倚馬草檄) 말에 기대어 격문(檄文)을 씀.

천언입성(千言立成) 긴 시문(詩文)이 순식간(瞬息間)에 이루어짐.

칠보성시(七步成詩) 일곱 걸음을 걷는 사이에 시 한 수를 짓는 재능(才能).

팔차수성(八叉手成) 「여덟 번 팔짱을 끼고 여덟 수의 시를 지음」 시문을 짓는 재주가 풍부(豐富)함.

횡삭부시(橫槊賦詩) 말 위에서 창(槍)을 옆에 끼고 시를 지음.

각하조고 다리脚 아래下 비칠照 돌아볼顧

「자기(自己)의 발밑을 잘 비추어 돌이켜 봄」 남을 비판(批判)하기 전에 자신(自身)을 돌아보아야 하며, 가깝고 친할수록 더욱 조심(操心)해야 함. **조고각하**(照顧脚下)

내시반청(內視反聽) 남을 꾸짖기보다 자신을 돌이켜 보고 반성(反省)함.

반구저기(反求諸己) 남을 탓하지 않고 잘못의 원인(原因)을 자기에게서 찾아 고쳐나감.

삼성오신(三省吾身) 하루에 세 번씩 몸가짐을 살피고 반성함.

폐문사과(閉門思過) 문을 닫고 자신의 잘못을 생각하라.

각행일치 깨달을覺 행할行 한一 이를致

「깨달음과 행동(行動)이 일치하여야 함」 아는 것과 행동이 일치해야 함.

내외겸전(內外兼全) 안과 밖이 아울러 갖추어짐.

언행일치(言行一致) 「하는 말과 행동이 같음」 말한 대로 실행(實行)을 함.

지행합일(知行合一) 지식(知識)과 행동이 한결같이 서로 맞음.

입이착심(入耳著心) 들은 바를 마음에 잘 간직하여 잊지 않음.

표리일치(表裏一致) 「겉과 속이 일치함」 언어(言語)와 행동이 다름이 없음.

각화무염 새길刻 그림畵 없을無 소금鹽

「무염 땅 종리춘(鍾離春)이 화장(化粧)을 함」 추녀(醜女)가 아무리 화장하여도 미인(美人)과 비교할 수 없음.

전혀 비교(比較)되지 않음.

차이(差異)가 많은 물건(物件)이나, 비교하거나 맞지 않음.

부유교거오(蜉蝣校巨鰲) 「하루살이가 자라와 힘내기를 함」 큰 세력(勢力)에 대하여 제힘에 겨운 대항(對抗)을 함. 도저히 비교되지 않음.

간간대소 화락할衎 衎 큰大 웃을笑

간간대소 안온할侃 侃 大 笑

얼굴에 기쁜 표정(表情)을 지으며 크게 소리를 내어 크게 웃음.

가가대소(呵呵大笑) 소리 내어 크게 웃음.

개구대소(開口大笑) 입을 크게 벌리고 웃음.

만당홍소(滿堂哄笑) 방안에 둘러앉은 사람들이 모두 흡족(洽足)해 크게 웃는 웃음.

무장대소(撫掌大笑), **박장대소**(拍掌大笑) 손뼉을 치며 크게 웃는 웃음.

아연대소(啞然大笑) 크게 소리 내어 웃음.

앙천대소(仰天大笑) 고개를 젖히고 하늘을 우러르며 웃는 웃음. (어이가 없어 웃는 것)

요절복통(腰折腹痛) 허리가 끊어질 듯하고 배가 아플 정도(程度)로 몹시 웃음.

파안대소(破顔大笑) 표정이 일그러질 정도로 크게 웃는 웃음.

파안대소(破顔大笑) 표정이 일그러질 정도로 크게 웃는 웃음.

파안미소(破顔微笑) 얼굴빛을 부드럽게 하여 웃음.

파안일소(破顔一笑) 매우 즐거운 표정으로 한바탕 웃음.

포복절도(抱腹絶倒), **봉복절도**(捧腹絶倒) 「배를 안고 넘어짐」 몹시 우스워서 배를 안고 몸을 가누지 못할 만큼 웃음.

홍연대소(哄然大笑) 크게 껄껄 웃음.

간간발송 사이間 間 필發 보낼送

때때로 관원(官員)을 출장(出張) 보내는 것.

간간수용 사이間 間 거둘收 쓸用

특별(特別)한 인재(人材)나 혹은 공(功)을 세운 자를 그때그때 이조(吏曹)나 병조(兵曹), 각 관찰사(觀察使)의 추천(推薦)으로 그에 상당(相當)하는 관직(官職)에 결원(缺員)이 생겼을 때 임명(任命)하는 인사행정(人事行政).

간간악악 굳셀侃 侃 곧은 말할諤 諤

옳다고 믿는 것을 거리낌 없이 직언함.

골경지신(骨鯁之臣) 목에 걸린 가시처럼, 직언(直言)하는 강직(剛直)한 신하(臣下).

면절정쟁(面折庭諍) 임금의 면전(面前)에서 임금의 행한 일이나 정치적(政治的) 사건(事件)에 대하여 기탄(忌憚)없는 쟁론(爭論)을 함.

봉명조양(鳳鳴朝陽) 「봉황(鳳凰)이 아침볕 아래서 울」 윗사람에게 잘못된 일을 바로잡아야 한다고 직언함.

악악지신(諤諤之臣) 언제나 바른말을 하는 신하(臣下).

직언극간(直言極諫) 바른말로 잘못을 극진(極盡)히 간함.

초모위언(草茅危言) 민간(民間)에 있으면서 국정(國政)을 통렬(痛烈)하게 공박(攻駁)함.

탕무이악악이창(湯武以諤諤而昌) 은나라의 탕왕(湯王)과 주나라의 무왕(武王)은 충신(忠臣)이 극렬(極烈)하게 간하는 것을 받아들여 크게 융창(隆昌)하였음.

간견층출 사이間 볼見 층層 날出

살며시 드러나 겹치어 나옴.

간경심사 간여할干 벼슬卿 심할甚 일事

간경저사 干 卿 밑底 事

간경하사 干 卿 어찌何 事

「그대와 무슨 상관(相關)인가?」 다른 사람의 일에 참견(參見)하는 것을 비웃으며 하는 말. **저사간경**(底事干卿)

간고분투 어려울艱 쓸苦 떨칠奮 싸울鬪

고난(苦難)과 시련(試鍊)을 이겨 내면서 있는 힘을 다하여 싸움.

간과지변 방패干 창戈 어조사之 변할變

전쟁(戰爭)의 변고(變故). 또는 전쟁으로 인한 사변(事變).

간과공총 방패干 창戈 바쁠倥 바쁠傯

전쟁(戰爭)으로 바쁨. 干戈는 전쟁을 나타냄. **병과공총**(兵戈倥傯)

강역다사(疆域多事) 「강역에 사건(事件)이 많음」 다른 나라와의 국경(國境)에 전쟁이 일어나서 바쁨.

간관부돈 사이閒 빗장關 엎드러질伏 조아릴頓

갖가지 어려움을 겪고 실패(失敗)함.

간관유리 사이閒 빗장關 흐를流 떠날離

때때로 고난(苦難)에 처하여 여러 곳을 방랑(放浪)하는 것. 閒은 間(간)의 본자(本字).

간국지기 줄기幹 나라國 어조사之 그릇器

나라를 다스릴 국량(局量)을 지닌 사람.

국량(局量) 재간(才幹)과 도량(度量). 일을 잘 알아서 경영(經營)할 수 있는 품성(品性).

공보지기(公輔之器) 재상(宰相)이 될 만한 도량과 재간이 있는 인물(人物).

낭묘지기(廊廟之器), **묘당지량**(廟堂之量) 묘당에 앉아 나라의 정무(政務)에 참여(參與)할 만한 인물(人物).

사직지기(社稷之器) 국가(國家)를 다스릴 만한 그릇.

간기인물 사이閒 기운氣 사람人 사람物

여러 세대(世代)에 걸쳐 드물게 뛰어난 기품(氣品)을 타고난 인물.

간세지재(間世之材) 여러 세대를 통하여 드물게 나타나는 뛰어난 인재(人材).

봉모인각(鳳毛麟角) 「봉의 털과 기린의 뿔」 매우 드물게 뛰어난 인물.

청운지사(靑雲之士) 학문(學文)과 덕(德)을 고루 갖춘 높은 인물.

촉중명장(蜀中名將) 「촉한(蜀漢)의 명장」 매우 뛰어나고 훌륭한 인재.

약득일적국(若得一敵國) 「원수(怨讐)의 나라를 얻는 것과 같음」 뛰어난 인재를 얻음.

간기호걸 사이閒 기운氣 호걸豪 뛰어날傑

세상(世上)에 어쩌다가 나타나는 호걸.

불세출(不世出)의 영웅(英雄).

간난다사 어려울艱 어려울難 많을多 일事

괴롭고 어려운 일들이 많음.

천신만고(千辛萬苦) 「천 가지로 맵고 만 가지로 씀」 몸과 마음이 모두 상하고 괴로운 일을 당함.

파란중첩(波瀾重疊) 일의 진행(進行)에 있어서 온갖 변화(變化)와 난관(難關)이 많음.

간난신고 어려울艱 어려울難 매울辛 쓸苦

간난고초 艱 難 苦 회초리楚

「고되고 어렵고 맵고 씀」 힘들고 고생(苦生)스러운 시간(時間)을 보내고 있음.

각기삭골(刻肌削骨) 「살을 에고 뼈를 깎음」 고통(苦痛)이 극심(極甚)함.

고골출수(敲骨出髓) 뼈를 두드려 골수를 냄.

고초만상(苦楚萬狀) 온갖 종류(種類)의 어려움과 괴로움.

난행고행(難行苦行) 아주 심하게 고생함.

남부여대(男負女戴) 남자는 등에 지고 여자는 머리에 짐을 임.

도탄지고(塗炭之苦) 진흙 수렁에 빠지고 숯불에 타는 듯한 고통.

만고풍상(萬古風霜) 오랜 세월(歲月)을 걸쳐 겪어 온 힘겨운 고생.

병풍상서(病風傷暑) 바람에 병들고 더위에 상함.

수심화열(水深火熱)「물은 깊고 불은 뜨거움」백성이 당하는 극심(極甚)한 고통.

역경난경(逆境難境) 어떤 일을 하는 데 있어서 어렵고 힘든 상황(狀況).

애홍편야(哀鴻遍野) 슬피 우는 기러기가 들판에 가득함.

우왕마왕(牛往馬往) 소와 말이 다닌 곳을 다 다님.

절골지통(折骨之痛)「뼈가 부러지는 아픔」참을 수 없는 심한 고통.

조진모초(朝秦暮楚) 아침에는 진나라에 있다가 저녁에는 초나라로 감.

즐풍목우(櫛風沐雨). **풍환우빈**(風鬟雨鬢) 바람에 머리를 빗고 비로 목욕(沐浴)함.

천신만고(千辛萬苦) 천 가지 매운맛과 만 가지 쓴맛.

칠전팔도(七顚八倒) 일곱 번 구르고 여덟 번 거꾸러짐.

풍상고초(風霜苦楚) 찬바람과 찬 서리를 맞는 괴로움과 아픔.

풍찬노숙(風餐露宿) 바람을 맞으며 먹고 이슬을 맞으며 잠.

간난험조 어려울艱 어려울難 험할險 험할阻

인생행로(人生行路)의 험하고 어려운 일.

간뇌도지 간肝 뇌腦 진흙塗 땅地

「간장과 뇌수가 땅에 쏟아짐」참혹(慘酷)한 죽음, 또는 나라를 위한 희생(犧牲) 함.

분골쇄신(粉骨碎身) 뼈가 가루가 되고 몸이 부서짐.

이신허국(以身許國) 몸을 나라에 바치기를 결심(決心)함.

진충갈력(盡忠竭力) 충성(忠誠)을 다하고 몸을 다함.

간단명료 간략할簡 홑單 밝을明 밝을瞭

단순(單純)하고 간략(簡略)하며 뚜렷하고 분명(分明)함.

간담도지 간肝 쓸개膽 더럽힐塗 땅地

「간과 쓸개가 흙과 뒤범벅이 됨」싸움터에서 참살(斬殺)당할 때의 모양(模樣).

시산혈해(屍山血海) 시체(屍體)가 산같이 많이 쌓이고 피가 바다같이 흐름.

아비규환(阿鼻叫喚) 여러 사람이 비참(悲慘)한 지경(地境)에 빠져 울부짖는 참상(慘狀).

유혈부시(流血浮尸) 피가 흘러서 시체를 띄울 만큼 사상자(死傷者)가 많음.

유혈성천(流血成川) 피가 흘러서 내를 이룸.

유혈참극(流血慘劇) 피를 흘리며 싸움하는 참혹(慘酷)한 현상(現狀).

적시여산(積屍如山) 쌓인 시체가 산과 같음.

창림탄우(槍林彈雨) 창(槍)이 숲을 이루고 탄환(彈丸)이 빗발치듯 함.

천참만륙(千斬萬戮) 천만 동강으로 쳐서 죽임.

혈류성하(血流成河) 피가 흘러 강물을 이룸.

혈류표저(血流漂杵) 피가 강물처럼 흘러 절굿공이가 떠다님.

혈풍혈우(血風血雨) 피바람과 피 비.

간담상조 간肝 쓸개膽 서로相 비칠照

「간과 쓸개를 내놓고 서로에게 내보임」서로가 마음속을 툭 털어놓고 숨김없이 친하게 사귐.

피간담(披肝膽)「간과 쓸개를 펼쳐 보임」

본심(本心)을 털어놓음.

경균도름(傾囷倒廩) 「창고(倉庫)에 쌓아 두었던 쌀을 전부(全部) 내놓음」 자기 속마음을 하나도 숨김없이 털어놓음.

불설성부(不設城府) 흉금(胸襟)을 터놓고 허물없이 접촉(接觸)함.

심복수사(心腹輸寫) 마음속의 생각을 모두 털어놓음.

심복지우(心腹之友) 서로 흉금을 터놓고 지내는 썩 친한 벗.

취중진담(醉中眞談) 술에 취하게 되면 자기의 속마음을 털어놓게 됨.

토진간담(吐盡肝膽) 거짓 없는 심정(心情)을 숨김없이 다 털어놓음.

허심탄회(虛心坦懷) 품은 생각을 터놓고 말할 만큼 마음에 아무런 거리낌이 없고 솔직(率直)함.

간담초월 간肝 쓸개膽 초나라楚 월나라越

「간과 쓸개, 초나라와 월나라」 보는 관점(觀點)에 따라 비슷해 보이는 것이라도 전혀 다르고, 가까운 것이라도 멀리 보임.

간담호월(肝膽胡越)

간담한 간肝 쓸개膽 찰寒

「간과 쓸개가 서늘함」 몹시 놀라고 두려워함.

경심도담(驚心悼膽) 마음이 놀라고 담이 뜀.

국지척천(跼地蹐天) 땅이 꺼질까 봐 발끝으로 디디고 하늘에 부딪힐까 몸을 구부림.

병식외구(屛息畏懼) 숨을 죽이고 두려워함.

불한이율(不寒而慄) 춥지도 않은데 벌벌 떪.

소삭축률(銷鑠縮栗) 득의(得意)한 마음이나 기개(氣槪)가 쇠하여 사그라지고 위축(萎縮)되어 두려워함.

악양파한(握兩把汗) 두 손에 땀을 쥠.

오우천월(吳牛喘月) 「오나라 소는 달을 보고도 헐떡거림」 몹시 두려워함.

외수외미(畏首畏尾) 머리도 두려워하고 꼬리도 두려워함.

치신무지(置身無地) 두려워 몸 둘 바를 모름.

간담호월 간肝 쓸개膽 오랑캐胡 월나라越

가깝고 먼 것으로서 서로 닮고 닮지 않음.

간두과삼년

장대竿 꼭대기頭 지날過 석三 해年

「대 끝에서도 3년」이라는 속담(俗談)의 한역(漢譯)으로, 괴로움을 오랫동안 참고 지냄.

간두지세 장대竿 꼭대기頭 어조사之 형세勢

긴 장대 끝에 서 있는 것처럼 위태(危殆)로운 형세(形勢).

낙미지액(落眉之厄) 눈썹에 떨어지는 재앙.

누란지세(累卵之勢), **누란지위**(累卵之危) 포개놓은 알처럼 무너지기 쉽고 위태로운 상태(狀態).

명재경각(命在頃刻) 목숨이 눈 깜짝할 사이에 달려 있음.

박빙여림(薄氷如臨) 살얼음을 밟는 것 같음.

발인천균(髮引千鈞) 한 올의 머리카락으로 천균의 무게를 당김.

부절여발(不絶如髮) 가는 실이나 머리털처럼 끊어질 듯 끊어질 듯하면서도 겨우 버팀.

백척간두(百尺竿頭) 백 자나 되는 장대 끝.

사생관두(死生關頭) 죽고 사는 것이 달린 매우 위태(危殆)한 고비.

연미지액(燃眉之厄) 불길이 눈썹을 태울 지경(地境).

여림심연(如臨深淵) 깊은 못에 임한 것 같음.

완급지사(緩急之事) 매우 위태롭고 급한 일.

위기일발(危機一髮) 머리털 하나로 묶인 물건(物件)을 들어 올리듯 위험(危險)한 상황(狀況).

위약조로(危若朝露) 위험하기가 마치 아침해에 곧 마를 이슬과 같음.

위여누란(危如累卵) 알을 쌓은 것 같이 위태함.

위재조석(危在朝夕) 위험이 조석에 달림.

조로지위(朝露之危) 아침이슬과 같은 위험.

존망지추(存亡之秋) 존속(存續)과 멸망(滅亡)이냐의 갈림길에 서 있는 상황(狀況).

진퇴양난(進退兩難) 나아갈 수도 없고 물러날 수도 없음.

초미지급(焦眉之急) 눈썹에 불이 붙은 것 같이 매우 위급함.

태재급급(胎哉岌岌) 몹시 위태(危殆)로움.

풍전등화(風前燈火) 바람 앞의 등불.

간루타루 볼看 누각樓 칠打 樓

「적(敵)이 망루(望樓)를 지으면, 이편에서도 망루를 지음」 남을 모방(模倣)함.

부화뇌동(附和雷同) 남이 하는 행동(行動)을 무작정(無酌定) 따라서 함.

축일상종(逐日相從) 날마다 따라 함.

간명범의 범할干 이름名 범할犯 옳을義

「명분(名分)을 범하고 은의(恩義)를 배반(背叛)함」 자식(子息)이 부모를, 손자(孫子)가 조부모(祖父母)를, 처첩(妻妾)이 부나 부모 등을 고소(告訴)하는 행위(行爲).

망은배의(忘恩背義) 은혜(恩惠)를 잊고 의리(義理)를 배반(背叛)함.

배은망덕(背恩忘德) 남에게 입은 은덕(恩德)을 잊고 저버림.

간명직절 대쪽簡 밝을明 곧을直 끊을截

간단명료(簡單明瞭)하고 직선적(直線的)이어서 에두르거나 모호(模糊)함이 없음.

직절간명(直截簡明)

간목수생 마를乾 나무木 물水 날生

「마른나무에서 물을 짜내려 함」 불가능(不可能)한 일을 억지로 이루려 할 때 쓰이는 말.

강목수생(剛木水生), **건목생수**(乾木生水)

귀배괄모(龜背刮毛) 거북의 등에 난 털을 긁음.

백년하청(百年河淸) 황허강의 물이 맑아지기를 무작정(無酌定) 기다림.

상산구어(上山求魚) 산 위에 올라가 물고기를 구하려고 함.

연목구어(緣木求魚) 나무에 연하여 물고기를 구함.

간목안 볼看 따오기鶩 기러기雁

「날아다니는 따오기나 기러기를 보듯 함」 별 관심(關心)이 없음.

이변풍(耳邊風) 「한 귀로 듣고 한 귀로 흘려 버림」 관심이 전혀 없음.

마이동풍(馬耳東風) 「말귀에 봄바람이 스쳐 감」 전혀 관심이 없음.

만사무심(萬事無心) 온갖 일에 관심이 없음.

심부재언(心不在焉) 「마음이 여기에 없음」 어떤 일을 하고자 하는 마음이나 관심이 없음.

추풍과이(秋風過耳), **풍과이**(風過耳) 「가을 바람이 귀를 스쳐 감」 아무 관심을 두지 않음.

만사무심(萬事無心) 온갖 일에 관심이 없음.

간발이즐 가릴簡 터럭髮 말 이을而 빗질할櫛

「머리 터럭을 한 올씩 빗음」 몹시 좀스러운 것. 또는 매우 신중(愼重)하게 처리(處理)함이 지나쳐 불필요(不必要)한 일에 정성(精誠)을 쏟음.

누진취영(縷塵吹影) 먼지에 새기고 그림자를 입으로 붊.

무병자구(無病自灸) 병도 없는데 뜸질함.

첩상가옥(疊牀架屋) 침대(寢臺) 위에 침대를 겹쳐 놓고, 지붕 위에 지붕을 얹음.

간변수양

산골 물澗 가장자리邊 드리울垂 버들楊

시냇가에 늘어서 있는 늘어진 버들.

간부역정 방패干 솥鈇 거스를逆 솥鼎

「도끼에 찍히고 솥 안에 삶김」 극형(極刑)을 당함.

간뇌도지(肝腦塗地) 「간장(肝腸)과 뇌수(腦髓)가 땅에 쏟아짐」 참혹(慘酷)한 죽음. 나라를 위한 희생(犧牲).

도거정확(刀鋸鼎鑊) 궁형(宮刑)에 쓰는 칼, 월형(刖刑)에 쓰는 톱, 팽형(烹刑)에 쓰는 가마솥. 곧 참혹한 형벌(刑罰).

간부후비 줄기幹 거느릴部 뒤後 갖출備

이미 있는 간부들의 뒤를 이어 새 간부로 선발(選拔), 등용(登用)될 예비(豫備) 일꾼.

간불소향 가릴揀 부처佛 불사를燒 향기香

「부처를 골라 향을 피움」 남을 대우(待遇)하는데 후(厚)하게 하거나 박(薄)하게 함.

하후하박(何厚何薄) 어느 쪽은 후하게 하고 어느 쪽은 박하게 함.

간불용발 사이間 아닐不 얼굴容 터럭髮

「머리카락 하나 끼울 틈도 없음」 주의(注意)가 면밀(綿密)하여 조금도 빈틈이 없음.

일이 매우 위급(危急)하여 여유(餘裕)가 전혀 없음.

비조불입(飛鳥不入) 나는 새도 들어갈 수 없음.

산무유책(算無遺策) 계책(計策)에 빈틈이 조금도 없음.

성수불루(盛水不漏) 물이 가득히 차도 조금도 새지 않음.

용의주도(用意周到) 뜻이 미치지 않는 곳이 없어 빈틈이 없음.

응격모지(鷹擊毛摯) 매가 새를 잡고 맹수(猛獸)가 작은 짐승을 채듯이, 엄혹(嚴酷)하여 조금도 빈틈이 없음.

주도면밀(周到綿密) 주의(注意)가 두루 미쳐 세밀(細密)하고 빈틈이 없음.

철두철미(徹頭徹尾) 머리부터 꼬리까지 통하지 않는 곳이 없음.

철상철하(徹上徹下) 위에서 아래까지 꿰뚫듯 훵함.

간불용식 사이間 아닐不 얼굴容 쉴息

「숨 한번 쉴 사이도 없음」 매우 급박(急迫)함.

박어부득(迫於不得) 일이 매우 급하여 어찌할 수가 없음.

조불급석(朝不及夕) 「저녁까지 이르지 못함」 일이 매우 급함.

간사지신 주관할幹 일事 어조사之 신하臣

주(主)가 되어 일을 관장(管掌)하는 신하(臣下).

간서활리 간음할姦 아전胥 교활할猾 관리吏

간악(姦惡)하고 교활(狡猾)한 관리(官吏).

간향간리(奸鄕奸吏), **간향활리**(奸鄕猾吏)

간성난색 간음할姦 소리聲 어지러울亂 정욕色

「간사(奸詐)한 소리와 음란(淫亂)한 여색(女色)」 간사한 소리는 귀를 어지럽게 하고, 좋지 못한 여색은 눈을 어지럽게 함.

현인안목(眩人眼目) 남의 눈을 어지럽히고 정신(精神)을 아득하게 함.

간성지장 방패干 성城 어조사之 장수將

「방패(防牌)와 성(城)으로 지키는 장수(將帥)」 나라를 지키는 장수.

공후간성(公侯干城)

국지간성(國之干城) 나라를 지키는 군인들.

간성지재 방패干 성城 어조사之 재목材

「방패(防牌)와 성 구실을 하는 인재(人材)」 나라를 지키는 믿음직한 인재.

간세지배 간사할奸 천할細 어조사之 무리輩

간사(奸邪)한 짓을 하는 못된 사람의 무리.

간세지재 사이間 세대世 어조사之 재목材

여러 세대(世代)에 걸쳐 드물게 나는 뛰어난 인재(人材).

간기인물(間氣人物) 여러 세대에 걸쳐 드물게 뛰어난 기품(氣品)을 타고난 인물.

봉모인각(鳳毛麟角) 「봉황(鳳凰)의 털과 기린(麒麟)의 뿔」 매우 뛰어나고 훌륭한 인재.

청운지사(靑雲之士) 학문(學文)과 덕(德)을 고루 갖춘 높은 인물.

촉중명장(蜀中名將) 「촉한(蜀漢)의 명장」 매우 뛰어나고 훌륭한 인재.

약득일적국(若得一敵國) 「원수(怨讐)의 나라를 얻는 것과 같음」 뛰어난 인재를 얻음.

간시간비 사이間 옳을是 間 아닐非

쓸데없는 일을 이러니저러니 따져 말함.

가타부타(可-否-) 어떤 일에 대하여 옳다느니 그르다느니 함.

갑론을박(甲論乙駁) 갑이 주장(主張)하고 을이 반박(反駁)함.

논인장단(論人長短) 남의 잘잘못을 평가(評價)하여 말함.

설왕설래(說往說來) 말이 오고 감.

시시비비(是是非非) 「옳은 것은 옳다, 그른 것은 그르다고 함」 사리(事理)를 공정(公正)하게 판단(判斷)함.

왈시왈비(曰是曰非) 혹은 옳다고 하고 혹은 그르다고 함.

〈'간신(姦臣/奸臣)'을 나타내는 말〉

구맹주산(狗猛酒酸) 「사나운 개 때문에 술을 사러 오는 사람이 없어 술맛이 시어짐」 간신이 있으면 어진 신하(臣下)가 모이지 않아 나라가 쇠퇴(衰退)함.

국지맹구(國之猛狗) 「나라의 사나운 개」 국정(國政)을 어지럽히는 간신(姦臣).

군약신강(君弱臣強), **주약신강**(主弱臣強) 「임금이 약하고 신하가 강함」 실권(實權)이 신하에게 있음.

기군망상(欺君罔上) 임금을 속이고 윗사람을 농락(籠絡)함.

낭패위간(狼狽爲奸) 흉악(凶惡)한 무리가 모략(謀略)을 꾸밈.

능곡역처(陵谷易處) 「언덕이 변하여 골짜기가 되고 골짜기가 변하여 언덕이 됨」 군신(君臣) 상하(上下)의 위치(位置)가 전도(顚倒)됨.

맹호위서(猛虎爲鼠) 범도 위엄(威嚴)을 잃으면 쥐와 같음.

묘원지서(廟垣之鼠) 「영묘(靈廟) 담 안의 쥐」 군주(君主)의 측근(側近)이면서 간신인 사람.

문생천자(門生天子) 환관(宦官)이 정권(政權)을 전횡(專橫)하여 천자를 시관(試官)이 과거(科擧)를 보는 사람 보듯이 함.

미대난도(尾大難掉) 「꼬리가 커서 흔들기가 어려움」 신하의 세력이 너무 커져서 임금이 자유로이 하지 못함.

서빙사귀(鼠憑社貴)「사당(祠堂)에 굴을 판 쥐는 이를 잡고자 하여도 사당을 부술까 두려워 내버려둠」 임금의 위엄(威嚴)에 편승(便乘)하는 소인.

성사소인(城社小人) 임금의 곁에서 농간(弄奸)을 부리는 소인배(小人輩)나 간신.

성호사서(城狐社鼠)「성곽(城郭)에 사는 여우와 사단(社壇)에 사는 쥐」 임금 곁에 있는 간신의 무리.

시랑당로(豺狼當路) 이리와 승냥이처럼 탐욕(貪慾)스럽고 잔혹(殘酷)한 사람이 중요(重要)한 자리에 앉아 권세(權勢)를 휘두름.

읍견군폐(邑犬群吠)「동네 개들이 떼 지어 짖어댐」 여러 소인배가 남을 비방(誹謗)함.

이천사일(移天徙日)「하늘을 옮기고 해를 바꿈」 정권(政權)을 빼앗아 농간(弄奸)을 부림.

일구지학(一丘之貉)「한 언덕의 오소리」 구별(區別)하기 어려운 같은 부류(部類) 또는 한통속의 나쁜 무리.

전도시비(顚倒是非) 옳고 그름이 뒤바뀌어 거꾸로 됨.

조승모문(朝蠅暮蚊)「아침에는 파리가 꾀고, 저녁에는 모기가 들끓음」 소인배(小人輩)가 날뜀.

지록위마(指鹿爲馬)「사슴을 가리켜 말이라 함」 윗사람을 농락(籠絡)하여 권세(權勢)를 휘두름.

청승횡생(青蠅橫生) 가증(可憎)스러운 소인배가 잇달아 생겨남.

취문성뢰(取蚊成雷)「모기가 모이면 그 소리가 우레와 같음」 간신들의 참소(讒訴)가 횡행(橫行)함.

탐권낙세(貪權樂勢) 권세를 탐하고 세도(勢道) 부리기를 즐김.

호군구당(狐群狗黨)「여우 무리와 개 무리」 함께 집단(集團)을 이룬 나쁜 사람의 무리.

회남계견(淮南鷄犬) 권세(權勢)에 아부(阿附)하여 출세(出世)하는 사람.

회총시위(懷寵尸位) 총애(寵愛)를 받다가 물러나야 할 때 물러나지 않고 버팀.

흑백전도(黑白顚倒) 옳고 그름이 뒤집히거나 그런 상황(狀況)을 야기(惹起)함.

일월욕명 부운폐지(日月欲明 浮雲蔽之)「해와 달은 밝고자 하나 뜬구름이 그것을 가림」 군주(君主)는 총명(聰明)하게 정사(政事)를 보려 하나 간신이 가로막고 있음.

간신적자 간사할奸 신하臣 도적賊 자식子

간사(奸詐)한 신하(臣下)와 부모(父母)를 거역(拒逆)하는 자식(子息).

난신적자(亂臣賊子) 나라를 어지럽히는 신하와 어버이를 해치는 자식.

무부무군(無父無君)「아버지도 임금도 없음」 어버이도 임금도 모르는 난신적자. 행동(行動)이 막된 사람.

간심약렬 간肝 마음心 같을若 찢을裂

「간과 심장(心臟)이 찢어지는 것 같음」 슬픔이나 고민(苦悶)이 몹시 심함.

간악교완

간사할奸 악할惡 공교할巧 완고할頑

나쁜 꾀가 있어 거짓으로 남의 비위(脾胃)를 맞추고 악독(惡毒)하며 교활(狡猾)함.

간악무도 간사할奸 악할惡 없을無 도리道

간사(奸詐)하고 악독(惡毒)하여 인도(人道)에서 어긋남.

극악무도(極惡無道) 악한 모습이 극에 달해 어떤 도리(道理)도 갖지 못함.

대간대악(大奸大惡) 매우 간사하고 매우 못된 짓을 하는 사람.

대악무도(大惡無道) 몹시 모질고 도의심(道義心)이 없음.

잔인무도(殘忍無道) 잔인하고 사나워 사람의 도리(道理)가 전혀 없음.

포학무도(暴虐無道) 성질(性質)이 횡포(橫暴)하고 잔악(殘惡)하며 사람의 도리에 어긋나 막됨.

살인부잡안(殺人不眨眼) 사람을 죽이면서 눈도 깜짝거리지 않음.

간악요힐 간사할奸 악할惡 괴이할妖 약을黠

간사(奸詐)하고 악독(惡毒)하며 요망(妖妄)하고 약음.

간악질투 간사할奸 악할惡 미워할嫉 샘낼妬

간사(奸邪)하고 악독(惡毒)한 질투.

간어제초 사이間 어조사於 제나라齊 초나라楚

「힘없는 등(藤) 나라가 큰 나라인 제나라와 초나라 사이에 끼어 있음」 약한 사람이 강한 사람 사이에서 괴로움을 당함.

경전하사(鯨戰蝦死) 고래 싸움에 새우가 죽음.

사제사초(事齊事楚) 제나라도 섬기고 초나라도 섬김.

간엽시박 간肝 잎葉 비로소始 얇을薄

「간장(肝腸)이 엷어지기 시작(始作)함」 50세(五十歲)쯤.

간운보월 볼看 구름雲 걸음步 달月

「구름을 바라보거나 달빛 아래 거닒」 객지(客地)에서 집을 생각함.

고향(故鄕)과 가족(家族) 생각이 간절(懇切)하여 낮이면 고향 쪽 하늘의 피어나는 구름을 바라보고, 밤이면 달을 바라보며 거닒.

간운폐일 범할干 구름雲 덮을蔽 해日

「구름을 침범(侵犯)하고 해를 덮음」 큰 나무가 하늘을 찌를 듯이 높이 솟은 것을 비유하는 말.

간의대부 간할諫 의논할議 큰大 지아비夫

천자(天子)의 고문관(顧問官)으로서 천자에게 잘못이 있으면 간하는 직책(職責).

간간악악(侃侃諤諤) 옳다고 믿는 것을 거리낌 없이 직언(直言)하는 일.

고굉지신(股肱之臣) 다리와 팔에 비기는 신하.

골경지신(骨鯁之臣) 목에 걸린 가시처럼 듣기에 괴로운 직언을 하는 강직(剛直)한 신하.

군유쟁신(君有諍臣) 임금에게는 잘못을 지적(指摘)할 수 있는 신하가 있어야 함.

면절정쟁(面折庭諍) 임금의 면전(面前)에서 임금의 행한 일이나 정치적(政治的) 사건(事件)에 대하여 기탄(忌憚)없는 쟁론(爭論)을 함.

보필지신(輔弼之臣) 임금이 바른길을 가도록 곁에서 돕는 신하.

봉명조양(鳳鳴朝陽) 「봉황(鳳凰)이 아침볕 아래서 울」 윗사람에게 잘못된 일을 바로잡아야 한다고 직언함.

신후지간(身後之諫) 「죽은 뒤에도 군주의 잘못을 바로잡기 위하여 간언(諫言)함」 주검으로써 간언함.

악악지신(諤諤之臣) 언제나 바른말을 하는 신하.

일사악악(一士諤諤) 많은 사람이 고분고분 추종(追從)하는데, 오직 한 선비만이 거리낌 없이 바른말을 함.

직언극간(直言極諫) 바른말로 잘못을 극진(極盡)히 간함.

초모위언(草茅危言) 민간(民間)에 있으면서 국정(國政)을 통렬(痛烈)하게 공박(攻駁)함.

충간지사(忠諫之士) 죽음을 무릅쓰고 간하는 신하.

탕무이악악이창(湯武以諤諤而昌) 은(殷)나라의 탕왕(湯王)과 주(周)나라의 무왕(武王)은 충신(忠臣)이 극렬(極烈)하게 간(諫)하는 것을 받아들여 크게 융창(隆昌)하였음.

↔ **수왈불가**(誰曰不可) 누구도 불가하다고 말할 사람이 없음.

간이부복 간할諫 말 이을而 쪼갤剖 배腹

은(殷)나라 비간(比干)이 주왕(紂王)의 옳지 못하거나 잘못한 일을 고치도록 간언(諫言)하다가, 배를 갈려 죽임을 당한 일.

간이불역 간할諫 말 이을而 아닐不 거스를逆

옳지 못하거나 잘못한 일을 고치도록 말하기는 하지만 거스르지는 않음.

부모(父母)가 옳지 못하더라도 잘못을 지적(指摘)하여 말할 수 있으나 거스를 수는 없음.

간일발 사이間 한一 터럭髮

「단 한 오라기의 머리카락을 끼울 만한 사이」 일이 매우 절박(切迫)함.

간장막야 방패干 장수將 없을莫 어조사耶

「간장과 그의 아내 막야」 춘추시대(春秋時代)의 두 자루의 명검(名劍). 곧 좋은 칼.

오간지검(吳刊之劍)

잠로지검(湛露之劍) 오나라 왕 합려가 가지고 있었다는 보검(寶劍). 보통(普通) '담로(湛露)'라는 명검으로 부름.

간주관성 사이間 주인主 볼觀 성품性

여러 주관(主觀) 사이에서 공통(共通)으로 성립(成立)하는 성질(性質).

간주성벽 볼看 붉을朱 이룰成 푸를碧

「붉은색을 보니 푸르게 보임」 심란(心亂)하여 현기증(眩氣症)이 나서 오색(五色)을 분별(分別)하지 못함.

간평일구 대쪽簡 평평할平 해日 그림자晷

조선(朝鮮) 정조(正祖) 9년(1785년)에 관상감(觀象監)에서 제작(製作)한 해시계.

앙부일귀(仰釜日晷) 1437년에 햇빛으로 생기는 그림자로 시각(時刻)을 헤아리게 만든 시계(時計)의 일종(一種).

간풍사범 볼看 바람風 하여금使 돛帆

「바람을 보아 돛을 조종(操縱)함」 일에 따라 임기응변함.

임기응변(臨機應變) 그때그때 처한 뜻밖의 일을 재빨리 그 자리에서 알맞게 대처(對處)함.

경달권변(經達權變) 처지(處地)나 형편(形便)에 따라 알맞은 수단(手段)을 취함.

당의즉묘(當意卽妙) 그 경우(境遇)에 적합(適合)한 재치를 그 자리에서 부림,

비원사안(鼻元思案) 당장(當場)만을 생각하는 얕은 생각.

수기응변(隨機應變) 그때그때의 기회(機會)에 따라 일을 적절(適切)히 처리(處理)함.

간향간리 간사할奸 고을鄕 奸 관리吏

간향활리 奸 鄕 교활할猾 吏

「간향과 간리」 간악(奸惡)한 좌수(座首)나 별감(別監).

간악하고 교활(狡猾)한 지방관리(地方官吏).

간서활리(姦胥猾吏)

간현부세 가릴簡 어질賢 붙을附 기세勢

어진 사람을 뽑아내고 권세(權勢)에 붙음.

간회불궤 간음할姦 간사할回 아닐不 굴대軌

사악(邪惡)하고 법도(法道)에 따르지 않음. 姦回는 간사(奸詐)함.

간흉계독 간사할奸 흉할凶 셀計 독毒

간사(奸詐)하고 흉악(凶惡)하며 악독(惡毒)한 계교(計巧).

간악교완(奸惡巧頑) 간사하고 악독하며 교활(狡猾)함.

간악요힐(奸惡妖黠) 간사하고 악독하며 요

망(妖妄)하고 약음.

인요물괴(人妖物怪) 요사(妖邪)하고 간악하며 괴란(壞亂)쩍은 인간(人間).

천요만악(千妖萬惡) 천 가지 요사함과 만 가지 간악함.

갈건도복 칡葛 수건巾 도리道 옷服
갈건야복 葛 巾 들野 服
갈건포의 葛 巾 베布 옷衣

「갈건(칡으로 만든 두건(頭巾)과 베옷」 은사(隱士)나 처사(處士)의 거칠고 소박(素朴)한 의관(衣冠).

박이불문(朴而不文) 소박하여 꾸미지 않음.

일관삼재(一冠三載) 관 하나를 3년 동안 사용(使用)함.

죽장망혜(竹杖芒鞋) 대지팡이 하나와 짚신.

폐포파립(敝袍破笠) 「해진 옷과 부러진 갓」 너절하고 구차(苟且)한 차림새.

갈고최화 오랑캐羯 북鼓 재촉할摧 꽃花

당(唐)의 현종(玄宗)이 뜰에서 갈고를 두드리게 했더니 백화(百花)가 만발(滿發)하였다고 함. 羯鼓는 악기(樂器)의 이름으로 본래(本來)는 융갈(戎羯)의 고(鼓)임.

갈관박 굵은 베옷褐 너그러울寬 넓을博

거친 천으로 통이 넓게 지어 입은 추레한 옷 또는 그런 옷을 입은 가난하고 천한 사람.

갈구이상 칡葛 신발屨 신발履 서리霜

「칡으로 만든 신을 서리가 내려도 신음」 검소(儉素)가 너무 지나쳐 인색(吝嗇)한 일이라고 헐뜯는 말.

이석추호(利析秋毫) 이익(利益)에는 가을날의 새털까지 쪼갬.

일모불발(一毛不拔) 「털 하나라도 뽑지 않음」 몹시 인색하고 이기적(利己的)인 사람을 빈정거리는 말.

일전여명(一錢如命) 「한 푼의 돈을 목숨같이 여김」 매우 인색함.

자린고비(玼吝考妣) 아주 다라울 정도(程度)로 인색하고 비정(非情)한 사람.

풍취각여(豐取刻與) 많이 갖고 조금 줌.

↔ **의기헌앙**(意氣軒昂) 득의(得意)한 마음이 당당하여 너그럽고 인색하지 않음.

갈기분천 목마를渴 천리마驥 달릴奔 샘泉

「목마른 준마(駿馬)가 샘으로 달려감」 매우 빠름.

급어성화(急於星火) 별똥의 불빛같이 급하고 빠름.

기경유봉(機警有鋒) 기민(機敏)하고 빠름.

기기과극(騏驥過隙) 천리마가 틈새를 지남.

벽력섬전(霹靂閃電) 벼락과 번쩍거리는 번개.

보섭여비(步屧如飛) 걸음이 나는 듯이 매우 빠름.

성치시격(星馳矢激) 별똥이 떨어지듯 화살이 세차게 날아가듯 함.

여마풍치(輿馬風馳) 수레와 말이 바람처럼 달림.

여조과목(如鳥過目) 나는 새가 눈앞을 스쳐 감.

오비토주(烏飛兎走) 「토끼가 달리고 까마귀가 낢」 세월이 빨리 흘러감.

전광석화(電光石火) 번개가 치거나 부싯돌이 부딪칠 때의 번쩍이는 빛.

진여격시(進如激矢) 쏜살같이 빠름.

탈토지세(脫兎之勢) 우리를 도망(逃亡)쳐 나가는 토끼의 형세(形勢).

갈등 칡葛 등나무藤

칡을 뜻하는 '葛'과 등나무를 뜻하는 '藤'이 합쳐진 말.

개인(個人)이나 집단(集團) 사이에 목표

(目標)나 이해관계(利害關係)가 달라 서로 적대시(敵對視)하거나 충돌(衝突)함. 또는 그런 상태(狀態).

소설(小說)이나 희곡(戲曲)에서, 등장인물(登場人物) 사이에 일어나는 대립(對立)과 충돌 또는 등장인물과 환경(環境) 사이의 모순(矛盾)과 대립.

두 가지 이상(以上)의 상반(相反)되는 요구(要求)나 욕구(欲求), 기회(機會) 또는 목표에 직면(直面)하였을 때, 선택(選擇)하지 못하고 괴로워함. 또는 그런 상태.

갈력진능 다할竭 힘力 다할盡 능할能

있는 힘을 다해 애쓰고 가진 능력(能力)을 다함.

일심전력(一心專力) 한마음 한뜻으로 온 정신(精神)을 기울이고 오로지 힘을 다함.

진심갈력(盡心竭力) 마음과 힘을 다함.

탄성갈력(殫誠竭力) 정성(精誠)을 다하고 힘을 다함.

갈민대우 목마를渴 백성民 기다릴待 비雨

「목마른 백성(百姓)이 비를 간절히 기다림」 매우 간절(懇切)하게 기다림.

촌음약세(寸陰若歲) 아주 짧은 시간(時間)도 일 년 같음.

학수고대(鶴首苦待) 학의 목처럼 길게 늘여 고대(苦待)하며 몹시 기다림.

일각여삼추(一刻如三秋) 일각이 삼 년처럼 여겨지도록 간절히 기다림.

갈불음도천

목마를渴 아닐不 마실飮 도둑盜 샘泉

「대단히 목이 말라도 '도천'이라는 이름의 나쁜 샘물을 마시지 않음」 아무리 곤경(困境)에 빠져도 의롭지 못한 일을 하지 않음.

악목도천(惡木盜泉) 아무리 더워도 나쁜 나무 그늘에는 쉬지 않으며, 목이 말라도 도(盜)라는 이름의 샘물은 마시지 않음.

갈불위효 어찌曷 아닐不 할爲 효도孝

어찌 효도(孝道)하지 않으리오.

갈수한 목마를渴 잠잘睡 사나이漢

잠자지 못하는 사나이.

갈(할)식행자 꾸짖을喝 밥食 다닐行 사람者

삭발(削髮)하고 득도(得道)하기에는 아직 이른 아이.

갈심생진 목마를渴 마음心 날生 티끌塵

「우물의 물을 푸려는데, 새끼줄이 없어서 푸지 못하는 것처럼 갈증(渴症)만 더 나서 마음에 먼지가 낌」 사람을 방문(訪問)하여 만나지 못함.

갈이천정 목마를渴 말 이을而 뚫을穿 우물井

「목이 말라야 우물을 팜」 사전(事前) 준비(準備) 없이 일이 생긴 뒤 비로소 서둘러 봐야 아무 소용(所用)이 없음.

임갈굴정(臨渴掘井)

임경굴정(臨耕掘井) 논을 갈 때가 되어서야 낼 물이 없어서 우물을 팜.

↔ **유비무환**(有備無患) 평소(平素)에 준비가 철저(徹底)하면 후에 근심이 없음.

갈자감음 목마를渴 者 달甘 마실飮

갈자이음 渴 者 쉬울易 飮

「목마른 사람은 나쁜 물이라도 달게 마심」 곤궁(困窮)한 사람은 은혜(恩惠)에 감복(感服)하기 쉬움.

물욕(物慾)에 눈이 멀면 부정(不淨)을 마구 저지르게 됨.

양두색이(兩豆塞耳) 「콩알 두 개로 귀를 막으면 아무것도 들리지 않음」 사소(些少)한 것이 큰 지장(支障)을 초래(招來)함.

영영급급(營營汲汲) 명예(名譽)나 이익(利益)을 얻기 위하여 몹시 아득바득하고 급하게 지냄.

이령지혼(利令智昏) 「이익은 지혜(智慧)를 어둡게 만듦」 이익에 눈이 가려지면 사리(事理) 분별(分別)을 제대로 하지 못하게 됨.

확금자불견인(攫金者不見人) 돈을 움키면 사람을 보지 않음.

양두색이 불문뇌정(兩豆塞耳 不聞雷霆) 「두 알의 콩으로 귀를 막으면 우렛소리도 들리지 않음」 마음이 물욕에 가리면 도리(道理)를 분별(分別)할 수 없음.

갈전관자 다할竭 구를轉 벼슬官 재물資

「벼슬자리를 올리고 옮김」 누진(累進)시켜 최고(最高)의 관계(官階)에까지 올라가게 함.

갈충보국 다할竭 충성忠 갚을報 나라國

충성(忠誠)을 다하여 나라의 은혜(恩惠)에 보답(報答)함. **진충보국**(盡忠報國)

견위수명(見危授命) 나라가 위태(危殆)로울 때 자신의 목숨까지도 바침.

대의멸친(大義滅親) 큰 도리(道理)를 지키기 위해 부모형제(父母兄弟)도 돌보지 않음.

멸사봉공(滅私奉公) 사사(私私)로운 것을 버리고 공을 위해 봉사(奉仕)함.

선공후사(先公後私) 공적(公的)인 것을 앞세우고 사적(私的)인 것을 뒤에 함.

우국단충(憂國丹忠) 나랏일을 근심하고 염려(念慮)하는 마음에서 우러나오는 참된 충성.

갈충사군 다할竭 충성忠 섬길事 임금君

충성(忠誠)을 다하여 임금을 섬김.

갈택분수 다할竭 연못澤 불사를焚 늪藪

「연못을 말려 고기를 잡고 숲을 태워 짐승을 잡음」 당장(當場)의 이득(利得)에 눈이 멀어 장래(將來)의 더 큰 이익(利益)을 해침.

갈택이어 다할竭 못澤 말 이을而 고기 잡을漁

「연못의 물을 말려 고기를 잡음」 일시적(一時的)인 욕심(慾心) 때문에 먼 장래(將來)를 생각하지 않음.

학택이어(涸澤而漁)

낙이사촉(樂而思蜀) 「타향 생활(他鄉生活)이 즐거워 고향(故鄉) 생각을 하지 못함」 눈앞의 즐거움에 빠져 근본(根本)을 망각(妄覺)함.

당랑규선(螳螂窺蟬) 이슬을 먹으려는 매미는 그 뒤에서 사마귀가 노리는 줄을 모름.

도견상부(道見桑婦) 「길에서 뽕잎 따는 여자를 보고 사통(私通)함」 눈앞의 일시적인 이익을 좇다가 가지고 있던 모든 것을 잃음.

목전지계(目前之計) 앞날을 내다보지 못하고 눈앞의 일만 생각하는 계책(計策).

분림이렵(焚林而獵) 숲을 태워 짐승을 잡음.

살계취란(殺鷄取卵) 닭을 죽여 달걀을 꺼냄.

감가불우 가기 힘들轗 수레軻 아닐不 만날遇

수레가 가는 길이 험하여 고생(苦生)하는 모양(模樣). **감가**(轗軻)

감가상각 덜減 값價 갚을償 그칠却

토지(土地)를 제외(除外)한 고정자산(固定資産)에 생기는 가치(價値)의 소모(消耗)를 셈하는 회계상(會計上)의 절차(節次). 고정자산 가치의 소모를 각 회계 연도(年度)에 할당(割當)하여 그 자산의 가격(價格)을 줄여 간다.

감간지고 감히敢 간할諫 어조사之 북鼓

요임금이 백성(百姓)들의 비판(批判)을 듣기 위해 궁궐(宮闕) 문 앞에 달아 놓았다는 큰 북.

격쟁(擊錚) 억울(抑鬱)한 일을 당한 사람이 징이나 꽹과리 등을 쳐 이목(耳目)을 집중(集中)시킨 다음 사연(事緣)을 임금에게 호소(呼訴)하는 행위(行爲).

신문고(申聞鼓), **등문고**(登聞鼓) 조선시대(朝鮮時代), 백성의 억울(抑鬱)한 일을 해결(解決)하여 줄 목적(目的)으로 대궐(大闕) 밖에 달았던 북.

감개무량 느낄感 슬퍼할慨 없을無 헤아릴量

「그지없도록 마음속 깊이 스며들어 느낌」 헤아릴 수 없을 정도(程度)로 깊은 마음.

부앙저회(俯仰低徊) 감개무량하여 위를 쳐다보았다 하며 어정거림.

감개읍하 느낄感 슬퍼할慨 울泣 아래下

한탄(恨歎)하며 눈물을 흘림.

비수수체(悲愁垂涕) 슬픈 시름에 잠겨 눈물을 흘림.

안루세면(眼淚洗面) 눈물로 얼굴을 씻음.

읍혈연여(泣血連如) 슬퍼하며 하염없이 욺.

체필구하(涕筆俱下) 「글을 쓰면서 계속(繼續) 눈물을 흘림」 울면서 씀.

감격무지 느낄感 격할激 없을無 처지地

마음에 깊이 느끼어 크게 감동(感動)한 마음을 이루 헤아릴 수 없음.

감구지회 느낄感 옛舊 어조사之 품을懷

지난 일을 회상(回想)하여 감동(感動)한 회포(懷抱).

금석지감(今昔之感) 지금(只今)과 옛날에 대한 감정(感情).

수류운공(水流雲空) 「흐르는 물과 하늘에 뜬 구름」 지난 일이 흔적(痕迹) 없이 사라져 허무(虛無)함.

억석당년(憶昔當年) 몇 해 전의 지난 일을 돌이켜 생각함.

감군은 느낄感 임금君 은혜恩

「임금의 은혜(恩惠)에 감사(感謝)함」 조선(朝鮮) 명종(明宗) 때 문신(文臣) 상진(尙震)이 지은 것으로 보이는, 임금의 은덕(恩德)을 사해(四海)와 태산(泰山)에 비유(比喩)해서 기린 노래.

감녕금람 달甘 편안할寧 비단錦 닻줄纜

오(吳)나라 손권(孫權)의 장수(將帥) 감녕의 호사(豪奢)를 말하는 것으로, 비단(緋緞) 밧줄로 배를 매었다는 고사(故事).

금람아장(錦纜牙檣) 「상아(象牙)로 만든 돛대와 비단(緋緞)으로 만든 닻줄」 화려(華麗)한 배의 모습.

예도난장(枻棹蘭槳) 「노(櫓)와 목란(木蘭) 상앗대」 호화(豪華)롭게 장식(裝飾)한 배.

감노불감언 감히敢 성낼怒 아닐不 敢 말言

성은 나되 말로 나타낼 수가 없음.

감당유애 달甘 팥배나무棠 남길遺 사랑愛
감당지애 甘 棠 어조사之 愛
감당지혜 甘 棠 之 은혜惠

주(周)나라 소공(召公)의 선정(善政)에 감격(感激)하여 백성(百姓)들이 그가 일찍이 쉬었던 팥배나무를 소중(所重)히 여겼다는 말.

선정을 베푼 인재(人材)를 사모(思慕)하는 마음이 간절(懇切)함.

물전지환(勿翦之歡) 감당나무를 베지 않고 보존(保存)하며 사모하는 기쁨.

감로지변 달甘 이슬露 어조사之 변고變

당(唐)나라 문종(文宗) 때 재상(宰相) 이훈 등이 환관(宦官)을 죽이려고 감로(甘露)를 내렸다고 속여 그들을 꾀어내려 하다가, 목적(目的)을 달성(達成)하지 못하고 도리어 피살(被殺)당한 사변(事變).

감루오열 느낄感 눈물淚 흐느낄嗚 목멜咽

마음에 깊이 느끼어 눈물을 흘리며 목메

어 욺.

낙루차탄(落淚嗟嘆) 눈물을 흘리며 슬퍼함.

복지유체(伏地流涕) 땅에 엎드려 눈물을 흘림.

애호체읍(哀號涕泣) 슬프게 부르짖고 눈물을 흘림.

체사방타(涕泗滂沱) 눈물과 콧물만 줄줄 흘림.

허희유체(歔欷流涕) 길게 한숨짓고 눈물을 흘림.

감망부죄 엿볼瞰 잃을亡 질負 허물罪

남을 찾아갔으나 집에 있지 않았음.

감모변색 거울鑑 모양貌 분별할辨 빛色

모양(模樣)과 거동(擧動)으로 그 마음속을 분별(分別)할 수 있음.

영음찰리 감모변색(聆音察理 鑑貌辨色) 소리를 듣고 이치(理致)를 살피며, 생김새를 보고 낌새를 가리어 앎.

감발융통 느낄感 일어날發 화할融 통할通

느낌이 일어나 답답하던 것이 두루 통하게 되기를 바람.

감병첨조 덜減 병사兵 더할添 부엌竈

「군사를 줄이며 아궁이를 늘림」 군사(軍士)의 수(數)는 줄이면서 밥솥을 늘려 적(敵)이 오판(誤判)하여 쳐들어오지 못하게 하는 계책(計策). **첨병감조**(添兵減竈)

감조유적(減竈誘敵), **감조지계**(減竈之計) 병사를 늘리며 아궁이를 줄임.

감분흥기 느낄感 떨칠奮 일어날興 일어날起

마음속 깊이 분함을 느껴 떨치고 일어남.

게간이기(揭竿而起) 「장대를 높이 들고 일어남」 민중봉기(民衆蜂起).

격발분기(激發奮起) 격동(激動)하고 흥분(興奮)하여 일어남.

투메이기(投袂而起) 「소매를 떨치고 일어섬」 분기(奮起)하는 모양(模樣).

감불생심 감히敢 아닐不 날生 마음心

감불생의 敢 不 生 뜻意

감히 엄두를 못 냄. 〈감히 참조〉

언감생심(焉敢生心) 감히 그런 마음을 품을 수 없음.

감불수교 감히敢 아닐不 받을受 가르칠教

어찌 가르침을 받지 않을 것인가?

감사도배 덜減 죽을死 섬島 귀양 보낼配

죽을죄를 지은 죄인(罪人)을 처형(處刑)하는 대신(代身) 섬으로 귀양 보내던 일.

원배(遠配) 먼 곳으로 귀양 보냄.

찬배(竄配) 장소(場所)를 정하고 죄인을 귀양 보냄.

투비(投畀) 임금의 명(命)으로 죄인을 지정(指定)한 곳에 귀양 보냄.

형배(刑配) 죄인에게 형장(刑杖)을 쳐서 귀양 보냄.

감사정배(減死定配) 사형(死刑)에 처할 벌을 감하여 귀양을 보냄.

극변원찬(極邊遠竄) 아주 먼 지방(地方)으로 귀양을 보냄.

삭관원찬(削官遠竄) 벼슬을 빼앗고 먼 곳으로 귀양 보냄.

유삼천리(流三千里) 죄인(罪人)을 삼천리 밖 먼 지방(地方)으로 귀양을 보냄.

절도안치(絶島安置) 죄인을 육지(陸地)와 멀리 떨어진 외딴섬으로 귀양 보냄.

감사만만 고마울感 사례할謝 일만萬 萬

감사천만 感 謝 일천千 萬

헤아릴 수 없을 정도(程度)로 매우 고마움.

감사무지 고마울感 사례할謝 없을無 처지地

이루 말할 수 없이 고맙게 여기는 마음.

감사정배 덜減 죽을死 정할定 귀양 보낼配

죽일 죄인(罪人)을 죽이지 않고 귀양을 보냄. **감사도배**(減死島配)

감사지졸 감히敢 죽을死 어조사之 군사卒

죽음을 두려워하지 않는 용감(勇敢)한 병졸(兵卒).

단두장군(斷頭將軍) 「머리가 달아난 장군」 죽여도 항복(降伏)하지 않는 장수(將帥).

시사여귀(視死如歸) 죽는 것을 집으로 돌아가는 것으로 여김.

이사위한(以死爲限) 죽기 전에는 그만두지 않음.

감산신고 달甘 실酸 매울辛 쓸苦

달고 시고 맵고 씀.

감상칼자 볼監 평상床 - -

점방(店房)에 속해 있으면서 주문(注文)에 따라 출장(出場)하여 요리(料理)를 해주는 하인(下人).

감상화기 덜減 다칠傷 화할和 기운氣

평온(平穩)하고 즐거운 기운(氣運)이나 분위기(雰圍氣)를 상하게 함.

감생전설 느낄感 날生 전할傳 이야기說

여자(女子)가 남자(男子)와 접촉(接觸) 없이 어떤 사물(事物)에 감촉(感觸)되어 아이를 배고 낳는다는 초자연적(超自然的)인 출산(出産) 설화(說話). 주몽(朱蒙)의 어머니가 햇빛에 의하여 주몽을 갖게 되었다는 고구려(高句麗)의 전설(傳說)이 여기에 속함.

수태고지(受胎告知) 마리아(Maria)가 성령(聖靈)에 의하여 잉태(孕胎)할 것임을 천사(天使) 가브리엘(Gabriel)이 마리아에게 전한 일.

감선철악 덜減 선물膳 거둘撤 노래樂

감선철현 減 膳 徹 매달릴懸

「음식(飮食) 가짓수를 줄이고 음악(音樂)과 가무(歌舞)를 철회(撤回)함」 임금이 친히 근신(謹愼)함.

나라에 변고(變故)가 있을 때, 임금이 친히 수라상(水刺床)의 음식 가짓수를 줄이고 음악과 가무(歌舞)를 중지(中止)하던 일.

천자불거(天子不擧) 나라에 큰일이 생긴 경우(境遇) 천자가 성찬(盛饌)을 폐(廢)하는 일.

감소고 감히敢 밝힐昭 아뢸告

감소고우 敢 昭 告 어조사于

「감히 밝혀 아룀」 흔히 제문(祭文)이나 축문(祝文)에서 신(神)에게 고하려고 쓰는 말.

감수기책 달甘 받을受 그其 꾸짖을責

남의 책망(責望)을 기꺼이 받아들임.

가납기언(嘉納其言) 간(諫)하거나 권(勸)하는 말을 기꺼이 받아들임.

단장보단(斷長補短) 남는 것을 끊어 모자라는 것을 기움.

문과즉희(聞過則喜) 「자신의 허물을 듣고 기뻐함」 잘못을 듣고 기꺼이 받아들임.

사단취장(捨短取長) 나쁜 점은 버리고 좋은 점을 취함.

은악양선(隱惡揚善) 나쁜 점을 숨기고 좋은 점을 드러냄.

절장보단(絶長補短) 긴 것을 잘라 짧은 것을 보충(補充)함.

감심명목 달甘 마음心 감을瞑 눈目

안심(安心)하고 죽음.

감심여제 달甘 마음心 같을如 냉이薺

「달콤한 마음이 마치 냉이와 같음」 마음이 가라앉고 편안(便安)하여 고통(苦痛)을 느끼지 않음.

감언미어 달甘 말言 아름다울美 말語

감언밀어 甘 言 꿀蜜 語

달콤하고 아름다운 말.

첨언밀어(甛言蜜語)

감언이설 달甘 말言 이로울利 말씀說

「달콤한 말과 이로운 말」 귀가 솔깃하도록 남의 비위(脾胃)를 맞추거나 이로운 조건(條件)을 내세워 꾀는 말.

〈'감언이설(甘言利說)'의 동의어(同義語)와 유사어(類似語)〉

감언미어(甘言美語), **감언밀어**(甘言蜜語) 달콤하고 아름다운 말.

강중유외(剛中流外) 속셈을 깊이 감춘 채 부드러운 모습을 띰.

교언영색(巧言令色) 교묘(巧妙)한 말과 알랑거리는 얼굴.

구밀복검(口蜜腹劍) 입에는 꿀이 있고 배에는 칼이 있음.

권상요목(勸上搖木) 나무에 오르게 해 놓고 흔들어 댐.

등루거제(登樓去梯) 「다락에 오르게 하고 사다리를 치움」 사람을 꾀어서 어려운 처지(處地)에 빠지게 함.

면리장침(綿裏藏針) 솜 속에 바늘을 감추어 꽂음.

면종배훼(面從背毁) 앞에서는 따르는 척하고 뒤에서는 헐뜯음.

면종복배(面從腹背) 겉으로는 복종(服從)하는 체하면서 속으로는 배반(背叛)을 꾀함.

면종후언(面從後言) 앞에서는 수긍(首肯)하고 뒤로는 비방(誹謗)하고 욕설(辱說)을 퍼부음.

미사여구(美辭麗句) 아름다운 말로 듣기 좋게 꾸민 글귀.

변구쾌이(辯口快耳) 교묘(巧妙)한 말은 듣는 사람의 귀에 거슬리지 않음.

소리장도(笑裏藏刀) 웃음 속에 비수(匕首)를 감춤.

소면야차(笑面夜叉) 웃는 얼굴의 야차(夜叉) 모질고 사악(邪惡)한 귀신(鬼神)).

소중유검(笑中有劍) 웃음 속에 칼이 있음.

신이안지(信而安之) 「적을 안심(安心)시킴」 함정(陷穽)에 빠뜨리기 위한 대전제(大前提).

양두구육(羊頭狗肉) 양 머리를 걸고 개고기를 팖.

양질호피(羊質虎皮) 양의 몸에 호랑이 가죽을 걸침.

조삼모사(朝三暮四) 「아침에 세 개, 저녁에 네 개」 간사(奸邪)한 꾀로 남을 속여 희롱(戱弄)함.

첨언미어(甛言美語) 듣기 좋은 말. 남을 꾀기 위한 달콤한 말.

포장화심(包藏禍心) 남을 해칠 마음을 품음.

표리부동(表裏不同) 겉과 속이 같지 않음.

화언교어(花言巧語) 꽃같이 화려(華麗)하고 교묘(巧妙)한 말.

감언지신 감히敢 말言 어조사之 신하臣

감히 거리낌 없이 자기 의견(意見)을 말하는 신하(臣下).

간간악악(侃侃諤諤) 옳다고 믿는 것을 거리낌 없이 직언(直言)하는 일.

간의대부(諫議大夫) 천자(天子)의 고문관(顧問官)으로서 천자에게 잘못이 있으면 간하는 직책(職責).

격심정사(格心正事) 임금의 마음을 바로잡고, 일의 잘못을 바르게 함.

견거지쟁(牽裾之諍) 「임금의 옷자락을 당기며 직간(直諫)함」 신하가 임금의 옷소매를 붙잡고 곧은 말로 임금의 잘못을 간언(諫言)함.

골경지신(骨鯁之臣) 목에 걸린 가시처럼, 듣기에 괴로운 직언(直言)을 하는 강직(剛直)한 신하.

군유쟁신(君有諍臣) 임금에게는 잘못을 지

적(指摘)할 수 있는 신하가 있어야 함.

면절정쟁(面折庭諍) 임금의 앞에서 임금의 행한 일이나 정치적(政治的) 사건(事件)에 대하여 기탄(忌憚)없는 쟁론(爭論)을 함.

봉명조양(鳳鳴朝陽) 「봉황(鳳凰)이 아침볕 아래서 욺」 윗사람에게 잘못된 일을 바로잡아야 한다고 직언을 하는 것.

신후지간(身後之諫) 죽은 뒤에도 군주(君主)의 잘못을 바로잡기 위하여 간언(諫言)함.

악악지신(諤諤之臣) 늘 바른말을 하는 신하.

용방비간(龍龐比干) 하나라 걸왕(桀王)의 신하 관용방과 은나라 주왕(紂王)의 신하 비간. 둘 다 임금을 간(諫)하다가 죽임을 당함.

전일회천(轉日回天) 「해를 돌리고 하늘을 돌게 함」 임금의 마음을 돌리게 함.

직언극간(直言極諫) 바른말로 잘못을 극진(極盡)히 간함.

초모위언(草茅危言) 민간(民間)에 있으면서 국정(國政)을 통렬(痛烈)하게 공박(攻駁)함.

충간지사(忠諫之士) 죽음을 무릅쓰고 간하는 신하.

↔ **수왈불가**(誰曰不可) 누구도 불가하다고 말할 사람이 없음.

감언지지 감히敢 말言 어조사之 처지地

거리낌 없이 말할 만한 처지(處地).

감용현모 감히敢 쓸用 검을玄 수컷牡

검고 큰 소를 제사(祭祀)의 제물(祭物)로 바침.

감위작창 달甘 할爲 지을作 귀신 이름倀
감위호창 甘 爲 범虎 倀

「자진(自進)하여 호랑이의 창귀(倀鬼)가 됨」 호랑이에게 물려 죽은 사람이 귀신(鬼神)이 되어 호랑이를 도와 나쁜 짓을 함.

위호작창(爲虎作倀)

묘서동면(猫鼠同眠) 「고양이와 쥐가 함께 잠」 위아래가 결탁(結託)하여 나쁜 짓을 함.

조걸위학(助桀爲虐) 걸왕(桀王)을 도와 포악(暴惡)한 짓을 저지름.

파지관부(把持官府) 관청(官廳)을 손아귀에 넣음.

항해일기(沆瀣一氣) 「밤이슬 기운이 하나로 엉겨 물방울이 됨」 최항(崔沆)과 최해(崔瀣)가 의기투합(意氣投合)함.

감은부복

고마울感 은혜恩 구부릴俯 엎드릴伏

은혜(恩惠)에 마음 깊이 느끼고 탄복(歎服)하여 머리 숙여 엎드림.

격절탄상(擊節嘆賞) 무릎과 궁둥이를 치면서 탄복(歎服)하며 칭찬(稱讚)함.

궐각계수(厥角稽首) 이마가 땅에 닿도록 인사(人事)를 함.

고두사은(叩頭謝恩) 땅에 닿도록 머리를 숙이고 받은 은혜(恩惠)에 고마워함.

돈수재배(頓首再拜) 머리가 닿도록 거듭 절을 함.

막불탄복(莫不嘆服) 탄복하지 않을 수 없음.

면관돈수(免冠頓首) 관(冠)을 벗고 이마가 땅에 닿도록 머리를 조아림.

백배사은(百拜謝恩) 백 번 절하며 은혜(恩惠)에 사례(謝禮)함.

슬행돈수(膝行頓首) 무릎으로 걸어가서 머리가 땅에 닿도록 절을 함.

지우지감(知遇之感) 대우(待遇)를 잘 받아서 후의(厚意)에 감격(感激)하는 느낌.

감응납수 느낄感 응할應 들일納 받을受
감응도교 感 應 길道 사귈交

사람이 불심(佛心)을 느끼고 부처가 이에 응함으로써 부처와 중생(衆生)이 긴밀(緊密)히 맺어지는 일.

감이수통 느낄感 말 이을而 드디어遂 통할通

감이순통 感 而 순할順 通

감응(感應)하여 순조(順調)롭게 일이 잘 풀림.

만사형통(萬事亨通) 모든 일이 뜻한 대로 이루어짐.

↔ **만사휴의**(萬事休矣) 모든 일이 헛수고로 돌아감.

감인세계 견딜堪 참을忍 인간世 지경界

괴로움이 많은 인간세계(人間世界).

석가모니불(釋迦牟尼佛)이 교화(敎化)하는 세계.

감정둔마 느낄感 감정情 둔할鈍 저릴痲

감수성(感受性)이 무디어져 감정(感情)을 느끼지 못하는 상태(狀態).

감정선갈 달甘 우물井 먼저先 갈할竭

「물맛이 좋은 우물은 길어 가는 이가 많음으로 빨리 마름」 재주가 많은 사람이 일찍 쇠(衰)함.

감천선갈(甘泉先竭), **감천필갈**(甘泉必竭)

직목선벌(直木先伐) 곧은 나무가 먼저 잘림.

초목선벌(招木先伐) 키 큰 나무가 먼저 베임.

감정실금 느낄感 뜻情 잃을失 금할禁

감정을 잘 조절(調節)하지 못하여 하찮은 일에도 울거나 웃는 증상(症狀).

감정아이 느낄感 뜻情 - -

월경(月經)하지 않고 밴 아이. 첫 배란(排卵) 때에 수정(受精)되어 잉태(孕胎)된 아이.

감제고지 굽어볼瞰 절제할制 높을高 땅地

적(敵)의 활동(活動)을 살피기에 적합(適合)하도록 주변(周邊)이 두루 내려다보이는 지대(地帶)가 높은 땅.

감정지와 구덩이坎 우물井 어조사之 개구리蛙

「우물 안 개구리」 견문(見聞)이 좁고 세상(世上) 형편(形便)에 어두운 사람.

정중지와(井中之蛙), **정저와**(井底蛙)

관규추지(管窺錐指) 가느다란 대롱 구멍으로 하늘을 엿보고, 송곳으로 땅에 깊이를 대지(大地)의 깊이를 측량(測量)함.

야랑자대(夜郎自大) 작은 나라일 뿐인 야랑이 스스로 강대(强大)한 나라라고 여김.

옹리혜계(甕裏醯鷄) 항아리 속의 초파리.

용관규천(用管窺天) 대롱 구멍으로 하늘을 엿봄.

이려측해(以蠡測海) 달팽이나 소라 껍데기 따위로 바닷물을 재려 함.

하충어빙(夏蟲語氷) 여름벌레 얼음 말하기.

감조유적 덜減 부엌竈 꾈誘 적敵

감조지계 減 竈 어조사之 꾀計

「병사(兵士)를 줄이며 아궁이를 늘림」 상대(相對)를 오판(誤判)하게 만드는 계책(計策).

감병첨조(減兵添竈) 병사를 줄이며 아궁이를 늘림.

감중지와

구덩이埳 가운데中 어조사之 개구리蛙

우물 안 개구리.

감지공친 달甘 뜻旨 이바지 할供 어버이親

맛있는 음식(飮食)으로 부모를 봉양함.

감지봉양(甘旨奉養)

감지덕지 고마울感 어조사之 큰德 之

「감사(感謝)하게 생각하고 덕으로 생각하여 몹시 고맙게 여김」 분에 넘치는 듯싶어 대단히 고맙게 여김.

감지봉양 달甘 뜻旨 받들奉 봉양할養

맛있는 음식(飮食)으로 부모(父母)를 받들어 모심. **감지공친**(甘旨供親)

감지우감 감할減 어조사之 또又 減

감(減)한 것 위에 또 감함.

감진사 볼監 구휼할賑 벼슬史

감진어사 監 賑 거느릴御 史

흉년(凶年)이 들어 굶주리는 백성(百姓)을 구제(救濟)하는 일을 감독(監督)하기 위해 파견(派遣)하던 어사.

감찰어사 볼監 살필察 거느릴御 벼슬史

백관(百官)의 선악(善惡)을 사찰(使察)하고 기타(其他) 농상형옥 등을 감찰(監察)하는 관리(官吏).

농상형옥(農桑刑獄) 농업(農業)과 잠업(蠶業), 형벌(刑罰)과 감옥(監獄).

감창담론 즐길酣 펼暢 말씀談 말할論

술이 거나하게 취하여 이야기를 많이 함.

주입설출(酒入舌出) 「술이 들어가면 혀가 나옴」 술을 마시면 수다스러워짐.

취중진담(醉中眞談) 술에 취한 동안 털어놓는 진심(眞心)에서 우러나온 말.

감천선갈 달甘 샘泉 먼저先 갈할竭

감천필갈 甘 泉 반드시必 竭

「물맛이 좋은 샘은, 길어 가는 이가 많음으로 빨리 마름」 재주가 많은 사람이 일찍 쇠(衰)함. **감정선갈**(甘井先竭)

직목선벌(直木先伐) 곧은 나무가 먼저 잘림.

초목선벌(招木先伐) 키 큰 나무가 먼저 베임.

감천학파 달甘 샘泉 학문學 갈래派

명(明)나라 '잠약수'의 학파. 천리(天理)를 체인(體認) 하는 것을 종지(宗旨)로 삼음.

감탄고토 달甘 삼킬呑 쓸苦 토할吐

「달면 삼키고 쓰면 뱉음」 사리(事理)의 옳고 그름을 돌보지 않고 자기 비위(脾胃)에 맞으면 취하고 싫으면 가차(假借) 없이 버림.

득어망전(得魚忘筌) 고기를 잡은 후에 그물은 잊음.

득토망제(得兎忘蹄) 토끼를 잡고 나면 올가미를 잊어버림.

염량세태(炎涼世態) 「뜨거웠다가 차가워지는 세태(世態)」 권세(權勢)가 있을 때는 아첨(阿諂)을 좇고, 없어지면 푸대접하는 세상의 인심(人心).

조진궁장(鳥盡弓藏) 새를 다 잡고 나면 활은 창고(倉庫)에 넣음.

토사견기(兎死犬飢) 「토끼가 죽으면 개가 굶주림」 대상(對象)이 제거(除去)되면 쓸모없어짐.

토사구팽(兎死狗烹) 토끼가 잡히면 충실(忠實)했던 사냥개도 쓸모가 없어져 삶아 먹힘.

감택용서 바라볼闞 못澤 품팔傭 책書

「감택이 책(冊)을 빌려 베껴주면서 공부(工夫)함」 힘들고 어려운 조건(條件)에서도 스스로 공부해 성공(成功)한 사람이나 그런 경우(境遇).

광형착벽(匡衡鑿壁) 벽에 구멍을 뚫어 새어 나오는 불빛으로 글을 읽음.

낭형독서(囊螢讀書) 차윤(車胤)이 여름밤에 비단(緋緞) 주머니에 개똥벌레를 넣어서 그 빛으로 책을 읽음.

대경이서(帶經而鋤) 경서(經書)를 지니고 다니면서 밭을 맴.

손강영설(孫康映雪) 손강이 눈빛에 책을 비추어 읽음.

연낭성형(練囊盛螢) 차윤이 집이 가난하여 개똥벌레를 여러 마리 잡아 담고 그 빛으로 공부(工夫)함.

영월독서(映月讀書) 달빛을 비추어 책을 읽음.

조송지근(照松之勤) 관솔불에 글을 읽음.

주경야독(晝耕夜讀) 낮에는 농사(農事)를 짓고, 밤에는 글을 읽음.

차형손설(車螢孫雪) 차윤이 반딧불에, 손강이 눈빛으로 글을 읽음.

청경우독(晴耕雨讀) 날이 개면 논밭을 갈고, 비가 오면 글을 읽음.

형설지공(螢雪之功) 「반딧불과 눈빛으로 공부하여 이룬 공」 고생(苦生)하면서 부지런하고 꾸준하게 공부하는 자세(姿勢).

형창설안(螢窓雪案) 반딧불과 눈빛으로 글을 읽으며 고생 속에서 공부함.

감파료야 살필勘 깨뜨릴破 마칠了 어조사也

간파(看破)함.

모두 파악(把握)해 버림.

감형지비 달甘 향내 날馨 어조사之 쓸費

「달고 단 향내가 나는 비용(費用)」 부모(父母)를 봉양(奉養)하는 비용.

감홀유암 느낄感 문득忽 멀悠 닫힌 문闇

군대(軍隊)의 움직임이 매우 빨라서 적(敵)이 헤아리지 못하게 함. 感忽은 황홀(恍惚) 또는 움직임이 매우 빠름. 悠闇은 멀어서 분명(分明)하지 않은 모양(模樣) 또는 신비(神祕).

감홍난자

무르익을酣 붉을紅 문드러질爛 자줏빛紫

가을에 단풍(丹楓)이 울긋불긋함.

감흥시 느낄感 일興 시詩

감동(感動)되어 일어나는 흥취(興趣)를 노래한 것.

〈'감히(두려움이나 송구(悚懼)함을 무릅쓰고)'와 관련한 한자성어(漢字成語)〉

담겁(膽怯) 두려워 **감히** 쳐다보지 못하는 증상(症狀).

오기감(吾豈敢) 나는 **감히** 무엇으로 그것을 감당(堪當)하겠는가?

감불생심(敢不生心), **감불생의**(敢不生意) **감히** 엄두를 못 냄.

감소고우(敢昭告于) **감히** 밝혀 아룀.

감언지신(敢言之臣) **감히** 거리낌 없이 자기 의견(意見)을 말하는 신하.

당랑거철(螳螂拒轍) 「사마귀가 수레를 막음」 자기 분수(分數)를 모르고 **감히** 상대(相對)되지 않는 사람이나 사물(事物)과 대적(對敵)함.

막감개구(莫敢開口) **감히** 입을 열지 못함.

막감수하(莫敢誰何) **감히** 누구도 어쩌지 못함.

막아감승(莫我敢承) 나에게 **감히** 대항(對抗)하지 못함.

무장기갱(無醬嗜羹) 「장도 없는 처지에 국을 즐김」 제 분수(分數)에 맞지 않는 일을 **감히** 바람.

불감생심(不敢生心) 힘에 부쳐 **감히** 엄두를 내지 못함.

불감앙시(不敢仰視) 두려워 **감히** 쳐다보지 못함.

불감일언(不敢一言) **감히** 한마디도 못 함.

불감출두(不敢出頭) 두려워 **감히** 머리를 내밀지 못함.

불감출성(不敢出聲) 두려워 **감히** 소리를 못 냄.

불감포호(不敢暴虎) 「맨주먹으로 맹수(猛獸)를 치지 않음」 **감히** 모험(冒險)하지 않음.

신묘막측(神妙莫測) 신령(神靈)하고 교묘(巧妙)하여 **감히** 측량(測量)할 수 없음.

약붕궐각(若崩厥角) 「짐승이 그 뿔에 무너

지는 듯함」 어떤 위세(威勢)에 눌려 **감히** 기를 펴지 못하고 두려워 쩔쩔매는 모양(模樣).

억하심정(抑何心情) 도대체 무슨 심정(心情)으로 **감히** 그리하는지 알 수 없음.

언감생심(焉敢生心) 「어찌 **감히** 마음이 생긴단 말인가?」 어떤 일을 해볼 엄두를 못 냄.

용감무쌍(勇敢無雙) **감히** 용감하기 짝이 없음.

제대비우(齊大非耦) 「제나라는 대국이어서 나의 짝이 될 수 없음」 혼인(婚姻) 상대(相對)의 신분(身分)이 너무 차이가 나서 **감히** 배우자(配偶者)로 맞이할 수 없음.

포두서찬(抱頭鼠竄) **감히** 무서워서 머리를 싸쥐고 몰골사납게 얼른 숨음.

포호빙하(暴虎馮河) **감히** 범을 맨손으로 때려잡고 황허강을 걸어서 건넘.

감노불감언(敢怒不敢言) 성이 나도 **감히** 그것을 입 밖에 내지 못함.

불감찬일사(不敢贊一辭) 너무 훌륭하여 **감히** 칭찬(稱讚)의 말 한마디 못 함.

고소원불감청(固所願不敢請) **감히** 청하지는 못하나, 원래(原來)부터 바라던 바임.

갑가을정 첫째甲 집家 둘째乙 정자亭

「갑이라는 집과 을이라는 정자(亭子)」 이 집 저 집.

갑검유등 갑匣 칼劍 휘장帷 등불燈

「갑 속의 칼과 휘장(揮場) 안의 등불」 실제로 있는 일은 아무리 해도 감출 수 없음.

갑남을녀 첫째甲 사내男 둘째乙 여자女

「갑이라는 남자(男子)와 을이라는 여자(女子)」 신분(身分)이나 이름이 알려지지 않은 그저 평범(平凡)한 사람들.

과구중인(科臼中人) 「빈 절구 속의 사람」 평범한 사람.

남녀노소(男女老少) 남자와 여자와 늙은이와 젊은이. 곧 모든 사람.

범부범부(凡夫凡婦) 평범한 남녀.

상하노소(上下老少) 「윗사람이나 아랫사람과 늙은이나 젊은이」 모든 사람.

선남선녀(善男善女) 「착한 남자와 착한 여자」 세상에 살아가는 착하고 어진 평범한 사람들.

용용지도(庸庸之徒) 평범한 사람들.

우부우부(愚夫愚婦) 「평범한 남녀」 신분(身分)이나 이름이 알려지지 않은 그저 평범한 사람들.

장삼이사(張三李四) 장 씨의 셋째 아들과 이 씨의 넷째 아들.

초동급부(樵童汲婦) 땔나무를 하는 아이와 물을 긷는 아낙네.

초동목부(樵童牧夫) 땔나무를 하는 아이와 풀밭에서 가축(家畜)에게 풀을 먹이는 사람.

필부필부(匹夫匹婦) 평범한 남자와 여자.

갑론을박 첫째甲 논할論 둘째乙 논박할駁

「갑이 주장(主張)하고 을이 반박(反駁)함」 여러 사람이 서로 자신의 주장을 내세우며 상대방(相對方)의 주장을 반박함.

간시간비(間是間非) 쓸데없는 일을 이러니 저러니 따져 말함.

설왕설래(說往說來) 「말이 오고 감」 한 주제(主題)에 대해 의견(意見)이 합치(合致)되지 않고 옥신각신하는 모습.

언거언래(言去言來) 「말이 가고 말이 옴」 여러 말이 서로 오고 감.

언삼어사(言三語四), **언왕설래**(言往說來) 서로 변론(辯論)하느라고 말이 옥신각신함.

왈가왈부(曰可曰否) 혹은 옳다고 하고 그르다고 함.

갑리용음 갑匣 속裏 용龍 읊을吟

「갑 속에서 용이 읊」 명검(名劍)에 불가

사의(不可思議)한 힘이 있음.

갑술옥사

첫째 천간甲 열한째 지지戌 옥獄 사고事

조선(朝鮮) 숙종(肅宗) 20년(1694)에 당시(當時)의 집권층(執權層)인 남인(南人)이 폐비(廢妃) 민씨(閔氏)의 복위(復位) 운동(運動)을 꾀하던 일파(一派)를 제거(除去)하려다 도리어 화(禍)를 입은 사건(事件).

갑신정변

첫째 천간甲 아홉째 지지申 정사政 변고變

1884년 김옥균(金玉均)·박영효(朴泳孝)·홍영식(洪英植) 등의 급진(急進) 개화파(開化派)가 개화사상(開化思想)을 바탕으로 조선(朝鮮)의 자주독립(自主獨立)과 근대화(近代化)를 목표(目標)로 일으킨 정변(반란(叛亂)이나 혁명(革命), 쿠데타 등 비합법적(非合法的)인 수단(手段)으로 생긴 정치상(政治上)의 큰 변동(變動).

갑오개혁

첫째 천간甲 일곱째 지지午 고칠改 고칠革

조선(朝鮮) 고종(高宗) 31년(1894년) 갑오년에 개화당(開化黨) 정권(政權)이 정치제도(政治制度)를 근대적(近代的)으로 개혁(改革)한 일.

갑오경장

첫째 천간甲 일곱째 지지午 고칠更 베풀張

'갑오개혁'의 전(前) 용어(用語).

갑오망조

첫째 천간甲 일곱째 지지午 망할亡 조짐兆

「갑오년의 망할 징조(徵兆)」 일본(日本)의 힘을 빌려 꾀한 갑오경장(甲午更張)을 장차(將次) 나라가 망하게 될 징조라고 한 말.

망징패조(亡徵敗兆) 망할 징조.

갑자우 첫째 천간甲 첫째 지지子 비雨

「갑자일(甲子日)의 비」 사시(四時) 각각(各各) 그 결과(結果)를 달리함.

갑장대영 갑옷甲 장막帳 대할對 기둥楹

눈부신 가림막은 두 기둥 사이에 드리움.

병사방계 갑장대영(丙舍傍啓 甲帳對楹) 궁중(宮中)을 수호(守護)하는 병사(兵士)들이 머무는 집은 양옆으로 나란히 열려 있고, 눈부신 가림막은 두 기둥 사이에 드리워 있다.

갑주생기슬

갑옷甲 투구冑 날生 서캐蟣 이蝨

「갑옷과 투구(鬪具)에 서캐와 이가 꾐」 전쟁(戰爭)이 지루하게 계속(繼續)됨.

강간약지 굳셀强 줄기幹 약할弱 가지枝

「줄기를 강하게 하고 가지를 약하게 함」 정치(政治)에 있어 중앙(中央)을 강하게 하여 지방(地方)을 제어(制御)함.

근간(根幹)을 강하게 하고 지엽(枝葉)을 약하게 함.

근고지영(根固枝榮) 뿌리가 튼튼해야 가지가 무성(茂盛)함.

근심엽무(根深葉茂) 뿌리가 깊으면 잎이 무성함.

심근고저(深根固柢) 「뿌리가 땅속 깊이 뻗어 움직이지 않음」 근본(根本)을 튼튼히 함.

↔ **육부출충**(肉腐出蟲) 「살이 썩어서 벌레가 남」 근본이 썩어서 폐단(弊端)과 화난(禍難)이 이로 말미암아 자꾸 일어남.

피지부존(皮之不存) 본디부터 없음. 근본이 없음.

강개무량 강개할慷 슬퍼할慨 없을無 수량量

의로운 기개(氣槪)가 북받쳐 원통(怨痛)하고 슬퍼함이 한(限)이 없음.

슬프고 분하여 마음이 북받침.

강개지사 강개할慷 슬퍼할慨 어조사之 선비士

세상의 옳지 못한 일에 대하여 의분(義憤)을 느끼고 탄식(歎息)하는 사람.

고신원루(孤臣寃淚) 외로운 신하(臣下)의 원통(怨痛)한 눈물.

강개지심 강개할慷 슬퍼할慨 어조사之 마음心

충성(忠誠)을 맹세(盟誓) 하나 받아들여지지 않자, 고독(孤獨)을 한탄(恨歎)하며 지조(志操)를 변치 않겠다는 마음.

강거망소 벼리綱 들擧 그물網 성길疏

「대강(大綱)을 들고, 세목(細目)을 소홀(疏忽)히 함」 근본(根本)을 잡고 자질구레한 점에는 구애(拘礙)되지 않음.

뇌뢰낙락(磊磊落落) 마음이 매우 활달(豁達)하여 작은 일에 구애받지 않음.

온포불치(縕袍不恥) 「온포를 입고도 부끄러워하지 않음」 뜻이 높아 의복(衣服) 따위 자질구레한 일에 구애되지 않음.

호방뇌락(豪放磊落) 기개(氣槪)가 장하고 마음이 활달하여 작은 일에 거리끼거나 구애받지 않음.

장공임조비(長空任鳥飛) 「하늘은 새가 마음껏 날도록 맡김」 큰 인물(人物)은 작은 일에 개의(介意)치 않음.

강거목장 벼리綱 들擧 눈目 베풀張

원칙(原則)을 들면 잘게 나눈 조목(條目)은 저절로 밝혀짐.

법령(法令)은 헌법(憲法)을, 하(下)는 상(上)을, 소(小)는 대(大)를 따르게 마련임.

대강(大綱)을 들면 세목(細目)은 자명(自明)해짐.

거일강이만목장(擧一綱而萬目張) 하나의 벼리를 들면 만 개의 그물코가 모두 펼쳐짐.

강계지성 생강薑 계수나무桂 어조사之 성품性

「생강(生薑)과 계수나무 껍질은 오랠수록 매워짐」 늙어서 더욱 강직(剛直)해지는 성품(性品).

확삭(矍鑠) 늙어서도 기력(氣力)이 정정(亭亭)함.

궁당익견(窮當益堅) 「곤궁(困窮)해질수록 그 지조(志操)는 더욱 굳어짐」 나이가 들어도 결코 젊은이다운 패기(霸氣)가 변하지 않고 오히려 굳건함.

노당익장(老當益壯) 늙으면 뜻과 기백(氣魄)을 더욱 굳게 지녀야 함.

백수일절(白首一節) 늙어서도 한결같이 절의(節義)가 있음.

강고무비 강할强 굳을固 없을無 견줄比

비교(比較)할 수 없을 정도(程度)로 굳세고 튼튼함. **강대무비**(強大無比)

견갑이병(堅甲利兵) 단단한 갑옷과 날카로운 병기(兵器).

마장인강(馬壯人强) 「말이 씩씩하고 사람이 강함」 군대(軍隊)의 전투력(戰鬪力)이 매우 강함.

막막강병(莫莫强兵) 더할 수 없이 강한 군대(軍隊).

병강마장(兵强馬壯) 「병사(兵士)가 강하고 말은 튼튼함」 세력(勢力)이 매우 강함.

봉불가당(鋒不可當) 세력이 막강(莫强)하여 당해 낼 수가 없음.

소향무적(所向無敵) 나아가는 곳마다 맞서 싸울 적이 없음.

영병철기(逞兵鐵騎) 「강한 병사(兵士)와 철갑(鐵甲)을 입은 군사(軍士)」 막강(莫强)한 군사.

장창대검(長槍大劍) 긴 창과 큰 칼. 곧, 정예(精銳)한 무기(武器).

천하무적(天下無敵) 하늘 아래 대적(對敵)할 만한 상대(相對)가 없음.

↔ **오합지졸**(烏合之卒) 까마귀를 모아 놓은 군대.

강구동요 편안할康 네거리衢 아이童 노래謠
길거리에서 부르는 어린아이들의 노래, 곧 태평(太平)한 시대(時代).

강구미복 편안할康 네거리衢 숨길微 옷服
임금이 평상복(平常服)으로 몰래 거리를 다니며 여론(與論)을 들음.
미복잠행(微服潛行) 자신(自身)의 신분(身分)이 드러나지 않게 남루(襤褸)한 옷차림을 하고 몰래 주변(周邊)을 살피며 다님.

강구연월 편안할康 네거리衢 연기煙 달月
번화(繁華)한 큰 거리에 저녁밥 짓는 연기(煙氣)가 달빛을 향해 피어오름.
태평(泰平)한 시대(時代)의 평화(平和)스러운 풍경(風景).
강구동요(康衢童謠) 길거리에서 부르는 어린아이들의 노래, 곧 태평한 시대.
고복격양(鼓腹擊壤) 배를 두드리고 발을 구르며 흥겨워함.
비옥가봉(比屋可封) 집마다 표창(表彰)할 만한 인물(人物)이 많음.
사해정밀(四海靜謐) 천하의 풍파(風波)가 진정(鎭靜)되어 태평함.
시화연풍(時和年豐) 시절(時節)이 평화(平和)롭고 해마다 풍년(豊年)이 듦.
와치천하(臥治天下) 「누워서 천하를 다스림」 태평 시대의 비유.
요순시절(堯舜時節) 요임금과 순임금 시절.
착음경식(鑿飮耕食) 우물을 파서 물을 마시고, 밭을 갈아서 먹음.
천리동풍(千里同風) 「천리나 떨어진 곳에도 같은 바람이 붊」 천하(天下)가 통일(統一)되어 평화로움.
태평성대(太平聖代) 어진 군주(君主)가 다스리는 태평한 시대.
해불양파(海不揚波) 바다에 파도(波濤)가 일지 않음.
획지위뢰(劃地爲牢) 땅 위에 금을 그어 놓고 감옥(監獄)으로 삼음.

강근지족 굳셀強 가까울近 어조사之 일족族
강근지친 強 近 之 친족親
도움이 될 만한 매우 가까운 친척(親戚).
과갈지친(瓜葛之親) 오이나 칡덩굴이 서로 얽히듯이 인척간(姻戚間)에 서로 결련(結連)된 것.
당내지친(堂內至親) 팔촌(八寸) 이내의 친척.
반양지호(潘楊之好) 「반과 양의 다정(多情)한 사이」 혼인(婚姻)으로 인척(姻戚) 관계(關係)까지 겹친, 오래된 좋은 사이.
소공지친(小功之親) 유복친(有服親)의 하나로 소공복(小功服)을 입는 친척.
연인접족(連姻接族) 친척과 인척.
유복지친(有服之親) 복(服)을 입는 8촌 이내의 가까운 친척.
인아친척(姻婭親戚) 모든 친척.
지정지간(至情之間) 지극(至極)히 가까운 정분(情分) 있는 사이. 썩 가까운 친척 사이.
시마이상친(緦麻以上親) 상(喪)을 당했을 때 상복(喪服)을 입는 범위(範圍) 안의 친족(親族).

강기숙정 벼리綱 벼리紀 엄숙할肅 바를正
법강(法綱)과 풍기(風紀)를 엄숙(嚴肅)하게 바로잡음.
관궐지주(觀闕之誅) 공자(孔子)가 노(魯)나라의 사구(司寇-경찰(警察))가 되어, 정치(政治)를 문란(紊亂)케 한 대부(大夫) 소정묘(少正卯)를 관궐 옆에서 벤 일.
관기숙정(官紀肅正) 문란(紊亂)해진 관청(官廳)의 규율(規律)을 바로잡음.
극강위벌(亟降威罰) 급히 위엄(威嚴) 있는 벌을 내림.
기강지복(紀綱之僕) 나라의 기강을 바로잡

을 수 있는 종.

살계경후(殺鷄儆猴)「닭을 죽여 원숭이를 경계(警戒)함」한 사람을 벌주어 다른 이를 경고(警告)함.

읍참마속(泣斬馬謖)「눈물을 머금고 마속의 목을 벰」사랑하는 신하(臣下)를 법대로 처단(處斷)하여 질서(秩序)를 바로잡음.

이일경백(以一警百) 본보기로 중한 벌(罰)을 내려서 다른 이의 경각심(警覺心)을 불러 일으키는 일.

일벌백계(一罰百戒) 한 사람을 벌줌으로써, 만인(萬人)에게 경계(警戒)가 되게 함.

입참이순(立斬以徇) 그 자리에서 참수(斬首)하여 대중(大衆)의 본보기로 징계(懲戒)함.

중벌주의(重罰主義) 잘못이나 범죄(犯罪)에 대하여 무겁게 벌을 주는 것이 또 다른 잘못이나 범죄를 막을 수 있다고 여기는 견해(見解)나 태도(態度).

징일여백(懲一勵百) 한 사람을 징벌(懲罰)함으로써 여러 사람을 격려(激勵)함.

추상열일(秋霜烈日)「가을의 찬 서리와 여름의 뜨거운 태양(太陽)」형벌(刑罰)이 극히 엄정(嚴正)하고 강력(强力)함.

추호무범(秋毫無犯)「추호도 범하지 않음」군대(軍隊)의 기강(紀綱)이 엄격(嚴格)한 것을 일컬음.

타압경원앙(打鴨驚鴛鴦)「물오리를 쳐서 잡으려다가 원앙새를 놀라게 함」한 사람을 잘못 벌(罰)하여 뭇사람을 놀라게 함.

↔ **강기폐이**(綱紀廢弛) 나라의 기강이 퇴폐(頹廢)하고 해이(解弛)해짐.

토붕어란(土崩魚爛) 흙이 무너지고 물고기가 썩어 문드러짐.

강기퇴이 벼리綱 벼리紀 무너질頹 느슨할弛
강기폐이 綱 紀 폐할廢 弛

정치(政治)를 펴는 도리(道理)나 나라를 다스리는 바탕이 되는 질서(秩序)가 무너지고 해이(解弛)함.

어란토붕(魚爛土崩) 물고기가 문드러지고 흙이 무너짐.

토경어란(土傾魚爛) 흙이 무너지고 물고기가 썩어 문드러짐.

모럴해저드(moral-hazard), **도덕적해이**(道德的解弛) 법(法)과 제도적(制度的) 허점(虛點)을 이용(利用)하여 자기 책임(責任)을 소홀(疏忽)히 하거나 집단적(集團的)인 이기주의(利己主義)를 나타내는 상태(狀態)나 행위(行爲).

강남별성 강江 남녘南 나눌別 별星

집마다 찾아다니며 천연두(天然痘)를 앓게 한다는 여신(女神).

강남으로부터 특별(特別)한 사명(使命)을 띠고 거의 주기적(週期的)으로 찾아와서 두창(痘瘡)을 치르게 한다는 객성(客星).

호구별성(戶口別星), **호귀별성**(胡鬼別星) 집집이 찾아다니며 천연두를 앓게 한다는 여자(女子) 귀신(鬼神).

호환마마(虎患媽媽) 천연두를 민간(民間)에서 부르던 말.

강남일지춘 강江 남녘南 한一 가지枝 봄春

「강남에서 매화(梅花) 가지 하나를 친구(親舊)에게 보내 봄소식을 알림」친구 사이의 돈독(敦篤)한 우정(友情)을 대신(代身)하는 정표(情表)를 보낼 때 쓰이는 말.

강노지말 강할强 쇠뇌弩 어조사之 끝末

「강한 화살도 나중에는 힘이 다하면 비단(緋緞)조차 뚫지 못함」영웅(英雄)도 세력(勢力)이 없어지면 아무 일도 하지 못함.

서산낙일(西山落日)「해가 서산에 떨어짐」힘, 세력이 떨어져 어쩔 수 없게 된 형세(形勢).

추풍낙엽(秋風落葉) 가을바람에 흩어져 떨어지는 잎이나 낙엽(落葉)처럼, 어떤 형세(形

勢)나 판국, 세력 등이 시들어 떨어짐.

강대무비 강할強 큰大 없을無 견줄比

나라나 조직(組織) 따위의 역량(力量)이, 비할 데 없이 강하고 큼.

강고무비(強固無比)

강도와주 강할强 도둑盜 움집窩 주인主

강도를 숨겨준 자, 또는 장물(贓物)을 은닉(隱匿)한 자.

녹림호걸(綠林豪傑) 녹림의 도적(盜賊) 떼.

도적와주(盜賊窩主) 물건(物件)을 훔친 자나 강도의 우두머리.

명화집장(明火執仗) 「불을 밝히고 몽둥이를 잡음」 강도를 말함.

무본대상(無本大商) 「밑천 없이 하는 큰 장사」 도둑을 비꼬는 말.

서절구투(鼠竊狗偸) 쥐나 개처럼 가만히 물건을 훔침.

양상군자(梁上君子) 「들보 위의 군자」 '도둑'을 완곡(婉曲)하게 부르는 말.

천유지도(穿窬之盜) 「벽을 뚫거나 담장을 넘는 좀도둑」 남몰래 나쁜 짓을 하는 사람.

초두천자(草頭天子) 강도의 우두머리. 노상강도(路上强盜)의 두목(頭目).

강동보병 강江 동녘東 걸음步 병사兵

동진(東晉) 때의 유명(有名)한 문인(文人) 장한(張翰)을 가리키는 말.

강랑재진 강江 사내郞 재주才 다할盡

「강랑의 재주가 다함」 학문(學問)이 두각(頭角)을 나타낸 후(後) 퇴보(退步)하는 것.

사람이 갑자기 무능(無能)해지거나 뛰어났던 재능(才能)이 차차(次次) 쇠퇴(衰退)함.

퇴타위미(頹墮委靡) 「형체(形體)가 허물어져 형편(形便)없어짐」 기력(氣力)이나 정신(精神)이 차차로 쇠퇴함.

강려자용 억셀剛 비꼬일戾 스스로自 쓸用

「사람의 성품(性品)이 고집 세고 비꼬여 자기 멋대로 함」 스스로 지혜(智慧)만 쓰고 남의 말을 듣지 않음. **강퍅자용**(剛愎自用)

산계야목(山鷄野鶩) 「산 꿩과 들오리」 성질(性質)이 사납고 거칠어서 제 마음대로만 하여 다잡을 수 없는 사람.

수석침류(漱石枕流) 흐르는 물을 베개 삼고 돌로 양치질함.

요지부동(搖之不動) 흔들어도 움직이지 않음.

종회여류(從懷如流) 거리낌 없이 제멋대로 함.

호질기의(護疾忌醫), **휘질기의**(諱疾忌醫) 「병을 숨겨 의원(醫員)에게 보이기를 꺼림」 잘못이 있는데도 다른 사람의 충고(忠告)를 듣지 않음.

우이호자용(愚而好自用) 어리석으면서도 남의 말을 듣지 않고, 제 생각대로 하기를 좋아함.

강(항)룡복호

항복시킬降 용龍 엎드릴伏 범虎

「용을 굴복(屈服)시키고 범을 제압(制壓)함」 강적(强敵)을 이김.

강류석부전

강江 흐를流 돌石 아닐不 구를轉

「강물은 흘러도 그 안의 돌은 물결 따라 이리저리 구르지 않음」 제갈공명(諸葛孔明)의 팔진도(八陣圖) 중에 있는 말로, 군사(軍士)를 함부로 움직이지 않음.

강릉지복 산등성이岡 언덕陵 어조사之 복福

「산과 언덕 같은 복」 오래 살기를 축원(祝願)함.

가아수년(假我數年) 몇 년이라도 더 오래 살기를 바라는 일.

강산불로(江山不老) 「강산은 늙지 않고 영

구불변(永久不變)함」 불로장생(不老長生)을 비는 말.

만세천추(萬歲千秋) 천년만년(千年萬年) 오래 살기를 축원(祝願)함.

성수무강(聖壽無彊) 임금의 나이가 끝이 없음.

강림도령 내릴降 임할臨 길道 우두머리令

무속(巫俗)에서 수명(壽命)이 다한 사람을 잡아 저승으로 데리고 가는 일을 하는 염라대왕(閻羅大王)의 사자(使者).

강목수생 굳셀剛 나무木 물水 날生

「마른나무에서 물을 짜냄」 불가능(不可能)한 일을 억지로 이루려 할 때 쓰이는 말.

건목수생(乾木水生), **간목수생**(乾木水生)

상산구어(上山求魚) 산 위에 올라가 물고기를 구하려고 함.

연목구어(緣木求魚) 나무에 연하여 물고기를 구함.

강박관념 강할强 핍박할迫 볼觀 생각念

사소(些少)한 생각이지만 뇌리(腦裏)에서 떠나지 않아, 그것을 떨쳐 버리려고 하면 할수록 강하게 일어나 자기로서는 어쩔 수 없는 상태(狀態).

강변칠우 강江 가장자리邊 일곱七 벗友

양반(兩班) 자제(子弟)들이나 서출(庶出)이라는 이유(理由)로 벼슬길이 막힘을 한탄(恨歎)하여 북한강(北漢江) 강가에서 죽림칠현(竹林七賢)을 자처(自處)하며 시(詩)와 술로 세월(歲月)을 보냈다.

박응서(朴應犀)·서양갑(徐羊甲)·심우영(沈友英)·이경준(李耕俊)·박치인(朴致仁)·박치의(朴致義)·김평손(金平孫).

강병부국 강할强 병사兵 부유할富 나라國

군대(軍隊)를 강하게 하고 나라를 부유(富裕)하게 함. **부국강병**(富國强兵)

강보유아 포대기襁 포대기褓 어릴幼 아이兒

아직 걷지 못하여 포대기에 싸서 기르는 어린아이.

강보합세 강할强 지킬保 합할合 형세勢

시세(時勢)가 전혀 움직이지 않거나 극단적(極端的)으로 변동(變動)의 폭(幅)이 좁은 범위(範圍)에 그치는 시세(市勢).

강부번궤

넘어질僵 엎드릴仆 번거로울煩 심란할憒

몸은 쓰러지고, 마음은 번잡(煩雜)하고 어지러움.

강빈불압주

강할强 손賓 아닐不 누를壓 주인主

위력(偉力)이 아무리 강한 손님이라도 주인(主人)은 위압(威壓)하지 않음.

강삭철도 강철鋼 노索 쇠鐵 길道

케이블카(Cable Car)

강산불로 강江 메山 아닐不 늙을老

「강산은 늙지 않고 영구불변(永久不變)함」 불로장생(不老長生)을 비는 말.

강릉지복(岡陵之福) 「산과 언덕 같은 큰 복」 남에게 오래 살기를 축원(祝願)하는 말.

강산일변 강江 메山 한一 변할變

「강산이 한 번 변했음」 세월(歲月)이 많이 흘렀음.

강산주첩 강江 메山 술酒 문서帖

황제(皇帝)의 명(命)으로 전국(全國) 어디서나 술을 마실 수 있도록 만든 일종(一種)의 증명서(證明書).

강산지조 강江 메山 어조사之 도울助

「강산의 도움」 산수(山水)의 풍경(風景)이

사람의 시정(詩情)을 도와서 좋은 작품(作品)을 만들게 함.

강산풍월 강江 메山 바람風 달月

강과 산, 바람과 달.

자연(自然)의 경치(景致).

강산풍월주인

강江 메山 바람風 달月 주인主 사람人

「강산과 풍월을 차지한 주인」 경치(景致)가 좋은 산수(山水)에서 욕심(慾心) 없이 즐겁게 사는 사람.

강상어사 강江 윗上 거느릴御 벼슬史

조선시대(朝鮮時代) 한강(漢江) 연안(沿岸)의 상업(商業)이나 풍기문란(風紀紊亂), 불법(不法) 행위(行爲) 등을 단속(團束)하고 감찰(監察)하기 위해 차임(差任)된 어사.

삼강어사(三江御史)

강상죄인 벼리綱 항상常 죄罪 사람人

강상(삼강(三綱)과 오상(五常))에 어긋나는 행위(行爲)를 한 죄인.

삼성죄인(三省罪人) 조선시대(朝鮮時代)에, 십악(十惡) 및 강상(綱常)에 해당(該當)하는 죄를 저질러 의정부(議政府)·의금부(義禁府)·사헌부(司憲府)가 합좌(合坐)하여 추국(推鞫)하는 죄인.

강상지변 벼리綱 항상常 어조사之 변고變

삼강오상(三綱五常)에 맞지 않는 재앙(災殃)이나 사고(事故).

강생구속 내릴降 날生 구원할救 속죄할贖

그리스도가 강생하여 십자가(十字架)에 못 박혀 죽음으로써 죄악(罪惡)에서 인류(人類)를 구원(救援)한 일. **대속**(代贖)

강속부절 밧줄繈 이을屬 아닐不 끊을絶

여러 개가 한 줄로 서로 길게 붙어 끊이지 않음. **계속부절**(繼續不絶)

낙역부절(絡繹不絶) 오고 감이 잦아 끊이지 않음.

무상왕래(無常往來) 아무 때나 거리낌 없이 왔다 갔다 함. 때 없이 오고 감.

연락부절(連絡不絶) 오고 감이 잦아 끊이지 않음.

왕래부절(往來不絶) 자주 오고 가서 끊이지 않음.

일래일왕(一來一往) 왔다 갔다 함. 교제(交際)함.

강수청금 강江 물水 맑을淸 거문고琴

「강수와 청금」 옛 미녀(美女)의 이름임.

강시폐지 쓰러질僵 주검尸 가릴蔽 땅地

쓰러진 시신(屍身)이 온 땅을 덮음.

간뇌도지(肝腦塗地) 「간장(肝腸)과 뇌수(腦髓)가 땅에 쏟아짐」 참혹(慘酷)한 죽음. 나라를 위한 희생(犧牲).

간담도지(肝膽塗地) 간과 쓸개가 흙과 뒤범벅이 됨.

시산혈해(屍山血海) 시체(屍體)가 산같이 많이 쌓이고 피가 바다같이 흐름.

유혈부시(流血浮尸) 피가 흘러서 시체를 띄울 만큼 사상자(死傷者)가 많음.

유혈성천(流血成川) 피가 흘러서 내를 이룸.

유혈참극(流血慘劇) 피를 흘리며 싸움하는 참혹(慘酷)한 현상(現狀).

적시여산(積屍如山) 쌓인 시체가 산과 같음.

천참만륙(千斬萬戮) 천만 동강으로 쳐서 죽임.

혈류성하(血流成河) 피가 흘러 강물을 이룸.

혈류표저(血流漂杵) 피가 강물처럼 흘러 절굿공이가 떠다님.

혈풍혈우(血風血雨) 피바람과 피 비.

강식자애 억지로强 먹을食 스스로自 사랑愛

입맛이 없더라도 억지로 음식(飮食)을 먹어 몸을 소중(所重)히 함.

가찬반(加餐飯) 식사(食事)를 많이 하여 몸을 보양(保養)함. 몸을 소중히 함.

자중자애(自重自愛) 자기의 몸을 소중히 하고 제 몸을 제가 아낌.

강신대족 강할强 신하臣 큰大 일족族

세력(勢力)이 강대(强大)한 신하(臣下)와 호족(豪族).

강신재배 내릴降 신神 두再 절拜

제사(祭祀) 지낼 때 조상(祖上)의 혼령(魂靈)이 하강(下降)하시라고 두 번 절하는 것.

강신하백 강江 귀신神 물河 맏伯

강과 물을 맡아 다스리는 신(神).

강심보루 강江 중앙心 기울補 샐漏

「강의 한복판에 가서 비로소 배의 물이 들어오는 곳을 고침」 재화(財貨)를 구하기에는 이미 때가 늦음.

급익호선(及溺呼船) 「물에 빠져 배를 부름」 이미 일이 실패(失敗)된 뒤에 뉘우쳐도 소용(所用)없음.

만시지탄(晩時之歎) 시기(時機)에 늦었음을 한탄(恨歎)함.

서제막급(噬臍莫及) 「배꼽을 물려고 하여도 입이 닿지 않음」 일이 그릇된 뒤에는 후회(後悔)하여도 아무 소용이 없음.

추회막급(追悔莫及) 지난 일을 뉘우쳐도 소용이 없음.

강(항)심상종 내릴降 마음心 서로相 따를從

자기가 하고자 하는 마음을 억제(抑制)하고 남의 뜻을 따름.

난만동귀(爛漫同歸) 옳지 않은 일에 함부로 어울려 한통속이 됨.

부화뇌동(附和雷同) 「우렛소리에 맞춰 함께함」 아무런 생각도 없이 남의 의견(意見)에 찬동(贊同)함.

수중축대(隨衆逐隊) 자기의 뚜렷한 주견(主見)이 없이 여러 사람의 틈에 끼어 덩달아 행동(行動)을 함.

수후누수(隨後婁藪) 머리 위에 있으면서 사람이 가는 대로 추종(追從)함.

아부영합(阿附迎合) 자기의 주견이 없이 남의 말에 아부(阿附)하며 동조(同調)함.

인운역운(人云亦云) 자기의 주장(主張)이 없고 남의 말에 그대로 따름.

추우강남(追友江南) 친구(親舊) 따라 강남 감.

강안여자 강할强 얼굴顔 여자女 사람子

얼굴이 너무 두꺼워서 부끄러움을 모르는 여자.

전안(靦顔) 부끄러움이 없는 얼굴.

면피후(面皮厚) 낯가죽이 두꺼움.

파렴치(破廉恥) 「염치를 깨뜨림」 그릇된 행동(行動)을 하기니 남에게 피해(被害)를 주고도 스스로 부끄러워할 줄 모름.

후안무치(厚顔無恥) 얼굴이 두꺼워 부끄러움을 모름.

강약부동 강할强 약할弱 없을不 한가지同

「약자(弱者)가 강자(强者)를 대적(對敵)할 수 없음」 둘 사이의 힘이나 세력(勢力), 능력(能力) 따위가 한편은 약하여 도무지 상대(相對)가 못 됨.

천작만구 여요위구(千雀萬鳩 與鷂爲仇) 「천 마리 참새와 만 마리의 비둘기가 매와 짝이 되겠는가?」 강자의 위세(威勢)가 워낙 강해서 약자의 수가 많더라도 대적할 수 없음.

강역다사 지경疆 지경域 많을多 일事

「강역에 사건(事件)이 많음」 다른 나라와의 국경(國境)에 전쟁(戰爭)이 일어나서 고달픔.

간과공총(干戈倥傯), **병과공총**(兵戈倥傯) 전쟁으로 바쁨.

강유겸전 굳셀剛 부드러울柔 겸할兼 온전할全

굳세고 부드러운 성품(性品)을 겸하여 갖춤.

면리장침(綿裏藏針) 「솜 안에 바늘을 감춤」 겉모습은 부드러우나 마음속에는 품은 생각이 있음.

외유내강(外柔內剛) 겉으로 보기에는 부드러우나 마음속은 꿋꿋하고 굳셈.

외유중강(外柔中剛) 겉으로 보기에는 유순(柔順)한 듯하나 내심(內心)은 강직(剛直)함.

강유병거 굳셀剛 부드러울柔 아우를幷 들擧

강함과 유연(柔軟)함을 함께 사용(使用)함.

강유상마 굳셀剛 부드러울柔 서로相 문지를摩

강한 것과 부드러운 것이 서로 마찰(摩擦)함.

강유상제 굳셀剛 부드러울柔 서로相 건널濟

「굳셈과 부드러움을 두루 갖춤」 장수(將帥)된 자의 기본(基本) 자질(資質).

강의목눌 굳셀剛 굳셀毅 나무木 말더듬을訥

강직(剛直)하고 굳세어 굽히지 않고, 꾸밈이 없으며 말수가 적음. 공자(孔子)가 제시(提示)한 인(仁)에 가까운 사람의 품성(品性).

눌언민행(訥言敏行), **눌어언이민어행**(訥於言而敏於行) 말하기는 쉬워도 행동(行動)하기는 어려우므로, 말은 둔하여도 행동은 민첩(敏捷)해야 함.

강이자긍

굳셀剛 말 이을而 스스로自 자랑할矜

굳세고 자부심이 강함.

강장 굳셀剛 창자腸

「굳센 창자」 굳세고 굽히지 않는 마음.

강장대문 풀이할講 글章 대답할對 물을問

경서(經書)의 뜻을 풀어서 밝히고 어려운 것에 대해 문답(問答)하여 뜻과 이치(理致)를 분명(分明)하게 함.

강장지년 굳셀强 씩씩할壯 어조사之 나이年

몸이 튼튼하고 원기(元氣)가 왕성(旺盛)한 나이. 삼사십(三四十) 대.

강장하무약병 강할強 장수將 아래下 없을無 약할弱 병사兵

강한 장수(將帥) 밑에는 약한 병졸(兵卒)이 없음.

강재지가 편안할康 어조사哉 어조사之 노래歌

온 천하(天下)가 태평(太平)함을 칭송(稱頌)한 노래.

강좌칠현 강江 앉을자리左 일곱七 어질賢

고려(高麗) 후기(後期)에 「명리(名利)를 떠나 사귀던 일곱 선비」 이인로(李仁老)·오세재(吳世才)·임춘(林椿)·조통(粗通)·황보항(皇甫沆)·함순(咸淳)·이담지(李湛之) 등을 진(秦)나라 때의 죽림칠현(竹林七賢)에게 비교(比較)하여 일컫는 말.

죽림고회(竹林高會), **해좌칠현**(海左七賢)

강지납우 내릴降 복祉 바칠納 도울祐

하늘이 복을 내려주심에 복을 받음.

강철지추 굳셀强 쇠鐵 어조사之 가을秋

「강철(强鐵-전설상(傳說上)의 악독(惡毒)한 용)이 가는 데는 가을도 봄임」 다 되어 가는 일이, 못된 방해자(妨害者)로 인하여 파탄(破綻)이 됨.

강철혼식 강철鋼 쇠鐵 혼인할婚 법式

결혼(結婚) 11주년(十一周年).

강퍅자용 굳셀剛 강퍅할愎 스스로自 쓸用

자기(自己)의 주장(主張)만 고집(固執)하면서 제멋대로 함. **강려자용**(剛戾自用)

산계야목(山鷄野鶩) 「산 꿩과 들오리」 성질(性質)이 사납고 거칠어서 제 마음대로인 사람.

수석침류(漱石枕流) 흐르는 물을 베개 삼고 돌로 양치질을 함.

요지부동(搖之不動) 흔들어도 움직이지 않음.

종회여류(從懷如流) 「거리낌 없이 제멋대로 함」 자기 마음대로 하고도 아무런 제재(制裁)가 없음.

강포지욕 강할強 사나울暴 어조사之 욕될辱

몹시 우악(愚惡)스럽고 사나운 행패(行悖)나 모욕(侮辱).

능학(陵虐), **침학**(侵虐) 업신여기어 모욕하고 학대(虐待)함.

불두방분(佛頭放糞) 부처의 머리에 똥을 깔김.

강하팔준 강江 여름夏 여덟八 준걸俊

형주자사(荊州刺史) 유표(劉表)를 중심(中心)으로 한 청류파(淸流派) 인사(人士). 정사(正史) 삼국지(三國志)에 등장(登場)하는 말로, 뛰어난 재능(才能)이나 기술(技術) 또는 재주를 보여 주는 교류(交流) 단체(團體)나 가족(家族)을 말함.

강하회유 내릴降 물河 돌아올回 떠돌遊

민물에서 사는 물고기가 알을 낳기 위해 민물로부터 바다로 향하여 회유하는 현상(現象).

귀소회유(歸巢回遊), **산란회유**(産卵回游) ↔ **소하회유**(溯河回遊) 바다에서 강(江)으로 거슬러 올라가는 회유.

강한지장 강江 한수漢 어조사之 장수將

강과 바다에 사는 물고기 가운데 크고 힘이 센 종류(種類).

강항령 강強 목項 우두머리令

「목덜미가 뻣뻣한 현령(縣令)」 강직(强直)하여 남의 위력(威力)에 굽히지 않음.

강해지량 강江 바다海 어조사之 헤아릴量

강과 바다와 같이, 생각이 깊고 도량(度量)이 큼.

관인대도(寬仁大度) 「마음이 너그럽고 어질며 도량이 넓음」 또는 그러한 사람.

관즉득중(寬則得衆) 너그러우면 민심(民心)을 얻게 됨.

관홍대도(寬弘大度) 마음이 너그럽고 도량이 큼.

관후굉박(寬厚宏博) 너그럽고 후하며 넓고 큼.

광대지도(曠大之度) 넓고 큰 도량.

뇌뇌낙락(磊磊落落) 마음이 매우 활달(豁達)하여 작은 일에 구애(拘礙)받지 않음.

대인대이(大人大耳) 덕이 높고, 마음에 여유(餘裕)가 있는 사람은 자질구레한 일에 초연(超然)함.

덕고양굉(德高量宏) 인격(人格)이 높고 도량이 큼.

융통무애(融通無碍) 거침없이 통하여 막히지 않음.

천공해활(天空海闊) 하늘이 창창하고 바다가 광활(廣闊)하듯이 기상(氣像)이 상쾌(爽快)하고 도량이 넓음.

청탁병탄(淸濁倂呑) 「맑은 것과 탁한 것을 함께 삼킴」 선악(善惡)을 가리지 않고, 있는 그대로 받아들임. 도량이 큼.

호탕불기(豪宕不羈) 사람됨이 기개(氣槪)가 세차고 호걸(豪傑)스러워서 사소(些少)한 일에 얽매이지 않음.

활달대도(豁達大度) 도량이 큼.

회확대도(恢廓大度) 마음이나 도량이 넓고 큼.

강해지사 강江 바다海 어조사之 선비士

벼슬하지 않고 강이나 바다에서 노니는 선비.

속세(俗世)를 초월(超越)한 사람.

강해지침 강江 바다海 어조사之 담글浸

「강물이나 바닷물이 물건(物件)을 적심」 사람을 교화(敎化)함이 큼.

수기치인(修己治人) 「내 몸을 닦고 나서 남을 다스림」 백성(百姓)을 덕으로 다스림.

여보적자(如保赤子) 임금은 백성(百姓) 돌보기를 (어머니가) 갓난아이를 돌보듯이 하라.

강호가도 강江 호수湖 노래歌 길道

조선시대(朝鮮時代)에 속세(俗世)를 떠나 자연(自然)을 벗하여 지내면서 일어난 시가(詩歌) 생활(生活)의 경향(傾向).

강호산인 강江 호수湖 흩어질散 사람人

「시골에 살며 세상을 멀리하는 사람」 마음 내키는 대로 돌아다니며 사는 사람.

강해지사(江海之士) 벼슬하지 않고 강이나 바다에서 노니는 선비.

무장무애(無障無礙) 아무런 장애(障礙) 되는 것이 없음.

백구공곡(白駒空谷) 「흰 망아지가 공곡에 있음」 현인(賢人)이 초야(草野)에 묻혀 있음.

산림처사(山林處士) 산골에 살며 글이나 읽고 세속(世俗)을 멀리하는 사람.

상마지교(桑麻之交) 「뽕나무와 삼나무를 벗 삼아 지냄」 전원(田園)에 은거(隱居)하여 시골 사람들과 사귀며 삶.

암혈지사(巖穴之士) 바위 동굴 속의 선비.

은거처사(隱居處士) 세파(世波)의 표면(表面)에 나서지 않고 조용히 숨어 사는 선비.

임하유문(林下儒門) 초야(草野)에 묻혀 학문(學問)에만 힘을 쏟는 선비.

종회여류(從懷如流) 거리낌 없이 제멋대로 하고도 아무런 제재(制裁)도 받지 않음.

풍거운요(風擧雲搖) 바람이 불고 구름이 떠도는 것처럼 마음이 내키는 대로 이리저리 돌아다님.

피갈회옥(被褐懷玉) 「겉은 거친 옷을 입으나, 속은 옥을 지님」 어진 사람이 세상에 알려지지 않으려 함.

학명지탄(鶴鳴之歎) 벼슬하여 뜻을 펴지 못하고 초야에 묻혀 탄식(歎息)함.

약불계지주(若不繫之舟) 「매이지 않은 배와 같음」 구속(拘束)받지 않고 자유(自由)로이 방랑(放浪)하는 사람.

강호연월 강江 호수湖 안개煙 달月

「강과 호수(湖水), 안개에 어린 은은(隱隱)한 달빛」 강호에서의 한가(閑暇)로운 생활(生活).

강호연파 강江 호수湖 안개煙 물결波

「강이나 호수(湖水)에 안개처럼 보얗게 이는 잔물결」 산수(山水)의 좋은 경치(景致).

경개절승(景槪絶勝) 경치가 무척 아름답고 좋음.

산고수청(山高水淸) 산이 높고 물이 맑음.

산명수청(山明水淸) 산수가 맑고 깨끗함.

양신미경(良辰美景) 좋은 시절(時節)과 아름다운 경치.

연하일휘(煙霞日輝) 안개와 놀과 빛나는 햇살.

청풍명월(淸風明月) 맑은 바람과 밝은 달.

강호지기 강江 호수湖 어조사之 기운氣

초야(草野)에 묻힌 이의 기풍(氣風).

강호지락 강江 호수湖 어조사之 즐거울樂

강과 호수(湖水) 등 자연(自然)을 벗 삼아 누리는 즐거움.

안빈낙도(安貧樂道) 가난을 편안(便安)히 여기고 도를 즐김.

안분지족(安分知足) 편안한 마음으로 제 분수(分數)를 지키며 만족할 줄을 앎.

강호지원 강江 호수湖 어조사之 멀遠

왕도(王都)에서 멀리 떨어진 시골.

강호지인 강江 호수湖 어조사之 사람人

「강호에 묻혀 사는 사람」 벼슬을 하지 않은 사람.

강해지사(江海之士)

강호산인(江湖散人) 아무 매임 없이 가고 싶은 곳을 마음 내키는 대로 다니는 사람.

산림처사(山林處士) 산골에 살며 글이나 읽고 세속(世俗)을 멀리하는 사람.

암거혈처(巖居穴處) 「바위굴 속에서 삶」 세속(世俗)을 떠나 숨어서 삶.

은거처사(隱居處士) 세파(世波)의 표면(表面)에 나서지 않고 조용히 숨어 사는 선비.

강희자전 편안할康 빛날熙 글자字 법典

중국 최대(最大)의 자전. 청(靑)나라 성조(聖朝) 강희 55년에 진정경(陳廷敬), 장옥서(張玉書) 등이 칙명(勅命)을 들어 5년에 걸쳐 편찬(編纂)한 한자(漢字)의 저서(著書).

개개고찰 낱箇 箇 상고할考 살필察

「낱낱이 살핌」 태형(笞刑)을 행할 때 형리(刑吏)를 계칙(戒飭)하여 낱낱이 살펴 몹시 치게 함.

개개명창 낱箇 箇 이름날名 부를唱

「노래하는 사람이 다 명창임」 노래를 엉터리로 부를 때 비꼬는 말.

개개복초 낱個 個 복종할服 부를招

개개승복 個 個 이을承 服

죄상(罪狀)을 낱낱이 자백(自白)함.

취복(就服) 자기의 죄상을 자백함.

초승(招承), **복죄**(服罪) 범죄(犯罪) 사실(事實)에 대해 자복(自服) 또는 자백함.

불하일장(不下一杖) 「매 한 대도 치지 않음」 죄인(罪人)이 매 한 대를 맞기 전에 미리 자백함.

개결정직 굳을介 깨끗할潔 바를正 곧을直

여럿 가운데서 뛰어나 성질(性質)이 단단하고 홀로 조촐하며 정직(正直)함.

개과불린 고칠改 허물過 아닐不 인색할吝

「허물을 고침에 인색(吝嗇)하지 않음」 허물은 머뭇거리지 말고 즉시(卽時) 고치라.

개과자신 고칠改 허물過 스스로自 새新

지난날의 잘못이나 허물을 고쳐 올바르고 착하게 됨.

개과천선 고칠改 허물過 옮길遷 착할善

과거(過去)의 잘못된 점은 바로잡고 착한 사람으로 다시 태어남. **회괴천선**(悔過遷善)

개과불린(改過不吝) 허물을 고침에 인색(吝嗇)하지 않음.

개과자신(改過自新) 허물을 고쳐 스스로 새롭게 됨.

개선광정(改善匡正) 좋도록 고치고 바로잡음.

괄장세위(刮腸洗胃) 「칼을 삼켜 창자를 도려내고 잿물을 마셔 위를 씻음」 마음을 고쳐 새사람이 됨.

구실재아(咎實在我) 허물은 실상(實狀) 나에게 있음.

내시반청(內視反聽) 스스로 성찰(省察)하고, 남의 충고(忠告)와 의견(意見)을 경청(敬聽)함.

대도무문(大道無門) 「큰길을 가는 데는 문

이 없음」 바른길로 나아가려면 꾸준히 정진(精進)하고 노력(努力)해야 함.

마유천혁(磨揉遷革) 「갈고 부드럽게 해서 바뀌고 고침」 꾸준히 공을 들여 예전에 비해 달라진 모습이 되도록 만듦.

명정기죄(明正基罪) 명백(明白)하게 죄명(罪名)을 집어내어 바로잡음.

배암투명(背暗投明) 「어둠을 등지고 밝은 데로 나아감」 잘못된 길을 버리고 바른길로 돌아감.

상유양심(尙有良心) 「악한 일을 한 사람에게도 아직 양심(良心)은 남아 있음」 바른길로 인도(引導)할 여지(餘地)가 있음.

승건규류(繩愆糾謬) 허물을 바로잡고 잘못된 것을 살핌.

우정지의(牛鼎之意) 우선(于先) 남의 의견(意見)에 맞는 설을 펴고 나중에 이것을 바른길로 이끎.

음회세위(飮灰洗胃) 「재를 마셔 위 속의 더러운 것들을 씻어냄」 악한 마음을 고쳐서 선으로 돌아감.

이리복검(李璃伏劍) 이리가 자책(自責)하여 목을 베어 자결(自決)함.

점검교유(點檢矯揉) 반성(反省)하여 하나하나 자기의 결점(缺點)을 찾아서 고침.

지과필개(知過必改) 잘못을 알면 반드시 고쳐야 함.

탄도괄장(呑刀刮腸) 「칼을 삼켜 창자를 도려냄」 잘못된 마음을 없애고 새사람이 됨.

회과자책(悔過自責) 허물을 뉘우치고 스스로 책망(責望)함.

회심향도(回心向道) 마음을 돌리어 바른길로 들어섬.

과즉물탄개(過則勿憚改) 허물이 있으면 고치기를 꺼리지 말라.

영어즉복당(囹圄卽福堂) 감옥(監獄)은 행복(幸福)을 가져오는 집임.

↔ **자과부지**(自過不知) 자기의 허물은 자기가 모름.

개관사정 덮을蓋 관棺 일事 정할定

「관(棺) 뚜껑을 덮고 일을 정함」 사람은 죽고 난 뒤에라야 올바르고 정당(正當)한 평가(評價)를 할 수 있음.

개관양도 열開 객사館 기를養 무리徒

학관(學館)을 열어 생도(生徒)를 양성(養成)함.

개구대소 열開 입口 큰大 웃을笑

입을 크게 벌리고 웃음.

개권유득 펼開 책卷 있을有 얻을得

책(冊)을 펴 글을 읽으면 새로운 지식(知識)을 얻음.

개권유익 펼開 책卷 있을有 더할益

「책(冊)을 펴서 읽으면 반드시 이로움이 있음」 독서(讀書)를 권장(勸奬)하는 말.

개두환면 고칠改 머리頭 바꿀換 낯面

「머리와 얼굴을 바꿈」 마음은 고치지 않고 겉으로만 달라진 체함.

일을 근본적(根本的)으로 고치지 않고 겉만 다르게 바꿈.

개환두면(改換頭面)

치랍(梔蠟) 실상은 보잘것없이 겉만 꾸밈.

견지망월(見指忘月) 「달을 보라고 손을 들어 가리켰더니 손가락만 봄」 본질(本質)을 외면(外面)한 채 지엽적(枝葉的)인 것에 집착(執着)함.

기려멱려(騎驢覓驢) 「나귀를 타고서 나귀를 찾음」 근본(根本)을 잊고서 딴 곳에서 구하는 어리석음.

내허외식(內虛外飾) 「속은 비고 겉만 꾸밈」 겉은 화려(華麗)해 보이나 속은 가난함.

득어망전(得魚忘筌) 「물고기를 잡고 나면

통발을 잊음」 근본을 확립(確立)하면 지엽적(枝葉的)인 것은 문제(問題)가 되지 않음.

모피지부(毛皮之附) 「가죽도 없는데 털이 붙음」 근본은 뒷전이고 중요(重要)하지 않은 문제(問題)만 해결(解決)하려고 함.

문과기실(文過其實) 「무늬가 실제(實際)보다 지나침」 겉만 화려(華麗)하고 속은 부실(不實)함.

석근관지(釋根灌枝) 「뿌리는 버려두고 가지에 물을 줌」 근본을 잊고 지엽(枝葉)의 일에 힘을 들임.

양탕지비(揚湯止沸) 「끓는 물을 끼얹어 끓어오르는 것을 막으려 하기보다는 불을 끄는 것이 옳음」 일을 지엽에서 다스리기보다는 근본에서 다스려야 함.

외화내빈(外華內貧) 겉으로는 화려하게 보이나 속으로는 빈곤(貧困)하고 부실함.

장구소유(章句小儒) 장구(章句)의 뜻에만 몰두(沒頭)하고 도(道)에는 통하지 못한 학자(學者).

절상생지(節上生枝) 「가지에 또 가지가 남」 너무 지엽에 치우쳐 근본을 잃음.

허례허식(虛禮虛飾) 형편(形便)에 맞지 않게 겉만 번드르르하게 꾸밈.

화이부실(華以不實) 꽃은 화려(華麗)하나 열매를 맺지 못함.

회두토면(灰頭土面) 「더러운 얼굴」 겉으로만 꾸며 체면(體面)을 닦는 데 뜻이 없음.

사본이사말(舍本而事末) 「근본을 버리고 지엽을 섬김」 농업(農業)을 버리고 상공업(商工業)에 종사(從事)함.

귀관리망두족(貴冠履忘頭足) 「갓과 신을 귀히 여기고 머리와 발은 업신여김」 근본을 경시(輕視)하고 지엽적인 것을 중히 여김.

개락음주 개가豈 즐거울樂 마실飮 술酒

즐거워하며 술을 마심.

소수소(掃愁箒) 근심을 쓸어 내는 빗자루.

개량주의 고칠改 어질良 주장할主 옳을義

사회체제(社會體制)의 근본적(根本的)인 변혁(變革)을 시도(試圖)하지 않고 자본주의(資本主義)의 모순(矛盾)과 결함(缺陷)을 점진적(漸進的)으로 개선(改善)하려는 사회사상(社會思想)·운동(運動).

개명지인 열開 밝을明 어조사之 사람人

진보(進步)된 문명(文明)을 받아들여 지식(知識)이 열린 사람.

개문납도 열開 문門 들일納 도둑盜
개문납적 開 門 納 도둑賊

「문을 열어 도둑이 들게 함」 스스로 화(禍)를 불러들임. **개문읍도**(開門揖盜)

무병자구(無病自灸) 병도 없는데 뜸질을 함.

방호자위(放虎自衛) 범을 놓아주고 스스로 지킴.

비아부화(飛蛾赴火) 「불나방이 불 속으로 날아듦」 벌레가 등불에 날아들어 타 죽듯이, 위험(危險)한 일을 자진(自進)해서 저지름.

숙호충비(宿虎衝鼻) 잠자는 호랑이의 코를 찌름.

아박등예(蛾撲燈蕊) 나방이 등불 심지를 때림.

양호유환(養虎遺患) 호랑이를 길러 근심을 남김.

종호귀산(縱虎歸山) 호랑이를 풀어 산으로 돌아가게 함.

춘치자명(春雉自鳴) 봄 꿩이 스스로 울어 제 울음에 죽음.

타초경사(打草驚蛇) 풀을 두드려 뱀을 놀라게 함.

포벽유죄(抱璧有罪) 보물(寶物)을 안고 있으면 죄가 없어도 억울(抑鬱)하게 재앙을 당하게 됨.

해의포화(解衣抱火) 옷을 벗고 불을 안음.

화복무문(禍福無門) 재앙(災殃)이나 복(福)은 모두 사람이 자초(自招)하는 것임.

비입화하충(飛入火夏蟲) 「날아와 불에 뛰어드는 여름벌레」 멸망(滅亡)을 자초함.

명탁이성자훼(鳴鐸以聲自毁) 풍경(風磬)이 스스로 울리다가 마멸(磨滅)되어 버림.

↔ **원화소복**(遠禍召福) 화를 물리쳐 멀리하고, 복을 불러들임.

개문영입 열開 문門 맞을迎 들入

문을 열어 반가이 맞아들임.

객인환대(客人歡待) 손님을 반갑게 대접함.

도리상영(倒履相迎) 기쁜 나머지 신을 거꾸로 신고 나가서 반갑게 맞이함.

빈지여귀(賓至如歸) 손님으로 온 사람이 자기 집에 돌아온 것같이 조금도 걱정 없이 안심(安心)함.

↔ **차계기환**(借鷄騎還) 「닭을 빌려 타고 돌아감」 손님을 박대(薄待)하는 것을 빗대는 말.

차래지식(嗟來之食) 무례(無禮)한 태도(態度)로 불러서 먹으라고 주는 음식(飮食). 경멸(輕蔑)해서 하는 대접(待接).

개문읍도 열開 문門 읍할揖 도둑盜

일부러 문을 열어 놓고 도둑을 청함.

개문납도(開門納盜), **개문납적**(開門納賊)

개물성무 열開 만물物 이룰成 힘쓸務

「만물(萬物)의 뜻을 열어 천하(天下)의 사무(事務)를 성취(成就)함」 사람이 아직 모르는 곳을 개발(開發)하고, 사람이 하고자 하는 바를 성취함.

개발주의 열開 필發 주장할主 옳을義

아동(兒童)이 자발적(自發的)으로 공부(工夫)하도록 인도(引導)하는 주의.

개산조사 열開 메山 국조祖 스승師

절이나 종파(宗派)를 새로 세운 사람.

개종조(開宗祖)

개선광정 고칠改 착할善 바를匡 바를正

「새롭게 잘못을 고치고 바로잡음」 그릇된 것들을 고치어 바로잡음.

좋도록 고치고 바로잡음.

개과불린(改過不吝) 허물이 있다면 머뭇거리지 말고 즉시(卽時) 고치라.

격기비심(格其非心) 「불순(不純)한 마음을 바르게 고침」 그의 그릇된 마음을 바로잡음.

관기숙정(官紀肅正) 문란(紊亂)해진 관청(官廳)의 규율(規律)을 바로잡음.

구실재아(咎實在我) 허물은 실상(實狀) 나에게 있음.

명정기죄(明正基罪) 명백(明白)하게 죄명(罪名)을 집어내어 바로잡음.

설폐구폐(說弊救弊) 먼저 폐단(弊端)을 말하고 그 폐단을 바로잡음.

승건규류(繩愆糺謬) 「허물을 바로잡고 잘못된 것을 살핌」 실수(失手)를 고침.

정본청원(正本淸源) 근본(根本)을 바로 하고 근원(根源)을 맑게 함.

과즉물탄개(過則勿憚改) 허물이 있으면 고치기를 꺼리지 말라.

↔ **과이불개**(過而不改) 잘못을 알면서 고치지 않음.

목불견첩(目不見睫) 눈은 눈썹을 보지 못함.

지우책인명(至愚責人明) 지극히 어리석은 사람도 남을 나무라는 데는 총명(聰明)함.

개선장군 개선할凱 돌아올旋 장수將 군사軍

「싸움에서 이기고 돌아온 장수(將帥)」 어떤 일에 크게 성공(成功)한 사람.

개선지회 개선할凱 돌아올旋 어조사之 모일會

마귀(魔鬼)・세속(世俗)・육신(肉身)과 싸

움에서 이기고 올라간 곳. **천당**(天堂)

개성불도 다皆 이룰成 부처佛 깨달을道

누구든지 삼생(三生-전생(前生), 현생(現生), 내생(來生))을 통하여 불도(佛道)를 닦으면 부처가 될 수 있다는 말.

개성포공 열開 정성誠 펼布 공평할公

제갈량(諸葛亮)이 촉(蜀)나라 승상(丞相)이 된 후, 사람을 대하고 일을 처리(處理)하는데 대단히 공평(公平)하였음.

개세기상 덮을蓋 세상世 기운氣 형상象

세상을 뒤덮을 만한 기상,

개세영웅 덮을蓋 세상世 뛰어날英 수컷雄
개세지재 蓋 世 어조사之 재주才

기운이나 위력(偉力)이 세상을 뒤덮을 만큼 뛰어난 영웅.

광세영웅(曠世英雄) 세상에서 보기 드문 영웅.

일시웅아(一時雄兒) 일대(一代)의 영걸(英傑).

천고영웅(千古英雄) 세상에 유례(類例)가 없는 영웅.

희세지웅(希世之雄) 세상에 드문 영웅.

개세지풍 덮을蓋 세상世 이조사之 풍도風

세상을 뒤덮을 만큼 뛰어난 풍모(風貌).

능소지지(凌霄之志) 하늘을 뛰어넘고 세상을 뒤덮을 만한 큰 뜻.

영영대풍(泱泱大風) 「구름이 일고 큰바람이 붊」 기백(氣魄)이 넘치는 대국(大國)의 풍모.

개수일촉 갑옷鎧 소매袖 한一 닿을觸

「갑옷의 소매로 조금 침」 약(弱)한 적(敵)에게 약간(若干)의 무용(武勇)을 보여, 을러서 억누름.

병불혈인(兵不血刃) 병사(兵士)가 칼에 피를 묻히지 않음.

↔ **고군분투**(孤軍奮鬪) 외로운 군대(軍隊)가 떨쳐 싸움.

중과부적(衆寡不敵) 무리가 적으면 대적(對敵)할 수 없음.

개시오입 열開 보일示 깨달을悟 들入

법문(法門)을 개시(開示)하여 불교(佛教)의 깊은 이치(理致)를 깨닫게 함.

개연탄식 분할慨 그럴然 탄식할嘆 숨쉴息

몹시 분개(憤慨)하며 한탄(恨歎)함.

장우단탄(長吁短歎) 긴 한숨과 짧은 탄식.

허희자탄(歔欷自歎) 한숨지으며 스스로 탄식함.

허희장탄(歔欷長歎) 한숨지으며 길게 탄식함.

허허탄식(歔歔歎息) 한숨지으며 몹시 탄식함.

개옥개행 고칠改 옥玉 改 다닐行

「차고 다닐 옥(玉)의 바꾸면 걸음걸이도 바꿔야 함」 법(法)을 변경(變更)하면 일도 고쳐야 함.

개운도천 열開 구름雲 볼覩 하늘天

「구름을 헤쳐서 하늘을 봄」 환하게 트이고 쾌활(快活)하게 됨.

광풍제월(光風霽月) 「비가 갠 뒤의 시원한 바람과 밝은 달」 마음이 넓고 쾌활하여 아무 거리낌이 없는 인품(人品).

뇌락장렬(磊落壯烈) 기상(氣像)이 쾌활하고 지기(志氣)가 장대(壯大)함.

개원절류 열開 자원源 절약할節 흐를流

「재원(財源)을 늘리고 지출(支出)을 줄임」 부(富)를 이루기 위하여 반드시 지켜야 할 원칙(原則).

개원지치 열開 으뜸元 어조사之 다스릴治

당나라 현종이 다스린 개원 연간의 치세(治世) 또는 그 시기(時期)에 이루어진 것과 같은 태평성대(太平聖代).

강구연월(康衢煙月) 번화(繁華)한 거리에 저녁밥 짓는 연기가 달빛을 향해 피어오름.

고복격양(鼓腹擊壤) 배를 두드리고 발을 구르며 흥겨워함

광풍제월(光風霽月) 「화창(和暢)한 날 불어오는 상쾌(爽快)한 바람과 비 갠 뒤 하늘에 뜬 밝은 달과 같음」 훌륭한 성품(性品)이나 잘 다스려진 세상.

국태민안(國泰民安) 나라는 태평하고 백성(百姓)은 편안(便安)함.

성강지치(成康之治) 주(周)나라 성왕(成王)과 강왕(康王)의 어진 정치(政治).

시화연풍(時和年豊) 시절(時節)이 평화(平和)롭고 해마다 풍년(豊年)이 듦.

요순시절(堯舜時節) 요임금과 순임금 시절.

질륭지치(郅隆之治) 잘 다스린 정치(政治). 잘 다스려진 세상(世上). 왕화(王化)가 고루 미친 정치.

태평성대(太平聖代) 어진 군주(君主)가 다스리는 태평한 시대(時代).

해불양파(海不揚波) 바다에 파도(波濤)가 일지 않음.

획지위뢰(劃地爲牢) 땅 위에 금을 그어 놓고 감옥(監獄)으로 삼음.

개자불배 갑옷介 사람者 아닐不 절拜

「갑옷을 입은 사람은 절하여 예(禮)를 갖추지 않음」 군중(軍中)에서는 군사(軍事)에만 전심(專心)해야 하므로, 그 밖의 일은 돌보지 않는 일.

남발이증(攬髮而拯) 「물에 빠진 사람은 머리털을 잡아당겨 건짐」 위급(危急)한 때에는 사소(些少)한 예의(禮儀)를 차리지 않음.

개장심안 열開 베풀張 마음心 눈眼

마음을 열고 얼굴을 부드럽게 하여 사람을 대함.

대인춘풍 지기추상(待人春風 持己秋霜), **접인춘풍 임기추상**(接人春風 臨己秋霜) 남을 대할 땐 봄바람처럼 대하고, 자기자신(自己自身)에게는 서릿발처럼 함.

개점휴업 열開 가게店 쉴休 업業

점포(店鋪)를 열고 있으나 장사가 잘되지 않아 휴업한 것과 같음.

개주지간 갑옷介 투구冑 어조사之 사이間

전쟁(戰爭)하는 동안. 또는 전장(戰場).

개주지사 갑옷介 투구冑 어조사之 선비士

갑옷과 투구(鬪具)를 갖추어 입고 무장(武裝)한 무사(武士).

개차반이

「개가 먹는 밥」 '똥'을 가리키는 말로, 말과 행동(行動)이 몹시 더러운 사람을 욕하는 말.

구식분자(狗食糞子) 「개 밥그릇 같은 인간」할 수 없는 인간(人間).

요예지물(妖穢之物) 요망(妖妄)스럽고 더러운 사람이나 사물(事物).

개차신발 사대오상 대개蓋 이此 몸身 터럭髮 넉四 큰大 다섯五 떳떳할常

무릇, 이 몸과 터럭은, 네 가지 큰 것(천지군친(天地君親))과 다섯 가지(인의예지신(仁義禮智信)) 떳떳함으로 이루어졌음.

개천개지 덮을蓋 하늘天 蓋 땅地

「하늘을 덮어 가리고 땅을 덮어 가림」 중생(衆生)에게 본래(本來) 갖추어져 있는 마음의 빛이 하늘과 땅 온 천지(天地)에 가득 참.

개천벽지 열開 하늘天 열릴闢 땅地

「하늘이 열리고 땅이 열림」이 세상(世上)의 시작(始作)을 이르는 말. 중국의 천지창조(天地創造) 신화(神話)에서 유래(由來)한 말. **천지개벽**(天地開闢)

개초장 덮을蓋 풀草 장인匠

이엉을 엮거나 이는 일을 직업으로 하는 사람.

개탕망 열開 임금湯 그물網

죄인(罪人) 등을 관대(寬待)하게 처리(處理)함. 그물을 사면(四面)으로 쳐놓고 짐승을 잡는 것을 은나라 탕왕(湯王)이 보고, 그 삼면(三面)을 터서 도망(逃亡)갈 길을 열어 주었다는 옛일에서 온 말.

개현경장 고칠改 활시위弦 고칠更 베풀張
개현역장 改 弦 바꿀易 張
개현역조 改 弦 易 고를調
개현역철 改 弦 易 바퀴자국轍

「거문고 줄을 바꾸어 맴」느슨해진 것을 긴장(緊張)하도록 고치거나 사회적(社會的), 정치적(政治的)으로 제도(制度)를 개혁(改革)함. **해현경장**(解弦更張), **해현역철**(解弦易轍)

개화사상 열開 될化 생각할思 생각想

봉건적(封建的)인 사상과 풍속(風俗) 등을 타파(打破)하고 근대화(近代化)를 지향(志向)하려는 사상.

개확이충 다皆 넓힐擴 말 이을而 채울充

「모두 확충(擴充)함」모두 넓히고 충실(充實)하게 함.

개환두면 고칠改 바꿀換 머리頭 낯面

마음을 고치지 않고, 겉만 달라짐.

개두환면(改頭換面)

객고막심 손님客 괴로울苦 아주莫 심할甚

객지(客地)에서 겪는 고생(苦生)이 대단함.

손풍숙수(飡風宿水)「바람을 저녁밥으로 먹고 물가에서 잠을 잠」객지에서 겪는 많은 고생.

우왕마왕(牛往馬往) 소와 말이 다닌 곳을 다 다님.

우학풍도(雨虐風饕) 비가 학대(虐待)하고 바람이 탐냄.

즐풍목우(櫛風沐雨) 바람으로 머리를 빗고 비로 목욕(沐浴)함.

풍상고초(風霜苦楚) 찬바람과 찬 서리를 맞는 괴로움과 아픔.

풍찬노숙(風餐露宿) 바람을 맞으며 먹고 이슬을 맞으며 잠.

객반위주 손님客 돌이킬反 할爲 주인主

「주인(主人)과 손님이 바뀜」앞뒤의 차례(次例)가 서로 뒤바뀐 경우(境遇).

반객위주(反客爲主)

관리전도(冠理顚倒) 갓과 신발을 놓는 장소(場所)를 바꿈.

본말전도(本末顚倒) 사물(事物)의 순서(順序)나 위치(位置) 또는 이치(理致)가 거꾸로 됨.

아가사창(我歌査唱) 내가 부를 노래를 사돈(査頓)이 먼저 부름.

적반하장(賊反荷杖) 도둑이 오히려 몽둥이를 잡고 주인 노릇을 함.

주객전도(主客顚倒) 주인(主人)과 손님이 뒤바뀜.

족반거상(足反居上) 마땅히 아래가 될 것이 위가 되어 거꾸로 뒤집힘.

왝더독(Wag the dog) 꼬리가 몸통을 흔듦.

삭족이적리(削足而適履) 발을 깎아 신에 맞춤.

↔ **본말상순**(本末相順) 순서(順序)가 뒤바뀌지 않고 응함.

객인환대 손님客 사람人 기뻐할歡 기다릴待

손님을 맞이하여 잠자리와 음식(飮食)을 제공(提供)하고 즐겁게 하여 주는 일.

도리상영(倒履相迎) 신발을 거꾸로 신고 나가 손님을 맞이함.

↔ **차계기환**(借鷄騎還) 「닭을 빌려 타고 돌아감」 손님을 박대(薄待)하는 것을 빗대는 말.

객중보체 손님客 가운데中 보배寶 몸體

「객지(客地)에 있는 보배로운 몸」 편지(便紙)에서 객지에 있는 상대편(相對便)을 높여 이르는 말.

객진번뇌 손님客 티끌塵 번거로울煩 번뇌할惱

「우연(偶然)히 밖으로부터 들어온 먼지」 번뇌(煩惱)는 본디 마음에 있는 것이 아니라 외부(外部)로부터 들어와 청정(淸淨)한 마음을 더럽힘.

객창한등 손님客 창窓 찰寒 등불燈

「나그네가 거처(居處)하는 방에 비치는, 쓸쓸하게 보이는 등불」 외로운 나그네의 신세(身世).

혈혈고종(孑孑孤蹤) 객지(客地)에 있는 외로운 나그네의 종적(蹤迹).

갱기불능 다시更 일어날起 아닐不 능할能

「다시 일어날 힘이 없음」 다시 일어나기 어려움. **재기불능**(再起不能)

대두불기(擡頭不起) 머리를 들고 일어나지 못함.

위미부진(萎靡不振) 시들고 약해져서 떨치고 일어나지 못함.

일패도지(一敗塗地) 싸움에 패하여 땅에 떨어짐.

장와불기(長臥不起) 오래도록 앓아누워서 일어나지 못함.

↔ **권토중래**(捲土重來) 흙먼지를 일으키며 다시 돌아옴.

사회부연(死灰復燃) 다 탄 재에 다시 불이 붙음.

갱려함구

국羹 명아주藜 머금을含 미숫가루糗

「명아주 국에 미숫가루를 넣어 먹음」 악식(惡食)을 이르는 말.

여곽불채(藜藿不采) 명아주잎과 콩잎은 캐지 않음. 藜藿은 명아주잎과 콩잎으로 와전(訛傳)하여 악식.

갱무도리 다시更 없을無 도리道 이치理

다시 어찌할 도리가 없음.

말여지하(末如之何) 아주 엉망이 되어서 어찌할 도리가 없음.

속수무책(束手無策) 손이 묶여 어떠한 계책(計策)도 세울 수 없음.

졸난변통(猝難變通) 뜻밖에 일을 당하여 조처(措處)할 도리가 없음.

주판지세(走坂之勢) 「가파른 산비탈을 내리닫는 형세(形勢)」 사람의 힘으로서는 어찌할 도리가 없게 되어 가는 대로 맡겨 둘 수밖에 없는 형세.

축계망리(逐鷄望籬) 「닭 쫓던 개 지붕 쳐다보듯 함」 어찌할 도리가 없어 맥이 빠짐.

토붕와해(土崩瓦解) 「흙이 무너지고 기와가 깨짐」 일이 근본(根本)부터 뒤엉켜 도저히 어찌할 도리(道理)가 없음.

갱유분서 구덩이坑 선비儒 불사를焚 책書

선비를 구덩이에 묻고 책(冊)을 불태움.

분서갱유(焚書坑儒)

거가대족 클巨 집家 큰大 일족族

대대(代代)로 번영(繁榮)한 문벌(文閥)이 있는 집안.

거실세족(巨室世族) 대대로 번창(繁昌)하고

문벌이 좋은 집안.

경화문벌(京華門閥) 서울에 있는 명문거족(名門巨族).

고가대족(故家大族) 대대로 세도(勢道)를 누린 큰 집안.

고족대가(古族大家) 예부터 대를 이어 자손(子孫)이 번성(繁盛)하고 세력(勢力)이 있는 집안.

공후재척(公侯宰戚) 벼슬이 높거나 권력(權力)이 있는 가문(家門).

대성가문(大姓家門) 후손(後孫)이 번성하고 세력이 있는 집안.

명문거족(名門巨族) 이름난 집안과 크게 번창(繁昌)한 집안.

문벌귀족(門閥貴族) 5품 이상의 고위관직(高位官職)을 여러 대에 걸쳐 배출(輩出)한 가문(家門)과 그 가문의 구성원(構成員).

벌빙지가(伐氷之家) 문벌이 높고 고귀(高貴)한 집안.

거가비경 수레車 멍에駕 살찔肥 가벼울輕

수레의 말은 살찌고 몸의 의복(衣服)은 가볍게 차려져 있음.

거마위의(車馬威儀) 수레와 말 행차(行次)에 위엄(威嚴) 있는 차림새.

경장비마(輕裝肥馬) 「가볍고 따뜻한 갖옷과 살진 좋은 말」 부귀(富貴)한 사람의 외출(外出) 차림.

위고가부(位高家富) 지위(地位)가 높고 집이 부유(富裕)함.

세록치부 거가비경(世祿侈富 車駕肥輕) 대대로 녹을 받아 부유해지니, 수레의 말은 살찌고 몸의 의복은 가볍게 차려져 있음.

거가지락 살居 집家 어조사之 즐거울樂

속세(俗世)의 영화(榮華)에 마음을 두지 않고 시(詩), 서(書) 등으로 세월(歲月)을 보내는 즐거움.

거가행락 모두擧 집家 다닐行 즐거울樂

온 집안이 즐김.

가내균안(家內均安) 온 집안이 고루 편안(便安)함.

거가행역 모두擧 집家 행할行 부릴役

온 집안의 어려움.

거간식비 막을拒 간할諫 꾸밀飾 그를非

간하는 말을 거절(拒絶)하고, 그 잘못을 거짓으로 꾸며 자신(自身)의 비위(非違)를 변명(辨明)함.

견강지변(堅强之辯) 억지로 이치(理致)를 끌어대는 변명.

극구발명(極口發明) 온갖 말을 다 하여 변명함.

노노발명(呶呶發明) 여러 가지 말을 늘어놓아 구차스럽게 변명함.

불복지심(不服之心) 복종(服從)하지 않는 마음.

자명상소(自明上疏) 자신을 변명하는 상소.

장찬저뢰(粧撰抵賴) 과실(過失)을 덮어 꾸미듯이 변명하면서 판명(判明)에 승복(承服)하지 않음.

축조발명(逐條發明) 낱낱이 죄(罪)가 없다고 변명함.

낙송자칭원(落訟者稱冤) 송사(訟事)에 진 사람이 원통(怨痛)함을 들어 말함.

↔ **개개승복**(箇箇承服) 지은 죄를 빠짐없이 낱낱이 자백(自白)함.

거거익심 갈去 去 더할益 심할甚

갈수록 점점 더 심함.

거익심조(去益深造), **거익심언**(去益甚焉)

거익태산(去益泰山) 갈수록 태산.

유왕유심(愈往愈甚) 갈수록 더욱 심함.

↔ **점입가경**(漸入佳境) 점점 아름다운 경치(景致)로 들어감.

거경궁리 살居 공경할敬 다할窮 이치理

주자학(朱子學)에서 주창(主唱)하는 학문(學問) 수양(修養)의 기본(基本) 방법(方法). 居敬은 내적 수양법으로 항상(恒常) 몸과 마음을 삼가서 바르게 가지는 것이고, 窮理는 외적 수양법으로 널리 사물(事物)의 이치(理致)를 궁구(窮究)하여 정확(精確)한 지식(知識)을 얻는 것임.

격물치지(格物致知) 사물의 이치를 구명(究明)하여 자기의 지식(知識)을 확고(確固)히 하게 함.

거경지신 클巨 벼슬卿 어조사之 믿을信

「거경의 신의(信義)」 굳은 약속(約束)을 뜻하며 성실한 인품(人品)을 나타내는 말.

단단무타(斷斷無他) 성실(誠實)하여 딴 마음이 없음.

신선중인(神仙中人) 신선 중의 사람. 인품이 썩 고상(高尙)한 사람.

거관당차 갈去 벼슬官 마땅當 버금次

연한(年限)이 차서 퇴직(退職)할 차례(次例).

거관유독 갈去 벼슬官 머무를留 송아지犢

「벼슬자리에서 물러날 때 송아지를 두고 감」 관리(官吏)로서 청렴결백(淸廉潔白)함.

양수청풍(兩袖淸風) 「두 소매에 맑은 바람」 관리의 청렴결백함.

음마투전(飮馬投錢) 「말에게 물을 먹이고 물값으로 돈을 물속에 던짐」 청렴결백함.

연지출어 니이불염(蓮之出淤 泥而不染) 「연꽃은 진흙에서 났으나, 진흙에 더럽혀지지 않음」 청렴결백함.

↔ **인연위시**(因緣爲市) 재판(裁判)할 때 관리(官吏)가 개인(個人)의 정(情)에 의해 부정(不正)한 판결(判決)을 함.

거국내각 모두擧 나라國 안內 내각閣

특정(特定)한 정당(政黨)이나 정파(政派)에 한정(限定)되지 않은 내각.

거국일치 모두擧 나라國 한一 이를致

전 국민(國民)이 마음을 한가지로 함.

거기부정 들擧 바둑棋 아닐不 정할定

바둑을 두는데, 「포석(布石)할 자리를 결정(決定)하지 않고 둔다면 한 집도 이기기 어려움」 사물(事物)을 명확(明確)한 방침(方針)이나 계획(計劃)을 갖지 않고 대함.

거기지엽 덜어 버릴去 그其 가지枝 잎葉

「가지와 잎을 제거(除去)함」 사물(事物)이나 현상(現想)의의 가장 중추(中樞)가 되는 부분(部分)을 제거함.

개선광정(改善匡正) 좋도록 고치고 바로잡음.

만인주구(蔓引株求) 「덩굴을 더듬어 뿌리까지 찾아냄」 일망타진(一網打盡).

명정기죄(明正基罪) 명백(明白)하게 죄명(罪名)을 집어내어 바로잡음.

발본색원(拔本塞源) 근본(根本)을 빼내고 원천(源泉)을 막아 버림.

부저추신(釜底抽薪) 솥 밑의 장작을 꺼냄.

삭주굴근(削株堀根) 줄기를 자르고 뿌리를 파냄.

서궐참단(鋤蹶斬斷) 뿌리째 뽑아 버림.

설폐구폐(說弊救弊) 먼저 폐단(弊端)을 말하고 그 폐단을 바로잡음.

승건규류(繩愆糾謬) 허물을 고치고 잘못을 바로잡음.

양청격탁(揚淸激濁) 맑은 물을 일게 하고 흐린 물을 쳐냄.

인승배근(引繩排根) 새끼줄을 걸어서 잡아당겨 뿌리째 뽑아 버림.

전초제근(剪草除根) 풀을 베고 뿌리를 캐냄.

절기본근(絶其本根) 「뿌리를 완전(完全)히 끊음」 사물(事物)이나 현상(現想)의 가장 중추(中樞)가 되는 부분(部分)을 제거함.

정본청원(正本淸源) 근본을 바로 하고 근원(根源)을 맑게 함.

참초제근(斬草除根) 풀을 베고 뿌리를 제거함.

추신지비(抽薪止沸) 솥 밑에 타고 있는 장작(長斫)을 빼내서 끓고 있는 것을 멈추게 함.

호말부가(毫末斧柯) 나무는 조그마할 때 뽑지 않으면 나중에 없애는 데 도끼를 써야 함.

호모불철 장성부가(毫毛不掇 將成斧柯) 어린싹을 뽑아 버리지 않으면 마침내 큰 나무가 됨.

거기한량 들擧 깃발旗 보위할閑 평민良

살받이 있는 곳에서 화살이 맞는 대로 기를 흔들어 알리는 한량.

거도사벽 살居 맨손徒 넉四 벽壁

실내(室內)에는 단지 사방(四方)에 벽이 있을 뿐 아무런 세간도 없음.

거동궤 서동문

수레車 같을同 길軌 글씨書 同 글文

「여러 지방(地方)의 수레의 너비를 같게 하고 글은 같은 글사를 쓰게 함」 천하(天下)가 통일(統一)된 상태(狀態).

육합동풍(六合同風) 천하가 통일되어 풍속(風俗)과 교화(敎化)가 같아짐.

거두대면 들擧 머리頭 대할對 낯面

「머리를 들어 얼굴을 맞댐」 굽죄임(떳떳하지 못하여 기를 펴지 못함) 없이 태연(泰然)히 남을 대함.

거두절미 버릴去 머리頭 끊을截 꼬리尾

「머리는 버리고 꼬리는 끊어버림」 앞뒤의 사설(辭說)은 빼고 요점(要點)만 말함.

단장취의(斷章取義) 문장(文章)에서 필요(必要)한 부분(部分)만을 인용(認容)하거나 자기 본위(本位)로 해석(解釋)하여 씀.

대증하약(對症下藥) 증세(症勢)에 맞게 약을 씀.

일침견혈(一針見血) 「침을 한 번 놓아 피를 봄」 어떤 일의 본질(本質)을 파악(把握)하여 단번에 정곡(正鵠)을 찌름.

거래금 갈去 올來 이제今

과거(過去)·현재(現在)·미래(未來).

거류민단 살居 머무를留 백성民 집단團

일본(日本)에 거주(居住)하는 한국인(韓國人)들이 구성(構成)한 자치단체(自治團體).

거리책지 근거據 이치理 꾸짖을責 어조사之

사리(事理)를 따져 잘못을 꾸짖음.

자원자애(自怨自艾) 자기의 잘못을 스스로 책망(責望)하고 수양(修養)에 힘씀.

책인즉명(責人則明) 제 허물은 덮어놓고 남의 잘못을 밝혀 책망(責望)하는 데는 밝음.

춘풍추상(春風秋霜) 자신을 엄격(嚴格)히 대하며 인격(人格) 수양에 힘쓰고 남에게 관용(寬容)을 베푼다면, 여러 사람에게 존경(尊敬)을 받게 되고 미움을 사는 일이 없음.

지우책인명(至愚責人明) 지극히 어리석은 사람도 남을 나무라는 데는 총명(聰明)함.

거립지교 수레車 삿갓笠 어조사之 사귈交

「수레를 끄는 사람과 사귐」 귀천(貴賤)을 가리지 않은 사귐.

노소동락(老少同樂) 노인(老人)과 젊은이가 함께 즐김.

망년지교(忘年之交) 나이를 잊은 사귐.

저구지교(杵臼之交) 한나라의 공사목(公沙穆)이 오우(吳祐)의 집에서 방아 찧는 품팔이를 했는데, 오우가 공사목의 비범(非凡)함을 보고 친교(親交)를 맺었다는 고사(故事).

포의지교(布衣之交) 벼슬을 하지 않던 빈천(貧賤)할 때부터의 사귐.

거마낙역 수레車 말馬 이을絡 연달아繹

「수레와 말이 끊임없이 잇달아 있는 일」 왕래(往來)가 빈번(頻煩)한 모양(模樣).

관개상망(冠蓋相望) 「수레 덮개를 서로 바라봄」 앞뒤의 차(車)가 서로 잇달아 왕래가 그치지 않음.

전후상고(前後相顧) 「앞뒤를 서로 돌아봄」 사람들의 왕래가 빈번한 모양.

측견섭족(側肩躡足) 「어깨를 움츠리고 발을 밟음」 왕래가 붐비어 비좁은 데를 뚫고 나아감.

거마복종 수레車 말馬 사내 종僕 따를從

수레와 말과 뒤따르는 종들.

거마추종(車馬騶從)

거마위의 수레車 말馬 위엄威 거동儀

수레와 말 행차(行次)에 위엄(威嚴) 있는 차림새.

거가비경(車駕肥輕) 수레의 말은 살찌고 몸의 의복(衣服)은 가볍게 차려져 있음.

거마추종 수레車 말馬 마부騶 따를從

수레와 말과 뒤따르는 종들.

거마복종(車馬僕從)

〈'거만(倨慢), 교만(驕慢), 오만(傲慢)'과 관련(關聯)한 말〉

만가(滿假) 자만심(自慢心)이 많아 거만하게 굶.

거오선전(倨傲鮮腆) 거드럭거리며 거만하게 굶.

경거망동(輕擧妄動) 가볍게 움직이고 망령(亡靈)되게 행동(行動)을 함.

교건만상(驕蹇慢上) 교만하고 건방져 윗사람을 깔봄.

교만거오(驕慢居傲), **교만방자**(驕慢放恣) 잘난 체하여 뽐내고 남을 업신여김.

교병지계(驕兵之計) 적의 교만함을 키워 한번에 승리(勝利)하는 계략(計略).

교병필패(驕兵必敗) 거만을 떠는 병사(兵士)는 반드시 패함.

교사음일(驕奢淫逸) 교만하며 사치(奢侈)스럽고 방탕(放蕩)한 사람.

교자불민(驕恣不敏) 교만하고 방자(放恣)하며 어리석고 둔함.

남창기오(南窓寄傲) 남창에 기대어 오연(傲然-태도가 거만함)하게 몸을 자유(自由)로이 가짐.

돌노언건(突怒偃蹇) 암석(巖石) 따위가 툭툭 불거진 모양(模樣)처럼 사람이 성내거나 거만함.

만이모인(慢而侮人) 교만하여 사람을 업신여김.

망자존대(妄自尊大) 분별(分別)도 없이 함부로 잘난 체를 함.

방약무인(傍若無人) 곁에 아무도 없는 것처럼 여김.

부이무교(富而無驕) 부자(富者)이면서도 교만하지 않음.

색성자교(色盛者驕) 용모(容貌)가 아름다운 사람이 그것을 내세워 교만하게 굶.

시재오물(恃才傲物) 제 재능(才能)을 믿고 거드름을 피움.

안하무인(眼下無人) 눈 아래 사람이 없음.

오만무도(傲慢無道) 건방지고 거만하여 도리(道理)를 지킬 줄 모르는 행동(行動).

오만무례(傲慢無禮) 거만하여 예의(禮儀)를 돌보지 않음.

오만방자(敖慢放恣) 남을 업신여기며 제멋대로 행동(行動)함.

오만불손(傲慢不遜) 태도(態度)나 행동이 건방지고 공손(恭遜)하지 못함.

오불가장(傲不可長) 거만함을 길러서는 안 됨.

오안불손(傲岸不遜) 행동거지(行動擧止)가 오만불손하고 잘난 체하는 태도(態度).

오자부장(傲者不長) 거만한 사람은 오래가지 못함.

온유겸손(溫柔謙遜) 유순(柔順)하고 부드러우며 거만하지 않음.

위불기교(位不期驕) 지위(地位)는 교만(驕慢)함을 기약(期約)하지 않음.

유아독존(唯我獨尊) 자기보다 존귀(尊貴)한 이는 없음.

자만자긍(自慢自矜) 자기 스스로 높은 체하고 거만하고, 잘난 체하고 자랑함.

자존자만(自尊自慢) 스스로 자기를 높여 잘난 체하며 뽐냄.

지고기양(趾高氣揚) 발을 높이 들어 걸으며 의기양양(意氣揚揚)하여 뽐내는 모양.

태이불교(泰而不驕) 태연(泰然)하나 교만하지 않음.

포만무례(暴慢無禮) 하는 짓이 몹시 난폭(亂暴)하고 거만하여 무례(無禮)함.

허교시기(虛憍恃氣) 실속 없이 헛되이 교만을 부림.

휴휴우우(睢睢盱盱) 눈을 치켜뜨거나 부릅뜨는 모양.

부귀생교사(富貴生驕奢) 재산(財産)이 많아지고 지위(地位)가 높아지면 자연히 교만하고 사치(奢侈)하려는 마음이 생김.

거무구안 살居 없을無 구할求 편안할安

(학문(學問)에 뜻을 두려면) 살아감에 편한 것만 구하지 말라.

거문불납 막을拒 문門 아닐不 들일納

거절(拒絶)하여 문을 닫고 들이지 않음.

거번견가

제거할去 번거로울煩 제거할蠲 매울苛

번거롭고 가혹(苛酷)한 정사(政事)를 없애 버림.

거법취화 톱질할鋸 방법法 얻을取 불火

「거법으로 불을 얻음」 톱질하듯이 막대를 빠르게 비벼 불을 피우는 방법(方法).

찬목취화(鑽木取火) 「나무를 뚫어 비벼 불을 얻음」 원시시대(原始時代)의 불을 구하는 방법.

거병공지 일으킬擧 병사兵 공격할攻 갈之

군사(軍士)를 일으켜 공격(攻擊)함.

거병범궐 일으킬擧 병사兵 범할犯 대궐闕

역적(逆賊)의 무리가 군대(軍隊)를 일으켜 대궐(大闕)을 침범(侵犯)함.

시역(弑逆) 신하가 임금을 죽이는 일. 또는 자식(子息)이 부모(父母)를 죽이는 일.

이신벌군(以臣伐君) 신하가 임금을 침.

이천역일(移天易日) 「하늘을 옮기고 해를 바꿈」 정권(政權)을 빼앗아 농간(弄奸)을 부림.

거부자행 수레車 아닐不 스스로自 갈行

「수레는 홀로 가지 못함」 이끄는 것이 있어서 비로소 가게 됨.

거부주오 살居 아닐不 주인主 아랫목奧

아들 된 자는 이곳에 앉지 못함. 奧는 방의 서남(西南)쪽 모퉁이로 아랫목에 해당(該當)하므로, 어른이 앉는 자리.

거부중석 살居 아닐不 중복重 자리席

「앉을 때 깔개를 포개어 깔지 않음」 검소(儉素)한 생활(生活). **좌부중석**(座不重席)

의지한(衣至骭) 「옷이 짧아 겨우 정강이까지 내려옴」 검소함. 무(無)를 숭상(崇尙)함.

단사표음(簞食瓢飮) 「한 소쿠리의 밥과 표주박의 물」 매우 소박(素朴)한 생활(生活).

박주산채(薄酒山菜) 맛이 변변찮은 술과 산나물.

소사채갱(蔬食菜羹) 거친 음식(飮食)과 나물국.

위고포피(韋袴布被) 가죽 바지와 베로 만든 옷을 입음.

의부중백(衣不重帛) 비단옷을 겹쳐 입지 않음.

일관삼재(一冠三載) 관(冠) 하나를 3년 동안 사용(使用)함.

일단일표(一簞一瓢) 한 대그릇의 밥과 한 쪽박의 물.

거불유등 빼어 올릴擧 아닐不 넘을踰 등급等

사람을 승진(昇進)시키는 데 차례(次例)를 뛰어넘지 않음.

↔ **불차탁용**(不次擢用) 계급(階級)의 차례를 밟지 않고 특별(特別)히 벼슬에 등용(登用)하여 씀.

거불주오 살居 아닐不 주인主 아랫목奧

어른이 앉아야 할 아늑한 자리에 자식(子息)이 앉아서는 안 됨.

거사귀정

제거할去 간사할邪 돌아갈歸 바를正

사악(邪惡)한 것을 버리고 정도(正道)로 돌아감.

개과자신(改過自新) 허물을 고쳐 스스로 새롭게 됨.

개과천선(改過遷善) 지난 잘못을 뉘우치고 고쳐 착하게 됨.

괄장세위(刮腸洗胃) 칼을 삼켜 창자를 도려내고 잿물을 마셔 위를 씻음.

음회세위(飮灰洗胃) 재를 마셔 위 속의 더러운 것들을 씻어냄.

자예자신(自艾自新) 스스로 자기 자신을 다스려 스스로 새로운 사람이 됨.

탄도괄장(呑刀刮腸) 칼을 삼켜 창자를 도려냄.

파사현정(破邪顯正) 그릇된 것을 깨뜨려 없애고 바른 것을 드러냄.

회과자책(悔過自責) 허물을 뉘우치고 스스로 책망(責望)함.

회심향도(回心向道) 마음을 돌려 바른길로 들어섬.

거사지계

제거할去 간사할邪 어조사之 경계할戒

「간사한 사람을 물리치되 주저(躊躇)함이 없게 하소서」 간사(奸詐)한 사람을 물리침.

거석이홍안 들擧 돌石 말 이을而 紅 顔
거석홍안 擧 石 붉을紅 얼굴顔

「무거운 돌을 들면 얼굴이 붉어짐」 원인(原因)이 있어야 결과(結果)가 있음.

들이는 노력(努力)이나 밑천이 있어야 그에 알맞은 표가 나타남.

인과응보(因果應報) 원인과 결과는 상응(相應)하여 갚음.

자작자수(自作自受) 자신이 저지른 인과응보나 업을 자신이 받음.

종두득두(種豆得豆) 콩 심은 데 콩이 남.

출이반이(出爾反爾) 너에게서 나간 것은 너에게로 돌아옴.

전인후과(前因後果) 앞에 원인이 있으면 반드시 뒤에 결과가 옴.

초윤이우(礎潤而雨) 「주춧돌이 젖으면 이윽고 비가 옴」 무슨 일이든 원인이 있음.

석상불생오곡(石上不生五穀) 「돌 위에는 곡물(穀物)이 나지 않음」 무슨 일이든지 원인이 있어야 결과가 있음.

거선일휘 들擧 부채扇 한一 흔들撝

「부채를 들어 한 번 흔듦」 오만(傲慢)한 태도(態度). 양나라의 소자현(蘇子顯)이 빈객(賓客)을 접견(接見)하면서 말없이 부채만 한 번 흔들었다는 옛일에서 온 말.

거세개탁 다擧 세상世 다皆 흐릴濁

「온 세상이 다 흐림」 지위(地位)의 높고 낮음을 막론(莫論)하고 모든 사람이 다 바르지 않음.

상탁하부정(上濁下不淨) 윗물이 흐리면 아랫물이 맑을 수 없음.

↔ **독야청청**(獨也靑靑) 홀로 푸르고 푸름.

독청독성(獨淸獨醒) 온 세상이 혼탁(混濁)해도 홀로 맑으며, 뭇사람이 다 취해 있어도 홀로 깨어 있음.

오상고절(傲霜孤節) 서릿발이 심한 추위 속에서도 굴하지 않고 홀로 꼿꼿함.

거수가결 들擧 손手 허락할可 결단할決

표결(票決)할 때, 손을 들어서 찬성(贊成)과 반대(反對)의 의사(意思)를 표시(表示)하는 방법(方法). **거수투표**(擧手投票)

거수가채 들擧 손手 넉넉히可 채취할采

「손을 올리면 딸 수 있음」 매우 얻기 쉬움. 일이 매우 쉬움.

개수일촉(鎧袖一觸) 갑옷의 소매로 조금 침.

낭중취물(囊中取物) 주머니 속에 지닌 물건(物件)을 꺼냄.

발몽진락(發蒙振落) 덮어씌운 것을 벗기고, 나뭇잎을 흔들어 떨어뜨림.

병불혈인(兵不血刃) 병사(兵士)가 칼에 피를 묻히지 않음.

부습지개(俛拾地芥) 몸을 굽혀 땅에 있는 지푸라기를 주움.

여지제장(如指諸掌) 「손바닥을 가리키는 것과 같음」 일이 극히 쉽고 명백(明白)함.

여탕옥설(如湯沃雪) 「끓는 물을 눈에 붓는 것 같음」 일이 쉽게 이루어짐.

연지삽말(軟地揷抹) 무른 땅에 말뚝박기.

운지장상(運之掌上) 손바닥 위에서 물건을 굴리는 것처럼 마음대로 할 수 있음.

이석투수(以石投水) 돌을 물에 던짐.

이여반장(易如反掌) 손바닥 뒤집기같이 쉬움.

이탕요설(以湯澆雪) 끓는 물을 부어 눈을 없앰.

절고진락(折槀振落) 마른나무를 꺾어 낙엽(落葉)을 떨어냄.

절지지이(折枝之易) 나뭇가지를 꺾기 같이 쉬움.

절지지이(折枝之易) 나뭇가지를 꺾기같이 쉬움.

최고절부(摧枯折腐) 마른나무 꺾기와 썩은 나무 부러뜨리기.

타수이결(唾手而決) 손바닥에 침을 뱉는 것처럼 쉽게 얻을 수 있음.

태산압란(泰山壓卵) 태산이 달걀을 누름.

하난지유(何難之有) 아무것도 어려운 것이 없음.

약적함저자(若摘頷底髭) 과거(科擧) 하기가 턱 아랫수염을 걷어잡음과 같음.

거수거자 추천할擧 원수讎 擧 아들子

원수(怨讐)는 밉지만, 임용(任用)할 때 재능(才能)이 있으면 뽑고, 자식(子息)은 부자간(父子間)이므로 남의 우려(憂慮)를 받기 쉬우나 현명(賢明)하고 재간(才幹)이 있으면 또한 뽑아서 씀.

거수고액 들擧 손手 조아릴叩 이마額

손을 들고 이마를 땅에 대며 사례(謝禮)하고 기뻐함.

환천희지(歡天喜地) 「하늘도 즐거워하고 땅도 기뻐함」 대단히 기뻐함.

흥고채열(興高采烈) 기뻐서 어찌할 바를 모르거나 매우 흥겨움.

거수마룡 수레車 물水 말馬 용龍

「수레는 흐르는 물과 같고 말의 움직임은 하늘을 오르는 용과 같음」 수레와 말의 왕래(往來)가 잦아 매우 떠들썩한 상황(狀況).

행렬(行列)이 성대(盛大)한 모양(模樣).

거수칭사 들擧 손手 칭송할稱 말辭

손을 들어 칭찬(稱讚)함.

격절탄상(擊節嘆賞) 무릎이나 궁둥이를 치면서 탄복(歎服)하며 칭찬함.

극구찬송(極口讚頌) 온갖 말로 칭찬함.

만구성비(萬口成碑) 여러 사람이 칭찬하는 것이 송덕비(頌德碑)를 세우는 것과 같음.

만구칭찬(萬口稱讚) 많은 사람이 모두 칭찬함.

암암칭선(暗暗稱善) 마음속으로 칭찬함.

칭찬불이(稱讚不已) 칭찬하여 마지않음.

칭지불용구(稱之不容口) 온갖 말로 칭찬함.

거수투표 들擧 손手 던질投 표票

표결(票決)할 때, 손을 들어서 찬성(贊成)과 반대(反對)의 의사(意思)를 표시(表示)하는 방법(方法). **거수가결**(擧手可決)

거신투지 행할擧 몸身 던질投 땅地

최대(最大)의 경의(敬意)를 나타내는 예(禮). 또는 부처 앞에 참회(懺悔)와 번민(煩悶)으로 몸을 던지는 일.

오체투지(五體投地) 불교(佛教)에서, 절하는 법의 하나. 먼저 두 무릎을 땅에 꿇고, 두 팔을 땅에 댄 다음 머리가 땅에 닿도록 절을 함.

거실대족 클巨 집室 클大 일족族
거실세족 巨 室 세상世 族

대대(代代)로 번창(繁昌)하고 문벌(文閥/門閥)이 좋은 집안. **거가대족**(巨家大族)

거실현탈 근거據 열매實 매달懸 탈頉

「탈이 난 실상(實狀)을 사실(事實)대로 문서(文書)에 기입(記入)함」 흠(欠)을 사실대로 적어 넣음.

경정직행(徑情直行) 조금도 꾸밈이 없이 마음 내키는 대로 곧이곧대로 함.

동호직필(董狐直筆) 「동호의 곧은 붓」 죽음을 두려워하지 않고 사실(事實)을 바르게 기록(記錄)함.

태사지간(太史之簡) 「역사가(歷史家)의 역사」 역사를 기록(記錄)함에 사실을 숨기지 않고 그대로 직필함.

거악생신 제거할去 악할惡 날生 새新

종기(腫氣)의 궂은살을 없애고 새살이 돋게 함.

거악취선 제거할去 악할惡 취할就 착할善

악한 것을 버리고 선한 것을 취함.

권선징악(勸善懲惡) 선을 권하고 악을 나무람.

격탁양청(激濁揚淸) 탁한 것을 몰아내고 청한 것을 받아들임.

견선여갈(見善如渴) 착한 일을 보기를 마치 목마른 것같이 하라.

상선벌악(賞善罰惡) 착한 사람은 칭찬(稱讚)하고 악한 사람은 벌함.

상일권백(賞一勸百) 한 사람의 착한 일을 칭찬하여 뭇사람에게 착한 일을 장려(奬勵)함.

알악양선(遏惡揚善) 하늘의 큰 뜻에 따라 악한 일을 뿌리 뽑고 착한 일을 북돋움.

진선진미(盡善盡美) 착함과 아름다움을 다함.

진선폐사(陳善閉邪) 자기의 착한 일을 임금께 진술(陳述)하여 임금의 그릇된 일을 고치게 함.

헌가체부(獻可替否) 옳은 일을 권하고 악한 일을 못 하게 함.

견선여불급(見善如不及) 착한 일을 보면 따라가지 못한 듯이 해야 함.

징악이권선(懲惡而勸善) 악을 혼내 주고 선을 권장(勸獎)함.

↔ **기덕종적**(棄德從賊) 선을 버리고 악을 좇음.

거안사위 거처할居 편안할安 생각思 危

거안여위 居 安 같을如 위태할危

편안(便安)할 때도 위태(危殆)로울 때의 일을 생각하라.

거총사위(居寵思危), **안거위사**(安居危思)

만전지책(萬全之策) 조금도 허술함이 없는 완전(完全)한 계책(計策).

안불망위(安不忘危) 안정(安定)을 이룬 후에도 마음을 놓지 말고 항상(恒常) 스스로 경계(警戒)함.

완구지계(完久之計) 완전하여 영구(永久)히 변하지 않을 계교(計巧).

음우지비(陰雨之備) 미리 위험(危險)한 것을 방비(防備)함.

자전지계(自全之計) 자신의 안전(安全)을 꾀하는 계책.

토영삼굴(兔營三窟) 교활(狡猾)한 토끼는 세 개의 굴을 파놓음.

거안제미 들擧 소반案 가지런할齊 눈썹眉

「밥상을 눈썹 높이로 들어 공손(恭遜)히 남편(男便) 앞에 가지고 감」 남편을 깍듯이 공경(恭敬)함.

앙망종신(仰望終身) 「일생을 존경(尊敬)하고 사모(思慕)하며 내 몸을 의탁(依託)함」 예전에, 아내가 남편에 대하여 가져야 할 태도(態度).

부부상경(夫婦相敬) 남편과 부인(婦人)이 서로 공경해야 한다는 의미(意味).

거애회장 들擧 喪中哀 모일會 장례葬

이름난 사람의 장례(葬禮) 때, 사회(社會) 인사(人士)들이 모여서 통곡(痛哭)하고 장송(葬送)하는 일.

거(차)어지탄

수레車 물고기魚 어조사之 탄식할歎

「수레와 물고기에 대한 탄식(歎息)」 끝이 없는 욕심(慾心)을 일컫는 말.

계학지욕(谿壑之慾) 「골짜기의 물이 마르지 않음」 물릴 줄 모르는 한없는 욕심.

득롱망촉(得隴望蜀) 농서 지방(地方)을 얻고 나니 촉 지방이 탐냄.

야심만만(野心滿滿) 「들에 있으려는 마음이 가득함」 큰일을 이루어 보겠다는 욕망(慾望)이나 소망(所望)이 마음속에 가득함.

차청차규(差廳借閨) 대청(大廳)을 빌려 쓰다 집을 차지함.

탐다무득(貪多務得) 욕심이 많아 숱한 것들을 탐냄.

탐련관작(貪戀官爵) 관직(官職)과 작위(爵位)를 탐하여 늘 잊지 못함.

기마욕솔노(騎馬欲率奴) 말을 타면 종에게 고삐를 잡히고 싶어 함.

장협귀래호(長鋏歸來乎) 「장검(長劍)이 돌아가지 않겠느냐?」 만족할 줄 모르는 인간의 욕망.

호마욕남음(胡馬欲南飮) 오랑캐의 말은 남쪽의 물을 마시고 싶어 함.

↔ **고목사회**(枯木死灰) 「말라죽은 나무와 불꺼진 재」 욕심이 없거나 생기(生氣)가 없는 모습.

언서음하(偃鼠飮河) 두더지가 강물을 마셔도 자기 배를 채우는 데 불과(不過)함.

초료일지(鷦鷯一枝) 숲에 새집을 지을 때 나뭇가지 하나로 족함.

거역관장

거역할拒 거스를逆 벼슬官 우두머리長

수령(守令)에게 순종(順從)하지 않고 반항(反抗)함. **거욕관장**(拒辱官長)

퇴경정용(槌輕釘聳) 「마치가 가벼우면 못이 솟음」 윗사람이 엄하지 않으면 아랫사람이 순종하지 않고 방자(放恣)하게 굶.

항거불승(抗拒不承) 순종하지 않고 막아내기 위하여 반항(反抗)하며 따르지 않음.

거역즉순 버릴去 거스를逆 곧卽 순종할順

반역심(叛逆心)을 버리고 복종(服從)하거나 순종(順從)함.

상영귀인(翔泳歸仁) 나는 새와 노는 물고기까지도 인덕(仁德)에 복종하고 순종함.

심열성복(心悅誠服) 즐거운 마음으로 성심(誠心)을 다하여 순종함.

거오대산 클巨 큰 자라鼇 일戴 메山

바닷속 신선(神仙)이 있다고 하는 산. 큰 거북이 짊어지고 있다고 함.

거요승사 움켜잡을攄 요행徼 탈乘 간사할邪

요행(僥倖)을 바라거나 사도(邪道)를 이용(利用)하려고 함.

거의수형 버릴去 옷衣 받을受 형벌刑

「옷을 벗기고 형을 집행(執行)함」 장형(杖刑)을 집행할 때 여자(女子)는 속옷을 입히고 물볼기를 때리는 것이 상례(常例)이나, 그 죄(罪)가 무거울 때는 속옷까지 벗겨서 곤장(棍杖)을 때리는 형벌(刑罰).

결곤치죄(決棍治罪) 곤장으로 치는 형벌을 집행(執行)하여 죄를 다스림.

장지수지(杖之囚之) 죄인(罪人)을 곤장으로 때린 뒤에 옥(獄)에 가둠.

장하지혼(杖下之魂) 곤장을 맞고 그 자리에서 죽은 혼.

종중결곤(從重決棍) 두 가지 이상의 죄가 같이 발생(發生)했을 때, 가장 중한 죄를 적용(適用)하여 엄중(嚴重)하게 곤장을 침.

거이기 살居 옮길移 기운氣

거처(居處)하는 곳에 따라 기상(氣像)이 달라지고, 먹고 입는 것에 따라 몸이 달라짐.

사람은 그 지위(地位)와 때에 따라 그 기분(氣分)의 차이(差異)가 있음.

거이이사명

살居 쉬울易 써以 기다릴俟 목숨命

군자(君子)는 현재(現在)의 지위(地位)에 안거(安居)하고, 더 요행(僥倖)을 바라지 않음.

거익심언 갈去 더할益 깊을深 어조사焉
거익심조 去 益 甚 지을造

갈수록 더욱 깊거나 심하게 함.

거거익심(去去益甚), **유왕유심**(愈往愈甚), **유왕유독**(兪往兪篤)

격화일로(激化一路) 기세(氣勢)가 자꾸 사납고 세차게 되어 감.

↔ **점입가경**(漸入佳境) 「점점 아름다운 경치(景致)로 들어감」 더욱 재미있거나 좋은 상황(狀況)으로 들어감.

거익태산 갈去 더할益 클泰 메山

「갈수록 태산」 점점 힘들고 어려운 지경(地境)에 처함.

거익심조(去益深造) 갈수록 더욱 깊거나 심해짐.

격화일로(激化一路) 기세(氣勢)가 자꾸 사납고 세차게 되어 감.

도상가도(賭上加賭) 일이 거듭되면 될수록 어려움이나 부담(負擔)이 더욱 가중(加重)됨.

매황유하(每況愈下) 갈수록 상황(狀況)이 나빠지거나 악화함.

악화일로(惡化一路) 상태(狀態), 성질(性質), 관계(關係) 따위가 자꾸 나쁘게 되어 감.

유왕유심(愈往愈甚) 갈수록 더욱 심함.

첩첩산중(疊疊山中) 여러 산이 겹치고 겹친 산속. 갈수록 어려움이 더함.

거일명삼 들擧 한一 똑똑할明 석三

「하나를 들어 보면 셋을 이해함」이해력(理解力)이 날카로움.

목기수량(目機銖量) 「눈대중으로 아주 근소(僅少)한 무게의 차이(差異)를 알아냄」 지극(至極)히 영리(怜悧)함.

문일지십(聞一知十) 하나를 들으면 열을 앎.

백령백리(百怜百俐) 여러 가지 일에 매우 영리함.

문일지십(聞一知十) 하나를 듣고 열 가지를 미루어 앎.

불문가지(不問可知) 묻지 않아도 알 수 없음.

타상하설(他尙何說) 다른 것은 말해 무엇하랴?

↔ **우이독경**(牛耳讀經) 소귀에 경(經) 읽기.

거일반삼 들擧 한一 되돌릴反 석三

「하나를 들어 셋을 돌이켜 앎」한 가지 일을 하여 여러 가지 이익(利益)을 얻음.

거자막추 갈去 사람者 말莫 쫓을追

거자불추 去 者 아닐不 追

가는 사람 붙잡지 말라.

왕자불추(往者不追)

거자불추 내자불거(去者不追 來者不拒) 가는 사람은 붙잡지 말고 오는 사람 거절(拒絶)하지 말라.

거자일소 갈去 사람者 날日 성길疎

거자일이소 去 者 日 써以 疎

「떠나간 사람은 날로 소원(疏遠)해짐」 평소(平素)에는 친밀(親密)한 사이라도 죽어서 이 세상을 떠나면 점점 서로의 정(情)이 멀어짐.

거자필반 갈去 사람者 반드시必 돌아올返

간 사람은 반드시 돌아오기 마련임.

무왕불복(無往不復) 간 것은 돌아오지 않음이 없음.

원시반본(原始反本) 처음 출발(出發)한 근본(根本) 원점(原點)으로 되돌아옴.

↔ **낙엽귀근**(落葉歸根) 잎이 지면 뿌리로 돌아감.

생기사귀(生寄死歸) 삶은 잠깐 머무르는 것이고, 죽음은 돌아가는 것임.

생자필멸(生者必滅) 태어난 사람은 반드시 죽음.

성자필쇠(盛者必衰) 왕성(旺盛)하면 반드시 쇠함.

회자정리(會者定離) 만난 사람은 헤어지게 됨.

거(차)재두량 수레車 실을載 말斗 헤아릴量

「수레에 싣고서 말로 잼」물건(物件)이나 인재(人才)가 많음. 또는 많아서 귀하지 않음.

금옥만당(金玉滿堂) 「금옥관자(金玉貫子)가 방안에 가득함」 어진 신하(臣下)가 조정(朝廷)에 가득함.

다사제제(多士濟濟) 「수많은 훌륭한 인재」 위엄(威嚴)이 있는 차림새의 높은 인재가 많음.

대불핍인(代不乏人) 어느 시대(時代)에나 그 시대에 적합(適合)한 인재가 있기 마련임.

십보방초(十步芳草) 「열 걸음의 짧은 거리에도 아름다운 꽃과 풀이 있다」인재는 곳곳에 있음.

↔ **환고일세**(環顧一世) 「두루 세상을 살펴봄」 세상(世上)에 유능(有能)한 인물(人物)이 없음을 한탄(恨歎)함.

거재마전 수레車 있을在 말馬 앞前

「경험(經驗)이 없는 말로 수레를 끌게 하려면, 먼저 다른 말이 끄는 수레 뒤에 매어 따라다니게 하여 길들여야 함」 작은 일에서부터 훈련(訓練)을 거듭한 뒤 본업(本業)에 종사(從事)해야 함.

거저척시 대자리籧 대자리篨 戚 실시할施
거저척이 籧 篨 근심할戚 옮길施

「엎드릴 수도 없고, 위를 쳐다볼 수도 없는 병」오만(傲慢)하고 아첨(阿諂)하는 사람.

거전보과 톱질 할鋸 화살箭 기울補 노구솥鍋

「화살에 맞은 사람은 화살을 톱질해서 자르고, 솥을 땜질하랬더니 구멍을 잔뜩 키우고 때움」일을 처리(處理)하는 두 가지 묘법(妙法)인 거전과 보과.

시늉만 하고 책임질 일은 절대(絶對) 하지 않음.

복지부동(伏地不動) 땅에 엎드려 움직이지 않음.

탁상행정(卓上行政) 책상(冊床) 위에서만 펼치는 행정.

판사이묘(辦事二妙) 「일을 처리(處理)하는 두 가지 묘법」시늉만 하고 책임(責任)질 일은 절대(絶對) 하지 않음.

거정절빈 들擧 솥鼎 끊을絶 종지뼈臏

진(秦)나라의 무왕(武王)이 맹열(孟說)과 함께 솥을 들어 올리다가 정강이뼈가 부러져 죽은 옛일.

감당(堪當)할 수 없는 일을 무리하게 하다가 잘못됨.

배수여신(杯水輿薪) 한 잔의 물로 수레에 가득 한 땔나무에 붙은 불을 끄려 함.

사문부산(使蚊負山) 모기에게 산을 지게 함.

인소불감(人所不堪) 사람의 힘으로는 견디어 내기 힘든 정도(程度)의 형편(形便).

일목난지(一木難支) 나무 한 그루로는 지탱(支撐)하기 어려움.

하관부직(下官不職) 관리(官吏)가 그 직책(職責)을 감당하지 못함.

거조실당 행위擧 둘措 잃을失 마땅할當

모든 조치(措置)가 정당(正當)하지 않음.

거조해망 거동擧 둘措 놀랄駭 망령될妄

행동거지(行動擧止)가 해괴망측함.

해괴망측(駭怪罔測) 하도 놀랍고 기이(奇異)하여 그 정도를 헤아릴 수 없음.

괴상망측(怪常罔測) 상도(常道)에서 벗어나 헤아릴 수가 없을 정도임.

거족경중 들擧 발足 가벼울輕 무거울重

다리 하나를 들어 어느 쪽에 두는 가에 따라 무게 중심(中心)이 이동(移動)되어 세력(勢力)의 우열(優劣)이 결정됨.

한 사람의 일거수일투족(一擧手一投足)이 어떤 사안(事案)에 대하여 결정적(決定的)인 영향(影響)을 끼칠 수 있음.

거족성명 살居 일가族 성씨姓 이름名
거주성명 居 살住 姓 名

사는 곳과 이름.

거주양난 갈去 머물住 두兩 어려울難

가야 할지 머물러야 할지 결정(決定)하기 어려운 상황(狀況).

기세양난(其勢兩難) 이러기도 어렵고 저러기도 어려워 형편(形便)이 딱함.

낭패불감(狼狽不堪) 이러지도 저러지도 못하는 어려운 처지(處地)에 놓임.

대략난감(大略難堪) 해결(解決)하기 힘든 당황(唐惶)스럽거나 당혹(當惑)스러운 상황(狀況)을 당했을 때의 기분(氣分).

사제사초(事齊事楚) 제나라와 초나라 사이에서 어찌할 수 없음.

소아변일(小兒辯日) 「어린아이들이 해에 대하여 말다툼함」서로 따져서 결정을 내리기 어려움.

양수집병(兩手執餠)「양손에 떡을 잡고 있음」이러지도 저러지도 못하는 상황.

진퇴양난(進退兩難) 이러지도 못하고 저러지도 못하는 매우 곤란(困難)함.

상불상하불하(上不上下不下) 올라갈 수도 없고 내려갈 수도 없음.

거주촉객 들擧 술酒 따를屬 손客

잔을 내밀어 손님에게 술을 권함.

거중조정 자리居 가운데中 고를調 머무를停

다툼이나 잘잘못을 가리는 데에서 중간(中間)에 서서 말리거나 화해(和解)를 붙임.

조정(調整)하는 위치(位置)에 있음.

거지중천 곳居 어조사之 가운데中 하늘天

빈 공중(空中). 텅 빈 곳.

요확(寥廓), **허공**(虛空)

거직발규 버릴去 짤織 뽑을拔 아욱葵

「베틀을 던지고 아욱을 뽑아 버림」내가 국록(國祿)을 먹는데 어째서 집에서 비단(緋緞)을 짜고 아욱을 심어 여공(女工)과 전부(田夫)의 이익(利益)까지 빼앗느냐? 하였음.

거처부장 살居 곳處 아닐不 씩씩할莊

몸가짐이 장엄(莊嚴)하거나 정중(鄭重)하지 못함.

거처불명 갈去 곳處 아닐不 밝을明

「간 곳이나 가는 곳이 확실(確實)하지 않음」간 곳을 모름.

부지거처(不知去處) 간 곳을 알 수 없음.

부지하락(不知下落) 어디로 가서 어떻게 되었는지 알지 못함.

종적부지(蹤跡不知) 어디로 갔는지 알 수가 없음.

행방불명(行方不明) 간 곳이나, 방향을 모름.

거처필정정

살居 곳處 반드시必 바를正 고요할靜

가만히 있을 때는 몸가짐을 반드시 바르고 고요하게 가짐.

거(차)철마적

수레車 수레 바퀴轍 말馬 자취跡

「수레바퀴 자국과 말 발자국」수레나 말을 타고 천하를 두루 돌아다니며 노는 것.

주유천하(周遊天下) 천하(天下) 각지(各地)를 두루 돌아다니며 구경함. 별 소득(所得) 없이 떠돌아다님.

거총사위 거만할居 괼寵 생각할思 위태할危

득의(得意)한 때에는 실의(失意)할 때가 있을 것을 생각하여 조심(操心)하라는 경계(警戒). **거안사위**(居安思危),

거안여위(居安如危), **안거위사**(安居危思)

거충입혈 도랑渠 찌를衝 들入 구멍穴

「성을 공격(攻擊)할 때 쓰는 수레인 거충도 흙구덩이 속에 밀어 넣으면 그 성능(性能)을 발휘(發揮)하지 못함」이익(利益)을 구할 줄은 알면서 그 방법(方法)을 모름.

거태거심 제거할去 클泰 去 심할甚

정도(程度)에 지나친 것을 없애 버림.

거태마번 수레車 위태할殆 말馬 번거로울煩

「마차(馬車)가 위태(危殆)하고 말이 괴로워함」여행(旅行)으로 피곤(疲困)함.

노역(勞役)으로 피곤함.

인곤마핍(人困馬乏) 먼길을 달려와서 사람과 말이 모두 지쳐 피곤함.

피로곤비(疲勞困憊) 몹시 지쳐 괴롭고 나른함.

거폐생폐 제거할去 폐단弊 날生 弊

폐단(弊端)을 없애려다가 도리어 다른 폐

단이 생김.

교왕과직(矯枉過直) 구부러진 것을 바로잡으려다 곧음이 지나침.

↔ **발본색원**(拔本塞源) 「근본(根本)을 뽑고 근원(根源)을 막음」 폐단이 되는 근본 원인(原因)을 아예 뿌리째 없앰.

점불가장(漸不可長) 일의 폐단(弊端)이 더 하도록 두어서는 안 됨.

조호광구(調護匡救) 서로 잘못된 것을 바로잡음.

거피입본 제거할去 가죽皮 설立 근본本

「병든 소를 잡아 그 가죽을 팔아서 송아지를 삼」 겉치레를 버리고 근본(根本)을 확립(確立)함.

단칠불문(丹漆不文) 본래(本來)부터 아름답고 훌륭한 것은 단장(丹粧)할 필요(必要)가 없음.

문질빈빈(文質彬彬) 「무늬와 바탕이 빛남」 외견(外見)이 좋고 내용(內容)이 충실(充實)하여 잘 조화(調和)를 이룸.

박이불문(朴而不文) 소박(素朴)하여 꾸미지 않음.

양옥부조(良玉不彫) 좋은 옥은 조탁(彫琢)할 필요(必要)가 없음.

진금부도(眞金不鍍) 순금(純金)은 도금(鍍金)하지 않음.

혼금박옥(渾金璞玉) 다듬지 않은 본디 그대로의 금과 옥.

회사후소(繪事後素) 그림은 먼저 바탕을 손질한 후에 채색(彩色)함.

↔ **부화방종**(浮華放縱) 허영심(虛榮心)에 들떠 실속은 없이 겉치레만 화려(華麗)함.

수식변폭(修飾邊幅) 「변폭을 닦고 꾸밈」 중요(重要)하지 않은 겉치레에만 신경 씀.

거피작고 제거할去 가죽皮 만들作 북鼓

가죽을 벗겨 북을 만듦.

거필성장 들擧 붓筆 이룰成 문장章

「붓을 들면 문장(文章)이 나옴」 문재(文才)가 뛰어남.

원필성문(援筆成文) 붓을 잡으면 당장(當場)에 문장을 이룸.

투필성자(投筆成字) 붓을 던져도 글자가 이루어짐.

하필성문(下筆成文) 붓만 대면 문장이 됨.

거하적력 개천渠 멜荷 어조사的 지날歷

개천(開川)의 연꽃도 아름다우니 향기(香氣)를 잡아볼 만함.

거하적력 원망추조(渠荷的歷 園莽抽條) 도랑의 연꽃은 또렷이 보이고, 동산에 잡풀은 쭉쭉 뻗어 우거짐.

거해칭추 톱鋸 끊을解 저울秤 저울錘

「톱으로 저울추를 끊음」 대단히 어려운 일.

구인찬액(蚯蚓鑽額) 「지렁이가 이마를 송곳 삼아 구멍을 뚫음」 어려운 일을 당하여 몹시 애를 씀.

마부작침(磨斧作針) 도끼를 갈아서 바늘을 만듦.

난중지난사(難中之難事) 어려운 중에 어려운 일.

거행불민 들擧 행할行 아닐不 재빠를敏

명령(命令)을 따라 시행(施行)함이 민첩(敏捷)하지 못함.

거허박영 의지할據 빌虛 잡을搏 그림자影

「허공(虛空)에 의지(依持)하여 그림자를 침」 확실(確實)한 근거(根據)나 좋은 기회(機會)를 얻지 못함.

계무소출(計無所出) 「계책(計策)이 나올 곳이 없음」 아무런 계책도 통하지 않는 답답한 상황(狀況).

백약무효(百藥無效) 온갖 약이 모두 효험

(效驗)이 없음.

속수무책(束手無策) 손이 묶여 어떤 계책도 세울 수 없음.

↔ **기관산진**(機關算盡) 여러 가지 계략(計略)을 다 씀.

천방백계(千方百計) 「백이나 천의 방책(方策)과 계략」 온갖 꾀.

거화대가 쌓을居 재화貨 기다릴待 값價

폭리(暴利)를 취(取)하기 위하여 상품(賞品)을 저장(貯藏)한 후에 물가(物價)가 오르기를 기다림.

대가이고(待價而沽) 「값이 오르기를 기다려 팖」 때를 기다려 행동(行動)함.

매점매석(買占賣惜) 물건(物件)값이 오르기를 기다려 많은 양을 사둔 다음 오를 때까지 팔지 않고 보관(保管)해 두는 행위(行爲).

무곡상인(貿穀商人) 이익(利益)을 보기 위하여 쌀을 사재는 상인.

무천매귀(貿賤賣貴), **천매귀매**(賤買貴賣) 싸게 사서 비싸게 팖.

전매사리(專賣射利) 사놓은 물건을 도로 다른 사람에게 팔아넘겨서 이익을 얻으려고 꾀하는 일.

판천매귀(販賤賣貴) 헐값에 사서 비싸게 팖.

사재기(Hoarding) 가격(價格)이 오를 때의 차익(差益)을 노리고 필요(必要) 이상으로 아이템을 사두는 일.

거화취실 버릴去 화려할華 취할就 열매實

화려(華麗)함을 멀리하고 실리(實利)를 취함.

건건비궁 절뚝발이蹇 蹇 아닐匪 몸躬

임금에게 충성(忠誠)을 다하고 자신(自身)의 이해(利害)를 돌보지 않음.

견위수명(見危授命) 나라가 위태(危殆)할 때 목숨까지도 바침.

선공후사(先公後私) 공적(公的)인 것을 먼저 하고 사적(私的)인 것을 뒤에 함.

↔ **빙공영사**(憑公營私) 공적인 일을 빙자(憑藉)하여 사적인 이익(利益)을 취함.

건건사사 사건件 件 일事 事

해당(該當)되는 모든 일 또는 온갖 사건(事件). **사사건건**(事事件件)

건건석척 하늘乾 굳셀健 저녁夕 두려워할惕

밤이나 낮이나 힘쓰고 조심(操心)하는 것.

배일병행(倍日幷行) 이틀 갈 길을 밤낮으로 쉬지 않고 하루에 감.

주야겸행(晝夜兼行) 「밤낮 쉬지 않고 감」 일로 밤낮을 가리지 않고 급히 서둘러 함.

주야골몰(晝夜汨沒) 밤낮이 없이 일에 파묻힘.

주야장천(晝夜長川) 밤낮으로 흐르는 시내.

건곤감리 하늘乾 땅坤 구덩이坎 울타리離

「건괘(乾卦)와 곤괘(坤卦)와 감괘(坎卦)와 리괘(離卦)」 하늘, 땅, 물, 불로 태극기(太極旗)에 쓰인 네 괘를 통틀어 이르는 말.

건곤일색 하늘乾 땅坤 한一 색色

하늘과 땅이 한 빛깔임.

건곤일척 하늘乾 땅坤 한一 던질擲

「하늘과 땅을 걸고 운에 맡겨 한번 던짐」 승패(勝敗)와 흥망(興亡)을 걸고 마지막으로 결행(決行)하는 단판의 승부(勝負).

일척건곤(一擲乾坤),

일척도건곤(一擲賭乾坤)

일결자웅(一決雌雄) 한 번에 암컷과 수컷을 결정(決定)지음.

재차일거(在此一擧) 「이 한 번으로 담판(談判)을 지음」 단 한 번의 거사(擧事)로 흥하거나 망하거나 끝장을 냄.

건곤청기 하늘乾 땅坤 맑을淸 기운氣

천지(天地)에 가득 찬 맑은 기운(氣運).

건곤통연 하늘乾 땅坤 꿰뚫을洞 그럴然

천지(天地)가 광활(廣闊)하여 아무런 장해(障害)도 될 것이 없음.

건곤함항 하늘乾 땅坤 다咸 항상恒

주역(周易)의 상경(上經)은 '건곤'으로 시작(始作)되고, 하경(下經)은 '함항'으로 시작됨.

건공지신 세울建 공功 어조사之 신하臣

나라에 공을 세운 신하(臣下).

보사공신(保社功臣) 숙종(肅宗) 때 경신대출척(庚申大黜陟)에 공을 세운 신하에게 내린 훈명(勳名).

보익공신(保翼功臣) 명종(明宗) 1년 을사사화(乙巳士禍)의 결과 그 논공행상(論功行賞)에서 공을 세운 사람에게 내린 칭호(稱號).

좌익공신(佐翼功臣) 세조(世祖)의 즉위(卽位)에 공을 세운 사람에게 녹훈(錄勳)된 작위(爵位).

선무공신(宣武功臣) 임진왜란(壬辰倭亂) 때 무공(武功)을 세웠거나 명나라에 병량주청사신(兵糧奏請使臣)으로 가서 공을 세운 사람에게 준 칭호.

건국이념 세울建 나라國 다스릴理 생각念

나라를 세울 때 근본(根本)으로 삼는 정신(精神).

건단곤예 하늘乾 끝端 땅坤 끝倪

하늘 끝과 땅끝.

건달농사 마를乾 통달할達 농사農 일事

빈둥빈둥 놀면서 실속 없이 짓는 농사.

건달바성 하늘乾 문빗장闥 할머니婆 성城

건달바가 건립(建立)했다는 환상(幻想)의 성곽(城廓). 공(空)·허구(虛構)·허망(虛妄)·일시적(一時的) 존재(存在) 등을 비유(譬喩)함.

건달사상 마를乾 통달할達 생각思 생각想

일하기 싫어하고 놀고먹기 좋아하는 생각.

건답직파 마를乾 논畓 바로直 뿌릴播

마른 논에 물을 대지 않고 씨를 바로 뿌림.

건도성남 하늘乾 길道 이룰成 사내男

「'지강지건'한 건도(乾道)를 얻는 자가 남성(男性)이 됨」乾은 하늘로서 양(陽)에 속함.

지강지건(至剛至健) 지극(至極)히 강직(剛直)하여 사악(邪惡)에 굴하지 않음과 지극히 강건(剛健)함.

건령수 쏟을建 동이瓴 물水

건령지세 建 瓴 어조사之 기세勢

「높은 곳에서 물동이의 물이 쏟아지는 기세(氣勢)」세찬 기세.

고옥건령(高屋建瓴)

팽배(澎湃/彭湃)「한 물결이 맞부딪쳐 솟구침」사물(事物)이 맹렬한 기세로 일어남.

기세난당(氣勢難當) 그 기세가 아주 대단해서 당해 내기 어려움.

단할지세(斷割之勢) 칼로 가르듯이 그칠 줄 모르는 맹렬(猛烈)한 기세.

도천지세(滔天之勢) 하늘까지 창일(漲溢)하여 흐르는 기세.

분왕매진(奮往邁進) 씩씩하고 세찬 기세로 달려감.

여화여도(如火如荼) 불꽃이 활활 타오르는 것 같고, 띠꽃이 흐드러진 것 같음.

상산사세(常山蛇勢) 상산의 뱀 같은 기세.

신호지세(晨虎之勢) 굶주린 새벽 호랑이의 기세.

파죽지세(破竹之勢) 대나무를 쪼갤 때의 맹렬한 기세.

호랑지세(虎狼之勢) 흉악(凶惡)하고 맹렬(猛烈)한 기세.

사자분신지세(師子奮迅之勢) 사자가 몸을 떨쳐 성내는 신속(迅速) 용맹(勇猛)한 기세.

건목수생 마를乾 나무木 물水 날生

건목생수 乾 木 生 水

「마른나무에서 물을 짜냄」 불가능(不可能)한 일을 억지로 이루려 함.

간목수생(乾木水生), **강목수생**(剛木水生)

고망착호(藁網捉虎) 썩은 새끼줄로 엮은 그물로 범을 잡음.

고빙구화(敲氷求火) 얼음을 두드려 불을 구함.

귀배괄모(龜背刮毛) 없는 거북이 등의 털을 깎음.

누진취영(縷塵吹影) 먼지에 새기고 그림자를 붊.

백년하청(百年河淸) 황허강의 물이 맑아지기를 무작정(無酌定) 기다림.

사어지천(射魚指天) 물고기를 잡으려고 하늘을 향해 쏨.

석계등천(釋階登天) 사다리를 버리고 하늘에 오르려고 함.

여호모피(與虎謀皮) 호랑이와 더불어 호랑이 가죽을 벗길 것을 꾀함.

여호모피(與狐謀皮) 여우하고 여우의 모피를 벗길 모의(謀議)를 함.

여양모육(與羊謨肉) 양에게 양고기를 내놓으라고 꾐.

연목구어(緣木求魚) 나무에 연하여 물고기를 구함.

육지행선(陸地行船) 육지로 배를 끌고 가려고 함.

전수작빙(煎水作冰) 물을 끓여 얼음을 만듦.

포풍착영(捕風捉影) 바람을 잡고 그림자를 붙듦.

건몰작전 마를乾 빠질沒 지을作 돈錢

「물을 말려 없애듯 재물(財物)을 마구 몰수(沒收)하여 팖」 강제(强制)로 빼앗은 물건(物件)을 팔아 돈을 만듦.

구략(驅掠) 협박(脅迫)해서 재물(財物)을 뺏음.

타가겁사(打家劫舍) 백성(百姓)의 집을 때려 부수고 재물을 마구 빼앗음.

탐낭겁협(探囊劫篋) 주머니를 뒤지고 상자(箱子)를 빼앗음.

건부곤진 하늘乾 부호符 땅坤 보배珍

「하늘의 상서로움과 땅의 진귀(珍貴)함」 천지(天地)가 제왕(帝王)을 돕는 상서(祥瑞)로움.

건성조습토

하늘乾 별星 비칠照 젖을濕 흙土

「반짝이는 별이 눅눅한 땅을 비춤」 다음 세대(世代)에는 반대(反對)되는 현상(現象)이 나타남.

건순노치 마를乾 입술脣 드러날露 이齒

윗입술이 위로 들려서 이가 드러나 보임.

건안문학 세울建 편안할安 글월文 학문學

후한(後漢) 말부터 삼국시대(三國時代)에 걸쳐 이루어진 문학(文學) 활동(活動). 건안은 후한(後漢) 헌제(獻帝) 때의 연호(年號)로, 이 시대에 조식(曹植)을 중심(中心)으로 한 문학 집단(集團)이 형성(形成)되었고 오언시(五言詩)의 창작(創作)이 왕성(旺盛)해졌다.

건안칠자 세울建 편안할安 일곱七 사람子

한말(漢末)의 건안 연간(年間)에 때를 같이하여 문학(文學)으로 이름을 떨쳤던 공유(孔融)・진림(陳琳)・옥찬(王粲)・서간(徐

幹)・완우(阮瑀)・응창(應瑒)・유정(劉禎) 등 일곱 사람. 建安은 후한(後漢)의 마지막 임금인 헌제(獻帝) 때의 연호(年號).

건양다경 세울建 햇볕陽 많을多 경사慶

「맑은 날이 많고 경사(慶事)스러운 일이 많기를」 입춘을 맞이하여 길운(吉運)을 기원(祈願)하는 글.

입춘대길 건양다경(立春大吉 建陽多慶) 봄을 맞아 크게 길할 것이요, 양을 세우니 경사가 많으리라.

건원중보 하늘乾 으뜸元 무거울重 보배寶

고려시대(高麗時代), 996년 성종(成宗) 때 주조(鑄造)된 우리나라 최초(最初)의 쇠로 만든 돈.

건조무미 마를乾 마를燥 없을無 맛味

어떤 대상(對象)의 분위기(雰圍氣)가 재미나 멋이 없이 메마름. **무미건조**(無味乾燥)

건조폐과 마를乾 마를燥 닫을閉 실과果

익으면 껍질이 마르는 과실(果實) 중 다 익어도 껍질이 터지지 않는 열매. 밤이나 호두, 벼 따위. **닫힌열매**

건좌손향

하늘乾 자리잡을坐 부드러울巽 향할向

묏자리・집터 같은 것이 건방(乾方)을 등지고 손방(巽方)을 바라보는 좌향(坐向). 북서향방(北西向方)에서 남동향방(南東向方)을 바라보는 좌향이다.

건좌습우 하늘乾 왼左 젖을濕 오른右

제사(祭祀)의 제물(祭物)을 진설(陳設)할 때, 마른 것은 왼쪽, 젖은 것은 오른쪽에 놓음.

건중건극 세울建 가운데中 建 극진할極

중정(中正)의 도(道)를 세워 인륜(人倫) 도덕(道德)의 모범(模範)・표준(標準)을 세워 만민(萬民)의 법칙(法則)을 정하는 것.

건즐소임 수건巾 머리빗櫛 바所 맡길任

건즐지시 巾 櫛 어조사之 모실侍

「세수(洗手)할 때 수건(手巾)과 빗을 받드는 소임(所任)」 아내로서 남편(男便)을 뒷바라지하는 소임. **시집건즐**(侍執巾櫛)

정구건즐(井臼巾櫛) 물을 긷고 절구질하고 수건과 빗을 받드는 일.

첩어적방 시건유방(妾御績紡 侍巾帷房) 여인네는 길쌈을 하고 휘장(揮帳) 두른 안방에서는 수건과 빗을 들고 시중을 듦.

건포마찰 마를乾 펼布 갈磨 문지를擦

살갗을 튼튼하게 하고 혈액순환(血液巡還)이 잘되도록 마른 수건(手巾)으로 온몸을 문지르는 일.

걸견폐요 걸임금桀 개犬 짖을吠 요임금堯

걸구폐요 桀 개狗 吠 堯

「중국의 걸주(桀紂) 같은 포악(暴惡)한 인간이 기르는 개가 요왕(堯王) 같은 성군(聖君)을 보고도 짖어댐」 각자(各自) 자기(自己)의 주인(主人)에게 무조건(無條件) 충성(忠誠)을 다하는 것이나, 악인(惡人)을 따르는 자가 선한 사람을 공격(攻擊)함.

묘서동면(猫鼠同眠) 「고양이와 쥐가 함께 잠」 위아래가 결탁(結託)하여 나쁜 짓을 함.

위호작창(爲虎作倀) 「호랑이를 위하여 창귀(倀鬼)가 됨」 나쁜 사람의 앞잡이.

의초부목(依草附木) 「요귀(妖鬼)가 초목(草木)에 붙어 있음」 남의 권세(權勢)에 기대어 나쁜 짓을 함.

조걸위학(助桀爲虐) 「주 임금을 도와 포학(暴虐)한 짓을 저지름」 나쁜 사람을 도와 나쁜 짓을 저지름.

척구폐요(跖狗吠堯) 도척(盜跖)의 개가 요임금 같은 성인(聖人)을 보고 짖음.

파지관부(把持官府) 관청(官廳)을 손아귀에 넣음.

항해일기(沆瀣一氣) 「밤이슬 기운이 하나로 엉겨 물방울이 됨」 최항(崔沆)과 최해(崔瀣)가 의기투합(意氣投合)함.

걸불병행 빌乞 아닐不 아우를竝 다닐行

「비럭질은 여럿이 함께하지 않음」 요구(要求)하는 사람이 많으면 한 사람도 얻기 어려움.

낭다육소(狼多肉小) 「이리는 많은데 먹을 고기는 적음」 금액(金額)은 적은데 분배(分配)를 원하는 사람들이 많음.

↔ **십시일반**(十匙一飯) 열 사람이 한 숟가락씩 모으면 한 사람이 먹을 만한 양이 됨.

걸식인 빌乞 먹을食 사람人

빌어먹는 사람.

걸식표모 빌乞 먹을食 빨래할漂 어머니母

솜을 빨고 있던 노파(老婆)가 한신(韓信)의 굶주림을 가엾게 여겨 음식(飮食)을 준 일. **표모진식**(漂母進食)

일반지보(一飯之報), **일반지은**(一飯之恩), **일반천금**(一飯千金) 「한 번 밥을 얻어먹은 은혜(恩惠)에 대한 보답(報答)」 적은 은혜에 대한 보답(報答). 한신이 표모한테 한 끼니의 밥을 얻어먹고 후에 천금을 주어 그 은혜를 갚은 일.

호손사아(壺飧食餓) 「물에 만 밥을 항아리에 넣어 배고픈 사람에게 베풂」 남을 도와준 사람은 반드시 보답을 받음.

걸아득금 빌乞 아이兒 얻을得 비단錦

「거지 애가 비단(緋緞)을 얻음」 제 분수(分數)에 넘치는 일을 지나치게 자랑함.

과분지사(過分之事) 분수에 넘치는 일.

동자패휴(童子佩觿) 「어린아이가 성인(成人)이 차는 뿔 송곳을 참」 자기 분수에 넘치는 일을 함.

비분지직(非分之職) 제 분수에 넘치는 직책(職責).

유만부동(類萬不同) 「비슷한 것은 많으나 서로 같지 않음」 분수나 정도(程度)에 맞지 않음.

걸인연천 빌乞 사람人 연민할憐 하늘天

「거지가 하늘을 불쌍히 여김」 자기 처지는 생각하지 않고 부당(不當)한 걱정을 함.

쓸데없는 기우(杞憂).

기인지우(杞人之憂) 기나라에 한 사람이 하늘이 무너지고 땅이 꺼지면 몸 둘 곳이 없음을 걱정한 나머지 침식(寢食)을 전폐(全廢)하였다는 고사(故事).

이불휼위(嫠不恤緯) 베틀에서 길쌈을 하는 과부(寡婦)는 씨가 모자라는 것을 걱정하지 않고 주나라가 망하지나 않을까 하고 걱정함.

칠실지우(漆室之憂) 캄캄한 방에서 아녀자(兒女子)가 나라 걱정을 함.

걸해골 빌乞 뼈骸 뼈骨

「심신(心身)은 임금께 바친 것이지만 해골만은 돌려달라」 재상(宰相)이 나이가 들어 조정(朝廷)에 나오지 못하게 되었을 때 주군(主君)에게 모든 관직(官職)에서 물러나기를 주청(奏請)하는 말.

걸해지청 빌乞 뼈骸 어조사之 청할請

「고향(故鄕)에 뼈가 묻히기를 청함」 신하가 늙어서 벼슬에서 물러나기를 청하는 말.

걸해골(乞骸骨), **걸치사**(乞致仕), **사해골**(賜骸骨)

원걸해골(願乞骸骨) 몸은 원래 주군(主君)에게 매인 것이니 정신(精神)과 혼(魂)은 남겨 두고 빈 껍질만을 초야(草野)에 묻히게 해 달라는 말.

성공자퇴(成功者退) 성공한 사람은 물러날 때를 알아야 함.

휴관치사(休官致仕), **휴치**(休致) 늙고 쇠약(衰弱)해져 관직(官職)을 그만둠.

걸화불약취수

빌乞 불火 아닐不 같을若 취할取 봉화燧

「남의 불을 꾸기보단 제 부시로 불을 일으키는 것이 나음」 구걸(求乞)하기보다는 스스로 노력(努力)하는 것이 나음.

검각비도 칼劍 문설주閣 사닥다리梯 길道

중국 사천성(四川省) 검주(劍州)에 있는 사다리 길. 험하기로 유명(有名)함.

검각철산 칼劍 문설주閣 쇠鐵 메山

검각산의 방비(防備)가 철옹성(鐵甕城) 같음.

고성심지(高城深池) 「높은 성과 그 둘레에 파 놓은 깊은 못」 곧 방비가 견고(堅固)한 성(城).

금성철벽(金城鐵壁) 쇠로 만든 성과 철로 만든 벽.

금성탕지(金城湯池) 쇠처럼 단단한 성곽(城廓)과 끓는 연못 같은 해자(垓字)에 둘러싸인 성.

난공불락(難攻不落) 공격(攻擊)하기가 어려워 좀처럼 함락(陷落)되지 않음.

비조불입(飛鳥不入) 나는 새도 들어가지 못함.

철옹산성(鐵甕山城) 쇠로 옹기(甕器)를 만들듯이 튼튼히 쌓아 올린 성.

탕지철성(湯池鐵城) 쇠로 만든 성과 그 성을 둘러싸고 있는 끓는 연못.

검거선풍 검사할檢 들擧 돌旋 바람風

범죄(犯罪)를 저질렀으리라 의심(疑心)을 받는 사람들을 한꺼번에 많이 잡아가는 일.

검고능광 검소할儉 고로故 능할能 넓을廣

평소(平素)에 낭비(浪費)하지 않고 아껴 쓰고 있으므로 궁핍(窮乏)하지 않음.

검광여전 칼劍 빛光 같을如 번개電

칼 빛이 번개같이 날카로움.

검답재상 검사할檢 밟을踏 재화災 다칠傷

현지(現地)를 답사(踏査)하여 재해(災害)의 상황(狀況)을 조사(調査)함.

검두일혈 칼劍 머리頭 한一 작은 소리吷

「칼자루 끝에 있는 작은 구멍을 바람이 스쳐 가는 매우 작은 소리」 들어 둘 만한 가치(價値)가 없음.

검수일혈(劍首一吷), **취검수**(吹劍首)

검려기궁 검을黔 나귀驢 재주技 다할窮

쥐꼬리만 한 재간(才幹)마저 바닥이 드러남.

검려지기 검을黔 나귀驢 어조사之 재주技

「검단 노새의 재주」 겉치레뿐이고 실속이 보잘것없는 솜씨.

조충전각(彫蟲篆刻) 「벌레를 조각(彫刻)하고 전자(篆字)를 새김」 용렬(庸劣)하고 졸망(拙妄)한 소인(小人)으로 그저 옛사람의 글귀나 본떠 지을 뿐인 보잘것없는 재주.

검림지옥 칼劍 수풀林 땅地 감옥獄

불효(不孝), 무자비(無慈悲)한 죄를 지은 사람이 떨어지는 지옥. 시뻘겋게 단 뜨거운 쇠 알의 열매가 달리고 잎이 칼로 된 나무 숲속에서 온몸이 찔리는 고통(苦痛)을 받음.

검수지옥(劍樹地獄)

검무면목 칼劍 없을無 낯面 눈目

「칼에는 낯과 눈이 없음」 체면(體面)이나 이치(理致)를 따지지 않음.

검문검색 검사할檢 물을問 檢 찾을索

경찰관(警察官) 등이 범법자(犯法者)로 의심(疑心)이 가는 사람을 조사(調査)하여 따져 묻고 단서(端緖)나 증거(證據)를 찾기 위해 살펴 조사함. **가두검색**(街頭檢索)

검부중례 검소할儉 아닐不 가운데中 예도禮

검소(儉素)하고 절약(節約)하는 것이 지나쳐서 예의(禮儀)에 어그러짐.

과공비례(過恭非禮) 지나치게 공손(恭遜)함은 도리어 예에 벗어남.

과유불급(過猶不及) 지나친 것은 미치지 못한 것과 같음.

검소질박 검소할儉 본디素 거꾸러질跌 칠撲

낭비(浪費)하거나 사치(奢侈)하지 않고 꾸밈이 없이 수수함.

검존사실(儉存奢失) 검소하면 오래 보존(保存)하고, 사치스러우면 오래 보존하지 못함.

근검절약(勤儉節約) 부지런하고 검소하게 살며 재물(財物)을 아낌.

불치불검(不侈不儉) 사치하지도 검소하지도 않고 수수함.

유사입검(由奢入儉) 사치를 폐하고 검소하도록 힘씀.

예여기사야영검(禮與其奢也寧儉) 예의(禮義)는 중용(中庸)을 얻어야 하지만 만약(萬若) 사치, 혹은 검소한 편으로 기울 때에는 검소한 편으로 기우는 것이 나음.

빈불학검 부불학사(貧不學儉 富不學奢) 가난하면 특별(特別)히 배우지 않아도 저절로 검소하게 되고, 부유(富裕)하면 배우지 않아도 저절로 사치하게 됨.

검수도산 칼劍 나무樹 칼刀 메山

「칼로 이루어진 숲과 산」 매우 험난(險難)하고 위험(危險)한 상황(狀況).

도산검수(刀山劍樹)

검수완박

검사할檢 찾을搜 완전할完 빼앗을剝

검찰(檢察)이 가진 수사(搜査) 권한(權限)을 완전(完全)히 박탈(剝奪)함.

검수일혈 칼劍 머리首 한一 작은 소리吷

「칼자루 끝에 있는 작은 구멍을 바람이 스쳐 가는 매우 작은 소리」 들어 둘 만한 가치(價値)가 없음.

검두일혈(劍頭一吷), **취검수**(吹劍首)

검약절식 검소할儉 맺을約 절제할節 먹을食

검소(儉素)하게 생활(生活)하며 식량(食糧)을 잘 조절(調節)하여 먹음.

검이불루 화이불치 검소할儉 말 이을而 아닐不 더러울陋 빛날華 而 不 사치할侈

검소(儉素)하되 누추(陋醜)하지 않고, 화려(華麗)하되 사치(奢侈)스럽지 않음.

위이불맹(威而不猛) 위엄(威嚴)이 있으면서도 무섭지 않고 부드러움.

질이불리(質而不俚) 소박(素朴)하나 촌스럽지 않음.

태이불교(泰而不驕) 태연(泰然)하나 교만(驕慢)하지 않음.

혜이불비(惠而不費) 은혜(恩惠)를 베풀되 쓸데없이 낭비(浪費)하지는 않음.

검일인적 칼劍 한一 사람人 대적할敵

검술(劍術)은 한 사람을 상대(相對)하는 데 그치는 기술(技術)이므로 배울 만한 것이 못 됨. 초패왕(楚霸王) 항우(項羽)가 한 말.

검임배심 검사할檢 임신할妊 모실陪 살필審

영미법(英美法)에서, 사형선고(死刑宣告)를 받은 여자가 임신(妊娠)을 이유(理由)로 형의 집행(執行) 정지(停止)를 신청(申請)한 경우(境遇), 그 임신 여부(與否)를 심사(審査)하는 배심. 배심원(陪審員)은 12명의 기혼(旣婚) 여자로 구성(構成)된다.

검정고시 검사할檢 정할定 살필考 시험試

어떤 자격(資格)에 필요(必要)한 지식(知識), 학력(學歷), 기술(技術) 따위가 있는지 검정하기 위하여 시행(施行)하는 시험(試驗).

검존사실 검소할儉 있을存 사치할奢 잃을失

검소(儉素)하면 오래 보존(保存)하고, 사치(奢侈)스러우면 오래 보존하지 못함.

검찰감시 검사할檢 살필察 볼監 볼視

공공(公共) 기관(機關)이나 기업(企業), 단체(團體)와 국민(國民)이 법(法)을 제대로 지키는가를 살피고 통제(統制)하는 검찰(檢察) 기관의 활동(活動).

검험귀문 검사할檢 시험驗 돌아갈歸 물을問

군(軍) 기관(機關)에서 군인(軍人)의 살인(殺人) 사건(事件)에 대하여 민간(民間) 기관과 함께 시체(屍體)를 검안(檢案)하고 추문(推問) 하던 일.

검호거궐 칼劍 부를號 클巨 대궐闕

칼은 거궐(월왕의 보검(寶劍))이 유명(有明)함.

검호거궐 주칭야광(劍號巨闕 珠稱夜光) 칼은 거궐이 유명하고, 구슬은 야광주(夜光珠)가 칭송(稱頌)받음.

겁어사투

겁낼怯 어조사於 사사로울私 싸움鬪

사사(私私)로이 싸움질하는 일을 겁냄.

겁용휴완

겁먹을怯 용기勇 무너질隳 완전할完

겁 많은 사람이 용감(勇敢)하여지고 무너진 성(城)은 수리(修理)하여 완전(完全)하게 됨.

겁칙훼절

위협할劫 신칙할飭 훼손할毁 절개節

여자(女子)를 협박(脅迫)하여 강제(强制)로 절개(節槪)를 꺾음.

게간이기 들揭 장대竿 말 이을而 일어날起

「장대를 높이 들고 일어남」 민중봉기(民衆蜂起).

감분흥기(感奮興起) 마음속 깊이 분함을 느껴 떨치고 일어남.

격발분기(激發奮起) 격동(激動)하고 흥분(興奮)하여 일어남.

투메이기(投袂而起) 「소매를 떨치고 일어섬」 분기하는 모양(模樣).

게부입연 들揭 도끼斧 들入 연못淵

「도끼를 들고 산에 들어가야 할 것을 산에는 들어가지 않고 연못에 들어감」 쓸데없는 짓을 함.

도위이(徒爲爾) 쓸데없는 일.

누진취영(鏤塵吹影) 먼지에 새기고 그림자를 입으로 붊.

득갑환주(得匣還珠) 구슬을 담은 갑만 갖고 구슬은 돌려줌.

무병자구(無病自灸) 병도 없는데 스스로 뜸을 뜸.

조빙화지(凋冰畵脂) 얼음에 새기고 기름에 그림.

화사첨족(畵蛇添足) 뱀을 그리고 발을 그려 넣음.

게재지명 걸揭 실을載 기록할誌 이름名

글이나 그림 따위가 실린 신문(新聞)이나 잡지(雜誌)의 이름.

격강천리 사이 뜰隔 강江 일천千 거리里

「강을 사이에 두고 떨어져 있어서 왕래(往來)의 불편(不便)함이 천리 길이나 떨어져 있음」 서로 가까이 있으면서도 오랫동안 만나지 못하여 멀리 떨어져 사는 것이나 다름없음.

봉래약수(蓬萊弱水) 「봉래산은 약수 너머에 있음」 서로 멀리 떨어져 있음.

산장수원(山長水遠) 「산수가 멀리 이어짐」 멀리 떨어져 있음.

수륙만리(水陸萬里) 바다와 육지(陸地)를 사이에 두고 멀리 떨어져 있음.

지각천애(地角天涯) 「땅의 한 모퉁이와 하늘의 끝」 서로 멀리 떨어져 있음.

호월지격(胡越之隔) 「호나라와 월나라 사이」 서로 멀리 떨어져 있어 매우 소원(疎遠)함.

풍마우불상급(風馬牛不相及) 「바람난 말과 소라 할지라도 서로 미치지 못함」 서로 멀리 떨어져 있어 전혀 무관(無關)함.

↔ **격장지린**(隔墻之隣) 담을 사이에 둔 가까운 이웃.

지척천리(咫尺千里) 서로 가까이 있으면서도 그곳에 가지 못하거나 오래 만나지 못하므로 멀리 떨어져 사는 것과 같음.

천리비린(千里比隣) 천 리나 되는 번 곳도 가까운 이웃같이 생각됨.

격고기당 칠擊 북鼓 그其 북소리鏜

「북 치는 소리가 당연(鏜然-눈을 휘둥그렇게 뜨고 볼 정도(程度)로 놀랍거나 괴이쩍다)함」 전쟁(戰爭) 때 큰 북을 울림. '鏜'은 북소리나 전쟁을 시작(始作)할 때 치는 북.

격고명금 칠擊 북鼓 울鳴 쇠金

「북을 치고 징을 울림」 옛날 전쟁(戰爭)에서는 북을 쳐서 진격(進擊)하게 하고 징을 쳐서 군사(軍士)를 거두어들였음.

격기비심 바로잡을格 그其 아닐非 마음心

「불순(不純)한 마음을 바르게 고침」 그의 그릇된 마음을 바로잡음.

개과불린(改過不吝) 허물이 있다면 머뭇거리지 말고 즉시 고치라.

개선광정(改善匡正) 좋도록 고치고 바로잡음.

구실재아(咎實在我) 허물은 실상(實狀) 나에게 있음.

명정기죄(明正基罪) 명백(明白)하게 죄명(罪名)을 집어내어 바로잡음.

설폐구폐(說弊救弊) 먼저 폐단(弊端)을 말하고 그 폐단을 바로잡음.

승건규류(繩愆糾謬) 허물을 바로잡고 잘못된 것을 살핌.

파사현정(破邪顯正) 그릇된 것을 깨고 바른 것을 드러냄.

과즉물탄개(過則勿憚改) 허물이 있으면 고치기를 꺼리지 말라.

취유도이정(就有道而正) 평소(平素)에 자기가 행하는 바가 옳은지 그른지를 학덕(學德)이 높고 도(道)를 닦은 사람에게 나아가 자기 행실(行實)을 바로잡음.

격단무휘 칠擊 끊을斷 없을無 꺼릴諱

거리낌 없이 함부로 형벌을 자행(恣行)함.

기회지형(棄灰之刑) 「길에 재를 버린 사람까지도 잡아 형벌을 내림」 엄격(嚴格)하고 융통성(融通性)이 없으며 가혹(苛酷)한 형벌.

무경위중(誣輕爲重) 가벼운 범죄(犯罪)를 무거운 범죄로 다스림.

요수촉금(搖手觸禁) 손을 움직이기만 하면 법령(法令)에 저촉(抵觸)됨.

초관인명(草菅人命) 「풀을 베듯 사람을 죽임」 생명(生命)을 하찮게 여겨 함부로 사람을 죽임.

초체금선(草薙禽獮) 「풀을 베고 날짐승을 사냥함」 선악(善惡)과 정사(正邪)를 가리지 않고 마구 죽임.

혜전탈우(蹊田奪牛) 소를 몰고 남의 전답(田畓)을 질러갔다고 해서 그 벌(罰)로 소를 빼앗음.

희상노형(喜賞怒刑) 「기쁠 때는 상을 주고 화날 때는 형벌을 내림」 마음이 내키는 대로 함부로 상벌(賞罰)을 내림.

↔ **남형죄**(濫刑罪) 법률(法律)을 무시(無視)하고 함부로 형벌을 가하였을 때 적용(適用)되는 죄목(罪目).

격론난힐 격할激 논할論 어려울難 물을詰

잘못을 논하며 몹시 비난(非難)함.

극난(劇難)

쟁론(諍論) 서로 상대편(相對便)의 견해(見解)를 비난하고 공격(攻擊)함.

변난공격(辯難攻擊) 여러 가지를 들추어내어 비난하며 공격함.

격물치지 격식格 사물物 이를致 알知

모든 사물(事物)의 이치(理致)를 끝까지 파고들어 앎에 이름. **치지격물**(致知格物).

즉물궁리(卽物窮理) 격물(格物-무엇이 근본(根本)이고 말단(末端)인지를 헤아리는 것)하면 곧 리(理)가 밝혀짐.

격발분기 격할激 필發 떨칠奮 일어날起

격동(激動)하고 흥분(興奮)하여 일어남.

감분흥기(感奮興起) 마음속 깊이 분함을 느껴 떨치고 일어남.

게간이기(揭竿而起) 「장대를 높이 들고 일어남」 민중봉기(民衆蜂起).

투메이기(投袂而起) 「소매를 떨치고 일어섬」 분기(奮起)하는 모양(模樣).

격발성시 칠擊 바리때鉢 이룰成 시詩
격발최시 擊 鉢 재촉할催 詩

양나라의 소문염(簫文琰)이, 구리 밥그릇을 쳐서 그 울림이 사라지기 전에 시(詩)를 지었다는 옛일.

봉장풍월(逢場風月) 아무 데나 그 자리에서 즉흥적(卽興的)으로 시를 지음.

천언입성(千言立成) 긴 시문(詩文)이 순식간(瞬息間)에 이루어짐.

촉각부시(燭刻賦時) 불을 켠 초에 선을 긋고 촛불이 그곳까지 타는 동안에 시를 지음.

팔차수성(八叉手成) 「여덟 번 팔짱을 끼고 여덟 수의 시를 지음」 시문을 짓는 재주가 풍부(豊富)함.

횡삭부시(橫槊賦詩) 말 위에서 창(槍)을 옆에 끼고 시를 지음.

격배모몰 칠擊 물리칠排 무릅쓸冒 빠질沒

남을 배척(排斥)하여 옳고 그름을 돌아보지 않음.

격산심곡 사이 뜰隔 메山 깊을深 골짜기谷

산이 가로막혀 있는 깊은 골짜기.

격세안면 사이 뜰隔 해歲 얼굴顔 낯面

해가 바뀌도록 오래 만나지 못하다가 만나는 얼굴.

격세유전 사이 뜰隔 생애世 남길遺 전할傳

생물(生物)이 진화(進化)하는 과정(科程)에 있어서 한번 나타난 형질(形質)이 후대(後代)에 가서 이미 그 형질을 상실(喪失)한 자손(子孫)에게 갑자기 나타나는 현상(現象).

귀선유전(歸先遺傳)

격세즉망 사이 뜰隔 세상世 곧卽 잊을忘

사람이 이 세상(世上)에 새로 태어날 때는 전세(前世)의 일을 모두 잊음.

격세지감 사이 뜰隔 세상世 어조사之 느낄感

「진보(進步)와 변화(變化)를 많이 겪어서 다른 세상과 같은 느낌」 다른 시대(時代)를 사는 듯 크게 변화를 느끼는 감정(感情).

고안심곡(高岸深谷) 높은 언덕도 함몰(陷沒)되어 골짜기가 되고 골짜기도 흙이 쌓이면 언덕이 됨.

능곡지변(陵谷之變) 언덕이 변하여 골짜기가 되고 골짜기가 변하여 언덕이 됨.

동해양진(東海揚塵) 「동쪽 바다에서 먼지가 읾」 바다가 육지(陸地)로 변함.

상전벽해(桑田碧海) 뽕나무밭이 푸른 바다로 변함.

연변작뢰(淵變作瀨) 「연이 변하여 여울이 됨」 세상의 변천(變遷)이 심함.

인망물재(人亡物在) 사물(事物)은 예전대로 있으나, 같이 본 그 사람은 지금 없음.

창상지변(滄桑之變) 푸른 바다가 변하여 뽕나무밭이 됨.

화옥산구(華屋山丘) 화려(華麗)했던 집이 산과 구릉(丘陵)으로 변함.

격실언제 사이 뜰隔 집室 둑堰 둑堤

댐의 내부(內部)에 콘크리트로 칸을 막고 그 속에 흙을 다져 넣어 만든 댐.

격심정사 격식格 마음心 바를正 일事

임금의 마음을 바로잡고 일의 잘못을 바르게 함.

골경지신(骨鯁之臣) 목에 걸린 가시처럼, 듣기에 괴로운 직언(直言)을 하는 강직(剛直)한 신하.

군유쟁신(君有諍臣) 임금에게는 잘못을 지적(指摘)할 수 있는 신하가 있어야 함.

면절정쟁(面折庭諍) 임금 앞에서 임금의 행한 일이나 정치적(政治的) 사건(事件)에 대하여 기탄(忌憚)없는 말을 함.

봉명조양(鳳鳴朝陽) 「봉황(鳳凰)이 아침볕 아래서 욺」 윗사람에게 잘못된 일을 바로잡아야 한다고 직언(直言)함.

전일회천(轉日回天) 「해를 돌리고 하늘을 돌게 함」 임금의 마음을 돌리게 함을 말함.

직언극간(直言極諫) 바른말로 잘못을 극진(極盡)히 간함.

격안관화 사이 뜰隔 언덕岸 볼觀 불火

「강 건너 불 보듯 함」 적(敵)의 연합군(聯合軍) 내부(內部)에 심각(深刻)한 내분(內紛)이 발생(發生)했을 때, 조용히 그 혼란(混亂)이 극에 달하기를 기다림.

삼십육계(三十六計)의 제9계로, 적의 내부의 투쟁(鬪爭)이 격화(激化)되면 적의 연합군(聯合軍)은 붕괴(崩壞)를 자초(自招)하게 되기 때문.

대안지화(對岸之火) 「강 건너 불」 어떤 일이 자기에게는 아무 관계(關係)도 없다는 듯 대함.

피안화시(彼岸火視) 「강 건너 불 보듯 함」 무관심(無關心)한 태도(態度)를 보임.

격양지가 칠擊 흙덩이壤 어조사之 노래歌

「땅을 두드리며 부르는 노래」 살기 좋은 시절(時節).

강구연월(康衢煙月) 번화(繁華)한 큰 거리에 저녁밥 짓는 연기(煙氣)가 달빛을 향해 피어오름.

고복격양(鼓腹擊壤) 배를 두드리고 발을 구르며 흥겨워함.

와치천하(臥治天下) 「누워서 천하를 다스림」 태평 시대의 비유.

요순시절(堯舜時節) 요임금과 순임금 시절.

태평성대(太平聖代) 어진 군주(君主)가 다스리는 태평한 시대(時代).

격원지가 칠擊 끌채轅 어조사之 노래歌

끌채를 쳐 박자(拍子)를 맞추면서 하는 야인(野人)의 노래.

격유두풍 격문檄 나을愈 머리頭 바람風

중국 삼국시대(三國時代) 위(魏)나라의

조조(曹操-武帝)가 두통(頭痛)으로 누워있을 때, 진림(陳琳)이 지은 격문(檄文)을 보고 그 병(病)이 나았다는 옛일.

격이행지 부딪힐激 말 이을而 갈行 갈之

「물을 막아 거꾸로 흘러가게 함」 사람의 본성(本性)은 착하지만, 욕심(慾心)이 그것을 가로막으면 악하게 됨.

격장유이 사이 뜰隔 담장牆 있을有 귀耳

「담장 사이에 귀가 있음」 남의 이야기를 몰래 엿들음. **원유이**(垣有耳), **장유이**(牆有耳)

사불급설(駟不及舌) 네 마리 말이 끄는 수레도 빠르기가 혀에는 미치지 못함.

수구여병(守口如甁) 병에 마개를 꼭 막듯이 입을 다묾.

악사천리(惡事千里) 나쁜 일은 천 리를 달림.

언비천리(言飛千里) 「말이 천 리를 날아감」 말이 몹시 빠르고도 멀리 전하여 퍼짐.

이속우원(耳屬于垣) 「담에도 귀가 달렸음」 남이 듣지 않는 곳에서도 말을 삼감.

격장지계 부딪칠激 권면할奬 어조사之 꾀計

상대방(相對方) 장수(將帥)의 감정(感情)을 격분(激奮)시켜 원하는 것을 얻어내는 계책(計策).

격장지린 사이 뜰隔 담장牆 어조사之 이웃隣

담을 사이에 둔 가까운 이웃.

이웃사촌(--四寸)

인우(鄰佑) 가까운 이웃.

격강천리(隔江千里) 강을 사이에 두고 떨어져 있어서 왕래(往來)의 불편(不便)함이 천 리 길이나 떨어져 있음.

지척천리(咫尺千里) 서로 가까이 있으면서도 그곳에 가지 못하거나 오래 만나지 못하므로 멀리 떨어져 사는 것과 같음.

천리비린(千里比隣) 천 리나 되는 먼 곳도 가까운 이웃같이 생각됨.

격절운월

부딪쳐 흐를激 끊을切 떨어질隕 넘을越

몹시 감격(感激)하고 황공(惶恐)하여 어찌할 바를 모르는 일. 隕越은 모독(冒瀆)의 죄(罪)로 땅에 떨어지는 일.

격절칭상 칠擊 박자節 일컬을稱 상줄賞

격절칭찬 擊 節 稱 기릴讚

격절탄상 擊 節 탄식할嘆 賞

무릎과 궁둥이를 치면서 탄복(歎服)하며 칭찬(稱讚)함.

감은부복(感恩俯伏) 은혜(恩惠)에 마음 깊이 느끼고 탄복하여 머리 숙여 엎드림.

거수칭사(擧手稱辭) 손을 들어 칭찬함.

구각춘풍(口角春風) 「입에서 봄바람이 남」 말솜씨 있게 남을 칭찬하여 즐겁게 해줌.

극구찬송(極口讚頌) 온갖 말로 칭찬함.

대찬불이(大讚不已) 크게 칭찬하기를 마지않음.

막불탄복(莫不嘆服) 탄복하지 않을 수 없음.

만구성비(萬口成碑) 여러 사람이 칭찬하는 것이 송덕비(頌德碑)를 세우는 것과 같음.

만구칭찬(萬口稱讚) 많은 사람이 모두 칭찬함.

면예불충(面譽不忠) 대면(對面)하여 그 사람을 칭찬하는 사람은 진실(眞實)함이 없음.

박수갈채(拍手喝采) 손뼉을 치고 소리를 질러 환영(歡迎)하거나 칭찬함.

암암칭선(暗暗稱善) 마음속으로 칭찬함.

여예무훼(與譽無毁) 칭찬받으려고 애쓰기보다는 비난(非難)받지 않도록 함.

위인설항(爲人說項) 「만나는 사람마다 항사를 자랑함」 남을 칭찬하거나 남을 위해 부탁(付託)함.

칭찬불이(稱讚不已) 칭찬하여 마지않음.

필삭포폄(筆削褒貶) 써넣어야 할 곳은 써넣고 지워야 할 곳은 지우고, 칭찬해야 할 곳은 칭찬하고, 나무랄 곳은 나무람.

칭지불용구(稱之不容口) 온갖 말을 다 하여 칭찬함.

격조수월 사이 뜰隔 막힐阻 여러數 달月

몇 달 동안이나 소식(消息)이 막힘.

격종정식 칠擊 종鐘 솥鼎 먹을食

「종을 쳐서 식솔(食率)을 모아 솥을 걸어 놓고 먹음」 부유(富裕)한 생활(生活).

종명정식(鐘鳴鼎食)

격주동량 칠擊 기둥柱 움직일動 대들보樑

「기둥을 쳐서 대들보를 흔들게 만듦」 한 쪽에 충격(衝擊)을 줌으로써 다른 쪽에도 영향(影響)을 미침.

격죽사난사 칠擊 대竹 일事 어려울難 事

「대나무를 다 사용(使用)해 써도 그의 악행(惡行)을 다 쓸 수 없음」 필설(筆舌)로 다 할 수 없을 만큼 죄악(罪惡)을 저지름.

경죽난서(磬竹難書) 저지른 죄과(罪過)가 너무 많아 이루 다 적을 수 없음.

극률부도(極律不道) 극형(極刑)을 받아야 할 정도(程度)로 도리(道理)에 어긋난 행위(行爲).

극중악인(極重惡人) 가장 큰 죄를 지은 악한 사람.

만륙유경(萬戮猶輕) 만 번 죽여도 벌(罰)이 되레 가벼움.

만사무석(萬死無惜) 죄가 커서 만 번을 죽어도 아깝지 않음.

사유여고(死有餘辜) 죽어도 오히려 죄가 남음.

죄막대언(罪莫大焉) 이보다 더 큰 죄는 없음.

죄불용사(罪不容死) 죽여도 오히려 부족함.

죄사무석(罪死無惜) 죽여도 아깝지 않음.

격즙중류 칠擊 노楫 가운데中 흐를流

「굳은 결심(決心)을 보이느라고 강의 한 복판에서 노로 뱃전을 침」 잃어버린 땅을 되찾고자 하는 굳은 결심 또는 가슴에 품은 웅대(雄大)한 뜻. **중류격즙**(中流擊楫)

격철우 사이 뜰隔 흔적轍 비雨

오월(五月)에 내리는 비.

격탁양청

부딪쳐 흐를激 흐릴濁 오를揚 맑을淸

「탁한 것을 몰아내고 청한 것을 받아들임」 사람에게 해가 되는 악을 제거(除去)하고 선함을 가져옴. **양청격탁**(揚淸激濁)

견선여갈(見善如渴) 착한 일을 보기를 마치 목마른 것같이 하라.

권선징악(勸善懲惡) 선을 권하고 악을 나무람.

상선벌악(賞善罰惡) 착한 사람은 칭찬(稱讚)하고 악한 사람은 벌함.

상일권백(賞一勸百) 한 사람의 착한 일을 칭찬하여 뭇사람에게 착한 일을 장려(獎勵)함.

알악양선(遏惡揚善) 하늘의 큰 뜻에 따라 악한 일을 뿌리 뽑고 착한 일을 북돋움.

진선진미(盡善盡美) 착함과 아름다움을 다함.

진선폐사(陳善閉邪) 자기의 착한 일을 임금께 진술(陳述)하여 임금의 그릇된 일을 고치게 함.

견선여불급(見善如不及) 착한 일을 보면 따라가지 못한 듯이 해야 함.

징악이권선(懲惡而勸善) 악을 혼내 주고 선을 권장(勸獎)함.

격품치경 사이 뜰隔 품성品 이를致 공경할敬

「물건(物件)을 사이에 두고, 보이지 않는 곳에서 경례(敬禮)함」 깊이 경의(敬意)를 나타내고 감히 접근(接近)하지 않음.

격호월 사이 뜰隔 오랑캐胡 월나라越

「북쪽 호(胡)나라와 남쪽의 월(越)나라가 서로 멀리 동떨어져 있음」 서로 떨어짐이 먼 것.

격화소양 사이 뜰隔 가죽 신靴 긁을搔 癢
격화파양 隔 靴 긁을爬 가려울癢
격혜소양 隔 신鞋 搔 癢

「신을 신고 가려운 발을 긁음」 하는 행동(行動)에 비교(比較)해 그 효과(效果)가 너무 적거나 나타나지 않음. 어리석고 미련함.

마음으로는 애써 하려 하나 사물(事物)의 정통(精通)을 찌르지 못해 답답함.

금의야행(錦衣夜行) 「비단옷을 입고 밤길을 다님」 아무 보람이 없는 일을 함.

노이무공(勞而無功) 애썼는데 보람이 없음.

니중탁족(塵裡振衣) 먼지 속에서 옷을 떪.

담설색정(擔雪塞井) 눈을 져다가 우물을 메움.

도로무공(徒勞無功) 헛되이 수고만 하고 아무런 이득(利得)을 얻지 못함.

두양소근(頭痒搔跟) 머리가 가려운데 발뒤꿈치를 긁음.

만불근리(萬不近理) 전혀 이치에 맞지 않음.

서과피지(西瓜皮舐) 수박 겉핥기.

슬양소배(膝痒搔背) 무릎이 가려운데 등을 긁음.

암중순목(暗中瞬目) 남이 이해(理解)할 수 없는 방법(方法)으로 자기 의사(意思)를 나타냄.

야행피수(夜行被繡) 수놓은 좋은 옷을 입고 밤길을 감.

어불성설(語不成說) 말이 이치에 맞지 않음.

종정구인(從井救人) 우물에 들어가 남을 구함.

진리진의(泥中濯足) 흙탕 속에서 발을 닦음.

초무시리(初無是理) 처음부터 이치(理致)에 맞지 않음.

격화일로 부딪쳐 흐를激 될化 한一 길路

자꾸만 심해짐.

오로지 격렬(激烈)하게 될 뿐임.

기세(氣勢)가 자꾸 사납고 세차게 되어 감.

거익심조(去益深造) 갈수록 더욱 깊거나 심하게 함.

악화일로(惡化一路) 상태(狀態)·성질(性質)·관계(關係) 따위가 자꾸 나쁘게 되어 감.

유왕유심(愈往愈甚) 갈수록 더욱 심함.

↔ **만사형통**(萬事亨通) 모든 일이 뜻대로 이루어짐.

백거백첩(百擧百捷) 「백 번 들고 일어나 백 번 이김」 온갖 일이 다 뜻대로 되어 감.

상승일로(上昇一路) 오로지 한 길로 계속(繼續) 올라감.

순차무사(順且無事) 아무 탈(頉) 없이 잘 되어 감.

격활상사 사이 뜰隔 넓을闊 서로相 생각할思

멀리 떨어져 있으면서 몹시 사모(思慕)함.

상사불망(相思不忘) 사랑하는 남녀가 서로 그리워해 잊지 못함.

연연불망(戀戀不忘) 그리워서 잊지 못함.

염념불망(念念不忘) 자꾸 생각하여 잊지 못함.

오매불망(寤寐不忘) 자나 깨나 늘 잊지 못함.

주야불망(晝夜不忘) 밤낮으로 잊지 못함.

견갑이병 굳을堅 갑옷甲 날카로울利 병기兵

「단단한 갑옷과 날카로운 병기(兵器)」 강(强)한 군대(軍隊).

마장인강(馬壯人强) 「말이 씩씩하고 사람이 강함」 군대의 전투력(戰鬪力)이 매우 강함.

막강지병(莫强之兵) 더할 수 없이 강한 군대.

병강마장(兵强馬壯) 「병사(兵士)가 강하고 말은 튼튼함」 세력(勢力)이 매우 강함.

봉불가당(鋒不可當) 세력이 막강하여 당해낼 수가 없음.

소향무적(所向無敵) 나아가는 곳마다 맞서 싸울 적이 없음.

영병철기(逞兵鐵騎) 「강한 병사와 철갑(鐵甲)을 입은 군사(軍士)」 막강한 군사.

장창대검(長槍大劍) 「긴 창과 큰 칼」 정예(精銳)한 무기(武器).

천하무적(天下無敵) 하늘 아래 대적(對敵)할 만한 상대(相對)가 없음.

↔ **오합지졸**(烏合之卒) 까마귀를 모아 놓은 군대.

견강부회 끌牽 굳셀强 붙을附 모을會

가당(可當)치도 않은 말을 억지로 끌어다 대어 자기주장(自己主張)의 조건(條件)에 맞도록 함. **견합부회**(牽合附會)

견합지설(牽合之說) 억지로 끌어다 붙여 그럴듯하게 꾸며대는 말.

곡학아세(曲學阿世) 학문(學問)을 굽혀 세상에 아첨(阿諂)함.

녹피왈자(鹿皮曰字) 「사슴 가죽에 쓰여 있는 왈 자」 주견(主見)이 없이 남의 말을 좇아 이리저리함.

부회지설(附會之說) 사리(事理)를 억지로 발라맞춘 의견(意見).

영서연설(郢書燕說) 도리(道理)에 맞지 않는 것을 도리에 맞는 것처럼 억지로 꾸며서 말함.

천착지학(穿鑿之學) 말을 멋대로 끌어다가 억지로 이치(理致)에 맞도록 함.

추주어륙(推舟於陸) 배를 밀어서 뭍에다 댐.

견강지변 굳을堅 굳셀强 어조사之 말 잘할辯

억지로 이치(理致)를 끌어대는 변명(辨明).

극구발명(極口發明) 온갖 말을 다 하여 변명함.

노노발명(呶呶發明) 여러 가지 말을 늘어놓아 구차(苟且)스럽게 변명함.

축조발명(逐條發明) 낱낱이 죄(罪)가 없다고 변명함.

낙송자칭원(落訟者稱冤) 「송사(訟事)에 진 사람이 원통(怨痛)함을 들어 말함」 지거나 잘못한 사람이 억지 변명을 함.

견거지쟁 끌牽 옷자락裾 어조사之 간할諍

「임금의 옷자락을 당기며 직간(直諫)함」 신하(臣下)가 임금의 옷소매를 붙잡고 곧은 말로 임금의 잘못을 간언(諫言)함.

간간악악(侃侃諤諤) 옳다고 믿는 것을 거리낌 없이 직언함.

간의대부(諫議大夫) 천자(天子)의 고문관(顧問官)으로서 천자에게 잘못이 있으면 간하는 직책(職責).

감언지신(敢言之臣) 감히 거리낌 없이 자기 의견(意見)을 말하는 신하.

격심정사(格心正事) 임금의 마음을 바로잡고 일의 잘못을 바르게 함.

골경지신(骨鯁之臣) 목에 걸린 가시처럼, 듣기에 괴로운 직언(直言)을 하는 강직(剛直)한 신하.

군유쟁신(君有諍臣) 임금에게는 잘못을 지

적(指摘)할 수 있는 신하가 있어야 함.

면절정쟁(面折庭諍) 임금의 앞에서 임금의 행한 일이나 정치적(政治的) 사건(事件)에 대하여 기탄(忌憚)없는 쟁론(爭論)을 함.

봉명조양(鳳鳴朝陽) 「봉황(鳳凰)이 아침볕 아래서 욺」 윗사람에게 잘못된 일을 바로잡아야 한다고 직언함.

악악지신(諤諤之臣) 언제나 바른말을 하는 신하.

직언골경(直言骨鯁) 바른말을 기탄(忌憚)없이 하는 일.

직언극간(直言極諫) 바른말로 잘못을 극진(極盡)히 간함.

충간지사(忠諫之士) 죽음을 무릅쓰고 간하는 신하.

견과불경 볼見 허물過 아닐不 고칠更

잘못을 보면서 고치지 않음.

과이불개(過而不改) 잘못하고서 고치지 않음.

이불백불변법(利不百不變法) 현행(現行)의 이익(利益)이 백배(百倍) 늘기 전에는 현행의 법을 고치지 않음.

견권지정 곡진할繾 정다울綣 어조사之 정情

마음속에 굳게 맺혀 잊히지 않는 정.

격활상사(隔闊相思) 멀리 떨어져 있으면서 사모(思慕)함.

상사불망(相思不忘) 사랑하는 남녀(男女)가 서로 그리워해 잊지 못함.

염념불망(念念不忘) 자꾸 생각하여 잊지 못함.

오매불망(寤寐不忘) 자나 깨나 항상(恒常) 잊지 못함.

주야불망(晝夜不忘) 밤낮으로 잊지 못함.

연연불망(戀戀不忘) 그리워서 잊지 못함.

견금여석 볼見 쇠金 같을如 돌石

「황금(黃金) 보기를 돌같이 하라」 욕심(慾心)의 절제(節制)를 이르는 말.

대의(大義)를 위해 부귀영화(富貴榮華)를 돌보지 않음.

불보금옥(不寶金玉) 군자(君子)는 금옥을 보배로 여기지 않음.

연금침주(捐金沈珠) 금을 산에 버리고 구슬을 못에 빠뜨림.

이재위초(以財爲草) 재물(財物)을 지푸라기 같이 봄.

일개불취(一介不取) 「단 한 개도 취하지 않음」 욕심이 전혀 없음.

장의소재(仗義疎財) 의(義)를 소중(所重)히 여기고 재물(財物)을 가벼이 여김.

청심과욕(淸心寡欲) 마음을 깨끗이 하여 욕심을 적게 함.

취이불탐(取而不貪) 취할 것은 취하지만 탐하지는 않음.

탐명애리(貪名愛利) 명예(名譽)를 탐내고 이익(利益)에 마음이 쏠려 있지 않음.

↔ **대욕비도**(大慾非道) 욕심이 많아 자비(慈悲)나 인정(人情)이 없음.

견기이변 볼見 기회機 말 이을而 변할變

기회(機會)를 보아 가며 대처(對處)함.

견기이작 볼見 기미機 말 이을而 만들作

기미(幾微)를 보아서 미리 변통(變通)하여 조처(措處)함.

유비무환(有備無患) 준비(準備)가 있으면 근심이 없음.

거안사위(居安思危) 편안(便安)할 때도 위태(危殆)로울 때의 일을 생각함.

곡돌사신(曲埃徙薪) 굴뚝을 꼬불꼬불하게 만들고 아궁이 근처(近處)의 나무를 다른 곳으로 옮김.

토영삼굴(兎營三窟) 토끼는 위험(危險)을 대비(對備)해서 미리 세 굴을 파놓음.

↔ **실우치구**(失牛治廐) 소를 잃고 나서 외양

간 고침.

사후약방문(死後藥方文) 사람이 죽은 뒤에 약을 지음.

견기지재 볼見 기미機 어조사之 재주才

낌새를 잘 살펴 알아채는 재주.

견미지저(見微知著) 「사소(些少)한 것을 보고 장차(將次) 드러날 것을 알게 됨」다가올 일을 미리 알고 대비(對備)하는 자세(姿勢).

대장불착(大匠不斲) 「솜씨 있는 대목(大木)은 나무를 깎기 전부터 재목(材木)의 곡직(曲直)을 앎」도(道)를 아는 사람은 일을 행하기 전에 미리 그 득실(得失)을 앎.

암어성사(闇於成事) 어리석은 사람은 일이 다 되어도 모르고, 지혜(知慧)로운 사람은 징조(徵兆)가 있기 전에 이미 앎.

지자견어미맹(智者見於未萌) 슬기로운 사람은 일이 일어나기 전에 미리 앎.

성인견상이지빙(聖人見霜而知氷) 성인은 서리를 보고 얼음 얼 것을 앎.

견다식광 볼見 많을多 알識 넓을廣

보고 들은 것이 많고 식견(識見)이 넓음.

다재다능(多才多能) 재주가 많고 능력(能力)이 풍부(豊富)함.

무불통지(無不通知) 무엇이든 환히 통하여 모르는 것이 없음.

무불통달(無不通達) 통하고 닿지 않는 것이 없음.

박대정심(博大精深) 사상(思想)이나 학식(學識)이 넓고 심오(深奧)함.

박람강기(博覽强記) 널리 읽고 잘 기억(記憶)함.

박학다식(博學多識) 널리 배우고 많이 앎.

박학다재(博學多才) 학식과 재능(才能)을 겸비(兼備)한 사람.

견란구계 볼見 알卵 청할求 닭鷄

「달걀을 보고 닭이 되어 울기를 바람」지나치게 성급(性急)함.

견탄구자(見彈求炙) 탄환(彈丸)을 보고 그 자리에서 새구이를 찾음.

견란이구시야(見卵而求時夜) 계란(鷄卵)을 보고 새벽을 알리기를 바람.

〈우물에 가서 숭늉 찾는다〉

〈콩밭에 가서 두부 찾는다〉

견련괴격 끌牽 맬攣 어그러질乖 사이뜰隔

마음은 서로 끌리면서도 몸은 멀리 떨어져 있음.

견련지친 끌牽 이을連 어조사之 친척親

서로 관련(關聯)되는 먼 친족(親族).

가부지친(葭莩之親) 아주 먼 친척.

무복지친(無服之親) 복제(服制)에 들지 않는 먼 친척.

원족근린(遠族近隣) 먼 친척(親戚)보다 이웃이 나음.

↔ **유복친**(有服親) 복(服)을 입는 가까운 친척.

지정지간(至情之間) 썩 가까운 친척 사이.

견렵심희 볼見 사냥할獵 마음心 기쁠喜

「사냥하는 모습을 보니 마음이 기쁨」어렸을 때를 그리워하는 마음.

견리망의 볼見 이로울利 잊을忘 옳을義

눈앞의 이익(利益)을 보면 탐내어 의리(義理)를 저버림.

향리망의(鄕利忘義) 이익만을 구하여 올바른 길을 잃음.

견리사의 볼見 이로울利 생각할思 옳을義

「이익(利益)이 생기면 먼저 의로움을 생각함」어떤 물건(物件)을 실제(實際)로 보게 되면 그것을 가지고 싶은 욕심(慾心)이 생김.

선의후리(先義後利) 먼저 의(義)를 따르고 후에 이익을 생각함.

행즉사의(行則思義) 일거일동(一擧一動)에 예(禮)를 잊지 않으며, 한 가지 일을 함에도 의를 생각함.

견리사의 견위수명(見利思義 見危授命) (일신상(一身上)의) 이익을 생기면 의로움을 생각하고, (나라가) 위태(危殆)함에 처하면 목숨을 바친다. 안중근 의사의 유묵(安重根義士遺墨).

견득사의 시위구사(見得思義 是謂九思) 이득(利得)을 보면 먼저 의를 생각하니, 이것이 구사(九思-군자(君子)가 늘 생각해야 할 아홉 가지 일)라.

견마곡격 어깨肩 문지를摩 바퀴통轂 칠擊

「사람의 어깨와 어깨가 스치고 수레의 바퀴통이 서로 닿음」 교통(交通)이 매우 혼잡(混雜)함.

견마연주 개犬 말馬 생각할戀 주인主
견마지련 犬 馬 어조사之 戀

「개나 말이 그 주인(主人)을 생각함」 군주(君主)를 사모(思慕)하는 간절(懇切)한 마음을 겸손(謙遜)하게 이르는 말.

견마지년 개犬 말馬 어조사之 나이年
견마지령 犬 馬 之 나이齡

「개와 말의 나이」 자기(自己) 나이를 겸손(謙遜)하게 이르는 말. **견마지치**(犬馬之齒)

견마지로 개犬 말馬 어조사之 힘쓸勞

「개나 말 정도의 하찮은 힘」 임금이나 나라에 충성(忠誠)을 다하여 몸을 바치는 마음을 겸손(謙遜)하게 이르는 말.

견마지역(犬馬之役), **견마지충**(犬馬之忠)

견마지성(犬馬之誠) 개나 말 같은 천한 사람의 지극(至極)한 정성(精誠).

견마지양(犬馬之養) 개나 말 같은 봉양(奉養).

구구지절(區區之節) 보잘것없는 절조(節操).

구마지심(狗馬之心) 개나 말이 주인(主人)을 위하는 마음.

누의지성(螻蟻之誠) 땅강아지와 개미 같은 힘.

모발지공(毛髮之功) 모발과 같은 공로.

묘묘지신(眇眇之身) 작고 힘없는 몸.

문망지로(蚊虻之勞) 모기와 등에의 수고.

미록지자(麋鹿之姿) 고라니와 사슴 같은 자질(資質).

연도일할(鉛刀一割) 납으로 만든 칼이라도 한 번 자를 힘이 있음.

옹종지재(擁腫之材) 쓸모없는 재목(材木).

일개야생(一介野生) 보잘것없는 사람.

일비지력(一臂之力) 한쪽 팔이 힘.

일비지로(一臂之勞) 한 팔의 노력(努力).

일편지력(一鞭之力) 채찍 하나의 힘.

자초지신(刺草之臣) 풀이나 깎는 천한 신하.

저력산목(樗櫟散木) 아무 데도 쓸모가 없음.

전거지신(傳遽之臣) 역참(驛站)에서 운송(運送)에 종사(從事)하는 바쁜 말단 구실아치.

한마공로(汗馬功勞) 말이 땀을 흘리도록 싸운 공로(功勞).

견마지류 개犬 말馬 어조사之 무리類

「개와 말 같은 것들」 개나 말처럼 낮고 천한 사람들.

관존민비(官尊民卑) 관리(官吏)는 높고 귀하며 백성(百姓)은 낮고 천함.

맹례지인(甿隸之人) 천한 백성.

우부우맹(愚夫愚氓) 어리석은 백성들.

우하지민(愚下之民) 어리석고 지위(地位)가 낮고 천한 백성(百姓).

하종천인(下種賤人) 품위(品位)가 천한 천민(賤民).

하천지배(下賤之輩) 신분(身分)이나 지위가 낮고 천한 무리.

견마지명 개犬 말馬 어조사之 목숨命

「개나 말 같은 생명(生命)」 자신(自身)의 생명에 대한 겸칭(謙稱).

견마지보 개犬 말馬 어조사之 갚을報

「개나 말의 보답(報答)」 개나 말처럼 진심(眞心)으로 은인(恩人)에게 하는 보답.

견마지성 개犬 말馬 어조사之 정성誠

「개나 말의 정성(精誠)」 자기(自己)의 정성이나 임금이나 나라에 바치는 충성(忠誠)을 낮추는 말.

견마지심 개犬 말馬 어조사之 마음心

「개나 말이 주인(主人)을 위하는 마음」 신하(臣下)나 백성(百姓)이 임금이나 나라에 충성(忠誠)하는 마음을 낮추는 말.

구마지심(狗馬之心)

견마지양 개犬 말馬 어조사之 봉양할養

「개나 말 같은 봉양(奉養)」 부모(父母)를 봉양만 할 뿐 경의(敬意)가 없음을 두고 하는 말로, 봉양만 하는 것은 효도(孝道)가 아님.

견마지역 개犬 말馬 어조사之 부릴役

「개나 말 정도(程度)의 하찮은 힘」 윗사람에게 충성(忠誠)을 다하는 자신(自身)의 노력(努力)을 낮추는 말.

견마지질 개犬 말馬 어조사之 병疾

「개나 말과 같은 천한 자가 앓는 병(病)」 자기 병을 매우 겸손(謙遜)하게 이르는 말.

부신지우(負薪之憂) 「병이 들어서 땔나무를 할 수 없다」 자기(自己)의 병을 겸손히 이르는 말.

견마지충 개犬 말馬 어조사之 충성忠

개나 말처럼 자기의 몸을 아끼지 않고 바치는 자기의 충성(忠誠).

견마지치 개犬 말馬 어조사之 이齒

「개와 말의 나이」 남에게 자기(自己) 나이를 겸손(謙遜)하게 이르는 말.

견마지년(犬馬之年), **견마지령**(犬馬之齡)

견마치궁 개犬 말馬 이齒 다할窮

견마치색 犬 馬 齒 찾을索

「개나 말의 이빨이 없어짐」 자기(自己)의 연로(年老)함에 대한 겸칭(謙稱).

견모상마 볼見 털毛 서로相 말馬

사람의 말만 듣고 채용(採用)하는 것은 털만 보고 말을 사는 것과 같아서 오류(誤謬)를 범하기 쉬움.

이모상마(以毛相馬) 겉만 보고 사물(事物)을 판단(判斷)하는 잘못.

이모취인(以貌取人) 용모(容貌)로서 사람을 채용하고 재덕(才德)은 보지 않음.

이언거인(以言擧人) 하는 말만 듣고, 실제(實際)는 보지 않은 채 뽑음.

견묘지간 개犬 고양이猫 어조사之 사이間

「개와 고양이 사이」 서로 사이가 좋지 않아 불편(不便)하거나 원수(怨讎) 사이.

수상유(水上油) 물 위에 뜬 기름.

견원지간(犬猿之間) 개와 원숭이 사이.

구수지간(仇讎之間) 원수로 지내는 사이.

대천지수(戴天之讐) 함께 하늘을 이고 살 수 없는 원수.

목광여거(目光如炬) 「눈빛이 횃불과 같이 빛남」 노기(怒氣)를 띤 눈빛.

무수지수(貿首之讐) 서로 상대(相對)의 목을 베고자 하는 깊은 원수.

부동대천(不同戴天), **불공대천**(不共戴天) 같이 하늘을 이지 못함.

빙탄지간(氷炭之間) 얼음과 숯불처럼 서로 화합(和合)할 수 없는 사이.

수화상극(水火相剋) 물과 불이 서로 용납(容納)하여 공존(共存)할 수 없음.

안검상시(按劍相視) 칼자루에 손을 대고 서로를 쳐다봄.

욕식기육(欲食其肉) 그 사람의 살을 먹고 싶다.

혈원골수(血怨骨髓) 아주 깊은 원수.

빙탄불상용(氷炭不相容) 얼음과 숯의 성질(性質)이 정반대(正反對)여서 서로 용납(容納)하지 못함.

견묘지중 밭도랑畎 이랑畝 어조사之 中
견무지중 畎 이랑畝 之 가운데中

전원(田園) 사이. 민간(民間)이란 말.

〈'견문(見聞)이 좁음'을 나타내는 한자성어(漢字成語)〉

경려천모(輕慮淺謨) 가볍고 얕은 생각.

감중지와(埳中之蛙) 우물 안의 개구리.

고루과문(孤陋寡聞) 들은 것이 적고 아는 것이 얕음.

과문천식(寡聞淺識), **천학과문**(淺學寡聞) 보고 들은 것이 적고 배움이 얕음.

관규여측(管窺蠡測) 대롱 구멍으로 하늘을 보고, 조개껍데기로 바닷물의 양을 잼.

관규추지(管窺錐指) 대롱 구멍으로 하늘을 보고, 송곳을 땅에 꽂아 대지(大地)의 깊이를 측량(測量)함.

관중규표(管中窺豹) 대롱 구멍으로 표범을 봄.

관중지천(管中之天) 대롱 구멍으로 하늘을 봄.

번리지안(藩籬之鴳) 울타리에 앉은 메추라기.

서목촌광(鼠目寸光) 한 치 앞밖에 보지 못하는 쥐의 눈.

선부지설(蟬不知雪) 여름 한 철만 사는 매미는 겨울에 내리는 눈을 모름.

소견다괴(小見多怪) 본 것이 적으면 신기(神奇)한 일이 많음.

야랑자대(夜郎自大) 야랑이 스스로 크다고 여김.

옹리혜계(甕裏醯鷄) 술독 속의 초파리.

용관규천(用管窺天) 대롱을 통해 하늘을 살핌.

이관규천(以管窺天) 대롱 구멍으로 하늘을 봄.

이려측해(以蠡測海) 달팽이나 소라 껍데기 따위로 바닷물을 재려 함.

정와지견(井蛙之見) 개구리가 우물 안에서 봄.

정저지와(井底之蛙) 우물 안의 개구리.

정중관천(井中觀天), **좌정관천**(坐井觀天) 우물 안에 앉아서 하늘을 봄.

정중시성(井中視星) 우물 속에서 별을 봄.

지대재단(志大才短) 뜻은 크나 재주가 얕음.

지모단천(智謀短淺) 지혜(智慧)가 얕음.

척택지예(尺澤之鯢) 작은 연못에 사는 도롱뇽.

천견박식(淺見博識) 「얕게 보고 엷게 앎」 천박(淺薄)한 견문(見聞)과 지식(知識).

초동목수(樵童牧豎) 「땔나무 하는 아이와 소먹이는 총각(總角)」 배우지 못해 식견(識見)이 좁은 사람.

통관규천(通管窺天) 피리 대롱을 통해서 하늘을 엿봄.

하충어빙(夏蟲語氷) 여름벌레 얼음 말하기.

하충의빙(夏蟲疑氷) 여름벌레는 얼음을 믿지 않음.

지일이부이지(知一而不二知) 하나는 아나 둘은 모름.

혜계옹리천(醯鷄翁離天) 초파리가 술독 안을 하늘로 여김.

혜고부지춘추(蟪蛄不知春秋) 쓰르라미와 매미는 여름에만 살기에 봄가을을 모름.

견문각지 볼見 들을聞 느낄覺 알知

「보고 듣고 깨닫고 앎」 눈으로 빛을 보고, 귀로 소리를 듣고, 코로 냄새를 맡고, 혀로 맛을 보고, 몸으로 촉감(觸感)을 알고, 뜻으로 법을 아는 육식(六識) 작용(作用). 見은 안식(眼識), 聞은 이식(耳識), 覺은 삼식(三識), 知는 의식(意識).

견문고검 볼見 들을聞 상고할考 검사할檢

보고 들은 바를 헤아려 보고 검사(檢査)함.

견문발검 볼見 모기蚊 뺄拔 칼劍

「모기를 보고 칼을 빼 듦」 사소(些少)한 일에 과도(過度)한 대응(對應)을 하는 모습.

노승발검(怒蠅拔劍) 파리에게 노하여 칼을 뺌.

우도할계(牛刀割鷄) 소 잡는 칼로 닭을 잡음.

우정팽계(牛鼎烹鷄) 소 삶는 솥에 닭을 삶음.

할계언용우도(割鷄焉用牛刀) 닭을 자르는데 어찌 소 잡는 칼을 쓰겠는가?

견문일치 볼見 들을聞 한一 이를致

보고 들은 바가 서로 똑같음.

견물생심 볼見 만물物 날生 마음心

어떤 물건(物件)을 실제(實際)로 보면 가지고 싶은 욕심(慾心)이 생김.

욕적지색(欲炙之色) 남의 물건을 보고 갖고 싶어 하는 마음이 얼굴에 드러남.

불견가욕(不見可欲) 탐(貪)날 만한 것은 보지 마라.

충동구매(衝動購買) 본디는 그 물건을 살 생각이 없었으나 광고(廣告)를 보았거나 장보기 중에 마음이 흔들려 물건을 사는 행위(行爲).

감성소비(感性消費) 감각(感覺)이나 기분(氣分)에 의한 소비.

견물우환 볼見 만물物 근심憂 근심患

「보는 것이 탈(頉)」 보지 않아서 모르고 있으면 그만인데 눈으로 보면 무엇인가 문제(問題)가 생겨 우환이 있게 됨.

견미지저 볼見 작을微 알知 드러날著

「사소(些少)한 것을 보고 장차(將次) 드러날 것을 앎」 다가올 일을 미리 알고 대비(對備)하는 자세(姿勢).

견기지재(見機之才) 낌새를 잘 살펴 알아채는 재주.

이상지계(履霜之戒), **이상지빙**(履霜之氷) 서리가 내리는 것은 얼음이 얼 징조(徵兆)이므로, 징조를 보고 미리 화란(禍亂)을 방지(防止)하여야 한다는 경계(警戒).

추상지계(秋霜之戒) 서리가 내리면 머지않아 얼음이 얼므로, 어떤 조짐(兆朕)을 보고 앞날의 화를 경계하라는 훈계(訓戒)의 말.

지자견어미맹(智者見於未萌) 슬기로운 사람은 일이 일어나기 전에 미리 앎.

성인견상이지빙(聖人見霜而知氷) 성인은 서리를 보고 얼음 얼 것을 앎.

견소왈명 수유왈강(見小曰明 守柔曰强) 작은 것을 보는 것을 '밝음'이라 하고, 부드러운 것을 지키는 것을 '강함'이라고 함.

견백동이 굳을堅 흰白 한가지同 다를異

「단단한 것과 흰 것은 서로 엇갈림」 중국의 명가(名家) 공손룡(公孫龍)이 "나는 同과 異를 합쳤고 굳음과 백을 분리시켰다"라고 한 말에서 생긴 말. **견석백마**(堅石白馬), **견백동이지변**(堅白同異之辯)

백마비마(白馬非馬) 「흰말은 말이 아님」 공손룡의 궤변(詭辯)으로 알려진 철학(哲學)

이야기.

견벽불출 굳을堅 벽壁 아닐不 날出

「굳건한 벽으로 둘러싸인 곳에서 나오지 않음」 안전(安全)한 곳에 들어앉아서 남의 침범(侵犯)으로부터 몸을 지킴.

견벽청야 굳을堅 벽壁 맑을淸 들野

성벽(城壁)을 견고(堅固)히 지키고, 들의 작물(作物)을 거두거나 가옥(家屋)을 철거(撤去)하여 쳐들어오는 적(敵)에게 양식(糧食)이나 쉴 곳의 편의(便宜)를 주지 않음. 우세(優勢)한 적에 대한 작전(作戰) 수단(手段).

견부호자 개犬 아비父 범虎 아들子

「개와 같은 아버지와 호랑이 같은 자식(子息)」 부모는 변변하지 못한데 자식은 훌륭함. 우범선(禹範善)과 그의 아들 우장춘(禹長春)이 대표적(代表的)임.

승어부(勝於父) 아비보다 나음.

이우지자(犁牛之子) 「얼룩소의 새끼」 아버지가 못났어도 아들이 현명(賢明)하면 등용(登庸)됨.

↔ **호부견자**(虎父犬子) 호랑이 같은 아버지에 개 같은 아들.

견분장방획토

볼見 달릴奔 노루獐 놓을放 얻을獲 토끼兎

「달아나는 노루 보다가 잡은 토끼 놓침」 큰 것에 욕심(慾心)을 내다가 도리어 자기가 가진 것마저 잃어버림.

견불문법 볼見 부처佛 들을聞 불법法

눈으로는 대자(大慈) 대비(大悲)하신 부처를 보고 귀로는 오묘(奧妙)한 교법(敎法)을 들음.

견불야폐 개犬 아닐不 밤夜 짖을吠

「개가 밤에 짖지 않음」 치안(治安)이 잘 되어 도둑이 없음.

계견불경(雞犬不警) 닭이나 개도 경계(警戒)하지 않음.

국무도적(國無盜賊) 나라 안에 도적이 없음.

노불습유(路不拾遺) 길에 떨어진 물건(物件)을 주워가는 사람이 없음.

야불폐문(夜不閉門) 밤에도 대문(大門)을 닫지 않음.

↔ **계견불녕**(鷄犬不寧) 「닭과 개가 평안(平安)하지 않음」 치안 상태(狀態) 등이 매우 불안(不安)함.

견불여문 볼見 아닐不 같을如 들을聞

견불체문 見 不 잡을逮 聞

「눈으로 직접(直接) 보니 들었던 것보다 못함」 헛된 명성(名聲)을 비유(譬喩)하는 데 사용(使用)되는 말.

기세도명(欺世盜名) 세상 사람을 속여 헛된 명성을 얻음.

유명무실(有名無實) 이름은 있으나 열매는 없음.

허명자루(虛名自累) 헛된 명성을 구하여 스스로 재난(災難)을 당함.

견빙지 굳을堅 얼음氷 이를至

「서리가 내림은 얼음이 얼 전조(前兆)임」 사소(些少)할 때 조심(操心)해야 함.

이상견빙지(履霜堅氷至) 서리를 밟게 되면 머지않아 단단한 얼음을 보게 됨.

견빙지점 굳을堅 얼음氷 어조사之 점점漸

「서리가 내리면 차가운 얼음이 이름」 일의 조짐(兆朕)을 보고 미리 그 화(禍)를 경계(警戒)함.

견상지빙(見霜知冰) 「서리 내린 것을 보고 얼음 얼 것을 앎」 조짐을 보아 결과(結果)를 예측(豫測)함.

견사생풍 볼見 일事 날生 바람風

「일을 당하면 손바람이 남」 일을 빨리 처리(處理)함.

견사수지장단

볼見 뱀蛇 머리首 알知 긴長 짧을短

「뱀의 대가리를 보면, 그 몸의 길고 짧음을 알 수 있음」 한 가지를 보아 전체(全體)를 알 수 있음.

견사지행 끌牽 실絲 어조사之 다행할幸

혼인(婚姻)을 정함. 당(唐)나라의 곽원진(郭元振)이 재상(宰相) 장가정(張嘉貞)의 신임(信任)을 얻어, 사위가 되어 주기를 요청(要請)받자, 그의 딸 다섯을 제각기 실을 잡고 늘어서도록 한 다음 그 가운데 하나를 잡아당겨, 의중(意中)의 여자(女子)를 보여, 셋째 딸과 혼인했다는 옛일에서 온 말.

견상지빙 볼見 서리霜 알知 얼음氷

「서리 내린 것을 보고 얼음 얼 것을 앎」 조짐(兆朕)을 보아 결과(結果)를 예측(豫測)함의 비유(比喩).

건빙지점(堅氷之漸) 서리가 내리면 차가운 얼음이 이름.

견연지화(見煙知火) 연기(煙氣)를 보고 불이 난 것을 앎.

견선여갈 볼見 착할善 같을如 목마를渴

착한 일을 보기를 마치 목마른 것같이 하라.

구선불염(求善不厭) 「선(善)을 구하는 데 싫증을 내지 않음」 한결같이 선을 추구(追求)함.

권선징악(勸善懲惡) 선을 권하고 악을 벌함.

상선벌악(賞善罰惡) 착한 사람은 칭찬(稱讚)하고 악한 사람은 벌함.

상일권백(賞一勸百) 한 사람의 착한 일을 칭찬하여 뭇사람에게 착한 일을 장려(獎勵)함.

선여인동(善與人同) 「선을 남과 함께 함」 다른 사람의 선을 보면 자기 고집(固執)을 버리고 즉시(卽時) 그에 따름.

종선여류(從善如流) 「선을 좇는 것을 물이 흘러가듯 함」 선을 좇는 데 서슴지 않음.

알악양선(遏惡揚善) 하늘의 큰 뜻에 따라 악한 일을 뿌리 뽑고 착한 일을 북돋움.

위선최락(爲善最樂) 선을 행함이 가장 큰 즐거움.

자자위선(孜孜爲善) 부지런히 선을 행함.

진선진미(盡善盡美) 착함과 아름다움을 다 함.

진선폐사(陳善閉邪) 자기의 착한 일을 임금께 진술(陳述)하여 임금의 그릇된 일을 고치게 함.

견선여불급(見善如不及) 착한 일을 보면 따라가지 못한 듯이 해야 함.

징악이권선(懲惡而勸善) 악을 혼내 주고 선을 권장(勸奬)함.

견선종지 볼見 착할善 좇을從 갈之

착한 일이나 착한 사람을 보면 그것을 따르라.

택선종지(擇善從之) 좋은 곳을 골라 따라가라.

견선종지 지과필개(見善從之 知過必改) 착한 것을 보면 그것을 따르고 잘못을 알면 반드시 고쳐라.

견선즉천 볼見 착할善 곧則 따를遷

선인 줄 알면 곧 이를 실천(實踐)함.

견설고골 개犬 씹을齧 마를枯 뼈骨

「개가 말라 빠진 뼈를 핥음」 음식(飮食)이 아무 맛도 없음.

미여작랍(味如嚼蠟) 「밀(벌집)을 씹는 것과 같이 아무 맛이 없음」 재미가 조금도 없음.

어언무미(語言無味) 「말에 아무 맛이 없음」 책을 읽지 않는 사람의 말은 흥미(興味)가 없음.

여수투수(如水投水) 물에 물을 탄 듯 아무 맛도 없음.

여구식약과(如狗食藥果) 「개 약과 먹듯 함」 입에 넣고 맛을 모름.

견성성불 볼見 성품性 이룰成 부처佛

자기(自己) 본래(本來)의 성품(性品)인 자성(自省)을 깨달아 부처가 됨.

심외무불(心外無佛) 마음 밖에 따로 부처 없고, 부처 밖에 따로 마음이 없음.

즉심시불(卽心是佛) 「내 마음이 곧 부처」 깨달아서 얻는 나의 마음이 부처 마음이며, 따로 부처가 없음.

인능홍도 비도홍인(人能弘道 非道弘人) 사람이 도를 넓힐 수 있지, 도가 사람을 넓히는 것이 아님.

견성이갑 굳을堅 성城 이로울利 갑옷甲

「방비(防備)가 튼튼한 성과 훌륭한 갑옷」 적(敵)과 싸워 이길 만한 만반(萬般)의 준비.

말마려병(秣馬厲兵) 「말을 먹이고 무기(武器)를 감」 전투(戰鬪)를 준비(準備)함.

심효진상(甚囂塵上) 「몹시 시끄럽고 먼지가 부옇게 일어남」 전투준비에 바쁜 병영(兵營).

여과말마(礪戈秣馬) 「창(槍) 같은 무기(武器)를 숫돌에 갈고 군마(軍馬)에게 꼴을 먹임」 전쟁 준비를 다 하였음.

초군매마(招軍買馬) 군사(軍士)를 모으고 말을 삼.

초병취장(招兵聚將) 「병사(兵士)를 모으고 장수(將帥)를 모음」 군사력(軍事力)을 확충(擴充)함. 전쟁(戰爭)을 준비함.

견아교착 개犬 어금니牙 엇갈릴交 어긋날錯
견아상림 犬 牙 서로相 임할臨
견아상제 犬 牙 相 지을制
견아상착 犬 牙 相 錯

「개의 어금니가 서로 맞물려 있음」 여러 가지 요인(要因)이 얽혀 복잡(複雜)한 것.

견아차호(犬牙差互), **견아착종**(犬牙錯綜)

견아설 볼見 나我 혀舌

「내 혀를 보아라」 다른 곳은 모두 상했다고 해도 정작 긴요(緊要)한 부분(部分)은 상하지 않고 온전(穩全)히 남아 있음.

설상존(舌尙存) 「오히려 혀는 살아 있음」 아직 공(功)을 세울 여력(餘力)이 남아 있음.

시오설(視吾舌) 「나의 혀를 보라」 언변(言辯)으로 천하를 움직이겠다는 자신감(自信感).

오설상재(吾舌尙哉) 「내 혀가 아직 살아 있소」 비록 몸이 망가졌어도 혀만 살아 있으면 뜻을 펼칠 수 있음.

견아응조 개犬 어금니牙 매鷹 손톱爪

「개 이빨과 매 발톱」 개가 이빨로 매가 발톱으로 주인을 위해 목숨을 다하듯, 주인(主人)을 위해 열심(熱心)히 하는 노비(奴婢).

견아차호 개犬 어금니牙 다를差 서로互
견아착종 犬 牙 어긋날錯 모을綜

「개의 어금니가 서로 맞물려 있음」 여러 가지 요인(要因)이 얽혀 복잡(複雜)한 것.

견양지질 개犬 양羊 어조사之 바탕質

「개나 양과 같은 소질(素質)」 재능(才能)이 없이 태어난 바탕.

견여금석 굳을堅 같을如 쇠金 돌石

서로 맺은 언약(言約)이나 맹서(盟誓)가 금석같이 굳음.

계포일낙(季布一諾) 「계포가 한 약속(約束)」 약속을 반드시 지킴.

금석맹약(金石盟約) 쇠와 돌처럼 결단코

변치 않는 약속.

맹산서해(盟山誓海) 산이나 바다같이 변치 않을 것을 굳게 맹세함.

서해맹산(誓海盟山) 바다에 맹세하니 물고기와 용이 감동(感動)하고, 산에 맹세하니 초목(草木)이 아는구나!

식양재피(息壤在彼)「식양이 저기 있음」한 번 맺은 약속은 변치 않음.

신서단단(信誓旦旦) 진실(眞實)하게 하여 믿을 만한 맹세.

지천위서(指天爲誓) 하늘에 맹세함.

견여반석 굳을堅 같을如 너럭바위盤 돌石

기초(基礎)가 반석같이 튼튼하고 안전(安全)함. **석반여견**(石槃如堅)

반석지고(盤石之固) 반석같이 굳음.

반석지안(盤石之安) 반석같이 안전함.

안여태산(安如泰山) 마음이 태산같이 끄떡없고 든든함.

안우반석(安于盤石) 반석처럼 견고(堅固)하고 매우 편안(便安)함.

완여반석(完如盤石) 기초의 튼튼하기가 반석 같음.

견연지화 볼見 연기煙 알知 불火

「연기(煙氣)를 보고 불이 난 것을 앎」어떤 사물(事物)을 보고 그와 관련(關聯)된 다른 일을 짐작(斟酌)함.

견상지빙(見霜知冰) 서리 내린 것을 보고 얼음 얼 것을 앎.

견열폐식 볼見 목멜噎 그칠廢 음식食

「목구멍이 막히는 것을 보고 음식(飮食)을 먹지 않음」조그마한 장애(障礙)로 말미암아 큰일을 폐지(廢止)함을 이르는 말.

인열폐식(因噎廢食)

견요어장 볼見 요임금堯 어조사於 담장墻

순임금이 죽은 요임금을 그리워한 나머지 앉으면 담장에 그 얼굴이 보이고, 음식(飮食)을 대하면 국그릇 속에 그 얼굴이 환영(幻影)으로 보였다는 옛일에서, '언제나 잊지 않음'.

오매불망(寤寐不忘) 자나 깨나 늘 잊지 않음.

제포지의(綈袍之義)「명주 솜옷의 의리」옛정을 잊지 않음.

견우미견양 볼見 소牛 아닐未 見 양羊

「소는 보고, 양은 보지 않았음」무엇이나 보지 않은 것보다는 직접(直接) 눈으로 보고 들은 것에 대하여 한층 더 생각하게 됨.

견우직녀 이끌牽 소牛 짤織 여자女

전설(傳說) 속의 한 쌍의 젊은 남녀.

우랑직녀(牛郞織女)

은하작교(銀河鵲橋) 견우직녀의 전설(傳說) 중 칠월(七月) 칠석(七夕)에 은하수(銀河水)에 놓는다는 까막까치 다리.

치우애녀(癡牛騃女)「어리석은 남녀」일은 하지 않고 밤낮 음탕(淫蕩)한 생각에 젖어 서로 사모(思慕)함을 '견우와 직녀'에 비유하는 말.

쇄루우(灑淚雨)「눈물을 뿌리는 비」칠월 육 일에 오는 비. 견우직녀가 눈물을 흘려서 내리는 것이라는 데서 나온 말.

견우혜전 이끌牽 소牛 좁은 길蹊 밭田

소를 끌고 남의 밭을 지름길로 감.

혜전탈우(蹊田奪牛) 소를 몰고 남의 전답(田畓)을 질러갔다고 해서 그 벌(罰)로 소를 빼앗음.

견우화 이끌牽 소牛 꽃花

나팔꽃.

견원일방 볼見 담장垣 한一 방위方

담장을 격(隔)하여 저편을 봄.

견원지간 개犬 원숭이猿 어조사之 사이間

「개와 원숭이처럼 서로 으르렁거리는 사이」 서로 사이가 좋지 않아 불편(不便)하거나 원수(怨讐) 사이.

수상유(水上油) 물 위에 뜬 기름.

견묘지간(犬猫之間) 개와 고양이 사이.

구수지간(仇讎之間) 서로 원수로 지내는 사이.

무수지수(貿首之讐) 서로 상대(相對)의 목을 베고자 하는 깊은 원수.

부동대천(不同戴天) 같이 하늘을 이지 못함.

불공대천(不共戴天) 하늘을 함께 할 수 없음.

빙탄지간(氷炭之間) 얼음과 숯불처럼 서로 화합(和合)할 수 없는 사이.

수화상극(水火相剋) 물과 불이 서로 용납(容納)하여 공존(共存)할 수 없음.

안검상시(按劍相視) 칼자루에 손을 대고 서로를 쳐다봄.

욕식기육(欲食其肉) 그 사람의 살을 먹고 싶다.

초월지간(楚越之間) 「초나라와 월나라의 사이」 서로 원수처럼 여기는 사이.

빙탄불상용(氷炭不相容) 얼음과 숯의 성질(性質)이 정반대(正反對)여서 서로 용납(容納)하지 못함.

↔ **통양상관**(痛癢相關) 매우 가까이 지내는 사이.

견위수명 볼見 위태할危 줄授 목숨命
견위치명 見 危 이를致 命

나라가 위태(危殆)로울 때 자신(自身)의 목숨까지도 바침.

견리사의(見利思義) 이익(利益)을 보면 의를 생각함.

국궁봉공(鞠躬奉公) 마음과 몸을 바쳐 나라의 일을 수행(遂行)함.

국궁진췌(鞠躬盡瘁) 노력(努力)과 정성(精誠)을 다하여 나랏일에 이바지함.

대의멸친(大義滅親) 큰 도리(道理)를 지키기 위해 부모형제(父母兄弟)도 돌보지 않음.

멸사봉공(滅私奉公) 사사(私私)로운 감정(感情)을 버리고 공공(公共)의 목적(目的)을 받듦.

명경홍모(命輕鴻毛) 「목숨이 기러기 털보다도 가벼움」 나라를 위해서는 목숨을 아낌없이 버림.

선공후사(先公後私) 사사로운 일보다 공익(公益)을 우선(于先)함.

진충보국(盡忠報國) 충성(忠誠)을 다하여 나라의 은혜(恩惠)에 보답(報答)함.

↔ **가공영사**(假公營私) 공사(公事)를 핑계하여 사리(私利)를 꾀하는 일.

견유주의 개犬 선비儒 주장할主 옳을義

인간(人間)이 인위적(人爲的)으로 정한 사회(社會)의 관습(慣習)·전통(傳統)·도덕(道德)·법률(法律)·제도(制度) 따위를 부정(否定)하고, 인간의 본성(本性)에 따라 자연(自然)스럽게 생활(生活)할 것을 주장(主張)하는 태도(態度)나 사상(思想).

냉소주의(冷笑主義), **시니시즘**(Cynicism)

견의돈족 이끌牽 옷衣 조아릴頓 발足

출정(出征)하는 사람의 옷을 잡고 발을 구르며 매우 슬퍼함.

견의용위 볼見 옳을義 날랠勇 할爲

정의(正義)로운 일을 보고 용감(勇敢)하게 행동(行動)함.

부탕도화(赴湯蹈火) 끓는 물과 타오르는 불 속으로 들어감.

용왕매진(勇往邁進) 거리낌 없이 힘차고 용감(勇敢)하게 똑바로 나아가기만 함.

정신이출(挺身而出) 「몸을 펴 앞장서서 나

아감」 어떤 일에 용감하게 앞장섬.

견이불식 볼見 말 이을而 못할不 먹을食

「보고도 먹지 못함」 보기만 했지 먹을 수도 가질 수도 없어 실속이 없어 보지 않은 것만 못함.

경중미인(鏡中美人) 거울 속의 아름다운 여인.

화병충기(畫餠充饑) 그림의 떡으로 배를 채움.

견이불식 화중지병(見而不食 畫中之餠) 보고도 먹지 못하니 그림 속의 떡이다.

견이사천 볼見 다를異 생각思 옮길遷

「이상(異相)한 것을 보면 곧 마음이 그리로 쏠림」 정견(定見)이 없음.

견이지지 볼見 말 이을而 알知 어조사之

실지(實地)로 보고서 앎.

양자방지부모은(養子方知父母恩) 제 자식(子息)을 길러 보고서야 비로소 부모(父母)의 은혜(恩惠)를 앎.

견인불발 굳을堅 참을忍 아닐不 뽑을拔

「굳게 참고 견디어 마음을 빼앗기지 않음」 아무리 어려운 상황(狀況)을 맞아도 참고 견디어 마음이 흔들리지 않는 모습.

남산가이(南山可移) 「남산을 옮길 수 있음」 굳게 마음먹은 결정(決定) 또는 결심(決心)이 확고(確固)하여 흔들리지 않음.

명연의경(命緣義輕) 목숨을 의(義)에 연연(戀戀)하여 가볍게 여김.

백절불굴(百折不屈) 백 번 꺾여도 굽히지 않음.

백절불요(百折不撓) 백 번 꺾여도 휘지 않음.

백절불회(百折不回) 백 번 꺾여도 돌아서지 않음.

불요불굴(不撓不屈) 마음이 굳세어 무엇에도 흔들리거나 굽히지 않음.

비석지심(匪石之心) 내 마음은 돌이 아니어서 굴릴 수 없음.

비석지지(匪席之旨) 자리 같이 쉽게 말리지 않음.

사생취의(捨生取義) 목숨을 버리고 의리를 좇음.

영사불욕(寧死不辱) 차라리 죽을지언정 굴욕(屈辱)을 당하지 않겠다.

용성난순(龍性難馴) 천성(天性)이 뛰어나 쉽게 남에게 굽히지 않음.

위무불굴(威武不屈) 어떠한 무력(武力)에도 굴하지 않을 정도로 당당함.

일념불퇴(一念不退) 결심(決心)이 굳어 흔들리지 않음.

저사위한(抵死爲限) 죽기를 각오(覺悟)한 마음으로 굳세게 저항(抵抗)함.

지사불굴(至死不屈) 죽기까지 이르도록 뻗대고 굽히지 않음.

지사위한(至死爲限) 죽을 때까지 제 의견(意見)을 굽히지 않고 뻗대어 나감.

충간의담(忠肝義膽) 충성(忠誠)스러운 마음과 의로운 담력(膽力).

충신의사(忠臣義士) 충절(忠節)을 다하는 신하와 의를 지키는 선비.

파사현정(破邪顯正) 사악(邪惡)하고 그릇된 것을 깨고 바른 것을 드러냄.

포덕취의(飽德醉義) 덕에 배부르고 의리(義理)에 취함.

확고부동(確固不動) 매우 든든하고 굳세어서 흔들리지 않음.

견인지구 굳을堅 참을忍 가질持 오랠久

끝까지 참고 견딤.

내원해인(耐怨害忍) 남에게 증오(憎惡)나 피해(被害)를 보아도 참고 견딤.

견인지종 굳을堅 참을忍 이를至 마칠終

끝까지 굳세게 참아 내어 목표(目標)를 달성(達成)함.

견일반지전표 볼見 한一 얼룩斑 알知 온전할全 표범豹

「얼룩무늬 하나를 보고 표범임을 알 수 있음」 사물(事物) 일부(一部)를 보고 그것의 전체(全體)를 미루어 알 수 있음.

견정불굴 굳을堅 곧을貞 아닐不 굽힐屈

의지(意志), 지조(志操) 따위가 굳세고 곧아서 쉽게 굽어들지 않음.

견지망월 볼見 가리킬指 잊을忘 달月

「달을 보라고 손을 들어 가리켰더니 손가락만 봄」 본질(本質)을 외면(外面)한 채 지엽적(枝葉的)인 것에 집착(執着)함.

개두환면(改頭換面) 「머리와 얼굴을 바꿈」 마음은 고치지 않고 겉으로만 달라진 체함. 또는 일을 근본적(根本的)으로 고치지 않고 겉만 다르게 바꿈.

모피지부(毛皮之附) 「가죽도 없는데 털이 붙음」 중요(重要)한 일은 처리(處理)하지 않으면서 단편적(斷片的)인 것만 해결(解決)하려고 함.

귀관리망두족(貴冠履忘頭足) 「갓과 신을 귀히 여기고 머리와 발은 업신여김」 근본을 경시(輕視)하고 지엽적인 것을 중히 여김.

견지불이 굳을堅 가질持 아닐不 옮길移

한 번 먹은 마음을 굳게 가져서 절대(絕對) 동요(動搖)하지 않음.

견지불해 굳을堅 가질持 아닐不 게으를懈

조금도 느슨해지지 않고 끝까지 견해(見解)나 입장(立場) 따위를 굳게 지니거나 지킴.

자강불식(自强不息) 스스로 힘쓰고 쉬지 않음.

절차탁마(切磋琢磨) 갈고 닦아서 빛을 냄.

↔ **불구심해**(不求甚解) 내용(內容)을 깊이 알려고 하지 않음.

천상첩지(淺嘗輒止) 얕게 맛보고 곧바로 그만둠.

견지아조 굳을堅 가질持 맑을雅 잡을操

맑은 절조(節操)를 굳게 가지고 있으면 나의 도리(道理)를 극진(極盡)히 하는 것임.

견지아조 호작자미(堅持雅操 好爵自縻) 바른 지조(志操)를 굳게 지키면, 좋은 벼슬이 저절로 얽혀듦.

견지지법 볼見 알知 어조사之 법法

관리(官吏)가 백성(百姓)의 범죄(犯罪)를 알고도 검거(檢擧)하지 않았을 때, 그 관리도 같은 죄로 처벌(處罰)하는 법.

견천일 볼見 하늘天 해日

「다시 하늘의 해를 봄」 다시 임금의 자리에 오름.

시각장애인(視覺障礙人)이 시력(視力)을 되찾음.

죄인(罪人)이 풀려나옴.

견토고견 볼見 토끼兔 돌아볼顧 개犬

「토끼를 보고서야 개를 (부르려고) 돌아봄」 비록 사정(事情)이 매우 급하여도 제때에 조처(措處)하면 늦지 않음.

견토방구(見兔放狗)

견토구폐 개犬 토끼兔 함께俱 죽을斃

「개와 토끼가 모두 넘어져 죽음」 서로 싸우는 쌍방(雙方)이 모두 죽음.

견토지쟁(犬兔之爭)

견토방구 볼見 토끼兔 놓을放 개狗

「토끼를 발견(發見)한 후에 사냥개를 놓아서 잡게 하여도 늦지 않음」 사태(事態)의

진전(進展)을 관망(觀望)한 후에 응하여도 좋음. **견토고견**(見兔顧犬)

견토방응 볼見 토끼兔 놓을放 매鷹

「토끼를 보고 매를 놓음」 시기(時機)를 보고 신속(迅速)히 행동(行動)함.

견토지쟁 개犬 토끼兔 어조사之 다툴爭

「개와 토끼의 다툼」 쓸데없는 다툼. 양측(兩側)이 싸우다가 제삼자(第三者)가 손쉽게 이익(利益)을 취하는 경우(境遇).

견토구폐(犬兔俱斃), **양패구상**(兩敗俱傷), **전부지공**(田父之功)

계비단타(鷄飛蛋打) 「닭이 날자, 계란(鷄卵)이 깨짐」 쌍방(雙方)이 물거품이 되어 아무 소득(所得)이 없음.

방휼지쟁(蚌鷸之爭) 조개와 도요새의 다툼.

변장자호(卞莊刺虎) 실력(實力)이 비슷한 쌍방(雙方)의 다투게 해 이득(利得)을 얻는 제삼자의 지혜(智慧).

어부지리(漁父之利) 어부의 이득.

이호경식지계(二虎競食之計) 두 마리 호랑이가 먹이를 다투도록 만드는 계책(計策).

견폐지경 개犬 짖을吠 어조사之 경계할警

개가 짖이 도둑을 경계(警戒)하는 일.

견합부회 이끌牽 합할合 붙을附 모일會
견합지설 牽 合 어조사之 말씀說

이치(理致)에 맞지 않는 말을 억지로 끌어다 붙여 자기에게 유리(有利)하게 함.

견강부회(牽强附會) 가당치도 않은 말을 억지로 끌어다 대어 자기주장(自己主張)의 조건(條件)에 맞도록 함.

부회지설(附會之說) 사리(事理)를 억지로 발라맞춘 의견(意見).

견현사제 볼見 어질賢 생각思 가지런할齊

현인(賢人)을 보고는 자기(自己)도 그와 같이 되려고 생각함.

견혈만흉 두견이鵑 피血 찰滿 가슴胸

「두견이가 피를 토하여 가슴에 가득함」 사모(思慕)하는 마음이 간절(懇切)함.

낙화유수(落花流水) 「떨어지는 꽃과 흐르는 물」 남녀(男女)가 서로 간절히 그리워하는 마음.

불승영모(不勝永慕) 사모하는 마음이 북받쳐 참을 수 없음.

삼추지사(三秋之思) 하루만 만나지 않아도 삼 년 동안이나 만나지 않은 것같이 생각됨.

상사일념(相思一念) 서로 그리워하여 생각하는 마음이 오직 한 가지뿐임.

연모지정(戀慕之情) 사랑하고 그리워하는 마음.

역여주기(惄如調飢) 「출출하여 거듭 굶주린 듯함」 누군가를 간절히 바라고 애틋해하는 마음.

이금심도(以琴心挑) 그리워하는 마음을 거문고 소리에 나타내어 여자의 마음을 움직임.

일일삼추(一日三秋) 「하루가 삼 년 같음」 사모하는 마음이 대단히 간절함.

정운낙월(停雲落月) 「머무르는 구름과 지는 달」 그리워 사모하는 정.

춘기발양(春氣發揚) 이성(異性)을 그리워하는 마음이 일어남.

춘수모운(春樹暮雲) 「봄날의 나무와 해 질 무렵의 구름」 멀리 있는 친구를 그리워함.

견호미견호 볼見 범虎 아닐未 見 虎

「호랑이를 보기는 보았으나 실지(實地)로는 보지 않았음」 무엇이나 실제(實際)로 다하지 않으면 생각이 간절(懇切)하지 못함.

결가부좌

맺을結 더할加 책상다리 할趺 앉을坐

먼저 오른발을 왼편 넓적다리 위에 놓고, 왼발을 오른편 넓적다리 위에 놓고 앉는 것.

전가부좌(全跏趺坐), **본가부좌**(本跏趺坐)

결곤치죄

결단할決 몽둥이棍 다스릴治 죄인罪

곤장(棍杖)으로 치는 형벌(刑罰)을 집행(執行)하여 죄(罪)를 다스림.

거의수형(去衣受刑) 장형(杖刑)을 집행할 때 여자는 속옷을 입히고 물볼기를 때리는 것이 상례(常禮)이나, 그 죄가 무거울 때는 속옷까지 벗겨서 곤장을 때리는 형벌.

장지수지(杖之囚之) 죄인(罪人)을 곤장으로 때린 뒤 옥(獄)에 가둠.

장하지혼(杖下之魂) 곤장을 맞고 그 자리에서 죽은 혼.

종중결곤(從重決棍) 두 가지 이상의 죄가 같이 발생(發生)했을 때, 가장 중한 죄를 적용(適用)하여 엄중(嚴重)하게 곤장을 침.

결과주의 맺을結 결과果 주장할主 옳을義

어떤 행위(行爲)에 대해서 그 결과의 가치(價値)를 기준(基準)으로 하여 옳고 그름, 선(善)하고 악(惡)함 따위를 판정(判定)하는 태도(態度).

결교지인 맺을結 사귈交 어조사之 사람人

서로 교분(交分)을 맺어 사귀는 사람.

결국원인 맺을結 판局 근원原 인할因

어떤 판국의 결말(結末)을 결정(決定)하는 데 가장 가까운 일이나 사건(事件).

결근단량 부족할缺 근斤 끊을段 헤아릴量

근(斤)과 양(量)을 속임.

결기무의 결단할決 틀機 없을無 의심할疑

어떤 일을 때에 따라서는 아무 의심(疑心) 없이 임기응변(臨機應變)으로 신속(迅速)하게 처리(處理)함.

사귀신속(事貴迅速) 일함에는 신속함을 중요(重要)하게 여김.

속전속결(速戰速決) 「빨리 싸워 빨리 결판을 냄」 신속하게 처리해 임무(任務)를 완수(完遂)함.

응대여류(應對如流) 응대하는 말이 매우 유창(流暢)하거나 사물(事物)의 처리가 매우 신속함.

결령치사 맺을結 목領 이를致 죽을死

목을 매달아 죽음.

효수(梟首) 교수형(絞首刑) 죄인(罪人)의 목을 베어 높은 곳에 매달아 놓던 형벌(刑罰).

결발부부 맺을結 터럭髮 지아비夫 지어미婦

결발부처 結 髮 夫 아내妻

「머리털을 묶은 남편(男便)과 아내」 남녀가 처음 정식(正式)으로 혼인(婚姻)함.

의옥지영(倚玉之榮) 혼인을 맺음.

진진지호(秦晉之好) 「진(秦)나라와 진(晉)나라의 좋은 관계(關係)」 두 집안이 혼인으로 맺어지는 일.

결백청정 깨끗할潔 흰白 맑을淸 깨끗할淨

깨끗하고 맑음.

독야청청(獨也靑靑) 홀로 푸르고 푸름.

독청독성(獨淸獨醒) 어지럽고 혼탁(混濁)한 세상에서 혼자만이 깨끗하고 정신(精神)이 맑음.

행비백이(行比伯夷) 「행동(行動)이 백이에 견줄 만함」 백이와 같이 결백함.

↔ **거세개탁**(擧世皆濁) 온 세상이 다 흐림.

결사반대 결단할決 죽을死 반대할反 대할對

죽기를 각오(覺悟)하고 있는 힘을 다하여 맞서서 거스름.

결사항전(決死抗戰) 죽을 각오로 맞서 싸

움.

저사위한(抵死爲限) 죽기를 각오한 마음으로 굳세게 저항(抵抗)함.

결사보국 결단할決 죽을死 갚을報 나라國

죽기를 각오(覺悟)하고 있는 힘을 다하여 나라의 은혜(恩惠)에 보답(報答)함.

갈충보국(竭忠報國) 충성(忠誠)을 다해 나라의 은혜에 보답함.

견위수명(見危授命) 나라가 위태(危殆)로울 때 자신의 목숨까지도 바침.

일사보국(一死報國) 한 번 죽어 나라에 보답함.

진충보국(盡忠保國) 충성을 다하여서 나라의 은혜를 갚음.

결사연기 맺을結 네 마리 말駟 이을連 달릴騎

「네 필의 말이 끄는 수레에 타고 말 탄 종자(從者)들로 줄지어 호위(護衛)하게 함」 행렬(行列)의 화려(華麗)함.

결송명윤 터질決 송사할訟 밝을明 진실로允

소송(訴訟)에 대한 판결(判決)은 공명(公明)하고 진실(眞實)히게 함. 조선시대(朝鮮時代)의 수령(守令)이 지방(地方)을 통치(統治)하면서 힘써야 할 일곱 가지 사항(事項)인 수령칠사(守令七事) 중 하나.

사송간(詞訟簡) 소송을 간명(簡明)하게 함.

결사항전 결단할決 죽을死 대항할抗 싸울戰

죽을 각오(覺悟)로 맞서 싸움.

감사지졸(敢死之卒) 죽음을 두려워하지 않는 용감(勇敢)한 병졸(兵卒).

골포전장(骨布戰場) 전쟁터에 뼈를 뿌림.

단두장군(斷頭將軍) 「머리가 달아난 장군」 죽어도 항복(降伏)하지 않는 장수(將帥).

마혁과시(馬革裹屍) 말가죽에 시신(屍身)을 쌈.

만사불사(萬死不辭) 만 번 죽어도 그 죽음을 사양(辭讓)하지 않음.

배성일전(背城一戰) 도읍(都邑)의 성 아래에서 일전(一戰)을 불사(不辭)하겠음.

배수일진(背水一陣) 물을 등지고 진을 침.

병사지야(兵死地也) 병사(兵士)는 전쟁에서 죽음.

분주파부(焚舟破釜) 배를 불태우고 솥을 깨뜨림.

사량침선(捨量沈船) 식량(食糧)을 버리고 배를 가라앉힘.

사생결단(死生決斷) 죽음을 무릅쓰고 결정(決定)을 내림.

수사불패(雖死不敗) 비록 죽는 한이 있어도 지지는 않겠음.

시사여귀(視死如歸) 죽는 것을 집으로 돌아가는 것으로 여김.

시사여생(視死如生) 죽음 여기기를 삶과 같이함.

이사위한(以死爲限) 죽음에 기한(期限)을 두지 않음.

인자지용(仁者之勇) 어진 이가 의를 위하여 죽음을 두려워하지 않는 용기(勇氣).

저사위한(抵死爲限) 죽음을 각오하고 굳세게 저항(抵抗)함.

제하분주(濟河焚舟) 적(敵)을 치기 위하여 강을 건너고는 타고 간 배를 불태워 버림.

지사불굴(至死不屈) 죽을 때까지 항거(抗拒)하여 굽히지 않음.

파부침주(破釜沈舟) 솥을 깨뜨리고 배를 가라앉힘.

한사결단(限死決斷) 죽음을 무릅쓰고 결단함.

함소입지(含笑入地) 「웃음을 머금고 땅에 들어감」 의사(義士)가 죽음을 두려워하지 않음.

조상어불외도(俎上魚不畏刀) 도마 위의 물고기가 칼을 무서워하랴?

용사불망상기원(勇士不忘喪其元) 용맹(勇猛)한 무사(武士)는 목이 달아날 때가 있을 것을 잊지 않음.

문고이이 불문금의(聞鼓而已 不聞金矣) 나갈 줄만 알고 물러날 줄을 모르는 필사(必死)의 각오(覺悟).

남자불사 어부인지수(男子不死 於婦人之手) 남자는 부인(婦人)의 손에 안겨 죽지 않음.

조상어불외도(俎上魚不畏刀) 도마 위의 물고기가 칼을 무서워하랴?

용사불망상기원(勇士不忘喪其元) 용맹(勇猛)한 무사(武士)는 목이 달아날 때가 있을 것을 잊지 않음.

투지망지연후존(投之亡地然後存) 일단(一旦) 사지(死地)에 빠진 후에야 활로(活路)를 얻음.

함지망지연후존(陷之亡地然後存) 병사들을 일단 멸망(滅亡)의 지경에 빠지도록 한 연후(然後)에 각자 분발(奮發)하여 살아오게 함.

문고이이 불문금의(聞鼓而已 不聞金矣) 나갈 줄만 알고 물러날 줄을 모르는 필사(必死)의 각오.

남자불사 어부인지수(男子不死 於婦人之手) 남자는 부인(婦人)의 손에 안겨 죽지 않음.

결신난륜 깨끗할潔 몸身 어지러울亂 가릴倫

세상(世上) 관심(關心)을 끊고 은거(隱居)하여 자신(自身)만 깨끗이 하려고 함.

결승문자 맺을結 줄繩 글월文 글자字

문자가 없었던 옛날에, 새끼에 매듭을 맺어 매듭의 모양(模樣)과 수(數)로 개념(槪念)을 나타낸 문자.

결승지정 맺을結 줄繩 어조사之 정사政

문자(文字)가 없었던 때이므로 새끼로 매듭을 맺어 일을 표하던 것.

유사(有史) 이전(以前)의 간이(簡易)한 정치(政治).

결승천리 결단할決 이길勝 일천千 거리里

몸은 안에 있어 천 리나 떨어진 먼 곳에서 승리(勝利)할 뛰어난 꾀를 정함.

결심육력 맺을結 마음心 합할戮 힘力

마음으로 서로 돕고 힘을 합함.

일심협력(一心協力) 한마음 한뜻으로 힘을 합함.

결안정법 맺을結 초안案 바를正 법法

사형(死刑)에 처하는 문안(文案)을 만들어 사형을 집행(執行)하던 일.

결안죄인 맺을結 초안案 죄인罪 사람人

사형선고(死刑宣告)를 받은 죄수(罪囚).

사죄수(死罪囚), **사형수**(死刑囚)

결약형제 맺을結 맺을約 형兄 아우弟

남남끼리 의리(義理)로써 형제 관계(關係)를 맺음. 또는 그런 형제.

결은백성 맺을結 은혜恩 일백百 성씨姓

백성(百姓)에게 어진 덕(德)을 베풂.

결의형제 맺을結 옳을義 형兄 아우弟

남남끼리 의리(義理)로써 형제 관계(關係)를 맺음. **맹형제**(盟兄弟)

도원결의(桃園結義) 복숭아나무밭에서 형제의 의리(義理)를 맺음.

작의형제(作義兄弟) 의리로써 형제 관계를 맺음.

팔배지교(八拜之交) 성(姓)이 다른 사람이 서로 형제의 의(義)를 맺고 사귐.

결자해지 맺을結 사람者 풀解 어조사之

「매듭을 묶은 자가 풀어야 함」 누구나 자신이 저지른 일은 무슨 일이 있어도 끝까지 책임(責任)지고 해결(解決)해야 함.

결전전쟁 결단할決 싸울戰 戰 싸울爭

주로 무력(武力)으로 승패(勝敗)를 결정(決定)하여 적(敵)의 저항력(抵抗力)과 전쟁의지(意志)를 분쇄(粉碎), 굴복(屈服)시킴으로써 전쟁목적을 달성(達成)하려는 전쟁.

결절지행 결단할決 끊을絶 어조사之 행할行

속세(俗世)와 절연(絶緣)하는 행위(行爲).

지조(志操)를 높이 하여 속세의 인연(因緣)을 끊는 행위.

이군절속(離群絶俗) 속세와 인연을 끊고 홀로 살아감.

이인은자(異人隱者) 재주가 신통(神通)하고 비범(非凡)하고 뛰어난 재능(才能)을 가지고 있으면서도 세속과의 인연을 끊고 산야(山野)에 숨어 지내는 사람.

↔ **미능면속**(未能免俗) 속세와의 인연을 아직 끊지 못함.

결제통화 결단할決 이룰濟 통할通 재물貨

국제간(國際間)의 결제에 실제(實際)로 사용(使用)하는 통화.

기축통화(基軸通貨) 국제간의 결제나 금융거래(金融去來)의 기본(基本)이 되는 화폐(貨幣).

지정통화(指定通貨) 외국과의 거래의 결제에 쓸 수 있도록 정부(政府)가 지정한 외화(外貨).

결채가요 맺을結 비단綵 노래歌 노래謠

조선시대(朝鮮時代), 죽은 임금이나 왕비(王妃)의 이름을 적은 위패(位牌)를 종묘(宗廟)에 모실 때 고인(故人)의 덕을 칭송(稱頌)하기 위하여 부르는 노래. 성균관(成均館)의 유생(儒生), 노인(老人), 기생(妓生) 등이 색종이로 길 양쪽을 화려(華麗)하게 장식(裝飾)하고 송가(頌歌)와 시축(詩軸)을 바쳤다.

결초보은 맺을結 풀草 갚을報 은혜恩

「풀을 묶어 은혜(恩惠)에 보답(報答)함」 죽어서도 잊지 않고 은혜를 갚음.

위과결초(魏顆結草) 위과가 풀을 엮어 놓음.

각골난망(刻骨難忘) 은혜를 입은 고마움이 뼈에 깊이 새겨져 잊히지 않음.

각골명심(刻骨銘心) 은혜나 원한(怨恨)을 마음속 깊이 새겨서 잊지 않음.

결초함환(結草啣環) 은혜를 잊지 않고 기필코 보답함.

명기누골(銘期鏤骨) 살갗에 새기고 뼈에 새김.

명심불망(銘心不忘) 마음에 새겨 잊지 않음.

백골난망(白骨難忘) 몸이 썩어 흰 가루가 되더라도 잊지 못함.

결초함환 맺을結 풀草 재갈啣 고리環

은혜(恩惠)를 잊지 않고 기필코 보답(報答)함.

결하지세 결단할決 물河 어조사之 형세勢

홍수(洪水)가 져서 강물이 둑을 무너뜨리고 세차게 넘쳐흐르는 것 같은 형세(形勢).

건령지세(建瓴之勢) 높은 곳에서 물동이의 물이 쏟아지는 기세(氣勢).

기세난당(氣勢難當) 그 기세가 아주 대단해서 당해내기 어려움.

단할지세(斷割之勢) 칼로 가르듯이 그칠 줄 모르는 맹렬(猛烈)한 기세.

도천지세(滔天之勢) 하늘까지 창일(漲溢)하여 흐르는 기세.

분방사대(奔放肆大) 강물 따위가 세차게 거침없이 흘러 몹시 큰 모양(模樣).

상산사세(常山蛇勢) 상산의 뱀 같은 기세.

세여파죽(勢如破竹), **파죽지세**(破竹之勢) 기세가 매우 맹렬(猛烈)하여 대항(對抗)할 만한 적이 없는 모양.

신호지세(晨虎之勢) 굶주린 새벽 호랑이의 기세.

여화여도(如火如荼) 불꽃이 활활 타오르는 것 같고, 띠꽃이 흐드러진 것 같음.

요원지화(燎原之火) 화톳불처럼 타들어 가는 들판의 불길.

호랑지세(虎狼之勢) 흉악(凶惡)하고 맹렬(猛烈)한 기세.

화광충천(火光衝天) 불빛이 하늘이라도 찌를 듯이 그 형세(形勢)가 맹렬함.

약화지요우원(若火之燎于原) 마치 불길이 평원(平原)에서 타오르는 것과 같음.

성성지화 가이요원(星星之火可以燎原) 작은 불꽃이 들판을 다 태울 수 있음.

〈'**결혼기념일**(結婚記念日)'〉

1주년 **지혼식**(紙婚式)
2주년 **고혼식**(藁婚式)
3주년 **당과혼식**(糖菓婚式)
4주년 **혁혼식**(革婚式)
5주년 **목혼식**(木婚式)
7주년 **화혼식**(花婚式)
8주년 **전기기구혼식**(電氣器具婚式)
9주년 **도기혼식**(陶器婚式)
10주년 **석혼식**(錫婚式)
11주년 **강철혼식**(鋼鐵婚式)
12주년 **마혼식**(麻婚式・絹婚式)
13주년 **수혼식**(繡婚式)
14주년 **상아혼식**(象牙婚式)
15주년 **동혼식**(銅婚式)・**수정혼식**(水晶婚式)
20주년 **자기혼식**(磁器婚式)
25주년 **은혼식**(銀婚式)
30주년 **진주혼식**(眞珠婚式)
35주년 **산호혼식**(珊瑚婚式)
40주년 **벽옥혼식**(碧玉婚式)
45주년 **홍옥혼식**(紅玉婚式)
50주년 **금혼식**(金婚式)
55주년 **비취혼식**(翡翠婚式)
60주년 **금강석혼식**(金剛石婚式)

결효미수

이지러질**缺** 본받을**效** 아닐**未** 드디어**遂**

범죄(犯罪)를 행하였으나 그 결과(結果)가 발생(發生)하지 않은 경우(境遇).

결후잉집 결단할**決** 뒤**後** 인할**仍** 잡을**執**

돌려주거나 나누어주라고 판결(判決)한 뒤에도 돌려주지 않고 남의 것을 그대로 강점(强占)하는 행위(行爲).

판결이 난 뒤에도 따르지 않음.

겸감목관 겸할**兼** 감독할**監** 기를**牧** 관리**官**

첨사(僉使), 수령(守令) 등을 겸임(兼任)하는 감목관(監牧官).

겸구고장 재갈 물릴**箝** 입**口** 마를**枯** 창자**腸**

겸구물설 **箝** **口** 말**勿** 말씀**說**

「입을 다물고 말을 하지 않음」 침묵(沈默)하고 말을 하지 않음.

금구폐설(金口閉舌) 귀중(貴重)한 말을 할 수 있는 입을 다물고 혀를 놀리지 않음.

두구탄성(杜口呑聲) 입을 닫고 소리를 삼킴.

함구불언(緘口不言) 입을 봉(封)하여 말이 없음.

겸노상전 시중들**傔** 종**奴** 윗**上** 벼슬**典**

종을 거느릴 형편(形便)이 못되어 종이 해야 할 일까지 몸소 하는 가난한 양반(兩班).

신겸노복(身兼奴僕) 집안이 가난하여 종이 할 일을 몸소 함.

겸병지도 겸할**兼** 아우를**倂** 어조사**之** 무리**徒**

토지(土地) 따위를 한군데 합쳐 소유(所有)하는 무리.

겸병지지 겸할**兼** 아우를**倂** 어조사**之** 땅**地**

토지(土地) 따위를 한군데 합쳐 소유(所有)하는 땅.

겸사겸사 겸할兼 일事 兼 事

이 일도 하고 저 일도 할 겸.

겸지겸지(兼之兼之)

〈'겸손(謙遜)'을 표현하는 말〉

견마지로(犬馬之勞), **견마지역**(犬馬之役) 개나 말 정도(程度)의 하찮은 힘.

견마지성(犬馬之誠) 개나 말 같은 천한 사람의 지극(至極)한 정성(精誠).

견마지심(犬馬之心), **구마지심**(狗馬之心) 개나 말이 주인(主人)을 위하는 마음.

견마지양(犬馬之養) 개나 말 같은 봉양(奉養).

견마지질(犬馬之疾) 「개나 말과 같은 천한 자가 앓는 병(病)」 자기 병을 매우 겸손(謙遜)하게 이르는 말.

견마지충(犬馬之忠) 주인(主人)에 대하여 바치는 개나 말의 충성(忠誠).

구구지절(區區之節) 보잘것없는 절조(節操).

누의지성(螻蟻之誠) 땅강아지와 개미 같은 힘.

모발지공(毛髮之功) 모발과 같은 공로.

묘묘지신(眇眇之身) 작고 힘없는 몸.

문망지로(蚊虻之勞) 모기와 등에의 수고.

미록지자(麋鹿之姿) 고라니와 사슴 같은 자질(資質).

반부논어(半部論語) 「반 권의 논어」 자신(自身)의 지식(知識)을 겸손하게 이르거나 배움의 중요(重要)함.

삼동문사(三冬文史) 빈한(貧寒)하여 농사(農事)를 짓느라고 여가(餘暇)가 없고 다만 삼동에 학문(學問)을 닦음.

연도일할(鉛刀一割) 납으로 만든 칼이라도 한 번 자를 힘이 있음.

옹종지재(擁腫之材) 쓸모없는 재목(材木).

일개야생(一介野生) 보잘것없는 사람.

일비지로(一臂之勞) 한쪽 팔의 노력(努力).

일편지력(一鞭之力) 채찍 하나의 힘.

자초지신(刺草之臣) 풀이나 깎는 천한 신하.

저력산목(樗櫟散木) 아무 데도 쓸모가 없음.

전거지신(傳遽之臣) 역참(驛站)에서 운송(運送)에 종사(從事)하는 바쁜 말단(末端) 구실아치.

채신지우(採薪之憂) 「병이 들어서 땔나무를 할 수 없다」 자기의 병을 겸손히 하는 말.

탁질범자(濁質凡姿) 흐린 성질(性質)에 평범(平凡)한 외모(外貌).

한마공로(汗馬功勞), **한마지로**(汗馬之勞) 말이 땀을 흘리도록 싸운 공로(功勞).

겸습독 겸할兼 익힐習 읽을讀

겸습독관 兼 習 讀 관리官

겸습독사 兼 習 讀 官吏士

조선시대(朝鮮時代)에 겸사복(兼司僕)의 임무(任務)를 겸한 훈련원(訓鍊院) 소속(所屬)의 종9품(從九品) 무관직(武官職). 정원(定員)은 10명임.

겸애무사

포용할兼 사랑愛 없을無 사사로울私

널리 사랑하여 사사(私私)로운 정(情)이 없음.

공불승사(公不勝私) 「공은 사를 이기지 못함」 공적(公的)인 일에 사사로운 정이 끼게 됨.

대공무사(大公無私) 매우 공평(公平)하여 사사로움이 없음.

왕자무친(王者無親) 임금이라도 국법 앞에서는 사사로운 정으로 일을 처리(處理)하지 못함.

유위즉휴(有爲則虧) 자연(自然)을 거슬러서 사사로운 정을 개입(介入)시키면 실패(失敗)함.

읍참마속(泣斬馬謖) 울면서 마속을 벰.

인의지정(仁義之情) 마음이 외물(外物)과 화합(和合)하여 차별(差別)이 없고 겸애무사함.

철면무사(鐵面無私) 사사로운 정에 구애(拘礙)되지 않는 어사.

겸애사상 포용할兼 사랑愛 생각思 생각想

하느님이 모든 사람을 똑같이 사랑하듯이 사람들도 서로 사랑하고 이롭게 하여야 한다는 사상. 묵자(墨子)가 주장(主張)함.

겸약공매 겸할兼 약할弱 공격할攻 어두울昧

「약한 것을 합병(合併)하고 부덕(不德)한 것을 공격(公格)함」 쇠약(衰弱)한 나라를 공격하여 합병함.

겸양지덕 겸손할謙 사양할讓 어조사之 덕德

겸손(謙遜)한 태도(態度)로 남에게 양보(讓步)하거나 사양(辭讓)하는 아름다운 마음씨나 행동(行動).

사양지심(辭讓之心) 예(禮)에서 우러나는 사양할 줄 아는 마음. 겸손한 마음.

겸인지력 겸할兼 사람人 어조사之 힘力

여러 사람을 당해 낼 만한 강한 힘.

금분마(擒奔馬) 뛰는 말을 사로잡음.

과인지력(過人之力) 보통(普通) 사람보다 훨씬 센 힘.

괴뢰지사(魁壘之士) 몸이 우람하고 힘이 아주 센 사람. 장사(壯士).

발산개세(拔山蓋世) 힘은 산을 뽑고 기운은 세상을 덮을 만큼 웅장(雄壯)한 기상(氣像).

발산거정(拔山擧鼎) 산을 뽑고 솥을 들어 올릴 정도로 힘이 매우 셈.

삼두육비(三頭六臂) 「머리가 셋, 팔이 여섯」 괴상(怪狀)할 정도(程度)로 힘이 엄청나게 센 사람.

악래다력(惡來多力) 악래와 같이 힘이 장사인 사람.

여력과인(膂力過人) 육체적(肉體的)인 힘이 남보다 뛰어남.

역능강정(力能扛鼎) 힘은 능히 솥을 들어 올림.

역예우미(逆曳牛尾) 소의 꼬리를 끌어당기어 뒤로 걸어오게 함.

예우각행(曳牛却行) 소를 끌고 뒷걸음질함.

오획지력(烏獲之力) 장사 오획의 힘.

웅비지사(熊羆之士) 곰과 비휴(貔貅) 같은 장사.

천근역사(千斤力士) 천 근을 들을 만한 장사.

항우장사(項羽壯士) 항우같이 힘이 센 사람.

회천만일(廻天挽日) 하늘을 돌리고 지는 해를 잡아당김.

역발산기개세(力拔山氣蓋世) 힘은 산을 뽑고 기개(氣槪)는 세상을 덮음.

겸인지용 겸할兼 사람人 어조사之 날쌜勇

능히 몇 사람을 당해 낼 만한 용기(勇氣).

발산개세(拔山蓋世) 힘은 산을 뽑고 기운은 세상을 덮을 만큼 웅장(雄壯)한 기상(氣像).

여용가고(餘勇可賈) 용기가 남아 팔 수도 있음.

↔ **소인지용**(小人之勇) 혈기(血氣)에서 오는 소인의 용기.

겸지겸지 겸할兼 어조사之 兼 之

한꺼번에 여러 가지 일을 아울러 함.

겸사겸사(兼事兼事)

겸지우겸 겸할兼 어조사之 또又 兼

여러 가지를 겸한 위에 또 겸함.

겸청즉명 편청즉암 겸할兼 들을聽 곧則 밝을明 치우칠偏 聽 곧卽 숨을闇

두루 들으면 현명(賢明)하고 치우치게 들으면 도리(道理)에 어둡게 됨.

겸화근검
겸손할謙 화목할和 부지런할勤 검소할儉

겸손(謙遜)하고 화목(和睦)하고 부지런하고 검소(儉素)하게 살자.

겸황지년 흉년 들歉 거칠荒 어조사之 해年

흉년(凶年)이 든 해.

기근천지(饑饉荐至) 흉년이 거듭 일어남.

대무지년(大無之年) 거두어들일 것이 전혀 없을 만큼 몹시 심한 흉년. 아주 큰 흉년.

오곡불승(五穀不升) 오곡이 익지 않았음.

전불괘겸(全不掛鎌) 거두어들일 만한 곡식(穀食)이 전혀 없음.

화곡부등(禾穀不登) 벼와 곡식이 익지 않음.

경가도어
밭 갈耕 심을稼 질그릇陶 고기잡을漁

논밭을 갈아 곡식(穀食)을 심으며, 그릇을 굽고, 고기를 잡음.

경가지업 밭 갈耕 심을稼 어조사之 업業

농업(農業)을 이르는 말.

경가파산 기울傾 집家 깨뜨릴破 재산産

「집안 재산(財産)을 모두 없앰」 재산을 모두 떨어 없애서 집안이 형편(形便)없이 됨.

패가망신(敗家亡身) 가산(家産)을 탕진(蕩盡)하여 없애고 몸을 망침.

주색낭유(酒色浪遊) 술과 색을 탐하여 허랑방탕(虛浪放蕩)하게 놂.

파락호(破落戶) 재산이나 세력(勢力)이 있는 집안의 자손(子孫)으로 집안의 재산을 몽땅 털어먹은 난봉꾼.

경개여고 잠깐傾 덮을蓋 같을如 옛故
경개여구 傾 蓋 如 옛舊

잠시(暫時) 만나도 옛 친구처럼 친함.

백두여신(白頭如新) 머리가 셀 때까지 오랫동안 사귀어도 상대방(相對方)의 재능(才能)을 이해(理解)하지 못하면 새로 사귄 벗과 조금도 다름이 없고 또 서로 마음이 통하면 길에서 처음 만나 인사하여도 오랜 친구(親舊)와 같음.

경개절승 경치景 대개槪 끊을絶 경치좋을勝

경치(景致)가 대단히 아름답고 좋음.

산고수청(山高水淸) 산이 높고 물이 맑음.

산명수청(山明水淸) 산수(山水)가 맑고 깨끗하여 경치가 좋음.

양신미경(良辰美景) 좋은 시절(時節)과 아름다운 경치.

청호우기(晴好雨奇) 비가 오거나 날이 개거나 늘 경치가 좋음.

경개지사 빛날耿 갑옷介 어조사之 군사士

병사(兵士). 전사(戰士).

경거망동 가벼울輕 擧 망령될妄 움직일動
경거망행 輕 거동擧 妄 행할行

「가볍게 움직이고 망령(亡靈)되게 행동(行動)함」 전후(前後) 사정(事情)을 따지지 않고 조심성(操心性) 없이 행동함.

과렴선치(寡廉鮮恥) 염치(廉恥)가 없고 부끄러워할 줄 모름.

망자존대(妄自尊大) 분별(分別)도 없이 함부로 잘난 체를 함.

면장우피(面張牛皮) 「얼굴에 쇠가죽을 발랐음」 몹시 뻔뻔스러움.

방약무인(傍若無人) 곁에 아무도 없는 것처럼 여김.

안하무인(眼下無人) 눈 아래 사람이 없음.

경거숙로 가벼울輕 수레車 익숙할熟 길路

「경쾌한 수레를 타고 익숙한 길을 감」 일에 숙달(熟達)되어 조금도 막힘이 없음.

가경취숙(駕輕就熟)

득수응심(得手應心) 「일을 할 때 손에 잡히는 대로 하여 마음과 호응(呼應)함」 기술(技術)이나 솜씨가 매우 익숙하여 일하는 것이 능수능란(能手能爛)함.

숙능생교(熟能生巧) 숙련(熟練)되면 기교(奇巧)가 생길 수 있음.

유인유여(遊刃有餘) 칼날을 놀리는 데 여유(餘裕)가 있음.

경겁도주 놀날驚 겁낼怯 달아날逃 달릴走

놀라고 겁을 내어 도망(逃亡)함.

망명도주(亡命逃走) 죽을죄를 지은 사람이 몸을 숨겨 멀리 도망함.

쇄문도주(鎖門逃走) 문을 걸어 잠그고 살며시 도망함.

승야도주(承夜逃走) 밤을 타서 도망함.

주위상책(走爲上策) 해(害)를 피하려면 도망하는 것이 가장 좋은 대책(對策)이나 방책(方策)임.

경경고침 편치않을耿 耿 외로울孤 베개枕

「근심에 싸여 있는 외로운 잠자리」 마음에 걱정이 가득해 잠을 이루지 못하는 모양.

경경불매(耿耿不寐) 염려(念慮)되고 잊히지 않아 잠을 이루지 못함.

전전반측(輾轉反側) 근심과 걱정으로 잠을 이루지 못함.

전전복침(輾轉伏枕) 잠이 오지 않아 이리저리 뒤치락거리며 베개에 엎드림.

전전불매(輾轉不寐) 누워서 몸을 이리저리 뒤척이며 잠을 이루지 못함.

침식불안(寢食不安) 자나 먹으나 편하지 않음.

통소불매(通宵不寐) 밤새도록 잠을 이루지 못함.

경경냉서 가벼울輕 옥瓊 찰冷 솜絮

「옥 같은 솜」 눈(雪)을 형용(形容)한 말.

서화(瑞花) 「상서(祥瑞)로운 꽃」 풍년(豊年)의 조짐(兆朕)이 되는 꽃. 눈을 달리 이르는 말.

설풍년지조(雪豊年之兆) 눈이 많이 내리는 해는 풍년(豊年)이 들 전조(前兆)임.

경경불매 편치않을耿 耿 아닐不 잠잘寐

염려(念慮)되고 잊히지 않아 잠을 이루지 못함.

경경열열 목멜哽 哽 목멜咽 咽

경경오열 哽 哽 탄식 소리嗚 咽

매우 슬퍼서 목이 메도록 욺.

감루오열(感淚嗚咽) 마음에 깊이 느끼어 눈물을 흘리며 목메어 욺.

고두감읍(叩頭感泣) 머리를 조아리며 감격(感激)하여 욺.

대성통곡(大聲痛哭) 목을 놓아 크게 욺.

방성대곡(放聲大哭) 큰 소리로 몹시 슬프게 곡함.

복지유체(伏地流涕) 땅에 엎드려 눈물을 흘리며 욺.

실성통곡(失聲痛哭) 목소리가 가라앉아 나오지 않을 정도로 소리를 높여 슬피 욺.

추연읍하(愀然泣下) 처량(凄涼)하고 구슬프게 욺.

허희유체(歔欷流涕) 길게 한숨짓고 눈물 흘리며 욺.

호천통곡(呼天痛哭) 하늘을 우러러보며 큰 소리로 슬피 욺.

경경제제 서울京 京 많을濟 濟

크고 많음.

경과처취 지날經 지날過 곳處 가질取

관리(官吏)가 공적(公的)인 업무(業務)로 출장(出張) 중 그 지나가는 도중(途中)에서 뇌물(賂物)이나 그 밖의 불법취득(不法取得)을 하는 일.

경광대열 빛날耿 빛光 큰大 빛날烈

덕을 크게 이루고 대업을 성취(成就)함.

성덕대업(盛德大業)

일비충천(一飛沖天)「한 번 날면 높이 하늘에까지 달함」한 번 분발(奮發)하면 대업을 성취함.

경광도기 기울傾 광주리筐 倒 시렁庋

경광도협 傾 筐 거꾸로倒 상자篋

「광주리를 기울이고 상자(箱子)를 엎음」가진 것을 남김없이 다 내놓아 극진(極盡)히 환대(歡待)함.

개문영입(開門迎入) 문을 열어 반가이 맞이함.

도리상영(倒履相迎) 신발을 거꾸로 신고 나가 손님을 맞이함.

문부정빈(門不停賓) 손님을 기다리게 하지 않고 즉시(卽時) 응접(應接)함.

옹혜소문(擁彗掃門)「빗자루를 잡고 문을 쓺」삼가 손님을 맞이함.

하당영지(下堂迎之) 윗사람이나 반가운 사람이 올 때 마당으로 내려와서 맞이함.

흔연대접(欣然待接) 기꺼운 마음으로 잘 대접(待接)함.

↔ **잔배냉적**(殘杯冷炙)「마시다 남은 술잔과 다 식은 산적(散炙)」푸대접받음.

안면박대(顔面薄待) 잘 아는 사람을 푸대접함.

차계기환(借鷄騎還)「닭을 빌려 타고 돌아감」손님을 박대하는 것을 빗대는 말.

차래지식(嗟來之食) 푸대접으로 주는 음식.

경구독 목맬經 개울溝 개천瀆

목을 졸라 자살하고 개천에 빠져 죽음.

경어구독(經於溝瀆), **경우구독**(經于溝瀆)

만노자사(挽弩自射)「쇠뇌를 당겨 자신(自身)을 쏨」자살행위(自殺行爲)를 함.

경구비마 가벼울輕 갖옷裘 살찔肥 말馬

「가볍고 따뜻한 갖옷과 살진 좋은 말」부귀(富貴)한 사람의 외출(外出) 차림.

경의비마(輕衣肥馬), **경장비마**(輕裝肥馬),

구마경비(裘馬輕肥), **비마경구**(肥馬輕裘)

구마(裘馬)「의복(衣服)과 거마(車馬)」부유(富裕)한 생활(生活).

위고가부(位高家富) 지위(地位)가 높고 집이 부유함.

경구완대 가벼울輕 갖옷裘 느릴緩 띠帶

「가벼운 가죽옷과 느슨한 띠」군복(軍服)을 입지 않은 홀가분한 몸차림.

경국대업 다스릴經 나라國 큰大 업業

나라를 다스리는 데 필요(必要)한 큰 사업(事業)이나, 문장(文章).

경국대재 다스릴經 나라國 큰大 재주才

나라를 이끌어 갈 만한 인재(人材).

경국제세 다스릴經 나라國 성취할濟 세상世

「나랏일을 경륜(經綸)하고 세상을 구제(救濟)함」경제(經濟)의 본말.

경세제민(經世濟民)

경국지사 다스릴經 나라國 어조사之 선비士

경국지재 經 國 之 재주才

「나라의 일을 맡아 다스릴 만한 재주」또는 그런 재주를 가진 사람.

가조지주(賈鼂之儔)「한나라의 가의(賈

誼)・조조(鼂錯)의 무리」 '경국지재'가 있는 사람들.

경국지색 기울傾 나라國 어조사之 빛色

「나라를 기울어지게 할 만큼의 미인(美人)」 절세(絶世)의 미인을 표현(表現)한 말.

경성경국(傾城傾國), **경성지미**(傾城之美), **경성지색**(傾城之色)

일고경국(一顧傾國) 한번 돌아보면 나라가 기욺.

일고경성(一顧傾城) 한번 돌아보고도 성을 기울게 함.

철부경성(哲婦傾城) 슬기로운 여인이 성을 기울게 함.

경궁요대 옥瓊 집宮 아름다울瑤 돈대臺

좋은 궁궐(宮闕)과 잘 꾸민 정자(亭子).

경궁지조 놀랄驚 활弓 어조사之 새鳥

「한 번 화살에 놀란 새는 구부러진 나무만 보아도 놀람」 한 번 놀란 사람이 조그만 일에도 겁을 내어 위축(萎縮)됨.

어떤 일에 봉변(逢變)을 당한 뒤 뒷일을 경계(警戒)함. **상궁지조**(傷弓之鳥)

골경신해(骨驚神駭) 뼈와 정신(精神)이 놀람.

골경심한(骨驚心寒) 매우 놀라 마음이 서늘함.

대경차악(大驚且愕) 몹시 깜짝 놀람.

사영배궁(蛇影杯弓) 술잔 속에 비친 활 그림자를 뱀으로 착각(錯覺)함.

오우천월(吳牛喘月) 오나라의 소가 달만 보아도 헐떡임.

월견폐설(越犬吠雪) 월나라 개가 눈을 보고 짖음.

징갱취제(懲羹吹虀) 뜨거운 국에 데더니 냉채(冷菜)를 먹을 때도 붊.

징선기여(懲船忌輿) 뱃멀미에 데었거나 난선(難船) 당한 적이 있어서 수레 타기를 꺼림.

초목개병(草木皆兵) 풀과 나무가 모두 군사(軍士)로 보임.

풍성학려(風聲鶴唳) 「바람 소리와 학의 울음소리」 작은 소리에도 몹시 놀람.

경귀신이원지 공경敬 귀신鬼 신神 말 이을而 멀遠 어조사之

「귀신(鬼神)은 공경(恭敬)하되 멀리하는 것임」 공경하나 가까이하지 않음.

경이원지(敬而遠之)

경균도름 기울傾 곳집困 넘어질倒 곳집廩

「창고(倉庫)에 쌓아 두었던 쌀을 전부(全部) 내놓음」 자기 속마음을 하나도 숨김없이 털어놓음.

피간담(披肝膽) 「간과 쓸개를 펼쳐 보임」 본심(本心)을 털어놓음.

간담상조(肝膽相照) 「간과 쓸개를 내놓고 서로에게 내보임」 서로가 마음속을 툭 털어놓고 숨김없이 친하게 사귐.

불설성부(不設城府) 흉금(胸襟)을 터놓고 허물없이 접촉(接觸)함.

수사심복(輸寫心腹) 마음속의 생각을 모두 털어놓음.

심복지우(心腹之友) 서로 흉금을 터놓고 지내는 썩 친한 벗.

취중진담(醉中眞談) 술에 취하게 되면 자기의 속마음을 털어놓게 됨.

토진간담(吐盡肝膽) 거짓 없는 심정(心情)을 숨김없이 다 털어놓음.

허심탄회(虛心坦懷) 품은 생각을 터놓고 말할 만큼 마음에 아무런 거리낌이 없고 솔직(率直)함.

경기곡권 받들擎 꿇어앉을跽 굽을曲 주먹拳

「손은 드리우고, 무릎을 꿇어앉고, 몸은 굽히고, 머리는 숙임」 삼가 예(禮)를 행하는 모양(模樣).

경낙과신 가벼울輕 허락할諾 적을寡 믿을信

무슨 일에나 승낙(承諾)을 잘하는 사람은 믿음이 적어 약속(約束)을 어기기 쉬움.

경기화창 볕景 기운氣 화할和 펼暢

봄의 기운(氣運)이 맑고 깨끗함.

경내의외 공경할敬 안內 옳을義 바깥外

근신(謹愼)으로써 내심(內心)을 바르게 하고 의(義)로써 외물(外物)을 바르게 함.

경년열세 지날經 해年 셀閱 해歲

여러 해가 지남.

적년누월(積年累月) 해를 쌓고 달을 거듭함.

종년열세(終年閱歲) 한 해가 지나도록 일이 끝나지 않고 늦어짐.

경단급심 두레박 줄綆 짧을短 길을汲 깊을深

「두레박의 줄이 짧으면 깊은 우물의 물을 길 수 없음」 맡은 바 책임(責任)은 무거운데 재능(才能)이 부족(不足)함.

급심경단(汲深綆短)

사문부산(使蚊負山) 모기가 산을 짊어짐.

배수거신(杯水車薪) 한 잔의 물로 수레에 가득 실린 나무에 붙은 불을 끄라고 함.

부중섭원(負重涉遠) 무거운 물건(物件)을 지고 먼 곳까지 감.

악전고투(惡戰苦鬪) 매우 어려운 조건(條件)을 무릅쓰고 고생(苦生)스럽게 싸움.

약마복중(弱馬卜重) 약한 말에 무거운 짐을 실음.

인소불감(人所不堪) 사람의 힘으로는 견디어 내기 힘든 정도의 형편(形便).

하관부직(下官不職) 관리(官吏)가 그 직책(職責)을 감당(堪當)하지 못함.

경달권변 지날經 통달할達 방편權 변할變

그때그때의 처지(處地)나 형편(形便)에 따라 알맞은 수단(手段)을 취함.

당의즉묘(當意卽妙) 그 경우(境遇)에 적합(適合)한 재치를 그 자리에서 부림.

비원사안(鼻元思案) 「당장(當場)만을 생각하는 얕은 생각」 그 자리에서 떠오른 생각.

수기응변(隨機應變) 그때그때의 기회(機會)에 따라 일을 적절(適切)히 처리(處理)함.

임기응변(臨機應變) 그때그때 처한 뜻밖의 일을 재빨리 그 자리에서 알맞게 대처(對處)함.

경당문노 밭 갈耕 마땅할當 물을問 종奴

농사일은 마땅히 머슴에게 물어야 함.

공자천주(孔子穿珠) 「공자가 구슬을 꿺」 모르는 것을 자기(自己)보다 못한 사람에게 묻는 것은 부끄러운 일이 아님.

불치하문(不恥下問) 아랫사람에게 묻는 것이 수치(羞恥)가 아님.

호문즉유(好問則裕) 모르는 것 묻기를 좋아하면 얻는 것이 많아 학식(學識)이 넉넉함.

경당문노 직당문비(耕當問奴 織當問婢) 농사(農事)짓는 일은 머슴에게 물어야 하고, 베를 짜는 일은 계집종에게 물어야 함.

민이호학 불치하문(敏而好學 不恥下問) 영민(英敏)하고 배우기를 좋아하여 아랫사람에게 묻기를 부끄러워하지 않음.

경려천모 가벼울輕 생각慮 얕을淺 꾀할謨

가볍고 얕은 생각.

고루과문(孤陋寡聞) 들은 것과 아는 것이 얕음.

과문천식(寡聞淺識) 보고 들은 것이 적고 배움이 얕음.

서목촌광(鼠目寸光) 한 치 앞밖에 못 보는 쥐의 눈.

정와지견(井蛙之見) 개구리가 우물 안에서 봄.

↔ **박대정심**(博大精深) 아는 것이 깊고 넓음.

심사원려(深思遠慮) 깊이 생각하고 멀리 고려(考慮)함.

경로자유

공경할敬 늙을老 자애로울慈 어릴幼

노인(老人)을 공경(恭敬)하고 어린이를 사랑함.

경로효친 공경할敬 늙을老 효도孝 어버이親

노인(老人)을 공경(恭敬)하고 부모(父母)를 섬김.

경롱만연

가벼울輕 연주할攏 느슨할慢 비틀撚

가볍게 손으로 비파(琵琶)를 누름.

경루옥우 옥瓊 누각樓 옥玉 집宇

「옥으로 장식(粧飾)한 화려(華麗)한 궁전(宮殿)」 달 속에 있다는 궁전.

계궁백침(桂宮栢寢) 「계수나무로 지은 궁전과 측백나무로 만든 침상(寢牀)」 궁실(宮室)이 매우 아름다움.

금전옥루(金殿玉樓) 휘황찬란(輝煌燦爛)한 궁전.

요대은궐(瑤臺銀闕) 선궁(仙宮). 신선(神仙)이 산다는 궁전.

제실황거(帝室皇居) 제왕(帝王)의 궁전.

청허동천(淸虛洞天) 달 속에 있다는 궁전.

경륜지사 다스릴經 벼리綸 어조사之 선비士

정치적(政治的)인 일이나 조직적(組織的)인 일에 수완(手腕)이 좋은 사람.

경명행수 경서經 밝을明 행위行 닦을修

경학(經學)에 통달(通達)하여 밝고 덕행(德行)을 닦는 것, 또는 그 사람.

경묘탈쇄 가벼울輕 묘할妙 벗을脫 시원할灑

경쾌(輕快)하고 묘하며, 속세(俗世)에서 벗어나서 깨끗함.

경문위무 날줄經 글월文 씨줄緯 호반武

「무를 씨줄로 하고 문을 날줄로 함」 문무(文武)를 모두 갖추어 나라를 다스리는 것.

위무경문(緯武經文)

문무겸전(文武兼全) 문식(文識)과 무략(武略)을 다 갖춤.

문무숭상(文武崇尙) 문무를 다 같이 높이어 소중(所重)하게 여김.

예성문무(叡聖文武) 문무를 아울러 갖춘 임금의 크고 훌륭한 덕(德).

윤문윤무(允文允武) 진실(眞實)로 문(文)이 있고 무(武)가 있도다.

좌문우무(左文右武) 문과 무를 아울러 씀.

출장입상(出將入相) 나가서는 장수(將帥), 들어와서는 재상(宰相).

유문사자 필유무비(有文事者 必有武備) 문관(文官)이라 할지라도 반드시 전쟁(戰爭) 대비(對備)는 해야 함.

경박부허 가벼울輕 얇을薄 뜰浮 빌虛

마음이 방정맞고 행동(行動)이 들뜸.

경거망동(輕擧妄動) 가볍게 움직이고 망령(妄靈)되게 행동함.

경조부박(輕佻浮薄) 생각이 깊지 않고 말과 행동이 가벼움.

경박재자 가벼울輕 얇을薄 재주才 사람子

재주는 있으나 언행(言行)이 신중(愼重)하지 못하고 가벼운 사람.

박행(薄行) 야박(野薄)하고 경박(輕薄)한 행동(行動).

↔ **응중**(凝重) 침착(沈着)하고 됨됨이가 가볍지 않음.

옹용불박(雍容不薄) 마음이 화락(和樂)하고 온화(穩和)하며 경박하지 않음.

경부양반

밭 갈耕 사내夫 사양할讓 밭두둑畔

「농부(農夫)들이 서로 밭고랑을 양보(讓步)함」 순임금의 덕이 백성(百姓)에 미쳐, 농부들까지도 예의(禮儀)를 갖추고 겸손(謙遜)하게 행동(行動)하는 것을 알게 되었음.

경사대부 벼슬卿 선비士 큰大 사내夫

조선시대(朝鮮時代), 영의정(領議政)·좌의정(左議政)·우의정(右議政) 이외(以外)의 모든 벼슬아치의 총칭(總稱).

삼정승(三政丞), **삼공**(三公), **의정**(議政), **황각**(黃閣), **경사**(卿士), **의정부**(議政府)

경사백자 경서經 역사史 일백百 사람子

「경서(經書)와 사서(史書)와 제자백가(諸子百家)의 서(書)」 많은 책(冊).

등신서(等身書) 「키만큼 쌓인 책」 책과 저술(著述)이 아주 많음.

만첨삽가(萬簽插架) 「책꽂이에 매달린 만 개의 책갈피」 책이 많음.

서통이유(書通二酉) 책을 보관(保管)한 장서 처를 나타내거나 장서(藏書)가 아주 많음.

오거시서(五車詩書) 다섯 대의 수레에 가득 실을 만큼 많은 장서.

옹서만권(擁書萬卷) 장서가 많음.

천함만축(千函萬軸) 책이 천 개나 되는 궤짝을 채우고 만 개나 되는 축을 이룸.

한우충동(汗牛充棟) 수레에 실으면 소가 땀을 흘리고, 집에 쌓으면 대들보까지 닿게 됨.

경사사 경서經 역사史 상자笥

「경서(經書)와 사서(四書)를 넣은 상자(箱子)」 박학(博學)한 사람.

박물군자(博物君子) 온갖 사물(事物)에 정통(精通)한 사람.

경사입초 놀랄驚 뱀蛇 들入 풀草

「놀란 뱀이 풀 속으로 들어감」 초서(草書)의 필세(筆勢)가 대단히 교묘(巧妙)함.

낙지운연(落紙雲煙) 「종이에 떨어뜨린 것이 구름이나 연기(煙氣)와 같음」 초서의 필세가 웅혼(雄渾)함.

무고모극(武庫矛戟) 「무기고(武器庫)에 늘어세운 여러 창」 잘 쓴 글씨 특히 구양순(歐陽詢)의 행서(行書).

묵색창윤(墨色蒼潤) 그림이나 글씨의 먹빛이 윤이 남.

와룡장자(臥龍壯字) 누운 용과 같이 힘 있는 글씨.

유운경룡(游雲驚龍) 「구름이 날리듯 용이 놀라는 듯함」 유려(流麗)하고 강건(剛健)한 글씨체 또는 중국 동진(東晉) 시기(時期) 서예가(書藝家) 왕희지(王羲之).

은구채미(銀鉤蠆尾) 「은갈퀴와 말의 꼬리」 잘 쓴 글씨.

필주용사(筆走龍蛇) 「(붓의 움직임이) 마치 용과 뱀 같음」 초서의 생동감(生動感).

경사중보 가벼울輕 일事 무거울重 갚을報

조그마한 일에 후하게 사례(事例)함.

경산조수 밭 갈耕 메山 낚시釣 물水

「산에는 밭을 갈고, 물에서는 물고기를 잡는 생활을 함」 소박(素朴)하고 속세(俗世)에서 떠나 생활(生活)을 영위(營爲)함.

기거무시(起居無時) 자기(自己) 마음대로 일어나고 자고 하는, 속박(束縛) 없는 자유스러운 생활.

동산고와(東山高臥) 「동산에 높이 누워있음」 은거(隱居)하여 자유(自由)롭게 살고 있음.

매처학자(梅妻鶴子) 매화(梅花)를 아내로 학을 아들로 삼고 삶.

무위해탈(無爲解脫) 번뇌(煩惱)를 소멸(掃滅)시켜 그 속박에서 벗어난 열반(涅槃)의 상태(狀態).

소요자재(逍遙自在) 세속(世俗)의 삶과 거리를 두고 명리(名利)에 급급하지 않고 은거(隱居)하는 삶.

안보당거(安步當車) 걸어 다니는 것이 수레를 타고 다니는 것보다 편함.

안한자적(安閑自適) 평화(平和)롭고 한가(閑暇)하여 마음 내키는 대로 즐김.

암거혈처(巖居穴處) 바위틈에 살고 동굴(洞窟)에 삶.

연사우립(煙蓑雨笠) 자욱이 오는 이슬비 속에서 도롱이를 입고 삿갓을 쓰고 일을 함.

영수은사(穎水隱士) 출사(出仕)하지 않고 세속(世俗)과 떨어져 고결(高潔)한 절조(節操)를 지키는 사람.

우유자재(優遊自在) 한가(閑暇)한 속에서 스스로 만족(滿足)하며 지냄.

운출무심(雲出無心)「구름이 아무 생각 없이 일고 흐름」인생(人生)을 유유(悠悠)히 삶.

유유자적(悠悠自適) 속세(俗世)를 떠나 아무 속박 없이 조용하고 편안(便安)하게 삶.

일구일학(一邱一壑) 때로는 언덕에 오르고 때로는 골짜기에서 낚시함.

일금일학(一琴一鶴) 하나의 거문고와 한 마리의 학이 가진 것의 전부(全部)임.

풍거운요(風擧雲搖) 바람이 불고 구름이 떠도는 것처럼 마음이 내키는 대로 이리저리 돌아다님.

한운야학(閑雲野鶴)「한가로이 떠도는 구름과 들녘의 두루미」유유자적하면서 속세 밖에 초연(超然)한 모양.

경상수지

경영할經 일정할常 모을收 계산할支

기업(企業)에서 통상(通商)의 영업활동(營業活動) 과정(過程)에서 생기는 수입(收入)과 지출(支出)의 차액(差額).

국제(國際) 거래(去來)에서, 경상 거래에 따른 수지.

경선계하 곧바로徑 먼저先 열啓 아래下

정해진 절차(節次)를 밟지 않고 먼저 임금에게 아뢰어 재가(裁可)를 받음. 원칙적(原則的)으로 금지(禁止)되어 있음.

경선처단 곧바로徑 먼저先 처리할處 끊을斷

범인(犯人)의 진술(陳述)을 기다리지 않고 처단함.

경성경국 기울傾 성城 傾 나라國

「성(城)도 나라도 무너뜨림」한 번 보기만 해도 정신(精神)을 빼앗겨 성도 나라도 망치게 할 정도(程度)로 미모(美貌)가 뛰어남. 경국지색(傾國之色)

일고경국(一顧傾國) 한번 돌아보면 나라가 기욺.

일고경성(一顧傾城) 한번 돌아보면 성이 기욺.

철부경성(哲婦傾城) 슬기로운 여인(女人)이 성을 기울게 함.

경성이출 상서로울景 별星 말이을而 날出

상서(祥瑞)로운 별이 나타남.

경성지미 기울傾 성城 之 아름다울美

경성지색 傾 城 어조사之 빛色

성을 기울게 할만한 아름다움.

경세도량 다스릴經 세상世 법도度 헤아릴量

세상을 다스려 나갈 만한 품성(品性).

경세지재(經世之才) 나라를 다스릴 만한 재주.

경세유표 다스릴經 세상世 남길遺 드러낼表

조선후기(朝鮮後期), 실학자(實學者) 정약용(丁若鏞)이 행정기구(行政機構)의 개편(改編)을 비롯하여 관제(官制)·토지제도(土地制度)·부세제도(賦稅) 등 모든 제도의 개혁원리(改革原理)를 제시(提示)한 책(冊).

경세제민 다스릴經 세상世 도울濟 백성民

「나라를 다스리고 세상(世上)을 구제(救濟)함」 '경제(經濟)'의 본말.

경국제세(經國濟世) 나라를 잘 다스려 도탄(塗炭)에 빠진 백성(百姓)을 구제함.

광제창생(廣濟蒼生) 고통(苦痛)에 헤매는 민중(民衆)을 널리 구제함.

구세제민(救世濟民) 어지러운 세상을 구원(救援)하고 고통받는 백성을 구제함.

박시제중(博施濟衆) 백성들에게 널리 베풀고 많은 사람을 구제함.

보국안민(輔國安民) 나라님을 도와 국정(國定)을 보살피고 백성을 편안하게 함.

부국안민(富國安民) 나라를 풍요(豊饒)롭게 하고, 국민(國民)을 편안하게 함.

이국편민(利國便民) 나라를 이롭게 하고 백성을 편안하게 함.

이식위수(以食爲首) 백성의 생활(生活) 안정(安定)을 정치(政治)의 으뜸으로 삼음.

제세경방(濟世經邦) 세상 사람을 구제하고 나라를 다스림.

제세지재(濟世之才) 세상을 잘 다스려 백성을 구제할 만한 인재(人才).

제폭구민(除暴救民) 포악(暴惡)한 것을 물리치고 어려움을 당한 백성을 구함.

포항창진(浦項倉鎭) 흉년(凶年)으로 고통받는 백성들을 구제(救濟)하기 위하여 설치(設置)한 관창(官倉).

경세지재 다스릴經 세상世 어조사之 재주才

정치적(政治的)으로나 경제적(經濟的)으로나 세상(世上)을 다스려 이끌 만한 재주. 또는 그러한 사람.

경세도량(經世度量), **경제지재**(經濟之材)

제세지재(濟世之才) 세상을 구제(救濟)할 바탕.

지사인인(志士仁人) 나라를 잘 다스려 백성(百姓)을 편안(便安)하게 할 큰 뜻을 품은 사람.

경세지저 지날經 해歲 어조사之 쌓을儲

몇 해 동안의 저축(貯蓄).

경세지책 다스릴經 세상世 어조사之 꾀策

정치적(政治的)으로나 경제적(經濟的)으로 세상을 다스릴 계책(計策).

세상을 다스려 나가는 방책(方策).

경세치용 다스릴經 세상世 이를致 쓸用

학문(學文)은 세상(世上)을 다스리는 데에 유용(有用)한 것이어야 한다는 유교(儒教)의 주장(主張).

실사구시(實事求是) 사실(事實)에 따라 진리(眞理)를 탐구(探究)하려는 태도(態度).

이용후생(利用厚生) 기구(器具)를 편리(便利)하게 쓰고, 먹을 것 입을 것을 넉넉하게 하여 백성(百姓)의 생활(生活)을 나아지게 함.

경세훈민 깨우칠警 인간世 가르칠訓 백성民

세상을 깨우치고 사람들을 타이름.

구강지화(口講指畵) 입으로는 강론(講論)하고 손가락으로는 그림을 그려 보임.

만단개유(萬端改諭) 「만 가지로 깨닫게 가르침」 여러 가지 좋은 말로 잘 타이름.

유교무류(有教無類) 가르침에는 차별(差別)이 없음.

이제면명(耳提面命) 남의 귀를 끌어당겨서 알아듣게 직접(直接) 가르침.

호고인효(戶告人曉) 집마다 깨우쳐 알려주어 알아듣게 함.

경수불리 대변涇 반죽할溲 아닐不 편할利

대소변(大小便)이 잘 나오지 않는 것. 涇은 대변, 溲는 소변.

대변불리(大便不利) 대변이 굳어 나오지 않는 병(病).

경수월족 자자할黥 머리首 벨刖 발足

옛날 중국에서 무거운 죄를 지은 사람에게 내리던 형벌(刑罰)의 한 가지. 죄인(罪人)의 이마에다 자자(刺字)하고 발뒤꿈치를 도려냄.

경숙동가 지날經 잘宿 움직일動 탈 것駕

임금이 대궐(大闕) 밖으로 거동(擧動)하여 하룻밤을 묵음.

경술국치 일곱째 천간庚 열한째 지지戌 나라國 부끄러울恥

1910년 8월 29일 우리나라의 통치권(統治權)을 일본에 빼앗기고 식민지(植民地)가 된 국치(國恥)의 사실(史實)을 일컫는 말.

국권피탈(國權被奪)의 전(前) 용어(用語).

경술대경 경사스런慶 재주術 큰大 慶

궁중(宮中)의 큰 잔치.

경승지지 경치景 빼어날勝 어조사之 땅地

경치(景致)가 좋은 곳.

절승지(絶勝地) 경치가 견줄 데 없이 뛰어난 곳.

제승지구(濟勝之具) 경치가 좋은 곳.

경시대회 다툴競 시험試 큰大 모일會

초(初)·중(中)·고등학교(高等學校)에서, 특정(特定) 과목(科目)이나 분야(分野)에 대한 학생(學生)들의 실력(實力)을 겨루는 대회.

경시호탈

가벼울輕 베풀施 좋아할好 빼앗을奪

「제 것을 잘 주는 사람은 무턱대고 남의 것을 탐냄」 잘 주는 사람은 잘 빼앗음.

경신수야

일곱째 천간庚 아홉째 지지申 지킬守 밤夜

간지(干支)가 경신인 날에 밤새는 풍속(風俗).

수세(守歲), **별세**(別歲), **불 밝히기**, **해 지킴**

경신숭조 공경敬 귀신神 높을崇 조상祖

신을 공경(恭敬)하고 조상(祖上)을 숭배(崇拜)함.

경신읍귀 놀랄驚 신神 울泣 귀신鬼

「신이 놀라고 귀신이 욺」 매우 뛰어난 시문(詩文)은 귀신(鬼神)을 감동(感動)하게 함.

경심도담 놀랄驚 마음心 떨悼 쓸개膽

「마음이 놀라고 담이 떪」 몹시 놀라고 두려워함.

간담한(肝膽寒) 간과 쓸개가 서늘함.

국지척천(跼地蹐天) 땅이 꺼질까 봐 발끝으로 디디고 하늘에 부딪힐까 몸을 구부림.

병식외구(屛息畏懼) 숨을 죽이고 두려워함.

불한이율(不寒而慄) 춥지도 않은데 몸을 벌벌 떪.

소삭축률(銷鑠縮栗) 득의(得意)한 마음이나 기개(氣槪)가 쇠(衰)하여 사그라지고 위축(萎縮)되어 두려워함.

악양파한(握兩把汗) 두 손에 땀을 쥠.

오우천월(吳牛喘月) 「오나라 소는 달을 보고도 헐떡거림」 몹시 두려워함.

외수외미(畏首畏尾) 머리도 꼬리도 두려워함.

치신무지(置身無地) 두려워 몸 둘 바를 모름.

경심동백 놀랄驚 마음心 움직일動 넋魄

경심동혼 驚 心 動 넋魂

마음이 놀라고 혼백(魂魄)이 동요(動搖)함.

경혼동백(驚魂動魄)

경악실색 놀랄驚 놀랄愕 잃을失 빛色

깜짝 놀라서 낯빛을 잃음.

대경실색(大驚失色) 매우 놀라 낯빛을 잃음.

경혼미정(驚魂未定) 놀란 가슴이 가라앉지 않음.

면여토색(面如土色) 놀라거나 겁에 질려 얼굴이 흙빛이 됨.

악연실색(愕然失色) 뜻밖의 일에 얼굴빛이 변할 정도로 놀람.

창황실색(愴怳失色) 몹시 놀라 얼굴빛이 질림.

↔ **담소자약**(談笑自若) 태연(泰然)하게 웃으면서 이야기함.

부동성색(不動聲色) 소리나 표정(表情)으로 감정(感情)을 드러내지 않음.

태연자약(泰然自若) 침착(沈着)하여 조금도 마음이 동요(動搖)되지 않는 모양(模樣).

경어구독 목맬經 어조사於 도랑溝 도랑瀆

「스스로 목매어 도랑에 익사(溺死)함」 '개죽음'을 비유(譬喩)하는 말.

경우구독(經于溝瀆), **경구독**(經溝瀆)

결령치사(結領致死) 목을 매달아 죽음.

기화소장(饑火燒腸) 「굶주린 나머지 제 창자를 구워 먹음」 스스로 자기 몸을 죽임.

도사무익(徒死無益) 헛된 죽음은 아무 이익(利益)도 없음.

만노자사(挽弩自射) 「쇠뇌를 당겨 자신(自身)을 쏨」 자살(自殺) 행위(行爲)를 함.

비명횡사(非命橫死) 뜻밖의 재앙(災殃)이나 사고(事故) 따위로 제 수명(壽命)대로 살지 못하고 죽음.

위육호혜(委肉虎蹊) 「자기의 육신(肉身)을 굶주린 범이 다니는 산길에 둠」 개죽음이나 무익(無益)한 죽음.

이육위아호(以肉委餓虎) 몸을 굶주린 호랑이에게 맡김.

↔ **선화**(仙化) 「신선(神仙)이 됨」 늙어서 병(病)이나 탈(頉)이 없이 곱게 죽음.

와석종신(臥席終身) 「자리에 누워 신명(身命)을 마침」 제명을 다 살고 편안(便安)히 자리에 누워서 죽음.

경업락군 삼갈敬 업業 즐거울樂 동료群

학업(學業)에 전심(專心)하고 친구(親舊)들과 조화(造化)를 이루어 친하게 지냄.

경외지심

공경할敬 두려워할畏 어조사之 마음心

공경(恭敬)하면서 두려워하는 마음.

경우구독 목맬經 어조사于 도랑溝 도랑瀆

「스스로 목을 매고 구렁에 빠져 죽음」 개죽음. 자살(自殺)하여 죽음.

경어구독(經於溝瀆)

경운수예 밭 갈耕 김 맬耘 나무樹 심을藝

밭을 갈고 김을 매며 나무를 심음. 耕耘은 밭 갈고 김매는 일. 樹藝는 초목(草木)을 심는 일.

경운지서

경사慶 구름雲 어조사之 상서로울瑞

오색(五色)의 구름이 나타나 천하가 태평해질 상서(祥瑞)로운 조짐(兆朕).

단봉조양(丹鳳朝陽) 「붉은 봉황새가 아침 볕에 있음」 태평성세(泰平盛世)의 상서로운 조짐.

서수획린(西狩獲麟) 「기린(麒麟)을 잡음」 상서로운 조짐. 태평할 조짐. 성인(聖人)이 출현(出現)할 조짐.

오어지서(烏魚之瑞) 까마귀와 물고기에서 나타난 상서로운 조짐.

일경구수(一莖九穗) 「한 포기의 줄기에서 아홉 개의 이삭이 맺음」 상서로운 조짐.

조양봉명(朝陽鳳鳴) 「봉황(鳳凰)이 산 동쪽에서 울」 천하가 태평해질 상서로운 조짐.

태평무상(太平無象) 천하가 태평할 때는 이렇다 할 특별(特別)한 조짐이 나타나지 않음. 이것이 곧 태평의 증거(證據)임.

경운창광 경사慶 구름雲 창성할昌 빛光

상서(祥瑞)로운 구름과 화창(和暢)한 날씨.

경원시 공경할敬 멀遠 볼視

겉으로는 친한 체하면서 실제(實際)로는 멀리하고 꺼림칙하게 여김.

경이원지(敬而遠之)

경위지사 기울傾 위태할危 어조사之 선비士

「나라를 기울게 하거나 위태(危殆)롭게 할 인사(人士)」 궤변(詭辯)을 농(弄)하는 무리.

경위천지 날줄經 씨줄緯 하늘天 땅地

「천지의 날줄과 씨줄이 됨」 법을 제정(制定)한 공로(功勞)가 위대(偉大)함.

경천위지(經天緯地)

경음마식 고래鯨 마실飮 말馬 먹을食

고래가 물을 마시듯, 말이 풀을 먹듯이 많이 먹고 많이 마심.

낭탄호열(狼呑虎咽) 「이리와 호랑이를 삼킴」 먹는 모습이 사납고 급함.

방반유철(放飯流歠) 게걸스럽게 밥을 입에 가득 넣어 먹고 국이나 물을 훌쩍훌쩍 소리 내어 들이마심.

우음마식(牛飮馬食) 소가 물을 마시듯, 말이 풀을 먹듯이 많이 먹고 많이 마심.

음담취포(飮噉醉飽) 실컷 먹고 마시는 일.

탱장주복(撑腸拄腹) 배가 터지도록 먹음.

통음대식(痛飮大食) 술을 흠뻑 많이 마시고, 음식을 많이 먹음.

폭음폭식(暴飮暴食) 음식(飮食)과 술 등을 한꺼번에 많이 먹음.

한량음식(閑良飮食) 출출한 판에 음식을 막 먹어 대는 짓.

경의비마 가벼울輕 옷衣 살찔肥 말馬

「가볍고 따뜻한 갖옷과 살진 좋은 말」 부귀(富貴)한 사람의 외출(外出) 차림.

경구비마(輕裘肥馬), **경장비마**(輕裝肥馬)

비마경구(肥馬輕裘) 살찐 말과 가벼운 여우 털 옷.

경이무례 가벼울輕 말 이을而 없을無 예도禮

경망(輕妄)하여 예의(禮儀)가 없음.

척이지사(斥弛之士) 절도(節度)가 없고 예의를 모르는, 놓아먹은 사람.

탁이지사(跅弛之士) 세속(世俗)의 규범(規範)에 따르지 않는 선비.

경이원지 공경할敬 말 이을而 멀遠 갈之

겉으로는 공경(恭敬)하는 체하면서 가까이하지는 않음. **경원**(敬遠), **경원시**(敬遠視)

경이직내 공경할敬 써以 곧을直 안內

공경(恭敬)함으로써 마음을 바르게 함.

경인시 놀랄驚 사람人 시詩

사람을 놀라게 하는 시. 시의 명작(名作).

경인자인항경지 공경敬 사람人 사람者 人 항상恒 敬 어조사之

다른 사람들을 공경(恭敬)하는 사람은 다른 사람들도 늘 그를 공경해 줌.

경자개검 바로徑 스스로自 열開 검사할檢

임금에게 알리기 전에 스스로 무덤을 파서 시체(屍體)를 검사(檢査)함.

경자유전 밭 갈耕 사람者 있을有 밭田

「농사(農事)를 짓는 사람이 땅을 소유(所有)해야 함」 절대농지(絶對農地) 어떤 경우(境遇)에도 농지 이외(以外)의 목적(目的)으로 사용(使用)할 수 없도록 관계(關係) 장관(長官)이 지정(指定)하여 고시(告示)한 땅.

경자복지 기울傾 사람者 엎을覆 어조사之

「기울어진 것은 엎어버림」 하늘은 스스로 망하게 하는 자는 망하게 함.

자구다복(自求多福) 많은 복은 하늘이 주어서가 아니라 자기가 스스로 구해야 함.

재자배지 경자복지(栽者培之 傾者覆之) 「심은 것은 북돋우어 기르고, 기울어진 것은 엎어버림」 하늘은 스스로 돕는 자를 돕고, 스스로 망하게 하는 자는 망하게 함.

경장비마 가벼울輕 꾸밀裝 살찔肥 말馬

가벼운 차림새로 살진 말을 탐.

경구비마(輕裘肥馬), **경의비마**(輕衣肥馬)

경적필패 가벼울輕 대적할敵 반드시必 패할敗

적을 얕보면 반드시 패함.

교병필패(驕兵必敗) 거만(倨慢) 떠는 군사(軍士)는 반드시 패함.

병교자멸(兵驕自滅) 군사(軍事)에서 교만(驕慢)한 자는 멸함.

↔ **애병필승**(哀兵必勝) 비분(悲憤)에 차 있는 병사들이 반드시 싸움에서 승리(勝利)함.

경전서후 밭 갈耕 앞前 호미鋤 뒤後

「남편(男便)은 앞에서 밭을 갈고, 아내는 뒤에서 김을 맴」 부부(夫婦)가 서로 극진(極盡)하게 도우며 일함.

농부작우(農夫作耦) 농민(農民) 부부가 짝을 지어 경작(耕作)함.

첩어적방(妾御績紡) 남자는 밖에서 일하고, 여자는 안에서 길쌈을 함.

경전착정 밭 갈耕 밭田 뚫을鑿 우물井

「밭을 갈고 우물을 팜」 국민(國民)이 생업(生業)에 종사(從事)하며 평화(平和)로이 삶.

강구연월(康衢煙月) 번화(繁華)한 거리에 저녁밥 짓는 연기(煙氣)가 달빛을 향해 피어오름.

고복격양(鼓腹擊壤) 배를 두드리고 발을 구르며 흥겨워함.

국태민안(國泰民安) 나라는 태평(泰平)하고 백성(百姓)은 편안(便安)함.

시화세풍(時和歲豊) 시절(時節)이 평화롭고 해마다 풍년(豊年)이 듦.

오풍십우(五風十雨) 닷새에 한 번 바람이 불고 열흘에 한 번 비가 옴.

태평성대(太平聖代) 어진 군주(君主)가 다스리는 태평한 시대.

해불양파(海不揚波) 바다에 파도(波濤)가 일지 않음.

획지위뢰(劃地爲牢) 땅 위에 금을 그어 놓고 감옥(監獄)으로 삼음.

경전하사 고래鯨 싸울戰 새우蝦 죽을死

「고래 싸움에 새우가 죽음」 강자(强者)들의 권력(權力) 다툼 사이에서 해(害)를 입는 것은 약자(弱子)임. **경투하사**(鯨鬪鰕死)

앙급지어(殃及池魚) 재앙(災殃)이 물고기에까지 미침.

어망홍리(魚網鴻離) 물고기를 잡으려는 그물에 기러기가 걸림.

지어지앙(池魚之殃) 연못 속 물고기의 재앙.

성문실화 앙급지어(城門失火 殃及池魚) 성문에 불이 나서 연못에 물을 퍼 끄느라 물고기가 재앙을 받음.

경정직행 곧바로徑 뜻情 곧을直 행할行

조금도 꾸밈이 없이 마음 내키는 대로 곧이곧대로 함. **경행**(徑行)

거실현탈(據實懸頉) 「탈이 난 실상(實狀)을 사실(事實)대로 문서(文書)에 기입(記入)함」 흠(欠)을 사실대로 기록(記錄)함.

동호직필(董狐直筆) 「동호의 곧은 붓」 죽음을 두려워하지 않고 사실을 그대로 기록함.

매진일로(邁進一路) 씩씩하게 외곬으로 나

아감.

올연독좌(兀然獨坐) 「우뚝하게 홀로 앉아 있는 모습」 자기 뜻을 지키며 매진(邁進)함.

지주반정(砥柱反正) 지주처럼 자신(自身)의 신념(信念)을 굳게 지켜 종국(從國)에 올바른 상태(狀態)에 이름.

직왕매진(直往邁進) 주저(躊躇)하거나 겁내지 않고 곧장 힘차게 나아감.

태사지간(太史之簡) 「역사가(歷史家)의 역사」 역사를 기록함에 사실을 숨기지 않고 그대로 직필(直筆)함.

경제지재

다스릴經 구제할濟 어조사之 재목材

나라를 다스리고 백성(百姓)을 구제(救濟)하는 재능(才能). 또 그런 인재(人才).

경세도량(經世度量), **경세지재**(經世之才), **경천지재**(經天之才)

경제활동 다스릴經 구제할濟 살活 움직일動

가계(家計), 기업(企業) 등에 의해 이루어지는, 재화(財貨)와 용역(用役)의 생산(生産)과 소비(所費), 소득(所得)의 분배(分配) 따위의 경제에 관련(關聯)된 모든 행위(行爲).

경제생활(經濟生活)

경조궤격

가벼울輕 방정맞을佻 어그러질詭 부딪칠激

「가볍고 방정맞으며 궤변(詭辯)을 일삼음」 경솔(輕率)하여 말이 중정(中正-어느 한 쪽으로 지나치거나 모자람이 없이 곧고 올바름)을 잃음.

경조부박 가벼울輕 방정맞을佻 浮 엷을薄
경조부허 輕 佻 뜰浮 빌虛

생각이 깊지 않고 말과 행동(行動)이 조심(操心)함이 없이 가벼움.

경박부허(輕薄浮虛)

박행(薄行) 야박(野薄)하고 경박한 행동.

경박재자(輕薄才子) 재주는 있으나 경박한 사람.

부염기한(附炎棄寒) 권세(權勢)가 떨칠 때는 붙좇고 권세가 쇠하면 버리고 떠남. 인정(人情)의 경박함.

↔ **옹용불박**(雍容不薄) 마음이 화락(和樂)하고 온화(穩和)하며 경박하지 않음.

경조상문 경사로울慶 조상할弔 서로相 물을問

경사(慶事)스러운 일은 서로 축하(祝賀)하고, 불행(不幸)한 일은 서로 위문(慰問)함.

경죽난서 경쇠磬 대竹 어려울難 글書

「저지른 죄과(罪過)가 너무 많아 이루 다 적을 수 없음」 저지른 죄과가 많아서 글과 말로 일일이 다 표현(表現)할 수 없음.

극률부도(極律不道) 극형(極刑)을 받아야 할 정도로 도리(道理)에 어긋난 행위(行爲).

극중악인(極重惡人) 가장 큰 죄를 지은 악한 자.

만륙유경(萬戮猶輕) 만 번 죽여도 벌(罰)이 가벼움.

만사무석(萬死無惜) 죄가 커서 만 번을 죽어도 아깝지 않음.

사유여고(死有餘辜) 죽여도 오히려 죄가 남음.

죄막대언(罪莫大焉) 이보다 더 큰 죄는 없음.

죄불용사(罪不容死) 죄가 커서 죽여도 오히려 부족(不足)함.

죄사무석(罪死無惜) 죄가 커서 죽여도 아깝지 않음.

격죽사난사(擊竹事難事) 대나무를 다 사용(使用)해 써도 그의 악행(惡行)을 다 쓸 수 없음.

경중구부 가벼울輕 무거울重 아홉九 관청府

금전(金錢)을 취급(取扱)하는 아홉 군데

의 관청(官廳). 輕重은 금전을 가리킴.

경중미인

거울鏡 가운데中 아름다울美 사람人

「거울 속의 아름다운 여인」 실속이 없는 일. 실속보다는 겉치레뿐인 사람.

견이불식(見而不食) 보고도 먹지 못함.

경화수월(鏡花水月) 「거울에 비친 꽃과 물위에 비치는 달」 볼 수만 있고 가질 수 없음.

벌제위명(伐齊爲名) 어떤 일을 하는 체하고 속으로는 딴짓함. 또는 명분(名分)은 그럴듯하게 내세워 놓았으나 실속이 없음.

옹산화병(甕算畫餠) 「독장수의 셈과 그림의 떡」 헛된 생각일 뿐이고, 실속이 없음.

화중지병(畫中之餠) 그림의 떡.

화병충기(畫餠充饑) 그림의 떡으로 배를 채움.

경중염산 가벼울輕 무거울重 거둘斂 흩을散

경중지권 輕 重 어조사之 권세權

풍년(豊年)에는 곡식(穀食)값이 떨어지므로 정부(政府)가 이를 사들임으로써 과도(過度)한 하락(下落)을 막고, 흉년(凶年)에는 곡식값이 오르므로 예비(豫備)해 둔 정부의 양곡(糧穀)을 방매(放賣)함으로써 값을 억제(抑制)하는 제도(制度).

경지옥엽 미옥瓊 가지枝 옥玉 잎사귀葉

「옥같이 아름다운 가지와 잎」 황족(皇族)이나 출신(出身)이 고귀(高貴)한 사람.

애지중지(愛之重之) 매우 사랑하고 소중(所重)히 여기는 모양(模樣).

금지옥엽(金枝玉葉) 금 같은 가지와 옥과 같은 잎.

옥수경지(玉樹瓊枝) 옥처럼 아름다운 가지.

지란옥수(芝蘭玉樹) 선량(善良)한 자제(子弟).

경지전단

미옥瓊 가지枝 단향목栴 박달나무檀

옥(玉)같이 아름다운 가지와 좋은 향내가 나는 단향목(檀香木).

경진서약초

가벼울輕 티끌塵 깃들일棲 약할弱 풀草

「가벼운 티끌이 연약(軟弱)한 풀잎에서 쉼」 인생(人生)의 무상(無常)하고 덧없음.

경차(거)숙로

가벼울輕 수레車 익숙할熟 길路

「경쾌(輕快)한 수레로 익숙한 길을 감」 사물(事物)에 익숙함.

경천근민 공경할敬 하늘天 부지런할勤 백성民

하늘을 공경(恭敬)하고 백성(百姓)을 위하여 열심(熱心)히 일함.

경천동지 놀랄驚 하늘天 움직일動 땅地

「하늘이 놀라고 땅이 흔들림」 세상을 뒤흔들 만한 심상(尋常)치 않은 일.

경심동백(驚心動魄) 마음이 놀라고 혼백(魂魄)이 동요(動搖)함.

기절초풍(氣絶招風) 정신(精神)을 잃고 경기(驚氣)를 일으킬 정도로 매우 놀람.

번천흔지(翻天掀地) 하늘이 뒤집히고 땅이 흔들림.

석파천경(石破天驚) 돌이 깨지니 하늘이 놀람.

진천해지(震天駭地) 하늘을 놀라게 하고 땅을 흔듦.

전건감곤(轉乾撼坤) 하늘을 돌리고 땅을 움직임.

진천동지(震天動地) 하늘을 진동(振動)시키고 땅을 놀라게 함.

흔천동지(掀天動地) 하늘을 치켜들고 땅을 움직임.

경천봉일 높이 들擎 하늘天 받들捧 해日

「하늘을 높이 들고 해를 받듦」 임금을 높이 받들어 모심.

경천상 기울일傾 일천千 술잔觴

「술 일천 잔을 기울임」 술을 대단히 많이 마심.

개락음주(豈樂飮酒) 즐거워하며 술을 마심.

금귀환주(金龜換酒) 금 거북으로 술을 바꾸어 마심.

두주불사(斗酒不辭) 말술을 사양(辭讓)하지 않음.

두주백편(斗酒百篇) 술을 많이 마시고 시(詩)를 잘 지음.

반취반성(半醉半醒) 술이 완전히 깬 듯도 하고 아직 덜 깬 듯도 하게 취한 상태.

비주작야(俾晝作夜) 대낮에도 밤처럼 술잔치를 일삼아 나랏일을 살피지 않음.

오두해정(五斗解酲) 다섯 말의 술로 숙취(宿醉)를 깸.

완월장취(玩月長醉) 달을 벗 삼아 오래도록 마심.

유주무량(有酒無量) 주량(酒兩)이 커서 술을 한없이 마심.

음담취포(飮啖醉飽) 실컷 먹고 마시는 일.

일취천일(一醉千日) 한 번 마시면 천일을 취함.

장야지음(長夜之飮) 밤을 새워 술을 마심.

장취불성(長醉不醒) 늘 술에 취해 깨지 않음.

주감이열(酒酣耳熱) 술이 달고 귀에 열이 남.

탄화와주(呑花臥酒) 꽃을 보면서 술을 마심.

호리건곤(壺裏乾坤) 호리병 속의 천지(天地).

↔ **과맥전대취**(過麥田大醉) 밀밭만 지나가도 크게 취함.

경천애민 공경할敬 하늘天 愛 백성民

경천애인 敬 天 愛 사람人

「하늘을 공경(恭敬)하고 사람을 사랑함」 하늘과 백성(百姓)을 나라의 근본(根本)으로 여기는 군주(君主)의 자세(姿勢)를 일컫는 말. **외천애민**(畏天愛民)

민귀군경(民貴君輕) 백성이 가장 귀하고 사직(社稷)이 그다음이며, 임금은 가벼운 존재(存在)임.

상승하접(上承下接) 윗사람을 받들고 아랫사람을 보살펴, 그 사이를 잘 주선(周旋)함.

애민여자(愛民如子) 백성을 자기 자식(子息)처럼 사랑함.

절용애인(節用愛人) 나라의 재물(財物)을 아껴 쓰고 백성을 사랑하라.

존주비민(尊主庇民) 임금을 받들어 높이고 백성을 두둔(斗頓)하여 보호(保護)함.

↔ **관존민비**(官尊民卑) 관리(官吏)는 높고 귀(貴)하며 백성은 낮고 천(賤)하다고 여기는 생각.

경천욕일 높이 들擎 하늘天 목욕할浴 해日

「하늘을 지탱(支撐)하고 해를 목욕(沐浴)시킴」 국가에 큰 공로(功勞)가 있음.

보천욕일(補天浴日)

불세지공(不世之功) 대대(代代)로 흔하지 않은 큰 공로.

불후지공(不朽之功) 가치(價値)가 영원(永遠)토록 변하거나 없어지지 않을 큰 공로.

항령지공(項領之功) 가장 큰 공.

경천위지 날줄經 하늘天 씨줄緯 땅地

「하늘을 날 줄로 삼고 땅을 씨줄로 삼음」 영원(永遠)히 변하지 않을 떳떳한 이치(理致). 천하(天下)를 경영(經營)하고 국정(國政)을 다스리는 것.

경위천지(經緯天地), **천경지위**(天經地緯)

경천읍귀 놀랄驚 하늘天 울泣 귀신鬼

「하늘을 놀라게 하고 귀신(鬼神)을 울림」 세상을 놀라게 할 만큼 뛰어남.

교묘정치(巧妙精緻) 솜씨나 슬기가 정교(精巧)하고 치밀(緻密)함.

교탈천공(巧奪天工) 교묘(巧妙)하기가 천공을 빼앗은 것 같음.

목무전우(目無全牛) 「눈앞에 온전(穩全)한 소가 남지 않음」 일솜씨가 대단함.

신공귀부(神工鬼斧) 귀신이 만들어 낸 듯함.

신시귀설(神施鬼設) 인간으로서는 할 수 없을 만큼 교묘(巧妙)함.

운근성풍(運斤成風) 「도끼를 놀리자 바람을 이룸」 재주가 훌륭한 공장(工匠)의 형용.

유어출청(遊魚出聽) 「거문고 소리가 하도 묘해서 물고기마저 떠올라 들음」 재주가 매우 뛰어남.

재고팔두(才高八斗) 문학적(文學的) 재능(才能)과 재주가 뛰어남.

천하일품(天下一品) 매우 뛰어나서 세상에서 견줄 만한 것이 없음.

포정해우(庖丁解牛) 「솜씨가 뛰어난 포정(백정)이 소의 뼈와 살을 발라냄」 신기에 가까운 솜씨를 비유(比喩)하거나 기술(技術)의 묘(妙)를 칭찬(稱讚)할 때의 비유(譬喩).

경천자지계

가벼울輕 얕을淺 사람者 어조사之 경계할戒

성질(性質)이 경박(輕薄)한 사람의 행동(行動)을 조심(操心)하라는 뜻.

경천지의 경서經 하늘天 어조사之 옳을義

춘추시대(春秋時代)의 철학자(哲學者)이며 사상가(思想家)인 공자(孔子)의 육경(六經) 대의(大意)가 하늘을 지나는 것처럼 명확(明確)함.

경천지재 다스릴經 하늘天 어조사之 재주才

천하(天下)를 다스릴 만한 재주 또는 그러한 사람. **경세도량**(經世度量),

경세지재(經世之才), **경제지재**(經濟之材)

경칩 놀랄驚 숨을蟄

24절기(節氣)의 하나. 양력(陽曆) 3월 5일 무렵으로, 벌레가 겨울잠에서 깨어나는 때라고 함.

경탄 고래鯨 삼킬呑

「고래가 작은 물고기를 통째로 삼킴」 강한 자가 약한 자를 병합(倂合)하여 자기(自己) 마음대로 함.

경투하사 고래鯨 싸울鬪 새우鰕 죽을死

「고래 싸움에 새우가 죽음」 강자(强者)들의 권력(權力) 다툼 사이에서 해(害)를 입는 것은 약자(弱子)라는 말.

경전하사(鯨戰蝦死)

간어제초(間於齊楚) 등(藤)나라가 큰 나라인 제나라와 초나라 사이에 끼어 있음.

낭패불감(狼狽不堪) 이러지도 저러지도 못하는 어려운 처지(處地)에 놓임.

사제사초(事齊事楚) 제나라도 섬기고 초나라도 섬김.

경파악도 고래鯨 물결波 악어鰐 큰 물결濤

「고래가 일으키는 물결과 악어(鰐魚)가 일으키는 파도(波濤)」 무섭고 사나운 바다 물결.

광랑성파(狂浪盛波) 미친 듯한 물결과 크나큰 파도.

탁랑배공(濁浪排空) 흐린 물결이 하늘을 밀어 열듯이 높이 파도침.

경합이리 가벼울輕 합할合 쉬울易 헤어질離

가볍게 합하고 쉽게 헤어짐.

경행유현 우러러볼景 행할行 벼리維 어질賢

행실(行實)을 훌륭하게 하고 당당(堂堂)하게 행하면 어진 사람이 됨.

경행유현 극념작성(景行維賢 克念作聖) 큰 길을 걸어가는 사람은 어진 사람이 되니, 자잘한 생각을 이겨 나간다면 성인(聖人)이 될 수 있다.

경향출몰 서울京 시골鄕 날出 사라질沒

서울과 시골을 오르내리며 나타났다 사라졌다 함.

경향출입 서울京 시골鄕 날出 들入

서울과 시골을 오르내리면서 널리 교제(交際)함.

경호연역

교대로更 서로互 펼칠演 늘어놓을繹

쌍방(雙方)의 이론(理論)을 듣고 대조(對照)하여 늘이고 넓히어 설명(說明)하는 것.

경혼미정 놀랄驚 넋魂 아닐未 정할定

놀란 가슴이 가라앉지 않음.

대경실색(大驚失色) 많이 놀라 얼굴빛을 잃음.

면여토색(面如土色) 놀라거나 겁에 질려 얼굴이 흙빛이 됨.

아연실색(啞然失色) 뜻밖의 일에 얼굴빛이 변할 정도로 놀람.

↔ **부동성색**(不動聲色) 소리나 표정(表情)으로 감정(感情)을 드러내지 않음.

태연무심(泰然無心) 아주 태연스럽고 이것저것 여러 가지 잡스러운 생각도 없음.

경화거족 서울京 빛날華 클巨 일족族

번화(繁華)한 서울에 사는 대대(代代)로 번영(繁榮)한 집안.

경화귀객 서울京 빛날華 귀할貴 손님客

번화(繁華)한 서울에서 온 귀한 손님.

경화문벌 서울京 빛날華 집안門 가문閥

서울에 있는 명문거족(名門巨族).

경화수월 거울鏡 꽃花 물水 달月

「거울에 비친 꽃과 물 위에 비치는 달」 볼 수만 있고 가질 수 없음.

수월경화(水月鏡花)

견이불식(見而不食) 보고도 먹지 못함.

경중미인(鏡中美人) 거울 속의 아름다운 여인(女人).

화중지병(畵中之餠) 그림의 떡.

화병충기(畵餠充饑) 그림의 떡으로 배를 채움.

경화자제 서울京 빛날華 아들子 아우弟

번화(繁華)한 서울에서 귀(貴)하게 자란 반반한 젊은이.

경황망조 놀랄驚 두려워할惶 없을罔 둘措

놀라고 당황(唐惶)하여 어찌할 바를 모름.

당황망조(唐慌罔措)

망지소조(罔知所措) 너무 당황하거나 급하여 어찌할 바를 모름. 허둥지둥함.

수각황망(手脚慌忙) 갑자기 생긴 일에 놀라서 어찌할 바를 모르고 쩔쩔맴.

창황망조(蒼慌罔措) 너무 급하여 어찌할 줄을 모름.

↔ **임난불구**(臨難不懼) 난국(亂國)에 봉착(逢着)해서도 당황하지 않음.

경희작약 놀랄驚 기쁠喜 뛸雀 뛸躍

「매우 기뻐 날뜀」 하도 기뻐서 날뜀.

광희작약(狂喜雀躍) 미칠 듯이 기뻐하며 날뜀.

부추작약(鳧趨雀躍) 물오리와 참새처럼 뜀.

수무족도(手舞足蹈) 너무 좋아 어쩔 줄 모르고 날뜀.

여취여광(如醉如狂) 기뻐서 취한 듯도 하고 미친 듯도 함.

환호작약(歡呼雀躍) 기뻐서 소리치며 날뜀.

흔희작약(欣喜雀躍) 참새가 날아오르듯 춤을 춤.

흥고채열(興高采烈) 기뻐서 어찌할 바를 모르거나 매우 흥겨움.

계견불경 닭雞 개犬 아닐不 경계할警

「닭이나 개도 경계(警戒)하지 않음」 태평(太平)하고 잘 다스려지는 세상(世上).

견불야폐(犬不夜吠) 「개가 밤에 짖지 않음」 치안(治安)이 잘되어 도둑이 없음.

국무도적(國無盜賊) 나라 안에 도적이 없음.

노불습유(路不拾遺) 길에 떨어진 물건(物件)을 주워가는 사람이 없음.

야불폐문(夜不閉門) 밤에도 대문(大門)을 닫지 않음.

↔ **시랑당도**(豺狼當道) 승냥이와 이리에 비길 만한 간악(奸惡)한 자가 세력(勢力)을 얻어 정권(政權)을 좌우(左右)함.

혼용무도(昏庸無道) 온통 어둡고 어지러운 세상.

계견불녕 닭鷄 개犬 아닐不 편안할寧

「닭과 개가 평안(平安)하지 않음」 치안(治安) 상태(狀態) 등이 매우 불안(不安)함.

↔ **견불야폐**(犬不夜吠) 개가 밤에 짖지 않음.

계견불류 닭鷄 개犬 아닐不 머무를留

「닭과 개도 남기지 않음」 모조리 죽임. 씨를 말림.

멸문지화(滅門之禍) 한 집안이 다 죽임을 당하는 끔찍한 재앙(災殃).

회멸지구(灰滅之咎) 한 가족(家族)이 망하여 없어지게 되는 무거운 형벌(刑罰).

계견상마 닭鷄 개犬 뽕나무桑 말馬

「닭・개・뽕나무・말」 일상(日常)의 농촌(農村) 생활(生活).

계견상문 닭鷄 개犬 서로相 들을聞

「닭의 울음소리와 개 짖는 소리가 여기저기서 들림」 인가(人家)가 인접(隣接)함.

계명구폐(鷄鳴狗吠)

계견승천 닭鷄 개犬 오를昇 하늘天

「닭과 개들마저 하늘로 올라가 신선(神仙)이 됨」 한 사람이 출세(出世)하면 그 집에 딸린 사람들도 덩달아 덕을 보게 됨.

반룡부기(攀龍附驥) 용에 매달리고 천리마(千里馬)에 붙음.

반룡부봉(攀龍附鳳) 용에 매달리고 봉황(鳳凰)에 의탁(依託)함.

발택비승(拔宅飛升) 한 사람이 출세하여 온 집안이 득을 봄.

방문호비(傍門戶飛) 남에게 기대어 출세함.

회남계견(淮南鷄犬) 권세(權勢)에 아부(阿附)하여 출세하는 사람.

↔ **동절최붕**(棟折榱崩) 「마룻대가 부러지면 서까래가 무너짐」 위에 있는 사람이 망하면 아래에 있는 사람까지도 망함.

계견신풍 닭鷄 개犬 새新 풍성할豊

「닭과 개와 신풍(사물(事物)이 눈에 차지 않거나 마음에 들지 않음)」 비록 몸은 타향(他鄕)에 있지만, 고향(故鄕)같이 친근(親近)한 느낌이 들고 즐겁게 생활(生活)함.

계견지성 닭鷄 개犬 어조사之 소리聲

이웃 나라가 서로 바라보아 닭과 개 소리가 서로 들려도, 백성(百姓)이 늙어 죽어도 서로 오가지 않음.

계경이조 매달繫 목頸 써以 끈組

「갓이나 머리에 매는 끈을 목에 맴」 목

을 매어 죽여 달라는 말로 항복한다는 말.

백기투항(白旗投降) 흰색의 깃발로 항복(降伏)을 표시(表示)하는 것.

성하지맹(城下之盟) 「성 아래에서 맺는 맹약(盟約)」 굴욕적(屈辱的)인 강화(講和).

육단견양(肉袒牽羊) 「윗옷 한쪽을 벗고 양을 끌고 감」 신하가 되겠다는 뜻을 나타냄.

이수함옥(泥首銜玉) 「머리를 진흙에 대고 입에 구슬을 묾」 사죄(謝罪)하거나 항복할 때의 모습.

함벽여츤(銜璧輿櫬) 「손을 묶고 입에 옥을 물고 관(棺)을 등에 짐」 항복할 때의 예(禮).

↔ **단두장군**(斷頭將軍) 「머리가 잘린 장군」 죽어도 항복할 줄 모르는 장수(將帥).

계계승승 이을繼 繼 이을承 承

「자자손손(子子孫孫)이 대를 이어 감」 선대(先代)에서 하던 일을 후대(後代) 사람이 내리 이어받음.

가전비방(家傳祕方) 비밀(祕密)히 그 집안에만 대대로 전해 내려오는 처방(處方).

궁구지업(弓裘之業) 「활을 만들고 갖옷을 만드는 일」 선조(先祖) 대대(代代)로 전해 오는 가업(家業).

기구지업(箕裘之業) 대대로 전승(傳承)하여 오는 사업(事業).

만대유전(萬代遺傳) 길이길이 전하여 내려옴.

세세상전(世世相傳) 여러 대를 두고 전하여 내려옴.

세전지보(世傳之寶) 한 집안에 대대로 전해 내려오는 보물(寶物).

전세구물(傳世舊物) 대대로 물려서 전하는 오래된 물건(物件).

조종세업(祖宗世業) 조상(祖上)들이 대대로 이어온 사업(事業).

청전구업(靑氈舊業) 대대로 전하여 오는, 예부터 모은 재산(財産).

계고지력 상고할稽 옛古 어조사之 힘力

「옛글을 상고(詳考)하는 힘」 한(漢)의 환영(桓榮)이 유학(幼學)으로 태자소부(太子少傅)가 되어 임금에게서 받은 거마(車馬)와 인수(印綬)를 여러 생도(生徒)에게 보이며 '이것은 계고의 힘이다'라고 함.

옛일을 속속들이 파고들어 깊이 연구(硏究)하는 노력(努力).

학문(學問)으로 재산(財産)을 얻음.

계고직비 품계階 높을高 직분職 낮을卑

「품계(品階)는 높고 벼슬은 낮음」 이때는 관직(官職) 앞에 '행(行)' 자를 붙였음.

행수(行守)

↔ **계비직고**(階卑職高) 품계는 낮고 벼슬은 높음.

계골지상 닭鷄 뼈骨 어조사之 평상床

「닭 뼈 같아 침대(寢臺)에 기댐」 몸이 쇠약(衰弱)해서 침상(寢床)에 기대어 몸을 지탱(支撑)함.

포류지자(蒲柳之姿) 「갯버들 같은 체질」 몸이 쇠약함, 선천적(先天的)으로 유약(柔弱)한 체질(體質).

연약불승임(耎弱不勝任) 몸이 쇠약하여 맡은 바 직무(職務)를 감당(堪當)할 수 없음.

계교치수

셀計 견줄較 저울 눈錙 무게 단위銖

「조그만 일을 비교(比較)하고 재어 봄」 극히 작은 이해(利害)를 타산(打算)함.

각박성가(刻薄成家) 각박하게 생활(生活)하여 일가(一家)를 이룸.

갈구이상(葛屨履霜) 칡으로 만든 신을 서리가 내려도 신음.

미염박변(米鹽博辯) 쌀이나 소금에 대해서도 자세(仔細)히 논함.

소렴곡근(小斂曲謹) 사소(些少)한 일에 매

이고 삼감.

수미이취(數米而炊) 쌀알을 세어서 밥을 지음.

양속이용(量粟而舂) 조를 세어서 방아 찧음.

이석추호(利析秋毫) 이(利)에는 가을날의 새털까지 쪼갬.

인색지심(吝嗇之心) 재물(財物)에 대한 욕심(慾心)이 많아서 인색한 마음.

일모불발(一毛不拔) 남을 위해서는 털 하나라도 뽑지 않음.

일전여명(一錢如命) 한 푼의 돈을 목숨같이 여김.

자린고비(玼吝考妣) 아주 다라울 정도(程度)로 인색하고 비정(非情)한 사람.

촌량수칭(寸量銖秤) 한 치의 길이, 한 수(銖)의 무게도 재고 닮.

칭신이찬(秤薪而爨) 땔나무를 저울로 달아 땜.

풍취각여(豊取刻與) 많이 갖고 조금 줌.

〈재떨이와 부자는 모일수록 더럽다〉

↔ **의기헌앙**(意氣軒昂) 득의(得意)한 마음이 당당하여 너그럽고, 인색하지 않음.

계구마지혈 닭雞 개狗 말馬 어조사之 피血

예전에 맹세(盟誓)할 때 그 신분(身分)에 따라 천자(天子)는 소와 말, 제후(諸侯)는 개와 돼지, 대부(大夫) 이하는 닭의 피를 마셨음.

계구우후 닭鷄 입口 소牛 뒤後

「닭의 부리와 소의 뒤」 닭의 머리가 될지언정 소의 꼬리가 되지 말라.

계시우종(鷄尸牛從)

용미사두(龍尾蛇頭) 용의 꼬리보다 뱀의 대가리가 되어라.

영위계구 물위우후(寧爲鷄口 勿爲牛後) 닭의 입이 될지언정 소의 꼬리는 되지 말라.

계군고학 닭鷄 무리群 외로울孤 학鶴
계군일학 鷄 群 한一 鶴

「닭의 무리 속에 끼어 있는 한 마리의 학」 많은 사람 가운데 뛰어난 인물(人物).

군계일학(群鷄一鶴), **학립계군**(鶴立鷄群)

계궁백침

계수나무桂 대궐宮 측백나무栢 잠잘寢

「계수나무로 지은 궁전(宮殿)과 측백(側柏)나무로 만든 침상(寢牀)」 궁실(宮室)이 매우 아름다움.

경루옥우(瓊樓玉宇) 「옥으로 장식(粧飾)한 화려(華麗)한 궁전」 달 속에 있다는 궁전.

금전옥루(金殿玉樓) 휘황찬란(輝煌燦爛)한 궁전.

요대은궐(瑤臺銀闕) 선궁(仙宮). 신선(神仙)이 산다는 궁전(宮殿).

제실황거(帝室皇居) 제왕(帝王)의 궁전.

청허동부(淸虛洞府) 달 속에 있다는 궁전.

계궁역진 셀計 다할窮 힘力 다할盡

「꾀가 다하고 힘을 전부(全部) 써 버림」 더는 어찌할 도리(道理)가 없음.

앙비식(仰鼻息) 「콧김을 더듬음」 내로라하는 세력(勢力)이 궁지(窮地)에 빠져 기진맥진해 있는 모습.

궁절시진(弓折矢盡) 활은 부러지고 화살은 다 없어짐.

기진맥진(氣盡脈盡) 스스로 몸을 가누지 못할 정도(程度)로 기력(氣力)이나 기운이 다함.

도절시진(刀折矢盡) 칼은 부러지고 화살은 다 써서 없어짐.

말유야이(末由也已) 어찌할 방도가 없음.

세궁역진(勢窮力盡) 기세(氣勢)가 꺾이고 힘이 다 빠져 어찌할 수가 없음.

정로역굴(情露力屈) 실제(實際)의 사정(事情)이나 정세(情勢)가 드러나고 힘이 꺾여 계책(計策)을 쓸 방도(方道)가 없음.

계규구교 닭鷄 부르짖을叫 개狗 물咬

「닭이 울고 개가 씹음」 안정(安定)된 생활(生活)의 모습.

계명구규(鷄鳴狗叫), **계명구교**(鷄鳴狗咬)

계급분화 품계階 등급級 나눌分 될化

정치적(政治的)·경제적(經濟的)·사회적(社會的) 지위(地位)나 권리(權利) 등에 의해서 사회가 여러 계층(階層)으로 나누어지는 현상(現狀).

계급승완 계율戒 긴요할急 받들乘 느릴緩

계(戒)를 지니는 것은 간절(懇切)하나 부처의 교법(敎法)을 듣기는 원하지 않음.

계급주의 품계階 등급級 주장할主 옳을義

계급을 중시(重視)하는 사상(思想)이나 태도(態度).

자신(自身)이 속한 계급의 이익(利益)에만 충실(充實)하고 다른 계급에 대해서는 배타적(排他的)인 태도를 보이는 경향(傾向).

계급투쟁 품계階 등급級 싸움鬪 다툴爭

사회(社會)가 적대(敵對)하는 둘 이상(以上)의 집단(集團)으로 나누어져 서로 타도(打倒)하려고 싸움하는 것을 말하는데, 그것이 오히려 인류(人類) 사회를 발전(發展)시킨다는 주장(主張).

계도난요 계수나무桂 노櫂 난초蘭 노橈

계도난장 桂 櫂 蘭 돛대槳

「계수나무(桂樹--)로 만든 노(櫓)와 목련(木蓮)으로 만든 삿대」 노와 삿대를 아름답게 이르는 말.

계돈동사 닭鷄 돼지豚 한가지同 모일社

「닭과 돼지가 한데 어울림」 같은 고향(故鄕) 사람끼리 계(契)를 모아 친목(親睦)을 꾀하는 일.

계두어자 닭鷄 머리頭 물고기魚 가시刺

「닭 대가리와 생선(生鮮) 가시」 하찮은 사물(事物)이나 사람.

변변찮은 물건(物件)이나 사람.

저력지재(樗櫟之才) 「참나무와 가죽나무 재목(材木)」 쓸모없는 사람.

주시행육(走尸行肉) 달리는 시체(屍體)와 걸어 다니는 고깃덩이.

계두지육 닭鷄 머리頭 어조사之 살肉

「맨드라미 열매의 과육(果肉)」 여성(女性)의 젖가슴을 비유(比喩)하는 말.

계란개골 닭鷄 알卵 다皆 뼈骨

계란유골 鷄 卵 있을有 骨

「달걀에도 뼈가 있음. 달걀이 곯음」 일이 공교(工巧)롭게 틀어짐.

낭패(狼狽) 일이 뜻대로 되지 않아 몹시 딱한 형편(形便).

서어(鉏鋙) 서로 어긋남. 곧 의견(意見)이 맞지 않아 뜻대로 되지 않음.

부득의(不得意) 마음대로 되지 않음.

궁인모사(窮人謀事) 「운수(運數)가 궁한 사람이 꾸미는 일」 일이 뜻대로 되지 않음.

남행북주(南行北走) 「남으로 가고 북으로 달림」 제대로 되는 일 없이 이리저리 돌아다님.

사불여의(事不如意) 일이 뜻대로 되지 않음.

소불여의(少不如意) 조금도 뜻대로 되지 않거나 뜻과 같지 않음.

유의막수(有意莫遂) 「뜻은 있어도 이루지 못함」 마음은 간절(懇切)하여도 뜻대로 되지 않음.

정지울결(情志鬱結) 일이 뜻대로 되지 않거나 하여 마음이 답답함.

계량주의 셈할計 헤아릴量 주장할主 옳을義

어떤 현상(現狀)의 특성(特性)이나 경향(傾向) 따위를 간접적(間接的)으로 헤아려 객관적(客觀的)인 수량(數量)으로 나타내려는 사상(思想).

계령구쇄 닭鷄 조용할零 개狗 부술碎

「닭과 개와 영쇄」 쓸데없이 자질구레하고 복잡(複雜)함. 잡동사니. 닭과 개는 별로 중요(重要)하지 않은 존재(存在), 영쇄는 자질구레한 물건(物件). **계모산피**(鷄毛蒜皮)

계류부표 이어맬繫 머무를留 뜰浮 표할標

어떤 물건(物件)을 물속에 매달아 놓거나, 물속의 상태(狀態)를 조사(調査)하거나 위치(位置)를 표시(表示)하기 위하여 고정(固定)하여 띄우는 부표.

계륵 닭鷄 갈빗대肋

「닭의 갈빗대」 먹기에는 너무 양(量)이 적고 버리기에는 아까워 이러지도 저러지도 못하는 형편(形便).

여작계륵(如嚼鷄肋) 닭의 갈비뼈를 씹는 것 같음.

간어제초(間於齊楚) 등(藤)나라가 큰 나라인 제나라와 초나라 사이에 끼어 있음.

경투하사(鯨鬪鰕死) 고래 싸움에 새우가 죽음.

낭패불감(狼狽不堪) 난감(難堪)한 처지(處地)에 있음.

양수집병(兩手執餠) 「양손에 떡을 쥠」 가지기도 어렵고 버리기도 어려운 경우(境遇).

염일방일(拈一放一) 하나를 집기 위해서는 다른 하나를 놓아야만 함.

계륵현괘 매달繫 굴레勒 매달懸 걸掛

목을 묶어서 달아맴.

계경이조(繫頸以組) 갓이나 머리에 매는 끈을 목에 맴.

교수형(絞首刑) 목을 졸라 죽이는 사형집행(死刑執行) 방법(方法).

계리획방 헤아릴計 거리里 그을劃 모方

리(里) 수(數)를 재어 네모 형태(形態)로 만듦. **방격도법**(方格圖法)

계림일지 계수나무桂 수풀林 한一 가지枝

「계수나무 숲의 가지 하나」 재능(才能)과 학식(學識)이 뛰어난 사람.

두남일인(斗南一人) 「북두칠성(北斗七星) 이남(以南)에서 제일인 사람」 온 천하에서 제일(第一)가는 현인(賢人).

서통이유(書通二酉) 재능과 학식이 소유산과 대유산을 관통(貫通)할 정도(程度)임.

계림일지 곤산편옥(桂林一枝 崑山片玉) 계수나무 한 가지를 꺾는 데 불과(不過)하고 곤산의 한 조각 옥에 불과(不過)함. 진사(進士)에 급제(及第)한 일을 겸손(謙遜)하게 표현(表現)하는 말.

계림팔도 닭鷄 수풀林 여덟八 길道

우리나라 전체(全體)를 일컬음. 桂林은 신라(新羅)를 말함.

계림황엽 닭鷄 수풀林 누를黃 잎사귀葉

「계림의 누런 잎」 신라(新羅) 말에 신라(新羅)가 쇠퇴(衰退)하고 고려(高麗)가 일어날 것이라는 참언(讖言).

곡령청송(鵠嶺靑松) 「곡령의 푸른 소나무」 신라의 뒤를 이어 곡령 곧 개경(開京)에 도읍(都邑)을 두는 고려 왕조(王朝)가 개창(開創)될 것을 비유적으로 예언(豫言)한 말.

계맹지간 끝季 맏孟 어조사之 사이間

「계씨(季氏)와 맹씨(孟氏) 사이에 해당(該當)하는 대우(待遇)를 해라」 상대편(相對便)을 보아서 적절(適切)하게 접대(接待)하라는 말.

계명고효 닭鷄 울鳴 알릴誥 새벽曉

닭이 울어 새벽을 알림.

계명구교 닭鷄 울鳴 개狗 물咬

계명구규 鷄 鳴 狗 부르짖을叫

「닭이 울고 개가 씹음」 안정(安定)된 생활(生活)의 모습. **계규구교**(鷄叫狗咬)

계명구도 닭鷄 울鳴 개狗 도둑盜

계명지객 鷄 鳴 어조사之 손님客

「닭 울음소리를 내고 개처럼 들어가서 도둑질함」 하잘것없는 재주도 쓸 곳이 있음. **구도계명**(狗盜鷄鳴)

함곡계명(函谷鷄鳴) 함곡관의 닭 울음소리.

계명구폐 닭鷄 울鳴 개狗 짖을吠

「닭의 울음소리와 개 짖는 소리가 여기저기서 들림」 인가(人家)가 인접(隣接)하여 있음. **계견상문**(鷄犬相聞)

계명산천 닭鷄 울鳴 메山 내川

닭의 울음소리에 산천이 밝아 옴.

계명성 닭鷄 울鳴 소리聲

「닭의 울음소리」 새벽을 가리킴.

계명이기 닭鷄 울鳴 말 이을而 일어날起

「닭이 울자 일어남」 시간(時間)을 헛되이 하지 않고 근면(勤勉)함.

계명죽오 닭鷄 울鳴 대나무竹 오동나무梧

닭이 대나무와 오동나무 사이에서 욺.

계명지객 닭鷄 울鳴 어조사之 손님客

닭 울음소리를 묘하게 잘 흉내 내는 식객(食客).

계명지조 닭鷄 울鳴 어조사之 도울助

「닭 울음의 도움」 어질고 현명(賢明)한 왕비(王妃)의 내조(內助).

규어격부(窺御激夫) 「말 부리는 것을 엿보고 남편(男便)을 나무람」 배우자(配偶者)를 격려(激勵)하는 아내의 내조.

내조지공(內助之功) 집안에서 도와주는 공(功).

내조지현(內助之賢) 내부(內部)에서 하는 원조(援助).

계명천상 닭鷄 울鳴 하늘天 위上

회남왕(淮南王) 유안(劉安)이 신선(神仙)이 되어 간 뒤 남겨 놓았던 약그릇을 닭과 개가 핥고 다 하늘로 올라갔다는 고사(故事).

계명축시 닭鷄 울鳴 둘째 지지丑 때時

「새벽닭이 축시 곧 새벽 한 시에서 세 시 사이에 욺」 축시를 일컫는 말.

계모구투 닭鷄 본뜰摸 개狗 훔칠偸

「닭이 더듬고 개가 훔침」 좀도둑과 소매치기.

부정(不淨)한 남녀 관계(男女關係).

계모산피 닭鷄 털毛 마늘蒜 가죽皮

「닭털과 마늘 껍질」 사소(些少)하고 보잘것없는 일. **계령구쇄**(鷄零狗碎)

검려지기(黔驢之技) 「검주 노새의 재주」 겉치레뿐 실속이 보잘것없는 솜씨.

무족가관(無足可觀) 「가히 볼만한 것이 없음」 사람의 됨됨이가 가히 보잘것없음.

와명선조(蛙鳴蟬噪) 「개구리가 울어대고 매미가 시끄럽게 함」 쓸데없는 입씨름 또는 글이나 논설(論說)이 졸렬(拙劣)하고 보잘것없음.

창해일속(滄海一粟) 「푸른 바다에 좁쌀 한 톨」 아주 작고 보잘것없음.

계목쟁식 닭鷄 집오리鶩 다툴爭 먹을食

「닭과 집오리가 먹이를 서로 먼저 먹으려고 다툼」 여염(閭閻)의 사람들이 서로 다툼.

계몽사상 열啓 어두울蒙 생각할思 생각想

계몽사조 啓 蒙 思 생각의 흐름潮
계몽주의 啓 蒙 주장할主 옳을義
계몽철학 啓 蒙 밝을哲 학문學

16~18세기에 유럽 전역(全域)에 일어난 혁신적(革新的) 사상. 교회(教會)의 권위(權威)에 바탕을 둔 구시대(舊時代)의 정신적(精神的) 권위와 사상적(思想的) 특권(特權)과 제도(制度)에 반대(反對)하여 인간적(人間的)이고 합리적(合理的)인 사유(思惟)를 제창(提唱)하고, 이성(理性)의 계몽을 통하여 인간 생활(生活)의 진보(進步)와 개선(改善)을 꾀하려 하였다.

계무소시 꾀計 없을無 바所 베풀施

꾀는 있으나 쓸 만한 곳이 없음.

용지하처(用之何處) 쓸 만한 곳이 없음.

계무소출 꾀計 없을無 바탕所 날出

「계책(計策)이 나올 곳이 없음」 아무런 계책도 통하지 않는 답답한 상황(狀況).

거허박영(據虛搏影) 허공(虛空)에 의지(依持)하여 그림자를 침.

속수무책(束手無策) 손이 묶여 아무런 세책도 세울 수 없음.

백계무책(百計無策) 온갖 꾀로도 대책(對策)이 없음.

백약무효(百藥無效) 온갖 약이 모두 효험(效驗)이 없음.

↔ **기관산진**(機關算盡) 여러 계책을 다 씀.

천방백계(千方百計) 「백이나 천의 방책(方策)과 계략(計略)」 온갖 꾀.

계민수전 헤아릴計 백성民 줄授 밭田

「백성(百姓)의 수(數)를 헤아려 토지를 나누어 줌」 모든 백성이 자작농(自作農)이 가능(可能)한 토지제도(土地制度)로, 정도전(鄭道傳)이 시행(施行)하고자 했던 토지 개혁(改革).

계발유도 열啓 필發 달랠誘 인도할導

무지몽매(無知蒙昧)를 깨쳐 알게 이끌어 줌.

계복고란 닭鷄 품을伏 고니鵠 알卵

「닭이 고니알을 품음」 작은 인물(人物)이 큰일을 맡기 어려움.

급심경단(汲深綆短) 두레박의 줄이 짧으면 깊은 우물의 물을 길 수 없음.

과부적중(寡不敵衆) 적은 것이 많은 것을 대적(對敵)함.

문예부산(蚊蚋負山) 모기가 산을 짊어짐.

배수거신(杯水車薪) 한 잔의 물로 수레에 가득 실린 나무에 붙은 불을 끄라고 함.

부산지루(負山之累) 「산을 진 누(累)」 신분(身分)에 맞지 않는 무거운 임무(任務).

부유대분(蜉蝣戴盆) 하루살이에게 동이를 지게 함.

부중섭원(負重涉遠) 무거운 물건(物件)을 지고 먼 곳까지 감.

악전고투(惡戰苦鬪) 매우 어려운 조건(條件)을 무릅쓰고 고생(苦生)스럽게 싸움.

약마복중(弱馬卜重) 약한 말에 무거운 짐을 실음.

인소불감(人所不堪) 사람의 힘으로는 견디어 내기 힘든 정도의 형편(形便).

일목난지(一木難支) 나무 한 그루로는 지탱(支撐)하기 어려움.

일주경천(一株擎天) 한 개의 기둥으로 하늘을 떠받침.

임대책중(任大責重) 임무가 크고 책임(責任)이 무거움.

임중도원(任重道遠) 임무는 무겁고 노정(路程)은 멂.

조도상금(操刀傷錦) 칼을 다루다가 비단(緋緞)을 상함.

책중산악(責重山岳) 책임이 산보다도 무거움.

하관부직(下官不職) 관리(官吏)가 그 직책(職責)을 감당(堪當)하지 못함.

계부학발 닭鷄 살갗膚 학鶴 터럭髮

「닭의 피부(皮膚)에 학의 머리」 노인(老人)의 머리가 희고 피부는 쪼글쪼글함.

계피학발(鷄皮鶴髮), **학발계피**(鶴髮鷄皮)

계불급봉 닭鷄 못할不 미칠及 봉황鳳

「닭은 봉황(鳳凰)에 미치지 못함」 아들이 아버지만 못함.

호부견자(虎父犬子) 「호랑이 아비에 개의 새끼」 훌륭한 아버지에 못난 아들.

↔ **견부호자**(犬父虎子) 개 같은 아비에 호랑이 같은 아들.

계불입량 꾀計 아닐不 들入 헤아릴量

계책(計策)이 들어맞지 않음.

계붕구우 닭鷄 벗朋 개狗 벗友

「닭과 개를 벗으로 삼음」 변변찮은 친구(親舊).

품행(品行)이 단정(端整)하지 않음.

저붕구우(猪朋狗友) 돼지와 개로 벗 삼음.

호붕구우(狐朋狗友) 여우와 개로 벗 삼음.

계비구도 닭鷄 날飛 개狗 뛸跳

개비구규 鷄 飛 狗 부르짖을叫

「닭이 날고 개가 뜀」 놀라고 두려워 혼란(混亂)한 상황(狀況)이 발생(發生)함.

계비구주 닭鷄 날飛 개狗 달릴走

계비구찬 鷄 飛 狗 숨을竄

「닭이 날고 개가 도망(逃亡)침」 매우 놀라서 당황(唐惶)해서 도망감.

경겁도주(驚怯逃走) 놀라고 겁을 내어 도망침.

계비단타 닭鷄 날飛 새알蛋 칠打

「닭이 날자, 계란(鷄卵)이 깨짐」 쌍방(雙方)이 물거품이 되어 아무 소득(所得)이 없음.

견토지쟁(犬兎之爭) 「개와 토끼의 다툼」 양측이 싸우다가 제삼자(第三者)가 손쉽게 이익(利益)을 취하는 경우(境遇).

방휼지쟁(蚌鷸之爭) 조개와 도요새의 다툼.

변장자호(卞莊刺虎) 실력(實力)이 비슷한 쌍방(雙方)의 다투게 해 이득(利得)을 얻는 제삼자의 지혜(智慧).

이호경식지계(二虎競食之計) 두 마리 호랑이가 먹이를 다투도록 만드는 계책(計策).

계비지총 맬繫 팔臂 어조사之 사랑할寵

군주(君主)의 특별(特別)한 총애(寵愛). 진(晉)나라 무제(武帝)가 예쁜 궁녀(宮女)를 골라 그 팔꿈치에 붉은 비단(緋緞)을 걸었다는 데서 유래(由來)함.

여도지죄(餘桃之罪) 「먹고 남은 복숭아의 죄」 지나친 총애가 도리어 큰 죄(罪)의 원인(原因)으로 변할 수 있음.

회총시위(懷寵尸位) 임금의 총애를 받다가 물러나야 할 때 물러나지 않고 계속(繼續)해서 벼슬자리를 지킴.

계비직고 품계階 낮을卑 직분職 높을高

품계(品階)는 낮고 벼슬은 높음.

↔ **계고직비**(階高職卑) 품계는 높고 벼슬은 낮음.

계사광개 이을繼 일事 넓을廣 열開

'일을 잇는다'는 의미(意味)의 계사(繼事)는 내적(內的) 충실(充實)을, '넓게 연다'는 의미의 광개(廣開)는 외연적(外延的) 확대(擴大)를 뜻함.

계사야 닭雞 맡을司 밤夜

닭은 야간(夜間)에 시간(時間)을 알리는 일을 맡음.

계산전쟁 헤아릴計 셈算 싸움戰 다툴爭

적(敵)에게 미리 승패(勝敗)를 계산하게 하고 싸우지 않고도 승리(勝利)를 얻기 위하여 행하는 무력과시(武力誇示).

무력시위(武力示威) 군사상(軍事上)의 위력(威力)이나 그 정도의 과격(過激)한 행동(行動)으로, 개인(個人)이나 집단(集團)의 의사(意思)를 표현(表現)하는 일.

무력과시(武力誇示) 무력을 시위(施威)하여 상대국(相對國)의 전의(戰意)를 상실(喪失)시키려는 전략(戰略).

계산풍류 시내溪 메山 바람風 흐를流

호방(豪放)하고 낭만적(浪漫的) 풍류(風流) 또는 문(文)·사(史)·철(哲)을 즐기던 조선시대(朝鮮時代) 양반(兩班)들의 고급(高級) 놀이.

계상배언 상고할稽 이마顙 절拜 말言

「머리를 조아려 사룀」 상제(喪制)가 편지(便紙) 첫머리나 자기 이름 다음에 쓰는 한문(漢文) 투(套)의 말.

계상재배 상고할稽 이마顙 둘再 절拜

「이마가 땅에 닿도록 몸을 굽혀 두 번 절함」 흔히 한문(漢文) 투의 편지글(便紙-)에서 상제(喪制)가 상대편(相對便)에 대한 경의(敬意)를 표하기 위하여 편지(便紙) 첫머리에 씀.

계상재배 송구공황(稽顙再拜 悚懼恐惶) 이마를 땅에 대고 두 번 절하니 송구하고 황송(惶悚)한 마음.

계서봉황식

닭鷄 들일棲 봉황鳳 봉황凰 먹을食

「닭집에서 봉황(鳳凰)이 함께 살면서 모이를 먹음」 충신(忠臣)이 천(賤)한 죄인(罪人)들과 함께 하는 삶.

계성자손 이을繼 성씨姓 자식子 자손孫

남의 집 양자(養子)가 되어 성을 이어받은 자손.

계세징인 경계할戒 세상世 징계할懲 사람人

세상(世上) 사람들을 경계(警戒)하고 징벌(懲罰)함.

계속부절 이을繼 이을續 아닐不 끊을絶

끊이지 않고 죽 이어짐.

면면부절(綿綿不絶) 오래 이어져 끊이지 않음.

연속부절(連續不絶) 연달아 이어져 끊이지 않음.

일야부절(日夜不絶) 밤낮으로 계속(繼續)함.

계수주인 지경界 머리首 주인主 사람人

서울에 있으면서 각도(各道)의 감영(監營) 일을 맡아서 본 사람.

계수압각 닭鷄 손手 오리鴨 다리脚

「닭의 발과 오리의 다리」 서툶.

서투른 솜씨.

계시우종 닭鷄 두尸 소牛 좇을從

「닭 대가리가 될지언정 쇠꼬리는 안 됨」 큰 조직(組織)의 말석(末席)을 차지하기보다 작은 조직의 우두머리가 되는 편이 나음.

계구우후(鷄口牛後) 닭의 부리와 소의 뒤.

용미사두(龍尾蛇頭) 용의 꼬리보다 뱀의 대가리가 나음.

영위계구 물위우후(寧爲鷄口 勿爲牛後) 닭의 입이 될지언정 소의 꼬리는 되지 말라.

계신옥립 계수나무桂 섶薪 옥玉 낟알粒

「땔나무의 값은 계수나무(桂樹--)만큼 비싸고 쌀값은 옥값과 맞먹음」 장작(長斫)과 식량(食糧)이 매우 비쌈을 비유하는 말.

계영배 경계할戒 찰盈 잔杯

과음(過飮)을 경계(警戒)하기 위하여 만든 잔. **절주배**(節酒杯)

계영포풍 맬繫 그림자影 잡을捕 바람風

「그림자를 잡아매고 바람을 잡음」 허무맹랑(虛無孟浪)하고 믿을 수 없는 일.

계풍포영(繫風捕影)

건목수생(乾木水生) 마른나무에서 물을 짜냄.

고빙구화(敲氷求火) 얼음을 두드려 불을 구함.

귀배괄모(龜背刮毛) 거북이 등의 털을 깎음.

누진취영(縷塵吹影) 먼지에 새기고 그림자를 입으로 붊.

백년하청(百年河淸) 황허강의 물이 맑아지기를 무작정(無酌定) 기다림.

빙탄상애(氷炭相愛) 얼음과 숯이 서로 사랑함.

사어지천(射魚指天) 물고기를 잡으려고 하늘을 향해 쏨.

상산구어(上山求魚) 산 위에 올라가 물고기를 구하려고 함.

석계등천(釋階登天) 사다리를 버리고 하늘에 오르려고 함.

여호모피(與虎謀皮) 호랑이와 더불어 호랑이 가죽을 벗길 것을 꾀함.

여호모피(與狐謀皮) 여우하고 여우의 모피를 벗길 모의(謀議)를 함.

여양모육(與羊謨肉) 양에게 양고기를 내놓으라고 꾐.

육지행선(陸地行船) 육지로 배를 끌고 가려고 함.

초망착호(草網着虎) 썩은 새끼줄로 엮은 그물로 범을 잡음.

포풍착영(捕風捉影) 바람을 잡고 그림자를 붙듦.

계옥지간 계수나무桂 옥玉 어조사之 어려울艱

남의 나라 땅에서 계수나무보다 비싼 땔나무를 쓰고 옥보다 귀한 음식(飮食)을 먹고 사는 고생(苦生). 물가(物價)가 몹시 비싼 곳에서 고학(苦學)하는 때도 쓰임.

계옥(桂玉)

미주신계(米珠薪桂) 쌀값이 구슬값과 같고 땔나무 값이 계수나뭇값과 같음.

식옥취계(食玉炊桂) 식량(食糧)으로 옥을 먹고 계수(桂樹)나무로 밥을 지음.

계옥지수 계수나무桂 옥玉 어조사之 근심愁

「땔나무는 계수나무와 같고 쌀은 옥같이 귀해서 근심임」 양식(糧食)과 땔감이 매우 귀하여 생활(生活)이 빈곤(貧困)함.

계옥지지 계수나무桂 옥玉 어조사之 땅地

물가(物價)가 비싼 도시(都市).

계옥지탄 계수나무桂 옥玉 어조사之 탄식할嘆

식량(食糧) 구하기가 계수나무 구하듯이 어렵고, 땔감을 구하기가 옥을 구하기만큼이나 어려움.

계왕개래 이을繼 갈往 열開 올來

성현(聖賢)의 가르침을 계승(繼承)하여 후손(後孫)에게 가르쳐 전함.

계왕성개래학(繼往聖開來學)

이고위감(以古爲鑑) 옛 성현의 말씀을 거울로 삼아 행동(行動)함.

전언왕행(前言往行) 옛 성현의 말과 행동.

계유오덕 닭雞 있을有 다섯五 덕德

닭에게 다섯 가지 덕이 있음.

· 머리에 관(冠)을 쓰고 있으니 **문**(文)이요,

· 발에는 발톱이 있어 **무**(武)요,

· 적(敵)을 맞아 죽을 때까지 싸우니 **용**(勇)이요,

· 음식(飮食)을 보면 혼자 먹지 않고 함께 하니 **인**(仁)이요,

· 밤을 지키되 그때를 잊지 않으니 **신**(信)이라 함.

계유정난

열째 천간癸 열째 지지酉 편안할靖 어려울難

조선시대(朝鮮時代), 1453년에 수양대군(首陽大君)이 단종(端宗)을 폐위(廢位)하고 여러 대신(大臣)을 죽이고 반대파(反對派)를 숙청(肅淸)하여 정권(政權)을 찬탈(簒奪)한 사건(事件).

계이사지 새길鍥 말 이을而 버릴舍 어조사之

새기다가 중도(中途)에 버려둠.

단기지계(斷機之戒) 「베를 끊어 경계(警戒)함」 중도에 그만두는 것을 경계함.

반도이폐(半途而廢) 「일하다가 중도에 그만둠」 시작(始作)은 있으나 끝이 없음.

반상낙하(半上落下) 반쯤 올라가다가 아래로 떨어짐.

반자불성(半字不城) 글자를 쓰다가 중도에 그만둠.

계일지령 셀計 날日 어조사之 명령令

재직(在職) 기간(其間)을 계산(計算)하라는 명령(命令).

계일허참 셀計 날日 허락할許 산여할衆

조선시대(朝鮮時代)에, 새로운 사람이 임명(任命)된 뒤 일정한 날수 동안 선임자(先任者)를 출근(出勤)하게 하던 일. 10여 일 동안 신입은 선임자에게 대접을 잘하고, 선임자는 신입에 상종(相從)을 허락(許諾)하며 오만(傲慢)을 없앤다는 풍속(風俗).

허참례(許衆禮) 과거(科擧)에 급제(及第)하여 처음으로 벼슬길에 나아가는 신임(新任) 관원(官員)이 선임자(先任者)에게 베풀던 잔치.

면신례(免新禮) 부임(赴任) 즉시(卽時) '허참례'라 하여 일차 향응(饗應)을 베풀고, 열흘쯤 뒤에 '면신례'라는 명목(名目)으로 다시 주연(酒宴)을 벌여야 하였음.

신래침학(新來侵虐) 과거에 새로 급제하여 관아에 신임된 사람을 고참(古參)이 참기 어렵게 괴롭히던 일.

입문허참(立門許衆) 삼관(三館)에 처음으로 들어가서 구관(舊官)에게 음식을 마련하여 대접하고 인사를 드리던 예(禮). 신구관(新舊官)이 서로 친밀(親密)을 꾀하고 그 위계질서(位階秩序)를 바로잡으려는 데 목적이 있었음.

계자지노 시내谿 아들子 어조사之 쇠뇌弩

「굳센 쇠뇌」 쇠뇌는 여러 개의 화살을 쏘아 한꺼번에 나가게 하는 활의 하나. 谿子는 이적(夷狄) 나라의 이름.

막막강궁(莫莫强弓) 더할 수 없이 단단하고 센 활.

계장구두 닭鷄 창자腸 개狗 배肚

「닭의 창자와 개의 배」 사람의 속이 매우 좁고 마음씨가 불량(不良)함.

계쟁압투 닭鷄 다툴爭 오리鴨 싸울鬪

「닭이 다투고 오리가 싸움」 자질구레한 일로 다툼. 아옹다옹 다툼.

계초아투(鷄吵鵝鬪) 닭이 소리치고 거위가 씨움.

만촉지쟁(蠻觸之爭) 「만 씨와 촉 씨의 다툼」 시시한 일로 다툼.

와각지쟁(蝸角之爭) 달팽이의 뿔 위의 싸움.

계전만리 섬돌階 앞前 일만萬 거리里

만 리나 떨어진 먼 곳도 발밑에 있는 계단(階段)의 앞과 같이 환히 내다봄.

지방행정(地方行政)이 잘되고 있는지 잘못되고 있는지를 임금이 모두 다 알고 있어서 신하(臣下)들이 결코 속일 수 없음.

계절노동 계절季 절기節 일할勞 움직일動

계절의 변화(變化)에 따라서 일의 양이 현저(顯著)하게 차이(差異) 나는 노동.

농업(農業)·임업(林業)·어업(漁業), 청량음료(清涼飮料) 제조업(製造業), 토목건축업(土木建築業) 따위.

한가(閑暇)한 계절을 이용(利用)하여 본업(本業) 이외(以外)에 별도(別途)로 하는 다른 일.

계절상품 계절季 절기節 장사商 물건品

일 년 중 특정(特定)한 계절에만 팔리는 물품(物品).

계절존망 이을繼 끊을絶 있을存 망할亡

아들이 없어 대가 끊어지게 된 집안이나 왕실(王室)에서 양자(養子)를 들여 대를 이음.

백골양자(白骨養子) 죽은 사람을 양자로 삼아 그 자손(子孫)으로 하여 대를 잇는 것.

일생일급(一生一及) 아버지가 돌아가신 후 아들이 그 대(代)를 이음을 '生', 형이 죽어 동생이 그 후를 이음을 '及'이라 이름.

적적상승(嫡嫡相承) 정실(正室)에서 난 맏이가 대대로 집안의 대를 이음.

계절회유 계절季 절기節 돌아올回 다닐遊

물고기가 계절에 따라 생활(生活)에 적당(適當)한 온도(溫度)의 물을 좇아 이동하는 일. **계절이동**(季節移動)

양측회유(兩側回遊) 은어(銀魚)처럼 산란(産卵) 목적(目的) 외에 정해진 바다와 강을 오르내리는 현상(現象).

계족홍사 맬繫 발足 붉을紅 실絲

「발을 붉은 실로 묶음」 부부(夫婦)의 인연(因緣)을 이르는 말.

월하노인(月下老人) 부부의 인연을 맺어주는 중매인(中媒人).

천생연분(天生緣分) 하늘에서 미리 정해 준 것처럼 꼭 맞는 부부 인연.

천작지합(天作之合), **천정배필**(天定配匹) 하늘이 맺어준 배필.

계주생면 맺을契 술酒 날生 낯面

「계에서 내는 술로 생색(生色)을 냄」 남의 물건(物件)으로 자기가 생색을 냄.

제주생면(祭酒生面) 제사(祭祀)를 지낸 퇴주(退酒)로 남을 대접(待接)하여 생색을 냄.

계지술사 이을繼 뜻志 계승할述 일事

앞사람의 뜻과 사업(事業)을 이어받음.

계찰계검 계절季 편지札 맬繫 칼劍

계찰괘검 季 札 걸掛 劍

「계찰이 검을 걸어 놓음」 신의(信義)를 중(重)히 여김.

계체지군 이을繼 몸體 어조사之 임금君

「조상(祖上)의 뒤를 잇는 임금」 황태자(皇太子).

계초아투 닭鷄 떠들吵 거위鵝 싸울鬪

「닭이 소리치고 거위가 싸움」 자질구레한 일로 다툼. 아옹다옹 싸움.

계쟁압투(鷄爭鴨鬪) 닭이 다투고 오리가 싸움.

계총납모 열啓 사랑할寵 들일納 업신여길侮

지나치게 총애(寵愛)하면 도리어 경멸(輕蔑)을 받게 됨.

계충득실 닭雞 벌레蟲 얻을得 잃을失

닭이 벌레를 쪼아 먹고 또 사람이 그 닭을 잡아먹는 일. 모두가 큰 득실은 아님. 작은 이해(利害)와 득실.

계택상월 시내谿 연못澤 코끼리象 달月

조선(朝鮮) 선조(宣祖) 때 문장(文章)으로 뛰어났던 '한학(漢學) 사대가(四大家)'. **계**곡(谿谷) 장유(張維) ·**택**당(澤堂) 이식(李植) ·**상**촌(象村) 신흠(申欽) ·**월**사(月沙) 이정구(李廷龜) 네 사람 호(號)를 한 자씩 딴 것이다.

월상계택(月象谿澤), **상월계택**(象月谿澤)

계포압자 닭鷄 안을抱 덮을鴨 어조사子

「닭이 오리알을 품음」 헛수고함.

계부입연(揭斧入淵) 도끼를 들고 산에는 들어가지 않고 연못에 들어감.

계영포풍(繫影捕風) 「바람을 잡아매고 그림자를 잡음」 허무맹랑(虛無孟浪)하고 믿을 수 없는 일.

고빙구화(敲氷求火) 얼음을 두드려 불을 구함.

귀배괄모(龜背刮毛) 거북이 등의 털을 깎음.

누진취영(縷塵吹影) 먼지에 새기고 그림자를 입으로 붊.

득갑환주(得匣還珠) 구슬을 담은 갑만 갖고 구슬은 돌려줌.

문도어맹(問道於盲) 앞을 보지 못하는 이에게 길을 물음.

조빙화지(凋冰畵脂) 얼음에 새기고 기름에 그림.

취사성반(炊沙成飯) 모래를 때어 밥을 지음.

포풍착영(捕風捉影) 바람을 잡고 그림자를 붙듦.

화지누빙(畫脂鏤氷) 기름에 그림을 그리고 얼음에 조각(彫刻)함.

계포일낙 끝季 베布 한一 허락할諾

「절대(絶對)로 틀림없는 승낙(承諾)」 초(楚)나라 장수(將帥)인 계포의 한 번 승낙은 백금(百金)을 얻기보다 더 소중(所重)했다는 고사(故事)에서 유래(由來)한 말.

계찰괘검(季札掛劍) 계찰이 검을 걸어 놓음.

일낙천금(一諾千金) 한 번 승낙한 약속(約束)은 천금과 같음.

장부일언중천금(丈夫一言重千金) 사내의 한마디 말은 돈 일천 냥보다 무거움.

계피학발 닭鷄 가죽皮 학鶴 터럭髮

피부(皮膚)는 닭의 살갗 같고 머리털은 학처럼 흼. 늙은이. **계부학발**(鷄膚鶴髮)

미랭시(未冷尸) 「아직 식지 않은 송장」 아주 많이 늙어서 사람 구실을 못 하는 사람.

미려질태(眉黎耋鮐) 나이 많은 노인(老人).

백발노인(白髮老人) 머리가 하얗게 센 늙은이.

소소백발(昭昭白髮) 온통 하얗게 센 머리.

여발종종(余髮種種) 늙은이가 자기를 지칭(指稱)하는 말.

창안백발(蒼顔白髮) 늙은이의 여윈 얼굴빛과 하얗게 센 머리털.

호호백발(皜皜白髮) 온통 하얗게 센 머리.

계하죄인 열啓 아래下 죄인罪 사람人

임금의 재가(裁可)를 얻은 죄인. 이 죄인은 임금의 허락(許諾) 없이 형벌(刑罰)을 받거나 구속(拘束) 장소(場所)를 옮길 수 없었다.

계학지욕 시내谿 골짜기壑 어조사之 욕심慾

「물릴 줄 모르는 한없는 욕심(慾心)」 대단한 탐심(貪心). 골짜기의 물이 마르지 않으므로 하는 말.

거어지탄(車魚之歎) 「수레와 고기에 대한 탄식(歎息)」 끝이 없는 욕심.

득롱망촉(得隴望蜀) 농서 지방(地方)을 얻고 나니 촉 지방(地方)이 탐냄.

무염지욕(無厭之慾) 싫증이 나지 않는 한량(限量)없는 욕심.

야심만만(野心滿滿) 「들에 있으려는 마음이 가득함」 큰일을 이루어 보겠다는 욕망(慾望)이나 소망(所望)이 마음속에 가득함.

차청차규(差廳借閨) 대청(大廳)을 빌려 쓰다 집을 차지함.

탐다무득(貪多務得) 욕심이 많아 숱한 것들을 탐냄.

탐련관작(貪戀官爵) 관직(官職)과 작위(爵位)

를 탐하여 늘 잊지 못함.

기마욕솔노(騎馬欲率奴) 말을 타면 종에게 고삐를 잡히고 싶어 함.

장협귀래호(長鋏歸來乎) 「장검(長劍)이 돌아가지 않겠느냐?」 만족(滿足)할 줄 모르는 인간(人間)의 욕망.

호마욕남음(胡馬欲南飮) 오랑캐의 말은 남쪽의 물을 마시고 싶어 함.

↔ **고목사회**(枯木死灰) 「말라죽은 나무와 불꺼진 재」 욕심이 없거나 생기(生氣)가 없는 모습.

소림일지(巢林一枝) 숲에 새집을 지을 때 나뭇가지 하나로 족함.

음하만복(飮河滿腹) 두더지가 강물을 마셔도 자기 배를 채우는 데 불과(不過)함.

계활구의 소원할契 넓을闊 오랠久 어조사矣

만난 지가 꽤 오래되었음.

고가대족 오랠故 집家 큰大 일족族

고가세족 故 家 인간世 族

대대(代代)로 세도(勢道)를 누린 큰 집안.

거가대족(巨家大族) 대대로 번영(繁榮)한 문벌(門閥)이 있는 집안.

고족대가(古族大家) 예부터 대를 이어 자손(子孫)이 번성하고 세력(勢力)이 있는 집안.

공후재척(公侯宰戚) 벼슬이 높거나 권력(權力)이 있는 가문(家門).

대성가문(大姓家門) 후손(後孫)이 번성(繁盛)하고 세력(勢力)이 있는 집안.

문벌귀족(門閥貴族) 5품 이상의 고위관직(高位官職)을 여러 대에 걸쳐 배출(輩出)한 가문과 그 가문의 구성원(構成員).

벌빙지가(伐氷之家) 문벌이 높고 고귀(高貴)한 집안.

고가옥촌 옛古 집家 집屋 마을村

옛집이 몰려 있는 마을.

고각대루 높을高 문설주閣 큰大 다락樓

높고 큰 집. **고루거각**(高樓巨閣)

고대광실(高臺廣室) 매우 크고 좋은 집.

고당화각(高堂畵閣) 높은 곳에 지은 아름다운 집.

고각함성 북鼓 뿔角 고함지를喊 소리聲

적(敵)과 싸울 때, 사기(士氣)를 돋우려고 북을 치고 나발(螺髮)을 불며 아우성치는 소리.

고개단청 돌아볼顧 즐거울愷 붉을丹 푸를靑

진(晉)나라의 고개지(顧愷之)가 그린 그림 중 특히 단청(丹靑)에 능한 일. 고개지는 박학(博學)에다 재기(才氣)가 있었으며, 해학(諧謔)을 즐기며, 그림에 능했으므로, 흔히 고개지에게 삼절(三絶)이 있다고 하였다. 삼절은 재절(才絶)·화절(畵絶)·치절(癡絶)이며, 고개지의 그림에서 '**점입가경**(漸入佳境)'이라는 고사성어(故事成語)가 나왔다.

고거(차)사마 높을高 수레車 사마駟 말馬

고귀(高貴)한 사람이 타는 수레. 高車는 덮개가 높고 서서 탈 수 있는 수레.

고견약척 높을高 어깨肩 약할弱 등마루脊

「높은 어깨와 연약(軟弱)한 등」 공자(孔子)의 모습을 평한 말.

위이불맹(威而不猛) 위엄(威嚴)이 있으면서도 무섭지 않고 부드러움. '논어(論語)'에 공자의 모습으로 묘사(描寫)된 말.

고고산두 높을高 高 메山 꼭대기頭

높은 산 위.

고고영정

외로울孤 괴로울苦 떨어질零 고무래丁

가난하게 되어 남의 도움 없이 고생(苦生)함.

고고자허

외로울孤 높을高 스스로自 허락할許

자기만이 고결(高潔)하다고 자부(自負)함.

고도지사(高蹈之士) 고고한 곳을 밟고 사는 선비.

고고지사

마를枯 마른나무槁 어조사之 선비士

불우(不遇)한 환경(環境)에 처한 선비.

고고지성 울呱 呱 어조사之 소리聲

어린아이가 세상(世上)에 처음 나올 때 우는 소리.

고곡주랑 돌아볼顧 굽을曲 두루周 사내郎

「곡을 잘못 연주(演奏)하면 주랑(周郎)이 곧 알아차리고 돌아봄」 음악(音樂)에 조예(造詣)가 깊은 사람.

고관광대 높을高 갓冠 넓을廣 띠帶

「높은 갓과 넓은 띠」 신분(身分)에 걸맞지 않은 의관(衣冠) 차림.

사모영자(紗帽纓子) 사모에 갓끈.

초헌마편(軺軒馬鞭) 가마 타고 채찍질하기.

복지불충 신지재야(服之不衷 身之災也) 자기 신분에 알맞지 않은 옷을 입으면 사람들이 이상하게 보므로 몸에 재앙(災殃)이 됨.

고관대작 높을高 벼슬官 큰大 벼슬爵

지위(地位)가 높은 벼슬 또는 그런 자리에 있는 인물(人物).

요관현질(要官顯秩) 좋은 벼슬자리.

청운지사(青雲之士) 「푸른 구름 같은 선비」 학덕(學德)이 높은 어진 사람, 고위(高位) 고관(高官)으로 출세(出世)하여 지위가 높은 사람.

회금수자(懷金垂紫) 「황금(黃金)의 인(印)을 품고 자줏빛 인끈을 늘어뜨림」 높은 벼슬자리에 오름.

패류잔화(敗柳殘花) 「잎 떨어진 버드나무와 앙상한 가지에 겨우 붙어 있는 시든 꽃」 아름다움을 잃은 미인. 권세(權勢)를 잃은 고관대작.

↔ **미관말직**(微官末職) 자리가 낮고 변변찮은 벼슬.

일계반급(一階半級) 하찮은 벼슬.

일자반급(一資半級) 보잘것없는, 미미(微微)한 벼슬.

고관배련 높을高 갓冠 더할陪 손수레輦

높은 관을 쓰고 수레로 모시니, 제후(諸侯)의 예(禮)로 대접(待接)함.

고관배련 구곡진영(高冠陪輦 驅轂振纓) 높은 관을 쓰고 수레로 모시니, 제후의 예로 대접하고, 수레를 몰고 갓끈이 떨치니 임금 출행(出行)에 제후의 위엄(威嚴)이 있다.

고굉지력 넓적다리股 팔肱 어조사之 힘力

「다리와 팔의 힘」 신하(臣下)로서의 힘, 또는 전신(全身)의 힘.

고굉지신 넓적다리股 팔肱 어조사之 신하臣

「다리와 팔에 비길 만한 신하」 임금이 가장 믿고 중하게 여기는 신하.

고장지신(股掌之臣)

골경지신(骨鯁之臣) 목에 걸린 가시처럼, 듣기에 괴로운 직언(直言)을 하는 강직(剛直)한 신하(臣下).

보필지신(輔弼之臣) 임금이 바른길을 가도록 곁에서 돕는 신하.

사직지신(社稷之臣) 「사직단에 모신 토신(土神)과 곡신(穀神)」 국가(國家)의 안위(安危)와 존망(存亡)을 한 몸에 맡은 중신(重臣).

주석지신(柱石之臣) 나라의 기둥이 되고 주추가 될 정도로 가장 중요한 구실을 하는 신하.

총명지기(聰明之寄) 임금의 이목(耳目)이 될 중요(重要)한 직무(職務)를 맡는 일.

헌가체부(獻可替否) 「옳은 일을 권하고 악

한 일을 못 하게 함」 임금을 보필하는 도리.

고국산천 연고故 나라國 메山 내川

고향(故鄕), 또는 본국(本國)의 산과 내.

고군분투 외로울孤 군사軍 떨칠奮 싸움鬪

「외로운 군대(軍隊)가 떨쳐 싸움」 상대적(相對的)으로 열세(劣勢)에 있는 군대가 힘겹게 싸움. 남의 힘을 받지 않고 벅찬 일을 오롯이 해냄.

고전분투(孤戰奮鬪), **현군고투**(懸軍苦鬪)

독격골(獨擊鶻) 「홀로 공격(攻擊)하는 송골매」 남의 힘을 빌리지 않고 자기 단독(單獨)으로 처리(處理)함.

독행독보(獨行獨步) 남의 힘을 빌리지 않고 혼자의 힘으로 일을 처리하여 감.

문예부산(蚊蚋負山) 모기가 산을 짊어짐.

배수거신(杯水車薪) 한 잔의 물로 수레에 가득 실린 나무에 붙은 불을 끄라고 함.

부중치원(負重致遠) 무거운 물건(物件)을 지고 먼 곳까지 감.

악전고투(惡戰苦鬪) 매우 어려운 조건(條件)을 무릅쓰고 고생(苦生)스럽게 싸움.

약마복중(弱馬卜重) 약한 말에 무거운 짐을 실음.

인소불감(人所不堪) 사람의 힘으로는 견디어 내기 힘든 정도의 형편(形便).

일목난지(一木難支) 나무 한 그루는 지탱(支撑)하기 어려움.

일주경천(一株擎天) 하나의 기둥이 하늘을 떠받침.

임대책중(任大責重) 임무(任務)가 크고 책임(責任)이 무거움.

임중도원(任重道遠) 임무는 무겁고 노정(路程)은 멂.

자립자영(自立自營) 남의 힘을 빌리지 않고 자신(自身)의 힘으로 일을 경영(經營)함.

책중산악(責重山岳) 책임이 산보다도 무거움.

하관부직(下官不職) 관리(官吏)가 그 직책(職責)을 감당(堪當)하지 못함.

고군약졸 외로울孤 군사軍 약할弱 병사卒

「의지(依支)할 데 없는 병사(兵士)」 다른 사람의 도움도 받을 수 없는 외롭고 약한 사람.

고궁독서 굳을固 다할窮 읽을讀 글書

「곤궁(困窮)함을 달게 여기고 즐겨 글을 읽음」 어려운 처지(處地)에도 글 읽기를 좋아함. 固窮은 곤궁한 것을 당연(當然)한 것으로 여겨 굳게 잘 지켜나감.

고궐성공 아뢸告 그厥 이룰成 공로功

성취(成就)한 공업(功業)을 천자(天子)에게 고함.

고근견지 굳을固 뿌리根 굳을堅 가지枝

뿌리가 굳세야 가지도 단단함.

근심지영(根深枝榮) 뿌리가 깊어야 가지가 번창(繁昌)함.

독초성미(篤初誠美) 무엇이든지 처음에 성실(誠實)하고 신중(愼重)히 해야 함.

본립도생(本立道生) 근본(根本)이 확립(確立)되면 도(道)가 자연(自然)스럽게 생겨남.

정본청원(正本淸源) 일을 시작(始作)할 때 성실(誠實)하게 정성(精誠)을 다하는 것은 아름답다.

고근약식 외로울孤 뿌리根 약할弱 심을植

「외로운 뿌리, 약한 식목(植木)」 친척(親戚)이나 돌보는 사람이 없는 사람.

고립무원(孤立無援)

고금격석 두드릴敲 쇠金 칠擊 돌石

「쇠와 돌을 두들겨 청아(淸雅)한 소리를 냄」 시문(詩文)의 성조(聲調)가 훌륭함. 金石은 악기(樂器)의 재료(材料).

고금독보 옛古 이제今 홀로獨 걸을步

고금무비 古 今 없을無 견줄比

고금무쌍 古 今 無 비견될雙

예와 지금(只今)을 통하여 견주거나 따를 사람이 없을 만큼 아주 뛰어남.

견줄 만한 사람이 없음.

무등등(無等等) 비교(比較)하고 대등(對等)할 만한 것이 없음.

고금일인(古今一人) 예부터 지금까지 가장 뛰어난 사람.

당금무배(當今無輩) 이 세상에서는 어깨를 겨눌 사람이 없음.

무출기우(無出其右) 극히 뛰어나서 따를 만한 사람이 없음.

천리절적(千里絶迹) 천 리 간에 견줄 사람이 없음.

천하무적(天下無敵) 세상에서 견주어 맞설 만한 사람이 없음.

고금동서 옛古 이제今 동녘東 서녘西

예와 지금(只今), 동양(東洋)과 서양(西洋).

모든 시대(時代)와 모든 지역(地域).

동서고금(東西古今), **고금좌우**(古今左右)

고금동연 옛古 이제今 한가지同 그럴然

「예나 지금(只今)이나 같은 모양(模樣)」 사물(事物)이 변하지 않음.

만고불변(萬古不變) 아주 오랜 옛날부터 전혀 변하지 않음.

만세불후(萬世不朽) 아주 오랜 세월(歲月) 동안 변하거나 사라지지 않음.

해고석란(海枯石爛) 「바다가 마르고 돌이 문드러짐」 영구(永久)히 변하지 않음.

여천지무궁(與天地無窮) 「하늘과 땅처럼 끝이 없음」 사물이 영구히 변하지 않음.

고금부동 옛古 이제今 아닐不 한가지同

시대(時代)가 변(變)하여 예와 지금(只今)이 같지 않음.

고금상사 옛古 이제今 항상常 일事

예나 지금(只今)이나 늘 있는 일.

고금알석 두드릴敲 쇠金 두드릴戛 돌石

「쇠를 두드리고 돌을 울림」 시(詩)나 문장(文章)의 어울림이 뛰어남.

고금유현 옛古 이제今 선비儒 어질賢

예전부터 지금까지의 이름난 모든 선비.

고금일인 옛古 이제今 한一 사람人

예부터 지금(只今)까지 가장 뛰어난 사람.

고금절무 옛古 이제今 끊어질絶 없을無

예나 지금(只今)이나 다시 없는 것.

공전절후(空前絶後) 전에도 없고 후에도 없을 것.

관전절후(冠前絶後) 고금(古今)에 비견(比肩)할 만한 것이 없음.

광전절후(曠前絶後) 앞은 비었고 뒤는 끊어짐.

전무후무(前無後無) 그전에도 앞으로도 없음.

고금지우 옛古 거문고琴 어조사之 벗友

자기의 소리를 잘 알아주는 친구(親舊).

백아절현(伯牙絶絃) 「백아가 거문고 줄을 끊음」 자기(自己)를 알아주는 절친(切親)한 벗의 죽음을 슬퍼함.

고금천지 옛古 이제今 하늘天 땅地

옛적부터 지금(只今)까지의 온 세상(世上).

고금치란 옛古 이제今 다스릴治 어지러울亂

「예부터 지금(只今)까지의 치세(治世)와 난세(亂世)」 예부터 지금까지의 나라를 잘 다스렸거나 잘못 다스린 일.

고기직설

부르는 소리皐 외발짐승夔 기장稷 이름卨

순임금의 신하(臣下)로서 법률(法律)을 세우고 감옥(監獄)을 만든 皐陶(고도), 순임금의 신하인 夔(기), 주무왕의 조상(祖上) 后稷(후직), 은나라 조상 卨(설)을 함께 일컫는 말.

고담방언 높을高 말씀談 놓을放 말言

거리낌 없이 멋대로 소리를 높여서 말함.

방자무기(放恣無忌) 하는 짓이 몹시 건방지고 거리낌이 없음.

종회여류(從懷如流) 거리낌 없이 제멋대로 함.

고담웅변 높을高 말씀談 웅장할雄 말 잘할辯

「물 흐르듯 도도(滔滔)하게 의논(議論)함」 거리낌 없이 의논(議論)함.

고담준론 높을高 말씀談 준엄할峻 의론할論

「고상(高尙)하고 준엄(峻嚴)한 논의(論議)」 남의 이목(耳目)에 아랑곳하지 않고 고고(孤高)한 척하며 하는 이야기.

위언위행(危言危行) 고상한 언행(言行). 정당(正當)한 말과 행실(行實).

고담준언 높을高 말씀談 준엄할峻 말言

뜻이 높고 바르며 엄숙(嚴肅)하고 날카로운 말.

고담활론 높을高 말씀談 넓을闊 의론할論

고고(孤高)한 이야기로 유쾌(愉快)하게 논함.

고담활보 높을高 말씀談 넓을闊 걸을步

고고(孤高)하게 담화(談話)하고 의논(議論)하며, 제 세상처럼 기세등등(氣勢騰騰)하게 행동(行動)하고 다님.

고답심상 돌아볼顧 대답答 살필審 자세할詳

편지(便紙)의 회답(回答)도 자세(仔細)히 살펴 써야 함.

전첩간요 고답심상(牋牒簡要 顧答審詳) 편지는 간단(簡單)하고 긴요(緊要)해야 하고, 안부(安否)를 묻고 답장(答狀)할 때는 잘 살펴서 빈틈없이 해야 함.

고답주의 높을高 밟을踏 주장할主 옳을義

속세(俗世)에 초연(超然)하며 현실(現實)과 동떨어진 것을 고상(高尙)하게 여기는 사상(思想)이나 태도(態度).

고당명기 높을高 집堂 이름名 기생妓

「호화(豪華)로운 집의 이름난 기생(妓生)」 명성(名聲)이 높은 기생. 이름난 기생.

해어화(解語花) 「말을 아는 꽃」 미녀. 기생.

노류장화(路柳墻花) 「길가의 버들과 담 밑의 꽃은 누구든지 쉽게 만지고 꺾을 수 있음」 기생.

야엽창조(冶葉倡條) 「아리따운 잎과 노래하는 가지」 자태(姿態)가 예쁘고 목청이 아름다운 기생.

유두분면(油頭粉面) 「기름 바른 머리와 분바른 얼굴」 여자의 화장(化粧)한 모습. 창녀(娼女). 매춘부(賣春婦).

창가소부(娼家笑婦) 청루(靑樓)에서 웃음을 파는 여자. 창녀(娼女)를 말함.

고당편친 높을高 집堂 치우칠偏 어버이親

부모님 가운데 살아 계신 한 분.

고당화각 높을高 집堂 그림畫 집閣

높다랗게 짓고 호화(豪華)롭게 꾸민 집.

고대광실 높을高 돈대臺 넓을廣 집室

매우 크고 좋은 집.

고래 등 같은 기와집.

고각대루(高閣大樓) 높고 큰 집.

고당화각(高堂畵閣) 높은 곳에 지은 아름다운 집.

고루거각(高樓巨閣) 높고 크게 지은 집.

녹창주호(綠窓朱戶) 「푸른 칠을 한 창과 붉은 칠을 한 문」 호화(豪華)롭게 꾸민 좋은 집.

대하고루(大廈高樓) 큰 집과 높은 누각(樓閣).

주문갑제(朱門甲第) 「붉은 대문(大門)을 단, 크게 잘 지은 집」 높은 벼슬아치가 사는 집.

준우조장(峻宇彫墻) 집을 크고 우뚝하게 짓고, 담장을 아름답게 두름.

최제수척(榱題數尺) 서까래의 끝이 몇 척이나 됨.

고대문려 높을高 큰大 문門 마을閭

마을 입구(入口)에 있는 크고 높은 문.

고도결신 높을高 밟을蹈 깨끗할潔 몸身

고상(高尙)하게 행동(行動)하여 처신(處身)을 깨끗이 함.

고도지사 높을高 밟을蹈 어조사之 선비士

고고(孤高)한 곳을 밟고 사는 선비.

고고자허(孤高自許) 자기만이 고결(高潔)하다고 자부(自負)함.

고독단신 외로울孤 홀로獨 홑單 몸身

도와주는 사람이 없는 외로운 몸.

고립무원(孤立無援), **고종**(故縱)

고독단심 외로울孤 홀로獨 홑單 마음心

외로운 마음.

고독지옥 외로울孤 홀로獨 땅地 감옥獄

너무도 외로워서 지옥과 같이 느끼는 심경(心境).

고독촉유 외로울孤 송아지犢 닿을觸 젖乳

「어미 없는 송아지가 젖을 먹기 위해 어미를 찾음」 연고(緣故) 없는 외롭고 쓸쓸한 사람이 구원(救援)을 바람.

고동삼척 마를枯 오동나무桐 석三 자尺

「석 자짜리 마른 오동나무」 오동나무로 만든 가야금(加耶琴)이나 거문고.

고두감읍 조아릴叩 머리頭 느낄感 울泣

머리를 조아리며 감격(感激)하여 욺.

고두백배 조아릴叩 머리頭 일백百 절拜

머리를 조아리며 몇 번이고 거듭 절을 함.

고두복죄 조아릴叩 머리頭 복종할服 죄罪

머리를 조아리고 자신(自身)의 죄를 시인(是認)함.

고두사례 조아릴叩 머리頭 사례할謝 예도禮

머리를 조아리며 은혜(恩惠)에 감사(感謝)함.

고두사은 조아릴叩 머리頭 사례할謝 은혜恩

땅에 닿도록 머리를 숙이고 받은 은혜(恩惠)에 고마워하여 사례(射禮)함.

감은부복(感恩俯伏) 은혜에 마음 깊이 느끼고 탄복(歎服)하여 머리 숙여 엎드림.

궐각계수(厥角稽首) 이마가 땅에 닿도록 인사(人事)를 함.

돈수재배(頓首再拜) 머리가 땅에 닿도록 거듭 절을 함.

면관돈수(免冠頓首) 관(冠)을 벗고 이마가 땅에 닿도록 머리를 조아림.

백배사은(百拜謝恩) 백 번 절하며 은혜에 사례(謝禮)함.

슬행돈수(膝行頓首) 무릎으로 걸어가서 머리가 땅에 닿도록 절을 함.

지우지감(知遇之感) 대우(待遇)를 잘 받아서 후의(厚意)에 감격(感激)하는 느낌.

오배삼고두(五拜三叩頭) 다섯 번 절을 하고, 세 번 머리가 땅에 닿도록 조아리며 절을 함.

고두사죄 조아릴叩 머리頭 사례할謝 죄罪

머리를 조아려 사죄(謝罪)함.

평신저두(平身低頭) 사죄하기 위하여 머리를 숙이고 몸을 낮춤.

함토고두(含土叩頭) 「흙을 머금고 머리를 조아림」 사죄한다는 뜻.

삼배고두사례(三拜叩頭謝禮) 세 번 절할 때마다 세 번씩 머리를 땅에 찧도록 하는 굴욕적(屈辱的)인 의식(儀式).

정축하성(丁丑下城) 병자호란(丙子胡亂) 때 남한산성(南漢山城)에 피신(避身)한 인조(仁祖)가 농성(籠城) 59일 만에 청나라 황제 홍타이지에게 항복(降伏)하여 흔히 삼전도(三田渡)에서 항복의 예를 행한 것. **삼전도의 굴욕**(三田渡의 屈辱)

고두재배 조아릴叩 머리頭 둘再 절拜

머리를 조아려 두 번 절함.

고등고시 높을高 등급等 상고할考 시험할試

각종(各種) 시험(試驗) 중에서 높은 등급(等級)에 해당(該當)하는 고시(공무원(公務員)의 임용(任用) 자격(資格)을 결정(決定)하는 시험).

고락병행 괴로울苦 즐거울樂 아우를竝 다닐行

괴로움에는 즐거움이 따르고, 즐거움에는 괴로움이 따름.

고진감래(苦盡甘來) 쓴 것이 다하면 단 것이 옴.

새옹지마(塞翁之馬) 북방(北方) 변새(邊塞)에 살던 노옹(老翁)으로, 그가 말을 잃었다가 다시 좋은 말을 얻었다는 고사(故事).

전화위복(轉禍爲福) 화가 바뀌어 오히려 복이 됨.

흥진비래(興盡悲來) 즐거운 일이 다하면 슬픈 일이 닥쳐옴.

흑우생백독(黑牛生白犢) 「검은 소가 흰 송아지를 나음」 재앙(災殃)이 복(福)이 되기도 하고, 복이 재앙이 되기도 함.

고래지풍 옛古 올來 어조사之 풍속風

예로부터 전해 내려오는 풍속(風俗).

고량자제

기름질膏 좋은 곡식粱 아들子 아우弟

「기름진 고기와 좋은 곡식(穀食)으로 만든 맛있는 음식(飮食)을 먹고 자란 자제」 잘 먹고 잘 입고 귀엽게 자라나서 고생(苦生)을 도무지 모르는 부귀(富貴)한 집안의 자제.

경화자제(京華子弟) 서울에 사는 고관대작(高官大爵)의 아들.

공자왕손(公子王孫) 귀족(貴族)의 자제.

권문자제(權門子弟) 권세(權勢) 있는 집안의 자제.

귀개공자(貴介公子) 귀한 집의 자제.

기환공자(綺紈公子) 비단(緋緞)처럼 귀한, 지위(地位)가 높고 부귀한 집안의 자제.

명문자제(名門子弟) 명망(名望)이 높은 집안의 자제.

부가자제(富家子弟) 부잣집 자손(子孫)으로 자라난 젊은 사람.

오의자제(烏衣子弟) 부귀한 집안의 자제.

유한공자(有閑公子) 한가(閑暇)하여 유흥(遊興)에 팔린 부귀한 집 자제.

패가자제(敗家子弟) 집안의 재산(財産)을 탕진(蕩盡)한 자제.

호화자제(豪華子弟) 호화로운 집안에서 자란 자제.

환과자제(紈袴子弟) 지위가 높고 귀한 집안의 자제, 또는 귀족의 자제를 경멸(輕蔑)하는 말.

고량지성

기름질膏 좋은 곡식粱 어조사之 성품性

고량진미(膏粱珍味)만 먹고 교만(驕慢)해진 사람의 성질(性質).

교사음일(驕奢淫逸) 교만하며 사치(奢侈)스

럽고 방탕(放蕩)한 사람.

만이모인(慢而侮人) 교만하여 사람을 업신여김.

색성자교(色盛者驕) 용모(容貌)가 아름다운 사람이 그것을 내세워 교만하게 굶.

안공일세(眼空一世) 「온 세상이 눈 안에 들어옴」 모두를 업신여기며 교만을 부림.

고량진미 기름질膏 좋은 곡식粱 보배珍 味

고량후미 膏 粱 두터울厚 맛味

기름진 고기와 좋은 곡식(穀食)으로 만든 맛있는 음식(飮食).

산해진미(山海珍味) 산과 바다에서 나는 온갖 맛있는 음식물.

수륙진미(水陸珍味) 바다와 육지(陸地)에서 나는 온갖 맛있는 음식물.

식전방장(食前方丈) 아주 잘 차려진 음식.

진수성찬(珍羞盛饌) 푸짐하게 잘 차린 맛있는 음식.

고량추려

기름질膏 좋은 곡식粱 거칠麤 궂은 현미糲

뉘가 조금도 없이 깨끗하게 쓿은 아주 정한 흰 쌀과 현미(玄米). **정백미**(精白米)

고려공사삼일

높을高 고울麗 공변될公 일事 석三 날日

「고려의 정책(政策)이나 법령(法令)은 사흘 만에 바뀜」 한번 시작(始作)한 일이 오래 계속(繼續)되지 못함.

고려삼은 높을高 고울麗 석三 숨을隱

고려 말기 성리학자(性理學者)이며 충절(忠節)이 높았던, 목은(牧隱) 이색(李穡)·포은(圃隱) 정몽주(鄭夢周)·야은(冶隱) 길재(吉再). 세 사람을, 호(號)의 같은 글자 '은(隱)'을 따서 일컫는 말. 야은 대신(代身) 도은(陶隱) 이숭인(李崇仁)을 넣기도 함.

여말삼은(麗末三隱)

고려장 높을高 고울麗 장사지낼葬

삼국시대(三國時代)에 후장(厚葬)하던 풍속(風俗). 또는 그 고분(古墳). 곧 관곽(棺槨) 봉토(封土)가 웅대(雄大)하며 재물(財物)과 인력(人力)을 기울여 금은 주옥(金銀珠玉)의 찬란(燦爛)한 수식품(修飾品)을 부장(副葬)했음.

고구려(高句麗) 때에 늙고 병든 사람을 광중(壙中)에 버려두었다가 죽은 뒤에 장사(葬事) 지냈다고 하는 속전(俗傳).

고례시상 상고할考 법식例 베풀施 상줄賞

전례(前例)를 참고(參考)하여 상(賞)을 줌.

고로상전 옛古 늙을老 서로相 전할傳

늙은이들의 말에 따라 (이야기가) 대대(代代)로 전하여 옴.

고로여생 외로울孤 고달플露 남을餘 살生

어려서 부모를 여읜 사람.

조실부모(早失父母) 어려서 부모를 여읨.

조고여생(早孤餘生) 어려서 부모를 잃고 자란 삶.

고로착생철

땜질錮 솥붙이鏞 붙을著 살生 쇠鐵

「솥 땜질을 하는 데엔 무쇠로는 안 됨」 효과(效果) 없는 노력(努力).

노이무공(勞而無功) 애썼는데 보람이 없음.

니중탁족(塵裡振衣) 먼지 속에서 옷을 떪.

담설색정(擔雪塞井) 눈을 져다가 우물을 메움.

두양소근(頭痒搔跟) 머리가 가려운데 발뒤꿈치를 긁음.

서과피지(西瓜皮舐) 수박 겉핥기.

슬양소배(膝痒搔背) 무릎이 가려운데 등을 긁음.

야행피수(夜行被繡) 수놓은 좋은 옷을 입

고 밤길을 감.

종정구인(從井救人) 우물에 들어가 남을 구함.

진리진의(泥中濯足) 흙탕 속에서 발을 닦음.

고루거각 높을高 다락樓 클巨 문설주閣

높고 크게 지은 집. **고각대루**(高閣大樓)

고대광실(高臺廣室) 매우 크고 좋은 집.

고당화각(高堂畵閣) 높은 곳에 지은 아름다운 집.

대하고루(大廈高樓) 큰 집과 높은 누각.

고루과문 고루할孤 더러울陋 적을寡 들을聞

들은 것이 적고 아는 것이 얕음.

과문천식(寡聞淺識) 보고 들은 것이 적고 배움이 얕음.

서목촌광(鼠目寸光) 한 치 앞만 보는 쥐의 눈.

정와지견(井蛙之見) 개구리가 우물 안에서 봄.

고루과문 우몽등초(孤陋寡聞 愚蒙等誚) 들은 것이 적고 아는 것이 얕고, 어리석어 몽매(蒙昧)함을 면치 못함.

고륜신마 꽁무니尻 바퀴輪 신神 말馬

「꽁무니를 바퀴 삼고 신령(神靈)을 말로 삼음」 가장 이상적(理想的)인 경지(境地)를 노닒. 마음대로 자연(自然)을 노닒.

고륜지해 괴로울苦 바퀴輪 어조사之 바다海

고뇌(苦惱)가 끊임없이 돌고 도는 인간 세계(人間世界).

유륜(有輪) 끝없이 되풀이되는 중생(衆生)의 미혹(迷惑)한 생존(生存)을 돌고 도는 바퀴에 비유(譬喩)한 말.

종즉시(終則始) 「끝나면 곧 시작(始作)함」 처음과 끝이 돌고 도는 일.

생사거래(生死去來) 사람의 태어나고 죽는 일이 가고 오는 것과 같음.

윤회시운(輪廻時運) 수레바퀴처럼 돌고 도는 운수(運數).

회자정리 거자필반(會者定離 去者必返) 만남에는 헤어짐이 정해져 있고, 간 사람은 반드시 돌아오게 마련임.

고리대금 높을高 이로울利 빌릴貸 돈金

아주 높은 이율(利率)의 이자(利資)로 채무자(債務者)에 대하여 금전(金錢)을 대부(貸付) 하는 것.

배칭지식(倍稱之息) 이자가 원금(元金)의 갑절이 되면 倍, 이자가 원금(元金)과 같은 경우는 稱. 아주 비싼 이자.

고리정분 짚신藁 밟을履 고무래丁 가루粉

「짚신에 정분을 칠함」 격(格)에 맞지 않는 짓을 함.

구족제철(狗足蹄鐵) 개발에 주석(朱錫) 편자.

사모영자(紗帽纓子) 사모에 갓끈.

천문철추(薦門鐵樞) 거적문에 쇠고리.

초헌마편(軺軒馬鞭) 가마 타고 채찍질하기.

고립무원 외로울孤 설立 없을無 도울援

아무도 도와줄 사람이 없는 외로운 처지(處地). **무원고립**(無援孤立)

고립무의 외로울孤 설立 없을無 의지할依

외롭고 의지(依支)할 만한 데가 없음.

고립장택 외로울孤 설立 별장莊 집宅

곳곳에 흩어져 외따로 떨어져 있는 농가(農家).

고립지세 외로울孤 설立 어조사之 기세勢

「외롭고 의지(依支)할 데 없는 정세(政勢)」 외부(外部)와 격리(隔離)되어 불리(不利)한 상태(狀態).

고마문령 못 볼瞽 말馬 들을聞 방울鈴

「눈먼 망아지가 워낭소리 듣고 따라감」 맹목적(盲目的)으로 남이 하는 대로 따라 함.

난만동귀(爛漫同歸) 옳지 않은 일에 함부로 어울려 한통속이 됨.

부화뇌동(附和雷同) 우렛소리에 맞춰 함께 함.

부화수행(附和遂行) 줏대 없이 다른 사람의 주장(主張)에만 따라서 그가 하는 짓을 따라 행동(行動)함.

수중축대(隨衆逐隊) 자기의 주견이 없이 여러 사람의 틈에 끼어 덩달아 행동함.

아부영합(阿附迎合) 자기의 주견(主見) 없이 남의 말에 아부하며 동조(同調)함.

여진여퇴(旅進旅退) 함께 나아가고 함께 물러남.

추우강남(追友江南) 친구(親舊) 따라 강남 감.

고마이간 두드릴叩 말馬 말 이을而 간할諫

말을 가지 못하게 붙들고 충고(忠告)함.

고망언지 짐짓姑 망령될妄 말言 어조사之

「되는대로 말함」 아무렇게나 지껄여도 괜찮으니, 이야기해 달라.

고망착호 볏짚藁 그물網 잡을捉 범虎

「썩은 새끼줄로 범을 잡음」 무슨 일을 소홀(疏忽)히 하거나 어수룩한 계획(計劃)으로 준비(準備)함.

고삭포호(稿索捕虎), **초망착호**(草網着虎)

강거망소(綱擧網疏) 대강(大綱)을 들고, 세목(細目)을 소홀히 함.

노망(무)멸렬(鹵莽滅裂) 일을 하는데 꼼꼼하지 못하고 거칢.

홀륜탄조(囫圇呑棗) 「대추를 통째로 삼키면 맛을 모름」 일을 소홀히 함.

고면 높을高 잘眠

「베개를 높이 하여 잠」 마음 편히 잠.

고멸성제 괴로울苦 꺼질滅 성스러울聖 살필諦

괴로움의 소멸(消滅)이라는 성스러운 진리(眞理).

고명대신 돌아볼顧 목숨命 큰大 신하臣

「뒷일을 부탁(付託)하는 임금의 유언(遺言)을 받은 대신」 후계(後繼) 문제(問題), 선정(善政) 당부(當付) 등을 부탁받은 대신.

고명지신(顧命之臣)

섭정승(攝政丞) 군주(君主)가 어려서 정무(政務)를 수행(遂行)할 능력(能力)이 없거나 병(病)으로 정사(政事)를 돌보지 못할 때 군주를 대신(代身)해서 통치권(統治權)을 받아 국가(國家)를 다스리던 사람.

육척지탁(六尺之託) 어린 임금을 도와주고 보좌(輔佐)해 줄 부탁을 받음.

탁고기명(託孤寄命) 후견인(後見人)에게 어린 임금을 부탁하고 국정(國政)을 위탁(委託)함.

인가여탁고(仁可與託孤) 어진 사람에게는 어린 임금을 맡길 수 있음.

고명사의 돌아볼顧 이름名 생각思 옳을義

자신의 명예(名譽)를 돌이켜 보고 의리(義理)에 어긋나는 일이 아닌지 생각함.

대의충절(大義忠節) 사람이 마땅히 지켜야 할 도리(道理)를 따르려는 꿋꿋한 태도(態度).

고명정대 높을高 밝을明 바를正 큰大

높고 밝으며 바르고 큼.

공명정대(公明正大) 하는 일이나 행동(行動)에 사사로움이 없이 공명하고 정대함.

고명지신 돌아볼顧 목숨命 어조사之 신하臣

고명대신(顧命大臣)

고모고심 옛古 모습貌 古 마음心

용모(容貌)와 마음이 모두 옛날 사람의

풍모(風貌)가 있음.

고목발영 마를枯 나무木 필發 영화榮

「마른나무에서 꽃이 핌」 죽은 사람이 다시 살아남.

나이가 들어 운수(運數)가 좋음.

고목생화(枯木生花), **고목화개**(枯木華開),

고수생화(枯樹生華)

기사회생(起死回生) 거의 죽을 뻔하다가 다시 살아남.

백사일생(百死一生) 죽을 고비에서 살아남.

천우신조(天佑神助) 하늘이 돕고 신이 도움.

호구여생(虎口餘生) 호랑이의 입에서 살아남.

고목봉추 마를枯 나무木 만날逢 가을秋

「마른나무가 가을을 만남」 곧 죽게 되거나 설상가상의 상황(狀況).

설상가상(雪上加霜) 눈 위에 서리가 더함.

설상가설(雪上加雪) 눈 위에 눈이 더함.

병상첨병(病上添病) 병을 앓고 있는데 다른 병이 겹쳐 생김.

전호후랑(前虎後狼) 앞문에서 호랑이를 막으니, 뒷문으로 늑대가 들어옴.

화불단행(禍不單行) 불행(不幸)은 홀로 오지 않음.

고목사회 마를枯 나무木 죽을死 재灰

「말라죽은 나무와 불 꺼진 재」 욕심(慾心)이 없거나 생기(生氣)가 없는 모습.

담박무욕(淡泊無慾) 욕심이 없고 순박(淳朴)함.

명경지수(明鏡止水) 「밝은 거울과 정지(停止)된 물」 고요하고 깨끗한 마음.

소림일지(巢林一枝) 새가 숲에 새집을 지을 때 나뭇가지 하나로 족함.

음하만복(飮河滿腹) 두더지가 강물을 마셔도 자기 배를 채우는 데 불과(不過)함.

청렴강직(淸廉剛直) 마음이 고결(高潔)하고 재물(財物) 욕심이 없고, 굳세고 꼿꼿함.

평이담백(平易淡白) 깨끗하여 욕심 없는 마음.

↔ **야심만만**(野心滿滿) 무엇을 이루어 보겠다는 욕망(慾望)이나 소망(所望)이 마음속에 가득함.

탐다무득(貪多務得) 욕심이 많아 숱한 것들을 탐냄.

고목생화 마를枯 나무木 날生 꽃花

「말라죽은 마른나무에서 꽃이 핌」 곤궁(困窮)하고 운(運)이 없는 사람이 행운(幸運)을 만나서 신기(神技)하게 잘됨.

고목발영(枯木發榮), **고목화개**(枯木華開),

고수생화(枯樹生華)

맹귀부목(盲龜浮木) 눈이 먼 거북이 우연(偶然)히 물에 뜬 나무를 잡음.

무망지복(毋望之福) 바라지 않은 행복(幸福).

주장낙토(走獐落兎) 노루를 쫓다가 생각지도 않은 토끼가 걸려듦.

고목한암 마를枯 나무木 찰寒 바위巖

말라죽은 나무가 선 것처럼 움직이지 않고, 마음은 죽은 재처럼 아무 생각이 없음.

인간(人間)의 무위무심(無爲無心)함.

무위복박(無位復朴) 무위무심으로, 인간 본래(本來)의 모습인 소박(素朴)으로 되돌아감.

고목화개 마를枯 나무木 꽃華 열開

말라죽은 마른나무에서 꽃이 핌.

고목후주 마를枯 나무木 썩을朽 그루株

「마른나무와 썩은 등걸」 쓰이지 못하는 사람이나 물건(物件). **고주후목**(枯株朽木)

고무격려 북鼓 춤출舞 격할激 힘쓸勵

격려(激勵)하여 기세(氣勢)를 북돋우어 줌.

고문대가 높을高 문門 큰大 집家

부귀(富貴)하고 세력(勢力)이 강한 집안.

권문세가(權門勢家) 벼슬이 높고 권세(權勢)가 있는 집안.

일문백홀(一門百笏) 일족(一族) 중에서 홀(笏)을 가질 정도(程度)의 지위(地位) 높은 사람이 백 명이나 나오는 권문세가.

고문대책 옛古 글월文 큰大 책冊

고문대책 높을高 文 大 꾀策

문장(文章)이 웅대(雄大)한 글이나 임금의 명령(命令)으로 지은 국가(國家)의 귀중(貴重)한 저술(著述). **고문전책**(古文典冊)

고문사학 옛古 글월文 말辭 학문學

글은 진한(秦韓) 이전, 시(詩)는 성당(成黨) 이전(以前)을 본보기로 해야 한다는 문학상(文學上)의 주장(主張). 명나라 이반룡(李攀龍), 왕세정(王世貞) 등 칠재자(七才子)가 주창(主唱)함.

고문상서 옛古 글월文 숭상할尙 책書

경서(經書). 46권 59편으로 한대(韓代)에 노(魯)나라 공왕(恭王)이 공자(孔子)의 집을 헐고 벽(壁) 속에서 얻은 서경(書經). 모두 과두문자(蝌蚪文字)로 되었으나 위서(僞書) 논란(論難)이 있음.

고문전책 옛古 글월文 법典 책冊

국가(國家) 또는 임금의 명령(命令)에 따라 간행(刊行)된 귀중(貴重)한 저술(著述).

고문대책(古文大策)

고문치사 때릴拷 물을問 이를致 죽을死

육체적(肉體的) 정신적(精神的)으로 심하게 고통(苦痛)을 주어 심문(審問)을 하다가 사람을 죽이는 일. 남영동(南營洞) 대공분실(對共分室)이 '고문치사'의 대표적(代表的)인 현장(現場)이고, '**노덕술・이근안**' 등은 대표적인 고문 기술자(技術者)임.

고범원영 외로울孤 돛帆 멀遠 그림자影

외로운 배 그림자 멀리 보임.

고복격양 두드릴鼓 배腹 칠擊 땅壤

「배를 두드리고 발을 구르며 흥겨워함」 태평성대(太平聖代)를 일컫는 말.

강구연월(康衢煙月) 번화(繁華)한 거리에 저녁밥 짓는 연기가 달빛을 향해 피어오름.

개원지치(開元之治) 당나라 현종이 다스린 개원 연간의 치세(治世).

국태민안(國泰民安) 나라는 태평하고 백성(百姓)은 편안(便安)함.

비옥가봉(比屋可封) 집마다 표창(表彰)할 만한 인물(人物)이 많음.

사해정밀(四海靜謐) 천하의 풍파(風波)가 진정(鎭靜)되어 태평함.

시화연풍(時和年豊) 시절(時節)이 평화(平和)롭고 해마다 풍년(豊年)이 듦.

와치천하(臥治天下) 「누워서 천하를 다스림」 태평 시대의 비유.

요순시절(堯舜時節) 요임금과 순임금 시절.

착음경식(鑿飮耕食) 우물을 파서 물을 마시고 밭을 갈아서 먹음.

천리동풍(千里同風) 「천 리나 떨어진 곳에도 같은 바람이 붊」 천하가 통일되어 평화로움.

태평성대(太平聖代) 어진 군주(君主)가 다스리는 태평한 시대(時代).

해불양파(海不揚波) 바다에 파도(波濤)가 일지 않음.

획지위뢰(劃地爲牢) 땅 위에 금을 그어 놓고 감옥(監獄)으로 삼음.

고복지은 돌아볼顧 회복할復 어조사之 은혜恩

부모(父母)가 자식(子息)을 늘 걱정하며 사랑으로 길러준 은혜(恩惠).

고봉절안 외로울孤 봉우리峰 끊을絶 언덕岸

우뚝 솟은 산과 깎아지른 낭떠러지.

기암절벽(奇巖絶壁) 기이(奇異)한 모양(模樣)의 바위와 깎아지른 듯한 낭떠러지.

만장절애(萬丈絶崖) 매우 높은 낭떠러지.

천인단애(千仞斷崖) 천 길이나 되는 높은 낭떠러지.

층암절벽(層巖絶壁) 몹시 험한 바위가 겹겹으로 쌓인 낭떠러지.

고봉절정 외로울孤 봉우리峰 끊을絶 頂

고봉정상 높을高 峰 정수리頂 위上

높은 산봉우리 맨 꼭대기.

고봉준령 높을高 봉우리峰 높을峻 고개嶺

높은 산봉우리와 험한 고개.

높이 솟은 산봉우리와 험준(險峻)한 재.

고부지례

시어머니姑 며느리婦 어조사之 예도禮

시어머니와 며느리 사이에 지킬 예절(禮節).

고분이가 두드릴鼓 사발盆 말 이을而 노래歌

「다리를 뻗고 앉아 술 사발(沙鉢)을 두드리며 노래를 부름」아내가 죽은 것이 슬픈 정도를 벗어남.

고분지통 두드릴叩 사발盆 之 아플痛

고분지척 叩 盆 어조사之 슬퍼할戚

고분지탄 叩 盆 之 탄식할嘆

「동이를 두드리는 쓰라림」아내를 잃은 설움.

금단주현(琴斷朱絃) 「거문고의 붉은 줄을 끊음」남편(男便)의 죽음.

붕성지통(崩城之痛) 「성이 무너지는 고통(苦痛)」남편의 죽음을 맞은 부인(婦人)의 슬픔.

상명지통(喪明之痛) 「눈이 멀 정도(程度)로 슬픔」아들을 잃은 슬픔.

종천지통(終天之痛) 「이 세상에서 잊을 수 없는 슬픔」친상(親喪)을 당한 슬픔.

참염지애(斬剡之哀) 「가슴을 에는 듯한 슬픔」상중(喪中)의 슬픔.

참척지변(慘慽之變) 자손(子孫)에게 부모나 조부모(祖父母)보다 일찍 죽는 변고(變故).

할반지통(割半之痛) 몸의 반쪽을 베어내는 고통.

고붕만좌 높을高 벗朋 찰滿 자리座

「고귀(高貴)한 벗들이 자리에 가득함」마음이 맞는 고귀한 벗들이 많이 참석(參席)하여 성황리(盛況裡)에 모임을 했음.

고비원주 높을高 날飛 멀遠 달릴走

「높이 날고 멀리 달림」종적(蹤迹)을 감추려고 멀리 달아남.

망풍이미(望風而靡) 멀리 바라보고 놀라서 싸우지도 않고 흩어져 달아남.

승천입지(昇天入地) 하늘로 오르고 땅으로 들어감.

장종비적(藏蹤祕迹) 종적을 아주 완벽(完璧)히 감춤.

주위상책(走爲上策) 해(害)를 피하려면 도망하는 것이 가장 좋은 대책(對策)이나 방책(方策)임.

고빙구화 두드릴敲 얼음氷 구할求 불火

「얼음을 두드려 불을 구함」어떤 일의 불가능(不可能)함. 불가능한 일을 하려 함.

누진취영(縷塵吹影) 먼지에 새기고 그림자를 입으로 붊.

빙공착영(憑空捉影) 바람을 잡고 그림자를 붙듦.

연목구어(緣木求魚) 나무에 연하여 물고기를 구함.

전수작빙(煎水作氷) 물을 끓여 얼음을 만듦.

토각우익(兎角牛翼) 토끼의 뿔과 소의 날개.

〈뒤웅박 차고 바람을 잡는다〉

고사내력 연고故 일事 올來 지날歷

예로부터 전해 내려온 사물(事物)에 관한 유래(由來)나 역사(歷史). 또는 사물이 그런 결과(結果)가 된 이유(理由)나 경위(經緯).

고사선례 연고故 일事 먼저先 법식例

유례(類例)가 있는 옛날의 일과, 이전(以前)부터 있었던 사례(事例).

고사성어 연고故 일事 이룰成 말語

옛이야기에서 유래(由來)되어 생긴 말로 비유적(比喩的)인 내용(內容)을 함축(含蓄)하고 있는 말.

사자성어(四字成語) 한자 네 자로 이루어진 옛사람들이 만든 말.

한자성어(漢字成語) 관용적(慣用的)인 뜻으로 굳어 쓰이는 한자로 된 말.

고삭포호 볏짚稿 새끼줄索 잡을捕 범虎

「볏짚 새끼줄로 범을 잡음」 새끼로 범 동이기. 어설프게 하면 실패(失敗)함.

고망착호(藁網捉虎)

고삭지양 고할告 초하루朔 어조사之 양羊
고삭희양 告 朔 희생할犧 羊

양을 바치는 고대(古代) 제례의식(祭禮儀式)의 하나. 내용(內容)은 없이 형식(形式)만 갖추는 것을 비유함. '곡삭희양'으로도 읽음.

고산경행 높을高 메山 경치景 길行

「높은 산 큰길」 많은 사람의 존숭(尊崇)을 받음.

고산유수 높을高 메山 흐를流 물水

「높은 산과 그곳에 흐르는 물」 아주 미묘(美妙)한 음악(音樂), 특히 거문고 소리. '지기(知己)'의 비유(比喩). **유수고산**(流水高山)

급난지붕(急難之朋) 급하고 어려울 때 도와주는 친구(親舊).

기이단금(基利斷金) 쇠를 끊을 만큼 굳음.

기취여란(其臭如蘭) 「그 냄새가 난초(蘭草) 같이 향기로움」 절친(切親)한 친구 사이.

망년지우(忘年之友) 나이 차이(差異)를 잊고 허물없이 지내는 벗.

백아절현(伯牙絶絃), **백아파금**(伯牙破琴) 백아가 거문고 줄을 끊어 버림.

십년지기(十年知己) 오래전부터 사귀어 온 친구.

이인동심(二人同心) 절친한 친구 사이.

지기지우(知己之友) 자기를 가장 잘 알아주는 친한 친구.

총죽지교(蔥竹之交) 파피리를 불고 대말을 타며 어릴 때 함께 놀던 친구.

포의지우(布衣之友) 귀천(貴賤)을 떠나서 참된 우정(友情)으로 사귀는 벗.

고산처사 외로울孤 메山 곳處 선비士

송(宋)나라의 처사 임화정(林和靖)을 이름.

고상기지 높을高 받들尙 그其 뜻志

마음을 고상(高尙)하게 가짐.

고색창연 옛古 빛色 푸를蒼 그럴然

퍽 오래되어 옛 풍치(風致)가 그윽함.

고서비동

생각할考 서녘西 죽은 어머니妣 동녘東

제사(祭祀) 지낼 때, 아버지 신위(神位)는 서쪽, 어머니 신위(神位)는 동쪽에 모심.

고설요순 두드릴鼓 혀舌 흔들搖 입술脣

입심이 좋아 마구 지껄여댐.

고성규조 높을高 소리聲 부르짖을叫 떠들噪

높은 소리로 떠듦.

고성낙일 외로울孤 성城 떨어질落 해日

「고립(孤立)된 성과, 서쪽으로 지는 해」 남의 도움이 없이 고립되어 세력(勢力)이 다하고 의지(依支)할 만한 데가 없는 매우 외로운 상태(狀態).

고립무원(孤立無援) 아무런 도움도 받지 못한 채 홀로 외로이 서 있음.

고독지옥(孤獨地獄) 너무나 외로워서 지옥과 같이 느껴지는 심정(心情).

고독촉유(孤犢觸乳) 어미 없는 송아지가 젖을 먹기 위해 어미를 찾음.

고립무의(孤立無依) 외롭고 의지할 만한 데가 없음.

고신척영(孤身隻影) 외로운 몸에 외로운 그림자.

사고무탁(四顧無托) 사방(四方)을 돌아봐도 의탁(依託)할 사람이 없음.

혈혈단신(孑孑單身) 의지할 곳 없는 외로운 홀몸.

형단영고(形單影孤) 몸도 홀로요 그림자도 외짝임.

고성대규 높을高 소리聲 큰大 떠들叫

높은 목소리로 크게 부르짖음.

큰 소리로 매우 꾸짖음.

고성대매(高聲大罵), **고성대질**(高聲大叱)

대성일갈(大聲一喝) 큰 목소리로 꾸짖음.

음아질타(喑啞叱咤) 성내어 큰 소리로 꾸짖음.

호령호령(號令號令) 정신(精神) 차릴 틈을 주지 않고 연달아 큰 소리로 꾸짖음.

고성대독 높을高 소리聲 큰大 읽을讀

목청을 높여 큰 소리로 글을 읽음.

고성대매 높을高 소리聲 큰大 꾸짖을罵

큰 소리로 매우 꾸짖음.

고성대명 높을高 성씨姓 큰大 이름名

남의 이름을 높여서 부르는 말.

고성대질 높을高 소리聲 큰大 꾸짖을叱

큰 소리로 매우 꾸짖음.

고성대호 높을高 소리聲 큰大 부를呼

목청을 높여 큰 소리로 꾸짖음.

고성방가 높을高 소리聲 놓을放 노래歌

큰소리로 밖에서 노래를 부름.

남에게 피해(被害)를 줄 만큼 아무 곳에서나 고래고래 소리 지름.

고성규조(高聲叫噪) 높은 소리로 떠듦.

훤화지성(喧譁之聲) 시끄럽게 지껄여 떠드는 소리.

고성심지 높을高 성城 깊을深 해자池

「높은 성과 그 둘레에 파 놓은 깊은 못」 곧 방비(防備)가 견고(堅固)한 성(城).

검각철산(劍閣鐵山) 검각산의 방비가 철옹성(鐵甕城) 같음.

금성철벽(金城鐵壁) 방비가 아주 견고한 성.

금성탕지(金城湯池) 쇠처럼 단단한 성곽(城廓)과 끓는 해자(垓字)에 둘러싸인 성.

난공불락(難攻不落) 공격(攻擊)하기가 어려워 좀처럼 함락(陷落)되지 않음.

비조불입(飛鳥不入) 나는 새도 들어가지 못함.

철옹산성(鐵甕山城) 쇠로 옹기(甕器)를 만들 듯이 튼튼히 쌓아 올린 성.

탕지철성(湯池鐵城) 쇠로 만든 성과 그 성을 둘러싸고 있는 끓는 연못.

고성준론 높을高 소리聲 준엄할峻 논할論

크고 높은 목소리로 엄숙(嚴肅)하면서도 날카롭게 말함.

고세지덕 높을高 세상世 어조사之 덕德

세상(世上)에 뛰어난 덕.

고세지도 높을高 세상世 어조사之 도량度

일세(一世)에 뛰어난 도량(度量).

고세지재 높을高 세상世 어조사之 재목材

일세(一世)에 뛰어난 재능(才能).

초세지재(招世之才)

명세지웅(命世之雄) 일세에 뛰어난 영웅.

명세아성(命世亞聖) 일세에 뛰어난 성인(聖人)의 다음가는 현인(賢人).

고세지주 높을高 세상世 어조사之 주인主

세상에 뛰어난 덕이 있는 남자(男子).

고세지지 높을高 세상世 어조사之 슬기智

세상(世上)에서 높이 뛰어난 슬기.

고세지행 높을高 세상世 어조사之 행실行

일세(一世)에 뛰어난 행실(行實).

고송특립 높을高 소나무松 유별날特 설立

겨울에 높은 소나무가 우뚝 솟아 있음.

고수생화 마를枯 나무樹 날生 꽃華

「말라죽은 마른나무에서 꽃이 핌」곤궁(困窮)하고 운(運)이 없는 사람이 행운(幸運)을 만나서 신기(神技)하게 잘되는 것.

고목생화(枯木生花), **고목화개**(枯木華開)

고순식설 기름膏 입술脣 훔칠拭 혀舌

「입술에 기름을 바르고 혀를 훔침」타인(他人)을 비방(誹謗)할 만반(萬般)의 준비(準備)를 하고 있음.

귀귀수수(鬼鬼祟祟) 남몰래 숨어 일을 꾸미는 것을 낮잡는 말.

성사소인(城社小人) 임금의 곁에서 농간(弄奸)을 부리는 소인배(小人輩)나 간신(奸臣).

읍견군폐(邑犬群吠)「고을 개가 무리 지어 짖음」소인들이 남을 비방(誹謗)함.

조승모문(朝蠅暮蚊)「아침에는 파리가 꾀고, 저녁에는 모기가 들끓음」소인배가 날뜀.

직호사서(稷狐社鼠)「성곽(城郭)에 사는 여우와 사단(社壇)에 사는 쥐」임금 곁에 있는 간신의 무리.

청승횡생(靑蠅橫生) 가증(可憎)스러운 소인배가 잇달아 생겨남.

취문성뢰(取蚊成雷)「모기가 모이면 그 소리가 우레와 같음」간신들의 참소(讒疏)가 횡행(橫行)함.

함사사영(含沙射影)「모래를 머금어 그림자를 쏨」몰래 남을 공격(攻擊)하거나 비방하여 해치는 것.

흥와주산(興訛做訕) 있는 말 없는 말을 보태어 함부로 남을 비방함.

고슬취생 북鼓 큰 거문고瑟 불吹 생황笙

비파(琵琶)를 치고 적(笛)을 부니, 잔치하는 풍류(風流)임.

사연석설 고슬취생(肆筵設席 鼓瑟吹笙) 귀빈(貴賓)을 접대(接待)하기 위해 돗자리를 펴서 좌우(左右)를 정한 후, 비파를 치고 적을 부니, 잔치하는 풍류임.

고시활보 높을高 볼示 넓을闊 걸음步

「높은 곳을 바라보며 성큼성큼 걸어감」기개(氣槪)가 매우 뛰어남.

식우지기(食牛之氣), **탄우지기**(呑牛之氣)「소를 삼킬 만한 큰 기상(氣像)」어려서부터 기개가 뛰어남.

고식인순

부녀자姑 어린아이息 인할因 따를循

「일단(一旦) 잠시(暫時) 쉬고 예전 구습(舊習)을 그대로 따름」문제(問題)가 발생(發生)했을 때 근본적(根本的)인 해결책(解決策)을 마련하지 않고 임시(臨時)로 수습(收拾)하는 모양(模樣). **인순고식**(因循姑息)

고식지계

부녀자姑 어린아이息 어조사之 계교計

「아녀자(兒女子)나 어린아이가 꾸미는 것 같은 계책(計策)」 당장(當場)의 편한 것만 택하는 일시적(一時的)이며 임시변통(臨時變通)의 계책.

고식지례

시어머니姑 며느리媳 어조사之 예도禮

시어머니와 며느리, 고부간(姑婦間)의 예.

고식지인

부녀자姑 어린아이息 어조사之 어질仁

깊이 생각하지 않고 눈앞의 연민(憐憫)에만 치우쳐 베푸는 인(仁).

고신거국 외로울孤 신하臣 갈去 나라國

임금의 사랑이나 신임(信任)을 받지 못한 신하(臣下)가 나라를 떠남.

고신얼자 외로울孤 신하臣 서자孽 아들子

임금의 신임(信任)을 받지 못하는 신하와 어버이의 사랑을 받지 못하는 서자(庶子). **고얼**(孤孽)

고신원루 외로울孤 신하臣 원통할寃 눈물淚

외로운 신하(臣下)의 원통(怨痛)한 눈물.

강개지사(慷慨之士) 세상의 옳지 못한 일에 대하여 의분(義憤)을 느끼고 탄식(歎息)하는 사람.

강개무량(慷慨無量) 의로운 기개(氣槪)가 북받쳐 원통하고 슬퍼함이 한이 없음.

비분강개(悲憤慷慨) 슬프고 분하여 마음이 북받침.

고신육예 상고할考 믿을信 여섯六 학문藝

고사(古事)의 신빙성(信憑性)을 육경(六經)에 비추어 고구(考究)함.

고신척영

외로울孤 몸身 새 한마리隻 그림자影

「외로운 몸에 외로운 그림자」 몸 붙일 곳 없이 떠도는 외로운 홀몸.

고성낙일(孤城落日) 고립(孤立)된 성과 서쪽으로 지는 해.

고심사단 짐짓故 찾을尋 일事 실마리端

일부러 말썽이 될 일을 일으킴.

고심참담

괴로울苦 마음心 참혹할慘 참담할憺

몹시 마음을 태우며 애를 쓰면서 걱정함.

경경고침(耿耿孤枕) 불안(不安)해하며 홀로 외로이 잠듦.

경경불매(耿耿不寐) 근심에 젖어 잠을 이루지 못함.

노심초사(勞心焦思) 마음속으로 애를 쓰고 생각이 많아 속이 탐.

전전반측(輾轉反側) 근심과 걱정으로 잠을 이루지 못함.

여좌침석(如坐針席) 바늘방석에 앉은 듯함.

좌불안석(坐不安席) 앉아 있으나 자리가 편치 않음.

침식불안(寢食不安) 자나 먹으나 편하지 못함.

고심혈성 괴로울苦 마음心 피血 정성誠

마음과 힘을 다하는 지극한 정성(精誠).

난상가란(卵上加卵) 달걀 위에 달걀을 포갬.

단심혈성(丹心血誠) 삿됨이 없이 정직(正直)하고 정성스러운 마음과 진실(眞實)한 마음에서 나오는 지극(至極)한 정성.

일념통천(一念通天) 한결같은 마음으로 열중(熱中)하면 하늘도 감동(感動)하여 일을 성취(成就)하게 함.

지성감천(至誠感天) 정성이 지극하면 하늘도 감동함.

고아대독 높을高 어금니牙 큰大 큰 깃발纛

상아(象牙) 장식을 붙인 높은 아기(牙旗)와 소의 꼬리로 꾸민 큰 장식물(裝飾物).

장군(將軍)의 본진(本陣)에 세우는 높은 아기와 큰 독기(纛旗).

고아심주 굳을固 나我 마음心 기둥柱

「내 마음의 기둥」 신념(信念)을 굳게 가지는 일.

고안심곡 높을高 언덕岸 깊을深 골짜기谷

「높은 언덕도 함몰(陷沒)하여서는 골짜기가 되고 골짜기도 흙이 쌓이면 언덕이 됨」 세상이 변천(變遷)이 심함.

격세지감(隔世之感) 진보(進步)와 변화(變化)를 많이 겪어서 다른 세상과 같은 느낌.

능곡지변(陵谷之變) 언덕이 변하여 골짜기가 되고 골짜기가 변하여 언덕이 됨.

동해양진(東海揚塵) 「동쪽 바다에서 먼지가 읾」 바다가 육지(陸地)로 변함.

상전벽해(桑田碧海) 뽕나무밭이 푸른 바다로 변함.

연변작뢰(淵變作瀨) 「연이 변하여 여울이 됨」 세상의 변천(變遷)이 심함.

인망물재(人亡物在) 사물(事物)은 예전대로 있으나, 같이 본 그 사람은 지금 없음.

창상지변(滄桑之變) 푸른 바다가 변하여 뽕나무밭이 됨.

화옥산구(華屋山丘) 화려(華麗)했던 집이 산과 구릉(丘陵)으로 변함.

고애자 외로울孤 슬플哀 아들子

부모상(父母喪)에 있는 아들의 자칭(自稱). 부모가 모두 돌아갔을 때 이름.

고야신인 시어미姑 벼슬 이름射 신神 사람人

고야산(姑射山)에 산다는 선인(仙人).

고약이병 쓸苦 약藥 이로울利 병病

「쓴 약이 병에는 이로움」 제정신에 이로운 충고(忠告)나 교훈(敎訓)은 듣기 싫고 마음에 기억(記憶)하기 불쾌(不快)한 법이나, 자기 수양(修養)을 위해서는 달게 받아들여야 함.

고언이행(苦言利行) 쓴소리가 행동(行動)에 이로움.

양약고구(良藥苦口) 몸에 좋은 약은 입에 씀.

문과즉희(聞過則喜) 다른 사람이 자신의 허물을 지적(指摘)하는 소리를 들으면 기뻐함.

습유보궐(拾遺補闕) 신하가 임금의 잘못을 바로잡아 고치게 함.

약석지언(藥石之言) 약과 돌 바늘 같은 말.

역이지언(逆耳之言) 귀에 거슬리는 말.

정문일침(頂門一鍼) 「정수리에 침을 놓음」 따끔한 충고(忠告)나 교훈(敎訓).

촌철살인(寸鐵殺人) 한 마디의 쇠붙이로 사람을 죽임.

충언역이(忠言逆耳) 충직(忠直)한 말은 귀에 거슬림.

고양생제 마를枯 버들楊 날生 돌피稊

「마른 버드나무에 새움이 돋음」 노인(老人)이 젊은 아내를 얻어 능히 자손(子孫)을 얻을 수 있음.

고양생화 마를枯 버들楊 날生 꽃華

「마른 버드나무에 꽃이 핌」 늙은 여자(女子)가 젊은 남편(男便)을 얻음.

고양주도 높을高 볕陽 술酒 무리徒

「고양 지방(地方)의 술꾼」 술을 좋아하여 제멋대로 행동(行動)하는 사람.

고어지사 마를枯 물고기魚 어조사之 저자肆

「어물전(魚物廛)의 목마른 물고기」 매우 곤궁(困窮)한 처지(處地).

도소지양(屠所之羊) 도수장(屠獸場)으로 끌려가는 양.

부중지어(釜中之魚) 솥 안에 든 물고기.

불면정조(不免鼎俎) 솥에 삶아지고 도마 위에 오르는 것을 면치 못함.

어유부중(魚遊釜中) 고기가 솥 속에서 노닒.

우제지어(牛蹄之魚) 소 발자국에 괸 물에 있는 물고기.

조상지어(俎上之魚) 도마 위에 오른 고기.

철부지급(轍鮒之急) 수레바퀴 자국에 괸 물에 있는 붕어의 급함.

학철부어(涸轍鮒魚) 수레바퀴 자국에 괸 물에 있는 붕어.

녹사불택음(鹿死不擇音) 사슴의 울음소리는 우아(優雅)하지만, 죽음이 임박(臨迫)했을 때는 좋은 소리를 고를 틈이 없음.

고어함삭

마를枯 물고기魚 재갈물릴銜 새끼줄索

「마른고기를 매달아 놓은 노끈이 썩음」 사람의 목숨도 썩은 노끈처럼 허술하게 끊어짐.

고언이행 쓸苦 말言 이로울利 행할行

「쓴소리가 행동(行動)에 이로움」 듣기에는 좀 언짢으나 충고(忠告)가 되는 유익(有益)한 말로 행동을 바로잡을 수 있음.

고약이병(苦藥利病) 쓴 약이 병에는 이로움.

고여시금여시

옛古 같을如 무릇是 이제今 如 是

「예나 지금(只今)이나 같음」 사물(事物)이 조금도 변하지 않음.

고영소연

외로울孤 그림자影 쓸쓸할蕭 그럴然

「외로운 그림자」 혼자 있어 쓸쓸한 모양.

고예대담 높을高 노려볼睨 큰大 말씀談

말과 행동(行動)이 보통(普通) 사람보다 높이 뛰어남.

고옥건령 높을高 지붕屋 엎지를建 동이瓴

「높은 지붕 위에서 동이에 든 물을 쏟음」 높은 지붕 위에서 항아리의 물을 쏟으면 그 떨어지는 힘을 막을 수 없다는 뜻으로, 기세(氣勢)가 대단하여 막기 어려움.

건령지세(建瓴之勢)

기세난당(氣勢難當) 그 기세가 아주 대단해서 당해 내기 어려움.

단할지세(斷割之勢) 칼로 가르듯이 그칠 줄 모르는 맹렬(猛烈)한 기세.

도천지세(滔天之勢) 하늘까지 창일(漲溢)하여 흐르는 기세.

분왕매진(奮往邁進) 씩씩하고 세찬 기세로 달려감.

여화여도(如火如荼) 불꽃이 활활 타오르는 것 같고, 띠꽃이 흐드러진 것 같음.

신호지세(晨虎之勢) 굶주린 새벽 호랑이의 기세.

파죽지세(破竹之勢) 대나무를 쪼갤 때의 맹렬(猛烈)한 기세.

호랑지세(虎狼之勢) 흉악(凶惡)하고 맹렬한 기세.

고온다습 높을高 따뜻할溫 많을多 젖을濕

기온(氣溫)이 높고 매우 습함. 열대(熱帶) 해안(海岸) 지대(地帶)의 기후(氣候) 특성(特性)임.

고와동산 높을高 누울臥 동녘東 메山

「동산에 높이 누워있음」 은거(隱居)하여 자유(自由)롭게 살고 있음.

동산고와(東山高臥)

경산조수(耕山釣水) 산에는 밭을 갈고, 물에서는 물고기를 잡는 생활을 함.

기거무시(起居無時) 자기 마음대로 일어나고 자고 하는, 속박 없는 자유스러운 생활.

매처학자(梅妻鶴子) 매화(梅花)를 아내로 학

을 아들로 삼고 삶.

무위해탈(無爲解脫) 번뇌(煩惱)를 소멸(掃滅)시켜 그 속박(束縛)에서 벗어난 열반(涅槃)의 상태.

소요자재(逍遙自在) 세속(世俗)의 삶과 거리를 두고 명리(名利)에 급급하지 않고 은거하는 삶.

안보당거(安步當車) 걸어 다니는 것이 수레를 타고 다니는 것보다 편함.

안한자적(安閑自適) 평화(平和)롭고 한가(閑暇)하여 마음 내키는 대로 즐김.

암거혈처(巖居穴處) 바위틈과 동굴(洞窟)에서 삶.

연사우립(煙蓑雨笠) 자욱이 오는 이슬비 속에서 도롱이를 입고 삿갓을 쓰고 일을 함.

영수은사(潁水隱士) 출사(出仕)하지 않고 세속(世俗)과 떨어져 고결(高潔)한 절조(節操)를 지키는 사람.

우유자재(優遊自在) 한가(閑暇)한 속에서 스스로 만족(滿足)하며 지냄.

운출무심(雲出無心) 「구름이 아무 생각 없이 일고 흐름」 인생(人生)을 유유(悠悠)히 삶.

유유자적(悠悠自適) 속세를 떠나 아무 속박 없이 조용하고 편안(便安)하게 삶.

일구일학(一邱一壑) 때로는 언덕에 오르고 때로는 골짜기에서 낚시함.

일금일학(一琴一鶴) 하나의 거문고와 한 마리의 학이 가진 것의 전부(全部)임.

전원후포(前園後圃) 동산을 앞에, 밭을 뒤로 둠.

찬송음간(餐松飮澗) 소나무 열매를 먹고 개울물을 마심.

탁영탁족(濯纓濯足) 갓끈과 발을 물에 담가 씻음.

풍거운요(風擧雲搖) 바람이 불고 구름이 떠도는 것처럼 마음이 내키는 대로 이리저리 돌아다님.

한운야학(閑雲野鶴) 「한가로이 떠도는 구름과 들녘의 두루미」 유유자적하면서 속세 밖에 초연(超然)한 모양.

↔ **농중조**(籠中鳥) 조롱(새장) 속의 새.

교비역지(交臂歷指) 「팔과 손가락이 엇갈림」 속박당하는 모양(模樣).

고왕금래 옛古 갈往 이제今 올來

예로부터 지금(只今)까지.

자고급금(自古及今)

고왕독맥 외로울孤 갈往 홀로獨 말 탈驀

외로이 가고 홀로 달림.

독행기도(獨行其道) 홀로 그 길을 행함.

고왕지래 외로울孤 갈往 알知 올來

「이미 말한 바에 의하여 아직 말하지 않은 바를 미루어 앎」 과거(過去)를 말하면 장래(將來)까지도 짐작(斟酌)할 수 있음.

하나를 듣고 둘을 앎.

고제왕이지래(古諸往而知來)

추차가지(推此可知) 이 일로 미루어 다른 일을 알 수 있음.

타상하설(他尙何說) 다른 것은 더 말하여 무엇하겠느냐?

추일사가지(推一事可知) 한 가지 일로 미루어 다른 일을 알 수 있음.

통우일이만사필(通于一而萬事畢) 한 가지에 통달(通達)하면 미루어 모든 일을 알 수 있음.

고운야학 외로울孤 구름雲 들野 학鶴

「외롭게 떠 있는 구름과 무리에서 벗어난 학」 벼슬을 하지 않고 한가(閑暇)로이 숨어 사는 선비.

강해지사(江海之士) 벼슬을 하지 않고 강이나 바다에서 노니는 선비.

고도결신(高蹈潔身) 고상(高尙)하게 행동(行動)하여 처신(處身)을 깨끗이 함.

고도지사(高蹈之士) 고고(孤高)한 곳을 밟고 사는 선비.

은거처사(隱居處士) 세파(世波)의 표면(表面)에 나서지 않고 조용히 숨어 사는 선비.

장동은사(牆東隱士) 벼슬을 하지 않는 숨은 선비.

초목지신(草木之臣) 「초야의 신하」 벼슬을 하지 않는 신하. 또는 자기를 낮추는 말.

포의지사(布衣之士) 베옷을 입은 선비.

고원난행 높을高 멀遠 어려울難 행할行

학문(學問)의 이치(理致) 따위가 높고 멀어 행하기 어려움.

고원정밀 높을高 멀遠 정할精 자세할密

학문(學問)의 이치(理致)나 이상(理想)이 높고 자세(仔細)함.

고위박절

외로울孤 위태로울危 닥칠迫 절실할切

고립(孤立)되어 위태(危殆)롭고 심정(心情)이 답답하여 절박(切迫)함.

고위안서

돌아볼顧 위태로울危 편안할安 천천히徐

위태(危殆)로움을 고려(考慮)해서 잠시(暫時) 보류(保留)함.

고위지화

외로울孤 위태로울危 어조사之 재앙禍

「홀로 고독(孤獨)하여 의지(依持)할 곳이 없는 불행(不幸)」 혈혈단신(孑孑單身) 의지할 곳이 없게 된 불행.

고위험군 높을高 위태로울危 험할險 무리群

(일부(一部) 명사(名詞) 뒤에 쓰여) 특정(特定) 부분(部分)이나 분야(分野)에서 위험요소(要所)가 높은 사람들의 부류(部類)나 집단(集團).

고유금 옛古 같을猶 이제今

인간세상(人間世上)은 고금(古今)에 변함이 없음.

고유명사 굳을固 있을有 이름名 말詞

어느 한 가지 물건(物件)만 쓰이는 명사. 인명(人名), 지명(地名) 따위.

고유지야 굳을固 있을有 어조사之 어조사也

선천적(先天的)으로 부여(附與)받음.

고유지지 기름膏 살찔腴 어조사之 땅地

걸고 기름진 땅.

불역전(不易田) 해마다 농사(農事)를 지을 수 있는 기름진 땅.

상전옥답(上田沃畓) 수확(收穫)이 많은, 좋은 밭과 기름진 논.

양전옥답(良田沃畓), **옥전옥답**(沃田沃畓) 기름진 논과 밭.

고육계 괴로울苦 살肉 꾀計

고육지계 苦 肉 어조사之 計

고육지책 苦 肉 之 꾀策

「자신(自身)을 희생(犧牲)해 적(敵)을 안심(安心)시킴」 사람은 스스로 상처(傷處)를 입히지 않는 법이므로, 상처를 입었다면 그것은 사실(事實)일 것이다. 이점을 이용(利用)하여 적이 자신의 말을 믿게 만든다. 삼십육계(三十六計)의 제34계.

고의주의 연고故 뜻意 부을注 意

미리 뜻을 가지고 마음을 쓰는 일.

고의충간 옛古 옳을誼 충성忠 간肝

「옛날의 바른 도리(道理)에 통하고 충실(充實)한 마음을 지님」 송(宋)나라 왕응린(王應麟)이 문천상(文天祥)의 거시(擧試) 대책(對策)이 탁월(卓越)함을 찬양(讚揚)한 일.

고이언타 돌아볼顧 말 이을而 말言 다를他

「좌우를 보고 다른 말을 함」 솔직히 잘못을 시인(是認)하지 못하고 엉뚱한 딴 이야기로 얼버무리는 것. **우이언타**(右而言他),

고좌우이언타(顧左右而言他)

고인소 오랠故 사람人 소원할疎

벗의 정이 소원(疎遠)해짐.

우정(友情)도 멀어짐.

고인조박 옛古 人 술지게미糟 술지게미粕

고인조백 古 사람人 糟 재강魄

「옛날부터 내려오는 성인(聖人)들의 저서(著書)와 말은 모두 찌꺼기임」 무릇 참된 도(道)는 말과 글로 전달(傳達)될 수 없으므로 현재(現在) 전하는 모든 것은 술지게미에 불과(不過)함.

고인지의 오랠故 사람人 어조사之 뜻意

옛 친구(親舊)를 잊지 않는 마음.

고인지자 오랠故 사람人 어조사之 자식子

사귄 지 오랜 친구(親舊)의 자식(子息).

고인희 오랠故 사람人 드물稀

옛정이 든 벗이 드묾.

고일지복 쓸苦 편안할逸 어조사之 다시復

안일(安逸)이 있으므로 말미암아 고통(苦痛)이 그 반동(反動)으로 찾아옴.

고자과곡 외로울孤 雌 홀어미 될寡 고니鵠

고자과학 孤 암컷雌 寡 학鶴

「짝을 잃은 외로운 새」 남편(男便)이나 아내를 잃은 사람. **과곡**(寡鵠)

고자대감 두드릴鼓 아들子 큰大 볼監

환관(宦官) 내시(內侍). 鼓子는 엄인(閹人), 화자(火者)라고도 함.

도거지여(刀鋸之餘) 궁형(宮刑), 월형(刖刑) 등 형벌(刑罰)을 당하여 불구자(不具者)로 사는 일. 또는 그 사람. 환관.

훈부지여(熏腐之餘) 궁형을 당하고 후궁(後宮)에 출사(出仕)하는 사람. 일명(一名) 고자대감.

고자표치 높을高 스스로自 표할標 둘置

「스스로 자신(自身)이 높이고 교만(驕慢)함」 자만(自慢)하여 남에게 굽히지 않음.

수정불요(守正不撓) 정도(正道)를 지켜 굽히지 않음.

앙수신미(仰首伸眉) 「머리를 들고 눈썹을 폄」 고고(呱呱)하여 굽히지 않음.

용성난순(龍性難馴) 천성(天性)이 뛰어나 쉽게 굽히지 않음.

위무불굴(威武不屈) 어떠한 무력(武力)에도 굴하지 않을 정도로 당당함.

집의항언(執意抗言) 의견(意見)을 고집(固執)하여 굽히지 않음.

피집불굴(被執不屈) 자기의 주장(主張)을 굽히지 않음.

고장난명 외로울孤 손바닥掌 어려울難 울鳴

「외손뼉은 울릴 수 없음」 혼자서는 일을 이루지 못하거나, 맞서는 사람이 없으면 싸움이 되지 않음.

독장난명(獨掌難鳴), **척장난명**(隻掌難鳴)

거지양륜(車之兩輪) 수레의 양 바퀴.

공위순치(共爲脣齒) 입술과 이의 관계(關係)처럼 서로 의지(依支)하고 돕는 일.

보거상의(輔車相依) 덧방나무와 수레바퀴가 서로 의지함.

순망치한(脣亡齒寒) 입술이 없으면 이가 시림.

순치보거(脣齒輔車) 입술과 이, 덧방나무와 수레바퀴.

순치지국(脣齒之國) 입술과 이의 관계처럼 이해관계(利害關係)가 밀접(密接)한 두 나라.

조지양익(鳥之兩翼) 새의 양 날개.

일수독박 수질무성(一手獨拍 雖疾無聲) 외손으로는 아무리 빨리 쳐도 소리가 나지 않음.

고장지신

넓적다리股 손바닥掌 어조사之 신하臣

「다리와 손에 비길 만한 신하」 임금이 가장 믿고 중히 여기는 신하(臣下).

고굉(股肱), **굉려**(肱膂), **고굉지신**(股肱之臣)

사직지신(社稷之臣) 사직단(社稷壇)에 모신 토신(土神)과 곡신(穀神).

주석지신(柱石之臣) 나라의 기둥이 되고 주추가 될 정도(程度)로 중요(重要)한 신하.

총명지기(聰明之寄) 임금의 이목(耳目)이 될 중요한 직무(職務)를 맡는 일.

고재질족 높을高 재주才 신속할疾 달릴足

「뛰어난 재주를 가진 인물(人物)로 키는 크고 걸음이 빠름」 뛰어난 활동가(活動家).

고저장단 높을高 낮을低 긴長 짧을短

높고 낮음과 길고 짧음.

고적유명 상고할考 공적績 어두울幽 밝을明

관리(官吏)의 성적(成績)을 상고(詳考)하여 열등(劣等)한 자는 물리치고 우수(優秀)한 자는 올리어 쓰는 일.

고전분투 외로울孤 싸움戰 떨칠奮 싸울鬪

「외로운 군대(軍隊)가 떨쳐 싸움」 남의 힘을 받지 않고 벅찬 일을 오롯이 해내는 것.

상대적(相對的)으로 열세(劣勢)에 있는 군대가 힘겹게 싸우는 모습.

고군분투(孤軍奮鬪), **고전악투**(孤戰惡鬪), **악전고투**(惡戰苦鬪)

고전불고후 돌아볼顧 앞前 아닐不 顧 뒤後

눈앞의 이익(利益)에만 정신(精神)이 팔려, 뒤에 닥칠 환란(患亂)을 생각하지 않음.

누포충기(漏脯充饑) 「썩은 고기로 주린 배를 채움」 눈앞의 일만 알고 후환(後患)을 생각하지 않음.

어현유감이(魚懸由甘餌) 「낚시에 물고기가 걸리는 것은 맛있는 미끼 때문임」 사람이 이익을 취하다가 생명(生命)이나 명예(名譽)를 잃음.

고전악투 외로울孤 싸움戰 나쁠惡 싸울鬪

고군분투(孤軍奮鬪), **고전분투**(孤戰奮鬪)

악전고투(惡戰苦鬪)

고절청심 외로울孤 절개節 맑을淸 마음心

외로운 절개(節槪)와 맑은 마음씨.

인지수경(人之水鏡) 물과 거울같이 맑은 마음.

일편빙심(一片氷心) 지극(至極)히 맑은 마음.

고정관념 굳을固 정할定 볼觀 생각念

사람들의 행동(行動)을 결정(決定)하는 잘 변하지 않는 굳은 생각, 또는 지나치게 당연(當然)한 것처럼 알려진 생각.

고착관념(固着觀念)

선입주견(先入主見) 어떤 대상(對象)에 대하여 이미 마음속에 가지고 있는 고정적인 관념이나 관점(觀點).

선입지어(先入之語) 먼저 들은 이야기에 따른 고정관념으로 새로운 의견(意見)을 받아들이지 않는 것.

고정단일 외로울孤 곧을貞 홑單 한一

마음이 외곬으로 곧음.

생각하여 정(定)함.

고정대사 높을高 정자亭 큰大 대사榭

높은 정자(亭子)와 큰 대사(臺榭-높고 크게 세운 누각이나 정자).

고정무파 옛古 우물井 없을無 물결波

고정불파 古 井 아닐不 波

「오래된 우물에는 물결이 일지 않음」 마

음을 굳게 가져 정절(貞節)을 지키는 여자(女子)를 비유(比喩)하는 말.

고정원치 높을高 뜻情 멀遠 뜻致

고상(高尙)한 심정(心情)과 원대(遠大)한 뜻.

인격(人格)의 고결(高潔)함.

고정생파 옛古 우물井 날生 물결波

고정중파 마를枯 井 무거울重 波

「옛 우물에 물결이 임」 일어날 가능성(可能性)이 별로 없는 일.

고제왕이지래

고할告 모두諸 갈往 말이을而 알知 올來

지나간 일을 이야기함으로써 장차(將次) 올 일을 알아차림.

하나를 말하면 둘을 앎.

고조납함

높을高 조수潮 소리지를吶 소리지를喊

감정(感情)이나 힘이 세차게 일어나서 일제(一齊)히 소리를 지름.

고조독탄 옛古 고를調 홀로獨 연주할彈

가락이 썩 고상(高尙)하고 예스러워서 아무도 같이 어울려 노래할 사람이 없음.

고조불탄 옛古 고를調 아닐不 연주할彈

「옛 곡조(曲調)라서 연주(演奏)되지 않음」 자기를 알아주는 사람을 만나기 어려움.

금의야행(錦衣夜行) 「비단옷을 입고 밤길을 걸음」 알아주는 사람이 없어 보람이 없음.

백아절현(伯牙絶絃) 「백아가 거문고 줄을 끊음」 자기(自己)를 알아주는 절친(切親)한 벗의 죽음.

수위위지(誰爲爲之) 「누구를 위하여 이를 하리오」 자기를 알아주는 사람이 없음.

아대가자(我待賈者) 나는 나를 알아주는 사람을 기다림.

철환천하(轍環天下) 「수레를 타고 천하를 돌아다님」 공자(孔子)가 자기의 뜻을 알아주는 사람을 찾아 천하를 돌아다닌 것.

지아자기천호(知我者其天乎) 나를 알아주는 것은 하늘뿐이다.

↔ **상식만천하**(相識滿天下) 도처(到處)에 자기를 알아주는 사람이 많음.

고족대가 옛古 일족族 큰大 집안家

예부터 대를 이어 자손(子孫)이 번성(繁盛)하고 세력(勢力)이 있는 집안.

고가대족(故家大族) 대대(代代)로 세도(勢道)를 누린 큰 집안.

거가대족(巨家大族) 대대로 번영(繁榮)한 문벌(門閥)이 있는 집안.

공후재척(公侯宰戚) 벼슬이 높거나 권력(權力)이 있는 가문(家門).

대성가문(大姓家門) 후손(後孫)이 번성하고 세력이 있는 집안.

문벌귀족(門閥貴族) 5품 이상의 고위관직(高位官職)을 여러 대에 걸쳐 배출(輩出)한 가문(家門)과 그 가문의 구성원(構成員).

벌빙지가(伐氷之家) 문벌이 높고 고귀(高貴)한 집안.

고족제자 높을高 충족할足 제자弟 사람子

주로 유교(儒教)나 불교(佛教)에서, 학문(學文)이나 덕행(德行)이 뛰어난 제자.

고족(高足), **고제**(高弟), **상족제자**(上足弟子)

고종명 마칠考 마칠終 목숨命

하늘이 부여(附與)한 천명(天命)을 다 살고 죽음을 맞이함. 목숨을 마침. 죽음.

고종융일 높을高 마루宗 융제사肜 해日

서경(書經)의 편명(篇名).

고좌우이언타 돌아볼顧 왼左 오른右 말이을而 말言 다를他

「좌우를 보고 다른 말을 함」 솔직(率直)히 잘못을 시인(是認)하지 못하고 엉뚱한 딴 이야기로 얼버무리는 일.

고주대문 높을高 기둥柱 큰大 문門

기둥을 높이 세워 만든 대문. **솟을대문**

고주일배 쓸苦 술酒 한一 잔杯

「한 잔의 쓴 술」 대접(待接)하는 술이 좋지 못하다 하여 겸손(謙遜)하게 이르는 말.

고주일척 외로울孤 물댈注 한一 던질擲

노름꾼이 남은 돈을 한 번에 다 걸고 마지막 승패(勝敗)를 겨룸. 전력(全力)을 기울여 어떤 일에 모험(冒險)을 거는 것.

고주후목 마를枯 그루株 썩을朽 나무木

「마른 나무와 썩은 등걸」 쓰이지 못하는 사람이나 물건(物件). **고목후주**(枯木朽株)

고중작락

괴로울苦 가운데中 일어날作 즐거울樂

괴로운 가운데 즐거움이 있음.

고증해박 상고할考 증거證 갖출該 넓을博

옛 문헌(文獻)을 상고(詳考)하고 증거(證據)를 찾아 밝혀 널리 앎.

고지규천 두드릴叩 땅地 부르짖을叫 하늘天

몹시 슬퍼서 땅을 치고 하늘을 향해 부르짖음.

고지즉응 두드릴叩 어조사之 곧卽 응할應

묻거나 두드리면 응답(應答)해 줌.

고진감래 쓸苦 다할盡 달甘 올來

「쓴 것이 다하면 단 것이 옴」 힘들고 어려운 일을 겪은 후에는 즐거운 일이 다가옴.

고락병행(苦樂竝行) 괴로움에는 즐거움이 따르고, 즐거움에는 괴로움이 따름.

부극반태(否極叛泰) 불운(不運)이 절정(絶頂)에 달하면 행운(幸運)이 돌아옴.

새옹지마(塞翁之馬) 복이 화가 되기도 하고, 화가 복이 되기도 함.

전화위복(轉禍爲福) 화가 바뀌어 오히려 복이 됨.

구한봉감우(久旱逢甘雨) 오랜 가뭄 끝에 단비를 만남.

↔ **낙극생비**(樂極生悲) 즐거움이 극도(極度)에 달하면 슬픔이 생김.

흥진비래(興盡悲來) 흥함이 다하고 나면 슬픔이 옴.

고진금퇴 북鼓 나갈進 쇠金 물러날退

「북을 치면 군사(軍士)가 나아가고 징을 치면 뒤로 물러남」 초보적(初步的)인 군사 훈련(訓練).

고진분투 쓸苦 다할盡 떨칠奮 싸울鬪

고생(苦生)이 다할 때까지 있는 힘을 다하여 싸우거나 노력(努力)함.

고질감면 북鼓 자빠질跌 즐길酣 잠眠

「자빠진 북 모양(模樣)으로 새우등을 하고 달게 잠」 충분(充分)히 잘 잠.

〈'고집(固執)'과 관련된 한자성어〉

강려자용(剛戾自用) 사람의 성품(性品)이 고집 세고 비꼬여 자기 멋대로 함.

강퍅자용(剛愎自用) 자기의 주장만 고집하면서 제멋대로 하는 경우(境遇).

견강부회(牽强附會) 가당(可當)치도 않은 말을 억지로 끌어다 대어 자기주장(自己主張)의 조건(條件)에 맞도록 함.

고집불통(固執不通) 성질(性質)이 고집스러워 조금도 융통성(融通性)이 없음.

교주고슬(膠柱鼓瑟) 「거문고의 기둥을 아교(阿膠)로 붙여놓고 거문고를 탐」 규칙(規則)만 고수(固守)하여 융통성이 없음.

만우난회(萬牛難回) 만 마리의 소가 끌어

도 돌리기 어렵다.

막무가내(莫無可奈) 고집이 너무 세거나 무조건(無條件) 자기주장만 내세우는 경우.

묵적지수(墨翟之守) 묵적이 성을 잘 지켜서 초나라 군사(軍士)를 물리쳤다는 고사(故事)로, 자기 의견(意見)이나 주장을 끝까지 고집하는 태도(態度).

부회지설(附會之說) 사리(事理)를 억지로 발라맞춘 의견(意見).

선여인동(善與人同) 「선을 남과 함께 함」 다른 사람의 선을 보면 자기 고집을 버리고 즉시(卽時) 그에 따름.

수석침류(漱石枕流) 돌로 양치질하고 흐르는 물을 베개 삼음.

애착탐착(愛着貪着) 많이 구하여 결코 만족할 줄 모르는 것을 '貪'이라 하고, 탐하는 마음을 고집하여 버리지 않는 것을 '着'이라 함.

영서연열(郢書燕說) 도리(道理)에 맞지 않는 것을 도리에 맞는 것처럼 억지로 꾸며서 말함.

요지부동(搖之不動) 흔들어도 전혀 움직이지 않음.

자승지벽(自勝之癖) 언제나 자기가 남보다 나은 줄로만 여기고 고집을 부리는 버릇.

자시지벽(自是之癖) 자기의 뜻이 항상(恒常) 옳은 줄로만 믿는 버릇.

지인무기(至人無己) 덕이 높은 사람은 자기 뜻이나 고집이 없음.

집의항언(執意抗言) 의견(意見)을 고집하여 굽히지 않음.

천착지학(穿鑿之學) 말을 멋대로 끌어다가 억지로 이치에 맞도록 함.

추주어륙(推舟於陸) 배를 밀어 육지(陸地)에 댐.

폐관자수(閉關自守) 외국(外國)과의 조약(條約)을 폐지(廢止)하고 자기 나라의 주장을 고집함.

↔ **온공자허**(溫恭自虛) 얼굴빛을 부드럽게 하고, 행실(行實)을 삼가고, 겸허(謙虛)하게 스승의 가르침을 받으며, 자기 의견을 고집하지 않음.

고집멸도 괴로울苦 모을集 없앨滅 도리道

불교(佛敎) 용어(用語)로, 성자(聖者)가 과보(果報)를 얻는 법문. 苦는 생사(生死)의 고과(苦果), 集은 생사의 원인(原因)이 되는 번뇌(煩惱), 滅은 고집이 사라져 버린 오경(悟境), 道는 오경에 도달(到達)하는 수행(修行)의 도정(道程)을 이름.

고집불통 굳을固 잡을執 아닐不 통할通

성질(性質)이 고집스러워 조금도 융통성(融通性)이 없음.

고집성제 괴로울苦 모을集 거룩할聖 울諦

괴로움의 원인(原因)이라는 성스러운 진리(眞理).

고차(거)사마 높을高 수레車 사마駟 말馬

「덮개가 높은 말 네 필이 끄는 수레」 말 네 마리로 끄는, 귀인(貴人)이 타는 고급(高級)의 수레.

고착관념 굳을固 붙을着 볼觀 생각念

사람들의 행동(行動)을 결정(決定)하는 잘 변하지 않는 굳은 생각, 또는 지나치게 당연(當然)한 것처럼 알려진 생각.

고정관념(固定觀念)

고창입운 높을高 노래唱 들入 구름雲

노래의 가락이 맑고 높아, 구름에까지 스며드는 듯함.

고척지형 가를刳 바를剔 어조사之 형벌刑

죄인(罪人)의 배를 가르고 뼈를 발라내어 죽이는 형벌(刑罰).

능지처참(陵遲處斬) 죄인을 죽인 뒤 시신(屍身)의 머리, 몸, 팔, 다리를 토막 쳐서 각지(各地)에 돌려 보이는 형벌.

부관참시(剖棺斬屍) 이미 사망(死亡)한 사람의 큰 죄가 드러났을 때 무덤에서 관을 꺼내어, 그 관을 부수고 시신(屍身)을 참수(斬首)하는 형벌.

분여지형(焚如之刑) 불태워 죽이는 형벌.

전도주뢰(剪刀周牢) 용의자(容疑者)의 두 발을 묶고 다리 사이에 두 개의 나무를 끼워 주리를 트는 형벌.

고초만상 괴로울苦 가시楚 일만萬 형상狀

온갖 종류(種類)의 어려움과 괴로움.

고골출수(敲骨出髓) 뼈를 두드려 골수를 냄.

역경난경(逆境難境) 어떤 일을 하는 데 있어서 어렵고 힘든 상황(狀況).

천신만고(千辛萬苦) 마음과 몸을 온 가지로 수고롭게 하면서 애씀.

고촉이명자전 기름膏 촛불燭 써以 밝을明 스스로自 달일煎

「촛불은 그 타는 불빛으로 인(因)하여 스스로 소멸(消滅)함」 자기(自己)의 재지(才智)로 말미암아 재앙(災殃)을 자초(自招)함.

고화자전(膏火自煎)

고추부서 외로울孤 병아리雛 썩을腐 쥐鼠

「한 마리의 병아리와 썩은 쥐」 하찮고 보잘것없는 사람. 또는 이제까지 중용(重用)하던 사람을 쉽게 잘라버리는 것을 비유(譬喩)하기도 함.

득어망전(得魚忘筌) 고기를 잡으면 고기를 잡던 통발은 잊음.

토사견기(兔死犬飢) 토끼가 죽으면 개가 굶주림.

토사구팽(兔死狗烹) 토끼가 잡히면 충실(忠實)했던 사냥개도 쓸모가 없어져 삶아 먹힘.

고출요제 괴로울苦 날出 요긴할要 살필諦

괴로움에서 벗어나는 중요(重要)한 진리(眞理).

고침단금 외로울孤 베개枕 홑單 이불衾

「외로운 베개와 얇은 이불」 홀로 쓸쓸히 자는 여자(女子)의 이부자리.

독수공방(獨守空房) 빈방에서 혼자 잠.

분수향원(紛愁香怨) 남편 없는 여자가 빈방을 지키며 수심(愁心)에 잠겨 자신의 신세(身世)를 한탄(恨歎)하거나 삶을 원망(怨望)함.

고침단면 높을高 베개枕 짧을短 잠잘眠

베개를 높이 베면 오래 자지 못함.

고침단명 높을高 베개枕 짧을短 목숨命

높은 베개를 베고 자면 일찍 죽음.

고침무우 높을高 베개枕 없을無 근심憂

베개를 높이 베고 걱정 없이 잠을 잠.

고침사지 높을高 베개枕 방자할肆 뜻志

「높은 베개를 베고 마음대로 함」 하는 일 없이 편안(便安)하고 한가(閑暇)하게 지냄.

재산(財産)이 많아서 빈둥거리며 즐겁게 지냄.

고침안면 높을高 베개枕 편안할安 잠잘眠

「베개를 높이 하여 편안(便安)히 잠」 근심 걱정이 없이 편안함.

근심 없이 편히 잠을 잘 수 있을 만큼 안심(安心)할 수 있는 상태(狀態).

고침이와 높을高 베개枕 말미암을而 누울臥

베개를 높이 베고 누워 편안(便安)한 시간(時間)을 보냄.

고침한등 외로울孤 베개枕 쓸쓸할寒 등불燈

「외로운 베개와 쓸쓸한 등잔」 홀로 자는 쓸쓸한 밤.

고태분요

쪼갤刳 아이밸胎 불사를焚 일찍죽을夭

「잉태(孕胎)한 배를 가르고 태아(胎兒)를 꺼내 태워 죽임」 포악(暴惡)하고 끔찍한 행위(行爲).

간뇌도지(肝腦塗地) 「간장(肝腸)과 뇌수(腦髓)가 땅에 쏟아짐」 참혹(慘酷)한 죽음.

비우참척(悲憂慘戚) 매우 참혹하고 끔찍한 사건(事件)으로 슬퍼함.

참불인견(慘不忍見) 너무나 참혹하여 차마 눈으로 볼 수 없음.

고태의연 옛古 모양態 전과 같을依 그럴然

조금도 변하거나 발전(發展)한 데가 없음.

구태의연(舊態依然)

하우불이(下愚不移) 못난 사람은 늘 그대로 있어 발전(發展)하지 못함.

사속불가의(士俗不可醫) 속된 사나이는 고칠 수 없음.

고하재심 높을高 내릴下 있을在 마음心

「높이 하는 것도 낮게 하는 것도 모두 자기 마음에 달림」 때의 변함에 따라 그때 맞도록 함.

상벌(賞罰)이나 진퇴(進退)의 권리(權利)를 장악(掌握)함.

가슬추연(加膝墜淵) 「무릎 위에 앉혀 사랑하거나, 못(池)에 밀어 넣어 미워함」 기분(氣分)에 따라 함으로써 그 행동(行動)이 예에서 벗어남.

상벌무장(賞罰無章) 상과 벌이 일정(一定)한 규정(規定)이 없이 마음 내키는 대로 함.

여도담군(餘桃啗君) 「먹다 남은 복숭아를 임금에게 먹임」 처음에는 좋게 보여 사랑받던 것이, 나중에는 도리어 화근(禍根)이 됨.

유적지안(惟適之安) 자기 마음에 맞는 것에 만족(滿足)함.

일여일탈(一與一奪) 어느 때는 주고 어느 때는 뺏음.

종욕염사(從欲厭私) 욕심(慾心) 내키는 대로 하여 사사로운 감정(感情)을 만족시킴.

직정경행(直情徑行) 자신의 감정(感情)이 내키는 대로 앞뒤 분별(分別)없이 행동(行動)하며 절제(節制)할 줄 모름.

춘생추살(春生秋殺) 「봄은 만물(萬物)을 낳고, 가을은 이를 죽임」 때에 따라 사랑하기도 하고 벌하기도 함.

희상노형(喜賞怒刑) 기쁠 때는 상을 주고 화가 날 때는 형벌(刑罰)을 내림.

고한삼년 마를枯 가물旱 석三 해年

삼 년 동안 심한 가뭄이 듦.

고항황괵 시들槁 목項 누를黃 얼굴馘

목이 말라 얼굴이 누렇고 생기(生氣)가 없음.

고해성사 고할告 풀解 성스러울聖 일事

천주교(天主教)에서 일곱 가지 성사(聖事)의 하나. 영세(領洗)를 받은 신자(信者)가 범한 죄를 뉘우치고 천주(天主)의 대리자(代理者)인 사제(司祭)에게 고백하여 용서(容恕)를 받는 일. **고백성사**(告白聖事)

고허왕상 외로울孤 빌虛 임금王 점칠相

옛날 병법가(兵法家)가 행군(行軍)하기 전에 방위(方位)와 일시(日時) 등을 점치던 것.

고헐무상 높을高 헐할歇 없을無 항상常

「높기도 하고, 헐하기도 하여 무상함」 값이 오르고 내림이 일정(一定)하지 않아 종잡을 수 없음.

고현분묘 높을高 검을玄 무덤墳 무덤墓

먼 윗대 조상(祖上)의 무덤.

고혈단신 외로울孤 외로울孑 홑單 몸身

피붙이가 전혀 없는 외로운 몸.

혈혈단신(孑孑單身)

고화자전 기름膏 불火 스스로自 달일煎

「기름 등불이 스스로 태워 없앰」 재주 있는 사람이 그 재주 때문에 화(禍)를 입음.

고촉이명자전(膏燭以明自煎)

고이명자소(膏以明自銷) 기름불은 기름 자신을 태워 마침내 소멸(消滅)함.

상치분신(象齒焚身) 코끼리는 상아(象牙)가 있어서 죽임을 당함.

재다명태(財多命殆) 재물(財物)을 많이 가지고 있으면 도적(盜賊)의 겨냥을 받으므로 목숨이 위태(危殆)함.

포벽유죄(抱璧有罪) 값진 보물(寶物)을 안고 있으면 죄가 없어도 억울(抑鬱)하게 재앙(災殃)을 당하게 됨.

호표지부(虎豹之父) 호랑이와 표범은 나면서부터 뚜렷한 무늬가 있어 수렵(狩獵)의 표적(標的)이 됨.

고확함정 그물罟 잡을擭 빠질陷 함정穽

「그물과 덫과 허방다리」 함정(陷穽). 그물과 덫과 함정. 모두 금수(禽獸)를 잡는 장치(裝置)임.

고황지병 기름膏 명치 끝肓 어조사之 병病

고황지질 膏 肓 之 병疾

병균(病菌)이 고황, 즉 심장(心臟)과 횡격막(橫膈膜) 사이에 침범(侵犯)한 난치병(難治病)으로, 고황에 들어 고치기 어려운 병.

고치기 어렵게 된 버릇.

고희 옛古 드물稀

「70세를 일컬음」 일흔 살까지 산다는 것은 옛날에는 드문 일임. 인생칠십 고래희(人生七十 古來稀)에서 유래(由來)함.

종심(從心), **칠순**(七旬), **희수**(稀壽)

곡격견마 바퀴통轂 두딪칠擊 어깨肩 스칠摩

「수레의 바퀴통이 서로 부딪치고 사람의 어깨가 스침」 거리가 번화(繁華)함.

곡고화과

곡조曲 높을高 조화로울和 부족할寡

「곡이 높으면 화답(和答)하는 사람이 적음」 사람의 재능(才能)이 너무 높으면 따르는 무리가 적음.

수청무대어(水淸無大魚) 「물이 너무 맑으면 큰 물고기가 살 수 없음」 사람이 너무 결백(潔白)하면 사람들이 가까이하지 않음.

곡굉지락 굽힐曲 팔뚝肱 어조사之 즐거울樂

「빈한(貧寒)하여 팔을 베고 자는 형편(形便)일지라도 도(道)를 행하여 한 점 부끄러움이 없으면 참다운 즐거움을 그 속에서 얻음」 청빈(淸貧)한 가운데에서도 도를 즐김.

곡기읍련 굽을曲 갈림길岐 울泣 흰실練

「남북(南北) 어느 곳으로도 갈 수 있으므로 기로(岐路)에서 울고, 황흑(黃黑) 어느 것이나 염색(染色)될 수 있으므로 흰 실을 보고 욺」 근본(根本)은 같은 것이 갖가지 선악(善惡)으로 갈라지는 것을 탄식(歎息)함.

곡돌사신 굽을曲 굴뚝突 옮길徙 땔나무薪

「굴뚝을 꼬불꼬불하게 만들고, 아궁이 근처(近處)의 나무를 다른 곳으로 치움」 화근(禍根)을 미리 방지(防止)하라.

조절간맹(蚤絶姦萌) 간사(奸詐)한 싹을 일찍 끊음.

곡돌사신 무은택(曲突徙薪 無恩澤) 굴뚝을 꼬부리고 땔감을 옮기라고 충고(忠告)한 사람은 술 한 잔도 대접(待接)받지 않음.

↔ **초두난액**(焦頭爛額) 화재(火災)를 미연(未然)에 방지하게 한 사람은 버림받고 불이 난 뒤에 불을 끈 사람은 상(賞)을 받음.

곡두생각 곡식穀 꼭대기頭 날生 뿔角

입추(立秋)가 지나 첫 번째 돌아오는 갑

자일(甲子日)에 비가 오면 그해 추수(秋收) 때 가을장마로 이삭에 싹이 돋아남.

곡면조형 고니鵠 낯面 새鳥 형상形

「고니의 얼굴과 새의 형상(形像)」 굶주려 파리한 모양(模樣).

손척자(損瘠者) 굶주려 파리해진 사람.

구형곡면(鳩形鵠面) 「비둘기의 형상에 고니의 얼굴」 매우 굶주려 야윈 모양.

오면곡(혹)형(烏面鵠形) 「까마귀 얼굴에 따오기 같은 형상」 주려서 매우 수척(瘦瘠)한 사람.

육탈골립(肉脫骨立) 몸이 몹시 여위어 뼈만 남도록 마름.

피골상접(皮骨相接) 살가죽과 뼈가 맞붙을 정도로 몹시 마름.

훼척골립(毁瘠骨立) 바싹 말라서 뼈만 앙상하게 드러남.

↔ **육다골소**(肉多骨少) 살이 많고 뼈가 적음.

곡미풍협 굽을曲 눈썹眉 풍성할豊 뺨頰

「초승달 모양의 눈썹과 토실토실하게 살찐 뺨」 여자의 아름다움. 〈미인 참조〉

곡복사신 곡식穀 배腹 실絲 몸身

「곡식(穀食)으로 배를 채우고 천으로 몸을 두름」 먹는 것과 입는 것.

사신곡복(絲身穀腹)

곡부득이소

울哭 아닐不 얻을得 이미已 웃음笑

「울어야 할 것을 마지못해 웃음」 어쩔 수 없이 그 일을 하게 됨.

곡불욕이백

고니鵠 아닐不 목욕할浴 말 이을而 흰白

「따오기는 목욕(沐浴)하지 않아도 흼」 천성(天性)이 선(善)한 이는 배우지 않아도 착하고 훌륭함.

곡수유상 굽을曲 물水 흐를流 술잔觴
곡수지연 曲 水 어조사之 잔치宴
곡수지유 曲 水 之 놀遊

굽이쳐 흐르는 물결에 잔을 띄우며 시(詩)를 짓고 노는 잔치.

유상곡수(流觴曲水), **곡수연**(曲水宴)

곡의봉영 굽을曲 뜻意 만날逢 맞을迎

자기(自己)의 뜻을 굽혀서 남의 의견(意見)에 영합(迎合)함.

곡학아세(曲學阿世) 학문(學文)을 굽히어 세상에 아첨함.

아부뇌동(阿附雷同) 자기의 주견(主見)이 없이 남의 말에 아부하며 동조(同調)함.

곡자아의 굽을曲 사람者 나我 뜻意

마음이 곧지 않은 사람은 모든 일을 제멋대로 함.

방약무인(傍若無人) 주위(周圍)를 의식(意識)하지 않고 제멋대로 행동(行動)함.

분방자재(奔放自在) 일반적(一般的)인 규정(規定)이나 규칙(規則)에 거리끼거나, 얽매이지 않고 세넛대로 함.

자휴자용(恣畦自用) 제멋대로 행함.

종회여류(從懷如流) 거리낌 없이 함.

회빈작주(回賓作主) 「손님을 돌려 주인을 만듦」 남의 의견(意見)이나 주장(主張)하는 사람을 제쳐 놓고 제멋대로 함.

곡재아의 굽을曲 있을在 나我 어조사矣

잘못이 남에게 있는 것이 아니라 자신(自身)에게 있음.

내시반청(內視反聽) 자신을 반성(反省)하여 살핌.

반구저기(反求諸己) 남을 탓하지 않고 잘못의 원인(原因)을 자기(自己)에게서 찾아 고쳐나감.

부형청죄(負荊請罪) 자기의 잘못을 인정(認

定)하고 처벌(處罰)해 줄 것을 자청(自請)함.

자원자애(自怨自艾) 자기의 잘못을 스스로 책망(責望)하고 수양(修養)에 힘씀.

↔ **문과수비**(文過遂非) 허물을 어물어물 숨기고 나쁜 짓을 함.

곡종주아 곡조曲 끝날終 연주할奏 바를雅

먼저 속된 곡(曲)을 연주(演奏)하고 나중에 바른 음악(音樂)을 부름.

곡직불문 굽을曲 곧을直 아닐不 물을問

일의 옳고 그름을 묻지 않음.

불문곡직(不問曲直), **불문곡절**(不問曲折)

치지불문(置之不問) 「도외시(度外視)하여 묻지 않음」 불문으로 함. 모르는 체함.

곡진기정 자세할曲 다할盡 그其 사정情

사정(事情)을 자세(仔細)히 앎.

사정을 간곡(懇曲)하게 다 말함.

곡창방통 굽을曲 펼暢 두루旁 통할通

말이나 글이 조리(條理)가 분명(分明)하고 명확(明確)하며 널리 통함.

곡학아세 굽을曲 배울學 아첨할阿 인간世

「학문(學文)을 굽히어 세상에 아첨함」 그릇된 학문을 이용(利用)해 권력자(權力者)나 세상에 아첨(阿諂)하는 모습.

아세곡학(阿世曲學)

곡의봉영(曲意逢迎) 자기(自己)의 뜻을 굽혀서 남의 의견(意見)에 영합(迎合)함.

아유구용(阿諛苟容) 남에게 아첨하며 구차(苟且)하게 행동(行動)함.

어용학자(御用學者) 권력자의 비호(庇護) 아래 그 정책(政策)을 찬양(讚揚)하고 이론적(理論的)으로 정당화(正當化)하는 학자.

천착지학(穿鑿之學) 말을 멋대로 끌어다가 억지로 이치(理致)에 맞도록 함.

곤구직석 짤綑 삼신屨 짤織 자리席

짚신을 삼고 돗자리를 짬.

곤궁이통 괴로울困 궁할窮 말 이을而 통할通

궁하면 통함. **궁즉통**(窮則通)

곤도절옥 곤산昆 칼刀 끊을切 옥玉

곤오국(昆吾國)에서 나는 날카로운 칼은 옥같이 단단한 것도 벰.

곤룡입해 곤란할困 용龍 들入 바다海

「좁은 곳에 갇혀 괴로워하던 용(龍)이 바다로 들어감」 마침내 때를 만남.

추인낙혼(墜茵落溷) 「한 나무의 꽃이 바람에 날리어 또는 이불 위에 떨어지기도 하고, 뒷간에 떨어지기도 함」 사람에게는 때를 만남과 때를 만나지 못함이 있음.

곤륜자과

산 이름崑 산 이름崙 자줏빛紫 오이瓜

곤륜산에서 나는 자줏빛 가지.

검은빛의 가지의 이명(異名).

곤산편옥 산 이름崑 메山 조각片 옥玉

「곤륜산에서 나는 한 조각의 옥」 꼭 필요(必要)한 인물(人物)을 얻기가, 이 옥을 구하는 것처럼 어려움.

삼고초려(三顧草廬) 유비(劉備)가 제갈공명(諸葛孔明)을 세 번이나 찾아가 군사(軍師)로 초빙(招聘)한 데서 유래(由來)한 말로, 인재(人材)를 맞기 위해 참을성 있게 힘씀.

삼토삼악(三吐三握) 세 번 입에 음식(飮食)을 뱉고, 목욕(沐浴)할 때 세 번 머리를 쥐고 일어남.

양궁난장(良弓難張) 「좋은 활은 당기기 어려움」 훌륭한 인재는 구하기도 부리기도 어려움.

일궤십기(一饋十起) 한 끼 밥 먹을 때 열 번 일어남.

일반토포(一飯吐哺) 입에 넣은 밥을 뱉음.

천금매골(千金買骨) 「천금으로 말의 뼈를 삼」 열심(熱心)히 인재를 구함.

토포악발(吐哺握髮) 입속의 밥을 뱉고 머리카락을 움켜쥠.

일식이삼기(一食而三起) 한 번 식사(食事)에 세 번이나 일어나 손님을 맞이함.

일목삼악발(一沐三握髮) 목욕 중일 때 손님이 오면 머리칼을 묶고 나와 맞이하기를 세 번이나 함.

계림일지 곤산편옥(桂林一枝 崑山片玉) 겨우 계수나무숲의 한 가지요, 곤륜산의 한 조각 옥에 불과(不過)함.

곤수유투

곤란할困 길 짐승獸 오히려猶 싸울鬪

「위급(危急)할 때는 약한 짐승도 싸우려고 덤빔」 궁지(窮地)에 몰리면 약한 자가 강한 자를 해칠 수 있음.

구급도장(狗急跳墻) 개가 급하게 담을 뛰어넘음.

궁구물추(窮寇勿追) 궁지에 빠진 적(敵)이나 도둑을 모질게 핍박(逼迫)하거나 쫓지 말라.

궁서설묘(窮鼠嚙猫) 쫓겨서 궁지에 몰린 쥐가 고양이를 묾.

궁조입회(窮鳥入懷) 쫓기는 새가 사람의 품으로 날아듦.

금곤복거(禽困覆車) 새도 곤경(困境)에 빠지면 수레를 전복(顚覆)시킴.

박어부득(迫於不得) 일이 매우 급하면 어쩔 수 없음.

수궁즉설(獸窮則齧) 짐승도 궁지에 몰리면 사람을 묾.

위사필궐(圍師必闕) 적을 포위(包圍)할 때는 반드시 퇴로(退路)를 열어두라.

조궁즉탁(鳥窮則啄) 새가 쫓기다가 도망(逃亡)할 곳을 잃으면 상대방(相對方)을 부리로 쫌.

궁어이분경(窮魚餌奔鯨) 궁지에 몰리면 약한 물고기도 고래에게 덤벼 묾.

귀사물엄 궁구막추(歸師勿掩 窮寇莫追) 물러나는 군사(軍士)는 덮치지 말고, 궁한 도적(盜賊)은 뒤쫓지 말라.

곤심형려

곤란할困 마음心 저울질 할衡 생각慮

마음으로 괴로워하며 가슴이 답답함.

민민답답(悶悶沓沓) 매우 안타깝고 답답함.

불승민울(不勝悶鬱) 걱정으로 가슴이 답답함을 이기지 못함.

곤옥추상 옥돌琨 옥玉 가을秋 서리霜

「아름다운 옥과 가을 서리」 고상(高尙)하고 엄숙(嚴肅)한 인품(人品).

광풍제월(光風霽月) 화창(和暢)한 날 불어오는 상쾌(爽快)한 바람과 비 갠 뒤 하늘에 뜬 밝은 달.

날이불치(涅而不緇) 검은 물을 들여도 검게 물들지 않음.

단애청벽(斷崖青壁) 붉은빛의 낭떠러지와 푸른빛의 석벽(石壁)이 높고 아름다움.

빙호추월(氷壺秋月) 얼음 호리병과 가을 달.

약음순료(若飮醇醪) 맛 좋은 술을 마시는 것과 같음.

옥해금산(玉海金山) 옥을 품은 바다와 금이 나는 산.

요림경수(瑤林瓊樹) 「옥의 숲과 옥의 나무」 인품이 고상하고 비범(非凡)한 사람.

운상기품(雲上氣稟) 속됨을 벗어난 인간의 고상한 기질(氣質)과 성품(性品).

운중백학(雲中白鶴) 구름 속의 학.

곤외다사 성문閫 바깥外 많을多 일事

군사상(軍事上)의 직무(職務)가 많아 매우 바쁨.

곤외지사 성문閫 바깥外 어조사之 일事

대궐(大闕) 밖을 통제(統制)하거나 병마(兵馬)를 통솔(統率)하는 일.

곤외지신 성문閫 바깥外 어조사之 신하臣
「대궐(大闕) 밖의 신하(臣下)」 장군(將軍).

곤외지임 성문閫 바깥外 어조사之 맡길任
군사(軍士)를 이끌고 경외(境外)로 싸우러 나가는 장군(將軍)의 직임(職任).

곤이득지
곤란할困 말 이을而 얻을得 어조사之
(학문(學問) 등을) 고생(苦生)한 끝에 이루어 냄.

곤이지지 곤란할困 말 이을而 알知 어조사之
「애써 고생(苦生)하며 공부(工夫)한 끝에 앎」 노력(努力)하여 얻은 지식(知識)이나 실력(實力).

곤재해심 곤란할困 있을在 지경垓 마음心
처한 상황(狀況)이나 주변환경(周邊環境)이 몹시 어렵고 딱함.
〈가랑잎에 떨어진 좁쌀알 찾기〉

곤지갈석 거야동정 맏昆 못池 우뚝碣 돌石 클鉅 들野 골洞 뜰庭
곤지는 곤명현에, 갈석은 부평에, 거야는 태산 동쪽에, 동정호는 원강 남쪽에 있다.

곤지면행 곤란할困 알知 힘쓸勉 행할行
곤지안행 困 知 편안할安 行
「혹은 태어나면서 알고, 혹은 배워서 알고, 혹은 고생(苦生)해서 아니, 아는 데에 이르러서는 다 똑같음」 도(道)를 힘써 배워 알고 힘써 닦아 행함.

곤지행직
괴로울鯀 어조사之 강직할婞 곧을直
곤은 강직(剛直)함으로써 몸을 망쳤다.

곤진부정 흐를滾 티끌塵 아닐不 정할定
먼지가 일어나는 것을 말함.

곤현향절 곤계鵾 악기 줄弦 울림響 끊을絶
「거문고의 줄을 끊음」 부부(夫婦)가 이별(離別)함.

병침잠절(瓶沈簪折) 「병이 물에 가라앉고 비녀가 부러짐」 부부가 이별함.

이이귀종(離異歸宗) 부부를 이별시키고 부인(婦人)을 그 본가(本家)로 돌아가게 함.

파경부조(破鏡不照) 깨진 거울은 다시 비추지 않음.

파경지탄(破鏡之歎) 부부 사이가 깨어져 영원(永遠)히 이별하게 된 탄식(歎息).

↔ **해로동혈**(偕老同穴) 살아서는 같이 늙고 죽어서는 한 무덤에 묻힘.

골경신해 뼈骨 놀랄驚 정신神 놀랄駭
「뼈와 정신(精神)이 놀람」 몹시 놀람.

무안색(無顔色) 「낯빛이 창백(蒼白)함」 매우 놀람.

기절초풍(氣絶招風) 정신(精神)을 잃고 경기(驚氣)를 일으킬 정도로 매우 놀람.

대경차악(大驚且愕) 몹시 깜짝 놀람.

배중사영(杯中蛇影) 술잔 속에 비친 뱀 그림자.

석파천경(石破天驚) 돌이 깨지니 하늘이 놀람.

오우천월(吳牛喘月) 오나라의 소가 달만 보아도 헐떡임.

월견폐설(越犬吠雪) 월나라 개가 눈을 보고 짖음.

징갱취제(懲羹吹虀) 뜨거운 국에 데더니 냉채(冷菜)를 먹을 때도 붊.

징선기여(懲船忌輿) 뱃멀미에 데었거나 난선(難船) 당한 적이 있어 수레 타기를 꺼림.

초목개병(草木皆兵) 초목이 모두 군사(軍

士)로 보임.

풍성학려(風聲鶴唳) 「바람 소리와 학의 울음소리」 겁을 먹은 사람이 하찮은 일이나 작은 소리에도 몹시 놀람.

봉만작어회수(蜂蔓作於懷袖) 용기(勇氣) 있는 사람도 옷소매에서 벌이 나오면 놀람.

호득목징구매(唬得目瞪口呆) 놀라서 눈을 크게 뜨고 입을 헤벌림. 아주 놀람.

골경심한 뼈骨 놀랄驚 마음心 찰寒

매우 놀라워 마음이 서늘함.

골경지신 뼈骨 걸릴鯁 어조사之 신하臣

목에 걸린 가시처럼, 듣기에 괴로운 직언(直言)을 하는 강직(剛直)한 신하(臣下). 골경(骨, 魚+更)은 생선(生鮮) 가시라는 뜻.

회천(回天) 임금의 마음을 되돌림.

간간악악(侃侃諤諤) 옳다고 믿는 것을 거리낌 없이 직언하는 일.

감언지신(敢言之臣) 감히 거리낌 없이 자기 의견(意見)을 말하는 신하.

간의대부(諫議大夫) 천자(天子)의 고문관(顧問官)으로서 천자에게 잘못이 있으면 간하는 직책(職責).

격심정사(格心正事) 임금의 마음을 바로잡고 일의 잘못을 바르게 하는 것.

견거지쟁(牽裾之諍) 「임금의 옷자락을 당기며 직간(直諫)함」 신하가 임금의 옷소매를 붙잡고 곧은 말로 임금의 잘못을 간언함.

군유쟁신(君有諍臣) 임금에게는 잘못을 지적(指摘)할 수 있는 신하가 있어야 함.

면절정쟁(面折庭諍) 임금의 앞에서 임금의 행한 일이나 정치적(政治的) 사건(事件)에 대하여 기탄(忌憚)없는 쟁론(爭論)을 함.

봉명조양(鳳鳴朝陽) 「봉황(鳳凰)이 아침볕 아래서 욺」 윗사람에게 잘못된 일을 바로잡아야 한다고 직언함.

신후지간(身後之諫) 죽은 뒤에도 군주(君主)의 잘못을 바로잡기 위하여 간언(諫言)함.

악악지신(諤諤之臣) 언제나 바른말을 하는 신하.

용방비간(龍龐比干) 하나라 걸왕(桀王)의 신하 관용방과 은나라 주왕(紂王)의 신하 비간. 둘 다 임금에게 간(諫)하다가 죽임을 당함.

전일회천(轉日回天) 「해를 돌리고 하늘을 돌게 함」 임금의 마음을 돌리게 함을 말함.

직언골경(直言骨鯁) 바른말을 기탄(忌憚)없이 하는 일.

직언극간(直言極諫) 바른말로 잘못을 극진(極盡)히 간함.

초모위언(草茅危言) 민간(民間)에 있으면서 국정(國政)을 통렬(痛烈)하게 공박(攻駁)함.

충간지사(忠諫之士) 죽음을 무릅쓰고 간하는 신하.

탕무이악악이창(湯武以諤諤而昌) 은나라의 탕왕과 주나라의 무왕은 충신(忠臣)이 극렬(極烈)하게 간하는 것을 받아들여 크게 융창(隆昌) 하였음.

↔ **수왈불가**(誰曰不可) 누구도 불가하다고 말할 사람이 없음.

골계소설

익살스러울滑 상고할稽 작을小 이야기說

익살스러운 얘기를 쓴 소설. **익살소설**

해학소설(諧謔小說) 세상이나 인간(人間)의 결함(缺陷)에 대해 익살스럽고 웃음으로 그려 낸 소설.

골계지웅

어지러울滑 상고할稽 어조사之 수컷雄

지혜(智慧)가 샘솟듯 하여 그칠 줄 모르는 제일인자(第一人者).

유창(流暢)한 말솜씨로 남을 잘 설득(說得)하는 사람. 滑稽는 지식(知識)이 풍부(豐富)하여 어떠한 어려운 문제(問題)도 쉽게 해답(解答)하는 것.

골골무가 빠질汨 汨 없을無 겨를暇

어떤 일에 온 정신(精神)을 쏟아 조금도 틈이 없음. **골몰무가**(汨沒無暇)

골골백세 - - 일백百 해歲

「골골거리며 백 세를 삶」 자주 병치레하는 사람이 오히려 건강(健康)을 돌보며 장수(長壽)함.

골등육비 뼈骨 오를騰 몸肉 날飛

「몸과 마음이 약동(躍動)함」 용사(龍蛇)가 비호(飛虎)같이 달리는 모양(模樣).

용사(勇士)의 활약(活躍)하는 상태(狀態).

미인을 보았을 때 마음이 충동(衝動)함.

아름다운 창녀(娼女)가 사람을 호리는 것이 심함.

골립비복 뼈骨 존재할立 고달플憊 엎드릴伏

「몸이 수척(瘦瘠)하고 뼈만 남아 지쳐서 넘어짐」 근심 걱정으로 식음(食飮)을 전폐(全廢)한 모양(模樣).

폐식잠와(廢食涔臥) 식음을 끊고 눈물을 흘리며 누워있음.

골몰무가 빠질汨 빠질沒 없을無 겨를暇

어떤 일에 온 정신(精神)을 쏟아 조금도 틈이 없음. **골골무가**(汨汨無暇)

부지침식(不知寢食) 생활(生活)에 제일(第一) 중요(重要)한 침식을 잊음.

식불감미(食不甘味) 음식(飮食)을 먹어도 맛을 느끼지 못함.

우보순추(禹步舜趨) 임금이 정사(政事)에 골몰하여 덕이 성함.

폐침망찬(廢寢忘餐) 잠자는 일을 그만두고 먹는 일을 잊음.

골수분자 뼈骨 뼛골髓 나눌分 사람子

조직체(組織體)에서 그 조직체의 이념(理念)을 철저(徹底)히 신봉(信奉)하거나 어떤 상사(上司)에게 철저(徹底)한 충성(忠誠)을 바치는 사람을 속되게 이르는 말.

극렬분자(極烈分子) 특정(特定)한 단체(團體)에 속하여, 사상(思想)이나 행동(行動) 등이 과격(過激)한 사람을 부정적(否定的)으로 이르는 말.

열심당원(熱心黨員) 특정한 정당(政黨)에 가입(加入)하여 당비(黨費)를 내면서 정당의 행사(行事)에 적극적(積極的)으로 참여(參與)하는 당원.

첨예분자(尖銳分子) 어떤 단체 안에서 급진적(急進的)인 태도(態度)를 보이는 사람.

골육상식 뼈骨 살肉 서로相 먹을食

뼈와 살을 서로 먹음.

골육상잔 뼈骨 살肉 서로相 잔인할殘

골육상쟁 骨 肉 相 다툴爭

「뼈와 살이 서로 다툼」 형제(兄弟), 동포(同胞)처럼 친족(親族) 사이에 서로 싸우는 모습.

동족상잔(同族相殘) 같은 겨레끼리 서로 해침.

동실조과(同室操戈) 집안싸움, 형제 싸움.

두기지유(豆萁之喩) 콩깍지로 불을 지펴서 콩을 볶음.

소장지우(蕭墻之憂) 담 안에서의 변란(變亂).

자두연기(煮豆燃萁) 콩깍지를 태워 콩을 삶음.

자중지란(自中之亂) 같은 패에서 일어나는 싸움.

접혈금정(蹀血禁庭) 「대궐(大闕)의 뜰에 유혈(流血)이 낭자(狼藉)하여 그것을 밟고 건널 정도(程度)였음」 아우가 형(兄)을 잔인(殘忍)하게 죽이고 왕위(王位)를 차지함. 형제간(兄弟間)의 살육(殺戮).

형제혁장(兄弟鬩墻) 형제가 울안에서 서

로 싸움.

골육수분 본출일기 뼈骨 살肉 비록雖 나눌分 근본本 날出 한一 기운氣

뼈와 살은 비록 나누어졌으나 본래(本來) 한 기운(氣運)으로 태어났음.

골육지애 뼈骨 살肉 어조사之 사랑愛

가까운 혈족(血族) 사이의 사랑.

골육지정 뼈骨 살肉 어조사之 뜻情

가까운 혈족(血族) 사이의 의로운 정.

골육지친 뼈骨 살肉 어조사之 친족親

「뼈와 살을 나눈 사이」 부모와 자식(子息), 형제와 자매(姉妹), 숙질(叔姪) 등의 가까운 혈족(血族).

육친골육(六親骨肉) 부모형제(父母兄弟), 배우자(配偶者), 자녀(子女), 양친(兩親).

골의지요

어지러울滑 의심할疑 어조사之 빛날耀

마음속의 의심(疑心)스럽던 일이 마침내 환하게 밝아짐.

동해빙석(凍解氷釋) 얼음이 풀리듯 의문(疑問)이 해소(解消)됨.

백구무하(白垢無瑕) 결백(潔白)하여 아무런 잘못이나 허물이 없음.

빙석이순(氷釋理順) 얼음이 풀리듯 순리(順理)대로 됨.

운권천청(雲捲天晴) 「구름이 걷히고, 하늘이 맑게 갬」 병(病)이나 근심이 씻은 듯이 없어짐.

청천백일(青天白日) 「맑게 갠 하늘에서 밝게 비치는 해」 혐의(嫌疑)나 원죄(冤罪)가 풀려 무죄(無罪)가 됨을 비유함.

환연빙석(渙然氷釋) 얼음이 녹듯이 마음에 한 점의 의심도 남기지 않고, 의혹(疑惑)이나 미혹(迷惑)이 풀림.

골입아군 송골매鶻 들入 갈까마귀鴉 무리羣

「송골매가 갈까마귀 무리 속으로 들어감」 아주 용맹(勇猛)한 자가 약한 사람들의 한 떼를 쳐 흩어 버리는 비유(譬喩).

골포전장 뼈骨 널리 펼布 싸움戰 마당場

「전쟁터에 뼈를 뿌림」 전쟁터에서 죽음.

결사항전(決死抗戰) 죽을 각오로 맞서 싸움.

과혁지시(裹革之屍) 말가죽으로 자기(自己)의 시체(屍體)를 쌈.

병사지야(兵死地也) 병사는 전쟁에서 죽음.

사생결단(死生決斷) 죽음을 무릅쓰고 결정(決定)을 내림.

저사위한(抵死爲限) 죽음을 각오(覺悟)하고 굳세게 저항(抵抗)함.

지사불굴(至死不屈) 죽을 때까지 항거(抗拒)하여 굽히지 않음.

조상어불외도(俎上魚不畏刀) 도마 위의 물고기가 칼을 무서워하랴?

용사불망상기원(勇士不忘喪其元) 용맹(勇猛)한 무사(武士)는 목이 달아날 때가 있을 것을 잊지 않음.

문고이이 불문금의(聞鼓而已 不聞金矣) 나갈 줄만 알고 물러날 줄을 모르는 필사(必死)의 각오(覺悟).

남자불사 어부인지수(男子不死 於婦人之手) 남자는 부인(婦人)의 손에 안겨 죽지 않음.

공개경쟁 널리公 열開 다툴競 다툴爭

여러 사람이 공개된 과정(過程)에서 동일(同一)한 조건(條件)으로 서로 겨루는 일.

공개서한 널리公 열開 글書 편지翰

비밀(祕密)로 하지 않고 여러 사람에게 공개하는 편지(便紙).

공개선전 널리公 열開 베풀宣 전할傳

믿을 만한 증거(證據)나 자료(資料)를 가지고 여러 사람에게 널리 전하거나 알림.

백색선전(白色宣傳)

↔ **흑색선전**(黑色宣傳) 근거(根據) 없는 사실(事實)을 조작(造作)하여 상대방(相對方)을 모략(謀略)하고 혼란(混亂)하게 하는 정치적(政治的) 술책(術策).

회색선전(灰色宣傳) 확실(確實)한 출처(出處)나 근거(根據)가 없는 밝히지 않고 아리송하게 하는 선전.

공경대부 공작公 벼슬卿 큰大 지아비夫

공경대신 公 卿 大 신하臣

삼공(三公)과 구경(九卿)과 대부(大夫), 곧 벼슬이 높은 사람들.

공경사사 공손할恭 공경敬 사례할謝 사양할辭

삼가서 예(禮)를 갖추어 사양(辭讓)함.

공경애중 공손할恭 공경敬 사랑愛 소중할重

삼가고 소중(所重)히 여김.

공경자손 벼슬公 벼슬卿 아들子 자손孫

벼슬이 높은 사람의 자식(子息)과 손자(孫子).

고량자제(膏粱子弟) 잘 먹고 잘 입고 귀엽게 자라서 고생(苦生)을 도무지 모르는 부귀(富貴)한 집안의 자제(子弟).

귀개공자(貴介公子) 신분(身分)이 귀한 대갓(大家)집 자제.

귀유자제(貴游子弟) 왕공(王公)이나 귀족(貴族)의 자제.

기환자제(綺紈子弟) 「무늬 있는 비단(緋緞) 저고리와 흰 비단 바지」 부귀한 집 자제.

부가자제(富家子弟) 부잣집 자손으로 자라난 젊은 사람.

세가자제(勢家子弟) 권세(權勢)가 있는 집안의 자제.

오의자제(烏衣子弟) 부귀한 집안의 자제.

유한공자(有閑公子) 한가(閑暇)하여 유흥(遊興)에 팔린 부귀한 집 자제.

환과자제(紈袴子弟) 지위(地位)가 높고 귀한 집안의 자제, 귀족의 자제를 경멸(輕蔑)해서 하는 말.

공경재배 공손할恭 공경敬 두再 절拜

「공손(恭遜)히 받들어 두 번 절함」 삼가고 예(禮)를 갖추어 두 번 절함.

공경지례 공손할恭 공경敬 어조사之 예도禮

성신(聖神)이나 성인(聖人)에게 드리는 공경.

공경추앙 공손할恭 공경敬 받들推 우러를仰

삼가고 예(禮)를 갖추어 높이 받들어 우러름.

공고식담 공격할攻 괴로울苦 음식食 씹을啖

「어렵고 괴로운 처지(處地)나 형편(形便)과 싸우며, 검소(儉素)한 음식(飮食)에 만족(滿足)함」 고심(苦心)하며 학문에 힘씀.

손지시민(遜志時敏) 겸허(謙虛)한 마음을 가지고 학문에 힘씀.

재주문자(載酒問字) 「술을 가지고 가서 글을 가르쳐 주기를 청함」 학문(學問)에 부지런히 힘씀.

공고진주 공로功 높을高 떨칠震 주인主

공적(功績)이 주인(主人)을 떨게 할 만큼 높다.

공곡공음 빌空 골짜기谷 발자국 소리跫 音

공곡족음 空 谷 발足 소리音

「빈 골짜기의 발소리」 몹시 신기(神技)한 일이나 반가운 소식(消息)을 들음.

공곡전성 빌空 골짜기谷 전할傳 소리聲

「산골짜기에서 크게 소리치면 그대로 전

함」악(惡)한 일을 당하게 됨.

공곡전성 허당습청(空谷傳聲 虛堂習聽) 텅 빈 골짜기에도 소리가 전해지듯, 빈 대청(大廳)에는 들림이 겹치는 듯함.

공공근언 두려워할恐 恐 삼갈謹 말言

「황공(惶恐)하여 삼가 아룀」 편지(便紙) 끝에 써서 경의(敬意)를 나타내는 말.

공황근언(恐惶謹言)

공공사사 공변될公 公 사사로울私 私

공과 사를 분명(分明)히 구별(區別)함.

공공적적 빌空 空 고요할寂 寂

우주(宇宙) 만상(萬狀)의 실체(實體)가 모두 비어 지극(至極)히 고요함.

공공지론 공변될公 함께共 어조사之 논할論

여러 사람의 공론(公論).

공공지재

함께할公 한가지共 어조사之 재물財

국가(國家)나 사회(社會) 구성원(構成員)들의 재산(財産).

공공환두 한가지共 장인工 기뻐할驩 투구兜

요(堯)임금 때의 악인(惡人). 공공(共工)·환두(驩兜)·삼묘(三苗)·곤(鯀) 등 네 사람이 있었음. 순(舜)임금에 의하여 각각(各各) 유주(幽州)와 숭산(崇山)으로 내쫓겼음. 일반적(一般的)으로 악인(惡人)이나 소인(小人)의 무리를 가리킴.

공과상반 공로功 허물過 서로相 절반半

공로(功勞)와 허물이 서로 반반(半半)임.

득부상부(得斧喪斧) 얻은 도끼나 잃은 도끼나 마찬가지임.

득실상반(得失相半) 얻음과 잃음이 반반임.

무해무독(無害無毒) 「해도 없고 독도 없음」 손해(損害)도 이익(利益)도 없음.

선악상반(善惡相半) 선과 악이 서로 반반임.

훼예상반(毁譽相半) 헐뜯는 사람과 기리는 사람이 반반임.

공균천지 공로功 고를均 하늘天 땅地

공(功)이 큰 것이 천지 만물(萬物)을 낳고 기르게 하는 것과 같음.

공기불비 공격할攻 그其 아닐不 갖출備

적(敵)의 방비(防備)가 허술할 때 공격(攻擊)함.

공담의무 한가지共 책임질擔 옳을義 힘쓸務

두 사람 이상(以上)이 함께 지는 책임.

연대책임(連帶責任)

공덕겸륭 공로功 덕德 겸할兼 높을隆

공과 덕이 겸하여 매우 융성(隆盛)함.

공도동망 함께共 넘어질倒 같을同 망할亡

「넘어져도 같이 넘어지고 망하여도 같이 망함」운명(運命)을 같이함.

동고동락(同苦同樂) 고생(苦生)도 함께 하고 기쁨도 함께함.

순망치한(脣亡齒寒) 입술이 없으면 이가 시림.

일련탁생(一蓮托生) 「죽은 후에 같이 극락정토(極樂淨土)의 연꽃 위에서 남」남과 운명을 같이함.

공동부유 함께共 같을同 부유할富 넉넉할裕

「같이 잘 살자」 2021년 8월 시진핑(習近平) 중국 국가주석(國家主席)이 이를 강조(强調)하면서 중국의 최대(最大) 화두(話頭)로 등장(登場)한 개념(槪念).

↔ **선부론**(先富論) 일부(一部)가 먼저 부유해진 뒤 이를 확산(擴散)한다는 이론(理論). 덩사오핑(鄧小平)의 '사회주의(社會主義) 시장(市場) 경제론(經濟論)'이다.

공동정범 함께共 한가지同 바를正 범할犯

몇 사람이 공동으로 범죄(犯罪)를 실행(實行)하였을 때 그 여러 범인(犯人). 또는 그 범죄 행위(行爲).

↔ **단독정범**(單獨正犯) 혼자서 범죄의 구성(構成) 요건(要件)에 해당(該當)하는 행위를 실행한 사람.

공득지물 헛되이空 얻을得 어조사之 만물物

힘이나 돈을 들이지 않고 거저 얻은 것.

공로면천 공로功 힘쓸勞 면할免 천할賤

조선시대(朝鮮時代)에, 나라에 공로를 세운 노비(奴婢)가 그 신분(身分)에서 벗어나던 일.

구포속량(購捕贖良) 범인(犯人)을 고발(告發)하여 잡게 함으로써 노비의 신분을 벗어나 양인(良人)의 신분을 얻던 일.

납속면천(納粟免賤) 곡물(穀物)을 바치고 노비 신분에서 벗어나던 일.

진고면천(陳告免賤) 도망(逃亡)친 노비 30명을 고발(告發)함으로써, 노비의 신분을 벗어나던 일.

공론공담 헛되이空 논할論 空 말씀談

공리공론 空 이치理 空 論

실천(實踐)이 따르지 않는 헛된 이론(理論).

궤상공론(机上空論), **탁상공론**(卓上空論) 탁자(卓子) 위에서만 펼치는 논설(論說).

묘항현령(猫項懸鈴) 「고양이 목에 방울 달기」 실행(實行)할 수 없는 일을 공공연(公公然)하게 의논(議論)함.

지상병담(紙上兵談) 종이 위에서 펼치는 용병(勇兵)의 이야기.

허고취생(噓枯吹生) 「고목(枯木)에 싹이 트기를 바람」 공론(空論), 헛된 이론.

공맹안증 성씨孔 맏孟 얼굴顔 이미曾

공자(孔子)·맹자(孟子)·안회(顔回)·증삼(曾參)의 네 성현(聖賢)을 일컫는 말.

공맹지도 성씨孔 맏孟 어조사之 도道

공자(孔子)와 맹자(孟子)가 주장(主張)한 인의(仁義)의 도(道).

공명동고 성씨孔 밝을明 구리銅 북鼓

제갈공명(諸葛孔明)이 남정(南征)할 때 만들었다는 동고(꽹과리). 그러나 사실(事實)은 남방인(南方人)이 만든 것으로서 후세(後世) 사람들이 제갈공명의 이름을 붙인 것.

공명부귀 공로功 이름名 부유할富 귀할貴

공을 세워 드러난 이름과 재산(財産)이 많고 지위(地位)가 높음.

공명선거 공평할公 밝을明 선거할選 선거擧

부정(不正)이 없이 떳떳하고 바른 선거.

공명수죽백

공로功 이름名 드리울垂 대竹 비단帛

「공명을 죽백에 드리움」 공을 세워 이름을 후세(後世)에 남김.

명수죽백(名垂竹帛), **수명죽백**(垂名竹帛)

공명신퇴 공로功 이름名 몸身 물러날退

공을 세워 이름을 떨치고 벼슬에서 물러남. **공성신퇴**(攻成身退)

급류용퇴(急流勇退) 「물살이 급한 강물을 용감(勇敢)하게 건넘」 기회(機會)를 보아 벼슬자리에서 서슴없이 물러남.

용퇴고답(勇退高踏) 관직(官職)을 용감하게 그만두고 속세(俗世)를 떠나서 생활(生活)함.

공명정대 공변될公 밝을明 바를正 큰大

하는 일이나 태도(態度)가 사사(私私)로움이나 그릇됨이 없이 정당(正當)하고 떳떳함.

공정무사(公正無私) 공평(公平)하고 정직(正直)하며 사심(私心)이 없음.

공평무사(公平無私) 지극(至極)히 공평하여 사사로운 점이 없음.

광명정대(光明正大) 환히 밝고 바르고 큼.

달인대관(達人大觀) 사리(事理)에 통달(通達)한 사람은 전체(全體)를 올바르게 널리 관찰(觀察)하여 공명정대한 판단(判斷)을 내림.

대공무사(大公無私) 매우 공평하여 사사로움이 없음.

대공지평(大公至平) 하는 일이나 행동(行動)이 아주 공정(公正)하고 떳떳함.

빙심옥호(氷心玉壺) 「얼음같이 맑은 마음이 티 없는 옥 항아리에 있음」 마음이 맑고 티 없이 깨끗함.

빙심옥호(氷心玉壺) 「얼음같이 맑은 마음이 티 없는 옥 항아리에 있음」 마음이 맑고 티 없음.

생물지심(生物之心) 천지(天地)가 만물(萬物)을 낳는 마음.

선공후사(先公後私) 공적(公的)인 일을 먼저 하고 사사로운 일은 나중에 함.

수경무사(水鏡無私) 늘 수평(水平)을 유지(維持)하는 맑은 물과 물체(物體)의 형상(形相)을 있는 그대로 비추는 거울.

심지광명(心地光明) 사욕(邪慾)이 없는 공명정대한 마음가짐.

아심여칭(我心如秤) 내 마음은 저울과 같음.

왕자중립(王者中立) 임금은 공평무사하여 어느 쪽으로도 치우치지 않음.

유여교일(有如皦日) 「밝은 해와 같음」 마음이 명백(明白)함.

정대광명(正大光明) 정직(正直)하고 분명(分明)함.

지공무사(至公無私) 한쪽으로 치우치지 않고 매우 공평하여 사사로움이 없음.

천무불부(天無不覆) 하늘은 크고 넓어서 만물을 모두 덮고 있음.

행불유경(行不由徑) 「길을 가는 데 지름길이나 뒤안길을 취하지 않고 큰길로 감」 행동을 공명정대하게 함.

공명지조 한가지共 목숨命 어조사之 새鳥

「목숨을 공유(共有)하는 새(鳥)」 상대방(相對方)을 죽이면 결국(結局) 함께 죽음.

공명현달 공로功 이름名 높을顯 이를達

공을 세워 이름과 덕망(德望)이 높아져 세상(世上)에 드러남.

공묵불언 공손할恭 묵묵할默 아닐不 말言

공손(恭遜)하고 조용하며 말하지 않음.

↔ **불경지습**(不敬之習) 윗사람에게 무례(無禮)하게 구는 버릇.

불공불손(不恭不遜) 아주 공손하지 않음.

언어불공(言語不恭) 말씨가 공손하지 않음.

공문십철 성씨孔 문門 열十 밝을哲

공자(孔子)의 문하(門下)에서 나온 열 사람의 뛰어난 제자(弟子).

<u>사과십철(四科十哲)</u>

・**덕행**(德行) / 안회(顔回)・민자건(閔子騫)・염백우(冉伯牛)・중궁(仲弓).

・**언어**(言語) / 재아(宰我)・자공(子貢).

・**정사**(政事) / 염유(冉有)・자로(子路).

・**문학**(文學) / 자유(子有)・자하(子夏) 등.

공물도장 관청公 사물物 길道 마당場

관청(官廳)의 물건(物件)을 취급(取扱)하는 곳.

공벌지제 칠攻 칠伐 어조사之 약 지을劑

독하게 만든 약제(藥劑).

약기운이 강한 약제.

공벽고문 성씨孔 벽壁 옛古 글월文

공자(孔子)가 살던 옛집 벽에서 나온 고문의 경전(經典).

공보지기 공변될公 재상輔 어조사之 그릇器

재상(宰相)이 될 만한 도량(度量)과 재간

(才幹)이 있는 인물(人物).

국량(局量) 재간과 도량. 일을 잘 알아서 경영(經營)할 수 있는 품성(品性).

간국지기(幹國之器) 나라를 다스릴 국량을 지닌 사람.

낭묘지기(廊廟之器), **묘당지량**(廟堂之量) 묘당에 앉아 나라의 정무(政務)에 참여(參與)할 만한 인물(人物).

사직지기(社稷之器) 국가(國家)를 다스릴 만한 그릇.

장상지기(將相之器) 장군(將軍)과 재상(宰相)이 될 만한 기국(器局).

공불승사

공변될公 아닐不 이길勝 사사로울私

「공(公)은 사(私)를 이기지 못함」 공적(公的)인 일에도 사사(私私)로운 정(情)이 끼어들게 마련임.

원악향리(元惡鄕吏) 지위(地位)를 이용(利用)하여 악행(惡行)을 저지르는 지방(地方) 관서(官署)의 구실아치.

차공제사(借公濟私) 권력(職權)을 남용(濫用)하여 사복(私腹)을 채움.

↔ **선공후사**(先公後私) 공적인 것을 먼저 하고 사적(私的)인 것을 뒤에 함.

공빈연소 장인工 찡그릴嚬 고울姸 웃을笑

모장(毛嬙)과 서시(西施), 이 두 미인(美人)의 찡그리는 모습도 공교(工巧)하고, 웃는 모습도 고움.

모시숙자 공빈연소(毛施淑姿 工嚬姸笑) 모장과 서시는 생김새가 아름다운데, 찡그리는 모습도 공교하고, 웃는 모습도 고움.

공사다망

공변될公 사사로울私 많을多 바쁠忙

공적(公的)·사적(私的)인 일 등으로 매우 바쁨.

농시방극(農時方劇) 농사철(農事-)이 되어 한창 바쁨.

다사다망(多事多忙) 일이 많아 몹시 바쁨.

분주다사(奔走多事) 일이 많아서 매우 바쁨.

불가초서(不暇草書) 초서를 쓸 때는 획과 점을 일일이 쓰지 않으나, 이것마저 쓸 틈이 없음.

소불가귀(燒不暇攢) 「불타고 있어도 그것을 떨어버릴 겨를이 없음」 매우 바쁨.

응접불가(應接不暇) 「응대(應待)하여 맞이할 겨를이 없음」 몹시 바쁨.

총총망망(悤悤忙忙) 몹시 바쁨.

태총망(太忽忙) 아주 크게 바쁨.

공사무척 구멍孔 뱀蛇 없을無 자尺

「구멍에 든 뱀의 길이가 긴지 짧은지 알 수 없음」 사람의 마음이나 재주는 세상에 드러나지 않기 때문에 헤아리기 어려움.

공사양편 공변될公 사사로울私 두兩 편할便

공사(公事)나 사사(私事)가 다 같이 편리(便利)함. 공적(公的)인 일과 사적(私的)인 일의 양쪽.

공산명월 빌空 메山 밝을明 달月

「사람이 없는 빈산에 외로이 비치는 밝은 달」 산과 달이 그려진 화투짝의 한 가지. '대머리'를 농(弄)으로 일컫는 말.

공산주의 함께共 낳을産 주장할主 옳을義

재산(財産)의 사유(私有)를 부인(否認)하고 생산수단(生産手段)의 사회적(社會的) 소유(所有)를 토대(土臺)로 해서, 자본주의(資本主義)의 붕괴(崩壞)와 계급투쟁(階級鬪爭)에 따른 프롤레타리아(proletariat) 혁명(革命)을 주장(主張)하는 주의.

코뮤니즘(Communism)

공상자 빌空 뽕나무桑 아들子

「마른 뽕나무에서 얻은 자」 유선씨가 뽕을 따다가 이윤(伊尹)을 마른 뽕나무 속에서 얻었다는 고사(故事). 곧 부모(父母) 없이 태어났다는 말.

중(中)이 스스로 겸손(謙遜)해서 하는 말.

공상자 공변될公 다칠傷 사람者

공무(公務) 중에 상처(傷處)를 입은 사람.

공상허언 빌空 생각想 빌虛 말言

터무니없는 공상(空想)을 진실(眞實)이라고 믿고 그것을 이야기하는 일.

가공망상(架空妄想) 터무니없는 망상.

망상지승(妄想之繩) 몸을 괴롭히는 망상.

인적위자(因賊爲子) 도둑을 아들로 생각함.

공생공사 함께共 살生 共 죽을死

「삶과 죽음을 함께함」 힘든 일을 함께 이긴 아주 막역(莫逆)한 사이.

동생공사(同生共死) 같이 살고 함께 죽음.

공생공영 함께共 날生 共 영화로울榮

서로 도우면서 함께 살고, 함께 번영함.

공존공영(共存共榮) 함께 살고 함께 번영(繁榮)함.

상리공생(相利共生) 다른 생물(生物)들이 서로 이익(利益)을 주고받으면서 살아가는 관계(關係).

↔ **약육강식**(弱肉强食) 약자(弱者)의 살은 강자(强者)의 먹이가 됨.

적자생존(適者生存) 생존(生存)에 적합(適合)한 개체(個體)가 살아남음.

공서양속 공변될公 차례序 어질良 풍속俗

공공(公共)의 질서(秩序)와 선량(善良)한 풍속(風俗)의 줄인 말로, '선량(善良)한 풍속' 또는 '사회질서(社會秩序)'에 해당(該當)하는 말.

공석묵돌 구멍孔 자리席 검어질墨 갑자기突

「묵자(墨子) 집의 굴뚝엔 그을음이 낄 새가 없음」 여기저기 몹시 바쁘게 돌아다님.

묵돌불검(墨突不黔)

공석불난 성씨孔 자리席 아닐不 따뜻할暖

「공자(孔子)의 자리는 따스할 겨를이 없음」 한 군데 오래 머무르지 않고 왔다 갔다 함. **공석불가난**(孔席不暇暖),

석불가난(席不暇暖), **석불급난**(席不及暖)

묵돌불검(墨突不黔) 굴뚝이 그을음으로 검어질 틈이 없음.

좌석미난(座席未煖) 앉은 자리가 따뜻해질 겨를이 없음.

공성계 빌空 성城 꾀計

「빈 성으로 유인(誘引)해 미궁(迷宮)에 빠뜨림」 아군(我軍)의 군대(軍隊)가 열세(劣勢)일 때, 방어(防禦)하지 않는 것처럼 보이게 하여 적(敵)을 혼란(混亂)에 빠뜨린다. 적(敵)이 강하고 아군이 약한 상황(狀況)에서, 이 계책(計策)은 교묘(巧妙)하고 또 교묘한 것이다. 삼십육계(三十六計)의 제32계.

비허도관(批虛導窾) 적(敵)의 방비(防備)가 허술한 데를 치고, 아군(我軍)의 허(虛)를 짐짓 보여서 적을 유인(誘引)함.

공성명립 공로功 이룰成 이름名 설立

공성명수 功 成 名 따를遂

공을 이루어 이름을 크게 떨침.

입신양명(立身揚名) 출세(出世)하여 세상(世上)에 이름을 떨침.

공성신퇴 칠攻 이룰成 몸身 물러날退

공을 이룬 뒤에 그 자리에서 물러남.

공수신퇴(功遂身退)

급류용퇴(急流勇退) 빠른 물살을 용감(勇敢)하게 건너듯이 벼슬자리에서 서슴없이 물러나야 함.

용퇴고답(勇退高踏) 관직(官職)을 용감하게

그만두고 속세(俗世)를 떠나서 생활(生活)함.

공성야전 칠攻 성城 들野 전쟁戰

「성을 치고 들에서 싸움」 성을 공격(攻擊)하는 전쟁과 산야(山野)에서 하는 전쟁(戰爭).

공성약지 칠攻 성城 빼앗을略 땅地

성이나 요새(要塞)를 치고 땅을 빼앗음.

공소기각

공평할公 호소할訴 버릴棄 물리칠却

소송(訴訟) 조건(條件)을 갖추지 못하였거나 공소권(公訴權)이 없는 경우(境遇)에, 법원(法院)이 공소를 무효(無效)로 하는 재판(裁判).

공소시효 공평할公 호소할訴 때時 본받을效

죄(罪)를 범한 후, 일정(一定)한 기간(期間)이 지나면 검사(檢事)의 공소권(公訴權)이 소멸(燒滅)하여 공소를 제기(提起)할 수 없는 제도(制度).

공손포피 공변될公 손자孫 베布 입을被

한대(漢代)의 재상(宰相) 공손홍(公孫弘)이 검소(儉素)하여 삼공(三公)의 지위(地位)에 있으면서도 베옷을 입은 고사(故事).

공수거한 빌空 손手 막을拒 막을捍

범인(犯人)이 체포(逮捕)당하지 않으려고 맨손으로 포졸(捕卒)에게 저항(抵抗)함.

공수동맹 공격할攻 지킬守 함께同 맹세할盟

동맹국(同盟國)의 한 나라가 동맹국 이외(以外)의 나라와 전쟁(戰爭)을 하게 될 때 동맹국을 도와서 같이 공격(攻擊)도 하고 수비(守備)도 하는 동맹.

공수래공수거

빌空 손手 올來 空 手 갈去

「빈손으로 와서 빈손으로 감」 인생(人生)의 덧없음과 허무(虛無)함을 나타내는 말.

공수사죄

두 손 맞잡을拱 손手 용서 빌謝 죄罪

두 손을 맞잡고 지은 죄나 잘못에 대하여 용서(容恕)를 빎.

공수시립 두 손 맞잡을拱 손手 모실侍 설立

웃어른에게 공경(恭敬)하는 마음으로 두 손을 마주 잡고 옆에 모시어 섬.

공수죄괴 공로功 머리首 죄罪 우두머리魁

공을 세운 데에서도 으뜸이요, 죄(罪)를 지은 데에서도 마찬가지로 으뜸임.

공수표 빌空 손手 증표票

은행(銀行)에 거래(去來)가 없거나 거래처분(處分)을 받은 사람이 발행(發行)한 가짜 수표. 실행(實行)이 없는 약속(約束)을 비유적(比喩的)으로 이르는 말.

공시지가 널리公 보일示 땅地 값價

국토부(國土部)에서 공개적(公開的)으로 게시(揭示)하여 일반(一般)에게 널리 알린, 표준지(標準地)의 단위(單位) 면적(面積)당 가격(價格).

공심위상 공격할攻 마음心 할爲 윗上

상대(相對)의 마음을 공략(攻略)하는 것이 상책(上策)임.

공안소설 공평할公 책상案 작을小 이야기說

고전(古典) 소설의 한가지. 억울(抑鬱)한 일을 당한 백성(百姓)이 관장(官長)의 올바른 처결(處決)로 구원(救援)받는다는 줄거리로 되어있음. '장화홍련전(薔花紅蓮傳)' 따위.

공양지사

공변될公 기를養 어조사之 벼슬할仕

임금의 우대(優待)에 감동(感動)하여 어진 사람이 출사(出仕)하는 일.

제가지사(際可之仕) 임금이 예(禮)로써 대

우(待遇)하므로 하는 벼슬.

공언무시 빌空 말言 없을無 행할施

빈말만 하고 실천(實踐)이 따르지 않음.

구두선(口頭禪) 몸소 수행(修行)은 하지 않고, 선에 대해 장황(張皇)하게 말만 늘어놓음.

구두삼매(口頭三昧) 경문(經文)의 글귀만 읽고 참된 선(禪)의 도를 닦지 않는 태도(態度).

도구염불(徒口念佛) 입으로만 불경(佛經)을 욈.

유구무행(有口無行) 입에 발린 말만 하고 실천하는 바가 없음.

↔ **실천궁행**(實踐躬行) 실제(實際)로 밟고 몸소 행함.

공열부인 공로功 매울烈 지어비婦 사람人

훌륭한 여인(女人)에게 임금이 내리는 호칭(呼稱).

공염불 빌空 암송할念 부처佛

「입으로만 외는 헛된 염불」 실천(實踐)이나 내용(內容)이 따르지 않는 주장(主張)이나 말. **도구염불**(徒口念佛)

공옥이석 닦을攻 옥玉 써以 돌石

「돌을 가지고 옥을 닦음」 하찮은 것으로 귀한 것의 가치(價値)를 빛냄.

반면교사(反面教師) 극히 나쁜 면만을 가르쳐 주는 선생(先生).

이인위감(以人爲鑑) 남의 성공(成功)과 실패(失敗)를 거울삼아 자신을 경계(警戒)함.

이인투어(以蚓投魚) 미물(微物) 지렁이라도 물고기가 좋아하듯이 하찮은 것이라도 다 쓸모가 있음.

이장격단(以長擊短) 남의 장점(長點)으로 나의 단점(短點)을 고침.

일호천금(一壺千金) 표주박 하나도 파선(破船)하였을 때는 이것을 가지고 물 위에 뜰 수 있으므로 천금의 값이 나감.

죽두목설(竹頭木屑) 「대나무 조각과 나무 부스러기」 못 쓰는 것들을 모아 나중에 활용(活用)하는 일 또는 하찮은 것이지만 유용(有用)한 물건(物件).

타산지석(他山之石) 다른 산에 있는 돌이라 해도 나의 옥을 가는 데 큰 도움이 됨.

삼인행필유아사(三人行必有我師) 세 사람이 같이 가면 반드시 나의 스승이 있음.

공왈성인 성씨孔 이를曰 이룰成 어질仁

공자가(孔子) 말하기를, '생명(生命)을 바쳐 심덕(心德)을 온전(穩全)하게 이루라' 함.

맹왈취의(孟曰取義) 맹자(孟子)가 '의를 취하라'고 말함.

공유수면 공평할公 있을有 물水 표면面

국가(國家)나 공공단체(公共團體)의 소유(所有)로, 공공의 이익(利益)에 제공(提供)되는 바다・강(江)・하천(河川) 따위.

공위순치 한가지共 할爲 입술脣 이齒

입술과 이의 관계(關係)처럼 서로 의지(依持)하고 돕는 일.

고장난명(孤掌難鳴) 외손뼉은 울릴 수 없음.

보거상의(輔車相依) 덧방나무와 수레바퀴가 서로 의지(依支)함.

순망치한(脣亡齒寒) 입술이 없으면 이가 시림.

순치보거(脣齒輔車) 입술과 이, 덧방나무와 수레바퀴처럼 서로 의지하고 도와야 제구실을 다 할 수 있음.

순치지국(脣齒之國) 입술과 이의 관계처럼 이해관계가 밀접(密接)한 두 나라.

↔ **독불장군**(獨不將軍) 무슨 일이든 자기 마음대로 혼자서 처리(處理)하는 사람.

공유국양 공손할恭 오직惟 칠鞠 기를養

자기를 기르신 은혜(恩惠)를 삼가 생각함.

공유국양 기감훼상(恭惟鞠養 豈敢毁傷) 삼가 자기(自己)를 길러준 부모(父母)의 은공(恩功)을 생각하면 어찌 감히 이 몸을 훼손(毁損)하며 상하게 하리오.

공유오품 공로功 있을有 다섯五 품평할品

훈(勳)・노(勞)・공(功)・벌(伐)・열(閱)의 오등품(五等品)을 이름.

공유허명 빌空 있을有 빌虛 이름名

평판(評判)은 좋으나 아무런 실속이 없음.

낭득허명(浪得虛名)

명실불부(名實不副) 이름과 실제(實際)가 서로 맞지 않음.

명존실무(名存實無) 이름뿐이고 실상(實狀)이 없음.

양질호피(羊質虎皮) 양의 몸에 호랑이 가죽을 걸침.

유명무실(有名無實) 이름만 그럴듯하고 실속은 없음.

허명무실(虛名無實) 헛된 이름만 있고 실상(實相)이 없음.

허유기표(虛有其表) 겉만 그럴듯하고 속은 빔.

화이부실(華而不實) 꽃은 화려(華麗)하나 열매는 맺지 못함.

공의유중 공로功 의심할疑 오직惟 무거울重

공적(功績)의 대소(大小)를 확실(確實)히 알 수 없을 때는 큰 편을 따라서 후하게 상 주어야 불만(不滿)이 생기지 않음.

공인칭원 바칠貢 사람人 드러낼稱 원통할冤

조선 후기(朝鮮後期), 공가(貢價)로써는 채산(採算)이 맞지 않아, 공인이 공가 규정(規定)의 부당(不當)함을 청원(請願)한 일.

〈공자(孔子) 개인(個人)의 이야기〉

고견약척(高肩弱脊) 「높은 어깨와 연약(軟弱)한 등」 공자의 모습을 평한 말.

공자백호(孔子百壺) 공자가 술을 무척 즐겨서 백 병의 술을 기울였다는 말.

공자천주(孔子穿珠) 「공자가 구슬을 꿤」 모르는 것을 자기보다 못한 사람에게 묻는 것은 부끄러운 일이 아님.

관궐지주(觀闕之誅) 공자가 노(魯)나라의 사구(司寇-경찰)가 되어, 정치(政治)를 문란(紊亂)케 한 대부(大夫) 소정묘(少正卯)를 관궐 옆에서 벤 일.

동가지구(東家之丘) 「동쪽 이웃집에 사는 공자」 자기(自己) 마을에 공자가 있다는 것을 모름.

만세사표(萬世師表) 인류(人類)의 모범(模範)이 되는 영원(永遠)한 스승.

문선왕묘(文宣王廟) 공자의 위패(位牌)를 모신 사당(祠堂).

발분망식(發憤忘食) 「화를 푸느라 밥을 잊음」 공자도 밥을 잊는 단식(斷食)을 할 수 있음.

불철강식(不撤薑食) 생강(生薑)은 몸에 유익(有益)하므로 공자가 식사(食事) 때에 언제나 생강을 가려내지 않고 먹었다는 고사(故事).

부자자도(夫子自道) 공자가 자기의 일을 자기가 말함.

산퇴목괴(山頹木壞) 「태산(泰山)이 허물어지고 들보가 무너짐」 공자가 죽을 때의 말.

석안유심(釋眼儒心) 「석가(釋迦)의 눈과 공자의 마음」 자비(慈悲)스럽고 인애(仁愛) 깊은 일.

성지시자(聖之時者) 성인(聖人)으로서, 출처(出處)와 진퇴(進退)가 때에 맞고, 시기(時機)에 알맞고 철(哲)을 아는 사람. 맹자(孟子)가 공자를 평한 말.

수사지풍(洙泗之風) 공자의 가르침. 공자의 고향(故鄕)이 수수(洙水)와 사수(泗水) 근방(近

方)이어서 생긴 말.

시례지훈(詩禮之訓) 「시와 예의 가르침」 아버지가 아들에게 주는 교훈(敎訓). 공자가 아들 백어(伯魚)에게 시와 예를 배워야 하는 까닭을 말하여 주었다는 데서 유래(由來)함.

온이여(溫而厲) 온후(溫厚)하면서도 엄(嚴)함. 공자의 모습을 형용(形容)한 말.

위이불맹(威而不猛) 위엄(威嚴)이 있으면서도 무섭지 않고 부드러움. '논어(論語)'에 공자의 모습으로 묘사(描寫)된 말.

위편삼절(韋編三絶) 공자가 주역(周易)을 즐겨 읽어 책의 끈이 세 번이나 끊어짐.

유동보살(儒童菩薩) 불도(佛徒)들이 공자를 부르는 말.

장보지관(章甫之冠) 「은(殷)나라 시대, 관(冠)의 이름」 공자가 썼으므로 '유자(儒者)의 관'의 뜻으로 씀.

철환천하(轍環天下) 「수레를 타고 천하를 돌아다님」 공자가 자기의 뜻을 알아주는 사람을 찾아 천하를 돌아다님.

공자가어 성씨孔 선생子 집家 말語

공자의 언행(言行), 일상(日常) 및 그의 문인(文人)과의 문답(問答)한 책(冊)이 처음에는 스물일곱 권 있었으나 산일(散逸)되어 현존(現存)하는 것은 열 권인데, 위나라의 왕숙(王肅)이 공안국(孔安國)의 이름을 빌려 위작(僞作)한 것이라 함.

공자백호 성씨孔 선생子 일백百 병壺

공자가 술을 무척 즐겨서 백 병의 술을 기울였다는 말. 그러나 이 말은 그의 '유주무량불급란(唯酒無量不及亂-술은 일정한 분량(分量)을 정하지 않고, 기분이 좋은 정도에서 그침)'이라는 말에서 꾸며 낸 전설(傳說)일 것이라는 말.

공자문전매효경 성씨孔 선생子 문門 앞前 팔賣 효도孝 경전經

「공자의 문전(門前)에서 효경(孝經)을 팖」 전문가(專門家) 앞에서 자신의 재능(才能)을 자랑하는 사람을 두고 비웃는 말.

교노승목(敎猱升木) 원숭이에게 나무 오르는 것을 가르침.

반문농부(班門弄斧) 「반수의 문전(門前)에서 도끼를 휘두름」 자기(自己)의 실력(實力)을 생각지 않고 당치않게 덤빔.

공자왕손 공작公 아들子 임금王 자손孫

귀족(貴族)의 자제(子弟).

권문자제(權門子弟), **세가자제**(勢家子弟) 권세(權勢) 있는 집안의 자제.

귀개공자(貴介公子) 귀한 집의 자제.

기환자제(綺紈子弟) 비단(緋緞)처럼 귀한, 지위(地位)가 높고 부귀(富貴)한 집안의 자제.

명가자제(名家子弟) 명망(名望)이 높은 집안의 자제.

오의자제(烏衣子弟) 부귀한 집안의 자제.

호화자제(豪華子弟) 호화로운 집에서 자란 자제.

환과자제(紈袴子弟) 지위가 높고 귀한 집안의 자제, 또는 귀족(貴族)의 자제를 경멸(輕蔑)하는 말.

공자천주 성씨孔 선생子 꿸穿 구슬珠

「공자가 구슬을 꿤」 모르는 것을 자기보다 못한 사람에게 묻는 것은 부끄러운 일이 아님.

경당문노(耕當問奴) 농사(農事)일은 마땅히 머슴에게 물어야 함.

불치하문(不恥下問) 아랫사람에게 묻는 것이 수치(羞恥)가 아님.

직당문비(織當問婢) 베를 짜는 일은 계집종에게 물어야 함.

호문즉유(好問則裕) 모르는 것 묻기를 좋아하면 얻는 것이 많아 학식(學識)이 넉넉함.

경당문노 직당문비(耕當問奴 織當問婢) 농사짓는 일은 머슴에게 물어야 하고, 베를 짜는 일은 계집종에게 물어야 함.

민이호학 불치하문(敏而好學 不恥下問) 영민(英敏)하고 배우기를 좋아하여 아랫사람에게 묻기를 부끄러워하지 않음.

공작부인 공작公 작위雀 지아비夫 사람人

화려(華麗)하게 치장(治粧)한 아름다운 여인(女人).

공재공망 공작公 재주才 公 바랄望

정승(政丞)이 될 만한 재덕(才德)과 인망(人望).

공재불사 성공功 있을在 아닐不 버릴舍

성공(成功)은 그만두지 않음에 있음.

근무가보(勤無價寶) 부지런함은 값을 매길 수 없는 보물(寶物)임.

근자필성(勤者必成) 부지런한 사람은 반드시 성공함.

근장보졸(勤將補拙) 서투름을 보충(補充)하는 데는 부지런함이 으뜸임.

성근시보(誠勤是寶) 성실(成實)과 근면(勤勉) 이것이 곧 보배임.

성실재근(成實在勤) 성공의 열매는 부지런함 속에 있음.

인생재근(人生再勤) 사람은 부지런함에 그 근본(根本)을 두어야 함.

공적부조 공변될公 어조사的 도울扶 도울助

국가(國家)나 지방자치단체(地方自治團體)가 국민(國民)의 최저한도(最低限度) 생활(生活)을 보장(保障)하기 위해, 생활이 곤궁(困窮)한 국민에게 보호(保護) 또는 원조(援助)를 하는 일.

국가부조(國家扶助), **사회부조**(社會扶助)

공전도지 공변될公 전할傳 길道 어조사之

비밀(祕密)로 해야 할 일을 공개(公開)하여 퍼뜨림.

도청도설(道聽塗說) 길거리에서 들은 이야기를 곧 그 길에서 다른 사람에게 말함.

봉인첩설(逢人輒說) 만나는 사람마다 붙들고 지껄이어 소문(所聞)을 퍼뜨림.

이구전파(異口傳播) 이 사람 저 사람의 입으로 전하여 퍼짐.

주작부언(做作浮言) 아무 근거(根據) 없는 엉뚱한 말을 지어냄.

풍설유포(風說流布) 거짓 소문을 여기저기에 퍼뜨림.

공전절후 빌空 앞前 끊을絶 뒤後

전에도 없었고 후에도 없을 것.

고금절무(古今絶無) 예나 지금(只今)이나 다시 없는 것.

관전절후(冠前絶後) 고금에 비견(比肩)할 만한 것이 없음.

전무후무(前無後無) 그전에도 앞으로도 없음.

존무이상(尊無二上) 가장 귀한 것은 오직 하나임.

공정무사

공변될公 바를正 없을無 사사로울私

공평(公平)하고 정직(正直)하며 사심(私心)이 없음. **공평무사**(公平無私)

공존공영 함께共 있을存 共 영화로울榮

「함께 살고 함께 번영(繁榮)함」 여러 사람이 함께 잘 삶.

공생공영(共生共榮) 서로 도우면서 함께 살고 함께 번영함.

상리공생(相利共生) 다른 생물(生物)들이 서로 이익(利益)을 주고받으면서 살아가는 관계(關係).

↔ **약육강식**(弱肉强食) 약자(弱者)의 살은 강

자(强者)의 먹이가 됨.

적자생존(適者生存) 생존에 적합(適合)한 개체(個體)가 살아남음.

공존동생 함께共 있을存 한가지同 살生

함께 살아감.

공존사직 공로功 있을存 토지 신社 곡식 신稷

나라에 공이 있음. 社稷은 국가(國家)를 나타냄.

공죄상보 공로功 죄罪 서로相 도울補

「공적(功績)도 죄과(罪過)도 있으므로 서로 상쇄(相殺)됨」 죄가 있으나 공이 그것을 보충(補充)할 만큼 있으므로 관대(寬待)히 용서(容恕)해 줄 만함.

공주낭낭 공작公 임금主 아가씨娘 娘

왕(王)의 따님을 높여 부르는 말.

공중누각 빌空 가운데中 다락樓 다락집閣

「하늘 위에 지은 누대(樓臺)」 헛된 망상(妄想)이나 진실성(眞實性)이 없고 비현실적(非現實的)인 이야기나 문장(文章).

사상누각(沙上樓閣) 모래 위에 세운 누각.

해시신루(海市蜃樓) 환상(幻想)으로 빚어진 경관(景觀)이나 사물(事物) 또는 그와 같은 허황(虛荒)된 일.

공중도덕 공변될公 무리衆 길道 덕德

사회(社會)의 질서(秩序)를 유지(維持)하기 위하여 사람들이 지켜야 할 사회적 규범(規範). **공덕**(公德), **덕의**(德義)

공중유사

공변될公 가운데中 있을有 사사로울私

공적(公的)인 일을 하는 가운데에도 개인적(個人的)인 정실(情實)이 있을 수 있음.

공즉시색 빌空 곧卽 이是 색色

우주(宇宙) 만물(萬物)은 다 실체(實體)가 없는 공허(空虛)한 것이지만, 인연(因緣)의 상관관계(相關關係)에 의해 그대로 제각기 별개(別個)의 존재(存在)로서 존재한다는 반야심경(般若心經)의 말.

공천선임 공평할公 천거할薦 가릴選 맡길任

「여러 사람이 천거(薦擧)한 사람들 가운데서 뽑아 직무(職務)를 맡김」 공정(公正)히 추천(推薦)하여 자리를 맡김.

공청병관 공변될公 들을聽 나란할竝 볼觀

「공변(共變)되게 말을 듣고 쌍방(雙方)을 아울러 봄」 공평(公平)한 태도(態度).

공평무사

공변될公 평안할平 없을無 사사로울私

지극(至極)히 공평하여 사사(私私)로운 점이 없음. **공정무사**(公正無私)

대공무사(大公無私) 매우 공평하여 사사로움이 없음.

불편부당(不偏不黨) 어떤 무리나 당파(黨派)에도 치우치지 않음.

왕자중립(王者中立) 임금은 공평무사하여 어느 쪽으로도 치우치지 않음.

중립불의(中立不倚) 중립을 취하여 한쪽으로 치우치지 않음.

지공무사(至公無私) 지극(至極)히 공평하고 사사로움이 없음.

탕탕평평(蕩蕩平平) 싸움, 시비(是非), 논쟁(論爭) 따위에서 어느 쪽에도 치우치지 않음.

↔ **가공제사**(假公濟私) 공적(公的)인 것으로 가장(假裝)해 사적(私的)인 것을 이룸.

자사자리(自私自利) 사사로운 이익(利益)과 욕심(慾心)만 채움.

탐장왕법(貪贓枉法) 뇌물을 탐해 법을 어김.

공포정치

두려울恐 두려워할怖 정사政 다스릴治

반대파(反對派)의 세력(勢力)을 광포(狂暴)하게 탄압(彈壓)하여 사회(社會)에 극도(極度)의 공포 분위기(雰圍氣)를 조성(造成)하는 정치.

공피고아 공격할攻 저彼 돌아볼顧 나我

위기십결(圍棋十訣)의 하나. 상대방(相對方)을 공격(攻擊)하려면 먼저 자신(自身)의 허점(虛點)이 없는가를 살펴야 함.

공하신년 삼갈恭 경축할賀 새新 해年

공하신희 恭 賀 新 복禧

삼가 새해를 축하(祝賀)함.

근하신년(謹賀新年)

공하정치

두려울恐 협박할嚇 정사政 다스릴治

공포정치(恐怖政治)

공해전 공평할公 공해廨 밭田

나라에서 백성(百姓)의 곤궁(困窮)을 구제(救濟)하기 위해 마련해 둔 논밭.

공해전시 공평할公 공해廨 밭田 섶柴

고려시대(高麗時代), 관아(官衙)의 경비(經費)를 조달(調達)하기 위하여 정해 두었던 전지(田地)와 임야(林野).

공행공반 빌空 행할行 空 돌아올返

행하는 것이 없으면 자기(自己)에게 돌아오는 소득(所得)도 없음.

공허지지 빌空 빌虛 어조사之 땅地

아무것도 없는 텅 빈 땅.

공화난추 빌空 꽃華 어지러울亂 떨어질墜

허공(虛空)에 핀 꽃이 어지러이 흩어짐. 空華는 실재(實在)하지 않는 환상(幻想).

동우각마(童牛角馬) 「뿔 없는 송아지와 뿔 있는 말」 도리(道理)에 어긋남.

귀모토각(龜毛兔角) 거북의 털과 토끼의 뿔.

공황구매 두려울恐 어리둥절할慌 살購 살買

가격(價格) 인상(引上)이나 공급(供給) 부족(不足)에 따른 두려움을 느끼고 무리(無理)하거나 과도(過度)하게 물건(物件)을 사는 일.

공황근언 두려울恐 두려워할惶 삼갈謹 말言

「황공(惶恐)하여 삼가 아룀」 편지(便紙) 끝에 써서 경의(敬意)를 나타내는 말.

공공근언(恐恐謹言)

공회형제 아름다울孔 품을懷 형兄 아우弟

형제는 서로 사랑하여 의좋게 지내야 함.

공회형제 동기련지(孔懷兄弟 同氣連枝) 깊게 형제를 그리워해야 하니, 같은 기운을 받아 이어진 가지와 같기 때문임.

공후간성 벼슬公 제후侯 방패干 성城

나라의 방패(防牌)와 성이 되는 장수(將帥).

간성지장(干城之將) 나라를 지키는 장수.

국지간성(國之干城) 나라를 지키는 군인(軍人)들.

공후거족 벼슬公 제후侯 클巨 일가族

높은 벼슬을 지낸, 세력(勢力)이 큰 집안.

공후작록 벼슬公 제후侯 벼슬爵 녹봉祿

높은 벼슬과 봉록(俸祿).

공후장상 벼슬公 제후侯 장수將 정승相

문관(文官)과 무관(武官)의 높은 벼슬아치.

명공거경(名公巨卿) 「존귀(尊貴)한 공경(公卿)」 정승(政丞), 판서(判書) 따위 이름난 높은 벼슬아치들.

백관유사(百官有司) 모든 벼슬아치.

금옥탕창(金玉宕氅) 금옥관자(金玉貫子), 탕건(宕巾), 창의(氅衣). 높은 벼슬아치 등 귀인

(貴人)의 복식(服飾).

우청타자(紆青拖紫) 「푸른 옷을 두르고 자색 옷을 끎」 높은 벼슬아치의 관복(官服).

잠영거족(簪纓巨族) 대대로 높은 벼슬을 지내 온 번창(繁昌)한 문벌(門閥) 집안.

공후재척 벼슬公 제후侯 재상宰 친척戚

벼슬이 높거나 권력(權力)이 있는 가문(家門).

공휴일궤 공로功 이지러질虧 한一 삼태기簣

「쌓는 공도 한 삼태기로 이지러짐」 거의 성취(成就)한 일을 중지(中止)함.

미성일궤(未成一簣) 산을 만드는 데 한 삼태기로 이루지 못함.

↔ **위산일궤**(爲山一簣) 산을 만드는 일도 한 삼태기의 흙부터 시작(始作)함.

과갈지의 오이瓜 칡葛 어조사之 친할誼

인척(姻戚) 관계(關係)로 생긴 정의(情誼).

과갈지친 오이瓜 칡葛 어조사之 친척親

오이나 칡덩굴이 서로 얽히듯이 인척간(姻戚間)에 서로 결련(結連)된 것.

강근지친(强近之親) 상복(喪服)을 입는 친척. 가까운 친척(親戚).

당내지친(堂內至親) 팔촌(八寸) 이내의 친척. 가장 가까운 일가(一家).

반양지호(潘楊之好) 「반과 양의 다정(多情)한 사이」 혼인(婚姻)으로 인척(姻戚) 관계(關係)까지 겹친, 오래된 좋은 사이.

소공지친(小功之親) 유복친(有服親)의 하나로 소공복(小功服)을 입는 친척.

연인접족(連姻接族) 친척과 인척.

유복지친(有服之親) 복(服)을 입는 8촌 이내의 가까운 친척.

인아친척(姻婭親戚) 모든 친척.

지정지간(至情之間) 지극(至極)히 가까운 정분(情分) 있는 사이. 썩 가까운 친척 사이.

과감지기 과감할果 감히敢 어조사之 기운氣

날카롭고 강한 기질(氣質).

과거지사 지날過 갈去 어조사之 일事

지나간 때의 일.

과두지사(蝌蚪之事) 올챙이 때의 일.

과거칠불 지날過 갈去 일곱七 부처佛

석가모니불(釋迦牟尼佛)이 탄생(誕生)하기 이전(以前)의, 지난 세상(世上)에 출현(出現)한 일곱 부처.

비바시불(毘婆尸佛)·**시기불**(尸棄佛)·**비사부불**(毘舍浮佛)·**구류손불**(拘留孫佛)·**구나함모니불**(拘那含牟尼佛)·**가섭불**(迦葉佛)·**석가모니불**(釋迦牟尼佛).

과거팔폐 과목科 일으킬擧 여덟八 폐단弊

1818년(순조 18) 5월 성균관(成均館) 사성(司成) 이형하(李亨夏)가 지적(指摘)한 과거(科擧)의 8가지 폐단(弊端). 이 상소(上疏)를 계기(契機)로 '**과장구폐절목**(科場捄弊節目)'이 나옴.

· **차술차작**(借述借作) 남의 글을 빌려 쓰는 일.

· **수종협책**(隨從挾冊) 책을 과장(科場)에 가지고 들어가는 일.

· **입문유린**(入門蹂躪) 과장에 아무나 들어가는 일.

· **정권분답**(呈券分遝) 시험지(試驗紙)를 바꾸어 내는 일.

· **외장서입**(外場書入) 밖에서 써서 안으로 들이는 일.

· **혁제공행**(赫蹄公行) 시제(試題)를 미리 알게 하는 일.

· **이졸환면출입**(吏卒換面出入) 이졸이 바뀌어 출입하는 일.

· **자축자의환롱**(字軸恣意幻弄) 시권(試卷)을

농간(弄奸)하는 일.

과장구폐절목(科場捄弊節目) 과거의 부정(不正)을 없애기 위하여 비변사(備邊司)에서 왕에게 건의(建議)한 규정(規程).

과격분자 넘칠過 격할激 나눌分 사람子

단체(團體)나 조직(組織) 등에서 주의(主義), 주장(主張), 행동(行動) 따위가 극단적(極端的)으로 격렬(激烈)한 사람.

과격파(過激派), **매파**

↔ **온건파**(穩健派) 사상(思想)이나 입장(立場) 또는 그에 따른 행동 등이 부드럽고 조심성(操心性) 있는 사람이나 그 당파(黨派). **비둘기파**

과골삼천 복사뼈踝 뼈骨 석三 뚫을穿

「복사뼈에 세 번 구멍이 남」 다산(茶山) 정약용(丁若鏞) 선생(先生)이 20년 유배생활(流配生活) 동안 공부(工夫)하다가 복사뼈에 세 번이나 구멍이 났다는 고사(故事).

수불석권(手不釋卷) 손에서 책을 놓지 않음.

우각괘서(牛角掛書) 소뿔에 책을 걸어 둠.

위편삼절(韋編三絶) 공자가 주역(周易)을 즐겨 읽어 책의 끈이 세 번이나 끊어짐.

현두자고(懸頭刺股) 머리를 끈으로 묶어 높이 걸고 허벅지를 찔러 잠을 깨움.

횡경문난(橫經問難) 경서(經書)를 옆에 끼고 다니며 어려운 것을 물음.

과공비례 지나칠過 공손할恭 아닐非 예도禮

「지나친 공손(恭遜)은 예의(禮儀)가 아님」 정도(程度)가 지나치면 오히려 상대방(相對方)에게 무례(無禮)한 태도(態度)가 됨.

각지불공(却之不恭) 「거절(拒絶)함은 무례(無禮)함」 다른 사람의 호의(好意)나 성의(誠意)를 받아들일 때 고맙다는 뜻으로 사용(使用)하는 공손한 표현(表現).

벽용과례(擗踊過禮) 어버이의 상(喪)을 당하여 슬피 울며 가슴을 치고 몸부림을 치는 것이 예의에 지나침.

예승즉리(禮勝則離) 예가 지나치면 도리어 사이가 멀어짐.

은근미롱(慇懃尾籠) 지나치게 정중(鄭重)하고 겸손(謙遜)해서 도리어 예의가 없음.

검부중례(儉不中禮) 검소(儉素)하고 절약(節約)하는 것이 지나쳐서 예의에 어그러짐.

과구중인 구멍科 절구臼 가운데中 사람人

「빈 절구 속의 사람」 절구질을 하는 사람. 특별(特別)한 신분(身分)이나 이름도 알려지지 않은 평범(平凡)한 사람.

갑남을녀(甲男乙女) 갑이라는 남자(男子)와 을이라는 여자(女子).

범부범부(凡夫凡婦) 평범한 남녀.

선남선녀(善男善女) 착한 남자와 착한 여자.

우부우부(愚夫愚婦) 「평범한 남녀」 신분(身分)이나 이름이 알려지지 않은 그저 평범한 사람들.

장삼이사(張三李四) 장 씨의 셋째 아들과 이 씨의 넷째 아들.

초동급부(樵童汲婦) 땔나무를 하는 아이와 물을 긷는 아낙네.

초동목부(樵童牧夫) 땔나무를 하는 아이와 풀밭에서 가축(家畜)에게 풀을 먹이는 사람.

필부필부(匹夫匹婦) 평범한 남자와 여자.

과대광고 자랑할誇 큰大 넓을廣 알릴告

상품(商品)의 내용(內容)을 실제(實際)보다 과장(誇張)하여 광고하는 일.

과대망상 자랑할誇 큰大 망령될妄 생각想

자기(自己)의 현재(現在) 상태(狀態)를 실제(實際)보다 턱없이 크게 평가(評價)하고 그것이 사실(事實)이라고 믿는 생각.

↔ **미소망상**(微小妄想) 모든 점에서 자기 자신(自身)을 지나치게 과소평가(過小評價)하는

병적(病的)인 생각이나 판단(判斷).

과대평가 지나칠過 큰大 평할評 값價

실제(實際) 이상(以上)으로 사물(事物)의 가치(價値)나 수준(水準)을 높이 평함.

↔ **과소평가**(過小評價) 특정(特定) 사실(事實) 등을 실제 가치보다 덜 생각하거나 약하게 평가하는 것.

과대황장 지나칠過 큰大 클皇 베풀張

사실(事實)보다 지나치게 떠벌림.

과도정부 지날過 건널渡 정사政 관청府

한 정치 체제(體制)에서 딴 정치(政治) 체제로 넘어가는 과정(過程)의 임시정부(臨時政府). **과정**(過政)

과동시 지날過 겨울冬 섭나무柴

겨울 땔감으로 준비(準備)하는 나무.

과두문자 올챙이蝌 올챙이蚪 글월文 문자字

전문(篆文) 이전(以前)에 사용(使用)된 최고(最古)의 글자. 글자의 획(劃)이 올챙이 모양(模樣) 같음. 蝌蚪는 科斗(과두)라고 쓰기도 함.

과두시대 올챙이蝌 올챙이蚪 時 시대代

과두시사 蝌 蚪 때時 일事

과두시절 蝌 蚪 時 절기節

과두지사 蝌 蚪 어조사之 事

「올챙이 때의 일」 현재(現在)의 발전(發展)이 있기 이전(以前) 과거(過去)의 일.

과거지사(過去之事)

과두정치 적을寡 머리頭 정사政 다스릴治

소수(小數)의 사람이 지배권(支配權)을 장악(掌握)하여 정사(政事)를 행하는 공화정치(共和政治).

과렴선치 적을寡 청렴할廉 고울鮮 부끄러울恥

염치(廉恥)가 없고 부끄러워할 줄 모름.

전안(靦顔) 부끄러움이 없는 얼굴.

면피후(面皮厚) 낯가죽이 두꺼움.

파렴치(破廉恥) 「염치를 깨뜨림」 그릇된 행동(行動)을 하거나 남에게 피해(被害)를 주고도 스스로 부끄러워할 줄 모름.

강안여자(强顔女子) 얼굴이 두꺼운 여자.

경거망동(輕擧妄動) 가볍게 움직이고 망령(亡靈)되게 행동(行動)함.

망자존대(妄自尊大) 분별(分別)도 없이 함부로 잘난 체를 함.

면장우피(面張牛皮) 「얼굴에 쇠가죽을 발랐음」 몹시 뻔뻔스러움.

후안무치(厚顔無恥) 얼굴이 두껍고 부끄러워할 줄 모름.

↔ **박면피**(剝面皮) 「얼굴 가죽을 벗김」 뻔뻔한 사람에게 창피를 주어 면목(面目) 없게 함.

과리지혐 오이瓜 오얏李 어조사之 혐의嫌

「참외밭이나 배나무 아래에서의 혐의(嫌疑)」 남에게 자청(自請)하여 사는 혐의.

과전이하(瓜田李下) 외밭에서는 신을 고쳐 신지 말고, 오얏나무 아래에서는 갓을 고쳐 쓰지 말라.

과전지리(瓜田之履) 참외밭에서는 신을 고쳐 신지 말라.

오비이락(烏飛梨落) 까마귀 날자, 배 떨어짐.

과맥전대취

지날過 보리麥 밭田 큰大 취할醉

「밀밭만 지나가도 크게 취함」 술을 못 마시는 사람을 조롱(嘲弄)하는 말.

과목불망 지날過 눈目 아닐不 잊을忘

「눈에 스쳐 지나가면 잊지 않음」 한 번 본 것을 잊지 않음.

행비서(行祕書) 「움직이는 비서(문서(文書)

를 관장(管掌)하는 벼슬)」 박식(博識)하고 기억력(記憶力)이 썩 뛰어난 사람.

박문강기(博聞强記) 견문(見聞)이 넓고 기억력이 좋음.

언유재이(言猶在耳) 「들은 말이 아직도 귀에 쟁쟁함」 들은 말을 귓속에 담아 두고 잊히지 않음.

우목낭상(寓目囊箱) 왕충이 한번 읽으면 잊지 않아 글을 주머니나 상자(箱子)에 둠과 같다고 함.

일람불망(一覽不忘) 한 번 보면 잊지 않음.

과목성송 지날過 눈目 이룰成 외울誦

「한 번 보기만 하면 그대로 욈」 기억력(記憶力)이 썩 좋음.

과묵침용 적을寡 잠잠할默 잠길沈 얼굴容

말수가 적고 침착(沈着)한 모습.

단엄침중(端嚴沈重) 단정(端正)하고 엄숙(嚴肅)하며 침착(沈着)하고 무게가 있음.

용지약사(容止若思) 행동을 덤비지 말고 형용(形容)과 행동거지(行動擧止)를 조용히 생각하는 침착한 태도(態度)를 보여야 함.

우유불박(優游不迫) 편안(便安)하고 한가(閑暇)하여 서둘지 않음.

우재유재(優哉游哉) 언행(言行)이 여유(餘裕)가 있고 침착함.

의기자여(意氣自如) 마음이 침착하여 평소(平素)와 조금도 다름이 없음.

작작유유(綽綽有裕) 일을 당하여 놀라거나 당황(唐惶)하지 않고 침착함.

춘풍태탕(春風駘蕩) 「봄바람이 온화하게 붊」 인품(人品)이나 성격(性格)이 온화(溫和)하고 여유가 있음.

태연자약(泰然自若) 침착하여 조금도 마음이 동요(動搖)되지 않는 모양.

후아비기(猴兒脾氣) 원숭이처럼 침착하지 않고 화를 잘 내는 성미(性味).

↔ **요두전목**(搖頭轉目) 「머리를 흔들고 눈을 굴림」 행동(行動)이 침착하지 못함.

과문불감 지날過 문門 아닐不 탓할憾

「그 사람이 내 집 앞을 지나가면서도 나를 찾아주지 않았다 하여 별로 유감(遺憾)스럽게 여기지 않음」 그 사람을 대수롭지 않게 여김.

과문불입 지날過 문門 아닐不 들入

「아는 사람의 집 앞을 지나면서도 들르지 않음」 나라나 공적(公的)인 일을 위해 개인적(個人的)인 일은 잊어버림.

알과(戛過) 마땅히 찾아야 할 친한 사람의 집 문 앞을 지나면서도 만나 보지 않고 지나감.

선공후사(先公後私) 사사로운 일보다 공익(公益)을 우선(于先)함.

토문불입(討門不入) 자기 문 앞을 지나가면서도 들어가지 않음.

↔ **가공영사**(假公營私) 공사(公事)를 핑계하여 사리(私利)를 꾀함.

과문천식 적을寡 들을聞 얕을淺 알識

보고 들은 것이 적고 배움이 얕음.

천학과문(淺學寡聞)

경려천모(輕慮淺謨) 가볍고 얕은 생각.

고루과문(孤陋寡聞) 들은 것이 적고 아는 것이 얕음.

소견다괴(小見多怪) 본 것이 적으면 신기(神奇)한 일이 많음.

지대재단(志大才短) 뜻은 크나 재주가 얕음.

지모단천(智謀短淺) 지혜(智慧)가 얕음.

천견박식(淺見博識) 「얕게 보고 엷게 앎」 천박(淺薄)한 견문(見聞)과 지식(知識).

지일이부이지(知一而不二知) 하나는 아나 둘은 모름.

과물탄개 실수過 그만둘勿 꺼릴憚 고칠改

과실(過失)을 범했으면 즉시(卽時) 고쳐야 함. **과즉물탄개**(過則勿憚改)

조문석개(朝聞夕改) 아침에 잘못한 일을 들으면 저녁에 고침.

지과필개(知過必改) 잘못을 알면 반드시 고쳐야 함.

과부적중 적을寡 아닐不 대적할敵 무리衆

적은 것이 많은 것을 대적(對敵)할 수 없음. **중과부적**(衆寡不敵)

문예부산(蚊蚋負山) 모기가 산을 짊어짐.

부중섭원(負重涉遠) 무거운 짐을 지고 먼 곳까지 감.

악전고투(惡戰苦鬪) 매우 어려운 조건(條件)을 무릅쓰고 고생(苦生)스럽게 싸움.

약마복중(弱馬卜重) 약한 말에 무거운 짐을 실음.

일주경천(一株擎天) 한 개의 기둥이 하늘을 떠받침.

현군고투(懸軍苦鬪) 외로운 군대(軍隊)가 떨쳐 싸움.

↔ **개수일촉**(鎧袖一觸) 갑옷의 소매로 조금 침.

최고납후(摧枯拉朽) 마른나무 꺾기와 썩은 나무 부러뜨리기.

과부족 지날過 아닐不 족할足

한도(限度)에 남거나 모자람.

과분지망 지나칠過 분수分 어조사之 바랄望

분수(分數)에 넘치는 욕망(慾望).

과분지사 지나칠過 분수分 어조사之 일事

분수(分數)에 넘치는 일.

동자패휴(童子佩觿) 어린아이가 성인(成人)이 차는 뿔송곳을 참.

복계박리(伏鷄搏狸) 「알을 품은 암탉이 너구리를 침」 힘에 미치지 못할 일에 어리석게 손을 댐.

비분지직(非分之職) 제 분수에 넘치는 직책(職責).

원후취월(猿猴取月) 원숭이가 물에 비친 달을 잡으려고 하다가 빠져 죽는 것과 같이, 사람도 제 분수에 넘치는 일을 하려 하다가는 도리어 화를 얻음.

칠실지우(漆室之憂) 제 분수에 넘치는 일을 근심함.

과불급 지나칠過 아닐不 미칠及

능력(能力) 따위가 지나치게 미치지 못함.

과여불급(過如不及), **과유불급**(過猶不及)

과성은혜 지나칠過 성품性 은혜恩 은혜惠

낙원(樂園)의 즐거움과 지혜(智惠)의 밝음을 향유(享有)하고, 사욕(邪慾)을 억제(抑制)하며 고통(苦痛)이나 죽임을 당하지 않는, 인류(人類)의 원조(元祖)가 천주(天主)로부터 받은 은혜(恩惠).

과소평가 지나칠過 작을小 평할評 가치價

특정(特定) 사실(事實) 등을 가치(價値)보다 덜 생각하거나 약하게 평가하는 것.

↔ **과대평가**(過大評價) 자산(資産)의 평가에 있어서 자산 가액(價額)을 실제(實際)보다도 과대하게 평가하는 것.

과숙체락 오이瓜 익을熟 꼭지蔕 떨어질落

「오이가 익으면 꼭지가 자연히 떨어짐」 때가 되면 무슨 일이든지 자연히 이루어짐.

무위이화(無爲而化) 우주(宇宙) 대자연(大自然)은 인위(人爲)나 조작(操作)이 없이 그대로 두어도 저절로 이루어짐.

혼연천성(渾然天成) 처음부터 아주 쉽게 저절로 이루어짐.

과시마혁 쌀裹 주검屍 말馬 가죽革

「말의 가죽으로 자기 시체(屍體)를 쌈」 전사(戰死)한 장수(將帥)의 시체는 말가죽으로 쌌으므로, 전쟁(戰爭)에 나가 살아 돌아오지 않겠다는 각오(覺悟).

과혁지시(裹革之屍), **마혁과시**(馬革裹屍)

배성일전(背城一戰) 도읍(都邑)의 성(城) 아래에서 일전(一戰)을 불사(不辭)하겠음.

배수일진(背水一陣) 물을 등지고 진을 침.

사량침주(捨量沈舟) 식량(食糧)을 버리고 배를 침몰(沈沒)시킴.

이사위한(以死爲限) 죽음을 각오하고 일을 하여 감.

일부출사(一夫出死) 한 사나이가 죽음을 각오함.

제하분주(濟河焚舟) 적(敵)을 치기 위하여 강을 건너고는 타고 간 배를 불태워 버림.

파부침주(破釜沈舟) 솥을 깨뜨리고 배를 가라앉힘.

과시이대 오이瓜 때時 말 이을而 대신할代

「오이가 익을 무렵 교체(交替)해 주겠음」 임기(任期)를 마치면 자리를 옮겨 주겠다고 하고 약속(約束)을 지키지 않음.

급과이대(及瓜而代)

과실상규 허물過 잘못失 서로相 바로잡을規

향약(鄕約)의 4대 강목(綱目) 중 하나로, 잘못을 서로 고쳐 줌.

덕업상권(德業相勸) 좋은 일은 서로 권함.

예속상교(禮俗相交) 예의(禮儀)로 서로 사귐.

환난상휼(患難相恤) 어려운 일은 서로 도움.

과약기언 과연果 같을若 그其 말言

미리 말한 것과 사실(事實)이 과연(果然) 들어맞음.

명실상부(名實相符) 이름과 실상(實狀)이 꼭 맞음.

언행일치(言行一致) 하는 말과 행동(行動)이 같음.

과여불급 지나칠過 같을如 아닐不 미칠及

지나친 것은 미치지 못함과 같음.

과불급(過不及), **과유불급**(過猶不及)

과연후능개

지날過 그럴然 뒤後 능할能 고칠改

「과오(過誤)를 저지른 후에 능히 고침」 한 번 잘못을 저지른 연후(然後)에 잘못을 참회(懺悔)함으로써 선(善)하게 됨.

과오원면 허물過 그르칠誤 용서할原 면할免

과실(過失)로 저지른 것은 용서(容恕)함.

유과무대(宥過無大) 잘못을 용서하는 데는 지나침이 없음.

정서이견(情恕理遣) 정으로 용서하고 이에 비추어 용서함.

↔ **단불용대**(斷不容貸) 조금도 용서하지 않음.

과옹도금 칠撾 늙은이翁 도둑盜 금金

옛날에 현자(賢者)들도 근거(根據) 없는 참소(讒訴)를 받았으나 아무런 해가 없었음. 직불의(直不疑)가 금(金)을 훔쳤다는 의심(疑心)을 받았으나 다른 사람이 잘못 가져갔음이 밝혀진 데서 유래(由來)함.

과유불급 지나칠過 오히려猶 못할不 미칠及

「모든 사물(事物)이 정도(程度)를 지나치면 미치지 못한 것과 같음」 중용(中庸)의 중요(重要)함을 가리키는 말.

과불급(過不及), **과여불급**(過如不及)

교각살우(矯角殺牛) 뿔을 바로 하려다 소를 죽임.

교왕과정(矯枉過正) 구부러진 것을 바로잡으려다가 너무 곧게 됨.

소탐대실(小貪大失) 작은 것을 탐하다가 큰 손실(損失)을 봄.

과공비례(過恭非禮) 지나친 공손(恭遜)은 예가 아님.

벽용과례(擗踊過禮) 어버이의 상(喪)을 당하여 슬피 울며 가슴을 치고 몸부림을 치는 것이 예의(禮儀)에 지나침.

은근무례(慇懃無禮) 지나치게 정중(鄭重)하고 겸손(謙遜)해서 도리어 예의가 없음.

자모패자(慈母敗子) 자식(子息)에 대한 사랑이 지나치면 그 자식이 방자(放恣)하고 버릇없는 사람이 됨.

과이불개 허물過 말 이을而 아닐不 고칠改

잘못하고서 고치지 않음.

견과불경(見過不更) 잘못을 보면서 고치지 않음.

이불백불변법(利不百不變法) 현행(現行)의 이익(利益)이 백배(百倍) 늘기 전에는 현행의 법을 고치지 않음.

과이불개 시위과의(過而不改 是謂過矣) 잘못을 알고도 고치지 않으면, 마침내 정말로 잘못이 됨.

과이우일

지나칠過 어조사爾 넉넉할優 편안할逸

시간(時間)을 헛되이 보내며 일을 게을리함. 優逸은 안일(安逸)함, 편안(便安)함.

구차투안(苟且偸安) 구차하게 일시적(一時的)인 안일만을 탐함.

노사일음(勞思逸淫) 늘 안일하게 생활(生活)하면 방탕(放蕩)해지고, 타락(墮落)하여 나쁜 마음이 생김.

문념무희(文恬武嬉) 세상이 태평(泰平)하여 관리(官吏)들이 안일에 빠짐.

연소막상(燕巢幕上) 위태(危殆)로운 지경(地境)을 맞이하였는데도 불구(不拘)하고 안일하게 지냄.

완세게일(翫歲愒日) 눈앞의 안일만을 탐하고 스스로 애써 노력(努力)하지 않음.

군슬처곤중(群蝨處褌中)「많은 이가 잠방이 속에 있음」견식(見識)이 좁고 일시적(一時的)인 안일을 탐하는 사람.

↔ **우석촌음**(禹惜寸陰)「우임금이 촌음을 아낌」시간을 헛되이 보내지 말고 매 순간(瞬間)을 소중(所重)히 여겨야 함.

과인 적을寡 사람人

「덕이 없는 사람」임금이 자기자신(自己自身)을 낮추어 이르는 말.

민여소자(閔予小子)「가련(可憐)한 어린 자식(子息)」임금이 자신을 낮추어 부르는 칭호.

불초지주(不肖之主) 어리석은 임금.

유여충인(惟予沖人)「어린아이여서 아직 알지 못함」임금이 자신을 낮추는 칭호(稱號).

과인지력 지날過 사람人 어조사之 힘力

보통(普通) 사람보다 훨씬 센 힘.

금분마(擒奔馬) 뛰는 말을 사로잡음.

겸인지력(兼人之力) 여러 사람을 당해 낼 만한 강한 힘.

괴뢰지사(魁壘之士) 몸이 우람하고 힘이 아주 센 사람. 장사(壯士).

발산개세(拔山蓋世) 힘은 산을 뽑고 기운은 세상을 덮을 만큼 웅장(雄壯)한 기상(氣像).

발산거정(拔山擧鼎) 산을 뽑고 솥을 들어 올릴 정도로 힘이 매우 셈.

삼두육비(三頭六臂)「머리가 셋, 팔이 여섯」괴상(怪狀)할 정도(程度)로 힘이 엄청나게 센 사람.

악래다력(惡來多力) 악래처럼 힘이 장사(壯士)인 사람.

여력과인(膂力過人) 육체적(肉體的)인 힘이 남보다 뛰어남.

역능강정(力能扛鼎) 힘은 능히 솥을 들어 올림.

역예우미(逆曳牛尾) 소의 꼬리를 끌어당기어 뒤로 걸어오게 함.

예우각행(曳牛却行) 소를 끌고 뒷걸음질함.

오획지력(烏獲之力) 장사 오획의 힘.

웅비지사(熊羆之士) 곰과 비휴(貔貅) 같은 장사.

천근역사(千斤力士) 천 근을 들 만한 장사.

항우장사(項羽壯士) 항우와 같이 힘이 아주 센 사람.

회천만일(廻天挽日) 하늘을 돌리고 지는 해를 잡아당김.

역발산기개세(力拔山氣蓋世) 힘은 산을 뽑고 기개(氣槪)는 세상을 덮음.

과잉보호 초과할過 남을剩 지킬保 도울護

정도(程度)가 지나친 보살핌.

과유불급(過猶不及) 모든 사물(事物)이 정도를 지나치면 미치지 못한 것과 같음.

자모패자(慈母敗子) 자식(子息)에 대한 사랑이 지나치면 그 자식이 방자(放恣)하고 버릇없는 사람이 됨.

과잉피난 지나칠過 남을剩 피할避 어려울難

긴급피난(緊急避難)에서, 법률상(法律上) 허용(許容)된 한도(限度) 이상(以上)으로 남에게 손해(損害)를 끼치는 행위(行爲).

과자금 익을瓜 어조사子 금金

아직 정련(精鍊)되지 않은 금.

과자불행 사타구니跨 사람者 아닐不 다닐行

「가랑이를 넓게 벌리고 오래 걸을 수 없음」 사람이 어리석으면 스스로 입장(立場)을 망각(妄覺)하고 자기(自己) 이상(以上)으로 높게 평가(評價)받으려 함.

자과자존(自誇自尊) 스스로 자랑하고 높임.

자화자찬(自畵自讚) 자기가 그린 그림을 자신이 스스로 칭찬(稱讚)함.

기자불립 과자불행(企者不立 跨者不行) 뒤꿈치를 들면 오래 설 수 없고, 가랑이를 넓게 벌리고 오래 걸을 수 없음.

과자초분 익을瓜 글자字 처음初 나눌分

여자(女子)의 십오 육 세. 瓜라는 글자를 파자(破字)하면 16세가 됨.

연방이팔(年方二八) 나이가 바야흐로 열여섯 살.

이팔청춘(二八青春) 「16세 무렵의 꽃다운 청춘」 2 곱하기 8은 16에서 나온 말. 혈기(血氣) 왕성(旺盛)한 젊은 시절(時節).

파과지년(破瓜之年) 여자 나이 열여섯 살, 남자의 나이 예순네 살.

과전이하 오이瓜 밭田 오얏李 아래下

외밭에서는 신을 고쳐 신지 말고, 오얏나무 아래에서는 갓을 고쳐 쓰지 말라.

과전지리(瓜田之履) 참외밭에서는 신을 고쳐 신지 말라.

오비이락(烏飛梨落) 까마귀 날자, 배 떨어짐.

군자방미연(君子防未然) 군자는 미연(未然)에 방지(防止)하고,

불처혐의간(不處嫌疑間) 의심(疑心)받을 곳에 있지 말고,

과전불납리(瓜田不納履) 외밭에선 신발을 고쳐 신지 않고,

이하부정관(李下不正冠) 오얏나무 밑에선 갓을 고쳐 매지 않는다.

과전불납리 이하부정관(瓜田不納履 李下不整冠) 오이밭에서는 신을 고쳐 신지 말고, 자두나무 아래에서는 갓을 고쳐 쓰지 말라.

과전지리 오이瓜 밭田 어조사之 신履

「참외밭에서는 신을 고쳐 신지 말라」 남의 의심(疑心)을 받기 쉬운 일은 하지 말라.

과정지훈 나무랄過 뜰庭 어조사之 가르칠訓

「뜰에서 가르침」 아버지가 자식(子息)에게 사람의 도리(道理)를 가르치는 것.

교자이의(教子以義) 자식을 가르침으로 의롭게 함.

의방지훈(義方之訓) 아버지가 아들에게 주는 교훈(教訓).

역자교지(易子教之) 자기 자식을 부모가

가르치기 어려우므로 자식을 서로 바꾸어 가르침.

과즉물탄개

허물過 곧則 말勿 꺼릴憚 고칠改

잘못하면 즉시(卽時) 고치는 것을 주저(躊躇)하지 말아야 함. **과물탄개**(過勿憚改)

조문석개(朝聞夕改) 아침에 잘못한 일을 들으면 저녁에 고침.

지과필개(知過必改) 잘못을 알면 반드시 고쳐야 함.

과진이내 실과果 보배珍 오얏李 능금나무柰

과실(果實) 중에 자두와 능금이 진미(珍味)임.

과진이내 채중개강(果珍李柰 菜重芥薑) 과실 중에 오얏(자두)과 능금이 진미이고, 나물은 겨자와 생강(生薑)이 소중(所重)함.

과질면면 오이瓜 북치瓞 이어질綿 綿

오이 덩굴의 밑줄기 가까이 나는 초생(初生) 오이는 작고, 덩굴이 자란 끝에 나오는 오이는 큼.

자손(子孫)이 번성(繁盛)함.

여러 나라가 서로 이어져 있음.

과징금 허물過 부를徵 돈金

국가(國家)가 징수(徵收)하는 금전(金錢) 중에서 조세(租稅)를 제외(除外)한 것.

수수료(手數料)나 벌금(罰金) 따위.

법령(法令)에 근거(根據)하여 행정(行政) 수단(手段)으로써 국가가 징수하는 돈.

과하마 실과果 아래下 말馬

「말을 타고서 과실나무(果實--)를 지날 수 있음」 키가 썩 작은 말.

과하욕 사타구니袴 아래下 치욕辱

과하지욕 袴 下 어조사之 辱

바짓가랑이 밑을 기어가는 치욕(恥辱). 한(漢)나라의 장신(長身) 한신(韓信)이 치욕을 참고 불량소년(不良少年)이 시키는 대로 그의 사타구니를 기어감.

수과하욕(受誇下辱), **면출과하**(俛出胯下)

한신포복(韓信匍匐) 한신이 엎드려 김.

포수인치(包羞忍恥) 수치(羞恥)스러운 일을 참고 용납(容納)함.

함구납오(含垢納汚) 치욕을 참고 아니꼬운 것을 받아들임.

과하탁교 지날過 물河 터질坼 다리橋

「다리를 건너고 나서 그 다리를 부수어 목재(木材)를 훔쳐 감」 극도(極度)의 이기심(利己心)이나 배은망덕(背恩忘德)함.

매주구영(賣主求榮) 주인(主人)을 배반(背叛)하여 개인(個人)의 영달(榮達)을 얻음.

신목부웅(信木浮熊) 믿던 나무에 곰이 뜸.

신부작족(信斧斫足) 믿는 도끼에 발등 찍힘.

자부월족(自斧刖足) 제 도끼에 제 발등이 찍힘.

축구서종(畜狗噬踵) 제가 기르는 개가 발꿈치를 묾.

가구향리폐(家狗向裏吠) 집에서 기르는 개가 집 안쪽을 향(向)해 짖음.

과혁지시 쌀裹 가죽革 어조사之 주검屍

「말가죽에 싼 시체(屍體)」 전쟁(戰爭)에서 싸우다 전사(戰死)한 장수(將帥).

살아서 돌아가지 않을 결심(決心)을 함.

과시마혁(裹屍馬革), **마혁과시**(馬革裹屍)

배성일전(背城一戰) 도읍(都邑)의 성 아래에서 일전(一戰)을 불사(不辭)하겠음.

배수일진(背水一陣) 물을 등지고 진을 침.

사량침주(捨量沈舟) 식량(食糧)을 버리고 배를 침몰(沈沒)시킴.

이사위한(以死爲限) 죽음을 각오(覺悟)하고 일을 하여 감.

일부출사(一夫出死) 한 사나이가 죽음을 각오함.

제하분주(濟河焚舟) 적(敵)을 치기 위하여 강을 건너고는 타고 간 배를 불태워 버림.

파부침주(破釜沈舟) 솥을 깨뜨리고 배를 가라앉힘.

과화숙식 지날過 불火 익을熟 음식食

「지나가는 불에 음식(飮食)이 익음」 의도(意圖)하지 않았는데 남에게 은혜(恩惠)가 됨.

힘을 들이지 않고 남의 덕으로 이익(利益)을 얻거나 체면(體面)을 세우게 되는 것.

전연(全然) 아무런 생각이 없다가 우연(偶然)한 기회(機會)에 조건(條件)이 맞아서 서둘러 일을 벌여서 성사(成事)시키는 것.

세답족백(洗踏足白) 「상전(上典)의 빨래를 하는 종의 발꿈치가 하얘짐」 남을 위하여 한 일이 자기에게도 어느 정도의 이익이 됨.

과화존신 지날過 될化 있을存 정신神

성인(聖人)이 지나는 곳에는 그곳 백성(百姓)이 그 덕에 감화(感化)하고, 성인이 있는 곳에는 그 덕화(德化)가 측량(測量)할 수 없음.

곽거지효 성씨郭 클巨 어조사之 효도孝

「곽거의 효도(孝道)」 후한시대(後漢時代) 곽거는 가난한 처지(處地)에서 노모(老母)에게 효양(孝養)을 극진(極盡)히 하였다고 하는데, 어머니의 굶주림을 면하기 위해 자식(子息)을 땅에 묻으려고 땅을 파다가 황금(黃金) 솥을 얻었다고 함.

곽식자 콩잎藿 먹을食 사람者

「콩잎을 먹는 자」 백성(百姓)을 가리키는 말.

곽택분박

빠를霍 자취澤 어지러울紛 머무를泊

짐승이 빨리 달리는 모양(模樣).

곽(확)휘건단

바로잡을廓 휘두를揮 임금乾 자를斷

과단성(果斷性) 있는 정치(政治)를 함. 乾斷은 천자(天子)가 스스로 정사(政事)를 재결(裁決)함.

관감흥기 볼觀 느낄感 흥할興 일어날起

「눈으로 보고 마음에 느껴 흥취(興趣)가 일어남」 눈으로 보고 감동(感動)하여 분기(奮起)함.

관개상망 갓冠 덮개蓋 서로相 바랄望

관개상속 冠 蓋 相 이을屬

「수레 덮개를 서로 바라봄」 앞뒤의 차가 서로 잇달아 왕래(往來)가 그치지 않음.

거마낙역(車馬絡繹) 수레와 말이 끊임없이 잇달아 있는 일. 왕래가 빈번(頻繁)한 모양.

전후상고(前後相顧) 「앞뒤를 서로 돌아봄」 사람들의 왕래가 빈번한 모양(模樣).

측견섭족(側肩躡足) 「어깨를 움츠리고 발을 밟음」 왕래가 붐비어 비좁은 데를 뚫고 나아감.

관개용수 물 댈灌 물 댈漑 쓸用 물水

농사(農事)에 필요(必要)하여 논밭에 대는 데 드는 물. **농업용수**(農業用水)

관계망상 관계할關 맬係 망령될妄 생각想

아무 근거(根據) 없이 주위(周圍)의 모든 일을 자기와 관계(關係) 지으려는 망상.

남이 자기(自己)에게 관심(關心)이 있다든지, 자기를 해치려 한다고 생각하는 따위.

관계패가 갓冠 닭鷄 찰佩 수퇘지豭

「수탉을 관모(官帽)로 쓰고, 멧돼지를 허리에 참」 용맹하고 거칠며 뜻이 곧음.

동두철액(銅頭鐵額) 「구리로 된 머리와 쇠

로 된 이마」용맹하고 힘이 센 사람.

용맹정진(勇猛精進) 용감(勇敢)하고 굳세게 앞으로 나아감.

만부부당지용(萬夫不當之勇) 많은 사람으로도 당해 낼 수 없는 용기(勇氣)나 용맹.

관공우해 관계할關 존칭公 만날遇 해할害

관우(關羽)가 시해(弑害)를 당함.

관관저구 빗장關 關 물수리雎 비둘기鳩

「꾸룩꾸룩 우는 저구」남녀가 서로 정겹게 지내는 모양. 사랑을 구하는 모양(模樣). 雎鳩는 '징경이' 또는 '증경이' 또는 원앙새.

관저지화(關雎之化) 다정히 우는 물수리의 화목(和睦)함.

치구무필(雉求牡匹)「암꿩이 수꿩을 부름」부부(夫婦)가 아닌 남녀(男女)가 서로 상대(相對)를 구함.

관관지우 정성款 款 어조사之 어리석을愚

자기(自己)의 정성(精誠)을 겸손(謙遜)하게 표현(表現)한 말. 款款은 충실(充實)한 모양(模樣)이나, 느린 모양이나, 혼자 즐기는 모양.

견마지로(犬馬之勞) 개나 말 정도(程度)의 하찮은 힘.

구구지절(區區之節) 보잘것없는 절조(節操).

누의지성(螻蟻之誠) 땅강아지와 개미 같은 힘.

묘묘지신(眇眇之身) 작고 힘없는 몸.

옹종지재(擁腫之材)「쓸모없는 재목(材木)」자기를 겸손(謙遜)하게 이르는 말.

자초지신(刺草之臣)「풀이나 깎는 천한 신하」임금 앞에서 자신을 낮추어 일컫는 말.

관광칭선 볼觀 빛光 일컬을稱 찬미할善

바라보며 그 아름다움을 칭찬(稱讚)함.

관구자부 벼슬官 오랠久 저절로自 부유할富

공직(公職)에 오랫동안 몸담고 있으면 자연(自然)히 재산(財産)을 모으게 됨.

↔ **청렴결백**(淸廉潔白) 맑고 검소(儉素)하며 깨끗하고 순수(純粹)함.

관궐지주 볼觀 대궐闕 어조사之 벨誅

공자(孔子)가 노(魯)나라의 사구(司寇)가 되어, 정치(政治)를 문란(紊亂)케 한 대부(大夫) 소정묘(少正卯)를 관궐 옆에서 벤 고사(故事).

부정(不淨)한 신하(臣下)를 단칼에 죽임.

강기숙정(綱紀肅正) 법강(法綱)과 풍기(風紀)를 엄숙(嚴肅)하게 바로잡음.

관기숙청(官紀肅淸)「관의 기강(紀綱)을 바로잡음」관기를 바로잡아 깨끗하게 함.

극강위벌(亟降威罰) 급히 위엄(威嚴) 있는 벌을 내림.

살계경후(殺鷄儆猴) 닭을 죽여 원숭이를 경계(警戒)함.

읍참마속(泣斬馬謖) 눈물을 머금고 마속의 목을 벰.

이일경백(以一警百) 본보기로 중한 벌을 내려서 다른 이의 경각심(警覺心)을 불러일으킴.

일벌백계(一罰百戒) 한 사람을 벌줌으로써, 만인(萬人)에게 경계(警戒)가 되게 함.

입참이순(立斬以徇) 그 자리에서 참수(斬首)하여 대중(大衆)의 본보기로 징계(懲戒)함.

징일여백(懲一勵百) 한 사람을 징벌(懲罰)함으로써 여러 사람을 격려(激勵)함.

타압경원앙(打鴨驚鴛鴦) 물오리를 쳐서 잡으려다가 원앙새를 놀라게 함.

관규여측 대롱管 窺 좀먹을蠡 헤아릴測

관규추지 管 엿볼窺 송곳錐 가리킬指

「대롱으로 엿보고 송곳이 가리키는 곳을 살핌」작은 소견(所見)이나 자기의 견해(見解)를 겸손(謙遜)하게 말하는 경우(境遇).

이관규천(以管窺天)

서목촌광(鼠目寸光) 한 치 앞밖에 못 보는 쥐의 눈.

통관규천(通管窺天) 피리 대롱을 통해서 하늘을 엿봄.

관기숙정 벼슬官 벼리紀 肅 바로잡을正

관기숙청 官 紀 엄숙할肅 끝장낼淸

「관의 기강(紀綱)을 바로잡음」 관기를 바로잡아 깨끗하게 함.

문란(紊亂)해진 관청(官廳)의 규율(規律)을 바로잡음.

강기숙정(綱紀肅正) 법강(法綱)과 풍기(風紀)를 엄숙(嚴肅)하게 바로잡음.

기강지복(紀綱之僕) 나라의 기강을 바로잡을 수 있는 종.

중벌주의(重罰主義) 잘못이나 범죄(犯罪)에 대하여 무겁게 벌을 주는 것이 또 다른 잘못이나 범죄(犯罪)를 막을 수 있다고 여기는 견해(見解)나 태도(態度).

추상열일(秋霜烈日) 「가을의 찬 서리와 여름의 뜨거운 태양(太陽)」 형벌(刑罰)이 극히 엄정(嚴正)하고 강력(强力)함.

↔ **강기폐이**(綱紀廢弛) 나라의 기강이 퇴폐(頹廢)하고 해이(解弛)해짐.

토붕어란(土崩魚爛) 흙이 무너지고 물고기가 썩어 문드러짐.

관녕할석 성씨管 편안할寧 가를割 자리席

「관녕이 자리를 갈라 나눔」 관녕이 화흠(華歆)과 함께 글을 읽고 있을 때 문밖에 벼슬아치의 마차 소리가 들리니, 화흠은 책을 덮고 나가보는데 관녕은 여전히 독서(讀書)를 계속(繼續)하고, 자리를 갈라 앉으며 자비오우야(子非吾友也, 그대는 내 벗이 아니다)라 함.

관능검사 관능官 능할能 검사할檢 査

관능심사 官 能 살필審 조사할査

물건(物件)의 품질(品質) 따위를 사람의 오감(五感)으로 평가(評價)하는 일.

관대장자 너그러울寬 큰大 길長 사람者

도량(度量)이 넓어 뭇사람들의 위에 설 만한 사람.

관대지전 너그러울寬 큰大 어조사之 법典

「관대한 은전(恩典)」 특히 죄수(罪囚)의 은사(恩赦). **관전**(寬典), **광탕지전**(曠蕩之典)

관도지기 꿸貫 도道 어조사之 그릇器

「문장(文章)은 도(道)를 담는 그릇」 문장은 도를 밝혀 기술(記述)하는 그릇.

관동지별 갓冠 아이童 어조사之 다를別

「어른과 아이의 구별(區別)」 갓을 쓰면 어른, 안 쓰면 아이였음.

관동팔경 관문關 동녘東 여덟八 경치景

관동 지방(地方), 곧 강원도(江原道) 동해안(東海岸)에 있는 여덟 군데의 명승지(名勝地).

영동팔경(嶺東八景)

- 간성 **청간정**(淸澗亭) · 강릉 **경포대**(鏡浦臺)
- 고성 **삼일포**(三日浦) · 삼척 **죽서루**(竹西樓)
- 양양 **낙산사**(洛山寺) · 울진 **망양정**(望洋亭)
- 통천 **총석정**(叢石亭) · 평해 **월송정**(越松亭)

월송정 대신(代身) 흡곡 **시중대**(侍中臺)를 넣기도 함.

관리도역 갓冠 신履 거꾸로 될倒 바꿀易

관리도치 冠 履 倒 둘置

「신발과 모자의 위치(位置)가 바뀜」 사물(事物)이나 사건(事件)의 위치나 입장(立場)이 순서(順序)가 서로 바뀌는 것.

족반거상(足反居上) 발이 위에 있음.

본말전도(本末顚倒) 사물(事物)의 순서나 위치(位置) 또는 이치(理致)가 거꾸로 됨.

객반위주(客反爲主) 앞뒤의 차례(次例)가 서로 뒤바뀐 경우(境遇).

적반하장(賊反荷杖) 도둑이 오히려 몽둥이를 잡고 주인(主人) 노릇을 함.

주객전도(主客顚倒) 주인과 손님이 뒤바뀜.

아가사창(我歌查唱) 내가 부를 노래를 사돈(查頓)이 먼저 부름.

삭족이적리(削足而適履) 발을 깎아서 신에 맞춤.

관리전도 갓冠 신履 엎드러질顚 거꾸로 될倒

「관(冠)과 신발을 놓는 장소(場所)를 바꿈」 상하(上下)의 순서(順序)가 거꾸로 됨.

관리자세 벼슬官 벼슬아치吏 깔藉 권세勢

관직(官職)에 있는 자가 세력(勢力)을 믿고 마구 행동(行動)함.

반린익(攀鱗翼) 「용의 비늘과 봉의 날개에 매달림」 일을 하면서 권세(權勢) 있는 주요(主要)한 지위(地位)에 있는 사람의 힘을 빌림.

낭청좌기(郎廳坐起) 「벼슬이 낮은 낭관(郎官)이 멋대로 나서서 일을 봄」 아랫사람이 윗사람보다 더 지독(至毒)함.

호가호위(狐假虎威) 「범의 위세(威勢)를 빌려 허세(虛勢)를 부리는 여우」 남의 권세를 빌어 뽐냄.

관맹상제

너그러울寬 사나울猛 서로相 구제할濟

백성(百姓)을 다스리는 데 있어서 너그럽기만 하면 백성의 마음이 해이(解弛)해지고, 너무 엄하게 다스리면 민심(民心)이 돌아서므로 관용(寬容)과 위엄(威嚴)을 병용(倂用)해서, 치우쳐 생기는 폐단(弊端)을 없앰.

관이제맹(寬以濟猛)

기명유신(其命維新) 세워진 지 오래된 나라가 제도(制度)를 쇄신(刷新)하여 새로운 나라가 됨.

맹이제관(猛以濟寬) 엄격(嚴格)한 태도(態度)로 관대(寬待)한 정치(政治)에 의하여 일어나는 민심(民心)의 이완(弛緩)을 구제(救濟)함.

서정쇄신(庶政刷新) 여러 가지 정치상의 폐단(弊端)을 말끔히 없애고 새롭게 함.

선건전곤(旋乾轉坤) 「하늘을 휘몰고 땅을 굴림」 천하의 난(亂)을 평정(平定)함, 또는 나라의 나쁜 풍습(風習)을 대번에 크게 고침.

함여유신(咸與惟新) 「다 함께 새롭게 하자」 몸에 배어 있는 나쁜 습속(習俗)을 말끔히 없애고 새롭게 됨.

관문착적 빗장關 문門 잡을捉 도둑賊

「문을 닫아걸고 도적(盜賊)을 잡음」 세력(勢力)이 약한 소규모(小規模)의 적에 대해서는 포위(包圍)하여 멸망(滅亡)시켜야 한다. 퇴각(退却)하게 놓아두면 섬멸(殲滅)하는 데 불리(不利)하다. 삼십육계(三十六計)의 제22계.

관반내화 관청官 돌이킬反 안內 재물貨

官은 관권(官權)이 개입(介入)한 것.

反은 은원(恩怨)에 보답(報答)하는 것.

內는 여자(女子)가 총애(寵愛)를 믿고 청탁(請託)하는 것.

貨는 뇌물(賂物)을 써서 청탁(請託)하여 죄(罪)를 가감(加減)함.

관방중지 빗장關 방위方 중요한重 땅地

국경지방(國境地方)에 있는 중요(重要)한 요새지(要塞地).

관봉치패 벼슬官 만날逢 이를致 패할敗

관리(官吏)의 횡포(橫暴)를 만나 크게 일이 잘못됨.

관불이신 벼슬官 아닐不 옮길移 몸身

「관에서 몸을 옮기지 않음」 오랫동안 벼슬을 함.

맹한사조(盟寒沙鳥) 벼슬살이로 오랫동안

고향(故鄕)으로 돌아가지 않음.

적사구근(積仕久勤) 여러 해를 벼슬살이함.

치역진난역진(治亦進亂亦進) 세상이 편안(便安)할 때나 어지러울 때나 가릴 것 없이 조정(朝廷)에 나아가 벼슬살이함.

관불필비 관청官 없을不 반드시必 갖출備

「관청(官廳)에 반드시 많은 관리(官吏)를 둘 필요(必要)는 없음」 관청의 일은 사람 수보다 올바른 일꾼이 더 필요(必要)함.

관비정속 벼슬官 계집종婢 정할定 무리屬

죄인(罪人)의 아내나 딸 등을 관청(官廳)의 여종으로 삼음. **궁비속공**(宮婢屬公)

관상가관 갓冠 위上 더할加 冠

계속(繼續) 승진(昇進)하여 높은 지위(地位)에 오르라는 기원(祈願)이 담긴 말.

쓸데없는 것을 더함.

화사첨족(畵蛇添足) 뱀을 그리고 발을 그려 넣음.

관색규심 볼觀 낯色 엿볼窺 마음心

얼굴빛을 살피고 마음을 뚫어 봄.

관형찰색(觀形察色) 「마음을 떠보기 위하여 얼굴빛을 자세(仔細)히 살펴봄」 잘 모르는 사물(事物)을 자세(仔細)히 관찰(觀察)함.

관서공자 빗장關 서녘西 성씨孔 선생子

공자(孔子)는 관동(關東) 땅 사람이고, 양진(楊震)은 산서(山西) 땅 사람임. 양진을 공자에 견주어 '관서공자'라 이름.

관서발악 관청官 관청署 일으킬發 악할惡

관청(官廳)에서 앞뒤 가리지 않고 악을 씀.

관정발악(官庭發惡) 관가(官家)에서 신문(訊問)을 받는 사람이 관원(官員)에게 욕(辱)을 하며 덤비는 행동(行動).

관성제군 관계할關 성인聖 임금帝 임금君

관왕묘(關王廟)에서 무덕(武德)의 신(神)으로 모시는 관우(關羽)의 영(靈)을 일컫는 말.

관세 갓冠 해歲

「관을 쓸 나이」 남자(男子) 나이 20세.

약관(弱冠)

관세도지 볼觀 기세勢 꾀할圖 어조사之

형세(形勢)를 보아 계책(計策)을 세움.

관수유술 볼觀 물水 있을有 꾀術

물을 보고 천류불식(川流不息)을 깨닫고, 형체(形體) 있음을 보는 곳에서 형체 없음을 깨닫는 것. 맹자(孟子)의 사상(思想)을 보여 주는 말.

천류불식 연징취영(川流不息淵澄取映) 냇물은 흘러서 쉬지 않고, 깊은 못의 물은 맑디맑아서 속까지 비쳐 보임.

관슬지기 관통할貫 이蝨 어조사之 재주技

기창(紀昌)이라는 활 잘 쏘는 사람이 이(蝨)를 매달아 놓고 멀리서 활을 쏘아 이의 가슴을 맞혔다는 고사(故事). 와전(訛傳)하여 사술(射術)이 입신(入神)함.

천양관슬(穿楊貫虱) 「버드나무 잎을 뚫고, 이를 맞춤」 활 쏘는 솜씨가 대단히 뛰어남.

백보천양(百步穿楊) 「백 보 밖의 버드나무 잎을 맞힘」 명궁(名弓).

관양문장 관청官 모양様 글월文 문장章

글의 문자(文字)가 풍성(豊盛)하며 뜻이 부드럽고 화기(和氣)가 도는 문체(文體). 官様은 관청(官廳)의 문서(文書) 양식(様式).

관왕지래 볼觀 갈往 알知 올來

과거(過去)를 회고(回顧)하고 장래(將來)를 추찰(推察)함. **관왕이지래**(觀往以知來)

명경조형(明鏡照形) 「맑은 거울은 사람의 모습을 비추어 살필 수 있음」 지나간 옛일을 거울삼으면 현재(現在)의 일도 알 수 있음.

박고지금(博古知今) 널리 옛일을 알면 오늘날의 일도 알게 됨.

법고창신(法古創新) 옛것을 본받아 새로운 것을 창조(創造)함.

온고지신(溫故知新) 옛것을 익히고 그것을 통하여 새것을 앎.

이고위감(以古爲鑑) 옛것을 오늘의 거울로 삼음.

전거가감(前車可鑑) 앞 수레가 엎어진 것을 보고 뒤 수레가 경계(警戒)하여 넘어지지 않도록 함.

관유온유

너그러울寬 넉넉할裕 따뜻할溫 부드러울柔

너그럽고 온화(穩和)하여 부드러움.

문리밀찰(文理密察) 이치(理致)에 밝고 세밀(細密)히 살핌.

발강강의(發强剛毅) 강직(剛直)한 태도(態度)로 굳세게 버팀.

제장중정(齊莊中正) 엄숙(嚴肅)하고 바름.

총명예지(聰明叡智) 총명하고 지혜(知慧)가 뛰어남.

관음보살 볼觀 소리音 보살菩 보살薩

세상의 소리를 들어 알 수 있는 보살.

관이율 너그러울寬 말 이을而 단단할栗

겉은 너그러우나 속은 야무진 데가 있음.

관이제맹

너그러울寬 써以 구제할濟 사나울猛

백성(百姓)을 다스리는 데 있어서 너그럽기만 하면 백성의 마음이 해이(解弛)해지고, 너무 엄하게 다스리면 민심(民心)이 돌아서므로 관용(寬容)과 위엄(威嚴)을 병용(倂用)해서, 치우쳐 생기는 폐단(弊端)을 없앰.

관맹상제(寬猛相濟)

관인대도 너그러울寬 어질仁 큰大 도량度

「마음이 너그럽고 인자하며 도량(度量)이 큼」 남에게 너그럽고 자애(慈愛)롭게 대하는 넉넉한 마음씨.

강해지량(江海之量) 생각이 깊고 도량이 큼.

관즉득중(寬則得衆) 너그러우면 민심(民心)을 얻게 됨.

관홍대도(寬弘大度) 마음이 너그럽고 도량이 큼.

관후굉박(寬厚宏博) 너그럽고 후하며 넓고 큼.

뇌뢰낙락(磊磊落落) 마음이 매우 활달(豁達)하여 작은 일에 구애(拘礙)받지 않음.

대인대이(大人大耳) 도량이 넓어서 자질구레한 일에 얽매이지 않음.

덕고양굉(德高量宏) 인격(人格)이 높고 도량이 큼.

융통무애(融通無碍) 거침없이 통하여 막히지 않음.

지인지자(至仁至慈) 마음이 더없이 어질고 자애(慈愛)로움.

해활천공(海闊天空) 하늘이 창창(蒼蒼)하고 바다가 광활(廣闊)하듯이 기상(氣像)이 상쾌(爽快)하고 도량이 넓음.

호탕불기(豪宕不羈) 사람됨이 기개(氣槪)가 세차고 호걸(豪傑)스러워서 사소(些少)한 일에 얽매이지 않음.

활달대도(豁達大度) 도량이 큼.

회확대도(恢廓大度) 마음이나 도량이 넓고 큼.

↔ **호랑지심**(虎狼之心)「호랑이와 이리 같은 마음」사납고 인정(人情)이 없는 마음.

관인엄기

너그러울寬 다른 사람人 엄할嚴 자기己

타인(他人)에게는 관대(寬待)하고, 자신(自身)에게는 엄격(嚴格)하라.

박기후인(薄己厚人) 자신에게는 박하게 남

에게는 후하게 함.

이리복검(李璃伏劍) 법관(法官)인 이리가 무고(無故)한 사람에게 사형선고(死刑宣告)를 내린 것에 책임(責任)을 지고 목숨을 끊음.

자비무적(慈悲無敵) 남에게 자비로우면 적이 없음.

절영지회(絶纓之會) 남의 잘못을 관대히 용서(容恕)해 주면, 훗날 반드시 보답(報答)을 받게 됨.

춘풍추상(春風秋霜) 남을 대할 때는 봄바람같이, 자신에게는 가을 서리처럼 엄격함.

대인춘풍 지기추상(待人春風 持己秋霜), **접인춘풍 임기추상**(接人春風 臨己秋霜) 남을 대할 땐 봄바람처럼 대하고, 자기 자신은 서릿발처럼 함.

관인장자 너그러울寬 어질仁 어른長 사람者

너그럽고 인자(仁慈)하여 덕망(德望)이 있는 어른.

관자여도 볼觀 사람者 같을如 담堵

구경하는 사람이 대단히 많아 마치 담을 친 것으로 보임.

관재소멸 관청官 재앙災 사라질消 꺼질滅

관청(官廳)에서 비롯된 재앙, 또는 관아(官衙)의 억압(抑壓)이나 착취(搾取) 따위로 인하여 받는 재앙(災殃)을 없게 함.

관저복통 관청官 돼지猪 배腹 아플痛

「관가(官家) 돼지가 배를 앓음」이라는 속담(俗談)의 한역(寒疫)으로, 자기(自己)와 관계(關係)없는 사람이 당하는 고통(苦痛)을 이르는 말.

관저지화 빗장關 물수리雎 어조사之 될化

「저구(절굿공이와 절구통)가 화목함」 부부(夫婦)가 화목(和睦)하여 가정(家庭)이 잘 다스려짐.

관관저구(關關雎鳩) 「꾸룩꾸룩 우는 저구」 남녀가 서로 정겹게 지내는 모양(模樣).

관전국곡 관청官 돈錢 나라國 곡식穀

나라의 돈과 국가(國家) 소유(所有)의 곡식(穀食).

관전절후 으뜸冠 앞前 뛰어날絶 뒤後

고금에 비견(比肩)할 만한 것이 없음.

공전절후(空前絶後)

고금절무(古今絶無) 예나 지금(只今)이나 다시 없는 것.

광전절후(曠前絶後) 앞은 비었고 뒤는 끊어짐.

관절지폐 관계할關 마디節 어조사之 폐단弊

권세가(權勢家)에게 뇌물(賂物)을 주어 청탁(請託)하는 폐단(弊端).

모야무지(暮夜無知) 「어두운 밤이어서 아무도 알지 못함」 선물(膳物)이나 뇌물을 몰래 줌.

묵칙사봉(墨勅斜封) 비정상적(非正常的)인 방법(方法)이나 뇌물을 받고 벼슬을 제수(除授)하는 일.

수구왕법(受賕枉法) 뇌물을 받고 법을 굽힘.

수재곡법(收財曲法) 뇌물을 받아먹고 법을 제대로 집행(執行)하지 않음.

일곡양주(一斛涼州) 뇌물을 주고 벼슬길에 오르는 일.

취렴지신(聚斂之臣) 백성을 가혹(苛酷)하게 다루고, 세금이나 뇌물을 긁어모으는 신하.

회뢰공행(賄賂公行) 뇌물을 주고받음이 아무 거리낌 없이 공공연(公公然)히 행해짐.

관정발악 관청官 뜰庭 필發 악할惡

관가(官家)에서 신문(訊問)을 받는 사람이 관원(官員)에게 욕하며 덤비는 행동(行動).

관서발악(官署發惡) 관청(官廳)에서 앞뒤 가

리지 않고 악을 씀.

관제엽서 관청官 지을製 잎葉 글書

정부(政府)에서 발행(發行)한 일정(一定)한 규격(規格)의 엽서. '체신엽서(遞信葉書)'로 순화(純化)됨.

관존민비 벼슬官 높을尊 백성民 낮을卑

관리(官吏)는 높고 귀(貴)하며 백성(百姓)은 낮고 천(賤)하다고 여기는 생각.

↔ **민귀군경**(民貴君輕) 백성이 존귀(尊貴)하고 사직(社稷)은 다음이며, 임금은 가벼운 존재(存在)임.

이민위천(以民爲天) 백성을 하늘같이 여겨 나라를 다스리는 근본(根本)으로 삼음.

관중규천 대롱管 가운데中 엿볼窺 하늘天

「대롱 구멍으로 하늘을 봄」 소견(所見)이 좁음.

감정지와(坎井之蛙) 우물 안의 개구리.

관중규표(管中窺豹) 대롱 구멍으로 표범을 엿봄.

서목촌광(鼠目寸光) 한 치 앞밖에 못 보는 쥐의 눈.

선부지설(蟬不知雪) 매미는 여름에만 살아서 눈을 알지 못함.

소견다괴(小見多怪) 본 것이 적으면 신기(神奇)한 일이 많음.

옹리혜계(甕裏醯鷄) 항아리 속의 초파리.

용관규천(用管窺天) 대롱 구멍으로 하늘을 봄.

이려측해(以蠡測海) 달팽이나 소라 껍데기 따위로 바닷물을 재려 함.

이침자지(以針刺地) 「침으로 땅을 찌름」 보는 바가 협소(狹小)함.

정와지견(井蛙之見) 개구리가 우물 안에서 봄.

정중관천(井中觀天) 우물 안에서 하늘을 봄.

정중시성(井中視星) 우물 속에서 별을 봄.

좌정관천(坐井觀天) 우물 안에 앉아 하늘을 봄.

척택지예(尺澤之鯢) 작은 못에 사는 도롱뇽.

하충어빙(夏蟲語氷) 여름벌레 얼음 말하기.

혈견소유(穴見小儒) 구멍 속으로 하늘을 보는 작은 선비.

혜계옹리천(醯鷄翁離天) 초파리가 술독 안을 하늘로 여김.

관중규표 대롱管 가운데中 엿볼窺 표범豹

대롱 구멍으로 표범을 엿봄.

관중수마 대롱管 버금仲 따를隨 말馬

「관중이 말을 따라감」 관중이 일찍이 제(齊)나라 환공(桓公)을 따라 고죽(孤竹)을 토벌(討伐)하고 돌아오는 길에, 길을 잃고 곤경(困境)에 빠졌을 때 늙은 말을 풀어 그 말이 가는 뒤를 따라 길을 찾았다는 옛일.

오랜 경험(經驗)을 쌓아 어떤 일에 익숙하게 단련(鍛鍊)이 되고 통달(通達)된 지혜(智慧).

관중지천 대롱管 가운데中 어조사之 하늘天

「대롱 구멍으로 하늘을 봄」 소견(所見)이 좁음.

관즉득중 너그러울寬 곧則 얻을得 무리衆

너그러우면 민심(民心)을 얻게 됨.

관대장자(寬大長者) 너그럽고 후하며 덕망(德望)이 있어 여러 사람의 위에 설 만한 사람.

관인대도(寬仁大度) 마음이 너그럽고 인자(仁慈)하며 도량(度量)이 넓음.

용지여지(容之如地) 만물(萬物)을 포용(包容)하는 대지(大地)와 같은 너그러움.

포편지벌(蒲鞭之罰) 「부들 채찍의 벌」 너그

러운 정치(政治).

관지의 볼觀 그칠止 어조사矣

「보는 것은 이것으로 그만둠」 그 외는 볼 것이 없음.

관창노서 관청官 창고倉 늙을老 쥐鼠

「관의 창고(倉庫)와 늙은 쥐」 탐관오리.

탐관오리(貪官汚吏) 탐욕(貪慾)이 많고 부정(不正)을 일삼는 벼슬아치.

교취호탈(巧取豪奪) 온갖 술책(術策)을 다하여 백성들을 착취(搾取)하고 약탈(掠奪)함.

봉고파직(封庫罷職) 부정(不淨)을 저지른 관리(官吏)를 파면(罷免)하고 관고(官庫)를 봉하여 잠금.

종로결장(鐘路決杖) 사람이 많이 왕래(往來)하던 종로에서 탐관오리를 볼기치던 일.

관치행정 관청官 다스릴治 행할行 정사政

국가행정 기관(機關)이 직접(直接) 맡아 하는 행정. **국가행정**(國家行政)

↔ **자치행정**(自治行政) 국가의 전임(專任) 관리(官吏)에 의하지 않고 주민(住民)이나 자치단체(自治團體)가 스스로 행하는 행정.

관포지교

대롱管 절인 물고기鮑 어조사之 사귈交

「관중(管仲)과 포숙아(鮑叔牙)의 사귐」 변하지 않는 친구(親舊) 사이의 두터운 우정(友情). **관포빈시교**(管鮑貧始交)

교칠지교(膠漆之交) 아교(阿膠)와 옻의 사귐.

금란지교(金蘭之交) 쇠처럼 단단하고 난초(蘭草) 향기처럼 그윽한 사귐의 의리(義理).

기이단금(基利斷金) 쇠를 끊을 만큼 굳음.

단금지계(斷金之契) 쇠라도 자를 만큼의 굳은 약속(約束).

담수지교(淡水之交) 「맑은 물의 사귐」 담박(淡泊)한 교제(交際).

막역지교(莫逆之交) 서로 거스르지 않는 친구.

문경지우(刎頸之友) 목을 대신(代身) 베어 줄 수 있는 벗.

백아절현(伯牙絶絃), **백아파금**(伯牙破琴) 백아가 거문고 줄을 끊음.

벌목지계(伐木之契) 아무도 없는 깊은 산에서 나무하는 두 벗의 우정(友情)처럼 아주 친밀(親密)한 벗 사이의 교제.

사생지교(死生之交) 삶과 죽음을 함께하기로 굳게 맺는 사귐.

어수지락(魚水之樂) 물과 물고기의 사귐.

이인동심(二人同心) 절친(切親)한 친구 사이.

지기지우(知己之友) 자기를 가장 잘 알아주는 친한 친구.

지란지교(芝蘭之交) 지초(芝草)와 난초(蘭草) 같은 향기(香氣)로운 사귐.

포의지교(布衣之交) 귀천(貴賤)을 떠나서 참된 우정으로 사귀는 벗.

관풍문속 볼觀 풍속風 물을問 풍속俗

관풍찰속 觀 風 살필察 俗

그 시대(時代)의 유행(流行)과 습관(習慣)을 세밀(細密)히 눈여겨 잘 살펴봄.

상목재지(常目在之) 주의(注意) 깊게 보게 됨.

관형찰색 볼觀 모양形 살필察 얼굴빛色

「마음을 떠보기 위하여 얼굴빛을 자세(仔細)히 살펴봄」 잘 모르는 사물(事物)을 자세히 관찰(觀察)함.

관색규심(觀色窺心) 낯빛을 살피고 마음을 뚫어 봄.

관혼상제 관례冠 혼인할婚 잃을喪 제사祭

관례(冠禮)·혼례(婚禮)·상례(喪禮)·제례(祭禮).

관홍간정

너그러울寬 넓을弘 간략할簡 고요할靜

인간(人間) 됨됨이가 너그럽고 크며 간단(簡單)하고 깨끗함.

↔ **무족가관**(無足可觀)「가히 볼만한 것이 없음」사람의 됨됨이가 가히 보잘것없음.

관홍뇌락 너그러울寬 넓을弘 클磊 떨어질落

도량(度量)이 넓고 마음이 활달(豁達)하여 작은 일에 구애(拘礙)하지 않음.

관홍대도 너그러울寬 넓을弘 큰大 도량度

마음이 너그럽고 도량(度量)이 큼.

강해지량(江海之量) 생각이 깊고 도량이 큼.

관인대도(寬仁大度) 마음이 너그럽고 어질며 도량이 넓음.

관즉득중(寬則得衆) 너그러우면 민심(民心)을 얻게 됨.

뇌뢰낙락(磊磊落落) 마음이 매우 활달(豁達)하여 작은 일에 구애(拘礙)받지 않음.

대인대이(大人大耳) 덕이 높고, 마음에 여유(餘裕)가 있는 사람은 자질구레한 일에 초연(超然)함.

덕고양굉(德高量宏) 인격(人格)이 높고 도량이 큼.

지부해함(地負海涵)「땅은 만물(萬物)을 지고, 바다는 넓은 지역(地域)을 적심」지식(知識) 따위의 넓고 큼.

천공해활(天空海闊) 하늘이 창창(蒼蒼)하고 바다가 광활(廣闊)하듯이 기상(氣像)이 상쾌(爽快)하고 도량이 넓음.

호탕불기(豪宕不羈) 사람됨이 기개(氣槪)가 세차고 호걸(豪傑)스러워서 사소(些少)한 일에 얽매이지 않음.

활달대도(豁達大度) 도량이 큼.

회확대도(恢廓大度) 마음이나 도량이 넓고 큼.

관후굉박 너그러울寬 두터울厚 클宏 넓을博

「너그럽고, 후하며 넓고 큼」국면(局面)이나 도량(度量)이 넓음.

관후대덕 너그러울寬 두터울厚 큰大 덕德

너그럽고 후한 덕.

관후인절

너그러울寬 두터울厚 어질仁 절도節

너그럽고 어질고 절도(節度)가 있음.

관후장자

너그러울寬 두터울厚 어른長 사람者

관대(寬大)하고 후하며 점잖아 사람의 위에 설 만한 사람.

관대장자(寬大長者), **관인대도**(寬仁大度)

관즉득중(寬則得衆) 너그러우면 민심(民心)을 얻게 됨.

용지여지(容之如地) 만물(萬物)을 포용(包容)하는 대지(大地)와 같은 너그러움.

포편지벌(蒲鞭之罰)「부들 채찍의 벌」너그러운 정치(政治).

관흔이동

볼觀 피 바를釁 말 이을而 움직일動

「흔종(釁鍾-종을 만들 때 새를 잡아 그 피로 종에 바르고 제사 지냄) 의식(儀式)을 치를 때 움직임」적군(敵軍)의 틈을 보아 아군(我軍)의 병사(兵士)를 움직임.

적의 허점(虛點)을 노려 용병(用兵)함.

괄구마광 긁을刮 때垢 문지를摩 빛光

「갈고 비벼 때를 없애고 윤이 나게 함」사람의 결점(缺點)을 고치고 장점(長點)을 발휘(發揮)하게 함.

발간적복(發奸摘伏) 정당(正當)하지 못한 일이나 숨기고 있는 일을 들춰냄.

괄구마광 파라척결(刮垢摩光 爬羅剔抉) 긁

어내고 그물로 얽어내듯 인재(人材)를 구하고, 발라내고 도려내듯 악인(惡人)을 제거(除去)하고, 때를 벗기고 광채(光彩) 나게 갈 듯이 결점을 없애고, 장점을 조성(造成)함.

괄목상간 비빌刮 눈目 서로相 볼看
괄목상관 刮 目 相 볼觀
괄목상대 刮 目 相 대할對

「눈을 비비고 다시 보며 상대를 대함」 남의 재주나 학식(學識)이 생각보다 부쩍 진보(進步)함.

일진월보(日進月步) 날로달로 끊임없이 진보(進步)・발전(發展)함.

일취월장(日就月將) 날마다 달마다 성장(成長)하고 발전함.

일신우일신(日新又日新) 날이 갈수록 새로워짐.

괄불본마재출

긁을刮 부처佛 밑本 삼麻 찌끼滓 날出

「부처 밑도 긁으면 삼오라기가 나옴」 점잖은 사람도 속을 들추어보면, 지저분한 일들이 없지 않음.

괄장결수 긁어낼刮 창자腸 도려낼抉 골수髓

「창자를 긁어내고 골수(骨髓)를 도려냄」 죄악(罪惡)을 남김없이 들추어냄.

개선광정(改善匡正) 좋도록 고치고 바로잡음.

거기지엽(去其枝葉) 가지와 잎을 제거함.

만인주구(蔓引株求) 「덩굴을 더듬어 뿌리까지 찾아냄」 일망타진(一網打盡).

명정기죄(明正基罪) 명백(明白)하게 죄명(罪名)을 집어내어 바로잡음.

발본색원(拔本塞源) 근본(根本)을 빼내고 원천(源泉)을 막아 버림.

부저추신(釜底抽薪) 솥 밑의 장작을 꺼냄.

삭주굴근(削株堀根) 줄기를 자르고 뿌리를 파냄.

서궐참단(鋤蹶斬斷) 뿌리째 뽑아 버림.

설폐구폐(說弊救弊) 먼저 폐단(弊端)을 말하고 그 폐단을 바로잡음.

승건규류(繩愆糺謬) 허물을 고치고 잘못을 바로잡음.

양청격탁(揚清激濁) 맑은 물을 일게 하고 흐린 물을 쳐냄.

인승배근(引繩排根) 새끼줄을 걸어서 잡아당겨 뿌리째 뽑아 버림.

전초제근(剪草除根) 풀을 베고 뿌리를 캐냄.

절기본근(絶其本根) 「뿌리를 완전(完全)히 끊음」 사물(事物)이나 현상(現想)의 가장 중추(中樞)가 되는 부분(部分)을 제거함.

정본청원(正本清源) 근본(根本)을 바로 하고 근원(根源)을 맑게 함.

참초제근(斬草除根) 풀을 베고 뿌리를 제거(除去)함.

추신지비(抽薪止沸) 솥 밑에 타고 있는 장작(長斫)을 빼내서 끓고 있는 것을 멈추게 함.

호말부가(毫末斧柯) 나무는 조그마할 때 뽑지 않으면 나중에 없애는 데 도끼를 써야 함.

호모불철 장성부가(毫毛不掇 將成斧柯) 어린싹을 뽑아 버리지 않으면 마침내 큰 나무가 됨.

괄장세위 긁어낼刮 창자腸 닦을洗 위胃

「칼로 창자를 도려내고 잿물로 위를 씻어냄」 마음을 고쳐먹고 스스로 새사람이 됨.

개과천선(改過遷善) 지난 잘못을 뉘우치고 고쳐 착하게 됨.

개과자신(改過自新) 자기(自己) 허물을 고쳐 새롭게 됨.

음회세위(飮灰洗胃) 재를 마셔 위 속의 더러운 것들을 씻어 냄.

탄도괄장(呑刀刮腸) 칼을 삼켜 창자를 도려냄.

회과자책(悔過自責) 허물을 뉘우치고 스스로 책망(責望)함.

회심향도(回心向道) 마음을 돌리어 바른길로 들어섬.

광겁다생 넓을曠 영겁劫 많을多 날生

한없는 세월(歲月)에 걸쳐 태어나고 죽는, 헤아릴 수 없이 많은 세상(世上).

광관시록 허비할曠 벼슬官 주검尸 녹봉祿

관직(官職)에 있으면서 책임(責任)을 다하지 못하고 하는 일 없이 녹만 받아먹음.

마우금거(馬牛襟裾) 「말이나 소에 의복(衣服)을 입힘」 자리만 차지하고 있는 무식(無識)한 사람.

반식재상(伴食宰相) 「곁에 모시고 밥을 먹는 재상」 무위도식(無爲徒食)으로 자리만 차지하고 있는 무능한 대신(大臣)을 비꼬는 말.

목우인의(木偶人衣) 「나무 인형(人形)에 옷을 두름」 무능(無能)한 사람.

시위소찬(尸位素餐) 직책(職責)을 다하지 않고 자리만 차지하여 녹만 받아먹음.

와부뇌명(瓦釜雷鳴) 「질솥이 우레 같은 큰 소리를 냄」 능력(能力)이 부족(不足)한 사람이 득세(得勢)하여 기세등등(氣勢騰騰)한 모습.

지당대신(至當大臣) 윗사람의 말에 동감(動感)하여 지극(至極)히 당연(當然)하다고만 하는 신하.

광관지자

허비할曠 벼슬官 어조사之 나무랄刺

관리(官吏)가 직무(職務)를 게을리하여 받는 비난(非難).

광궁대유 넓을廣 궁궐宮 큰大 동산囿

넓은 궁전(宮殿)과 새와 짐승을 놓아기르는 동산.

광규난양

미칠狂 부르짖을叫 어지러울亂 물리칠攘

미쳐 날뛰며 소란(騷亂)스럽게 떠듦.

광규욕주

미칠狂 부르짖을叫 하고자 할欲 달릴走

미쳐서 비명(悲鳴)을 지르고 날뛸 것만 같은 증상(症狀).

광담망설 미칠狂 말씀談 망령될妄 말說

광담패설 狂 談 거스를悖 說

이치(理致)에 맞지 않는, 미친 말.

광신망설(狂信妄說), **광언망설**(狂言妄說)

부당지설(不當之說) 이치에 맞지 않는 말.

분토지언(糞土之言) 「똥 같은 말」 더럽고 이치에 닿지 않는 말

어불근리(語不近理), **어불성설**(語不成說) 말이 이치에 맞지 않음.

연구지어(攣拘之語) 세상의 속된 의견(意見)에 이끌려 좌우(左右)되는 말.

추요지설(芻蕘之說) 「꼴꾼과 나무꾼의 말」 고루(固陋)하고 식견(識見)이 없는 촌스러운 말.

호언난어(胡言亂語) 터무니없는 말. 무슨 뜻인지 이해(理解)할 수 없는 말.

광대덕담 - - 덕德 말씀談

실속 없이 수다스럽게 늘어놓는 듣기 좋은 말.

광대무변 넓을廣 큰大 없을無 가장자리邊

한없이 넓고 커서 끝이 없음.

무변광대(無邊廣大)

궁천극지(窮天極地) 하늘과 땅처럼 끝이 없음.

망무제애(茫無際涯) 아득하고 멀어 끝이 없

음.

천양무궁(天壤無窮) 천지(天地)와 더불어 끝이 없음.

호호탕탕(浩浩蕩蕩) 물이 한없이 넓게 흐르는 모양. 아주 넓어서 끝이 없음.

광대지도 넓을曠 큰大 어조사之 도량度

넓고 큰 도량(度量).

강해지량(江海之量) 생각이 깊고 도량이 큼.

관홍뇌락(寬弘磊落) 도량이 넓고 마음이 활달(豁達)하여 작은 일에 구애(拘礙)하지 않음.

관후굉박(寬厚宏博) 너그럽고 후하며 넓고 큼.

광풍제월(光風霽月) 도량이 넓고 시원함.

활달대도(豁達大度) 도량이 큼.

회확대도(恢廓大度) 마음이나 도량이 넓고 큼.

광란성파 미칠狂 물결瀾 성할盛 물결波
광랑성파 狂 물결浪 盛 波

미친 듯한 물결과 크나큰 파도(波濤).

경파악도(鯨波鰐濤) 고래가 일으키는 물결과 악어(鰐魚)가 일으키는 파도.

탁랑배공(濁浪排空) 탁랑이 하늘을 밀어 열듯이 높이 파도침.

광류정속 바를匡 그릇될謬 바를正 풍속俗

그릇된 것을 바로잡고 풍속(風俗)을 바르게 함.

광망자대 미칠狂 망령될妄 스스로自 큰大

아주 거만(倨慢)하여 안하무인격(眼下無人格)이나 분별(分別)없이 잘난 체함.

안중무인(眼中無人), **안하무인**(眼下無人) 「눈 아래에 사람이 없음」 방자(放恣)하고 교만(驕慢)하여 다른 사람을 업신여김.

광망자대(狂妄自大) 아주 거만하여 안하무인 격이나 분별없이 잘난 체함.

교만거오(驕慢倨傲) 잘난 체하여 뽐내고 남을 업신여김.

만이모인(慢而侮人) 교만하여 사람을 업신여김.

망자존대(妄自尊大) 분별(分別)도 없이 함부로 잘난 체를 함.

방약무인(傍若無人) 곁에 아무도 없는 것처럼 여김.

안공사해(眼空四海) 모든 것을 업신여기면서 거드름을 피움.

오만방자(敖慢放恣) 남을 업신여기며 제멋대로 행동함.

오만불손(傲慢不遜) 태도(態度)나 행동(行動)이 건방지고 공손(恭遜)하지 못함.

후안무치(厚顔無恥) 얼굴이 두껍고 부끄러움이 없음.

철면피한(鐵面皮漢) 쇠로 만든 두꺼운 낯가죽을 한 것과 같이 염치가 없고 뻔뻔스러운 사람.

포만무례(暴慢無禮) 하는 짓이 난폭(亂暴)하며 거만(倨慢)하고 무례(無禮)함.

광망패역

미칠狂 망령될妄 어그러질悖 어길逆

도의(道義)에 벗어나고 난폭(亂暴)함.

광패폭려(狂悖暴戾)

광명이세 빛光 밝을明 다스릴理 세상世

밝은 빛으로 세상(世上)을 다스림. 단군(檀君)의 고조선(古朝鮮) 건국이념(建國理念) 중 하나.

성통광명(性通光明) 하늘의 본성(本性)을 깨우쳐 밝게 비춤.

이도여치(以道與治) 도로써 세상을 다스림.

이화세계(理化世界) 「이치(理致)로써 다스린 세계」 '재세이화'가 충족(充足)된 세계.

일신강충(一神降衷) 하늘의 신이 인간세계

(人間世界)에 내려와 있음.

재세이화(在世理和) 세상에 있는 동안 다스려 깨우치게 함.

홍익인간(弘益人間) 인간(人間)뿐만 아니라 동물(動物)을 포함(包含)하여 이 세상 모든 살아 있는 존재(存在)를 모두 이롭게 함.

광명정대 빛光 밝을明 바를正 큰大

「환히 밝고 바르고 큼」 말과 행동(行動)이 떳떳하고 정당(正當)함.

정대광명(正大光明)

공명정대(公明正大) 사사로움이나 그릇됨이 없이 정당하고 떳떳함.

심지광명(心地光明) 사욕(邪慾)이 없는 공명정대한 마음가짐.

광모종중 넓을廣 계책謨 따를從 무리衆

널리 많은 사람과 의논(議論)하여 다수(多數)의 의견(意見)을 따름. **광순박채**(廣詢博採)

중우정치(衆愚政治) 선동(煽動)과 군중 심리(群衆心理)로 인해 다수(多數)가 비합리적(非合理的)인 판단(判斷)을 내릴 수 있는 민주주의(民主主義)의 단점(短點)을 부각(浮刻)한 말.

광복만리 빛光 회복할復 일만萬 거리里

「빼앗긴 주권(主權)을 되찾는 머나먼 길」 조국(祖國)의 광복을 위한 장기간(長期間)의 노정(路程).

광부지언 미칠狂 사내夫 어조사之 말言

미친 사람이 하는 말.

광부지언 성인택언(狂夫之言 聖人擇焉) 미친 사람의 말이라도, 성인(聖人)은 이를 버리지 않고 그 옳은 부분(部分)을 가려 씀.

광세영웅 밝을曠 세상世 꽃부리英 수컷雄

세상에서 보기 드문 영웅.

개세영웅(蓋世英雄) 기상(氣像)이나 위력(偉力), 재능(才能) 따위가 세상(世上)을 뒤덮을 만큼 뛰어난 영웅.

일시웅아(一時雄兒) 일대(一代)의 영웅.

천고영웅(千古英雄) 세상에 유례(類例)가 없는 영웅.

희세지웅(希世之雄) 세상에 드문 영웅.

광세지도 밝을曠 세상世 어조사之 도량度

「세상(世上)을 얕볼 정도(程度)로 보기 드문 기량(技倆)」 세상 사람 중에 다시없을 만큼 큰 도량(度量).

광세지재 밝을曠 세상世 어조사之 재주才

세상에서 보기 드문 재주.

희세지재(稀世之才)

개세지재(蓋世之才) 세상을 뒤덮을 만한 뛰어난 재주나 그런 인재(人才).

광소대모 넓을廣 밤宵 큰大 저물暮

「영영 새지 않는 밤」 죽은 사람이 돌아오지 못함. 곧 죽음을 이름.

귀토(歸土) 「흙으로 돌아감」 사람의 죽음.

불귀(不歸) 한번 가고는 다시 돌아오지 않거나 돌이가지 않음. 곧 죽음.

광순박채 넓을廣 물을詢 넓을博 캘採

여러 사람에게 두루 물어서 다수(多數)의 의견(意見)을 채택(採擇)함.

광모종중(廣謨從衆)

광신론자 미칠狂 믿을信 논할論 사람者

신앙(信仰)이나 사상(思想) 따위를 이성적(理性的)으로 판단(判斷)하지 않고 비판(批判) 없이 믿고 따르는 사람.

광신망설 미칠狂 믿을信 허망할妄 말씀說

이치(理致)에 어긋난 허망(虛妄)한 말.

광담패설(狂談悖說), **광언망설**(狂言妄說)

광신주의 미칠狂 믿을信 주장할主 옳을義

신앙(信仰)이나 사상(思想) 따위에 대하여 이성(理性)을 잃고 비판(批判) 없이 믿는 태도(態度).

광양무모 급할劻 달릴勷 없을無 꾀謀

조급(躁急)하게 서두르기만 하고 꾀가 없음.

광언기어 미칠狂 말言 아름다울綺 말語

사람의 흥미(興味)를 끌기 위하여 교묘(巧妙)하게 수식(修飾)한 말.

소설(小說) 등 과대(誇大)하게 꾸민 글.

광언망설 미칠狂 말言 허망할妄 말씀說

이치에 맞지 않고 도의(道義)에 벗어나는 말. **광담패설**(狂談悖說), **광신망설**(狂信妄說)

분토지언(糞土之言) 똥 같은 말.

어불성설(語不成說) 말이 이치(理致)에 맞지 않음.

허망지설(虛妄之說) 거짓되고 망령(妄靈)된 말.

광염만장 빛光 불꽃燄 일만萬 한 길丈

「불꽃이 만장(萬丈)이나 오름」 시문(詩文)이 대단히 힘 있을 때 칭찬(稱讚)하는 말.

광운지보 넓을廣 옮길運 어조사之 옥새寶

조선시대(朝鮮時代)에, 사용(使用)한 어보(御寶) 가운데 하나. 중국 서적(書籍)을 수집(收集)하여 그 위에 찍는 도장(圖章).

광원면막 빌曠 멀遠 이어질綿 멀邈

산, 벌판, 호수(湖水) 등이 아득하고 멀리 그리고 널리 줄지어 있음.

광원면막 암수묘명(曠遠綿邈 巖峀杳冥) 드넓어 아득히 멀고, 바위와 멧부리는 아득하고 깊다.

광윤유태 빛光 젖을潤 있을有 모양態

윤기(潤氣)가 흘러 아름다움.

광음여류 빛光 세월陰 같을如 흐를流

「세월(歲月)이 흐르는 물같이 빠름」 세월은 한 번 지나가면 다시 돌아오지 않음.

광음사서수(光陰似逝水),

광음여서수(光陰如逝水)

광음유수(光陰流水) 세월이 흐르는 물 같음.

극구광음(隙駒光陰) 달리는 말을 문틈으로 봄.

면앙진적(俛仰陳迹) 「머리를 숙였다 드는 사이에 묵은 자취가 되어버림」 시간의 빠름.

백구과극(白駒過隙) 흰 망아지가 달리는 것을 봄.

석화광음(石火光陰) 돌이 부딪칠 때 불빛이 한 번 번쩍하고 곧 없어짐.

세월여류(歲月如流) 세월이 물 흐르듯 빨리 지나감.

오비토주(烏飛兎走) 「토끼가 달리고 까마귀가 낢」 세월이 빨리 흘러감.

일각천금(一刻千金) 극히 짧은 시간도 귀중(貴重)하고 아깝기에 천금의 가치가 있음.

일월여류(日月如流) 세월이 흐르는 물 같음.

일촌광음(一寸光陰) 한 치 길이의 세월.

약사지과극(若駟之過隙) 네 말이 빨리 문틈을 지나가는 것과 같음.

일촌광음불가경(一寸光陰不可輕) 일 촌의 광음도 가벼이 여기지 말라.

광음가석 비저서수(光陰可惜 譬諸逝水) 시간(時間)을 아껴야 하니 비유하건대 흐르는 물이로다.

광음여시 빛光 세월陰 같을如 화살矢

광음여전 光 陰 如 화살箭

「세월(歲月)은 화살과 같음」 빨리 지나가서 다시는 돌아오지 않음.

광이불요

빛날光 말 이을而 아닐不 번쩍거릴耀

「빛나되 번쩍거리지 않음」 너무 번쩍거리면 뒤탈이 나므로, 현인(賢人)의 처신(處身)을 이르는 말.

광일미구 빌曠 날日 오랠彌 오랠久

광일장구 曠 日 길長 久

광일지구 曠 日 가질持 久

「헛되이 세월(歲月)을 보내며 일을 오래 끎」 긴 세월을 보내고 나니 헛되이 세월만 지남. 그냥 긴 시간(時間)을 보냈다는 의미(意味)로도 쓰임.

구연세월(苟延歲月) 근근이 세월을 보냄.

불농불상(不農不商) 농사(農事)도 장사도 하지 않고 놀고먹음.

비육지탄(髀肉之嘆) 넓적다리 살이 오른 것을 한탄(恨歎)함.

소견세월(消遣歲月) 별로 하는 일이 없이 헛되이 세월만 보냄.

유수도식(遊手徒食) 아무 일도 하지 않고 놀고먹기만 함.

유유도일(悠悠度日) 하는 일 없이 세월을 보냄.

좌식산공(坐食山空) 놀고먹으면 산도 빔.

허송세월(虛送歲月) 하는 일 없이 세월을 헛되이 보냄.

광전절후 빌曠 앞前 끊어질絶 뒤後

「앞은 비었고, 뒤는 끊어짐」 전에도 없었고 앞으로도 있을 수 없음.

고금절무(古今絶無) 예나 지금(只今)이나 다시 없을 것.

공전절후(空前絶後) 전에도 없고 후에도 없을 것.

전무후무(前無後無) 전에도 앞으로도 없음.

광제창생 넓을廣 도울濟 푸를蒼 살生

고통(苦痛)에 헤매는 민중(民衆)을 널리 구제(救濟)함. '보국안민・포덕천하'와 함께 동학(東學)의 대표적(代表的)인 구호(口號).

보국안민(輔國安民) 나라님을 도와 국정(國政)을 보살피고 백성을 편안(便安)하게 함.

포덕천하(布德天下) 하늘님의 덕을 세상에 펼침.

경세제민(經世濟民) 나라를 다스리고 세상을 구제함.

경국제세(經國濟世) 나라를 잘 다스려 도탄(塗炭)에 빠진 백성(百姓)을 구제함.

구세제민(救世濟民) 어지러운 세상을 구원(救援)하고 고통(苦痛)받는 백성을 구제함.

박시제중(博施濟衆) 백성들에게 널리 베풀고 많은 사람을 구제함.

제세지재(濟世之才) 세상을 잘 다스려 백성을 구제할 만한 인재(人才).

제폭구민(除暴救民) 포악(暴惡)한 것을 물리치고 어려움을 당한 백성을 구함.

포항창진(浦項倉鎭) 조선시대(朝鮮時代), 흉년(凶年)으로 고통받는 백성들을 구제하기 위하여 설치(設置)한 관창(官倉).

광조궁비 넓을廣 조짐兆 하늘穹 돌기둥碑

넓은 묘지(墓地)와 높고 큰 비석(碑石).

광채육리 빛光 무늬彩 뭍陸 떼어놓을離

아름다운 빛이 뒤섞여 빛나는 모양(模樣). 陸離는 빛이 눈부시게 아름다운 모양, 고르지 않아서 가지런하지 않은 모양, 뒤섞여 흩어진 모양.

광채찬란 빛光 무늬彩 빛날燦 빛날爛

「광채가 찬란함」 빛이 빛나고 눈부시게 아름다움. **휘황찬란**(輝煌燦爛)

광천지하 빛光 하늘天 어조사之 아래下

천하(天下)에 가득 참. 光은 충만(充滿).

천지인온(天地絪縕) 천지의 기운(氣運)이 가득 참.

광치전장 넓을廣 둘置 밭田 영지莊

논밭을 많이 가짐.

광탕지인

미칠狂 쓸어버릴蕩 어조사之 사람人

방탕(放蕩)하여 예의범절(禮儀凡節)을 무시(無視)하는 사람.

교사음일(驕奢淫逸) 교만(驕慢)하며 사치(奢侈)스럽고 방탕한 사람.

광탕지전

너그러울曠 광대할蕩 어조사之 법典

대사(大赦) 또는 특사(特赦)의 은전(恩典).

관대지전(寬大之典)

광패폭려

미칠狂 어그러질悖 사나울暴 사나울戾

도의(道義)에 벗어나고 난폭(亂暴)함.

광망패역(狂妄悖逆)

광풍동춘 빛光 바람風 움직일動 봄春

따뜻한 햇볕과 온화(溫和)한 바람이 봄을 움직임.

화신양소 광풍동춘(和神養素 光風動春) 정신(精神)은 평화(平和)롭고 뜻은 꾸밈없이 기르니, 비 온 뒤의 맑은 날에 부드럽게 부는 바람이 봄을 부른다.

광풍제월 빛光 바람風 갤霽 달月

「비가 갠 뒤의 시원한 바람과 밝은 달」 마음이 넓고 쾌활(快活)하여 아무 거리낌이 없는 인품(人品). **제월광풍**(霽月光風)

개운도천(開雲覩天) 환하게 트이고 쾌활하게 됨.

곤옥추상(琨玉秋霜) 「아름다운 옥과 가을 서리」 고상하고 엄숙(嚴肅)한 인품.

광대지도(曠大之度) 넓고 큰 도량(度量).

날이불치(涅而不緇) 검은 물을 들여도 검게 물들지 않음.

단애청벽(斷崖青壁) 붉은빛의 낭떠러지와 푸른빛의 석벽(石壁)이 높고 아름다움.

빙호추월(冰壺秋月) 얼음 호리병과 가을 달.

약음순료(若飮醇醪) 맛 좋은 술을 마시는 것과 같음.

옥해금산(玉海金山) 옥을 품은 바다와 금이 나는 산.

요림옥수(瑤林玉樹) 「옥의 숲과 옥의 나무」 인품이 고상(高尙)하고 비범(非凡)한 사람.

운상기품(雲上氣稟) 속됨을 벗어난 인간의 고상한 기질(氣質)과 성품(性品).

운중백학(雲中白鶴) 구름 속의 학.

광피사표 빛光 미칠被 사방四 드러날表

천자(天子)의 덕화(德化)가 마치 해가 비치듯 천하(天下)에 넓게 퍼짐.

명문천하(名聞天下) 명성(名聲)이 천하에 퍼짐.

광한극적 사나울獷 悍 심할劇 도둑賊

광한대당 獷 사나울悍 큰大 무리黨

야만적(野蠻的)이고 흉악(凶惡)스러운 도둑.

광협장단 넓을廣 협소할狹 길長 짧을短

「넓음과 좁음과 길고 짧음」 폭(幅)과 길이.

광형착벽 바를匡 저울대衡 뚫을鑿 벽壁

광형이 집이 가난하여 등불을 켤 기름이 없으므로 이웃집 벽에 구멍을 뚫어 새어 나오는 불빛으로 글을 읽어 마침내 큰 학자(學者)가 되었다는 옛일에서 온 말.

천벽인광(穿僻引光)

낭형독서(囊螢讀書) 차윤(車胤)이 여름밤에 비단(緋緞) 주머니에 개똥벌레를 넣어서 그 빛으로 책(冊)을 읽음.

손강영설(孫康映雪) 손강이 눈빛에 책을 비추어 읽음.

영월독서(映月讀書) 달빛을 비추어 책을 읽음.

주경야독(晝耕夜讀) 낮에는 농사(農事)를 짓고 밤에는 글을 읽음.

차형손설(車螢孫雪) 차윤이 반딧불에, 손강이 눈빛으로 글을 읽음.

청경우독(晴耕雨讀) 날이 개면 논밭을 갈고, 비가 오면 글을 읽음.

형설지공(螢雪之功) 반딧불과 눈빛으로 공부(工夫)하여 이룬 공.

형창설안(螢窓雪案) 반딧불이 비치는 창과 눈에 비치는 책상(冊床).

광화병엽 미칠狂 꽃華 병날病 잎사귀葉

술을 마시고 성내는 술꾼과 조는 술꾼.

광희작약 미칠狂 기쁠喜 참새雀 도약할躍

미칠 듯이 기뻐하며 날뜀. 雀躍은 너무 좋아서 깡충깡충 뛰며 기뻐함.

경희작약(驚喜雀躍)

부추작약(鳧趨雀躍) 물오리와 참새처럼 뛰놂.

수무족도(手舞足蹈) 좋아서 어쩔 줄 모르고 날뜀.

여취여광(如醉如狂) 기뻐서 취한 듯도 하고 미친 듯도 함.

환호작약(歡呼雀躍) 기뻐서 소리치며 날뜀.

흔희작약(欣喜雀躍) 참새가 날아오르듯 춤을 춤.

흥고채열(興高采烈) 기뻐서 어찌할 바를 모르거나 매우 흥겨움.

괴괴기기 기이할怪 怪 기이할奇 奇

말할 수 없이 이상야릇함.

대단히 기괴(奇怪)함. 이상야릇함.

괴괴망측 기이할怪 怪 없을罔 측량할測

말할 수 없을 만큼 이상야릇함.

괴상망측(怪常罔測)

괴력난신(怪力亂神) 괴이(怪異)한 일과 엄청난 힘.

돌돌괴기(咄咄怪奇) 대단히 괴이한 일.

불가사의(不可思議) 미루어 헤아리기 힘들 만큼 이상야릇함.

성시의외(誠是意外) 참으로 뜻밖임.

심외지사(心外之事) 뜻밖의 일.

재귀일거(載鬼一車) 귀신(鬼神)이 한 수레 가득 실려 있음.

해괴망측(駭怪罔測) 헤아려 말할 수 없이 매우 괴상(怪狀)하고 야릇함.

해인이목(駭人耳目) 기괴(奇怪)한 짓으로 남의 이목을 놀래는 일.

수수께끼/미어(謎語) 속내를 알 수 없는 복잡(複雜)하고 괴이한 일.

↔ **불시이사**(不是異事) 이상한 것이 없는 일.

괴교괴기

진기할怪 공교할巧 옥구슬瑰 옥 이름琦

매우 괴상하고 교묘(巧妙)하고 진기(珍奇)함.

괴담이설 기이할怪 말씀談 다를異 말씀說

괴상(怪狀)하고 이상(異相)한 이야기.

괴력난신 괴이할怪 힘力 어지러울亂 귀신神

「괴이(怪異)와 용력(勇力)과 패란(悖亂)과 귀신(鬼神)에 관한 일」 이성적(理性的)으로 설명(說明)할 수 없는 불가사의(不可思議)한 존재(存在)나 현상(現想).

돌돌괴사(咄咄怪事) 대단히 괴이한 일.

괴뢰지사

우두머리魁 꼭두각시壘 어조사之 선비士

몸이 우람하고 힘이 아주 센 사람.

장사(壯士)

겸인지력(兼人之力) 여러 사람을 당할 만

한 강한 힘.

과인지력(過人之力) 보통(普通) 사람보다 훨씬 센 힘.

발산개세(拔山蓋世) 힘은 산을 뽑고 기운은 세상을 덮을 만큼 웅장(雄壯)한 기상(氣像).

발산거정(拔山擧鼎) 산을 뽑고 솥을 들어 올릴 정도로 힘이 매우 셈.

역능강정(力能扛鼎) 힘은 능히 솥을 들어 올림.

역예우미(逆曳牛尾) 소의 꼬리를 끌어당기어 뒤로 걸어오게 함.

예우각행(曳牛却行) 소를 끌고 뒷걸음질 함.

웅비지사(熊羆之士) 곰과 비휴(貔貅)같은 장사.

천근역사(千斤力士) 천 근을 들을 만한 장사.

항우장사(項羽壯士) 항우처럼 힘이 센 사람.

역발산기개세(力拔山氣蓋世) 힘은 산을 뽑고 기개(氣槪)는 세상을 덮음.

괴리개념 어그러질乖 떠날離 대개槪 생각念

아무런 공통적(共通的)인 내포(內包)를 지니고 있지 않아 같은 종류(種類)에 포섭(包攝)할 수 없는 둘 이상의 개념.

별위개념(別位槪念), **부등개념**(不等槪念), **이류개념**(異類槪念)

괴망우벽

괴이할怪 망령될妄 에돌迂 궁벽할僻

말이나 행동(行動)이 괴상(怪狀)하고 망측(罔測)한 데가 있으며 생각이 좁고 한쪽으로 치우쳐 있음.

괴문극로 느티나무槐 문門 가시나무棘 길路

삼공(三公)과 구경(九卿)의 지위(地位) 또는 그들이 사는 곳.

괴부이토고

흙덩이蕢 북채桴 말 이을而 흙土 북鼓

「흙덩이로 만든 북채와 북」 태고(太古) 음악(音樂)의 간소(簡素)하고 질박(質朴)한 모양(模樣).

괴상망측

괴이할怪 떳떳할常 없을罔 측량할測

상도(常道)에서 벗어나 헤아릴 수가 없을 정도(程度)임. **괴괴망측**(怪怪罔測)

괴석기초 괴이할怪 돌石 기이할奇 풀草

괴상(怪狀)하게 생긴 돌과 기이(奇異)한 풀.

괴악망측 괴이할怪 악할惡 없을罔 측량할測

상리(常理)에 벗어나서 말할 수 없이 괴악함.

말이나 하는 짓이 측량(測量)할 수 없이 괴이(怪異)하고 흉악(凶惡)함.

무거불측(無據不測) 성질(性質)이 아주 흉악함.

절패지흉(絶悖至兇) 모질고 사나워 지극히 흉악함.

괴안몽 홰나무槐 편안할安 꿈夢

덧없는 꿈이나 한때의 헛된 부귀영화(富貴榮華)를 이르는 말. **남가일몽**(南柯一夢)

괴여만리장성

무너질壞 너汝 일만萬 거리里 긴長 성城

「스스로 만리장성(萬里長城)을 허물어 버림」 어리석은 생각으로 일을 그르침.

괴오기위

으뜸魁 벽오동나무梧 기이할奇 훌륭할偉

몸이 극히 장대(壯大)하고 잘남.

괴의기행 훌륭할瑰 뜻意 훌륭할琦 행할行

생각과 행동(行動)이 범속(凡俗)과 달리 뛰어나게 훌륭함.

용모괴위(容貌魁偉) 얼굴과 몸매가 뛰어나게 크고 씩씩하고 훌륭함.

웅대호장(雄大豪壯) 씩씩하고 크며 훌륭함.

위의당당(威儀堂堂) 위엄(威嚴)찬 거동(擧動)이 훌륭함.

괴탄불경 괴이할怪 탄식할歎 아닐不 지날經

괴이(怪異)하고 근거(根據)가 없으며 허황(虛荒)된 큰소리를 쳐서 정도(正道)에서 벗어남.

괴풍망설 괴이할怪 바람風 망령될妄 말씀說

괴상(怪狀)하게 떠도는 말과 망령(妄靈)된 소리.

괴회지심

부끄러울愧 뉘우칠悔 어조사之 마음心

부끄럽고 뉘우치는 마음.

수오지심(羞惡之心) 자기의 옳지 못함을 부끄러워하고, 남의 옳지 못함을 미워하는 마음.

염우염치(廉隅廉恥) 행실(行實)이 올바르고 절조(節操)가 굳은 품성(品性)과 체면(體面)과 부끄러움을 아는 마음.

회개지심(悔改之心) 잘못을 뉘우치고 고치려는 마음.

회지막급(悔之莫及) 몹시 뉘우침.

↔ **후안무치**(厚顔無恥) 얼굴이 두꺼워 부끄러움을 모름.

굉걸궤려 클宏 뛰어날傑 괴이할詭 고울麗

굉장(宏壯)하고 웅대(雄大)하며 미려(美麗)함.

굉재탁식 클宏 재주才 높을卓 알識

큰 재능(才能)과 빼어난 식견(識見).

다문박식(多聞博識) 들은 것이 많고 학식(學識)이 넓음.

박대정심(博大精深) 아는 것이 깊고 넓음.

박물군자(博物君子) 온갖 사물(事物)을 널리 잘 아는 사람.

박람강기(博覽强記) 여러 가지 책을 많이 읽고 기억(記憶)을 잘함.

박학다식(博學多識) 널리 배우고 많이 앎.

박학다재(博學多才) 학식과 재능을 모두 겸비(兼備)한 사람.

복사편편(腹笥便便) 많은 책(冊)을 마음속에 기억(記憶)하고 있음.

천학비재(淺學菲才)「배운 게 적어 재주가 보잘것없음」겸손(謙遜)한 표현(表現).

굉주교착 뿔잔觥 산가지籌 사귈交 섞일錯

「술잔과 산가지가 뒤섞임」성대(盛大)한 술잔치.

배반낭자(杯盤狼藉) 술잔과 그릇들이 어지럽게 흩어져 있음.

복주복야(卜晝卜夜) 절도(節度)가 없이 밤낮을 가리지 않고 술을 마심.

상저옥배(象箸玉杯) 상아 젓가락과 옥 술잔.

유주망국(有酒亡國) 술로 망하는 나라가 있음.

육산주해(肉山酒海) 산처럼 쌓인 고기와 바다처럼 많은 술.

육산포림(肉山脯林) 고기의 산과 고기포의 숲.

음주고회(飮酒高會) 성대(盛大)한 술잔치를 베풂.

장야지음(長夜之飮) 밤을 새워 술을 마심.

좌식산공(坐食山空) 놀고먹으면 산도 빔.

종정옥백(鐘鼎玉帛) 호화(豪華)로운 술자리.

주지육림(酒池肉林) 술이 못을 이루고, 고기가 수풀을 이룸.

치주고회(置酒高會) 주연(酒宴)을 성대(盛大)히 베풂.

포진천물(暴殄天物) 하늘이 낸 만물(萬物)을 함부로 다 써 버림.

풍형예대(豐亨豫大) 천하가 태평하여 백성들의 향락(享樂)이 극도(極度)에 이름.

굉중사외

대궐문閎 가운데中 제멋대로肆 바깥外

문장(文章)의 내용(內容)이 풍부(豊富)하고 필치(筆致)가 변화무쌍(變化無雙)함.

글을 짓는 데 내용을 넓게, 형식(形式)을 자유(自由)로이 함.

굉창지관 클宏 드러날敞 어조사之 볼觀

넓고 탁 트인 광경(光景).

교각살우 바로잡을矯 뿔角 죽일殺 소牛

「소뿔을 바로잡으려다 소를 죽임」 작은 흠(欠)이나 결점(缺點)을 고치려다가 도리어 일을 그르침.

교왕과직(矯枉過直) 구부러진 것을 바로잡으려다 곧음이 지나침.

기대취소(棄大就小) 큰 것을 버리고 작은 것을 취함.

소탐대실(小貪大失) 작은 것을 욕심(慾心) 내다가 큰 것을 잃음.

수주탄작(隋珠彈雀) 귀중(貴重)한 구슬을 참새 잡는 탄환(彈丸)으로 사용(使用)함.

원별실귀(援鼈失龜) 자라를 취하고 거북을 잃음.

교거지죄 칭탈할矯 수레車 어조사之 죄罪

함부로 임금의 수레를 왕명(王命) 없이 훔쳐 탄 죄.

절가지효(竊駕之孝) 임금의 수레를 왕명 없이 훔쳐 탄 효.

교건만상 교만할驕 건방질蹇 거만할慢 위上

교만(驕慢)하고 건방져 윗사람을 깔봄.

교관겸수

가르칠教 꿰뚫어 볼觀 겸할兼 닦을修

고려시대(高麗時代) 대각국사(大覺國師) 의천(義天)의 사상(思想)으로, 교종(教宗)에서 강조(强調)하는 교리(教理) 탐구(探求)와, 선종(禪宗)에서 강조하는 지관(志寬) 수행(修行)을 동시(同時)에 실천(實踐)해야 한다는 사상.

교관병수

가르칠教 꿰뚫어 볼觀 아우를幷 닦을修

경전(經典)을 읽고 참선(參禪)을 수행(修行)하는 방법(方法)을 함께 닦아서 진리(眞理)를 깨우치는 것.

교교백구 힐皎 皎 흰白 망아지駒

「희고 깨끗한 망아지」 성현(聖賢)이 타는 말. 白駒는 성현을 나타내는 동물(動物)임.

교교영녕 공교할巧 巧 아첨할佞 佞

교묘(巧妙)하게 아첨(阿諂)하는 모양(模樣).

매소헌미(賣笑獻媚) 환심(歡心)을 사기 위해 웃음을 짓고 아양을 떪.

승영구구(蠅營狗苟) 파리처럼 날아다니고 개처럼 구차(苟且)함.

아유구용(阿諛苟容) 남에게 잘 보이려고 아첨하며 구차(苟且)스럽게 굶.

앙인비식(仰人鼻息) 코로 숨 쉬는 것만 보고 있음.

요두파미(搖頭擺尾) 머리를 흔들며 꼬리를 침.

일호재락(一呼再諾) 한 번 부르는데 두 번 대답(對答)함.

추부의뢰(趨附依賴) 세력(勢力) 있는 사람에 붙좇아서 의지(依持)하여 지냄.

협견첨소(脅肩諂笑) 어깨를 간들거리며 아

양을 부려 웃음.

교교요요 아교膠 膠 시끄러울擾 擾

시끄럽고 어지러운 모양(模樣).

소란(騷亂)스러운 모양.

교교월색 힐皎 皎 달月 빛色

매우 맑고 밝은 달빛.

교권주의 가르칠敎 권세權 주장할主 옳을義

가톨릭교회에서 국가적(國家的) 교회(敎會)나 교구(敎區)의 독립성(獨立性)을 반대(反對)하고 권력(權力)의 집중(集中)과 교황청(敎皇廳)의 영향력(影響力)을 지지(支持)하는 경향(傾向)이나 태도(態度).

교노승목 가르칠敎 원숭이猱 오를升 나무木

「원숭이에게 나무에 오르는 것을 가르침」 나쁜 사람에게 나쁜 짓을 하도록 권함.

사람의 마음에는 인의(仁義)가 있으므로 이를 가르치면 진전(進展)이 있음.

공자 앞에서 문자(文字) 쓰는 격.

반문농부(班門弄斧) 「노나라 명공(名工) 반수의 문전(門前)에서 도끼를 휘두름」 공자 앞에서 문자 씀.

공자문전매효경(孔子門前賣孝經) 공자의 문전에서 효경(孝經)을 팖.

교담여수 사귈交 맑을淡 같을如 물水

「사귀어 담박(淡泊)하기가 물과 같음」 군자(君子)의 교제(交際).

담수지교(淡水之交) 「맑은 물의 사귐」 교양(敎養) 있는 군자의 교제.

교대시 목맬絞 기다릴待 때時

고려(高麗)·조선시대(朝鮮時代) 사형(死刑) 방식(方式)의 하나인 교형(絞刑)을 집행(執行)할 때, 추분(秋分)에서 춘분(春分)까지의 시기(時期)를 기다렸다가 집행(執行)하는 것.

↔ **교부대시**(絞不待時)

교두결미 엇걸릴交 머리頭 맺을結 꼬리尾

「머리와 꼬리가 서로 엇갈리고 맺어져 있음」 한쪽의 끝이 다른 한쪽의 시작(始作)이 되어 순환(循環)되는 일.

교두접이 엇걸릴交 머리頭 사귈接 귀耳

「귀에다 입을 대고 속삭임」 밀담(密談)을 나눔.

첩엽이어(呫囁耳語) 귀에 입을 대고 비밀(祕密)히 속삭임.

교룡득수 교룡蛟 용龍 얻을得 물水

「교룡이 물을 얻음」 좋은 기회(機會)를 얻음.

영웅(英雄)이 때를 만남.

비룡승운(飛龍乘雲) 비룡이 구름을 탐.

운기용양(雲起龍驤) 구름이 일고 용이 올라감.

호소풍생(虎嘯風生) 범이 울어 바람이 일어남.

교룡득운우 교룡蛟 용龍 얻을得 雲 비雨

교룡운우 蛟 龍 구름雲 雨

「물속에 산다는 교룡이 비구름을 얻어 하늘로 오름」 영웅호걸(英雄豪傑)이 대업(大業)을 이룰 기회(機會)를 잡아 크게 활약(活躍)함.

교린지의 사귈交 이웃隣 어조사之 정의誼

이웃 나라와 생긴 교제(交際)의 정의(情誼).

교만거오 교만할驕 거만할慢 살居 거만할傲

잘난 체하여 뽐내고 남을 업신여김.

교만방자(驕慢放恣)

고량지성(膏粱之性) 고량진미(膏粱珍味)만 먹고 교만해진 사람의 성질(性質).

교사음일(驕奢淫逸) 교만하며 사치(奢侈)스럽고 방탕(放蕩)한 사람.

만이모인(慢而侮人) 교만하여 사람을 업신

여김.

목사이령(目使頤令) 「눈과 턱으로 사람을 부림」 사람을 업신여기며 부림.

색성자교(色盛者驕) 용모(容貌)가 아름다운 사람이 그것을 내세워 교만하게 굶.

안공일세(眼空一世) 「온 세상이 눈 안에 들어옴」 모두를 업신여기며 교만을 부림.

안하무인(眼下無人) 방자(放恣)하고 교만하여 다른 사람을 업신여김.

오만방자(敖慢放恣) 남을 업신여기며 제멋대로 행동(行動)함.

토강여유(吐剛如柔) 「딱딱한 것은 뱉고 부드러운 것은 먹음」 강한 것은 두려워하고 약한 것은 업신여김.

허교시기(虛憍恃氣) 실속 없이 헛되이 교만을 부림.

교목세가 우뚝설喬 나무木 세상世 집家

교목세록 喬 木 世 녹봉祿

여러 대를 중요(重要)한 지위(地位)에 있어서 나라와 운명(運命)을 같이하는 집안. 喬木은 키가 크고 장대(長大)한 나무.

명문세족(名門世族) 명문으로써 대를 거듭하여 중요한 벼슬을 하여 내려와 자기 집안의 운명을 국가(國家)의 운명과 함께한 집안.

교목세신 우뚝설喬 나무木 세상世 신하臣

여러 대(代)에 걸쳐 중요(重要)한 벼슬을 지낸 집안 출신(出身)이어서 나라와 운명(運命)을 같이하는 신하(臣下).

교묘정치

공교할巧 묘할妙 면밀할精 촘촘할緻

솜씨나 슬기가 정교(精巧)하고 치밀(緻密)함.

교문작자 지껄일咬 글월文 씹을嚼 글자字

「글자를 씹음」 지나치게 글의 자구(字句)를 다듬는 것. 전고(典故)나 어려운 글자를 즐겨 써서 학문(學文)과 재주를 자랑함.

학문을 배웠으나 아무 데도 쓸모가 없음.

교발기중 공교할巧 필發 기이할奇 적중할中

교묘(巧妙)하게 꺼낸 말이 신기(神技)하게 들어맞음.

교방가요 가르칠教 동네坊 노래歌 노래謠

조선시대(朝鮮時代), 길에서 임금을 환영(歡迎)할 때 베풀던 춤과 노래.

조선 고종(高宗) 2년(1865)에 정현석(鄭顯奭)이 엮은 노래와 춤에 관한 책(冊).

교백권자 주고받을交 흰白 책卷 어조사子

수험자(受驗者)가 답안지(答案紙)를 백지 그대로 내는 일.

백지동맹(白紙同盟) 시험(試驗) 때 학생(學生)들이 모두 짜고 아무것도 쓰지 않은 빈 답안지를 내는 일.

교병다패 교만할驕 병사兵 많을多 패할敗

교만(驕慢)한 군사(軍士)는 패하는 경우(境遇)가 많음.

교병지계 교만할驕 병사兵 어조사之 꾀計

적(敵)의 교만(驕慢)함을 키워 한 번에 승리(勝利)하는 계략(計略).

교병필패 교만할驕 병사兵 반드시必 패할敗

자기(自己) 군대(軍隊)의 힘만 믿고 교만(驕慢)하여 적에게 위엄(威嚴)을 보이려는 병정(兵丁)은 반드시 패함.

절대(絶對)로 자만(自慢)해서는 안 됨.

경적필패(輕敵必敗) 적을 얕보면 반드시 패함.

병교자멸(兵驕自滅) 군사(軍事)에서 교만한 자는 멸망(滅亡)함.

부득탐승(不得貪勝) 「승리(勝利)를 탐내면 이기지 못함」 원(願)하는 것에 욕심(慾心)을 내고 집착(執着)하면 아무것도 얻지 못함.

↔ **애병필승**(哀兵必勝) 비분(悲憤)에 차 있는 병사(兵士)들이 반드시 싸움에서 승리함.

교부대시 목맬絞 아닐不 기다릴待 때時

사형 제도(死刑制度)의 하나로, 사형집행(執行) 기간(期間)인 추분(秋分)에서 춘분(春分)까지의 대시(待時)에 구애(拘礙)받지 않고 교형(絞刑)을 집행하는 것으로, 대개 이를 적용(適用)하는 경우(境遇)는 악역(惡逆-부모나 친족(親族)에 대한 살해(殺害), 구타죄(毆打罪)) 이상의 죄(罪), 노비(奴婢)나 부곡민(部曲民)이 주인(主人)을 살해(殺害)한 죄(罪) 같은 강상(綱常)과 관련(關聯)된 형벌로 교형을 실시(實施)할 때임.

↔ 교대시(絞待時)

교부초래 가르칠敎 아내婦 처음初 올來

아내를 휘어잡으려면 다홍치마를 입은 새색시 적부터 버릇을 잘 가르쳐야 함.

교부추종 가마轎 사내夫 쫓을追 따를從

가마꾼을 따르는 사람들.

교비역지 엇갈릴交 팔臂 지날歷 손가락指

「팔과 손가락이 엇갈림」 속박(束縛)당하는 모양(模樣).

농중조(籠中鳥) 조롱(새장) 속의 새.

구구이니(區區泥泥) 구구한 사정(事情)에 얽매임.

농조연운(籠鳥戀雲) 새장 속 새가 구름을 그리워함.

농조함원(籠鳥檻猿) 새장에 든 새와 우리에 갇힌 원숭이」.

우사계속(愚士繫俗) 어리석은 선비는 세속(世俗)에 얽매임.

지어농조(池魚籠鳥) 연못 속의 물고기와 새장 속의 새.

교사반복

공교할巧 속일詐 되돌릴反 뒤집힐覆

교묘(巧妙)한 수단(手段)으로 그럴듯하게 속이는 짓을 되풀이함.

야바위 교묘한 수법(手法)으로 남을 속여 돈을 따먹는 노름.

교취호탈(巧取豪奪) 교묘한 수단으로 빼앗아 취함.

기변지교(機變之巧) 그때그때에 따라 교묘한 수단을 씀.

이화접목(移花接木) 「꽃이 핀 나무를 다른 나무에 접붙임」 남을 속여 교묘하게 진위(眞僞)를 뒤집음.

교사역색 공교할巧 생각思 힘力 찾을索

「고심(苦心)하며 깊이 사색(思索)함」 여러모로 궁리(窮理)함.

심모원려(深謀遠慮) 깊이 고려(考慮)하는 사고(思考)와 멀리까지 내다보는 생각.

심사숙고(深思熟考) 깊이 생각하고 오래도록 고찰(考察)함.

심사원려(深思遠慮) 깊이 생각하고 멀리 고려함.

좌사우고(左思右考) 이렇게도 저렇게도 생각해 보고 헤아림.

좌사우량(左思右量) 이리저리 생각하고 헤아림.

주사야탁(晝思夜度) 낮에 생각하고 밤에 헤아림.

천사만고(千思萬考) 천 번 만 번 생각함.

천사회려(千思廻慮) 여러모로 생각함.

교사음일

교만할驕 사치할奢 음란할淫 달아날逸

교만(驕慢)하며 사치(奢侈)스럽고 방탕(放蕩)한 사람.

고량지성(膏粱之性) 고량진미(膏粱珍味)만 먹고 교만해진 사람의 성질(性質).

만이모인(慢而侮人) 교만하여 사람을 업신

여김.

색성자교(色盛者驕) 용모(容貌)가 아름다운 사람이 그것을 내세워 교만하게 굶.

안공일세(眼空一世) 「온 세상이 눈 안에 들어옴」 모두를 업신여기며 교만을 부림.

교송지수 높을喬 소나무松 어조사之 목숨壽

「큰 소나무의 수명(壽命)」 오래 삶. 喬는 주영왕(周靈王)의 태자(太子) 진을 가리키고, 松은 적송자(赤松子)를 가리키는데, 이들은 불사(不死)의 신선(神仙)이었음.

교수돈족 바로잡을矯 손手 조아릴頓 발足

손을 들고 발을 구르며 춤을 춤.

교수돈족 열예차강(矯手頓足 悅豫且康) 손을 굽혔다 펴고 발을 구르니, 기쁘고 즐거우며 걱정 없기 그지없음.

교수요목 가르칠教 줄授 요긴할要 눈目

학교교육(學校敎育)에서 교과목(敎科目)마다 반드시 가르쳐야 할 줄거리.

교아절치 물咬 어금니牙 갈切 이齒

「어금니를 악물고 이를 갈면서 몹시 분해함」 크게 성난 모양(模樣).

노기등등(怒氣騰騰) 몹시 성이 치받쳐 화난 기운이 얼굴에 가득 참.

노기충천(怒氣衝天) 성난 기운이 하늘을 찌름.

노발대발(怒發大發) 몹시 노하여 펄펄 뛰며 성을 냄.

양비대담(攘臂大談) 팔을 걷어붙이고 큰소리를 침.

절치부심(切齒腐心) 이를 갈고 마음을 썩임.

교약획일 견줄較 같을若 그을畫 한一

교여획일 較 같을如 劃 一

한 일 자(一)를 쓴 것 같이 간명(簡明)함.

교양마당 가르칠教 기를養 - -

동상(銅像)과 기념탑(紀念塔), 사적지(史蹟地), 사적관(史蹟館) 앞에 참배(參拜)할 수 있도록 만들어 놓은 넓은 마당. (북한어(北韓語))

교어화언 공교할巧 말語 꽃花 말言

「꽃같이 화려(華麗)하고 교묘(巧妙)한 말」 듣기 좋은 말로 남을 속이는 것.

화언교어(花言巧語)

교언난덕 공교할巧 말言 어지러울亂 덕德

교묘(巧妙)하게 꾸며 낸 말은 시비(是非)를 어지럽게 하고 인덕(仁德)을 잃게 함.

교언무실 공교할巧 말言 없을無 열매實

교묘(巧妙)하게 꾸미지만 내실(內實)이 없음.

교언영색 공교할巧 말言 좋을令 얼굴빛色

「교묘(巧妙)한 말과 알랑거리는 얼굴」 다른 사람의 환심(歡心)을 사기 위해 말을 번지르르하게 하고 표정(表情)을 그럴싸하게 지어 아첨(阿諂)하고 알랑거리는 태도(態度).

감언이설(甘言利說) 달콤한 말과 이로운 말.

구밀복검(口蜜腹劍) 입에는 꿀이 있고 배에는 칼이 있음.

권상요목(勸上搖木) 나무에 오르게 하고 흔들어 댐.

면종배훼(面從背毁) 앞에서는 따르는 척하고 뒤에서는 헐뜯음.

면종복배(面從腹背) 겉으로는 복종(服從)하는 체하면서 속으로는 배반(背叛)을 꾀함.

면종후언(面從後言) 앞에서는 수긍(首肯)하고 뒤로는 비방(誹謗)하고 욕설(辱說)을 퍼부음.

사심불구(蛇心佛口) 뱀의 마음과 부처의 입.

소중유검(笑中有劍) 웃는 마음속에 칼이 있음.

양두구육(羊頭狗肉) 양 머리를 걸고 개고기를 팖.

양질호피(羊質虎皮) 양의 몸에 호랑이 가죽을 걸침.

표리부동(表裏不同) 겉과 속이 같지 않음.

화언교어(花言巧語) 꽃같이 화려(華麗)하고 교묘(巧妙)한 말.

교역유무 사귈交 바꿀易 있을有 없을無

있는 것과 없는 것을 서로 바꿈.

교연이곡

부르짖을噭 그럴然 말 이을而 울哭

곡하는 소리를 형용(形容)한 말.

교왕과정 바로잡을矯 굽을枉 過 바를正

교왕과직 矯 枉 지날過 곧을直

「구부러진 것을 바로잡으려다 너무 곧게 됨」 잘못을 고치려다가 지나쳐서 더 나쁘게 된 경우(境遇).

과유불급(過猶不及) 모든 사물(事物)이 정도(程度)를 지나치면 미치지 못한 것과 같음.

과공비례(過恭非禮) 지나친 공손(恭遜)은 예가 아님.

교각살우(矯角殺牛) 뿔을 바로 하려다 소를 죽임.

소탐대실(小貪大失) 작은 것을 탐하다가 큰 손실(損失)을 봄.

교외별전 가르칠敎 바깥外 나눌別 전할傳

「경전(經典) 바깥의 특별(特別)한 전승(傳承)」 마음과 마음으로 뜻을 전함.

감이수통(感而遂通) 마음에 느껴 마침내 통함.

기맥상통(氣脈相通) 마음과 뜻이 서로 통함.

불립문자(不立文字) 언어(言語), 문자(文字)의 형식(形式)에 집착(執着)하지 않고 마음에서 마음으로 법을 전하고 깨달음.

성기상통(聲氣相通) 「소식(消息)이 서로 통함」 마음과 뜻이 서로 통함.

심심상인(心心相印) 마음에서 마음으로 전함.

염화미소(拈花微笑) 꽃을 집어 들고 웃음을 띰.

염화시중(拈花示衆) 꽃을 따서 무리에게 보임.

염화일시(拈花一示) 글이나 말로 뜻을 전하지 않고 마음으로 전하여 뜻을 같이함.

이심전심(以心傳心) 마음에서 마음으로 전함.

지기지심(知己知心) 서로 마음이 통하여 지극(至極)하고 참되게 알아줌.

천리신교(千里神交) 멀리 떨어져 있으면서도 마음은 서로 통함.

교우이신 사귈交 벗友 써以 믿을信

벗을 사귈 때 믿음으로써 함. 세속오계의 하나.

세속오계(世俗五戒) 신라(新羅) 진평왕(眞平王) 때 원광이 화랑(花郎)에게 일러 준 다섯 가지 계율(戒律).

사군이충(事君以忠) 임금을 섬기기에 충성(忠誠)으로써 함.

사친이효(事親以孝) 어버이 섬기기를 효도(孝道)로써 함.

임전무퇴(臨戰無退) 싸움에 임하여서는 물러섬이 없음.

살생유택(殺生有擇) 죽이고 살리는 것을 가림.

교우지도 사귈交 벗友 어조사之 길道

벗을 사귀는 도리(道理).

교우지도 막여신의(交友之道 莫如信義) 벗

을 사귀는 도리에는 신의(信義)만 같음이 없음.

교우투분 사귈交 벗友 던질投 나눌分

벗을 사귈 때는 서로가 분수(分數)에 맞는 사람끼리 사귀어야 함.

교우투분 절마잠규(交友投分 切磨箴規) 벗을 사귀는 데는 정분(情分)을 함께 나눠야 하고, 깎고 갈며 서로 잡도리하여 바른말로 잡아줘야 함.

교위불여졸성 공교할巧 거짓僞 아닐不 같을如 졸할拙 정성誠

교묘(巧妙)하게 남을 속이는 것보다는 옹졸한 성심(誠心)이 나음.

교사불약졸성(巧詐不若拙誠)

교유부잡 사귈交 놀遊 아닐不 섞일雜

「교유(사귀어 놀거나 왕래(往來)함)가 잡스럽지 않음」 친구(親舊) 등의 사귐이 바름.

함부로 사귀지 않음.

불만부지(不蔓不枝) 「넝쿨도 내지 않고 가지도 나누지 않음」 군자(君子)가 순일(純一)을 지켜 잡념(雜念)이 없고, 고고하여 함부로 편당(偏黨)하지 않음.

비이부주(比而不周) 소인(小人)은 사사로움에 치우치므로 특별(特別)한 사람만 친할 뿐, 널리 사귀지 않음.

교의친밀 사귈交 정誼 친할親 빽빽할密

친구(親舊) 사이의 사귐이 매우 친하고 가까움.

교인불권 가르칠教 사람人 아닐不 게으를倦

「사람을 가르치는 데에 게으르지 않음」 부지런히 성의(誠意)를 다해 가르침.

교인전어

가르칠教 사람人 사냥할佃 물고기魚

「사람들에게 물고기를 낚는 법을 가르침」 중국 고대(古代) 복희씨(伏羲氏)가 그물을 만들어 가르쳤다 함.

교인지실 인어鮫 사람人 어조사之 거처室

鮫는 바다 가운데 사는 동물(動物)로, 그 하는 바가 사람과 같으므로 '교인'이라 함.

교인화식 가르칠教 사람人 불火 음식食

「사람에게 불을 쓰는 법(法)과 음식물(飮食物)의 조리법(調理法)을 가르침」 중국 고대(古代) 수인씨(燧人氏)가 불을 내었다고 함.

교일비 나란히交 한一 팔臂

어깨를 나란히 하는 것.

교자불민

교만할驕 방자할恣 아닐不 재빠를敏

「교만(驕慢)하고 방자(放恣)하며 어리석고 둔함」 교만하고 방자하여 버릇이 없음.

교자이의 가르칠教 자식子 써以 옳을義

교자이의방 教 子 以 義 수단方

자식(子息)을 가르침으로써 의롭게 함.

과정지훈(過庭之訓) 「뜰에서 가르침」 아버지가 자식에게 사람의 도리(道理)를 가르침.

의방지훈(義方之訓) 아버지가 아들에게 주는 교훈(教訓).

역자교지(易子教之) 자기 자식을 부모가 가르치기 어려우므로 자식을 서로 바꾸어 가르침.

교자졸지노

공교할巧 사람者 졸렬할拙 어조사之 노예奴

「꾀가 많은 사람은 용렬(勇烈)한 사람의 노예(奴隷)」 재주 있는 자가 어리석은 자에게 흔히 쓰임.

교자채신 가르칠教 자식子 캘採 땔나무薪

「자식(子息)에게 땔감을 직접(直接) 마련

할 방법(方法)을 가르치라」 장기적(長期的)인 안목(眼目)으로 문제(問題)를 근본적(根本的)으로 해결(解決)하는 방안(方案)을 마련하는데 힘써야 함.

인이불발(引而不發) 「활시위를 당길 뿐 쏘지 않음」 남을 가르칠 때는 스스로 그 이치(理致)를 깨달을 수 있도록 학문(學問)하는 방법(方法)만 가르치고, 함부로 모든 것을 가르치지 않음.

일경지훈(一經之訓) 자식을 위해 황금(黃金)을 남기는 것보다 경서(經書)의 한 부(部)를 가르치는 게 나음.

교절불출악성

사귈交 끊을絶 아닐不 날出 나쁠惡 소리聲

「교제(交際)를 끊은 뒤에라도 그 사람의 험담은 입 밖에 내지 않음」 사귐을 그만두어도 상대(相對)를 욕하는 소리는 하지 않음.

군자(君子)의 깨끗한 마음씨.

교정진물 바로잡을矯 뜻情 누를鎭 만물物

감정(感情)을 드러내지 않고 사물(事物)을 태연(泰然)하게 대함.

교조주의 가르칠教 조리條 주장할主 옳을義

특정(特定)한 교의(教義)나 사상(思想)을 절대적(絶對的)인 것으로 받아들여 현실(現實)을 무시(無視)하고 이를 기계적(機械的)으로 적용(適用)하려는 태도(態度).

과학적(科學的)·합리적(合理的)인 증명(證明)을 하지 않고 신앙(信仰)이나 신념(信念)에만 기초(基礎)한 사고방식(思考方式)으로 사물(事物)을 설명(說明)하려는 태도.

교족이대

발돋움할翹 발足 말 이을而 기다릴待

「발돋움하고 서서 이제나저제나 하고 기다림」 많은 시간(時間)이 필요(必要)하지 않음. 머지않아 그렇게 됨.

갈민대우(渴民待雨) 목마른 백성(百姓)이 비를 간절(懇切)히 기다림.

연경학망(延頸鶴望) 학처럼 목을 길게 뽑고 바라봄.

일각삼추(一刻三秋) 일각이 삼 년의 세월(歲月)같이 여겨짐.

촌음약세(寸陰若歲) 아주 짧은 시간도 일 년 같음.

학립기저(鶴立企佇) 학처럼 우두커니 서서 기다림.

학수고대(鶴首苦待) 학의 목처럼 길게 늘여 고대하며 몹시 기다림.

교족인령 발돋움할翹 발足 끌引 옷깃領

「발돋움하고 옷깃을 여미어 기다림」 몹시 바라고 기다림.

교주고슬 아교膠 기둥柱 고를鼓 큰 거문고瑟

「거문고의 기둥을 아교(阿膠)로 붙여놓고 거문고를 탐」 규칙(規則)만 고수(固守)하여 융통성(融通性)이 없는 꽉 막힌 사람.

노목궤(櫨木櫃) 한 번 머리에 든 지식(知識)을 고집(固執)하여 조금도 융통성이 없는 미련한 사람.

고집불통(固執不通) 성질(性質)이 고집스러워 조금도 융통성이 없음.

막무가내(莫無可奈) 한 번 정한 대로 고집하여 도무지 융통성이 없음.

미생지신(尾生之信) 미련하도록 약속(約束)을 굳게 지키는 것이나, 고지식하여 융통성이 없음.

안도색기(按圖索驥) 「그림에 그려진 대로 천리마를 찾음」 융통성 없이 원리원칙(原理原則)만 따져 일을 처리(處理)함.

자막집중(子膜執中) 융통성이 없고 임기응변(臨機應變)할 줄 모르는 사람.

체체이니(滯滯泥泥) 「글을 쓰면서 계속(繼續) 눈물을 흘림」 한 가지 일에 구애(拘礙)하여 융통성이 없음.

↔ **지어지락**(知魚之樂)「물고기의 즐거움을 앎」융통성 있는 유연(柔軟)한 사고(思考).

교지졸속 공교할巧 늦을遲 서툴拙 빠를速

「교묘(巧妙)하나 느린 것은, 서투르지만 빠른 것만 못함」뛰어나지만 늦는 사람보다, 미흡(未洽)해도 빠른 사람이 더 나음.

교지불여졸속(巧遲不如拙速)

병문졸속(兵聞拙速) 전쟁(戰爭)은 졸렬(拙劣)하여도 빨리 끝내야 함.

속전속결(速戰速決) 빨리 싸워 빨리 결딴을 냄.

참정절철(斬釘截鐵)「못을 부러뜨리고 쇠를 자름」과감(果敢)하게 일을 처리(處理)함.

교지풍진 사귈交 발가락趾 바람風 티끌塵

교지국(交趾國)과의 전쟁(戰爭). 교지국은 중국 한(漢)나라 때의 군(郡)으로 현재(現在)의 베트남 북부(北部) 통킹, 하노이 지방(地方)에 해당(該當)함. 風塵은 전쟁으로 어지러운 세상을 나타냄.

교차편집 사귈交 갈래叉 엮을編 모을輯

영화(映畫) 편집(編輯)의 하나로, 같은 시간(時間), 같은 장소(場所)에서 벌어지는 인물(人物)의 극적(劇的) 관계(關係)나 극적 정황(情況)의 장면(場面)을 급격(急激)하게 번갈아 가며 보여 주는 것.

교천언심 사귈交 얕을淺 말言 깊을深

사귄 지는 오래되지 않으나 서로 심중(心中)을 털어놓고 이야기함.

교철몽락 서로交 묶을綴 덮을蒙 이을絡

서로 엇갈리고 엉클어져 붙어서 울창(鬱蒼)함.

교체신교 사귈交 바꿀替 귀신神 가르칠教

다신교(多神教)에서, 최고(最高)의 신(神)으로 숭배(崇拜)받는 신이 때와 장소(場所)에 따라 여러 가지 다른 모습으로 나타난다고 믿는 종교(宗教).

교취호탈 교활할巧 취할取 굳셀豪 빼앗을奪

「교묘(巧妙)한 수단(手段)으로 빼앗아 취함」부정(不正)한 방법(方法)으로 남의 귀중(貴重)한 물건(物件)을 가로채는 일.

교투호탈(巧偸豪奪)

교사반복(巧詐反覆) 교묘한 수단으로 그럴듯하게 속이는 짓을 되풀이함.

기변지교(機變之巧) 때에 따라 교묘한 수단을 씀.

이화접목(移花接木)「꽃이 핀 나무를 다른 나무에 접붙임」남을 속여 교묘하게 진위(眞僞)를 뒤집음.

교칠지교 아교膠 옻漆 어조사之 사귈交

교칠지심 膠 漆 之 마음心

「아교(阿膠)와 풀의 사귐」아주 친밀(親密)하여 떨어질 수 없는 교분(交分).

관포지교(管鮑之交) 관중과 포숙아의 우정(友情).

고산유수(高山流水)「높은 산과 흐르는 물」자기(自己) 마음속과 가치(價値)를 잘 알아주는 참다운 친구(親舊).

금란지교(金蘭之交) 쇠처럼 단단하고 난초(蘭草) 향기(香氣)처럼 그윽한 사귐의 의리(義理).

급난지붕(急難之朋) 급하고 어려울 때 도와주는 친구.

기이단금(基利斷金) 쇠를 끊을 만큼 굳음.

기취여란(其臭如蘭)「그 냄새가 난초(蘭草) 같이 향기롭다」절친한 친구(親舊) 사이.

벌목지계(伐木之契) 아무도 없는 깊은 산에서 나무하는 두 벗의 우정처럼 아주 친밀한 벗 사이의 교제(交際).

사생지교(死生之交) 삶과 죽음을 함께하기

로 굳게 맺는 사귐.

이인동심(二人同心) 절친한 친구 사이.

지기지우(知己之友) 자기를 가장 잘 알아 주는 친한 친구.

포의지우(布衣之友) 귀천(貴賤)을 떠나서 참된 우정으로 사귀는 벗.

교탈천공 공교할巧 빼앗을奪 하늘天 장인工

「교묘(巧妙)하기가 천공(하늘의 조화(造化)로 자연히 이루어진 묘한 재주)을 빼앗은 것 같음」 자연(自然)에도 뒤떨어지지 않는 인공(人工)의 정교(精巧)함.

신공귀부(神工鬼斧) 귀신(鬼神)이 만들어 낸 듯함.

포정해우(庖丁解牛) 솜씨가 뛰어난 포정(백정)이 소의 뼈와 살을 발라냄.

교태염풍

아리따울嬌 모양態 아름다울艶 풍모風

아양 부리는 태도(態度)와 아름다운 모습.

교토구팽 재빠를狡 토끼兎 개狗 삶을烹

토끼가 잡히고 나면 충실(忠實)했던 사냥개도 쓸모가 없어져 삶이 먹힘.

토사구팽(兎死狗烹),

교토사양견팽(狡兎死良犬烹),

교토사이주구팽(狡兎死而走狗烹)

야수이진엽구팽(野獸已盡獵狗烹) 들짐승이 없어지면 사냥개도 삶아 먹힘.

교토삼굴 교활할狡 토끼兎 석三 굴窟

교토삼혈 狡 토끼兎 三 구멍穴

「교활(狡猾)한 토끼는 세 개의 굴을 파놓음」 지혜(智慧)롭게 준비(準備)하여 어려운 일을 면함. **토영삼굴**(兎營三窟)

거안여위(居安如危) 편안(便安)할 때도 위태(危殆)로울 때의 일을 생각하라.

견기이작(見機而作) 기미(幾微)를 보아서 미리 변통(變通)하여 조처(措處)함.

곡돌사신(曲突徙薪) 굴뚝을 구부리고 아궁이 근처(近處)의 땔나무를 옮김.

만전지책(萬全之策) 조금도 허술함이 없는 완전(完全)한 계책(計策).

방환미연(防患未然) 화(禍)를 당하기 전에 재앙(災殃)을 미리 막음.

불우지비(不虞之備) 뜻밖의 일에 대한 준비.

상토주무(桑土綢繆) 새는 폭풍우(暴風雨)가 오기 전에 뽕나무 뿌리를 물어다가 둥지의 구멍을 막음.

안불망위(安不忘危) 안정(安定)을 이루고 있는 때에도 마음을 놓지 말고 항상(恒常) 스스로 경계(警戒)함.

완구지계(完久之計) 완전(完全)하여 영구(永久)히 변하지 않을 계교(計巧).

유비무환(有備無患) 평소(平素)에 준비(準備)가 철저(徹底)하면 후에 근심이 없음.

음우지비(陰雨之備) 미리 위험(危險)한 것을 방비(防備)함.

자전지계(自全之計) 자신의 안전(安全)을 꾀하는 계책(計策).

↔ **실우치구**(失牛治廐) 소를 잃고 외양간 고침.

사후청심환(死後淸心丸) 사람이 죽은 후에 처방(處方)함.

교토지첩 재빠를狡 토끼兎 어조사之 빠를捷

교활(狡猾)한 토끼의 민첩(敏捷)함.

교투호탈 교활할巧 훔칠偸 굳셀豪 빼앗을奪

교묘(巧妙)하게 훔치고, 무리(無理)하게 빼앗음. **교취호탈**(巧取豪奪)

교편지마 씹을嚙 고삐鞭 어조사之 말馬

「말이 제 고삐를 씹음」 자기 친척(親戚)을 헐뜯으면 결국(結局) 자기(自己)에게 해(害)가 됨.

교하질쉬 다리橋 아래下 꾸짖을叱 버금倅
다리 밑에 가서 욕(辱)함. 倅은 졸이나 쉬.

교학상장 가르칠敎 배울學 서로相 성장할長
가르치고 배우면서 성장(成長)함.

효학상장(斆學相長) 남을 가르치는 일과 자신의 학문(學問)을 닦는 일은 서로 도움이 됨.

효학반(斆學半) 남을 가르치는 일은 자기 학업(學業)의 반을 차지함.

교호박리 사귈交 서로互 벗길剝 떠날離
서로 엇갈리는 방향(方向)으로 돌의 격지 따위를 떼어 내는 방법(方法). 여기서 생기는 날은 '之'자(字) 모양(模樣)으로 되는데, 전기(前期) 구석기 문화(舊石器 文化)에서 나타나고, 찍개 문화에서 발달(發達)한 수법(手法)이다.

교화지궁 가르칠敎 될化 어조사之 집宮
학문(學文)을 가르치는 곳. 학교(學校)

교화치성 가르칠敎 될化 성할熾 성할盛
도덕(道德)이나 교양(敎養)으로 가르쳐서 착한 사람이 되게 하는 일이 크게 일어남.

구각비말 입口 뿔角 날飛 물거품沫
구각유말 口 角 흐를流 沫
「너무 수다스러워 입가에서 거품이 흐름」 입에서 침을 튀기기며 심하게 논쟁(論爭)하는 모양(模樣). 口 角은 입 아귀.

노노불휴(呶呶不休) 수다스럽게 입을 놀림.

소언첨첨(小言詹詹) 너절한 말은 수다스러움.

주입설출(酒入舌出) 술이 들어가면 혀가 나옴.

첩첩간언(喋喋間言) 말을 수다스럽도록 거침없이 썩 잘하는, 이간(離間)하는 말.

첩첩불휴(喋喋不休) 재잘거리는 것이 쉴 틈이 없음.

첩첩이구(喋喋利口) 수다스럽게 거침없이 말을 잘하는 모양(模樣)이나 그런 사람.

구각춘풍 입口 뿔角 봄春 바람風
「입아귀에서 봄바람이 남」 말솜씨 있게 남을 칭찬(稱讚)하여 즐겁게 하여 줌.
몹시 남을 칭찬함.

위인설항(爲人說項) 「그대를 위해 노래하리」 남을 칭찬하거나 남을 위해 부탁(付託)함.

치아여론(齒牙餘論) 「치아에서 나오는 몇마디 말」 말솜씨 있게 남을 칭찬하여 즐겁게 하여 줌.

구간계장 개狗 간肝 닭鷄 창자腸
「개의 간과 닭의 창자」 작은 일로 따짐.
속이 매우 좁음.

도국근성(島國根性) 「섬나라 사람들에게 뿌리박힌 성질」 옹졸하고 너그럽지 못하고, 반면(半面)에 단결성(團結性)과 독립성(獨立性)이 강하고 배타적(排他的)인 성질.

직성협중(直性狹中) 곧은 성질(性質)에 속이 좁음.

구갈 갖옷裘 갈포葛
「갖옷과 베옷(겨울옷과 여름옷)」 뜻이 바뀌어 1년(年)이라는 뜻.

구강지화 입口 강론할講 가리킬指 그림畫
「입으로 말하고 손으로 그림」 열(熱)과 정성(精誠)을 다하여 교육(敎育)함.

만단개유(萬端改諭) 「만 가지로 깨닫게 가르침」 친절(親切)하게 가르침.

이제면명(耳提面命) 남의 귀를 끌어당겨서 알아듣게 직접(直接) 가르침.

구거작소 비둘기鳩 살居 까치鵲 집巢

「비둘기는 스스로 집을 짓지 않고 까치 집에서 삶」 아내가 남편(男便)의 집을 자기(自己) 집으로 삼음.

남의 집을 빌려 삶.

남의 것을 빼앗아 가로챔.

작소구거(鵲巢鳩居), **구탈작소**(鳩奪鵲巢)

구격나래 갖출具 바로잡을格 붙잡을拿 올來

중죄인(重罪人)을, 수갑(手匣)을 지르고 차꼬를 채우고 칼을 씌워 잡아 옴.

구경고 아홉九 경서經 창고庫

「아홉 가지 경서(經書)에 정통(精通)함」 많은 경서(經書)에 밝고 통함.

구경부정 다할究 마침내竟 못할不 깨끗할淨

사람이 죽으면 그 육신(肉身)은 땅에 묻히어 흙이 되고, 벌레가 먹으면 똥이 되는 등 신체(身體)의 종말(終末)이 깨끗하지가 못함.

구경열반 다할究 마침내竟 개흙涅 쟁반槃

가장 높은 경지(境地)에 이른 열반, 곧 부처의 경지.

구고심론 구할求 옛古 찾을尋 논할論

예(禮)를 찾아 의논(議論)하고 고인(古人)을 찾아 토론(討論)함.

구고심론 산려소요(求古尋論 散慮逍遙) 옛것에서 도(道)를 구하여 깊이 강론(講論)하고, 걱정을 흩어 버리고 한가(閑暇)로이 노닒.

구고예지

시아버지舅 시어머니姑 예도禮 어조사之

신부(新婦)의 인사(人事)를 받은 후 시부모(媤父母)가 신부에게 교훈(敎訓)하는 내용(內容)을 적은 글.

구고지례

시아버지舅 시어머니姑 어조사之 예도禮

며느리가 시부모(媤父母)를 처음으로 뵙고 인사(人事)드리는 예절(禮節).

현고지례(見姑之禮), **현구고례**(見舅姑禮)

구고청산 아홉九 늪, 못皐 푸를靑 메山

「물이 고여 있는 깊숙한 곳의 푸른 산」 심원(深遠)한 청산(靑山)을 비유한 말.

구곡간장 아홉九 굽을曲 간肝 창자腸

구곡양장 九 曲 양羊 腸

「굽이굽이 서린 창자」 깊은 마음속이나 시름이 쌓인 마음.

구절양장(九折羊腸)

구곡진영 몰아낼驅 바퀴통轂 떨칠振 갓끈纓

수레를 몰며 갓끈이 떨치니 임금 출행(出行)에 제후(諸侯)의 위엄(威嚴)이 있음.

고관배련 구곡진영(高冠陪輦 驅轂振纓) 높은 관을 쓰고 수레로 모시니, 제후의 예로 대접(待接)하고, 수레를 몰고 갓끈이 떨치니 임금 출행에 제후의 위엄이 있다.

구과불섬 구원할救 허물過 아닐不 넉넉할贍

「지난 잘못을 구제(救濟)하는 데 시간(時間)이 부족(不足)함」 아무리 자기(自己)의 과실(過失)을 고치느라고 힘써도 시간이 모자람.

구관명관 옛舊 벼슬官 밝을明 官

무슨 일이든 경험(經驗)이 많은 사람이 잘함.

구관호표 아홉九 관계할關 범虎 표범豹

「하늘의 아홉 관문(關門)과 호랑이와 표범」 하늘은 아홉 겹의 문이 있는데, 호랑이와 표범이 지키고 있음.

흉악(凶惡)한 관리(官吏).

구혼호표(九閽虎豹)

취렴지신(聚斂之臣) 백성을 가혹(苛酷)하게 다루고, 세금(稅金)이나 뇌물(賂物)을 긁어모으는 신하(臣下).

파가현령(破家縣令) 집안을 부수는 현령.

할박지정(割剝之政) 고을 원이 백성의 재물을 갈취(喝取)하여 긁어모으는 정사(政事).

할육충복(割肉充腹) 「자기의 살을 베어서 배를 채움」 관리 등이 백성들의 재물(財物)을 빼앗음.

구교지간 오랠舊 사귈交 어조사之 사이間

오래전부터 사귀어 온 사이.

구면지기(舊面知己) 예전부터 서로 알고 지내어 마음을 알아주는 벗.

인막약고(人莫若故) 사귀는 대상(對象)은 오래된 사이일수록 좋음.

인불염고(人不厭故) 사귄 지 오래된 사이가 싫지 않아서 만족(滿足)함.

인유구구(人惟求舊) 옷은 새 옷이 좋고 사람은 옛사람이 좋음.

구구불일 구구할區 區 아닐不 한一

제각기 달라서 일치(一致)하지 않음.

다종다양(多種多樣) 종류(種類)도 많고 모양(模樣)도 여러 가지.

종종색색(種種色色) 여러 가지 종류.

형형색색(形形色色) 가지각색. 여러 가지.

만단무방(萬端無方) 가지각색이어서 일정(一定)한 규정(規定)이 없음.

천태만상(千態萬象) 세상 사물(事物)이 한결같지 않고 각각 모습. 모양이 다름.

침우기마(寢牛起馬) 「소는 눕는 것을 좋아하고, 말은 서는 것을 좋아함」 사람마다 제각기 취미(趣味)가 다름.

구구사정 구구할區 區 사사로울私 사정情

사소(些少)한 개인감정(個人感情)이나 사정(事情).

공불승사(公不勝私) 공적(公的)인 일에 사사(私私)로운 정(情)이 끼게 됨.

겸애무사(兼愛無私) 널리 사랑하여 사사로운 정이 없음.

철면무사(鐵面無私) 사사로운 정에 구애(拘碍)되지 않음.

구구생활 구구할區 區 살生 살活

겨우겨우 지내는 삶.

구구세절 구구할區 區 가늘細 마디節

이런저런 자잘한 품목(品目).

구구소회 구구할區 區 바所 품을懷

이런저런 생각.

심중소회(心中所懷) 마음속의 생각이나 느낌.

구구승영 개狗 구차할苟 파리蠅 꾀할營

「개가 아첨(阿諂)하고 파리가 꾀함」(공명(功名)을 위해) 개처럼 꼬리치고 파리처럼 달라붙음. **승영구구**(蠅營狗苟)

비궁굴슬(卑躬屈膝) 비굴(卑屈)하게 남에게 아첨함.

상분연옹(嘗糞吮癰) 똥을 맛보고 등에 난 큰 부스럼을 핥아 줌.

상분지도(嘗糞之徒) 변(便)을 맛보는 무리.

아유구용(阿諛苟容) 남에게 잘 보이려고 아첨하며 구차(苟且)스럽게 굶.

연옹지치(吮癰舐痔) 종기(腫氣)에 찬 고름을 빨고 치질(痔疾) 앓는 항문(肛門)을 핥음.

요미걸연(搖尾乞憐) 개가 꼬리를 흔들어서 연민(憐愍)을 구걸(求乞)함.

지치득거(舐痔得車) 왕의 치질(痔疾)을 핥고 수레를 얻음.

협견첨소(脅肩諂笑) 어깨를 간들거리며 아양을 부려 웃음.

화취세구(貨取勢求) 재물(財物)로 벼슬을 사고 권세(權勢)가 있는 집안에 아첨하여 관직(官職)을 얻음.

양각야호(兩脚野狐) 발이 둘인 여우.

연옹지치(吮癰舐痔) 종기(腫氣)에 찬 고름을 빨고 치질 앓는 항문(肛門)을 핥음.

협견첨소(脅肩諂笑) 어깨를 간들거리며 아양을 부려 웃음.

구구원정 구구할區 區 근원寃 사정情

자세(仔細)한 사정(事情)을 하소연함.

세세곡절(細細曲節) 세밀(細密)하고 자세한 사정.

세세사정(細細事情) 매우 꼼꼼하고 자세한 일의 형편(形便)이나 곡절.

전후곡절(前後曲折) 일의 까닭·과정(過程)·결과(結果) 따위의 앞뒤 자세한 사정이나 내용(內容).

구구이니 구구할區 區 진흙泥 泥

작디작은 일에 얽매임.

구구한 사정(事情)에 얽매임.

구구절절 구절句 句 마디節 節

한 구절(句節) 한 구절마다.

말 한마디 한마디.

구구지심 구구할區 區 어조사之 마음心

자기(自己)의 못난 생각. 못난 마음.

자기의 변변치 못한 생각.

구구지절 구구할區 區 어조사之 절개節

「보잘것없는 절조(節操)」 자기의 마음을 겸손(謙遜)하게 이르는 말.

구구지중 구구할區 區 어조사之 무리衆

얼마 안 되는 군사(軍士).

적은 수(數)의 사람.

척촌지병(尺寸之兵) 짧은 병장기(兵仗器).

촌병척철(寸兵尺鐵) 약간(若干)의 무기(武器).

구국간성 구할救 나라國 방패干 성城

「나라를 구하는 방패(防牌)와 성」 나라를 구하여 지키는 믿음직한 군인(軍人)이나 인물(人物).

간성지재(干城之材) 방패와 성 구실을 하는 인재(人材).

간성지장(干城之將), **공후간성**(公侯干城) 방패와 성으로서 나라를 지키는 장수(將帥).

국지간성(國之干城) 나라를 지키는 군인들.

동량지기(棟樑之器) 마룻대와 들보로 쓸 만한 재목(材木).

동량지재(棟梁之材) 기둥과 들보로 쓸 만한 재목(材木).

명세지웅(命世之雄) 한 시대(時代)를 바로잡아 구할 만한 뛰어난 인재.

구궁신시 오랠舊 활弓 새新 화살矢

「묵은 활과 새 화살」 그래야만 잘 맞는다는 데서 나온 말.

구궐심장 궁구할究 그厥 마음心 창자腸

남의 마음을 속속들이 헤아림.

천사만량(千思萬量) 여러모로 생각하여 헤아림.

구극삼괴 아홉九 가시나무棘 석三 홰나무槐

조선시대(朝鮮時代), 삼정승(三政丞)과 의정부(議政府) 좌우참판(左右參判)·육조판서(六曹判書)·한성판윤(漢城判尹)을 통틀어 이르는 말.

노괴풍극(露槐風棘), **삼공구경**(三公九卿), **삼괴구극**(三槐九棘), **삼구지위**(三九之位)

구급검급 신발屨 이를及 칼劍 及

「신은 신대로 가고 칼은 칼대로 감」 급해서 당황(唐惶)하는 모양(模樣).

경황망조(驚惶罔措) 놀라고 당황해서 어찌할 줄 모름.

낙탕방해(落湯螃蟹) 끓는 물에 떨어진 방개가 허둥거림.

당황실색(唐慌失色) 놀라거나 다급(多級)하여 얼굴빛이 변함.

대략난감(大略難堪) 해결(解決)하기 힘든 상황(狀況)이나 당혹(當惑)한 일을 당했을 때의 기분(氣分).

망지소조(罔知所措) 너무 당황하거나 급하여 어찌할 바를 모름.

매염봉우(賣鹽逢雨) 소금을 팔다가 비를 만남.

부득불연(不得不然) 하지 않을 수 없게 상황이 되어있음.

전도의상(顚倒衣裳) 저고리와 바지를 서로 뒤바꾸어 입음.

질언거색(疾言遽色) 당황하여 말을 빨리하고 얼굴색이 변함.

조불려석(朝不廬夕) 형세(形勢)가 급하고 당황하여 아침에 저녁 일을 헤아리지 못함.

창황망조(蒼慌罔措) 너무 급하여 어찌할 바를 모르고 갈팡질팡함.

↔ **임난불구**(臨難不懼) 난국(亂國)에 봉착(逢着)해서도 당황하지 않음.

구급도장 개狗 급할急 뛸跳 담장墻

「개가 급하게 담을 뛰어넘음」 개도 급하게 몰리면 뒤를 생각하지 않음.

곤수유투(困獸猶鬪) 위급(危急)할 때는 약한 짐승도 싸우려고 덤빔.

궁구물추(窮寇勿追) 궁지(窮地)에 빠진 적(敵)이나 도둑을 모질게 핍박(逼迫)하거나 쫓지 말라.

궁서설묘(窮鼠囓猫) 쫓겨서 궁지에 몰린 쥐가 고양이를 묾.

궁조입회(窮鳥入懷) 쫓기는 새가 사람의 품으로 날아듦.

금곤복거(禽困覆車) 새도 곤경(困境)에 빠지면 수레를 전복(顚覆)시킴.

박어부득(迫於不得) 일이 매우 급하면 어쩔 수 없음.

수궁즉설(獸窮則齧) 짐승도 궁지에 몰리면 사람을 묾.

위사필궐(圍師必闕) 적을 포위(包圍)할 때는 반드시 퇴로(退路)를 열어두라.

조궁즉탁(鳥窮則啄) 새가 쫓기다가 도망(逃亡)할 곳을 잃으면 상대방(相對方)을 부리로 쫌.

궁어이분경(窮魚餌奔鯨) 궁지에 몰리면 약한 물고기도 고래에게 덤벼 묾.

귀사물엄 궁구막추(歸師勿掩 窮寇莫追) 물러나는 군사(軍士)는 덮치지 말고, 궁한 도적(盜賊)은 뒤쫓지 말라.

구기당오 궁구할究 그其 집堂 깊을奧

학문(學文)의 깊은 뜻을 연구(硏究)함.

심조자득(深造自得) 학문의 깊은 뜻을 궁리(窮理)하고 연구하여 스스로 터득함.

구나모자 개狗 잡을拿 소모할耗 어조사子

「개가 쥐를 잡음」 자기(自己)의 전문(專門)이 아닌 일을 함.

쓸데없이 참견(參見)함.

구추모자(狗追耗子)

구나의식

몰아낼驅 역귀 쫓을儺 거동儀 의식式

고려(高麗)와 조선시대(朝鮮時代)에 궁중(宮中)에서 행하던 역귀(疫鬼)를 쫓는 의식.

구낭저지 두드릴扣 주머니囊 속底 슬기智

「주머니 속의 지혜(智慧)를 짜냄」 있는 지혜를 다 짜냄.

구년면벽 아홉九 해年 얼굴面 벽壁

달마(達磨)가 중국 쑹산산(嵩山山)의 소림사(少林寺)에서 9년 동안 벽을 보고 좌선(坐禪)하여 도(道)를 깨달은 일.

면벽구년(面壁九年)

구년묵이 오랠舊 해年 - -

여러 해묵은 물건(物件). 어떤 일에 오래 종사(從事)한 사람을 낮잡아서 하는 말.

구년지수 아홉九 해年 어조사之 물水

구년홍수 九 年 홍수洪 水

9년 동안이나 계속(繼續)된 큰 홍수.

요(堯)나라 때의 큰 홍수.

구년지저 아홉九 해年 어조사之 쌓을儲

구년지축 九 年 之 모을蓄

9년 동안 먹을 수 있을 만한 식량(食糧).

구년친구 오랠舊 해年 친할親 舊

오랫동안 헤어져 있는 친구.

오랫동안 사귀어 온 친구.

구담사미 놀랄瞿 흐릴曇 모래沙 미륵彌

도(道)를 이루기 전의 석가모니(釋迦牟尼).

불문(佛門)에 처음으로 들어간 승려(僧侶).

구담지교 놀랄瞿 흐릴曇 어조사之 가르칠敎

석가모니(釋迦牟尼)의 가르침.

불교(佛敎)를 달리 이르는 말.

적멸지도(寂滅之道) 「열반(涅槃)에 이르는 도리(道理)」 불교를 달리 이르는 말.

구담포천 개狗 쓸개膽 에워쌀包 하늘天

「개의 담력(膽力)이 하늘을 에워쌈」 어처구니없을 정도(程度)로 당돌(唐突)함.

뻔뻔스러울 정도로 담이 큼.

담대어신(膽大於身) 「담이 몸보다 큼」 꾀가 많음. 담력과 책략(策略)이 대단함.

담여계란(膽如鷄卵) 「달걀만큼 큰 쓸개」 담력이 대단함.

대담무쌍(大膽無雙) 세상에 둘도 없을 만큼 담력이 대단함.

만신시담(滿身是膽), **일신시담**(一身是膽) 「온몸이 쓸개로 이루어져 있음」 두려움이라고는 모르는 담대(膽大)한 사람.

명목장담(明目張膽) 「눈을 밝게 뜨고 담을 크게 펼침」 담력으로 배짱을 두둑이 가지고 용기(勇氣)를 냄.

충간의담(忠肝義膽) 충성(忠誠)스러운 심간(心肝)과 의열(義烈)의 담력.

구당호군 개狗 무리黨 여우狐 무리群

「개 무리와 여우 무리」 함께 집단(集團)을 이룬 나쁜 사람의 무리.

호군구당(狐群狗黨), **낭군구당**(狼群狗黨)

낭패위간(狼狽爲奸) 흉악(凶惡)한 무리가 모략(謀略)을 꾸밈.

성호사서(城狐社鼠), **직호사서**(稷狐社鼠) 「성곽(城郭)에 사는 여우와 사단(社壇)에 사는 쥐」 임금 곁에 있는 간신의 무리.

일구지학(一丘之貉) 「한 언덕의 오소리」 구별(區別)하기 어려운 같은 부류(部類), 또는 한통속의 나쁜 무리.

구도계명 개狗 도둑盜 닭鷄 울鳴

「닭 울음소리를 내고 개처럼 들어가서 도둑질함」 하잘것없는 재주도 쓸 곳이 있음.

계명구도(鷄鳴狗盜), **계명지객**(鷄鳴之客)

함곡계명(函谷鷄鳴) 함곡관의 닭 울음소리.

구도서절 개狗 도둑盜 쥐鼠 훔칠竊

「쥐나 개처럼 가만히 물건(物件)을 훔침」 '좀도둑'을 욕하는 말. **구투서절**(狗偸鼠竊),

서절구도(鼠竊狗盜), **서절구투**(鼠竊狗偸)

녹림호걸(綠林豪傑) 녹림의 도적 떼.

무본대상(無本大商) 「밑천 없이 하는 큰 장사」 도둑을 비꼬는 말.

양상군자(梁上君子) 「들보 위의 군자」 도둑을 완곡(婉曲)하게 부르는 말.

천유지도(穿窬之盜) 벽을 뚫거나 담장을 넘는 좀도둑. 남몰래 나쁜 짓을 하는 사람.

초두천자(草頭天子) 노상강도(路上强盜)의 두목.

구도어맹 구할求 길道 어조사於 못볼盲

「길을 시각장애인(視覺障礙人)에게 물음」 방법(方法)이 잘못되어 있으므로 아무런 효과(效果)도 없음. **문도어맹**(問道於盲)

계포압자(鷄抱鴨子) 닭이 오리알을 품음.

계풍포영(繫風捕影) 바람을 잡아매고 그림자를 잡음.

취사성반(炊沙成飯) 모래를 때어 밥을 지음.

화지누빙(畫脂鏤氷) 기름에 그림을 그리고 얼음에 조각(彫刻)함.

구동존이 구할求 한가지同 존재할存 다를異

서로 다른 점은 인정(認定)하면서 공동(共同)의 이익(利益)을 추구(推究)함. 중국의 외교정책(外交政策)을 설명(說明)하는 대표적(代表的)인 사자성어(四字成語)이다.

구동화이 구할求 한가지同 될化 다를異

공동(公同)의 이익(利益)을 추구(追究)하되 이견(異見)이 있는 부분(部分)까지 공감대(共感帶)를 확대(擴大)함.

구두군사 개狗 머리頭 군사軍 스승師

「개 대가리 참모(參謀)」 머리가 나쁜 지휘관(指揮官).

어설픈 제안(提案)을 하는 사람.

구두대개 개狗 구멍竇 큰大 열開

「개구멍이 크게 열렸음」 앞니 빠진 것을 놀려 웃는 일.

구두삼매 입口 머리頭 셋三 어두울昧

경문(經文)의 글귀만 읽고 참된 선(禪)의 도(道)를 닦지 않는 태도(態度).

구두선(口頭禪) 몸소 수행(修行)은 하지 않고, 선에 대해 장황(張皇)하게 말만 늘어놓음.

공언무시(空言無施) 빈말만 하고 실천(實踐)이 따르지 않음.

도구염불(徒口念佛) 신심(信心)이 없이 입끝으로만 하는 헛된 염불.

↔ **실천궁행**(實踐躬行) 실제(實際)로 밟고 몸소 행함.

구두생각 개狗 머리頭 날生 뿔角

「개 대가리에 뿔이 남」 절대(絶對)로 있을 수 없는 일.

마생각(馬生角) 말머리에 뿔이 남.

귀배괄모(龜背刮毛) 거북이 등의 털을 깎음.

고빙구화(敲氷求火) 얼음을 두드려 불을 구함.

누진취영(縷塵吹影) 먼지에 새기고 그림자를 입으로 붊.

빙탄상애(氷炭相愛) 얼음과 숯이 서로 사랑함.

포풍착영(捕風捉影) 바람을 잡고 그림자를 붙듦.

구두심목 절구臼 머리頭 깊을深 눈目

「장구머리와 움푹 파인 눈」 여자의 몹시 추한 얼굴.

구두장군 개狗 머리頭 장수將 군사軍

「개 대가리 장군」 뒤에서 나쁜 꾀를 내는 사람.

구두지교 입口 머리頭 어조사之 사귈交

건성으로 사귀는 사이.

말뿐인 우정(友情).

노상안면(路上顔面) 정식(定式)으로 인사(人事)를 나누지는 않았으나 길에서 만난 적이 있어 서로 알아볼 만한 얼굴.

반면지교(半面之交) 얼굴만 겨우 알 뿐이고 교제(交際)는 얕은 사이.

세리지교(勢利之交) 권세(權勢)와 이익(利益)을 위하여 맺는 교제(交際).

시도지교(市道之交) 「시장(市場)에서의 사귐」 다만 이익을 위하여 맺은 교제.

오집지교(烏集之交) 「까마귀가 모인 듯한 사귐」 거짓이 많고 신용(信用)이 없는 사귐.

이리교자 이궁즉산(以利交者 利窮則散) 이익을 위해 사귀는 자는 그 이익이 다하면 흩어짐.

구두화전 절구臼 머리頭 꽃花 비녀鈿

「장구머리에 꽃 비녀」 추한 얼굴에 화장(化粧)함.

문학(文學)에 재능(才能)이 없는 사람이 함부로 미사여구(美辭麗句)만을 나열(羅列)함.

구로망기 갈매기鷗 해오라기鷺 잊을忘 틀機

「바닷가에서 갈매기와 해오라기 노는 것을 보며 세상일을 잊음」 숨어 살면서 속세(俗世)의 일을 잊음.

일간풍월(一竿風月) 낚싯대를 드리우고 덧없는 속세(俗世)의 일을 잊음.

구로일 수고로울劬 일할勞 날日

「자식(子息)을 낳아서 기르느라고 부모(父母)가 애쓰기 시작(始作)한 날」 자기(自己)의 생일(生日)을 이르는 말.

모난일(母難日), **남규지신**(覽揆之辰)

구로지감 수고劬 일할勞 어조사之 느낄感

부모(父母)의 은덕(恩德)을 생각하는 마음.

구로지은 수고劬 일할勞 어조사之 은혜恩

「수고로운 은혜(恩惠)」 고생(苦生)하며 자식(子息)을 키우는 부모(父母)님의 사랑.

구루만구 사발甌 작을窶 찰滿 부담롱篝

「협소(狹小)한 고지(高地)에서 나는 쌀이 부담롱(負擔籠-물건을 담아서 말에 실어 운반(運搬)하는 작은 농짝)에 가득 참」 크게 풍년(豊年)이 듦.

시화연풍(時和年豊) 기후(氣候)가 순조(順調)로워 풍년이 듦.

천리부재량(千里不齎糧) 「천 리를 가는 데 양식(糧食)을 준비(準備)할 필요(必要)가 없음」 천하가 태평(泰平)하여 풍년이 듦.

연년풍등천하(年年豊登天下) 해마다 나라에 풍년이 듦.

구루장인 곱사등이痀 작을僂 어른丈 사람人

허리가 구부러진 노인(老人).

구리지언 언덕丘 마을里 어조사之 말言

민간(民間)에서 떠도는 촌스러운 말.

속된 말.

광담패설(狂談悖說) 이치에 맞지 않고 도의(道義)에 어그러지는 말.

분토지언(糞土之言) 「똥 같은 말」 더럽고 이치(理致)에 닿지 않는 말.

어불근리(語不近理), **어불성설**(語不成說) 하는 말이 이치에 맞지 않음.

연구지어(攣拘之語) 세상의 속된 의견(意見)에 이끌려 좌우(左右)되는 말.

추요지설(芻蕘之說) 「꼴꾼과 나무꾼의 말」 고루(固陋)하고 식견(識見)이 없는 촌스러운 말.

호언난어(胡言亂語) 터무니없는 말. 무슨 뜻인지 이해(理解)할 수 없는 말.

구마경비 갖옷裘 말馬 가벼울輕 살찔肥

「갖옷과 말, 가볍고 살찜」 생활(生活)이 호화(豪華)로움.

경구비마(輕裘肥馬), **경의비마**(輕衣肥馬), **경장비마**(輕裝肥馬), **비마경구**(肥馬輕裘)

구마지심 개狗 말馬 어조사之 마음心

「개나 말의 주인에 대한 충실(忠實)한 마음」 임금이나 나라에 충성(忠誠)을 다하여 몸을 바치는 마음을 겸손(謙遜)하게 이르는 말.

견마지심(犬馬之心)

견마지역(犬馬之役) 개나 말의 하찮은 힘.

견마지성(犬馬之誠) 개나 말 같은 천한 사람의 지극(至極)한 정성(精誠).

견마지양(犬馬之養) 개나 말 같은 봉양(奉養).

한마지로(汗馬之勞) 말이 땀을 흘리도록 싸운 공로(功勞).

구만장천 아홉九 일만萬 긴長 하늘天

아득히 높고 먼 하늘.

만리장천(萬里長天),

구만리장공(九萬里長空),

구만리장천(九萬里長天)

구맹주산 개狗 사나울猛 술酒 맛이 실酸

「주막(酒幕)의 개가 사나우면 술맛이 초맛이 됨」 간신배(奸臣背)가 많은 나라는 어진 신하(臣下)들이 모이지 않음.

구맹즉 주산불수(狗猛則 酒酸不售)

국지맹구(國之猛狗) 「나라의 사나운 개」 국정(國政)을 어지럽히는 간신.

성사소인(城社小人) 임금의 곁에서 농간(弄奸)을 부리는 소인배(小人輩)나 간신.

직호사서(稷狐社鼠) 「성곽(城郭)에 사는 여우와 사단(社壇)에 사는 쥐」 임금 곁에 있는 간신의 무리.

빙탄불상용(氷炭不相容) 「얼음과 숯은 함께 할 수 없음」 충신(忠臣)과 간신은 함께 공존(共存)할 수 없음.

일월욕명 부운폐지(日月欲明 浮雲蔽之) 「해와 달은 밝고자 하나 뜬구름이 그것을 가림」 군주(君主)는 총명(聰明)하게 정사(政事)를 보려 하나 간신이 가로막고 있음.

구면괘사

입口 얼굴面 입 비뚤어질喎 기울斜

얼굴 신경(神經) 마비 증상(症狀).

입과 눈이 한쪽으로 틀어지는 병(病).

구안와사(口眼喎斜), **구안편사**(口眼偏斜)

구면지기 오랠舊 얼굴面 알知 자기己

예전부터 서로 알고 지내어 마음을 알아주는 벗. **구교지간**(舊交之間)

인막약고(人莫若故) 사귀는 대상(對象)은 오래된 사이일수록 좋음.

인불염고(人不厭故) 사귄 지 오래된 사이가 싫지 않아서 만족(滿足)함.

인유구구(人惟求舊) 옷은 새 옷이 좋고 사람은 옛사람이 좋음.

구명도생 구차할苟 목숨命 꾀할徒 살生

구차(苟且)하게 겨우 목숨만 이어 나감.

구연세월(苟延歲月) 근근이 세월을 보냄.

궁거야처(窮居野處) 가난하고 구차하게 시골에서 삶.

근근도생(僅僅圖生) 근근이 살아감.

몰몰구활(沒沒求活) 구차하게 오래 살려고 함.

죽일연명(粥一延命) 몇 숟가락 안 되는 죽으로 끼니를 때우며 근근이 목숨을 붙여 감.

취식지계(取食之計) 근근이 밥이나 얻어먹고 사는 꾀.

구명부표 구할救 목숨命 뜰浮 표시할標

구명부환 救 命 浮 고리環

물에 빠진 사람의 몸을 물 위에 뜨게 하는 바퀴 모양(模樣)의 기구(器具).

구목위소 얽을構 나무木 할爲 둥지巢

「나무를 얽어 둥지를 만듦」 옛날에 나무 위에 둥지 같은 것을 만들어 집으로 삼았음.

구묘지향 언덕丘 무덤墓 어조사之 고향鄕

조상(祖上)의 묘가 있는 고향(故鄕).

구무소식 오랠久 없을無 사라질消 생존할息

오랫동안 편지(便紙)나 소식(消息)이 없음.

부득영향(不得影響) 그 사람의 형체(形體)도 볼 수 없고, 목소리도 들을 수 없음.

소식불통(消息不通) 소식이 없어 전혀 알지 못함.

적연무문(寂然無聞) 감감하게 아무 소식이 없음.

종무소식(終無消息) 끝끝내 이렇다 할 아무 소식이 없음.

함흥차사(咸興差使) 「함흥으로 보낸 심부름꾼」 심부름을 하러 가서 오지 못하거나 늦게 온 사람.

구무완인 입口 없을無 완전할完 사람人

「그 입에 오르면 온전(穩全)한 사람이 없음」 누구에게나 좋게 말하지 않고 약점(弱點)만 꼬집어 말하는 사람을 욕하는 말.

문양지마(問羊知馬) 「소나 양을 파는 사람에게 가서 가격(價格)을 물음」 몰래 남의 약점을 캐서 꼼짝 못 하게 함.

구무택언 입口 없을無 가릴擇 말言

하는 말이 모두 착하므로, 입에서 나오는 말을 선택(選擇)할 필요(必要)가 없음.

한마디도 가려서 버릴 것이 없음.

구문생화 입口 깨물吻 날生 꽃花

훌륭한 말을 하거나 시가(詩歌)를 읊음.

구물잡담 입口 말勿 섞일雜 말씀談

「입으로는 잡담을 말라」 수업(受業)할 때 잡담하지 말라.

수물잡희(手勿雜戱) 「손으로 잡스러운 놀이를 하지 말라」 수업을 들을 때 학생(學生)들은 손으로 무엇을 잡고 놀지 말라.

구미속초 개狗 꼬리尾 이을續 담비貂

「개 꼬리로 담비 꼬리를 이음」 쓸모없는 사람에게 관직(官職)을 함부로 줌. **속초**(續貂),

구속초미(狗續貂尾), **속초지기**(續貂之譏)

난양조하(爛羊竈下) 함부로 관작(官爵)을 제수(除授)하여 받은 쓸모없는 자들.

남우충수(濫竽充數) 「피리를 불지 못하는 사람이 악사(樂士)들 틈에 끼여 머릿수를 채움」 무능(無能)한 사람이 외람(猥濫)되이 높은 벼슬을 차지함.

초부족구미속(貂不足狗尾續) 관작을 함부로 수여(授與)하여 군자(君子)와 소인(小人)이 동석(同席)함.

구밀복검 입口 꿀蜜 배腹 칼劍

「입에는 꿀이 있고 배에는 칼이 있음」 겉으로는 꿀맛같이 절친(切親)한 척하지만 내심(內心)으로는 음해(陰害)할 생각을 하거나, 돌아서서 헐뜯음.

구유밀복유검(口有密復有劍)

소면호(笑面虎) 「웃는 얼굴의 호랑이」 겉으로는 웃지만, 속으로는 딴마음을 가진 사람.

감언이설(甘言利說) 달콤한 말과 이로운 말.

강중유외(剛中流外) 속셈을 깊이 감춘 채 부드러운 모습을 띰.

교언영색(巧言令色) 교묘(巧妙)한 말과 알랑거리는 얼굴.

구시심비(口是心非) 말로는 옳다 하면서 마음속으로는 그르다고 여김.

권상요목(勸上搖木) 나무에 오르게 하고 흔들어 댐.

기계지심(機械之心) 교묘하게 속이려는 마음.

면리장침(綿裏藏針) 솜 속에 바늘을 감추어 꽂음.

면종배훼(面從背毁) 앞에서는 따르는 척하고 뒤에서는 헐뜯음.

면종복배(面從腹背) 겉으로는 복종(服從)하는 체하면서 속으로는 배반(背叛)을 꾀함.

면종후언(面從後言) 앞에서는 수긍(首肯)하고 뒤로는 비방(誹謗)하고 욕설(辱說)을 퍼부

음.

미사여구(美辭麗句) 아름다운 말로 꾸민 문장(文章).

사심불구(蛇心佛口) 뱀의 마음에 부처의 입.

소도동취(笑刀銅臭) 겉과 속이 다른 사람과 탐욕적(貪慾的)인 사람.

소리장도(笑裏藏刀) 웃음 속에 비수를 감춤.

소면야차(笑面夜叉) 웃는 얼굴의 야차(夜叉 모질고 사악(邪惡)한 귀신).

소중유검(笑中有劍) 웃음 속에 칼이 있음.

신이안지(信而安之) 적을 안심(安心)시킴.

암전상인(暗箭傷人) 「몰래 활을 쏘아 사람을 해침」 남몰래 흉계(凶計)를 꾸며 남을 해침.

양두구육(羊頭狗肉) 양 머리를 걸고 개고기를 팖.

양두마포(羊頭馬脯) 양 머리를 걸고 말고기 포를 팖.

양질호피(羊質虎皮) 양에 범의 가죽을 걸침.

음유해물(陰柔害物) 겉으로는 유순(柔順)하나 속은 검어서 남을 해치려는 간사(奸詐)한 사람.

조삼모사(朝三暮四) 「아침에 세 개, 저녁에 네 개」 간사(奸邪)한 꾀로 남을 속여 희롱(戲弄)함.

첨언밀어(甛言蜜語) 남을 꾀기 위한 달콤한 말.

충목지장(衝目之杖) 「눈을 찌를 막대기」 남에게 해악(害惡)을 끼칠 고약한 마음.

포장화심(包藏禍心) 남을 해칠 마음을 품음.

표리부동(表裏不同) 겉과 속이 같지 않음.

화언교어(花言巧語) 꽃같이 화려(華麗)하고 교묘(巧妙)한 말.

구박출송 내쫓을驅 다그칠迫 날出 보낼送

「구박하여 내쫓음」 못 견디게 괴롭히고 내쫓음.

구반문촉 두드릴毆 쟁반槃 글월文 촛불燭

「시각장애인(視覺障礙人)이 쟁반(錚盤)을 두드리고 초를 만져 본 것만 가지고 태양(太陽)에 대해 말함」 남의 말만 듣고 지레짐작으로 이렇다 저렇다 논(論)함.

군맹무상(群盲撫象) 시각장애인이 코끼리 만지기.

군맹평상(群盲評象) 시각장애인이 코끼리 평하기.

문종위일(聞鍾爲日) 종소리를 듣고 그것을 태양(太陽)이라고 여김.

종반촉약(鍾盤燭籥) 쟁반을 만지고 촛불을 문지름.

구반상실 개狗 밥飯 상수리나무橡 열매實

「개밥에 도토리」라는 속담(俗談)의 한역(漢譯)으로, 따돌림을 당하거나 외톨이가 됨.

장벽무의(墻壁無依) 외톨이가 되어 전혀 의지(依支)할 만한 곳이 없음.

향우지탄(向隅之歎) 「방구석을 향함」 따돌림을 당해 슬퍼함.

구방지지 오랠舊 나라邦 어조사之 땅地

오래된 나라의 땅.

옛날에 세운 나라의 땅.

구벌중원 아홉九 칠伐 가운데中 평원源

「강유(姜維)의 북벌(北伐)의 꿈이 중원(中原)을 아홉 번 어우름에 그침」 '육출기산'처럼 나아감이 어려움.

육출기산(六出祁山) 「여섯 번 기산으로 나아감」 제갈량(諸葛亮)은 총 여섯 번 북벌(北伐)을 단행(斷行)하여 기산도에 나아갔다는 말.

구변이호세

입口 말 잘할辯 말 이을而 지게戶 달랠說

사람마다 일러 주고 집마다 달래어 말함.

구보인령 직각矩 걸음步 끌引 거느릴領

걸음을 바로 걷고 따라서 얼굴도 바르니 위의(威儀-위엄(威嚴)이 있고 엄숙(嚴肅)한 태도(態度)나 차림새)가 당당함.

구보인령 부앙랑묘(矩步引領 俯仰廊廟) 자로 잰 듯 법도(法度)대로 걷고 옷깃을 얌전하고 바르게 여미며, 조정(朝廷)의 일을 깊이 생각하여 치러야 함.

구복불회 구할求 복福 아닐不 어긋날回

복을 구하는데, 도리(道理)에 어긋난 짓을 하지 않음.

구복원수 입口 옷服 원망할怨 원수讐

「입으로 먹고 배를 채우는 일이 원수와 같음」 살기 위해서 아니꼽거나 괴로운 일을 당할 때 어쩔 수 없이 참아야 하는 때에 쓰는 말. 〈목구멍이 포도청(捕盜廳)〉

구복(부)잉죽

따뜻하게 할嫗 엎드릴伏 孕 죽 먹을粥

짐승이 번식(繁殖). 嫗伏는 알을 품어 따스하게 하여 부화(孵化)함. 孕粥은 잉태(孕胎)와 생육(生育)을 뜻함.

구복지계 입口 배腹 어조사之 꾀計

「입과 배를 채울 계책」 먹고살 방법(方法)이나 계책(計策).

구생지계(口生之計), **생계**(生計)

자신지책(資身之策) 한 몸의 생활(生活)을 꾀해 나갈 계책.

취식지계(取食之計) 근근(僅僅)이 밥이나 얻어먹고 살아가는 꾀.

호구지책(糊口之策) 입에 풀칠할 방도(方途).

구복지루 입口 배腹 어조사之 부담累

「살아갈 걱정」 먹고 살 근심.

구부득고 구할求 아닐不 얻을得 괴로울苦

불교(佛教)에서 말하는 팔고(八苦)의 하나로, 원하는 것을 구해도 얻지 못해서 겪는 괴로움.

희망(希望)을 성취(成就)하지 못하는 괴로움.

구부(복)잉죽

따뜻하게 할嫗 엎드릴伏 孕 죽 먹을粥

짐승이 번식(繁殖). 嫗伏는 알을 품어 따스하게 하여 부화(孵化)함. 孕粥은 잉태(孕胎)와 생육(生育)을 뜻함.

구부절음 입口 아닐不 끊을絶 읊을吟

입으로 끊임없이 읊조림.

구부환법 아홉九 마을府 두를圜 법法

나라의 재정(財政)과 관련(關聯)된 법.

나라의 재정을 맡은 벼슬.

구분증닉 건질救 불사를焚 건질拯 빠질溺

「불에 타고 물에 빠진 위태로운 자를 구함」 남의 곤액(困厄)을 구하여 줌.

빨리 조처(措處)함.

구불가도 입口 아닐不 가할可 길道

차마 입으로 말할 수 없는 일.

난언지경(難言之境) 밝혀 말하기 어려운 경우(境遇)나 처지(處地).

설주상악(舌拄上齶) 말할 수가 없음.

아자득몽(啞子得夢) 「언어장애인(言語障礙人)이 꿈을 꿈」 혼자만 알 뿐이지 남에게 말할 수는 없음.

적피구교(賊被狗咬) 「도둑이 개한테 물림」 남에게 말할 수 없음.

구불이가 입口 아닐不 둘二 값價

「두 가지 값을 말하지 않음」에누리하지 않음.

시가불이(市賈不貳) 에누리가 없음.

언무이가(言無二價) 「두 가지 값을 부르지 않음」물건값을 에누리하지 않음.

구비문장 개狗 방귀屁 글월文 문장章

구비불통 狗 屁 아닐不 통할通

「개방귀같이 통하지 않음」말이나 문장(文章)이 조리(條理)가 없고 당치도 않음.

구사구용 아홉九 생각할思 九 용모容

몸가짐에는 아홉 가지 몸가짐이 가장 중요(重要)하고, 배움에 나아가고 지혜(知慧)를 더하는 데에는 아홉 가지 마음가짐이 가장 중요하다는 말.

구사불첨 구원할救 죽을死 아닐不 쳐다볼瞻

곤란(困難)이 몹시 심(甚)하여 다른 일을 돌아볼 겨를이 없음.

소불가궤(燒不暇攢) 불타고 있어도 그것을 떨어버릴 겨를이 없음.

염불급타(念不及他) 바빠서 다른 생각을 할 겨를이 없음.

유불급흘(濡不給扢) 젖어도 닦을 겨를이 없음.

조불려석(朝不慮夕) 당장(當場) 걱정할 뿐 앞일을 헤아릴 겨를이 없음.

질뢰불급엄이(疾雷不及掩耳) 「요란(擾亂)한 천둥소리가 갑자기 나서 미처 귀를 가리지 못함」일이 너무 급해 이에 대비(對備)할 겨를이 없음.

구사일생 아홉九 죽을死 한一 살生

「죽을 고비를 아홉 번 넘김」여러 번 죽을 고비를 넘기고 겨우 목숨을 건졌을 때 쓰는 말. **십사일생**(十死一生),

십생구사(十生九死), **백사일생**(百死一生)

고목발영(枯木發榮) 마른나무에서 꽃이 핌.

기사회생(起死回生) 죽은 사람이 다시 살아남.

만사일생(萬死一生) 만 번 죽을 고비에서 삶.

십년감수(十年減壽) 수명(壽命)이 십 년이나 줄 정도(程度)로 위험(危險)한 고비를 겪음.

천우신조(天佑神助) 하늘이 돕고 신이 도움.

혈유생령(孑遺生靈) 간신히 남아 있는 목숨.

호구여생(虎口餘生) 호랑이의 입에서 살아남.

구상식 오랠舊 서로相 알識

옛날부터 서로 알던 사이.

전부터 절친(切親)한 사이.

구상유취 입口 오히려尙 젖乳 냄새臭

「입에서 젖내가 남」상대(相對)가 아직 어릴 때, 또는 상대를 얕보고 하는 말.

황구소작(黃口小雀) 부리가 누런 참새 새끼.

황구유아(黃口幼兒) 젖내 나는 어린아이.

황구유취(黃口乳臭) 젖내 나는 어린아이같이 어려서 아직 젖비린내가 남.

구상응 깍지鞲 위上 매鷹

팔찌 또는 가죽 토시 위의 매.

힘차게 날아다님.

구색무염 구할求 찾을索 없을無 싫어할厭

철저(徹底)히 수색(搜索)하는 데 싫증을 내지 않음. 철저히 찾아 구함.

끝까지 요구(要求)함.

구색친구 갖출具 낯色 친할親 오랠舊

「구색 갖추기로 만나는 친구」아주 다정(多情)한 친구가 아니고 널리 사귀어서 생긴,

각 방면(方面)의 친구.

구생지계 입口 살生 어조사之 꾀計

먹고 살 일에 대한 계획(計劃).

구복지계(口腹之計)

구선불염 구할求 착할善 아닐不 싫어할厭

「선(善)을 구하는 데 싫증을 내지 않음」 한결같이 선을 추구(追求)함.

견선여갈(見善如渴) 착한 일을 보기를 마치 목마른 것같이 하라.

권선징악(勸善懲惡) 선을 권하고 악을 벌함.

상선벌악(賞善罰惡) 착한 사람은 칭찬(稱讚)하고 악한 사람은 벌함.

상일권백(賞一勸百) 한 사람의 착한 일을 칭찬(稱讚)하여 뭇사람에게 착한 일을 장려(獎勵)함.

선여인동(善與人同) 「선을 남과 함께 함」 다른 사람의 선을 보면 자기 고집(固執)을 버리고 즉시(卽時) 그에 따름.

알악양선(遏惡揚善) 하늘의 큰 뜻에 따라 악한 일을 뿌리 뽑고 착한 일을 북돋움.

위선최락(爲善最樂) 선을 행함이 최고(最高)의 즐거움임.

자자위선(孜孜爲善) 부지런히 선을 행함.

종선여류(從善如流) 「선을 좇는 것을 물이 흘러가듯 함」 선을 좇는 데 서슴지 않음.

진선진미(盡善盡美) 착함과 아름다움을 다함.

진선폐사(陳善閉邪) 자기의 착한 일을 임금께 진술(陳述)하여 임금의 그릇된 일을 고치게 함.

견선여불급(見善如不及) 착한 일을 보면 따라가지 못한 듯이 해야 함.

징악이권선(懲惡而勸善) 악을 혼내 주고 선을 권장(勸奬)함.

구선손반 갖출具 선물膳 저녁밥飧 밥飯

반찬(飯饌)을 갖추고 밥을 먹음.

구선손반 적구충장(具膳飧飯 適口充腸) 반찬을 갖추고 밥을 먹고, 훌륭한 음식(飮食)이 아니라도 입에 맞으면 배를 채움.

구설부득 궁구할究 말씀說 아닐不 얻을得

이치(理致)에 어긋난 일은 추구(推究)하면 오히려 이해(理解)하기 어려움.

구설수 입口 혀舌 운수數

남과 시비(是非)하거나 남에게서 헐뜯는 말을 듣게 될 운수(運數).

구설쟁 입口 혀舌 다툴爭

말다툼.

구세동거 아홉九 인간世 같을同 살居

당(唐)나라 사람 장공예(張公藝)의 구대(九代)가 한집안에서 산 고사(故事).

집안이 아주 화목(和睦)함.

구세제민 건질救 세상世 건질濟 백성民

어지러운 세상(世上)을 구원(救援)하고 고통(苦痛)받는 백성(百姓)을 구제(救濟)함.

경세제민(經世濟民) 세상을 다스려 백성을 고난(苦難)에서 구제함.

경국제세(經國濟世) 나라를 잘 다스려 도탄(塗炭)에 빠진 백성을 구제함.

광제창생(廣濟蒼生) 고통에 헤매는 민중(民衆)을 널리 구제함.

박시제중(博施濟衆) 백성들에게 널리 베풀고 많은 사람을 구제함.

제세경방(濟世經邦) 세상 사람을 구제하고 나라를 다스림. **경제**(經濟)

제세지재(濟世之才) 세상을 잘 다스려 백성을 구제할 만한 인재(人才).

포항창진(浦項倉鎭) 조선시대(朝鮮時代), 흉년(凶年)으로 고통받는 백성들을 구제하기 위하여 설치(設置)한 관창(官倉).

구세폄제 구원할救 인간世 돌침砭 약 지을劑

의사(醫師)가 병(病)을 고치는 기구(器具)의 하나. 인간(人間) 세상(世上)을 구제(救濟)하는 약. 砭은 돌침. 劑는 약제(藥劑).

구속초미 개狗 이을續 담비貂 꼬리尾

「개 꼬리로 담비 꼬리를 이음」 쓸모없는 사람에게 관직(官職)을 함부로 줌.

구미속초(狗尾續貂), **속초구미**(續貂狗尾)

구수응의 비둘기鳩 머리首 엉길凝 의논할議

비둘기들이 모여 머리를 맞대듯이 여럿이 한자리에 모여 앉아 머리를 맞대고 의논(議論)함.

구수협의(鳩首協議), **구수회의**(鳩首會議)

구수지간 원수仇 원수讎 어조사之 사이間

서로 원수(怨讐)로 지내는 사이.

수상유(水上油) 물 위에 뜬 기름.

견묘지간(犬猫之間) 개와 고양이 사이.

견원지간(犬猿之間) 개와 원숭이 사이.

무수지수(貿首之讐) 서로 상대(相對)의 목을 베고자 하는 깊은 원수.

불공대천(不共戴天) 「같이 하늘을 이지 못함」 하늘을 함께 할 수 없는 원수.

빙탄지간(氷炭之間) 얼음과 숯불처럼 서로 화합(和合)할 수 없는 사이.

수화상극(水火相剋) 물과 불이 서로 용납(容納)하여 공존(共存)할 수 없음.

안검상시(按劍相視) 칼자루에 손을 대고 서로를 쳐다봄.

욕식기육(欲食其肉) 그 사람의 살을 먹고 싶다.

초월지간(楚越之間) 「초나라와 월나라의 사이」 서로 원수처럼 여기는 사이.

빙탄불상용(氷炭不相容) 얼음과 숯의 성질(性質)이 정반대(正反對)여서 서로 용납(容納)하지 못함.

↔ **통양상관**(痛癢相關) 서로 매우 가까이 지내는 사이.

구수협의 비둘기鳩 首 화합할協 의논할議

구수회의 鳩 머리首 모일會 議

비둘기 무리가 모이를 향해 머리를 들이밀듯이 여러 사람이 모여 머리를 맞대고 하는 회의.

구순성격 입口 입술脣 성품性 격식格

성장(成長)한 후에도 발달(發達)이 구순기(口脣期)에 고착(固着)되어서 생기는 성격(性格). 수동적(受動的)이고 의존적(依存的)이다.

구시심비 입口 옳을是 마음心 아닐非

말로는 옳다 하면서 마음속으로는 그르다고 여김.

구밀복검(口蜜腹劍) 입에는 꿀이 있고 배에는 칼이 있음.

표리부동(表裏不同) 겉과 속이 다름.

↔ **표리일체**(表裏一體) 겉과 속이 같음.

구시지상 구할救 때時 어조사之 도울相

몹시 어려운 시기(時期)에 일을 맡아서 안정(安定)시키는 역할(役割).

구시화복문 입口 옳을是 재앙禍 복福 문門

「입은 화와 복을 장만하는 근거(根據)」 사람의 입은 화를 불러오는 문이 되기도 하고 복을 불러오는 문이 되기도 한다는 말.

구화지문(口禍之門)

금옥이음(金玉爾音) 「너의 소리를 금옥과 같이 하라」 함부로 말하지 않음.

담호호지(談虎虎至) 「호랑이를 말하면 호랑이가 옴」 남에 관해 함부로 말하지 말라.

부이세어(附耳細語) 「귀에 대고 소곤거리며 말함」 남의 장단점을 함부로 말하지 말라.

사불급설(駟不及舌) 네 마리 말이 끄는 수

레도 혀에는 미치지 못함.

설망어검(舌芒於劍) 혀는 칼보다 껄끄러움.

설저유부(舌底有斧) 혀 아래 도끼가 들었음.

백일무담인(白日無談人) 대낮에 남의 소문(所聞)을 말하지 말라.

구식분자 개狗 밥食 똥糞 사람子

「개 밥그릇 같은 인간」할 수 없는 인간.

다루기 힘든 인간(人間).

개차반이「개가 먹는 밥」'똥'을 가리키는 말로, 말과 행동(行動)이 몹시 더러운 사람을 욕하는 말.

오예지물(汚穢之物) 지저분하고 더러운 물건(物件).

요예지물(妖穢之物) 요망(妖妄)스럽고 더러운 사람이나 사물(事物).

저승분예(蛆蠅糞穢) 구더기와 파리와 똥 같은, 몹시 더러운 것.

전본분토(錢本糞土) 돈은 본래(本來) 똥이나 흙같이 더러운 것임.

천하지구(天下之垢) 세상에서 가장 더러운 것 또는 세상에서 가장 쓸모없는 것.

구식지계 입口 밥食 어조사之 꾀計

겨우 먹고 살아가는 방법(方法).

구복지계(口腹之計)

구생지계(口生之計) 먹고살 일에 대한 계획.

생도지방(生道之方) 살아갈 방책(方策).

의식지방(衣食之方) 옷과 음식(飮食)을 얻는 방도(方途).

자신지책(資身之策) 한 몸의 생활(生活)을 꾀해 나갈 계책(計策).

취식지계(取食之計) 근근이 밥이나 얻어먹고 살아가는 꾀.

호구지책(糊口之策) 입에 풀칠할 방도(方途).

구신배귀 구할求 신神 절拜 귀신鬼

「귀신(鬼神)을 청해서 예배(禮拜)함」귀신에게 의뢰(依賴)함.

구실재아 허물咎 실제로實 있을在 나我

「허물은 실상(實狀) 나에게 있음」잘못이 실제(實際) 자신(自身)에게 있음을 인정(認定)하는 말.

개과불린(改過不吝) 허물이 있다면 머뭇거리지 말고 즉시 고치라.

승건규류(繩愆糾謬) 허물을 바로잡고 잘못된 것을 살핌.

과즉물탄개(過則勿憚改) 허물이 있으면 고치기를 꺼리지 말라.

↔ **목불견첩**(目不見睫)「눈은 눈썹을 보지 못함」남의 허물을 볼 줄 알아도 자신(自身)을 보지는 못함.

영불리신(影不離身)「그림자는 몸을 떠나지 않음」자신의 허물이나 어떤 사안(事案)에 대한 근본적(根本的)인 해결책(解決策)을 세우지 못하는 어리석음.

지우책인명(至愚責人明) 지극히 어리석은 사람도 남을 나무리는 데는 총명(聰明)함.

구실지문 네거리衢 집室 어조사之 들을聞

백성(百姓)들의 말하는 바를 들은 일에서, 널리 민중(民衆)의 의견(意見)을 들음. 요(堯) 임금이 정사(政事)를 듣는 데에서 온 말.

박채중의(博採衆議) 널리 여러 사람의 의견을 들음.

집사광익(集思廣益)「생각을 모아 이익(利益)을 더함」여러 사람의 지혜(智慧)를 모으면 더 큰 효과(效果)와 이익을 얻을 수 있음.

중구난방(衆口難防) 여럿의 의견이 쏟아져 나옴.

구십춘광 아홉九 열十 봄春 빛光

「봄의 석 달 90일 동안」노인(老人)의 마

음이 청년(青年)같이 젊음.

구아조찰

노래할嘔 말 못할啞 시끄러울啁 새소리哳

「언어장애인(言語障礙人)이 노래하고, 새가 조잘거림」 박자(拍子)에 맞지 않는 조잡(粗雜)한 음악(音樂).

구안괘사 입口 眼 입 비뚤어질喎 비뚤斜

구안와사 口 눈眼 喎 斜

얼굴 신경(神經) 마비(痲痹) 증상(症狀). 입과 눈이 한쪽으로 쏠리어 비뚤어지는 병(病).

구면괘사(口面喎斜), **구안편사**(口眼偏斜)

구안지사 갖출具 눈眼 어조사之 선비士

안목(眼目)과 식견(識見)을 갖춘 선비.

구안투생 구차할苟 편안할安 훔칠偸 살生

일시적(一時的) 편안(便安)함을 탐하여 헛되이 삶.

구안편사 입口 눈眼 치우칠偏 비뚤斜

얼굴 신경(神經) 마비(痲痹) 증상(症狀). 입과 눈이 한쪽으로 쏠리어 비뚤어지는 병(病).

구안와사(口眼喎斜), **구면괘사**(口面喎斜)

구앙대명 오랠久 우러를仰 큰大 이름名

「전(前)부터 성화(聲華)는 익히 듣고 있음」 초면(初面)의 인사(人事)에 쓰이는 말.

구약전서 오랠舊 묶을約 온전할全 책書

기원전(紀元前) 900년 무렵부터 9백 년이 넘는 기간(其間) 동안 쓰인 히브리인들의 종교적(宗敎的)인 책(冊).

기독교(基督敎) 경전(經傳)으로 율법서(律法書)·역사서(歷史書)·예언서(豫言書)·시문학서(詩文學書)로 구성(構成)되어 있다.

구약현하 입口 같을若 달릴懸 물河

「입이 급(急)히 흐르는 물과 같음」 거침없이 말을 잘함. **구여현하**(口如懸河)

선위설사(善爲說辭) 말을 재치 있게 잘함.

청산유수(青山流水) 「푸른 산에 흐르는 맑은 물」 막힘없이 썩 잘하는 말.

현하구변(懸河口辯) 경사(傾斜)가 급한 강을 흐르는 물처럼 거침없고 유창(流暢)한 말솜씨.

훼장삼척(喙長三尺) 「주둥이가 삼 척이나 됨」 말을 썩 잘함.

언족이식비(言足以飾非) 자기 잘못을 교묘(巧妙)한 말로 꾸며대어 속임. 말을 썩 잘함.

구양습개 내쫓을驅 양羊 주을拾 티끌芥

「양 떼를 모는 일과 쓰레기를 줍는 일」 천하를 어지럽히기는 양 떼를 쫓기 같이 쉽고, 두 나라의 도읍(都邑)을 얻기는 쓰레기를 줍기 같이 쉬움.

거수가채(擧手可采) 손을 들기만 하면 쉽게 딸 수 있음.

귀매최이(鬼魅最易) 귀신(鬼神)과 도깨비처럼 형체(形體)가 없는 것이 그리기 쉬움.

발몽진락(發蒙振落) 덮어씌운 것을 벗기고, 나뭇잎을 흔들어 떨어뜨림.

병불혈인(兵不血刃) 병사(兵士)가 칼에 피를 묻히지 않음.

부습지개(俛拾地芥) 몸을 굽혀 땅에 있는 지푸라기를 주움.

절고진락(折槀振落) 마른나무를 꺾어 낙엽(落葉)을 떨어냄.

절지지이(折枝之易) 나뭇가지를 꺾기 같이 쉬움.

최고납후(摧枯拉朽) 마른나무 꺾기와 썩은 나무 부러뜨리기.

타수가득(唾手可得) 손바닥에 침을 뱉는 것처럼 쉽게 얻을 수 있음.

구양향랑 몰驅 양羊 향할向 이리狼

「양을 몰고 이리를 향함」 약한 무리를

이끌고 강한 것과 싸우게 함.

구어안사

잡을拘 어조사於 얼굴顔 사사로울私

얼굴을 알고 사귀던 사사(私私)로운 정의(情意)에 끌림.

구여현하 입口 같을如 달릴懸 물河

「입이 급(急)히 흐르는 물과 같음」 거침없이 말을 잘함. **구약현하**(口若懸河)

구역 아홉九 번역할譯

「아홉 번이나 통역(通譯)을 거듭함」 매우 먼 장소(場所)를 뜻하는 것으로, 와전(訛傳)하여 이민족(異民族)을 가리키기도 함.

구연세월 구차할苟 끌延 해歲 달月

「근근이 세월(歲月)을 보냄」 구차(苟且)하게 세월을 보냄.

구명도생(苟命徒生) 구차하게 목숨만 이어감.

궁거야처(窮居野處) 가난하고 구차하게 시골에서 삶.

근근도생(僅僅圖生) 근근이 살아감.

죽일연명(粥一延命) 몇 숟가락 안 되는 죽으로 끼니 하며 근근이 목숨을 붙여 감.

취식지계(取食之計) 근근이 밥이나 얻어먹는 꾀.

구염오속 오랠舊 물들일染 더러울汚 풍속俗

오래전부터 배어든 나쁜 풍속(風俗).

유풍여속(遺風餘俗) 오래전부터 전하여 오늘에 이른 풍속.

구오지분 아홉九 다섯五 어조사之 나눌分

구오지위 九 五 之 자리位

구오지존 九 五 之 높을尊

주역(周易)의 이치(理致)에 따라 임금의 지위(地位).

구오지일 아홉九 다섯五 어조사之 날日

구오의 지위(地位)에 오른 날이므로 임금이 된 날. 천자(天子)가 된 날.

구외불출 입口 바깥外 아닐不 날出

「말을 입 밖에 내지 않음」 비밀(祕密)을 지킴.

사이밀성(事以密成) 무슨 일이나 기밀(機密)을 지킴으로써 성취(成就)됨.

수구여병(守口如甁) 「병에 마개를 꼭 막듯이 입을 다묾」 말을 대단히 삼감.

어이설패(語以泄敗) 「말이 새어나가면서 패함」 은밀(隱密)하게 이루어질 일도 말이 잘못 새어나가면서 그르침.

↔ **부이지언**(附耳之言) 「귀에 대고 하는 말」 비밀이란 새기 쉬운 것.

구욕입처 구관조鸜 구관조鵒 들入 곳處

구관조(九官鳥)는 중국 북방의 새로, 남쪽의 제수(濟水)를 넘어서지 않는데, 노(魯)나라 땅에 들어가 둥지를 틀고 산다.

이변(異變)이 생길 징조(徵兆).

구우금우 옛舊 비雨 이제今 雨

구우신우 舊 雨 새新 雨

구우(舊友)와 신우(新友). 친구(親舊). 雨는 友(우)와 음(音)이 통함.

구우일모 아홉九 소牛 한一 터럭毛

「아홉 마리 소에서 털 하나」 썩 많은 것 중의 극히 적은 부분(部分).

대해일속(大海一粟), **창해일속**(滄海一粟) 푸른 바다에 좁쌀 한 톨.

대해일적(大海一滴) 푸른 바다에 물 한 방울.

우지일모(牛之一毛) 소의 터럭 하나.

조족지혈(鳥足之血) 새 발의 피.

태창제미(太倉稊米) 큰 곳간 안의 돌피.

구우지감 옛舊 벗友 어조사之 느낄感

옛 친구(親舊)를 추모(追慕)하는 정(情).

구원노비 오랠久 멀遠 종奴 여자 종婢

오랜 세월(歲月) 대대(代代)로 부려 온 종.

구월구일 아홉九 달月 九 날日

「국화(菊花)의 가절(佳節)」 구(九)가 거듭되어 중구일(重九日), 중양일(重陽日)이라고도 함.

구유밀복유검

입口 있을有 꿀蜜 배腹 有 칼劍

겉으로는 상냥한 채 남을 위하면서 마음속으로는 해칠 생각을 하고 있음.

구밀복검(口蜜腹劍)

구육미랭 널柩 살肉 아닐未 찰冷

「관(棺) 속의 시체(屍體)가 아직 체온(體溫)이 식지 않았음」 죽은 지 얼마 안 됨.

구음설언 입口 읊을吟 혀舌 말言

「말을 더듬어 이야기하는 데 힘이 듦」 말을 더듬어 무슨 소리인지 알아듣기 힘듦.

구의폐대 때垢 옷衣 해질弊 띠帶

때 묻은 옷과 해진 띠.

위대포의(韋帶布衣) 장식(粧飾)이 없는 평민용(平民用) 가죽띠와 베로 지은 옷.

폐포파립(敝袍破笠) 해진 옷과 부서진 갓.

현순백결(懸鶉百結) 누덕누덕 여러 번 기운 매우 낡은 옷.

구이경지 오랠久 말 이을而 공경할敬 갈之

「부담(負擔) 없이 오래갈 수 있는 친구(親舊)를 바람」 사람을 사귄 지 오래되어도 공경(恭敬)으로 대함.

구이사촌 입口 귀耳 넉四 마디寸

「입과 귀의 간격(間隔)이 가까움」 남에게서 들은 내용(內容)을 이해(理解)하기도 전에 남에게 옮김.

자기(自己)의 몸에 붙지 않은 학문(學文).

구이지학 입口 귀耳 어조사之 학문學

「귀로 들은 대로 이야기하는 학문(學文)」 들은 것을 새기지 못하고 그대로 남에게 전할 뿐 조금도 제 것으로 만들지 못한 학문.

들은풍월(- -風月) 남에게서 얻어들어 알게 된, 변변치 않은 지식(知識).

기송지학(記誦之學) 고서(古書)와 같은 글을 외기만 하고 제대로 이해(理解)하지 못한 학문.

구인득인 구할求 어질仁 얻을得 仁

「인(仁)을 구하여 인을 얻음」 자신(自身)이 원(願)하는 것을 얻었음. 백이(伯夷)와 숙제(叔齊)는 인을 구하고자 해서 인을 얻었다고 공자(孔子)가 칭찬(稱讚)하여 한 말.

구인찬액 지렁이蚯 지렁이蚓 뚫을鑽 이마額

「지렁이가 자기의 이마를 송곳 삼아 구멍을 뚫음」 어려운 일을 당하여 몹시 애씀.

초두난액(焦頭爛額) 「불에 머리를 태우고 이마를 그을림」 어려운 일을 당하여 몹시 애씀.

구일척안 갖출具 한一 새 한 마리隻 눈眼

「한 개의 눈을 더 갖춤」 보통(普通) 사람이 따를 수 없는 특이(特異)한 감식(鑑識) 능력(能力)이 있음.

구임책성 오랠久 맡길任 책임責 이룰成

오랫동안 일을 맡겨 그 직책(職責)을 다하게 함.

구자관야 입口 사람者 빗장關 어조사也

「입이 관문(關門)과 같음」 입을 함부로 놀려서는 안 됨.

↔ **신구자황**(信口雌黃) 입에서 나오는 대로 말함.

구장관세 개狗 의지할仗 벼슬官 형세勢

「개가 관청(官廳)의 위세(威勢)에 의지(依支)함」 관청의 세력(勢力)을 업고 남을 괴롭히는 인간(人間). **구장인세**(狗仗人勢)

낭청좌기(郎廳坐起) 「벼슬이 낮은 낭관(郎官)이 멋대로 나서서 일을 봄」 아랫사람이 윗사람보다 더 지독(至毒)함.

파지관부(把持官府) 관청을 손아귀에 넣음.

호가호위(狐假虎威) 여우가 호랑이의 위세를 빌려 호기(豪氣)를 부림.

구장극구

갈고랑이鉤 글章 멧대추나무棘 글귀句

「문장(文章)을 어렵고 교묘(巧妙)하게 하여 꾸밈」 장(章)과 구(句)를 억지로 꾸미고 배치(排置)하여 순조(順調)롭지 못한 글의 형태(形態)를 지칭(指稱)할 때 쓰임.

문병조룡(文炳雕龍) 「글이 용을 아로새긴 듯 빛남」 교묘하게 잘된 문장.

조문각루(雕文刻鏤) 교묘하게 문장을 꾸밈.

포장양려(鋪張揚厲) 「펴고 넓혀 찬양(讚揚)함」 문장을 꾸밈. 지나치게 겉치레함.

구장득주 구할求 즙漿 얻을得 술酒

「식초(食醋)를 구하다가 술을 얻음」 기대(企待) 이상(以上)의 효과(效果)를 얻음.

대열과망(大悅過望) 기대 이상의 기쁜 일이 있음.

희출망외(喜出望外) 기쁜 일이 뜻밖에 생김.

구장인세 개狗 의지할仗 사람人 형세勢

「개가 주인(主人)의 위세(威勢)에 의지(依支)함」 상전(上典)을 등에 업고 남을 괴롭힘.

구장관세(狗仗官勢)

구재휼린 구원할救 재앙災 구휼할恤 이웃隣

재난(災難)을 구제(救濟)하고 이웃을 구휼(救恤)함.

구적간귀 도둑寇 도둑賊 간사할姦 간악할宄

살해(殺害), 협박(脅迫), 도둑질 등 갖은 악행(惡行)으로 백성(百姓)을 해치는 자(者).

간흉계독(奸凶計毒) 간사(奸詐)하고 흉악(凶惡)하며 악독(惡毒)한 계교(計巧).

간악교완(奸惡巧頑) 간사하고 악독(惡毒)하며 교활(狡猾)함.

간악요힐(奸惡妖黠) 간사하고 악독하며 요망(妖妄)하고 약음.

인요물괴(人妖物怪) 요사(妖邪)하고 간악하며 괴란(壞亂)쩍은 인간.

천요만악(千妖萬惡) 천 가지 요사함과 만 가지 간악함.

구전문사 구할求 밭田 물을問 집舍

「전답(田畓)과 가옥(家屋)을 사려고 물음」 자기(自己) 일신상(一身上)의 이익(利益)에만 마음을 쓰고 국가(國家)의 대사(大事)에는 무관심(無關心)함.

구전비고

개狗 엎드러질顚 방귀屁 넓적다리股

「개가 꽁무니를 위아래로 흔듦」 남에게 영합(迎合)하기 위해 비위(脾胃)를 맞추고 아첨(阿諂)하는 추태(醜態)를 부림.

불수진(拂鬚塵) 수염(鬚髥)의 먼지를 털어 줌.

요두파미(搖頭擺尾) 머리를 흔들며 꼬리를 침.

요미걸연(搖尾乞憐) 개가 꼬리를 흔들어서 연민(憐憫)을 구걸(求乞)함.

교교영녕(巧巧佞佞) 교묘하게 아첨하는 모양(模樣).

구합취용(苟合取用) 아부(阿附)하여 남의 환심(歡心)을 사려고 힘씀.

매소헌미(賣笑獻媚) 환심을 사기 위해 웃음을 짓고 아양을 떪.

면수첩이(俛首帖耳) 머리를 수그리고 귀를

드리워 엎드림.

부수첩이(俛首帖耳) 머리를 숙이고 귓불을 늘어뜨림.

비궁굴슬(卑躬屈膝) 비굴(卑屈)하게 남에게 아첨함.

상분연옹(嘗糞吮癰) 똥을 맛보고 등에 난 큰 부스럼을 핥아 줌.

수두색이(垂頭塞耳) 「머리를 숙이고 귀를 막음」 남에게 아첨함.

승영구구(蠅營狗苟) 파리처럼 날아다니고 개처럼 구차(苟且)함.

아유봉승(阿諛奉承) 아부나 아첨(阿諂)으로 알랑거림.

앙아비식(仰我鼻息) 숨 쉬는 것만 보고 있음.

연옹지치(吮癰舐痔) 종기(腫氣)에 찬 고름을 빨고 치질(痔疾) 앓는 항문(肛門)을 핥음.

지치득거(舐痔得車) 왕의 치질(痔疾)을 핥아 주고 수레를 얻음.

구전성명 구차할苟 온전할全 성품性 목숨命

구차(苟且)하게 생명(生命)을 보전(保全)함.

구전심수 입口 전할傳 마음心 줄授

「입으로 전하고 마음으로 가르침」 스승이 제자(弟子)에게 법(法)을 말로 전해주고 마음으로 가르쳐주는 것.

구전지훼

구할求 온전할全 어조사之 헐뜯을毁

몸과 마음을 닦아 온전(穩全)히 하려다가 뜻밖에 남으로부터 듣는 욕(辱).

구절비 아홉九 꺾을折 팔臂

「아홉 번 팔꿈치를 꺾음」 많은 경험(經驗)을 쌓아야 명의(名醫)가 됨.

구절양장 아홉九 꺾을折 양羊 창자腸

「아홉 번 굽어진 양의 창자」 대단히 구불구불하고 험한 산길.

세상이 복잡(複雜)하여 살아가기 어려움.

구곡간장(九曲肝腸), **구곡양장**(九曲羊腸)

기구험로(崎嶇險路) 아주 험악(險惡)한 산길.

조로서도(鳥路鼠道) 「새와 쥐만 다닐 수 있는 길」 사람이 다니기에는 너무도 좁고 위험(危險)한 길.

구절죽장 아홉九 마디節 대竹 지팡이杖

승려(僧侶)가 짚고 다니는, 마디가 아홉 있는 대나무 지팡이.

금강장(金剛杖) 수도자(修道者)나 순례자(巡禮者)가 가지고 있는 나무 지팡이로, 불법(佛法)을 호지(護持)하고 중생(衆生)을 이롭게 하려고 상징적(象徵的)으로 들고 다니는 것.

구정대려 아홉九 솥鼎 큰大 음률呂

九鼎과 大呂가 합쳐진 말로 국가(國家)의 권력(權力) 또는 막중(莫重)한 지위(地位).

구정선사 아홉九 솥鼎 좌선禪 스승師

솥을 아홉 번 옮겨 걸면서도 스승을 향한 믿음이 변하지 않았음.

구정저기 구할求 바를正 어조사諸 자기己

자기(自己)를 바로잡는 일을 스스로 반성(反省)하여 구함.

구제불능 구원할救 도울濟 아닐不 능할能

도저히 돕거나 구하여 주는 것이 불가능(不可能)한 사람. 또는 그런 상태(狀態).

구족제철 개狗 발足 발굽蹄 쇠鐵

「개발에 주석(朱錫) 편자」 옷차림이나 소지품(所持品)이 주제(主題)나 격(格)에 맞지 않게 과분(過分)함.

고리정분(藁履丁粉) 짚신에 정분을 칠함.

사모영자(紗帽纓子) 사모에 갓끈.

천문철추(薦門鐵樞) 거적문에 쇠고리.

초헌마편(軺軒馬鞭) 가마 타고 채찍질하기.

고관광대(高冠廣帶) 「높은 갓과 넓은 띠」 신분(身分)에 걸맞지 않은 의관(衣冠) 차림.

구주격책 고리鉤 끌채輈 바로잡을格 찢을磔

「자고(鷓鴣)새의 우는 소리」 자고새가 '구주격책, 구주격책' 하고 소리 내며 운다고 하여 그 소리를 표현(表現)한 말.

구주매안 옛舊 주인主 묻을埋 편안할安

제사(祭祀) 지내 줄 자손(子孫)의 대(代)가 다한 위패(位牌)를 땅에 묻음.

구주필벌 입口 벨誅 붓筆 칠伐

「입과 붓으로 잘못을 징벌(懲罰)함」 말이나 글로써 권선징악(勸善懲惡)의 뜻을 나타냄. 말이나 글로 남의 죄악(罪惡)을 폭로(暴露)함.

구주우적 아홉九 고을州 우임금禹 자취跡

구주(九州)는 하나라 우(禹)임금의 자취.

구주우적 백군진병(九州禹跡 百郡秦幷) 구주는 하나라 우임금의 자취요, 모든 군(郡)을 둔 것은 진(秦)나라의 합병(合倂) 때부터 시작(始作)된 것임.

구중궁궐 아홉九 거듭할重 집宮 대궐闕

구중심처 九 重 깊을深 곳處

아홉 번 거듭 쌓인 담 안에 자리한 대궐(大闕).

응문팔습(應門八襲) 「정문(正門)이 여덟 겹임」 궁궐(宮闕)은 아홉 겹임.

구중자황 입口 가운데中 암컷雌 누를黃

「입속에 있는 자황」 자황은 누른빛의 물감으로 옛날 책은 누런 종이로 되어있어 틀린 글자가 있을 때는 이 자황으로 칠해서 지워 버리고 그 위에 고쳐 쓴 데서, 온당(穩當)치 않은 언론(言論)을 직접(直接) 자신(自身)이 입으로 취소(取消)하거나 고친다는 말.

신구자황(信口雌黃) 「입에서 나오는 대로 말함」 사실(事實)이나 진상(眞相)을 따져 보지도 않고 함부로 말하거나 남의 글 등에 대하여 무책임(無責任)하게 함부로 비평(批評)함.

구중지슬 입口 가운데中 어조사之 서캐蝨

「입안에 든 이(서캐)」 상대방(相對方)을 완전(完全)히 장악(掌握)함.

도망(逃亡)갈 수 없는 막다른 골목에 다다름.

구중척 봇도랑溝 가운데中 파리할瘠

곤궁(困窮)하여 헤매다가 도랑에 빠져 죽음.

여위어 마침내 송장이 됨.

정한 곳 없이 떠돌아다니다 객사함.

객사(客死) 객지(客地)에서 죽음.

행려병사(行旅病死) 타향(他鄕)에서 떠돌아다니다가 병들어 죽음. 객사하여 고향(故鄕)으로 돌아가지 못함.

전체송장(傳遞--) 제 고향으로 돌려보내지는 객사(客死)한 송장.

제우구학(擠于溝壑) 「구렁텅이에 빠짐」 생활(生活)의 길을 잃어 길거리에 쓰러져 죽음.

구중형극

입口 가운데中 가시나무荊 가시나무棘

「입속의 가시」 책(冊)을 읽지 않으면 근거(根據) 없이 남을 비방(誹謗)하게 되므로 독서(讀書)를 게을리하지 말라는 경계(警戒)의 말.

구즉득지 구할求 곧則 얻을得 어조사之

(무엇을) 구하면 이를 얻을 수 있음.

구즉득지 사즉실지(求則得之 舍則失之) 「구하면 얻고 놓으면 잃음」 자신(自身)의 분수(分數)에 맞게 행동(行動)하라는 말.

구증구폭 아홉九 찔蒸 九 쬘曝

한약재(韓藥材)를 만들 때, 약초(藥草)를 찌고 말리기를 아홉 번 거듭함.

구지도구 언덕丘 어조사之 빌禱 오랠久

丘는 공자(孔子)의 이름으로, 공자는 천지(天地)에 죄를 짓지 않으려고 평소(平素) 빌어 온 지가 오래되었음을 이르는 말.

구지부득 구할求 어조사之 못할不 얻을得

구하려고 하여도 얻지 못함.

구지유도 구할求 어조사之 있을有 길道

사물(事物)을 탐구(探究)하는 데 그 방법(方法)이 있음.

구차투안 구차할苟 또且 훔칠偸 편안할安

구차하게 일시적(一時的)인 안일(安逸)만을 탐함.

과이우일(過爾優逸) 시간(時間)을 헛되이 보내며 일을 게을리함.

노사일음(勞思逸淫) 늘 안일하게 생활(生活)하면 방탕(放蕩)해지고, 타락(墮落)하여 나쁜 마음이 생김.

문념무희(文恬武嬉) 세상이 태평(泰平)하여 관리(官吏)들이 안일(安逸)에 빠짐.

연소막상(燕巢幕上) 위태(危殆)로운 지경(地境)을 맞이하였는데도 불구(不拘)하고 안일하게 지냄.

완세게일(翫歲愒日) 눈앞의 안일만을 탐하고 스스로 애써 노력(努力)하지 않음.

군슬처곤중(群蝨處褌中) 「많은 이가 잠방이 속에 있음」 견식(見識)이 좁고 일시적인 안일을 탐하는 사람.

↔ **우석촌음**(禹惜寸陰) 「우임금이 촌음을 아낌」 시간(時間)을 헛되이 보내지 말고 매 순간(瞬間)을 소중(所重)히 여겨야 함.

구책유액 내쫓을驅 꾀策 꾈誘 부축할掖

「부리는 방책(方策)을 가르쳐 도와줌」 다루어 쓰는 방도(方途)를 지도(指導)하여 도와줌.

구처무로 지경區 살處 없을無 길路

구처지도 區 處 어조사之 방법道

구처지방 區 處 之 방도方

변통(變通)하여 처리(處理)할 길이 없음.

구척장신 아홉九 자尺 긴長 몸身

아홉 자나 되는 아주 큰 키. 또는 그런 사람.

구천구지 아홉九 하늘天 九 땅地

하늘 꼭대기부터 땅 밑까지의 사이.

높고 높은 하늘과 낮고 낮은 땅.

구천용귀 신발屨 천할賤 오를踊 귀할貴

보통(普通) 신의 값은 싸고 죄를 지어 발목이 끊어진 사람이 신는 신의 값은 비쌈. 踊이란 죄를 지어 발목이나 발뒤꿈치가 끊어진 사람, 곧 월형(刖刑)을 당한 사람이 신는 신.

죄인(罪人)이 넘쳐남.

자의반도(赭衣半道) 「다니는 사람의 절반(折半)은 붉은 옷을 입고 있음」 죄인이 많음.

구천지하 아홉九 샘泉 땅地 아래下

땅속 깊은 밑바닥.

죽은 뒤에 넋이 돌아가는 곳.

구천직하 아홉九 하늘天 곧을直 아래下

「하늘에서 땅을 향(向)하여 일직선(一直線)으로 떨어짐」 일사천리의 형세(形勢).

분방사대(奔放肆大) 강물 따위가 세차게 거침없이 흘러 몹시 큰 모양(模樣).

석권지세(席卷之勢) 자리를 말듯이 세차고 거침없이 세력(勢力)을 펴는 기세(氣勢).

세여파죽(勢如破竹) 기세가 매우 맹렬(猛烈)하여 대항(對抗)할 만한 적(敵)이 없는 모양.

승승장구(乘勝長驅) 승리(勝利)의 기세를 타고 멀리 계속(繼續) 말을 몰고 나감.

요원지화(燎原之火) 화톳불처럼 타들어 가는 들판의 불길.

일로매진(一路邁進) 한 길로 곧장 거침없이 나아감.

일사천리(一瀉千里)「한번 쏟아진 물이 천리를 흐름」매우 기세 좋게 진행(進行)됨.

종횡무진(縱橫無盡) 자유자재(自由自在)하여 거침없이 마음대로 하는 상태.

탄탄대로(坦坦大路) 장래(將來)가 어려움 없이 순탄(順坦)함.

파죽지세(破竹之勢) 대나무를 쪼갤 때의 맹렬한 기세.

구천타일 아홉九 황천泉 다를他 날日

죽어 저승에 돌아가는 날. 九泉은 저승세계.

구첩반상 아홉九 - 식사飯 소반床

반찬(飯饌) 수(數)에 따른 상차림의 하나. 장류, 조치류 따위의 기본(基本) 반찬에 숙채(熟菜), 생채(生菜) 두 가지, 구이 두 가지, 조림, 전류, 마른반찬, 회류의 아홉 가지 반찬을 갖추어 차린 상(床).

구체불식 개狗 돼지彘 아닐不 먹을食

「개, 돼지도 먹지 않음」사람의 품덕(品德)이 매우 비열(卑劣)함.

구행낭심(狗行狼心)「개 짓과 이리의 마음」비열한 행위(行爲)와 악독(惡毒)한 마음.

저비구험(猪卑狗險) 돼지처럼 비열하고, 개같이 교활(狡猾)함.

구체불약 개狗 돼지彘 아닐不 같을若
구체불여 狗 彘 不 같을如

「개, 돼지만도 못함」배은망덕(背恩忘德)함. 행실(行實)이 인간(人間) 같지 않음.

목후이관(沐猴而冠)「원숭이가 관을 씀」의관(衣冠)은 그럴듯하나, 생각과 행동(行動)이 사람답지 못함.

불치인류(不齒人類) 사람 축에 들지 못함.

시교수축(豕交獸畜) 돼지처럼 대하고 짐승처럼 기름.

의관금수(衣冠禽獸) 의관을 갖춘 짐승.

의관효경(衣冠梟獍) 예장(禮裝)을 갖춘 사나운 짐승.

인면수심(人面獸心) 사람의 얼굴을 하고 있으나 마음은 짐승과 같음.

인종지말(人種之末) 아주 못된 사람의 씨알머리.

종신불치(終身不齒) 그 사람을 한평생 인간다운 대접(待接)을 해 주지 않음.

행여구체(行如狗彘), **행동구희**(行動狗狶) 행동하는 것이 개・돼지와 같음.

구체이미 갖출具 형상體 말 이을而 작을微

형체(形體)는 갖추었으나 미미(微微)하고 불완전(不完全)함.

구체지봉 입口 몸體 어조사之 받들奉

몸을 건강(健康)하게 하여 오래 살기 위해 바치는 옷과 음식(飮食) 따위.

구추가절 아홉九 가을秋 아름다울佳 절기節

구십(九十) 일간(日間)의, 가을의 좋은 날씨.

구추단풍 아홉九 가을秋 붉을丹 단풍楓

가을철 90일 동안의 단풍.

구추모자 개狗 좇을追 소모할耗 어조사子

「개가 쥐를 잡음」자기의 전문(專門)이 아닌 일을 함. 쓸데없이 참견(參見)함.

구나모자(狗拿耗子)

구충기수 구차할苟 채울充 그其 셈數

질(質)은 생각하지 않고 단지 수량(數量)만 채움.

구침지희 아홉九 침鍼 어조사之 놀이戲

살아 있는 닭의 몸 안에 아홉 종류(種類)의 침을 찔러도 닭이 아파하거나 죽지 않는 침술(鍼術).

구칭염불 입口 일컬을稱 생각할念 부처佛

입으로 부처의 이름을 부르면서 그의 모습이나 공덕(功德)을 생각함.

구탈작소 비둘기鳩 빼앗을奪 까치鵲 둥지巢

「비둘기가 까치집을 빼앗음」 남의 것을 빼앗아 가로챔.

구거작소(鳩居鵲巢), **작소구거**(鵲巢鳩居)

교취호탈(巧取豪奪) 교묘(巧妙)한 수단(手段)으로 빼앗아 취함.

아유경탈(阿諛傾奪) 세도가(勢道家)에게 아첨(阿諂)하여 남의 지위(地位)를 빼앗음.

구태의연 옛舊 모양態 전과 같을依 그럴然

예나 이제나 조금도 변함없이 여전함.

조금도 변하거나 발전(發展)한 데가 없음.

고태의연(古態依然)

하우불이(下愚不移) 못난 사람은 늘 그대로여서 발전하지 못함.

사속불가의(士俗不可醫) 속된 사나이는 고칠 수 없음.

구투서절 개狗 훔칠偸 쥐鼠 훔칠竊

「쥐나 개처럼 가만히 물건(物件)을 훔침」 좀도둑을 욕하는 말.

구도서절(狗盜鼠竊), **서절구도**(鼠竊狗盜), **서절구투**(鼠竊狗偸)

녹림호걸(綠林豪傑) 녹림의 도적(盜賊) 떼.

무본대상(無本大商) 「밑천 없이 하는 큰 장사」 도둑을 비꼬는 말.

양상군자(梁上君子) 「들보 위의 군자」 도둑을 완곡(婉曲)하게 부르는 말.

천유지도(穿窬之盜) 벽을 뚫거나 담장을 넘는 좀도둑. 남몰래 나쁜 짓을 하는 사람.

초두천자(草頭天子) 노상강도(路上强盜)의 두목(頭目).

구패계절 건질救 깨뜨릴敗 이을繼 끊을絶

「패한 것을 구하고 끊긴 것을 이음」 패절(敗絶)한 집이나 나라를 도와 일으킴.

구폐금진 갖옷裘 해질弊 돈金 다할盡

「갖옷은 해어지고 돈은 떨어짐」 생활(生活)이 몹시 궁핍(窮乏)해짐.

구폐낭심 개狗 허파肺 이리狼 마음心

「개의 허파와 이리의 속」 흉악(凶惡)하고 잔인(殘忍)한 마음. **낭심구폐**(狼心狗肺)

구폐비주 개狗 짖을吠 아닐非 주인主

「개가 주인(主人)이 아닌 사람에게 짖어댐」 신하가 군주에게 충성(忠誠)을 다함.

견마지심(犬馬之心) 신하(臣下)가 군주(君主)에게 충성을 다하고자 하는 마음.

구폐생폐 건질捄 해질弊 날生 弊

폐해(弊害)를 바로잡으려다가 도리어 폐단(弊端)을 일으킴.

구폐지경 개狗 짖을吠 어조사之 놀랄驚

「개가 짖어댈 정도로 놀람」 작은 소란(騷亂)이나 방해(妨害). **견폐지경**(犬吠之驚)

구포속량 구할購 잡을捕 속죄할贖 어질良

조선시대(朝鮮時代), 범인(犯人)을 고발(告發)하여 잡게 함으로써 노비(奴婢)의 신분(身分)을 벗어나 양인(良人)의 신분을 얻던 일.

공로면천(功勞免賤) 나라에 공로를 세운 노비가 그 신분에서 벗어나던 일.

진고면천(陳告免賤) 도망(逃亡)친 노비 30명을 고발(告發)함으로써, 노비의 신분을 벗어나던 일.

납속면천(納粟免賤) 곡물(穀物)을 바치고 노비 신분에서 벗어나던 일.

구폭가사 아홉九 폭幅 가사袈 가사裟

아홉 폭으로 되어있는 승려(僧侶)의 법의(法衣).

구피고약 개狗 가죽皮 기름膏 약藥

「개가죽 고약」 엉터리 약.

가짜 제품(製品).

구한감우 오랠久 가물旱 달甘 비雨

구한봉감우 久 旱 만날逢 甘 雨

오랜 가뭄 끝에 내리는 단비.

대한자우(大旱慈雨) 큰 가뭄 끝에 내리는 고마운 비.

한천자우(旱天慈雨) 「가문 하늘에 자애(慈愛)로운 비」 곤경(困境)에 처했을 때 구원(救援)을 받음.

구한생병 오랠久 한가할閑 날生 병病

오랫동안 할 일이 없으면 병이 남.

구한신감 옛舊 한할恨 새新 느낄感

예전에 품었던 원한(怨恨)과 지금(只今) 새로운 감회(感懷).

구합제후 아홉九 합할合 모든諸 제후侯

제환공(齊桓公)이 아홉 번 제후를 회동(會同)한 일. 일설(一說)에 九는 糾(규)로 읽어 제후를 규합(糾合)했다는 뜻으로 쓰이기도 함.

구합취용 구차할苟 합할合 가질取 쓸用

아부(阿附)하여 남의 환심을 사려고 힘씀.

불수진(拂鬚塵) 수염(鬚髥)의 먼지를 털어 줌.

노안비슬(奴顔婢膝) 남자 종의 얼굴과 여자 종의 무릎.

매소헌미(賣笑獻媚) 환심(歡心)을 사기 위해 웃음을 짓고 아양을 떪.

아유순지(阿諛順旨) 아첨하여 그 사람을 따름.

첨유지풍(諂諛之風) 아첨을 잘하는 버릇.

구해증해 원수仇 풀解 미워할憎 게蟹

조(趙)나라 임금 윤(倫)이 해계(解系)를 잡아 가두고서 "나는 물속에 사는 게(蟹)만 보아도 밉다"라고 하였다는 고사(故事).

미워하는 마음이 극에 달함.

욕식기육(欲食其肉) 그 사람의 살을 먹고 싶다.

구해팔연 아홉九 지경垓 여덟八 끝埏

「하늘의 아홉 겹, 땅의 여덟 구석」 천지(天地)의 끝.

구행낭심 개狗 행할行 이리狼 마음心

「개 짓과 이리의 마음」 비열(卑劣)한 행위(行爲)와 악독(惡毒)한 마음.

구체불식(狗彘不食) 「개, 돼지도 먹지 않음」 사람의 품덕(品德)이 매우 비열함.

저비구험(猪卑狗險) 돼지처럼 비열하고, 개같이 교활(狡猾)함.

구허날무 얽을構 빌虛 만들捏 없을無

구허날조 構 虛 捏 지을造

터무니없는 말을 만들어 냄.

허구날조(虛構捏造)

구혈미간(건) 입口 피血 아닐未 마를乾

「입속에 피가 아직 마르지 않음」 피를 마시며 맹세(盟誓)한 지가 얼마 되지 않음.

구혈분두 개狗 피血 뿜을噴 머리頭

「개의 피를 머리에 뿜음」 옛날에 개의 피로 상서(祥瑞)롭지 않은 것을 제거(除去)했는데, 모든 것에 욕을 해대는 것에 비유함.

욕을 심하게 함.

극구참욕(極口慘辱) 참혹(慘酷)하게 욕함.

도문질욕(到門叱辱) 남의 집 앞에서 꾸짖어 욕함.

악구잡언(惡口雜言) 「나쁜 입과 잡된 말」

입에서 나오는 대로 온갖 욕을 함.

여성대매(勵聲大罵) 성난 목소리로 꾸짖으며 크게 욕함.

육두문자(肉頭文字) 상스럽거나 음탕(淫湯)한 말을 점잖게 이르는 말.

준답배증(噂沓背憎) 만나서는 추켜올려 이야기하고 돌아서서는 욕함.

퇴유후언(退有後言) 뒤에서 욕함.

구형곡면 비둘기鳩 형상形 고니鵠 낯面

「비둘기의 형상(形象)에 고니의 얼굴」 매우 굶주려 야윈 모양(模樣).

손척자(損瘠者) 굶주려 파리해진 사람.

곡면조형(鵠面鳥形) 「고니의 얼굴과 새의 형상(形像)」 굶주려 파리한 모양.

오면곡(혹)형(烏面鵠形) 「까마귀 얼굴에 따오기 같은 형상」 주려서 매우 수척(瘦瘠)한 사람.

육탈골립(肉脫骨立) 몸이 몹시 여위어 뼈만 남도록 마름.

피골상접(皮骨相接), **피골상연**(皮骨相連) 살가죽과 뼈가 맞붙을 정도(程度)로 몹시 마름.

훼척골립(毁瘠骨立) 바싹 말라서 뼈만 앙상하게 드러남.

↔ **육다골소**(肉多骨少) 살이 많고 뼈가 적음.

구호나무 입口 이름號 - -

일제강점기(日帝强占期) 독립군(獨立軍)들이 나무껍질을 벗겨내고 구호를 새긴 데서 유래(由來)하는데, 1986년 김일성(金日成) 유격대(遊擊隊)의 '구호나무' 발굴(發掘) 작업(作業) 이후 북한(北韓) 체제(體制) 선전(宣傳)의 도구(道具)로 이용(利用)되고 있다.

구호탄랑 내몰驅 범虎 삼킬呑 이리狼

호랑이를 내몰아 이리를 잡아먹게 함.

구혼호표 아홉九 문지기閽 범虎 표범豹

「하늘의 아홉 관문(關門)과 호랑이와 표범」 하늘은 아홉 겹의 문이 있는데, 호랑이와 표범이 지키고 있음. 흉악(凶惡)한 관리(官吏). **구관호표**(九關虎豹)

구화양비 구원할救 불火 날릴揚 끓을沸

「불에 타고 있는 자를 구하려고 끓는 물을 뿌림」 방법(方法)이 잘못되어 괴로운 자를 더욱 괴롭힘.

관(官)의 다스림이 과격(過激)하고 어수선함.

구화지문 입口 재앙禍 어조사之 문門

「입은 재앙(災殃)의 문(門)」 재앙이 입으로부터 나오고 입으로부터 들어감.

구시화복문(口是禍福門)

사불급설(駟不及舌) 네 마리 말이 끄는 수레도 혀에는 미치지 못함.

설망어검(舌芒於劍) 혀는 칼보다 껄끄러움.

설저유부(舌底有斧) 혀 아래 도끼가 들었음.

설참신도(舌斬身刀) 혀는 몸을 베는 칼임.

수구여병(守口如瓶) 병에 마개를 꼭 막듯이 입을 다묾.

이속우원(耳屬于垣) 담에도 귀가 있음.

폐구장설(閉口藏舌) 입을 닫고 혀를 간직해 둠.

구시상인부(口是傷人斧) 말은 사람을 죽이는 도끼와 같은 것임.

사마불능추(四馬不能追) 말 네 필(匹)이 끄는 말로도 능히 따라잡을 수 없음.

구시화지문 설시참신도(口是禍之門 舌是斬身刀) 입은 곧 화가 들어오는 문이요, 혀는 곧 몸을 자르는 칼.

구화투신 구원할救 불火 던질投 섶나무薪

구화이신 救 火 써以 薪

「불을 끄려고 장작(長斫)을 던짐」 오히려 해를 더 크게 함.

구화양비(救火揚沸) 불에 타고 있는 자를 구하려고 끓는 물을 뿌림.

낙정하석(落穽下石) 함정(陷穽)에 빠진 사람에게 돌을 떨어뜨림.

부신구화(負薪救火) 섶을 지고 불을 끔.

이화구화(以火救火) 불로써 불을 구함.

치사분지(治絲焚之) 실을 급히 풀려고 하면 오히려 엉킴.

포신구화(抱薪救火) 땔나무를 안고 불을 끔.

포화조신(抱火厝薪) 불이 타는 장작더미에 누움.

구환분재 구원할救 근심患 나눌分 재앙災

남의 근심과 재난(災難)을 구제(救濟)하고, 재해(災害)를 분담(分擔)하여 동정(同情)함.

구활지덕 구할求 살活 어조사之 덕德

어려움에 부닥친 사람을 구하여 살려 준 은혜(恩惠).

재생지덕(再生之德) 죽게 된 목숨을 다시 살게 하여 준 덕(德).

재생지은(再生之恩) 죽게 된 것을 살려 준 은혜.

재조지은(再造之恩) 거의 망하게 된 것을 구원(救援)하여 도와준 은혜.

지은보은(知恩報恩) 남이 베풀어 준 은혜를 알고, 그 은혜를 갚음.

구황방 구할救 거칠荒 방법方

흉년(凶年) 따위로 기근(飢饉)이 심할 때, 대용(代用) 식물(植物)을 먹거나 하여 굶주림을 면하게 하는 방법(方法).

흉년으로 먹지 못하여 생기는 질병(疾病)을 예방(豫防)하는 방법.

구황작물 건질救 거칠荒 지을作 물건物

흉년(凶年)이 든 때 재배(栽培)하기 적당(適當)한 작물. **비황작물**(備荒作物)

구회지장 아홉九 돌아올回 어조사之 창자腸

장이 뒤틀릴 정도(程度)로 괴롭고 고통(苦痛)스러움.

꼬불꼬불 뒤틀려 꼬부라진 모양(模樣).

구휼인방 구할求 구휼할恤 이웃隣 놓을放

어려운 처지(處地)의 이웃을 구제(救濟)해야 함.

국가대체 나라國 집家 큰大 몸體

나라의 체계(體系).

나라의 기본(基本)이 되는 큰일.

국가수반 나라國 집家 머리首 반포할班

국가원수(國家元首)를 일상적(日常的)으로 이르는 말.

국가조락 나라國 집家 시들凋 떨어질落

국가의 기능(機能)을 수행(遂行)하는 권력(權力) 기관(機關)이 점차(漸次) 없어지는 일.

국가존망 나라國 집家 있을存 망할亡

나라가 흥하느냐 망하느냐의 문제(問題).

국가주석 나라國 집家 기둥柱 돌石

나라의 기둥이나 주춧돌과 같은 중요(重要)한 인재(人才).

국가주의 나라國 집家 주장할主 옳을義

국가의 공동체적(共同體的) 이념(理念)을 강조(强調)하고 통일(統一), 독립(獨立), 발전(發展)을 꾀하는 주의.

내셔널리즘(Nationalism)

민족주의(民族主義) 민족의 독립과 통일을 가장 중시(重視)하는 사상(思想).

국가부도 나라國 집家 아닐不 건널渡

국가파산 國 家 깨뜨릴破 낳을産

국가가 진 빚을 갚을 수 없는 상태(狀態).

모라토리엄(Moratorium)

국가홍복 나라國 집家 넓을洪 복福

나라의 큰 행복(幸福).

국고지판 나라國 창고庫 지탱할支 힘들일辦

국고에서 비용(費用)을 대 주는 일.

국곡투식 나라國 곡식穀 훔칠偸 먹을食

나라의 곡식(穀食)을 훔쳐 먹음.

국군함구 나라國 임금君 머금을含 치욕垢

「나라의 임금이 때를 머금고 있음」 곧 더러운 것도 포용(包容)해 줌.

나라의 임금으로서 치욕(恥辱)을 참음.

군욕신사(君辱臣死), **주욕신사**(主辱臣死) 신하(臣下)는 임금의 치욕을 씻기 위하여 목숨을 바침.

국궁배례 굽힐鞠 몸소躬 절拜 예도禮

몸을 굽혀 절하여 예(禮)를 차림.

배수계수(拜手稽首) 「두 손을 마주하고 이마가 땅에 닿도록 몸을 굽혀 절함」 아주 공손(恭遜)한 모양(模樣).

국궁병기 굽힐鞠 몸소躬 가릴屛 기운氣

「몸을 굽히고 숨을 죽임」 두려워서 움츠러듦.

국궁봉공 굽힐鞠 몸소躬 받들奉 공평할公

마음과 몸을 바쳐 나라의 일을 수행(遂行)함.

노력(努力)과 정성(精誠)을 다하여 나랏일에 이바지함. **국궁진췌**(鞠躬盡瘁)

국궁진력 굽힐鞠 몸소躬 다할盡 힘力

존경(尊敬)하는 마음으로, 몸을 낮춰 온 힘을 다함.

국궁진췌 굽힐鞠 몸소躬 다할盡 수고로울瘁

온갖 정성(精誠)을 다하여 진력(盡力)함.

견위수명(見危授命) 나라가 위태(危殆)로울 때는 자신의 목숨까지도 바침.

대의멸친(大義滅親) 큰 도리(道理)를 지키기 위해 부모형제(父母兄弟)도 돌보지 않음.

멸사봉공(滅私奉公) 사사(私私)로운 감정(感情)을 버리고 공공(公共)의 목적(目的)을 받듦.

선공후사(先公後私) 사사로운 일보다 공익(公益)을 우선(于先)함.

일사보국(一死報國) 한 번 죽어 나라에 보답(報答)함.

진충보국(盡忠報國) 충성(忠誠)을 다해 나라의 은혜(恩惠)에 보답함.

↔ **빙공영사**(憑公營私) 공사(公事)를 핑계하여 사리(私利)를 꾀함.

국권피탈 나라國 권세權 입을被 빼앗길奪

1910년 8월 29일 우리나라의 통치권(統治權)을 일본(日本)에 빼앗기고 식민지(植民地)가 된 국치(國恥)의 사실(史實)을 일컫는 말.

경술국치(庚戌國恥) 1910년 8월 29일 우리나라의 통치권(統治權)을 일본에 빼앗기고 식민지(植民地)가 된 국치(國恥)의 사실.

국난사충신

나라國 어지러울亂 생각思 충성忠 신하臣

나라가 어지러워지면 충신을 생각함.

가빈사양처(家貧思良妻) 집이 가난해지면 좋은 아내를 생각함.

국대부인 나라國 큰大 지아비夫 사람人

조선(朝鮮) 초기(初期), 임금의 외조모(外祖母)나 왕비(王妃)의 어머니에게 내리던 봉작(奉爵). 후(後)에 부부인(府夫人)으로 고쳤음.

국동 나라國 마룻대棟

「나라의 기둥」 예전에, 태자(太子)를 이르던 말.

국록지신 나라國 녹봉祿 어조사之 신하臣

나라에서 주는 녹봉(祿俸)을 받는 신하.

세록지신(世祿之臣) 대대(代代)로 국록을 타는 신하(臣下).

식국지록(食國之祿) 나라의 녹을 받아먹음.

식록지신(食祿之臣) 나라의 녹을 먹던 신하.

국리민복 나라國 이로울利 백성民 복福

국가(國家)의 이익(利益)과 국민(國民)의 행복(幸福).

국무도적 나라國 없을無 도둑盜 도둑賊

「나라 안에 도적(盜賊)이 없음」 태평(泰平)하고 잘 다스려지는 세상(世上).

도불습유(道不拾遺) 길에 떨어진 물건(物件)을 주워가는 사람이 없음.

야불폐문(夜不閉門) 밤이 되어도 대문(大門)을 닫지 않음.

계견불경(鷄犬不警) 닭이나 개도 경계(警戒)하지 않음.

↔ **시랑당도**(豺狼當道) 승냥이와 이리가 길을 막음.

혼용무도(昏庸無道) 온통 어둡고 어지러운 세상.

국무손척 나라國 없을無 덜損 파리할瘠

국가(國家)가 흉년(凶年)을 만나도 예비(豫備)의 저축(貯蓄)이 있으면 굶주리는 백성(百姓)이 없음.

국무위원 나라國 힘쓸務 맡길委 관원員

국정(國政)에 관하여 대통령(大統領)을 보좌(補佐)하며 국정을 심의(審議)하는 국무회의(國務會議)의 구성원(構成員).

국무총리 나라國 힘쓸務 모두總 다스릴理

대통령(大統領)을 보좌(補佐)하고 행정(行政)에 관하여 대통령의 명을 받아 중앙행정기관(中央行政機關)의 장(長)을 지휘(指揮)·감독(監督)하는 기관(機關). 국회(國會)의 동의(同議)를 얻어 대통령이 임명(任命)한다.

국문동정

국문할鞫 물을問 움직일動 고요할靜

어떤 사람의 행적(行蹟)을 심문(審問)함.

국민가요 나라國 백성民 노래歌 노래謠

공통적(共通的) 정신(精神)을 고취(高趣)하기 위하여 국민 전체(全體)가 부를 수 있게 만든 노래.

국민개병 나라國 백성民 다皆 병사兵

모든 국민이 병역의무(兵役義務)를 가지는 것.

국민사상 나라國 백성民 생각思 생각想

한 나라의 국민이 가진 고유(固有)한 사상(思想).

국민소환 나라國 백성民 부를召 돌려보낼還

선거(選擧) 등으로 선출(選出)·임명(任命)된 국민대표(國民代表) 또는 공무원(公務員)을 임기(任期)가 끝나기 전에 국민의 발의(發議)로 파면(罷免)·소환하는 제도(制度).

국민의식 나라國 백성民 뜻意 알識

국가(國家)를 구성(構成)하고 있는 사람들의 생활(生活) 태도(態度) 또는 견해(見解)나 사상(思想).

국민정서 나라國 백성民 인정情 마음緖

한 나라 국민이 공유(共有)하고 있는 한정적(限定的)인 기질(氣質)이나 성향(性向).

국민정신 나라國 백성民 정할精 귀신神

한 나라 국민이 공통(共通)으로 가지는 고유(固有)한 정신.

국민이 가지는 애국(愛國)·애족(愛族)의 정신.

국민주의 나라國 백성民 주장할主 옳을義

국민의 이익(利益)이나 권위(權威)를 지키고 확립(確立)하려는 태도(態度)나 경향(傾向).

국방백서 나라國 막을防 흰白 글書

국토방위(國土防衛)에 관련(關聯)된 여러 현황(現況)과 정부(政府)의 방침(方針)을 국민에게 보고(報告)하기 위하여 만드는 문서(文書).

국방헌금 나라國 막을防 드릴獻 돈金

국토방위(國土防衛)에 드는 경비(經費)를 보충(補充)하기 위하여 개인(個人)이나 단체(團體)가 정부(政府)에 내는 돈.

국보간난 나라國 걸음步 어려울艱 어려울難

나라의 세력(勢力)이나 형편(形便)이 부진(不進)하고 내우외환(內憂外患)이 겹쳐 국운(國運)이 위태(危殆)로움.

국부마취 판局 구분部 저릴痲 취할醉

국부몽혼 局 部 흐릴朦 희미할昏

수술(手術)할 자리에만 부분적(部分的)으로 마취하는 일. **국소마취**(局所痲醉)

국부민강 나라國 부유할富 백성民 강할强

나라가 부유하고 백성(百姓)이 강함.

강병부국(强兵富國) 「부유한 나라와 강한 군사(軍士)」 나라를 부유(富裕)하게 하고, 군대(軍隊)를 강하게 함.

국부시비 판局 구분部 베풀施 살찔肥

농작물(農作物)을 심은 이랑이나 포기를 따라가면서 비료(肥料)를 주는 일.

국사무쌍 나라國 선비士 없을無 견줄雙

「그 나라에서 가장 뛰어난 인물(人物)은 둘도 없음」 매우 뛰어난 인재(人材).

일세지웅(一世之雄) 그 시대(時代)에 대적(對敵)할 만한 사람이 없을 정도(程度)로 뛰어난 인물.

국사우지 국사보지 나라國 선비士 대우할遇 어조사之 國 士 갚을報 之

「국사로 대우(待遇)하면 국사로 갚음」 자기를 인정(認定)해 주는 사람을 위해 헌신(獻身)함.

국색천향 나라國 빛色 하늘天 향기香

나라에서 으뜸가는 미인(美人).

모란(牡丹)의 아칭(雅稱).

천향국색(天香國色)

백화왕(百花王) 온갖 꽃 중의 왕.

화중왕(花中王) 꽃 중의 왕.

요황위자(姚黃魏紫) 모란의 다른 이름.

천하진화(天下眞花) 천하의 참꽃.

화목지요(花木之妖) 모란꽃이 시시(時時)로 변색(變色)하는 것을 이름.

국수주의 나라國 순수할粹 주장할主 옳을義

편협(偏狹)하고 극단적(極端的)인 민족주의(民族主義). 극단적인 국가주의(國家主義)와 같은 뜻으로 사용(使用)되며, 타민족·타국가(他國家)에 대하여 배타적(排他的)·초월적(超越的) 성격(性格)을 지님.

국약헌법 나라國 맺을約 법憲 법法

복합(複合) 국가(國家)·연방(聯邦) 국가를 이룰 때, 여러 국가의 국제적(國際的) 협약(協約)에 따라 제정(制定)되는 헌법.

민정헌법(民政憲法), **흠정헌법**(欽定憲法)

국어순화 나라國 말語 질박할醇 될化

국어를 다듬어 바르게 쓰는 일. 외래어(外來語)를 가능(可能)한 한 고유어(固有語)로, 비속(卑俗)한 말을 고운 말로, 틀린 말을 표준어(標準語) 및 맞춤법대로 바르게 쓰는 것 따위.

국얼염매 누룩麴 움蘖 소금鹽 매화梅

「쓴 누룩과 단 누룩, 또는 소금과 매실(梅實)」 신하(臣下)가 임금을 도와서 정치(政治)를 잘하는 것.

주례국얼(酒醴麴糱) 임금 옆에 있는 원로(元老)의 신하.

화갱염매(和羹鹽梅) 「양념을 하고 간을 맞춘 국과 소금에 절인 매실」 훌륭한 신하가 임금을 도와서 덕을 이루게 함.

국영사업 나라國 경영할營 일事 업業

국가(國家)에서 직접(直接) 관리(管理)·운영(運營)하는 사업.

↔ **민간사업**(民間事業)

국외중립 판局 바깥外 가운데中 설立

교전국(交戰國)의 어느 편(便)에도 가담(加擔)하지 않음.

대항(對抗)하는 양자(兩者)의 어느 편에도 원조(援助)하지 않음.

국우민휼 나라國 근심憂 백성民 불쌍할恤

나랏일을 근심하고 고통(苦痛)스러운 삶을 사는 백성(百姓)을 불쌍하게 여김.

국위선양 나라國 위엄威 떨칠宣 날릴揚

나라의 권위(權威)나 위세(威勢)를 널리 떨치게 함.

국자박사 나라國 경칭子 넓을博 선비士

고려시대(高麗時代) 국자감(國子監)에 두었던 교관직(敎官職). 1127년(인종(仁宗) 5년) 국자감에 설치(設置)한 경사육학(京師六學)의 하나인 국자학(國子學)에서 학생(學生)들을 가르쳤던 정7품 관직(官職)으로, 정원(定員)은 2명이었다. **성균박사**(成均博士)

국자사업 나라國 경칭子 맡을司 업業

고려시대(高麗時代), 국학(國學)인 국자감(國子監)의 종4품 벼슬. 국자학의 교수(敎授).

국자좨주 나라國 경칭子 좨주祭 술酒

국자학(國子學)의 교장(校長). 祭酒란 옛날에 회동(會同)하여 향연(饗宴)을 베풀 때 존장(尊長)이 먼저 술을 땅에 따라 신(神)을 제사(祭祀) 지낸 데서 나온 말로, 장관(將官)의 병칭(竝稱)으로 되었음.

국제관례 나라國 즈음際 익숙할慣 법식例

국제적으로 널리 통용(通用)되는 관례.

국지간성 나라國 어조사之 방패干 성城

나라를 지키는 군인(軍人)들.

간성지장(干城之將) 나라를 지키는 장수.

공후간성(公侯干城) 나라의 방패(防牌)와 성이 되는 장수(將帥).

국지맹구 나라國 어조사之 사나울猛 개狗

「나라의 사나운 개」 국정(國政)을 어지럽히는 간신(奸臣). **국구**(國狗)

구맹주산(狗猛酒酸) 「주막(酒幕)의 개가 사나우면 술맛이 초 맛이 됨」 간신배(奸臣背)가 많은 나라는 어진 신하들이 모이지 않음.

성사소인(城社小人) 임금의 곁에서 농간(弄奸)을 부리는 소인배(小人輩)나 간신.

성호사서(城狐社鼠) 「성곽(城郭)에 사는 여우와 사단(社壇)에 사는 쥐」 임금 곁에 있는 간신의 무리.

빙탄불상용(氷炭不相容) 「얼음과 숯은 함께 할 수 없음」 충신(忠臣)과 간신은 공존(共存)할 수 없음.

국지사직 나라國 어조사之 맡을司 곧을直

원래(元來) 司直이란 공직(公職)을 맡은 뜻인데, 후에는 사법관(司法官)을 지칭(指稱)함.

국지조아 나라國 어조사之 손톱爪 어금니牙

「나라의 손톱과 어금니」 국가(國家)를 수호(守護)하는 용맹(勇猛)한 무신(武臣).

국지중신 나라國 어조사之 소중할重 신하臣

나라의 중요(重要)한 지위(地位)에 있는 신하(臣下).

국지척천

구부릴跼 땅地 살금살금 걸을蹐 하늘天

땅이 꺼질까 봐 발끝으로 디디고 하늘에 부딪힐까 몸을 구부리는 것.

황공(惶恐)하고 두려워함.

국진민퇴 나라國 나아갈進 백성民 물러날退

국영기업(國營企業)은 흥(興)하고 민간기업(民間企業)은 쇠(衰)함. 중국 시진핑(習近平)의 첫 번째 가는 정책(政策) 중 하나.

국천척지

구부릴跼 하늘天 살금살금 걸을蹐 땅地

「하늘이 높아도 구부리고 땅이 두터워도 살금살금 걸음」이 세상에 안심(安心)하고 몸을 의지(依支)할 곳이 없음.

무근무체(無根無蔕) 「뿌리도 없고 꼭지도 없음」 의지할 곳이 없음.

오수여귀(吾誰與歸) 나는 누구를 의지하리오?

장벽무의(墻壁無依) 외톨이가 되어 전혀 의지할 만한 곳이 없음.

혈혈무의(孑孑無依) 외로워도 의지할 곳이 없음.

형영상련(形影相憐) 자기 몸과 그림자가 서로 불쌍히 여김.

형영상조(形影相照) 자기 몸과 그림자가 서로를 비춤.

국치민욕

나라國 부끄러워할恥 백성民 욕될辱

나라의 수치(羞恥)와 국민(國民)의 욕됨.

을사늑약(乙巳勒約)을 말함.

국태민안 나라國 클泰 백성民 편안할安

국토안온 國 흙土 安 편안할穩

「나라는 태평(太平)하고 백성은 편안(便安)함」 나라와 백성(百姓) 모두 편안한 상태(狀態)를 나타내는 표현(表現).

국태민안 가급인족(國泰民安 家給人足) 나라는 태평하고 백성은 편안하며, 집마다 풍족(豊足)하고 사람마다 넉넉함.

강구연월(康衢煙月) 번화(繁華)한 거리에 저녁밥 짓는 연기(煙氣)가 달빛을 향해 피어오름.

개원지치(開元之治) 당나라 현종이 다스린 개원 연간의 치세(治世) 또는 그 시기(時期)에 이루어진 것과 같은 태평성대(太平聖代).

경전착정(耕田鑿井) 「밭을 갈고 우물을 팜」 백성이 생업(生業)에 종사(從事)하며 평화(平和)로이 삶.

고복격양(鼓腹擊壤) 배를 두드리고 발을 구르며 흥겨워함.

시화연풍(時和年豊) 시절(時節)이 평화롭고 해마다 풍년(豊年)이 듦.

오풍십우(五風十雨) 닷새에 한 번 바람이 불고 열흘에 한 번 비가 옴.

요순시대(堯舜時代) 요임금과 순임금 시절.

태평성대(太平聖代) 어진 군주(君主)가 다스리는 태평한 시대(時代).

해불양파(海不揚波) 바다에 파도(波濤)가 일지 않음.

획지위뢰(劃地爲牢) 땅 위에 금을 그어 놓고 감옥(監獄)으로 삼음.

국토안전 나라國 흙土 편안할安 온전全

나라 전체(全體)가 조용하고 편안(便安)함.

국토여래 나라國 흙土 같을如 올來

국토를 석가여래(釋迦如來)인 양 우러르는 말.

국파산하재

나라國 깨뜨릴破 메山 물河 있을在

나라는 망하고 국민(國民)은 흩어졌으나 오직 산과 강만은 그대로 남아 있음.

국풍순화 나라國 풍속風 깨끗할醇 될化

나라의 풍속(風俗)을 순수(純粹)하고 온화(穩和)함.

군가수복 군자君 집家 받을受 복福

군자(君子)다운 집안이라야 행복(幸福)한 가정(家庭)을 이룸.

어진 행실(行實)은 행복한 가정을 이룸.

군경절축 무리群 가벼울輕 부러질折 굴대軸

「가벼운 것도 많이 모이면 수레의 굴대를 부러뜨림」 아무리 적은 힘도 뭉치면 큰 힘이 됨.

총경절축(叢輕折軸), **취경절축**(聚輕折軸)

노마십가(駑馬十駕) 둔한 말이라도 열흘 동안 수레를 끌 수 있음.

마부위침(磨斧爲針) 도끼를 갈아 바늘을 만듦.

마저성침(磨杵成針) 절굿공이를 갈아서 침을 만듦.

수적석천(水滴石穿) 물방울이 바위를 뚫음.

수적성천(水積成川) 적은 물이 모여 내가 됨.

수적촌루(銖積寸累) 아주 작은 것이 쌓이고 쌓이면 큰 것이 됨.

승거목단(繩鋸木斷) 노끈으로 톱질해도 나무를 자를 수 있음.

십벌지목(十伐之木) 열 번 찍어 안 넘어가는 나무 없음.

우공이산(愚公移山) 어리석은 사람이 산을 옮김.

우핵비육(羽翮飛肉) 가벼운 새의 깃이 새의 몸을 날림.

이소성대(以小成大) 작은 일에서부터 시작(始作)하여 큰일을 이룸.

인일기백(人一己百) 남이 한 번으로 할 수 있는 일을 자기는 백 번을 함.

적수성연(積水成淵) 한 방울의 물이 모여 연못을 이룸.

적우침주(積羽沈舟) 새털도 많이 모이면 배를 가라앉힘.

적진성산(積塵成山), **진합태산**(塵合太山) 티끌이 쌓여 산을 이룸.

적토성산(積土成山), **토적성산**(土積成山) 흙이 쌓여 산을 이룸.

집소성대(集小成大) 작은 것이 모여 큰 것을 이룸.

군계일학 무리群 닭鷄 한一 학鶴

「닭의 무리 속에 끼어 있는 한 마리의 학」 여러 평범(平凡)한 사람들 가운데 뛰어난 한 사람이 섞여 있음. **계군일학**(鷄群一鶴),

계군고학(鷄群孤鶴), **학립계군**(鶴立鷄群)

압권(壓卷) 다른 문서(文書)를 누름.

낭중지추(囊中之錐) 주머니 속의 송곳.

발류초군(拔類超羣) 여럿 중 탁월(卓越)하게 뛰어남.

앙앙지학(昻昻之鶴) 닭의 무리에서 높이 뛰어난 학.

영탈이출(穎脫而出), **추처낭중**(錐處囊中) 뾰족한 송곳 끝이 주머니를 뚫고 나옴.

용사기륙(龍蛇起陸) 「용과 뱀이 땅을 박차고 일어남」 두각(頭角)을 나타냄.

용중교교(庸中佼佼) 아름다운 여인(女人). 동류(同類) 중에서 좀 나은 사람.

인중기기(人中騏驥) 사람의 무리에서 천리마(千里馬)처럼 뛰어난 사람.

인중사자(人中獅子) 뭇사람 중에 뛰어나게 잘난 사람.

절류이륜(絶類離倫) 동료(同僚)들보다도 월등(越等)하게 뛰어남.

지모과인(智謀過人) 슬기로운 꾀가 보통(普通) 사람보다 훨씬 뛰어남.

철중쟁쟁(鐵中錚錚) 쇠 중에서 소리가 가장 맑음.

출류발군(出類拔群) 같은 무리 가운데에서 특별(特別)히 뛰어남.

출류발췌(出類拔萃) 많은 사람 가운데 홀로 우뚝 서 뭇사람들의 시선(視線)을 한 몸에 집중(集中)시킬 정도(程度)로 뛰어난 사람.

출어심상(出於尋常) 보통보다 훨씬 뛰어남.

출일두지(出一頭地) 머리 높이만큼 빼어남.

탁이불군(卓爾不羣) 높이 뛰어나 일반(一般) 사람과 다름.

표이출지(表而出之) 겉으로 두드러지게 드러남.

참연현두각(嶄然見頭角) 아주 뛰어나게 두각을 나타냄.

군국대사 군사軍 나라國 큰大 일事

군사상(軍事上)의 기밀(機密)과 국가(國家)에 대한 아주 중요(重要)한 일.

군국주의 군사軍 나라國 주장할主 옳을義

군대(軍隊)의 힘으로 나라의 권력(權力)을 유지(維持)하며 군사적(軍事的)으로 다른 나라를 위협(威脅)하고 침략(侵略)하는 정치(政治) 형태(形態).

군국지륭 임금君 나라國 어조사之 클隆

임금은 그 나라에서 가장 높은 사람임.

군군신신 임금君 君 신하臣 臣

「임금은 임금다워야 하고 신하(臣下)는 신하다워야 함」 각자(各自) 맡은 본분(本分)을 지켜야 함.

군극소년 치마裙 나막신屐 젊을少 나이年

「치마와 나막신을 착용(着用)한 젊은이」 용모(容貌)와 자태(姿態)는 버젓하나 실무(實務)에는 쓸모가 없는 청년(青年).

군기마필 군사軍 그릇器 말馬 짝匹

전쟁(戰爭)에 쓰이는 무기(武器)와 말.

군기반장 군사軍 벼리紀 나눌班 길長

군대(軍隊)나 단체(團體) 따위의 기강(紀綱)을 잡는 일에 주도적(主導的)으로 나서는 사람.

군기치중 군사軍 그릇器 짐수레輜 무거울重

무기(武器)와 말 등 군사(軍事)에 관한 일에 쓰이는 물자(物資). **군사기재**(軍事器材)

군담소설 군사軍 이야기談 작을小 말씀說

전쟁(戰爭)에 관한 이야기를 소재(素材)로 한 고대 소설(古代小說)의 한 종류(種類).

군도경례 군사軍 칼刀 공경敬 예도禮

군인(軍人)이 일정(一定)한 격식(格式)에 따라 군도로 하는 경례.

군령도총

군사軍 명령할令 수령都 우두머리總

군대(軍隊)를 통솔(統率)하는 책임(責任)을 맡은 장수(將帥).

군령태산 군사軍 명령할令 클泰 메山

군사상(軍事上)의 명령(命令)은 태산같이 무겁고 엄함.

군로신일 임금君 일할勞 신하臣 편안할逸

「임금은 일하고 신하들은 놂」 윗사람이 일하면 아랫사람이 편안(便安)함.

군맹무상 무리群 盲 어루만질撫 코끼리象

군맹평상 群 못 볼盲 평할評 象

「여러 시각장애인(視覺障礙人)이 코끼리를 만짐」 사물(事物)을 좁은 소견(所見)과 주관(主觀)으로 잘못 판단(判斷)함.

맹인모상(盲人摸象)

구반문촉(毆槃文燭) 시각장애인이 쟁반(錚盤)을 두드리고 초를 만져 본 것만 가지고 태양(太陽)에 대해 말함.

맹완단청(盲玩丹青) 시각장애인의 단청 구경.

암중모색(暗中摸索)「어둠 속에서 손을 더듬어 찾음」 어림짐작(斟酌)으로 사물(事物)을 알아내려 함.

군명유소불수

임금君 명령命 있을有 바所 아닐不 받을受

전쟁터(戰爭-)에서 장수(將帥)가 임금의 명령(命令)도 듣지 않을 수 있음.

군문효수 군사軍 문門 올빼미梟 머리首

「죄인(罪人)의 자른 목을 올빼미가 매달린 듯하게 군문 앞에 높이 매닮」 조선시대(朝鮮時代)에, 국가(國家)에 큰 죄를 지은 죄인의 군율(軍律)에 따라 목을 베어 군문 앞에 매달던 형벌(刑罰).

효수경중(梟首警衆)

군민공치 임금君 民 한가지共 다스릴治

군민동치 君 백성民 한가지同 治

군주(君主)와 백성(百姓)의 대표자(代表者)인 의회(議會)가 공동(共同)으로 정무(政務)에 참여(參與)하는 일. 영국(英國) 등의 나라에서 행하여지는 입헌군주정치(立憲君主政治)를 이르는 말.

군민동조 임금君 백성民 한가지同 조상祖

임금과 백성(百姓)은 조상(祖上)이 같음.

군발지진 무리群 일어날發 땅地 흔들릴震

한정(限定)된 지역(地域)에서 일정(一定)한 기간(其間) 빈번(頻繁)하게 일어나는 작은 지진들. **빈발지진**(頻發地震)

군부일체 임금君 아버지父 한一 몸體

임금과 아버지의 은혜(恩惠)는 같음.

군분유취 무리群 나눌分 무리類 취할聚

서로 다른 것을 분류(分類)하고, 비슷한 것을 모음.

군불염사 군대軍 아닐不 싫어할厭 속일詐

군사상(軍事上)으로는 적(敵)을 속이는 것도 무방(無妨)함. **병불염사**(兵不厭詐)

군비축소 군대軍 갖출備 줄일縮 작을小

전쟁(戰爭)을 피하고 국력(國力)이 소비(消費)되는 것을 방지(防止)하기 위하여 현재(現在)의 군비를 축소하는 것.

군사기재 군대軍 일事 도구器 재료材

군대(軍隊)에서 쓰는 기재를 통틀어 이르는 말. **군기치중**(軍器輜重)

군사부일체

임금君 스승師 아버지父 한一 몸體

임금과 스승과 아버지의 은혜(恩惠)는 똑같음.

군사(석)신결 임금君 쏠射 신하臣 가릴決

「임금이 활쏘기를 좋아하면 신하(臣下)는 깍지를 낌」 윗사람이 즐기면 아랫사람이 반드시 본받음.

군사지물 임금君 하사할賜 어조사之 물건物

임금이 백성(百姓)에게 하사(下賜)하신 물건(物件).

선사지보(宣賜之寶) 임금이 하사하는 물품(物品)에 찍는 도장(圖章).

군석(사)신결 임금君 쏠射 신하臣 가릴決

「임금이 활쏘기를 좋아하면 신하는 깍지를 낌」 윗사람이 좋아하는 일을 아랫사람은 꼭 본받음.

임금의 뜻을 신하(臣下)가 잘 받음. 射은 활을 쏘는 것이고, 決은 활을 쏠 때 손가락에 끼는 깍지. **군사즉신결**(君射則臣決)

군성옹북 무리群 별星 낄擁 북녘北

「수많은 별이 북극성(北極星)을 향(向)해 떼 지어 따름」 많은 문사(文士)가 모여듦.

군신대의 임금君 신하臣 큰大 옳을義
군신유의 君 臣 있을有 義

임금과 신하(臣下) 사이의 의리(義理).

군신복주 임금君 신하臣 엎드릴伏 아뢸奏
군신복주 무리群 臣 伏 奏

뭇 신하(臣下)가 임금에게 엎드려 아뢺.

군신수어 임금君 신하臣 물水 물고기魚

물과 물고기의 관계(關係)와 같이 임금과 신하(臣下) 사이가 친밀(親密)함.

수어지교(水魚之交) 물고기가 물 만난 즐거움.

군신유의 임금君 신하臣 있을有 옳을義

오륜(五倫)의 하나로, 군주(君主)와 신하(臣下)의 관계(關係)는 의리(義理)를 바탕에 두어야 함.

오륜(五倫)

부자유친(父子有親) 부모(父母)는 자식(子息)에게 인자(仁慈)하고 자식은 부모에게 존경(尊敬)과 섬김을 다하라.

부부유별(夫婦有別) 남편(男便)과 아내 사이에는 인륜(人倫)의 분별(分別)이 있어야 함.

장유유서(長幼有序) 어른과 어린아이 사이에는 사회적(社會的)인 순서(順序)와 질서(秩序)가 있어야 함.

붕우유신(朋友有信) 벗 사이에 지켜야 할 도리(道理)는 믿음에 있음.

군신일체 임금君 신하臣 한一 몸體

임금과 신하(臣下)가 마음을 하나로 같이 함.

군신좌사 임금君 신하臣 도울佐 부릴使

정치제도(政治制度)에 견주어 약을 처방(處方)한 데서 비롯한 한의학상(韓醫學上)의 처방법. 군약(君藥)·신약(臣藥)·좌약(佐藥)·사약(使藥)으로 나뉨.

주보좌사(主輔佐使)

군신장졸 임금君 신하臣 장수將 병졸卒

임금과 신하, 장수(將帥)와 졸병(卒兵).

군약신강 임금君 약할弱 신하臣 강할強

「임금이 약하고 신하가 강함」 실권(實權)이 신하(臣下)에게 있음.

주약신강(主弱臣強)

호변서(虎變鼠) 「호랑이가 쥐로 변함」 임금도 권세(權勢)를 잃으면 신하에게 업신여김을 받는 존재(存在)가 됨.

지록위마(指鹿爲馬), **이록위마**(以鹿爲馬) 「사슴을 가리켜 말이라고 함」 윗사람을 농락(籠絡)하여 권세를 마음대로 함.

군왕무치 임금君 임금王 없을無 부끄러울恥

「임금에게는 부끄럽고 나무랄 일이 없음」 임금은 무슨 일이든 거리낌이 있을 수 없으며, 마음대로 해도 무방(無妨)함.

군왕지상 임금君 임금王 어조사之 용모相

임금이 될 기상(氣相). **왕자기상**(王者氣象)

군욕신사 임금君 욕될辱 신하臣 죽을死

「임금이 치욕(恥辱)을 당하면 신하(臣下)가 죽음」 임금과 신하는 생사(生死), 간고(艱苦)를 함께함.

죽음을 무릅쓰고 설욕(雪辱)함.

부욕자사(父辱子死) 아비가 치욕을 당하면 자식(子息)은 그 치욕을 씻기 위해 목숨을 아끼지 않음.

신원설치(伸冤雪恥) 원통(冤痛)함을 풀고 부끄러움을 씻음.

↔ **주귀신영**(主貴臣榮) 주군(主君)이 귀하게 되면 신하에게도 영광(榮光)이 됨.

군용무수 무리群 용龍 없을無 우두머리首

「용의 무리에 우두머리가 없음」 지도자(指導者)가 없음.

무장지졸(無將之卒) 장수(將帥)가 없는 군사(軍士).

오합지졸(烏合之卒) 까마귀를 모아 놓은 군대(軍隊).

↔ **견갑이병**(堅甲利兵) 단단한 갑옷과 날카로운 병기(兵器).

막막강병(莫莫强兵) 더할 수 없이 강한 군대.

군웅할거 무리群 수컷雄 나눌割 근거據

많은 영웅(英雄)이 서로 한 지방(地方)씩을 차지하여 세력(勢力)을 다툼.

춘추전국시대(春秋戰國時代) BC 8세기에서 BC 3세기에 이르는 중국 고대(古代)의 변혁(變革) 시대.

군위신강 임금君 할爲 신하臣 벼리綱

삼강(三綱)의 하나. 신하(臣下)는 임금을 섬기는 것이 근본(根本)임.

부위자강(父爲子綱) 어버이는 자식(子息)의 근본이며,

부위부강(夫爲婦綱) 남편(男便)은 부인(婦人)의 근본임.

봉의군신(蜂蟻君臣) 「벌과 개미도 군신(君臣)의 구별(區別)은 뚜렷이 있음」 상하간(上下間) 신분(身分) 관계(關係)의 위계질서(位階秩序)를 강조(强調)하는 말.

군유쟁신 임금君 있을有 간할諍 신하臣

임금에게는 잘못을 지적(指摘)할 수 있는 신하(臣下)가 있어야 함.

간간악악(侃侃諤諤) 옳다고 믿는 것을 거리낌 없이 직언하는 일.

간의대부(諫議大夫) 천자(天子)의 고문관(顧問官)으로서 천자에게 잘못이 있으면 간하는 직책(職責).

견거지쟁(牽裾之諍) 임금의 옷자락을 당기며 직간(直諫)함.

골경지신(骨鯁之臣) 목에 걸린 가시처럼, 듣기에 괴로운 직언을 하는 강직(剛直)한 신하.

면절정쟁(面折庭諍) 임금의 면전(面前)에서 임금의 행한 일이나 정치적(政治的) 사건(事件)에 대하여 기탄(忌憚)없는 쟁론(爭論)함.

보필지신(輔弼之臣) 임금이 바른길을 가도록 곁에서 돕는 신하.

봉명조양(鳳鳴朝陽) 「봉황(鳳凰)이 아침볕 아래서 욺」 윗사람에게 잘못된 일을 바로잡아야 한다고 직언(直言)함.

신후지간(身後之諫) 「죽은 뒤에도 군주의 잘못을 바로잡기 위하여 간언(諫言)함」 주검으로써 간언함.

악악지신(諤諤之臣) 언제나 바른말을 하는 신하.

직언극간(直言極諫) 바른말로 잘못을 극진(極盡)히 간함.

초모위언(草茅危言) 민간(民間)에 있으면서 국정(國政)을 통렬(痛烈)하게 공박(攻駁)함.

↔ **수왈불가**(誰曰不可) 누구도 불가하다고 말할 사람이 없음.

군은망극 임금君 은혜恩 없을罔 다할極

임금의 은혜(恩惠)가 그지없음.

감군은(感君恩) 임금의 은혜에 감사(感謝)함.

사은숙배(謝恩肅拜) 임금의 은혜를 감사히 여겨 경건(敬虔)하게 절함.

성택유혜(聖澤流兮) 천자(天子)의 은혜가 멀리까지 미침.

수은망극(受恩罔極) 입은 은혜가 그지없음.

우로지택(雨露之澤) 「이슬이나 비 같은 은혜」 넓고도 큰 임금의 은혜.

운수해립(雲垂海立) 임금의 은혜가 백성(百

姓)에 미쳐 모두가 기뻐하는 일.

천은망극(天恩罔極) 임금의 은혜가 한없이 큼.

군은보답 임금君 은혜恩 갚을報 답할答

임금의 은혜(恩惠)에 보답(報答)함.

군의만복 무리群 의심할疑 찰滿 마음腹

많은 사람이 다 의심(疑心)을 품고 있음.

군의부전

무리群 개미蟻 붙을附 노린내 날羶

「노린내 나는 양고기에 개미 떼가 달라붙음」이익(利益)이 있는 곳에 사람들이 몰려듦. **군의부성전**(群蟻附腥羶)

백천조해(百川朝海) 모든 강이 바다로 흘러들 듯이, 이익이 있는 곳에는 사람이 모이게 마련임.

창두취슬(瘡頭聚蝨)「헌머리에 이가 꾐」이익이 있는 곳에 사람이 떼를 지어 모여듦.

축전심비부(逐羶甚蚍蜉)「노린내 나는 것에 들러붙는 것이 왕개미가 모여듦보다 더함」이익이 있는 곳에 사람들이 몰려듦.

군의신충 임금君 옳을義 신하臣 충성忠

임금은 의롭고 신하는 충성(忠誠)스러움.

군신유의(君臣有義)

군이부당 무리羣 말 이을而 아닐不 무리黨

「무리를 이루지만 당파(黨派)를 만들지는 않음」많은 사람과 가까이 지내지만, 사사(私事)로운 개인(個人)의 정으로 누구에게 편들거나 빌붙지 않음.

공평무사(公平無私) 지극(至極)히 공평하여 사사(私私)로운 점이 없음.

대공무사(大公無私) 매우 공평하여 사사로움이 없음.

무편무당(無偏無黨), **불편부당**(不偏不黨) 어떤 무리나 당파(黨派)에도 치우치지 않음.

주이불비(周而不比) 두루 잘하고 어느 한 쪽에 치우치지 않음.

탕탕평평(蕩蕩平平) 싸움·시비(是非)·논쟁(論爭) 따위에서 어느 쪽에도 치우침이 없이 공평함.

군이민위체 임금君 써以 백성民 할爲 몸體

「임금은 백성(百姓)을 몸으로 삼음」임금은 백성의 힘으로써 국가(國家)를 이룩하므로 체(體)라 함. 임금과 백성은 정신(精神)과 육체(肉體)의 관계(關係)와 같음.

군자난언 군자君 선생子 어려울難 말言

「군자는 말하는 것을 어려워함」아랫사람이 윗사람에게 진심(眞心) 어린 의견(意見)을 제시(提示)하기 어려움.

군자대로행

군자君 선생子 큰大 길路 다닐行

「군자는 큰길로 걸어감」군자는 떳떳하게 살아 본보기가 됨.

군자는 사소(些少)한 이익(利益)에 이끌리지 않고 부정(不淨)한 짓, 무모(無謀)한 짓을 하지 않음.

대도무문(大道無門) 큰길을 가는 데는 문이 없음.

도이불경(道而不徑) 대로를 걷고 좁은 지름길을 걷지 않음.

주이불유(舟而不游) 배를 타지 헤엄치지 않음.

공명정대(公明正大) 하는 일이나 태도(態度)가 사사로움이나 그릇됨이 없이 정당(正當)하고 떳떳함.

행불유경(行不由徑) 길을 가는 데 지름길이나 뒤안길을 취하지 않고 큰길로 감.

군자만년 군자君 선생子 일만萬 해年

「유덕(有德)한 사람은 장수(長壽)를 누림」군자의 장수를 비는 말.

군자무본 군자君 선생子 힘쓸務 근본本

학식(學識)과 덕행(德行)이 높은 사람은 근본(根本)에 힘씀.

주경존성(主敬存誠) 「공경(恭敬)을 존중(尊重)하고 성의(誠意)를 보존(保存)함」 송유(宋儒)는 이를 수신(修身)의 근본으로 삼았음.

↔ **기려멱려**(騎驢覓驢) 「나귀를 타고서 나귀를 찾음」 근본을 잊고서 딴 곳에서 구하는 어리석음.

석근관지(釋根灌枝) 「뿌리는 버려두고 가지에 물을 줌」 근본을 잊고 지엽(枝葉)의 일에 힘을 들임.

군자불기 군자君 선생子 아닐不 그릇器

「군자는 모양(模樣)이 고정(固定)된 그릇이 아님」 덕(德)이 있는 사람은 온갖 방면(方面)에 통(通)함.

기욕난량(器欲難量) 도량(度量)은 헤아리기 어려울 정도가 되게 하라.

주이불비(周而不比) 두루 잘하고 어느 한 쪽에 치우치지 않음.

화이부동(和而不同) 남과 사이좋게 지내되 의(義)를 굽혀 좇지는 않음.

군자삼계 군자君 선생子 석三 경계할戒

<u>군자가 지켜야 할 세 가지 계</u>

첫째. 청년기(青年期)의 색욕(色慾).

둘째. 장년기(壯年期)의 다툼.

셋째. 노년기(老年期)의 탐욕(貪慾)을 경계(警戒)해야 함.

군자삼락 군자君 선생子 석三 즐거울樂

<u>군자의 세 가지 즐거움</u>

첫째. 부모(父母)가 살아 계시고 형제(兄弟)가 무고(無故)한 것.

둘째. 하늘과 사람에게 부끄러워할 것이 없는 것.

셋째. 천하(天下)의 영재(英才)를 얻어서 가르치는 것.

군자삼외 군자君 선생子 석三 두려워할畏

<u>군자가 두려워해야 할 세 가지</u>

첫째. 천명(天命).

둘째. 대인(大人)을 두려워해야 함.

셋째. 성인(聖人)의 가르침을 거울삼아 스스로 부족(不足)함을 깨닫고도 이를 고치려 하지 않음.

군자신독 군자君 선생子 삼갈愼 홀로獨

군자는 혼자 있어도 마음가짐을 바로 가져야 함.

군자의야 임금君 사람者 거동儀 어조사也

임금은 백성의 의표(儀表)가 되어야 함.

군자는 섬기기는 쉬워도 기쁘게 하기는 어려움.

군자장자 군자君 선생子 어른長 사람者

사물(事物)의 도리(道理)를 분별(分別)할 줄 아는 사람.

군자지덕풍

임금君 선생子 어조사之 큰德 바람風

「군자의 덕은 바람임」 윗자리에 있는 사람의 덕은 바람과 같아서 아랫사람은 다 그의 풍화(風化)를 받음.

군자지쟁 군자君 선생子 어조사之 다툴爭

「군자의 다툼」 군자가 다툰다고 할지라도 소인(小人)들의 다툼과는 달라서 예의(禮儀)를 잃지 않으며 군자로서 품위(品位)를 지킴.

군자표변 임금君 선생子 표범豹 변할變

「군자는 표범처럼 변함」 표범의 털가죽이 아름답게 변해 가는 것처럼 군자는 자기 잘못을 고쳐 선(善)을 향하는 데 신속(迅速)함.

대인호변(大人虎變) 대인은 범처럼 변함.

면목일신(面目一新) 「얼굴이 아주 새로워

짐」 세상에 대한 체면(體面)이나 명예(名譽), 사물의 모양(模樣), 일의 상태(狀態)가 완전(完全)히 새롭게 됨.

사탈고피(蛇脫故皮) 뱀은 묵은 허물을 벗으며 성장(成長)함.

선탈용변(蟬脫龍變) 매미가 허물을 벗고 용이 되어 승천(昇天)함.

선태사해(蟬蛻蛇解) 매미가 껍질을 벗고 뱀이 허물을 벗음.

일신월화(日新月化) 날마다 달마다 새롭게 변화(變化)하여 감.

↔ **소인혁면**(小人革面) 소인은 얼굴빛만 고칠 뿐임.

군자피삼단

군자君 선생子 피할避 석三 끝端

군자는 문사(文士)의 붓끝, 무사(武士)의 칼끝, 변사(辯士)의 혀끝을 피해야 함.

군자호구 임금君 선생子 좋을好 짝逑

군자의 좋은 배필(配匹).

군자지호구(君子之好逑)

군작 무리群 참새雀

「무리를 지은 참새」 평범(平凡)한 뭇사람.

군주민수 임금君 배舟 백성民 물水

군주신수 君 舟 신하臣 水

「임금은 배, 백성(百姓)은 강물과 같음」 강물은 배를 띄우기도 하지만 화가 나면 배를 뒤집을 수도 있음.

민심무상(民心無常) 백성의 마음은 일정(一定)하지 않음.

서인해정(庶人駭政) 백성이 아무리 미천(微賤)하고 미약(微弱)한 존재(存在)라고는 하지만, 그들 없이는 벼슬도 사직(社稷)도 보존(保存)할 수 없음.

재주복주(載舟覆舟) 물은 배를 띄우지만, 배를 뒤집어엎기도 함.

주권재민(主權在民) 나라의 주권이 국민(國民)에게 있음.

주중적국(舟中敵國) 「배(舟) 속의 적국」 군주(君主)가 덕을 닦지 않으면, 같은 배를 타고 있는 것과 같이 이해관계(利害關係)가 같은 사람들이라도, 적이 되는 수가 있음.

서인해정(庶人駭政) 백성이 아무리 미천(微賤)하고 미약(微弱)한 존재라고는 하지만, 그들 없이는 벼슬도 사직(社稷)도 보존(保存)할 수 없음.

주비수불행(舟非水不行) 「배는 물이 없으면 가지 못함」 임금은 백성이 없으면 임금 노릇을 할 수 없음.

수가재주 역가복주(水可載舟 亦可覆舟) 물은 배를 띄울 수도 있지만, 또한 뒤집을 수도 있음.

군중심리 무리群 무리衆 마음心 이치理

사회심리(社會心理) 현상(現象)의 하나로 여러 사람이 집단(集團)으로 모였을 때 개별(個別) 주체(主體)의 일상적(日常的)인 사고(思考)와 다르거나 혹은 같더라도 그 범위(範圍)를 뛰어넘는 행동(行動)을 하게 되는 심리상태(心理狀態)를 말함.

군창신화 임금君 부를唱 신하臣 화할和

「임금이 주창(主唱)하고, 신하(臣下)는 그에 맞추어 정무(政務)를 집행(執行)함」 군신(君臣)이 화합(和合)하여 정치(政治)함.

군책군력 무리群 꾀策 群 힘力

많은 사람의 지혜(智慧)와 능력(能力).

집액성구(集腋成裘) 「여우의 겨드랑이 밑에 난 흰털을 모아 갖옷을 만듦」 여러 사람의 힘을 모아 한 가지 일을 성취(成就)함.

집단지성(集團知性) 사회 일반 집단 구성원(構成員)들이 서로 협력(協力)하거나 경쟁(競爭)하여 쌓은 지적(知的) 능력(能力)의 결과(結果)로 얻어진 지성.

군학일계 무리群 학鶴 한一 닭鷄

「학의 무리 가운데에서 한 마리의 닭」 뛰어난 사람들 가운데에서 평범(平凡)하거나 모자란 인물(人物).

↔ **군계일학**(群鷄一鶴) 닭의 무리 속 한 마리 학.

군행여진 군대軍 갈行 군대旅 나아갈進

군대(軍隊)가 전쟁터(戰爭-)로 나아감.

굴갱대호 굴堀 구덩이坑 기다릴待 범虎

함정(陷穽)을 파놓고 호랑이를 기다림.

굴건제복 굽힐屈 수건巾 제사祭 옷服

상주(喪主)가 상복(喪服)을 입을 때 두건(頭巾) 위에 덧쓰는 건과 제복.

굴기지복 짧을屈 길奇 어조사之 옷服

아주 짧은 옷과 대단히 긴 옷.

괴상(怪狀)하고 이상(異象)한 옷.

굴기하심 굽힐屈 몸己 아래下 마음心

「사람을 대할 때 자기 자신을 굽히고 마음을 겸손(謙遜)하게 가짐」 스스로 잘난 체하지 않고 늘 부족(不足)하다고 겸손해하면서 다른 사람을 존경(尊敬)하고 높여줌.

굴묘편시 팔掘 무덤墓 채찍鞭 주검屍

「묘(墓)를 파헤쳐 시체에 매질함」 통쾌(痛快)한 복수(復讐)나 지나친 행동(行動).

편사시(鞭死屍) 「시체(屍體)에 매질하여 생전(生前)의 원한(怨恨)을 풂」 죽은 사람의 언론(言論) 행위(行爲)를 복수하고자 시체를 공격(攻擊)함.

부관참시(剖棺斬屍) 이미 사망(死亡)한 사람의 큰 죄가 드러났을 때 무덤에서 관을 꺼내어, 그 관을 부수고 시신(屍身)을 참수(斬首)하는 형벌(刑罰).

육시처참(戮屍處斬) 「죽은 사람에게 형벌을 가하여 목을 벰」 흔히 더할 나위 없이 가혹(苛酷)한 형벌.

굴산지승 나라 이름屈 낳을産 어조사之 탈乘

屈은 굴지국(屈之國)으로 장안(長安)의 서쪽 천오백 리에 있으며, 옛날에 명마가 많이 나던 곳. 乘은 말 네 필. 명마(名馬).

굴수수서 굽을屈 머리首 받을受 책書

「머리를 숙이고 책(冊)을 받음」 스승에게 가르침을 받음.

백수북면(白首北面) 재덕(才德)이 없는 사람은 늙어서도 북면하여 스승의 가르침을 받음이 마땅함.

사자상승(師資相承) 스승으로부터 제자(弟子)에게 학예(學藝)를 이어 전함.

온공자허(溫恭自虛) 얼굴빛을 부드럽게 하고, 행실(行實)을 삼가고, 겸허(謙虛)하게 스승의 가르침을 받으며, 자기 의견(意見)을 고집(固執)하지 않는 일.

조슬친수(造膝親受) 가까이 나아가 직접(直接) 가르침을 받음.

집경좌하(執經座下) 스승의 좌하에서 경서(經書)를 가지고 가르침을 받음.

굴슬화협 굽을屈 무릎膝 화할和 화합할協

무릎을 꿇고 서로 마음을 더놓고 협의(協議)함.

굴신무상 굽을屈 펼伸 없을無 상도常

「굽히고 펴고 하는데 일정(一定)한 기준(基準)이 없음」 절조(絶調) 없이 형편(形便)에 따라 굽실거림.

풍타낭타(風打浪打) 일정한 주의(主義) 주장(主張) 없이 그저 되는대로 형편에 따라 행동(行動)함.

굴신수분 굽힐屈 몸身 지킬守 나눌分

몸을 굽혀 분수(分數)를 지킴.

굴신자재 굽을屈 펼伸 스스로自 있을在

행동(行動)하는 데 있어서 구속(拘束)이나 장애(障礙)가 없이 마음대로임.

경거망동(輕擧妄動) 가볍게 움직이고 망령(亡靈)되게 행동함.

망자존대(妄自尊大) 분별(分別)도 없이 함부로 잘난 체를 함.

방약무인(傍若無人) 곁에 아무도 없는 것처럼 여김.

안하무인(眼下無人) 눈 아래에 사람이 없음.

오만불손(傲慢不遜) 태도(態度)나 행동이 건방지고 공손(恭遜)하지 못함.

유아독존(唯我獨尊) 오직 나만이 존귀(尊貴)한 존재(存在)임.

굴실구서 팔掘 집室 취할求 쥐鼠

「쥐 잡으려고 집을 파헤침」 얻는 것보다 잃는 것이 더 많음.

갈택분수(竭澤焚藪) 연못을 말려 고기를 잡고 숲을 태워 짐승을 잡음.

갈택이어(竭澤而漁) 연못을 말려 고기를 잡음.

당랑규선(螳螂窺蟬) 이슬을 먹으려는 매미는 그 뒤에서 사마귀가 노리는 줄을 모름.

독초충기(毒草充飢) 마치 굶어 죽기를 앞둔 사람이 독초로 허기(虛飢)를 채움.

분림이렵(焚林而獵) 숲을 태워 짐승을 잡음.

살계취란(殺鷄取卵) 닭을 죽여 달걀을 꺼냄.

수주탄작(隨株彈雀) 수후(隋候)의 구슬로 참새를 쏨.

음짐지갈(飮鴆止渴) 짐주(짐독을 섞은 술)를 마셔 갈증(渴症)을 그치게 함.

득수이실인(得獸而失人) 짐승을 잡고 사람을 잃음.

굴어부지기

굽힐絀 어조사於 아닐不 알知 몸己

사람은 자기(自己)를 알지 못하는 자에 대해서는 몸을 굽혀야 함.

굴이불신 굽힐屈 말 이을而 아닐不 펼伸

굽히고는 펴지 않음.

굴정취수 팔掘 우물井 가질取 물水

「우물을 파서 물을 얻음」 뜻한 바를 이루려면 굳은 의지(意志)로 노력(努力)해야 함.

굴지 굽힐屈 손가락指

무엇을 셀 때, 손가락을 꼽음.

매우 뛰어나 수많은 가운데서 손꼽힘.

굴지계수 굽힐屈 손가락指 셀計 셈數

손가락을 꼽아서 수를 세는 일.

굴지계일 굽힐屈 손가락指 셀計 날日

손을 꼽아 가며 그날을 기다림.

굴지득금 팔掘 땅地 얻을得 금金

「땅을 파다가 금을 얻음」 뜻밖에 재물(財物)을 얻음. 뜻밖에 횡재(橫財)를 함.

고목생화(枯木生花) 말라 죽은 나무에서 꽃이 핌.

맹귀부목(盲龜浮木) 눈이 먼 거북이 우연(偶然)히 물에 뜬 나무를 잡음.

몽망착어(蒙網捉魚) 「그물을 쓰고 고기를 잡음」 요행(徼幸)히 운(運)이 좋았음.

무망지복(毋望之福) 뜻밖의 행복(幸福).

주장낙토(走獐落兎) 노루를 쫓다가 생각지도 않은 토끼가 걸려듦.

하이득차(何以得此) 뜻밖에 얻음.

궁거만가 대궐宮 수레車 저물晚 탈 것駕
궁거안가 宮 車 편안할晏 駕

황제(皇帝)의 죽음. **안가**(晏駕)

대고(大故) 임금의 죽음.

붕어(崩御) 임금이 세상을 떠남.

상빈(上賓) 날아서 하늘에 오름.

예척(禮陟) 임금이나 왕비(王妃)의 죽음.

유궁(遺弓) 「황제가 활을 남겨 놓고 하늘로 올라갔음」 임금의 죽음.

훙거(薨去) 임금이나 귀인(貴人)의 죽음.

백운지어(白雲之馭) 제왕(帝王)의 사망(死亡).

용어상빈(龍馭上賓) 황제가 용을 타고 승천(昇天)함. 임금이 붕어함.

창오지망(蒼梧之望) 옛날에 순제(舜帝)가 창오에서 죽은 옛일에서 임금의 죽음.

천붕지탁(天崩地坼) 하늘이 무너지고 땅이 터짐.

궁거야처 가난할窮 살居 들野 곳處

가난하고 구차(苟且)하게 시골에서 삶.

구명도생(苟命徒生) 구차스럽게 겨우 목숨만 이어 감.

구연세월(苟延歲月) 근근이 세월을 보냄.

근근도생(僅僅圖生) 근근이 살아감.

죽일연명(粥一延命) 몇 숟가락 안 되는 죽으로 끼니 하며 근근이 목숨을 붙여 감.

취식지계(取食之計) 근근이 밥이나 얻어먹고 사는 꾀.

궁교빈족 궁할窮 사귈交 가난할貧 일가族

가난한 벗과 친척(親戚).

궁구막추 궁할窮 도적寇 없을莫 쫓을追

궁구물박 窮 寇 말勿 닥칠迫

궁구물추 窮 寇 勿 追

궁지(窮地)에 빠진 적(敵)이나 도둑을 모질게 핍박(逼迫)하거나 쫓지 말라.

곤수유투(困獸猶鬪) 위급(危急)할 때는 약한 짐승도 싸우려고 덤빔.

구급도장(狗急跳墻) 개가 급하게 담을 뛰어넘음.

궁서설묘(窮鼠囓猫) 쫓겨서 궁지에 몰린 쥐가 고양이를 묾.

궁조입회(窮鳥入懷) 쫓기는 새가 사람의 품으로 날아듦.

금곤복거(禽困覆車) 새도 곤경(困境)에 빠지면 수레를 전복(顚覆)시킴.

박어부득(迫於不得) 일이 매우 급하면 어쩔 수 없음.

수궁즉설(獸窮則齧) 짐승도 궁지에 몰리면 사람을 묾.

위사필궐(圍師必闕) 적을 포위(包圍)할 때는 반드시 퇴로(退路)를 열어두라.

조궁즉탁(鳥窮則啄) 새가 쫓기다가 도망(逃亡)할 곳을 잃으면 상대방(相對方)을 부리로 쫌.

궁어이분경(窮魚餌奔鯨) 궁지에 몰리면 약한 물고기도 고래에게 덤벼 묾.

귀사물엄 궁구막추(歸師勿掩 窮寇莫追) 물러나는 군사(軍士)는 덮치지 말고, 궁한 도적(盜賊)은 뒤쫓지 말라.

궁구지업 활弓 갖옷裘 어조사之 업業

「활을 만들고 갖옷을 만드는 일」 선조(先祖) 대대(代代)로 전해 오는 가업(家業).

가전비방(家傳祕方) 비밀(祕密)히 그 집안에만 대대로 전해 내려오는 처방(處方).

세세상전(世世相傳) 여러 대를 전해 내려옴.

전가지보(傳家之寶) 한집안에 대대로 전해 내려오는 보물(寶物).

청전구물(靑氈舊物) 대대로 전하여 내려오는 오래된 가보(家寶).

궁괘천산 활弓 걸掛 일천千 메山

변방(邊方)을 평정(平定)하고 큰 공(功)을 세워 포부(抱負)를 떨치는 때.

천산괘궁(千山掛弓)

궁년누세 다할窮 해年 늘릴累 생애世

자신(自身)의 일생(一生)과 자손(子孫) 대대(代代).

궁달유명 궁할窮 통달할達 있을有 목숨命

빈궁(貧窮)과 영달(榮達)은 운명(運命)에 의한 것으로, 사람의 힘으로써 어찌할 수 없음.

부귀재천(富貴在天) 부유(富裕)함과 귀함은 하늘에 달림.

막비명야(莫非命也) 운명이 아닌 것이 없음.

사생유명(死生有命) 사람의 살고 죽음은 다 천명(天命)에 달려 있으므로 사람의 힘으로는 어찌할 수 없음.

운수소관(運數所關) 모든 일이 운수에 관계(關係)되므로 사람의 힘으로는 어쩔 수 없음.

↔ **선패유기**(善敗由己) 일의 성공(成功)과 실패(失敗)는 자기의 행동(行動) 여하(如何)에 달려 있음.

궁당익견 궁할窮 마땅할當 더할益 굳을堅

「곤궁(困窮)해질수록 그 지조(志操)는 더욱 굳어짐」 나이가 들었어도 결코 젊은이다운 패기(覇氣)가 변하지 않고 오히려 굳건함.

확삭(矍鑠) 늙어서도 기력(氣力)이 정정(亭亭)함.

강계지성(薑桂之性) 「생강(生薑)과 계수나무 껍질은 오랠수록 더 매움」 늙어서 더욱 강직(剛直)하여지는 성질(性質).

노당익장(老當益壯) 늙으면 뜻과 기백(氣魄)을 더욱 굳게 지녀야 함.

백수일절(白首一節) 늙어서도 한결같이 절의(節義)가 있음.

궁도노완 다할窮 途 늙을老 나라 이름阮

궁도지곡 窮 길途 어조사之 울哭

가난으로 겪는 슬픔.

궁도행인 다할窮 길道 다닐行 사람人

어려운 형편(形便) 속에 길을 가는 나그네.

궁리궁리 궁구할窮 다스릴理 窮 理

여러모로 궁리를 거듭함.

궁리진성 궁구할窮 이치理 다할盡 성품性

하늘의 이치(理致)와 사람의 본성(本性)을 모두 깊이 연구(硏究)함.

궁리치지 궁구할窮 이치理 이를致 알知

마음속으로 이리저리 따져 헤아리며 깊이 생각하여 사물(事物)의 이치(理致)를 깨달아 알게 됨.

궁마재조 활弓 말馬 재주才 잡을操

활 쏘고 말 타는 재주. **궁마지재**(弓馬之才)

궁마지가 활弓 말馬 어조사之 집家

활과 말을 쓰는 집안.

호반(虎班)의 집안.

궁마지간 활弓 말馬 어조사之 사이間

활 쏘고 말 달리는 곳. 싸움터.

궁마지사 활弓 말馬 어조사之 선비士

무사(武士). 무인(武人).

궁마지재 활弓 말馬 어조사之 재주才

활을 쏘고 말을 타는 재주.

궁마재조(弓馬才操)

궁무소불위

궁할窮 없을無 바所 아닐不 할爲

「궁하면 무엇이든지 함」 살기 어려우면 예의(禮儀)나 염치(廉恥)를 가리지 않음.

궁사남위(窮思濫爲)

궁변통구 궁할窮 변할變 통할通 오랠久

궁(窮)하면 변하게 되고, 변하게 되면 두루두루 통(通)해서 오래감.

궁병독무 다할窮 군사兵 더럽힐黷 굳셀武

공훈(功勳)을 탐내어 무력(武力)을 남용(濫用)함.

궁복절검 몸소躬 옷服 절약節 검소할儉

절약(節約)과 근검(勤儉)을 몸에 익힘.

궁부자존 궁할窮 없을不 스스로自 있을存

「가난하여 스스로 살아갈 수 없음」 가난하여 스스로 생활(生活)할 능력(能力)을 갖추지 못함.

궁비속공 집宮 여자종婢 엮을屬 공변될公

죄인(罪人)의 아내나 딸 등을 여종으로 만들어 관부(官府)의 소유(所有)로 삼음.

관비정속(官婢定屬)

궁사극치 다할窮 사치할奢 다할極 사치할侈

사치(奢侈)가 극도(極度)에 달함.

굉주교착(觥籌交錯) 술잔과 산가지가 뒤섞임.

기기음교(奇技淫巧) 「뛰어난 세공(細工)과 지나치게 교묘(巧妙)하게 만든 물건(物件)」 사치스러움.

배반낭자(杯盤狼藉) 술잔과 그릇들이 어지럽게 흩어져 있음.

상저옥배(象箸玉杯) 상아(象牙) 젓가락과 옥 술잔.

육산주해(肉山酒海) 산처럼 쌓인 고기와 바다처럼 많은 술.

육산포림(肉山脯林) 고기의 산과 고기포의 숲.

주지육림(酒池肉林) 술이 못을 이루고 고기가 수풀을 이룸.

궁사남위 궁할窮 생각할思 넘칠濫 할爲

궁하면 아무 짓이나 함부로 함.

궁무소불위(窮無所不爲)

궁사멱득 다할窮 생각할思 찾을覓 얻을得

온갖 힘을 다 들여 고생(苦生)한 끝에 겨우 찾아냄. **궁심멱득**(窮心覓得)

궁사무척 다할窮 긴 뱀蛇 없을無 자尺

「구멍에 들어있는 뱀은 그 길이를 알 수 없음」 사람의 마음이나 재주를 헤아리기가 어려움. **공사무척**(孔蛇無尺)

이승양석(以升量石) 「되로 섬 되는 양을 셈」 어리석은 사람이 현자(賢者)의 마음을 헤아리기 불가능(不可能)함.

인모난측(人謀難測) 사람의 마음이 간사(奸詐)하여 헤아리기 어려움.

인심난측(人心難測) 사람의 마음은 헤아리기 어려움.

측수심매인심(測水深昧人心) 물속 깊이는 알아도 사람의 마음속은 모름.

궁산벽촌 다할窮 메山 궁벽할僻 마을村

궁벽(窮僻)한 산골에 있는 외진 마을.

산간벽촌(山間僻村) 산간 지대(地帶)의 궁벽한 마을.

원방궁항(遠方窮巷) 먼 지방(地方)의 외딴 촌구석.

궁서교리 다할窮 쥐鼠 깨물嚙 살쾡이狸

「궁지(窮地)에 몰린 쥐가 살쾡이를 깨묾」 힘이 없는 사람이 너무 눌리면 반항(反抗)하게 됨.

궁서막추 다할窮 쥐鼠 없을莫 쫓을追

피할 곳이 없는 쥐는 쫓지 말라.

궁서설묘 다할窮 쥐鼠 깨물齧 고양이猫
궁서설리 窮 鼠 齧 살쾡이狸

쫓겨서 궁지(窮地)에 몰린 쥐가 고양이를 묾. **궁구막추**(窮仇莫追),

궁구물추(窮寇勿追), **궁구물박**(窮寇勿迫)

곤수유투(困獸猶鬪) 위급(危急)할 때는 약한 짐승도 싸우려고 덤빔.

구급도장(狗急跳墻) 개가 급하게 담을 뛰어 넘음.

궁조입회(窮鳥入懷) 쫓기는 새가 사람의 품으로 날아듦.

금곤복거(禽困覆車) 새도 곤경(困境)에 빠지면 수레를 전복(顚覆)시킴.

박어부득(迫於不得) 일이 매우 급하면 어쩔 수 없음.

수궁즉설(獸窮則齧) 짐승도 궁지에 몰리면 사람을 묾.

위사필궐(圍師必闕) 적을 포위(包圍)할 때는 반드시 퇴로(退路)를 열어두라.

조궁즉탁(鳥窮則啄) 새가 쫓기다가 도망(逃亡)할 곳을 잃으면 상대방(相對方)을 부리로 쫌.

궁어이분경(窮魚餌奔鯨) 궁지에 몰리면 약한 물고기도 고래에게 덤벼 묾.

귀사물엄 궁구막추(歸師勿掩 窮寇莫追) 물러나는 군사(軍士)는 덮치지 말고, 궁한 도적(盜賊)은 뒤쫓지 말라.

궁성요배 궁궐宮 성城 멀遙 절拜

일본(日本) 제국(帝國)과 그 식민지(植民地)들의 주민(住民)들이 고쿄(宮城-궁성)가 있는 방향으로 고개를 숙여 절을 하던 예법(禮法). 일본 제국의 내지(內地-일본 제국의 일본 본토)뿐만 아니라 외지(外地-일본 제국의 식민지), 일본 제국의 괴뢰(傀儡) 국가 어디서든지 가능(可能)했다.

대만(臺灣)에서는 **황성요배**(皇城遙拜),
조선(朝鮮)에서는 **황거요배**(皇居遙拜),
만주국(滿洲國)에서는 **동방요배**(東方遙拜)라 함.

궁수저서 궁핍할窮 시름愁 저술할著 글書

현인(賢人)이 곤란(困難)에 부딪혀 그 뜻을 펴지 못하고, 글을 지어 그 뜻을 표함.

궁시감조 활弓 화살矢 감찰監 지을造

활과 화살을 다른 사람의 감독하(監督下)에 만듦.

궁시창검 활弓 화살矢 창槍 칼劍

활과 화살, 그리고 창과 칼.

궁전창검(弓箭槍劍), **창검궁시**(槍劍弓矢)

궁심멱득 다할窮 마음心 찾을覓 얻을得

「온갖 궁리(窮理) 끝에 겨우 찾아 얻음」 힘을 다하여 마침내 목적(目的)을 달성(達成)함. **궁사멱득**(窮思覓得)

궁아포부

궁핍할窮 아이兒 갑자기暴 부유할富

가난하였던 사람이 벼락부자가 됨.

졸부(猝富) 갑자기 된 부자(富者).

천리일도(千里一跳) 「큰 새가 단번에 천리를 남」 먼길을 짧은 시간(時間)에 가거나, 갑자기 성공(成功)함.

궁여일책 궁핍할窮 남을餘 한一 꾀策

궁여지책 窮 餘 어조사之 策

「궁한 끝에 나는 한 꾀」 막다른 지경(地境)에 그 국면(局面)을 타개(打開)하려 짜낸 꾀.

사급계생(事急計生) 사태(事態)가 급하면 좋은 계책(計策)이 생김.

인급계생(人急計生) 사람은 다급해지면 좋은 꾀가 생김.

출모발려(出謀發慮) 어떤 계략(計略)을 생각해 냄.

궁원투림 궁할窮 원숭이猿 던질投 수풀林

「다급한 원숭이는 나무를 가리지 않음」 가난할 때는 아무 벼슬이나 함.

궁유한사 궁할窮 선비儒 찰寒 선비士

생활(生活)이 곤궁(困窮)한 유생(儒生)과 출신(出身)이 미천(微賤)한 선비.

궁이후공

궁할窮 말 이을而 뒤後 공교로울工

「가난한 뒤에야 공교(工巧)해짐」 시인(詩人)은 가난해야 시를 잘 지음.

예술가(藝術家)는 가난해야 예술이 교묘(巧妙)해짐.

궁인모사 궁할窮 사람人 꾀할謀 일事

「운수(運數)가 나쁜 사람이 일을 꾸밈」 일이 뜻대로 이루어지지 않음.

낭패(狼狽) 일이 뜻대로 되지 않아 몹시 딱함.

서어(鉏鋙) 서로 어긋남. 곧 의견(意見)이 맞지 않아 뜻대로 되지 않음.

부득의(不得意) 마음대로 되지 않음.

계란유골(鷄卵有骨) 「달걀에도 뼈가 있음」 달걀이 곯음. 일이 공교(工巧)롭게 틀어짐.

남행북주(南行北走) 「남으로 가고 북으로 달림」 제대로 되는 일도 없이 이리저리 돌아다님.

사불여의(事不如意) 일이 뜻대로 되지 않음.

소불여의(少不如意) 조금도 뜻대로 되지 않거나 조금도 뜻과 같지 않음.

유의막수(有意莫遂) 「뜻은 있어도 이루지 못함」 마음에는 간절하여도 뜻대로 되지 않음.

정지울결(情志鬱結) 일이 뜻대로 되지 않거나 하여 마음이 답답함.

궁일지력 다할窮 날日 어조사之 힘力

아침부터 저녁까지 쉬지 않고 힘씀.

노근노골(勞筋勞骨) 「매우 힘써 일함」 몸을 아끼지 않고 일에 힘씀.

숙흥야매(夙興夜寐) 「일찍 일어나고 밤에 잠」 부지런히 일함.

정려각근(精勵恪勤) 게을리하지 않고 일에 힘씀.

궁장외망 궁궐宮 담장牆 바깥外 망볼望

「궁궐(宮闕) 담에서 밖을 봄」 다른 사람의 내막(內幕), 형편(形便)을 엿볼 수 없음.

궁적상적 활弓 과녁的 서로相 맞을適

「활과 과녁(貫革)이 서로 맞았음」 기회(機會)가 서로 들어맞음.

궁전반울 궁궐宮 전각殿 소반盤 빽빽할鬱

궁궐(宮闕)과 전각(殿閣)이 굽이굽이 들어차 있음.

궁전반울 누관비경(宮殿盤鬱 樓觀飛警) 궁궐과 전각은 굽이굽이 들어차 있고, 다락과 관대(觀臺)는 새가 날고 말이 솟구치는 듯함.

궁전지사 활弓 화살箭 어조사之 선비士

무예(武藝)를 익히어 그 방면(方面)에 종사(從事)하는 사람.

궁전창검 활弓 화살箭 창槍 칼劍

활과 화살, 그리고 창과 칼.

궁시창검(弓矢槍劍), **창검궁시**(槍劍弓矢)

궁절시진 활弓 부러질折 화살矢 다할盡

궁절전진 弓 折 화살箭 盡

「활은 부러지고 화살은 다 없어짐」 힘이 다하여 어찌할 도리(道理)가 없음.

앙비식(仰鼻息) 「콧김을 더듬음」 내로라하는 세력(勢力)이 궁지(窮地)에 빠져 기진맥진해 있는 모습.

갱무도리(更無道理) 다시 어찌할 도리가 없음.

계궁역진(計窮力盡) 「꾀가 다하고 힘을 전부(全部) 써 버림」 더는 어찌할 도리가 없음.

기진맥진(氣盡脈盡) 스스로 몸을 가누지 못할 정도(程度)로 기력(氣力)이나 기운이 다함.

도절시진(刀折矢盡) 칼은 부러지고 화살은 다 써서 없어짐.

병진시궁(兵盡矢窮) 병사(兵士)들이 거의 희생(犧牲)되고 화살이 모두 떨어짐.

만사휴의(萬事休矣) 「모든 일이 끝났음」 어찌 손을 써볼 도리가 없음.

말여지하(末如之何) 아주 엉망이 되어서 어찌할 도리가 없음.

말유야이(末由也已) 어찌할 방도(方途)가 없음.

무위무책(無爲無策) 하는 일도 없고 할 방안(方案)도 없음.

산궁수진(山窮水盡) 산이 앞을 가로막고, 물줄기가 끊어져 더 나아갈 길이 없음.

세궁역진(勢窮力盡) 기세(氣勢)가 꺾이고 힘이 다 빠져 어찌할 수가 없음.

요개부득(撓改不得) 도무지 고칠 도리가 없음.

정로역굴(情露力屈) 실제(實際)의 사정(事情)이나 정세(情勢)가 드러나고 힘이 꺾여 계책(計策)을 쓸 방도가 없음.

졸난변통(猝難變通) 뜻밖에 일을 당하여 조처(措處)할 도리가 없음.

궁정지소 활弓 기旌 어조사之 부를召

고관(高官)으로 채용(採用)되는 일. 사(士)를 초빙(招聘)할 때는 弓, 대부(大夫)에는 旌을 쓴 데서 유래(由來)함. 활과 기 모두 임금이 예(禮)를 두터이 하여 어진 사람을 부르는 데 씀.

궁조마복 활弓 고를調 말馬 옷服

활을 잘 고르고 말을 잘 길들임.

궁조입회 궁할窮 새鳥 들入 품을懷

「쫓기는 새가 사람의 품으로 날아듦」 처한 환경(環境)이 곤궁(困窮)하여 다른 사람에게 의지(依支)함.

구급도장(狗急跳墻) 개가 급하게 담을 뛰어넘음.

궁구물추(窮寇勿追) 궁지(窮地)에 빠진 적(敵)이나 도둑을 모질게 핍박(逼迫)하거나 쫓지 말라.

궁서설묘(窮鼠囓猫) 쫓겨서 궁지(窮地)에 몰린 쥐가 고양이를 묾.

금곤복거(禽困覆車) 새도 곤경(困境)에 빠지면 수레를 전복(顚覆)시킴.

박어부득(迫於不得) 일이 매우 급하면 어쩔 수 없음.

수궁즉설(獸窮則齧) 짐승도 궁지에 몰리면 사람을 묾.

위사필궐(圍師必闕) 적을 포위(包圍)할 때는 반드시 퇴로(退路)를 열어두라.

조궁즉탁(鳥窮則啄) 새가 쫓기다가 도망(逃亡)할 곳을 잃으면 상대방(相對方)을 부리로 쫌.

궁어이분경(窮魚餌奔鯨) 궁지에 몰리면 약한 물고기도 고래에게 덤벼 묾.

귀사물엄 궁구막추(歸師勿掩 窮寇莫追) 물러나는 군사(軍士)는 덮치지 말고, 궁한 도적(盜賊)은 뒤쫓지 말라.

궁중부중 궁궐宮 가운데中 관청府 中

왕(王)과 높은 관리(官吏).

궁즉통 궁할窮 곧則 통할通

「궁하면 오히려 통하는 데가 있음」 매우 궁한 처지(處地)에 이르면 도리어 펴나갈 방법(方法)이 생김.

곤궁이통(困窮而通) 곤궁해도 통할 때가 생김.

궁천극지 다할窮 하늘天 다할極 땅地

하늘과 땅처럼 끝이 없음.

망무제애(茫無際涯) 아득하고 멀어 끝이 없음.

무변광대(無邊廣大) 한없이 넓고 커 끝이 없음.

천양무궁(天壤無窮) 천지(天地)와 더불어 끝이 없음.

호호탕탕(浩浩蕩蕩) 물이 한없이 넓게 흐르는 모양. 아주 넓어서 끝이 없음.

궁천지통 다할窮 하늘天 어조사之 아플痛

하늘에 사무치는 고통(苦痛)이나 설움.

붕천지통(崩天之痛) 「하늘이 무너지는 아픔」 임금의 승하(昇遐).

천붕지탁(天崩地坼) 하늘이 무너지고 땅이 꺼짐.

천붕지탑(天崩地榻) 하늘이 무너지고 땅이 터져 나갈 듯이 흔들려 움직임.

천붕지함(天崩地陷) 하늘이 무너지는 큰일.

궁촌벽지 궁할窮 마을村 후미질僻 땅地

가난한 마을과 궁벽(窮僻)한 땅.

궁하필위 궁할窮 아래下 반드시必 위태할危

아랫사람을 궁하게 하면 반드시 위태(危殆)로워짐.

수궁즉확(獸窮則攫) 짐승은 궁하면 할퀴고,

인궁즉사(人窮則詐) 사람이 궁하면 거짓말을 함.

불궁기마(不窮其馬) 말을 궁하게 하지 말라.

궁행실천 몸소躬 행할行 열매實 밟을踐

실제(實際)로 밟고 몸소 행함.

실천궁행(實踐躬行)

실사구시(實事求是) 실질적(實質的)인 일에 나아가 옳음을 구함.

무실역행(務實力行) 공리공론(空理空論)을 배척(排斥)하며 참되고 성실(誠實)하도록 힘써 행할 것을 강조(强調)하는 사상(思想).

↔ **공언무시**(空言無施) 빈말만 하고 실천(實踐)이 따르지 않음.

궁향이성 다할窮 울림響 써以 소리聲

「울림을 미워하여 입을 다물게 하려고 소리쳐 꾸짖으면 점점 더 울림이 커짐」 근본(根本)을 무시(無視)하고 지엽적(枝葉的)인 것을 다스림.

개두환면(改頭換面) 머리와 얼굴을 바꿈.

견지망월(見指忘月) 「달을 보라고 손을 들어 가리켰더니 손가락만 봄」 본질(本質)을 외면(外面)한 채 지엽적인 것에 집착(執着)함.

모피지부(毛皮之附) 「가죽도 없는데 털이 붙음」 근본은 뒷전이고 중요(重要)하지 않은 문제(問題)만 해결(解決)하려고 함.

귀관리망두족(貴冠履忘頭足) 갓과 신을 귀히 여기고 머리와 발은 업신여김.

궁흉극악 다할窮 흉할凶 다할極 악할惡

궁흉절패 窮 凶 끊을絶 거스를悖

성정(性情)이 음침(陰沈)하고 매우 흉악함.

괴악망측(怪惡罔測) 말이나 하는 짓이 측량(測量)할 수 없이 괴이(怪異)하고 흉악함.

무거불측(無據不測) 「근거(根據)가 없어 헤아리지 못함」 성질(性質)이 아주 흉악함.

절패지흉(絶悖至兇) 모질고 사나워 지극(至極)히 흉악함.

흉악망측(凶惡罔測) 몹시 흉악(凶惡)함.

권감국사 임시로權 살필監 나라國 일事

왕(王)이 없을 때 세자(世子)가 임시(臨時)로 나랏일을 감독(監督)하던 일.

권갑도기 말卷 갑옷甲 감출韜 깃발旗

「갑옷을 말아 게고 군기(軍旗)를 치움」 전쟁(戰爭)을 그침.

세병(洗兵) 병기(兵器)를 씻어서 거둠.

대우패독(帶牛佩犢) 「칼을 팔아 소를 삼」 전쟁을 그만두고 농사(農事)를 지음.

도재간과(倒載干戈) 방패(防牌)와 창을 뒤쪽으로 향하게 하여 수레에 실음.

도치간과(倒置干戈) 무기를 거꾸로 놓음.

매검매독(賣劍買犢) 「칼을 팔아서 송아지를 삼」 전쟁을 그만두고 고향(故鄕)에 돌아가 농업(農業)에 종사(從事)함.

소봉주거(銷鋒鑄鐻) 병기를 녹여서 북받침을 만듦.

수문언무(修文偃武) 무예(武藝)를 그만두고 학문(學文)을 닦음.

언기식고(偃旗息鼓) 전쟁터에서 군기(軍旗)를 누이고 북을 쉼.

재즙간과(載戢干戈) 전란(戰亂)이 끝나 무기(武器)를 거두어 감.

투병식과(投兵息戈) 병기를 던지고 창을 쉬게 함.

귀마우화산지양(歸馬于華山之陽) 주나라 무왕이 은나라를 멸한 뒤 전마(戰馬)를 화산의 남쪽에 방목(放牧)하여 천하에 다시 싸움하지 않을 것을 알린 고사(故事).

방우우 도림지야(放牛于 桃林之野) 전쟁에 쓰던 소를 도림의 들판에 방목(放牧)함.

권고사직 권할勸 알릴告 말씀辭 직분職

회사(會社)로부터 권유(勸諭)를 받아서 하는 퇴직. 사용자(使用者) 측에서 근로자(勤勞者)에게 퇴직을 권유하고 근로자(勤勞者)가 이를 받아들여 사직서(社稷署)를 제출(提出)하는 형식(形式)을 통해서 근로관계(勤勞關係)를 종료(終了)하는 것. **권고퇴직**(勸告退職)

권고지은

돌아볼眷 돌아볼顧 어조사之 은혜恩

돌보아 준 은혜(恩惠).

난육지은(卵育之恩), **난육지은**(卵育之恩) 닭이 알을 품듯 길러 준 은혜(恩惠).

무육지은(撫育之恩) 잘 돌보아 고이 길러 준 은혜.

생육지은(生育之恩) 낳아주고 길러 준 은혜.

지은보은(知恩報恩) 남이 베풀어 준 은혜를 알고, 그 은혜를 갚음.

양휵지은(養慉之恩) 돌보아 길러 자라게 한 은혜.

권고침로 권할勸 알릴告 바늘針 길路

배가 안전(安全)하게 항해(航海)할 수 있도록 미리 선정(選定)하여 놓은 항로(航路).

권고퇴직 권할勸 알릴告 물러날退 직분職

회사(會社)로부터 권유(勸諭)를 받아서 하는 퇴직. **권고사직**(勸告辭職)

권고회은

돌아볼眷 돌아볼顧 돌아올回 숨을隱

앞뒤를 잘 살펴 도망(逃亡)쳐 숨음.

봉두서찬(奉頭鼠竄) 머리를 감싸 쥐고 살금살금 도망쳐 숨음.

사산분찬(四散奔竄) 사방으로 흩어져 숨음.

포두서찬(抱頭鼠竄) 무서워서 달아나는 쥐처럼 몰골사납게 머리를 감싸고 얼른 숨음.

권과농상 권할勸 매길課 농사農 뽕나무桑

농상을 권장(勸奬)해 맡김. 조선시대(朝鮮時代)의 수령(守令)이 지방(地方)을 통치(統治)하면서 힘써야 할 일곱 가지 사항(事項)인 수령칠사(守令七事) 중 하나.

권권복응 근심할拳 拳 일服 심중膺

「늘 마음에 두고 정성(精誠)껏 지킴」 항상(恒常) 정성껏 지켜 잠시(暫時)도 잊지 않는 모양. 拳拳은 정성껏 지키는 모양(模樣).

불가불념(不可不念) 마음에 두고 생각함.

권권불망 돌아볼眷 眷 아닐不 잊을忘

가엾게 여겨 늘 돌보며 잊어버리지 않음.

권귀지례 말捲 시집 갈歸 어조사之 예도禮

갓 결혼(結婚)한 신부(新婦)가 시집으로 가서 시부모(媤父母)를 뵙는 예식(禮式).

부견구고(婦見舅姑) 며느리가 시부모를 뵘.

권류양친

권세**權** 머무를**留** 봉양할**養** 어버이**親**

때에 따라 임기응변(臨機應變)으로 일을 처리(處理)하는 방도(方途)로서, 집에 머무르게 하여 어버이를 봉양(奉養)하게 함.

조부모(祖父母), 부모가 늙어 병들어 있고, 달리 봉양할 성년(成年) 남자가 없는 경우, 사죄범(死罪犯)일지라도 십악(十惡)의 죄가 아니면 집에서 시양(侍養) 하도록 하여, 그들이 죽은 후나 병이 나은 후에 형을 집행(執行)하던 일.

권리론자 권리**權** 이로울**利** 논할**論** 사람**者**

개인(個人)의 권리는 사회 복지(福祉) 따위를 명분(名分)으로 하여도 희생(犧牲)할 수 없다는 도덕적(道德的) 신념(信念)을 가진 사람.

권리승계 권리**權** 이로울**利** 이을**承** 이을**繼**

다른 사람이 가진 권리를 취득(取得)하는 일.

권리의식 권세**權** 힘**力** 뜻**意** 알**識**

어떤 일을 주체적(主體的)으로 자유(自由)롭게 처리(處理)하거나 타인(他人)에 대하여 당연(當然)히 주장(主張)하고 요구(要求)할 수 있는 자격(資格)이나 힘에 관한 관심(關心)이나 의식(意識).

권모술수 저울추**權** 꾀**謀** 재주**術** 셈**數**

권모술책 **權 謀 術** 꾀**策**

목적(目的)을 달성(達成)하기 위해 모략(謀略)과 중상(中傷) 등 온갖 수단(手段)과 방법(方法)을 쓰는 술책.

공심위상(攻心爲上) 상대(相對)의 마음을 공략(攻略)하는 것이 상책(上策)임.

낭패위간(狼狽爲奸) 흉악(凶惡)한 무리가 모략을 꾸미는 것.

모략선전(謀略宣傳) 다른 이들을 해치기 위해 없는 사실(事實)을 꾸며 내는 거짓 선전.

산심법사(散心法師) 함부로 분별(分別)하는 사람을 비방(誹謗)하는 말.

설검순창(舌劍脣鎗) 혀의 칼과 입술의 창.

적설소성(赤舌燒城) 소인(小人)들이 군자(君子)를 참해(讒害)하는 혓바닥은 불같아서 성곽(城廓)이라도 태워 버릴 만함.

적훼소골(積毁銷骨) 여러 사람이 헐뜯어 비방(誹謗)하면 골육(骨肉) 간(間)의 정(情)도 쇠가 녹듯이 끊어지고 맒.

중상모략(中傷謀略) 남을 모략하여 명예(名譽)를 손상(損傷)시키는 일.

침윤지참(浸潤之讒) 물이 차츰 스며듦 같이 깊이 믿도록 서서히 하는 참소의 말.

풍진지언(風塵之言) 거짓을 꾸며 남을 참소(讒訴)하는 말.

투량환주(偸梁換柱) 「대들보를 훔치고 기둥을 바꿈」 겉은 그대로 두고 내용(內容)이나 본질(本質)을 바꾸어 놓음으로써 승리(勝利)를 취하는 전략(戰略).

호구참언(虎口讒言) 「매우 위험(危險)한 참언」 남을 궁지(窮地)에 몰아넣는 고자질이나 헐뜯는 말.

마타도어(matador) 흑색선전(黑色宣傳)이라는 뜻으로, 투우사(鬪牛士)를 뜻하는 스페인어 '메타도르(matador)'에서 유래(由來)함.

권문세가 권세**權** 문벌**門** 권세**勢** 집**家**

권문세도 **權 門 勢** 길**道**

권문세족 **權 門 勢** 일가**族**

벼슬이 높고 권세(權勢)가 있는 집안.

고문대가(高門大家) 부귀(富貴)하고 세력(勢力)이 강한 집안.

일문백홀(一門百笏) 일족 중에서 홀을 가질 정도의 지위(地位) 높은 사람이 백 명이나 나오는 권문세가.

장립대령(長立待令) 「오래 서서 명령(命令)을 기다림」 권문세가에 드나들며 이익(利益)을 얻고자 하는 사람을 조롱(嘲弄)하는 말.

재상지종(宰相之宗) 대대로 이어져 내려온 공신(功臣)・재상(宰相)의 가문(家門).

홍분유취(紅粉乳臭) 「분홍빛의 옷을 입고 입에서 젖내가 남」 과거시험(科擧試驗)에 권문세가의 자손(子孫)들이 합격(合格)한 것을 비난(非難)하는 말.

권문자제 권세權 문벌門 아들子 아우弟

권세(權勢) 있는 집안의 자식(子息).

권불십년 권세權 아닐不 열十 해年

「권세(權勢)는 십 년을 가지 못함」 아무리 막강(莫强)한 권력(權力)도 10년 못 간다는 말인데, 꼭 10년이 아니라 영원(永遠)할 것 같지만 오래가지 못해 결국(結局)은 무너짐.

극성즉패(極盛則敗) 너무 왕성(旺盛)하면 얼마 가지 못해서 패망(敗亡)함.

도유승강(道有升降) 길에는 오르고 내림이 있음.

물극필반(物極必反) 사물(事物)이 궁극(窮極)에 달하면 도로 그전 상태(狀態)로 돌아오는 법임.

세무십년(勢無十年) 십 년 누린 권세 없음.

영고성쇠(榮枯盛衰) 꽃이 피고 지고, 융성(隆盛)했다가 쇠퇴(衰退)함.

염량세태(炎涼世態) 권세가 있으면 아첨(阿諂)하고 몰락(沒落)하면 냉대(冷待)하는 세상의 인심(人心).

합구필분(合久必分) 합쳐진 지 오래면 반드시 나뉘게 됨.

천무삼일청(天無三日晴) 갠 날은 사흘씩 계속(繼續)되지 않음.

취우부종일(驟雨不終日) 소나기는 종일 오지 않음.

화무십일홍(花無十日紅) 열흘 동안 붉은 꽃이 없음.

화무백일홍 인무천일호(花無百日紅 人無千日好) 꽃은 백일 붉은 것이 없고, 사람은 천일이 한결같이 좋을 수 없음.

권상요목 권할勸 올릴上 흔들搖 나무木

「나무에 오르도록 해 놓고 다시 흔들어 떨어뜨림」 남을 부추겨 낭패(狼狽)를 보도록 방해(妨害)함.

등루거제(登樓去梯) 누상(樓上)에 오르게 하고, 오른 뒤 사다리를 치워 버림.

상루담제(上樓擔梯), **상수발제**(上樹拔梯) 다락에 올라가게 하고는 사다리를 치워 버림.

상옥추제(上屋抽梯) 지붕으로 유인(誘引)한 뒤 사다리를 치움.

권상출척 권할勸 상줄賞 내칠黜 오를陟

농민(農民)의 의기(義氣)를 앙양(昂揚)키 위하여 열심(熱心)인 자는 상(償) 주고, 게을리한 자는 출척(黜陟-못된 자를 내쫓음)함.

세숙공신 권상출척(稅熟貢新 勸賞黜陟) 익은 곡식(穀食)으로 세금(稅金) 내고, 새 곡식으로 종묘(宗廟)에 제사(祭祀)를 지내는데, 권면(勸勉)하여 상을 주기도 하고 내치기도함.

권서국사 권세權 관청署 나라國 일事

아직 왕호(王號)를 인정(認定)받지 못한 왕의 임시(臨時) 칭호(稱號).

고려(高麗) 이후(以後) 우리나라는 임금이 즉위(卽位)하면 중국에 보고(報告)하여 승인(承認)을 받아야 왕호를 사용(使用)할 수 있었으므로, 고려 태조(太祖) 왕건(王建)은 권지고려국왕사(權知高麗國王事), 조선 태조(太祖) 이성계(李成桂)는 권지고려국사(權知高麗國事)라는 칭호를 썼다. **권지국사**(權知國事)

권선보시 권할勸 착할善 보시布 베풀施

착한 마음이 있는 사람에게 권하여 재물(財物)을 내어 다른 사람을 도와줄 것을 청(請)함.

권선징악 권할勸 착할善 징계할懲 악할惡

착한 일을 권장(勸奬)하고 나쁜 일을 징계(懲戒)함. **징권**(懲勸), **창선징악**(彰善懲惡)

거악취선(去惡就善) 악한 것을 버리고 선한 것을 취(取)함.

격탁양청(激濁揚淸) 탁한 것을 몰아내고 청한 것을 받아들임.

견선여갈(見善如渴) 착한 일을 보기를 마치 목마른 것같이 하라.

구주필벌(口誅筆伐) 말이나 글로 남의 죄악(罪惡)을 폭로(暴露)하는 일.

복선화음(福善禍淫) 착한 사람에게는 복이 오고 못된 사람에게는 재앙(災殃)이 옴.

상선벌악(賞善罰惡) 착한 사람은 칭찬(稱讚)하고 악한 사람은 벌함.

상일권백(賞一勸百) 한 사람의 착한 일을 칭찬하여 뭇사람에게 착한 일을 장려(奬勵)함.

알악양선(遏惡揚善) 하늘의 큰 뜻에 따라 악한 일을 뿌리 뽑고 착한 일을 북돋움.

정근사원(正近邪遠) 바른 것은 가까이, 나쁜 것은 멀리하라.

진선진미(盡善盡美) 착함과 아름다움을 다함.

헌가체부(獻可替否) 옳은 일을 권하고 악한 일을 못 하게 함.

견선여불급(見善如不及) 착한 일을 보면 따라가지 못한 듯이 해야 함.

징악이권선(懲惡而勸善) 악을 혼내 주고 선을 권장(勸奬)함.

천도복선화음(天道福善禍淫) 하늘은 착한 사람에게 복을 주고, 악한 사람에게는 재앙(災殃)을 내림.

권세지병 권세權 기세勢 어조사之 자루柄

「권력(權力)과 세력(勢力)을 맘껏 부릴 칼자루를 쥠」 권세 있는 지위(地位).

계견승천(鷄犬昇天) 다른 사람의 권세에 빌붙어 승진(昇進)함.

낭청좌기(郎廳坐起) 「벼슬이 낮은 낭관(郎官)이 멋대로 나서서 일을 봄」 아랫사람이 윗사람보다 더 지독(至毒)함.

시랑당로(豺狼當路) 이리와 승냥이처럼 탐욕(貪慾)스럽고 잔혹(殘酷)한 사람이 중요(重要)한 자리에 앉아 권세를 휘두름.

지록위마(指鹿爲馬), **이록위마**(以鹿爲馬) 「사슴을 가리켜 말이라 함」 윗사람을 농락(籠絡)하고 권세를 함부로 부림.

탐권낙세(貪權樂勢) 권세를 탐하고 세도(勢道) 부리기를 즐김.

호가호위(狐假虎威) 여우가 호랑이의 위세(威勢)를 빌려 권세를 부림,

회남계견(淮南鷄犬) 권세에 아부(阿附)하여 출세(出世)하는 사람.

권순노치 말卷 입술脣 드러날露 이齒

윗입술이 위로 말려 올라가 이가 드러나 보임.

권실불이 권세權 열매實 아닐不 둘二

권교(權敎-대승에 들어가는 길의 계제가 되는 방편의 교법)와 실교(實敎-대승의 교법)는 둘이 아니고 하나임.

대승(大乘)과 소승(小乘)은 형식(形式)은 다르나 귀착점(歸着點)은 같음.

권언유착 권세權 말言 뛰어날癒 붙을着

권력(權力)과 언론(言論)이 서로 깊은 관계(關係)를 맺고 결합(結合)되어 있음.

권여지초 권세權 수레輿 어조사之 처음初

임금이 왕위(王位)에 오른 초반기(初盤期).

권요청탁 권세權 요긴할要 청할請 부탁할託

권세(權勢)와 요직(要職)을 차지한 사람에게 어떤 일을 봐 달라고 부탁(付託)하는 일.

권위의식 권세權 위엄威 뜻意 알識

자신(自身)이 다른 사람을 통솔(統率)하거

나 이끄는 힘을 가지고 있다는 인식(認識)이나 판단(判斷).

권위주의 권세權 위엄威 주장할主 옳을義

일반적(一般的)인 사실(事實)이나 상대(相對)의 의견(意見)은 무시(無視)한 채 기존(旣存)의 권위(權威)에 기대어 사람을 대하거나 사태(事態)를 바라보는 사고방식(思考方式)이나 행동양식(行動樣式).

권의지계 저울추權 마땅宜 어조사之 꾀할計

일관성(一貫性) 없이 즉흥적(卽興的)이고 편의적(便宜的)으로 바뀌는 계책(計策).

미봉책(彌縫策) 「실로 꿰매는 방책(方策)」 빈 곳이나 잘못된 것을 임시변통(臨時變通)으로 보완(補完)하는 것.

고육지책(苦肉之策) 제 몸을 상해가면서까지 꾸며 내는 방책.

동족방뇨(凍足放尿) 언 발에 오줌 누기.

미봉만환(彌縫漫漶) 그때그때 겨우 발라맞춰 나가던 일이 몹시 얽히고설킨 것.

봉장작희(逢場作戱) 임기응변의 조처(措處)를 함.

수기응변(隨機應變) 그때그때의 상황(狀況)이나 기틀에 따라서 신축성(伸縮性) 있게 일을 잘 처리(處理)함.

임기응변(臨機應變) 그때그때 처한 뜻밖의 일을 재빨리 그 자리에서 알맞게 대처함.

임시방편(臨時方便) 필요(必要)에 따라 그때그때 정해 일을 쉽고 편리(便利)하게 치를 수 있는 수단(手段).

임시졸판(臨時猝辦) 갑자기 당한 일을 임시로 처리(處理)함.

지갈지계(止渴之計) 목마름을 그치게 하는 꾀.

하석상대(下石上臺) 아랫돌을 빼서 윗돌을 괴고 윗돌을 빼서 아랫돌을 굄.

할고담복(割股啖腹) 빈속을 채우려고 허벅지 살을 베어 먹음.

권재족하 권세權 있을在 발足 아래下

「권한(權限)은 오로지 당신(當身)에게 있음」 남에게 도움을 청(請)할 때 쓰는 말.

권지국사 권세權 알知 나라國 일事

왕호(王號)가 인정(認定)되기 전에 우선(于先) 국사(國事)를 다스린다는 뜻의 칭호(稱號). **권서국사**(權署國事)

권출어일 권세權 날出 어조사於 한一

통치(統治)의 대권(大權)은 임금 한 사람에게서 나옴.

권토중래 말捲 흙土 또다시重 올來

「흙먼지를 일으키며 다시 돌아옴」 한번 싸움에 패하였다가 다시 힘을 길러 쳐들어오는 일. 捲土는 수많은 말과 수레.

동산재기(東山再起) 「동산에서 다시 일어남」 한번 실패(失敗)했던 사람이 재기에 성공(成功)한 경우(境遇).

백폐구흥(百弊俱興) 쇠(衰)하여 없어진 온갖 일이 다시 일어남.

사회부연(死灰復燃) 죽은 재가 다시 불탐.

칠전팔기(七顚八起) 일곱 번 넘어져도 여덟 번 일어섬.

↔ **일패도지**(一敗塗地) 한 번 싸움에 패하여 땅에 떨어짐.

권학강문 권할勸 공부할學 익힐講 학문文

학문(學文)을 권하며 공부(工夫)에 힘쓰게 함.

권회 말卷 품을懷

「말아서 품음」 자기(自己)의 재능(才能)을 감추고 드러내지 않음.

궐각계수 그것厥 뿔角 조아릴稽 머리首

이마가 땅에 닿도록 인사(人事)를 함.

고두사은(叩頭謝恩) 땅에 닿도록 머리를 숙이고 받은 은혜(恩惠)에 고마워함.

돈수재배(頓首再拜) 머리가 닿도록 거듭 절을 함.

면관돈수(免冠頓首) 관을 벗고 이마가 땅에 닿도록 머리를 조아림.

백배사은(百拜謝恩) 백 번 절하며 은혜에 사례(射禮)함.

슬행돈수(膝行頓首) 무릎으로 걸어가서 머리가 땅에 닿도록 절을 함.

평신저두(平身低頭) 사죄(謝罪)하기 위하여 머리를 숙이고 몸을 낮춤.

함토고두(含土叩頭) 「흙을 머금고 머리를 조아림」 사죄한다는 뜻임.

오배삼고두(五拜三叩頭) 다섯 번 절을 하고, 세 번 머리가 땅에 닿도록 조아리며 절함.

궐기대회 일어설蹶 일어날起 큰大 모일會

「벌떡 일어나는 큰 모임」 참고 참다가 더는 참을 수가 없어 벌떡 일어나 크게 모임.

궐내행하 대궐闕 안內 다닐行 아래下

새로 부임(赴任)하는 수령(守令)이 임금에게 하직(下職)하고 떠날 때, 궐내의 대전별감(大殿別監)과 승정원(承政院) 사령(承政院使令)들에게 주는 돈이나 물건(物件).

궐문잉류 대궐闕 문門 인할仍 머무를留

대궐(大闕)의 문을 닫아야 하는데 열어 둠.

궐문전송 대궐闕 문門 전별할餞 보낼送

궁궐(宮闕) 문까지 나와서 사람을 이별(離別)하여 보냄.

궐석재판 궐할闕 자리席 마를裁 판단할判

민사소송(民事訴訟)에서, 당사자(當事者) 한쪽이 구두(口頭) 변론(辯論)할 기일(期日)에 법정(法庭)에 출두(出頭)하지 않았을 경우(境遇) 출석(出席)한 당사자의 주장(主張)만을 바탕으로 하여 판결(判決)을 내리는 재판.

궐수소인 칠撅 더벅머리竪 작을小 사람人

「더벅머리를 한 소인배(小人輩)」 야비(野卑)한 사람.

삼백적불(三百赤芾) 대부(大夫) 이상의 관원이 예복(禮服)을 입을 때 무릎 위를 가리던 옷을 착용(着用)한 자가 3백임. 이 말은 임금 주위(周圍)에 있는 소인배를 가리킴.

성사소인(城社小人) 임금의 곁에서 농간(弄奸)을 부리는 소인배나 간신(奸臣).

읍견군폐(邑犬群吠) 「동네 개들이 떼로 짖어댐」 소인배들이 남을 비방(誹謗)함.

장창소인(臧倉小人) 「장창(臧倉)과 같은 소인」 소인배를 비유하는 말.

청승횡생(青蠅横生) 가증(可憎)스러운 소인배가 잇달아 생겨남.

궐식아동 이지러질闕 먹을食 아이兒 아이童

집안이 가난하여 끼니를 거르는 아동.

결식아동(缺食兒童)

궐종서부 그것厥 으뜸宗 씹을噬 살갗膚

「깨물어서 피부(皮膚) 깊숙이 들어감」 같은 무리끼리 굳게 결합(結合)하거나, 임금과 신하(臣下)가 서로 마음이 잘 맞음.

웅창자화(雄唱雌和) 수컷이 주창(主唱)하니 암컷이 화합(和合)함.

운룡풍호(雲龍風虎) 「구름은 용을 좇고 바람은 호랑이를 따름」 의기(意氣)와 기질(氣質)이 서로 맞거나 성주(聖主)가 현명(賢明)한 신하(臣下)를 얻음.

원명별응(黿鳴鼈應) 「큰자라가 울면 보통(普通)자라가 이를 따라 욺」 군신(君臣)이 서로 감응(感應)함.

의기투합(意氣投合) 품고 있는 마음이나 뜻

이 서로 잘 맞음.

풍종호운종룡(風從虎雲從龍)「바람은 호랑이를 따라 불고, 구름은 용을 따라 잃」군신(君臣)이 서로 만나야 함.

궐주구 말뚝橛 그루株 잡을拘

「믿음직스럽게 뿌리를 박고 있는 나뭇등걸」견실(堅實)하고 동요(動搖)되지 않음.

외무위(外無爲) 마음이 바깥 대상(對象)에 동요되지 않음.

비석지심(匪石之心) 내 마음은 돌이 아니어서 굴려서 바꾸지 못함.

시험약이(視險若夷) 험난(險難)한 지위(地位)에 임하여도 평지(平地)에 있는 듯이 동요되지 않음.

안여태산(安如泰山) 마음이 태산같이 끄떡없고 믿음직함.

안우반석(安于盤石) 반석처럼 견고(堅固)하고 매우 편안(便安)함.

요지부동(搖之不動) 흔들어도 전혀 움직이지 않음.

적연부동(寂然不動) 마음이 안정되어 사물(事物)에 동요되지 않음.

↔ **안위미정**(安危未定) 안정(安定)이 안 된 상태(狀態).

궐행지신

이지러질闕 행할行 어조사之 신하臣

행동(行動)이 삐뚤어지고, 나쁜 신하(臣下).

궤모충돌

무너질潰 무릅쓸冒 부딪칠衝 부딪칠突

홍수(洪水)가 제방(堤防)을 무너뜨리기도 하고 역류(逆流)하여 언덕에 충돌(衝突)하기도 함.

궤변론자 속일詭 말 잘할辯 논할論 사람者

괴상(怪常)한 이론(理論) 다루기를 좋아하고 이상(異常)한 말로 장난하기 좋아하는 철학자(哲學者).

궤상공론 책상机 윗上 빌空 논할論

궤상지론 机 上 어조사之 論

「탁자(卓子) 위에서만 펼치는 논설(論說)」실현(實現) 가능성(可能性)이 없는 허황(虛荒)된 이론(理論). **탁상공론**(卓上空論)

공리공론(空理空論) 아무 소용(所用)이 없는 헛된 이론.

묘항현령(猫項懸鈴)「고양이 목에 방울 달기」실행(實行)할 수 없는 일을 공공연(公公然)하게 의논(議論)함.

지상병담(紙上兵談) 종이 위에서 펼치는 용병(勇兵)의 이야기.

허고취생(噓枯吹生)「고목(枯木)에 싹이 트기를 바람」공론(空論), 헛된 이론.

궤상지육 모탕机 윗上 어조사之 고기肉

「도마 위에 오른 고기」저항(抵抗)할 수 없는 무력(無力)한 존재(存在).

어찌할 수 없는 막다른 운명(運命).

조상지육(俎上之肉), **조상지어**(俎上之魚)

고어지사(枯魚之肆) 어물전(魚物廛)의 목마른 물고기.

도소지양(屠所之羊) 도수장(屠獸場)으로 끌려가는 양.

부중지어(釜中之魚) 솥 안에 든 물고기.

불면정조(不免鼎俎) 솥에 삶아지고 도마 위에 오르는 것을 면치 못함.

어유부중(魚遊釜中) 고기가 솥 속에서 노닒.

학철부어(涸轍鮒魚) 수레바퀴 자국에 괸 물에 있는 붕어.

녹사불택음(鹿死不擇音) 사슴의 울음소리는 우아(優雅)하지만, 죽음이 임박(臨迫)했을 때는 좋은 소리를 고를 틈이 없음.

궤지독축 꿇어앉을跪 어조사之 읽을讀 빌祝

꿇어앉아서 축문(祝文)을 읽음.

궤함절비 뱉을詭 재갈銜 뜯을竊 고삐轡

「말이 재갈을 뱉어내고 고삐를 물어뜯음」 기속(羈束)된 것이 통제(統制)하기 어렵게 항거(抗拒)함.

구속(拘束)이 심할수록 벗어나려고 발버둥을 침.

귀감기실 귀신鬼 굽어볼瞰 그其 집室
귀감지화 鬼 瞰 어조사之 재앙禍

「부귀(富貴)한 집은 귀신(鬼神)이 늘 엿보아 해치려고 함」 부귀해도 늘 조심(操心)해야 함.

귀개공자 귀할貴 끼일介 귀인公 자식子
귀개자제 貴 介 子 어릴弟

신분(身分)이 귀한 대갓(大家)집 자제.

고량자제(膏粱子弟) 잘 먹고 잘 입고 귀엽게 자라나서 고생(苦生)을 도무지 모르는 부귀(富貴)한 집안의 자제.

귀유자제(貴游子弟) 왕공(王公)이나 귀족(貴族)의 자제.

기환자제(綺紈子弟) 「무늬 있는 비단(緋緞) 저고리와 흰 비단 바지」 부귀한 집 자제.

부가자제(富家子弟) 부잣집 자손(子孫)으로 자라난 젊은 사람.

세가자제(勢家子弟) 권세 있는 집안의 자제.

오의자제(烏衣子弟) 부귀한 집안의 자제.

유한공자(有閑公子) 한가(閑暇)하여 유흥(遊興)에 팔린 부귀한 집 자제.

패가자제(敗家子弟) 집안의 재산(財産)을 탕진(蕩盡)한 자제.

환과자제(紈袴子弟) 지위(地位)가 높고 귀한 집안의 자제, 귀족의 자제를 경멸(輕蔑)하는 말.

귀거래사 돌아갈歸 갈去 올來 말辭
귀거래혜 歸 去 來 어조사兮

「벼슬을 버리고 고향(故鄕)으로 돌아감을 노래함」 중국 동진(東晋)·송(宋)의 시인(詩人) 도연명(陶淵明)의 대표적(代表的)인 시.

귀검혁인 귀신鬼 뺨臉 노할嚇 사람人

허세(虛勢)를 부려 사람을 으름.

귀격달상

귀할貴 바로잡을格 통달할達 모양相

귀하고 높은 사람이 될 만한 얼굴 생김새와 됨됨이.

관홍간정(寬弘簡靜) 인간 됨됨이가 너그럽고 크며 간단(簡單)하고 깨끗함.

시기소사(視其所使) 부리고 있는 사람을 보면 그 임금이나 주인(主人)의 됨됨이를 알 수 있음.

무족가관(無足可觀) 「가히 볼만한 것이 없음」 사람의 됨됨이가 가히 보잘것없음.

귀고천금 귀할貴 옛古 천시할賤 이제今

옛것을 귀하게 여기고 지금(只今)의 것을 천하게 여김.

귀곡천계 귀할貴 고니鵠 천시할賤 닭鷄

「고니를 귀하게 여기고 닭을 천하게 여김」 드문 것은 귀하게 여기고, 흔한 것은 천하게 여김.

가계야목(家鷄野鶩) 집의 닭을 미워하고 들의 오리를 사랑함.

가계야치(家鷄野雉) 집의 닭을 미워하고 들의 꿩을 사랑함.

귀고천금(貴古賤今) 옛것을 귀하게 여기고 지금의 것을 천하게 여김.

귀이천목(貴耳賤目) 귀를 귀하게 여기고 눈을 천하게 여김.

중요경근(重遙輕近) 먼 데 것을 중히 여

기고 가까운 것을 가벼이 여김.

귀곡추추 귀신鬼 울哭 울조릴啾 啾

「유령(幽靈)이 서글피 욺」 으스스한 기운(氣運)이 엄습(掩襲)해 옴.

귀공자풍 귀할貴 귀인公 사람子 풍모風

귀공자형 貴 公 子 모양型

생김새나 몸가짐 등이 의젓하고 멋진 남자(男子)와 같은 모습.

귀귀수수 귀신鬼 鬼 빌미祟 祟

남몰래 숨어 일을 꾸미는 것을 낮잡아서 하는 말.

암중공작(暗中工作) 비밀리(祕密裏)에 남이 모르게 일을 꾸밈.

이면공작(裏面工作) 겉으로 드러나지 않게 뒤에서 일을 꾸밈.

함사사영(含沙射影) 「모래를 머금고 그림자를 쏨」 몰래 남을 공격(攻擊)하거나 비방(誹謗)하여 해침.

귀룡인봉 거북龜 용龍 기린麟 봉황鳳

「거북이·용·기린(麒麟)·봉황(鳳凰)」 길상(吉祥)·고귀(高貴)·장수(長壽)를 상징(象徵)하는 네 가지 신기(神奇)한 동물(動物).

품위(品位)와 덕(德)이 고상(高尙)한 사람.

귀마방우 돌아갈歸 말馬 풀어 놓을放 소牛

「전쟁(戰爭)에 썼던 말과 소를 놓아 보냄」 더는 전쟁을 하지 않음.

방우귀마(放牛歸馬)

세병(洗兵) 병기(兵器)를 씻어서 거둠.

권갑도기(卷甲韜旗) 갑옷을 말아 개고 군기(軍旗)를 치움.

대우패독(帶牛佩犢) 「칼을 팔아 소를 삼」 전쟁을 그만두고 농사(農事)를 지음.

도재간과(倒載干戈) 방패(防牌)와 창을 뒤쪽으로 향하게 하여 수레에 실음.

도치간과(倒置干戈) 무기(武器)를 거꾸로 놓음.

매검매독(賣劍買犢) 「칼을 팔아서 송아지를 삼」 전쟁을 그만두고 고향(故鄕)에 돌아가 농업(農業)에 종사(從事)함.

소봉주거(銷鋒鑄鐻) 병기를 녹여서 북받침을 만듦.

수문언무(修文偃武) 무예(武藝)를 그만두고 학문(學文)을 닦음.

언기식고(偃旗息鼓) 전쟁터에서 군기를 누이고 북을 쉼.

재즙간과(載戢干戈) 전란(戰亂)이 끝나 무기(武器)를 거두어 감.

투병식과(投兵息戈) 병기를 던지고 창을 쉬게 함.

귀매최이 귀신鬼 도깨비魅 가장最 쉬울易

귀신(鬼神)과 도깨비처럼 형체(形體)가 없는 것이 그리기 쉬움.

부습지개(俛拾地芥) 몸을 굽혀 땅에 있는 지푸라기를 주움.

운지장상(運之掌上) 손바닥 위에서 물건(物件)을 굴리는 것처럼 마음대로 할 수 있음.

절고진락(折槀振落) 마른나무를 꺾어 낙엽(落葉)을 떨어냄.

최고납후(摧枯拉朽) 마른나무 꺾기와 썩은 나무 부러뜨리기.

타수가득(唾手可得) 손바닥에 침을 뱉는 것처럼 쉽게 얻을 수 있음.

하난지유(何難之有) 아무것도 어려운 것이 없음.

귀면불심 귀신鬼 얼굴面 부처佛 마음心

「얼굴은 귀신(鬼神)의 형상(形狀)이지만 마음은 부처와 같음」 보이는 모습과는 전혀 다른 훌륭한 인품(人品).

귀명정례 돌아갈歸 목숨命 정수리頂 예도禮

귀명(몸과 마음을 불도(佛道)에 의지(依

支)함)하여 자기의 머리를 부처의 발에 대고 절을 함. 예불(禮佛)할 적에 부르는 말.

귀모남색 귀신鬼 얼굴貌 쪽藍 빛色

「귀신(鬼神) 같은 얼굴이고 빛도 검푸름」 유령(幽靈)같이 창백(蒼白)한 안색(顔色).

무안색(無顔色) 낯빛이 창백함.

색여삭과(色如削瓜) 안색이 깎은 오이처럼 창백함.

귀모토각 거북龜 터럭毛 토끼兎 뿔角

「거북의 털과 토끼의 뿔」 본래(本來) 실재(實在)하지 않는 것이나 불가능(不可能)한 것.

마생각(馬生角) 말 대가리에 뿔이 남.

고빙구화(敲氷求火) 얼음을 두드려 불을 구함.

귀배괄모(龜背刮毛) 거북이 등의 털을 깎음.

누진취영(縷塵吹影) 먼지에 새기고 그림자를 입으로 붊.

빙공착영(憑空捉影), **포풍착영**(捕風捉影) 바람을 잡고 그림자를 붙듦.

사어지천(射魚指天) 물고기를 잡으려고 하늘로 쏨.

오두마각(烏頭馬角) 까마귀머리가 희고 말머리에 뿔이 남.

육지행선(陸地行船) 육지로 배를 끌고 가려고 함.

일수탁천(一手托天) 한 손에 하늘을 얹음.

전수작빙(煎水作氷) 물을 끓여 얼음을 만듦.

토각우익(兎角牛翼) 토끼의 뿔과 소의 날개.

귀목술심 상처 낼劌 눈目 찌를鉥 심장心

「눈에 상처(傷處)를 입히고 심장(心臟)을 찌름」 사람을 몹시 놀라게 함.

경천동지(驚天動地) 세상(世上)을 몹시 놀라게 함.

해인청문(駭人聽聞) 듣는 사람을 놀라게 함.

타압경원앙(打鴨驚鴛鴦) 「오리를 때리니 함께 있던 원앙새까지 놀람」 한 사람을 처벌(處罰)하려다가 많은 사람까지 놀라게 함.

귀문금신 거북龜 무늬文 금金 귀신神

「귀문에 있는 금신」 龜文은 귀성(鬼星)이 있다는 방위(方位).

점술가(占術家)들은 귀신(鬼神)이 드나든다고 하여 매사(每事)에 꺼리는 방위로서 동북방(東北方)을 가리킴. 金神은 백호신(白虎神)으로 사람에게 재화(災禍)를 내린다고 함.

귀문조적 거북龜 무늬文 새鳥 발자취跡

「거북의 등딱지 무늬와 새의 발자국」 문자(文字)의 기원(起源).

귀배괄모 거북龜 등背 깎을刮 터럭毛

「없는 거북이 등의 털을 깎음」 세상(世上)에 없는 것을 애써 구하려는 어리석음이나 쓸데없는 노력(努力).

고망착호(藁網捉虎), **초망착호**(草網着虎) 썩은 새끼줄로 엮은 그물로 범을 잡음.

누빙조후(鏤氷雕朽) 얼음이나 썩은 나무에 조각함.

상산구어(上山求魚) 산 위에 올라가 물고기를 구하려고 함.

연목구어(緣木求魚) 나무에 올라 물고기를 구함.

패표착풍(佩瓢捉風) 표주박을 차고 바람을 잡음.

귀부신공 귀신鬼 도끼斧 신기할神 장인工

「귀신(鬼神)이 만들어 낸 듯함」 사람이라면 도달(到達)할 수 없을 것 같은 신묘(神妙)한 경지(境地).

기술(技術)이나 솜씨가 몹시 뛰어남.

신공귀부(神工鬼斧)

경천읍귀(驚天泣鬼) 「하늘을 놀라게 하고 귀신을 울림」 세상을 놀라게 할 만큼 뛰어남.

교묘정치(巧妙精緻) 솜씨나 슬기가 정교(精巧)하고 치밀(緻密)함.

교탈천공(巧奪天工) 「교묘(巧妙)하기가 천공을 빼앗은 것 같음」 자연(自然)에도 뒤떨어지지 않는 인공(人工)의 정교(精巧)함.

목무전우(目無全牛) 「눈앞에 온전(穩全)한 소가 남지 않음」 일솜씨가 대단함.

신시귀설(神施鬼設) 인간으로서는 할 수 없을 만큼 교묘(巧妙)함.

운근성풍(運斤成風) 「도끼를 놀리자 바람을 이룸」 재주가 훌륭한 공장(工匠)의 형용.

유어출청(遊魚出聽) 「거문고 소리가 하도 묘해서 물고기마저 떠올라 들음」 재주가 매우 뛰어남.

재고팔두(才高八斗) 문학적(文學的) 재능(才能)과 재주가 뛰어남.

천하일품(天下一品) 매우 뛰어나서 세상에서 견줄 만한 것이 없음.

포정해우(庖丁解牛) 「솜씨가 뛰어난 포정(백정)이 소의 뼈와 살을 발라냄」 신기(神技)에 가까운 솜씨.

귀불가언 귀할貴 아닐不 가할可 말言

「귀하기가 이루 말할 수 없음」 매우 존귀(尊貴)함.

천자무부(天子無父) 천자는 지극(至極)히 존귀하여 더 존귀한 이가 없음.

천자지존(天子之尊) 천자는 인간사회(人間事會)에서 가장 존귀함.

귀불망천 귀할貴 아닐不 잊을忘 천할賤

부귀(富貴)하게 되어 빈천(貧賤)했을 때를 잊지 않음.

불망기본(不忘基本) 어떠한 것의 근본(根本)을 잊지 않음.

호사수구(狐死首丘) 「여우는 죽을 때에도 제가 살던 언덕으로 머리를 돌림」 근본을 잊지 않음.

귀사신차 귀신鬼 하여금使 귀신神 어긋날差

「귀신(鬼神)의 소행(所行)」 스스로 어떤 일을 중심(中心)이 되어 책임(責任)지고 맡아 처리(處理)할 수 없음.

귀선유전 돌아갈歸 먼저先 남길遺 전할傳

생물(生物)이 진화(進化)하는 과정(科程)에 있어서 한번 나타난 형질(形質)이 후대(後代)에 가서 이미 그 형질을 상실(喪失)한 자손(子孫)에게 갑자기 나타나는 현상(現象).

격세유전(隔世遺傳)

귀신피지 귀신鬼 신神 피할避 어조사之

「귀신(鬼神)도 피함」 스스로 단행(斷行)하면 귀신도 이것을 피하여 해롭게 하지 못함.

과단성(果斷性) 있게 행하면 귀신도 피하고 방해(妨害)하지 않음.

귀어허지 돌아갈歸 어조사於 빌虛 땅地

「어떤 일이 허사(虛事)로 돌아감」 오직 수고스럽기만 하고 헛노릇이 됨.

게부입연(揭斧入淵) 도끼를 들고 산에는 들어가지 않고 연못에 들어감.

계포압자(鷄抱鴨子) 닭이 오리알을 품음.

고빙구화(敲氷求火) 얼음을 두드려 불을 구함.

귀배괄모(龜背刮毛) 거북이 등의 털을 깎음.

누진취영(縷塵吹影) 먼지에 새기고 그림자를 입으로 붊.

문도어맹(問道於盲) 시각장애인에게 길을 물음.

조빙화지(凋氷畵脂) 얼음에 새기고 기름에 그림.

취사성반(炊沙成飯) 모래를 때어 밥을 지

음.

포풍착영(捕風捉影) 바람을 잡고 그림자를 붙듦.

귀유소귀 귀신鬼 있을有 곳所 돌아갈歸

「혼백(魂魄)도 돌아갈 곳이 있음」 대(代)를 잇는 자식(子息)을 끊이지 않음.

귀유자제 귀할貴 헤엄칠游 자식子 어릴弟

왕공(王公)이나 귀족(貴族)의 자제.

귀개공자(貴介公子)

귀이천목 귀할貴 귀耳 천할踐 눈目

「귀를 귀하게 여기고 눈을 천하게 여김」 먼 곳에 있는 것을 괜찮게 여기고, 가까운 것을 나쁘게 여기는 사람들의 풍조(風潮).

가계야목(家鷄野鶩) 집의 닭을 미워하고 들의 오리를 사랑함.

가계야치(家鷄野雉) 집의 닭을 미워하고 들의 꿩을 사랑함.

귀고천금(貴古賤今) 옛것을 귀하게 여기고 지금(只今)의 것을 천하게 여김.

귀곡천계(貴鵠賤鷄) 고니를 귀하게 여기고 닭을 천하게 여김.

무원홀근(務遠忽近) 먼 곳에만 힘을 쏟고 가까운 곳은 소홀(疏忽)히 함.

자천배타(自賤拜他) 자기 것은 천시(賤視)하고 남의 것을 숭배(崇拜)함.

중요경근(重遙輕近) 먼 데 것을 중히 여기고 가까운 것을 가벼이 여김.

귀인천기 귀할貴 사람人 천할賤 자기己

「남을 귀하게 여기고 자신(自身)을 천하게 여김」 군자(君子)는 인서(仁恕)의 마음이 있으므로 자기보다 다른 사람을 높임.

귀자모신 귀신鬼 아들子 어머니母 신神

유아(幼兒)를 보호(保護)·양육(養育)하는 신, 또는 불법(佛法)을 수호(守護)하는 선녀신(仙女神). **가이제모**(訶梨帝母)

귀정반본 돌아갈歸 바를正 돌이킬反 근본本

정도(正道)로 돌아오고 본원(本源)으로 돌이킴.

귀중고적 귀할貴 무거울重 돌아볼顧 아낄籍

자중(自重)하여 함부로 나가지 않음.

귀책사유

돌아갈歸 꾸짖을責 일事 말미암을由

일정(一定)한 결과(結果)를 발생(發生)하게 한 데에 대하여 법률상(法律上) 책임(責任)의 원인(原因)이 되는 행위(行爲).

귀척대신 귀할貴 인척戚 큰大 신하臣

임금과 인척(姻戚) 사이가 되는 대신.

귀천궁달 귀할貴 천할賤 다할窮 통달할達

귀함과 천함과 궁함과 영달(榮達).

빈부귀천(貧富貴賤) 가난함과 부유(富有)함, 귀함과 천함.

귀천상하 귀할貴 천할賤 위上 아래下

신분(身分)이나 지위(地位)의 귀함과 천함과 높음과 낮음.

귀천지별 귀할貴 천할賤 어조사之 나눌別

귀함과 천함의 구별(區別).

귀출전입 귀신鬼 날出 번개電 들入

귀신(鬼神)처럼 나타났다가 번개처럼 들어감.

신출귀몰(神出鬼沒) 귀신처럼 나타났다가 귀신처럼 사라짐.

귀토지설 거북龜 토끼兎 어조사之 이야기說

「거북이와 토끼의 이야기」 우직(愚直)한 거북이와 간교(奸巧)한 토끼와의 지혜(智慧) 겨룸을 내용(內容)으로 한 우화(寓話). 별주부전(鼈主簿傳)의 근원(根源) 설화(說話).

귀투의장

돌아갈歸 던질投 의지할依 지팡이杖

신(神)을 믿고 그 도움에 의뢰(依賴)하는 일. 歸投는 아들이 아버지에게 의지(依支)하는 일. 依杖은 백성(百姓)이 임금에게 의지하는 일.

귀학지수 거북龜 학鶴 어조사之 목숨壽

거북이나 학 같은 동물(動物)은 오래 살므로 장수(長壽)를 이르는 말. 장수하라고 축복(祝福)해 주는 말.

교송지수(喬松之壽) 「큰 소나무의 수명(壽命)」 오래 삶.

만수무강(萬壽無疆) 만년을 살아도 수명은 끝이 없음.

무병장수(無病長壽) 병 없이 건강(健康)하게 오래도록 삶.

불로장생(不老長生) 영원(永遠)히 늙지 않고 오래 삶.

수고무강(壽考無疆) 아무런 탈(頉) 없이 아주 오래 삶.

수명장수(壽命長壽) 사람의 목숨이 길어 오래 삶.

수복강녕(壽福康寧) 오래 살고 복되며 건강(健康)하고 편안(便安)함.

수산복해(壽山福海) 산 같은 수명과 바다 같은 복.

장생불사(長生不死) 오래 살고 죽지 않음.

향복무강(享福無疆) 끝없이 많은 복을 누림.

귀항계단 돌아갈歸 항구港 계단階 층계段

함정(艦艇)이 전투(戰鬪) 임무(任務)를 끝내고 기지(基地)로 돌아오는 전투의 마지막 단계(段階).

규격포전 법規 격식格 채마밭圃 밭田

일정(一定)한 규격으로 정리(整理)한 논밭. 토지(土地)의 이용률(利用率)을 높이고 기계화(機械化)가 쉽게 할 수 있다.

규경향일 해바라기葵 기울傾 향할向 해日

「해바라기는 늘 하늘로 기울어 있음」 임금이나 윗사람을 존경(尊敬)하며 충성(忠誠)을 다함.

규지향일(葵之向日), **규화향일**(葵花向日)

규곽경양 해바라기葵 콩잎藿 기울傾 볕陽

규곽지심 葵 藿 어조사之 마음心

규곽지지 葵 藿 之 뜻志

「해바라기와 콩잎이 해를 향해 기욺」 윗사람에 대한 변함없는 충성(忠誠)과 존경(尊敬)하는 마음.

조아지사(爪牙之士) 발톱과 어금니 같은 선비.

규구준승 법規 모날矩 법準 줄繩

「원형(圓形)을 그리는 자와 방형(方形)을 그리는 자」 수평(水平)을 재는 기구(器具)와 목수(木手)가 직선(直線)을 그릴 때 쓰는 먹줄. 사물(事物)의 준칙(準則).

규규구구 법規 規 모날矩 矩

규칙(規則)이 정연(整然)한 모양(模樣).

규규무부 헌걸찰赳 赳 무사武 사내夫

용맹(勇猛)한 무사(武士).

규룡편갑 부르짖을叫 용龍 조각片 딱지甲

겨우 남아 있는 귀중(貴重)한 물건(物件)의 조각.

규만만혜

얽힐糾 무늬 없는 비단縵 縵 어조사兮

상서(祥瑞)로운 구름이 모여 옆으로 길게 끼어 있는 모양(模樣).

교화(敎化)가 고루고루 미침.

규방문학 안방閨 방房 글월文 학문學

조선시대(朝鮮時代), 양반(兩班) 부녀자(婦女子)층에서 이루어진 그들의 생활(生活)을 그린 문학.

규방불숙 안방閨 방房 아닐不 엄숙할肅

부인(婦人)의 품행(品行)이 좋지 못함. 閨房은 부녀자(婦女子)들이 거처(居處)하는 안방.

규벌정치 안방閨 문벌閥 정사政 다스릴治

처(妻)의 친척(親戚)이 권력(權力)의 중심(中心)을 이루는 정치.

세도정치(勢道政治) 왕실(王室)의 근친(近親)이나 신하(臣下)가 권세(權勢)를 잡고 온갖 정사(政事)를 마음대로 하는 정치.

척리정치(戚里政治) 임금의 내척(內戚)과 외척(外戚)이 중심(中心)이 되어서 하던 정치.

규범의식 법規 본보기範 뜻意 지식識

경험적(經驗的)이고 상대적(相對的)인 가치(價値)가 아니라 보편적(普遍的)이고 절대적(絶對的)인 가치만을 타당(他黨)한 가치로 여기는 의식. 독일(獨逸) 철학자(哲學者)이자 철학사가(哲學史家)인 빈델반트의 용어(用語)이다.

규사효모 엿볼窺 엿볼伺 본받을傚 따라할慕

그 모양(模樣)을 엿보고 흉내를 냄.

도상습고(蹈常襲故) 선인(先人)의 의논(議論), 시문(詩文) 또는 주장(主張) 등을 도용(盜用)하여 자기 것으로 함.

서시빈목(西施臏目) 「서시가 눈살을 찌푸림」 서시가 눈살 찌푸리는 것을 흉내를 냄.

습인체타(拾人涕唾) 「남의 눈물과 침을 주움」 시문을 만들 때 선인(先人)의 흉내를 냄.

규식지희 법規 의식式 어조사之 놀이戲

「규식이 있는 놀이」 조선시대(朝鮮時代), 궁중(宮中)에서 시행(施行)된 시각적(視覺的)인 몸짓 위주(爲主)의 연희(演戲). 줄타기, 땅재주, 솟대 놀이, 불놀이, 방울 놀이 등.

규어격부 엿볼窺 거느릴御 부딪칠激 사내夫

「말 부리는 것을 엿보고 남편(男便)을 나무람」 안영(晏嬰)의 마부(馬夫) 아내가, 남편의 수레 모는 모습을 엿보고 그를 격려(激勵)한 옛일에서, 내조(內助)의 공을 말함.

배우자(配偶者)를 격려하는 아내의 내조.

계명지조(鷄鳴之助) 똑똑한 왕비(王妃)가 임금을 잘 도와줌.

내조지공(內助之功) 집안에서 도와주는 공.

내조지현(內助之賢) 아내가 집안일을 잘 다스려 남편을 돕는 일.

규여칠성 뚫릴竅 같을如 일곱七 별星

「북두칠성처럼 구멍이 뚫림」 집이 헐어 천장(天障)에서 군데군데 빛이 새 들어오는 것을 익살스럽게 표현(表現)한 것.

옥여칠성(屋如七星)

모옥채연(茅屋采椽) 띠로 인 지붕과 떡갈나무로 만든 서까래.

불폐풍우(不蔽風雨) 집이 허술하여 바람과 비를 가리지 못함.

상루하습(上漏下濕) 위에서는 비가 새고 아래에서는 습기(濕氣)가 차오름.

상우방풍(上雨旁風) 위로부터 비가 새고 옆으로부터는 바람이 들이침.

천한백옥(天寒白屋) 추운 날의 허술한 초가.

파옥수간(破屋數間) 허물어지고 협소(狹小)한 집.

풍창파벽(風窓破壁) 뚫린 창과 헐린 담벼락.

규영각수 안방閨 꽃부리英 閣 빼어날秀

규영각향 閨 英 문설주閣 향기香

아리따운 부녀자(婦女子).

규중절색(閨中絕色)

규유분(푼)호

엿볼窺 넘을踰 한 푼分 터럭毫

「한 호(毫)의 사소(些少)한 것도 엿보아 훔침」 장사치를 이르는 말. 호는 1의 일천분의 일.

규이중리 엿볼闚 써以 무거울重 이익利

이익(利益)을 많이 준다고 하여 꾐.

규장지보 별奎 글章 어조사之 옥새寶

조선후기(朝鮮後期), 정조(正祖)의 명(命)에 따라 만든 어보(御寶). 어제(御製)나 내사본(內賜本)에 찍은 어보.

규장특달 서옥珪 홀璋 특별할特 보낼達

「혼약(婚約)의 예물(禮物)로 다른 폐물(幣物)은 보내지 않고 다만 규장만을 보냄」 덕(德)이 출중(出衆)함. 예식(禮式) 때 장식(粧飾)으로 쓰는 구슬. 훌륭한 인품(人品). 珪璋은 옥으로 만든 귀중(貴重)한 그릇.

규중박명 안방閨 가운데中 엷을薄 목숨命

팔자(八字)가 사나운 젊은 여자. 薄命이란 수명(壽命)이 짧은 것이 아니라 팔자가 기박(奇薄)한 것.

가인박명(佳人薄命), **미인박명**(美人薄命) 미인은 불행(不幸)한 일이 따르기 쉽고 요절(夭折)하기 쉬움.

홍안박명(紅顔薄命) 얼굴에 복숭앗빛을 띤 여자는 팔자가 사나움.

규중심처 안방閨 가운데中 깊을深 곳處

부녀(婦女)가 거처(居處)하는 방 속 깊은 곳.

규중요람 안방閨 가운데中 요긴할要 볼覽

1544년(중종(中宗) 39) 퇴계(退溪) 이황(李滉)이 저술(著述)한 여성(女性) 교훈서(敎訓書). 1책 50면. 이황이 한문(漢文)으로 저술한 것을 문인(文人) 중 한 사람이 언해(諺解)한 것.

규중절색 안방閨 가운데中 끊을絕 낯色

집 안에 들어앉아 있는 미인(美人).

규영각수(閨英閣秀), **규영각향**(閨英閣香)

규중처자 안방閨 가운데中 곳處 자식子

「안방 속에 있어서 아직 시집가지 않은 처녀(處女)」 안방에서만 생활(生活)한 처녀라서 세상 물정(物情)에 어두운 처녀를 나타낼 때 쓰기도 함.

규중칠우 안방閨 가운데中 일곱七 벗友

부녀자(婦女子)의 바느질을 하는 데 필요(必要)한 침선(針線)의 일곱 가지 물건(物件).

바늘・실・골무・가위・자・인두・다리미.

규지향일 해바라기葵 어조사之 향할向 해日

「해바라기는 늘 하늘로 기울어 있음」 임금이나 윗사람을 존경(尊敬)하며 충성(忠誠)을 다함. **규경향일**(葵傾向日)

규천호지 부르짖을叫 하늘天 부를呼 땅地

몹시 슬프거나 분(憤)하거나 할 때, 하늘과 땅을 향해 울부짖는 일.

비분강개(悲憤慷慨) 슬프고 분하여 마음이 북받침.

함분축원(含憤蓄怨) 분을 품고 원한(怨恨)을 쌓음.

규표일반 엿볼窺 표범豹 한一 얼룩무늬斑

「대롱 구멍으로 표범의 한 개 얼룩무늬를 봄」 전체(全體)를 보지 못하고 한 부분(部分)만을 봄.

담판한(擔板漢) 「판자를 어깨에 메어 한 쪽을 보지 못하는 사람」 전체를 보지 못하고 편견(偏見)을 가진 사람.

이극시문(以郤視文) 「틈 사이로 글을 봄」 전체를 보지 못함.

규합지신 도장방閨 쪽문閤 어조사之 신하臣

궁중(宮中)에서 임금을 가까이 모시고 있는 신하(臣下). 잠자리를 돌봐주는 신하.

규합지중 얽힐糾 모일合 어조사之 무리衆

규율(規律)도 통일성(統一性) 없이 임시(臨時)로 모여든 무리. **어중이떠중이**

오합지졸(烏合之卒), **오합지중**(烏合之衆) 까마귀를 모아 놓은 군대(軍隊).

와합지졸(瓦合之卒), **와합지중**(瓦合之衆) 깨진 기와 조각 같은 병사(兵士).

군용무수(群龍無首) 용의 무리에 우두머리가 없음.

무장지졸(無將之卒) 장수(將帥)가 없는 군사.

↔ **막막강병**(莫莫强兵), **막강지병**(莫强之兵) 더할 수 없이 강한 군대.

견갑이병(堅甲利兵) 단단한 갑옷과 날카로운 병기(兵器).

규행구보 법規 행할行 곱자矩 걸음步

「행보(行步)가 법도(法道)에 맞음」 품행(品行)이 방정(方正)함. 곧은 자나 곱자는 모두 자로 법이나 법도를 나타냄.

규화향일 해바라기葵 꽃花 향할向 해日

「해바라기는 늘 하늘로 기울어 있음」 임금이나 윗사람을 존경(尊敬)하며 충성(忠誠)을 다함. **규경향일**(葵傾向日)

규환지옥 부르짖을叫 부를喚 땅地 감옥獄

팔열지옥(八熱地獄)의 하나로, 뜨거운 가마솥에 삶기거나 뜨거운 쇠집에 들어가 고통(苦痛)을 견디지 못하여 울부짖는 지옥.

규획처치 법規 그을畫 곳處 둘置

계획(計劃)과 실행(實行)을 헤아려 행하는 일.

균교임조 서른 근鈞 교묘할巧 맡길任 낚시釣

마균(馬鈞)은 기교(技巧)가 뛰어나 지남차(指南車)를 만들고, 임공자(任公子)는 낚싯대를 만듦.

염필륜지 균교임조(恬筆倫紙 鈞巧任釣) 몽염(蒙恬)의 붓, 채륜(蔡倫)의 종이, 마균은 기교가 뛰어나 지남차, 임공자는 낚싯대를 만듦.

균등정책 고를均 무리等 정사政 꾀할策

외국(外國)의 여러 나라에 대하여 아무런 차별(差別) 없이 균등하게 대하는 정책.

균등처우 고를均 무리等 곳處 만날遇

사용자(使用者)가 근로자(勤勞者)의 성별(性別)이나 국적(國籍), 신앙(信仰), 사회적(社會的) 신분(身分)과 관계(關係)없이 임금(賃金)이나 그 밖의 근로 조건(條件)에 대하여 균등(均等)하게 대우(待遇)하는 일.

균등침하 고를均 무리等 잠길沈 아래下

지반(地盤)이나 구조물(構造物)이 일정(一定)하게 내려앉는 일.

균분상속 고를均 나눌分 서로相 이을續

재산(財産)을 상속할 때, 상속 대상자(對象者) 모두가 같은 분량(分量)을 상속하는 일. **평등상속**(平等相續)

균선곡전 서른 근鈞 돌旋 바퀴 통轂 구를轉

「녹로(轆轤)가 돌고 수레의 속 바퀴가 구름」 사물(事物)이 변천(變遷)함. 轆轤는 오지그릇을 만드는 데 쓰이는 바퀴 모양(模樣)의 연장.

균시동족 고를均 이是 한가지同 겨레族

모두 다 같은 친족(親族)임.

균시인야 서른 근鈞 이是 사람人 어조사也

누구나 다 똑같은 사람임.

균천광악 서른 근鈞 하늘天 넓을廣 풍악樂

아주 미묘(微妙)한 천상(天上)의 음악(音樂).

귤림추색 귤橘 수풀林 가을秋 빛色

귤이 익어 가는 제주성(濟州城)에 올라 주렁주렁 매달린 귤을 바라보며 감상(感賞)함.

귤중지락 귤橘 가운데中 어조사之 즐거울樂

바둑을 두는 즐거움. 중국의 파공에 사는 사람이 뜰의 귤나무에서 귤을 따서 쪼개어 보니, 그 속에서 두 늙은이가 바둑을 두며 즐거워하고 있었다는 데서 유래(由來)함.

난가지락(爛柯之樂) 「바둑 두는 재미」 세월(歲月) 가는 줄 모를 만큼 즐거움.

오로지쟁(烏鷺之爭) 「까마귀와 백로(白鷺)의 싸움」 바둑을 두는 일.

위기삼매(圍棋三昧) 바둑을 두는 데만 온 마음과 정신(精神)을 쏟아 즐기는 경지(境地).

귤화위지 귤橘 될化 자리位 탱자枳

「귤이 탱자가 됨」 사람도 주위 환경(周圍環境)에 따라 변할 수 있음.

근주자적(近朱者赤) 붉은색을 가까이하면 붉어짐.

근묵자흑(近墨者黑) 먹을 가까이하면 검어짐.

남귤북지(南橘北枳) 남쪽의 귤나무를 옮겨 심으면 탱자나무가 됨.

마중지봉(麻中之蓬) 삼밭에서 자라는 쑥이 붙들어 주지 않아도 곧게 자람.

근주자적 근묵자흑(近朱者赤 近墨者黑) 붉은색을 가까이하는 사람은 붉게 물들고 먹을 가까이하는 사람은 검게 물듦.

봉생마중 불부자직(蓬生麻中 不扶自直) 꾸불꾸불 자라게 마련인 다북쑥도 삼밭에 나면, 손을 쓰지 않아도 삼처럼 곧게 자람.

극강위벌 빠를亟 내릴降 위엄威 벌할罰

「급히 위엄(威嚴) 있는 벌을 내림」 빨리 엄벌(嚴罰)하는 것.

강기숙정(綱紀肅正) 법강(法綱)과 풍기(風紀)를 엄숙(嚴肅)하게 바로잡음.

관기숙정(官紀肅正) 문란(紊亂)해진 관청(官廳)의 규율(規律)을 바로잡음.

기강지복(紀綱之僕) 나라의 기강(紀綱)을 바로잡을 수 있는 종.

살계경후(殺鷄儆猴) 닭을 죽여 원숭이를 경계(警戒)함.

읍참마속(泣斬馬謖) 눈물을 머금고 마속의 목을 벰.

이일경백(以一警百) 본보기로 중한 벌을 내려서 다른 이의 경각심(警覺心)을 불러일으킴.

일벌백계(一罰百戒) 한 사람을 벌줌으로써 만인(萬人)에게 경계(警戒)가 되게 함.

입참이순(立斬以徇) 그 자리에서 참수(斬首)하여 대중(大衆)의 본보기로 징계(懲戒)함.

징일여백(懲一勵百) 한 사람을 징벌(懲罰)함으로써 여러 사람을 격려(激勵)함.

추상열일(秋霜烈日) 「가을의 찬 서리와 여름의 뜨거운 태양(太陽)」 형벌(刑罰)이 극히 엄정(嚴正)하고 강력(强力)함.

추호불범(秋毫不犯) 「추호도 범하지 않음」 군대(軍隊)의 기강이 엄격(嚴格)함.

타압경원앙(打鴨驚鴛鴦) 「물오리를 쳐서 잡으려다가 원앙새를 놀라게 함」 한 사람을 잘못 벌(罰)하여 뭇사람을 놀라게 함.

↔ **강기폐이**(綱紀廢弛) 나라의 기강이 퇴폐(頹廢)하고 해이(解弛)해짐.

토붕어란(土崩魚爛) 흙이 무너지고 물고기가 썩어 문드러짐.

극구광음 틈隙 망아지駒 빛光 그늘陰

「내달리는 말을 문틈으로 보는 것과 같음」 세월은 한 번 지나가면 다시 돌아오지 않음.

광음여류(光陰如流) 세월(歲月)은 흐르는 물같이 빠름.

광음여전(光陰如箭) 세월은 화살과 같음.

백구과극(白駒過隙) 흰 망아지가 문틈으로 지나가는 순간(瞬間).

일각천금(一刻千金) 극히 짧은 시간(時間)도 천금의 가치(價値)가 있음.

일촌광음(一寸光陰) 한 치 길이의 세월.

일촌광음불가경(一寸光陰不可輕) 일 촌의 광음도 가벼이 여기지 말라.

극구발명 다할極 입口 일으킬發 밝을明
극구변명 極 口 말씀辯 明

온갖 말을 다 하여 변명(辨明)함.

거간식비(拒諫飾非) 간하는 말을 거절(拒絶)하고, 그 잘못을 거짓으로 꾸며 자신(自身)의 비위(非違)를 변명함.

견강지변(堅强之辯) 억지로 이치(理致)를 끌어대는 변명.

노노발명(呶呶發明) 여러 가지 말을 늘어놓아 구차(苟且)스럽게 변명함.

자명상소(自明上疏) 자신을 변명하는 상소.

장찬저뢰(粧撰抵賴) 과실(過失)을 덮어 꾸미듯이 변명하면서 판명(判明)에 승복(承服)하지 않음.

축조발명(逐條發明) 낱낱이 죄가 없다고 변명함.

낙송자칭원(落訟者稱冤) 「송사(訟事)에 진 사람이 원통(怨痛)함을 들어 말함」 지거나 잘못한 사람이 억지 변명을 씀.

극구찬송 다할極 입口 칭찬할讚 칭송할頌

온갖 말로 칭찬(稱讚)함.

극구참욕

다할極 입口 참혹할慘 욕되게 할辱

몹시 참혹(慘酷)하게 욕함.

구혈분두(狗血噴頭) 「개의 피를 머리에 뿜음」 욕을 심하게 함.

냉조열매(冷嘲熱罵) 남을 몹시 비웃고 심하게 욕하는 것.

도문질욕(到門叱辱) 남의 집 앞에서 꾸짖어 욕함.

악구잡언(惡口雜言) 「나쁜 입과 잡된 말」 입에서 나오는 대로 온갖 욕을 함.

여성대매(勵聲大罵) 성난 목소리로 꾸짖으며 크게 욕함.

육두문자(肉頭文字) 상스럽거나 음탕(淫湯)한 말을 점잖게 이르는 말.

준답배증(噂沓背憎) 만나서는 추켜올려 이야기하고 돌아서서는 욕함.

퇴유후언(退有後言) 뒤에서 욕함.

극근극검 이길克 부지런할勤 克 검소할儉

매우 부지런하고 검소(儉素)함.

근검노작(勤儉勞作) 부지런하고 검소하여 노력(努力)을 들여 일함.

근검역행(勤儉力行) 부지런하고 검소함을 힘껏 행함.

근로역작(勤勞力作) 부지런히 힘써서 일함.

급급영영(急急營營) 바쁘게 부지런히 일함.

길거민면(拮据黽勉) 몹시 바쁘게 일함.

숙흥야매(夙興夜寐) 아침 일찍부터 밤늦게까지 직무(職務)에 몰두(沒頭)하여 부지런히 일함.

극기 이길克 자기己

자기(自己)의 감정(感情)이나 욕심(慾心), 충동(衝動) 따위를 이성적(理性的) 의지(意志)로 눌러 이김.

극기복례 이길克 자기己 회복할復 예도禮

욕심(慾心)을 누르고 예의범절(禮儀凡節)을 따름.

<u>극기복례(克己復禮)의 실천조목(實踐條目)</u>

비례물시(非禮勿視) 예가 아니면 보지 말라.

비례물청(非禮勿聽) 예가 아니면 듣지 말라.

비례물언(非禮勿言) 예가 아니면 말하지 말라.

비례물동(非禮勿動) 예가 아니면 움직이지 말라.

극기봉공 이길克 자기己 받들奉 공변될公

자기자신(自己自身)의 욕망(慾望)을 억누르고 나라와 사회(社會)를 위해 일함.

극기상진 이길克 자기己 항상常 나아갈進

자기(自己)를 이기고 항상(恒常) 나아감.

극기주의 이길克 자기己 주장할主 옳을義

정신적(精神的)·육체적(肉體的) 욕망(慾望)이나 욕구(慾求) 및 세속적(世俗的) 명예(名譽)나 이익(利益)을 탐(貪)하는 모든 욕심(慾心)을 억제(抑制)하여 종교(宗教)나 도덕(道德)에서 이상(理想)을 성취(成就)하려는 사상(思想). **금욕주의**(禁慾主義)

극념작성 이길克 생각念 지을作 성스러울聖

성인(聖人)의 언행(言行)을 잘 생각하여 소양(素養)을 쌓으면, 자연(自然)스럽게 성인이 됨.

경행유현 극념작성(景行維賢 尅念作聖) 큰 길을 걸어가는 사람은 어진 사람이 되니, 자잘한 생각을 이겨 나간다면 성인이 될 수 있다.

극단주의 지극할極 끝端 주장할主 옳을義

모든 생각이나 행동(行動)이 한쪽으로 지나치게 치우치는 태도(態度).

극대장괴 틈隙 큰大 담장牆 무너질壞

담장에 틈이 크게 생기면 무너지는 것처럼, 인심(人心)이 화합(和合)하지 않으면 국가(國家)가 망함.

극락발원 극진할極 즐거울樂 필發 원할願

극락정토(極樂淨土)에 가기를 바람.

극락왕생 극진할極 즐거울樂 갈往 날生

죽어서 극락에 다시 태어남.

극락정토 극진할極 즐거울樂 깨끗할淨 흙土

「아미타불이 사는 정토」 괴로움이 없으며 지극(至極)히 안락(安樂)하고 자유(自由)로운 세상.

극력갈진 다할極 힘力 다할竭 다할盡

있는 힘을 남김없이 다함.

불유여력(不有餘力) 있는 힘을 다 씀.

전력투구(全力投球) 모든 힘을 다 기울임.

극렬분자 극진할極 세찰烈 나눌分 사람子

특정(特定)한 단체에 속하여, 사상(思想)이나 행동(行動) 등이 과격(過激)한 사람을 부정적(否定的)으로 이르는 말.

골수분자(骨髓分子) 조직체(組織體)에서 그 조직체의 이념(理念)을 철저(徹底)히 신봉(信奉)하거나 어떤 상사(上司)에게 철저한 충성(忠誠)을 바치는 사람을 속되게 이르는 말.

열심당원(熱心黨員) 특정(特定)한 정당(政黨)에 가입(加入)하여 당비(黨費)를 내면서 정당의 행사(行事)에 적극적(積極的)으로 참여(參與)하는 당원.

첨예분자(尖銳分子) 어떤 단체(團體) 안에서 급진적(急進的)인 태도(態度)를 보이는 사람.

극류도장 이길尅 머무를留 도둑盜 장물贓

벼슬아치가 마땅히 관아(官衙)에 바쳐야 할 장물(贓物)의 일부(一部)를 빼돌리는 짓.

극률부도 다할極 법칙律 아닐不 도리道

극형(極刑)을 받아야 할 정도(程度)로 도리(道理)에 어긋난 행위(行爲).

경죽난서(磬竹難書) 저지른 죄과(罪科)가 너무 많아 이루 다 적을 수 없음.

극중악인(極重惡人) 가장 큰 죄를 지은 악한 사람.

만륙유경(萬戮猶輕) 만 번 죽여도 벌(罰)이 오히려 가벼움.

만사무석(萬死無惜) 죄가 커서 만 번을 죽어도 아깝지 않음.

사유여고(死有餘辜) 죽여도 오히려 죄가 남음.

죄막대언(罪莫大焉) 이보다 더 큰 죄는 없음.

죄불용사(罪不容死) 죄가 커서 죽여도 오히려 부족(不足)함.

죄사무석(罪死無惜) 죄가 너무 무거워 죽여도 아깝지 않음.

극리지간 나막신屐 신履 어조사之 사이間

걸어 다니는 동안.

극맹일적 심할劇 맏孟 한一 원수敵

주아부(周亞父)가 하남(河南)에 이르러, 제후(諸侯)들에게 사내답고 용감(勇敢)하다고 알려진 劇孟을 얻고 크게 기뻐하여, '한 적국(敵國)을 얻은 것과 같다'고 말했다는 옛일에서 온 말.

극명준덕 능할克 밝을明 높을峻 덕德

「능히 큰 덕을 밝힘」 요임금의 덕이 개인(個人)에서 천하(天下)로 확산(擴散)하며 화합(和合)을 이룸.

극목지청 가시棘 나무木 어조사之 들을聽

죄상(罪狀)을 신문(訊問)하는 일. 왼쪽 구극(九棘)에는 삼공(三公)이 자리 잡고, 오른쪽 구극에는 구경(九卿)이 자리 잡음.

극벌원욕 이길克 칠伐 원망할怨 욕심慾

네 가지 악덕(惡德)

- 남을 이기기를 즐기는 일,
- 자기의 재능(才能)을 자랑하는 일,
- 원한(怨恨)을 품는 일,
- 욕심(慾心)을 내고 탐내는 일.

극변원찬 다할極 가장자리邊 멀遠 숨길竄

먼 변경(邊境)으로 귀양을 보냄.

원배(遠配) 먼 곳으로 귀양 보냄.

찬배(竄配) 장소(場所)를 정하고 죄인(罪人)을 귀양 보냄.

투비(投畀) 임금의 명(命)으로 죄인을 지정(指定)한 곳에 귀양 보냄.

형배(刑配) 죄인에게 형장(刑杖)을 쳐서 귀양 보냄.

감사도배(減死島配) 죽을죄를 지은 죄인을 처형(處刑)하는 대신 섬으로 귀양 보내던 일.

삭관원찬(削官遠竄) 벼슬을 빼앗고 먼 곳으로 귀양 보냄.

유삼천리(流三千里) 죄인을 삼천리 밖 먼 지방으로 귀양을 보냄.

절도안치(絶島安置) 죄인을 육지(陸地)와 멀리 떨어진 외딴섬으로 귀양 보냄.

극변위노 다할極 가장자리邊 할爲 종奴

죄인(罪人)을 중앙(中央)에서 멀리 떨어진 변방(邊方)으로 보내어 노비(奴婢)로 삼던 유배형(流配刑).

극변잔읍 다할極 가장자리邊 남을殘 고을邑

중앙(中央)에서 멀리 떨어진, 변방(邊方)의 작고 피폐(疲弊)한 마을.

극복신주 이길剋 돌아올復 귀신神 고을州

「신령(神靈)스러운 이 땅을 다시 회복(回復)함」 적(敵)을 이겨 패한 중국을 다시 회복함.

극사극치 다할極 사치할奢 極 사치할侈

더할 수 없을 정도(程度)로 아주 사치(奢侈)함.

금의옥식(錦衣玉食) 비단옷과 흰 쌀밥.

등홍주록(燈紅酒綠) 「등불은 붉고 술은 푸름」 사치스럽고 향락적(享樂的)인 생활(生活).

목식이시(目食耳視) 「눈으로 먹고 귀로 봄」 외관(外觀)을 위해서 의식(衣食) 본래(本來)의 목적(目的)을 버리고 사치로 흐름.

미의투식(靡衣媮食) 고운 옷을 입고 맛있는 음식(飮食)을 탐내어 장래(將來)를 생각하지 않음.

상저옥배(象箸玉杯) 상아(象牙) 젓가락과 옥잔.

식육부귀(食肉富貴) 맛있는 고기만 먹고 지내면서 누리는 부귀(富貴).

식전방장(食前方丈) 사방(四方) 10자나 되는 상(床)에 음식을 차림.

양주지몽(楊洲之夢) 지난날의 화려(華麗)한 생활이나 환락(歡樂).

영요영화(榮耀榮華) 「권력(權力)이나 부(富)를 얻어서 번성(繁盛)함」 사치를 다 함.

이랍대신(以蠟代薪) 땔나무 대신 초를 씀.

일식만전(一食萬錢) 한 번의 식사(食事)에 많은 돈을 들임.

장주곽육(醬酒霍肉) 고기를 보기를 콩잎같이, 술을 보기를 간장같이 생각함.

조감누합(雕蚶鏤蛤) 조각(彫刻)한 새꼬막과 금은(金銀)으로 아로새긴 대합조개.

지취금미(紙醉金迷) 금종이에 정신(精神)이 미혹(迷惑)되고 취함.

취금찬옥(炊金饌玉) 금으로 밥을 짓고 옥으로 반찬(飯饌)을 만듦.

취옥분계(炊玉焚桂) 옥으로 불을 때고 계수나무를 불사름.

후복옥식(侯服玉食) 제후(諸侯)의 옷을 입고 귀한 음식을 먹음.

극상세목 다할極 위上 가늘細 나무木

올이 매우 가늘고 높은 품질(品質)의 무명 옷감.

극선일지 고을 이름郤 많을詵 한一 가지枝

진(晉)나라 극선이 무제(武帝)에게, '자기(自己)의 대책(對策)은 천하제일(天下第一) 이다'라고 한 말.

해내관면(海內冠冕) 천하에 둘도 없음.

극성권훈 이길克 이룰成 이룰厥 공勳

이겨 성공(成功)하고 공훈(功勳)을 정함.

극성즉패 다할極 번성할盛 곧則 패할敗

극성지패 極 盛 어조사之 敗

너무 왕성(旺盛)하면 얼마 가지 못해서 패망(敗亡)함.

권불십년(權不十年), **세무십년**(勢無十年) 권세(權勢)는 십 년을 가지 못함.

도유승강(道有升降) 길에는 오르고 내림이 있음.

물극필반(物極必反) 사물(事物)이 궁극(窮極)에 달하면 도로 그전 상태(狀態)로 돌아오는 법임.

영고성쇠(榮枯盛衰) 꽃이 피고 지고, 융성(隆盛)했다가 쇠퇴(衰退)함.

염량세태(炎凉世態) 권세가 있으면 아첨(阿諂)하고 몰락(沒落)하면 냉대(冷待)하는 세상의 인심(人心).

천무삼일청(天無三日晴) 갠 날은 사흘씩 계속(繼續)되지 않음.

취우부종일(驟雨不終日) 소나기는 종일 오지 않음.

화무십일홍(花無十日紅) 열흘 동안 붉은 꽃이 없음.

화무백일홍 인무천일호(花無百日紅 人無千日好) 꽃은 백일 붉은 것이 없고, 사람은 천일이 한결같이 좋을 수 없음.

극세척도 이길克 인간世 넓힐拓 길道

어려움을 극복(克復)하고 새길을 개척(開拓)함.

극소국가 다할極 작을小 나라國 집家

국토(國土)가 좁고 인구(人口)가 아주 적은 나라. 산마라노・모나코・서사모아・리히텐슈타인 등.

극심연기 극진할極 깊을深 갈研 기미幾

심원(深源)한 곳을 속속들이 파고들어 연구(研究)하고, 기미(幾微)한 일을 연구함.

극악무도 다할極 악할惡 없을無 도리道

악한 모습이 극에 달해 어떤 도리(道理)도 갖지 못함.

간악무도(奸惡無道) 간사(奸詐)하고 악독(惡毒)하여 인도(人道)에서 어긋남.

대악무도(大惡無道) 아주 모질고 도의심(道義心)이 없음.

독취악조(毒嘴惡爪) 「독이 있는 주둥이와 날카로운 손톱」 포학(暴虐)한 것.

봉시장사(封豕長蛇) 「큰 돼지와 긴 뱀」 탐욕(貪慾)스럽고 잔인(殘忍)한 사람.

살육지변(殺戮之變) 무엇을 트집 잡아 사람을 잔인하게 마구 죽이는 변고(變故).

시랑당로(豺狼當路) 승냥이와 이리에 비길만큼 사악(邪惡)하고 잔인한 사람이 요로(要路)를 점거(占據)하여 권세(權勢)를 떨침.

잔학무도(殘虐無道) 잔인(殘忍)하고 사나워 사람의 도리가 전혀 없음.

잔인박행(殘忍薄行) 잔인하고도 야박(野薄)한 행위(行爲).

잔인해물(殘人害物) 사람에게 잔인하게 굴고 물건(物件)을 해침.

치목호문(鴟目虎吻) 「올빼미의 눈과 범의 입술」 탐욕이 많은 상(相). 사납고 잔인함.

포학무도(暴虐無道) 성질(性質)이 포학하고 잔인하여 도리(道理)에 어긋남.

호랑지심(虎狼之心) 호랑이와 이리처럼 사납고 잔인한 마음.

살인부잡안(殺人不眨眼) 사람을 죽이면서 눈도 깜짝거리지 않음.

극애극위 이길克 사랑愛 克 위엄威

위엄(威嚴)과 덕망(德望)으로 사람을 복종(服從)시킴.

이덕복인(以德服人) 덕행(德行)으로써 다른 사람을 복종시킴.

↔ **이력복인**(以力服人) 위력(威力)으로써 사람을 복종시킴.

위력제박인(威力制縛人) 강압(强壓)으로 사람을 결박(結縛)함.

극역대대 다할極 거스릴逆 큰大 원망할憝

극역대대 심할劇 逆 大 憝

임금을 죽이려고 한 가장 큰 역적(逆賊).

대역무도(大逆無道) 도리(道理)에 어긋나는 커다란 배신행위(背信行爲).

모반대역(謀叛大逆) 왕실(王室)이나 정부(政府)를 뒤엎고자 하는 큰 역적(逆賊) 행위.

극중극애 다할極 소중할重 極 사랑愛

더없이 중하게 여기고 사랑함.

극중악인 다할極 무거울重 악할惡 사람人

가장 큰 죄(罪)를 지은 악한 사람.

극률부도(極律不道) 극형(極刑)을 받아야 할 정도(程度)로 도리(道理)에 어긋난 행위(行爲).

극진지두 다할極 다할盡 땅地 머리頭

「머리가 땅에 닿도록 극진히 함」 정성(精誠)이 그 이상 더 바랄 수 없이 빈틈이 없음.

궁극(窮極)의 지점(地點) 맨 끝.

난상가란(卵上加卵) 달걀 위에 달걀을 포갬.

누의지성(螻蟻之誠) 땅강아지와 개미같이

작은 것들의 정성.

봉일지성(捧日之誠) 해를 받드는 정성.

지극정성(至極精誠) 더할 수 없이 극진한 정성.

헌폭지침(獻曝之忱) 햇볕을 바치는 정성.

극침자심 가시棘 바늘針 찌를刺 마음心

진나라의 고개지(顧愷之)가 사모(思慕)하는 여인(女人)의 초상화(肖像畵)를 그려 놓고, 가시나무 가시로 그 가슴을 찔러, 마침내 뜻을 이루었다는 옛일에서 온 말.

극한투쟁 다할極 한할限 싸울鬪 다툴爭

어떤 목적(目的)을 이루고자 싸울 수 있는 데까지 있는 힘을 다하여 싸우는 일.

극한고열 다할極 찰寒 높을高 더울熱

몹시 심한 추위와 찌는 듯한 더위.

극한지지 다할極 찰寒 어조사之 장소地

날씨가 매우 추운 지방(地方).

극혈지신 틈隙 구멍穴 어조사之 신하臣

임금의 틈을 엿보는 반역(叛逆)의 뜻을 품은 신하(臣下).

안에 있으면서 은밀(隱密)히 적(敵)에게 내통(內通)하는 자(者).

근검노작

부지런할勤 검소할儉 힘쓸勞 지을作

부지런하고 검소(儉素)하며 노력(努力)을 다하여 일함.

근검상무

부지런할勤 검소할儉 숭상할尙 힘쓸武

업무(業務)에 근실(勤實)하고 검약(儉約)을 존중(尊重)하며 무용(武勇)을 숭상(崇尙)함.

근검역행 부지런할勤 검소할儉 힘力 행할行

부지런하고 검소(儉素)함을 힘껏 행함.

극근극검(克勤克儉) 매우 근검(勤儉)함.

근검노작(勤儉勞作) 부지런하고 검소하여 노력(努力)을 들여 일함.

근로역작(勤勞力作) 부지런히 힘써서 일함.

급급영영(急急營營) 바쁘게 부지런히 일함.

길거민면(拮据黽勉) 몹시 바쁘게 힘써서 일함.

숙흥야매(夙興夜寐) 아침에 일찍 일어나고 밤에는 늦게 잠.

근검절약

부지런할勤 검소할儉 제한할節 검소할約

부지런하고 검소(儉素)하게 살며 재물(財物)을 아낌.

검존사실(儉存奢失) 검소하면 오래 보존(保存)하고, 사치스러우면 오래 보존하지 못함.

검소질박(儉素跌撲) 낭비(浪費)하거나 사치(奢侈)하지 않고 꾸밈이 없이 수수함.

불치불검(不侈不儉) 사치하지도 검소하지도 않고 수수함.

유사입검(由奢入儉) 사치를 폐하고 검소를 힘씀.

예여기사 야영검(禮與其奢 也寧儉) 예의(禮儀)는 중용(中庸)을 얻어야 하지만 만약(萬若) 사치, 혹은 검소한 편으로 기울 때는 검소한 편으로 기우는 것이 나음.

빈불학검 부불학사(貧不學儉 富不學奢) 가난하면 특별(特別)히 배우지 않아도 저절로 검소하게 되고, 부유(富裕)하면 배우지 않아도 저절로 사치하게 됨.

↔ **외구화식**(外具華飾) 바깥으로 장식품(裝飾品)이나 화려(華麗)한 옷으로 야단(惹端)스럽게 꾸밈.

근검화순

부지런할勤 검소할儉 화할和 순응할順

부지런하고 검소(儉素)하며, 온화(穩和)하고 유순(柔順)함.

근고지영 뿌리根 굳을固 가지枝 영화榮

뿌리가 튼튼해야 가지가 무성(茂盛)함.

강간약지(强幹弱枝) 줄기를 강하게 하고 가지를 약하게 함.

근고지영(根固枝榮) 뿌리가 튼튼해야 가지가 무성함.

근심엽무(根深葉茂) 뿌리가 깊으면 잎이 무성함.

심근고저(深根固柢) 「뿌리가 땅속 깊이 뻗어 움직이지 않음」 근본을 튼튼히 함.

↔ **육부출충**(肉腐出蟲) 「살이 썩어서 벌레가 남」 근본(根本)이 썩어서 폐단(弊端)과 화난(禍難)이 이로 말미암아 자꾸 일어남.

피지부존(皮之不存) 근본이 없음.

근구인형 겨우僅 갖출具 사람人 형상形

「겨우 사람의 형상(形相)을 갖춤」 인간(人間)의 모습만 갖추고 속이 빈 철없는 사람.

근군지복 가까울近 임금君 어조사之 옷服

임금을 가까이에서 모실 때 입는 옷.

근근간간 부지런할勤 勤 간절할懇 懇

매우 부지런하고 정성(精誠)스러운 모습.

근근도생 겨우僅 僅 도모할圖 살生

근근득생 僅 僅 얻을得 生

근근이 살아감. 겨우겨우 살기를 꾀함.

도량모(稻粱謀) 「벼와 기장을 얻을 꾀」 가난한 살림에서 겨우 먹고살아 가는 모책(謀策).

생구불망(生口不網) 산 사람 입에 거미줄 치랴?

식유호구(食猶糊口) 간신(艱辛)히 밥을 먹고 살 정도(程度)임.

죽일연명(粥一延命) 몇 숟가락 안 되는 죽으로 끼니 하며 근근이 목숨을 붙여 감.

조반석죽(朝飯夕粥) 아침 한 끼는 밥을 먹고 저녁에는 겨우 죽으로 연명(延命)함.

취식지계(取食之計) 근근이 얻어먹고 사는 꾀.

근근부지 겨우僅 僅 도울扶 가질持

겨우 버텨나감. 억지로 버티어 감.

근근자자 부지런할勤 勤 근면할孜 孜

매우 부지런하고 정성(精誠)스러움.

근간인(勤幹人) 부지런하고 성실(誠實)하며 유능(有能)하여 사무(事務)를 잘 처리(處理)하는 사람.

근근화완 부지런할勤 삼갈謹 화할和 느릴緩

「관리(官吏)가 준수(遵守)하여야 할 네 글자의 훈계(訓戒)」 부지런하고, 삼가고, 화합(和合)하고, 느긋해야 함.

근력기중 부지런할勤 힘力 그其 가운데中

자기(自己)의 사업(事業)에 힘씀.

근로역작 부지런할勤 힘쓸勞 힘力 지을作

부지런히 힘써서 일함.

근검역행(勤儉力行) 부지런하고 검소(儉素)함을 힘껏 행함.

급급영영(急急營營) 바쁘게 부지런히 일함.

길거민면(拮据黽勉) 몹시 바쁘게 힘써서 일함.

숙흥야매(夙興夜寐) 아침에 일찍 일어나고 밤에는 늦게 잠.

근린공원 가까울近 이웃隣 공변될公 뜰園

지역생활권(地域生活圈) 거주자(居住者)의 보건(保健)·휴양(休養) 및 정서생활(情緖生活)의 향상(向上)에 기여(寄與)함을 목적(目的)으로 설치(設置)된 공원.

근린소음 가까울近 이웃鄰 떠들騷 소리音

이웃에서 발생(發生)하는 소음. 피아노나 애완동물(愛玩動物)의 소리 따위.

근모실모 겨우僅 터럭毛 잃을失 모양貌

「그림을 그릴 때 작은 것에 구애(拘礙)되어 전체(全體) 모습을 잃음」 작은 것에 구애되어 큰 것을 잃음.

소절(小節)에 구애되어 대의(大義)를 잊음.

교각살우(矯角殺牛) 뿔을 바로 하려다 소를 죽임.

교왕과직(矯枉過直) 구부러진 것을 바로잡으려다 너무 곧게 됨.

기대취소(棄大就小) 큰 것을 버리고 작은 것을 취함.

매궤환주(買櫝還珠) 「상자(箱子)는 사고 구슬은 돌려줌」 꾸밈에 현혹(眩惑)되어 정말 중요(重要)한 것을 잃음.

석지실장(惜指失掌) 손가락을 아끼려다 손바닥마저 잃음.

소탐대실(小貪大失) 작은 것을 탐하다 도리어 큰 것을 잃음.

수주탄작(隋珠彈雀) 귀중(貴重)한 구슬을 참새 잡는 탄환(彈丸)으로 사용(使用)함.

원별실귀(援鼈失龜) 자라를 취하고 거북을 잃음.

이욕상생(以欲傷生) 욕심 때문에 삶을 해침.

탐자순재(貪者殉財) 작은 것을 탐하다 큰 것을 잃음.

탐소리실대리(貪小利失大利) 작은 것을 탐하다 큰 손실(損失)을 봄.

근무가보 부지런할勤 없을無 값價 보물寶

「부지런함은 값을 매길 수 없는 보물(寶物)」 부지런히 일하는 것은 헤아릴 수 없이 큰 보배임. **근위무가보**(勤爲無價寶)

근장보졸(勤將補拙) 서투름을 보충(補充)하려면 부지런함이 으뜸임.

소의간식(宵衣旰食) 날이 밝기도 전에 일어나 정복(正服)을 입고, 해가 진 후에 저녁밥을 먹음.

조경모운(朝耕暮耘) 아침에 갈고 저녁에 김을 맴.

보졸불여근(補拙不如勤) 서툰 일은 근면(勤勉)으로 보충함.

근묵자흑 가까울近 먹墨 사람者 검을黑

「검은 먹을 가까이하면 검어짐」 사람도 주위환경(周圍環境)에 따라 변할 수 있음.

귤화위지(橘化位枳), **남귤북지**(南橘北枳) 남쪽의 귤나무를 옮겨 심으면 탱자나무가 됨.

근주자적(近朱者赤) 붉은색을 가까이하면 붉어짐.

단적칠흑(丹赤漆黑) 「붉은 흙 속에 있는 것은 붉게 되고 칠 속에 있는 것은 검게 됨」 감화(感化)의 무서움.

마중지봉(麻中之蓬) 삼밭에서 자라는 쑥이 붙들어 주지 않아도 곧게 자람.

봉생마중 불부자직(蓬生麻中 不扶自直) 꾸불꾸불 자라게 마련인 다북쑥도 삼밭에 나면, 손을 쓰지 않아도 삼처럼 곧게 자람.

근문엽문 뿌리根 물을問 잎사귀葉 問

「근본(根本)으로부터 지엽(枝葉)에 이르기까지의 물음」 하나 남기지 않고 전부(全部) 물음.

근묘화실 뿌리根 모종苗 꽃花 열매實

조상(祖上)은 뿌리요, 자손(子孫)은 그 열매라.

〈'근본(根本)을 고치지 않음'을 뜻하는 말〉

개두환면(改頭換面) 머리를 고치고 낯을 바꿈.

견지망월(見指忘月) 달을 보라고 손을 들어 가리켰더니 손가락만 봄.

기려멱려(騎驢覓驢) 나귀를 타고서 나귀를 찾음.

내허외식(內虛外飾) 「속은 비고 겉만 꾸밈」 겉은 화려해 보이나 속은 가난함.

득어망전(得魚忘筌) 물고기를 잡고 나면 통발을 잊음.

모피지부(毛皮之附) 「가죽도 없는데 털이 붙음」 근본은 뒷전이고 중요(重要)하지 않은 문제(問題)만 해결(解決)하려고 함.

문과기실(文過其實) 무늬가 실제(實際)보다 지나침.

석근관지(釋根灌枝) 뿌리는 버려두고 가지에 물을 줌.

양탕지비(揚湯止沸) 끓는 물을 끼얹어 끓어오르는 것을 막으려 하기보다는 불을 끄는 것이 옳음.

외화내빈(外華內貧) 겉은 화려(華麗)하게 보이나 속으로는 빈곤(貧困)하고 부실(不實)함.

절상생지(節上生枝) 가지에 또 가지가 남.

허례허식(虛禮虛飾) 형편(形便)에 맞지 않게 겉만 번지르르하게 꾸밈.

화이부실(華以不實) 꽃은 화려(華麗)하나 열매를 맺지 못함.

회두토면(灰頭土面) 더러운 얼굴. 겉으로만 꾸며 체면(體面)을 닦는 데 뜻이 없음.

사본이사말(舍本而事末) 근본을 버리고 지엽(枝葉)을 섬김.

귀관리망두족(貴冠履忘頭足) 「갓과 신을 귀히 여기고 머리와 발은 업신여김」 근본을 경시(輕視)하고 지엽적인 것을 중히 여김.

〈머리 없는 놈이 댕기 치레한다〉

↔ **군자무본**(君子務本) 학식(學識)과 덕행(德行)이 높은 사람은 근본에 힘씀.

주경존성(主敬存誠) 「공경(恭敬)을 존중(尊重)하고 성의(誠意)를 보존(保存)함」 송유(宋儒)는 이를 수신(修身)의 근본으로 삼았음.

근본무명 뿌리根 근본本 없을無 밝을明

「모든 번뇌(煩惱)의 근본(根本)이 되는 것」 깨닫지 못하고 미망(未忘)에 사로잡힌 마음.

근본사료 뿌리根 근본本 역사史 헤아릴料

고서(古書), 유물(遺物), 기록(記錄)과 같은 사료(史料) 조사(調査)의 기초(基礎)가 되는 자료(資料).

근본이념 뿌리根 근본本 이치理 생각念

어떤 사실(事實)의 본바탕이 되는 이념.

근본주의 뿌리根 근본本 주장할主 옳을義

제일차세계대전(第一次世界大戰) 후에 자유주의(自由主義) 신학(神學) 및 세속화(世俗化)한 생활에 대항(對抗)하여 미국에서 일어난, 개신교(改新教) 내의 보수적(保守的)인 신학 운동(運動).

원리주의(原理主義) 사물(事物)이나 현상(現想)의 근본이 되는 이치(理致)를 따르는 생각이나 태도(態度).

선험주의(先驗主義) 선험적-경험(經驗)에 앞서 선천적(先天的)으로 가능(可能)한 인식능력(認識能力)-인 것의 존재(存在)를 주장(主張)하여 그것을 철학(哲學)의 원리로 삼는 철학.

근본취지 뿌리根 근본本 취지趣 뜻旨

사물(事物)의 본질(本質)이나 본바탕이 되는 목적(目的)이니 긴요(緊要)한 뜻.

근본팔탑 뿌리根 근본本 여덟八 탑塔

석가모니(釋迦牟尼) 부처님 다비(茶毘) 후에 여덟 개 나라에서 사리를 나누어 세운 최초(最初)의 불탑(佛塔). **사리탑**(舍利塔)

근봉표문 삼갈謹 받들奉 겉表 글월文

삼가 표문(表文-마음에 품은 생각을 적어서 임금에게 올리는 글)을 올림.

근속연한 부지런할勤 이을續 해年 한할限

어떤 일자리에서 계속(繼續)으로 근무(勤務)한 햇수.

근수누대 가까울近 물水 누각樓 돈대臺

「물에 가까운 누대(樓臺)」 관리(官吏)가

장관(將官)에게 접근(接近)함.

근시안적 가까울近 볼視 눈眼 어조사的

일의 앞날이나 사물(事物) 전체(全體)를 파악(把握)하지 못하고 눈앞의 단편적(斷片的)인 현상(現象)에만 사로잡힌 것.

갈택이어(竭澤而漁) 「연못의 물을 모두 퍼내 고기를 잡음」 눈앞의 이익(利益)만을 추구(追究)하여 장래(將來)를 생각하지 않음.

낙이사촉(樂而思蜀) 「타향(他鄕) 생활(生活)이 즐거워 고향(故鄕) 생각을 하지 못함」 눈앞의 즐거움에 빠져 근본(根本)을 망각(妄覺)함.

당랑규선(螳螂窺蟬) 이슬을 먹으려는 매미는 그 뒤에서 사마귀가 노리는 줄을 모름.

도견상부(道見桑婦) 「길에서 뽕잎 따는 여자를 보고 사통(私通)함」 눈앞의 일시적(一時的)인 이익을 좇다가 가지고 있던 모든 것을 잃음.

근신골강 힘줄筋 믿을信 뼈骨 굳셀强

근육(筋肉)은 신장(伸張)하고 뼈는 강건(康健)함.

근심엽무 뿌리根 깊을深 잎사귀葉 무성할茂

뿌리가 깊으면 잎이 무성(茂盛)함.

강간약지(强幹弱枝) 「줄기를 강하게 하고 가지를 약하게 함」 근간(根幹)을 강하게 하고 지엽(枝葉)을 약하게 함.

근고지영(根固枝榮) 뿌리가 튼튼해야 가지가 무성함.

심근고저(深根固柢) 「뿌리가 땅속 깊이 뻗어 움직이지 않음」 근본을 튼튼히 함.

↔ **육부출충**(肉腐出蟲) 「살이 썩어서 벌레가 남」 근본(根本)이 썩어서 폐단(弊端)과 화난(禍難)이 이로 말미암아 자꾸 일어남.

피지부존(皮之不存) 근본이 없음.

근심저고 뿌리根 깊을深 낮을柢 굳을固

「사물(事物)의 뿌리나 밑바탕이 되는 기초(基礎)가 깊고 단단함」 토대(土臺)가 확고(確固)함.

근심지무 뿌리根 깊을深 가지枝 무성할茂

뿌리가 깊으면 가지가 무성(茂盛)함.

근심지영 뿌리根 깊을深 가지枝 영화로울榮

뿌리가 깊어야 가지가 번창(繁昌)함.

고근견지(固根堅枝) 뿌리가 굳세야 가지도 단단함.

독초성미(篤初誠美) 무엇이든지 처음에 성실(誠實)하고 신중(愼重)히 해야 함.

본립도생(本立道生) 근본(根本)이 확립(確立)되면 도가 자연(自然)스럽게 생겨남.

정본청원(正本淸源) 일을 시작(始作)할 때 성실(誠實)하게 정성(精誠)을 다하는 것은 아름답다.

근언신행 삼갈謹 말言 삼갈愼 행할行

말을 삼가고 행동(行動)을 조심(操心)함.

신독(愼獨) 홀로 있을 때도 도리(道理)에 어그러짐이 없도록 삼감.

견벽불출(見壁不出) 굳건한 벽으로 둘러싸인 곳에서 나오지 않음.

금영무참(衾影無慚) 이불이나 자기 그림자에 대해서도 부끄러운 짓을 하지 않음.

율기제행(律己制行) 자기의 마음을 단속(團束)하고 행동을 삼감.

은인자중(隱忍自重) 자신을 드러내지 않고 참으며 신중(愼重)하게 행동함.

자숙자계(自肅自戒) 자신의 행동을 스스로 조심하고 경계(警戒)함.

패령자계(佩鈴自戒) 방울을 차서 스스로 경계함.

↔ **경거망동**(輕擧妄動) 가볍게 움직이고 망령(妄靈)되게 행동함.

근열원래 가까울近 기쁠悅 멀遠 올來

「부근(附近)에 있는 사람들이 즐거워하고, 먼 곳의 사람들이 흠모(欽慕)하여 모여듦」 덕이 널리 미침.

근자열원자래(近者說遠者來)

덕화만방(德化萬方) 덕행(德行)으로 교화(敎化)하여 중생(衆生)을 감화(感化)시키는 능력(能力)이 세상에 두루 미침.

시우지화(時雨之化) 때맞추어 내리는 비와 같은 교화.

요풍순우(堯風舜雨) 요순 두 임금의 어진 덕이 천하에 널리 퍼진 것을 비바람의 혜택(惠澤)이 이르지 않는 곳이 없음.

인언이박(仁言利博) 인덕(仁德)이 있는 사람의 말과 행동(行動)은 널리 대중(大衆)에게까지 이익(利益)이 미침.

인집앙류(鱗集仰流)「물고기들이 모여서 물 위에 입을 내놓고 벌름거림」 사방(四方)의 백성(百姓)들이 덕을 흠모하여 모여듦.

적덕누인(積德累仁) 인덕이 널리 세상에 미침.

근왕주의

부지런할勤 임금王 주장할主 옳을義

임금이나 왕실(王室)을 위하여 충성(忠誠)을 다하려는 태도(態度)나 경향(傾向).

근우원려 가까울近 근심憂 밀遠 염려할慮

가까운 곳에서는 근심하고 먼 곳에서는 염려(念慮)함.

근원물가 근본根 근원源 물건物 값價

주변환경(周邊環境)에 민감(敏感)하지 않은 물품을 기준(基準)으로 산출(算出)하는 물가. 계절적(季節的) 요인(要因)에 따라 영향(影響)을 받는 농산물(農産物)이나 일시적(一時的)으로 외부(外部) 충격(衝擊)으로 급격(急激)하게 오르내리는 석유류(石油類) 따위를 제외(除外)하고 난 후에 산출함.

핵심물가(核心物價)

근유익하

아름다운 옥瑾 고운 옥瑜 숨을匿 티瑕

「아름다운 옥에도 티가 있음」 어질고 덕이 있는 사람이라도 과실(過失)이 없을 수는 없으므로 그 과실을 허용(許容)한다는 말.

백벽미하(白璧微瑕) 흰 구슬의 작은 티.

시어다골(鰣魚多骨) 준치는 맛은 좋되 뼈가 많음.

옥하금뢰(玉瑕錦纇) 옥에 있는 티와 비단(緋緞)에 있는 흠(欠).

익하함구(匿瑕含垢) 아름다운 옥이라도 흠이 있음.

호사다마(好事多魔) 좋은 일에는 탈이 많음.

촌지옥필유하적(寸之玉必有瑕跡) 작은 옥에도 반드시 티가 있음.

↔ **백옥무하**(白玉無瑕) 조금도 흠이 없음.

빙청옥결(氷淸玉潔) 얼음처럼 맑고 옥처럼 깨끗함.

완전무결(完全無缺) 완전하여 결점(缺點)이 없음.

근육노동 힘줄筋 살肉 힘쓸勞 움직일動

육체(肉體)를 사용(使用)해서 하는 노동.

근자열복

가까울近 사람者 기꺼울說 복종할服

인근(隣近)의 백성(百姓)들이 즐겨 따름.

근자열원자래

가까울近 사람者 기꺼울說 멀遠 者 올來

(정치(政治)가) 가까운 사람을 기쁘게 하면 멀리 있는 사람까지 찾아옴.

근자필성

부지런할勤 사람者 반드시必 이룰成

부지런한 사람은 반드시 성공(成功)함.

공재불사(功在不舍) 성공은 그만두지 않음에 있음.

근무가보(勤無價寶) 부지런함은 값을 매길 수 없는 보물(寶物)임.

성실재근(成實在勤) 성공의 열매는 부지런함 속에 있음.

인생재근(人生再勤) 사람은 부지런함에 그 근본(根本)을 두어야 함.

근장보졸

부지런할**勤** 행할**將** 기울**補** 옹졸할**拙**

서투른 것을 보충(補充)하는 데에는 부지런함이 으뜸임.

소의간식(宵衣旰食) 날이 밝기도 전에 일어나 정복(正服)을 입고, 해가 진 후에 저녁밥을 먹음.

조경모운(朝耕暮耘) 아침에 밭을 갈고 저녁에 김을 맴.

보졸불여근(補拙不如勤) 서툰 일은 근면(勤勉)으로 보충함.

근주자적 가까울**近** 붉을**朱** 사람**者** 붉을**赤**

「붉은빛에 가까이하면 붉게 됨」 주위환경(周圍環境)이 중요(重要)하다는 의미(意味).

근묵자흑(近墨者黑) 먹을 가까이하면 검어짐.

근주근묵(近珠近墨) 붉은빛에 가까이하면 붉게 되고 검은 먹을 가까이하면 검어 짐.

남귤북지(南橘北枳) 남쪽의 귤나무를 옮겨 심으면 탱자나무가 됨.

마중지봉(麻中之蓬) 삼밭에서 자라는 쑥이 붙들어 주지 않아도 곧게 자람.

봉생시중(蓬生枲中) 쑥이 모시풀 속에서 자라면, 모시풀처럼 곧게 자람.

근칙지인 삼갈**謹** 삼갈**敕** 어조사**之** 사람**人**

말과 행동(行動)을 조심(操心)하고 삼가는 사람.

근친교배 가까울**近** 친척**親** 성교**交** 나눌**配**

근친번식 **近** **親** 번성할**繁** 불릴**殖**

같은 혈족(血族) 내(內)의 교배.

인브리딩(Inbreeding)

근친상간 가까울**近** 친척**親** 서로**相** 간음할**姦**

가까운 혈연(血緣) 사이의 성관계(性關係).

금독지음(禽犢之淫), **금수지행**(禽獸之行) 「짐승과 같은 짓」 친족(親族) 사이에서 일어난 음행(淫行).

근하신년 삼갈**謹** 하례할**賀** 새**新** 해**年**

「새해를 축하(祝賀)함」 새해의 복(福)을 비는 인사말(人事-).

공하신년(恭賀新年), **공하신희**(恭賀新禧)

근화사례 가까울**近** 불**火** 사례할**謝** 예도**禮**

가까운 곳에서 불이 나 손해(損害)는 입지 않았으나 근심을 끼쳐 미안(未安)하다는 인사(人事).

근화일일 무궁화**槿** 꽃**花** 한**一** 날**日**

「무궁화(無窮花)는 아침에 피었다가 저녁에 짐」 덧없는 영화(榮華).

근화일조몽

무궁화**槿** 꽃**花** 한**一** 아침**朝** 꿈**夢**

인간(人間)의 부귀영화(富貴榮華)가 덧없음을 무궁화꽃이 아침에 피었다가 저녁에 지는 것에 빗대어서 하는 말.

근후자 삼갈**謹** 두터울**厚** 사람**者**

조심성(操心性) 있고 인정이 많은 사람.

돈후주신(敦厚周愼) 인정(人情)이 도탑고 조심성이 많음.

금가주부 거문고**琴** 노래**歌** 술**酒** 구실**賦**

「거문고를 타며 노래하고 술을 마시며 시(詩)를 지음」 은자(隱者)의 생활(生活).

산서곡음(山棲谷飮) 산에 살며 계곡(溪谷)의 물을 마심.

수류침석(漱流枕石) 시냇물로 양치질하고 돌을 베고 잠.

금강견고 쇠金 굳셀剛 굳을堅 굳을固

무엇으로도 파괴(破壞)할 수 없지만, 다른 모든 것을 파괴할 수 있음.

금강불괴 쇠金 굳셀剛 아닐不 무너질壞

금강처럼 굳고 단단하여 파괴(破壞)되지 않음.

금산철벽(金山鐵壁) 어떤 물건(物件)이 금산과 철벽처럼 매우 견고(堅固)함.

뇌불가파(牢不可破) 견고하여 깨뜨릴 수 없음.

동근철륵(銅觔鐵肋) 「동으로 된 근육(筋肉)과 철로 된 늑골(肋骨)」 강건한 신체(身體).

만년불패(萬年不敗) 아주 튼튼하여 절대(絶對)로 깨지지 않음.

우수불함(牛邃不陷) 소가 밟아도 깨지지 않음.

호배웅요(虎背熊腰) 「호랑이 등과 곰 허리」 지체(肢體)가 강건(强健)함.

만독불침지체(萬毒不侵之體) 천하의 어떠한 독도 침범(侵犯)하지 못하는 신체.

금강야차 쇠金 굳셀剛 밤夜 야차叉

불교(佛敎)에서 오대명왕(五大明王)의 하나. 얼굴이 셋이고 팔이 여섯으로 무기(武器)를 가지고 북방(北方)을 지켜 일체 악마(惡魔)의 항복(降伏)을 받음.

팔면육비(八面六臂) 「여덟 개의 얼굴과 여섯 개의 팔」 언제 어디서 어떤 일을 부딪치더라도 능히 처리(處理)하여 내는 수완(手腕)과 능력(能力).

금강지환 쇠金 굳셀剛 손가락指 고리環

금강석(金剛石)으로 만든 가락지.

금거옥륜 금金 수레車 옥玉 바퀴輪

금으로 장식(粧飾)한 수레와 옥으로 된 바퀴.

금고일반 이제今 옛古 한一 일반般

지금(只今)이나 옛날이나 같음.

금여시고여시(今如是古如是) 예나 지금이나 변함없이 똑같음.

↔ **고금부동**(古今不同) 일이나 물건(物件)이 달라져 예와 지금이 같지 않음.

금불여고(今不如古) 지금이 옛날보다 못함.

금고옥촉 금金 기름膏 구슬玉 촛불燭

나라의 위엄(威嚴)을 상징(象徵)하는 문물(文物).

금고종신 금할禁 막을錮 마칠終 몸身

조선시대(朝鮮時代), 죄과(罪過) 혹은 신분(身分)에 허물이 있어 평생(平生) 벼슬길에 오르지 못하던 일.

금고진천 쇠金 북鼓 떨칠振 하늘天

「종소리와 북소리가 하늘을 뒤흔듦」 격전(激戰)을 형용(形容)하는 말.

용나호척(龍拏虎擲) 용과 범처럼 덤벼들어 싸움.

용양호박(龍攘虎搏) 용처럼 돌격(突擊)하여 물리치고 범처럼 맹렬(猛烈)하게 침.

금고함성 쇠金 북鼓 소리喊 소리聲

전쟁터에서 징 소리, 북소리와 군사(軍士)들이 지르는 고함(高喊).

금곡주수 쇠金 골짜기谷 술酒 셈數

미처 시(詩)를 짓지 못한 사람에게 주는 벌주(罰酒). 진(晉)나라 석숭(石崇)이 금곡 별장(別莊)에 빈격(賓格)을 초대(招待)하여 잔치를 베풀고 시를 짓지 못하는 사람에게 벌주로 세 말의 술을 먹였다는 고사(故事).

금곤복거(차)

날짐승禽 곤할困 뒤집힐覆 수레車

「새도 곤경(困境)에 빠지면 수레를 전복(顚覆)시킴」 약자(弱者)도 힘을 내면 큰 힘을 발휘(發揮)할 수 있음.

구급도장(狗急跳墻) 개가 급하게 담을 뛰어넘음.

궁구물추(窮寇勿追) 궁지(窮地)에 빠진 적(敵)이나 도둑을 모질게 핍박(逼迫)하거나 쫓지 말라.

궁서설묘(窮鼠嚙猫) 쫓겨서 궁지(窮地)에 몰린 쥐가 고양이를 묾.

궁조입회(窮鳥入懷) 쫓기는 새가 사람의 품으로 날아듦.

박어부득(迫於不得) 일이 매우 급하면 어쩔 수 없음.

수궁즉설(獸窮則齧) 짐승도 궁지에 몰리면 사람을 묾.

위사필궐(圍師必闕) 적을 포위(包圍)할 때는 반드시 퇴로(退路)를 열어두라.

조궁즉탁(鳥窮則啄) 새가 쫓기다가 도망(逃亡)할 곳을 잃으면 상대방(相對方)을 부리로 쫌.

궁어이분경(窮魚餌奔鯨) 궁지에 몰리면 약한 물고기도 고래에게 덤벼 묾.

귀사물엄 궁구막추(歸師勿掩 窮寇莫追) 물러나는 군사(軍士)는 덮치지 말고, 궁한 도적(盜賊)은 뒤쫓지 말라.

금곤옥우 금金 형昆 옥玉 벗友

「옥 같은 형과 금 같은 아우」 행실(行實)이 바르고 남의 본보기가 될 만한 형제(兄弟).

금우옥곤(金友玉昆), **옥곤금우**(玉昆金友)

수족지애(手足之愛) 형제간의 우애가 깊음.

우우형제(友于兄弟) 형제간의 화목(和睦).

의형의제(宜兄宜弟) 형제 사이에 의가 좋음.

자죽분수(煮粥焚鬚) 당(唐)나라의 이적이 누이의 병구완으로 손수 미음을 쑤다가 수염(鬚髥)을 태운 옛일에서, 형제간의 우애(友愛)가 두터움.

천생우익(天生羽翼) 형제가 두 날개처럼 한 마음이 되어 서로 도움.

형우제공(兄友第恭) 형은 아우를 사랑하고 아우는 형을 공경(恭敬)함.

훈지상화(壎篪相和) 형이 훈(壎)이라는 악기(樂器)를 불면 아우는 지(篪)라는 악기를 불어 화답(和答)함.

형제위수족(兄弟爲手足) 「형제 사이는 손발과 같음」 형제는 우애 있게 지내야 함.

금과옥조 금金 법률科 옥玉 법규條

「금과 옥처럼 귀중(貴重)한 법률(法律)」 소중(所重)히 여기고 꼭 지켜야 할 법이나 규정(規程).

금석지전(金石之典) 쇠나 돌처럼 변함없는 법전(法典).

불역지법(不易之法) 달리 고칠 수 없는 근본(根本)이 되는 법.

금과철마 쇠金 창戈 쇠鐵 말馬

「철로 된 창(槍)과 철갑(鐵甲)을 입은 전마(戰馬)」 전쟁(戰爭), 또는 전사(戰士)의 빼어난 모습.

금관옥패 금金 갓冠 구슬玉 찰佩

금으로 만든 관과 옥으로 장식(粧飾)한 노리개.

금관홍포 금金 갓冠 붉을紅 도포袍

금으로 만든 관과 붉은 도포(道袍).

금구목설 쇠金 입口 나무木 혀舌

훌륭한 언설(言說)로 사회(社會)를 가르치

고 이끌어가는 사람. 옛날에 교령(敎令)을 발포(發布)할 때 치던 목탁(木鐸)의 구조(口調)를 이름.

금구무결 금金 사발甌 없을無 흠缺

「금으로 만든 사발이 흠(欠)이 없음」 사물(事物)이 온전(穩全)하고 굳음.

나라가 튼튼하여 남의 침략(侵略)을 받지 않음.

백옥무하(白玉無瑕) 흰 옥이 흠이 없음.

십전십미(十全十美) 사람 혹은 사물(事物)이 매우 완전(完全)하여 전혀 흠잡을 데가 없음.

천의무봉(天衣無縫) 선녀(仙女)가 만든 옷은 꿰맨 자국이 없음.

금구복명 금金 사발甌 뒤집을覆 이름名

금구매복 金 甌 낱, 장枚 점卜

금구지복 金 甌 어조사之 卜

새로 재상(宰相)을 임명(任命)하는 일. 당(唐)의 현종(玄宗)이 재상을 임명하여 그 이름을 책상(冊床) 위에 써 놓고 금사발(金沙鉢)로 가려 신하(臣下)더러 맞추게 한 고사(故事)에서 나옴.

금구옥음 금金 입口 옥玉 소리音

「금 같은 입과 옥 같은 소리」 임금의 말씀. 남의 말씀의 경칭(敬稱).

윤언여한(綸言如汗) 임금의 말씀은 땀과 같아서 한번 내리면 거두어들일 수 없음.

금구폐설 금金 입口 닫을閉 혀舌

「귀중(貴重)한 말을 할 수 있는 입을 다물고 혀를 놀리지 않음」 침묵(沈默)하고 말하지 않음. **금설폐구**(金舌蔽口)

겸구물설(箝口勿說), **함구무언**(緘口無言) 입을 다물고 말하지 않음.

두구탄성(杜口呑聲) 입을 닫고 소리를 삼킴.

금군별장 금할禁 군사軍 나눌別 장수將

조선시대(朝鮮時代)에 대궐(大闕)의 호위(護衛)를 맡은 용호영(龍虎營)의 주장(主將)으로 종9품 관직(官職)의 하나.

금권만능 돈金 권세權 일만萬 능할能

돈의 힘으로 되지 않는 일이 없음.

황금만능(黃金萬能)

전가사귀(錢可使鬼), **전가통신**(錢可通神) 돈으로는 귀신(鬼神)도 부릴 수 있음.

청전만선(靑錢萬選) 청동(靑銅) 만전(萬錢)만 있으면 과거(科擧)에 만 번도 급제(及第)할 수 있음.

금궤석실 쇠金 상자匱 돌石 방室

「쇠로 만든 상자(箱子)와 돌로 만든 방(房)」 책(冊)을 엄중(嚴重)하게 간직하는 곳.

석실금궤지서(石室金匱之書) 돌로 만든 방과 쇠로 만든 궤에 수장(收藏)한 서적(書籍).

금궤지계 금金 상자匱 어조사之 꾀計

「금궤 속에 감추어 둘 만한 훌륭한 계책(計策)」 영원(永遠)한 계획(計劃).

금귀환주 금金 거북龜 바꿀換 술酒

「금거북으로 술을 바꾸어 마심」 당나라 때 시인(詩人) 이태백(李太白)과 하지장(賀知章)이 만나서 금거북을 주고 술을 사 먹은 고사(故事)에서 유래(由來)함.

금기서화 거문고琴 바둑棋 글書 그림畵

금기시주 琴 棋 시詩 술酒

속세(俗世)를 떠난 경지(境地)에서, 거문고를 타며, 바둑을 두고, 시(詩)를 지으며, 술을 마심.

풍류(風流)를 여유(餘裕) 있게 즐기며 놂.

금낭가구

비단錦 주머니囊 아름다울佳 구절句

금자루같이 아름다운 시(詩) 구절(句節). 묘한 싯구(詩句).

금낭삼계 비단錦 주머니囊 석三 꾀計

비단(緋緞) 주머니 안에 들어있는 3가지 훌륭한 계략(計略).

금단옥첩 금金 붉을丹 구슬玉 글씨판牒

金丹은 선약(仙藥), 불로불사(不老不死)의 영약(靈藥). 玉牒은 선술(仙術)을 기록(記錄)한 패(牌).

금단주현 거문고琴 끊을斷 붉을朱 줄絃

「거문고의 붉은 줄을 끊음」 남편(男便)의 죽음을 이르는 말.

고분지통(叩盆之痛) 「동이를 두드리는 쓰라림」 아내를 잃은 설움.

붕성지통(崩城之痛) 「성이 무너지는 고통(苦痛)」 남편의 죽음을 맞은 부인(婦人)의 슬픔.

상명지통(喪明之痛) 「눈이 멀 정도(程度)로 슬픔」 아들을 잃은 슬픔.

종천지통(終天之痛) 「이 세상에서 잊을 수 없는 슬픔」 친상(親喪)을 당한 슬픔.

참염지애(斬剡之哀) 「가슴을 에는 듯한 슬픔」 상중(喪中)의 슬픔.

참척지변(慘慽之變) 자손(子孫)에게 부모나 조부모(祖父母)보다 일찍 죽는 변고(變故).

금도창업 쇠金 칼刀 만들創 업業

유방(劉邦)이 한(漢)나라를 세운 사실(史實). 金刀는 劉(유) 자를 파자(破字)한 것임.

금독지행 날짐승禽 송아지犢 之 행실行

금독지음 禽 犢 어조사之 음탕할淫

「짐승과 같은 짓」 친족(親族) 사이에서 일어난 음행(淫行). **금수지행**(禽獸之行)

근친상간(近親相姦) 가까운 혈연(血緣) 사이의 성관계(性關係).

금등문건 쇠金 봉할縢 글월文 물건件

금등문서 金 縢 文 글書

금등지사 金 縢 어조사之 말詞

「쇠줄로 단단히 봉(封)하여 비서(祕書)를 넣어두는 상자(箱子)」 억울(抑鬱)하거나 비밀(祕密)스러운 일을 글로 남겨 후세(後世)에 그 진실(眞實)을 전하고자 할 때 사용(使用)되는 말.

금란지계 쇠金 난초蘭 어조사之 맺을契

금란지교 金 蘭 之 사귈交

금란지의 金 蘭 之 情誼誼

「쇠처럼 단단하고 난초(蘭草)처럼 그윽한 사귐」 친구(親舊) 사이의 매우 두터운 정(情).

관포지교(管鮑之交) 관중(管仲)과 포숙아(鮑叔牙)의 우정(友情).

고산유수(高山流水) 「높은 산과 흐르는 물」 자기(自己) 마음속과 가치(價值)를 잘 알아주는 참다운 친구.

교칠지심(膠漆之心) 아교(阿嬌)와 옻의 사귐.

금석지교(金石之交) 금이나 돌과 같이 굳은 사귐.

급난지붕(急難之朋) 급하고 어려울 때 도와주는 친구.

기이단금(基利斷金) 쇠를 끊을 만큼 굳음.

기취여란(其臭如蘭) 「그 냄새가 난초(蘭草) 같이 향기롭다」 절친(切親)한 친구 사이.

단금지계(斷金之契) 쇠라도 자를 만큼의 굳은 약속(約束).

담수지교(淡水之交) 「맑은 물의 사귐」 담박(淡泊)한 교제(交際).

막역지우(莫逆之友) 서로 거스르지 않는 친구.

문경지우(刎頸之友) 목을 대신(代身) 베어 줄 수 있는 벗.

백아절현(伯牙絶絃) 백아가 거문고 줄을 끊

어 버림.

벌목지계(伐木之契) 아무도 없는 깊은 산에서 나무하는 두 벗의 우정(友情)처럼 아주 친밀(親密)한 벗 사이의 교제.

사생지교(死生之交) 삶과 죽음을 함께하기로 굳게 맺는 사귐.

수어지교(水魚之交) 물과 물고기의 사귐.

십년지기(十年知己) 오래전부터 사귄 친구.

이인동심(二人同心) 절친한 친구 사이.

지기지우(知己之友) 자기를 가장 잘 알아주는 친한 친구.

지란지교(芝蘭之交) 지초(芝草)와 난초(蘭草) 같은 향기(香氣)로운 사귐.

포의지우(布衣之友) 귀천(貴賤)을 떠나서 참된 우정으로 사귀는 벗.

금람아장 비단錦 닻줄纜 어금니牙 돛대檣

「상아(象牙)로 만든 돛대와 비단(緋緞)으로 만든 닻줄」 화려(華麗)한 배의 모습.

아장금람(牙檣錦纜)

감녕금람(甘寧錦纜) 오(吳)나라 손권(孫權)의 장수(將帥) 감녕의 호사(豪奢)를 말하는 것으로, 비단 밧줄로 배를 매었다는 고사(故事).

예도난장(枻棹蘭槳) 「노(櫓)와 목란(木蘭) 상앗대」 호화(豪華)롭게 장식(裝飾)한 배.

금련보 금金 연꽃蓮 걸음步

미인(美人)의 아름다운 걸음걸이.

금리지혜 금할禁 신履 종이紙 신鞋

숙종(肅宗) 9년, 종이로 만든 신발을 신지 못하도록 왕명(王命)으로 금지(禁止)한 일.

금린옥척 비단錦 비늘鱗 구슬玉 자尺

한 자쯤 되는, 보기에 아름답고 맛 좋은 물고기.

금마옥당 금金 말馬 옥玉 집堂

한(漢)나라 때 금마문(金馬門) 옥당전(玉堂殿)은 문학(文學) 하는 선비가 출사(出仕)하는 관아(官衙). 후세(後世)에 한림원(翰林院)을 일컫는 이름이 됨.

금망소활 금할禁 그물網 트일疏 트일闊

「법망(法網)이 허술하고 틈이 많음」 법망이 소홀(疏忽)하여 어설픔.

망루탄주(網漏呑舟) 그물이 새면 그 사이로 배도 지나갈 수 있음.

↔ **천라지망**(天羅地網) 「하늘의 그물과 땅의 그물」 아무리 하여도 벗어날 수 없는 경계망(警戒網)이나 피할 길이 없는 재액(災厄).

상창난기(上蒼難欺) 위에 있는 푸른 하늘은 속이기 어려움.

천필육지(天必戮之) (힘 있는 자를 법(法)으로 처벌(處罰)하지 못할 때) 하늘이 반드시 죽이고 맒.

금모상대 금金 모자帽 서리霜 돈대臺

황금빛 모자를 쓴 어사대(御史臺).

금미지취 금金 미혹할迷 종이紙 취할醉

「금종이에 정신(精神)이 미혹(迷惑)되고 취함」 사치(奢侈)스러운 생활(生活).

지취금미(紙醉金迷)

교사음일(驕奢淫逸) 성질(性質)이 교만(驕慢)하고 사치스러우며 방탕무도(放蕩無道)한 사람의 행실(行實).

궁사극치(窮奢極侈), **극사극치**(極奢極侈) 사치가 극도에 달함.

금의옥식(錦衣玉食) 「비단옷에 흰 쌀밥」 의식(衣食)이 사치하고 호강스러움.

녹불기치(祿不期侈) 후한 봉록(俸祿)을 받으면 알지도 못하는 사이에 사치에 흐르게 됨.

망국지음(亡國之音) 음란(淫亂)하고 사치하여 나라를 망하는 길로 이끄는 음악.

부귀생교사(富貴生驕奢) 재산(財産)이 많아지고 지위(地位)가 높아지면 자연(自然)히 교만하고 사치하려는 마음이 생김.

사자심상빈(奢者心常貧) 사치를 좋아하는 사람은 만족(滿足)할 줄 몰라 마음은 항상(恒常) 가난함.

금방장원 이제今 방 붙일榜 씩씩할壯 으뜸元

이번 과거시험(科擧試驗)에서 으뜸을 한 사람. **장원급제**(壯元及第)

금방제명 금金 방 붙일榜 제목題 이름名

과거(科擧)에 급제(及第)한 사람의 성명(姓名)을 발표(發表)하던 방목(榜目)에 이름이 기록(記錄)됨. 과거에 합격(合格)함.

금상제명(金榜題名), **방상괘명**(榜上掛名)

절계(折桂) 「계수나무의 가지를 꺾었음」 과거(科擧)에 급제함.

노서소미(老鼠燒尾) 「늙은 쥐가 꼬리를 태움」 재능(才能)이 없으면서 과거에 급제함.

섬궁절계(蟾宮折桂) 「달나라에서 계수나무를 꺾음」 과거에 급제함.

어룡장화(魚龍將化) 「잉어가 용으로 화함」 과거에 급제하여 입신양명(立身揚名)함.

용표탈귀(龍標奪歸) 과거에 장원(壯元)으로 급제한 자를 일러 용표(龍標) 또는 금표(錦標)를 빼앗았다고 함.

접란봉시(接鸞鳳翅) 「난조(鸞鳥)와 봉황(鳳凰)이 날개를 맞댐」 수재(秀才)가 함께 과거에 급제함.

탈금지인(奪錦之人) 「비단옷을 빼앗은 사람」 관리(官吏) 등용(登用) 시험(試驗)에 급제한 사람.

금범지물 금할禁 범할犯 어조사之 물건物

법적(法的)으로 사고팔거나 사용(使用)하는 일이 금지(禁止)된 물건(物件).

금보리견시

비단錦 보자기褓 속裏 개犬 똥屎

「비단보(緋緞褓)에 개똥」 겉은 화려(華麗)하나 속은 어쭙잖은 사람이나 물건(物件).

금봉염지 금金 봉황鳳 물들일染 손가락指

봉숭아 꽃으로 손톱에 물들이는 풍습(風習).

금부내계 금할禁 관청府 안內 맺을契

조선시대(朝鮮時代) 임금의 명령(命令)을 받들어 죄인(罪人)을 추국(推鞫)하는 일을 맡아보던 의금부(義禁府)라고 하였는데, 이를 금부(禁府)·조옥(詔獄)·왕부(王府)·금오(金吾)로도 불렸던 데서 유래(由來)됨.

금부당상 금할禁 관청府 관아堂 위上

의금부(義禁府)의 당상관(堂上官). 판사(判事)·지사(知事)·동지사(同知事)가 있는데, 모두 다른 관리(官吏)들이 겸직(兼職)함.

금부도사 금할禁 관청府 우두머리都 벼슬事

의금부(義禁府)의 책임(責任)을 맡은 벼슬아치. 조선시대(朝鮮時代) 죄인(罪人)을 추국(推鞫)하는 일과 조정(朝廷)의 대옥(大獄)을 맡아보던 의금부의 종5품(從五品) 벼슬.

금분마 사로잡을擒 달릴奔 말馬

「뛰는 말을 사로잡음」 힘이 아주 셈.

겸인지력(兼人之力) 여러 사람을 당할 만한 강한 힘.

괴뢰지사(魁壘之士) 몸이 우람하고 힘이 아주 센 사람. 장사(壯士).

발산개세(拔山蓋世) 힘은 산을 뽑고 기운은 세상을 덮을 만큼 웅장(雄壯)한 기상.

발산거정(拔山擧鼎) 산을 뽑고 솥을 들어 올릴 정도로 힘이 매우 셈.

삼두육비(三頭六臂) 머리가 셋, 팔이 여섯.

여력과인(膂力過人) 육체적(肉體的)인 힘이 남보다 뛰어남.

역능강정(力能扛鼎) 힘은 능히 솥을 들어 올림.

역예우미(逆曳牛尾) 소의 꼬리를 끌어당기어 뒤로 걸어오게 함.

예우각행(曳牛却行) 소를 끌고 뒷걸음질함.

오획지력(烏獲之力) 장사 오획의 힘.

웅비지사(熊羆之士) 곰과 비휴(貔貅) 같은 장사.

천근역사(千斤力士) 천 근을 들 만한 장사.

항우장사(項羽壯士) 항우같이 힘이 아주 센 사람.

역발산기개세(力拔山氣蓋世) 힘은 산을 뽑고 기개(氣槪)는 세상을 덮음.

금불여고 이제今 아닐不 같을如 옛古

지금(只今)이 옛날보다 못함.

고금부동(古今不同) 일이나 물건(物件)이 달라져 예와 지금이 같지 않음.

↔ **금고일반**(今古一般) 지금과 옛날이 같음.

금여시고여시(今如是古如是) 예나 지금이나 변함없이 똑같음.

금산옥해 금金 메山 옥玉 바다海

「금이 나는 산과 옥을 품은 바다」 기우(氣宇-기개(氣槪)와 도량(度量))가 뛰어나고 거룩하며 지모(智謀)가 깊은 인격(人格).

문장(文章)의 기운(氣韻-풍격(風格)과 정취(情趣))이 높음.

고상(高尙)한 인품(人品).

옥해금산(玉海金山)

개운도천(開雲覩天) 「구름을 헤쳐서 하늘을 봄」 환하게 트이고 쾌활(快闊)하게 됨.

곤옥추상(琨玉秋霜) 「아름다운 옥과 가을 서리」 고상하고 엄숙(嚴肅)한 인품.

광풍제월(光風霽月) 「화창(和暢)한 날 불어오는 상쾌(爽快)한 바람과 비 갠 뒤 하늘에 뜬 밝은 달」 훌륭한 성품(性品)이나 잘 다스려진 세상.

날이불치(涅而不緇) 「검은 물을 들여도 검게 물들지 않음」 인품이 고상하여 주변(周邊)의 나쁜 영향(影響)을 받지 않음.

단애청벽(斷崖靑壁) 「붉은빛의 낭떠러지와 푸른빛의 석벽(石壁)이 높고 아름다움」 인품이 고상함.

빙호추월(冰壺秋月) 「얼음 호리병과 가을 달」 맑고 고상한 인품.

약음순료(若飮醇醪) 「맛 좋은 술을 마시는 것과 같음」 뛰어난 인품의 사람과 어울리다 보면 자연스레 좋은 영향(影響)을 받게 됨.

요림옥수(瑤林玉樹) 「옥의 숲과 옥의 나무」 인품이 고상하고 비범(非凡)한 사람.

운상기품(雲上氣稟) 속됨을 벗어난 인간의 고상한 기질(氣質)과 성품(性品).

운중백학(雲中白鶴) 「구름 속의 학」 고상한 인품.

금산철벽 쇠金 메山 쇠鐵 벽壁

어떤 물건(物件)이 금산과 철벽처럼 매우 견고(堅固)함.

금성천리(金城千里) 천 리에 뻗친 견고한 성.

금성철벽(金城鐵壁) 방비(防備)가 아주 견고한 성.

금성탕지(金城湯池) 쇠처럼 단단한 성곽(城廓)과 끓는 해자(垓字)에 둘러싸인 성.

난공불락(難攻不落) 공격(攻擊)하기 이려워 좀처럼 함락(陷落)되지 않음.

남산불락(南山不落) 성이 남산처럼 견고하여서 난공불락임.

비조불입(飛鳥不入) 나는 새도 들어가지 못함.

안우반석(安于盤石) 반석(盤石)처럼 견고하여 매우 편안(便安)함.

철옹산성(鐵甕山城) 쇠로 옹기(甕器)를 만들듯이 튼튼히 쌓아 올린 성.

탕지철성(湯池鐵城) 쇠로 만든 성과 그 성을 둘러싸고 있는 끓는 연못.

↔ **금탕지고 비속불수**(金湯之固 非粟不守) 견

고한 성도 양식(糧食)이 떨어지면 지킬 수 없음.

금상제명 금金 방 붙일榜 제목題 이름名

과거(科擧)에 급제(及第)한 사람의 성명(聲明)을 발표(發表)하던 방목(榜目)에 이름이 기록(記錄)됨. 과거에 합격(合格)함.

금방제명(金榜題名), **방상괘명**(榜上掛名)

금상첨화 비단錦 위上 더할添 꽃花

「비단(緋緞) 위에 꽃을 더함」좋은 것에 더 좋은 것을 첨가(添加)하여 가장 뛰어난 것을 만듦.

여창잉 첨금상화(麗唱仍 添錦上花) 아름다운 노래는 비단 위에 꽃을 더함이네.

쌍희임문(雙喜臨門) 기쁜 일이 겹치거나 잇달아 일어남.

호상가호(好上加好) 좋은 것에 좋은 것을 더함.

↔ **설상가상**(雪上加霜) 눈 위에 서리가 더함.

전호후랑(前虎後狼) 앞문에서 호랑이를 막으니, 뒷문으로 늑대가 들어옴.

금상폐하 이제今 위上 대궐의 섬돌陛 아래下

현재(現在) 집정(執政)하고 있는 황제(皇帝).

금생고락 이제今 살生 괴로울苦 즐거울樂

현재(現在) 세상(世上)에서 겪는 고통(苦痛)과 즐거움.

금생여수 금金 날生 고울麗 물水

금은 여수에서 남.

금생여수 옥출곤강(金生麗水 玉出崑岡) 금은 여수에서 나고, 옥은 곤강에서 남.

금석뇌약 쇠金 돌石 굳을牢 약속約

쇠와 돌처럼 결단코 변치 않는 약속(約束).

금석상약(金石相約), **금석지약**(金石之約)

견여금석(堅如金石) 서로 맺은 언약(言約)이나 맹서(盟誓)가 금석같이 굳음.

계포일낙(季布一諾)「계포가 한 약속」한 번 약속을 반드시 지킴.

단단상약(斷斷相約) 단단히 서로 약속함.

맹산서해(盟山誓海) 산이나 바다같이 변치 않을 것을 굳게 맹세함.

서해맹산(誓海盟山) 바다에 맹세하니 물고기와 용이 감동(感動)하고, 산에 맹세하니 초목(草木)이 아는구나.

설비지서(齧臂之誓) 팔뚝을 깨물어 성공(成功)을 굳게 맹세함.

식양재피(息壤在彼)「식양이 저기 있음」한 번 맺은 약속은 변치 않음.

신서단단(信誓旦旦) 진실(眞實)하게 하여 믿을 만한 맹세.

지천위서(指天爲誓) 하늘에 맹세함.

금석사죽 쇠金 돌石 실絲 대나무竹

악기(樂器)의 네 가지 재료(材料). 金은 종(鐘), 石은 경(磬), 絲는 거문고와 비파(琵琶), 竹은 피리나 퉁소 따위.

금석상약 쇠金 돌石 서로相 약속約

쇠와 돌처럼 결단코 변치 않는 약속(約束).

금석뇌약(金石牢約), **금석맹약**(金石盟約)

금석위개 쇠金 돌石 할爲 열開

「쇠와 돌을 뚫음」굳은 돌도 마음먹기에 따라 통한다는 말.

기정천석(寄情泉石) 정을 주고 정성(精誠)을 다하면 돌에서도 샘이 솟음.

사석몰우(射石沒羽). **사석위호**(射石爲虎) 화살이 깊숙이 돌을 뚫고 들어감.

성관금석(誠貫金石) 정성을 쏟으면 쇠와 돌도 뚫음.

염력철암(念力徹巖) 전념(專念)하는 힘이 바위를 뚫음.

일념통암(一念通巖) 정신을 집중하면 화살이 바위를 뚫음.

중석몰시(中石沒矢) 쏜 화살이 돌에 박힘.

금석지감 이제今 어제昔 어조사之 느낄感

「지금(只今)과 옛날에 대한 감정(感情)」 오늘날 예전 모습을 떠올리면서 느끼게 되는 세월(歲月)의 무상(無常)함.

격세지감(隔世之感) 아주 완벽(完璧)히 바뀐 다른 세상(世上)이 된 것 같은 느낌.

감구지회(感舊之懷) 지난 일을 회상(回想)하여 감동(感動)한 회포(懷抱).

수류운공(水流雲空) 「흐르는 물과 하늘의 뜬구름」 지난 일이 흔적(痕迹) 없이 사라져 허무(虛無)함.

억석당년(憶昔當年) 몇 해 전의 지난 일을 돌이켜 생각함.

금석지계 금金 돌石 어조사之 맺을契

금석지교 金 石 之 사귈交

금이나 돌처럼 굳은 교분(交分).

금석지공 금金 돌石 어조사之 공로功

후세(後世)에 남겨 전할 만한 훌륭한 공적(功績).

불후지공(不朽之功) 영구(永久)히 전하는 큰 공.

금석지약 금金 돌石 어조사之 약속約

쇠와 돌처럼 절대 변치 않는 약속(約束).

금석지언 금金 돌石 어조사之 말言

교훈(敎訓)이 되는 귀중(貴重)한 말.

금언(金言)

금석지재 쇠金 돌石 어조사之 재목材

쇠나 돌 따위의 광물성(鑛物性) 약재(藥材).

금석지전 쇠金 돌石 어조사之 법典

쇠나 돌처럼 변함없는 가치(價值)를 지닌 법전(法典).

금과옥조(金科玉條) 금과 옥처럼 귀중(貴重)한 법률(法律).

불역지법(不易之法) 달리 고칠 수 없는 근본(根本)이 되는 법.

금석지책 금金 돌石 어조사之 꾀策

가장 훌륭하고 안전(安全)한 계책(計策).

만전지책(萬全之策) 매우 안전하고 완전(完全)한 계책.

자전지계(自全之計) 자신(自身)의 안전을 꾀하는 계책.

교토삼혈(狡兎三穴) 토끼가 위난(危難)을 피하려고 구멍 셋을 만듦.

금석하석 이제今 저녁夕 어찌何 夕

「오늘 밤은 얼마나 좋은 밤인가?」 무척 즐거운 밤을 맞이하여 감탄(感歎)해서 하는 말.

금선탈각 금金 매미蟬 벗을脫 껍질殼

「애벌레였던 매미가 성충(成蟲)이 되어 금빛 날개를 가진 화려(華麗)한 형상(形狀)으로 바뀜」 적(敵)이 행동(行動)하지 못하도록, 진지(陣地)의 원형(原型)을 보존(保存)하고 군대(軍隊)가 여전히 주둔(駐屯)하고 있는 것처럼 하라. 그러면 적이 감히 공격(攻擊)하지 못할 것이나. 삼십육계(三十六計)의 제21계.

금설폐구 금金 혀舌 덮을蔽 입口

「귀중(貴重)한 말을 할 수 있는 입을 다물고 혀를 놀리지 않음」 침묵(沈默)함.

금구폐설(金口閉舌)

금성옥진 쇠金 소리聲 옥玉 떨칠振

「쇠로 만든 악기(樂器)로 소리를 퍼트려 시작(始作)하고 옥으로 만든 악기로 거두어들여 마무리함」 음악(音樂)의 울림과 조화(調和), 또는 학식(學識)이 넓고 아는 것이 많으며 재주가 뛰어난 사람.

금성이옥진지(金聲而玉振之)

특달(特達) 남달리 사리(事理)에 밝고 재주가 뛰어남.

탄봉(呑鳳) 「봉황(鳳凰)을 삼킴」 문장(文章)에 재주가 뛰어남.

거필성장(擧筆成章) 「붓을 들면 문장이 나옴」 문재(文才)가 뛰어남.

수용석출(水湧石出) 시문(詩文)을 짓는 재주가 비상(非常)함.

재고팔두(才高八斗) 문학적(文學的) 재능(才能)과 재주가 뛰어남.

금성천리 쇠金 성城 일천千 거리里

「성이 견고(堅固)하고 길게 뻗쳐 있음」 방어력(防禦力)이 탄탄함.

금성철벽 쇠金 성城 쇠鐵 벽壁

「쇠로 만든 성과 철로 만든 벽」 방어시설(防禦施設)이 잘되어 있어서 공격(攻擊)하기 어려운 성.

금성탕지 쇠金 성城 끓일湯 연못池

「쇠처럼 단단한 성곽(城廓)과 끓는 연못 같은 해자(垓字)에 둘러싸인 성」 방비(防備)가 빈틈없이 견고(堅固)함.

금산철벽(金山鐵壁), **금성철벽**(金城鐵壁)

금수강산 비단錦 수놓을繡 강江 메山

「비단(緋緞)에 수를 놓은 듯이 아름다운 산천(山川)」 우리나라 삼천리(三千里)강산의 아름다움. 경치(景致)가 좋은 산천.

기봉강산(箕封江山) 기자가 봉해 준 강산.

팔도강산(八道江山) 우리나라 전체(全體)의 강산.

금수고한 이제今 근심愁 옛古 한탄恨

금인(今人)의 시름과 고인(古人)의 한(恨). 금인과 고인의 슬픔.

금수문장 비단錦 수놓을繡 글월文 문장章

비단(緋緞)에 수를 놓듯이 아름답고 뛰어나게 훌륭한 문장(文章).

난약피금(爛若披錦) 곱기가 비단을 덮은 것 같음.

만고문장(萬古文章) 세상에 유례(類例)가 없을 만큼 뛰어난 글.

미사여구(美辭麗句) 아름다운 말로 꾸민 고운 문장.

양금미옥(良金美玉) 좋은 옥과 아름다운 옥.

연대지필(椽大之筆) 「서까래만 한 큰 붓」 뛰어난 대문장(大文章)이나 대논문(大論文).

웅사굉변(雄辭閎辯) 뛰어난 문장과 깊이 있는 변설(辯說).

월장성구(月章星句) 달 같은 문장, 별 같은 구절(句節).

일자백금(一字百金) 한 글자의 값어치가 백금에 해당(該當)함.

일진불염(一塵不染) 「토지(土地)가 깨끗함」 문장 따위가 뛰어나게 맑고 아름다움.

정금양옥(精金良玉) 「정교(精巧)하게 다듬은 금과 아름다운 옥」 인품(人品)이나 시문(詩文)이 맑고 아름다움.

직금회문(織錦回文) 「비단으로 회문을 짜 넣음」 구성(構成)이 절묘(絶妙)하고 문사(文思)가 아름다운 문학작품(文學作品).

척지금성(擲地金聲) 「땅에 던지면 쇠로 만든 악기(樂器) 소리가 남」 아름다운 문장.

편전편옥(片箋片玉) 구슬 같은 글.

포금열수(鋪錦列繡) 비단을 깔고 수를 늘어놓음.

금수어충 날짐승禽 짐승獸 물고기魚 벌레蟲

「날짐승과 길짐승과 물고기와 벌레」 모든 동물(動物).

금수의끽일시

비단錦 수놓을繡 옷衣 먹을喫 한一 때時

「비단옷(緋緞-)이 밥 한 끼」 몹시 궁할 때는 값진 보물(寶物)도 한 끼 밥값밖에 안 됨. **기무가간 필금일찬**(飢無可慳 疋錦一餐)

금의일식(錦衣一食)

금수조치 금할禁 보낼輸 둘措 둘置

한 국가(國家)가 특정(特定) 국가에 대한 교역(交易)이나 투자(投資), 금융거래(金融去來) 등 모든 부문(部門)의 경제교류(經濟交流)를 중단(中斷)하는 조치(措置). 보통(普通) 특정국을 경제적(經濟的)으로 고립(孤立)시키기 위해 사용(使用)함.

금수지장 비단錦 수놓을繡 어조사之 창자腸

고운 마음씨. 또는 그런 마음씨를 가진 사람.

시문(詩文)이나 가구(佳句)에 능함.

금수지행 날짐승禽 짐승獸 어조사之 행할行

「짐승과 같은 짓」 친족(親族) 사이에서 일어난 음행(淫行).

금독지음(禽犢之淫), **금독지행**(禽犢之行)

금수청산 비단錦 수놓을繡 푸를靑 메山

비단(緋緞)과 같이 아름답고 푸른 산.

금순공정 금金 방패盾 기능工 정도程

만리방벽(萬里防壁)을 포함(包含)하여 중국의 국가적(國家的) 사이버(cyber) 검열(檢閱) 시스템(system). 우리말로 '황금 방패 계획(黃金防牌計劃)' 정도(程度)로 번역(飜譯)할 수 있음.

금슬부조 거문고琴 비파瑟 아닐不 조화調

「작은 거문고와 큰 거문고가 가락이 맞지 않음」 부부간(夫婦間)에 서로 화합(和合)하지 못함.

금슬상화 거문고琴 비파瑟 서로相 화할和

금슬지락 琴 瑟 어조사之 즐거울樂

거문고와 비파(琵琶)가 서로 조화(調和)를 이루듯 사이좋게 살아가는 부부(夫婦).

경전서후(耕前鋤後) 남편(男便)은 앞에서 밭을 갈고, 아내는 뒤에서 김을 맴.

백년해로(百年偕老) 부부의 인연(因緣)을 맺어 평생(平生)을 같이 즐겁게 지냄.

비익연리(比翼連理), **연리비익**(連理比翼) 연리지(連理枝)와 비익조(比翼鳥).

원앙지계(鴛鴦之契) 금실이 좋은 부부.

하화원앙(荷花鴛鴦) 연꽃 속의 원앙.

피저원앙(被底鴛鴦) 이불 속의 원앙.

해로동혈(偕老同穴) 살아서는 같이 늙고 죽어서는 한 무덤에 묻힘.

금슬우지 거문고琴 비파瑟 벗友 어조사之

부부간(夫婦間)의 금실이 좋아 마치 친구(親舊)처럼 지냄.

화여금슬(和如琴瑟), **남흔여열**(男欣女悅) 부부 사이가 화락(和樂)함.

금슬지락(琴瑟之樂) 부부가 화평(和平)하고 즐거움.

백년해로(百年偕老) 부부가 즐겁게 함께 늙음.

실가지락(室家之樂) 부부 사이의 화락.

음양지락(陰陽之樂) 남녀가 화락 하는 즐거운.

의가지락(宜家之樂) 부부 사이의 화목(和睦)한 즐거움.

금시발복 이제今 때時 트일發 복福

어떤 일을 한 뒤에 이내 복이 돌아와 부귀(富貴)를 누리게 됨.

당대발복(當代發福) 부모(父母)를 명당(明堂)에 장사(葬事)하여 그 아들이 곧 부귀를 누리게 됨.

인장묘발(寅葬卯發) 묏자리를 잘 써서 장사(葬事) 지낸 뒤에 곧바로 복이 트이고 복을 받음.

금시벽해 금金 날개翅 가를擘 바다海

「금빛 날개가 바다를 가름」 문사(文詞)가 아름답고 투철(透徹)함.

금시초견 이제今 때時 처음初 볼見

이제야 처음으로 봄.

금시초문 이제今 때時 처음初 들을聞

이제야 처음으로 들음.

생전초문(生前初聞)

문소불문(聞所不聞) 아직 듣지 못한 이야기를 들음.

미문지사(未聞之事) 아직 듣지 못한 일.

생면강산(生面江山) 「처음으로 보는 강산」 처음으로 보고 듣는 일.

이랭안랭(耳冷眼冷) 듣지도 못하고 보지도 못함.

금식조시 짐승禽 숨 쉴息 새鳥 볼視

「짐승이나 새처럼 헛되이 먹이를 구할 뿐 다른 뜻을 갖지 않음」 관작(官爵)과 봉록(俸祿)을 받을 뿐 세상에 도움이 되지 못함.

광관시록(曠官尸祿) 관직(官職)에 있으면서 책임(責任)을 다하지 못하고 하는 일 없이 녹만 받아먹음.

마우금거(馬牛襟裾) 말이나 소에 의복(衣服)을 입힘.

목우인의(木偶人衣) 나무 인형(人形)에 옷을 두른 것.

반식대신(伴食大臣) 곁에 모시고 밥을 먹는 재상(宰相).

시위소찬(尸位素餐) 직책(職責)을 다하지 않고 자리만 차지하여 녹만 받아먹음.

와부뇌명(瓦釜雷鳴) 질솥이 우레 같은 소리를 냄.

지당대신(至當大臣) 윗사람의 말에 동감(同感)하여 지극히 당연(當然)하다고만 하는 신하(臣下).

토계와견(土鷄瓦犬) 흙으로 빚은 닭과 흙으로 구운 개.

홍로점설(紅爐點雪) 「뜨거운 화로(火爐)에 눈을 뿌린 격임」 큰일을 하는데, 작은 힘이 아무런 도움이 되지 못함.

금실지락

거문고琴 비파瑟 어조사之 즐거울樂

부부간(夫婦間)의 사랑.

금심검담 거문고琴 마음心 칼劍 쓸개膽

「거문고 소리와 같은 부드러운 마음과 칼과 같은 날카로운 기백(氣魄)」 풍치(風致)가 있고 아담(雅淡)한 태도(態度).

금심수구 비단錦 마음心 수놓을繡 입口

금심수장 錦 心 繡 창자腸

「비단(緋緞)같이 아름다운 생각과 수놓은 듯이 아름다운 말」 글을 짓는 재주가 뛰어난 사람을 칭찬(稱讚)하는 말.

금안백마 금金 안장鞍 흰白 말馬

금안준마 金 鞍 준마駿 馬

금으로 장식(粧飾)한 안장(鞍裝)을 얹은 좋은 말.

녹이상제(騄耳霜蹄) 빠르고 좋은 말.

보마향거(寶馬香車) 좋은 말과 훌륭한 수레.

선거(차)노마(鮮車怒馬) 아름다운 수레와 힘찬 말.

금영무참

이불衾 그림자影 없을無 부끄러울慚

「이불이나 자기 그림자에 대해서도 부끄러운 짓을 하지 않음」 남이 안 보는 데서도 언행(言行)을 삼가 양심(良心)에 조금도 부끄러운 것이 없음.

신독(愼獨) 홀로 있을 때도 도리(道理)에 어긋난 일을 하지 않고 삼감.

내성불구(內省不疚) 자기 자신을 돌이켜보아 마음속에 조금도 부끄러운 것이 없음.

독좌방심(獨坐防心) 홀로 앉았을 때는 사념(邪念)이 일어나지 않도록 노력(努力)함.

무괴어심(無愧於心) 말과 행실(行實)이 밝아서 마음에 조금도 부끄러움이 없음.

부앙무괴(俯仰無愧) 하늘을 우러러보나 세상을 굽어보나 양심에 거리낄 것이 없음.

불괴옥루(不愧屋漏) 사람이 보지 않는 곳에서도 행동(行動)을 경계(警戒)하고 신중(愼重)히 하여 부끄럽지 않음.

앙천부지(仰天俯地) 하늘을 우러러보고 땅을 굽어봄.

자숙자계(自肅自戒) 자기 행동을 스스로 조심(操心)하고 경계(警戒)함.

패령자계(佩鈴自戒) 방울을 차서 스스로 경계(警戒)함.

앙불괴어천 부부작어인(仰不愧於天 俯不怍於人) 우러러보아 하늘에 부끄럽지 않고 구부려 사람에게 부끄럽지 않음.

↔ **파계무참**(破戒無慙) 계율(戒律)을 어기고도 부끄러워하지 않음.

금오옥토 금金 까마귀烏 옥玉 토끼兎

해와 달을 아울러 이르는 말. 해 속에 까마귀가 있고 달 속에 옥토끼가 있다는 전설(傳說)에서 유래(由來)함.

금옥군자 금金 옥玉 군자君 선생子

외모(外貌)와 행실(行實)이 아름답고 품격(品格) 있는 남자(男子).

절개(節槪)가 굳은 군자.

금옥기질 금金 옥玉 그其 바탕質

「금과 옥이 기저(基底)임」 바탕이 아름다운 것.

금옥만당 금金 옥玉 찰滿 집堂

「금옥관자(金玉貫子)가 방 안에 가득함」 어진 신하(臣下)가 조정(朝廷)에 가득함.

거재두량(車載斗量) 「수레에 싣고서 말로 잼」 물건(物件)이나 인재(人才)가 많음. 또는 많아서 귀하지 않음.

다사제제(多士濟濟) 뛰어난 선비가 셀 수 없이 많음.

대불핍인(代不乏人) 어느 시대에나 그 시대에 적합(適合)한 인재(人材)가 있기 마련임.

십보방초(十步芳草) 열 걸음의 짧은 거리에도 아름다운 꽃과 풀이 있다.

조영지계(朝盈之戒) 조정(朝廷)에 신하들이 가득 모여 있음을 일깨움.

금옥숭구도지

금金 옥玉 높을崇 도둑寇 훔칠盜 이를至

「금옥을 숭상(崇尙)하면 도둑이 듦」 한갓 재물(財物)을 귀하게 여기면 재앙(災殃)이 따름.

금옥이음 금金 옥玉 너爾 소리音

「너의 소리를 금옥과 같이 하라」 함부로 말하지 않음.

겸구물설(箝口勿說) 입을 다물고 말하지 않음.

금구폐설(金口閉舌) 입을 다물고 혀를 놀리지 않음.

불언장단(不言長短) 남의 장단점(長短點)을 말하지 않음.

↔ **신구개하**(信口開河), **신구개합**(信口開合) 입에서 나오는 대로 함부로 발함.

금옥장교 금金 집屋 감출藏 아리따울嬌

「집의 아리따움을 감춤」 부녀(婦女)를 대단히 총애(寵愛)함.

금옥저교 금金 집屋 쌓을貯 아리따울嬌

금옥지총 金 屋 어조사之 사랑할寵

「집을 화려(華麗)하게 꾸며 놓고 총애(寵愛)하는 미인(美人)을 살게 함」 중국 한나라의 무제(武帝)가 아교(阿嬌)를 얻어 금옥을 짓고 그곳에 살게 한 옛일.

금옥지세 금金 옥玉 어조사之 세상世

태평(太平)한 시대(時代).

사해파정(四海波靜) 천하의 풍파(風波)가 진정(鎭靜)되어 태평함.

승평세계(昇平世界) 태평(泰平)한 세상.

와치천하(臥治天下) 「누워서 천하를 다스림」 태평 시대의 비유.

중희누흡(重熙累洽) 광명(光明)을 거듭하여 은택(恩澤)이 두루 미침.

청평세계(淸平世界) 화평(和平)한 사회. 평화스러운 세상. 맑고 태평한 세상.

태평성대(太平聖代) 어진 군주(君主)가 다스리는 태평한 시대.

금옥지중 금金 옥玉 어조사之 소중할重

매우 귀중(貴重)함. 극히 중요(重要)함.

금옥탕창 금金 옥玉 탕건宕 창의氅

금옥관자(金玉貫子), 탕건(宕巾), 창의(氅衣). 높은 벼슬아치 등 귀인(貴人)의 복식(服飾).

금옥패서 금金 옥玉 깨트릴敗 헌솜絮

「금옥과 헌솜」 겉은 화려(華麗)하게 꾸미었으나 속은 추악(醜惡)함.

외화내빈(外華內貧) 겉은 화려하나 속은 텅 빔.

홍불감장(紅不甘醬) 「색은 붉으나 맛은 쓴 간장」 겉으로는 좋아 보여도 속은 신통(神通)하지 않음.

금보리견시(錦褓裏犬屎) 「비단보(緋緞褓)에 개똥」 겉은 화려하나 속은 어줍잖은 사람이나 물건(物件).

금완옥배 금金 주발盌 구슬玉 잔杯

고귀(高貴)한 벼슬자리.

풍수가(風水家)에서 길상(吉祥)의 땅.

금왕지기 금金 성할旺 어조사之 기운氣
금왕지절 金 旺 之 절기節

오행(五行) 중에서 금기(金氣)가 왕성(旺盛)한 절기(節氣). 가을의 절후(節候).

금욕주의 금할禁 욕심慾 주장할主 옳을義

정신적(精神的)·육체적(肉體的) 욕망(慾望)이나 욕구(慾求) 및 세속적(世俗的) 명예(名譽)나 이익(利益)을 탐하는 모든 욕심(慾心)을 억제(抑制)하여 종교(宗敎)나 도덕(道德)에서 이상(理想)을 성취(成就)하려는 사상(思想).

견인주의(堅忍主義), **극기주의**(克己主義),

수덕주의(修德主義), **제욕주의**(制慾主義)

↔ **쾌락주의**(快樂主義) 쾌락을 가장 가치(價値) 있는 인생의 목적(目的)이라 생각하고 모든 행위의 궁극적(窮極的)인 목적이나 도덕의 원리(原理)로 생각하는 사상. 행복주의(幸福主義)의 하나이며, 고대(古代) 그리스의 에피쿠로스에서 시작(始作)함.

금용만월 금金 얼굴容 찰滿 달月

불상(佛像)의 금빛 찬란(燦爛)한 모양(模樣).

금우옥곤 금金 벗友 옥玉 형昆

「금 같은 아우와 옥 같은 형」 남의 형제(兄弟)를 기리어 이르는 말.

거울이 될 만한 남의 형제.

금곤옥우(金昆玉友), **옥곤금우**(玉昆金友)

금운서성 거문고琴 소리韻 글書 소리聲

거문고 소리와 글 읽는 소리.

금융치료 돈金 유통할融 고칠治 고칠療

돈으로 감정(感情)이나 마음을 치료한다는 뜻을 지닌 신조어(新造語)로, 긍정적(肯定的)으로는, 돈이 동기 부여(動機附與) 요소(要素)로 작용(作用)해 현재(現在)의 상태(狀態)를 나아지게 할 때를, 부정적(否定的)으로는, 나에게 손해(損害)를 끼친 상대방(相對方)에게 과태료(過怠料)나 벌금(罰金)으로 그 대가(代價)를 치르게 한다는 뜻으로 사용(使用)됨.

금은기물 금金 은銀 그릇器 물건物

금과 은으로 만든 살림살이에 쓰는 그릇.

금은보석 금金 은銀 보배寶 돌石

금은보패 金 銀 寶 조개貝

금은보화 金 銀 寶 재화貨

금과 은과 보배로운 물건(物件).

금은주옥 금金 은銀 구슬珠 옥玉

「금과 은과 구슬과 옥」 온갖 귀한 보물(寶物).

금은지국 금金 은銀 어조사之 나라國

우리나라를 아름답게 이르는 말.

금수강산(錦繡江山)

금의공자 금金 옷衣 존칭公 사람子

「금빛 옷을 입은 공자」 꾀꼬리 다른 이름.

금의상경 비단錦 옷衣 오히려尙 홑옷褧

비단옷이 너무 화려(華麗)하여, 입을 때는 그 위에 경의(褧衣-안을 대지 않은 홑옷)를 걸쳐 입어 지나치게 화려(華麗)한 느낌이 들지 않게 함.

선비가 내면(內面)에 높은 학식(學識)과 덕망(德望)을 갖추었더라도 남 앞에서 가볍게 이를 뽐내거나 드러내서는 안 됨.

금의야행 비단錦 옷衣 밤夜 다닐行

「비단옷(緋緞-)을 입고 밤길을 다님」 자랑삼아서 하지 않으면 생색(生色)이 나지 않음. 아무 보람이 없는 일을 함.

수의야행(繡衣夜行), **의금야행**(衣錦夜行)

노이무공(勞而無功) 애썼는데 보람이 없음.

담설전정(擔雪塡井) 「눈을 져다가 우물을 메움」 수고만 할 뿐 효과(效果)가 없음.

도로무익(徒勞無益) 헛되이 수고만 하고 아무런 이득(利得)을 얻지 못함.

암중순목(暗中瞬目) 남이 이해(理解)할 수 없는 방법으로 자기 의사(意思)를 나타냄.

야행피수(夜行被繡) 수놓은 좋은 옷을 입고 밤길을 감.

종정구인(從井救人) 우물에 들어가 남을 구함.

금의옥식 비단錦 옷衣 구슬玉 밥食

「비단옷과 흰 쌀밥」 호화(豪華)롭고 사치(奢侈)스러운 생활(生活).

굉주교착(觥籌交錯) 술잔과 산가지가 뒤섞임.

난의포식(暖衣飽食) 「배불리 먹고 옷을 따뜻하게 입음」 의식(衣食)이 넉넉함.

등홍주록(燈紅酒綠) 「등불은 붉고 술은 푸름」 사치스럽고 향락적(享樂的)인 생활.

목식이시(目食耳視) 「눈으로 먹고 귀로 봄」 외관(外觀)을 위해서 의식(衣食) 본래(本來)의 목적(目的)을 버리고 사치로 흐름.

미의옥식(美衣玉食) 아름다운 의복(衣服)과 맛있는 음식(飮食).

미의투식(靡衣婾食) 고운 옷을 입고 맛있는 음식을 탐내어 장래(將來)를 생각하지 않음.

상저옥배(象箸玉杯) 상아 젓가락과 옥 술잔.

식육부귀(食肉富貴) 맛있는 고기만 먹고 지내면서 누리는 부귀(富貴).

식전방장(食前方丈) 사방(四方) 10자나 되는 상(床)에 음식을 차림.

옥의옥식(玉衣玉食) 좋은 옷을 입고 맛있는 음식을 먹음.

온의미반(溫衣美飯) 따뜻한 옷을 입고 맛있는 음식을 먹음.

요(유)의감식(褕衣甘食) 고운 옷을 입고 맛있는 것을 먹음.

이랍대신(以蠟代薪) 땔나무 대신 초를 씀.

일식만전(一食萬錢) 한 번의 식사(食事)에

많은 돈을 들임.

장주곽육(醬酒霍肉) 고기를 보기를 콩잎같이, 술을 보기를 간장같이 생각함.

지취금미(紙醉金迷) 금종이에 정신(精神)이 미혹(迷惑)되고 취함.

취금찬옥(炊金饌玉) 금으로 밥을 짓고 옥으로 반찬(飯饌)을 만듦.

취옥분계(炊玉焚桂) 옥으로 불을 때고 계수나무를 불사름.

호의호식(好衣好食) 좋은 옷을 입고 좋은 음식을 먹음.

후복옥식(侯服玉食) 제후(諸侯)의 옷을 입고 귀한 음식을 먹음.

금의일식 비단錦 옷衣 한一 밥食

「비단옷이 한 끼 밥」 호화(豪華)로운 비단옷(緋緞-)보다 한 그릇의 밥이 더 필요(必要)함. **금수의끽일시**(錦繡衣喫一時),

기무가간 필금일찬(飢無可慳 疋錦一餐)

금의주행 비단錦 옷衣 낮晝 다닐行

금의환향 錦 衣 돌아올還 시골鄕

비단옷(緋緞-)을 입고 고향(故鄕)으로 돌아옴. **패금이환향**(佩錦而還鄕),

의금환향(衣錦還鄕), **의금주행**(衣錦晝行)

비황등달(飛黃騰達) 신마(神馬)와 같이 빨리 달림.

어룡장화(魚龍將化) 잉어가 용으로 화함.

의금지영(衣錦之榮) 비단옷을 입고 고향에 가는 영예(榮譽).

입신양명(立身揚名) 사회적(社會的)으로 인정(認定)을 받고 출세(出世)하여 이름을 세상에 드날림.

초거명래(招去明來) 남몰래 살짝 가서 성공(成功)하여 공공연(公公然)하게 버젓이 돌아옴.

출곡천교(出谷遷喬) 봄이면 새가 깊은 산골짜기에서 나와 높은 나무 위에 올라앉음.

금일월병 금金 해日 달月 병풍屏

이금(泥金-아교에 개어 만든 금박 가루)으로 해와 달을 그린 병풍(屛風). 임금님이 앉는 자리에 쳤음.

금일지사 이제今 날日 어조사之 일事

오늘의 일. 오늘의 사무(事務).

금자탑 금金 글자字 탑塔

이집트(Egypt)의 피라미드(pyramid)를 번역(飜譯)한 말. 그 모양(模樣)이 금(金) 자와 비슷한 데서 온 말임. 길이 후세(後世)에 전하여질 만한 가치(價値)가 있는 불멸(不滅)의 업적(業績)을 비유하는 말.

금잔옥대 금金 잔盞 옥玉 돈대臺

금잔은대 金 盞 은銀 臺

「금으로 만든 술잔과 옥(은)으로 만든 잔대(盞臺)」 수선화(水仙花)를 이름.

금장낙송

금할禁 장사지낼葬 떨어질落 송사할訟

법리(法理)에 비추어 금지(禁止)하는 것이 부당(不當)한 곳에서 장사(葬事)를 금지하다가 패소(敗訴)함. 금장(禁葬) 지역(地域)이 아닌 곳을 사사(私私)로이 점거(占據)하고 함부로 소송(訴訟)을 거는 횡포(橫暴)를 막고자 하는 의도(意圖)에서 제정(制定)된 규정(規定).

금장옥구 금金 문장章 옥玉 글귀句

금옥처럼 훌륭한 시가(詩歌)나 문장(文章).

월장성구(月章星句) 달 같은 문장, 별 같은 구절(句節).

금장옥례 금金 즙漿 구슬玉 단술醴

금장옥액 金 漿 玉 진액液

「신선(神仙)이 먹는다는 선약(仙藥)」 도가(道家)에서, 사람의 침을 이르는 말.

뛰어난 효과(效果)가 있는 약.

금장자수 금金 문장章 자줏빛紫 인끈綬

금과 옥처럼 훌륭한 시가(詩歌)나 문장(文章). **금장옥구**(金章玉句)

금장지지 금할禁 장사지낼葬 어조사之 땅地

시체(屍體)를 땅속에 묻어 장사(葬事) 지내는 일을 금(禁)하는 땅.

금(김)장칠엽 성金 베풀張 일곱七 잎사귀葉

김일제(金日磾)와 **장**안세(張安世)의 자손(子孫)이 일곱 대 동안 천자(天子)를 가까이 하여 영화(榮華)를 누린 고사(故事).

금적금왕 사로잡을擒 도둑賊 擒 임금王

「적(敵)을 잡으려면 우두머리부터 잡음」 적(敵)의 주력(主力)을 궤멸(潰滅)시키고, 그 괴수(魁首)를 사로잡아 적을 와해(瓦解)시킴. 용(龍)도 물을 떠나게 되면 어쩔 도리(道理)가 없음. 삼십육계(三十六計)의 제18계.

석인석마(射人射馬) 사람을 맞추려면 먼저 말을 맞추어야 함.

팽두이숙(烹頭耳熟) 머리를 삶으면 귀까지 삶아짐.

금전옥대 금金 새끼줄纏 옥玉 띠帶

금과 옥으로 장식(粧飾)한 허리띠.

금전옥루 금金 큰 집殿 옥玉 다락樓

휘황찬란(輝煌燦爛)한 궁전(宮殿).

계궁백침(桂宮栢寢) 「계수나무로 지은 궁전과 측백나무로 만든 침상(寢牀)」 궁실(宮室)이 매우 아름다움.

요대은궐(瑤臺銀闕) 선궁(仙宮), 신선(神仙)이 산다는 궁전.

제실황거(帝室皇居) 제왕(帝王)의 궁전.

청허동천(淸虛洞天) 달 속에 있다는 궁전.

금제옥회 금金 버무릴虀 옥玉 회칠膾

「금 같은 무침 요리(料理)와 옥 같은 생선회(生鮮膾)」 맛있는 요리.

금주옥마 금金 배舟 구슬玉 말馬

화려(華麗)하게 꾸민 배와 말.

금준미주 금金 술동이樽 아름다울美 술酒

금동이 속 아름다운 술. 사치품(奢侈品)을 비유(譬喩)함.

금준미주 천인혈(金樽美酒 千人血) 「금동이 술은 백성(百姓)들의 고혈(膏血)임」 백성을 착취(搾取)한 수령(守令)을 풍자(諷刺)하는 이몽룡(李夢龍)의 시구(詩句).

금지부득 금할禁 어조사之 아닐不 얻을得

하지 못 하게 말릴 수 없음.

막무가내(莫無可奈) 어찌할 수 없음.

금지옥엽 금金 가지枝 옥玉 잎사귀葉

「금으로 된 가지와 옥과 같은 잎」 애지중지(愛之重之) 자란 귀한 자식(子息).

경지옥엽(瓊枝玉葉) 옥같이 아름다운 가지와 잎.

옥수경지(玉樹瓊枝) 옥처럼 아름다운 가지.

지란옥수(芝蘭玉樹) 선량(善良)한 자제(子弟).

금척설화 금金 자尺 말씀說 이야기話

꿈에 금으로 된 자를 얻은 자가 높은 지위(地位)에 오르게 된다는 내용(內容)의 설화.

금침도인 금金 바늘鍼 인도할度 사람人

「금바늘을 남에게 줌」 비결(祕訣)을 가르쳐 줌.

금포옥대 비단錦 도포袍 옥玉 띠帶

비단(緋緞)으로 만든 도포(道袍)와 옥으로 장식(粧飾)한 띠.

금풍옥로 금金 바람風 구슬玉 이슬露

신선(新鮮)하게 부는 가을바람과 구슬과 같은 이슬.

금풍요요 금金 바람風 산들산들嫋 嫋

가을바람에 나뭇가지가 하늘하늘 흔들리는 모양(模樣).

금하엽배 금金 멜荷 잎사귀葉 잔杯

금으로 만든 연잎 모양(模樣)의 술잔.

금합옥호 금金 합盒 옥玉 병壺

금으로 만든 상자(箱子)와 옥으로 만든 항아리.

금혁지난 쇠金 가죽革 어조사之 어려울難

전쟁(戰爭)의 고난(苦難). 金革은 병기(兵器).

금혁지세 쇠金 가죽革 어조사之 세상世

전란(戰亂)이 끊이지 않는 어지러운 세상.

병련화결(兵連禍結) 전란이 오랫동안 계속(繼續)되어 좀처럼 끝나지 않음.

융마생교(戎馬生郊) 군마(軍馬)의 새끼가 국경(國境)에서 태어남.

금화금벌 금할禁 불火 禁 칠伐

산에서 불 쓰는 것을 금하고 함부로 나무를 베지 못하게 함.

금화벌초 금할禁 불火 칠伐 풀草

불을 조심(操心)하고 때맞추어 벌초하여 무덤을 잘 가꿈.

금환탄작 금金 탄환丸 쏠彈 참새雀

「황금(黃金) 탄환(彈丸)으로 참새를 쏨」 소득(所得)이 적은데 쓸데없는 비용(費用)만 들임. **명주탄작**(明珠彈雀),

수주탄작(隋珠彈雀), **이주탄작**(以珠彈雀)

교각살우(矯角殺牛) 뿔을 바로 하려다 소를 죽임.

교왕과정(矯枉過正), **교왕과직**(矯枉過直) 구부러진 것을 바로잡으려다 곧음이 지나침.

소탐대실(小貪大失) 작은 것을 욕심(慾心)을 내다 큰 것을 잃음.

급격물실 급할急 칠擊 말勿 잃을失

「기회(機會)를 잃지 않고 급히 공격(攻擊)함」 급하게 쳐서 때를 놓치지 말아야 함.

급과이대 미칠及 오이瓜 말 이을而 대신할代

「오이가 익을 무렵 교체(交替)해 주겠음」 임기(任期)를 마치면 자리를 옮겨 주겠다고 하고 약속(約束)을 지키지 않음.

과시이대(瓜時而代)

급급망망 분주할汲 汲 바쁠忙 忙

몹시 바쁜 모양(模樣). **황황급급**(遑遑汲汲)

급급영영 급할急 急 경영할營 營

바쁘게 부지런히 일함.

근검역행(勤儉力行) 부지런하고 검소(儉素)함을 힘껏 행함.

근로역작(勤勞力作) 부지런히 힘써 일함.

길거민면(拮据黽勉) 몹시 바쁘게 힘써 일함.

숙흥야매(夙興夜寐) 아침에 일찍 일어나고 밤에는 늦게 잠.

급기야 미칠及 그其 어조사也

마침내. 필경(畢竟)에는. 마지막에는.

급난지붕 급할急 어려울難 어조사之 벗朋

급하고 어려울 때 도와주는 친구(親舊).

급난지풍 급할急 어려울難 어조사之 풍모風

남의 어려운 일이나 위급(危急)함을 구해주는 의협심(義俠心)이 있는 태도(態度).

급인지풍(急人之風)

교결호협(交結豪俠) 「호걸(豪傑)이나 협객(俠客)들과 사귐」 의협심(義俠心)과 인덕(人德)이 있던 유비(劉備)의 인품(人品).

급류용퇴 급할急 흐를流 날랠勇 물러날退

빠른 물살을 용감(勇敢)하게 건너듯이 벼슬자리에서 서슴없이 물러나야 함.

용퇴(勇退)

공명신퇴(功名身退), **공성신퇴**(攻成身退) 공을 이룬 뒤에 그 자리에서 물러남.

용퇴고답(勇退高踏) 관직(官職)을 용감하게 그만두고 속세(俗世)를 떠나서 생활(生活)함.

급마하송 줄給 말馬 아래下 보낼送

지방(地方)에 무슨 일이 있을 때 벼슬아치에게 말을 주어 급히 보내던 일.

급살김치 급할急 죽일煞 - -

무나 배추를 간장에 절여 당장(當場) 먹을 수 있도록 만든 김치.

급수공덕 길을汲 물水 공功 덕德

목마른 사람에게 물을 길어 주는 착한 행실(行實).

급심경단

길을汲 깊을深 두레박 줄綆 짧을短

「깊은 우물의 물을 긷는 데 두레박 줄이 짧음」 임무(任務)는 무거운데 힘에 부침.

고전분투(孤戰奮鬪) 외로운 군대(軍隊)가 떨쳐 싸움.

과부적중(寡不敵衆) 적은 것이 많은 것을 대적(對敵)함.

배수거신(杯水車薪) 한 잔의 물로 수레에 가득 실린 나무에 붙은 불을 끄라고 함.

부중치원(負重致遠) 무거운 물건(物件)을 지고 먼 곳까지 감.

사문부산(使蚊負山) 모기에게 산을 지게 함.

악전고투(惡戰苦鬪) 매우 어려운 조건(條件)을 무릅쓰고 고생(苦生)스럽게 싸움.

약마복중(弱馬卜重) 약한 말에 무거운 짐을 짐.

인소불감(人所不堪) 사람의 힘으로는 견디어 내기 힘든 정도(程度)의 형편(形便).

일주난지(一柱難支) 나무 한 그루로는 지탱(支撐)하기 어려움.

일주경천(一株擎天) 한 개의 기둥으로 하늘을 떠받침.

임대책중(任大責重) 임무가 크고 책임(責任)이 무거움.

임중도원(任重道遠) 임무는 무겁고 노정(路程)은 멂.

책중산악(責重山岳) 책임이 산보다도 무거움.

하관부직(下官不職) 관리(官吏)가 그 직책(職責)을 감당(堪當)하지 못함.

급어성화 급할急 어조사於 별星 불火

마치 별똥 빛같이 급하고 빠름.

갈기분천(渴驥奔泉) 목마른 준마(駿馬)가 샘으로 달려감.

기경유봉(機警有鋒) 기민(機敏)하고 빠름.

기기과극(騏驥過隙) 천리마가 틈새를 지남.

벽력섬전(霹靂閃電) 벼락과 번쩍거리는 번개.

보섭여비(步屧如飛) 걸음이 나는 듯이 매우 빠름.

성치시격(星馳矢激) 별똥이 떨어지듯, 화살이 세차게 날아가듯 함.

여마풍치(輿馬風馳) 수레와 말이 바람처럼 달림.

여조과목(如鳥過目) 나는 새가 눈앞을 스쳐 감.

오비토주(烏飛兔走) 「토끼가 달리고 까마귀가 낢」 세월이 빨리 흘러감.

전광석화(電光石火) 번개가 치거나 부싯돌이 부딪칠 때의 번쩍이는 빛.

진여격시(進如激矢) 쏜살같이 빠름.

차여유수(車如流水) 수레가 쏜살같이 흐르는 물 같음.

탈토지세(脫兔之勢) 우리를 내빼는 토끼의 형세(形勢).

토기부거(兔起鳧擧) 토끼가 달리고 물오리

가 날아오름.

급익호선 이를及 빠질溺 부를呼 배船

「물에 빠져 배를 부름」 이미 일이 실패(失敗)된 뒤에 뉘우쳐도 소용(所用)없음.

강심보루(江心補漏) 강 한복판에 가서 비로소 배의 물이 들어오는 곳을 고침.

서제막급(噬臍莫及) 배꼽을 물려고 하여도 입이 닿지 않음.

추회막급(追悔莫及) 지난 일을 뉘우쳐도 소용(所用)이 없음.

급인지풍 급할急 사람人 어조사之 풍모風

남의 어려운 일이나 위급(危急)함을 구해주는 의협심(義俠心)이 있는 태도(態度).

급난지풍(急難之風)

급전직하 급할急 구를轉 곧을直 아래下

「갑자기 전환(轉換)하여 곧장 떨어짐」 사태(事態)나 형세(形勢)가 갑자기 바뀌어 걷잡을 수 없는 상태(狀態)로 진행(進行)됨.

비류직하(飛流直下) 곧바로 흘러 떨어짐.

급죽번사 급할急 대나무竹 번거로울繁 실絲

「연주(演奏)하는 곡(曲)이 야단(惹端)스러움」 번거로운 음악(音樂). 竹은 관악기(管樂器), 絲는 현악기(絃樂器).

급중생지 급할急 가운데中 날生 슬기智

다급한 와중(渦中)에 좋은 생각이 떠오름.

급진급퇴 급할急 나아갈進 急 물러날退

급히 나아가고 급히 물러남.

진퇴순법(進退循法) 나아가고 물러남에 법도(法度)를 따름.

급진주의 급할急 나아갈進 주장할主 옳을義

현존(現存)하는 정치(政治), 사회(社會) 등의 체제(體制)를 격렬(激烈)히 비판(批判)하고, 급진적(急進的)인 변혁(變革)을 주장(主張)하는 주의.

↔ **점진주의**(漸進主義) 급격(急擊)한 방법(方法)을 피하고 순서(順序)대로 조금씩 목적(目的)을 달성(達成)하려는 주의.

급행무선보

급할急 다닐行 없을無 착할善 걸음步

「급히 가면 잘 걸을 수 없음」 무슨 일이든지 급하게 서두르면 잘되지 않음.

긍구긍당 수긍할肯 얽을構 肯 집堂

「집터를 닦고 집을 지음」 아버지가 업을 시작(始作)하고 자식(子息)이 이것을 이음.

긍당긍구(肯堂肯構)

일생일급(一生一及) 아버지가 돌아가신 후 아들이 대(代)를 이음을 生, 형이 죽어 동생이 그 후를 이음을 及이라 이름.

비조사속(妣祖似續) 돌아가신 어머니와 선조(先祖)의 대를 이음.

긍긍업업 삼갈兢 兢 두려워하는 모양業 業

항상(恒常) 조심(操心)하고 공경(恭敬)하고 삼감.

동동촉촉(洞洞燭燭) 사랑하는 가운데 공경하는 마음이 있음.

섭수섭각(躡手躡脚) 소리 나지 않게 조심히 걸음.

소심익익(小心翼翼) 마음을 작게 하고 공경함.

긍당긍구 수긍할肯 집堂 肯 얽을構

「집터를 닦고 집을 지음」 아버지가 업을 시작(始作)하고 자식(子息)이 이것을 이음.

긍구긍당(肯構肯堂)

긍호방탕 괴로울矜 호걸豪 놓을放 방탕할蕩

교만(驕慢)하고 방탕함.

긍호방탕 설만희압(矜豪放蕩 褻慢戲狎) 교

만하고 방탕하며, 행동(行動)이 무례(無禮)하고 거칠며 희롱하고 업신여김.

기각지세 끌掎 뿔角 어조사之 형세勢

「다리를 끌어당기고 뿔을 잡는 형세(形勢)」 협공(挾攻)하여 적수(敵手)에 맞서는 태세(態勢). **의각지세**(犄角之勢)

좌우협공(左右挾攻) 좌우에서 침.

다함공격(多艦攻擊) 동일표적(同一標的)에 대해 2척 또는 그 이상(以上)의 함정(艦艇)이 협공하여 공격(攻擊)하는 것.

기간공업 터基 줄기幹 장인工 업業

기간산업 基 幹 낳을産 業

철강(鐵鋼), 석탄(石炭), 전력(電力), 조선업(造船業) 등 다른 산업을 발전(發展)시키는 데 꼭 필요(必要)하며, 한 나라 산업의 기초를 이루는 산업. **기초산업**(基礎産業)

기간요원 터基 줄기幹 요긴할要 인원員

어떤 단체(團體)나 기관(機關)에서 핵심적(核心的)인 구실을 하는 중요(重要)한 사람.

기갈자심 주릴飢 목마를渴 증가할滋 심할甚

굶주림이 차차 더 심하여지는 모양(模樣).

기감훼상 어찌豈 감히敢 헐毁 다칠傷

부모(父母)께서 낳아 길러주신 이 몸을 어찌 감(敢)히 훼상(毁傷)할 수 없음.

공유국양 기감훼상(恭惟鞠養 豈敢毁傷) 삼가 자기(自己)를 길러 준 부모의 은공(恩功)을 생각하면 어찌 감히 이 몸을 훼손(毁損)하며 상하게 하리오.

신체발부 수지부모(身體髮膚 受之父母) 몸뚱이와 머리칼과 살갗에 이르기까지 부모한테서 받은 것이므로, **불감훼상 효지시야**(不敢毁傷 孝之始也) 이를 감히 헐거나 다치지 않게 하는 것이 효에 비롯됨이다.

기강지복 벼리紀 벼리綱 어조사之 종僕

「나라의 기강을 바로잡을 수 있는 종」 최고(最高)로 훈련(訓練)되어 군율(軍律)과 근본(根本)이 꽉 잡힌 정예(精銳) 용사(勇士).

기개관중 기운氣 덮을蓋 관계할關 가운데中

「의기(義氣)가 관중(觀衆)을 압도(壓倒)함」 의기 왕성(旺盛)함.

기성홍(氣成虹) 의기가 왕성함.

기식우(氣食牛) 호랑이나 표범의 새끼는 작아도 소를 먹는 의기가 있음.

장사발충관(壯士髮衝冠) 의기 왕성한 젊은이가 분개(憤慨)한 나머지 머리털이 곤두서서 관을 찌름.

기거동작 일어날起 살居 움직일動 지을作

사람의 살아가는 일상(日常)의 모든 행동(行動).

행주좌와(行住坐臥) 걷고, 정지(靜止)하고, 앉고, 눕는 4가지 동작.

기거동정 일어날起 살居 움직일動 고요할靜

일상생활(日常生活)에서 몸의 움직임.

기거무시 일어날起 살居 없을無 때時

자기 마음대로 일어나고 자고 하는, 속박(束縛) 없는 자유(自由)스러운 생활(生活).

소요자재(逍遙自在) 천천히 거닐며 어떠한 속박 없이 마음 가는 대로 사는 삶.

연사우립(煙蓑雨笠) 자욱이 오는 이슬비 속에서 도롱이를 입고 삿갓을 쓰고 일을 함.

유유자적(悠悠自適) 속세(俗世)를 떠나 아무 속박 없이 조용하고 편안(便安)하게 삶.

탁영탁족(濯纓濯足) 갓끈과 발을 물에 담가 씻음.

↔ **교비역지**(交臂歷指) 「팔과 손가락이 엇갈림」 속박당하는 모양(模樣).

구구이니(區區泥泥) 작디작은 일에 얽매임. 구구한 사정(事情)에 얽매임.

기경기효 일어날起 공경할敬 起 효도孝

부모(父母)에게 공경(恭敬)과 효도(孝道)를 다 함.

동난하정(冬暖夏凊), **동온하정**(冬暖夏凊) 겨울옷은 따뜻하게 하고 여름옷은 시원하게 함.

반의지희(斑衣之戲) 「때때옷을 입고 놂」 늙어서도 부모님께 효도함.

반포지효(反哺之孝), **반포보은**(反哺報恩) 까마귀 새끼가 자라서 늙은 어미에게 먹이를 물어다 주는 효.

선침온금(扇枕溫衾) 베개 옆에서 부채를 부치고, 이부자리를 따뜻하게 함.

앙사부모(仰事父母) 우러러 부모를 섬김.

온정정성(溫凊定省) 겨울엔 따뜻하게, 여름엔 서늘하게, 밤엔 이부자리를 펴고, 아침엔 문안(問安)을 드림.

원걸종양(願乞終養) 돌아가시는 날까지 봉양(奉養)하기를 원함.

풍수지탄(風樹之歎) 「바람과 나무의 탄식(歎息)」 자식이 부모를 봉양하고자 하나 부모가 기다려주지 않음.

혼정신성(昏定晨省) 저녁에는 잠자리를 보아 드리고 아침에는 문안 인사(人事)를 드림.

효자불궤(孝子不匱) 효자의 효성(孝城)은 지극(至極)하여 한이 없음.

효자애일(孝子愛日) 효자는 날을 아낌.

기경유봉 재치機 경계할警 있을有 칼끝鋒

기민(機敏)하고 빠름.

기민혜힐(機敏慧黠) 눈치가 빠르고 약삭빠름.

민첩혜힐(敏捷慧黠) 약삭빠르고 능란(能爛)함.

이시목청(耳視目聽) 「귀로 보고 눈으로 들음」 눈치가 빠르고 총명(聰明)한 사람.

기경정사 일어날起 볕景 뜻情 생각思

한시(漢詩)에 있어서 네 절(節)의 이름. 모두(冒頭)를 起, 그 모두의 뜻을 대받아 문을 아름답게 표현(表現)하는 것을 景, 셋째로 사색(思索)으로 들어가는 것을 情, 전편(全篇)을 거두어서 끝을 맺는 것을 思라 함.

기계종횡 기이할奇 꾀計 세로縱 가로橫

교묘(巧妙)한 꾀를 마음대로 부림.

기계지심 틀機 형틀械 어조사之 마음心

교묘(巧妙)하게 남을 속이려는 마음.

책략(策略)을 꾸미는 마음.

기고만장 기운氣 높을高 일만萬 길이丈

「기운이 만 길에 이를 만큼 치솟음」 자랑스럽게 여겨 기세(氣勢)가 등등(騰騰)함.

기세등등(氣勢騰騰) 남을 압도(壓倒)할 만한 힘이 잔뜩 올라 있음.

기염만장(氣焰萬丈) 호기(豪氣)스러운 기세가 만 장이나 됨.

득의만면(得意滿面) 뜻을 이루어 기쁜 표정(表情)을 지음.

득의망형(得意忘形) 매우 기뻐하여 정상적(正常的)인 상태(狀態)를 벗어남.

만면희색(滿面喜色) 기쁨에 넘치는 얼굴.

심만의족(心滿意足) 마음에 만족(滿足)함.

안어양양(晏御揚揚) 안영의 마부(馬夫)가 날아오를 듯함.

의기양양(意氣揚揚) 뜻한 바를 이루어 만족한 마음이 얼굴에 나타난 모양.

주저만지(躊躇滿志) 일을 끝마치고 스스로 만족해하는 모습.

지고기양(趾高氣揚) 발을 높이 올리어 걸으며 의기양양하여 뽐내는 모양.

호기만장(豪氣萬丈) 씩씩하고 호방(豪放)한 기상(氣像)이 몹시 높음.

기고상당 깃발旗 북鼓 서로相 마땅할當

「깃발과 북소리가 서로 적과 승패(勝敗)를 결정(決定)함」 남과 우열(優劣)을 다툼.

기고상망 깃발旗 북鼓 서로相 바랄望

「전쟁터(戰爭-)에서 쓰는 깃발과 북이 서로 바라봄」 대군(大軍)의 행렬(行列)이 서로 잇닿은 모양(模樣).

기고함성 말 탈騎 북鼓 소리지를喊 소리聲

전쟁(戰爭)에 쓰이는 북소리와 고함(高喊).

기골장대 기운氣 뼈骨 기운 셀壯 큰大

기혈(氣血)과 뼈대가 굳세고 큼직함.

기골이 건강(健康)하고 큼.

기공강근 기약할期 공로功 굳셀彊 가까울近

기복(期服)·공복(功服)을 입을 만큼 가까운 일가(一家)와 친척(親戚).

기공강근지친(朞功强近之親)

기공종 기록할記 공로功 마루宗

공이 가장 높고 뚜렷한 것을 기록(記錄)함.

기관두우 기운氣 꿸貫 말斗 소牛

「득의(得意)한 마음이나 기개(氣槪)가 북두성(北斗星)과 견우성(牽牛星)을 꿰뚫음」 의기(意氣)가 맹렬(猛烈)한 모양(模樣).

기관산진 기교機 빗장關 계산算 다할盡

「여러 가지 계략(計略)을 다 씀」 어찌할 도리(道理)가 없음.

앙비식(仰鼻息) 「콧김을 더듬음」 내로라하는 세력(勢力)이 궁지(窮地)에 빠져 기진맥진해 있는 모습.

계궁역진(計窮力盡) 꾀가 다하고 힘을 전부(全部) 써 버림.

계무소출(計無所出) 계책(計策)이 나올 곳이 없음.

궁절시진(弓折矢盡) 활은 부러지고 화살은 다함.

기진맥진(氣盡脈盡) 스스로 몸을 가누지 못할 정도(程度)로 기력(氣力)이나 기운이 다함.

낭패불감(狼狽不堪) 이러지도 저러지도 못하는 어려운 처지(處地)에 놓임.

대략난감(大略難堪) 해결(解決)하기 힘든 당황(唐惶)스럽거나 당혹(當惑)스러운 상황(狀況)을 당했을 때의 기분(氣分).

도절시진(刀折矢盡) 칼은 부러지고 화살은 다 써서 없어짐.

백약무효(百藥無效) 온갖 약이 모두 효험(效驗)이 없음.

산진수궁(山盡水窮) 산이 막히고 물줄기가 끊어져 더 갈 길이 없음.

세궁역진(勢窮力盡) 기세(氣勢)가 꺾이고 힘이 다 빠져 어찌할 수가 없음.

기괴망측

기이할奇 이상할怪 없을罔 헤아릴測

너무 괴상(怪狀)하고 기이(奇異)하여 말할 수 없음. **기구망측**(崎嶇罔測)

신묘막측(神妙莫測) 신령(神靈)하고 교묘(巧妙)하여 감히 측량(測量)할 수 없음.

기괴천만 기이할奇 이상할怪 일천千 일만萬

외관(外觀)이나 분위기(雰圍氣)가 괴상(怪狀)하고 기이(奇異)하기 짝이 없음.

기구지업 키箕 갖옷裘 어조사之 업業

「키 만든 일과 가죽옷을 만드는 일」 선대(先代)로부터 내려오는 사업(事業). 선대 조상(祖上)의 업을 완전(完全)히 이어받음.

계계승승(繼繼承承) 자자손손(子子孫孫)이 대를 사업을 이어 감.

조종세업(祖宗世業) 조상 대대(代代)로 전하는 사업.

청전구업(靑氈舊業) 대대로 전하여 오는, 예부터 모은 재산(財産).

기구험로 험할崎 험할嶇 험할險 길路

아주 험악(險惡)한 산길.

구절양장(九折羊腸) 「아홉 번 굽어진 양의 창자」 대단히 구불구불하고 험한 산길.

조로서도(鳥路鼠道) 「새와 쥐만 다닐 수 있는 길」 사람이 다니기에는 너무도 좁고 위험(危險)한 길.

기군망상 속일欺 임금君 속일罔 위上

임금을 속이고 윗사람을 농락(籠絡)함.

시비전도(是非顚倒) 옳고 그름이 바뀌어 거꾸로 됨.

지록위마(指鹿爲馬), **이록위마**(以鹿爲馬) 사슴을 가리켜 말이라고 함.

회총시위(懷寵尸位) 총애(寵愛)를 받다가 물러나야 할 때 물러나지 않고 버팀.

흑백전도(黑白顚倒) 옳고 그름이 뒤집히거나 그런 상황(狀況)을 야기(惹起)함.

기군신 버릴棄 무리羣 신하臣

「신하(臣下) 무리를 버리고 감」 임금의 승하(昇遐).

궁천지통(窮天之痛) 하늘에 사무치는 고통(苦痛)이나 설움.

붕천지통(崩天之慟) 하늘이 무너지는 아픔.

천붕지괴(天崩地壞) 하늘이 무너지고 땅이 꺼짐.

천붕지탑(天崩地榻) 하늘이 무너지고 땅이 터져 나갈 듯이 흔들려 움직임.

천붕지함(天崩地陷) 하늘이 무너지는 큰일.

기곡섭향 빌祈 곡식穀 유지할攝 드릴享

임금이 기곡제(祈穀祭)를 거행(去行)하기 어려운 경우(境遇)에 신하(臣下)가 이를 대신(代身)하여 제사(祭祀)하는 것.

기귀일야 그其 돌아갈歸 한一 어조사也

「그 어떤 곳으로 돌아가 닿는 곳이 같음」 어떤 결론(結論)에 다다르는 것이 같음.

이곡동공(異曲同工) 연주곡(演奏曲)은 다르나 그 교묘(巧妙)함은 같음.

이로동귀(異路同歸) 가는 길은 같지 않으나 귀착(歸着)하는 곳은 같음.

기규일야 그其 말미암을揆 한一 어조사也

그 말미암은 바가 같음.

기근천지 주릴饑 흉년들饉 거듭할荐 이를至

흉년(凶年)이 거듭 일어남.

겸황지년(歉荒之年) 흉년이 든 해.

대무지년(大無之年) 거두어들일 것이 전혀 없을 만큼 몹시 심한 흉년. 아주 큰 흉년.

오곡불승(五穀不升) 오곡이 익지 않았음.

전불괘겸(全不掛鎌) 거두어들일 만한 곡식(穀食)이 전혀 없음.

화곡부등(禾穀不登) 벼와 곡식이 익지 않음.

기급절사 기운氣 급할急 끊을絶 죽을死

놀라서 정신(精神)을 잃음.

기절낙담(氣絶落膽), **기절담락**(氣絶膽落)

기기과극 털총이騏 천리마驥 지날過 틈隙

「천리마(千里馬)가 틈새를 지남」 아주 짧은 시간(時間).

아주 짧고 허무(虛無)한 인생(人生).

갈기분천(渴驥奔泉) 목마른 준마(駿馬)가 샘으로 달려감.

극구광음(隙駒光陰) 내달리는 말을 문틈으로 보는 것과 같음.

백구과극(白駒過隙) 흰 망아지가 문틈으로 지나가는 순간(瞬間).

여조과목(如鳥過目) 나는 새가 눈앞을 스쳐 감.

약사지과극(若駟之過隙) 네 말이 빨리 문틈을 지나가는 것과 같음.

기기괴괴 기이할奇 奇 기이할怪 怪

매우 기이(奇異)하고 이상(異常)함.

기기기익 자기己 주릴飢 己 빠질溺

「자기(自己)가 굶주리고 자기가 물에 빠진 듯이 생각함」 다른 이의 고통(苦痛)을 자기(自己)의 고통으로 여겨 그들의 고통을 덜어주기 위하여 최선(最善)을 다함.

인기기기(人飢己飢), **인익기익**(人溺己溺)

역지사지(易地思之) 다른 사람의 처지(處地)에서 생각하라.

기기묘묘 기이할奇 奇 묘할妙 妙

몹시 이상(異常)하고 묘함.

기기애애 기약할期 期 쑥艾 艾

말을 더듬으면서 같은 음(音)을 반복(反復)하여 말하는 것.

기기음교 기이할奇 재주技 넘칠淫 교묘할巧

「뛰어난 세공(細工)과 지나치게 교묘(巧妙)하게 만든 물건(物件)」 사치(奢侈)스러움.

상저옥배(象箸玉杯) 상아 젓가락과 옥 술잔.

육산주해(肉山酒海) 산처럼 쌓인 고기와 바다처럼 많은 술.

육산포림(肉山脯林) 고기의 산과 고기포의 숲.

장야지음(長夜之飮) 밤을 새워 술을 마심.

주지육림(酒池肉林) 술이 못을 이루고, 고기가 수풀을 이룸.

포진천물(暴殄天物) 하늘이 낸 만물(萬物)을 함부로 다 써 버림.

기기일모 털총이騏 천리마驥 한一 터럭毛

「준마(駿馬)의 한 가닥 털」 몹시 귀중(貴重)한 것의 한 조각.

기남숙녀 뛰어날奇 사내男 맑을淑 여자女

재주와 슬기가 남달리 뛰어난 남자(男子)와 교양(敎養)과 품격(品格)을 갖춘 여자(女子).

기년일회 몇幾 해年 한一 모일會

여러 해 만에 한 번 만남.

기담괴설

기이할奇 말씀談 기이할怪 이야기說

기이(奇異)하고 괴상(怪狀)한 이야기.

기담묘사 기이할奇 말씀談 묘할妙 말辭

흔히 들어보기 힘든 이상(異常)한 이야기.

기대취소 버릴棄 큰大 나아갈就 작을小

「큰 것을 버리고 작은 것을 취함」 손익(損益)의 차이(差異)를 헤아리지 못하는 어리석은 생각이나 행동(行動).

교각살우(矯角殺牛) 뿔을 바로 하려다 소를 죽임.

교왕과정(矯枉過正), **교왕과직**(矯枉過直) 구부러진 것을 바로잡으려다 너무 곧게 됨.

석지실장(惜指失掌) 손가락을 아끼려다 손바닥마저 잃음.

소탐대실(小貪大失) 작은 것을 탐하다 도리어 큰 것을 잃음.

수주탄작(隋珠彈雀) 귀중(貴重)한 구슬을 참새 잡는 탄환(彈丸)으로 사용(使用)함.

원별실귀(援鼈失龜) 자라를 취하고 거북을 잃음.

이욕상생(以欲傷生) 욕심 때문에 삶을 해침.

기덕종적 버릴棄 덕德 좇을從 도둑賊

「덕을 버리고 도둑을 좇음」 선(善)을 버리고 악(惡)을 좇음.

기부사수(棄父事讎) 아비를 버리고 원수(怨讐)를 섬김.

인적위자(認賊爲子) 도둑을 아들로 생각함.

↔ **거악취선**(去惡就善) 악한 것을 버리고 선한 것을 취함.

기도비닉 꾀할企 꾀할圖 숨길祕 숨을匿

군사 용어(軍事用語)로, 조용히 안 들키고 움직임.

기도순지 어찌豈 다만徒 따를順 갈之

「어찌 다만 이에 따르기만 하리오」 따르기만 할 뿐 아니라 또한 이러이러한 일도 함.

기득권자 이미旣 얻을得 권세權 사람者

사회(社會), 경제적(經濟的)으로 여러 가지 권리(權利)를 누리고 있는 사람.

기라성 비단綺 벌일羅 별星

「기라와 별」 아름답고 호화(豪華)스러운 무리. 綺羅는 곱고 아름다운 비단(緋緞).

기라총중 비단綺 비단羅 모일叢 가운데中

상류(上流) 여성(女性) 가운데.

호화(豪華)로운 생활(生活)을 하는 무리 가운데.

기라홍군 비단綺 비단羅 붉을紅 치마裙

화려(華麗)하게 꾸며 입은 여자(女子).

기래끽반 주릴飢 올來 마실喫 밥飯

「배가 고프면 밥을 먹고 고단하면 잠을 잠」 자연(自然)에 맡겨 생활(生活)함.

저절로 일어나는 욕망(慾望)을 따라 생활함. **기래끽반권래면**(飢來喫飯倦來眠)

기려멱려 말 탈騎 나귀驢 찾을覓 驢

「나귀를 타고 나귀를 찾아다님」 근본(根本)을 잊고서 다른 것을 구하는 어리석음.

기우멱우(騎牛覓牛) 소를 타고 소를 찾음.

석근관지(釋根灌枝) 뿌리는 버려두고 가지에 물을 줌.

양탕지비(揚湯止沸) 끓는 물을 끼얹어 끓어오르는 것을 막으려 하기보다는 불을 끄는 것이 옳음.

사본이사말(舍本而事末) 근본을 버리고 지엽(枝葉)을 섬김.

↔ **군자무본**(君子務本) 학식(學識)과 덕행(德行)이 높은 사람은 근본(根本)에 힘씀.

기려불억 그其 수효麗 아닐不 억億

「그 수가 매우 많음」 매우 많음.

무진장(無盡藏) 다함이 없는 창고(倉庫).

무궁무진(無窮無盡) 끝도 없고 다함도 없음.

부지기수(不知其數) 그 수를 알 수 없음.

불가승수(不可勝數) 하도 많아 이루 셀 수가 없음.

비비개시(比比皆是) 무척 많아 흔함.

아승기야(阿僧祇耶) 수로 표현(表現)할 수 없는 가장 많은 수.

여산약해(如山若海) 산과 같고 바다와 같이 매우 크고 많음.

지불승굴(指不勝屈) 수효(數爻)가 너무 많아서 이루 다 손꼽아 셀 수 없음.

천만무량(千萬無量) 헤아릴 수 없을 만큼 많음.

항하사수(恒河砂數) 항하의 모래의 수.

기려지신 기댈羈 나그네旅 어조사之 신하臣

「타국(他國)에 기우(寄寓)하는 나그네로서의 신하(臣下)」 손님 입장(立場)으로 와 있는 신하.

기렴각리 삼태기箕 거둘斂 세금榷 이로울利

백성(百姓)을 착취(搾取)하여 이익(利益)을 마음대로 함. 箕斂은 키질을 하듯 백성을 착취하는 것. 榷利는 이익을 독점(獨占)하는 것.

오지고(熬脂膏) 폭정(暴政)을 하여 백성의 기름을 짜서 고통(苦痛)을 주는 것.

가렴주구(苛斂誅求) 세금(稅金)을 가혹(苛酷)하게 징수(徵收)하고, 강제(强制)로 재물(財物)을 빼앗음.

가정맹호(苛政猛虎) 가혹한 정치(政治)는 호랑이보다 더 무서움.

두회기렴(頭會箕斂) 사람의 머릿수로 곡식(穀食)을 내게 하여 키로 이것을 거두어들임.

백골징포(白骨徵布) 죽은 사람의 이름을 군

적(軍籍)과 세금(稅金) 대장(臺帳)에 올려놓고 군포(軍布)를 받던 일.

백지징세(白地徵稅) 천재지변(天災地變)으로 거둘 것이 없는 땅에 세금을 면하지 않고 억지로 받던 일.

수심화열(水深火熱)「물은 깊고 불은 뜨겁다」백성이 당하는 극심(極甚)한 고통(苦痛).

의관효경(衣冠梟獍)「예장(禮裝)을 한 사나운 짐승」횡포(橫暴)하고 무례(無禮)한 관리(官吏).

주구무이(誅求無已) 세금과 재물(財物)의 착취가 끝이 없음.

준민고택(浚民膏澤) 백성의 고혈(膏血)을 뽑아냄.

기로구차 늙은이耆 늙을老 오랠久 버금次

늙을 때까지 오래 한 벼슬에 머물러 승진(昇進)하지 못하는 일.

기로망양 갈림길岐 길路 잃을亡 양羊

「갈림길이 많아서 양을 잃음」학문(學問)의 길이 여러 갈래로 나뉘어 있어 진리(眞理)를 찾기 어려움.

방침(方針)이 많아 할 바를 모르게 됨.

다기망양(多岐亡羊) 달아난 양을 찾다가 여러 갈래 길에 이르러 길을 잃음.

망양지탄(亡羊之歎) 달아난 양을 찾는데 길이 여러 갈래여서 찾지 못하여 탄식(歎息)함.

기뢰보화 옥 이름琦 뇌물賂 보배寶 재화貨

기이(奇異)한 미옥(美玉)의 선물(膳物).

기리고거 기록할記 거리里 북鼓 수레車

조선시대(朝鮮時代), 도로(道路)의 거리(距離)를 재기 위해 사용(使用)한 수레.

기리단금 그其 이로울利 끊을斷 쇠金

절친(切親)한 친구(親舊) 사이.

단금지계(斷金之契), **단금지교**(斷金之交) 쇠라도 자를 만큼의 굳은 약속(約束).

기린아 기린麒 기린麟 아이兒

슬기와 재주가 남달리 뛰어난 젊은이.

전정만리(前程萬里) 나이가 젊어 장래(將來)가 유망(有望)함.

창창소년(蒼蒼少年) 앞길이 먼 젊은이.

청년재사(青年才士) 재주가 뛰어난 젊은 사람.

쾌독파거(快犢破車) 기세(氣勢) 좋은 송아지가 이따금 제가 끄는 수레를 깨뜨림.

풍운재자(風雲才子) 전도양양한 청년(青年).

↔ **화전충화**(花田衝火)「꽃밭에 불을 지름」젊은이의 앞길을 막거나 그르치게 함.

기마욕솔노

말 탈騎 말馬 하고자 할欲 거느릴率 종奴

「말을 타면 종에게 고삐를 잡히고 싶어함」인간의 욕심(慾心)이 한이 없음.

계학지욕(谿壑之慾) 물릴 줄 모르는 한없는 욕심.

득롱망촉(得隴望蜀) 농서(隴西)를 얻고 나니 촉도 탐을 낸.

↔ **언서음하**(偃鼠飮河), **음하만복**(飮河滿腹) 두더지가 강물을 마셔도 자기 배를 채우는 데 불과(不過)함.

초료일지(鷦鷯一枝) 숲에 새집을 지을 때 나뭇가지 하나로 족함.

기마조마 말 탈騎 말馬 찾을找 馬

「말을 타고 말을 찾음」기존(旣存)의 자리를 차지하고도 더 나은 자리를 찾음.

자신(自身)의 능력(能力)을 망각(妄覺)하고 다른 곳에서 찾음.

기만동작 속일欺 속일瞞 움직일動 지을作

운동(運動) 경기(競技)에서, 상대(相對)를 속이기 위하여 취하는 몸이나 손발 따위의 움직임.

기만득면 기약할期 찰滿 얻을得 면할免

일정(一定)한 기한(期限)이 차서 의무(義務)가 면제(免除)됨.

기만수봉 기이할奇 뫼巒 빼어날秀 봉우리峰

기이(奇異)하고 빼어난 산봉우리.

올올고봉(兀兀高峯) 우뚝 높이 솟은 산봉우리.

기만전술 속일欺 속일瞞 싸울戰 꾀術

상대편(相對便)을 속이기 위하여 거짓으로 꾸민 전술.

기만행위 속일欺 속일瞞 행할行 할爲

속이는 행위(行爲). **속임수**

기매화 일으킬起 묻을埋 불火

「묻은 불은 일어남」 후환(後患)이 없다고 안심(安心)하던 일이 다시 일어남.

지난 일을 괜스레 들추어냄.

기맥상통 기운氣 맥脈 서로相 통할通

「기맥(기혈이 통하는 맥락(脈絡))이 잘 통하고 있음」 남하고 마음과 뜻이 서로 통함.

묵지심통(默識心通) 남이 말한 것을 암묵(暗默) 중에 깨달아 피차(彼此)의 마음이 서로 통함.

성기상통(聲氣相通) 마음과 뜻이 서로 통함.

심심상인(心心相印) 말 없는 가운데 마음과 마음으로 뜻이 서로 통함.

의기투합(意氣投合) 뜻과 기운을 던져 서로 합침.

이심전심(以心傳心) 마음과 마음이 말없이 통함.

천리신교(千里神交) 멀리 떨어져 있으면서도 마음은 서로 통함.

기명날인 기록할記 이름名 누를捺 도장印

문서(文書)에 성명(姓名) 또는 상호(商號)를 기재(記載)하고 도장(圖章)을 찍는 일.

압서(押署)

기명유신 그其 목숨命 벼리維 새新

세워진 지 오래된 나라가 제도(制度)를 쇄신(刷新)하여 새로운 나라가 됨.

서정쇄신(庶政刷新) 여러 가지 정치상의 폐단(弊端)을 말끔히 없애고 새롭게 함.

선건전곤(旋乾轉坤) 「하늘을 휘몰고 땅을 굴림」 천하의 난(亂)을 평정(平定)함, 또는 나라의 나쁜 풍습(風習)을 대번에 크게 고침.

기명절지 그릇器 그릇皿 꺾을折 가지枝

여러 가지 그릇과 꽃가지, 과일 따위를 섞어서 그린 그림.

기모비계 기이할奇 꾀할謀 숨길祕 꾀計

보통(普通)으로는 생각해 내기 어려운 기이(奇異)하고 신비(神祕)한 계략(計略).

신기(神奇)한 꾀와 남모르게 세운 계책(計策).

기묘난사 기이할奇 묘할妙 어려울難 생각思

기묘해서 생각할 수도 없고 의론(議論)할 수 없음.

기무가간 필금일찬 주릴飢 없을無 가할可 아낄慳 필疋 비단錦 한一 밥餐

「굶으면 비단(緋緞)이 한 끼라」 굶게 되면 비단옷도 한 끼를 때우는 가치(價値)밖에 못 됨. 아무리 귀중(貴重)한 물건(物件)이라도 먹는 것만 못함. **금의일식**(錦衣一食),

금수의끽일시(錦繡衣喫一時)

기문공상 기이할奇 글월文 한가지共 상줄賞

「기이(奇異)한 작품(作品)을 같이 감상(感想)함」 표현(表現)이 잘못된 글을 공개(公開)하여 분석(分析)하고 비판(批判)함.

상기석의(賞奇析疑) 훌륭한 작품을 감상하고 미묘(微妙)한 부분(部分)은 서로 따지며 논의(論議)하는 것.

기문괴구 기이할奇 글월文 진기할瑰 구절句
희한(稀罕)하게 뛰어난 어구(語句).

기문둔갑 기이할奇 문門 숨을遁 딱지甲
다른 물체(物體)로 변하거나 순식간(瞬息間)에 숨는 술법(術法).

기문벽서 기이할奇 글월文 후미질僻 책書
기이(奇異)한 글과 드물고 이상(異常)한 책(冊).

기문지학 기록할記 물을問 어조사之 배울學
단순(單純)히 책을 외기만 하고 제대로 이해(理解)하지 못한 학문(學文).
기송지학(記誦之學)
구이지학(口耳之學) 귀로 듣고 입으로 지껄이는 천박(淺薄)한 학문.

기미상적 기운氣 취향味 서로相 맞을適
기미상합 氣 味 相 합할合
생각하는 바나 취미(趣味)가 서로 맞음.
동호상추(同好相趨) 취미나 즐겁고 좋아하는 바가 같은 사람은 같은 방향(方向)으로 달려감.
웅창자화(雄唱雌和) 새의 암컷과 수컷이 의좋게 서로 지저귐.
의기투합(意氣投合) 마음이 서로 맞음.
지기상합(志氣相合) 두 사람의 뜻이 서로 맞음.
↔ **침우기마**(寢牛起馬) 「소는 눕는 것을 좋아하고, 말은 서는 것을 좋아함」 사람마다 제각기 취미가 다름.

기민혜힐
빠를機 재빠를敏 슬기로울慧 약을黠
눈치가 빠르고 약삭빠름.
기경유봉(機警有鋒) 기민하고 빠름.
민첩혜힐(敏捷慧黠) 약삭빠르고 능란(能爛)함.
이시목청(耳視目聽) 「귀로 보고 눈으로 들음」 눈치가 빠르고 총명(聰明)한 사람.

기밀근신 틀機 깊숙할密 가까울近 신하臣
함부로 드러내서는 안 되는 나라의 중요(重要)한 비밀(祕密)에 속하는 일에 참여(參與)하는 신하(臣下).

기변백출 틀機 변할變 일백百 날出
때에 따르고 변화(變化)에 응하여 온갖 재간(才幹)을 나타냄.

기변지교 틀機 변할變 어조사之 공교할巧
그때그때에 따라 쓰는 교묘(巧妙)한 수단.
이화접목(移花接木) 「꽃이 핀 나무를 다른 나무에 접붙임」 남을 속여 교묘하게 진위(眞僞)를 뒤집음.
행차모지(行且謨之) 일하면서 알맞은 수단(手段)을 씀.

기복신앙 빌祈 복福 믿을信 우러를仰
복을 기원(祈願)함을 목적(目的)으로 믿는 미신적(迷信的)인 신앙.

기복염거(차) 천리마驥 끌服 소금鹽 수레車
「천리마(千里馬)가 소금 수레를 끎」 유능(有能)한 사람이 천(賤)한 일에 종사(從事)함.
염거(차)지감(鹽車之憾)
사기포서(使驥捕鼠) 천리마로 쥐를 잡게 함.
옥석동궤(玉石同匱), **옥석혼효**(玉石混淆) 「옥과 돌을 같은 궤에 넣어 둠」 어진 사람과 어리석은 사람이 뒤섞여 현우(賢愚)를 분간(分揀)할 수 없음.
우기공뢰(牛驥共牢), **우기동조**(牛驥同皁) 느린 소와 천리마가 한 마구간에 매여 있음.
유주지탄(遺珠之歎) 마땅히 등용(登庸)되어

야 할 사람이 빠져서 한탄(恨歎)함.

적신지탄(積薪之嘆) 장작(長斫)을 쌓을 때 나중의 것이 위로 올라가 있는 것을 보고 탄식(歎息)함.

치고불식(雉膏不食) 「꿩 기름이 먹히지 않음」 재덕(才德)이 있어도 임금에게 채용(採用)되지 않음.

회재불우(懷才不遇) 훌륭한 재주를 지녔으나 때를 만나지 못함.

기우백락이장명(驥遇伯樂而長鳴) 천리마가 백락을 만나 자기의 불우(不遇)함을 하소연하여 길게 욺.

기수양이 혜복염거(驥垂兩耳 兮服鹽車) 천리마가 두 귀를 늘어뜨리고 소금 수레를 끄는구나!

기복출사 일으킬起 復 날出 벼슬할仕

기복행공 起 돌아올復 행할行 공변될公

부모(父母)의 상중(喪中)에 벼슬에 나아감.

탈정종공(奪情從公) 「상복(喪服)을 입는 정을 빼앗음」 어버이의 상중에 벼슬에 나아감.

기본소득 근본基 근본本 바所 얻을得

재산(財産)의 많고 적음이나 근로(勤勞) 여부(與否)에 상관(相關)없이 모든 사회(社會) 구성원(構成員)에게 무조건(無條件) 지급(支給)하는 소득. 기본 생활(生活)을 보장(保障)하는 수준(水尊)으로 개별적(個別的)이고 균등(均等)하게 지급함.

기본예절 터基 근본本 예도禮 절개節

사람이 행(行)하고 지켜야 할 예(禮)의 바탕이 되는 말씨나 몸가짐.

기봉강산 삼태기箕 봉할封 강江 메山

「기자가 봉해 준 강산」 우리나라를 기자조선(箕子朝鮮)의 후예(後裔)로 보고 한 말.

금수강산(錦繡江山) 비단(緋緞)에 수를 놓은 듯이 아름다운 산천(山川).

팔도강산(八道江山) 우리나라 전체(全體)의 강산.

기봉적수 바둑棋 만날逢 대등할敵 손手

바둑에서, 서로 비슷해서 상대(相對)되는 사람을 만남.

기부사수 버릴棄 아비父 섬길事 원수讎

아비를 버리고 원수(怨讐)를 섬김.

기덕종적(棄德從賊) 덕을 버리고 도둑을 좇음.

인적위자(認賊爲子) 도둑을 아들로 생각함.

기부지회 살가죽肌 살갗膚 어조사之 모일會

「살과 살갗이 만나는 곳」 몸의 중요(重要)한 곳.

기불가식 굶주릴飢 아닐不 가할可 먹을食

아무리 먹어도 굶주림이 가시지 않음.

비육불포(非肉不飽) 고기가 아니면 배가 부르지 않음.

기불가식 한불가의(饑不可食 寒不可衣) 보배와 구슬과 금은(金銀)은 귀중(貴重)하나 배고픔과 추위를 건질 수는 없음.

황금주옥 기불가식(黃金珠玉 饑不可食) 금옥은 지극히 귀중한 보배이지만 사치품(奢侈品)에 지나지 않아 결코 배를 불리지 못함.

기불이사 어찌豈 아닐不 너爾 생각思

「어찌 너를 생각하지 않으리오」 깊이 생각하고 있다는 말.

기불탁속 굶주릴飢 아닐不 쫄啄 조粟

「봉황(鳳凰)은 비록 굶주려 배가 고파도 땅에 떨어진 낟알을 쪼지 않음」 고매(高邁)한 품격(品格)을 가진 사람을 비유할 때 쓰임.

명선결기(鳴蟬潔飢) 매미는 그 성품(性品)이 깨끗하여 배가 고파도 더러운 것을 먹지 않음.

기불택식 주릴饑 아닐不 가릴擇 먹을食

「굶주린 사람은 먹을 것을 가리지 않음」 빈곤(貧困)한 사람은 대수롭지 않은 은혜(恩惠)에도 감격(感激)함.

기자이위식(飢者易爲食) 주린 사람은 무엇이든지 먹음.

기불택식 한불택의(饑不擇食 寒不擇衣) 보배와 구슬과 금은(金銀)은 귀중(貴重)하나 배고픔과 추위를 건질 수는 없음.

기사근생 주릴饑 죽을死 겨우僅 살生

거의 다 죽어가다가 겨우 살아남.

기사회생(起死回生)

기사이적 기묘할奇 일事 다를異 자취蹟

기묘(奇妙)하고 이상야릇한 일.

불가해(不可解) 이해(理解)할 수 없음.

괴괴망측(怪怪罔測) 말할 수 없을 만큼 이상야릇함.

괴괴기기(怪怪奇奇) 대단히 기괴(奇怪)함.

불가사의(不可思議) 마음으로 생각할 수도 없는 것.

해괴망측(駭怪罔測) 헤아려 말할 수 없이 매우 괴상(怪狀)하고 야릇함.

미스터리(Mystery) 비밀(祕密), 신비(神祕), 수수께끼, 괴기(怪奇)스럽고 불가사의함.

기사지경 거의幾 죽을死 어조사之 지경境

거의 다 죽게 된 지경(地境).

기지사경(幾至死境)

반사지경(半死之境) 반죽음이 될 지경.

빈사지경(瀕死之境) 거의 죽게 된 상태.

아사선상(餓死線上) 굶어서 죽게 된 지경.

인귀상반(人鬼相半) 사람과 귀신(鬼神)이 반반임.

지어사경(至於死境) 거의 죽다시피 되는 어려운 경우(境遇)에 이름.

치지사지(置之死地) 죽을 지경에 놓임.

기사회생 일어날起 죽을死 돌아올回 살生

「죽은 사람이 다시 살아남」 죽을 고비에서 벗어나 다시 삶. **기사근생**(饑死僅生)

고목발영(枯木發榮) 마른나무에서 꽃이 핌.

만사일생(萬死一生) 만 번의 죽을 고비에서 살아남.

천만다행(千萬多幸) 아주 다행(多幸)함.

천우신조(天佑神助) 하늘이 돕고 신이 도움.

행막행의(幸幕幸矣) 더할 수 없이 다행함.

호구여생(虎口餘生) 호랑이 입에서 살아남.

기산심해 기운氣 메山 마음心 바다海

기운(氣運)은 산과 같이 높고 마음은 바다와 같이 넓다는 의미(意味).

기산지절 삼태기箕 메山 어조사之 절개節
기산지조 箕 山 之 잡을操

곧은 절개(節槪)나, 신념(信念)에 충실(充實)함.

낙락장송(落落長松) 가지가 길게 늘어진 키가 큰 소나무.

독야청청(獨也青青) 홀로 푸르고 푸름.

상풍고절(霜風高節) 서리와 바람 속에도 굽히지 않는 높은 절개.

설중송백(雪中松柏) 눈 속 소나무와 잣나무.

송죽지절(松竹之節) 소나무같이 꿋꿋하고 대나무같이 곧은 절개.

여송지성(如松之盛) 소나무같이 푸르러 성함.

오상고절(傲霜孤節) 서릿발이 심한 추위 속에서도 굴하지 않고 홀로 꼿꼿함.

전수일절(全守一節) 절개를 온전(穩全)히 지킴.

↔ **유시무종**(有始無終) 「시작(始作)은 있되 끝이 없음」 절개나 지조(志操)가 없음.

기산지지 삼태기箕 메山 어조사之 뜻志

「기산(箕山)의 지조(志操)」 은퇴(隱退)하여 자기(自己) 지조를 굳게 지킴.

기상만천 기운氣 형상像 일만萬 일천千

경치(景致)가 천태만상(千態萬象)으로 변화(變化)함.

기상묘상 기이할奇 생각想 묘할妙 想

기이(奇異)하고 묘한 생각.

기상천외 기이할奇 생각想 하늘天 바깥外

생각이나 착상(着想)이 보통(普通) 사람은 쉽게 상상(想像)할 수 없을 정도(程度)로 엉뚱하고 기발(奇拔)함.

돌돌괴사(咄咄怪事) 아주 기괴(奇怪)한 일.

심외지사(心外之事) 생각 밖의 일.

증소불의(曾所不意) 뜻밖의 일.

기색혼절 기운氣 막힐塞 어두울昏 끊어질絶

숨이 막혀 까무러침.

기서유역 기운氣 차례序 흐를流 바꿀易

계절(季節)의 차례(次例)가 흘러 바뀜.

세서천역(歲序遷易) 세월(歲月)의 차례가 옮겨 바뀜.

기설지복 굴레羈 고삐紲 어조사之 종僕

임금의 행차(行次)에 말고삐를 쥐고 모시는 사람.

기성세대 이미旣 이룰成 인간世 세대代

현재(現在) 사회(社會) 각 분야(分野)에서 활동(活動)하고 있는, 어느 정도(程度) 나이가 든 세대.

기성세력 이미旣 이룰成 기세勢 힘力

이미 이루어 누리는 권세(權勢)와 힘.

기성안혼 재주技 이룰成 눈眼 저물昏

「재주를 다 배우니 눈이 어두움」 늙어서 좋은 기술(技術)이 무용지물(無用之物)이 됨.

기세 버릴棄 세상世

「세상(世上)을 버림」 윗사람의 죽음.

세상과의 관계(關係)를 끊어 버림.

세상을 초월(超越)하여 인사(人事)를 돌보지 않음.

기세난당 기운氣 기세勢 어려울難 감당할當

그 기세가 아주 대단해서 당해내기 어려움.

건령지세(建瓴之勢) 높은 곳에서 물동이의 물이 쏟아지는 기세.

단할지세(斷割之勢) 칼로 가르듯이 그칠 줄 모르는 맹렬(猛烈)한 기세.

도천지세(滔天之勢) 하늘까지 창일(漲溢)하여 흐르는 기세.

분왕매진(奮往邁進) 씩씩하고 세찬 기세로 달려감.

사자분신(師子奮迅) 사자가 몸을 떨쳐 성내는 신속(迅速) 용맹(勇猛)한 기세.

신호지세(晨虎之勢) 굶주린 새벽 호랑이의 기세.

파죽지세(破竹之勢) 대나무를 쪼갤 때의 맹렬(猛烈)한 기세.

기세도명 속일欺 세상世 훔칠盜 이름名

세상 사람을 속여 헛된 명성(名聲)을 얻음.

기세등등 기운氣 형세勢 오를騰 騰

남을 압도(壓倒)할 만한 힘이 잔뜩 올라 있음.

기고만장(氣高萬丈), **호기만장**(豪氣萬丈) 기운(氣運)이 만 길에 이를 만큼 치솟음.

기염만장(氣焰萬丈) 호기스러운 기세(氣勢)가 만 장이나 됨.

의기양양(意氣揚揚) 뜻한 바를 이루어 만족(滿足)한 마음이 얼굴에 나타나는 모양.

기세양난 그其 형세勢 두兩 어려울難

이러기도 어렵고 저러기도 어려워 형편(形便)이 딱함.

낭패불감(狼狽不堪) 이러지도 저러지도 못하는 어려운 처지(處地)에 놓임.

사제사초(事齊事楚) 제나라와 초나라 사이에서 어찌할 수 없음.

양수집병(兩手執餠) 양손에 떡.

진퇴유곡(進退維谷) 나아갈 수도 물러설 수도 없이, 꼼짝할 수 없는 난처(難處)한 상황(狀況).

상불상하불하(上不上下不下) 올라갈 수도 없고 내려갈 수도 없음.

기세양양 기운氣 형세勢 넘칠洋 洋

기운차게 뻗는 힘이 넘침.

기세은둔 버릴棄 세상世 숨길隱 달아날遁

세상(世上)을 멀리하고 숨어 지냄.

기송사장 기록할記 외울誦 말씀詞 글章

인격(人格) 도야(陶冶)와는 동떨어진 학문(學文). 記誦은 암기(暗記)하여 입으로 외는 것, 詞章은 시가(詩歌)와 문장(文章)의 길을 닦는 것.

기송지학 기록할記 외울誦 어조사之 배울學

외우고 읽을 뿐으로, 이해(理解)하려고 힘쓰지 않고 또 실천(實踐)하지 못하는 학문(學文). **기문지학**(記問之學)

구이지학(口耳之學) 귀로 듣고 입으로 지껄이는 천박(淺薄)한 학문.

기수소관 기운氣 운수數 바탕所 관계할關

모든 일이 운수에 관계(關係)되므로 사람의 힘으로는 어쩔 수 없음.

운수소관(運數所關)

막비명야(莫非命也) 운명(運命)이 아닌 것이 없음.

부귀재천(富貴在天) 부유(富裕)함과 귀함은 하늘에 달림.

사생유명(死生有命) 사람의 살고 죽음은 다 천명(天命)에 달려 있으므로 사람의 힘으로는 어찌할 수 없음.

유수존언(有數存焉) 모든 일은 운수가 있어야 함.

↔ **선패유기**(善敗由己) 일의 성공(成功)과 실패(失敗)는 자기의 행동(行動) 여하(如何)에 달려 있음.

기수지세 말 탈騎 짐승獸 어조사之 형세勢

「짐승을 타고 달리는 기세(氣勢)」 도중(途中)에서 그만두거나 물러설 수 없는 형세(形勢). **기세양난**(其勢兩難),

기호난하(騎虎難下), **기호지세**(騎虎之勢)

기장지무(旣張之舞) 이미 벌인 춤.

낭패불감(狼狽不堪) 난감(難堪)한 처지(處地)에 있음.

진퇴양난(進退兩難) 이러지도 못하고 저러지도 못하는 매우 곤란(困難)한 상황(狀況).

호미난방(虎尾難放) 잡았던 범의 꼬리를 놓기가 어려움.

기수천상 부칠寄 시름愁 하늘天 위上

「근심을 하늘에 부침」 시름을 하늘에 맡김.

순천자존(順天者存) 하늘의 뜻에 따르는 사람은 살아남음.

위륜위탄(爲輪爲彈) 「바퀴도 되고 탄환(彈丸)도 됨」 하늘의 뜻대로 맡겨 둠.

진인사대천명(盡人事待天命) 사람으로서 할 수 있는 데까지 최선(最善)을 다하고, 그 결과(結果)는 하늘의 운명(運命)에 맡김.

모사재인 성사재천(謀事在人 成事在天) 일을 꾸미는 것은 사람인데, 그 일이 이루어지는 것은 하늘에 달려 있음.

기술제휴 재주技 재주術 끌提 이끌携

나라와 나라끼리 기업(企業)이나 특허(特許), 기술 등을 서로 교환(交換), 제휴하는 것.

기슬상조 서캐蟣 이虱 서로相 조상할弔

「서캐와 이가 서로 조상(弔喪)함」 서로 자기(自己)의 운명(運命)을 슬퍼함.

기슬지류 서캐蟣 이虱 어조사之 무리類

「서캐와 이의 무리」 보잘것없는 비천(卑賤)한 사람을 업신여겨서 이르는 말.

구서(狗鼠) 「개와 쥐」 인격(人格)이 비천한 사람. 좀도둑 등에 대한 비유.

기승전결 일어날起 이을承 구를轉 맺을結

기승전락 起 承 轉 떨어질落

기승전합 起 承 轉 합할合

글을 체계(體系) 있게 쓰는 방식(方式). 문제 제기(問題 提起)·전개(展開)·전환(轉換)·마무리의 네 단계(段階).

기식엄엄 기운氣 숨 쉴息 그칠奄 奄

「숨이 거의 끊어지려 함」 생활(生活) 형편(形便)이 어려워 살아가기 힘들어하는 모습.

가빈낙탁(家貧落魄) 집안이 가난하여 혼백(魂魄)이 땅에 떨어짐.

궁도지곡(窮途之哭) 가난으로 겪는 슬픔.

궁부자존(窮不自存) 가난하여 스스로 살 수 없음.

기아선상(飢餓線上), **기아지경**(飢餓之境) 굶어 죽을 지경(地境).

빈한도골(貧寒到骨) 매우 가난하여 쓸쓸한 것이 뼈에까지 스며듦.

빈한막심(貧寒莫甚) 아주 형편(形便)없이 가난함.

상재지탄(傷哉之歎) 살림이 군색(窘塞)하고 가난함에 대한 한탄(恨歎).

위귀소소(爲鬼所笑) 가난을 면하지 못함.

지궁차궁(至窮且窮) 그 이상 더할 나위 없이 매우 곤궁(困窮)함.

지빈무의(至貧無依) 지극(至極)히 가난하여 의탁(依託)할 곳이 없음.

기식우 기운氣 먹을食 소牛

「호랑이나 표범의 새끼는 작아도 소를 먹음」 젊어서 남을 능가(凌駕)하는 왕성(旺盛)한 의기(意氣)가 있음.

기아선상 주릴飢 주릴餓 줄線 위上

기아지경 飢 餓 어조사之 지경境

굶어 죽을 지경(地境).

굶주리는 상태(狀態)에 이른 지경.

기암절벽 기이할奇 바위巖 끊을絶 벽壁

기이(奇異)한 모양(模樣)의 바위와 깎아지른 듯한 바위.

고봉절안(孤峰絶岸) 우뚝 솟은 산과 깎아지른 낭떠러지.

만장절애(萬丈絶崖) 매우 높은 낭떠러지.

천인단애(千仞斷崖) 천 길이나 되는 낭떠러지.

층암절벽(層巖絶壁) 몹시 험한 바위가 겹겹으로 쌓인 낭떠러지.

기암투명 버릴棄 어두울暗 던질投 밝을明

사악(邪惡)한 세력(勢力)을 버리고 올바른 쪽에 투항(投降)함.

발사수정(拔邪樹正) 사악한 것을 제거(除去)하고 바른 것을 세움.

위정척사(衛正斥邪) 정의(正義)를 지키고 사악한 기운(氣運)을 배척(排斥)함.

기양두마 말 탈騎 둘兩 머리頭 말馬

「머리가 둘인 말을 탐」 모호(模糊)한 태도(態度)를 보임.

형세(形勢)를 관망(觀望)함.

가동가서(可東可西) 동쪽이나 서쪽이라도 좋음.

모릉양가(摸棱兩可) 「모서리를 더듬으면 두

가지가 모두 가함」 일을 결정(決定)짓지 못하고 이것도 저것도 아닌 어정쩡하게 주춤거리는 모양(模樣)이나 태도.

반승반속(半僧半俗) 「반은 중, 반은 속인(俗人)」 이것도 저것도 아닌 어중간한 상태(狀態).

비려비마(非驢非馬) 「나귀도 아니고 말도 아님」 이것도 아니며 저것도 아닌 경우(境遇).

위불위간(爲不爲間) 되든지 안 되든지 간에.

기양소치 재주技 가려울癢 바所 이를致

「기양이 빚어낸 일」 기양을 참지 못하여 하는 일. 技癢은 지닌 재주를 쓰고 싶어서 마음이 간질간질함.

기언정혜

천리마驥 어찌焉 헤아릴程 어조사兮

「천리마(千里馬)임을 어찌 헤아릴 수 있으리오」 천리마도 백락(伯樂)이 아니면 그 역량(力量)을 알지 못함.

가증일고(價增一顧) 백락이 한번 돌아보매, 준마(駿馬)의 값이 열 배나 올랐음.

백락일고(伯樂一顧) 명마(名馬)도 백락을 만나야 세상에 알려짐.

일고지영(一顧之榮) 「한번 돌아본 영광(榮光)」 백락이 한번 돌아보면 값이 열 배가 뛰.

기여보비 부칠寄 줄與 기울補 도울裨

이바지하여 돕고 부족함을 보태어 줌.

부다익과(裒多益寡) 남은 것은 덜어내고 부족(不足)한 것은 보탬.

기연미연 그其 그럴然 아닐未 然

그런지 그렇지 않은지 확실(確實)하지 않음.

기연장자 헌걸찰頎 그럴然 길長 사람者

헌걸찬(매우 풍채(風采)가 좋고 의기(意氣)가 당당(堂堂)한) 모양(模樣)을 지닌 장자.

풍채와 생김생김이 뛰어나고 점잖은 사람.

낭목소미(朗目疎眉) 「맑고 밝은 눈과 성긴 눈썹」 얼굴이 깨끗하고 준수(俊秀)한 모습.

봉의귀중(丰儀貴重) 풍채가 의젓하여 기품(氣品)이 있고 무게를 갖추고 있음.

선풍도골(仙風道骨) 「신선(神仙)의 풍채와 도인(道人)의 골격(骨格)」 남달리 훌륭한 풍채.

신채영발(神采英拔) 정신(精神)과 풍채가 특별(特別)하게 뛰어남.

여풍호준(麗風豪俊) 풍채가 좋고 뛰어난 인물(人物).

영자삽상(英姿颯爽) 뛰어난 풍채가 보기에 늠름(凜凜)하고 시원시원해 보임.

용장봉자(龍章鳳姿) 준수한 풍채.

용호지자(龍虎之姿) 뛰어난 풍채.

헌헌장부(軒軒丈夫) 풍채가 당당하고 빼어난 남자.

기염만장 기운氣 불꽃焰 일만萬 어른丈

호기(豪氣)스러운 기세(氣勢)가 만 장이나 됨. **기고만장**(氣高萬丈), **기세등등**(氣勢騰騰)

기염조강 주릴饑 싫어할厭 지게미糟 겨糠

배가 고플 때는 겨와 술 찌끼도 맛있게 됨.

기자감식(飢者甘食) 몹시 굶주린 사람은 음식(飮食)을 가리지 않고 달게 먹음.

만식당육(晩食當肉) 배가 고플 때 먹으면 맛이 있어 마치 고기를 먹는 것과 같음.

기자감조강(饑者甘糟糠) 굶주린 사람은 술 지게미와 쌀겨도 달게 먹음.

포어팽재 기염조장(飽飫烹宰 饑厭糟糠) 배부르면 고기도 물리고, 배가 고프면 술지게미나 쌀겨도 달갑게 여김.

기왕불구 이미旣 갈往 아닐不 저지른 잘못咎

이미 지나간 일은 어찌할 도리(道理)가 없고, 오직 장래(將來)의 일만 잘 삼가야 함.

내자가추(來者可追) 이미 지나간 일은 어찌할 도리가 없음.

망자계치(亡子計齒) 죽은 자식(子息)의 나이를 헤아림.

불념구악(不念舊惡) 남의 예전 허물을 괘념(掛念)치 않음.

이과지사(已過之事), **이왕지사**(已往之事) 이미 지나간 일.

이의물론(已矣勿論) 지난 일은 논하지 않음.

타증불고(墮甑不顧), **파증불고**(破甑不顧) 이미 깨진 질그릇을 돌아볼 필요(必要)는 없음.

기왕지사 이미旣 갈往 어조사之 일事

이왕(已往)에 지나간 일.

이과지사(已過之事), **이왕지사**(已往之事)

기욕난량

그릇器 하고자 할欲 어려울難 헤아릴量

사람의 기량(技倆)은 깊고 깊어서 헤아리기 어려움.

무거불측(無據不測) 근거(根據)가 없어 헤아리기 어려움.

세사난측(世事難測) 세상일은 자주 달라지므로 이루 헤아리기 어려움.

인모난측(人謀難測) 사람의 마음이 간사(奸詐)하여 헤아리기 어려움.

인심난측(人心難測) 사람의 마음은 헤아리기가 어려움.

신사가복 기욕난량(信使可覆 器欲難量) 약속(約束)은 남에게 믿음을 줄 수 있도록 실천(實踐)해야 하며, 사람의 기량은 측량(測量)할 수 없을 만큼 커야 함.

기욕입이입인

자기己 욕심欲 설立 말 이을而 立 사람人

자기(自己)의 입신(立身)을 바라면 남도 입신하도록 하여야 한다는 말.

기우도량 빌祈 비雨 도道 마당場

기우법석 祈 雨 법法 자리席

가뭄이 심할 때 용왕운우경(龍王雲雨經)을 읽으면서 비가 오기를 비는 일종(一種)의 불교(佛教) 법회(法會).

용왕도량(龍王道場), **운우도량**(雲雨道場)

사의기우(蛇醫祈雨) 가뭄이 오랫동안 계속(繼續)될 때, 도마뱀과 비슷한 사의(蛇醫)를 잡아서 항아리에 담아놓고 지내던 기우제(祈雨祭).

석척기우(蜥蜴祈雨) 도마뱀이 용(龍)과 모양(模樣)이 비슷하다 하여 잡아다가 병에 넣어 기우제를 지내던 일.

운예지망(雲霓之望) 「큰 가뭄에 구름과 무지개를(비 오기를) 바람」 희망(希望)이 간절(懇切)함.

기우멱우 탈騎 소牛 찾을覓 牛

「소를 타고 소를 찾음」 근본(根本)을 잊고서 다른 것을 구하는 어리석음.

다른 곳에서 구할 것이 아니라 자기(自己)에게서 찾아야 함.

기려멱려(騎驢覓驢) 나귀를 타고 나귀를 찾음.

기우정근

빌祈 비雨 정성스러울精 부지런할勤

비를 얻기 위하여 무당(巫堂)이나 중(中)을 모아서 정성(精誠)을 다하여 빌던 일.

정근법석(精勤法席) 나라의 가뭄이나 재앙(災殃)이 들 때 승려(僧侶)들을 모아 정성을 다하여 기도(祈禱)하고 법회(法會)를 열어 설법(說法)하던 일.

기운정하 비단綺 구름雲 붉을赬 노을霞

아름다운 구름과 붉은 노을.

기운생동 기운氣 운치韻 날生 움직일動

글씨나 그림 등의 기품(氣稟)·품격(品格)·정취(情趣)가 생생(生生)하게 약동(躍動)함.

기월지간 그期 달月 어조사之 사이間

만(滿) 1개월(個月) 사이.

기유차리 어찌豈 있을有 이에此 다스릴理

「그럴 리가 있으랴?」 그럴 리는 없음.

탐천작음(貪泉酌飮) 광주(廣州)에 탐천이 있는데 이 물을 한번 마시면 곧 욕심쟁이가 된다는 것을 오은사(吳隱士)가 그럴 리가 없다고 하며 마신 일화(逸話).

기연기기연(其然豈其然) 그럴까. 설마 그럴 리야 있으려고.

기유환고 비단綺 저고리襦 비단紈 바지袴

「무늬 있는 비단 저고리와 흰 비단 바지」 부귀(富貴)한 집 자제.

기환자제(綺紈子弟)

기육옥설 피부肌 살肉 옥玉 눈雪

살결이 옥이나 눈같이 흼.

기응여향 그其 응할應 같을如 울림響

울림이 소리에 응하듯이, 즉시(卽時) 응함.

기이단금 터基 이로울利 끊을斷 쇠金

「쇠를 끊을 만큼 굳음」 쇠붙이라도 끊을 만큼 깊은 절친(切親)한 친구(親舊) 사이.

단금지교(斷金之交) 쇠라도 자를 수 있는 굳고 단단한 사귐.

기이망식 주릴飢 말 이을而 잊을忘 먹을食

「배가 고픈데도 먹는 일을 잊어버리고 있음」 걱정이 많음.

만실우환(滿室憂患) 한집안에 앓는 사람이 많거나 걱정이 많음.

성비세려(誠非細慮) 진실(眞實)로 심려(心慮)가 적지 않음.

소의간식(宵衣旰食) 「날이 새기 전에 일어나 옷을 입고 늦게야 밥을 먹음」 임금이 정사(政事)에 부지런하고 걱정이 많음.

우수사려(憂愁思慮) 근심과 생각이 많음.

다남자즉다구(多男子則多懼) 아들이 많으면 여러 가지 걱정이 많음.

기이불궤 그릇器 둘二 아닐不 함匱

똑같은 그릇을 두 개 비치(備置)하면 하나 있는 것보다 쓰는 데 불편(不便)함이 없음.

기이우기 기이할奇 말 이을而 또又 奇

몹시 신기(神技)함.

기이유지 버릴棄 너爾 어릴幼 마음志

「아이의 마음을 버리라」라고 경계(警戒)하는 말.

기이이인 어찌豈 저伊 다를異 사람人

「어찌 이 사람들이 남이리오?」 남이 아닌 형제(兄弟)라는 말.

기이지수

기약할期 괘 이름頤 어조사之 목숨壽

백 살의 나이. 또는 그 나이의 사람.

기인리하 맡길寄 타인人 울타리籬 아래下

「남의 울타리 밑에 몸을 의탁(依託)함」 남의 흉내를 낼 뿐 독창성(獨創性)이 없음.

생탄활박(生呑活剝) 산 채로 삼키고 산 채로 껍질을 벗김.

슬갑도적(膝甲盜賊) 남의 시문(詩文)을 표절(剽竊)하여 쓰는 사람.

의양호로(依樣葫蘆) 본을 떠서 조롱박을 그림.

초재진용(楚材晉用) 「초나라 재목(材木)을 진나라에서 씀」 남의 것을 자기 것으로 함.

탈태환체(奪胎換體) 남의 작품(作品)의 형

식(形式)을 고치고 바꾸어 자기 것으로 함.

택선종지(擇善從之) 모방(模倣)은 사람이 높은 곳으로 나아가려는 욕망(慾望)의 움직임.

기인여옥 그其 사람人 같을如 옥玉

얼굴 생김새나 성품(性品)이 옥과 같이 깨끗하고 아름다운 사람.

여옥기인(如玉其人)

면여관옥(面如冠玉) 얼굴이 관옥 같음.

미여관옥(美如冠玉) 관옥같이 아름다움.

기인우천 나라 이름杞 사람人 憂 하늘天

기인지우 杞 人 어조사之 근심憂

「기(杞)나라 사람이 하늘이 무너질까 봐 침식(寢食)을 잊고 근심 걱정함」쓸데없는 걱정을 나타냄. **기우**(杞憂)

걸인연천(乞人憐天) 「거지가 하늘을 불쌍히 여김」 자기 처지(處地)는 생각하지 않고 부당(不當)한 걱정을 함.

이불휼위(嫠不恤緯) 베틀에서 길쌈을 하는 과부(寡婦)는 씨가 모자라는 것을 걱정하지 않고 주나라가 망하지나 않을까 하고 걱정함.

칠실지우(漆室之憂) 캄캄한 방에서 아녀자(兒女子)가 나라 걱정을 함.

기인취물 속일欺 사람人 빼앗을取 물건物

사람을 속여 돈이나 물건(物件)을 빼앗음.

사취(詐取) 거짓으로 속여서 빼앗음.

기인편재 속일欺 사람人 속일騙 재물財

사람을 속이고 재물(財物)을 빼앗음.

기자감식 주릴飢 사람者 달甘 먹을食

몹시 굶주린 사람은 음식(飮食)을 가리지 않고 달게 먹음.

기염조강(饑厭糟糠) 배가 고플 때는 겨와 술 찌끼도 맛있게 됨.

만식당육(晩食當肉) 배가 고플 때 먹으면 맛이 있어 마치 고기를 먹는 것과 같음.

기자감조강(饑者甘糟糠) 굶주린 사람은 술지게미와 쌀겨도 달게 먹음.

기자기녀 기이할奇 아들子 奇 딸女

뛰어나게 잘난 아들과 딸.

기자불립 발돋움할企 사람者 아닐不 설立

「뒤꿈치를 들면 오래 설 수 없음」 사람이 어리석으면 스스로 입장(立場)을 망각(妄覺)하고 자기(自己) 이상(以上)으로 높게 평가(評價)받으려 함.

자과자존(自誇自尊) 스스로 자랑하고 높임.

자화자찬(自畵自讚) 자기가 그린 그림을 자신이 스스로 칭찬(稱讚)함.

기자불립 과자불행(企者不立 跨者不行) 뒤꿈치를 들면 오래 설 수 없고, 가랑이를 넓게 벌리고 오래 걸을 수 없음.

기자선타 말 탈騎 사람者 잘할善 떨어질墮

「말을 탄 사람이 잘 떨어짐」 어떤 사물(事物)에 장기(長技)가 있는 사람은 종종 대의(大義)에 소홀(疏忽)하여 실패(失敗)하기 쉬움. **선기자타**(善騎者墮)

선유자익(善游者溺) 헤엄을 잘 치는 자가 익사(溺死)함.

호기자타(好騎者墮) 말타기를 즐기는 자는 말에서 떨어짐.

호선자익(好船者溺) 배 타기를 좋아하는 자는 물에 빠짐.

기자이위식

주릴飢 사람者 쉬울易 할爲 먹을食

「주린 사람은 무엇이든지 먹음」 곤궁(困窮)한 사람은 사소(些少)한 은혜(恩惠)라도 감사(感謝)해함.

곤궁한 백성(百姓)은 조금만 은혜를 베풀어도 감격(感激)함. **기자감식**(飢者甘食)

기자쟁선 버릴棄 어조사子 다툴爭 먼저先

위기십결(圍棋十訣)의 하나. 돌 몇 점을 버리더라도 선수(先手)를 잡아야 함. 사소(些少)한 손해(損害)는 감수(感受)하고 다른 큰 곳을 차지하여 큰 이득(利得)을 취하라.

기장지무 이미旣 베풀張 어조사之 춤출舞

「이미 벌인 춤」 기왕(旣往) 시작(始作)한 일이니 중간(中間)에 그만둘 수 없음.

기수지세(騎獸之勢) 짐승을 타고 달리는 기세(氣勢).

기호지세(騎虎之勢) 호랑이 등에 탄 형세(形勢).

호미난방(虎尾難放) 잡았던 호랑이의 꼬리를 놓기 어려움.

↔ **반도이폐**(半途而廢) 일을 하다가 중도(中途)에 그만둠.

기쟁야군자

그其 다툴爭 어조사也 군자君 선생子

「군자(君子)의 다툼이니라」 군자는 다투어도 예의(禮儀)를 지켜서 군자로서의 낯을 깎이지 않음.

기저성일가 틀機 북杼 이룰成 一 가문家

기저일가 機 杼 한一 家

「기저가 일가를 이룸」 독특(獨特)한 문장(文章)을 지어 일가를 이룸.

기저효과 근본基 낮을底 나타낼效 과실果

기준(基準) 시점(時點)의 위치(位置)에 따라 경제지표(經濟指標)가 실제(實際) 상태(狀態)보다 위축(萎縮)되거나 부풀려진 현상(現狀).

기전파목 일어날起 자를翦 자못頗 칠牧

전국시대(戰國時代) 말기(末期), 진나라의 명장(名將) 백**기**(伯起)·왕**전**(王剪)·조(趙)나라의 명장 염**파**(廉頗)·이**목**(李牧).

기전파목 용군최정(起翦頗牧 用軍最精) 백기·왕전·염파·이목 등은 군사(軍士) 부리기를 가장 빈틈없이 함.

기절낙담 기운氣 絶 떨어질落 쓸개膽

기절담락 氣 끊을絶 膽 落

몹시 놀라서 정신(精神)을 잃음.

기절초풍 기운氣 끊을絶 부를招 바람風

정신(精神)을 잃고 경기(驚氣)를 일으킬 정도(程度)로 매우 놀람.

골경신해(骨驚神駭) 뼈와 정신이 놀람.

대경차악(大驚且愕) 몹시 깜짝 놀람.

배중사영(杯中蛇影) 술잔 속에 비친 뱀 그림자.

석파천경(石破天驚) 돌이 깨지니 하늘이 놀람.

오우천월(吳牛喘月) 오나라의 소가 달만 보아도 헐떡임.

월견폐설(越犬吠雪) 월나라 개가 눈을 보고 짖음.

징갱취제(懲羹吹齏) 뜨거운 국에 데더니 냉채(冷菜)를 먹을 때도 붊.

징선기여(懲船忌輿) 뱃멀미에 데었거나 난선(難船) 당한 적이 있어 수레 타기를 꺼림.

초목개병(草木皆兵) 초목이 모두 군사(軍士)로 보임.

풍성학려(風聲鶴唳) 「바람 소리와 학의 울음소리」 겁(劫)을 먹은 사람이 하찮은 일이나 작은 소리에도 몹시 놀람.

봉만작어회수(蜂蔓作於懷袖) 용기(勇氣) 있는 사람도 옷소매에서 벌이 나오면 놀람.

호득목징구매(唬得目瞪口呆) 놀라서 눈을 크게 뜨고 입을 헤벌림. 아주 놀람.

기정사실 이미旣 정할定 일事 내용實

이미 결정(決定)된 사실.

떼어 놓은 당상(堂上) 「정이품(正二品) 이상의 벼슬을 이미 떼어 놓음」 틀림없이 될 것이 확실(確實)함.

기정상생 뛰어날奇 바를正 서로相 살生

「기습(奇襲)과 정공(正攻)은 상생함」 군사 기술(軍事技術)에서 사용(使用)되는 말.

기정천석 부칠寄 뜻情 샘泉 돌石

정(情)을 주고 정성(精誠)을 다하면 돌에서도 샘이 솟음.

금석위개(金石爲開) 쇠와 금을 뚫음.

멸시음우(滅矢飮羽) 화살이 깊숙이 돌을 뚫고 들어감.

단성무이(丹誠無二) 「붉은 정성이 둘도 없음」 마음을 다해 성심성의(誠心誠意)로 일을 행함.

성관금석(誠貫金石) 정성을 쏟으면 쇠와 돌도 뚫음.

염력철암(念力徹巖) 전념(專念)하는 힘이 바위를 뚫음.

일념통암(一念通巖) 정신(精神)을 집중(集中)하면 화살이 바위를 뚫음.

중석몰촉(中夕沒鏃) 쏜 화살이 돌에 박힘.

기준참즉

기이할奇 험할峻 높을嶄 산 웅장할崱

산이 기이(奇異)하게 험하고 가파름.

기초청려(奇峭淸麗)

기지사경 기미幾 이를至 죽을死 지경境

사람이 거의 죽을 지경(地境)에 이름.

기사지경(幾死之境)

반사지경(半死之境) 반죽음이 될 지경.

아사선상(餓死線上) 굶어 죽게 될 선 위에 있음.

지어사경(至於死境) 거의 죽다시피 되는 어려운 경우(境遇)에 이름.

치지사지(置之死地) 죽을 처지(處地)에 놓임.

기지원 그其 뜻旨 심오할遠

지의(旨意)가 심오(深奧)하고 원대(遠大)함.

기지팔세 바둑棊 어조사之 여덟八 기세勢

바둑을 두는 데 있어서의 여덟 가지 기세(氣勢).

기진맥진 기운氣 다할盡 혈맥脈 盡

기진역진 氣 盡 힘力 盡

스스로 몸을 가누지 못할 정도(程度)로 기력(氣力)이나 기운이 다함.

앙비식(仰鼻息) 「콧김을 더듬음」 내로라하는 세력(勢力)이 궁지(窮地)에 빠져 기진맥진해 있는 모습.

계궁역진(計窮力盡) 꾀가 다하고 힘을 전부(全部) 써 버림.

계무소출(計無所出) 계책(計策)이 나올 곳이 없음.

궁절시진(弓折矢盡) 활은 부러지고 화살은 다함.

기관산진(機關算盡) 「여러 가지 계략(計略)을 다 씀」 어찌할 도리(道理)가 없음.

낭패불감(狼狽不堪) 난감(難堪)한 처지(處地)에 있음.

도절시진(刀折矢盡) 칼은 부러지고 화살은 다 써서 없어짐.

백약무효(百藥無效) 백 가지 약을 써도 아무런 효험(效驗)이 없음.

산궁수진(山窮水盡), **산진수궁**(山盡水窮) 산이 막히고 물줄기가 끊어져 더 갈 길이 없음.

세궁역진(勢窮力盡) 기세(氣勢)가 꺾이고 힘이 다 빠져 어찌할 수가 없음.

속수무책(束手無策) 손이 묶여 아무런 계책도 세울 수 없음.

기질지성 기운氣 바탕質 어조사之 성품性

「기를 바탕으로 하는 성품(性品)」 기질의 차이(差異)에 따라 인성(人性)이 만들어진다고 보는 정주학(程朱學)의 개념(概念).

기집분전 이미既 모을集 책墳 법典

이미 삼분(三墳), 오전(五典) 같은 책(冊)을 모음.

기집분전 역취군영(旣集墳典 亦聚群英) 이미 삼분, 오전 같은 책을 모으고, 또한 뭇 뛰어난 사람도 모았음.

기차당우차방

이미旣 빌릴借 대청堂 또又 借 방房

「대청(大廳)을 빌리면 안방까지 빌리자 함」 체면(體面) 없이 이것저것 요구(要求)함.

차청차규(差廳借閨), **차청입실**(借廳入室) 대청을 빌려 쓰다 집을 차지함.

기책종횡 기이할奇 꾀策 세로縱 가로橫

기묘(奇妙)한 계책(計策)을 가로로 세로로 치밀(緻密)하게 자유자재(自由自在)로 씀.

이도살삼사(二桃殺三士) 「복숭아 두 개로 세 용사(勇士)를 죽임」 기묘한 계책을 써서 용사를 죽임.

기체안녕 기운氣 몸體 편안할安 편안할寧

웃어른의 기력(氣力)과 신체(身體)가 편안(便安)한지를 묻는 말.

기초청려 기이할奇 가파를峭 맑을淸 고울麗

산이 기이(奇異)하고 가파르며 맑고 아름다움. **기준참즉**(奇峻嶄崱)

기총소사 틀機 총銃 쓸掃 쏠射

항공기(航空機)에서 땅 위의 표적(標的)을 비로 쓸어 내듯이 기관총(機關銃)으로 쏨.

기추지첩 키箕 빗자루箒 어조사之 첩妾

「쓰레받기와 비를 드는 비첩(婢妾)」 남의 아내임을 겸손(謙遜)하게 하는 말.

기축통화 터基 굴대軸 통할通 재물貨

국제간(國際間)의 결제(決濟)나 금융거래(金融去來)의 기본(基本)이 되는 화폐(貨幣).

기간통화(基幹通貨)

결제통화(決濟通貨) 국제간의 결제에 실제(實際)로 사용(使用)하는 통화.

지정통화(指定通貨) 외국(外國)과의 거래의 결제에 쓸 수 있도록 정부(政府)가 지정(指定)한 외화(外貨).

기취여란 그其 냄새臭 같을如 난초蘭

「그 냄새가 난초(蘭草)같이 향기로움」 절친(切親)한 친구(親舊) 사이.

금란지교(金蘭之交), **금란지의**(金蘭之誼) 「쇠처럼 단단하고 난초처럼 그윽한 사귐」 친구 사이의 매우 두터운 정(情).

기층문화 터基 계단層 글월文 될化

한 민족(民族)이나 사회(社會)의 기층을 이루는 사람들의 문화.

기치검극 깃발旗 표기幟 칼劍 창戟

기치군물 旗 幟 군사軍 물건物

기치선명 旗 幟 선명할鮮 밝을明

「기의 빛이 선명함」 주의(主義), 방침(方針), 태도(態度) 등이 명확(明確)함.

기치진심 기약할期 이를致 다할盡 마음心

「마음에 꼭 맞을 때까지 기약(期約)함」 진심은 자기(自己)의 양심(良心)을 철저(徹底)히 발휘(發揮)함.

기치창검 깃발旗 표기幟 창槍 칼劍

진중(陣中)에서 쓰는 깃발, 창, 칼 따위를 통틀어 이르는 말.

기친지임 버릴棄 어버이親 어조사之 맡길任

부모를 부양(扶養)할 책임(責任)을 저버리는 일. 조선시대(朝鮮時代)에는 조부모(祖父母) 또는 부모의 나이가 여든 살 이상(以上)

이거나 병(病)을 앓고 있는데도, 돌보지 않고 내버려 둔 경우(境遇)에 장형(杖刑) 80대에 처하였음.

봉양유궐(奉養有闕) 부모나 조부모를 봉양함에 소홀(疏忽)하거나 특히 봉양할 힘이 있어도 자신(自身)만의 생계(生計)를 돌보느라 이를 고의(故意)로 하지 않는 불효(不孝)로서 장(杖) 1백에 처하였음.

기태이상 기이할奇 모양態 다를異 형상狀

온갖 이상(異常)한 모양(模樣).

기품지성 기운氣 여쭐稟 어조사之 성품性

타고난 기질(氣質)과 성품(性品).

본연지성(本然之性)

기풍필우 키箕 바람風 마칠畢 비雨

풍우(風雨). 기성(箕星)은 바람을 좋아하여 달을 만나면 바람을 일으키고, 필성(畢星)은 비를 좋아하여 달과 만나면 비를 내리게 한다는 데서 이르는 말. 별에 따라 그 기호(嗜好)를 달리한다.

백성(百姓)이 좋아하고 미워함이 사람에 따라 다름.

기필종융 버릴棄 붓筆 좇을從 병장기戎

「붓을 던지고 창을 좇음」 학문(學問)을 포기(抛棄)하고 전쟁터로 나아감.

투필종융(投筆從戎)

출장입상(出將入相) 나가서는 장수(將帥), 들어와서는 재상(宰相).

기하급수 몇幾 어찌何 등급級 수數

서로 이웃하는 항(項)의 비(比)가 일정(一定)한 급수. 1+2+4+8+16+… 따위.

증가(增加)하는 수나 양(量)이 아주 많음.

등비급수(等比級數)

가일배법(加一倍法) 하나에 하나를 보태어 둘이 되고 둘에 둘을 보태어 넷이 되게 하는 산법(算法).

기하녹용 버릴棄 티瑕 기록할錄 쓸用

기하취용 棄 瑕 취할取 用

하자(瑕疵) 있는 자를 버리고, 쓸 만한 인재(人材)를 뽑아서 씀.

기한교박 주릴飢 찰寒 오고 갈交 핍박할迫

굶주림과 추위가 한꺼번에 닥침.

단갈불완(短褐不完) 짧은 털옷도 구비(具備)하지 못함.

동월무피(冬月無被) 겨울에 옷이 없음.

모거호상(茅居蒿牀) 띠로 인 집에 쑥을 깐 마루.

상루하습(上漏下濕) 위에서는 비가 새고 아래에서는 습기(濕氣)가 차오름.

상우방풍(上雨旁風) 비바람에 시달리는 낡은 집.

수갈불완(裋褐不完) 해진 옷도 갖추지 못함.

일한여차(一寒如此) 이토록 추운 지경(地境)에 이름.

제기호한(啼饑號寒), **호한제기**(號寒啼饑) 추위와 굶주림으로 욺.

천한백옥(天寒白屋) 추운 날의 허술한 초가집.

기한기도심

주릴飢 찰寒 일어날起 훔칠盜 마음心

「배고프고 추우면 도심(盜心)을 일으킴」 춥고 배고프면 훔칠 생각이 절로 남.

기한도골 주릴飢 찰寒 이를到 뼈骨

배고프고 추운 것이 뼛속에까지 이름.

기한발선심

주릴飢 찰寒 필發 착할善 마음心

의식(衣食)이 결핍(缺乏)하면 분투(奮鬪)하고 노력(努力)하여야 하겠다는 마음이 저절로 생김.

기행요동 굼실거릴蚑 다닐行 작은 벌레蟯 움직일動

작은 벌레가 기어 다니며 꿈틀거림.

작은 벌레.

기행훼식 육 발跂 다닐行 부리喙 숨 쉴息

「기어 다니고 부리로 숨 쉼」곤충류(昆蟲類)·조류(鳥類).

기허숭실 버릴棄 비워둘虛 높을崇 열매實

허망(虛妄)한 생각을 버리고 실제(實際)의 일을 실행(實行)함을 숭상(崇尙)함.

기혈쌍보 기운氣 피血 쌍雙 도울補

약(藥)을 먹어 원기(元氣)와 피를 다 보(補)함.

보익기혈(補益氣血), **익기양혈**(益氣養血)

기형괴상 기이할奇 형상形 괴상할怪 형상狀

이상야릇한 형상(形狀/形象).

기호난하 탈騎 호랑이虎 어려울難 아래下

「호랑이를 등에 타면 내리기 어려움」무슨 일을 하다가 도중(途中)에 그만두려 하여도 그만둘 수 없는 형편(形便).

기호지세(騎虎之勢)

기호망면 거의幾 어조사乎 잊을忘 얼굴面

거의 잊어버린 얼굴.

기호발수 탈騎 호랑이虎 뽑을拔 수염鬚

「호랑이 등에 타고 그 수염(鬚髥)을 뽑음」위험(危險)하고 무모(無謀)한 일.

탐호혈(探虎穴) 호랑이 굴을 뒤짐.

약도호미(若蹈虎尾), **이호미**(履虎尾) 호랑이 꼬리를 밟은 것 같음.

호구지액(虎口之戹) 범의 입을 맞대함과 같은 대단한 위험(危險).

호두착슬(虎頭捉蝨) 호랑이 머리에서 이를 잡음.

호미춘빙(虎尾春氷)「범의 꼬리와 봄철의 얼음」몹시 위험함.

기호지세 탈騎 호랑이虎 어조사之 기세勢

「호랑이를 타고 달리는 기세(氣勢)」범을 타고 달리는 사람이 도중(途中)에서 내릴 수 없는 것처럼, 도중에서 그만두거나 물러설 수 없는 형세(形勢).

기수지세(騎獸之勢), **기호난하**(騎虎難下)

기세양난(其勢兩難) 이러기도 어렵고 저러기도 어려워 형편(形便)이 딱함.

기장지무(旣張之舞) 이미 벌인 춤.

세성기호(勢成騎虎) 호랑이를 탄 기세가 됨.

호미난방(虎尾難放) 잡았던 호랑이의 꼬리를 놓기 어려움.

↔ **반도이폐**(半途而廢) 일을 중도에 그만둠.

기화가거 기이할奇 재화貨 옳을可 살居

「진기(珍奇)한 물건(物件)은 사 둘 만한 가치(價値)가 있음」훗날 큰 이익(利益)으로 돌아올 물건(物件)이나 사람한테 투자(投資)해 두는 것.

기화소장 주릴饑 불火 익힐燒 창자腸

「굶주린 나머지 제 창자를 구워 먹음」스스로 자기(自己) 몸을 죽임.

경어구독(經於溝瀆), **경우구독**(經于溝瀆)「스스로 목을 매고 구렁에 빠져 죽음」개죽음.

도사무익(徒死無益) 헛된 죽음은 아무 득이 없음.

만노자사(挽弩自射)「쇠뇌를 당겨 자신(自身)을 쏨」자살(自殺) 행위(行爲)를 함.

기화요초 아름다운 옥琪 花 아름다운 옥瑤 草

기화이초 기이할奇 꽃花 다를異 풀草

기이(奇異)한 꽃과 풀.

기환공자 비단綺 흰 비단紈 귀인公 子

기환자제 綺 紈 자식子 아우弟

「비단(緋緞)처럼 귀한 자제」 지위(地位)가 높고 부귀(富貴)한 집안이나 공작(公爵)의 자제.

고량자제(膏粱子弟) 잘 먹고 잘 입고 귀엽게 자라나서 고생(苦生)을 도무지 모르는 부귀한 집안의 자제.

귀개공자(貴介公子) 귀한 집의 자제.

기유환고(綺襦紈袴) 「무늬 있는 비단 저고리와 흰 비단 바지」 부귀한 집 자제.

부가자제(富家子弟) 부잣집 자손(子孫)으로 자라난 젊은 사람.

세가자제(勢家子弟) 권세(權勢)가 있는 집안의 자제.

오의자제(烏衣子弟) 부귀한 집안의 자제.

유한공자(有閑公子) 한가(閑暇)하여 유흥(遊興)에 팔린 부귀한 집 자제.

패가자제(敗家子弟) 집안의 재산(財産)을 탕진(蕩盡)한 자제.

환과자제(紈袴子弟) 지위가 높고 귀한 집안의 자제나 귀족(貴族)의 자제를 경멸(輕蔑)하는 말.

기황지술 갈림길岐 누를黃 어조사之 재주術

의술(醫術)을 이름. 기백(岐伯)과 황제(黃帝)는 의술의 비조(鼻祖-한 겨레나 가계(家系)의 맨 처음이 되는 조상)임.

기회균등 틀機 기회會 고를均 무리等

모든 사람에게 차별(差別) 없이 고르게 기회를 주는 일.

국제간(國際間)의 통상(通商)이나 경제활동(經濟活動)에 있어서 특정(特定) 국가에 준 대우(待遇)를 다른 국가(國家)에도 주는 일.

기회비용 틀機 모일會 비용費 쓸用

기회원가 機 會 원래原 값價

어떤 자원(資源)이나 재화(財貨)를 이용(利用)하여 생산(生産)이나 소비(消費)를 하였을 경우(境遇), 다른 것을 생산하거나 소비했었다면 얻을 수 있었던 잠재적(潛在的) 이익(利益).

기회지형 버릴棄 재灰 어조사之 형벌刑

「길에 재를 버린 사람도 형벌(刑罰)을 줌」 융통성(融通性) 없는 가혹(苛酷)한 형벌.

격단무휘(擊斷無諱) 거리낌 없이 함부로 형벌을 자행(恣行)함.

무경위중(誣輕爲重) 가벼운 범죄(犯罪)를 무거운 범죄로 다스림.

요수촉금(搖手觸禁) 손을 움직이기만 하면 법령(法令)에 저촉(抵觸)됨.

초관인명(草菅人命) 「풀을 베듯 사람을 죽임」 생명(生命)을 하찮게 여겨 함부로 사람을 죽임.

초체금선(草薙禽獮) 「풀을 베고 날짐승을 사냥함」 선악(善惡)과 정사(正邪)를 가리지 않고 마구 죽임.

혜전탈우(蹊田奪牛) 소를 몰고 남의 전답(田畓)을 질러갔다고 해서 그 벌(罰)로 소를 빼앗음.

희상노형(喜賞怒刑) 「기쁠 때는 상을 주고 화날 때는 형벌을 내림」 마음이 내키는 대로 함부로 상벌(賞罰)을 내림.

↔ **남형죄**(濫刑罪) 법률(法律)을 무시(無視)하고 함부로 형벌을 가하였을 때 적용(適用)되는 죄목(罪目).

기회한혜 비단綺 돌아올回 한수漢 은혜惠

기리계(綺里季)는 한(漢)나라 혜제(惠帝)를 돌아오게 함.

기회한혜 열감무정(綺回漢惠 說感武丁) 기리계는 한나라 혜제를 돌아오게 하였고, 부열(傅說)은 무정을 감동(感動)시킴.

긴장사격 팽팽할緊 베풀張 쏠射 칠擊

적(敵)을 제압(制壓)하거나 아군(我軍)이 작전(作戰)을 잘 수행(遂行)하게 하려고 끊임없이 계속(繼續)하는 사격.

긴장이완 팽팽할緊 베풀張 늦출弛 느릴緩

緊張은 줄이나 활시위를 팽팽하게 당긴 것처럼 정신(精神)을 똑바로 차려 움츠러든 상태(狀態)이고, 弛緩은 당겼던 활시위를 놓은 것처럼 느슨하게 늦춤.

길거민면 일할拮 일할据 힘쓸黽 힘쓸勉

몹시 바쁘게 힘써서 일함.

근검역행(勤儉力行) 부지런하고 검소(儉素)함을 힘껏 행함.

근로역작(勤勞力作) 부지런히 힘써서 일함.

급급영영(急急營營) 바쁘게 부지런히 일함.

숙흥야매(夙興夜寐) 아침에 일찍 일어나고 밤에는 늦게 잠.

길광편우 길할吉 빛光 조각片 깃羽

서화(書畫) 등 우수(優秀)한 소품(小品).

길굴오아

굽을佶 굽을屈 못 알아들을聱 어금니牙

문구(文句)가 난삽(難澁-매끄럽지 못하면서 어렵고 까다로움)하여 뜻을 이해(理解)하기 어려움. **힐굴오아**(詰屈聱牙)

길상선사 길할吉 상서로울祥 착할善 일事

더할 나위 없이 기쁘고 좋은 일.

길상어문 길할吉 상서로울祥 말語 무늬紋

운수(運數)가 좋기를 바라며 수놓은 한자(漢字) 무늬.

길상천녀 길할吉 상서로울祥 하늘天 여자女

「복덕(福德)을 주는 여신(女神)」 아름다운 얼굴에 천의(天衣)를 입고 보관(寶冠)을 썼으며, 왼손에 여의주(如意珠)를 받들고 있음.

길인천상 길할吉 사람人 하늘天 도울相

「착한 사람은 하늘이 도움」 남의 불행(不幸)을 위로(慰勞)할 때 쓰는 말.

불인지심(不忍之心) 남의 불행을 마음 편하게 그대로 보아 넘기지 못하는 마음.

호사토비(狐死兎悲) 여우가 죽으니 토끼가 슬퍼함.

↔ **행인지불행**(幸人之不幸) 남이 당하는 불행을 기뻐함.

길일양신 길할吉 해日 좋을良 날辰

재수(財數)가 좋은 날과 모든 일이 잘되는 좋은 시절(時節).

길즉대흉 길할吉 곧則 큰大 흉할凶

점괘(占卦)・사주 풀이(四柱--)・토정비결(土亭祕訣) 따위에서, 신수(身手)가 아주 좋을 때는 오히려 아주 불길(不吉)하다는 말.

↔ **흉즉대길**(凶則大吉) 점괘나 사주 풀이・토정비결 등에서 나타난 신수가 몹시 나쁠 때는 오히려 정반대(正反對)로 대길하다는 말.

길흉동역 길할吉 흉할凶 한가지同 지경域

「길한 것과 흉한 것이 경계(經界)를 같이 함」 화복(禍福)이 무상(無常)함.

길흉화복 길할吉 흉할凶 재앙禍 복福

「길함과 흉함, 불길함과 복스러움」 인간세상(人間世上)에 존재(存在)하는 좋은 일과 나쁜 일, 재앙(災殃)과 복을 모두 이르는 말.

휴구(休咎)

세상만사(世上萬事) 세상에서 일어나는 온갖 일.

시비이해(是非利害) 옳고, 그르고, 이롭고, 해로운 것.

천하만사(天下萬事) 세상의 모든 일.

앙경화복(殃慶禍福) 재앙(災殃)과 경사(慶事), 재화(災禍)와 복록(福祿).

김(금)장칠엽

성金 베풀張 일곱七 잎사귀葉

김일제(金日磾)와 **장**안세(張安世)의 자손(子孫)이 일곱 대 동안 천자(天子)를 가까이 하여 영화(榮華)를 누린 고사(故事).

끽다거 마실喫 차茶 갈去

차나 한잔하고 가시게나!

끽다끽반 마실喫 차茶 喫 밥飯

「차를 마실 때는 차 마시는 데 집중(集中)하고 밥을 먹을 때는 밥 먹는 데만 집중하라」 오롯이 지금 하는 일에만 집중하여 주의(主意)를 기울이라는 말.

끽반처 마실喫 밥飯 곳處

호구(糊口)를 할 만한 곳.

근근이 입에 풀칠할 정도(程度)가 되는 곳.

끽반착의 먹을喫 밥飯 붙을着 옷衣

밥을 먹고 옷을 입음.

착의끽반(著衣喫飯)

끽착부진 먹을喫 입을着 아닐不 다할盡

먹을 것과 입을 것이 모자람 없이 넉넉함.

가계유여(家計有餘) 가정(家庭) 형편(形便)이 넉넉함.

가세부요(家勢富饒) 집안 살림살이가 넉넉함.

여유작작(餘裕綽綽), **작유여지**(綽有餘地) 빠듯하지 않고 아주 넉넉함.

인급가족(人給家足) 집마다 살림이 부족함이 없이 넉넉하고 사람마다 풍족(豐足)해 살기 좋음.

족과평생(足過平生) 한평생(限平生)을 넉넉히 지낼 만함.

족차족의(足且足矣) 흡족(洽足)하게 아주 넉넉함.

포식난의(飽食暖衣) 「배불리 먹고 옷을 따뜻하게 입음」 의식(衣食)이 넉넉함.

끽채사마 먹을喫 나물菜 섬길事 마귀魔

평소(平素)에 채식(菜食)하고, 마신(魔神)을 섬기는 일종(一種)의 종교(宗教). 송대(宋代)에 있었음. 일설(一說)에는 마니교(摩尼教)를 이른 말이라고도 함.

ㄴ

【ㄴ】

나굴구궁 벌일羅 팔掘 함께俱 다할窮

나굴태진 羅 掘 거의殆 다할盡

먹고 쓸 수 있는 것은 모두 쓰고 마지막에는 쓸모없는 것까지도 모두 끄집어내어 먹거나 사용(使用)함.

나나지성 푸닥거리儺 儺 어조사之 소리聲

푸닥거리하는 소리.

나문정죄 잡을拿 물을問 정할定 죄罪

죄인(罪人)을 잡아다 심문(審問)하여 죄를 정하던 일.

나부자석 비단懶 아닐不 스스로自 아낄惜

본성(本性)이 게을러서 자기 재주를 세상에 나타내어 이름을 내려고 하지 않음.

나부지몽 비단羅 뜰浮 어조사之 꿈夢

「나부산(羅浮山)의 꿈」 수나라의 조사운이 나부의 매화촌(梅花村)에 유숙(留宿)하면서 꿈속에서 나부 소녀(少女)를 만나 즐겁게 놀았다는 고사(故事).

덧없는 한바탕의 꿈.

백일몽(白日夢) 사람이 실재(實在)와의 접촉(接觸)이 흐릿해져 부분적(部分的)으로 시각적(視覺的)인 공상(空想)으로 대체(代替)되는 일.

여옹침(呂翁枕) 「여옹의 베개」 노생이 한단에서 도사(道士) 여옹의 베개를 빌어 잠시(暫時) 눈을 붙인 사이에 부귀영화(富貴榮華)의 꿈을 꾼 고사(故事).

남가일몽(南柯一夢) 남쪽 나뭇가지에 걸린 꿈.

노생지몽(老生之夢) 노생이 꾼 꿈.

일장춘몽(一場春夢) 아무 흔적(痕迹)도 없는 한바탕의 봄 꿈.

한단지몽(邯鄲之夢) 한단에서 꾼 꿈.

나역등칙 어찌那 바꿀易 등급等 곧則

논밭 따위의 등급(等級)을 바꿈.

나열춘추 벌일羅 늘어놓을列 봄春 가을秋

「경서(經書)인 춘추를 벌여 놓음」 책을 여러 권 벌여 놓고 공부(工夫)함. 春秋는 역사책.

나유금해 비단羅 저고리襦 옷깃襟 풀解

비단(緋緞) 속옷 깃을 풀어 헤친 것.

〈'나이'를 표현(表現)한 한자어(漢字語)〉

7~8세 / **초츤**(髫齔) 다박머리에 앞니를 갈 무렵의 어린아이. 일곱이나 여덟 살의 어릴 때.

10대 / **충년**(沖年) 열 살 안팎의 어린 나이.

15세 / **지학**(志學) 학문(學問)에 뜻을 둠.
성동(成童) 열다섯 살 된 소년(少年).

20세 / **약관**(弱冠), **약년**(若年), **약령**(弱齡), **관세**(冠歲) 남자 나이 20세.

30세 / **이립**(而立) 뜻이 섬.

32세 / **이모지년**(二毛之年) 센털이 나기 시작(始作)하는 나이.

40세 / **불혹**(不惑) 미혹(迷惑)하지 않음.

48세 / **상수**(桑壽) '桑' 자를 십(十)이 네 개와, 팔(八)이 하나인 글자로 파자(破字)하여.

50세 / **지천명**(知天命) 하늘의 명을 앎.
애년(艾年), **오십천명**(五十天命), **지명지년**(知命之年)

60세 / **이순**(耳順) 귀가 순해짐.
하수(下壽) 예순 살. 그 나이의 노인. 사람의 수명(壽命)을 상·중·하로 나눌 때 가장 적은 나이.

61세 / **화갑**(華甲) 화(華) 자(字)는 십(十)이 여섯 개에 다 일(一)이 하나 있으므로.

회갑(回甲), **환갑**(還甲) 일 갑자(甲子)가 돌아옴.

망칠(望七) 일흔을 바라봄.

62세 / **진갑**(進甲) 환갑보다 한 해 더 나아간 해.

70세 / **고희**(古稀), **희수**(稀壽) 예전에는 희귀(稀貴)함.

종심(從心) 마음대로 한다.

현거지년(懸車之年) 벼슬에서 물러나야 하는 나이.

71세 / **망팔쇠년**(望八衰年) 늙어서 기력(氣力)이 쇠약(衰弱)해지는 나이. 일흔한 살.

77세 / **희수**(喜壽) '喜' 자를 초서체(草書體)로 쓰면 그 모양(模樣)이 '七十 七'을 세로로 써 놓은 것.

80세 / **산수**(傘壽) '傘' 자가 八十을 의미(意味)함.

중수(中壽) 여든 살의 나이. 사람의 수명(壽命)을 상·중·하로 나눌 때 중간(中間)의 나이.

88세 / **미수**(米壽) '米' 자가 팔(八)을 두 번 겹쳐 만든 것처럼 생겼기 때문.

90세 / **졸수**(卒壽) '卒자'를 초서로 쓰면 九十 이라 쓰는 데서 졸수라 함.

91세 / **망백**(望百) 100살까지 살 것을 바라봄.

99세 / **백수**(白壽) 白은 일백 백(百)에서 '한 일 (一)'을 뺀 것.

100세 / **상수**(上壽) 나이가 보통 사람보다 썩 많음. 사람의 수명(壽命)을 상·중·하로 나눌 때 가장 많은 나이.

기원지수(期願之壽), **기이지수**(期頤之壽) 백 살의 나이. 또는 그 나이의 사람.

나작굴서 그물羅 참새雀 파헤칠掘 쥐鼠

「그물로 참새를 잡고 땅을 파서 쥐를 잡음」 최악(最惡)의 상태(狀態)에서 어찌할 방도(方途)가 없음.

나굴태진(羅掘殆盡) 먹고 쓸 수 있는 것은 모두 쓰고 마지막에는 쓸모없는 것까지도 모두 끄집어내어 먹거나 사용(使用)함.

막가내하(莫可奈何) 달리 어찌할 수 없음.

부득불연(不得不然) 하지 않을 수 없게 상황(狀況)이 되어있음.

조상지어(俎上之魚), **조상지육**(俎上之肉) 도마 위에 오른 고기.

창황망조(蒼慌罔措), **당황망조**(唐慌罔措) 너무 급하여 어찌할 수 없음.

나주괘서 벌일羅 고을州 걸掛 글書

조선시대(朝鮮時代), 1755년에 윤지(尹志)가 나주 객사(客舍)에 붙인 벽서(壁書)와 관련(關聯)하여 일어난 역모(逆謀) 사건(事件).

윤지(尹志)**의 난**(亂). **을해옥사**(乙亥獄事)

낙극생비 즐거울樂 다할極 날生 슬플悲
낙극애생 樂 極 슬플哀 날生

즐거움이 극도(極度)에 달하면 슬픔이 생김.

권불십년(權不十年) 권세(權勢)는 십 년을 가지 못함.

도유승강(道有升降) 길에는 오르고 내림이 있음.

물극필반(物極必反) 사물(事物)의 전개(展開)가 극에 달하면 반드시 반전(反轉)함.

복과재생(福過災生) 복이 너무 지나치면 도리어 재앙(災殃)이 생김.

새옹지마(塞翁之馬) 인생(人生)에 있어서 길흉화복(吉凶禍福)은 항상(恒常) 바뀌어 미리 헤아릴 수가 없음.

시어다골(鰣魚多骨) 준치는 맛은 좋으나 가시가 많음.

호몽부장(好夢不長) 좋은 꿈은 계속(繼續) 되지 않음.

호사다마(好事多魔) 좋은 일에는 흔히 시

샘하는 듯이 안 좋은 일들이 많이 따름.

환락애정(歡樂哀情) 기쁨과 즐거움이 극도(極度)에 이르면 비애(悲哀)가 많이 생김.

흥진비래(興盡悲來) 흥함이 다하고 나면 슬픔이 찾아옴.

천무삼일청(天無三日晴) 갠 날은 사흘씩 계속(繼續)되지 않음.

호사불여무(好事不如無) 좋은 일이 있으면 흔히 나쁜 일이 뒤에 따르므로, 차라리 처음부터 좋은 일이 없는 것이 나음.

화무십일홍(花無十日紅) 열흘 붉은 꽃이 없음.

↔ **고진감래**(苦盡甘來) 쓴 것이 다하면 단 것이 옴.

부(비)극반태(否極叛泰) 불운(不運)이 절정(絶頂)에 달하면 행운(幸運)이 돌아옴.

전화위복(轉禍爲福) 화가 바뀌어 오히려 복이 됨.

낙극즉비 즐거울樂 다할極 곧則 슬플悲

즐거움이 극도(極度)에 달하면 슬픔이 옴.

낙극즉비 주극즉난(樂極則悲 酒極則亂) 즐거움이 극도에 달하면 슬픔이 오고, 술이 극도에 달하면 문란(紊亂)하여짐.

낙담상혼 떨어질落 쓸개膽 잃을喪 넋魂

몹시 놀라 얼이 빠지고 정신(精神)이 없음. **상혼낙담**(喪魂落膽)

망무두서(茫無頭緖) 정신이 망연(茫然)하여 일머리를 알 수 없고 사리(事理)를 분간(分揀)할 수 없음.

어언황홀(於言恍惚), **정신황홀**(精神恍惚) 정신이 안정(安定)되지 못하여 갈팡질팡하고 갈피를 잡지 못하고 말에 두서(頭緖)가 없음.

천지만엽(千枝萬葉) 「무성(茂盛)한 식물(植物)의 가지와 잎」 일이 여러 갈피로 나뉘어 어수선함.

천탈기백(天奪其魄) 넋을 잃음, 본성을 잃음.

혼불부신(魂不附身) 얼이 빠지고 넋이 나감.

혼비백산(魂飛魄散) 혼백이 사방(四方)으로 흩어짐.

혼비중천(魂飛中天) 혼이 하늘 가운데 떴다.

낙락난합 떨어질落 落 어려울難 합할合

「여기저기 떨어져 있어 한자리에 모이기 어려움」 뜻이 높고 커서 다른 사람과 서로 맞지 않음.

강해지량(江海之量) 생각이 깊고 도량(度量)이 큼.

관인대도(寬仁大度) 마음이 너그럽고 어질며 도량이 넓음.

관즉득중(寬則得衆) 너그러우면 민심(民心)을 얻게 됨.

관홍대도(寬弘大度) 마음이 너그럽고 도량이 큼.

뇌뢰낙락(磊磊落落) 뜻이 커서 작은 일에 구애(拘礙)받지 않음.

대인대이(大人大耳) 덕이 높고, 마음에 여유(餘裕)가 있는 사람은 자질구레한 일에 초연(超然)함.

덕고양굉(德高量宏) 인격(人格)이 높고 도량이 큼.

온포불치(縕袍不恥) 「온포를 입고도 부끄러워하지 않음」 뜻이 높아 의복(衣服) 따위 자질구레한 일에 구애되지 않음.

척당불기(倜儻不羈) 뜻이 크고 기개(氣槪)가 있고 뜻이 커서 남에게 자유(自由)를 구속(拘束)받지 않고 눌려 지내지 않음.

천공해활(天空海闊) 하늘이 창창(蒼蒼)하고 바다가 광활(廣闊)하듯이 기상(氣像)이 상쾌(爽快)하고 도량이 넓음.

호방뇌락(豪放磊落) 기개가 장하고 마음이 활달(豁達)하여 작은 일에 거리끼거나 구애하지 않음.

호탕불기(豪宕不羈) 사람됨이 기개가 세차고 호걸(豪傑)스러워서 사소(些少)한 일에 얽매이지 않음.

활달대도(豁達大度) 도량이 큼.

회확대도(恢廓大度) 마음이나 도량이 넓고 큼.

낙락뇌뢰 떨어질落 落 돌무더기磊 磊

돌이 반듯하게 포개져 쌓여 있는 모양.

성품(性品)이 너그럽고 신선(新鮮)하여 사소(些少)한 일에 거리끼지 않는 공명정대(公明正大)한 모양(模樣).

대공지평(大公至平) 지극(至極)히 공평함.

심지광명(心地光明) 사욕(邪慾) 없는 공명정대(公明正大)한 마음가짐.

낙락목목 떨어질落 落 화목할穆 穆

성격(性格)이 원만(圓滿)하여 모남이 없음.

완곡(婉曲) 유순(柔順)하여 모나지 않음.

낙락신성 떨어질落 落 새벽辰 별星

「드물기가 샛별 같음」 같은 연배(年輩)의 생존자(生存者)가 새벽하늘의 별처럼 드묾.

인물(人物)이 차차 죽어서 적게 남음.

낙락장송 떨어질落 落 길長 소나무松

「가지가 길게 늘어진 키가 큰 소나무」 지조(志操)와 절개(節槪)가 굳은 사람의 표상(表象).

상풍고절(霜風高節) 서리와 바람 속에도 굽히지 않는 높은 절개.

설중송백(雪中松柏) 눈 속 소나무와 잣나무.

세한고절(歲寒孤節) 추운 계절(季節)에 높은 절개.

세한삼우(歲寒三友) 추운 겨울철에 보기 좋은 세 가지 나무.

세한송백(歲寒松柏) 추운 겨울의 소나무와 잣나무.

송죽지절(松竹之節) 소나무같이 꿋꿋하고 대나무같이 곧은 절개.

오상고절(傲霜孤節) 서릿발이 심한 추위 속에서도 굴하지 않고 홀로 꿋꿋함.

전수일절(全守一節) 절개(節槪)를 온전(穩全)히 지킴.

낙락지예 우뚝솟은落 落 어조사之 기릴譽

도량(度量)이 넓은 인물(人物)의 명성(名聲).

낙루차탄

떨어질落 눈물淚 탄식할嗟 탄식할嘆

눈물을 흘리며 탄식(歎息)하여 슬퍼함.

감루오열(感淚嗚咽) 마음에 깊이 느끼어 눈물을 흘리며 목메어 욺.

복지유체(伏地流涕) 땅에 엎드려 눈물을 흘리며 욺.

애호체읍(哀號涕泣) 슬프게 부르짖으며 눈물을 흘림.

체사방타(涕泗滂沱) 눈물과 콧물만 줄줄 흘림.

허희유체(歔欷流涕) 길게 한숨짓고 눈물을 흘림.

낙목공산 떨어질落 나무木 빌空 메山

잎이 떨어진 뒤에 쓸쓸하게 보이는 산.

낙목한천 떨어질落 나무木 찰寒 하늘天

「잎이 떨어진 뒤의 추운 날씨」 나뭇잎이 다 떨어진 겨울의 춥고 쓸쓸한 풍경(風景).

낙목한풍 떨어질落 나무木 찰寒 바람風

잎이 다 떨어진 나무와 몹시 추운 바람.

낙미지액 떨어질落 눈썹眉 어조사之 재앙厄

「눈썹에 떨어진 재앙(災殃)」 갑자기 닥친 재액(災厄).

소미지급(燒眉之急), **초미지급**(焦眉之急),

초미지액(焦眉之厄), **연미지급**(燃眉之急),

연미지액(燃眉之厄), **화소미모**(火燒眉毛)

불시풍우(不時風雨) 「갑자기 오는 비바람」 갑자기 닥친 재난(災難).

일조지환(一朝之患) 하루아침의 근심과 재앙.

지어지앙(池魚之殃) 연못에 사는 물고기들에게 닥친 갑작스러운 재앙.

청천벽력(青天霹靂) 맑게 갠 하늘에서 갑자기 떨어지는 벼락.

낙발염의 떨어질落 터럭髮 물들染 옷衣

낙발위승 落 髮 할爲 승려僧

출가(出家)할 때, 머리나 수염(鬚髯)을 깎고 염의(染衣)를 입음으로써 승니(僧尼)가 됨.

삭발입도(削髮入道), **삭발염의**(削髮染衣)

삭발위승(削髮爲僧), **체발염의**(剃髮染衣)

삭발피치(削髮被緇) 머리를 깎고 검은 장삼(長衫)을 입음.

자수삭발(自手削髮) 제 손으로 자기의 머리털을 깎음.

낙방거사 떨어질落 방 붙일榜 살居 선비士

낙방거자 落 榜 하지않을擧 사람子

시험(試驗), 모집(募集), 선거(選擧) 따위에 응하였다가 떨어진 사람.

과거시험(科擧試驗)에 떨어진 사람.

어떤 일에 한몫 끼이려다가 따돌린 사람.

명락손산(名落孫山), **손산지외**(孫山之外) 「손산의 이름이 마지막임」 과거에 붙지 못하고 떨어짐.

용문점액(龍門點額) 「용문 아래에 모인 물고기가 뛰어오르면 용이 되고, 오르지 못하면 이마에 상처(傷處)만 입게 됨」 과거에 낙방(落榜)한 사람.

폭새용문(曝鰓龍門) 「아가미를 용문에 쬠」 몹시 괴롭고, 피로(疲勞)함. 과거에 낙방한 사람.

낙불가극 즐거울樂 아닐不 옳을可 다할極

즐거움은 끝까지 다하지 말아야 함.

오불가장(敖不可長) 교만(驕慢)한 마음은 억제(抑制)하여야 함.

욕불가종(欲不可從) 사욕(邪慾)은 억제하여야 함.

지불가만(志不可滿) 「마음에 바라는 바를 다 채워서는 안 됨」 욕망(慾望)은 어느 정도(程度) 억제해야 함.

낙불사촉

즐거울樂 아닐不 생각할思 나라 이름蜀

「즐거움에 젖어 촉 땅을 생각하지 않음」 쾌락(快樂) 또는 향락(享樂)에 빠져 자신(自身)의 본분(本分)을 망각(忘却)하는 어리석음.

낙이사촉(樂而思蜀)

도견상부(道見桑婦) 「길에서 뽕잎 따는 여자를 보고 사통(私通)함」 눈앞의 일시적(一時的)인 이익(利益)을 좇다가 가지고 있던 모든 것을 잃음.

낙생어우 즐거울樂 날生 어조사於 근심憂

즐거움은 언제나 걱정하는 데서 나옴.

낙선애재 즐거울樂 착할善 사랑愛 재주才

착한 일을 즐기고 재치를 사랑함.

낙수청운 물 이름洛 물水 푸를青 구름雲

「낙수에 푸른 구름」 서울에 올라가 벼슬자리를 얻음.

낙수효과 떨어질落 물水 나타날效 실과果

고소득층(高所得層)의 소득증대(所得增大)가 소비 및 투자확대(投資擴大)로 이어져 궁극적(窮極的)으로 저소득층(低所得層)의 소득도 증가(增加)하게 되는 효과. 물방울이 아래로 떨어지거나 흘러내려 '**적하효과**(滴下效果)' 라고도 함.

↔ **분수효과**(分水效果) 저소득층의 소득증대

가 총수요(總需要) 진작(振作) 및 경기(景氣) 활성화(活性化)로 이어져 궁극적(窮極的)으로 고소득층의 소득도 높이게 되는 효과.

낙시고인 즐거울樂 옳을是 괴로울苦 인할因

안락(安樂)이 고통(苦痛)의 원인(原因)임.

낙심천만 떨어질落 마음心 일천千 일만萬

바라던 일이 뜻대로 되지 않아 몹시 마음이 상함.

사심탑지(四心塌地) 실망(失望)하여 갑자기 마음이 상함.

심사낙막(心事落寞) 마음에 생각하는 바가 어그러져 낙심(落心)됨.

낙양지가 물 이름洛 볕陽 종이紙 값價

낙양지귀 洛 陽 紙 귀할貴

「낙양의 종잇값」 훌륭한 글을 다투어 베끼느라고 종이의 수요(需要)가 늘어서 값이 등귀(騰貴)함. 문장(文章)의 장려(奬勵)함을 칭송(稱頌)하는 데 쓰이는 말.

낙역부절

이어질絡 연달아 할繹 아닐不 끊을絶

「오고 감이 잦아서 끊이지 않음」 왕래(往來)가 끊이지 않음.

강속부절(繈屬不絶) 여러 개가 한 줄로 서로 길게 붙어 끊이지 않음.

무상왕래(無常往來) 아무 때나 거리낌 없이 왔다 갔다 함. 때 없이 오고 감.

삭삭왕래(數數往來) 자주 왕래하는 일.

연락부절(連絡不絶) 오고 감이 끊이지 않음.

왕래부절(往來不絶) 자주 오가서 끊이지 않음.

일래일왕(一來一往) 왕래함. 교제(交際)함.

차곡격치(車轂擊馳) 수레가 끊일 사이 없이 많이 왕래함.

희희양양(熙熙壤壤) 여러 사람이 여기저기 번화(繁華)하게 왕래(往來)하는 모양.

↔ **노사불상왕래**(老死不相往來) 늙어 죽도록 서로 왕래하지 않음.

낙엽교목 떨어질落 잎葉 솟아날喬 나무木

가을이나 겨울에 잎이 떨어져서 봄에 새 잎이 나는 교목(줄기가 곧고 굵으며 높이가 8미터를 넘는 나무). 참나무, 밤나무 따위.

낙엽귀근 떨어질落 잎葉 돌아갈歸 뿌리根

「잎이 지면 뿌리로 돌아감」 모든 일은 처음으로 돌아감. **엽락귀근**(葉落歸根)

생자필멸(生者必滅) 태어난 사람은 반드시 죽음.

성자필쇠(盛者必衰) 왕성(旺盛)하면 반드시 쇠함.

회자정리(會者定離) 만난 사람은 반드시 헤어지게 됨.

↔ **거자필반**(去者必返) 간 사람은 반드시 돌아오기 마련임.

낙엽표요 떨어질落 잎葉 나부낄飄 불어 오르는 바람颻

가을이 오면 낙엽이 펄펄 날리며 떨어짐.

진근위예 낙엽표요(陳根委翳 落葉飄颻) 묵은 뿌리들은 말라 시들고, 떨어진 낙엽들은 바람에 흩날림.

낙영빈분

떨어질落 꽃부리英 어지러울繽 가루粉

낙화(落花)가 어지럽게 떨어지면서 흩어지는 모양(模樣).

낙월옥량 떨어질落 달月 지붕屋 들보梁

「지는 달이 지붕을 비춤」 벗이나 고인(故人)에 관한 생각이 간절(懇切)함.

낙위지사 즐거울樂 할爲 어조사之 일事

「즐거워서 하는 일」 즐거움으로 삼는 일.

낙이관화

즐거울樂 쉬울易 너그러울寬 화할和

마음이 즐겁고 편안(便安)하며 넉넉하고 화평(和平)함.

심평기화(心平氣和) 마음속에 기분(氣分)이 화창(和暢)함. 심기(心氣)가 화평함.

낙이망우

즐거울樂 말 이을而 잊을忘 근심憂

「즐겨서 시름을 잊음」 도(道)를 행하기를 즐거워하여 가난 따위의 근심을 잊음.

낙이불류

즐거울樂 말 이을而 아닐不 흐를流

즐거우면서도 지나치게 들떠 있지 않음.

애이불비(哀而不悲) 슬프지만 지나치게 비통(悲痛)에 빠지지 않음.

애이불상(哀而不傷) 슬퍼하되 상하지 않음.

원이불노(怨而不怒) 원통(怨痛)하지만 크게 노하지 않음.

낙이불음 즐거울樂 而 아닐不 음란할淫

낙이불황 樂 말 이을而 不 거칠荒

「즐기기는 하나 음탕(淫蕩)하지는 않게 함」 즐거움의 도(道)를 지나치지 않음.

호색불음(好色不淫) 여색(女色)을 좋아하나 난잡(亂雜)하지 않음.

낙이불음 애이불상(樂而不淫 哀而不傷) 관저의 시(詩)는 즐거우면서도 음란(淫亂)하지 않고, 슬프면서도 마음을 상하지는 않음.

낙이사촉

즐거울樂 말 이을而 생각할思 나라 이름蜀

「타향(他鄕)의 생활(生活)이 즐거워 고향(故鄕) 생각을 하지 못함」 눈앞의 즐거움에 겨워 근본(根本)을 잊게 될 때를 비유(比喩).

낙불사촉(樂不思蜀)

낙인후 떨어질落 사람人 뒤後

남보다 뒤떨어짐.

낙선불권 즐거울樂 착할善 아닐不 게으를倦

선을 즐기는 사람은 권태(倦怠)로움이 있을 수 없음.

낙자압빈 떨어질落 사람者 누를壓 귀밑털鬢

「엎어져 가는 놈 꼭뒤(뒤통수의 한가운데) 참」 남의 기울어 가는 일을 더욱 기울게 만듦.

낙장불입 떨어질落 베풀張 아닐不 들入

화투(花鬪)·투전(投錢)·트럼프(Trump) 따위를 할 때, 판에 한 번 내어놓은 패는 물리기 위하여 다시 집어 들이지 못함.

낙점불입 떨어질落 점點 아닐不 들入

바둑에서, 한 번 놓은 돌은 다시 집어 들이지는 못한다는 규칙(規則).

낙정미 떨어질落 뜰庭 쌀米

「말이나 되를 가지고 마되질을 하다가 땅에 떨어진 곡식(穀食)」 수고한 끝에 조금 얻어 차지하게 되는 물건(物件).

변변하지 못한 물건.

조선(朝鮮) 후기(後期) 삼수미(三手米)에 첨가(添加)하여 징수(徵收)하던 부가세(附加稅).

낙정하석 떨어질落 허방다리穽 아래下 돌石

「함정(陷穽)에 빠진 사람에게 돌을 떨어뜨림」 곤경(困境)에 빠진 사람을 구해 주기는 커녕 도리어 해롭게 함.

구화투신(救火投薪) 불을 끄려고 장작(長斫)을 던짐.

부신구화(負薪救火) 섶을 지고 불을 끔.

이화구화(以火救火) 불로써 불을 구함.

증닉추석(拯溺錘石) 「추석(문지도리로 쓰는 돌)으로써 물에 빠진 사람을 구함」 더욱 심하게 함.

치사분지(治絲棼之) 실을 급히 풀려고 하면 오히려 엉킴.

포신구화(抱薪救火) 땔나무를 안고 불을 끔.

포화조신(抱火厝薪) 불이 타오르는 장작더미에 누움.

하정투석(下穽投石) 구덩이에 떨어진 것을 보고 돌을 처넣음.

낙중지생 즐거울樂 가운데中 어조사之 살生

즐거움 속에 삶이 있음.

낙지군자 즐거울樂 다만只 군자君 스승子

도(道)를 즐기는 군자.

낙지운연 떨어질落 종이紙 구름雲 안개煙

「종이에 떨어뜨린 것이 구름이나 안개와 같음」 초서(草書)의 필세(筆勢)가 웅혼(雄渾)함.

경사입초(驚蛇入草) 놀란 뱀이 풀 속으로 들어감.

무고모극(武庫矛戟) 「무기고(武器庫)에 늘어세운 여러 창」 잘 쓴 글씨 특히 구양순(歐陽詢)의 행서(行書).

묵색임리(墨色淋漓), **묵색창윤**(墨色蒼潤) 그림이나 글씨의 먹빛이 윤이 남.

유운경룡(游雲驚龍) 구름이 날리듯 용이 놀라는 듯함.

은구채미(銀鉤蠆尾) 은갈퀴와 말의 꼬리.

필주용사(筆走龍蛇) (붓의 움직임이) 마치 용과 뱀 같음.

낙지이전 떨어질落 땅地 써以 앞前

세상(世上)에 태어나기 전.

낙지이후 떨어질落 땅地 써以 뒤後

세상(世上)에 태어난 뒤.

낙차고돌

즐거울樂 탄식할嗟 괴로울苦 한탄할咄

즐거울 때나 괴로울 때나 늘 쾌활(快活)하지 않음.

낙천주의 즐거울樂 하늘天 주장할主 옳을義

인생(人生)을 즐겁게 여기고 인생의 진선미(眞善美)를 긍정(肯定)하는 주장(主張)이나 방침(方針).

낙천지명 즐거울樂 하늘天 알知 목숨命

천명(天命)을 깨달아 즐기면서 이에 순응(順應)하는 일.

응천순인(應天順人) 천명에 응하고 인위(人爲)에 순응해서 일함.

낙철낙인 지질烙 쇠鐵 烙 사람人

불에 달군 쇠로 몸을 지지는 형벌(刑罰).

낙철주사 - - 주인主 일事

입신출세(立身出世)에 실패(失敗)하여 낙향(落鄕)해 있는 사람.

낙천지명 고불우 즐거울樂 하늘天 알知 목숨命 연고故 아닐不 근심憂

우주(宇宙)와 합일(合一)되어 하늘을 즐기고, 자신(自身)의 명(命)을 아니 근심하지 않음.

낙치복(부)생 떨어질落 이齒 다시復 날生

늙어서 빠진 이가 다시 남.

낙탕방해 떨어질落 끓일湯 방게螃 게蟹

「끓는 물에 떨어진 방개가 허둥거림」 매우 난처(難處)하고 위험(危險)한 상황(常況)에 빠져 몹시 당황(唐惶)하여 허둥지둥함.

경황망조(驚惶罔措) 놀라고 당황해서 어찌할 줄 모름.

당황실색(唐慌失色) 놀라거나 다급해 얼굴빛이 변함.

대략난감(大略難堪) 해결(解決)하기 힘든 상황(常況)이나 당혹(當惑)한 일을 당했을 때의 기분(氣分).

망지소조(罔知所措) 너무 당황하거나 급하여 어찌할 바를 모름.

전도의상(顚倒衣裳) 저고리와 바지를 서로 뒤바꾸어 입음.

질언거색(疾言遽色) 당황하여 말을 빨리하고 얼굴색이 변함.

조불려석(朝不慮夕) 형세(形勢)가 급하고 당황하여 아침에 저녁 일을 헤아리지 못함.

창황망조(蒼慌罔措) 너무 급하여 어찌할 바를 모르고 갈팡질팡함.

↔ **임난불구**(臨難不懼) 난국(亂國)에 봉착(逢着)해서도 당황하지 않음.

낙피지원 즐거울樂 저彼 어조사之 동산園

즐거운 저 동산.

낙필점승 떨어질落 붓筆 점點 파리蠅

「붓 떨어진 자리에 파리를 그림」 화가(畫家)의 훌륭한 솜씨.

낙화난상지

떨어질落 꽃花 어려울難 위上 가지枝

「한번 진 꽃은 다시 가지로 돌아갈 수 없음」 한번 헤어진 부부(夫婦)는 다시 합치기 어려움.

한번 저지른 일은 다시 돌이킬 수 없음.

화부재양(華不再揚)

복수난수(覆水難收) 엎어진 물은 다시 담을 수 없음.

숙불환생(熟不還生) 이미 익힌 음식(飮食)은 처음으로 되돌릴 수 없음.

이발지시(已發之矢) 이미 시위를 떠난 화살.

이왕지사(已往之事) 이미 지나간 일.

파경부조(破鏡不照) 깨진 거울은 다시 비추지 않음.

왕자불가간(往者不可諫) 지나간 일은 간하여 고칠 수 없음.

낙화낭자 떨어질落 꽃花 어지러울狼 깔藉

「떨어진 꽃잎이 흩어져 어지러움」 사물(事物)이 뒤섞여 흩어져 있는 모양(模樣).

낙화모연 떨어질落 꽃花 저물暮 안개煙

떨어지는 꽃잎과 저녁 안개.

낙화방초 떨어질落 꽃花 꽃다울芳 풀草

떨어진 꽃과 아름다운 풀.

낙화시절 떨어질落 꽃花 때時 절기節

꽃이 떨어지는 늦봄 무렵.

낙화유수 떨어질落 꽃花 흐를流 물水

「떨어지는 꽃과 흐르는 물」 가는 봄의 경치(景致).

남녀 간 서로 그리워하는 애틋한 정(情).

힘과 세력(勢力)이 약해져 아주 볼품없이 됨.

상사일념(相思一念) 서로 그리워하여 생각하는 마음이 오직 한 가지뿐 임.

역여주기(惄如調飢) 「출출하여 거듭 굶주린 듯함」 누군가를 간절(懇切)히 바라고 애틋하게 그리워하는 마음.

연모지정(戀慕之情) 사모(思慕)하는 마음, 사랑하고 그리워하는 마음.

이금심도(以琴心挑) 그리워하는 마음을 거문고 소리에 나타내어 여자(女子)의 마음을 움직임.

춘기발양(春氣發揚) 이성(異性)을 그리워하는 마음이 일어남.

춘수모운(春樹暮雲) 「봄날의 나무와 해 질 무렵의 구름」 멀리 있는 친구를 그리워함.

낙화풍 떨어질落 꽃花 바람風

꽃을 불어 떨어뜨리는 바람.

낙화행재 즐거울樂 재앙禍 다행幸 재앙災

「재앙(災殃)을 다행(多幸)으로 여기고 즐거워함」 남의 불행(不幸)을 즐기는 이기적(利己的)인 태도(態度).

행재낙화(幸災樂禍), **행재요화**(幸災樂禍)

행인지불행(幸人之不幸) 남이 당하는 불행을 기뻐함.

↔ **길인천상**(吉人天相) 「착한 사람은 하늘이 도움」 남의 불행을 위로(慰勞)함.

불인지심(不忍之心) 남의 불행을 마음 편하게 그대로 보아 넘기지 못하는 마음.

호사토비(狐死兔悲) 「여우가 죽으니 토끼가 슬퍼함」 동류(同類)의 불행을 슬퍼함.

난가상서 막을闌 수레駕 위上 글書

임금의 어가(御駕)를 가로막고 직소(直訴)함.

난가선객 빛날爛 가지柯 신선仙 손客

바둑돌. **기석**(棋石)

난가지락 빛날爛 가지柯 어조사之 즐거울樂

바둑의 재미. 나무꾼이 바둑 구경을 하다가 도낏자루가 썩는 줄도 몰랐다는 이야기.

귤중지락(橘中之樂) 바둑을 두는 즐거움.

오로지쟁(烏鷺之爭) 「까마귀와 백로(白鷺)의 싸움」 바둑을 두는 일.

위기삼매(圍棋三昧) 바둑을 두는 데만 온 마음과 정신(精神)을 쏟아 즐기는 경지(境地).

난공불락

어려울難 공격할攻 아닐不 떨어질落

「공격(攻擊)하기가 어려워 좀처럼 함락(陷落)되지 않음」 방비(防備)가 빈틈없이 견고(堅固)함.

검각철산(劍閣鐵山) 검각산의 방비가 철옹성(鐵甕城) 같다 하여 붙인 이름.

고성심지(高城深池) 「높은 성과 그 둘레에 파 놓은 깊은 못」 곧 방비가 견고한 성(城).

금성철벽(金城鐵壁) 방비가 아주 견고한 성.

금성탕지(金城湯池) 쇠처럼 단단한 성곽(城廓)과 끓는 해자(垓字)에 둘러싸인 성.

비조불입(飛鳥不入) 나는 새도 들어가지 못함.

탕지철성(湯池鐵城) 쇠로 만든 성과 그 성을 둘러싸고 있는 끓는 연못.

철옹산성(鐵甕山城) 쇠로 옹기(甕器)를 만들 듯이 튼튼히 쌓아 올린 성.

금탕지고 비속불수(金湯之固 非粟不守) 견고한 성도 양식(糧食)이 떨어지면 지킬 수 없음.

난군인승 어지러울亂 군사軍 당길引 이길勝

「아군(我軍)의 군심(軍心)을 어지럽혀 적군(敵軍)의 승리(勝利)를 초래(招來)함」 군주(君主)와 장수(將帥) 간의 신뢰(信賴)가 없으면 병사(兵士)들의 단합(團合)이 이루어지지 않아 오히려 적군에게 승리(勝利)를 안겨주게 됨.

난난연 얼굴 붉힐赧 赧 그러할然

부끄러워 낯을 붉히는 모양(模樣).

난득자형제

어려울難 얻을得 사람者 형兄 아우弟

「얻기 어려운 게 형제」 형제는 인력(人力)으로 얻어지는 것이 아니므로 형제간에 의(義)가 좋아야 함.

난득지물 어려울難 얻을得 어조사之 물건物

매우 얻기 어려운 물건(物件).

귀물(貴物) 드물어서 얻기 어려운 물건.

난득호도 어려울難 얻을得 풀칠할糊 칠할塗

「어리숙해 보이는 게 어려움」 총명(聰明)한 사람이 어리석어 보이기가 매우 어려움.

대교약졸(大巧若拙) 매우 공교(工巧)한 솜

씨는 서투른 것같이 보임.

대용약겁(大勇若怯) 대단히 용맹(勇猛)한 사람은 함부로 날뛰지 않으므로 도리어 겁쟁이 같이 보임.

난로회 따뜻한煖 화로爐 모일會

겨울에 난로를 처음 놓고 여는 모임.

난릉미주 난초蘭 언덕陵 아름다울美 술酒

강소성(江蘇省) 무진현(武進縣) 난릉(蘭陵)에서 만든 좋은 술.

난리법석 어지러울亂 떠날離 법法 자리席

몹시 소란(騷亂)하고 질서(秩序)가 없는 상태(狀態).

야단법석(野壇法席) 「야외(野外)에 설치(設置)된 설법(說法)자리」 여러 사람이 모여 시끌벅적한 모습.

난마 어지러울亂 삼麻

「어지럽게 뒤얽힌 삼 가닥」 복잡(複雜)하게 뒤얽힌 일이나 어지러운 세상 형편.

부지세상(不知世上) 세상일이나 돌아가는 형편(形便)을 도무지 알지 못함.

연진천리(煙塵千里) 군마(軍馬)의 발굽에서 일어나는 먼지가 구름처럼 가득히 천 리에 걸쳐 끊이지 않음.

요계지세(澆季之世) 인정(人情)이 야박(野薄)하고 풍속(風俗)이 어지러운 세상.

난만동귀

문드러질爛 흩어질漫 한가지同 돌아갈歸

옳지 않은 일에 함부로 어울려서 한통속이 됨.

부화뇌동(附和雷同) 아무런 생각도 없이 남의 의견(意見)에 찬동(贊同)함.

수성부화(隨聲附和) 「소리에 따라붙어서 화합(和合)함」 맹목적(盲目的)으로 남의 의견(意見)에 따름.

수중축대(隨衆逐隊) 뚜렷한 주견(主見) 없이 여러 사람의 틈에 끼어 덩달아 행동(行動)을 함.

아부영합(阿附迎合) 자기(自己)의 주견이 없이 남의 말에 아부하며 동조(同調)함.

조주위학(助紂爲虐) 「주 임금을 도와 포학(暴虐)한 짓을 저지름」 나쁜 사람을 도와 나쁜 짓을 저지름.

척구폐요(跖狗吠堯) 걸주(桀紂) 같은 포악(暴惡)한 인간(人間)이 기르는 개가 요왕(堯王) 같은 성군(聖君)을 보고도 짖어댐.

위호작창(爲虎作倀) 「호랑이를 위하여 창귀(倀鬼)가 됨」 나쁜 사람의 앞잡이.

난만상의

무르익을爛 흩어질漫 서로相 의논할議

오래 두고 여러 차례(次例) 충분(充分)히 의논(議論)함.

난망지은 어려울難 忘 어조사之 은혜恩

난망지택 難 잊을忘 之 은혜澤

잊을 수 없는 은혜(恩惠).

기사인(起死人) 「죽은 사람을 다시 일으킴」 남에게 큰 은덕(恩德)을 베풂.

각골난망(刻骨難忘) 은혜를 입은 고마움이 뼈에 깊이 새겨져 잊히지 않음.

결초보은(結草報恩) 풀을 묶어서 은혜를 갚음.

매반불망(每飯不忘) 「식사(食事) 때마다 옛일을 생각함」 늘 은혜를 갚고자 함.

명기누골(銘期鏤骨) 「살갗에 새기고 뼈에 새김」 마음에 깊이 새겨 잊지 않음.

명심불망(銘心不忘) 마음에 깊이 새겨 두어 오래오래 잊지 않음.

백골난망(白骨難忘) 몸이 썩어 흰 가루가 되더라도 잊지 못함.

의중지인(意中之人) 마음속에 새겨져 잊을 수 없는 사람.

난명지안 어려울難 밝을明 어조사之 안건案
변명(辨明)하기 어려운 사건(事件).

난백난중 어려울難 맏伯 難 버금仲
「누가 맏형이고 누가 둘째 형인지 분간(分揀)하기 어려움」 우열(優劣)을 가리기 힘들 정도(程度)로 서로 비슷함.
난형난제(難兄難弟)

난법난도 어지러울亂 법法 亂 도道
「법과 도를 어지럽게 함」 또는 문란(紊亂)한 법과 도.

난보지경 어려울難 지킬保 어조사之 지경境
보존(保存)하기 힘든 지경(地境).

난사필작이
어려울難 일事 반드시必 일어날作 쉬울易
어려운 일은 반드시 쉬운 일에서 생겨남.

난상가란 알卵 위上 더할加 卵
「달걀 위에 달걀을 포갬」 지극(至極)한 정성(精誠).
고심혈성(苦心血誠) 마음과 몸을 다하여서 하는 지극한 정성.
극진지두(極盡地頭) 머리가 땅에 닿도록 극진히 함.
누의지성(螻蟻之誠) 땅강아지와 개미같이 작은 것들의 정성.
단심혈성(丹心血誠) 삿됨이 없이 정직(正直)하고, 진실(眞實)한 마음에서 나오는 지극한 정성.
봉일지성(捧日之誠) 해를 받드는 정성.
일념통천(一念通天) 한결같은 마음으로 열중(熱中)하면 하늘도 감동(感動)하여 일을 성취(成就)하게 함.
지극정성(至極精誠) 더할 수 없이 극진(極盡)한 정성.
지성감천(至誠感天) 정성이 지극(至極)하면 하늘도 감동함.
헌폭지침(獻曝之忱) 햇볕을 바치는 정성.

난상공론 빛날爛 商 공평할公 논할論
난상공의 爛 헤아릴商 公 의논할議
난상숙의 爛 商 무르익을熟 議
여러 사람이 서로의 의견(意見)을 충분(充分)히 헤아리며 자세(仔細)하게 의논(議論)하는 상태(狀態).
난상토의(爛商討議), **난상토론**(爛商討論)

난상봉저 난새鸞 날翔 봉황鳳 날아오를翥
「난새가 나는 듯, 봉새가 나는 듯」 힘차고 생동감(生動感)이 있는 필법(筆法).
난표봉박(鸞飄鳳泊)

난상지목물앙 어려울難 위上 어조사之 나무木 말勿 우러를仰
「오르지 못할 나무 쳐다보지도 말아야 함」 될 수 없는 일은 바라지 말라.
난상지목불가앙(難上之木不可仰)

난상토론 빛날爛 헤아릴商 討 논할論
난상토의 爛 商 더듬을討 의논할議
여러 사람이 서로의 의견(意見)을 충분(充分)히 헤아리며 자세(仔細)하게 의논(議論)함.
난상공론(爛商公論), **난상공의**(爛商公議),
난상숙의(爛商熟議), **난만상의**(爛漫相議)
담론풍발(談論風發) 담화(談話)나 의논(議論)이 속출(續出)하여 활발(活潑)하게 이루어짐.
일동마련(一同磨鍊) 여럿이 함께 상의(相議)하여 계획(計劃)을 세우거나 준비(準備)하여 갖추는 일.

난선화물 어려울難 배船 물건貨 물건物
배가 부서져서 물에 버려지거나 표류(漂流)하게 된 물건(物件).

난세영웅 난리亂 세상世 꽃부리英 수컷雄

재략(才略)이 뛰어나고 권모술수(權謀術數)에 능하여 어지러운 세상에 큰 공(功)을 세우는 영웅.

난세지음

어지러울亂 세상世 어조사之 소리音

예악(禮樂)을 근본(根本)으로 삼은 조선시대(朝鮮時代)에, 곡조(曲調)가 빠르고 시끄러운 음악(音樂). 음악이 빨라진다는 것은 정치(政治)와 예(禮)가 무너진 것이라는 뜻에서 이렇게 부름. **쇠세지음**(衰世之音)

망국지음(亡國之音) 나라를 망하게 할 음악. 저속(低俗)하고 잡스러운 음악.

미미지악(靡靡之樂) 은(殷)나라의 최후 임금인 주왕(紂王)이 사연(師延)에게 시켜서 만든 음악. 망국(亡國)의 음악.

번음촉절(繁音促節) 가락이 번잡(煩雜)하고 장단(長短)이 빠름.

상간복상(桑間濮上) 복수 강가의 뽕나무 숲 사이에서 유행(流行)한 음란(淫亂)한 음악,

상복지음(桑濮之音) 위(衛)나라의 복수 가에 있던 상간과 복수에 음일(淫溢)한 음악.

정위지음(鄭衛之音) 주(周)나라의 제후국(諸侯國)인 정(鄭)나라와 위(衛)나라의 음악, 난세의 음악.

↔ **치세지음**(治世之音)「세상을 다스리는 음악」곡조(曲調)가 조용하고 느린 노래.

난세평정

어지러울亂 세상世 평정할平 평정할定

어지러운 세상을 바로잡음.

· **소제천하**(掃除天下) 세상(世上)의 난을 평정하는 일.

진명지주(眞命之主) 하늘의 뜻을 받아 어지러운 세상을 평정하고 통일(統一)하는 어진 임금.

난수국방 난초蘭 빼어날秀 국화菊 꽃다울芳

난초(蘭草)와 국화(菊花)의 향기(香氣).

난신십인 어지러울亂 신하臣 열十 사람人

「주(周)나라 무왕(武王)의 천하(天下)를 다스리는 신하 열사람」 주공(周公)·소공(召公)·태공망(太公望)·필공(畢公)·영공(榮公)·태전(太顚)·굉요(閎夭)·산의생(散宜生)·남궁괄(南宮适)·문모(文母) 등.

난신적자 어지러울亂 신하臣 해칠賊 자식子

나라를 어지럽히는 신하(臣下)와 어버이를 해치는 자식(子息).

간신적자(奸臣賊子) 간사(奸詐)한 신하와 부모를 거역(拒逆)하는 자식.

무부무군(無父無君) 아버지를 무시(無視)하고 군주(君主) 제도(制度)를 부정(否定)하여 배격(排擊)함.

난아심곡 어지러울亂 나我 마음心 굽을曲

갖가지 일로 마음이 산란(散亂)함.

시이불견(視而不見) 마음이 다른 것에 사로잡혀 눈에 들어오지 않음.

심번의란(心煩意亂)「마음이 번거롭고 뜻이 어지러움」의지(意志)가 뒤흔들려 마음이 안정(安定)되지 않음.

심부재언(心不在焉)「마음이 여기에 없음」어떤 일을 하고자 하는 마음이나 관심(關心)이 없음.

심신부정(心神不定) 정신(精神)이 불안(不安)하여 무언가 정하지 못함.

심원의마(心猿意馬), **의마심원**(意馬心猿)「마음은 원숭이 같고 생각은 말과 같음」원숭이나 말이 날뛰듯이 정신을 한 곳에 집중(集中)하지 못하고 산만(散漫)한 모습.

↔ **취정회신**(聚精會神) 모든 정신을 한 곳으로 모음.

전심치지(專心致志) 마음을 오로지 하고 뜻을 다함.

난애동분 난초蘭 쑥艾 한가지同 불사를焚

「난초(蘭草)와 쑥을 함께 불태움」 군자(君子)와 소인(小人)을 구별(區別)하지 않고 처벌(處罰)함.

난약피금 고울爛 같을若 덮을披 비단錦

「곱기가 비단(緋緞)을 덮은 것 같음」 문장(文章) 전체(全體)가 아름답고 화사(華奢)함.

금수문장(錦繡文章) 비단에 수를 놓듯이 아름답고 뛰어나게 훌륭한 문장.

만고문장(萬古文章) 세상(世上)에 유례(類例)가 없을 만큼 뛰어난 글.

양금미옥(良金美玉) 좋은 옥과 아름다운 옥.

연대지필(椽大之筆) 「서까래만 한 큰 붓」 뛰어난 대문장(大文章)이나 대논문(大論文).

웅사굉변(雄辭閎辯) 뛰어난 문장과 깊이 있는 변설(辯說).

월장성구(月章星句) 달 같은 문장, 별 같은 구절(句節).

일자백금(一字百金) 한 글자의 값어치가 백금에 해당(該當)함.

일진불염(一塵不染) 「토지(土地)기 깨끗함」 문장 따위가 뛰어나게 맑고 아름다움.

정금양옥(精金良玉) 정교(精巧)하게 다듬은 금과 아름다운 옥.

직금회문(織錦回文) 비단으로 회문을 짜 넣음.

척지금성(擲地金聲) 땅에 던지면 쇠로 만든 악기(樂器) 소리가 남.

편전편옥(片箋片玉) 구슬 같은 글.

포금열수(鋪錦列繡) 비단을 깔고 수를 늘어놓음.

난양두 빛날爛 양羊 머리頭

엉터리없는 벼슬을 받은 하찮은 사람.

난양조하 문드러질爛 양羊 부엌竈 아래下

함부로 관작(官爵)을 제수(除授)함.

쓸모없는 사람.

구미속초(狗尾續貂), **속초지기**(續貂之譏) 「개 꼬리로 담비 꼬리를 이음」 쓸모없는 사람에게 관직(官職)을 함부로 줌.

남우충수(濫竽充數) 「피리를 불지 못하는 사람이 악사(樂士)들 틈에 끼여 머릿수를 채움」 외람(猥濫)되이 높은 벼슬을 차지함.

난언지경 어려울難 말言 어조사之 지경境

난언지지 難 言 之 경우地

밝혀 말하기 어려운 경우(境遇)나 처지(處地).

구불가도(口不可道) 차마 입으로 말할 수 없는 일.

아자득몽(啞子得夢) 「언어장애인(言語障礙人)이 꿈을 꿈」 혼자만 알 뿐이지 남에게 말할 수는 없음.

적피구교(賊被狗咬) 「도둑이 개한테 물림」 남에게 말할 수 없음.

난원계친

난초蘭 원망할怨 계수나무桂 진할親

「난초(蘭草)처럼 훌륭한 사람도 원망(怨望)을 받을 수 있고, 계수나무처럼 신비(神祕)로운 존재(存在)도 때때로 가까이 나가올 수 있음」 사람이 세상(世上)에 나타나고 숨는데 따라 형세(形勢)가 다른 것을 비유(譬喩)하는 말.

난위형난위제

어려울難 할爲 형兄 難 爲 아우弟

「누구를 형이라 아우라 하기 어려움」 누가 더 낫다고 할 수 없을 정도(程度)로 서로 비슷함.

두 사물(事物)에 우열(優劣)이 없음.

난형난제(難兄難弟)

난육겸용 알卵 고기肉 겸할兼 쓸用

닭이나 오리 등을 길러 알도 먹고 고기도 먹음.

난육지은 알卵 기를育 어조사之 은혜恩

닭이 알을 품듯 길러 준 은혜(恩惠).

난익지은(卵翼之恩)

난의문답

어려울難 의심할疑 물을問 대답할答

어렵고 의심(疑心)나는 것을 서로 묻고 대답(對答)함.

난의포식 따뜻할暖 옷衣 배부를飽 먹을食

「따뜻하게 입고 배부르게 먹음」 생활(生活)이 넉넉함. **포식난의**(飽食暖衣)

금의옥식(錦衣玉食) 비단옷에 흰 쌀밥.

미의옥식(美衣玉食) 아름다운 의복(衣服)과 맛있는 음식(飮食).

미의투식(靡衣媮食) 고운 옷을 입고 맛있는 음식을 탐내어 장래(將來)를 생각하지 않음.

식육부귀(食肉富貴) 맛있는 고기만 먹고 지내면서 누리는 부귀.

옥의옥식(玉衣玉食) 좋은 옷을 입고 맛있는 음식을 먹음.

온의미반(溫衣美飯) 따뜻한 옷을 입고 맛있는 음식을 먹음.

요(유)의감식(褕衣甘食) 고운 옷을 입고 맛있는 것을 먹음.

호의호식(好衣好食) 좋은 옷을 입고 좋은 음식을 먹음.

난이취지

어지러울亂 말 이을而 가질取 갈之

적(敵)이 혼란(混亂)할 때 취함.

진홍타겁(趁哄打劫) 불을 질러 소란(騷亂)스럽게 만듦.

진화타겁(趁火打劫) 남의 집에 불난 틈을 타 도둑질함.

난익지은 알卵 날개翼 어조사之 은혜恩

알을 까서 날개로 품어 길러 준 은혜(恩惠). **난육지은**(卵育之恩)

권고지은(眷顧之恩) 돌보아 준 은혜.

무육지은(撫育之恩) 잘 돌보아 고이 길러 준 은혜.

생육지은(生育之恩) 낳아주고 길러 준 은혜.

지은보은(知恩報恩) 남이 베풀어 준 은혜를 알고, 그 은혜를 갚음.

양휵지은(養慉之恩) 잘 돌보아 길러 자라게 한 은혜.

난자수참 어지러울亂 놈者 누구須 벨斬

「어지러운 것은, 베어 버려야 함」 예전에는 통치자(統治者)의 폭정(暴政)을 가리키는 말이었으나, 오늘날에는 '쾌도난마'와 뜻을 같이함.

쾌도난마(快刀亂麻) 잘 드는 칼로 헝클어진 삼 가닥을 자름.

난자혜질 난초蘭 자태姿 풀 이름蕙 바탕質

여자(女子)의 아름다운 자태(姿態)와 뛰어난 자질(資質)을 향기(香氣)로운 꽃에 비유하여 이르는 말.

난장결치

어지러울亂 매杖 결단할決 다스릴治

마구 때려서 죽게 함.

난전붙이 어지러울亂 가게廛 - -

난전을 벌여 장사하는 사람을 낮잡아 이르는 말.

난정순장

난초蘭 정자亭 따라 죽을殉 장사葬

「난정첩(蘭亭帖)을 순장함」 당태종(唐太宗)이 왕희지(王羲之)의 난정첩을 대단히 좋아하여 죽을 때에 관(棺) 속에 넣게 한 고사

(故事).

난중지난 어려울難 가운데中 어조사之 難

어려운 가운데 더욱 어려움이 있음.

난중지난사

어려울難 가운데中 어조사之 難 일事

「어려운 중에 어려운 일」몹시 어려움.

난지점수 난초蘭 구리 때芷 점점漸 뜨물滫

「난초(蘭草)와 구릿대」향초(香草)를 오줌에 담금. 착한 사람이 나쁜 것에 물듦.

기세도명(欺世盜名) 세상 사람을 속여 헛된 명성(名聲)을 얻음.

동류합오(同流合汚)「사람이 악한(惡漢)들과 휩쓸려 나쁜 일만 저지름」나쁜 습속(習俗)에 휩쓸려 세상을 어지럽힘.

사세혹중(斯世惑衆) 세상 사람을 속이고 미혹(迷惑)하게 함.

용인자요(庸人自擾) 사람이 어리석어서 스스로 어지럽힘.

혹세무민(惑世誣民) 세상 사람들을 속여 정신(精神)을 홀리고 세상을 어지럽힘.

난진필지 어려울難 다할盡 붓筆 종이紙

붓과 종이, 글월로는 이루 다 표현(表現)할 수 없음.

서부진언(書不盡言) 글로는 생각을 충분(充分)히 다 표현할 수 없음.

언부진의(言不盡意) 말로는 자신(自身)의 미묘(微妙)한 내적(內的) 생각을 온전(穩全)하게 전달(傳達)할 수 없음.

난최옥절 난초蘭 꺽을摧 옥玉 꺽을折

「난초(蘭草)가 꺾이고 옥이 부서짐」현인(賢人)이나 가인(佳人)의 죽음.

봉장용거(鳳藏龍去)「봉황(鳳凰)이 숨고 용이 가버림」훌륭한 인물(人物)의 죽음.

산퇴목괴(山頹木壞)「태산(泰山)이 허물어지고 들보가 무너짐」공자(孔子)가 죽을 때의 말. 현인의 죽음.

난춘지려 따뜻할暖 봄春 之 나그네旅

난춘지려 더울煖 春 어조사之 旅

따뜻한 봄날의 여행(旅行).

난탑장 알卵 탑塔 장소場

난탑장 난초蘭 塔 場

「달걀 모양(模樣)의 탑이 있는 장소(場所)」묘지(墓地).

난표봉박 난새鸞 회오리飄 봉황鳳 다금할迫

「난새는 날고 봉새는 머무름」부부(夫婦)가 헤어짐.

진귀(珍貴)한 물건(物件)이 다 흩어짐.

서법(書法)이 묘(妙)함.

난상봉저(鸞翔鳳翥)

난해난입 어려울難 깨달을解 難 들入

이해(理解)하기도 어렵고, 깨쳐 그 속에 들어가기도 어려움.

난행고행 어려울難 행할行 괴로울苦 行

「아주 심하게 고생(苦生)함」여러 가지 힘들고 고통스러움을 견디며 수행(遂行)함.

간난신고(艱難辛苦) 고되고 어렵고 맵고 씀.

고골출수(敲骨出髓) 뼈를 두드려 골수를 냄.

남부여대(男負女戴) 남자는 등에 지고 여자는 머리에 짐을 임.

도탄지고(塗炭之苦) 진흙 수렁에 빠지고 숯불에 타는 듯한 고통(苦痛).

만고풍상(萬古風霜) 오랜 세월(歲月)을 걸쳐 겪어 온 힘겨운 고생.

역경난경(逆境難境) 어떤 일을 하는데 어렵고 힘든 상황(狀況).

애홍편야(哀鴻遍野) 슬피 우는 기러기가

들판에 가득함.

우왕마왕(牛往馬往) 소와 말이 다닌 곳을 다 다님.

우학풍도(雨虐風饕) 비가 학대(虐待)하고 바람이 탐냄.

조진모초(朝秦暮楚) 아침에는 진나라에 있다가 저녁에는 초나라로 감.

즐풍목우(櫛風沐雨), **풍환우빈**(風鬟雨鬢) 바람에 머리를 빗고 비로 목욕(沐浴)함.

천신만고(千辛萬苦) 천 가지 매운맛과 만 가지 쓴맛.

칠전팔도(七顚八倒) 일곱 번 구르고 여덟 번 거꾸러짐.

풍상고초(風霜苦楚) 찬바람과 찬 서리를 맞는 괴로움과 아픔.

풍찬노숙(風餐露宿) 바람을 맞으며 먹고 이슬을 맞으며 잠.

난형난제 어려울難 형兄 難 아우弟

「누구를 형이라 하고 누구를 아우라 하기 어려움」 양자(兩者) 중에 어느 편(便)이 낫다고 판단(判斷)할 수 없는 경우(境遇).

난백난중(難伯難仲),

난위형난위제(難爲兄難爲弟)

대동소이(大同小異) 크게 같고 작게 다름.

막상막하(莫上莫下) 위도 아래도 없음.

반근팔량(半斤八兩) 두 사람이나, 두 사물(事物)이 서로 비슷함.

백중지세(伯仲之勢) 맏이나 둘째나 그 세가 비슷함.

세균역적(勢均力適) 세력(勢力)이 서로 엇비슷하며 힘이 서로 비슷함.

손방투지(孫龐鬪智) 손빈(孫臏)과 방연(龐涓)이 지혜(智慧)를 다툼.

양시쌍비(兩是雙非) 양쪽에 다 이유(理由)가 있어서 시비(是非)를 가리기 어려움.

양웅상쟁(兩雄相爭) 강자(强者)끼리 승부(勝負)를 다툼.

오십소백(五十笑百) 오십 보 도망친 사람이 백 보 도망친 사람을 보고 겁쟁이라고 비웃음.

용호상박(龍虎相搏) 용과 범이 서로 싸움.

우열난분(優劣難分) 낫고 못함을 가리기 힘듦.

이석격석(以石擊石) 「돌로 돌을 때림」 힘이 거의 비슷함.

차상차하(差上差下) 조금 높기도 하고 조금 낮기도 함.

차선차후(差先差後) 앞서기도 하고 뒤서기도 함.

천편일률(千篇一律) 여러 시문(詩文)의 격조(格調)가 변화(邊花) 없이 비슷비슷함.

춘란추국(春蘭秋菊) 「봄의 난초(蘭草)와 가을의 국화(菊花)」 어느 것이 더 낫다고 할 수가 없음.

피차일반(彼此一般) 두 편이 서로 같음.

행동능우(行同能偶) 행동이 같고 재능(才能)이 막상막하임.

호각지세(互角之勢) 두 뿔이 길이나 굵기에서 차이(差異)가 없음.

오십보백보(五十步百步) 오십 보 도망(逃亡)치나 백 보 도망치나 차이(差異)가 없음.

난화지맹 어려울難 될化 어조사之 서민氓
난화지물 難 化 之 사람物
난화지민 難 化 之 백성民

「잘 타일러 올바르게 이끌기 어려운 백성(百姓)」 집권층(執權層)의 처지(處地)에서 볼 때, 지배(支配)에 따르지 않아서 교화(敎化)시키기 어려운 백성.

우부우맹(愚夫愚氓) 어리석은 백성들.

우하지민(愚下之民) 어리석고 미천(微賤)한 백성.

치준지맹(蚩蠢之氓) 꿈틀거리는 벌레와 같음.

화외지맹(化外之氓) 교화가 미치지 못하는 지방(地方)의 어리석은 백성.

난후별대 난간欄 뒤後 나눌別 대오隊

조선시대(朝鮮時代) 임금의 행차(行次) 때 호위(護衛)한 난후군(欄後軍-부대의 후미(後尾)를 경비(警備)하는 부대)의 특별부대(特別部隊).

난훈계복

난초蘭 향기薰 계수나무桂 향기馥

「난초(蘭草)와 계수(桂樹)나무의 향기(香氣)」 덕행(德行)을 쌓아 아름다운 이름을 후세(後世)에 남김.

가문(家門)이 번영(繁榮)하고 자제(子弟)가 뛰어남.

날이불치 물들涅 말 이을而 아닐不 검을緇

「검은 물을 들여도 검게 물들지 않음」 인품(人品)이 고상(高尙)하여 주변(周邊)의 나쁜 영향(影響)을 받지 않음.

곤옥추상(琨玉秋霜) 「아름다운 옥과 가을 서리」 고상하고 엄숙(嚴肅)한 인품.

광풍제월(光風霽月) 화창(和暢)한 날 불어오는 상쾌(爽快)한 바람과 비 갠 뒤 하늘에 뜬 밝은 달.

단애청벽(斷崖靑壁) 붉은빛의 낭떠러지와 푸른빛의 석벽(石壁)이 높고 아름다움.

빙호추월(氷壺秋月) 「얼음 호리병과 가을 달」 청렴결백(淸廉潔白)한 마음, 지극히 청명(淸明)한 마음.

악치연청(嶽峙淵淸) 높은 산처럼 우뚝 솟아 있고, 연못물처럼 맑음.

약음순료(若飮醇醪) 「맛 좋은 술을 마시는 것과 같음」 뛰어난 인품의 사람과 어울리다 보면 자연스레 좋은 영향을 받게 됨.

옥해금산(玉海金山) 옥을 품은 바다와 금이 나는 산.

요림경수(瑤林瓊樹) 「옥의 숲과 옥의 나무」 인품이 고상하고 비범(非凡)한 사람.

운상기품(雲上氣稟) 속됨을 벗어난 인간의 고상한 기질(氣質)과 성품(性品).

운중백학(雲中白鶴) 구름 속의 흰 학.

이중지련(泥中之蓮) 「진흙 속의 연꽃」 나쁜 환경(環境)에 있어도 그것에 물들지 않는 훌륭한 삶.

마이불린 날이불치(磨而不磷 涅而不緇) 지극(至極)히 단단한 것은 갈아도 닳지 않고, 아주 흰 것은 물들여도 검게 되지 않음.

날호수 어루만질捋 호랑이虎 수염鬚

「호랑이의 수염(鬚髥)을 어루만짐」 오(吳)나라의 주환(朱桓)이 멀리 떠날 즈음하여 손권(孫權)에게 청하여 그의 수염을 쓰다듬은 고사(故事).

용맹(勇猛)한 것을 복종(服從)시킴.

위험(危險)을 무릅씀.

도화수(蹈火水) 물과 불을 밟음.

탐호혈(探虎穴) 호랑이 굴을 뒤짐.

남가일몽 남녘南 자루柯 한一 꿈夢

남가지몽 南 柯 어조사之 夢

「남쪽 나뭇가지에 걸린 꿈」 당나라 때, 순우분(淳于棼)이 회화나무 밑에서 술에 취해 자고 있는데 꿈에 남가군(南柯郡)을 다스려 20여 년간(年間)이나 부귀(富貴)를 누리다가 깨었다는 고사(故事). **괴안몽**(槐安夢)

남경북완 남녘南 가시梗 북녘北 완강할頑

우리나라 남쪽의 사나운 일본(日本)과 북쪽의 완악(頑惡)한 야인(野人)을 아울러 이르던 말.

남경여직 사내男 밭 갈耕 여자女 짤織

「남자(男子)는 밭을 갈고 여자(女子)는 베를 짬」 남녀에 각각(各各) 부여(附與)된 자연

(自然)의 직분(職分).

남고고신 볼覽 옛古 상고할考 새新

옛일을 살펴 지금(只今)의 일을 고찰(考察)함.

관왕지래(觀往知來) 과거(過去)를 회고(回顧)하고 장래(將來)를 추찰(推察)함.

명경조형(明鏡照形) 「맑은 거울은 사람의 모습을 비추어 살필 수 있음」 지나간 옛일을 거울삼으면 현재(現在)의 일도 알 수 있음.

박고지금(博古知今) 널리 옛일을 알면 오늘날의 일도 알게 됨.

법고창신(法古創新) 옛것을 본받아 새로운 것을 창조(創造)함.

온고지신(溫故知新) 옛것을 익히고 그것을 통하여 새것을 앎.

이고위감(以古爲鑑) 옛것을 오늘의 거울로 삼음.

이왕찰래(以往察來) 과거의 사례(事例)를 살펴봄으로써 미래(未來)를 미루어 짐작(斟酌)함.

전거가감(前車可鑑) 앞 수레가 엎어진 것을 보고 뒤 수레가 경계(警戒)하여 넘어지지 않도록 함.

거구이감신(據舊以鑒新) 옛일을 근거(根據)로 하여 새 일의 거울로 삼음.

↔ **마호체승**(馬好替乘) 「말도 갈아타는 것이 좋음」 예전 것도 좋으나 새것으로 바꾸어 보는 것도 즐거움.

자아작고(自我作古) 「나로부터 옛것으로 삼음」 옛것에 구애(拘礙)됨이 없이 스스로 새로운 것이 됨.

혁고정신(革故鼎新) 옛것을 뜯어고치고 솥을 새것으로 바꿈.

남곽람우 남녘南 둘레郭 濫 악기 이름竽
남곽람취 南 郭 넘칠濫 불吹

「남곽이 우(대나무로 만든 악기(樂器))를 붊」 우매(愚昧)한 사람이 능력(能力)이 있는 것처럼 속여 높은 자리를 차지함.

남교수 넘칠濫 다리橋 물水

다리 밑에 물이 넘침.

미생지신(尾生之信) 미생이 죽으면서 지킨 신의(信義).

남규지신 볼覽 헤아릴揆 어조사之 별辰

생일(生日). 탄일(誕日). 覽揆는 살펴보아 헤아림.

구로일(劬勞日) 「자식(子息)을 낳아서 기르느라 부모(父母)가 애쓰기 시작(始作)한 날」 자기(自己)의 생일.

모난일(母難日) 어머니가 어려움을 당한 날.

남귤북지 남녘南 귤橘 북녘北 탱자枳

「남쪽의 귤나무를 옮겨 심으면 탱자나무가 됨」 사람도 주위환경(周圍環境)에 따라 변할 수 있음.

귤화위지(橘化位枳) 귤이 탱자가 됨.

근묵자흑(近墨者黑) 먹을 가까이하면 검어짐.

마중지봉(麻中之蓬) 삼밭에서 자라는 쑥이 붙들어 주지 않아도 곧게 자람.

일부중휴(一傅衆咻) 「한 사람이 가르치는데 열 사람이 듣지 않고 떠듦」 환경의 영향(影響)으로 성과(成果)가 없음.

봉생마중 불부자직(蓬生麻中 不扶自直) 꾸불꾸불 자라게 마련인 다북쑥도 삼밭에 나면 손을 쓰지 않아도 삼처럼 곧게 자람.

남금동전 남녘南 쇠金 동녘東 화살箭

「화산(華山)의 금석(金石)과 회계(會稽)의 죽전(竹箭)」 아름답고 귀중(貴重)한 물건(物件).

남귀여가 사내男 의탁할歸 여자女 집家

남자가 여자 집으로 가서 결혼식(結婚式)

을 올리고 그대로 여자 집에서 눌러사는 일.

남기북두 남녘南 키箕 북녘北 말斗

「남쪽의 기성(箕星)은 키로 쌀을 까불지 못하고, 북두칠성(北斗七星)은 쌀을 되지 못함」이름뿐이지 백성(百姓)의 생활(生活)에는 아무 도움이 없음.

남남북녀 남녘南 사내男 북녘北 여자女

남쪽 지방(地方)은 남자(男子)가 잘나고, 북쪽 지방은 여자(女子)가 고움.

남남지성 재잘거릴喃 喃 어조사之 소리聲

재잘거리는 소리. 제비 같은 작은 새들의 울음소리를 한자음(漢字音)으로 묘사(描寫)한 말.

남녀노소 사내男 여자女 늙을老 젊을少

남녀노유 男 女 老 어릴幼

남자(男子)와 여자(女子)와 늙은이와 젊은이. 모든 사람. **노유남녀**(老幼男女)

갑남을녀(甲男乙女) 갑이라는 남자와 을이라는 여자.

과구중인(科臼中人)「빈 절구 속의 사람」평범(平凡)한 사람.

범부범부(凡夫凡婦) 평범(平凡)한 남녀.

상하노소(上下老少)「윗사람이나 아랫사람과 늙은이나 젊은이」모든 사람.

선남선녀(善男善女)「착한 남자와 착한 여자」세상(世上)에 살아가는 착하고 어진 평범한 사람들.

용용지도(庸庸之徒) 평범한 사람들.

우부우부(愚夫愚婦)「평범한 남녀」신분(身分)이나 이름이 알려지지 않은 그저 평범한 사람들.

장삼이사(張三李四) 장 씨의 셋째 아들과 이 씨의 넷째 아들.

초동급부(樵童汲婦) 땔나무를 하는 아이와 물을 긷는 아낙네.

초동목부(樵童牧夫) 땔나무를 하는 아이와 풀밭에서 가축(家畜)에게 풀을 먹이는 사람.

필부필부(匹夫匹婦) 평범한 남자와 여자.

남녀동권 사내男 여자女 같을同 권리權

남자(男子)와 여자(女子)가 사회적(社會的)·법률적(法律的)으로 성(性)에 따라 차별(差別)을 받지 않고 동등(同等)하게 누릴 수 있는 권리(權利). **양성평등**(兩性平等)

남녀무공 사내男 여자女 도울貿 일功

남녀가 각각(各各) 다른 일을 하여 서로 도움.

남녀무별 사내男 여자女 없을無 구별될別

남녀 교제(交際)가 분별(分別)없이 문란(紊亂)함.

남녀변성 사내男 여자女 분별할辨 성씨姓

혼인(婚姻)은 반드시 남녀의 성이 달라야 함.

남녀유별 사내男 여자女 있을有 구별될別

남자와 여자와는 분별(分別)이 있음.

남녀이로 사내男 여자女 다를異 길路

「남녀가 가는 길은 각각 다름」남자는 오른쪽으로 걷고, 여자는 왼쪽으로 걸음.

남녀정욕 사내男 여자女 욕망情 애욕欲

남자와 여자 사이의 성적(性的) 욕망(慾望).

남녀지견 사내男 여자女 어조사之 볼見

남녀를 본다는 말로써, 이성(異性)을 향한 생각이나, 남녀간(男女間) 성교(性交). 見은 생각, 관념(觀念)으로 해석(解釋)함.

남녀추니 사내男 여자女 - -

남자(男子)와 여자(女子)의 생식기(生殖器)를 둘 다 가지고 있는 사람.

남대문입납 남녘南 큰大 문門 들入 들일納

주소(住所)도 이름도 모르고 사람이나 집을 찾는 것을 조롱(嘲弄)하는 말.

남도주인 남녘南 길道 주인主 사람人

남쪽으로 가는 길의 안내자(案內者).

남래여왕 사내男 올來 여자女 갈往

「남자는 오고 여자는 감」 남녀 간에 오고 가며 서로 교제(交際)함.

남루지회 남녘南 누각樓 어조사之 모일會

가을밤 달맞이의 연회(宴會). 진(晉)나라의 유양(庾亮)이 무창(武昌)의 남루에 올라가 여러 사람과 가을밤에 담론(談論)하며 시(詩)를 읊은 고사(故事).

남만격설 남녘南 오랑캐蠻 때까치鴃 혀舌

「남쪽 오랑캐의 말은 때까치(왜가리) 소리와 같음」 뜻이 통하지 않는 외국인(外國人)의 말을 경멸(輕蔑)하여 이르는 말.

남만북적 남녘南 오랑캐蠻 북녘北 오랑캐狄

중국의 남쪽과 북쪽에 사는 오랑캐.

남만서융 남녘南 오랑캐蠻 서녘西 오랑캐戎

남쪽의 오랑캐와 서쪽의 오랑캐.

남면백성 남녘南 낯面 일백百 재, 성城

임금의 자리와 일백 성이나 되는 넓은 영토(領土). 임금이 조정(朝庭)에서 신하(臣下)에 대하여 남쪽으로 향해 앉는 자리이므로 南面은 제왕(帝王)의 지위(地位)를 나타내고, 百城은 성 백을 영유(領有)하는 넓은 영토를 나타냄.

남면지덕 남녘南 낯面 어조사之 덕德

임금으로서의 덕.

남면지위 남녘南 낯面 어조사之 자리位

「임금이 앉는 자리의 방향(方向)이 남향(南向)이었음」 임금의 자리.

남면지적 남녘南 낯面 어조사之 도적賊

임금의 적(敵). 임금에게 해가 되는 자(者).

남면지존 남녘南 낯面 어조사之 높을尊

천자(天子)의 지위(地位).

만승지존(萬乘之尊), **만승지주**(萬乘之主) 만승지국(萬乘之國)의 임금, 곧 천자.

수명우천(受命于天), **수명어천**(受命於天) 천명(天命)을 받아 천자의 자리에 오름.

십선만승(十善萬乘) 십선의 덕(德)과 만승의 부(富). 천자의 자리.

악건통곤(握乾統坤) 「하늘을 쥐고 땅을 다스림」 천자의 자리에 올라 천하를 다스림.

악부지존(握符之尊) 천지(天地)의 부서(符瑞)를 잡은 높은 지위. 천자의 자리.

중원지록(中原之鹿) 「넓은 들 가운데 사슴」 천자의 자리. 또는 천자.

황포가신(黃袍加身) 「황포를 몸에 두른 황제(皇帝)」 천자가 됨.

남면출치 남녘南 낯面 날出 다스릴治

임금의 자리에 올라가 나라를 다스림.

남면칭고 남녘南 낯面 일컬을稱 외로울孤

임금이 됨. 孤는 왕이 자신(自身)을 겸손(謙遜)하게 일컫는 말.

남미주 탐할藍 뒤尾 술酒

마지막에 탐내어 마시는 술. 곧 마지막으로 연거푸 마시는 석 잔의 술.

남미춘 탐할婪 뒤尾 봄春

작약(芍藥)의 별칭(別稱). 봄에 다른 꽃보다 뒤늦게 피므로 이렇게 불림.

남발이증

잡아당길攬 터럭髮 말 이을而 건질拯

「물에 빠진 사람은 머리털을 잡아당겨

건짐」 위급(危急)한 때에는 사소(些少)한 예의(禮儀)를 차리지 않음.

개자불배(介者不拜) 갑옷을 입은 사람은 절하여 예(禮)를 갖추지 않음.

남방지강 남녘南 모方 어조사之 굳셀强

「중국 남쪽 지방(地方) 사람들의 강함」 관용(寬容)과 인내(忍耐)로 남을 이김.

군자(君子)의 용기(勇氣).

↔ **북방지강**(北方之强) 기질(氣質)이 거세어 강용(强勇)만으로 밀어붙이는 사람.

남부여대 사내男 질負 여자女 일戴

「남자는 등에 지고 여자는 머리에 짐을 임」 가난한 사람이나 재난(災難)을 당한 사람들이 살 곳을 찾아 이리저리 떠돌아다님.

간난신고(艱難辛苦) 고되고 어렵고 맵고 씀.

난행고행(難行苦行) 아주 심하게 고생함.

만고풍상(萬古風霜) 오랜 세월(歲月)을 걸쳐 겪어 온 힘겨운 고생(苦生).

애홍편야(哀鴻遍野) 슬피 우는 기러기가 들판에 가득함.

우왕마왕(牛往馬往) 소와 말이 다닌 곳을 다 다님.

조진모초(朝秦暮楚) 아침에는 진나라에 있다가 저녁에는 초나라로 감.

즐풍목우(櫛風沐雨), **풍환우빈**(風鬟雨鬢) 바람에 머리를 빗고 비로 목욕(沐浴)함.

천신만고(千辛萬苦) 천 가지 매운맛과 만 가지 쓴맛.

칠전팔도(七顚八倒) 일곱 번 구르고 여덟 번 거꾸러짐.

풍상고초(風霜苦楚) 찬바람과 찬 서리를 맞는 괴로움과 아픔.

풍찬노숙(風餐露宿) 바람에 불리면서 먹고 이슬을 맞으며 잠.

남비징청 잡을攬 고삐轡 맑을澄 맑을淸

「말의 고삐를 잡아 천하를 맑게 함」 재상(宰相)이 되어 어지러운 정치(政治)를 새롭게 바로잡아 보겠다는 큰 뜻을 품는 일.

선치민정(善治民情) 백성(百姓)의 사정(事情)을 잘 살피어 정치함.

남사당 사내男 절寺 무리黨

천(賤)한 창부(娼婦)를 가장(假裝)한 남자.

남사청 쪽藍 사례할謝 푸를靑

푸른빛은 본디 쪽에서 얻어진 것임.

청출어람(靑出於藍) 푸른색은 쪽(藍)에서 나왔지만, 쪽빛보다 더 푸름.

남산가이 남녘南 메山 가할可 옮길移

「남산을 옮길 수 있음」 굳게 마음먹은 결정(決定) 또는 결심(決心)이 확고(確固)하여 흔들리지 않음.

견인불발(堅忍不拔) 굳세게 참고 견디어 마음을 빼앗기지 않음.

백절불굴(百折不屈) 백 번 꺾여도 굽히지 않음.

백절불회(百折不回) 백 번 꺾여도 돌아서지 않음.

불요불굴(不撓不屈) 마음이 굳세어 무엇에도 흔들리거나 굽히지 않음.

비석지심(匪石之心) 「내 마음은 돌이 아니어서 굴릴 수 없음」 확고부동한 마음.

비석지지(匪席之旨) 자리와 같이 쉽게 말리지 않음.

영사불욕(寧死不辱) 차라리 죽을지언정 굴욕(屈辱)을 당하지 않겠음.

요지부동(搖之不動) 흔들어도 움직이지 않음.

위무불굴(威武不屈) 어떤 무력(武力)에도 굴하지 않을 정도로 당당함.

확고부동(確固不動) 매우 든든하고 굳세어서 흔들리지 않음.

남산불락 남녘南 메山 아닐不 떨어질落

「종남산(終南山)의 견고(堅固)함」 성(城)의 요충지(要衝地)가 견고함.

남산지수 남녘南 메山 어조사之 목숨壽

「남산(南山)의 수명(壽命)」 장수(長壽)를 비는 말. 종남산(終南山)이 무너지지 않듯이 사업(事業)이 오래감.

남산침영 남녘南 메山 담글浸 그림자影

종남산(終南山)의 그림자가 곤명지(昆明池) 수면(水面)에 청청(靑靑)하게 영원(永遠)히 비치는 것.

남상 넘칠濫 잔觴

「술잔에 겨우 넘칠 정도(程度)의 작은 물」 큰 강물도 그 근원(根源)은 술잔이 넘칠 정도의 작은 물에서 시작(始作)한다는 말. 모든 사물(事物)이나 일의 시초(始初), 근원(根源)을 일컬음.

무망재거(無忘在莒), **물망재거**(勿忘在莒) 「거(莒)에 있었음을 잊지 말라」 어려웠을 때를 잊지 말고 항상(恒常) 경계(警戒)하라는 말.

음수사원(飮水思源) 물을 마실 때 수원(水源)을 생각함.

남선북마 남녘南 배船 북녘北 말馬

「남쪽은 배, 북쪽은 말」 사방(四方)으로 늘 여행(旅行)함. 바쁘게 돌아다님. 고대(古代) 중국의 교통체계(交通體系)를 단적(端的)으로 나타낸 말.

남섬부주 남녘南 넉넉할贍 떼部 물가洲

불교(佛敎)의 우주관(宇宙觀)에서, 지구(地球)를 가리키는 말.

남수곡면 넘칠濫 거둘收 휘斛 모양面

조세(租稅)를 징수(徵收)하는 데 정해진 양(量)보다 더 많이 징수하는 것.

남순상상 쪽藍 죽순筍 코끼리象 평상牀

「푸른 대순과 코끼리 평상(平床)」 한가(閑暇)한 사람의 침대(寢臺).

주면석매 남순상상(晝眠夕寐 藍筍象牀) 낮잠을 졸고 밤잠을 잘 때, 푸른 대로 엮은 아름다운 자리와 상아(象牙)로 만든 침대에서 잠.

남아수독 오거서 사내男 아이兒 모름지기須 읽을讀 다섯五 수레車 책書

남자는 모름지기 다섯 수레에 실을 만큼의 책(冊)을 읽으라는 말.

남아일언 중천금 사내男 젊은 남자兒 한一 말言 무거울重 일천千 금金

사내의 한마디 말은 돈 일천 냥보다 무거움. **장부일언중천금**(丈夫一言重千金)

계찰괘검(季札掛劍) 「계찰이 검을 걸어놓음」 신의(信義)를 중시(重視)함.

계포일낙(季布一諾) 절대(絶對)로 틀림없는 승낙(承諾).

일낙천금(一諾千金) 한 번 승낙한 약속(約束)은 천금과 같음.

남아호걸

사내男 젊은 남자兒 호걸豪 뛰어날傑

남자로서 패기(覇氣) 있고 씩씩한 사람.

남양국수 남녘南 볕陽 국화菊 물水

마시면 장수(長壽)한다는 하남(河南)의 남양에 있는 샘.

남양초려 남녘南 볕陽 풀草 오두막廬

유비(劉備)가 하동성(河東城) 남양부(南陽府)로 제갈공명(諸葛孔明)을 심방(尋訪)하였을 때 그가 주경야독(晝耕夜讀)하며 은거(隱居)하던 초가(草家).

남영호광 산 이름嵐 그림자影 호수湖 빛날光

「산의 그림자와 호수(湖水)의 빛깔」 산수(山水)의 풍광(風光)을 이름.

남왜북로 남녘南 왜나라倭 북녘北 오랑캐虜

명(明)나라를 괴롭힌 남쪽의 왜구(倭寇)와 북쪽의 몽골의 여러 부족(部族)을 중국에서 부르던 말.

남우충수 넘칠濫 피리竽 채울充 숫자數

「피리를 불지 못하는 사람이 악사(樂士)들 틈에 끼여 머릿수를 채움」 무능(無能)한 사람이 재능(才能)이 있는 체함.

외람(猥濫)되이 높은 벼슬을 차지함.

구미속초(狗尾續貂), **속초지기**(續貂之譏) 「개 꼬리로 담비 꼬리를 이음」 쓸모없는 사람에게 관직(官職)을 함부로 줌.

난양조하(爛羊竈下) 함부로 관작(官爵)을 제수(除授)함.

남원북철 남녘南 끌채轅 북녘北 바퀴 자국轍

「수레의 끌채는 남을 향하고 바퀴는 북으로 감」 마음과 행위(行爲)가 모순(矛盾)됨.

북철남원(北轍南轅), **북원적초**(北轅適楚)

도문담불(屠門談佛) 고기를 파는 저잣거리에서 불도(佛道)를 논함.

모순당착(矛盾撞着) 같은 사람의 말이나 행동(行動)이 앞뒤가 맞지 않음.

이율배반(二律背反) 논리적(論理的)으로나 사실적(事實的)으로 동등(同等)한 근거(根據)로 성립(成立)하면서도 서로 양립(兩立)할 수 없는 모순된 두 명제(命題) 사이의 관계(關係).

자가당착(自家撞着) 자기(自己)의 말과 행동이 앞뒤가 서로 맞지 않음.

창가책례(娼家責禮) 기생(寄生) 집에서 예절(禮節)을 따짐.

남전북답 남녘南 밭田 북녘北 논畓

「남쪽의 밭과 북쪽의 논」 앞뒤의 들.

소유(所有)한 논밭이 여러 곳에 흩어져 있음.

남전생옥 쪽藍 밭田 날生 옥玉

「남전에서 옥이 남」 명문(名門)에서 뛰어난 젊은이가 나옴을 칭찬(稱讚)하는 말.

남정북벌 남녘南 칠征 북녘北 칠伐

남쪽을 정복(征服)하고 북쪽을 토벌(討伐)함.

남존여비 사내男 높일尊 여자女 낮을卑

「남자는 높고 귀(貴)하게 여기고, 여자는 낮고 천(賤)하게 여김」 사회적(社會的) 지위(地位)나 권리(權利)에 있어 남자(男子)를 여자(女子)보다 존중(尊重)하는 일.

남창여수(男唱女隨) 남자가 앞에 나서서 부르고 여자는 따라만 함.

여필종부(女必從夫) 아내는 반드시 남편(男便)을 따라야 함.

양존음비(陽尊陰卑) 양은 귀(貴)하고 음은 천(賤)함.

천존지비(天尊地卑) 하늘은 귀하고 땅은 천함.

남좌여우 사내男 왼左 여자女 오른右

음양설(陰陽說)에, 「왼쪽이 양(陽)이고 오른쪽은 음(陰)」 남자는 왼쪽이 중(重)하고, 여자는 오른쪽이 중하다는 말로, 이런 뜻에서 맥(脈)·손금·자리 등도 여자는 오른쪽을, 남자는 왼쪽을 취(取)함.

남주관면 남녘南 고을州 갓冠 면류관冕

남쪽의 훌륭한 인물(人物).

남주북병 남녘南 술酒 북녘北 떡餠

예전에, 서울의 남촌(南村)은 술맛이 좋고 북촌(北村)은 떡 맛이 좋다고 한 말.

남중일색 사내男 가운데中 한一 빛色

남자(男子)의 얼굴이 썩 뛰어나게 잘 생김. 또는 그러한 사람.

미남파로(美男波老) 「미남자(美男子)는 노성인(老成人)도 파멸(破滅)시킴」 남색(男色)으로 몸을 손상(損傷)함.

송조지미(宋朝之美) 송나라의 공자(公子)로 미남자.

심요반빈(沈腰潘鬢) 「반악의 가는 허리」 진나라의 미남자 반악을 일컬음.

척과만차(擲果滿車) 「던진 과일이 수레에 가득함」 여성(女性)이 남성(男性)에게 사랑을 고백(告白)함.

남지춘신 남녘南 가지枝 봄春 믿을信

「봄소식은 남쪽의 나뭇가지에서부터 옴」 이른 봄에 핀 매화(梅花).

남창기오 남녘南 창窓 부칠寄 거만할傲

남창에 기대어 오연(傲然-태도(態度)가 거만(倨慢)하거나 그렇게 보일 정도(程度)로 담담함) 하게 몸을 자유(自由)로이 가짐.

남창여수 사내男 부를唱 여자女 따를隨

「남자가 앞에 나서서 부르고 여자는 따라만 함」 남편(男便)의 주장(主張)에 아내가 따름. **부창부수**(夫唱婦隨)

남팔남아 남녘南 여덟八 사내男 젊은 남자兒

「남팔이란 사나이」 대장부(大丈夫)의 의기(意氣)를 격려(激勵)할 때 쓰는 말.

남풍불경 남녘南 바람風 아닐不 성할競

「남쪽 지방(地方)의 노래가 활기(活氣)가 없음」 남쪽 지방의 세력(勢力)이 부진(不振)함.

남풍지훈 남녘南 바람風 어조사之 향기薰

우순(虞舜-우 땅에 살던 순임금)이 오현금(五絃琴)으로 남풍가(南風歌)를 노래하니 천하 백성(百姓)이 화락(和樂)하고 태평(太平)을 구가(謳歌)함.

남행부장 남녘南 행할行 거느릴部 장수將

무과(武科) 시험(試驗)을 거치지 않고 조상(祖上)의 음덕(蔭德)으로 부장(部將)에 임명(任命)된 사람. **남행초사**(南行初仕)

남행북주 남녘南 다닐行 북녘北 달릴走

「남으로 가고 북으로 달림」 제대로 되는 일도 없이 이리저리 돌아다님.

부득의(不得意) 마음대로 되지 않음.

계란유골(鷄卵有骨) 「달걀에도 뼈가 있음」 달걀이 곯음. 일이 공교(工巧)롭게 틀어짐.

궁인모사(窮人謀事) 「운수(運數)가 궁한 사람이 꾸미는 일」 일이 뜻대로 되지 않음.

사불여의(事不如意) 일이 뜻대로 되지 않음.

소불여의(少不如意) 조금도 뜻대로 되지 않거나 조금도 뜻과 같지 않음.

유의막수(有意莫遂) 「뜻이 있어도 이루지 못함」 마음에는 간절(懇切)하여도 뜻대로 되지 않음.

정지울결(情志鬱結) 일이 뜻대로 되지 않거나 하여 마음이 답답함.

남행선천 남녘南 행할行 베풀宣 천거할薦

과거(科擧)를 치르지 않고 벼슬길에 올라 선전관(宣傳官)에 천거(薦擧)되는 것. 선전관은 무인(武人)으로 출세(出世)할 수 있는 요직(要職)이었음.

↔ **투한치산**(投閑置散) 「한산(閑散)한 자리에 몸을 둠」 요직에 있지 않음.

남행참외 남녘南 행할行 참여할參 바깥外

조선시대(朝鮮時代)에, 과거(科擧)에 합격(合格)하지 않고도 문음(門蔭) 또는 숨어 지내던 선비로서 칠품(七品) 이하의 관직(官職)에 등용(登庸)된 자(者).

남행초사 남녘南 행할行 처음初 벼슬仕

과거(科擧)를 거치지 않고 조상(祖上)의

덕으로 처음 벼슬길에 오르던 일.

남행부장(南行部將)

음서(蔭敍) 고려(高麗)·조선시대(朝鮮時代), 부나 조부(祖父)가 관직(官職) 생활(生活)을 했거나 국가에 공훈(功勳)을 세웠을 때 그 자손(子孫)을 과거에 의하지 않고 특별(特別)히 서용(敍用)하는 제도(制度).

백골남행(白骨南行) 과거를 거치지 않고 조상의 혜택(惠澤)으로 얻는 벼슬.

남혼여가 사내男 혼인할婚 女 시집갈嫁

남혼여배 男 婚 여자女 짝 지을配

남혼여인 男 婚 女 혼인姻

「아들은 장가(丈家)들고 딸은 시집을 감」 자녀(子女)의 혼인(婚姻).

항려지년(亢儷之年) 장가들고 시집갈 나이.

남화지회 남녘南 빛날華 어조사之 뉘우칠悔

상관(上官)의 미움을 받아 과거(科擧)에 낙제(落第)한 일. 온정균(溫庭筠)이 상관의 미움을 받아 과거에 낙제한 일.

남효재량 사내男 본받을效 재주才 어질良

남사(男子)는 재능(才能)을 닦고 어진 것을 본받아야 함.

여모정렬 남효재량(女慕貞烈 男效才良) 여자(女子)는 정조(貞操)를 굳게 지키고 행실(行實)을 단정(端正)하게 해야 하고, 사내는 재주와 어짊을 본받아야 함.

남흔여열 사내男 기뻐할欣 여자女 기쁠悅

「남녀가 좋아함」 부부가 화락(和樂)함.

금슬지락(琴瑟之樂) 부부(夫婦)가 화평(和平)하고 즐거움.

백년해로(百年偕老) 부부가 즐겁게 함께 늙음.

실가지락(室家之樂) 부부 사이의 화락함.

음양지락(陰陽之樂) 남녀의 화락한 즐거움.

화여금슬(和如琴瑟) 부부 사이가 화락함.

남흡북창 남녘南 젖을洽 북녘北 화창할暢

천자(天子)의 위광(威光)과 은덕(恩德)이 사방(四方)으로 행하여짐.

납물당상 들일納 사물物 집堂 위上

기근(飢饉)이나 병란(兵亂) 때에 많은 수량(數量)의 곡물(穀物)을 헌납(獻納)한 사람에게 정3품(正三品)의 당상관(堂上官)을 주고 포상(褒賞)하던 것. **납속당상**(納粟堂上)

납미춘두 섣달臘 꼬리尾 봄春 머리頭

「섣달의 끝과 봄의 첫머리」 연말과 세수(歲首). **연말연시**(年末年始)

납속가자 들일納 조粟 더할加 재물資

흉년(凶年)이 들거나 병란(兵亂)이 있을 때 곡식(穀食)을 많이 바친 사람에게 정3품(正三品)의 벼슬을 주어 포상(褒賞)하던 일. 공명첩(空名帖)처럼 이름만의 벼슬이었음.

납속당상 들일納 조粟 집堂 위上

납속가자(納粟加資)로 인해 당상관(堂上官)이 된 사람. **납물당상**(納物堂上)

납속면천 들일納 조粟 면할免 천할賤

납전면천 納 돈錢 免 賤

조선시대(朝鮮時代)에, 곡물(穀物)을 바치고 노비(奴婢) 신분(身分)에서 벗어나던 일.

군공납속면천(軍功納粟免賤)

구포속량(購捕贖良) 범인(犯人)을 고발(告發)하여 잡게 함으로써 노비의 신분을 벗어나 양인(良人)의 신분을 얻던 일.

진고면천(陳告免賤) 도망(逃亡)친 노비 30명을 고발함으로써, 노비의 신분을 벗어나던 일.

납약자유 들일納 대략約 스스로自 들창牖

자기(自己)가 남에게 먼저 설명(說明)할 때 상대방(相對方)이 알기 쉬운 것부터 설명하여 깨닫도록 인도(引導)함.

납오장질 들일納 더러울汚 감출藏 병疾

더러운 그것을 받아들이고 미워하는 것을 숨겨 나타내지 않는 관용(寬容).

납의하사 기울衲 옷衣 아래下 일事

수행승(修行僧)이 마땅히 해야 할 일.

납전삼백 섣달臘 앞前 석三 흰白

「납일(臘日-조상(祖上)이나 종묘(宗廟) 또는 사직(社稷)에 제사(祭祀) 지내던 날) 전에 세 번 눈이 오는 일」이듬해에 풍년(豊年)이 들 길조(吉兆)로 여겼음.

서화(瑞花)「상서(祥瑞)로운 꽃」풍년의 조짐(兆朕)이 되는 꽃. 눈을 달리 이르는 말.

맥수양기(麥穗兩岐)「보리 이삭이 두 가닥지어 여묾」풍년의 징조(徵兆)라 함.

설풍년지조(雪豊年之兆) 눈이 많이 내리는 해는 풍년이 들 전조(前兆)임.

납청장 들일納 맑을淸 마당, 곳場

평안북도(平安北道) 정주군 납청 시장(市場)에서 만드는 국수는 잘 쳐서 하였으므로 질기다는 소문(所聞)에서 유래(由來)한 말로, 호되게 얻어맞거나 눌리어 납작해진 사람이나 물건(物件)을 나타낼 때 쓰는 말.

납폐행례 바칠納 비단幣 행할行 예도禮

신랑(新郞) 집에서 신붓(新婦)집으로 예단(禮緞)을 보내고 혼인식(婚姻式)을 치름.

낭군구당 이리狼 무리群 개狗 무리黨

「이리 무리와 개의 무리」무도(無道)한 자들의 무리.

구당호군(狗黨狐群), **호군구당**(狐群狗黨) 개 무리와 여우 무리.

낭패위간(狼狽爲奸) 흉악(凶惡)한 무리가 모략(謀略)을 꾸밈.

성호사서(城狐社鼠), **직호사서**(稷狐社鼠)「성곽(城郭)에 사는 여우와 사단(社壇)에 사는 쥐」임금 곁에 있는 간신의 무리.

일구지학(一丘之狢)「한 언덕의 오소리」구별(區別)하기 어려운 같은 부류(部類) 또는 한통속의 나쁜 무리.

낭다육소 이리狼 많을多 고기肉 작을小

「이리는 많은데 먹을 고기는 적음」금액(金額)은 적은데 분배(分配)를 원하는 사람들이 많음.

걸불병행(乞不竝行)「비럭질은 여럿이 함께하지 않음」요구(要求)하는 사람이 많으면 한 사람도 얻기 어려움.

낭득허명 함부로浪 얻을得 빌虛 이름名

평판(評判)은 좋으나 아무런 실속이 없음.

공유허명(空有虛名), **허명무실**(虛名無實)

유명무실(有名無實) 이름만 있고 실상(實相)은 없음.

허유기표(虛有其表) 겉만 그럴듯하고 속은 텅 빔.

화이부실(華而不實) 꽃은 화려(華麗)하나 열매는 맺지 못함.

↔ **명부기실**(名符其實) 명성(名聲)이 실상과 일치(一致)함.

명불허전(名不虛傳) 이름은 헛되이 전해지지 않음.

명실상부(名實相符) 이름과 실제(實際)가 서로 부합(符合)함.

낭랑세어 밝을朗 朗 가늘細 말語

낭랑한 목소리로 소곤거리는 말.

낭만주의 물결浪 흩어질漫 주장할主 옳을義

자유(自由)로운 공상(空想)의 세계(世界)를 동경(憧憬)하며 정서(情緒)·감정(感情)·개성

(個性) 등을 중요시(重要視)하는 예술(藝術) 사조(思潮). **노만주의**(魯漫主義), **로맨티시즘**(Romanticism)

낭목소미 밝을朗 눈目 성길疎 눈썹眉

「맑고도 밝은 눈과 성긴 눈썹」 얼굴이 깨끗하고 준수(俊秀)한 모습.

기연장자(頎然長者) 「헌걸찬 모양(模樣)을 지닌 장자」 풍채(風采)와 생김생김이 뛰어나고 점잖은 사람.

봉의귀중(丰儀貴重) 풍채가 의젓하여 기품(氣品)이 있고 무게를 갖추고 있음.

선풍도골(仙風道骨) 「신선(神仙)의 풍채와 도인(道人)의 골격(骨格)」 남달리 훌륭한 풍채. 아름다운 풍채.

신채영발(神采英拔) 정신(精神)과 풍채가 특별(特別)하게 뛰어남.

여풍호준(麗風豪俊) 풍채가 좋고 뛰어난 인물(人物).

영자삽상(英姿颯爽) 뛰어난 풍채가 보기에 늠름(凜凜)하고 시원시원해 보임.

용장봉자(龍章鳳姿) 준수한 풍채.

용호지자(龍虎之姿) 뛰어난 풍채. 영웅(英雄)의 바탕.

헌헌장부(軒軒丈夫) 풍채가 당당하고 빼어난 남자.

낭목양 이리狼 다스릴牧 양羊

「이리가 양을 기름」 극히 위험(危險)함. 참혹(慘酷)함. **여랑목양**(如狼牧羊)

낭묘지기 행랑廊 사당廟 어조사之 그릇器

「묘당(廟堂)에 앉아 나라의 정무(政務)에 참여(參與)할 만한 인물(人物)」 재상(宰相)이 될 만한 인물.

국량(局量) 재간(才幹)과 도량(度量). 일을 잘 알아서 경영(經營)할 수 있는 품성(品性).

간국지기(幹國之器) 나라를 다스릴 국량을 지닌 사람.

공보지기(公輔之器) 재상이 될 만한 도량과 재간이 있는 인물.

묘당지량(廟堂之量) 조정(朝廷)에서 국정(國政)에 참여(參與)할 만한 국량.

사직지기(社稷之器) 국가(國家)를 다스릴 만한 그릇.

장상지기(將相之器) 장수(將帥) 또는 재상이 될 만한 그릇.

낭묘지지 행랑廊 사당廟 어조사之 뜻志

재상(宰相)이나 대신(大臣)으로 국사(國事)를 맡아볼 욕망(慾望).

낭분서찬 이리狼 달릴奔 쥐鼠 숨을竄

「이리와 쥐가 달아남」 후다닥 도망(逃亡) 가거나 살금살금 숨음.

권고회은(眷顧回隱) 앞뒤를 살펴 도망쳐 숨음.

봉두서찬(奉頭鼠竄) 머리를 감싸 쥐고 살금살금 도망쳐 숨음.

사산분찬(四散奔竄) 사방(四方)으로 흩어져 숨음.

포두서찬(抱頭鼠竄) 무서워서 달아나는 쥐처럼 몰골사납게 머리를 감싸고 얼른 숨음.

낭분시돌 이리狼 달릴奔 돼지豕 갑자기突

「이리와 돼지가 이리 뛰고 저리 뜀」 비적(匪賊)이나 적군(敵軍)이 무리를 지어 마구 날뛰며 파괴(破壞)함.

시돌랑분(豕突狼奔)

낭비정책 함부로浪 소비할費 정사政 계책策

경기(景氣)가 침체(沈滯)되어 있을 때, 불요불급(不要不急)한 사업(事業)이라도 추진(推進)해서 실업자(失業者)를 구제(救濟)하고 경기순환(景氣循環)을 자극(刺戟)하려는 정책.

낭사배수 주머니囊 모래砂 등背 물水

낭사지계 囊 沙 어조사之 꾀計

「낭사(囊砂)의 계략(計略)과 배수(背水)의 진(陣)」 한신(韓信)이 용저(龍且)를 유수(濰水)에서 쳤을 때 만여 개의 모래주머니를 만들어 유수의 상류(上流)를 막았다가 적군(敵軍)이 강 건너기를 기다려 막은 물을 터놔서 적군을 크게 깨뜨린 계교(計巧).

낭설자자 터무니없는浪 말씀說 자리 깔藉 藉

헛된 소문(所聞)이 여러 사람의 입에 오르내림.

만성풍우(滿城風雨) 「온 성에 비바람이 가득 차 있음」 많은 사람의 입에 끊임없이 오르내림.

상하순설(上下脣舌) 남의 입에 오르내림.

인구회자(人口膾炙) 「잘게 썬 고기를 구운 요리(料理)는 사람들의 입에 자주 오르내림」 사람 입에 자주 오르내림.

낭심구폐 이리狼 마음心 개狗 허파肺

「이리의 속과 개의 허파」 흉악(凶惡)하고 잔인(殘忍)한 마음. **구폐낭심**(狗肺狼心)

낭심구행 이리狼 마음心 개狗 행할行

「이리와 같은 마음과 행동(行動)」 짐승과 같은 행동.

낭안서미 이리狼 눈眼 쥐鼠 눈썹眉

「이리의 눈과 쥐의 눈썹」 흉악(凶惡)한 꼴. 흉측(凶測)한 인상(人相).

사두서안(蛇頭鼠眼) 「뱀의 머리와 쥐의 눈」 교활(狡猾)하고 흉측함.

호문치목(虎吻鴟目) 범의 입술과 솔개의 눈.

낭유도식 물결浪 놀遊 무리徒 먹을食

하는 일 없이 헛되이 놀고먹음.

광일미구(曠日彌久) 헛되이 세월(歲月)을 보내며 일을 오래 끎.

무위도식(無爲徒食) 아무 일도 하지 않고 놀고먹기만 함.

불농불상(不農不商) 농사(農事)도 장사도 하지 않고 놀고먹음.

소마세월(消磨歲月) 별로 하는 일 없이 헛되이 세월만 끎.

좌식산공(坐食山空) 놀고먹으면 산도 빔.

허도세월(虛度歲月), **허연세월**(虛延歲月) 하는 일 없이 세월만 보냄.

낭인자객 물결浪 사람人 찌를刺 손님客

이리저리 떠돌아다니며 사람을 몰래 칼로 죽이는 일을 전문(專門)으로 하는 사람.

낭자군 여자娘 사람子 군사軍

당나라 때 군대(軍隊)의 이름. 주로 여자(女子)로 조직(組織)이 되었으므로 이름.

낭자야심 이리狼 사람子 들野 마음心

「이리 새끼는 사람이 길들이려고 해도 본래(本來)의 야성(野性) 때문에 좀처럼 길들지 않음」 흉포(凶暴)한 사람이나 신의(信義)가 없는 사람은 쉽게 교화(敎化)시킬 수 없음.

낭조위구 이리狼 입에 물叼 두려울喂 개狗

「이리가 입에 물었던 것을 개에게 먹임」 자기가 애써온 것을 남에게 빼앗김.

헛수고함.

낭중물 주머니囊 가운데中 물건物

「주머니 안에 든 물건(物件)」 자기(自己) 손에 들어있는 물건.

낭중지추 주머니囊 가운데中 어조사之 송곳錐

「주머니 속의 송곳」 재주가 뛰어난 사람은 저절로 드러난다는 말.

추처낭중(錐處囊中)

압권(壓卷) 다른 문서(文書)를 누름.

군계일학(群鷄一鶴) 닭의 무리 속에 끼어 있는 한 마리의 학.

발류초군(拔類超羣) 여럿 중에서 탁월(卓

越)하게 뛰어남.

앙앙지학(昂昂之鶴) 닭의 무리에서 높이 뛰어난 학.

영탈이출(穎脫而出) 뾰족한 송곳 끝이 주머니를 뚫고 나옴.

용사기륙(龍蛇起陸) 「용과 뱀이 땅을 박차고 일어남」 두각(頭角)을 나타냄.

용중교교(庸中佼佼) 아름다운 여인. 동류(同類) 중에서 좀 나은 사람.

인중기기(人中騏驥) 사람의 무리에서 천리마(千里馬)처럼 뛰어난 사람.

인중사자(人中獅子) 뭇사람 중에 뛰어나게 잘난 사람.

절류이륜(絶類離倫) 동료(同僚)들보다도 월등(越等)하게 뛰어남.

지모과인(智謀過人) 슬기로운 꾀가 보통(普通) 사람보다 훨씬 뛰어남.

철중쟁쟁(鐵中錚錚) 쇠 중에 소리가 가장 맑음.

출류발군(出類拔群) 같은 무리에서 특별(特別)히 뛰어남.

출류발췌(出類拔萃) 많은 사람 가운데 홀로 우뚝 서 뭇사람들의 시선(視線)을 한 몸에 집중(集中)시킬 정도(程度)로 뛰어난 사람.

출어심상(出於尋常) 보통보다 훨씬 뛰어남.

출일두지(出一頭地) 머리 높이만큼 빼어남.

낭중취물 주머니囊 가운데中 가질取 물건物

「주머니 속에 지닌 물건(物件)을 꺼냄」 아주 쉬운 일 또는 손쉽게 얻을 수 있음.

탐낭취물(探囊取物)

여습유(如拾遺) 땅에 떨어진 물건 줍기.

거수가채(擧手可采) 손을 들기만 하면 쉽게 딸 수 있음.

귀매최이(鬼魅最易) 귀신(鬼神)과 도깨비처럼 형체(形體)가 없는 것이 그리기 쉬움.

부습지개(俛拾地芥) 몸을 굽혀 땅에 있는 지푸라기를 주움.

연지삽말(軟地揷抹) 무른 땅에 말뚝박기.

운지장상(運之掌上) 손바닥 위에서 물건을 굴리는 것처럼 마음대로 할 수 있음.

유운지장(猶運之掌) 손바닥 위에서 굴리는 것과 같음.

이석투수(以石投水) 돌을 물에 던짐.

이여반장(易如反掌) 손바닥 뒤집기같이 쉬움.

이탕요설(以湯澆雪) 끓는 물로 눈에 부어 눈을 없앰.

절지지이(折枝之易) 나무를 꺾는 것과 같이 쉬운 일.

타수가취(唾手可取) 손바닥에 침을 뱉는 것처럼 쉽게 얻을 수 있음.

태산압란(泰山壓卵) 큰 세력(勢力)이 작은 세력을 누름.

약적함저자(若摘頷底髭) 과거(科擧) 하기가 턱 아랫수염(鬚髥)을 걷어잡음과 같음.

낭청좌기 사내郞 관청廳 앉을坐 일어날起

「벼슬이 낮은 낭관(郎官)이 멋대로 나서서 일을 봄」 아랫사람이 윗사람보다 더 지독(至毒)함.

호가호위(狐假虎威) 범의 위세(威勢)를 빌려 허세(虛勢)를 부리는 여우.

낭탄호열 이리狼 삼킬呑 범虎 목구멍咽

「이리와 호랑이를 삼킴」 이리와 호랑이처럼 삼킴. 먹는 모습이 사납고 급함.

게걸스럽게 먹음.

방반유철(放飯流歠) 「게걸스럽게 밥을 입에 가득 넣어 먹고 국이나 물을 훌쩍훌쩍 소리 내어 들이마심」 예절(禮節)에 어그러진 식사(食事)를 함.

우음마식(牛飮馬食) 소가 물을 마시듯, 말이 풀을 먹듯이 많이 먹고 많이 마심.

음담취포(飮噉醉飽) 실컷 먹고 마시는 일.

탱장주복(撑腸拄腹) 배가 터지도록 먹음.

통음대식(痛飮大食) 술을 흠뻑 많이 마시고, 음식(飮食)을 많이 먹음.

폭음폭식(暴飮暴食) 음식(飮食)과 술 등을 한꺼번에 많이 먹음.

한량음식(閑良飮食) 출출한 판에 음식을 막 먹어 대는 짓.

낭탐호시 이리狼 탐낼貪 범虎 볼視

「이리같이 탐내고 범처럼 노려봄」 기회(機會)를 노리고 형세(形勢)를 살핌.

야심만만(野心滿滿)함.

용양호시(龍驤虎視) 용처럼 벌떡 뛰어오르고 범처럼 노려봄.

호시우행(虎視牛行) 호랑이의 눈빛을 간직한 채 소걸음으로 감.

호시탐탐(虎視眈眈) 범이 먹이를 노림.

낭태제심 이리狼 모습態 미친개猘 마음心

「이리의 형태(形態)와 미친개의 마음」 탐욕(貪慾)스러운 악인(惡人).

봉시장사(封豕長蛇) 식욕(食慾)이 왕성(旺盛)한 큰 돼지와 먹이를 씹지도 않고 통째로 삼키는 긴 뱀.

시랑당로(豺狼當路) 승냥이와 이리에 비길 만큼 간악(奸惡)한 자가 세력(勢力)을 얻어 정권(政權)을 좌우(左右)함.

잔인해물(殘忍害物) 사람에게 인정(人情)이 없이 아주 모질게 굴고 물건(物件)을 해침.

잔학무도(殘虐無道) 잔인(殘忍)하고 사나워 사람의 도리(道理)가 전혀 없음.

치목호문(鴟目虎吻) 올빼미의 눈과 호랑이의 입술.

호랑지심(虎狼之心) 범과 이리 같은 마음.

낭패 이리狼 이리狽

「이리가 앞으로 갈 때는 턱 밑에 늘어진 살을 밟고, 뒤로 물러갈 때는 꼬리를 밟아 넘어짐」 계획(計劃)하거나 기대(期待)한 일이 실패(失敗)하거나 어긋나 딱하게 됨.

전발후치(前跋後疐)

낭패불감 이리狼 이리狽 아닐不 견딜堪

난감(難堪)한 처지(處地)에 있음.

경전하사(鯨戰鰕死), **경투하사**(鯨鬪鰕死) 고래 싸움에 새우가 죽음.

기세양난(其勢兩難) 이러기도 어렵고 저러기도 어려워 형편(形便)이 딱함.

대략난감(大略難堪) 해결(解決)하기 힘든 당황(唐惶)스럽거나 당혹(當惑)스러운 상황(狀況)을 당했을 때의 기분(氣分).

만사와해(萬事瓦解) 모든 일이 다 틀려 버림.

매염봉우(賣鹽逢雨) 소금을 팔다가 비를 만남.

사제사초(事齊事楚) 제나라와 초나라 사이에서 어찌할 수 없음.

양수집병(兩手執餠) 양손에 떡을 잡고 있음.

저양촉번(羝羊觸藩) 뿔싸움을 좋아하는 숫양이 나무 울타리를 들이받았다가 뿔이 걸림.

절영우면(絶纓優面) 광대가 끈이 떨어졌으니 광대 구실도 못 하게 됨.

진퇴유곡(進退維谷) 나아갈 수도 물러설 수도 없이, 꼼짝할 수 없는 난처(難處)한 상황.

상불상하불하(上不上下不下) 올라갈 수도 없고 내려갈 수도 없음.

낭패위간 이리狼 이리狽 할爲 간사할奸

흉악(凶惡)한 무리가 모략(謀略)을 꾸밈.

권모술수(權謀術數) 술수를 가리지 않고 목적(目的)을 달성(達成)하고자 꾀하는 술책(術策).

중상모략(中傷謀略) 남을 모략하여 명예(名譽)를 손상(損傷)시키는 일.

침윤지참(浸潤之譖) 물이 수건(手巾)에 스며들듯 점차(漸次) 효과(效果)가 나타나는 참언(讒言)으로, 아주 교묘(巧妙)한 중상모략.

투량환주(偸梁換柱) 「대들보를 훔치고 기둥을 바꿈」 겉은 그대로 두고 내용(內容)이나 본질(本質)을 바꾸어 놓음으로써 승리(勝利)를 취하는 전략(戰略).

낭피양피 이리狼 입을被 양羊 가죽皮

「이리가 양가죽을 씀」 악인(惡人)이 선인(善人)으로 가장(假裝)함.

본성(本性)을 숨김.

분식(粉飾) 실제(實際)보다 좋게 보이려고 사실(事實)을 숨기고 거짓으로 꾸밈.

가장분면(假裝粉面) 「얼굴에 분을 바르고 거짓으로 꾸밈」 거짓스러운 말과 행실(行實).

낭풍요지

솟을대문閬 바람風 아름다운 옥瑤 못池

신선(神仙)이 산다는 곳. 閬風은 낭풍원(閬風苑)이고, 瑤池는 아름다운 못으로 모두 곤륜산(崑崙山)에 있다고 함.

낭핍일전 주머니囊 모자랄乏 한 돈錢

가진 돈이라곤 한 푼도 없음.

낭중무일물(囊中無一物), **수무푼전**(手無分錢)

무일물(無一物) 아무것도 가진 것이 없다는 무소유(無所有)를 의미(意味)하는 말.

낭형독서 주머니囊 반딧불이螢 읽을讀 책書

진(晉)나라의 차윤(車胤)이 여름밤에 비단(緋緞) 주머니에 개똥벌레를 넣어서 그 빛으로 책(冊)을 읽은 고사(故事). 고학(苦學)함.

광형착벽(匡衡鑿壁) 광형이 이웃집 벽에 구멍을 뚫어 새어 나오는 불빛으로 글을 읽어 마침내 큰 학자(學者)가 되었다는 옛일.

손강영설(孫康映雪) 손강이 눈빛에 책(冊)을 비추어 읽음.

영월독서(映月讀書) 달빛을 비추어 책을 읽음.

원목경침(圓木警枕) 「통나무로 베개 삼아 경각(警覺)함」 밤잠을 자지 않고 학문(學問)에 힘씀.

차형손설(車螢孫雪) 차윤이 반딧불에, 손강이 눈빛으로 글을 읽음.

청경우독(晴耕雨讀) 날이 개면 논밭을 갈고, 비가 오면 글을 읽음.

추고지면(錐股之勉) 송곳으로 허벅지를 찌름.

현두자고(懸頭刺股) 상투를 천장(天障)에 달아매고, 송곳으로 허벅지를 찔러 잠을 깨움.

형설지공(螢雪之功) 반딧불과 눈빛으로 공부(工夫)하여 이룬 공.

내강외유 안內 굳셀剛 바깥外 부드러울柔

겉으로 보기에는 부드러우나 속은 꿋꿋하고 굳셈.

외유내강(外柔內剛), **외유중강**(外柔中剛)

강유겸전(剛柔兼全) 굳세고 부드러운 성품(性品)을 겸하여 갖춤.

↔ **내유외강**(內柔外剛) 속은 부드럽고 겉은 굳셈.

외강내유(外剛內柔) 겉으로는 굳게 보이나 속은 부드러움.

내구붕 견딜耐 오랠久 벗朋

서로 사귐에 있어 시종(始終) 마음을 변치 않는 친구(親舊).

내내세세 올來 來 인간世 世

내세(來世)의 또 다음의 내세.

내룡거맥 올來 용龍 갈去 줄기脈

「산의 지세(地勢)가 용트림 치며 뻗어 이룬 맥」 사물(事物)의 경과(經過) 상태(狀態), 경위(經緯), 전후(前後) 관계(關係), 내력(來

歷) 등.

내명부 안內 목숨命 며느리婦

궁중(宮中)에서 봉사(奉仕)하는 삼부인(三夫人) 이하(以下) 여관(女官)의 칭호(稱號).

내무내문 이에乃 호반武 乃 글월文

「문무(文武)를 아울러 갖춤」 임금의 덕(德)을 높이고 기리는 말.

경문위무(經文緯武) 「무를 씨줄로 하고 문을 날줄로 함」 문무를 모두 갖추어 나라를 다스리는 것.

문무겸전(文武兼全) 문식(文識)과 무략(武略)을 다 갖춤.

문무숭상(文武崇尙) 학문(學文)과 무예(武藝)를 다 같이 높이어 소중(所重)하게 여김.

영문영무(英文英武) 학문과 무술(武術)에 뛰어남.

예성문무(叡聖文武) 문무를 아울러 갖춘 임금의 크고 훌륭한 덕(德).

윤문윤무(允文允武) 「진실(眞實)로 문이 있고 진실로 무가 있도다」 문무를 겸비(兼備)한 천자(天子)의 덕을 칭송(稱頌)하는 말.

좌문우무(左文右武) 문과 무를 동시(同時)에 함께 쓰는 일.

출장입상(出將入相) 나가서는 장수(將帥)요 들어와서는 재상(宰相).

유문사자 필유무비(有文事者 必有武備) 문관(文官)이라 할지라도 반드시 전쟁(戰爭) 대비(對備)는 해야 함.

내무주장 안內 없을無 주인主 베풀張

살림을 맡아 살 안주인(-主人)이 없음.

↔ **외무주장**(外無主張) 집안에 살림을 주장(主張)할 만큼 장성(長成)한 남자(男子)가 없음.

내복의상 이에乃 옷服 옷衣 치마裳

처음으로 윗옷과 아래옷을 입음.

시제문자 내복의상(始制文字 乃服衣裳) 복희(伏羲)의 신하(臣下) 창힐(蒼頡)이 비로소 글자를 만들었고, 처음으로 윗옷과 아래옷을 입음.

내부외빈 안內 부유할富 바깥外 가난할貧

겉으로 보기에는 가난한 듯하나 속은 부유(富裕)함.

↔ **내허외식**(內虛外飾) 「속은 비고 겉만 꾸밈」 겉은 화려(華麗)해 보이나 속은 가난함.

외화내빈(外華內貧) 겉으로는 화려하게 보이나 속으로는 빈곤(貧困)하고 부실(不實)함.

내부지거 올來 아닐不 알知 갈去

「올 때는 갈 때의 일을 모름」 양면(兩面)을 다 알지는 못함.

내삼천외팔백

안內 석三 일천千 바깥外 여덟八 일백百

「경관(京官)이 삼천 명, 외관(外官)이 팔백 명」 문무백관(文武百官)이 의장(儀仗)을 갖추고 일당(一堂)에 모임.

내성불구 안內 살필省 아닐不 고질병疚

「자기자신(自己自身)을 돌이켜보아 마음속에 조금도 부끄러운 것이 없음」 마음이 결백(潔白)함.

신독(愼獨) 홀로 있을 때도 도리(道理)에 어긋난 일을 하지 않고 삼감.

금영무참(衾影無慚) 이불이나 자기 그림자에 대해서도 부끄러운 짓을 하지 않음.

독좌방심(獨坐防心) 홀로 앉았을 때는 사념(邪念)이 일어나지 않도록 노력(努力)함.

무괴어심(無愧於心) 말과 행실(行實)이 밝아서 마음에 조금도 부끄러움이 없음.

부앙무괴(俯仰無愧) 하늘을 우러러보나 세상(世上)을 굽어보나 양심(良心)에 거리낄 것이 없음.

불괴옥루(不愧屋漏) 사람이 보지 않는 곳

에서도 행동(行動)을 경계(警戒)하고 신중(愼重)히 하여 부끄럽지 않음.

자숙자계(自肅自戒) 자기 행동을 스스로 조심(操心)하고 경계(警戒)함.

패령자계(佩鈴自戒) 방울을 차서 스스로 경계함.

↔ **파계무참**(破戒無慙) 계율(戒律)을 어기고도 부끄러워하지 않음.

내성외왕 안內 성인聖 바깥外 임금王

「안으로는 성인(聖人)이고 밖으로는 임금의 덕을 갖춘 사람」 학식(學識)과 덕행(德行)을 겸비(兼備)함. **내외겸전**(內外兼全)

강유겸전(剛柔兼全) 굳세고 부드러운 성품(性品)을 겸하여 갖춤.

만능만덕(萬能萬德) 모든 사물(事物)에 능통(能通)하고 높고 숭고(崇高)한 덕을 갖춤.

문무겸전(文武兼全) 문식(文識)과 무략(武略)을 다 갖춤.

복혜구족(福慧具足) 복과 은혜(恩惠)를 모두 다 갖춤.

재덕겸비(才德兼備) 재주와 덕행을 다 갖춤.

재색겸비(才色兼備) 여성(女性)이 뛰어난 재능(才能)과 미모(美貌)를 함께 갖춤.

재학겸유(才學兼有) 재주와 학식을 다 갖춤.

지용겸비(智勇兼備) 슬기와 용기(勇氣)를 다 갖춤.

내세불가대

올來 인간世 아닐不 옳을可 기다릴待

장래(將來)의 일을 기대(期待)할 것이 못 됨.

내소외친 안內 소원할疏 바깥外 친할親

마음속으로는 소홀(疏忽)히 하고 겉으로는 친한 체함.

감언밀어(甘言蜜語) 달콤한 말과 이로운 말.

교언영색(巧言令色) 교묘(巧妙)한 말과 알랑거리는 얼굴.

구밀복검(口蜜腹劍) 입에는 꿀이 있고 배에는 칼이 있음.

구시심비(口是心非) 말로는 옳다 하면서 마음속으로는 그르다 여김.

기계지심(機械之心) 교묘하게 속이려는 마음.

사심불구(蛇心佛口) 뱀의 마음에 부처의 입.

소리장도(笑裏藏刀) 웃음 속에 비수(匕首)를 감춤.

소면야차(笑面夜叉) 웃는 얼굴의 야차.

소중유도(笑中有刀) 웃음 속에 칼이 있음.

포장화심(包藏禍心) 남을 해칠 마음을 품음.

화언교어(花言巧語) 꽃같이 화려(華麗)하고 교묘한 말.

내수외학 안內 닦을修 밖外 배울學

「안으로는 닦고 밖으로는 배움」 애국(愛國) 계몽사상가(啓蒙思想家)들이 내건 진보적(進步的) 구호(口號)의 하나.

내시반청 안內 볼視 돌이킬反 들을聽

남을 탓하기보다는 스스로 성찰(省察)하고, 남의 충고(忠告)와 의견(意見)을 경청(傾聽)함.

개과천선(改過遷善), **회과천선**(悔過遷善) 지난 잘못을 뉘우치고 고쳐 착하게 됨.

개과자신(改過自新) 허물을 고쳐 스스로 새롭게 됨.

곡재아의(曲在我矣) 잘못이 남에게 있는 것이 아니라 자신에게 있음.

반구저기(反求諸己) 남을 탓하지 않고 잘못의 원인(原因)을 자기(自己)에게서 찾아 고쳐나감.

부형청죄(負荊請罪) 자기 잘못을 인정(認定)하고 처벌(處罰)해줄 것을 자청(自請)함.

이리복검(李璃伏劍) 이리가 자책(自責)하여 목을 베어 자결(自決)함.

자원자애(自怨自艾) 자기 잘못을 스스로 책망(責望)하고 수양(修養)에 힘씀.

회과자책(悔過自責) 허물을 뉘우치고 스스로 책망(責望)함.

영어즉복당(囹圄卽福堂) 감옥(監獄)은 행복(幸福)을 가져오는 집임.

내심왕실 이에乃 마음心 임금王 집室

국사(國事)에 충성(忠誠)함.

내옥내금 이에迺 옥玉 迺 금金

「글월이 금옥(金玉)과 같이 아름다움」 미문(美文)을 찬양(讚揚)하는 말.

내외겸전 안內 바깥外 겸할兼 온전할全

「안과 밖이 아울러 갖추어짐」 건전(健全)한 정신(精神)과 건강(健康)한 육신(肉身)이 조화(調和)를 이루어 원만(圓滿)하게 갖추어진 인격(人格).

내성외왕(內聖外王) 안으로는 성인(聖人)이고 밖으로는 임금의 덕을 갖춘 사람.

내외빈객 안內 바깥外 손님賓 손님客

안과 밖의 손님.

내외사조 안內 바깥外 넉四 조상祖

아버지, 할아버지, 증조, 외증조(外曾祖).

내외형제 안內 바깥外 형兄 아우弟

내종사촌(內從四寸)과 외종사촌(外從四寸).

내우외란 안內 근심憂 바깥外 어지러울亂

내우외환 內 憂 外 근심患

「내부(內部)에서 일어나는 근심과 외부(外部)로부터 받는 근심」 나라 안팎의 여러 가지 근심 걱정.

내원해인 견딜耐 원망할怨 해할害 참을忍

남의 해침을 받고도 앙갚음할 마음을 내지 않음.

내유외강 안內 부드러울柔 바깥外 굳셀剛

「속으로는 부드러운데 겉으로는 강해 보임」 겉으로는 굳세고 강해 보이지만 실제(實際)로 내면(內面)은 부드러운 사람.

색려내임(色厲內荏) 겉으로는 엄격(嚴格)하나 내심(內心)으로는 부드러움.

↔ **외유내강**(外柔內剛) 겉으로는 부드럽고 순하나 속은 곧고 꿋꿋함.

내윤외랑 안內 윤택할潤 바깥外 밝을朗

인물(人物)이 내외(內外)로 지닌 재덕(才德). 內潤은 옥(玉)이 그 광택(光澤)을 속에 품은 것. 外朗은 겉으로 발(發)하는 것.

내인거객 올來 사람人 갈去 손님客

「오가는 사람」 자주 오가는 수많은 사람.

내일대난 올來 날日 큰大 어려울難

장래(將來)의 커다란 어려움.

↔ **탄탄대로**(坦坦大路) 「높은 데가 없이 편평(扁平)하고 넓은 길」 장래가 아무 어려움이 없이 수월함.

내자가추 올來 사람者 옳을可 쫓을追

내자물거 來 者 말勿 막을拒

내자물금 來 者 勿 금할禁

「오는 것은 따라갈 수 있음」 이미 지나간 일은 어찌할 도리(道理)가 없으나, 미래(未來)의 일은 경계(警戒)하여 전과 같은 과실(過失)을 범하지 않을 수 있음.

기왕불구(旣往不咎) 이미 지나간 일은 탓하지 않음.

이과지사(已過之事), **이왕지사**(已往之事) 이

미 지나간 일.

이의물론(已矣勿論) 지난 일은 논하지 않음.

내작색황 안內 지을作 색色 거칠荒

안으로 여색(女色)에 빠져 정신(精神)이 미혹(迷惑)됨.

석옥연향(惜玉憐香) 「옥을 소중(所重)히 하고 향을 어여삐 여김」 옥과 향은 여자를 나타내므로, 여색을 좋아함.

탐재호색(貪財好色) 재물(財物)을 탐하고 여색을 좋아함.

호색지도(好色之徒) 여색을 특별(特別)히 좋아하는 무리.

황음주색(荒淫酒色) 술과 여색을 즐기며 함부로 음탕(淫蕩)한 짓을 함.

내작색황 외작금황(內作色荒 外作禽荒) 안으로는 여색에 빠져 정신이 미혹되고, 밖으로는 사냥에 미쳐 정신이 빠져 있음.

내전보살 안內 전각殿 보살菩 보살薩

알고도 모르는 체하고 시치미를 떼고 있는 사람.

내정간섭 안內 정사政 막을干 간섭할涉

한 국가(國家)가 어떤 국가의 의사(意思)에 반(反)하여 강제적(强制的)으로 개입(介入)하여 그 관할(管轄) 권한(權限)을 부당(不當)하게 참견(參見)함.

내정돌입 안內 뜰庭 갑자기突 들入

주인(主人)의 허락(許諾) 없이 남의 안뜰에 불쑥 들어감. **돌입내정**(突入內庭)

내정범절 안內 뜰庭 무릇凡 예절節

집안 살림살이의 모든 법도(法度)나 절차(節次).

내조지공 안內 도울助 어조사之 공로功

내조지현 內 助 之 어질賢

아내가 집안일을 잘 다스려 남편(男便)을 돕는 일.

계명지조(鷄鳴之助) 똑똑한 왕비(王妃)가 임금을 잘 도와줌.

규어격부(窺御激夫) 「말 부리는 것을 엿보고 남편을 나무람」 배우자(配偶者)를 격려(激勵)하는 아내의 내조.

내종매 안內 좇을從 누이妹

내종사촌(內從四寸)인 누이동생.

내중외경 안內 무거울重 바깥外 가벼울輕

경관(京官-중앙(中央)의 관아(官衙)에 소속(所屬)된 관직(官職)의 세력(勢力))은 무겁고 외관(外官)의 세력은 가벼움.

내지잡거 안內 땅地 섞을雜 살居

외국인(外國人)의 거주(居住) 지역(地域)을 특별(特別)히 제한(制限)하지 않고 나라 안 어느 지역에서나 자유(自由)로이 거주할 수 있도록 허용(許容)하는 일.

내청외탁 안內 맑을淸 바깥外 흐릴濁

「속은 맑고 겉은 흐림」 속은 맑고 겉은 흐리게 삶. 난세(亂世)를 만나 명철보신(明哲保身) 하는 방법(方法)의 하나.

내치외교 안內 다스릴治 바깥外 사귈交

안으로는 나라 안의 일을 다스리는 일과 밖으로는 다른 나라와 사귐을 맺는 일.

외교내치(外交內治)

내편외편 안內 책篇 바깥外 篇

고인(古人)들이 책(冊)을 펴낼 때, 대개는 내・외 편으로 나누어서 정온(靜穩)한 것을 內篇, 소잡(素雜)한 것을 外篇이라 함.

내풍인촌 견딜耐 바람風 도깨비 불燐 마디寸

단단한 곳이면 아무 데나 그어도 불이 일어나도록 만든 성냥.

내허외식 안內 빌虛 바깥外 꾸밀飾

「속은 비고 겉만 꾸밈」 겉은 화려(華麗)해 보이나 속은 가난함.

속은 비었는데 겉만 보기 좋게 꾸밈.

공성계(空城計) 성을 비워 적(敵)을 혼란(混亂)에 빠뜨림.

대언장담(大言壯談) 자기(自己) 능력(能力)과는 무관(無關)하게 큰소리를 치는 모습.

문과기실(文過其實) 겉을 꾸미는 것이 자기 신분(身分)에 걸맞지 않음

번간걸여(墦間乞餘) 무덤가에서 제사(祭祀)를 지내고 남은 음식(飮食)을 구걸(求乞)하여 먹고 거드름을 부림.

삼지무려(三紙無驢) 나귀를 산 박사(博士) 선비가 종이를 세 장이나 썼지만 결국(結局) 계약서(契約書)에 나귀라는 글자를 쓰지 못함.

수상개화(樹上開花) 가짜 꽃으로 나무를 크게 장식(粧飾)함.

양질호피(羊質虎皮) 양의 몸에 범의 가죽을 걸침.

외화내빈(外華內貧) 겉으로는 화려(華麗)하게 보이나 속으로는 빈곤(貧困)하고 부실(不實)함.

초요과시(招搖過市) 남의 이목(耳目)을 끌도록 요란(搖亂)하게 저자를 지나감.

허장성세(虛張聲勢) 과장(誇張)된 형세(形勢)로 소리를 냄.

호언장담(豪言壯談) 제 분수(分數)에 당치 않는 말을 희떱게 지껄임.

호왈백만(號曰百萬) 말로는 백만을 일컬었으나, 실상(實狀)은 얼마 안 됨.

화이부실(華以不實) 꽃은 화려(華麗)하나 열매를 맺지 못함.

회두토면(灰頭土面) 「더러운 얼굴」 겉으로만 꾸며 체면(體面)을 닦는 데 뜻이 없는 일.

냉난자지 찰冷 따뜻할暖 스스로自 알知

「물이 차가운지, 따뜻한지는 그 물을 마셔 본 사람만 앎」 자기(自己) 일은 남이 말하기 전에 자기가 앎.

자지자명(自知者明) 자기 자신을 알고 있는 사람은 총명(聰明)한 사람임.

자지기죄(自知其罪) 스스로 자기의 죄를 앎.

자지자불원인(自知者不怨人) 자기 자신을 아는 사람은 다른 사람을 원망(怨望)하지 않음.

냉면한철 찰冷 낯面 찰寒 쇠鐵

「낯빛이 싸늘하기가 차가운 쇠붙이 같음」 사사(私私)롭게 편벽(偏僻)됨이 없어 권세(權勢)를 두려워하지 않음.

시사여귀(視死如歸) 죽는 것을 집으로 돌아가는 것같이 여겨 조금도 두려워하지 않음.

의기자여(意氣自如) 태연자약(泰然自若)하여 조금도 두려워하지 않음.

화지불구(禍至不懼) 재앙(災殃)이 닥쳐도 두려워하지 않음.

군자화지불구(君子禍至不懼) 군자는 평소(平素) 언행(言行)을 닦아 모자라는 곳이 없으므로, 재앙(災殃)이 닥쳐도 두려워하지 않음.

냉소주의 찰冷 웃을笑 주장할主 옳을義

인간(人間)이 인위적(人爲的)으로 정한 사회(社會)의 관습(慣習)·전통(傳統)·도덕(道德)·법률(法律)·제도(制度) 따위를 부정(否定)하고, 인간의 본성(本性)에 따라 자연(自然)스럽게 생활(生活)할 것을 주장(主張)하는 태도(態度)나 사상(思想).

견유주의(犬儒主義), **시니시즘**(Cynicism)

냉어빙인 찰冷 말語 얼음冰 사람人

「차가운 말이 사람을 얼림」 남을 냉정(冷情)하게 접대(接待)함.

안면박대(顔面薄待) 잘 아는 사람을 푸대

접함.

예주불설(醴酒不設) 「익은 술을 베풀지 않음」 손님을 대우(待遇)하는 예(禮)가 차츰 없어짐.

원룡고와(元龍高臥) 「원룡이 높은 침상(寢床)에 누움」 손님을 업신여김.

잔배냉적(殘杯冷炙) 「마시다 남은 술잔과 다 식은 산적(散炙)」 푸대접받음.

차계기환(借鷄騎還) 「닭을 빌려 타고 돌아감」 손님을 박대(薄待)하는 것을 빗대는 말.

차래지식(嗟來之食) 푸대접으로 주는 음식.

↔ **대객지도**(對客之道) 손님을 접대하는 도리.

도리상영(倒履相迎) 신발을 거꾸로 신고 나가 손님을 맞이함.

접대등절(接待等節) 손님을 대접하는 모든 예절(禮節).

빈지여귀(賓至如歸) 손님으로 온 사람이 자기 집에 돌아온 것같이 조금도 걱정 없이 안심(安心)함.

냉어침인

인정미 없는冷 말語 침노할侵 사람人

매정한 말로 남의 마음을 찌름.

비꼬는 말로 남을 풍자(諷刺)함.

냉전상인

인정미 없는冷 화살箭 해칠傷 사람人

「숨어서 쏜 화살이 남을 상하게 함」 몰래 남을 상하게 함.

몰래 남을 중상(中傷)함.

암전상인(暗箭傷人), **암전중인**(暗箭中人)

음계(陰計) 남모르게 나쁜 일을 꾸밈.

사중우어(沙中偶語) 「모래벌판 한가운데에서 무리 지어 마주 보며 이야기함」 신하(臣下)들이 남모르게 나라나 임금을 배반(背叛)하여 군사(軍士)를 일으키려고 논의(論議)함.

냉조열매 찰冷 조롱할嘲 더울熱 꾸짖을罵

남을 몹시 비웃고 심하게 욕함. 冷嘲는 멸시(蔑視)하여 조롱(嘲弄)하는 것, 熱罵는 몹시 욕질하는 것.

구혈분두(狗血噴頭) 「개의 피를 머리에 뿜음」 욕을 심하게 함.

극구참욕(極口慘辱) 몹시 참혹(慘酷)하게 욕함.

도문질욕(到門叱辱) 남의 집 앞에서 꾸짖어 욕함.

악구잡언(惡口雜言) 「나쁜 입과 잡된 말」 입에서 나오는 대로 온갖 욕을 함.

여성대매(勵聲大罵) 성난 목소리로 꾸짖으며 크게 욕함.

육두문자(肉頭文字) 상스럽거나 음탕(淫湯)한 말을 점잖게 이르는 말.

준답배증(噂沓背憎) 만나서는 추켜올려 이야기하고 돌아서서는 욕함.

퇴유후언(退有後言) 뒤에서 욕함.

냉한삼두 찰冷 땀汗 석三 말斗

「식은땀이 서 말이나 나옴」 몹시 무서워하거나 부끄러워함.

한류협배(汗流浹背) 극도(極度)로 두려워하거나 부끄러워하는 모습.

한출첨배(汗出沾背) (크게 겁을 먹어) 땀이 솟아나서 등을 적심.

념념부주 생각念 念 아닐不 살住

한 생각 한 생각마다 머물지 않음.

매 찰나(刹那) 머물지 않고 변천(變遷)함.

념념불이 생각念 念 아닐不 이미已

마음속에 항상(恒常) 생각함.

견요어장(見堯於墻) 언제나 잊지 않음.

연연불망(戀戀不忘) 그리워서 잊지 못함.

염념불망(念念不忘) 자꾸 생각하여 잊지 못함.

오매사복(寤寐思服) 자나 깨나 생각함.

념(염)일방일 집을拈 한一 놓을放 一

하나를 집기 위해서는 다른 하나를 놓아야만 함.

계륵(鷄肋) 「닭갈비」 먹을 수도, 버릴 수도 없음.

양수집병(兩手執餠) 「양손에 떡을 쥠」 가지기도 어렵고 버리기도 어려운 경우(境遇).

노가배비 종奴 값價 곱倍 계집종婢

사내종의 값은 계집종의 곱임.

노갑을이 성낼怒 첫째甲 둘째乙 옮길移
노갑이을 怒 甲 移 乙

「갑에게 당한 노여움을 을에게로 옮김」 이편에서 당한 노염(老炎)을 저편에서 화풀이함.

노실색시(怒室色市) 안방에서 화를 내고 저자에 나가 얼굴을 붉힘.

등산질욕(登山叱辱) 「산에 올라가서 마구 욕함」 욕을 당한 그 자리에서는 아무 말도 못 하고 딴 데 가서 화풀이함.

식노지구(飾怒之具) 국법(國法)을 관리(官吏) 등이 사사(私私)로운 감정(感情)으로 마음대로 적용(適用)하여 자신(自身)의 화풀이 도구(道具)로 이용(利用)함.

실어노시어색(室於怒市於色) 실내(室內)에서 성내고 그 노기(怒氣)를 저자에서 보임.

〈관에서 매 맞고 집에 와서 계집 친다〉

〈종로에서 뺨 맞고 한강에서 눈 흘긴다〉

↔ **불천노**(不遷怒) 갑에게 성낼 것을 을에게 옮기지 않음.

노결위상 이슬露 맺을結 할爲 서리霜

이슬이 맺혀서 서리가 되니, 밤기운(-氣運)이 풀잎에 물방울처럼 이슬을 이룸.

운등치우 노결위상(雲騰致雨 露結爲霜) 구름이 올라가 비가 되고, 이슬이 맺혀서 서리가 됨.

노겸근칙 일할勞 겸손할謙 삼갈謹 칙서勅

근로(勤勞)하고 겸손(謙遜)하며 삼가고 신칙(申飭-단단히 타일러서 경계(警戒)함)하면 중용(中庸)의 도(道)에 이름.

서기중용 노겸근칙(庶幾中庸 勞謙謹勅) 중용에 가깝고 자 한다면 부지런히 일하고 고분고분하고 삼가고 잡도리해야 함.

노괴풍극

이슬露 홰나무槐 바람風 가시나무棘

조선시대(朝鮮時代), 삼정승(三政丞)과 의정부(議政府) 좌우참판(左右參判)·육조판서(六曹判書)·한성판윤(漢城判尹)을 통틀어 이르는 말.

구극삼괴(九棘三槐), **삼공구경**(三公九卿),
삼괴구극(三槐九棘), **삼구지위**(三九之位)

노구능해 늙을老 할머니嫗 능할能 풀解
노구도해 老 嫗 감탄사都 解

「늙은 할머니도 이해(理解)할 수 있음」 글을 쉽게 쓰는 것.

노온능해(老媼能解), **노온도해**(老媼都解)

노궁노시 성씨盧 활弓 盧 화살矢

「까만 칠을 한 활과 화살」 고대(古代) 중국에서 큰 공(功)이 있는 제후(諸侯)에게 천자(天子)가 검은 활과 화살을 하사(下賜)한 데서, 정벌(征伐)의 권한(權限)을 상징(象徵)함.

노규어사 해오라기鷺 엿볼窺 물고기魚 일事

「해오라기가 평화(平和)롭게 노니는 물고기를 엿봄」 강자(强者)가 약자(弱者)를 덮칠 기회(機會)를 노리고 있음.

당랑규선(螳螂窺蟬) 이슬을 먹으려는 매미는 그 뒤에서 사마귀가 노리는 줄을 모름.

노근노골 수고로울勞 힘줄筋 勞 뼈骨

「매우 힘써 일함」 몸을 아끼지 않고 일에 힘씀.

궁일지력(窮日之力) 아침부터 저녁까지 조금도 쉬지 않고 힘씀.

숙흥야매(夙興夜寐) 일찍 일어나고 밤에 잠.

정려각근(精勵恪勤) 삼가 게을리하지 않고 일에 힘씀.

노기대발 성낼怒 기운氣 큰大 일어날發

노기등등 怒 氣 오를騰 騰

노기등천 怒 氣 오를登 하늘天

몹시 성이 나서 노한 기색(氣色)이 얼굴에 가득함.

노기발발 성낼怒 기운氣 노할勃 勃

성이 발끈 나 있음.

견문발검(見蚊拔劍) 「모기를 보고 칼을 빼듦」 조그만 일에 발끈 성을 냄.

발연대노(勃然大怒) 느닷없이 성을 내는 모양(模樣).

노기복력 늙을老 천리마驥 엎드릴伏 마판櫪

「늙은 준마(駿馬)가 마구간 가로목에 엎드림」 재능(才能) 있는 인물(人物)이 나이가 들어 뜻을 펴지 못하고 궁지(窮地)에 빠짐.

기복염거(차)(驥服鹽車) 천리마(千里馬)가 소금 수레를 끎.

비육지탄(髀肉之嘆) 전장(戰場)에 나가지 않은 지가 오래되어 넓적다리의 살만 찜을 탄식(歎息)함.

염거(차)지감(鹽車之憾) 「소금 수레를 보고 느껴 욺」 천리마도 운이 나쁘면 여느 말과 같이 소금 수레를 끎.

우기공뢰(牛驥共牢), **우기동조**(牛驥同皁) 느린 소와 천리마가 한 마구간에 매여 있음.

노기상가 성낼怒 기운氣 서로相 더할加

서로 싸우는 사이에 노기가 자꾸 더해감.

노기충천 성낼怒 기운氣 부딪칠衝 하늘天

노한 기운이 하늘을 찌를 듯이, 화가 머리끝까지 나 있음.

교아절치(咬牙切齒) 어금니를 악물고 이를 갈면서 몹시 분해함. 매우 성낸 모양(模樣).

노발대발(怒發大發) 성이 나서 화를 크게 냄.

양비대담(攘臂大談) 몹시 성이나 팔을 걷어붙이고 큰소리를 침.

노노발명 지껄일呶 呶 필發 밝을明

여러 가지 말을 늘어놓아 구차(苟且)스럽게 변명(辨明)함.

거간식비(拒諫飾非) 간하는 말을 거절(拒絶)하고, 그 잘못을 거짓으로 꾸며 자신(自身)의 비위(非違)를 변명함.

견강지변(堅强之辯) 억지로 이치(理致)를 끌어대는 변명.

극구발명(極口發明) 온갖 말을 다 하여 변명함.

자명상소(自明上疏) 자신을 변명하는 상소.

장찬저뢰(粧撰抵賴) 과실(過失)을 덮어 꾸미듯이 변명하면서 판명(判明)에 승복(承服)하지 않음.

축조발명(逐條發明) 낱낱이 죄(罪)가 없다고 변명함.

낙송자칭원(落訟者稱冤) 「송사(訟事)에 진 사람이 원통(怨痛)함을 들어 말함」 지거나 잘못한 사람이 억지 변명을 씀.

노노불휴 지껄일呶 呶 아닐不 쉴休

수다스러움. 마구 떠듦.

수다스럽게 입을 놀림.

구각비말(口角飛沫) 너무 수다스러워 입가에서 거품이 흐름.

소언첨첨(小言詹詹) 너절한 말은 수다스러움.

주입설출(酒入舌出) 술이 들어가면 혀가 나

옴.

첩첩간언(喋喋間言) 말을 수다스럽도록 거침없이 썩 잘하는, 이간(離間)하는 말.

첩첩불휴(喋喋不休) 재잘거리는 것이 쉴 틈이 없음.

첩첩이구(喋喋利口) 수다스럽게 거침없이 말을 잘하는 모양(模樣)이나 그런 사람.

노담탱장 성낼怒 쓸개膽 버틸撑 창자腸

「노한 쓸개와 뻣뻣한 창자」 몹시 성이 난 상태(狀態).

가벽문천(呵壁問天) 분한 마음이 치밀어서 속이 답답한 것을 벽을 보고 꾸짖어 풂.

분기탱천(憤氣撑天) 분한 마음이 하늘을 찌를 듯이 격렬(激烈)하게 솟구쳐 오름.

비분강개(悲憤慷慨) 슬프고 분하여 마음이 북받침.

악권투조(握拳透爪) 손톱이 손바닥을 파고 들 정도(程度)로 주먹을 꼭 쥠.

음아질타(喑啞叱咤) 분한 마음이 한꺼번에 터져 나와서 큰 소리로 꾸짖음.

적분재중(積忿在中) 쌓이고 쌓인 분한 마음을 속에 가지고 있음.

진목열자(瞋目裂眦) 「눈이 찢어질 듯이 부릅뜨고 노려봄」 극도(極度)로 화가 난 모습.

통입골수(痛入骨髓) 억울(抑鬱)하고 분한 마음이 골수에 깊이 사무침.

감개비가지사(感慨悲歌之士) 국사(國事)를 근심하여 비분강개하는 노래를 지어 읊어 울분(鬱憤)을 푸는 선비.

노당익장 늙을老 마땅할當 더할益 씩씩할壯

나이를 먹을수록 기력이 더욱 좋아짐.

확삭(矍鑠) 늙어서도 기력(氣力)이 정정함.

강계지성(薑桂之性) 「생강(生薑)과 계수나무 껍질은 오랠수록 더 매움」 늙어서 더욱 강직(剛直)하여지는 성질(性質).

궁당익견(窮當益堅) 「곤궁(困窮)해질수록 그 지조(志操)는 더욱 굳어짐」 나이가 들어도 결코 젊은이다운 패기(霸氣)가 변하지 않고 오히려 굳건함.

노마시풍(老馬嘶風) 「늙은 말이 우는 것이 우렁참」 나이는 들었어도 기운은 넘침.

백수일절(白首一節) 늙어서도 한결같이 절의(節義)가 있음.

노래지희 늙을老 명아주萊 어조사之 놀이戲

자식(子息)이 나이가 들어도 부모(父母)의 자식에 대한 마음은 똑같으니 변함없이 효도(孝道)해야 함.

노량육신 해오라기鷺 들보梁 여섯六 신하臣

사육신(死六臣). 사육신의 묘(墓)가 노량진(鷺梁津)에서 발견(發見)된 데서 유래(由來)함.

노력이전 힘쓸勞 힘力 옮길移 구를轉

나이가 많고 품삯이 높은 일꾼을 해고(解雇)하고 대신(代身) 품삯이 낮은 일꾼을 써서 지불(支拂)을 경감(輕減) 하는 것.

노류장화 길路 버드나무柳 담장墻 꽃花

「길가의 버들과 담 밑의 꽃은 누구든지 쉽게 만지고 꺾을 수 있음」 창녀(娼女)나 기생(妓生).

해어화(解語花) 「말을 알아듣는 꽃」 기생. 미인(美人). 화류계(花柳界)의 여인.

고당명기(高堂名妓) 호화(豪華)로운 집의 이름난 기생. 명성(名聲)이 높은 기생.

야엽창조(冶葉倡條) 「아리따운 잎과 노래하는 가지」 자태(姿態)가 예쁘고 목청이 아름다운 기생.

유두분면(油頭粉面) 「기름 바른 머리와 분 바른 얼굴」 여자의 화장(化粧)한 모습. 매춘부(賣春婦).6

창가소부(娼家笑婦) 청루(靑樓)에서 웃음을 파는 여자. 창녀.

노마각 들어날露 말馬 다리脚

진상(眞相)을 노출(露出)함.

속셈이 드러남. **현마각**(見馬脚)

노마시풍 늙을老 말馬 울嘶 바람風

「늙은 말이 우는 것이 우렁참」 나이는 들었어도 기운은 넘침.

노당익장(老當益壯) 나이를 먹을수록 기력(氣力)이 더욱 좋아짐.

노마식도 늙을老 말馬 알識 길途

「늙은 말이 갈 길을 앎」 연륜(年輪)이 깊으면 나름의 장점(長點)과 특기(特技)가 있음.

노마지도(老馬知途), **노마지지**(老馬之智)

노마십가 둔할駑 말馬 열十 멍에駕

「둔한 말도 열흘 동안 수레를 끌 수 있음」 재주 없는 사람도 노력(努力)하고 태만(怠慢)하지 않으면 재주 있는 사람과 어깨를 나란히 할 수 있음.

군경절축(群輕折軸) 가벼운 것도 많이 모이면 수레의 굴대를 부러뜨림.

마부작침(磨斧作針) 도끼를 갈아 바늘을 만듦.

산류천석(山溜穿石) 산에서 흐르는 물이 바위를 뚫음.

수적석천(水滴石穿) 물방울이 바위를 뚫음.

수적성천(水積成川) 적은 물이 모여 내가 됨.

수적촌루(銖積寸累) 아주 작은 것이 쌓이고 쌓이면 큰 것이 됨.

승거목단(繩鋸木斷) 노끈으로 톱질하여도 나무를 자를 수 있음.

우공이산(愚公移山) 어리석은 사람이 산을 옮김.

적수성연(積水成淵) 한 방울의 물이 모여 연못을 이룸.

적우침주(積羽沈舟) 새털도 많이 모이면 배를 가라앉힘.

점적천석(點滴穿石) 낙숫물이 돌에 구멍을 냄.

진합태산(塵合太山) 티끌이 쌓여 산을 이룸.

토적성산(土積成山) 흙이 쌓여 산을 이룸.

파별천리(跛鼈千里) 기우뚱거리며 가는 자라도 천 리를 감.

노마연도 둔한 말駑 말馬 납鉛 칼刀

「둔한 말과 납으로 만든 무딘 칼」 아무 소용(所用)이 없는 군비(軍備).

노마연잔 둔한 말駑 말馬 사모할戀 비계棧

「노둔(老鈍)한 말이 외양간과 콩을 그리워함」 선비가 옛 주인집(主人-)을 그리워함.

범용(凡庸)한 사람이 벼슬자리나 봉록(俸祿)에 연연(戀戀)함.

사소(些少)한 이익(利益)을 단념(斷念)하지 못함. **잔두지연**(棧豆之戀),

노마연잔두(駑馬戀棧豆)

노마염태호

늙을老 말馬 싫을厭 클太 어조사乎

「늙은 말이 콩마다 하랴?」라는 속담(俗談)의 한역(漢譯)으로, 본능적(本能的)인 욕망(慾望)은 늙는다고 없어지는 것이 아님.

노마지도 늙을老 말馬 알知 길途

「늙은 말이 갈 길을 앎」 연륜(年輪)이 깊으면 나름의 장점(長點)과 특기(特技)가 있음.

경험(經驗) 많은 사람이 갖춘 지혜(知慧).

노마지지 늙을老 말馬 어조사之 지혜智

「늙은 말의 지혜(智慧)」 노인(老人)이나 경험(經驗)이 풍부(豐富)한 사람의 지혜.

노마식도(老馬識途), **노마지도**(老馬知途)

숙능생교(熟能生巧) 숙련(熟練)되면 기교(技巧)가 생길 수 있음.

착륜노수(斲輪老手) 수레바퀴를 깎는 늙은 장인(匠人).

노말지세 큰 활弩 끝末 어조사之 세력勢

「큰 활 끝의 힘」 건잡을 수 없이 튕겨 나오는 세력(勢力).

건령지세(建瓴之勢) 높은 곳에서 물동이의 물이 쏟아지는 기세(氣勢).

기세난당(氣勢難當) 그 기세가 아주 대단해서 당해내기 어려움.

단할지세(斷割之勢) 칼로 가르듯이 그칠 줄 모르는 맹렬(猛烈)한 기세.

도천지세(滔天之勢) 하늘까지 창일(漲溢)하여 흐르는 기세.

분왕매진(奮往邁進) 씩씩하고 세찬 기세로 달려감.

파죽지세(破竹之勢) 「대나무를 쪼갤 때의 맹렬(猛烈)한 기세」 기세가 매우 맹렬하여 대항(對抗)할 만한 적이 없는 모양(模樣).

신호지세(晨虎之勢) 굶주린 새벽 호랑이와 같은 기세.

여화여도(如火如荼) 불꽃이 활활 타오르는 것 같고, 띠꽃이 흐드러진 것 같음.

요원지화(燎原之火) 화톳불처럼 타들어 가는 들판의 불길.

탄탄대로(坦坦大路) 장래(將來)가 어려움 없이 순탄(順坦)함.

사자분신지세(師子奮迅之勢) 사자가 몸을 떨쳐 성내는 신속(迅速) 용맹한 기세.

호기곤불택환(虎飢困不擇宦) 굶주린 호랑이가 고자(鼓子)라고 마다하랴?

약화지요우원(若火之燎于原) 마치 불길이 평원(平原)에서 타오르는 것 같음.

성성지화 가이요원(星星之火可以燎原) 작은 불꽃이 들판을 다 태울 수 있음.

노망(무)멸렬

소금밭鹵 우거질莽 멸할滅 찢어질裂

「일하는 것이 대단히 소홀(疏忽)하고 경솔(輕率)함」 어떤 일에 마음을 쓰지 않아 일이 아주 거칠게 되어 찢기고 흩어짐.

노명소지 종奴 이름名 바所 뜻志

노명정장 奴 名 보일呈 문서狀

주인(主人)이 종의 이름으로 소송(訴訟)을 제기(提起)하던 일.

노목궤 거먕옻나무櫨 나무木 궤櫃

「노나무로 만든 네모진 궤」 융통성(融通性)이 조금도 없는 사람.

노목시지 성낼怒 눈目 볼視 어조사之

성난 눈으로 봄.

노목질시 성낼怒 눈目 미워할疾 볼視

미워하여 성난 눈으로 쳐다봄.

노무(망)멸렬

소금밭鹵 우거질莽 멸할滅 찢어질裂

일하는 데 꼼꼼하지 못하고 거침.

소홀(疏忽)하고 지리멸렬함.

지리멸렬(支離滅裂) 이리저리 흩어지고 찢기어 갈피를 잡을 수 없음.

노무배상 힘쓸勞 힘쓸務 물어줄賠 갚을償

남에게 끼친 손해(損害)에 대하여 금전(金錢) 대신(代身) 기술(技術)이나 노력(努力)을 들여 갚는 일. **역무배상**(役務賠償)

노미장두 드러날露 꼬리尾 감출藏 머리頭

「꼬리는 드러낸 채 머리만 숨김」 잘못을 숨기려 해도 결국(結局) 드러나게 됨.

장두노미(藏頭露尾)

욕개미창(欲蓋彌彰) 「덮고자 하면 더욱 드러남」 잘못을 감추려 할수록 오히려 더욱 드러나게 됨.

노반운제 둔할魯 일반般 구름雲 사다리梯

노반지교 魯 般 어조사之 재주巧

「노반(魯般)의 운제(雲梯)」 노반처럼 기계

(機械) 따위를 교묘(巧妙)하게 잘 만드는 재주.

노발대발 성낼怒 일어날發 큰大 發

몹시 크게 성을 냄.

노발대성 성낼怒 일어날發 큰大 소리聲

매우 성이 나서 외치는 큰 목소리.

노발상충관 성낼怒 髮 위上 衝 갓冠

노발충관 怒 터럭髮 찌를衝 冠

「노한 머리털이 관을 추켜 올림」 몹시 성내는 모양(模樣).

노방생주 늙을老 조개蚌 날生 구슬珠

「오래된 조개가 진주(珍珠)를 낳음」 총명(聰明)한 아들을 둔 사람에게 그를 기려 축하(祝賀)하는 말.

부자(父子)가 모두 영명(令名)을 했음.

만년(晩年)에 아들을 얻음.

노방출주(老蚌出珠)

노인자제(老人子弟) 늙은이가 낳은 아들.

노방잔읍 길路 곁傍 남을殘 고을邑

「큰길가의 작은 고을」 큰길 왕래(往來)가 잦은 벼슬아치를 접대(接待)하느라고 백성(百姓)의 생활(生活)이 몹시 피폐(疲弊)해진 작은 마을.

지대범절(支待凡節) 공적(公的)인 일로 지방(地方)에 나간 높은 벼슬아치의 먹을 것과 쓸 물건(物件)을 그 시골의 관아(官衙)에서 이바지하는 법도(法度)와 절차(節次).

노방출주 늙을老 조개蚌 날出 구슬珠

「오래된 조개가 진주(珍珠)를 낳음」 총명(聰明)한 아들을 둔 사람에게 그를 기려 축하(祝賀)하는 말. **노방생주**(老蚌生珠)

노변담화 화로爐 가장자리邊 談 말씀話

노변정담 爐 邊 정情 이야기談

노변한담 爐 邊 한가할閑 談

따뜻한 난롯가에서 나누는 이야기.

노병유고주

늙을老 병들病 있을有 외로울孤 배舟

「늙고 병든 몸을 의탁(依託)할 것은 오직 작은 배 한 척뿐」 노후(老後)의 고적(孤寂)함.

노불습유 길路 아닐不 주울拾 버릴遺

「길에 떨어진 것을 줍지 않음」 법(法)이 잘 지켜져 나라가 태평(太平)함.

도불습유(道不拾遺)

계견불경(雞犬不警) 닭이나 개도 경계(警戒)하지 않음.

국무도적(國無盜賊) 나라 안에 도적이 없음.

야불폐호(夜不閉戶) 밤이 되어도 대문(大門)을 닫지 않음.

↔ **시랑당도**(豺狼當道) 「승냥이와 이리가 길을 막음」 사악(邪惡)하고 잔인(殘忍)한 사람이 요로(要路)를 점거(占據)하여 권세(權勢)를 떨침.

혼용무도(昏庸無道) 온통 어둡고 어지러운 세상.

노사불상왕래

늙을老 죽을死 아닐不 서로相 갈往 올來

늙어서 죽을 때까지 서로 가고 오지 않음.

노사선생 늙을老 스승師 먼저先 날生

나이 많은 학자(學者)와 선배(先輩), 선비.

노사숙유 늙을老 선비士 오랠宿 선비儒

나이가 많고 학식(學識)이 풍부(豊富)한 선비.

노사일음 힘쓸勞 생각思 편안할逸 넘칠淫

일하면 좋은 생각을 지니고, 안일(安逸)한 생활(生活)을 하면 방탕(放蕩)해짐.

과이우일(過爾優逸) 시간(時間)을 헛되이 보

내며 일을 게을리함.

구차투안(苟且偸安) 구차하게 일시적(一時的)인 안일만을 탐함.

문념무희(文恬武嬉) 세상이 태평(泰平)하여 관리(官吏)들이 안일에 빠짐.

연소막상(燕巢幕上) 위태(危殆)로운 지경(地境)을 맞이하였는데도 불구(不拘)하고 안일하게 지냄.

완세게일(翫歲愒日) 눈앞의 안일만을 탐하고 스스로 애써 노력(努力)하지 않음.

군슬처곤중(群蝨處褌中) 「많은 이가 잠방이 속에 있음」 견식(見識)이 좁고 일시적인 안일을 탐하는 사람.

노산자 종奴 낳을産 아들子

종이 난 자식(子息).

노상강도 길路 위上 강제할强 도둑盜

길 가는 사람을 협박(脅迫)하여 강제(强制)로 재물(在物)을 빼앗는 사람.

초두천자(草頭天子) 「강도의 우두머리」 노상강도(路上强盜)의 두목(頭目).

노상발괄 길路 위上 일어날發 억울할恝

「길에서 억울(抑鬱)함을 하소연함」 공개적(公開的)으로 자기(自己) 사정을 하소연함.

비대발괄 억울(抑鬱)하고 딱한 사정(事情)을 하소연하면서 간절(懇切)히 청하여 빎.

만단애걸(萬端哀乞) 만 가지로 사정을 말하여 애처롭게 빎.

애걸복걸(哀乞伏乞) 애처롭게 빌고 엎드려서 빎.

애소탄원(哀訴歎願) 슬프게 하소연하고 도와주기를 간절히 바람.

이두창지(以頭搶地) 머리를 땅에 대고 애걸함.

좌구우고(左求右告) 각방(各方)으로 애소탄원 함.

혼야애걸(昏夜哀乞) 다른 사람이 보지 않는 틈을 타서 세력(勢力)이 있는 사람에게 하는 애걸.

노상안면 길路 위上 얼굴顔 낯面

정식(定式)으로 인사(人事)를 나누지는 않았으나 길에서 만난 적이 있어 서로 알아볼 만한 얼굴.

구두지교(口頭之交) 「말뿐인 우정(友情)」 건성으로 사귀는 사이.

반면지교(半面之交) 얼굴만 겨우 알 뿐이고 교제(交際)는 얕은 사이.

세리지교(勢利之交) 권세(權勢)와 이익(利益)을 위하여 맺는 교제(交際).

시도지교(市道之交) 「시장(市場)에서의 사귐」 다만 이익을 위하여 맺은 교제.

오집지교(烏集之交) 까마귀가 모인 듯한 사귐.

이리교자 이궁즉산(以利交者 利窮則散) 이익을 위해 교제하는 자는 그 이익이 다하면 흩어짐.

노생상담 늙을老 서생生 항상常 이야기談

「노인(老人)들이 늘 하는 이야기」 노인들의 고루(固陋)한 이론(理論)이나 평범(平凡)한 의논(議論).

노생지몽 늙을老 살生 어조사之 꿈夢

「노생이 꾼 꿈」 인생(人生)의 덧없음과 영화(榮華)의 헛됨.

여옹침(呂翁枕) 「여옹의 베개」 노생이 한단에서 도사 여옹의 베개를 빌어 잠시 눈을 붙인 사이에 부귀영화(富貴榮華)의 꿈을 꾼 고사(故事).

일장춘몽(一場春夢) 한바탕 꿈을 꿀 때처럼 흔적(痕迹)도 없는 봄밤의 꿈.

한단지몽(邯鄲之夢) 「한단에서 꾼 꿈」 인간 세상의 덧없음.

노서소미 늙을老 쥐鼠 불사를燒 꼬리尾

「늙은 쥐가 꼬리는 태움」 재능(才能)이 없으면서 과거(科擧)에 급제(及第)함.

절계(折桂) 「계수나무의 가지를 꺾었음」 과거에 급제함.

금방제명(金榜題名), **방상괘명**(榜上掛名) 과거에 급제한 사람의 성명(姓名)을 발표(發表)하던 방목(榜目)에 이름이 기록(記錄)됨. 과거에 합격(合格)함.

섬궁절계(蟾宮折桂) 「달나라에서 계수나무를 꺾음」 과거에 급제함.

어룡장화(魚龍將化) 「잉어가 용으로 화함」 과거에 급제하여 입신양명(立身揚名)함.

용표탈귀(龍標奪歸) 과거에 장원(壯元)으로 급제한 자를 일러 용표(龍標) 또는 금표(錦標)를 빼앗았다고 함.

접란봉시(接鸞鳳翅) 「난조(鸞鳥)와 봉황(鳳凰)이 날개를 맞댐」 수재(秀才)가 함께 과거에 급제함.

탈금지인(奪錦之人) 「비단옷을 빼앗은 사람」 관리(官吏) 등용(登用) 시험(試驗)에 급제한 사람.

노성인 늙을老 이룰成 사람人

옛 신하(臣下).

경험(經驗)이 풍부(豊富)한 사람.

노소동락 늙을老 젊을少 같을同 즐거울樂

노인(老人)과 젊은이가 함께 즐김.

만인동락(萬人同樂) 뭇사람이 함께 즐김.

망년지교(忘年之交) 나이를 잊은 사귐.

저구지교(杵臼之交) 귀천(貴賤)을 가리지 않은 사귐.

포의지교(布衣之交) 벼슬을 하지 않던 빈천(貧賤)할 때부터의 사귐. 귀천을 떠난 사귐. 지위(地位)의 고하를 따지지 않고 하는 사귐.

노소부정 늙을老 젊을少 아닐不 정할定

「노인(老人)도 소년(少年)도 정해져 있지 않음」 사람의 목숨은 덧없어 정명(定命)을 알 수 없으므로 죽음에는 노소가 따로 없음.

노소비복 늙을老 젊을少 여자종婢 종僕

늙고 젊은 남종과 여종.

노소이량 늙을老 젊을少 다를異 양식糧

늙은이와 젊은이의 식사(食事)가 다름.

친척고구 노소이량(親戚故舊 老少異糧) 친척(親戚)들과 옛 친구(親舊)들을 대접(待接)할 때는, 늙고 젊음에 따라 먹을 것을 달리 해야 함.

노소향당 늙을老 젊을少 마을鄕 무리黨

시골의 늙은이와 젊은이.

노수등절 길路 쓰일需 따위等 사항節

여행(旅行)할 때 드는 노자(路資)와 그에 따르는 모든 물건(物件).

노숙풍찬 이슬露 잘宿 바람風 먹을餐

「한데 잠을 자면서 바람을 맞으며 밥을 먹음」 여행(旅行)하는 어려움.

풍찬노숙(風餐露宿)

노승발검 노할怒 파리蠅 뽑을拔 칼劍

「파리에게 노하여 칼을 뺌」 사소(些少)한 일에 크게 대응(對應)함.

사소한 일에 크게 화를 냄.

견문발검(見蚊拔劍) 모기를 보고 칼을 빼듦.

우도할계(牛刀割鷄) 소 잡는 칼로 닭을 잡음.

우정팽계(牛鼎烹鷄) 소 삶는 솥으로 닭을 삶음.

할계언용우도(割鷄焉用牛刀) 닭을 자르는데 어찌 소 잡는 칼을 쓰겠는가?

노신초사 수고로울勞 몸身 그을릴焦 생각思

몸을 고달프게 하며, 마음을 애타게 함.

노심초사(勞心焦思)

노실색시 성낼怒 집室 빛色 저자市

「안방에서 화를 내고 저자에 나가 얼굴을 붉힘」 집안에서의 노여움을 저자에서 드러냄.

노갑이을(怒甲移乙) 갑에게 당한 노여움을 을에게로 옮김.

식노지구(飾怒之具) 국법(國法)을 관리(官吏) 등이 사사(私私)로운 감정(感情)으로 마음대로 적용(適用)하여 자신(自身)의 화풀이 도구(道具)로 이용(利用)함.

실어노시어색(室於怒市於色) 실내(室內)에서 성내고 그 노기(怒氣)를 저자에서 보임.

노심초사 힘쓸勞 마음心 그을릴焦 생각思

「마음속으로 애를 쓰고 생각이 많아 속이 탐」 어떤 일에 대한 걱정과 우려(憂慮)로 몹시 불안(不安)한 상태(狀態).

노신초사(勞身焦思)

경경고침(耿耿孤枕) 불안해하며 외로이 잠듦.

경경불매(耿耿不寐) 근심에 젖어 잠을 이루지 못함.

고심참담(故心慘憺) 몹시 마음을 태우며 애를 쓰면서 걱정함.

망자재배(芒刺在背) 「가시를 등에 지고 있음」 마음이 조마조마하여 편하지 않음.

불안침석(不安寢席) 걱정이 있어 편안(便安)하게 잠을 자지 못함.

수색만면(愁色滿面) 근심하는 빛이 얼굴에 가득함.

식불감미(食不甘味) 근심과 걱정으로 음식(飮食)을 먹어도 맛이 없음.

여좌침석(如坐針席) 바늘방석에 앉은 듯함.

오매불망(寤寐不忘) 자나 깨나 잊지 못함.

우우불매(憂鬱不寐) 근심이 많아 답답하여 잠을 이루지 못함.

전전긍긍(戰戰兢兢) 겁을 먹고 벌벌 떨며 몸을 움츠림.

전전복침(輾轉伏枕) 잠이 오지 않아 이리저리 뒤치락거리며 베개에 엎드림.

전전불매(輾轉不寐) 근심과 걱정으로 잠을 이루지 못함.

좌불안석(坐不安席), **좌립불안**(坐立不安) 앉아 있으나 자리가 편하지 않음.

측석이좌(側席而坐) 마음속에 근심이 있어 앉은 자리가 편하지 않음.

침불안석(寢不安席) 걱정이 많아서 편안히 자지 못함.

침식불안(寢食不安) 자나 먹으나 편하지 못함.

침불안식불감(寢不安食不甘) 잠을 자도 편하지 않고 먹어도 달지 않음.

노안비슬 종奴 얼굴顔 여자종婢 무릎膝

「사내종의 얼굴과 계집종의 무릎」 사내종이 고개를 숙이고, 계집종이 무릎을 꿇듯이, 남과 교제(交際)할 때 지나치게 굽실굽실하며 비굴(卑屈)한 태도(態度)로 일관(一貫)함.

구합취용(苟合取用) 아부(阿附)하여 남의 환심(歡心)을 사려고 힘씀.

매소헌미(賣笑獻媚) 환심을 사기 위해 웃음을 짓고 아양을 떪.

승망풍지(乘望風旨) 「망루(望樓)에 올라 바람결을 헤아림」 남의 눈치를 보아 가며 비위(脾胃)를 잘 맞추어 줌.

아유순지(阿諛順旨) 아첨(阿諂)하여 그 사람을 따름.

아유첨녕(阿諛諂佞) 남에게 잘 보이려고 알랑거리며 비위(脾胃)를 맞춤.

연옹지치(吮癰舐痔) 종기(腫氣)에 찬 고름을 빨고 치질(痔疾) 앓는 항문(肛門)을 핥음.

요미걸련(搖尾乞憐) 개가 주인의 환심을 사기 위해 머리를 숙이고 귀를 뒤로 붙이고 꼬리를 흔듦.

첨유지풍(諂諛之風) 아첨을 잘하는 버릇.

추염부열(趨炎附熱) 「불꽃에 좇아 열을 붙임」 권력자(權力者)의 비위(脾胃)를 맞춤.

협견첨소(脅肩諂笑) 남의 비위(脾胃)를 맞추기 위해 어깨를 들어 올리고 아첨하며 웃음.

노안유명 늙을老 눈眼 오히려猶 밝을明

노인(老人)의 시력(視力)이 오히려 밝음.

노양지과 나라 이름魯 볕陽 어조사之 창戈

「노양공(魯陽公)이 창으로 해를 불러옴」 한창 격전(激戰) 중에 창을 들어 해를 멈추게 함. 위세(威勢)가 당당(堂堂)함.

목지기사(目指氣使) 「눈짓과 얼굴빛으로 사람을 부림」 위세가 대단함.

용양인진(龍驤麟振) 「용처럼 올라가고 기린(麒麟)처럼 떨침」 위세가 대단함.

노어도음 둔할魯 물고기魚 질그릇陶 그늘陰

魯 자와 魚 자, 陶 자와 陰 자를 혼동(混同)하는 오류(誤謬).

노어오언 둔할魯 물고기魚 까마귀烏 어조사焉

魯와 魚를, 烏와 焉을 구분(區分)하지 못함.

노어지오 둔할魯 물고기魚 之 그르칠誤

노어지류 魯 魚 어조사之 그릇될謬

노어제호 魯 魚 임금帝 범虎

「노(魯)와 어(魚)는 글자 모양(模樣)이 비슷해 틀리기 쉬움」 글자를 잘못 씀.

별풍회우(別風淮雨) 列風淫雨(**열풍음우**-세차게 부는 바람과 장맛비)라고 써야 할 것을, 잘못 알고 써서 '별풍회우'가 된 고사(故事).

삼시금근(三豕金根) 己亥(기해)를 三豕로, 金銀(금은)을 金根으로 모두 잘못 봄.

삼시도하(三豕渡河) 己亥(기해)를 三豕로, 섭하(涉河)를 渡河로 잘못 읽음.

어로불변(魚魯不辨) 魚와 魯 자를 분간(分揀)하지 못함.

오언성마(烏焉成馬) 烏와 焉이 馬라는 글자가 됨.

오언어로(烏焉漁魯) 烏와 焉, 漁와 魯의 글자 모양이 비슷이 서로 비슷하여, 베껴 쓰거나 읽을 때 잘못 이해(理解)하게 됨.

오자낙서(誤字落書) 글씨를 잘못 씀과 빠뜨리고 씀.

해시지와(亥豕之譌) 亥와 豕를 잘못 읽음. 오독(誤讀), 오해(誤解).

노어해시 둔할魯 물고기魚 돼지亥 돼지豕

魯와 魚, 亥와 豕는 비슷하여 잘못 쓰는 오류(誤謬)를 범하기 쉬움.

노연분비 일할勞 제비燕 나눌分 날飛

「때까치와 제비가 서로 나뉘어 날아감」 사람들 사이의 이별(離別)을 비유하는 말.

노예근성 종奴 종隸 뿌리根 성품性

남이 시키는 대로 하거나 주체성(主體性) 없이 남의 눈치만 보는 성질(性質).

노온능해 늙을老 할머니嫗 능할能 풀解

노온도해 老 嫗 감탄사都 解

「늙은 할머니도 이해(理解)할 수 있음」 글을 쉽게 씀.

노구능해(老嫗能解), **노구도해**(老嫗都解)

노우지독 늙을老 소牛 핥을舐 송아지犢

「늙은 소가 송아지를 핥아 주는 사랑」 부모(父母)의 자식(子息)에 대한 사랑이 깊음. **노우지독지애**(老牛舐犢之愛)

연독지정(吮犢之情) 어미 소가 송아지를 핥는 정.

시구지인(鳲鳩之仁) 「뻐꾸기의 인자(仁慈)함」 뻐꾸기가 새끼를 기르는 인애(仁愛).

노유남녀 늙을老 어릴幼 사내男 여자女

늙은이와 어린이와 사내와 여자(女子)

모든 사람.

남녀노소(男女老少), **남녀노유**(男女老幼)

갑남을녀(甲男乙女) 갑이라는 남자(男子)와 을이라는 여자.

과구중인(科臼中人) 「빈 절구 속의 사람」 평범한 사람.

범부범부(凡夫凡婦) 평범(平凡)한 남녀.

상하노소(上下老少) 「윗사람이나 아랫사람과 늙은이나 젊은이」 모든 사람.

선남선녀(善男善女) 「착한 남자와 착한 여자」 세상에 살아가는 착하고 어진 평범한 사람들.

용용지도(庸庸之徒) 평범한 사람들.

우부우부(愚夫愚婦) 「평범한 남녀」 신분(身分)이나 이름이 알려지지 않은 그저 평범한 사람들.

장삼이사(張三李四) 장 씨의 셋째 아들과 이 씨의 넷째 아들.

초동급부(樵童汲婦) 땔나무를 하는 아이와 물을 긷는 아낙네.

초동목부(樵童牧夫) 땔나무를 하는 아이와 가축(家畜)에게 풀을 먹이는 사람.

필부필부(匹夫匹婦) 평범한 남자와 여자.

노유상어 늙을老 선비儒 항상常 말語

「늙은 학자(學者)가 항상(恒常) 하는 말」 시세(時勢)에 어두운 상투어(常套語).

노생지상담(老生之常譚)

노의편작 밥그릇盧 의원醫 넓을扁 까치鵲

노나라의 훌륭한 의원(醫員).

노이무공

수고할勞 말 이을而 없을無 공로功

애만 쓰고 보람이 없음.

금의야행(錦衣夜行) 「비단옷을 입고 밤길을 걸음」 알아주는 이가 없어 보람이 없음.

도로무공(徒勞無功), **도로무익**(徒勞無益) 헛되이 수고만 하고 아무런 이득(利得)을 얻지 못함.

암중순목(暗中瞬目) 남이 이해(理解)할 수 없는 방법(方法)으로 자기 의사(意思)를 나타냄.

야행피수(夜行被繡) 수놓은 좋은 옷을 입고 밤길을 감.

종정구인(從井救人) 우물에 들어가 남을 구함.

노이불사 늙을老 말 이을而 아닐不 죽을死

「늙어도 죽지 못함」 늙은 나이에 어지러운 일이 자꾸 닥치어, 꼴사나워서 죽고 싶어도 죽지 못함.

사불명목(死不瞑目) 마음에 맺히고 근심이 되어, 죽어서도 눈을 편히 감지 못함.

노이불원

수고할勞 말 이을而 아닐不 원망할怨

효자(孝子)는 부모를 위해 어떤 고생(苦生)을 하더라도 결코 부모(父母)를 원망(怨望)하지 않음.

노이비 떨쳐 일어날怒 말 이을而 날飛

새가 날개를 힘차게 치면서 날아감을 말함. 怒는 분기(奮起)하는 것.

노익장 늙을老 더할益 왕성할壯

나이는 들었으나 기력(氣力)은 더욱 좋아짐. **노당익장**(老當益壯)

노인개지 길路 사람人 다皆 알知

노인소지 路 人 바所 知

「길 가는 사람도 앎」 세상 사람이 모두 아는바. 뻔히 들여다보이는 속셈.

중소공지(衆所共知) 뭇사람이 모두 아는 바.

사마소지심(司馬昭之心) 사마소의 마음은 길 가는 사람도 다 앎.

노인발피
늙은이老 사람人 물 뿌릴潑 가죽皮

「일정(一定)한 직업(職業)도 없이 떠돌아다니는 늙은 부랑자(浮浪者)」 아무 데에도 소용(所用)이 없고 도리어 해로움.

가모수거(家母手鉅) 「집안의 가정주부(家庭主婦)가 손이 큼」 아무 데에도 소용이 없고 도리어 해로움.

노인자제 늙은이老 사람人 아들子 아우弟
늙은이가 낳은 아들.

노방생주(老蚌生珠) 「오래된 조개가 진주(珍珠)를 낳음」 만년(晩年)에 아들을 얻음.

노일지설
수고로울勞 편안할逸 어조사之 말씀說

안일(安逸)을 즐기며 노고(勞苦)를 물리치는 설.

노자역덕 성낼怒 사람者 거스를逆 덕德
「사람이 노하게 되면 서로 싸우게 됨」 노하는 것은 덕을 역행(逆行)하는 일임.

노작가축 수고로울勞 지을作 집家 가축畜
「힘들여 일하는 가축」 말이나 소 따위.

노잠작견 늙을老 누에蠶 지을作 고치繭
「늙은 누에가 고치를 만듦」 늙어서도 도(道)를 구하여 노력(努力)함.

노장사상 늙을老 엄할莊 생각思 생각想
노장지도 老 莊 어조사之 도道
노장지학 老 莊 之 학문學
노자(老子)와 장자(莊子)의 사상. 무위자연(無爲自然)을 도덕(道德)의 표준(標準)으로 하고, 허무(虛無)를 우주(宇宙)의 근원(根源)으로 삼는다. 예(禮)를 통해 세상을 교화(敎化)하려 한 유가(儒家)에 대하여 매우 비판적(批判的)이었다.

노전분하 화로爐 밭田 나눌分 아래下
그 당시(當時) 현장(現場)에 있는 사람에게만 나누어 줌.

노주지분 종奴 주인主 어조사之 나눌分
「종과 상전(上典)의 나뉨」 매우 거리(距離)가 멀어 바꿔 설 수 없는 대인 관계(對人關係).

노지남자 미련할魯 어조사之 사내男 아들子
「여색(女色)을 좋아하지 않는 남자」 사람이 행실(行實)을 배우는 데는 그 외형(外形)을 배우지 말고 심의(心意)를 배워야 함.

노청유록 늙을老 푸를靑 어릴幼 푸를綠
초목(草木)의 새잎과 옛 잎이 서로 섞임.

노축암 성낼怒 찰蹴 바위巖
「성이 나서 바위를 참」 분을 참지 못하여 자기(自己) 몸을 해(害)침.

노친시하 늙을老 어버이親 모실侍 아래下
늙은 어버이를 모시고 있는 처지(處地).

편친시하(偏親侍下) 홀로 된 어머니나 아버지를 모시고 있는 처지.

노파심 늙을老 할미婆 마음心
노파심절 老 婆 心 절실할切
늙은 할미가 세세(細細)하게 마음을 쓰듯이 남을 너무 걱정하는 마음.

남을 위하여 지나치게 걱정함.

노학구 늙을老 배울學 궁구할究
세상에 쓸모없는 속학자(俗學者).

노한소초 늙을老 한나라漢 젊을少 초나라楚
장기(將棋)를 둘 때, 나이가 많은 사람이 한(漢) 자가 쓰인 말을, 나이가 적은 사람이 초(楚) 자가 쓰인 말을 가지고 두는 일.

노홍소청(老紅少靑)

수고자백(手高者白) 바둑을 둘 때 수가 높

은 사람이 흰 바둑돌을 가지고 두는 일.

연고자백(年高者白) 바둑을 둘 때 나이가 많은 사람이 흰 바둑돌을 잡음.

노해작업 건질撈 바다海 일할作 업業

바닷속에 떠다니거나 바다 밑에 쌓여 있는 물질(物質)을 건져 내는 작업.

노협괴경 길路 낄夾 회화나무槐 벼슬卿

길에 고위(高位) 고관(高官)인 삼공구경(三公九卿)의 마차(馬車)가 열 지어 궁전(宮殿)으로 들어가는 모습.

부라장상 노협괴경(府羅將相 路挾槐卿) 관부(官府)에는 장수(將帥)와 정승(政丞)들이 벌려 있고, 길에는 공경(公卿)의 집들을 끼고 있음.

노홍소청 늙을老 붉을紅 젊을少 푸를靑

장기(將棋)를 둘 때 나이가 많은 사람이 붉은빛인 한(漢)을 가지고, 나이가 적은 사람은 푸른빛인 초(楚)를 가지고 두는 법.

노한소초(老漢少楚)

노화풍비 갈대蘆 꽃花 바람風 날飛

갈대꽃이 바람에 날림.

노힐부득

힘쓸努 소리 울릴肹 지아비夫 얻을得

신라(新羅) 성덕왕(聖德王) 때 미륵(彌勒) 부처의 도(道)를 열심(熱心)히 닦아 미륵 부처가 되었다는 성인(聖人).

녹두장군 푸를綠 콩豆 장수將 군사軍

'전봉준(全琫準)'의 다른 이름. 어릴 때 키가 작아 사람들이 그를 '녹두'라 부른 데서 유래(由來)함.

녹록부유 용렬할碌 碌 썩을腐 선비儒

「보잘것없는 썩은 선비」 변변치 못한 못난 선비. 녹록하게 보이는 못난 선비.

녹림호객 푸를綠 수풀林 호걸豪 손客

녹림호걸 綠 林 豪 뛰어날傑

「녹림의 도적 떼」 산림(山林)에 숨어서 재물(在物)을 탈취(奪取)하는 패거리.

화적(火賊)이나 도둑.

강도와주(强盜窩主) 강도를 숨겨준 자. 장물(贓物)을 은닉(隱匿)한 자.

도적와주(盜賊窩主) 물건(物件)을 훔친 자나 강도의 우두머리.

명화집장(明火執仗) 「불을 밝히고 몽둥이를 잡음」 강도를 말함.

무본대상(無本大商) 「밑천 없이 하는 큰 장사」 도둑을 비꼬는 말.

서절구투(鼠竊狗偸) 쥐나 개처럼 가만히 물건을 훔침.

양상군자(梁上君子) 「들보 위의 군자」 '도둑'을 완곡(婉曲)하게 부르는 말.

천유지도(穿窬之盜) 「벽을 뚫거나 담장을 넘는 좀도둑」 남몰래 나쁜 짓을 하는 사람.

초두천자(草頭天子) 강도의 우두머리. 노상강도(路上强盜)의 두목(頭目).

녹만창전 푸를綠 찰滿 창窓 앞前

「창 앞에 푸르름이 가득함」 창가에 초목(草木)이 푸르게 우거진 모양(模樣)으로, 초여름의 경관(景觀).

있는 그대로의 자연(自然)을 즐기려는 문인(文人)의 심경(心境).

녹명시취 기록할錄 이름名 시험試 가질取

일정(一定)한 규정(規定)에 따라 지정(指定)된 사람의 명단(名單)을 기록(記錄)하고, 그들만 시험(試驗)을 보게 허락(許諾)하던 일.

녹명지연 사슴鹿 울鳴 어조사之 잔치宴

중국 당(唐)나라 때에 지방관(地方官)에 의하여 조정(朝廷)에 추천(推薦)된 사람을 주현(州縣)의 원(元)이나 수령(首領)이 융숭(隆

崇)히 대접(待接)하던 연회(宴會).

녹무월계 녹봉祿 말毋 넘을越 품계階

관직(官職)은 높으나 품계(品階)가 낮은 벼슬아치가 실무직(實務職)을 떠난 후, 그 녹봉(祿俸)을 낮은 품계에 따라서 주던 규정(規定).

녹불기치 녹봉祿 아닐不 기약할期 사치할侈

후(厚)한 봉록(俸祿)을 받으면 알지도 못하는 사이 사치(奢侈)에 흐르게 됨.

세고익위(勢高益危) 「권세(權勢)가 높을수록 더욱 위태로움」 영예(榮譽)와 이익(利益)만 추구(追究)하다가는 위기(危機)를 맞게 됨.

위불기교(位不期驕) 「지위(地位)는 교만(驕慢)함을 기약(期約)하지 않음」 일정한 지위(地位)에 오를수록 거만(倨慢)해지기 쉬우니 더욱 겸손(謙遜)하게 행동(行動)할 것을 경계(警戒)하라.

지만지도(持滿之道) 극도(極度)에 다다른 점, 맨 끝에 도달(到達)한 지위를 보전(保全)하는 방법(方法).

천문등팔(天門登八) 벼슬길에 올라 그 지위가 극에 가까워지면 몸이 위태(危殆)롭게 됨.

항룡유회(亢龍有悔) 하늘 끝까지 올라가서 내려올 줄 모르는 용은 후회(後悔)하게 됨.

부귀생교사(富貴生驕奢) 사람이 재산(財産)이 많아지고 지위가 높아지면 자연히 교만하고 사치하려는 마음이 생김.

녹불첩수 녹봉祿 아닐不 거듭할疊 받을受

두 가지 벼슬을 겸하는 사람이 양쪽의 녹을 겹쳐 받지 않고 한 벼슬의 녹만 받도록 하던 규정(規程).

녹빈홍안 검을綠 귀밑털鬢 붉을紅 얼굴顔

「윤이 나는 검은 머리와 고운 얼굴」 젊고 아름다운 여자(女子)의 얼굴.

곡미풍협(曲眉豐頰) 초승달 모양(模樣)의 눈썹과 통통하게 살이 붙은 탐스러운 뺨.

단순호치(丹脣皓齒) 붉은 입술과 흰 이.

도홍이백(桃紅李白) 「복숭아꽃은 다홍빛이고 자두 꽃은 흼」 미인(美人)들의 아리따운 모습.

만리호치(曼理皓齒) 고운 살결과 흰 이.

만협호치(曼頰皓齒) 아름다운 뺨과 흰 이.

명모호치(明眸皓齒) 맑은 눈동자와 흰 이.

미목여화(眉目如畵) 눈썹과 눈이 그린 것 같음.

수화폐월(羞花蔽月) 너무 아름다워 꽃도 부끄러워하고 달도 숨음.

아환선빈(鴉鬟蟬鬢), **오발선빈**(烏髮蟬鬢) 「검은 머리와 매미 날개같이 하늘거리는 살쩍」 여자의 머리가 검고 아름다움.

녹사불택음

사슴鹿 죽을死 아닐不 가릴擇 소리音

사슴의 울음소리는 우아(優雅)하지만, 죽음이 임박(臨迫)했을 때는 좋은 소리를 고를 틈조차 없다.

위어육(爲魚肉) 「도마 위의 물고기가 됨」 남의 손에 의해 죽게 됨.

고어지사(枯魚之肆) 어물전(魚物廛)의 목마른 물고기.

도소지양(屠所之羊) 도수장(屠獸場)으로 끌려가는 양.

부월당전(斧鉞當前) 큰 도끼 작은 도끼가 눈앞에 있음.

부중지어(釜中之魚) 솥 안에 든 물고기.

불면정조(不免鼎俎) 솥에 삶아지고 도마 위에 오르는 것을 면치 못함.

소수지어(小水之魚) 얼마 안 되는 작은 물 속에 사는 물고기.

어유부중(魚遊釜中) 고기가 솥 속에서 노닒.

우제지어(牛蹄之魚) 소 발자국에 괸 물에

있는 물고기.

조상지어(俎上之魚) 도마 위에 오른 고기.

철부지급(轍鮒之急) 수레바퀴 자국에 괸 물에 있는 붕어의 급함.

학철부어(涸轍鮒魚) 수레바퀴 자국에 괸 물에 있는 붕어.

녹사수수 사슴鹿 죽을死 누구誰 손手

「사슴이 누구의 손에 죽는가?」 승패(勝敗)를 결정(決定)하지 못함.

우열난분(優劣難分) 낫고 못함을 가리기 어려움.

춘란추국(春蘭秋菊) 「봄의 난초(蘭草)와 가을의 국화(菊花)」 어느 것이 더 낫다고 할 수가 없음.

녹색신고 푸를綠 빛色 진술할申 알릴告

납세자(納稅者)가 법인세(法人稅)나 소득세(所得稅)의 과세(課稅) 표준(標準)과 세액(稅額)을 자진(自進) 신고(申告)하여 납세(納稅)하는 일. 납세 신고 용지(用紙)가 녹색인 데서 비롯됨.

녹색주의 푸를綠 빛色 주장할主 옳을義

자연(自然)의 모든 생명체(生命體)를 존중(尊重)하고 그 가치(價値)를 최우선(崔于先)에 두는 태도(態度)나 사상(思想).

녹수진경 푸를綠 나무樹 진나라秦 서울京

푸른 나무 우거진 진나라 서울. 秦京은 중국의 서경(西京)이므로 장안(長安)을 말함.

녹수청산 푸를綠 물水 푸를靑 메山

푸른 물과 푸른 산.

녹양방초 푸를綠 버들楊 꽃다울芳 풀草

푸른 버들과 꽃다운 풀.

녹엽성음 푸를綠 잎葉 이룰成 그늘陰

「초록빛 잎이 그늘을 만듦」 여자(女子)가 결혼(結婚)하여 자녀(子女)가 많음.

불식목다착실(不食木多箸實) 「못 먹는 나무에 열매가 많음」 가난한 집에 자식(子息)이 많음.

녹음방초 푸를綠 그늘질陰 꽃다울芳 풀草

「푸른 잎이 우거진 나무 그늘과 꽃다운 풀」 여름철의 자연(自然) 경치(景致).

무변풍월(無邊風月) 아름다운 풍경(風景)이 끝없이 이어져 있는 모양(模樣).

연하일휘(煙霞日輝) 「안개와 노을과 햇빛」 자연의 아름다움.

청산녹수(靑山綠水) 녹음(綠陰)이 깃든 아름다운 자연.

청풍명월(淸風明月) 「맑은 바람과 밝은 달」 아름다운 자연.

화조월석(花鳥月夕) 경치가 좋은 시절(時節), 또는 봄의 아름다운 자연.

녹의사자 푸를綠 옷衣 부릴使 사람者

「푸른 옷을 입은 사자」 앵무새(鸚鵡-)의 다른 이름.

설의랑(雪衣娘) 앵무새의 이명(異名).

녹의홍상 푸를綠 옷衣 붉을紅 치마裳

「연두저고리에 다홍치마」 곱게 차려입은 젊은 아가씨의 옷차림.

녹의황리 푸를綠 옷衣 누를黃 속裏

「값싼 연두저고리에 값진 황색(黃色) 안감을 댐」 귀천(貴賤)의 자리가 서로 뒤바뀜.

천첩(賤妾)이 귀하게 되고, 적첩(嫡妾)이 낮게 됨.

녹의황상 푸를綠 옷衣 누를黃 치마裳

「간색(間色)인 녹색(綠色)의 저고리와 정색(正色)인 노란 치마를 입음」 귀천(貴賤)이 뒤바뀜.

녹이상제 말 이름騄 귀耳 서리霜 굽蹄

빠르고 좋은 말. '騄耳'와 '霜蹄'는 모두 주(周)나라 목왕(穆王)이 타던 준마(駿馬).

녹죽청송 푸를綠 대나무竹 푸를靑 소나무松

푸른 대나무와 푸른 소나무.

녹창주호 푸를綠 창窓 붉을朱 지게戶

「푸른 칠을 한 창과 붉은 칠을 한 문(門)」호화(豪華)롭게 꾸민 좋은 집.

고각대루(高閣大樓) 높고 큰 집.

고당화각(高堂畫閣) 높은 곳에 지은 아름다운 집.

고대광실(高臺廣室) 매우 크고 좋은 집. 고래 등 같은 기와집.

고루거각(高樓巨閣) 높고 크게 지은 집.

대하고루(大廈高樓) 큰 집과 높은 누각(樓閣).

주문갑제(朱門甲第)「붉은 대문(大門)을 단, 크게 잘 지은 집」높은 벼슬아치가 사는 집.

준우조장(峻宇彫墻) 집을 크고 우뚝하게 짓고, 담장을 아름답게 두름.

최제수척(榱題數尺) 서까래의 끝이 몇 척이나 됨.

화동주렴(畵棟朱簾) 단청(丹靑)한 마룻대와 붉은 발.

녹초청강 푸를綠 풀草 맑을淸 강江

푸른 풀과 맑은 강.

녹피왈자 사슴鹿 가죽皮 가로曰 글자字

「사슴 가죽에 쓰여 있는 왈 자」주견(主見)이 없이 남의 말을 좇아 이리저리함.

견강부회(牽强附會) 가당(可當)치도 않은 말을 억지로 끌어다 대어 자기주장(自己主張)의 조건(條件)에 맞게 함.

견합지설(牽合之說) 억지로 끌어다 붙여 그럴듯하게 꾸며대는 말.

곡학아세(曲學阿世) 학문(學問)을 굽혀 세상에 아첨(阿諂)함.

부회지설(附會之說) 사리(事理)를 억지로 발라맞춘 의견(意見).

숙록피대전(熟鹿皮大典) 부드럽게 만든 사슴의 가죽에 글자를 써 놓으면 좌우(左右), 상하(上下)에서 잡아당기는 데 따라 일(日)자도 되고 왈(曰) 자도 됨.

이현령비현령(耳懸鈴鼻懸鈴)「귀에 걸면 귀걸이, 코에 걸면 코걸이」어떤 사실(事實)이 이렇게도 저렇게도 해석(解釋)됨.

논공봉작 의논할論 공로功 봉할封 벼슬爵

공을 따져서 제후(諸侯)로 봉하고 관작(官爵)을 줌.

논공최 의논할論 공로功 가장最

공과(功過)의 논하는 것. 공이 가장 뛰어난 것을 最라고 함.

논공행상 의논할論 공로功 행할行 상줄賞

「공로(功勞)를 조사(調査)하여 상을 줌」공로가 있음과 없음, 크고 작음을 논하여 그에 합당(合當)한 상(賞)을 내림.

↔ **참상남형**(僭賞濫刑) 함부로 상을 주고 마구 벌을 줌.

논도경방 의논할論 길道 경서經 나라邦

나라를 다스릴 길을 놓아, 국가(國家)를 경륜(經綸)함.

논리정연 논할論 이치理 가지런할整 그럴然

의논(議論)이나 언설(言說)이 사리(事理)에 잘 통하고 정연한 모양(模樣).

이로정연(理路整然)

논병급국 의논할論 병들病 미칠及 나라國

병(病)을 연구(硏究)하여 얻은 이론(理論)을 응용(應用)하여 국정(國政)을 논함.

논불골표 논할論 부처佛 뼈骨 드러낼表

「부처의 유골(遺骨)에 대해 논하기 시작(始作)함」 당(唐)나라 헌종(憲宗)이 불도(佛道)를 숭상(崇尙)하여 불골(佛骨)을 궁중(宮中)으로 맞으려 하자, 한유(韓愈)가 올린 반대(反對) 상소(上訴)이다.

논인장단 논의할論 사람人 길長 짧을短

남의 잘잘못을 평가(評價)하여 말함.

왈시왈비(曰是曰非) 어떤 일에 대하여 옳고 그름을 말함. 잘잘못을 가림.

↔ **당동벌이**(黨同伐異) 일의 옳고 그름은 따지지 않고 뜻이 같은 무리끼리는 서로 돕고 그렇지 않은 무리는 배척(排斥)함.

논점일탈 의논할論 점點 편안할逸 달아날脫

논설(論說)의 요점(要點)을 벗어남.

농가성진 희롱할弄 거짓假 이룰成 참眞

장난삼아 한 것이 진정(眞情)으로 한 것 같이 됨. **가롱성진**(假弄成眞)

농경정급 밭두둑壟 밭 갈耕 우물井 길을汲

「밭 갈아 먹고 우물물을 길어 마심」 소박(素朴)한 전원생활(田園生活).

단사표음(簞食瓢飮) 「한 소쿠리의 밥과 표주박의 물」 매우 소박한 생활.

박주산채(薄酒山菜) 맛이 변변찮은 술과 산나물.

소사채갱(疏食菜羹) 「거친 음식과 나물국」 청빈(淸貧)하고 소박한 생활.

일즙일채(一汁一菜) 국 한 그릇과 나물 한 그릇의 식사(食事).

농공가무 농사農 일功 노래歌 춤출舞

삼한시대(三韓時代)의 가무. 씨를 뿌릴 때와 추수(秋收)한 뒤에 신(神)에게 감사(感謝)드리기 위하여 여러 사람이 함께 노래하고 춤추던 원시적(原始的)인 가무이다.

농과성진 희롱할弄 지나칠過 이룰成 성낼嗔

장난도 지나치면 노여움을 사게 됨.

농교성졸

희롱할弄 교묘할巧 이룰成 졸렬할拙

지나치게 솜씨를 부리다가 도리어 서툴게 됨을 이르는 말.

욕교반졸(欲巧反拙) 잘 만들려고 너무 기교(技巧)를 부리다가 도리어 졸렬(拙劣)한 결과(結果)를 보게 됨.

화사첨족(畵蛇添足) 뱀을 그리고 발을 그려 넣음.

농단 밭두둑壟 끊을斷

깎아지른 듯이 높이 솟은 언덕.

이익(利益)이나 권리(權利)를 독차지함.

농단지술 밭두둑壟 끊을斷 어조사之 재주術

농단하는 재주.

농묘(무)지신

밭두둑壟 이랑畝 어조사之 신하臣

시골에 있는 신하(臣下).

농미대안 짙을濃 눈썹眉 큰大 눈眼

눈썹이 짙고 눈이 큼.

농반진반 희롱할弄 반半 참眞 半

「말에 농담(弄談)이 반 진담(眞談)이 반 섞여 있음」 어떤 말이 거짓일 수도 진실(眞實)일 수도 있음.

농번기 농사農 번성할繁 기간期

농사일(農事-)이 매우 바쁜 시기(時期). 모낼 때, 논맬 때, 추수(秋收)할 때 따위가 이에 속함.

사민이시(使民以時) 농번기를 피하여 백성(百姓)을 사역(使役)시킴.

↔ **농한기**(農閑期) 농사일이 바쁘지 않아 겨를이 많을 때. 대개 벼농사 중심(中心)의 영

농(營農)에서 추수(秋收) 후부터 다음 모내기까지의 기간(其間).

농병황지 희롱할弄 병사兵 깊을潢 못池

「아이들이 물이 괴어 있는 못에서 병기(兵器)를 가지고 장난하는 것과 같음」 대수롭지 않거나 몹시 요란(騷亂)스러움.

농본사상 농사農 근본本 생각思 생각想

농본주의 農 本 주장할主 옳을義

조선시대(朝鮮時代)의 기본(基本) 행정(行政) 방침(方針). 사(士)·농(農)·공(工)·상(商)이라는 신분(身分) 순위(順位)를 정하여 놓고, 농업(農業)을 중히 여기고 백성(百姓)의 안녕(安寧)과 복리(福利)를 증진(增進)하려는 행정(行政) 사상(思想)이다.

중농경상(重農輕商) 농업(農業)을 중시(重視)하고 상업(商業)을 가볍게 여김.

농부작우 농사農 지아비夫 지을作 밭 갈耦

농민(農民)의 부부(夫婦)가 짝을 지어 경작(耕作)함.

경전서후(耕前鋤後) 「남편(男便)은 앞에서 밭을 갈고 아내는 뒤에서 김을 맴」 부부가 서로 극진(極盡)하게 도우며 일함.

첩어적방(妾御績紡) 남자는 밖에서 일하고, 여자는 안에서 길쌈을 함.

농불실시 농사農 아닐不 잃을失 때時

농사(農事)짓는 일은 제때를 놓치지 말아야 함.

농상형옥 농사農 뽕나무桑 형벌刑 감옥獄

농업(農業)과 잠업(蠶業), 형벌(刑罰)과 감옥(監獄).

감찰어사(監察御史) 백관(百官)의 선악(善惡)을 사찰(使察)하고 기타(其他) '농상형옥' 등을 감찰(監察)하는 관리(官吏).

농시방극 농사農 때時 바야흐로方 심할劇

농사철(農事-)이 되어 일이 한창 바쁨.

농시방장 농사農 때時 모方 성할張

농사철(農事-)이 되어 일이 한창 벌어짐.

농식지본 농사農 음식食 어조사之 근본本

농업(農業)은 음식물(飮食物)을 얻는 근본(根本)임.

농와지경 놀弄 질그릇瓦 어조사之 경사慶

농와지희 弄 瓦 之 기쁠喜

「질그릇을 갖고 노는 경사(慶事)」 딸을 낳은 기쁨.

농위국본 농사農 할爲 나라國 근본本

농업(農業)은 건국(建國)의 근본(根本)임.

농위정본 농사農 할爲 정사政 근본本

농업(農業)은 정치(政治)의 근본(根本)임.

농자지가 안들릴聾 사람者 어조사之 노래歌

「청각장애인(聽覺障碍人)의 노래 부르기」 청각장애인은 자기(自己)가 노래를 불러도 그것을 들어 즐길 수 없음.

자기가 행하면서도 거기에서 즐거움을 찾을 수 없음.

농장지경 놀弄 구슬璋 어조사之 경사慶

농장지희 弄 璋 之 기쁠喜

「구슬을 가지고 노는 즐거움」 아들을 낳은 기쁨. 옛날 중국에서 아들을 낳으면 구슬을 손에 쥐여 줌.

숭악강신(嵩嶽降神) 생남(生男)을 축하(祝賀)하여 이르는 말.

충려지경(充閭之慶) 「손님이 문설주에 가득 참」 집이 번성(蕃盛)하는 경사(慶事). 사내아이를 낳은 것을 축하하는 말.

농장포전 농사農 마당場 채마밭圃 밭田

농장에 속한 채소밭을 개인(個人)이 소유

(所有)하고 있는 텃밭에 상대(相對)되는 말.

농조연운 새장籠 새鳥 그리워할戀 구름雲

「새장에 갇힌 새가 구름을 그리워함」 속박(束縛)당한 몸이 자유(自由)를 그리워함.

농조함원 새장籠 새鳥 함거檻 원숭이猿

「새장에 든 새와 우리에 갇힌 원숭이」 속박(束縛)되어 자유(自由)가 없음.

농중조(籠中鳥) 조롱(새장) 속의 새.

교비역지(交臂歷指) 「팔이 엇갈리고 손가락이 엇갈림」 속박(束縛)당하는 모양(模樣).

구구이니(區區泥泥) 「작디작은 일에 얽매임」 구구한 사정(事情)에 얽매임.

농조연운(籠鳥戀雲) 새장 속 새가 구름을 그리워함.

동우지곡(童牛之牿) 송아지를 외양간에 동여맴과 같이 자유가 없음.

역마농금(櫪馬籠禽) 마구간의 말과 새장에 든 새.

우사계속(愚士繫俗) 어리석은 선비는 세속(世俗)에 얽매임.

지어농조(池魚籠鳥) 연못의 물고기와 새장 속의 새.

↔ **기거무시**(起居無時) 자기(自己) 마음대로 일어나고 자고 하는, 속박(束縛) 없는 자유(自由)스러운 생활(生活).

농지우선 농사農 땅地 넉넉할優 먼저先

「농지가 가장 먼저임」 농지가 가장 중요(重要)함.

농춘화답 희롱할弄 봄春 화활和 대답答

봄의 정취(情趣)에 겨워 서로 노래로 답함.

농토산물 농사農 흙土 낳을産 물건物

그 지방(地方)에서만 나는 농산물(農産物).

농한기 농사農 한가할閑 시기期

농사일(農事-)이 바쁘지 않아 겨를이 많은 시기(時期).

↔ **농번기**(農繁期) 농사일이 매우 바쁜 시기.

농한희어 희롱할弄 글翰 희롱할戲 말語

낙서(落書)와 농담(弄談).

뇌격장압 우레雷 칠擊 담장牆 누를壓

「우레로 치고 담장으로 누름」 형벌(刑罰)을 엄하게 하여 조금도 가차 없음.

뇌고납함 칠擂 鼓 말 더듬을吶 소리칠喊

뇌고눌함 擂 북鼓 말 더듬을吶 喊

뇌고함성 擂 鼓 喊 소리聲

북을 쉴 새 없이 빨리 치며 고함을 지름.

뇌관화약 우레雷 대롱管 불火 화약藥

가벼운 충격(衝擊)으로도 폭발(爆發)하도록 만든 화약.

뇌굉전전 우레雷 굉음 낼轟 번개電 구를轉

사람들과 말들의 부르짖는 소리가 야단(惹端)스러움.

뇌구전격 우레雷 굉음 낼雊 번개電 과격할激

천둥소리가 나고, 번개가 침.

뇌급만방 의뢰할賴 미칠及 일만萬 두루方

만방(萬方)이 지극(至極)히 넓으나 어진 덕(德)이 고루 미치게 됨.

화피초목 뇌급만방(化被草木 賴及萬方) 덕화(德化)가 풀과 나무에까지 미치고, 그에 힘입음이 온 누리에 미침.

뇌동부화 우레雷 같을同 붙을附 화할和

아무런 생각도 없이 남의 의견(意見)에 찬동(贊同)함. **부화뇌동**(附和雷同),

부화수행(附和遂行), **아부뇌동**(阿附雷同)

난만동귀(爛漫同歸) 옳지 않은 일에 함부

로 어울려 한통속이 됨.

수중축대(隨衆逐隊) 뚜렷한 주견 없이 여러 사람의 틈에 끼어 덩달아 행동(行動)함.

아부영합(阿附迎合) 자기의 주견(主見) 없이 남의 말에 아부(阿附)하며 동조(同調)함.

여진여퇴(旅進旅退) 함께 나아가고 함께 물러남.

추우강남(追友江南) 친구(親舊) 따라 강남 감.

뇌동비평 우레雷 한가지同 비평할批 평할評

다른 사람이 말하는 대로 좇아서 하는 비평.

왜자간희(矮者看戲)「키가 작은 사람이 연극(演劇)을 봄」주관(主觀)이 없이 남을 따라 하는 경우(境遇).

뇌락육리 우리牢 떨어질落 뭍陸 떠날離

짐승이 떼 지어 내닫는 모양(模樣).

뇌락장렬

활달할磊 떨어질落 씩씩할壯 매울烈

기상(氣像)이 쾌활(快闊)하고 지기(志氣)가 장대(壯大)함.

뇌려풍비 우레雷 힘쓸勵 바람風 날飛

「우레가 격렬(激烈)하고 바람이 빠르게 앎」일을 해치움이 벼락같이 날쌔고 빠름.

뇌뢰낙락 활달할磊 磊 떨어질落 落

마음이 매우 활달(豁達)하여 작은 일에 구애(拘礙)받지 않음.

강해지량(江海之量) 생각이 깊고 도량이 큼.

관인대도(寬仁大度) 마음이 너그럽고 어질며 도량이 넓음. 또는 그러한 사람.

관홍대도(寬弘大度) 마음이 너그럽고 도량(度量)이 큼.

관후굉박(寬厚宏博) 너그럽고 후하며 넓고 큼.

낙락난합(落落難合) 뜻이 커서 세상 사람과 맞지 않음.

대인대이(大人大耳) 도량이 넓어서 자질구레한 일에 얽매이지 않음.

덕고양굉(德高量宏) 인격(人格)이 높고 도량이 큼.

온포불치(縕袍不恥)「온포를 입고도 부끄러워하지 않음」뜻이 높아 의복(衣服) 따위 자질구레한 일에 구애되지 않음.

융통무애(融通無碍) 거침이 없어 막히지 않음.

척당불기(倜儻不羈) 뜻이 크고 기개(氣槪)가 있고 뜻이 커서 남에게 자유를 구속(拘束)받지 않고 눌려 지내지 않음.

천공해활(天空海闊) 하늘이 창창(蒼蒼)하고 바다가 광활(廣闊)하듯이 기상(氣像)이 상쾌(爽快)하고 도량이 넓음.

호방뇌락(豪放磊落) 기개가 장하고 마음이 활달하여 작은 일에 거리끼거나 구애하지 않음.

호탕불기(豪宕不羈) 사람됨이 기개가 세차고 호걸(豪傑)스러워서 사소(些少)한 일에 얽매이지 않음.

활달대도(豁達大度) 도량이 큼.

회확대도(恢廓大度) 마음이나 도량이 넓고 큼.

뇌목포석 으깰擂 나무木 대포砲 돌石

나무토막을 굴리고 돌을 쏘아 보냄.

뇌물공여 뇌물賂 물건物 이바지할供 줄與

사사(私私)로이 이용(利用)하거나 이권(利權)을 얻을 목적(目的)으로 일정(一定)한 직무(職務)에 종사(從事)하는 사람을 매수(買收)하기 위하여 돈이나 물품(物品) 따위를 제공(提供)하는 일.

뇌물수수 뇌물賂 물건物 줄授 받을受

일정(一定)한 직무(職務)에 종사(從事)하

는 사람이 이권(利權)을 얻을 목적(目的)으로 주는 돈이나 물품(物品) 따위를 무상(無償)으로 취득(取得)함.

뇌본주의 머리腦 근본本 주장할主 옳을義

자본주의(資本主義) 뒤에 올 사회(社會). 다가올 시대는 자본이 아니라 사람의 머리, 즉 하드웨어가 아닌 소프트웨어에서 나온다는 것으로, 대량생산(大量生産)의 시대(時代)는 가고 대량 사고(思考)의 시대가 도래(到來)함을 의미(意味)함.

뇌봉전별 우레雷 만날逢 번개電 헤어질別

「천둥같이 만났다가 번개같이 헤어짐」잠깐 만났다가 곧 헤어짐을 비유하는 말.

사연추홍(社燕秋鴻)「봄 제비와 가을 기러기」얼핏 만났다가 얼핏 헤어짐.

취산봉별(聚散逢別) 모였다가 흩어지고 만났다가 헤어짐.

뇌분전격 우레雷 달릴奔 번개電 격할激

「우레가 빠르고 번개가 맹렬(猛烈)함」일이 요란(搖亂)스럽게 갑자기 일어남.

뇌불가파 굳을牢 아닐不 옳을可 깨뜨릴破

견고(堅固)하여 깨뜨릴 수 없음.

금강불괴(金剛不壞) 금강처럼 굳고 단단하여 파괴(破壞)되지 않음.

금산철벽(金山鐵壁) 어떤 물건(物件)이 금산과 철벽처럼 매우 견고함.

우수불함(牛遂不陷) 소가 밟아도 깨지지 않음.

만독불침지체(萬毒不侵之體) 천하의 어떠한 독도 침범(侵犯)하지 못하는 신체(身體).

뇌성대명 우레雷 소리聲 큰大 이름名

「우렛소리와 같이 큰 이름」세상(世上)에 높이 드러나 알려진 이름.

타인(他人)의 성명(姓名)을 높여 부르는 말.

뇌성벽력 우레雷 소리聲 벼락霹 벼락靂

뇌정벽력 雷 우레霆 霹 靂

우레와 함께 떨어지는 벼락.

뇌정노 우레雷 우레霆 노할怒

격렬(激烈)한 분노(忿怒).

뇌진교칠 우레雷 진 칠陣 아교膠 옻漆

「뇌의(雷義)와 진중(陣中)의 굳음」대단히 두터운 우정(友情).

관포지교(管鮑之交) 관중(管仲)과 포숙아(鮑叔牙)의 우정.

백아절현(伯牙絶絃), **백아파금**(伯牙破琴) 백아가 거문고 줄을 끊어 버림.

포의지교(布衣之交), **포의지우**(布衣之友) 귀천(貴賤)을 떠나서 참된 우정으로 사귀는 벗.

뇌후반골 머리腦 뒤後 돌이킬反 뼈骨

머리 뒤쪽이 보이면 사람을 배반(背叛)할 상(相).

반상(反相) 반역(叛逆)의 상, 또는 배반할 인상(人相).

누각대사 다락樓 누각閣 돈대臺 정자榭

누각과 대사. 고층건물(高層建物).

마천루(摩天樓)「하늘에 닿는 집」아주 높게 지은 고층건물.

누거만금 여러累 클巨 일만萬 돈金

매우 많은 돈.

누거만년 여러累 클巨 일만萬 해年

아주 오래된 세월(歲月).

누거만재 여러累 클巨 일만萬 재물財

아주 많은 재산(財産)이나 재물(財物).

누견불선 여러屢 볼見 아닐不 신선할鮮

「자주 대하니 신선(新鮮)하지 않음」너무

자주 보아 전혀 새롭지 않음.

누골명심 새길鏤 뼈骨 새길銘 마음心

뼈에 새길 정도로 마음 깊이 잊지 않음.

각골난망(刻骨難忘) 은혜(恩惠)를 입은 고마움이 뼈에 깊이 새겨져 잊히지 않음.

각골명심(刻骨銘心) 은혜나 원한(怨恨)을 마음속 깊이 새겨서 잊지 않음.

명기누골(銘肌鏤骨) 살과 뼈에 새김.

명심불망(銘心不忘) 마음에 새겨 잊지 않음.

백골난망(白骨難忘) 몸이 썩어 흰 가루가 되더라도 잊지 못함.

조심누골(彫心鏤骨) 마음에 새기고 뼈에 사무침.

누관비경 다락樓 볼觀 날飛 놀랄驚

궁전(宮殿) 가운데 있는 물견대(物見臺)는 높아서 올라가면 나는 듯하여 놀람.

궁전반울 누관비경(宮殿盤鬱 樓觀飛警) 궁궐과 전각(殿閣)은 굽이굽이 들어차 있고, 다락과 관대는 새가 날고 말이 솟구치는 듯함.

누년고생 여러累 해年 괴로울苦 살生

여러 해 동안의 고생.

적년신고(積年辛苦) 여러 해를 두고 하는 수고와 괴로움.

팔년풍진(八年風塵) 팔 년간의 전쟁(戰爭). 전쟁으로 여러 해 고생을 겪음.

누누중총 연좌할纍 纍 무리衆 무덤冢

다닥다닥 잇닿아 있는 많은 무덤.

유류중총(纍纍衆塚)

일부토(一抔土) 「한 줌의 흙」 무덤.

만년유택(萬年幽宅) 「영원(永遠)히 머무를 집」 무덤을 달리 이르는 말.

누대봉사 여러累 세대代 받들奉 제사祀

여러 대 조상(祖上)의 제사(祭祀)를 모심.

누대분산 여러累 세대代 봉분墳 메山

여러 대의 조상(祖上)이 묻혀 있는 묘지(墓地). 또는 그런 묘지가 있는 곳.

누대연척 여러累 세대代 이을連 겨레戚

여러 대를 거쳐 내려오면서 생긴, 이리저리 걸리는 친척(親戚) 붙이.

누대청덕 여러累 세대代 맑을淸 덕德

여러 대를 거쳐 내려오는 맑은 덕.

누독연편 묶을累 문서牘 잇닿을連 엮을編

문장(文章)이 번거롭고 용장(宂長) 함. 宂長은 쓸데없이 길다는 뜻.

누란지세 쌓을累 알卵 어조사之 기세勢

누란지위 累 卵 之 위태할危

포개어 놓은 달걀같이 매우 위태(危殆)한 상황(狀況). **위여누란**(危如累卵)

간두지세(竿頭之勢) 긴 장대 끝에 서 있는 것처럼 위태로운 형세(形勢).

낙미지액(落眉之厄) 눈썹에 떨어지는 재앙.

도식부도(倒植浮圖) 「설의 탑(塔)을 거꾸로 세움」 위급(危急)한 형세.

박빙여림(薄氷如臨) 살얼음을 밟는 것처럼 위태로움.

발인천균(髮引千鈞) 한 올의 머리카락으로 천균의 무게를 당김.

부절여발(不絶如髮) 가는 실이나 머리털처럼 끊어질 듯 끊어질 듯하면서도 겨우 버팀.

백척간두(百尺竿頭) 백 자나 되는 장대 끝.

사생관두(死生關頭) 죽고 사는 것이 달리어 있는 매우 위태한 고비.

소미지급(燒眉之急), **화소미모**(火燒眉毛) 불길이 눈썹을 태울 지경(地境).

여리박빙(如履薄氷) 얇은 얼음 위를 걷는 것과 같음.

여림심연(如臨深淵) 깊은 못에 임한 것 같

음.

위기일발(危機一髮) 머리털 하나로 묶인 물건(物件)을 들어 올리듯 위험(危險)한 상황(狀況).

위약조로(危若朝露) 위험하기가 마치 아침 해에 곧 마를 이슬과 같음.

위재조석(危在朝夕) 위험이 조석에 달림.

조로지위(朝露之危) 아침이슬 같은 위험.

초미지급(焦眉之急) 눈썹에 불이 붙은 것처럼 매우 위급함.

태재급급(胎哉岌岌) 몹시 위태로움.

풍전등화(風前燈火) 바람 앞의 등불.

누루지심

정성스러울婁 다락樓 어조사之 마음心

성심(誠心)껏 하려는 마음.

누부행지 샐漏 붙을附 행할行 그칠止

벼슬아치의 신변(身邊)에 관계(關係)되는 형편(形便)을 조사(調査)한 사실(事實)을 적은 문서(文書)에서 지금(只今)까지 거쳐 온 내력(來歷)이나 경력(經歷) 일부(一部)를 빼던 일.

누빙조후 새길鏤 얼음氷 다듬을雕 썩을朽

「얼음덩어리나 썩은 나무에 조각(彫刻)함」 애쓴 보람이 없음.

누진취영(鏤塵吹影) 「먼지에 새기고 그림자를 입으로 붊」 쓸데없는 노력(努力).

누설지중 포승縲 맬絏 어조사之 가운데中

오라에 묶여서 이리저리 끌려다니는 처지(處地).

누설춘광 샐漏 샐洩 봄春 빛光

「봄빛을 새어나가게 함」 비밀(祕密)을 누설함. 서로 소식(消息)을 전한다는 말로도 쓰임.

신기누설(神機漏泄) 신묘(神妙)한 계기(契機)나 기략(機略)을 누설함.

천기누설(天機漏泄) 「하늘의 비밀이 새어나감」 중대(重大)한 비밀이 새어서 알려짐.

↔ **수설불통**(水泄不通) 「물이 샐 틈이 없음」 단속(團束)이 엄하여 비밀이 새나가지 못함.

누세통가 묶을累 인간世 통할通 집家

공융(孔融)이 이응(李膺)에게 한 말로, 수세대(世代)에 걸쳐서 집안끼리 알았던 사이라는 말.

누순공찬 자주屢 순행할巡 거짓空 기릴讚

여러 차례(次例)에 걸쳐 자꾸 거짓으로 칭찬(稱讚)함.

누시누험 자주屢 시험할試 屢 시험할驗

여러 번 시험하고 여러 번 경험(經驗)함.

누엽지훈 여러累 잎葉 어조사之 공勳

할아버지와 아버지를 걸쳐 대대(代代)로 세운 훈공(勳功).

누월재운 새길鏤 달月 마를裁 구름雲

「달을 새기고 구름을 마름」 교묘(巧妙)하고 아름다운 세공(細工).

누의득지 땅강아지螻 개미蟻 얻을得 뜻志

「땅강아지와 개미같이 작은 것이 뜻을 얻음」 소인(小人)이 득세(得勢)한 비유(比喩).

서변호(鼠變虎) 「쥐가 호랑이로 변함」 소인이 득세함.

누의지력 땅강아지螻 蟻 어조사之 힘力

누의지성 螻 개미蟻 之 정성誠

「땅강아지와 개미같이 작은 것들의 정성(精誠)」 자신(自身)의 정성을 겸손(謙遜)하게 하는 말.

견마지로(犬馬之勞) 개나 말 정도(程度)의 하찮은 힘.

문망지로(蚊虻之勞) 모기와 등에의 수고.

연도일할(鉛刀一割) 납으로 만든 칼이라도

한 번 자를 힘이 있음.

자초지신(刺草之臣) 풀이나 깎는 천한 신하.

한마지로(汗馬之勞) 말이 달려 땀투성이가 되는 노고(勞苦).

헌폭지침(獻曝之忱) 햇볕을 바치는 정성.

누인개국 여러累 어질仁 열開 나라國

어진 일을 쌓고 나라를 엶.

누전군읍 여러屢 법典 고을郡 마을邑

여러 고을의 원(員-수령(首領))을 지냄.

누진야행 샐漏 다할盡 밤夜 다닐行

「통행(通行)을 금지(禁止)한 자정(子正) 때 길을 감」 연로(年老)하여 여명(餘命)이 얼마 남지 않았는데도 관욕(官辱)에 연연(戀戀)하여 벼슬을 내놓지 않는 비유(譬喩)로 쓰임. 漏盡이란 물시계의 물이 다 새어 나왔다는 말로 밤 열두 시가 됨을 나타내는 말.

누진취영 새길鏤 티끌塵 불吹 그림자影

「먼지에 새기고 그림자를 입으로 붊」 쓸데없는 노력(努力)을 이르는 말.

고빙구화(敲氷求火) 얼음을 두드려 불을 구함.

귀배괄모(龜背刮毛) 거북이 등의 털을 깎음.

상산구어(上山求魚) 산 위에서 물고기를 구함.

연목구어(緣木求魚) 나무에 연하여 물고기를 구함.

육지행선(陸地行船) 육지로 배를 끌고 가려고 함.

일수탁천(一手托天) 한 손에 하늘을 얹음.

전수작빙(煎水作冰) 물을 끓여 얼음을 만듦.

조빙화지(凋冰畵脂) 얼음에 새기고 기름에 그림.

취사성반(炊沙成飯) 모래를 때어 밥을 지음.

패표착풍(佩瓢捉風) 표주박을 차고 바람을 잡음.

포풍착영(捕風捉影) 바람을 잡고 그림자를 붙듦.

누춘화상 샐漏 봄春 화할和 높일尙

버드나무의 딴 이름.

누포충기 샐漏 포脯 채울充 주릴饑

「썩은 고기로 주린 배를 채움」 눈앞의 일만 알고 후환(後患)을 생각하지 않음.

갈택분수(竭澤焚藪) 못을 말려 고기를 잡고 숲을 태워 짐승을 잡음.

갈택이어(竭澤而漁) 연못의 물을 말려 고기를 잡음.

굴실구서(掘室求鼠) 쥐 잡으려고 집을 파헤침.

독초충기(毒草充飢) 마치 굶어 죽기를 앞둔 사람이 독초로 허기(虛氣)를 채움.

분림이렵(焚林而獵) 숲을 태워 짐승을 잡음.

살계취란(殺鷄取卵) 닭을 죽여 달걀을 꺼냄.

음짐지갈(飮鴆止渴) 짐주(짐독을 섞은 술)를 마셔 갈증(渴症)을 그치게 함.

고전불고후(顧前不顧後) 눈앞의 이익(利益)에만 정신(精神)이 팔려, 뒤에 닥칠 환란(患亂)을 생각하지 않음.

어현유감이(魚懸由甘餌) 「낚시에 물고기가 걸리는 것은 맛있는 미끼 때문임」 사람이 이익을 취하다가 생명(生命)이나 명예(名譽)를 잃음.

누항단표 더러울陋 거리巷 도시락簞 표주박瓢

「누항에서 사는 사람의 한 그릇의 밥과 한 바가지의 물」 몹시 가난한 사람의 생활(生活) 형편(形便).

단표누항(簞瓢陋巷), **단사표음**(簞食瓢飮)

단사호장(簞食壺漿) 도시락에 담은 밥과 병에 담은 음료수(飮料水).

단표누공(簞瓢陋空) 광주리와 표주박이 자주 빔.

구의폐대(垢衣弊帶) 때 묻은 옷과 해진 띠.

눌언민행 말 더듬을訥 말言 민첩할敏 행할行

「더듬는 말과 민첩(敏捷)한 행동(行動)」 말하기는 쉬워도 행동하기는 어려우므로, 군자(君子)는 말은 둔하여도 행동은 민첩해야 함. **눌어언이민어행**(訥於言而敏於行)

늑명고성 새길勒 새길銘 상고할考 정성誠

기물(器物)에 그 제작(製作)을 맡았던 사람의 이름을 새겨 넣게 함으로써 그 사람의 정성(精誠)이 있는가 없는가를 살피는 것.

늑비각명 새길勒 비석碑 새길刻 새길銘

비를 세워 이름을 새겨 그 공(功)을 찬양(讚揚)하며 후세(後世)에 전함.

책공무실 늑비각명(策功茂實 勒碑刻銘) 공로(功勞)를 금 매겨 옹골참에 힘쓰게 하여, 비에 새기어 명문(銘文)으로 파 놓음.

늑우금석 새길勒 어조사于 쇠金 돌石

그 사람의 공덕(功德) 등을 종정(鐘鼎-솥이나 종), 비갈에 새겨 후세(後世)에 전함.

각우금석(刻于金石) 종정이나 비갈(碑碣)에 새김.

늠름웅위 의젓할凜 凜 수컷雄 훌륭할偉

의젓하고 당당(堂堂)하고, 씩씩함.

능간능수 능할能 줄기幹 能 솜씨手

잘 해치우는 재간(才幹)과 익숙한 솜씨.

능수능간(能手能幹)

능견난사 능할能 볼見 어려울難 생각思

「능히 보고도 생각하기 어려움」 보통(普通)의 이치(理致)로는 추측(推測)할 수 없는 일.

능곡역처 언덕陵 골谷 바꿀易 곳處

「언덕이 변하여 골짜기가 되고 골짜기가 변하여 언덕이 됨」 군신(君臣) 상하(上下)의 위치(位置)가 전도(顚倒)됨.

기군망상(欺君罔上) 임금을 속이고 윗사람을 농락(籠絡)함.

맹호위서(猛虎爲鼠) 범도 위엄(威嚴)을 잃으면 쥐와 같음.

미대난도(尾大難掉) 「꼬리가 커서 흔들기가 어려움」 신하(臣下)의 세력(勢力)이 너무 커져서 임금이 자유(自由)로이 하지 못함.

지록위마(指鹿爲馬), **이록위마**(以鹿爲馬) 사슴을 가리켜 말이라고 함.

능곡지변 언덕陵 골谷 어조사之 변할變

「언덕이 변하여 골짜기가 되고 골짜기가 변하여 언덕이 됨」 세상사(世上事)의 변천(變遷)이 격심(激甚)함.

격세지감(隔世之感) 진보(進步)와 변화(變化)를 많이 겪어서 다른 세상과 같은 느낌.

고안심곡(高岸深谷) 높은 언덕도 함몰(陷沒)되어 골짜기가 되고 골짜기도 흙이 쌓이면 언덕이 됨.

동해양진(東海揚塵) 「동쪽 바다에서 먼지가 읾」 바다가 육지(陸地)로 변함.

상전벽해(桑田碧海) 뽕나무밭이 푸른 바다로 변함.

연변작뢰(淵變作瀨) 「연이 변하여 여울이 됨」 세상의 변천이 심함.

인망물재(人亡物在) 사물(事物)은 예전대로 있으나, 같이 본 그 사람은 지금(只今) 없음.

창상지변(滄桑之變) 푸른 바다가 변하여 뽕나무밭이 됨.

화옥산구(華屋山丘) 화려(華麗)했던 집이 산과 구릉(丘陵)으로 변함.

능대능소 능할能 큰大 能 작을小

큰일이나 작은 일이나 임기응변(臨機應變)으로 잘 처리(處理)해 냄.

능소능대(能小能大)

능라금의 비단綾 비단羅 비단錦 옷衣

온갖 비단(緋緞)으로 지은 아름다운 옷들.

능라주의 비단綾 비단羅 명주紬 옷衣

비단(緋緞)옷과 명주(明紬)옷.

능려웅건 언덕陵 힘쓸厲 수컷雄 건강할健

높이 빼어나 웅대(雄大)하고 건장(健壯)함.

능모선단 능할能 꾀謀 착할善 끊을斷

일을 잘 계획(計劃)하고 훌륭한 결단(決斷)을 내림.

능문능필 능할能 글文 能 붓筆

「글과 글씨에 능란(能爛)함」 또는 그러한 솜씨가 있는 사람.

능불능 능할能 아닐不 能

할 수 있는 일과 할 수 없는 일.

재능(才能)이 있는 사람과 없는 사람.

능불양공 능할能 아닐不 두兩 장인工

「인간(人間)의 능력(能力)은 모든 사물(事物)에 다 능할 수 없음」 잘할 수 있는 일이 있는가 하면 잘못하는 일도 있기 마련임.

능사익모 능할能 선비士 숨길匿 꾀할謀

재능(才能)이 있는 자(者)는 계책(計策)을 숨기고 남에게 알리지 않음.

능사필의 능할能 일事 마칠畢 어조사矣

「해야 할 일은 모두 끝냈음」 할 수 있는 일은 전부(全部) 마쳤음.

능서불택필

능할能 글씨書 아닐不 가릴擇 붓筆

「글씨를 잘 쓰는 이는 붓을 가리지 않음」 일에 능한 사람은 도구(道具)를 탓하지 않음.

능소능대 능할能 작을小 能 큰大

「작은 것에도 능하고 큰 것도 능함」 큰일이나 작은 일이나 임기응변(臨機應變)으로 잘 처리(處理)해 냄.

남들과 사귀는 수완(手腕)이 능함.

능수능란(能手能爛)

매사진선(每事盡善) 무슨 일이고 다 잘함.

무소불능(無所不能) 능통(能通)하지 않은 것이 없음.

무소불위(無所不爲) 못할 일이 없음.

방원가시(方圓可施) 모난 것이든 둥근 것이든 다 할 수 있음.

좌우구의(左右具宜) 「다 갖추어 마땅함」 재주와 덕을 다 갖추어 못 하는 것이 없음.

능소지지 능가할凌 하늘霄 어조사之 뜻志

하늘을 뛰어넘고 세상(世上)을 뒤덮을 만한 큰 뜻. **능운지지**(凌雲之志)

개세기상(蓋世氣象) 세상을 뒤덮을 만한 기상.

개세영웅(蓋世英雄) 기운이나 위력(威力)이 세상을 뒤덮을 만큼 뛰어난 영웅.

개세지재(蓋世之才) 세상을 뒤덮을 만한 뛰어난 재주나 그런 인재(人才).

개세지풍(蓋世之風) 세상을 뒤덮을 만큼 뛰어난 풍모(風貌).

발산개세(拔山蓋世) 힘은 산을 뽑을 만하고 기운은 세상을 덮을 만함.

영영대풍(泱泱大風) 「구름이 일고 큰바람이 붊」 기백(氣魄)이 넘치는 대국(大國)의 풍모(風貌).

능수능간 능할能 솜씨手 能 줄기幹
능수능란 能 手 能 빛날爛

잘 해치우는 재간(才幹)과 익숙한 솜씨.

일 따위에 익숙하고 솜씨가 좋음.

능간능수(能幹能手)

능소능대(能小能大) 작은 것에도 능하고 큰 것에도 능함.

섬숙환롱(閃倏幻弄) 수단(手段)이 재빠르고 능수능란함.

수방취원(隨方就圓) 네모난 방형(方形)이나 둥근 원형(圓形)에나 다 들어맞음.

유인유여(游刃有餘) 살을 가를 때 살점과 살점 사이에 틈이 있어 칼을 마음대로 쓸 수 있음.

이극구당(履屐俱當) 「마른 날에는 신으로 신고, 진 날에는 나막신으로 신음」 모든 일을 능란(能爛)하게 다룰 수 있는 역량(力量)을 가지고 있음.

능언앵무 능할能 말言 앵무새鸚 앵무새鵡

「앵무새처럼 말을 잘함」 말은 잘하나 실제(實際) 학문(學文)은 없는 사람.

능욕수재 업신여길凌 욕될辱 지킬守 재상宰

남을 업신여겨 욕보이거나, 여자(女子)를 강간(强姦)하여 욕보인 지방관(地方官).

능운지지 능가할凌 구름雲 어조사之 뜻志
능운지지 능가할陵 雲 之 志

「높은 구름을 훨씬 넘는 뜻」 속세(俗世)에 초연(超然)한 태도(態度).

속세를 떠나서 초탈(超脫)하려는 마음.

능소지지(凌霄之志)

능자다로 능할能 사람者 많을多 힘쓸勞

「재능(才能)이 있는 사람은 남보다 더 수고함」 능력(能力)이 있는 사람일수록 가외(加外) 수고를 하게 됨.

능주자탈익

능할能 달릴走 사람者 빼앗을奪 날개翼

「달리기를 잘하는 짐승에게는 날개를 빼앗음」 하늘은 두 가지 좋은 조건(條件)을 다 주지 않음.

각자무치(角者無齒) 뿔이 있는 짐승은 이빨이 없음.

능지처사 언덕陵 더딜遲 곳處 죽일死
능지처참 업신여길凌 遲 處 벨斬

언덕을 천천히 오르내리듯이 고통(苦痛)을 서서히 최대한(最大限)을 느끼면서 죽게 하는 잔혹(殘酷)한 사형(死刑) 방법(方法).

죄인(罪人)을 죽인 뒤 시신(屍身)의 머리, 몸, 팔, 다리를 토막 쳐서 각지(各地)에 돌려 보이는 형벌.

수족이처(首足異處) 참형(斬刑)을 당하여 머리와 다리가 따로따로 됨.

오우분시(五牛分屍) 죄인(罪人)의 사지(四肢)와 머리를 말이나 소에 묶고 각 방향(方向)으로 달리게 하여 사지를 찢는 형벌(刑罰).

니(이)다불대 진흙泥 많을多 부처佛 큰大

많은 진흙을 써서 불상(佛像)을 만들면 그만큼 큰 불상이 됨.

니(이)도헌면

진흙泥 칠할塗 추녀軒 면류관冕

지위(地位)가 높고 귀한 벼슬이나 관리(官吏)를 진흙처럼 하찮게 여김.

니(이)우입해 진흙泥 소牛 들入 바다海

「진흙으로 빚은 소가 바다에 들어감」 한 번 가면 다시는 돌아오지 않음. 泥牛는 진흙으로 만든 소로, 입춘(立春) 전날에 이것을 만들어 제사(祭祀)를 지냈다고 함.

니(이)전투구 진흙泥 밭田 싸움鬪 개狗

「진흙탕에서 싸우는 개」 볼썽사납게 서로 헐뜯거나 이익(利益)을 차지하려고 지저분하게 다툼.

정도전(鄭道傳)이 함경도(咸鏡道) 사람의 강인(强忍)한 기질(氣質)을 평한 말.

니(이)중탁족 진흙泥 가운데中 씻을濯 발足

「흙탕 속에서 발을 닦음」 허물을 감추거나 덮으려고 하면 일만 더 커짐.

아무런 효과(效果)를 없음을 말함.

진리진의 니중탁족(塵裡振衣 泥中濯足) 먼지 속에서 옷을 떨고, 흙탕 속에서 발을 닦음.

금의야행(錦衣夜行) 「비단옷을 입고 밤길을 걸음」 알아주는 이가 없어 보람이 없음.

노이무공(勞而無功) 애썼는데 보람이 없음.

담설색정(擔雪塞井), **담설전정**(擔雪塡井) 눈을 져다가 우물을 메움.

도로무공(徒勞無功), **도로무익**(徒勞無益) 헛되이 수고만 하고 아무런 이득(利得)을 얻지 못함.

암중순목(暗中瞬目) 남이 이해(理解)할 수 없는 방법(方法)으로 자기 의사(意思)를 나타냄.

야행피수(夜行被繡) 수놓은 좋은 옷을 입고 밤길을 감.

종정구인(從井救人) 우물에 들어가 남을 구함.

七

【ㄷ】

다각묘사 많을多 뿔角 그릴描 베낄寫

하나의 대상(對象)을 여러 각도(角度)에서 그려내는 표현(表現) 방법(方法).

다감다정 많을多 느낄感 多 정情

사물(事物)에 대하여 애틋한 정도 많고 느끼는 생각도 많음.

생각이 섬세하고 풍부(豊富)함.

다정다감(多情多感)

다정불심(多情佛心) 다정다감하고 착한 마음. 정이 많은, 자비(慈悲)스러운 마음.

다국적군 많을多 나라國 호적籍 군사軍

일정(一定)한 목적(目的)을 위해 두 나라 이상(以上)의 국적(國籍)을 가진 군인(軍人)들로 조직(組織)된 군대(軍隊).

다기망양 많을多 가닥나뉠岐 잃을亡 양羊

「달아난 양을 찾다가 여러 갈래 길에 이르러 길을 잃음」 학문(學問)의 길이 여러 갈래로 나뉘어 있어 진리(眞理)를 찾기 어려움.

방침(方針)이 많아 할 바를 모르게 됨.

기로망양(岐路亡羊)

독서망양(讀書亡羊) 독서에 몰두(沒頭)하다가 양을 모두 잃음.

망양지탄(亡羊之歎) 달아난 양을 찾는데 길이 여러 갈래여서 찾지 못함을 한탄(恨歎)함.

다난흥방 많을多 어려울難 흥할興 나라邦

「많은 어려운 일을 겪고서야 나라를 일으킴」 어려움을 극복(克復)하고 여러모로 노력(努力)해야 큰일을 이룰 수 있음.

다남다구 많을多 사내男 多 두려워할懼

아들을 많이 두면 여러 가지로 두려움과 근심 걱정이 많음.

다남자즉다구(多男子則多懼)

명장다욕(命長多辱), **수즉다욕**(壽卽多辱) 오래 살면 욕되는 일이 많음.

부즉다사(富則多事) 재산(財産)이 많으면 번거로운 일이 많음.

다능비사 많을多 능할能 더러울鄙 일事

낮고 속(俗)된 일에 재능(才能)이 많음.

다다익선 많을多 多 더할益 좋을善

「많으면 많을수록 더 좋음」 한(漢)나라 장수(將帥) 한신(韓信)이, 고조(高祖)는 병사(兵士) 십만(十萬)을 지휘(指揮)할 그릇이지만, 자기(自己)는 많으면 많을수록 잘 지휘한다고 한 말.

다다익판 많을多 多ㅁ 더할益 가를辦

많으면 많을수록 더 잘 처리(處理)함.

다당주 차茶 당할當 술酒

차로 술을 대신(代身)함.

다력연소 많을多 지낼歷 해年 바所

여러 해가 지나감.

다문궐의 많을多 들을聞 빼놓을闕 의심할疑

「많이 듣되 그중에 의심(疑心)나는 것은 제쳐 둠」 다양(多樣)한 의견(意見)을 듣고 그중 의심스럽지 않은 것에 대해서 조심(操心)스럽게 말하면 잘못을 줄일 수 있다는 것으로, 겸손(謙遜)하고 신중(愼重)한 처신(處身)을 나타내는 말.

↔ **삼가재상**(三可宰相), **삼가정승**(三可政丞) 이러하든 저러하든 모두 옳다고 함.

다문다독다상량 많을多 들을聞 多 읽을讀 多 헤아릴商 헤아릴量

「많이 듣고, 많이 읽으며, 많이 생각함」 구양수(歐陽脩)가 말한 글을 잘 짓는 비결(祕訣).

다문박식 많을多 들을聞 넓을博 알識

들은 것이 많고 학식(學識)이 넓음.

굉재탁식(宏才卓識) 큰 재능(才能)과 빼어난 식견(識見).

박대정심(博大精深) 아는 것이 깊고 넓음.

박물군자(博物君子) 온갖 사물(事物)을 널리 잘 아는 사람.

박람강기(博覽强記) 여러 가지 책(冊)을 많이 읽고 기억(記憶)을 잘함.

박학다식(博學多識) 널리 배우고 많이 앎.

박학다재(博學多才) 학식(學識)과 재능을 모두 겸비(兼備)한 사람.

복사편편(腹笥便便) 많은 책을 마음속에 기억하고 있음.

↔ **천학비재**(淺學菲才) 「배운 게 적어 재주가 보잘것없음」 겸손(謙遜)한 표현(表現).

다문화인 많을多 글월文 될化 사람人

혼혈인(混血人)을 달리 이르는 말.

다반사 차茶 밥飯 일事

「먹고 마시는 일」 늘 있어서 이상(異相)하거나 신기(神技)하지 않음.

항다반(恒茶飯), **일상사**(日常事),

항다반사(恒茶飯事)

병가상사(兵家常事) 군사(軍事) 전문가(專門家)에게도 전쟁(戰爭)에서 이기고 지는 일은 흔히 있는 일임.

다반향초 차茶 반半 향기香 처음初

「차를 마신 지 반나절이 되었으나 그 향은 처음과 같음」 늘 한결같은 원칙(原則)과 태도(態度)를 중시(重視)해야 함.

수미일관(首尾一貫) 일 따위를 처음부터 끝까지 한결같이 함.

시종여일(始終如一) 처음과 끝, 시작(始作)과 마무리가 한결같음.

여출일구(如出一口) 한 입에서 나온 것같이 여러 사람의 말이 한결같음.

유종지미(有終之美) 시작한 일을 끝맺음을 잘하여 좋은 결과(結果)를 거둠.

일맥상통(一脈相通) 생각이나 처지(處地), 상태(狀態) 등이 한 줄기로 서로 통함.

일이관지(一以貫之) 처음과 끝이 한결같음.

초지일관(初志一貫) 처음 먹은 마음을 한결같이 지님.

↔ **반복무상**(反覆無常) 언행(言行)을 이랬다가 저랬다가 하여 일정한 주장(主張)이 없음.

용두사미(龍頭蛇尾) 「머리는 용이고 꼬리는 뱀임」 시작(始作)은 그럴듯하나 끝은 흐지부지함.

유두무미(有頭無尾) 머리는 있어도 꼬리는 없음.

다발장리 많을多 필發 장수將 벼슬아치吏

다발형리 多 發 형벌刑 吏

형조(刑曹)나 한성부(漢城府)에서 죄인(罪人)을 잡으려고 형리에게 많은 사령(使令)을 붙여 내보내는 일.

다방이오지

많을多 모方 써以 그릇될誤 어조사之

여러 가지 방략(方略)을 써서 적(敵)을 속임.

다복다남 많을多 복福 多 아들男

「복이 많고 아들이 여럿임」 팔자(八字)가 좋음.

지상신선(地上神仙) 「신선이 이 세상에 있음」 팔자 좋은 사람을 부러워하는 말.

곽분양팔자(郭汾陽八字) 「분양왕 곽자의(郭子儀)의 팔자」 세상의 모든 부귀(富貴)와 공명(功名)을 한 몸에 지닌 팔자 좋은 사람.

다비 차茶 떨어질毘

「불에 태움」 불교(佛敎)에서 화장(火葬)하

는 일. **도비**(闍毘), **사비**(闍毘), **사유**(闍維)

다사다난 많을多 일事 多 어려울難

여러 가지로 일도 많고 어려움도 탈(頉)도 많음.

간난다사(艱難多事) 괴롭고 어려운 일이 많음.

간난신고(艱難辛苦) 맵고 쓴 어려움.

우여곡절(迂餘曲折) 「이리저리 굽음」 여러 가지로 뒤얽힌 복잡(複雜)한 사정(事情)이나 변화(變化).

파란고해(波瀾苦海) 인생(人生)을 살아가는데 있어서 겪게 되는 온갖 역경(逆境)과 고통(苦痛).

파란곡절(波瀾曲折) 생활(生活) 또는 일의 진행(進行)에서 일어나는 많은 곤란(困難)과 변화.

파란만장(波瀾萬丈) 파도(波濤)의 물결 치는 것이 만장의 길이나 됨.

파란중첩(波瀾重疊) 생활이나 일의 진행에 있어서 변화나 기복(起伏)이 많음.

다사다단 많을多 일事 多 까닭端

일이 많은 데다가 까닭도 많음.

다사다망 많을多 일事 多 바쁠忙

「일이 많아 몹시 바쁨」 눈코 뜰 사이 없이 바쁨.

태총망(太忽忙) 아주 크게 바쁨.

공사다망(公私多忙) 공적(公的)인 일과 사적(私的)인 일로 인하여 매우 바쁨.

농시방극(農時方劇) 농사철(農事-)이 되어 일이 한창 바쁨.

목불규원(目不窺園) 집에 있으면서 정원(庭園)을 바라볼 겨를이 없음.

분주다사(奔走多事) 일이 많아서 매우 바쁨.

분주불가(奔走不暇) 몹시 바빠서 겨를이 없음.

불가초서(不暇草書) 초서를 쓸 때는 획(劃)과 점(點)을 일일이 쓸 틈이 없음.

불황계처(不遑啓處) 집 안에서 편히 쉴 틈이 없음.

소불가귀(燒不暇擯) 불타고 있어도 그것을 떨어버릴 겨를이 없음.

식불황미(食不遑味) 바빠서 식사(食事)를 충분(充分)히 맛볼 겨를이 없음.

안비막개(眼鼻莫開) 일이 썩 바빠서 눈코 뜰 사이가 없음.

염불급타(念不及他) 「바빠서 다른 곳에 미치지 못함」 다른 생각을 할 겨를이 없음.

유불급흘(濡不給扢) 젖어도 닦을 겨를이 없음.

응접불가(應接不暇) 응대(應待)하여 맞이할 겨를이 없음.

총총망망(悤悤忙忙) 몹시 바쁨.

다사다환 많을多 일事 多 근심患

일이 많고 근심도 많음.

다사분주 많을多 일事 빨리奔 달릴走

뛰어다닐 정도(程度)로 일이 많음.

분주다사(奔走多事)

다사식녕 많을多 선비士 참으로寔 편안할寧

준걸(俊傑)과 재사(才士)가 조정(朝廷)에 많으니 국가(國家)가 태평(太平)함.

준예밀물 다사식녕(俊乂密勿 多士寔寧)

다사자불의

많을多 사사로울私 사람者 아닐不 옳을義

사리(私利)와 사욕(私慾)이 많은 사람은 의리(義理)를 잃어버림.

다사제제 많을多 선비士 쓸모있을濟 濟

「뛰어난 선비가 셀 수 없이 많음」 훌륭한 인재(人材)가 많음.

뛰어난 인물(人物)이 많음.

제제다사(濟濟多事)

거재두량(車載斗量) 「수레에 싣고서 말로 잼」 물건(物件)이나 인재(人才)가 많음. 또는 많아서 귀하지 않음.

금옥만당(金玉滿堂) 금옥관자(金玉貫子)가 방안에 가득함.

대불핍인(代不乏人) 어느 시대(時代)에나 그 시대에 적합(適合)한 인재가 있기 마련임.

십보방초(十步芳草) 「열 걸음의 짧은 거리에도 아름다운 꽃과 풀이 있다」 인재는 곳곳에 있음.

↔ **환고일세**(環顧一世) 「두루 세상을 살펴봄」 세상(世上)에 유능(有能)한 인물이 없음을 한탄(恨歎)하는 말.

다사지추 많을多 일事 어조사之 때秋

일이 가장 많을 때. 가장 바쁠 때.

국가적(國家的)·사회적(社會的)으로 일이 가장 많이 벌어진 때.

다생겁래 많을多 날生 겁劫 올來

과거(過去)로부터 수많은 생을 받아 육도(六道) 윤회(輪廻)를 계속(繼續)하여 오고 있음. **영겁다생**(永劫多生)

다생광겁 많을多 날生 밝을曠 겁劫

여러 번 태어나 영원(永遠)히 윤회(輪廻)하는 영원한 시간(時間).

다생지연 많을多 날生 어조사之 묶을緣

전세(前世)로부터 여러 번 윤회(輪廻)하는 사이에 맺어진 인연(因緣).

유연동지(有緣同志) 전생(前生)부터 서로 소중(所重)한 관계(關係)로 불법(佛法)에 뜻을 같이한 사람.

유연중생(有緣衆生) 과거(過去) 생에 불법의 가르침과 인연이 깊은 중생.

일수음일하류(一樹陰一河流) 현세(現世)에서 같은 나무 그늘에서 쉬며, 같은 강물을 마시는 것도 모두 전생의 인연이라는 말.

다소불계 많을多 적을少 아닐不 셈할計

수효(數爻)나 양(量)의 많고 적음을 헤아리지 않음.

다솔식구 많을多 거느릴率 먹을食 입口

「많은 식구를 거느림」 또는 그런 식구.

수다식구(數多食口), **수다식솔**(數多食率)

다솔하인 많을多 거느릴率 아래下 사람人

많은 하인을 거느림. **영솔**(領率)

대솔하인(帶率下人) 「고귀(高貴)한 사람을 모시고 다니는 하인」 하인을 거느림.

다식군자 많을多 알識 군자君 선생子

다문박식(多聞博識)한 군자.

다언삭궁 많을多 말言 자주數 궁할窮

말이 많으면 자주 곤란(困難)한 처지(處地)에 빠짐.

박순경언(薄脣輕言) 「엷은 입술로 경망(輕妄)스럽게 말함」 말이 많음.

부유장설(婦有長舌) 말이 많음은 화(禍)의 발단(發端)이 됨.

어다품소(語多品小) 말이 많은 사람은 품위(品位)가 없음.

조인사다(躁人辭多) 성질(性質)이 경솔(輕率)하고 조급(躁急)한 사람은 말이 많음.

〈가루는 칠수록 고와지고, 말은 할수록 거칠어짐〉

다언혹중 많을多 말言 혹시或 적중할中

말을 많이 하다 보면 어쩌다가 사리(事理)에 맞는 말도 있음.

천려일득(千慮一得) 아무리 어리석은 사람이라도 많은 생각 속에는 간혹(間或) 쓸 만한 것이 있음.

다연빈사 차茶 연기烟 귀밑머리鬢 실絲

「차 달이는 연기(煙氣)가 구레나룻 털같이 가느다랗게 오름」 사람이 늙어 절에서 이 연기를 보며 젊은 시절(時節)을 회상(回想)함. **빈사다연**(鬢絲茶煙),

빈사다연지감(鬢絲茶煙之感)

다원주의 많을多 으뜸元 주장할主 옳을義

개인(個人)이나 여러 집단(集團)이 기본(基本)으로 삼는 원칙(原則)이나 목적(目的)이 서로 다를 수 있음을 인정(認定)하는 태도(態度).

다이관 차茶 말 이을而 볼觀

차를 마시면서 관법(觀法-불법(佛法)의 진리(眞理)를 잘 살피고 생각함)을 함.

다재다능 많을多 재주才 多 능할能

재주가 많고 능력(能力)이 풍부(豊富)함.

다재다예(多才多藝) 재능(才能)과 기예(技藝)가 많음.

팔방미인(八方美人) 「어느 모로 보아도 아름다운 사람」 여러 방면(方面)의 일에 능통(能通)한 사람.

다재다병 많을多 재주才 多 병病

재주가 많은 사람은 흔히 약(弱)하고 잔병이 많음.

다재다예 많을多 재주才 多 재주藝

재능(才能)과 기예(技藝)가 많음.

다재선고 많을多 재물財 잘할善 장사賈

밑천이 많은 사람이 장사도 잘함.

다전선고(多錢善賈), **다전선매**(多錢善買)

다재아귀 많을多 재물財 굶주릴餓 귀신鬼

사람들이 먹다 남은 찌꺼기만 먹는다는 아귀.

소재아귀(小財餓鬼) 피・고름・똥・구토물(嘔吐物) 등 더러운 것만 먹는다는 아귀.

무재아귀(無財餓鬼) 어떠한 것도 목으로 넘기지 못한다는 아귀.

다전선고 많을多 잘할錢 善 장사賈

다전선매 多 錢 善 팔買

밑천이 많은 사람이 장사도 잘함.

장수선무 다전선고(長袖善舞 多錢善賈) 소매가 길면 춤을 잘 추고, 재물(財物)이 많은 자는 일을 하기가 쉬움.

다전옹 많을多 돈錢 늙을翁

돈이 많은 노인(老人).

다정다감 많을多 정情 多 느낄感

사물(事物)에 대하여 애틋한 정도 많고 느끼는 생각도 많음. 생각이 섬세하고 풍부(豊富)함. **다감다정**(多感多情)

다정다한 많을多 정情 多 원통할恨

유난히 잘 느끼고 또 원한(怨恨)도 잘 가짐.

애틋한 정도 많고 한스러운 일도 많음.

다정불심 많을多 정情 부처佛 마음心

다정다감(多情多感)하고 착한 마음.

정이 많은, 자비(慈悲)스러운 마음.

다종다양 많을多 씨種 多 모양樣

종류(種類)가 많고 그 양식(樣式)이나 모양(模樣)이 여러 가지임.

각양각색(各樣各色) 사람마다 각각 다름.

각양각태(各樣各態) 각기(各其) 다른 여러 가지 모양과 상태(狀態).

각인각설(各人各設) 사람마다 주장(主張)하는 의견(意見)이나 설(說)이 제각각 다름.

각인각성(各人各姓) 각 사람이 모두 성이 다름.

각인각색(各人各色) 사람마다 낯빛이 다름.

가지각색(- -各色) 모양(模樣)이나 성질(性質) 따위가 서로 다른 여러 가지.

만단무방(萬端無方) 가지각색이어서 일정

(一定)한 규정(規定)이 없음.

백인백색(百人百色) 사람마다 제각기 다른 특색(特色)이 있음.

종종색색(種種色色) 여러 가지 종류.

형형색색(形形色色) 모양이나 빛깔이 서로 다른 여러 가지.

다지위잡 많을多 알知 할爲 섞일雜

여러 가지를 너무 많이 알면 도리어 뒤섞여 어지러움.

다천과귀 많을多 천할賤 적을寡 귀할貴

「물건(物件)이 많으면 값이 싸지고, 물건이 적으면 비싸짐」 모든 상품(商品)은 다과(多寡)에 의해서 그 값의 고하(高下)가 이루어짐.

희소가치(稀少價値) 매우 드물어 인정(認定)되는 가치.

다행다복 많을多 다행幸 多 복福

다행(多幸)하여 썩 행복(幸福)함.

천행만복(千幸萬福) 매우 행복함.

단가행 짧을短 노래歌 시체(詩體)行

조조(曹操)가 연회(宴會)를 베풀며 지은 4언시. 조조는 비분강개(悲憤慷慨)하면서도 장중(莊重)한 어조(語調)로 현명(賢明)한 인재(人材)에 대한 갈구(渴求)와 천하(天下)를 통일(統一)하고자 하는 웅심(雄心)을 드러내고 있다.

단간영묵 끊을斷 대쪽簡 내릴零 먹墨

종이가 발명(發明)되기 전까지, 종이 대신(代身) 썼던 대쪽과 먹 한 방울이라는 뜻으로, 종잇조각에 적힌 완전(完全)하지 못한 조각난 글월.

단간잔편 끊을斷 대쪽簡 해칠殘 책篇

떨어져 나가고 빠지고 하여 조각이 난 문서(文書)나 글월. **단편잔간**(短篇殘簡)

단갈불완 짧을短 털옷褐 아닐不 완전할完

「짧은 털옷도 구비(具備)하지 못함」 가난한 사람의 제대로 차리지 못한 옷차림.

동월무피(冬月無被) 겨울에 옷이 없음.

수갈불완(裋褐不完) 해진 옷도 갖추지 못함.

역의병식(易衣竝食) 한 벌의 옷을 서로 바꾸어 가며 입고, 이삼일 동안에 하루 치의 밥을 먹음.

의결구천(衣結屨穿), **의리폐천**(衣履弊穿) 옷은 해져서 꿰매고 신은 떨어져 구멍이 남.

일구일갈(一裘一葛) 한 벌의 갖옷과 베옷.

착금현주(捉襟見肘) 옷깃을 여미면 팔꿈치가 드러남.

단구선다 붉을丹 언덕丘 신선仙 차茶

좋은 차(茶)를 이름.

단군기원 박달나무檀 임금君 연대紀 으뜸元

단군이 즉위(卽位)했다는 서기전(西紀前) 2333년을 원년(元年)으로 하는 기원.

단기(檀紀)

단금지계 끊을斷 쇠金 어조사之 맺을契
단금지교 斷 金 之 사귈交

「쇠라도 자를 수 있는 단단한 사귐」 친구(親舊)의 정의(情誼-서로 사귀어 친해진 정)가 매우 두터움.

금란지교(金蘭之交), **금란지의**(金蘭之誼) 쇠처럼 단단하고 난초(蘭草) 향기(香氣)처럼 그윽한 사귐의 의리(義理).

금석지계(金石之契), **금석지교**(金石之交) 금이나 돌과 같이 굳은 사귐.

기이단금(基利斷金) 쇠를 끊을 만큼 굳음.

단기지계 끊을斷 機 어조사之 경계할戒
단기지교 斷 베틀機 之 가르칠敎

「베를 끊는 훈계(訓戒)」 학업(學業)을 중도(中途)에 폐함은 짜던 피륙의 날을 끊는 것과 같아 아무런 이익(利益)이 없다는 훈계.

가친단기(軻親斷機), **맹모단기**(孟母斷機) 맹자(孟子) 어머니가 베틀에 건 날실을 끊었음.

수이불실(秀而不實) 「이삭은 나왔으나 여물지 않음」 학문(學問)은 진보(進步)하였으나 완성(完成)하지 못하고 중도에서 그침.

전공가석(前功可惜) 애를 써서 하던 일을 중간(中間)에 그만두거나 헛일이 되었을 때, 그전에 들인 힘이 아까움.

공재불사(功在不舍) 성공(成功)은 그만두지 않음에 있음.

단기천리 홑單 천리마驥 일천千 거리里

「말 한 마리로 천 리를 달림」 적토마(赤免馬)는 하루에 1천 리를 간다고 들었습니다. 그러니 지금(只今)이라도 형님 소식(消息)을 듣는다면 이 말을 타고 하루 만에 갈 수 있지 않겠습니까?

단기치빙 홑單 말 탈騎 달릴馳 달릴騁

혼자 말을 타고 싸움터를 부산하게 다님.

고군분투(孤軍奮鬪) 외로운 군대(軍隊)가 떨쳐 싸움.

악전고투(惡戰苦鬪) 매우 어려운 조건(條件)을 무릅쓰고 고생(苦生)스럽게 싸움.

약마복중(弱馬卜重) 약한 말에 무거운 짐을 실음.

중과부적(衆寡不敵) 적은 것이 많은 것을 대적(對敵)함.

단기필마 홑單 탈騎 홑匹 말馬

혼자서 한 필의 말을 탐. 또는 그런 사람. **필마단기**(匹馬單騎)

필마단창(匹馬單槍) 한 필의 말과 한 자루의 창.

단기복무 짧을短 기간期 일服 힘쓸務

짧은 기간(其間) 동안 어떤 직무(職務)나 임무(任務)에 힘씀.

단단무타 끊을斷 斷 없을無 다를他

오로지 한 가지 신념(信念) 외에 다른 마음이 없음.

성실(誠實)하여 딴 마음이 없음.

거경지신(巨卿之信) 「거경의 신의(信義)」 굳은 약속(約束)을 뜻하며, 성실한 인품(人品).

단단상약 끊을斷 斷 서로相 묶을約

단단히 서로 약속(約束)함.

견여금석(堅如金石) 서로 맺은 언약(言約)이나 맹서(盟誓)가 금석같이 굳음.

금석뇌약(金石牢約), **금석상약**(金石相約) 쇠나 돌 같이 굳게 약속함.

신서단단(信誓旦旦) 진실(眞實)하게 하여 믿을 만한 맹세.

단도부회 홑單 칼刀 다다를赴 모일會

「칼 한 자루만 들고 위험(危險)한 자리에 나아감」 위험한 일임에도 아랑곳하지 않고 대담(大膽)하게 행동(行動)함.

단도직입 홑單 칼刀 곧을直 들入

「혼자서 칼을 휘두르고 거침없이 적진(敵陣)으로 쳐들어감」 문장(文章)이나 언론(言論)의 너절한 허두(虛頭)를 빼고 바로 요점(要點)으로 풀이하여 들어감.

생각과 분별(分別)과 말에 거리끼지 않고 진경계(眞境界)로 바로 들어감.

거두절미(去頭截尾) 머리는 버리고 꼬리는 끊음.

단장취의(斷章取義) 문장에서 필요(必要)한 부분(部分)만을 인용(引用)하거나 자기 본위(本位)로 해석(解釋)하여 씀.

대증하약(對症下藥) 증세(症勢)에 맞게 약을 써야 함.

일침견혈(一針見血) 침을 한 번 놓아 피를

봄.

정문일침(頂門一鍼) 「정수리에 침을 놓음」 따끔한 충고(忠告)나 교훈(敎訓).

↔ **격화소양**(隔靴搔癢) 신을 신고 가려운 발을 긁음.

도비순설(徒費脣舌) 쓸데없는 말만 하여 입술과 혀만 수고롭게 함.

단독강화 홑單 홀로獨 화해할講 화할和

한 나라가 그 동맹국(同盟國)에서 이탈(離脫)하여 단독으로 적국(敵國)과 강화하는 일. 또는 많은 상대국(相對國) 가운데서 한 나라와만 하는 강화(싸우던 두 편이 싸움을 그치고 평화(平和)로운 상태(狀態)가 됨).

단독개념 홑單 홀로獨 대개槪 생각念

속성(屬性)으로써 한정(限定)하여 어떠한 단독의 사물(事物)을 나타내는 개념.

개체개념(個體槪念), **단일개념**(單一槪念)

단독명사 홑單 홀로獨 이름名 말씀辭

한정(限定)된 속성(屬性)으로 단독의 사물(事物)을 나타내는 개념(槪念). 외연(外緣)의 수가 오직 한 개인(個人), 단일적(單一的)이며 개별적(個別的)인 사물을 나타내는 개념(槪念)으로, 이를테면 '세종대왕', '신라의 옛 서울' 따위.

개체명사(個體名辭), **단칭명사**(單稱名辭)

단독일신 홑單 홀로獨 한一 몸身

「단 하나의 몸」 일가친척(一家親戚)이 없는 홀몸.

무근무체(無根無蔕) 뿌리도 없고 꼭지도 없음.

사고무친(四顧無親) 의지(依支)할 만한 데가 전혀 없음.

오수여귀(吾誰與歸) 나는 누구를 의지하리오?

장벽무의(墻壁無依) 외톨이가 되어 전혀 의지할 만한 곳이 없음.

적빈무의(赤貧無依) 몹시 가난한 데다가 의지할 곳도 없음.

착족무처(着足無處) 발을 붙여 설 자리가 없음.

혈혈무의(孑孑無依) 외로워도 의지할 곳이 없음.

형영상련(形影相憐) 자기(自己) 몸과 그림자가 서로 불쌍하게 여김.

형영상조(形影相照) 몸과 그림자가 서로 비춤.

단독점유 홑單 홀로獨 점령할占 가질有

하나의 물건(物件)을 한 사람이 단독으로 차지하는 일.

단독정범 홑單 홀로獨 바를正 범할犯

혼자서 범죄(犯罪)의 구성 요건(構成要件)에 해당(該當)하는 행위(行爲)를 실행(實行)한 사람.

↔ **공동정범**(共同正犯) 몇 사람이 공동으로 범죄를 실행(實行)한 경우(境遇)에 그 여러 범인(犯人).

단독행동 홑單 홀로獨 행할行 움직일動

다른 사람이나 어떤 단체(團體)와 관계(關係)없이 개인적(個人的)으로 하는 행동.

↔ **단체행동**(團體行動), **집단행동**(集團行動)

단독행위 홑單 홀로獨 행할行 할爲

법률 행위(法律行爲)를 이루는 의사 표시(意思表示)의 하나로, 당사자(當事者) 한쪽의 의사 표시 때문에 성립(成立)되는 법률 행위로써, 계약(契約)의 해제(解除)·유언(遺言)·기부(寄附) 따위가 있다. 국가(國家)나 공공단체(公共團體)가 행정권(行政權)을 가지고 하는 일방적(一方的)인 의사 표시로 행정행위나 행정처분(行政處分) 따위가 있음.

단동불출 홑單 - 아닐不 날出

윷놀이에서, 한 동도 내지 못하고 싱겁게 짐.

단두장군 끊을斷 머리頭 장수將 군사軍

「머리가 달아난 장군」 죽어도 항복(降伏/降服)하지 않는 장군.

감사지졸(敢死之卒) 죽음을 두려워하지 않는 용감(勇敢)한 병졸(兵卒).

결사항전(決死抗戰) 죽을 각오로 맞서 싸움.

골포전장(骨布戰場) 전쟁터에 뼈를 뿌림.

기량침선(棄糧沈船), **사량침선**(捨量沈船) 식량(食糧)을 버리고 배를 가라앉힘.

마혁과시(馬革裹屍) 말의 가죽으로 자기(自己)의 시체(屍體)를 쌈.

배성일전(背城一戰) 도읍(都邑)의 성 아래에서 일전(一戰)을 불사(不辭)하겠음.

배수일진(背水一陣) 물을 등지고 진을 침.

병사지야(兵死地也) 병사는 전쟁(戰爭)에서 죽음.

분주파부(焚舟破釜) 배를 불태우고 솥을 깨뜨림.

사생결단(死生決斷) 죽음을 무릅쓰고 결정(決定)함.

시사여귀(視死如歸) 죽는 것을 집으로 돌아가는 것으로 여김.

시사여생(視死如生) 죽음을 여기기를 삶과 같이함.

이사위한(以死爲限) 죽음에 기한(期限)을 두지 않음.

인자지용(仁者之勇) 어진 이가 의(義)를 위하여 죽음을 두려워하지 않는 용기(勇氣).

저사위한(抵死爲限) 죽음을 각오(覺悟)하고 굳세게 저항(抵抗)함.

제하분주(濟河焚舟) 적(敵)을 치기 위하여 강을 건너고는 타고 간 배를 불태워 버림.

지사불굴(至死不屈) 죽을 때까지 항거(抗拒)하여 굽히지 않음.

파부침주(破釜沈舟) 솥을 깨뜨리고 배를 가라앉힘.

한사결단(限死決斷) 죽음을 무릅쓰고 결단함.

함소입지(含笑入地) 「웃음을 머금고 땅에 들어감」 의사(義士)가 죽음을 두려워하지 않음.

단란조보 끊을斷 빛날爛 아침朝 갚을報

「끊어지고 문드러진 조보」 불완전(不完全)한 책(冊)을 가리키는 말.

단란지락 둥글團 둥글欒 어조사之 즐거울樂

여럿이 함께 즐겁고 화목(和睦)하게 지내는 즐거움.

단련지리

쇠 불릴鍛 불릴鍊 어조사之 벼슬아치吏

갖가지로 죄안(罪案)을 꾸며 사람을 죄에 옭아 넣는 관리(官吏).

단료투하 대광주리簞 막걸리醪 던질投 강河

「장수(將帥)가 얼마 안 되는 막걸리를 강에 풀어 군사와 같이 마심」 장수가 군사(軍士)와 고락(苦樂)을 같이함.

추우향사(椎牛饗士) 「군중(軍中)에서 소를 잡아 장병(將兵)에게 먹임」 대장(大將)이 부하(部下)를 우대(優待)함.

단말마 끊을斷 끝末 마귀魔

임종시(臨終時).

숨이 끊어질 때의 고통(苦痛).

숨이 끊어질 때 내뱉는 짧은 비명(悲鳴).

단명반흉 짧을短 목숨命 절정半 흉할凶

「명이 짧고 흉한 일이 한창임」 사주(四柱) 궁합(宮合)의 한 괘 풀이.

단무타려 끊을斷 없을無 다를他 생각慮

「조금이라도 다른 근심이 없음」 모든 일

이 잘되어 탈이 없고 평안(平安)함.

돈연무려(頓然無慮) 전혀 걱정이 없음.

만사태평(萬事太平) 모든 일에 근심 걱정이 없어 평안함.

무사무려(無思無慮) 아무 생각도 걱정도 없음.

무사태평(無事泰平) 아무 탈 없이 편안함.

무사안일(無事安逸) 아무런 일이 없이 편안(便安)하고 한가(閑暇)함.

유유완완(悠悠緩緩) 걱정이 없어 느긋한 모양(模樣).

↔ **우심여훈**(憂心如熏) 걱정하는 마음이 타는 듯함.

단문고증 홑單 문서文 하나孤 증거證

한 쪽짜리 문서(文書)에 하나뿐인 증거.

불충분(不充分)한 박약(薄弱)한 증거(證據).

단발문신 끊을斷 머리털髮 무늬文 몸身

머리털을 짧게 자르고 몸에 입묵(入墨-문신)한 야만(野蠻) 풍속(風俗).

단석나정(袒裼裸裎) 웃옷을 벗고 어깨를 드러냄과 발가벗음.

피발좌임(被髮左衽) 머리를 풀고 옷깃을 왼쪽으로 여밈.

흑치조제(黑齒雕題) 이를 검게 염색(染色)하고 이마에 문신(文身)함.

단발미인 끊을斷 터럭髮 아름다울美 사람人

단발한 젊은 미인. 이전에 흔히 신여성(新女性)의 뜻으로 쓰이던 말.

단병접전 짧을短 병사兵 접할接 싸울戰

창이나 칼 따위의 단병(길이가 짧은 병기(兵器))을 가지고 가까이 가서 육박하는 싸움. **육박전**(肉薄戰)

단본정시 처음端 근본本 바를正 먼저始

근본(根本)을 단정(端正)하게 하며 시작(始作)을 바르게 함.

단봉조양 붉을丹 봉황鳳 아침朝 햇볕陽

「붉은 봉황새가 아침볕을 쬠」 태평성세(泰平盛世)의 상서(祥瑞)로운 조짐(兆朕).

경운지서(慶雲之瑞) 오색(五色)의 구름이 나타나 천하가 태평(太平)해질 상서.

서수획린(西狩獲麟) 기린(麒麟)을 잡음.

오어지서(烏魚之瑞) 까마귀와 물고기에서 나타난 상서로운 조짐.

일경구수(一莖九穗) 한 포기 줄기에서 아홉 개의 이삭이 맺음.

조양봉명(朝陽鳳鳴) 봉황이 산 동쪽에서 욺.

태평무상(太平無象) 천하(天下)가 태평할 때에는 이렇다 할 특별(特別)한 조짐이 나타나지 않음. 이것이 곧 태평의 증거(證據)임.

단부단혜 아침旦 거듭復 旦 어조사兮

아침마다. 날마다.

단부부착 끝端 떼部 맡길付 붙을着

싹, 꽃차례 따위가 줄기, 가지에 맨 끝에 착생(着生)하는 것을 일컬음.

단불보석 아침旦 아닐不 보증할保 저녁夕

「오늘 저녁을 보증(保證)하지 못함」 병세(病勢)가 매우 위독(危篤)함.

만분위중(萬分危重) 병세가 무거워서 대단히 위태(危殆)함.

명재경각(命在頃刻), **인명재각**(人命在刻) 목숨이 눈 깜짝할 사이에 달려 있음.

설권낭축(舌券囊縮) 혀가 구부러지고 불알이 오그라듦.

시각대변(時刻待變) 병세가 매우 위급(危急)하게 된 상태(狀態).

위다안소(危多安少) 시국(時局)이나 병세 등이 매우 위급하여 안심(安心)하기 어려움.

단불요대 끊을斷 不 용서할饒 용서할貸

단불용대 斷 아닐不 용납할容 貸

「단연코 용서(容恕)하지 않음」 조금도 용서할 수 없음.

불가사야(不可赦也) 「용서할 수 없음」 천벌(天罰)을 받음.

엄핵조율(嚴覈調律) 일을 실상(實狀)대로 법에 비추어 엄하게 처단(處斷)함.

유유검이(惟有劍伊) 「오직 칼이 있을 뿐」 법을 어기는 자가 있으면 즉시(卽時) 처단함.

적불가가(敵不可假) 적은 마땅히 전멸(全滅)시킬 것이며 사정(事情)을 보아주거나 용서해 주어서는 안 됨.

형고무소(刑故無小) 고의(故意)의 범죄자(犯罪者)를 처벌(處罰)함에는 가벼운 죄라도 용서하지 않음.

↔ **과오원면**(過誤原免) 과실(過失)로 저지른 것은 용서함.

정서이견(情恕理遣) 정으로 용서하고 이(理)에 비추어 용서함.

단사두갱 도시락簞 밥食 제기豆 국羹

「대나무 그릇에 담긴 밥과 제기(祭器)에 담긴 국」 얼마 안 되는 음식(飮食).

변변치 못한 음식.

일음일탁(一飮一啄) 「한 번 물을 마시고 한 번 쪼아먹음」 얼마 안 되는 음식.

단사리별 홑單 집舍 날카로울利 분별할別

백사탕(白砂糖) 육 할 오 푼을 끓는 증류수(蒸溜水) 삼 할 오 푼에 녹인 액체(液體). 약제(藥劑)의 조미(調味)에 씀.

단사불성선 홑單 실絲 아닐不 이룰成 줄線

외가닥 실은 선을 이루지 못하므로 아무 쓸모가 없음.

단사선문 짧을短 비낄斜 줄線 무늬文

짧은 금을 비스듬히 그어 나타낸 무늬.

단사표음 대광주리簞 밥食 표주박瓢 마실飮

「대그릇의 밥과 표주박의 물」 매우 소박(素朴)한 생활(生活). **단표누항**(簞瓢陋巷),

일단사일표음(一簞食一瓢飮)

백반총탕(白飯葱湯) 「흰밥과 파로 끓인 국」 반찬(飯饌)이 없는 검소(儉素)한 음식(飮食).

소림일지(巢林一枝), **초료일지**(鷦鷯一枝) 숲에 새집을 지을 때 나뭇가지 하나로 족함.

소사채갱(疏食菜羹) 「거친 음식과 나물국」 청빈(淸貧)하고 소박한 생활.

안분지족(安分知足) 편안(便安)한 마음으로 제 분수(分數)를 지키며 만족할 줄을 앎.

안빈낙도(安貧樂道) 가난을 편안(便安)히 여기고 도를 즐김.

언서음하(偃鼠飮河), **음하만복**(飮河滿腹) 두더지가 강물을 마셔도 자기(自己) 배를 채우는 데 불과(不過)함.

인자불우(仁者不憂) 어진 사람은 안빈낙도하므로 근심이 없음.

일즙일채(一汁一菜) 국 한 그릇과 나물 한 그릇의 식사(食事).

채연불착(採椽不斲) 원목(原木) 그대로의 떡갈나무를 서까래로 사용(使用)함.

폐거노마(弊車駑馬) 「해진 마차(馬車)와 걸음이 느린 말」 검박(儉薄)한 생활.

단사호장 대광주리簞 밥食 병壺 미음漿

「도시락에 담은 밥과 병(甁)에 담은 음료수(飮料水)」 음식물(飮食物)을 차리고 환영(歡迎)함.

단상사 홑單 서로相 생각思

한쪽 편에서만 생각하고 있음. **외사랑**

단서철권 붉을丹 책書 쇠鐵 문서券

「붉은색으로 표지(表紙)를 하고 쇠줄로 엮은 책」 소중(所重)한 내용(內容)을 남기기 위해 잘 만들어 영원(永遠)히 보존(保存)하는 귀한 책(冊).

쇳조각에 지워지지 않게 주서(朱書)하여 공신(功臣)에게 주어 대대로 죄(罪)를 면하게 하던 증명서(證明書).

단석나정

소매袒 웃통 벗을裼 벗을裸 드러낼裎

「소매를 걷고 웃옷을 벗고 어깨를 드러냄과 발가벗음」 무례(無禮)한 행위(行爲).

단발문신(斷髮文身) 머리털을 짧게 자르고 몸에 입묵(入墨)한 야만(野蠻) 풍속(風俗).

상서유피(相鼠有皮) 「쥐를 보아도 가죽이 있음」 예절(禮節)을 모르는 사람을 비난(非難)하여 이르는 말.

의관효경(衣冠梟獍) 예장(禮裝)을 갖춘 사나운 짐승.

조제흑치(雕題黑齒) 이마에 문신(文身)하고 검은색(銀色)으로 염색(染色)함.

종신불치(終身不齒) 그 사람을 한평생(限平生) 인간다운 대접(待接)을 해 주지 않음.

피발좌임(被髮左衽) 머리를 풀고 옷깃을 왼쪽으로 여밈.

단석지비 아침旦 저녁夕 어조사之 번거로울費

아침저녁의 끼니를 이어 가는 수고.

단석지위 아침旦 저녁夕 어조사之 위태로울危

「아침저녁으로 찾아오는 위기(危機)」 매우 절박(切迫)한 위험(危險).

간일발(間一髮) 단 한 오라기의 머리카락을 끼울 만한 사이.

도현지급(倒懸之急) 거꾸로 매달린 위급(危急)·절박(切迫)한 고난(苦難).

일촉즉발(一觸卽發) 한 번 닿으면 곧 터짐.

단선단정 홑單 가릴選 單 정사政

단독 선거(選擧)와 단독정부(單獨政府)를 아울러 이르는 말.

단성무이 붉을丹 정성誠 없을無 둘二

「붉은 정성(精誠)이 둘도 없음」 진심(眞心)으로 성심성의(誠心誠意)로 일을 행함.

금석위개(金石爲開) 「쇠와 금을 뚫음」 굳은 돌도 마음먹기에 따라 통한다는 말.

사석몰우(射石沒羽) 화살이 깊숙이 돌을 뚫고 들어감.

무아봉공(無我奉公) 나를 없애고 공익(公益)을 위해 성심성의를 다함.

성심성의(誠心誠意) 성실(誠實)하고 정성스러운 마음과 뜻.

중석몰촉(中夕沒鏃) 쏜 화살이 돌에 박힘.

단성화산 홑單 이룰成 불火 메山

한 번의 분화(噴火) 활동(活動)으로 생성(生成)된 화산.

단소정한 짧을短 작을小 정밀할精 사나울悍

「작은 것이 정밀(精密)하고 세참」 몸집이 작으나 기상(氣像)이 날카롭고 강함.

보이는 모습과 달리 다부지고 강한 면모(面貌)가 있음.

단순호치 붉을丹 입술脣 흴皓 이齒

「붉은 입술에 하얀 치아」 빼어난 미인(美人). **주순호치**(朱脣皓齒)

명모호치(明眸皓齒) 눈동자가 맑고 이가 흼.

단심조만고

붉을丹 마음心 비출照 일만萬 옛古

「단심은 영원(永遠)히 빛남」 속에서 우러나는 지성(至誠)스러운 마음은 영원히 빛남.

단심혈성 붉을丹 마음心 피血 정성誠

삿됨이 없이 정직(正直)하고, 진실(眞實)한 마음에서 나오는 지극(至極)한 정성(精誠). 丹心은 삿됨이 없이 정직하고 정성스러운 마음. 血誠은 진실한 마음에서 나오는 지극한 정성.

고심혈성(苦心血誠) 마음과 몸을 다하여서 하는 지극한 정성.

극진지두(極盡地頭) 머리가 땅에 닿도록 극진히 함.

난상가란(卵上加卵) 「달걀 위에 달걀을 포갬」 지극한 정성.

누의지성(螻蟻之誠) 땅강아지와 개미같이 작은 것들의 정성.

만강혈성(滿腔血誠) 가슴속에 가득 찬 진실(眞實)에서 우러나오는 정성(精誠).

봉일지성(捧日之誠) 「해를 받드는 정성」 신하(臣下)로서 군주(君主)를 받드는 정성.

성중형외(誠中形外) 마음속에 진실함이 있으면 겉으로 드러남.

열심단충(熱心丹衷) 「마음이 뜨끈뜨끈하게 되고 진실함」 열렬(熱烈)한 정성.

일념통천(一念通天) 한결같은 마음으로 열중(熱中)하면 하늘도 감동(感動)하여 일을 성취(成就)하게 함.

지극정성(至極精誠) 더할 수 없이 극진한 정성.

지성감천(至誠感天) 징싱이 지극하변 하늘도 감동함.

헌폭지침(獻曝之忱) 「햇볕을 바치는 정성」 소박하고 보잘것없음.

단아정숙 바를端 우아할雅 곧을貞 맑을淑

단정(端正)하고 얌전함.

단아준일 바를端 우아할雅 준걸俊 뛰어날逸

단정(端正)하고 훤칠하게 잘생겨 일품(逸品)임.

단악수선 끊을斷 악할惡 닦을修 착할善

악업(惡業)을 끊고 선업(善業)을 닦아 선도(善道)에 들어가는 일.

단애청벽 끊을斷 벼랑崖 푸를靑 벽壁

「붉은빛의 낭떠러지와 푸른빛의 석벽(石壁)이 높고 아름다움」 인품(人品)이 고상(高尙)함. 쉽사리 보기 어려운 사람을 만남.

단애청벽지명(斷崖靑壁之銘)

개운도천(開雲覩天) 「구름을 헤쳐서 하늘을 봄」 환하게 트이고 쾌활(快闊)하게 됨.

곤옥추상(琨玉秋霜) 「아름다운 옥과 가을서리」 고상하고 엄숙(嚴肅)한 인품.

광풍제월(光風霽月) 화창(和暢)한 날 불어오는 상쾌(爽快)한 바람과 비 갠 뒤 하늘에 뜬 밝은 달.

날이불치(涅而不緇) 검은 물을 들여도 검게 물들지 않음.

빙호추월(冰壺秋月) 얼음 호리병과 가을 달.

약음순료(若飮醇醪) 맛좋은 술을 마시는 것과 같음.

옥해금산(玉海金山) 옥을 품은 바다와 금이 나는 산.

요림경수(瑤林瓊樹) 「옥의 숲과 옥의 나무」 인품이 고상하고 비범(非凡)한 사람.

운상기품(雲上氣稟) 속됨을 벗어난 인간의 고상한 기질(氣質)과 성품(性品).

운중백학(雲中白鶴) 구름 속의 학.

단야연마 불릴鍛 풀무冶 갈硏 갈磨

단련(鍛鍊)하고 또 단련하여 갈고 닦음.

견지불해(堅持不懈) 조금도 느슨해지지 않고 끝까지 견지(堅持)함.

과골삼천(踝骨三穿) 복사뼈에 세 번 구멍이 남.

발분도강(發憤圖强) 강성(剛性)해지기 위하여 분발(奮發)함.

발분망식(發憤忘食) 분발(奮發)하여 먹는 것을 잊음.

발분흥기(發憤興起) 분발하여 일어남.

자강불식(自强不息) 스스로 힘쓰고 쉬지 않음.

절차탁마(切磋琢磨) 칼로 다듬고 줄로 쓸며 망치로 쪼고 숫돌로 갊.

현두자고(懸頭刺股) 머리를 끈으로 묶어 높이 걸고 허벅지를 찔러 잠을 깨움.

단엄침중

바를端 엄할嚴 가라앉을沈 무게重

단정(端正)하고 엄숙(嚴肅)하며 침착(沈着)하고 무게가 있음.

과묵침용(寡默沈容) 말수가 적고 침착한 모습.

용지약사(容止若思) 행동을 덤비지 말고 형용(形容)과 행동거지(行動擧止)를 조용히 생각하는 침착한 태도(態度)를 보여야 함.

우재유재(優哉游哉) 언행(言行)이 여유(餘裕)가 있고 침착함.

우유불박(優游不迫) 편안(便安)하고 한가(閑暇)하여 서둘지 않음.

태연자약(泰然自若) 침착하여 조금도 마음이 동요(動搖)되지 않음.

↔ **요두전목**(搖頭轉目) 「머리를 흔들고 눈을 굴림」 행동이 침착하지 못함.

단의절친 끊을斷 옳을義 끊을絶 친족親

가족관계(家族關係)와 의리(義理)를 끊음.

단의첨유 홑單 옷衣 홑옷襜 홑옷褕

모두 홑옷이며, '첨유'는 옷자락이 곧음.

단의초제 짧을短 옷衣 초나라楚 지을製

초(楚)나라 식(式)의 짧은 의복(衣服).

단이감행 귀신피지 끊을斷 말 이을而 감히敢 갈行 귀신鬼 신神 피할避 어조사之

과단성(果斷性) 있게 행하면 귀신(鬼神)도 이를 피하여 어떠한 일도 성취(成就)할 수 있음.

단일민족 홑單 한一 백성民 겨레族

단일한 인종(人種)으로 구성(構成)된 민족.

단장보단 끊을斷 길長 기울補 짧을短

「남는 것을 끊어 모자라는 것을 기움」 장점(長點)을 취하여 단점(短點)을 보충(補充)함.

가납기언(嘉納其言) 간(諫)하거나 권(勸)하는 말을 기꺼이 받아들임.

감수기책(甘受其責) 남의 책망(責望)을 기꺼이 받아들임.

문과즉희(聞過則喜) 자신(自身)의 허물을 듣고 기뻐함.

사단취장(捨短取長) 나쁜 점은 버리고 좋은 점을 취함.

속단단장(續短斷長) 「긴 것을 잘라 짧은 것에 이음」 곧 장단(長短)을 같게 함.

은악양선(隱惡揚善) 나쁜 점을 숨기고 좋은 점을 드러냄.

절장보단(絶長補短) 긴 것을 잘라 짧은 것을 보충함.

조장보단(助長補短) 장점을 발전(發展)시키고 단점을 보완(補完)함.

단장적구 끊을斷 글章 딸摘 글句

고전(古典)이나 원서(原書) 일부(一部)를 인용(引用)한 글이나 구(句).

단장춘심 끊을斷 마음腸 봄春 마음心

슬프도록 벅찬 봄기운(氣運).

단장취의 끊을斷 글章 취할取 옳을義

문장(文章)에서 필요(必要)한 부분(部分)만을 인용(認容)하거나 자기(自己) 본위(本位)로 해석(解釋)하여 쓰는 것.

취사선택(取捨選擇) 여럿 가운데서 쓸 것은 골라 쓰고 버릴 것은 버림.

체리피킹(Cherry Picking) 나무에 판매(販賣) 가치(價値)가 떨어지는 체리만 남기고 가장 좋은 체리 몇 개만을 따 가는 것과 같이, 어떤 대상(對象)에서 좋은 것만 골라 가는 행위(行爲).

게이트키핑(Gate Keeping) 기자(記者)나 편집자(編輯者)와 같은 뉴스(News) 결정권자(決定權者)가 뉴스를 취사선택 하는 일.

단적칠흑 붉을丹 붉을赤 옻漆 검을黑

「붉은 흙 속에 있는 것은 붉게 되고 칠 속에 있는 것은 검게 됨」 감화(感化)의 무서움.

사람은 사귀는 벗에 따라 착하게도 되고, 악하게도 됨.

단지소장자적(丹之所藏者赤)

근묵자흑(近墨者黑) 「검은 먹을 가까이하면 검어짐」 사람도 주위환경(周圍環境)에 따라 변할 수 있음.

귤화위지(橘化位枳), **남귤북지**(南橘北枳) 남쪽의 귤나무를 옮겨 심으면 탱자나무가 됨.

근주자적(近朱者赤) 붉은색을 가까이하면 붉어짐.

마중지봉(麻中之蓬) 삼밭에서 자라는 쑥이 붙들어 주지 않아도 곧게 자람.

단정월 끝端 바를正 달月

단정하게 생긴 달, 곧 8월 보름달.

단정장정 짧을短 주막亭 길長 亭

길가에 있는 나그네의 크고 작은 여정(旅亭-주막(酒幕). 5리에 단정 하나, 10리에 장정 하나가 있다 함.

단제획죽 끊을斷 냉이薺 그을畫 국粥

「냉이로 국을 끓이고 이것을 엉기게 하여 나눠 먹음」 가난을 꾹 참고 고학함.

월광독서(月光讀書) 「달빛으로 책을 읽음」 집이 가난하여 고학(苦學)함.

차형손설(車螢孫雪) 차윤이 반딧불에, 손강이 눈빛으로 글을 읽음.

단창필마 홑單 창槍 혼자匹 말馬

「한 자루의 창과 한 필의 말」 남의 도움 없이 혼자 함.

아주 작은 힘으로 큰일을 하려 함.

필마단기(匹馬單騎) 혼자서 한 필의 말을 탐. 또는 그런 사람.

이적수장강하(以赤手障江河) 「맨손으로 양자강(揚子江)과 황하(黃河)를 막음」 혼자서 큰일을 함.

단청과실 붉을丹 푸를靑 지날過 실제實

실지(實地)로 없는 것을 그린 그림.

단칠불문 붉을丹 옻漆 아닐不 무늬文

본래(本來)부터 아름답고 훌륭한 것은 단장(丹粧)할 필요(必要)가 없음.

거피입본(去皮立本) 「병든 소를 잡아 그 가죽을 팔아서 송아지를 삼」 겉치레를 버리고 근본(根本)을 확립(確立)함.

문질빈빈(文質彬彬) 「무늬와 바탕이 빛남」 외견(外見)이 좋고 내용(內容)이 충실(充實)하여 잘 조화(調和)를 이룬 상태(狀態).

박이불문(朴而不文) 소박(素朴)하여 꾸미지 않음.

양옥부조(良玉不彫) 좋은 옥은 조탁(彫琢)할 필요(必要)가 없음.

진금부도(眞金不鍍) 순금(純金)은 도금(鍍金)하지 않음.

혼금박옥(渾金璞玉) 「다듬지 않은 본디 그대로의 금과 옥」 사람의 좋은 바탕.

회사후소(繪事後素) 「그림은 먼저 바탕을 손질한 후에 채색(彩色)함」 사람은 좋은 바탕이 있고 난 뒤에 문식(文識)을 더해야 함.

단칠불문 백옥부조(丹漆不文 白玉不雕) 붉은 칠에는 색을 먹이지 않고, 백옥에는 조각(彫刻)하지 않음.

↔ **부화방종**(浮華放縱) 허영심(虛榮心)에 들떠 실속은 없이 겉치레만 화려(華麗)함.

수식변폭(修飾邊幅) 「변폭을 닦고 꾸밈」 중요(重要)하지 않은 겉치레에만 신경(神經) 씀.

단편잔간 짧을短 책篇 해칠殘 대쪽簡

떨어지거나 빠져서 온전(穩全)하지 못한 책(冊)이나 문서(文書). **단간잔편**(斷簡殘篇)

단표누공 도시락簞 표주박瓢 누추할陋 빌空

대광주리와 표주박이 자주 빔.

단표누항 도시락簞 표주박瓢 누추할陋 거리巷

「도시락과 표주박의 물과 누추(陋醜)한 거리」 소박(素朴)한 시골 생활(生活).

누항단표(陋巷簞瓢), **단사표음**(簞食瓢飮)

단사호장(簞食壺漿) 도시락에 담은 밥과 병에 담은 음료수(飮料水).

구의폐대(垢衣弊帶) 때 묻은 옷과 해진 띠.

박주산채(薄酒山菜) 맛이 변변찮은 술과 산나물.

일단일표(一簞一瓢) 한 대그릇의 밥과 한 쪽박의 물.

단할지세 끊을斷 나눌割 어조사之 기세勢

칼로 가르듯이 그칠 줄 모르는 맹렬(猛烈)한 기세(氣勢).

팽배(彭湃) 한 물결이 맞부딪쳐 솟구침.

건령지세(建瓴之勢) 높은 곳에서 물동이의 물이 쏟아지는 기세.

기세난당(氣勢難當) 그 기세가 아주 대단해서 당해내기 어려움.

도천지세(滔天之勢여 흐르는 기세.) 하늘까지 창일(漲溢)하

분왕매진(奮往邁進) 씩씩하고 세찬 기세로 달려 나아감.

신호지세(晨虎之勢) 굶주린 새벽 호랑이의 기세.

여화여도(如火如荼) 불꽃이 활활 타오르는 것 같고, 띠꽃이 흐드러진 것 같음.

파죽지세(破竹之勢) 대나무를 쪼갤 때의 맹렬한 기세.

호랑지세(虎狼之勢) 흉악(凶惡)하고 맹렬한 기세.

사자분신지세(師子奮迅之勢) 사자가 몸을 떨쳐 성내는 신속(迅速) 용맹(勇猛)한 기세.

단항절황 끊을斷 도랑港 끊어질絶 웅덩이潢

「흘러갈 곳이 끊어진 지류(支流)와 이어질 곳이 없는 연못」 연락(連絡)이 두절(杜絶)됨. 港은 지류, 潢은 연못.

단호흉배 홑單 범虎 가슴胸 등背

한 마리의 호랑이를 수놓은 호흉배(虎胸背). 당하관(堂下官)의 무관(武官)이 붙임.

달고달언 통달할達 훈고詁 達 말言

일정(一定)한 훈고(訓詁).

경서(經書)와 언어(言語).

달다어요

수달獺 많을多 물고기魚 어지러울擾

수달(水獺)이 많으면 물고기가 두려워서 혼란(混亂)에 빠지듯, 관리(官吏)가 많으면 백성(百姓)이 핍박(逼迫)을 받음.

달도지인 현달할達 길道 어조사之 사람人

도를 몸소 체험(體驗)하여 알게 된 사람.

달불리도 현달할達 아닐不 떼놓을離 도리道

아무리 입신출세(立身出世)를 하여도 결코 도리(道理)에 벗어나는 일은 하지 않음.

불실척촌(不失尺寸) 법도(法度)나 규격(規格)에 딱 맞아 조금도 어긋나지 않음.

종심소욕(從心所欲) 마음속에 하고 싶은 대로 해도 법도(法度)에 어긋나지 않음.

종용유상(從容有常) 아무 하는 일 없이 조용하게 있을 때도 법도에 벗어나는 행동(行動)을 하지 않음.

↔ **간회불궤**(姦回不軌) 사악(邪惡)하고 법도를 따르지 않음.

달인대관 통달할達 사람人 큰大 볼觀

사리(事理)에 통달(通達)한 사람은 전체(全體)를 올바르게 널리 관찰(觀察)하여 공명정대(公明正大)한 판단(判斷)을 내림.

대경대법(大經大法) 공명정대한 원리(原理)와 법칙(法則).

시시비비(是是非非) 옳은 것은 옳다, 그른 것은 그르다고 함.

신상필벌(信賞必罰) 신실(信實)한 사람에게는 상을 주고 그렇지 않으면 반드시 벌을 줌.

애석폐고(愛惜弊袴)「해진 바지도 사랑하고 아깝게 여김」사소(些少)한 일에도 공정하게 판단(判斷)하고 처리(處理)하는 군주의 마음.

일빈일소(一嚬一笑)「한 번 찡그리고 한 번 웃음」사소(些少)한 감정(感情)의 변화(變化). 공정(公正)하게 판단(判斷)하고 처리(處理)하는 군주(君主)의 마음.

편언절옥(片言折獄) 한마디의 말로 송사(訟事)를 결정(決定)함. 판결(判決)이 공정함.

포폄좌기(褒貶坐起) 공식적(公式的)인 자리를 열어 옳고 그름을 가려 상(賞) 주고 벌(罰)주는 일을 함.

담대심세 쓸개膽 큰大 마음心 가늘細

담대심소 膽 大 心 작을小

「담대하면서도 치밀(緻密)한 주의력(注意力)을 가져야 함」문장(文章)을 지을 때의 마음가짐.

담대어신 쓸개膽 큰大 어조사於 몸身

「담이 몸보다 큼」꾀가 많음.

담력(膽力)과 책략(策略)이 대단함.

구담포천(狗膽包天)「개의 담력이 하늘을 에워쌈」뻔뻔스러울 정도(程度)로 담이 큼.

담여계란(膽如鷄卵) 달걀만큼 큰 쓸개.

대담무쌍(大膽無雙) 세상에 둘도 없을 만큼 담력이 대단함.

만신시담(滿身是膽) 온몸이 전부(全部) 쓸개임.

명목장담(明目張膽) 눈을 밝게 뜨고 담을 크게 펼침.

↔ **담소여서**(膽小如鼠)「담력이 작기가 쥐와 같음」용기(勇氣)가 작아 일을 하기 두려워함.

담론풍발 말씀談 논할論 모습風 필發

담화(談話)나 의논(議論)이 속출(續出)하여 활발(活潑)하게 이루어짐.

난만상의(爛漫相議) 오래 두고 여러 차례(次例) 충분(充分)히 의논함.

난상토의(爛商討議) 여러 사람이 자세(仔細)하게 충분히 의논함.

일동마련(一同磨錬) 여럿이 함께 상의(相議)하여 계획(計劃)을 세우거나 준비(準備)하여 갖추는 일.

담면지형 문신할黵 낯面 어조사之 형벌刑

얼굴에 자자(刺字) 하는 형벌(刑罰).

묵형(墨刑)

담박무욕 담백할淡 머무를泊 無 욕심慾

담박무위 淡 泊 없을無 할爲

담백무욕 淡 깨끗할白 無 慾

욕심(慾心)이 없고 깨끗함.

염아(恬雅) 욕심이 없고 얌전함.

담여수(淡如水) 욕심이 없고 마음이 깨끗하여 물과 같음.

명경지수(明鏡止水) 밝은 거울과 정지(靜止)된 물.

무욕무심(無慾無心) 욕심이 없고 깨끗함.

무욕염담(無慾恬淡) 욕심이 없이 마음이 깨끗하고 담담함.

운심월성(雲心月性) 구름 같은 마음과 달 같은 성격(性格).

운심학안(雲心鶴眼) 구름 같은 마음과 학의 눈.

청렴강직(淸廉剛直) 마음이 고결(高潔)하고 재물(財物) 욕심이 없고, 굳세고 꼿꼿함.

평이담백(平易淡白) 깨끗하여 욕심이 없는 마음.

↔ **야심만만**(野心滿滿) 「들에 있으려는 마음이 가득함」 어떤 일이나 대상(對象)에 대한 욕망(慾望)이 간절(懇切)하고 넘치는 모습.

탐다무득(貪多務得) 욕심이 많아 숱한 것을 탐냄.

담부지역 멜擔 질負 어조사之 부릴役

짐을 지는 일. 막벌이 일.

담석지록 두 섬儋 한 섬石 어조사之 녹봉祿

얼마 되지 않는 녹봉(祿俸).

두곡지록(斗斛之祿) 얼마 안 되는, 소관(小官)의 녹봉.

두미관유(斗米官遊) 얼마 안 되는 녹봉을 받기 위해 관리(官吏)가 되어 고향(故鄕)을 멀리 떠나 근무(勤務)함.

두승지록(斗升之祿) 말과 되의 녹봉.

↔ **식육지록**(食肉之祿) 고기를 먹을 만한 녹봉.

양이천석(良二千石) 2,000석의 녹봉을 받는 훌륭한 관리.

담석지저 두 섬儋 한 섬石 어조사之 쌓을儲

「한두 섬의 저축(貯蓄)」 변변하지 못한 저축.

담설색정 멜擔 눈雪 막을塞 우물井

담설전정 擔 雪 메울塡 井

「눈을 져다가 우물을 메움」 수고만 할 뿐 효과(效果)가 없음.

금의야행(錦衣夜行) 「비단옷을 입고 밤길을 걸음」 알아주는 이가 없어 보람이 없음.

노이무공(勞而無功) 애썼는데 보람이 없음.

니중탁족(塵裡振衣) 먼지 속에서 옷을 떪.

도로무공(徒勞無功) 헛되이 수고만 하고 아무런 이득(利得)을 얻지 못함.

암중순목(暗中瞬目) 남이 이해(理解)할 수 없는 방법(方法)으로 자기 의사(意思)를 나타냄.

야행피수(夜行被繡) 수놓은 좋은 옷을 입고 밤길을 감.

종정구인(從井救人) 우물에 들어가 남을 구함.

진리진의(泥中濯足) 흙탕 속에서 발을 닦음.

담소아미 엷을淡 바를掃 나방蛾 눈썹眉

옅은 화장(化粧)을 하는 일.

가벼운 얼굴 손질을 함.

담소여서 담력膽 작을小 같을如 쥐鼠

「담력(膽力)이 작기가 쥐와 같음」 용기(勇氣)가 작아 일을 하기 두려워함.

↔ **담여계란**(膽如鷄卵) 달걀만큼 큰 쓸개.

담소자약 말씀談 웃을笑 스스로自 같을若

「태연(泰然)하게 웃으면서 이야기함」 위급(危急)하고 어려운 일이 있어도 평소(平素)처럼 웃고 이야기할 수 있는 여유(餘裕)로운 태도(態度).

부동성색(不動聲色) 소리나 표정(表情)으로 감정(感情)을 드러내지 않음.

신색자약(神色自若) 큰일을 당해도 냉정(冷情)하여 안색(顔色)이 평소와 다름없이 변하지 않음.

언소자약(言笑自若) 「말하고 웃는 것이 매우 자연(自然)스러움」 근심되는 일이나 놀라운 일을 만나도 평시(平時)와 같은 태도.

태연무심(泰然無心) 아주 태연스럽고 이것저것 여러 가지 잡스러운 생각도 없음.

태연자약(泰然自若) 침착(沈着)하여 조금도 마음이 동요(動搖)되지 않는 모양(模樣).

↔ **아연실색**(啞然失色) 할 말을 잃고 낯빛을 잃음.

담수지교 맑을淡 물水 어조사之 사귈交

「맑은 물의 사귐」 담박(淡泊)하고 변함없는 우정(友情).

교양(教養) 있는 군자(君子)의 교제(交際).

교담여수(交淡如水) 사귀어 담박하기가 물과 같음.

담언미중 말씀談 말言 작을微 적중할中

「완곡(婉曲)하게 상대방(相對方)의 급소(急所)를 찌름」 모나지 않고 부드럽게 남의 급소를 찔러 말함.

언중유골(言中有骨) 「말 속에 뼈가 있음」 예사(例事)로운 말 속에 깊은 속뜻이 숨어 있음.

언중유언(言中有言) 말 속에 다른 말이 있음.

언중유향(言中有響) 말 속에 울림이 있음.

언외지의(言外之意) 말에 나타나지 않은 다른 뜻이 있음.

언중지의(言中之意) 말 속에 직접(直接) 그 뜻이 나타나 있음.

담여계란 쓸개膽 같을如 닭鷄 알卵

「달걀만큼 큰 쓸개」 담력이 대단함.

담대어신(膽大於身) 「담이 몸보다 큼」 꾀가 많음. 담력(膽力)과 책략(策略)이 대단함.

대담무쌍(大膽無雙) 세상에 둘도 없을 만큼 담력이 대단함.

일신시담(一身是膽) 온몸이 쓸개로 이루어짐.

충간의담(忠肝義膽) 충성(忠誠)스러운 심간(心肝)과 의열(義烈)의 담력.

↔ **담소여서**(膽小如鼠) 「담력이 작기가 쥐와 같음」 용기(勇氣)가 작아 일을 하기 두려워함.

담여수 맑을淡 같을如 물水

「욕심(慾心)이 없고 마음이 깨끗하여 물과 같음」 군자(君子)의 마음씨를 형용(形容)하는 말.

담이리 꾈啗 써以 이로울利

사람을 달래는 데 이익(利益)으로써 함.

담장농말 묽을淡 화장할粧 짙을濃 거품抹

「엷은 화장(化粧)과 짙은 화장」 갠 날과 비 오는 날에 따라 변화(變化)하는 경치.

기상만천(氣像萬千) 경치(景致)가 천태만상(千態萬象)으로 변화함.

사시산색(四時山色) 계절(季節)에 따라 변화하는 산 경치.

응접불황(應接不遑) 산천(山川)의 경치가 끊임없이 변화하는 모양(模樣).

담장이아

묽을淡 치장할粧 말 이을而 우아할雅

엷은 화장(化粧)이어도 아름답고 우아(優雅)함.

담전심경 쓸개膽 싸울戰 마음心 놀랄驚

놀라고 겁나서 벌벌 떪.

면무인색(面無人色), **면여토색**(面如土色) 몹시 놀라거나 겁에 질려 얼굴이 흙빛이 됨.

모골송연(毛骨悚然) 아주 끔찍한 일을 당하거나 볼 때, 두려워 몸이나 털이 곤두섬.

불한이율(不寒而慄) 춥지도 않은데 몸을 벌벌 떪.

솔수식인(率獸食人) 짐승을 몰아서 사람을 잡아먹게 함.

여랑목양(如狼牧羊) 늑대가 양을 치는 것과 같음.

전전율률(戰戰慄慄) 몹시 무섭거나 두려워 몸이 벌벌 떨림.

중종병식(重踵屏息) 「발을 포개고 숨을 죽임」 몹시 무서워서 공포(恐怖)에 떠는 모양

(模樣).

축수금구(縮首噤口) 무섭고 두려워서 고개를 움츠리고 입을 다묾.

담천조룡 말씀談 하늘天 새길彫 용龍

담천조룡 談 天 새길雕 龍

「천상(天象)을 이야기하고 용을 조각(彫刻)함」 변론(辯論)이나 문장(文章)이 원대(遠大)하고 고상(高尙)함.

담판한 멜擔 널빤지板 사내漢

「판자를 어깨에 메어 한쪽을 보지 못하는 사람」 전체(全體)를 보지 못하고 편견(偏見)을 가진 사람.

규표일반(窺豹一斑) 「대롱 구멍으로 표범의 한 개 얼룩무늬를 봄」 전체를 보지 못하고 한 부분(部分)만을 봄.

이극시문(以郤視文) 「틈 사이로 글을 봄」 전체를 보지 못함.

담하용이 말씀談 어찌何 쉬울容 쉬울易

「말하기이야 어찌 어렵겠느냐?」 이야기하기는 쉬우나, 실행(實行)하기가 어려움.

좋은 말이건 나쁜 말이건 쉽사리 말을 하는 것은 삼가야 함.

담호색변 말씀談 호랑이虎 빛色 변할變

「호랑이 이야기만 해도 얼굴빛이 변함」 원래(原來)는 호랑이에게 물려본 사람만이 호랑이의 무서움을 안다는 것을 가리켰으나, 나중에는 무서운 사건(事件)을 이야기하면 마음이 긴장(緊張)하게 된다는 것을 비유(譬喩)하게 됨.

말만 듣고도 무서워함.

담호호지 말씀談 호랑이虎 虎 이를至

「호랑이를 말하면 호랑이가 옴」 화제(話題)의 대상(對象)이 된 사람이 그 자리에 나타났을 때 하는 말.

남에 관해 함부로 말하지 말라.

구시화문(口是禍門) 사람의 입이 화를 불러오는 문이 되기도 하고, 복을 불러오는 문이 되기도 함.

백일무담인(白日無談人) 대낮에 남의 소문(所聞)을 말하지 말라.

담호호지 담인인지(談虎虎至 談人人至) 호랑이도 제 말을 하면 오고, 그 사람을 말하면 그 사람이 온다.

담홍천벽 담박할淡 붉을紅 얇을淺 푸를碧

연분홍(軟粉紅)과 청록색(靑綠色).

답복거지철

밟을踏 다시覆 수레車 어조사之 바퀴자국轍

「앞의 수레의 엎어진 바퀴 자리」 '복철(覆轍)을 밟지 말라'는 속담(俗談)으로, 앞사람의 실패(失敗)를 거울삼아 뒷사람은 조심(操心)하여 실패가 없도록 하라.

전거복철(前車覆轍)

전거지감(前車之鑑) 앞의 실패를 거울로 삼음.

복거지계(覆車之戒) 먼저 간 수레가 엎어진 것을 경계(警戒)함.

전거복후거계(前覆覆後車戒) 앞의 수레가 엎어지면 뒤의 수레가 경계함.

답호미 밟을踏 호랑이虎 꼬리尾

「호랑이 꼬리를 밟음」 극히 위험(危險)한 짓을 함.

당과혼식 엿糖 과자菓 혼인할婚 의식式

결혼(結婚) 3주년(周年).

당구지락 집堂 얽을構 어조사之 즐거울樂

「아들이 아버지가 설계(設計)한 집을 짓는 즐거움」 아들이 아버지의 업(業)을 계승

(繼承)하는 즐거움.

당구지업 집堂 얽을構 어조사之 업業

「아버지가 건축(建築)의 설계(設計)를 세우고 아들이 터를 닦아 집을 지음」 아들이 아버지에게서 계승(繼承)한 업.

당구풍월 집堂 개狗 바람風 달月

「서당(書堂) 개 3년에 풍월을 함」 무식쟁이라도 유식(有識)한 사람과 사귀면 견문(見聞)이 넓어짐.

무슨 일 하는 것을 오래오래 보고 듣고 하면 자연(自然)히 할 줄 알게 됨.

당구삼년폐풍월(堂狗三年吠風月)

당국고미 당할當 판局 쓸苦 미혹할迷

당국자미 當 局 사람者 迷

어떤 경우(境遇)에 방관자(傍觀者)보다 당사자(當事者)가 사리(事理) 판단(判斷)에 더 어두움.

당금무배 당할當 이제今 없을無 무리輩

이 세상(世上)에서는 어깨를 겨룰 사람이 없음.

고금독보(古今獨步) 고금을 통하여 독보적(獨步的)임.

무출기우(無出其右) 극히 뛰어나서 따를 만한 사람이 없음.

천리절적(千里絶迹) 천 리 간에 견줄 사람이 없음.

당금지지 당할當 금할禁 어조사之 땅地

딴 사람이 들어와 장사(葬事)지냄을 허락(許諾)하지 않는 땅. 또는 딴 사람이 묘(墓)를 쓰지 못하게 하는 땅.

압로파순(壓顱破脣) 「머리뼈를 누르고 입술을 깸」 남의 무덤 영역(領域)을 침범(侵犯)하거나 매우 가까이 장사를 지냄.

호상입장(互相入葬) 친족(親族)을 한 묘지(墓地)에 장사함. 주인(主人)이 없는 산에 마음대로 장사 지냄.

당내지친 집堂 안內 이를至 친척親

팔촌(八寸) 이내(以內)의 친척(親戚).

가장 가까운 일가(一家).

강근지친(强近之親) 상복(喪服)을 입는 친척.

과갈지친(瓜葛之親) 오이나 칡덩굴이 서로 얽히듯이 인척간에 서로 결연(結連)된 것.

반양지호(潘楊之好) 「반과 양의 다정(多情)한 사이」 혼인(婚姻)으로 인척(姻戚) 관계(關係)까지 겹친 오래된 좋은 사이.

소공지친(小功之親) 유복친(有服親)의 하나로 소공복(小功服)을 입는 친척.

연인접족(連姻接族) 친척과 인척.

유복지친(有服之親) 상복을 입는 팔촌 이내의 가까운 친척.

인아친척(姻婭親戚) 모든 친척.

지정지간(至情之間) 「지극(至極)히 가까운 정분(情分) 있는 사이」 썩 가까운 친척 사이.

당당지진 당당할堂 堂 어조사之 병영陣

잘 정돈(停頓)된 진.

군용(軍容)이 왕성(旺盛)한 진.

당대발복 당할當 이을代 필發 복福

부모(父母)를 명당(明堂)에 장사(葬事)하여 그 아들이 곧 부귀(富貴)를 누리게 됨.

금시발복(今時發福) 어떤 일을 한 뒤에 이내 복이 돌아와 부귀를 누리게 됨.

인장묘발(寅葬卯發) 묏자리를 잘 써서 장사 지낸 뒤에 곧바로 복이 트이고 복(福)을 받음.

당돌서시 갑자기唐 갑자기突 서녘西 베풀施

「당돌한 서시」 꺼리거나 어려워함이 없이 올차고 다부진 서시. 견주기 힘든 상대(相對)와의 비교(比較)를 빗대는 겸양(謙讓)의 말.

당동벌이 무리黨 같을同 칠伐 다를異

옳고 그름을 가리지 않고 같은 의견(意見)의 사람끼리 한패가 되고 다른 의견의 사람은 물리침. **동당벌이**(同黨伐異)

성군작당(成群作黨) 여러 사람이 모여 패를 지어 무리를 이룸. 또는 그 무리.

표동벌이(標同伐異) 자기(自己)와 같은 사람을 표창(表彰)하고 다른 사람을 침.

당랑거철 사마귀螳 사마귀螂 막을拒 바퀴轍

「사마귀가 수레바퀴를 막음」 자기 분수(分數)를 모르고 상대(相對)가 되지 않는 사람이나 사물(事物)과 대적(對敵)함.

거정절빈(擧鼎絶臏) 정강이뼈가 부러져 죽은 옛일. 감당(堪當)할 수 없는 일을 무리하게 하다가 잘못됨.

당랑지부(螳螂之斧) 사마귀가 앞발을 들고 수레를 멈추려 함.

당비당거(螳臂當車) 사마귀 팔뚝이 수레를 당함.

반문농부(班門弄斧) 「반수의 문전(門前)에서 도끼를 휘두름」 자기(自己)의 실력(實力)을 생각지 않고 당치않게 덤빔.

배수거신(杯水車薪) 한 잔의 물로 수레에 가득 실린 땔나무에 붙은 불을 끄려 함.

부자양력(不自量力) 스스로 힘을 헤아리지 못함.

사문부산(使蚊負山) 모기에게 산을 지게 함.

약섭대수(若涉大水) 맨발로 큰물을 건너는 것과 같음.

이란투석(以卵投石) 계란(鷄卵)으로 바위를 침.

인소불감(人所不堪) 사람의 힘으로는 견디어 내기 힘든 정도(程度)의 형편(形便).

일목난지(一木難支) 나무 한 그루로는 지탱(支撑)하기 어려움.

포호빙하(暴虎馮河) 범을 맨손으로 때려잡고 황허강을 걸어서 건넘.

하관부직(下官不職) 관리(官吏)가 그 직책(職責)을 감당(堪當)하지 못함.

한강투석(漢江投石) 한강에 아무리 돌을 많이 집어넣어도 메울 수 없음.

〈하룻강아지 범 무서운 줄 모른다〉

당랑규선 사마귀螳 螂 엿볼窺 매미蟬

당랑박선 螳 사마귀螂 칠搏 蟬

당랑재후 螳 螂 있을在 뒤後

「이슬을 먹으려는 매미는 그 뒤에서 사마귀가 노리는 줄을 모름」 버마재비가 매미를 엿봄.

눈앞의 이익(利益)에만 눈이 어두워 뒤에서 닥치는 재해(災害)를 생각하지 못함.

갈택분수(竭澤焚藪) 못을 말려 고기를 잡고 숲을 태워 짐승을 잡음.

갈택이어(竭澤而漁) 연못의 물을 말려 고기를 잡음.

낙이사촉(樂而思蜀) 「타향(他鄕) 생활(生活)이 즐거워 고향(故鄕) 생각을 하지 못함」 눈앞의 즐거움에 빠져 근본(根本)을 망각(妄覺)하는 어리석음.

노규어사(鷺窺魚事) 「해오라기가 평화(平和)롭게 노니는 물고기를 엿봄」 강자(强者)가 약자(弱者)를 덮칠 기회(機會)를 노리고 있음.

누포충기(漏脯充饑) 썩은 고기로 배를 채움.

도견상부(道見桑婦) 「길에서 뽕잎 따는 여자를 보고 사통(私通)함」 눈앞의 일시적(一時的)인 이익을 좇다가 가지고 있던 모든 것을 잃음.

분수이전(焚藪而畋) 숲을 태워 짐승을 잡음.

살계취란(殺鷄取卵) 닭을 죽여 달걀을 꺼냄.

연소막상(燕巢幕上) 제비가 제집으로 불이 번져오는 위급(危急)한 상황(狀況)을 모르고 있음.

황작사선(黃雀伺蟬) 매미를 잡으려고 사마귀가 노리고 있고, 그 사마귀를 쪼려고 참새가 노리고 있으며, 그 밑에 총알이 참새를 겨누고 있음에도 이를 깨닫지 못함.

고전불고후(顧前不顧後) 눈앞의 이익에만 정신(精神)이 팔려, 뒤에 닥칠 환란(患亂)을 생각하지 않음.

당랑지력 사마귀螳 사마귀螂 어조사之 힘力

「사마귀의 힘」 미약(微弱)한 힘.

당랑지부 사마귀螳 사마귀螂 어조사之 도끼斧

「사마귀의 도끼」 자기 힘을 생각지 않고 강적(强敵) 앞에서 분수(分數)없이 날뜀.

당랑지위 사마귀螳 사마귀螂 어조사之 지킬衛

미약(微弱)한 병비(兵備).

당랑포선

사마귀螳 사마귀螂 사로잡을捕 매미蟬

사마귀가 매미를 잡음.

당래도사 마땅할當 올來 길道 스승師

내세(來世)에 출현(出現)하는 도사. 곧 미륵보살(彌勒菩薩).

내세를 구제(救濟)하는 도사로, 관세음보살(觀世音菩薩).

당래지사 마땅當 올來 어조사之 일事

앞으로 마땅히 닥칠 일.

당래지직 마땅當 올來 어조사之 직분職

신분(身分)에 알맞은 벼슬이나 직분(職分). 또는 마땅히 차례(次例)에 올 벼슬이나 직분.

당로자 감당할當 길路 사람者

당로지인 當 路 어조사之 사람人

중요(重要)한 지위(地位)에 있는 사람.

당국자(當局者) 그 일을 직접(直接) 맡아 처리(處理)하는 자리에 있는 사람.

당리당략 무리黨 이로울利 黨 경영할略

정당(政黨)의 이익(利益)과 그 이익을 위한 정치적(政治的) 계략(計略).

당면차과 당할當 낯面 넘어질蹉 허물過

당면착과 當 面 잘못 볼錯 過

「눈앞에 두고 보면서도 잘못을 저지름」 착오(錯誤)를 일으킴.

당봉지물 마땅할當 거둘捧 어조사之 물건物

마땅히 받아들일 물건(物件).

당부당 마땅할當 아닐不 當

당연(當然)함과 당연하지 못함.

맞음과 맞지 않음.

당비당거 사마귀螳 팔臂 당할當 수레車

「사마귀의 팔뚝이 수레를 당함」 용감무쌍(勇敢無雙)한 것을 뜻함.

당랑거철(螳螂拒轍) 사마귀가 수레바퀴를 막음.

당상희락 마땅할當 항상常 기쁠喜 즐거울樂

항상(恒常) 기뻐하라.

당세관 당할當 세상世 뛰어날冠

그 당시(當時) 세상(世上) 사람 중에서 뚜렷한 존재(存在).

당세득실 당할當 세상世 얻을得 잃을失

그 당시(當時)의 이로움과 해로움.

당세유종 당할當 세상世 선비儒 뛰어날宗

당대(當代)의 첫째가는 유학자(儒學者).

당세지무 마땅할當 세상世 어조사之 힘쓸務

바로 이 시대(時代)에서 해야 할 일.

당세지풍 당할當 세상世 어조사之 풍속風

그 시대(時代)의 풍조(風潮).

당시승상 당할當 때時 벼슬 이름丞 재상相

권세(權勢)가 한창인 사람. 丞相은 영의정(領議政)을 말함.

당양지지 마땅當 볕陽 어조사之 땅地

햇볕이 잘 드는 땅.

당연지사 마땅當 그럴然 어조사之 일事

마땅히 그러해야 할 일.

일의 앞뒤 사정(事情)을 두고 판단(判斷)할 때, 응당(應當) 그렇게 하여야 하거나 되리라고 여겨지는 일.

사세고연(事勢固然) 일의 형세(形勢)로 보아 그러함이 당연함.

의리당연(義理當然) 사람으로서 지켜야 할 도리(道理)에 당연함.

이소고연(理所固然) 이치(理致)가 본디부터 그러함.

인지상정(人之常情) 사람들이 보편적(普遍的)으로 가지고 있는 정(情).

자연지리(自然之理) 자연계의 법칙(法則), 또는 당연한 도리.

당우주마 마땅當 소牛 맡을做 말馬

「소가 되고 말이 됨」 어렵고 힘들게 일을 함.

당우지화

땅 이름唐 땅 이름虞 어조사之 될化

「당의 요(堯)와 우의 순(舜)임금의 덕화(德化)」 요임금과 순임금의 덕화.

당의즉묘 당할當 뜻意 곧卽 묘할妙

「그 경우(境遇)에 적합(適合)한 재치를 그 자리에서 부림」 그 자리의 분위기(雰圍氣)에 맞추어 즉각(卽刻) 재치 있는 언동(言動)을 함. **당장졸판**(當場猝辦)

경달권변(經達權變) 처지(處地)나 형편(形便)에 따라 알맞은 수단(手段)을 취함.

비원사안(鼻元思案) 당장(唐將)만을 생각하는 얕은 생각. 그 자리에서 떠오른 생각.

수기응변(隨機應變) 그때그때의 기회(機會)에 따라 일을 적절(適切)히 처리(處理)함.

임기응변(臨機應變) 그때그때 처한 뜻밖의 일을 재빨리 그 자리에서 알맞게 대처(對處)함.

당이별론 마땅當 써以 다를別 논할論

상례(常例)에 따르지 않고, 특별(特別)히 논해야 마땅함.

당인불양어사 마땅當 어질仁 아닐不 양보할讓 어조사於 스승師

인(仁)을 행한 때는 비록 스승이라 할지라도 양보(讓步)할 필요(必要)가 없음.

당장졸판 당할當 때場 갑자기猝 힘쓸辦

무슨 일에 부닥쳐서 그 자리에서 갑자기 마련하여 차림. **당의즉묘**(當意卽妙)

당전결의 당할當 앞前 결단할決 뜻意

당장(當場)에 뜻을 결정(決定)함.

당종무녀 칠撞 종鐘 춤출舞 여자女

「종을 치고 무녀를 동원(動員)함」 욕심(慾心)을 마음대로 부리고 호화(豪華)로운 생활(生活)에 젖음.

당주조한 먹을噇 술酒 지게미糟 사내漢

「술 찌꺼기를 먹는 사람」 순수(純粹)한 진리(眞理)를 깨닫지 못한 사람을 욕하는 말.

당체지화 산앵두棠 산앵두棣 어조사之 꽃華

「산앵두나무의 꽃」 많은 형제(兄弟). 산앵두나무 열매가 많이 열리듯 형제(兄弟)를 많이 두고 복(福) 많은 집안.

상체지화(常棣之華)

당축지사 당할當 굴대軸 어조사之 선비士

중요(重要)한 직책(職責)이나 중요한 지위(地位)에 있는 사람.

당형당제 집堂 형兄 堂 아우弟

당형제 堂 兄 弟

사촌(四寸) 형제. **동당형제**(同堂兄弟)

당황망조 황당할唐 다급할慌 없을罔 둘措

놀라고 당황해서 어찌할 줄 모름.

경황망조(驚惶罔措), **창황망조**(蒼慌罔措)

구급검급(屨及劍及) 「신은 신대로 가고 칼은 칼대로 감」 급해서 당황하는 모양(模樣).

낙탕방해(落湯螃蟹) 끓는 물에 떨어진 방개가 허둥거림.

당황실색(唐慌失色) 놀라거나 다급해 얼굴빛이 변함.

대략난감(大略難堪) 해결(解決)하기 힘든 상황(狀況)이나 당혹(當惑)한 일을 당했을 때의 기분(氣分).

망지소조(罔知所措), **망지유조**(罔知攸措) 너무 당황하거나 급하여 어찌할 바를 모름.

매염봉우(賣鹽逢雨) 소금을 파는 도중(途中)에 비를 만남.

부득불연(不得不然) 하지 않을 수 없게 상황이 되어있음.

전도의상(顚倒衣裳) 저고리와 바지를 서로 뒤바꾸어 입음.

질언거색(疾言遽色) 당황하여 말을 빨리하고 얼굴색이 변함.

조불려석(朝不廬夕) 형세(形勢)가 급하고 당황하여 아침에 저녁 일을 헤아리지 못함.

↔ **임난불구**(臨難不懼) 난국(亂國)에 봉착(逢着)해서도 당황하지 않음.

당황실색 황당할唐 다급할慌 잃을失 빛色

놀라거나 다급하여 얼굴빛이 변함.

대가이고 기다릴待 값價 말 이을而 팔沽

「값이 오르기를 기다려 팖」 때를 기다려 행동(行動)함.

거화대가(居貨待價) 폭리(暴利)를 취하기 위하여 상품(商品)을 저장(貯藏)한 후에 물가(物價)가 오르기를 기다림.

매점매석(買占賣惜) 물건값이 오르기를 기다려 많은 양을 사둔 다음 오를 때까지 팔지 않고 보관(保管)해 두는 행위(行爲).

무곡상인(貿穀商人) 이익(利益)을 보기 위하여 쌀을 사재는 상인.

전매사리(專賣射利) 사놓은 물건(物件)을 도로 다른 사람에게 팔아넘겨서 이익을 얻으려고 꾀하는 일.

천매귀매(賤買貴賣) 싸게 사서 비싸게 팖.

판천매귀(販賤賣貴) 헐값에 사서 비싸게 팖.

사재기(Hoarding) 가격(價格)이 오를 때의 차익(差益)을 노리고 필요(必要) 이상으로 아이템을 사 두는 일.

대가족제 큰大 집家 일족族 법도制

조부모(祖父母), 부모, 형제자매(兄弟姉妹) 및 배우자(配偶者)가 모두 한집에 모여 사는 제도(制度).

대가파천 큰大 멍에駕 흩뜨릴播 옮길遷

임금이 도성(都城)을 떠나 딴 곳으로 피난(避難)을 하러 감.

몽진(蒙塵) 「먼지를 뒤집어씀」 임금이 난리(亂離)를 만나 궁궐(宮闕) 밖으로 몸을 피함.

파월(播越) 임금이 난(亂)을 피하고자 도성(都城)을 떠나 다른 곳으로 피난함.

대각견성 큰大 깨달을覺 볼見 성품性

자기(自己) 속에 숨어 있는 불성(佛性)을 찾아내어 크게 깨달음.

대각금선 큰大 깨달을覺 금金 신선仙

석가불(釋迦佛).

대각생풍 돈대臺 문설주閣 날生 바람風

「대각(사헌부(司憲府)와 사간원(司諫院))에 바람이 읾」 대각에 있는 대신(大臣)이 두려워하여 동요(動搖)함.

묘당(廟堂)에서 대신이 모두 숙연(肅然)히 두려워하는 모양(模樣).

대간대악 큰大 간사할奸 大 악할惡

매우 간사(奸詐)하고 매우 못된 짓을 하는 사람.

간악무도(奸惡無道) 간사하고 악독(惡毒)하여 인도(人道)에서 어긋남.

극악무도(極惡無道) 악한 모습이 극에 달해 어떤 도리(道理)도 갖지 못함.

대악무도(大惡無道) 몹시 모질고 도의심(道義心)이 없음.

독취악조(毒嘴惡爪) 「독이 있는 주둥이와 날카로운 손톱」 포학(暴虐)함.

봉시장사(封豕長蛇) 「큰 돼지와 긴 뱀」 탐욕(貪慾)스럽고 잔인(殘忍)한 사람.

잔인무도(殘忍無道), **잔학무도**(殘虐無道) 잔인하고 사나워 사람의 도리가 전혀 없음.

포학무도(暴虐無道) 성질(性質)이 횡포(橫暴)하고 잔악(殘惡)하며 사람의 도리에 어긋나 막됨.

살인부잡안(殺人不眨眼) 사람을 죽이면서 눈도 깜짝거리지 않음.

대간사충 큰大 간사할姦 같을似 충성忠

크게 간사(奸詐)한 사람은 그 아첨(阿諂)하는 수단(手段)이 매우 교묘(巧妙)하므로 흡사(恰似) 크게 충성된 사람과 같이 보임.

대간사충 대사사신(大姦似忠 大詐似信) 크게 간사함이 충성(忠誠)인 것 같고, 크게 속이는 말이 믿음을 주는 듯함.

대갈일성 큰大 소리 지를喝 한一 소리聲

크게 한 번 소리침.

크게 외쳐 꾸짖는 소리.

대규일성(大叫一聲), **대성일갈**(大聲一喝)

박안대규(拍案大叫) 책상(冊床)을 치며 큰 소리를 지름.

양비대담(攘臂大談) 팔을 걷어붙이고 큰소리를 침.

대강대강 큰大 벼리綱 大 綱

자세(仔細)하지 않고 적당(的當)히 간단(簡單)하게.

서과피지(西瓜皮舐) 수박 겉핥기.

주마간금(走馬看錦) 말을 타고 비단(緋緞)을 스쳐봄.

주마간산(走馬看山) 말을 타고 산천(山川)을 구경함.

주마간화(走馬看花) 달리는 말 위에서 꽃을 봄.

일지반해(一知半解) 하나쯤 알고 반쯤 이해(理解)함.

대강장류 큰大 강江 길長 흐를流

크고 긴 강(江).

대객지도 대할對 손님客 어조사之 도리道

손님을 접대(接待)하는 도리(道理).

도리상영(倒履相迎) 신발을 거꾸로 신고 나가 손님을 맞이함.

접대등절(接待等節) 손님을 대접(待接)하는 모든 예절(禮節).

빈지여귀(賓至如歸) 손님으로 온 사람이 자기(自己) 집에 돌아온 것같이 조금도 걱정 없이 안심(安心)함.

↔ **냉어빙인**(冷語冰人) 남을 냉정(冷情)하게 접대함.

안면박대(顏面薄待) 잘 아는 사람을 푸대접함.

예주불설(醴酒不設) 「익은 술을 베풀지 않음」 손님을 대우(待遇)하는 예(禮)가 차츰 없어짐.

원룡고와(元龍高臥) 「원룡이 높은 침상(寢床)에 누움」 손님을 업신여김.

잔배냉적(殘杯冷炙) 「마시다 남은 술잔과 다 식은 산적(散炙)」 푸대접을 받음.

차계기환(借鷄騎還) 「닭을 빌려 타고 돌아감」 손님을 박대(薄待)하는 것을 빗대는 말.

차래지식(嗟來之食) 푸대접으로 주는 음식.

대갱불화 큰大 국羹 아닐不 화할和

「제사(祭祀)에 쓰던 순 고깃국에는 조미료(調味料)를 쓰지 않음」 사람이 너무 구복(口腹)의 욕심(慾心)만 차리지 말고 질소(質素)한 정(情)을 기르도록 하기 위해서임. 大羹은 고깃국.

대갱현주 큰大 국羹 검을玄 술酒

「고깃국과 제사(祭祀) 때 술 대신(代身)으로 쓴 맹물」 규칙(規則)에만 사로잡힌 담박(淡泊)하고 무미(無味)한 문장(文章).

대겸소 큰大 겸할兼 작을小

큰 것이 작은 것의 대용(代用)이 될 수 있음.

대경경서 띠 두를帶 경서經 밭 갈耕 호미鋤

「경서(經書)를 지니고 다니면서 밭을 맴」 가난하더라도 공부(工夫)의 뜻을 굳게 지키라는 의미(意味). **대경이서**(帶經而鋤)

손강영설(孫康映雪) 손강이 눈빛에 책(冊)을 비추어 읽음.

수불석권(手不釋卷) 손에서 책을 놓지 않음.

영월독서(映月讀書) 달빛을 비추어 책을 읽음.

우각괘서(牛角掛書) 쇠뿔에 책을 걺.

원목경침(圓木警枕) 「통나무로 베개 삼아 경각(警覺)함」 밤잠을 자지 않고, 학문에 힘씀.

위편삼절(韋編三絶) 공자(孔子)가 주역(周易)을 즐겨 읽어 책의 끈이 세 번이나 끊어짐.

인추자자(引錐自刺) 공부하다가 잠이 오면 송곳으로 자기 몸을 찔러 잠을 깨게 함.

자고독서(刺股讀書) 넓적다리를 송곳으로 찌르며 글을 읽음.

자고현량(刺股懸梁) 상투를 천장(天障)에 달아매고, 송곳으로 허벅지를 찔러서 잠을 깸.

조송지근(照松之勤) 등불을 켤 돈이 없어 관솔불에 글을 읽음.

주경야독(晝耕夜讀), **주경야송**(晝耕夜誦) 낮에는 농사(農事)를 짓고, 밤에는 글을 읽음.

추고지면(錐股之勉) 송곳으로 허벅지를 찌름.

행상대경(行常帶經) 외출(外出)할 때 항상(恒常) 경서(經書)를 가지고 다님.

형설지공(螢雪之功) 반딧불과 눈빛으로 공부하여 이룬 공.

호학불권(好學不倦) 배움을 즐겨 게으르지 않음.

횡경문난(橫經問難) 경서를 옆에 끼고 다니며 어려운 것을 물음.

대경대법 큰大 경서經 大 법法

공명정대(公明正大)한 원리(原理)와 법칙(法則).

달인대관(達人大觀) 사리(事理)에 통달(通達)한 사람은 전체(全體)를 올바르게 널리 관찰(觀察)하여 공명정대한 판단(判斷)을 내림.

신상필벌(信賞必罰) 신실(信實)한 사람에게는 상을 주고 그렇지 않으면 반드시 벌을 줌.

일빈일소(一嚬一笑) 「한 번 찡그리고 한 번 웃음」 공정(公正)하게 판단(判斷)하고 처리(處理)하는 군주(君主)의 마음.

편언절옥(片言折獄) 「한마디의 말로 송사(訟事)를 결정(決定)함」 판결(判決)이 공정함.

포폄좌기(褒貶坐起) 공식적(公式的)인 자리를 열어 옳고 그름을 가려 상 주고 벌주는 일을 함.

대경망극 큰大 놀랄驚 없을罔 심히極

몹시 놀라 얼굴빛이 하얗게 변함.

대경소괴 큰大 놀랄驚 작을小 괴이할怪

몹시 놀라서 좀 의아(疑訝)하게 여김.

대경실성 큰大 놀랄驚 잃을失 성품性

대경실색 大 驚 失 빛色

「많이 놀라서 얼굴빛을 잃음」 낯빛이 하얗게 질릴 정도(程度)로 몹시 놀란 모습.

경악실색(驚愕失色) 깜짝 놀라서 낯빛을 잃음.

경혼미정(驚魂未定) 놀란 가슴이 가라앉지 않음.

면여토색(面如土色) 놀라거나 겁에 질려 얼굴이 흙빛이 됨.

아연실색(啞然失色) 할 말을 잃고 낯빛을 잃음.

악연실색(愕然失色) 뜻밖의 일에 얼굴빛이 변할 정도로 놀람.

창황실색(惝怳失色) 몹시 놀라 얼굴빛이 질림.

↔ **담소자약**(談笑自若) 태연(泰然)하게 웃으면서 이야기함.

부동성색(不動聲色) 소리나 표정(表情)으로 감정(感情)을 드러내지 않음.

태연자약(泰然自若) 침착(沈着)하여 조금도 마음이 동요(動搖)되지 않는 모양(模樣).

대경이서 두를帶 경서經 말 이을而 호미鋤

경서(經書)를 지니고 다니면서 밭을 맴.

대경경서(帶經耕鋤)

대경주인 대신할代 높을京 주인主 사람人

경주인(京主人)을 대신(代身)하여 매를 맞는 사람. 아무 죄(罪)없이 매를 맞았을 때 조롱(嘲弄)하는 말.

대경차악 큰大 놀랄驚 또且 놀랄愕

몹시 깜짝 놀람.

골경신해(骨驚神駭) 뼈와 정신(精神)이 놀람.

골경심한(骨驚心寒) 매우 놀라워서 마음이 서늘함.

배중사영(杯中蛇影) 술잔 속에 비친 뱀의 그림자.

오우천월(吳牛喘月) 오나라의 소가 달만 보아도 헐떡임.

월견폐설(越犬吠雪) 월나라의 개가 눈을 보고 짖음.

징갱취제(懲羹吹虀) 뜨거운 국에 데더니 냉채(冷菜)를 먹을 때도 붊.

징선기여(懲船忌輿) 뱃멀미에 데었거나 난선(難船) 당한 적이 있어 수레 타기를 꺼림.

초목개병(草木皆兵) 초목이 모두 군사(軍士)로 보임.

풍성학려(風聲鶴唳) 「바람 소리와 학의 울음소리」 하찮은 일이나 작은 소리에도 몹시 놀람.

대계소용 큰大 꾀計 바所 쓸用

「큰 계략(計略)을 작은 용도(用途)에 씀」 유능(有能)한 사람을 능력(能力)에 걸맞지 않은 낮은 자리에 앉히고 부림.

견문발검(見蚊拔劍) 모기를 보고 칼을 빼듦.

노승발검(怒蠅拔劍) 파리에게 노하여 칼을 뺌.

대기소용(大器小用) 큰 그릇을 작은 용도로 씀.

우도할계(牛刀割鷄) 소 잡는 칼로 닭을 잡

음.

우정팽계(牛鼎烹鷄) 소 삶는 솥에 닭을 삶음.

할계언용우도(割鷄焉用牛刀) 닭을 자르는데 어찌 소 잡는 칼을 쓰겠는가?

대공경계 대할對 공중空 깨우칠警 경계할戒

지상(地上)에서 적(敵)의 공중(空中) 공격(攻擊)에 대하여 펼치는 경계.

공중경계(空中警戒), **대공방어**(對空防禦)

대공망일 큰大 빌空 망할亡 날日

아무 소망(所望)도 이루지 못하는 날.

대공무사 큰大 공변될公 없을無 사사로울私

매우 공평(公平)하여 사사로움이 없음.

공평무사(公平無私), **지공무사**(至公無私) 지극히 공평하여 사사(私私)로운 점이 없음.

불편부당(不偏不黨) 어떤 무리나 당파(黨派)에도 치우치지 않음.

수경무사(水鏡無私) 늘 수평(水平)을 유지(維持)하는 맑은 물과, 물체(物體)를 있는 그대로 비추는 거울.

아심여칭(我心如秤) 내 마음은 저울과 같음.

왕자중립(王者中立) 임금은 공평무사하여 어느 쪽으로도 치우치지 않음.

중립불의(中立不倚) 중립을 취하여 한쪽으로 치우치지 않음.

천무불부(天無不覆) 하늘은 크고 넓어서 만물(萬物)을 모두 덮고 있음.

탕탕평평(蕩蕩平平) 싸움, 시비(是非), 논쟁(論爭) 따위에서 어느 쪽에도 치우치지 않음.

↔ **가공제사**(假公濟私) 공적(公的)인 것으로 가장(假葬)해 사적(私的)인 것을 이룸.

자사자리(自私自利) 사익(私益)과 욕심(慾心)만 채움.

대공방어 대할對 공중空 막을防 막을禦

공중(空中)으로부터의 적(敵)의 공격(攻擊)을 지상(地上)이나 해상(海上)에서 막기 위해 탐지(探知) 및 식별(識別), 경보(警報), 추적(追跡), 타격(打擊) 따위를 수행(遂行)하는 방어 활동(活動).

대공지정 큰大 공변될公 이를至 바를正
대공지평 大 公 至 공평할平

하는 일이나 행동(行動)이 아주 공정(公正)하고 떳떳함.

대공화기 대할對 공중空 불火 도구器

지상(地上)이나 해상(海上)에서 공중(空中) 목표물(目標物)을 격추(擊墜)하기 위하여 만든 무기(武器). 고사포(高射砲)나 고사 기관포(機關砲) 따위.

대괴안국 큰大 홰나무槐 편안할安 나라國

꿈에서 괴안국에 살며 부귀영화(富貴榮華)를 누렸다는 말.

꿈속의 경치(景致).

대교약졸 큰大 공교할巧 같을若 옹졸할拙

「매우 공교(工巧)한 솜씨는 서투른 짓같이 보임」 진정(眞情)으로 총명(聰明)한 사람은 뽐내거나 과장(誇張)하지 않으므로 도리어 어리석은 것처럼 보임.

난득호도(難得糊塗) 「어리숙하게 보이는 것이 어려움」 총명한 사람이 어리석어 보이기가 매우 어려움.

대간사충(大姦似忠) 크게 간사(奸詐)한 사람은 그 아첨(阿諂)하는 수단(手段)이 매우 교묘(巧妙)하므로 흡사(恰似) 크게 충성(忠誠)된 사람과 같이 보임.

대변여눌(大辯如訥) 워낙 말을 잘하는 사람은 함부로 지껄이지 않으므로 도리어 말더듬이처럼 보임.

대사사신(大詐似信) 크게 속이는 말이 믿음을 주는 듯함.

대용약겁(大勇若怯) 대단히 용맹(勇猛)한 사람은 함부로 날뛰지 않으므로 도리어 겁쟁이 같이 보임.

대지여우(大智如愚) 큰 지혜(智慧)는 어리석은 것처럼 보임.

대직약굴(大直若屈) 대의(大義)를 위하는 자는 소절(小節)에 구애(拘礙)하지 않으므로 언뜻 보기에는 곧은 사람이 아닌 것같이 보임.

불위여우(不違如愚) 공자(孔子)가 그가 총애(寵愛)한 제자(弟子) 안회(顏回)를 두고 한 말로, 사람이 어긋남이 없어 어리석은 듯함.

장교어졸(藏巧於拙) 재능(才能)을 감추고 졸렬(拙劣)한 듯이 보임.

학구소붕(鷽鳩笑鵬) 「작은 비둘기가 큰 붕새를 보고 웃음」 어리석은 소인배(小人輩)가 위대(偉大)한 사람을 몰라보고 비웃음.

대궁장군 대할對 집宮 장수將 군사軍

장기(將棋)를 둘 때, 대궁이 된 경우(境遇)에 부르는 장군. 이 장군을 받지 못하면 비기게 됨.

대권재민 큰大 권세權 있을在 백성民

국가(國家)의 모든 권력(權力)은 백성(百姓)에게 있음.

군주민수(君舟民水) 임금은 배고 백성은 강물과 같음.

민심무상(民心無常) 백성의 마음은 일정(一定)하지 않음.

서인해정(庶人駭政) 백성이 아무리 미천(微賤)하고 미약(微弱)한 존재(存在)라고는 하지만, 그들 없이는 벼슬도 사직(社稷)도 보존(保存)할 수 없음.

재주복주(載舟覆舟) 물은 배를 띄우지만 뒤집어엎기도 함.

주권재민(主權在民) 나라의 주권이 국민(國民)에게 있음.

주중적국(舟中敵國) 「배(舟) 속의 적국」 군주(君主)가 덕을 닦지 않으면, 같은 배를 타고 있는 것과 같이 이해관계(利害關係)가 같은 사람들이라도, 적이 되는 수가 있음.

주비수불행(舟非水不行) 「배는 물이 없으면 가지 못함」 임금은 백성이 없으면 임금노릇을 할 수 없음.

수가재주 역가복주(水可載舟 亦可覆舟) 물은 배를 띄울 수도 있지만, 또한 뒤집을 수도 있음.

대귀지표 큰大 귀할貴 어조사之 나타날表

대단히 귀한 사람의 징표(徵表).

대금장침 큰大 이불衾 길長 베개枕

「큰 이불과 긴 베개」 동침(同寢)하기에 편리(便利)하다는 데에서, 서로 친밀(親密)한 교분(交分). **장침대금**(長枕大衾)

대기가사 큰大 일어날起 집家 집舍

집을 매우 크게 짓기 시작(始作)함.

대기만성 큰大 그릇器 늦을晩 이룰成

「큰 그릇이 늦게 이루어짐」 큰 사람이 되기 위해서는 큰 노력(努力)과 시간(時間)이 필요(必要)함.

대재만성(大才晩成)

미성재구(美成在久) 훌륭한 일은 오래가야 이루어짐.

대방무우(大方無隅) 아주 큰 사각형(四角形)은 귀가 없고,

대기만성(大器晩成) 큰 그릇은 늦게 이루어지고,

대방희성(大音希聲) 아주 큰 소리는 들을 수 없고,

대상무형(大象無形) 아주 큰 형상(刑象)은 모양(模樣)이 없다.

↔ **조숙조로**(早熟早老) 빨리 자라면 빨리 늙음.

대기소용 큰大 그릇器 작을小 쓸用

「큰 그릇을 작은 데에 씀」 뛰어난 재능(才能)을 가진 사람에게 누구든지 할 수 있는 일을 시킴으로써 그 재능을 살리지 못함.

대계소용(大計所用) 큰 계략(計略)을 작은 용도(用途)에 씀.

대재소용(大材小用) 큰 재목(材木)이 작게 쓰이고 있음.

재대난용(材大難用) 재목이 너무 커서 도리어 쓰기 어려움.

대담무쌍 큰大 쓸개膽 없을無 비견할雙

담력(膽力)이 크고 용감(勇敢)하기가 어디에 비교(比較)할 데가 없음.

구담포천(狗膽包天) 「개의 담력이 하늘을 에워쌈」 뻔뻔스러울 정도(程度)로 담이 큼.

담대어신(膽大於身) 담이 몸보다 큼.

담여계란(膽如鷄卵) 달걀만큼 큰 쓸개.

만신시담(滿身是膽), **일신시담**(一身是膽) 온몸이 전부(全部) 쓸개임.

명목장담(明目張膽) 눈을 밝게 뜨고 담을 크게 펼침.

충간의담(忠肝義膽) 충성(忠誠)스러운 심간(心肝)과 의열(義烈)의 담력.

호세표담(虎勢豹膽) 호랑이의 기세(氣勢)와 표범의 담력.

대담부적 큰大 쓸개膽 아닐不 원수敵

대담하여 적(敵)을 적으로 생각하지 않음.

대답양단 대할對 밟을踏 둘兩 끝端

「상반(相反)되는 양 끝을 밟음」 서로 다른 길을 감.

동상이몽(同牀異夢) 같은 자리에 자면서 다른 꿈을 꿈.

대대복호 세대代 代 돌아올復 집戶

효자(孝子)나 충신(忠臣)이 난 집안에 대대로 부역(賦役)과 토지세(土地稅) 이외(以外)의 잡부금(雜賦金)을 면제(免除)하여 줌.

대대손손 세대代 代 자손孫 孫

대대로 이어오는 자손(子孫).

세세손손(世世孫孫) 대대로 내려오는 자손.

자손만대(子孫萬代) 자손의 여러 대.

자손말예(子孫末裔) 먼 후손(後孫).

자자손손(子子孫孫) 자손의 여러 대.

대덕멸소원

큰大 덕德 없어질滅 작을小 원한怨

은덕(恩德)이 광대(廣大)하면 조그마한 원한(怨恨)은 저절로 사라져 없어짐.

대도무문 큰大 길道 없을無 문門

「큰길을 가는 데는 문이 없음」 사람으로서 마땅히 지켜야 할 큰 도리(道理)나 정도(正道)에는 거칠 것이 없음.

도이불경(道而不徑) 대로(大路)를 걷고 좁은 지름길을 걷지 않음.

행불유경(行不由徑) 길을 가는 데 지름길이나 뒤안길을 취하지 않고 큰길로 감.

대도무형 큰大 길道 없을無 형상形

형상(形狀)이나 형체(形體)가 없는 보이지 않는 큰 존재(存在), 또는 알려지지 않는 길을 말함.

대동단결 큰大 같을同 뭉칠團 맺을結

여러 집단(集團)이나 사람이 한 가지 목적(目的)을 이루기 위해 한 덩어리로 뭉침.

일심동귀(一心同歸) 합심(合心)하여 같은 목적으로 향함.

일치단결(一致團結) 모두가 하나로 뭉쳐 굳게 결합(結合)함.

↔ **사분오열**(四分五裂) 넷으로 나뉘고 다섯으로 찢어짐.

대동사회 큰大 같을同 사회社 모일會

대동세계 大 同 세상世 경계界

대동세상 大 同 世 위上

큰 도가 행해지고 모두 하나 되는 사회.

가장 이상적(理想的)인 사회.

모든 사람이 함께 어울려 평등(平等)하게 살아가는 세상.

대동소이 큰大 같을同 작을小 다를異

「크게 같고 작게 다름」 크게 보면 서로 같지만 작게 보면 각각 다름.

소이대동(小異大同)

난백난중(難伯難仲) 누구를 형이라 하고 누구를 아우라 하기 어려움.

막상막하(莫上莫下) 위도 없고 아래도 없음.

백중지세(伯仲之勢) 맏이나 둘째나 그 세가 비슷함.

용호상박(龍虎相搏) 용과 범이 서로 싸움.

우열난분(優劣難分) 낫고 못함을 가리기 힘듦.

차상차하(差上差下) 조금 높기도 하고 조금 낮기도 함.

차선차후(差先差後) 앞서기도 하고 뒤서기도 함.

천편일률(千篇一律) 여러 시문(詩文)의 격조(格調)가 변화(變花) 없이 비슷비슷함.

춘란추국(春蘭秋菊) 봄의 난초(蘭草)와 가을의 국화(菊花).

호각지세(互角之勢) 두 뿔이 길이나 굵기에서 차이(差異)가 없음.

오십보백보(五十步百步) 오십 보 도망치나 백 보 도망(逃亡)치나 차이가 없음.

↔ **대상부동**(大相不同) 조금도 비슷하지 않음. 대단히 다름.

대동지론 큰大 같을同 어조사之 논할論

여러 사람의 공론(公論).

대동지역 큰大 같을同 어조사之 부릴役

모든 사람이 다 같이 하는 부역(賦役).

대동지환 큰大 같을同 어조사之 근심患

모든 사람이 다 같이 당하는 환난(患難).

대두불기 들擡 머리頭 아닐不 일어날起

머리를 쳐들고 일어나지 못함.

대란대치 큰大 어지러울亂 大 다스릴治

「크게 어지러워야 크게 다스릴 수 있음」 크게 흔들어 큰 다스림을 도모(圖謀)함.

대략난감 큰大 대략略 어려울難 견딜堪

해결(解決)하기 힘든 상황(狀況)이나 당혹(當惑)한 일을 당했을 때의 기분(氣分).

경전하사(鯨戰鰕死), **경투하사**(鯨鬪鰕死) 고래 싸움에 새우가 죽음.

기세양난(其勢兩難) 이러기도 어렵고 저러기도 어려워 형편(形便)이 딱함.

낭패불감(狼狽不堪) 이러지도 저러지도 못하는 어려운 처지(處地)에 놓임.

만사와해(萬事瓦解) 모든 일이 다 틀려 버림.

매염봉우(賣鹽逢雨) 소금을 파는 도중(途中)에 비를 만남.

사제사초(事齊事楚) 제나라와 초나라 사이에서 어찌할 수 없음.

양수집병(兩手執餠) 양손에 떡을 잡고 있음.

저양촉번(羝羊觸藩) 뿔싸움을 좋아하는 숫양이 나무 울타리를 들이받았다가 뿔이 걸림.

절영우면(絶纓優面) 광대가 끈이 떨어졌으니 광대 구실도 못 하게 됨.

진퇴유곡(進退維谷) 나아갈 수도 물러설 수도 없이, 꼼짝할 수 없는 난처(難處)한 상황.

상불상하불하(上不上下不下) 올라갈 수도 없고 내려갈 수도 없음.

대려지서 띠帶 갈厲 어조사之 언약할誓

황하(黃河)가 띠와 같이 좁아지고 태산(泰山)이 숫돌과 같이 작게 되어도 국토(國土)는 멸망(滅亡)하지 않음.

공신(功臣)의 집은 영구(永久)히 단절(斷切)시키지 않겠다는 맹세(盟誓).

산려하대(山厲河帶), **산하려대**(山河厲帶), **여산대하**(礪山帶河)

대려훈맹 띠帶 숫돌礪 공勳 맹세盟

나라에서 공신(功臣)의 집안을 자손(子孫) 대대(代代)로 대접(待接)하기로 한 서약(誓約).

대령목수 대접할待 하여금令 나무木 사람手

조선시대(朝鮮時代)에, 호조(戶曹)에 속하여 나라의 목공(木工) 일을 맡아 하던 목수.

대령숙수 대접할待 하여금令 익을熟 사람手

조선시대(朝鮮時代)에, 궁중(宮中)의 잔치 때 음식(飮食) 만드는 일을 맡아 하던 남자(男子) 조리사(調理師).

대리소관 큰大 이로울利 바所 관계할關

큰 이익(利益)이 되는바.

대린부처불취 기다릴待 이웃隣 며느리婦 아내妻 아닐不 취할娶

「이웃 색시 기다리다 장가(丈家)를 못 감」한 가지만 고집(固執)하다가 실패(失敗)하는 융통성(融通性) 없는 짓.

대마구종 큰大 말馬 내쫓을驅 좇을從

세력(勢力)이 당당(堂堂)하고 재산(財産)이 많은 집의 마부(馬夫) 우두머리.

대마불사 큰大 말馬 아닐不 죽을死

「큰 말은 죽지 않음」바둑을 둘 때, 대마는 쉽게 죽지 않고 필경(畢竟) 살길이 생김.

대마상전 큰大 말馬 서로相 싸울戰

바둑을 둘 때, 대마끼리 서로 싸움.

대면통행 대할對 낯面 통할通 다닐行

도로(道路) 통행 규칙(規則)의 하나. 걷는 사람과 거마(車馬)의 통행을 대면하게 함으로써 교통사고(交通事故)를 미리 방지(防止)하려는 것. 사람은 왼쪽, 거마는 오른쪽인데 올바른 규칙인지 알 수 없음.

대명천지 큰大 밝을明 하늘天 땅地

크게 밝은 하늘과 땅.

매우 밝은 세상(世上).

명천지하(明天之下)「밝은 하늘 아래」총명(聰明)한 임금이 다스리는 태평(泰平)하고 밝은 세상.

소소지우(昭昭之宇) 밝은 세상.

청명지세(淸明之世) 어지럽지 않은 맑고 밝은 세상.

대묘희 큰大 사당廟 희생犧

큰 사당(祠堂)의 희생물(犧牲物).

세상(世上)의 허영(虛榮)을 근심함.

대무지년 큰大 없을無 어조사之 해年

거두어들일 것이 전혀 없을 만큼 몹시 심한 흉년(凶年).

겸황지년(歉荒之年) 흉년이 든 해.

기근천지(饑饉荐至) 흉년이 거듭 일어남.

오곡불승(五穀不升) 오곡이 익지 않음.

전불괘겸(全不掛鎌) 거두어들일 만한 곡식(穀食)이 전혀 없음.

화곡부등(禾穀不登) 벼와 곡식(穀食)이 익지 않음.

대미필담 큰大 맛味 반드시必 담백할淡

정말 좋은 맛이란 반드시 담백(淡白)한 것임.

대박미산 큰大 순수할樸 아닐未 흩어질散

「소박(素朴)한 풍속(風俗)이 아직 흩어지

지 않음」 본래(本來)의 수수한 기풍(氣風)이 아직 남아 있음.

대방무우 큰大 네모方 없을無 귀퉁이隅

아주 큰 사각형(四角形)은 귀가 없다.

대기만성(大器晩成) 큰 그릇은 늦게 이루어지고,

대방희성(大音希聲) 아주 큰 소리는 들을 수 없고,

대상무형(大象無形) 아주 큰 형상(刑象)은 모양(模樣)이 없다.

대변불리 큰大 대변便 아닐不 이로울利

대변불통(大便不通)

대변불언 큰大 말 잘할辯 아닐不 말言

워낙 말을 잘하는 사람은 함부로 지껄이지 않음으로 도리어 말더듬이처럼 보임.

참된 완성품(完成品)은 어딘가 부족(不足)한 듯 보임. **대변여눌**(大辯如訥)

대변불쾌 큰大 대변便 아닐不 시원할快

대변을 본 후 느낌이 상쾌(爽快)하지 않음.

대변불통 큰大 대변便 아닐不 통할通

대변이 굳어 나오지 않는 병증(病症).

대변불리(大便不利)

경수불리(涇溲不利) 대소변(大小便)이 잘 나오지 않는 것. 涇은 대변, 溲는 소변.

대변여눌

큰大 말 잘할辯 같을如 말 더듬을訥

워낙 말을 잘하는 사람은 함부로 지껄이지 않으므로 도리어 말더듬이처럼 보임.

대변불언(代辯不言)

대복부재 큰大 복福 아닐不 다시再

큰 행운(幸運)은 다시 오는 것이 아님.

대복편편 큰大 배腹 편할便 便

「큰 배가 뚱뚱함」 배가 몹시 큰 것을 비유(比喩)하는 말로, 비아냥거리는 뜻도 있음.

대부장자 큰大 넉넉할富 거대할長 사람者

큰 부자(富者).

도주의돈(陶走猗頓) 「도주와 의돈 같은 큰 부자」 막대(莫大)한 재산(財産)이나 돈이 많은 부자.

도주지부(陶朱之富) 큰 부자를 일컫는 말로 사기(史記)에 나오는 월나라 범려에 대한 고사(故事).

백만장자(百萬長者) 재산이 매우 많은 사람. 또는 아주 큰 부자.

억만장자(億萬長者) 억만금을 가진 사람.

리치스탄(Rich Stan) 부자를 의미(意味)하는 '리치(rich)'에 장소(場所)를 나타내는 어미인 '스탄(stan)'을 붙인 단어(單語)로, 적어도 1,000만 달러(약 100억 원)의 재산을 가진 사람들.

누보리치(Nouveau Riches) 부동산(不動産)이나 주식(株式), 혹은 상속(相續) 등으로 갑작스레 부자가 된 사람들.

대분망천 일戴 동이盆 바라볼望 하늘天

「동이를 머리에 이면 하늘을 바라볼 수 없고, 하늘을 바라보면 동이를 일 수 없음」 두 가지 일을 동시(同時)에 병행(竝行)할 수 없음.

망봉불취(蟒蜂不取) 「등에(애)와 벌을 한꺼번에 잡으려 하지 않음」 두 가지를 한꺼번에 얻으려다가 둘 다 잃음.

사무이성(事無二成) 두 가지 일이 모두 이루어질 수는 없음.

일거양실(一擧兩失) 한 가지 일을 함으로써 다른 두 가지의 일을 잃음.

일구양시(一口兩匙) 한입에 두 숟가락이 들어갈 수 없음.

↔ **병행불패**(竝行不悖) 두 가지 일을 한꺼번에 하여도 사리(事理)에 어긋남이 없음.

일거양전(一擧兩全) 한 행동(行動) 때문에 두 가지 일이 잘 이루어짐.

대불개안 큰大 부처佛 열開 눈眼

「슬기로운 눈을 뜨게 함」 불상(佛像)을 만들어 다 이루어져 갈 때 행하는 의식(儀式). 최후(最後)의 완성(完成)을 나타냄.

대불핍인 대신할代 아닐不 없을乏 사람人

「어느 시대(時代)나 인재(人才)가 없는 적이 없음」 어느 시대에나 그 시대에 적합(適合)한 인재가 있기 마련임.

거재두량(車載斗量) 「수레에 싣고서 말로 잼」 물건(物件)이나 인재가 많음. 또는 많아서 귀하지 않음.

금옥만당(金玉滿堂) 금옥관자(金玉貫子)가 방안에 가득함.

다사제제(多士濟濟) 「수많은 훌륭한 인재」 위엄(威嚴)이 있는 차림새의 높은 인재가 많음.

십보방초(十步芳草) 「열 걸음의 짧은 거리에도 아름다운 꽃과 풀이 있다」 인재는 곳곳에 있음.

↔ **환고일세**(環顧一世) 「두루 세상을 살펴봄」 세상(世上)에 유능(有能)한 인물(人物)이 없음을 한탄(恨歎)하는 말.

대붕만리 큰大 붕새鵬 일만萬 거리里

「붕새가 하루에 만 리를 감」 밝은 미래(未來)를 위한 목표(目標)를 확실(確實)하게 정하고, 기반(基盤)을 구축(構築)하는데 한 치의 빈틈이 없도록 노력(努力)하자는 말.

붕정만리(鵬程萬里)

도남붕익(圖南鵬翼) 붕새가 날개를 펴고 남명(南明)으로 날아가려고 함.

만리붕익(萬里鵬翼) 만 리를 대붕의 날개로 낢.

승풍파랑(乘風破浪) 먼 곳까지 부는 바람을 타고 끝없는 바다를 헤치며 배를 달림.

장풍파랑(長風波浪) 큰바람을 타고 끝없는 바다 저쪽으로 배를 달림.

전도유망(前途有望) 발전(發展)하고 성공(成功)할 가능성(可能性)과 희망(希望)이 있음.

전도유위(前途有爲) 앞으로 잘될 희망이 있음.

대비정속

대신할代 여자 종婢 정할定 속죄할贖

관청(官廳)의 여종이나 기생(妓生)이 자기 대신(代身)에 다른 사람을 사서 넣고 자신(自身)은 자유(自由)롭게 되는 일.

대사불호도

큰大 일事 아닐不 풀칠할糊 진흙塗

큰일에는 결단성(決斷性) 있게 처리(處理)하고 흐리터분하게 얼버무려서는 안 됨.

큰일을 호도(糊塗)하지 않음.

대사사신 큰大 속일詐 닮을似 믿을信

크게 속이는 말이 믿음을 주는 듯함.

대간사충 대사사신(大姦似忠 大詐似信) 크게 간사(奸詐)함이 충성(忠誠)인 것 같고, 크게 속이는 말이 믿음을 주는 듯함.

대산광천 큰大 메山 넓을廣 내川

큰 산과 넓은 내.

대상무형 큰大 형상象 없을無 모양形

아주 큰 형상(形象)은 모양(模樣)이 없다.

대방무우(大方無隅) 아주 큰 사각형(四角形)은 귀가 없고,

대기만성(大器晩成) 큰 그릇은 늦게 이루어지고,

대방희성(大音希聲) 아주 큰 소리는 들을 수 없다.

대상부동 큰大 서로相 아닐不 한가지同

조금도 비슷하지 않음.

대단히 다름.

대동소이(大同小異) 「크게 같고 작게 다름」 크게 보면 서로 같지만 작게 보면 각각 다름.

대상입덕 큰大 위上 설立 덕德

사람의 가장 크고 훌륭한 행실(行實)은 덕을 닦아 세상(世上)을 다스리어 사람을 구제(救濟)하는 데 있음.

대상청령 대臺 위上 들을聽 명령할令

대뜰에서 윗사람의 명령(命令)을 받아 전달(傳達)하는 일.

대서 큰大 더울暑

몹시 심한 더위. 혹서(酷暑)

24 절후(節侯)의 하나. 태양(太陽)의 황경(黃經)이 120°에 달한 때로서 양력(陽曆) 7월 24일 무렵에 해당(該當)함.

대서특기 큰大 글씨書 특별할特 기록할記

대서특보 大 書 特 알릴報

대서특서 大 書 特 書

대서특필 大 書 特 붓筆

「뚜렷이 드러나게 큰 글씨로 씀」 누구나 알게 크게 여론화(與論化)함.

어떤 사건(事件)에 관한 기사(記事)를 큰 비중(比重)을 두어 다루는 일.

대자특서(大字特書), **특필대서**(特筆大書)

대성가문 큰大 성씨姓 집家 문벌門

후손(後孫)이 번성(繁盛)하고 세력(勢力)이 있는 집안.

거가대족(巨家大族) 대대(代代)로 번영(繁榮)한 문벌(門閥)이 있는 집안.

고가대족(故家大族), **고족대가**(古族大家) 예부터 대를 이어 자손(子孫)이 번성하고 세력(勢力)이 있는 집안.

공후재척(公侯宰戚) 벼슬이 높거나 권력(權力)이 있는 가문(家門).

문벌귀족(門閥貴族) 5품 이상의 고위관직(高位官職)을 여러 대에 걸쳐 배출(輩出)한 가문과 그 가문의 구성원(構成員).

벌빙지가(伐氷之家) 문벌이 높고 고귀(高貴)한 집안.

대성이왕 일戴 별星 말 이을而 갈往

「별을 이고 감」 날이 새기 전에 일찍 일어나 나감.

↔ **대월피성**(帶月披星) 「달빛을 띠고 별빛을 입음」 밤늦게 가서 이른 새벽에 돌아옴.

대성일갈 큰大 소리聲 한一 꾸짖을喝

큰 소리로 호되게 꾸짖음.

대성질갈(大聲叱喝), **대성질호**(大聲疾呼)

고성대매(高聲大罵) 목청을 높여 큰 소리로 꾸짖음.

매리잡언(罵詈雜言) 상대(相對)에게 온갖 욕을 해대며 큰소리로 꾸짖음.

음오질타(喑噁叱咤) 성을 내어 큰 소리로 꾸짖음.

호령호령(號令號令) 정신(精神) 차릴 틈을 주지 않고 연달아 큰 소리로 꾸짖음.

대성지행 일戴 별星 어조사之 다닐行

「별을 이고 가는 길」 객지(客地)에서 부모(父母)의 부음(訃音)을 듣고 밤을 새워 집으로 돌아가는 것.

대성질갈 큰大 소리聲 꾸짖을叱 喝

대성질호 大 聲 높은 소리疾 부를呼

큰 소리로 호되게 꾸짖음.

대성통곡 큰大 소리聲 아플痛 울哭

큰 소리로 몹시 슬프게 욺.

감루오열(感淚嗚咽) 마음에 깊이 느끼어 눈물을 흘리며 목메어 욺.

경경열열(哽哽咽咽) 매우 슬퍼서 목이 메도록 욺.

고두감읍(叩頭感泣) 머리를 조아리며 감격(感激)하여 욺.

방성대곡(放聲大哭) 큰 소리로 슬프게 곡을 함.

복지유체(伏地流涕) 땅에 엎드려 눈물을 흘리며 욺.

실성통곡(失聲痛哭) 목소리가 가라앉아 나오지 않을 정도로 소리를 높여 슬피 욺.

앙천통곡(仰天痛哭) 하늘을 쳐다보고 몹시 욺.

일장통곡(一場痛哭) 한바탕의 소리를 높여 슬피 욺.

추연읍하(啾然泣下) 처량(凄涼)하고 구슬프게 욺.

허희유체(歔欷流涕) 길게 한숨짓고 눈물 흘리며 욺.

호천통곡(呼天痛哭) 하늘을 우러러보며 큰 소리로 슬피 욺.

대소경중 큰大 작을小 가벼울輕 무거울重

큰 것과 자은 것. 또는 가벼운 것과 무거운 것.

중요(重要)한 것과 덜 중요한 것.

기본적(基本的)인 것과 부차적(副次的)인 것.

대소안타역난 대할對 웃을笑 얼굴顔 침 뱉을唾 또亦 어려울難

웃는 낯에 침 못 뱉는다.

대소원인 큰大 작을小 관원員 사람人
대소인원 大 小 人 員

조선시대(朝鮮時代)에, 높고 낮은 모든 벼슬아치를 통틀어 이르던 말.

진신(縉紳/搢紳) 벼슬아치의 총칭(總稱).

만조백관(滿朝百官) 조정(朝廷)의 모든 벼슬아치.

문무백관(文武百官) 문관(文官)과 무관(武官)을 총칭하는 표현(表現).

백관유사(百官有司) 모든 벼슬아치.

대솔하인

데리고 다닐帶 거느릴率 아래下 사람人

고귀(高貴)한 사람을 모시고 다니는 하인. 하인을 거느림. **영솔**(領率)

다솔하인(多率下人) 많은 하인을 거느림.

대송소송 큰大 송나라宋 작을小 宋

송(宋)나라 때의 송상(宋庠)과 송기(宋祁) 형제(兄弟). 예부(禮部)의 시험(試驗)에 같이 급제(及第)하여 세인(世人)이 이를 이송(二宋)이라고 부르고 대소(大小)로써 형제를 구별(區別)하였음.

대수대명 대신할代 목숨壽 代 목숨命

「수명(壽命)을 대신(代身)하고 명을 대신함」남의 재액(災厄)을 자기(自己)가 맡음. 재액을 다른 사람에게로 옮겨 보내는 무당(巫堂)의 말.

대수이무 들擡 소매袖 말 이을而 춤출舞

두 손을 위로 뿌려 넘겨, 한 손은 머리 뒤에 얹고, 한 손은 옆으로 반쯤 내리는 동작(動作).

대수이송 상대할對 나무樹 둘二 소나무松

두 그루의 소나무를 나란히 심은 것.

대수자포 큰大 소매袖 자줏빛紫 도포袍

백제(百濟) 임금이 입던 소매가 큰 자주색의 저고리. 주로 임금과 귀족(貴族)들이 입었음. 고구려(高句麗)의 쌍영총(雙楹塚) 각저총(角觝塚)에도 보임.

대수장군 큰大 나무樹 장수將 군사軍

「큰 나무 밑의 장군」 매사(每事)에 겸손

(謙遜)하고 말없이 수고하는 사람.

대순소자 큰大 순수할醇 작을小 흠疵

대체로는 순수(純粹)하나 조금의 흠(欠)이 있음.

대순탄금 큰大 순임금舜 탈彈 거문고琴

「순임금이 거문고를 연주(演奏)함」 효심(孝心)이 지극(至極)함.

대습상속 대신할代 엄습할襲 相 이을續

대승상속 代 이을承 서로相 續

추정(推定) 상속인(相續人)을 대신(代身)하여 그 사람의 직계비속(直系卑屬)이 재산(財産)을 상속하는 일. 추정 상속인이 상속이 시작(始作)되기 전에 죽거나 그 밖의 사유(事由)로 상속권을 잃었을 때 행한다.

대위상속(代位相續), **승조상속**(承祖相續)

대승적 큰大 佛法乘 어조사的

대승(大乘)의 진리(眞理)와 들어맞는 것.

사사(私私)로운 이익(利益)이나 작은 일에 얽매이지 않고 전체적(全體的)인 관점(觀點)에서 판단(判斷)하고 행동(行動)하는 것.

대시이동

기다릴待 때時 말 이을而 움직일動

좋은 시기(時期)를 기다려 비로소 움직임.

대실소망 큰大 잃을失 바所 바랄望

바라던 것이 아주 허사(虛事)가 되어 크게 실망(失望)함.

대아소아 큰大 아이兒 작을小 兒

후한(後漢) 사람 공융(孔融)과 양수(楊脩).

대아지인 큰大 우아할雅 어조사之 사람人

바르고 품격(品格)이 높은 사람.

군자(君子).

대악무도 큰大 악할惡 없을無 도리道

「몹시 모질고 도의심(道義心)이 없음」 심히 악하고 무례(無禮)함.

간악무도(奸惡無道) 간사(奸詐)하고 악독(惡毒)하여 인도(人道)에서 어긋남.

극악무도(極惡無道) 악한 모습이 극에 달해 어떤 도리(道理)도 갖지 못함.

대간대악(大奸大惡) 매우 간사하고 매우 못된 짓을 하는 사람.

잔인무도(殘忍無道), **잔학무도**(殘虐無道) 잔인하고 사나워 사람의 도리가 전혀 없음.

포학무도(暴虐無道) 횡포(橫暴)하고 잔악(殘惡)하며 사람의 도리에 어긋나 막됨.

살인부잡안(殺人不眨眼) 사람을 죽이면서 눈도 깜짝거리지 않음.

인성본악(人性本惡) 사람의 성품(性品)은 본디 악함.

대악한 큰大 악할惡 놈漢

몹시 악독(惡毒)한 사람.

대안지화 대할對 언덕岸 어조사之 불火

「강 건너 불」 어떤 일이 자기(自己)에게는 아무 관계(關係)도 없다는 듯이 관심(關心)이 없음.

격안관화(隔岸觀火), **피안화시**(彼岸火視) 강 건너 불 보듯 함.

마이동풍(馬耳東風) 말의 귀에 바람을 불어도 말은 아랑곳하지 않음.

수수방관(袖手傍觀) 소매에 손을 넣고 곁에서 보기만 함.

대양휴명 대할對 날릴揚 찬미할休 목숨命

임금의 명령(命令)에 받들어 그 뜻을 민중(民衆)에게 널리 알려 드높임.

군명(君命)에 응하여 그 뜻을 일반(一般)에게 선양(宣揚)함.

대어탄소어

큰大 물고기魚 삼킬呑 작을小 魚

「큰 고기가 작은 고기를 삼킴」 큰 나라가 작은 나라를 침략(侵略)함.

대언불참 큰大 말言 아닐不 부끄러워할慙

실천(實踐)하지 못할 일을 말로만 떠들어대고 부끄러운 생각조차 없음.

대언장담 큰大 말言 기세좋을壯 말씀談

대언장어 大 言 壯 말語

자기(自己) 능력(能力)과는 무관(無關)하게 큰소리를 치는 모습.

장언대어(壯言大語)

허장성세(虛張聲勢) 빈 것을 크게 하고 소리만 요란(搖亂)함.

호언장담(豪言壯談) 제 분수(分數)에 당치 않는 말을 희떱게 지껄임.

호왈백만(號曰百萬) 말로만 백만을 일컬으나, 실상(實狀)은 얼마 안 됨.

대역무도 큰大 거스를逆 없을無 도리道

대역부도 大 逆 아닐不 道

「도리(道理)에 어긋나는 커다란 배신행위(背信行爲)」 임금이나 나라에 대해 배신처럼 심각(深刻)하고도 중대(重大)한 행위에만 쓰는 표현(表現).

극역대대(劇逆大憝) 임금을 죽이려고 한 가장 큰 역적(逆賊).

모반대역(謀叛大逆) 왕실(王室)이나 정부(政府)를 뒤엎고자 하는 큰 역적 행위.

대연은촉 바다거북瑇 대자리筵 은銀 촛불燭

「대모(玳瑁-거문고와 향비파의 담괘 안쪽 가운데에 붙인 노란 쇠가죽)로 장식(粧飾)한 자리와 은(銀)같이 밝은 촛불」 화려(華麗)한 밤의 연회(宴會).

굉주교착(觥籌交錯) 술잔과 산가지가 뒤섞임.

배반낭자(杯盤狼藉) 술잔과 그릇들이 어지럽게 흩어져 있음.

복주복야(卜晝卜夜) 절도(節度) 없이 밤낮을 가리지 않고 술을 마심.

상저옥배(象箸玉杯) 「상아 젓가락과 옥 술잔」 사치(奢侈)스럽고 방탕(放蕩)한 생활(生活).

유주망국(有酒亡國) 술로 망하는 나라가 있음.

육산주해(肉山酒海) 산처럼 쌓인 고기와 바다처럼 많은 술.

육산포림(肉山脯林) 고기의 산과 고기포의 숲.

장야지음(長夜之飮) 밤을 새워 술을 마심.

주지육림(酒池肉林) 술이 못을 이루고, 고기가 수풀을 이룸.

포진천물(暴殄天物) 하늘이 낸 만물(萬物)을 함부로 다 써 버림.

대열과망 큰大 기쁠悅 지나칠過 바랄望

기대(期待) 이상으로 기쁜 일이 있음.

구장득주(求漿得酒) 「식초(食醋)를 구하려다가 술을 얻음」 기대 이상(以上)의 효과(效果)를 얻음.

희출망외(喜出望外) 기쁜 일이 뜻밖에 생김.

대오각성 큰大 깨달을悟 깨달을覺 깰醒

크게 깨달음을 얻음.

대오대철 큰大 깨달을悟 大 꿰뚫을徹

대오철저 大 悟 통할徹 그칠底

크게 깨달아 번뇌(煩惱)와 의혹(疑惑)이 모두 없어지는 일.

우주(宇宙)의 대아(大我)를 남김없이 모두 앎.

대왕대비 큰大 임금王 大 왕비妃

왕의 살아 있는 할머니.

대욕비도 큰大 하고자 할慾 아닐非 길道

욕심(慾心)이 많아 자비(慈悲)나 인정(人情)이 없음.

↔ **연금침주**(捐金沈珠) 금을 산에 버리고 구슬을 못에 빠뜨림.

일개불취(一介不取) 단 한 개도 취하지 않음.

대욕소관 큰大 하고자 할慾 바所 관계할關

큰 욕망(慾望)에 관계(關係)되는바.

대용불기 큰大 날쌜勇 아닐不 해칠忮

참된 용기(勇氣)를 가진 사람은 함부로 남을 해치지 않음.

대용약겁 큰大 날쌜勇 같을若 겁낼怯

대단히 용맹(勇猛)한 사람은 함부로 날뛰지 않으므로 도리어 겁쟁이같이 보임.

대교약졸(大巧若拙) 매우 공교(工巧)한 솜씨는 서투른 것같이 보임.

대지약우(大智若愚) 큰 지혜(智慧)는 어리석은 것처럼 보임.

대직약굴(大直若屈) 대의(大義)를 위하는 자는 소절(小節)에 구애(拘礙)하지 않으므로 언뜻 보기에는 곧은 사람이 아닌 것같이 보임.

장교어졸(藏巧於拙) 재능(才能)을 감추고 졸렬(拙劣)한 듯이 보임.

황중내윤(黃中內潤) 재덕(才德)을 깊이 간직하고 겉모양에 나타내지 않음.

대우탄금 대할對 소牛 탈彈 거문고琴

「소를 마주 대하고 거문고를 탐」 어리석은 사람에게는 참된 도리(道理)를 말해 주어도 이해(理解)하지 못함.

우이탄금(牛耳彈琴)

풍과이(風過耳) 귀를 스치는 바람.

마이동풍(馬耳東風) 말귀에 봄바람이 스쳐 감.

우이독경(牛耳讀經) 소귀에 경 읽기.

우후투추(牛後投芻) 「소 궁둥이에다가 꼴을 던짐」 어리석고 미련한 사람은 아무리 가르쳐도 보람이 없음.

추풍과이(秋風過耳) 가을바람이 귀를 스쳐 감.

↔ **거일반삼**(擧一反三) 하나를 들어 셋을 앎.

대우패독 두를帶 소牛 지닐佩 송아지犢

「너희들은 왜 소와 송아지를 허리에 차고 다니느냐?」 칼을 팔아 송아지를 사서 농사(農事)를 짓게 함.

전쟁(戰爭)을 그만두고 농사를 지음.

매검매독(賣劍買犢) 「칼을 팔아서 송아지를 삼」 전쟁을 그만두고 고향(故鄕)에 돌아가 농업(農業)에 종사(從事)함.

권갑도기(卷甲韜旗) 갑옷을 말아 개고 군기(軍旗)를 치움.

귀마방우(歸馬放牛) 전쟁에 썼던 말과 소를 놓아 보냄.

도재간과(倒載干戈) 방패(防牌)와 창을 뒤쪽으로 향하게 하여 수레에 실음.

도치간과(倒置干戈) 무기를 거꾸로 놓음.

소봉주거(銷鋒鑄鐻) 병기(兵器)를 녹여서 북받침을 만듦.

언기식고(偃旗息鼓) 전쟁터에서 군기를 누이고 북을 쉼.

언무수문(偃武修文) 무예(武藝)를 그만두고 학문(學文)을 닦음.

재즙간과(載戢干戈) 전란(戰亂)이 끝나 무기(武器)를 거두어 감.

투병식과(投兵息戈) 병기를 던지고 창을 쉬게 함.

대원경지 큰大 둥글圓 거울鏡 슬기智

사지(四智)의 하나. 큰 거울에 삼라만상(森羅萬象)이 그대로 비치는 것과 같이 원만(圓滿)하고 분명(分明)한 지혜(智慧).

사지(四智)

평등성지(平等性智) 사물(事物)은 본래(本

來) 평등하다는 것을 깨달은 지혜.

묘관찰지(妙觀察智) 사물의 모양(模樣)을 잘 관찰(觀察)하여 선악(善惡)을 가려내고 남을 교화(敎化)하여 의혹(疑惑)을 끊게 하는 지혜.

성소작지(成所作智) 오관(五觀)으로 자기(自己)나 남에게 모두 유익(有益)하게 하는 갖가지의 업을 베푸는 지혜.

대월소월 큰大 달月 작을小 月

큰 달과 작은 달. 음력(陰曆)의 큰 달은 삼십 일, 작은 달은 이십구 일임.

대월피성 띠帶 달月 입을披 별星

「달빛을 띠고 별빛을 입음」 밤늦게 가서 이른 새벽에 돌아옴.

↔ **대성이왕**(戴星而往) 「별을 이고 감」 날이 새기 전에 일찍 일어나 감.

성행야귀(星行夜歸) 아침 일찍 집을 나갔다가 밤늦게 돌아옴.

대위상속 대신할代 자리位 서로相 이을續

추정 상속인(推定相續人)을 대신(代身)하여 그 사람의 직계비속(直系卑屬)이 재산(財産)을 상속하는 일. **대습상속**(代襲相續)

대위소료 큰大 어길違 바所 헤아릴料

헤아리는 바와 크게 어긋남.

생각하는 바와 크게 다름.

대유작위 큰大 있을有 지을作 할爲

충분(充分)히 능력(能力)을 발휘(發揮)할 여지(餘地)가 있음.

대유지계 큰大 선비儒 어조사之 이룰稽

「대유의 도(道)를 이룸」 도학자(道學者)의 도를 크게 이룸. 稽는 成(성)임.

대은교주 큰大 은혜恩 가르칠敎 주인主

「큰 은혜(恩惠)를 베푸는 가르침의 주인(主人)」 석가모니(釋迦牟尼)의 존칭(尊稱).

백족화상(白足和尙) 석가모니 별칭(別稱).

대의멸친 큰大 옳을義 멸할滅 어버이親

「큰 도리(道理)를 지키기 위해 부모형제(父母兄弟)도 돌보지 않음」 국가(國家)나 사회(事會)를 위해서는 부모형제(父母兄弟)의 정(情)도 돌보지 않음.

멸사봉공(滅私奉公) 사사(私私)로운 감정(感情)을 버리고 공공(公共)의 목적(目的)을 받듦.

선공후사(先公後私) 사사로운 일보다 공익(公益)을 우선(于先)함.

이의할은(以義割恩) 의리(義理)를 세우기 위해서는 은혜(恩惠)도 잘라 버려야 함.

철면무사(鐵面無私) 사사로운 정에 구애(拘礙)되지 않음.

대의명분 큰大 뜻義 이름名 명백할分

큰 뜻을 펼치기 위해 지켜야 할 본분(本分)이나 도리(道理).

대의충절 큰大 뜻義 충성忠 절개節

사람이 마땅히 지켜야 할 도리(道理)를 따르려는 꿋꿋한 태도(態度).

대은은어조

큰大 숨을隱 隱 어조사於 조정朝

진정(眞情)한 은자(隱者)는 간신배(奸臣輩)와 권력(權力)의 암투(暗鬪)가 가장 치열(治熱)한 조정(朝庭)에 숨는 자이다.

소은은어야(小隱隱於野) 작은 은자는 산속에 숨는 자이고,

중은은어시(中隱隱於市) 중간급(中間級) 은자는 시끄러운 저자에 숨는다.

대이아 큰大 귀耳 아이兒

「귀가 큰 녀석」 유비(劉備)가 귓불이 커서 여포가 大耳兒라고 불렀음.

대인군자 큰大 사람人 임금君 스승子

말과 행실(行實)이 옳고 점잖은 사람.

덕(德)이 높은 사람.

대현군자(大賢君子) 어질고 점잖은 사람.

도덕군자(道德君子) 도학(道學)을 깊게 닦고 익힌 점잖은 사람.

목계양도(木鷄養到) 수양(修養)이 높고 매우 점잖은 사람.

성덕군자(成德君子) 덕이 매우 높은 사람.

유지군자(有志君子) 좋은 일에 깊은 뜻을 둔 점잖은 사람.

지인달사(至人達士) 덕이 높고 이치(理致)에 밝아서 사물(事物)에 얽매이지 않는 사람.

청운지사(靑雲之士) 학덕(學德)이 높은 사람. 고위(高位) 고관(高官)에 오른 사람.

후덕군자(厚德君子) 덕행(德行)이 두텁고 점잖은 사람.

지인잠행부질(至人潛行不窒) 덕이 높은 사람은 속세(俗世)에 살면서도 그것에 물들지 않음.

대인대이 큰大 사람人 大 귀耳

덕(德)이 높고, 마음에 여유(餘裕)가 있는 사람은 자질구레한 일에 초연(超然)함.

도량(度量)이 넓어서 자질구레한 일에 얽매이지 않음.

강해지량(江海之量) 생각이 깊고 도량이 큼.

관인대도(寬仁大度) 마음이 너그럽고 어질며 도량이 넓음.

관홍대도(寬弘大度) 마음이 너그럽고 도량이 큼.

관후굉박(寬厚宏博) 너그럽고 후하며 넓고 큼.

낙락난합(落落難合) 뜻이 커서 세상 사람과 맞지 않음.

뇌뢰낙락(磊磊落落) 뜻이 커서 작은 일에 구애(拘礙)받지 않음.

덕고양굉(德高量宏) 인격(人格)이 높고 도량이 큼.

척당불기(倜儻不羈) 뜻이 크고 기개(氣槪)가 있고 뜻이 커서 남에게 자유(自由)를 구속(拘束)받지 않고 눌려 지내지 않음.

천공해활(天空海闊) 하늘이 창창(蒼蒼)하고 바다가 광활(廣闊)하듯이 기상(氣像)이 상쾌(爽快)하고 도량이 넓음.

호방뇌락(豪放磊落) 기개가 장하고 마음이 활달(豁達)하여 작은 일에 거리끼거나 구애(拘礙)하지 않음.

호탕불기(豪宕不羈) 사람됨이 기개가 세차고 호걸(豪傑)스러워서 사소(些少)한 일에 얽매이지 않음.

활달대도(豁達大度) 도량이 큼.

회확대도(恢廓大度) 마음이나 도량이 넓고 큼.

대인무기 큰大 사람人 없을無 자기己

「큰 덕이 있는 사람은 자기(自己)가 없음」 피아(彼我)를 구별(區別)하지 않음.

대인접물 기다릴待 사람人 이을接 사람物

남을 대접(待接)하고 교제(交際)함.

대인착도 대신할代 사람人 잡을捉 칼刀

「대신(代身)하여 칼을 잡음」 남을 대신하여 일함.

대인호변 큰大 사람人 범虎 변할變

「큰사람은 호랑이처럼 변함」 덕이 높은 사람이 정치(政治)하면 세상을 근본적(根本的)으로 선명(鮮明)하게 변화(變化)시킴.

군자표변(君子豹變) 군자는 표범처럼 변함.

사탈고피(蛇脫故皮) 뱀은 묵은 허물을 벗으며 성장(成長)함.

선탈용변(蟬脫龍變) 매미가 허물을 벗고 용이 되어 승천(昇天)함.

선태사해(蟬蛻蛇解) 매미가 껍질을 벗고 뱀이 허물을 벗음.

↔ **소인혁면**(小人革面) 소인은 낯빛만 고칠 뿐임.

대자대비 큰大 사랑慈 大 슬플悲

중생(衆生)을 사랑하고 불쌍히 여기는 마음.

긍휼(矜恤) 불쌍히 여겨 돌보아 줌.

연민(憐憫) 불쌍하고 가련(可憐)하게 여김.

시민여상(視民如傷) 백성(百姓)을 보기를 다친 자를 보듯이 함.

애인휼민(愛人恤民) 사람을 사랑하고 백성을 불쌍히 여김.

측은지심(惻隱之心) 남을 불쌍하게 여기는 타고난 착한 마음.

대자위동량

큰大 사람者 할爲 마룻대棟 들보梁

큰 재목(材木)은 기둥과 들보로 쓰이는 것처럼 인재(人才)도 역시(亦是) 기량(器量)의 크고 작음에 따라 쓰임.

대자특서 큰大 글자字 특별할特 글씨書

「큰 글자로 뚜렷이 드러내어 씀」 누구나 알게 크게 여론화(輿論化)함.

대서특기(大書特記), **대서특서**(大書特書),
대서특필(大書特筆), **특필대서**(特筆大書)

대장공주 큰大 어른長 존칭公 임금主

천자(天子)의 고모(姑母). 고려시대(高麗時代), 외명부(外命婦) 봉작(封爵)의 하나. 문종(文宗) 때에 외명부의 관제(官制)를 정하여 공주(公主)・대장공주・장공주(長公主)로 하고, 각각(各各) 품계(品階)를 정일품(正一品)으로 하였다.

대장부 큰大 어른丈 사내夫

건장(健壯)하고 씩씩한 사내.

대장부당웅비

큰大 어른丈 사내夫 마땅當 수컷雄 날飛

대장부는 마땅히 힘차게 날아올라야 함.

대장불착 큰大 장인匠 아닐不 깎을斲

솜씨 있는 대목(大木)이 나무를 깎기 전부터 재목(材木)의 곡직(曲直)을 알듯이, 도(道)를 아는 사람은 일을 행하기 전에 미리 그 득실(得失)을 앎.

견기지재(見機之才) 낌새를 잘 살펴 알아채는 재주.

암어성사(闇於成事) 어리석은 사람은 일이 다 되어도 모르고, 지혜(知慧)로운 사람은 징조(徵兆)가 있기 전에 이미 앎.

지자견어미맹(智者見於未萌) 슬기로운 사람은 일이 일어나기 전에 미리 앎.

성인견상이지빙(聖人見霜而知氷) 성인은 서리를 보고 얼음 얼 것을 앎.

대장절월 큰大 장수將 마디節 도끼鉞

대장(大將)임을 표시(標示)하는 절과 부월(斧鉞). 節은 수기(手旗)와 같고, 斧鉞은 도끼같이 만든 것으로, 군령(軍令)을 어기는 자에 대한 생살권(生殺權)을 상징(象徵)함.

대장즉주 큰大 막대기杖 곧則 달릴走

효자(孝子)가 어버이에게 벌을 받을 때, 매를 치면 순순히 받을 것이지만, 크게 화가 나서 몽둥이로 쳐 죽이려 할 때는 달아나서, 어버이가 불의(不義)를 범하지 않도록 함.

대장풍악 큰大 베풀張 풍류風 즐거울樂

풍류놀이(風流--)를 크게 벌여 차림.

대재소용 큰大 재목材 작을小 쓸用

「큰 재목(材木)이 작게 쓰이고 있음」 사람을 부리는 데 있어서 제 능력(能力)을 다 발휘(發揮)할 수 있는 조건(條件)이 안 됨. 역설적(逆說的)으로 큰 재목은 큰일에 쓰여야 함.

정부(政府)나 조직(組織)에서 사람을 쓰는 법이 잘못되었음.

대계소용(大計所用) 큰 계략(計略)을 작은 용도에 씀.

대기소용(大器小用) 큰 그릇을 작은 용도(用途)로 씀.

재대난용(材大難用) 재목이 너무 커서 도리어 쓰기 어려움.

대점미류 큰大 차차漸 오랠彌 낫지 않을留

병(病)이 날로 중(重)해져서 오랫동안 낫지 않음.

대중가요 큰大 무리衆 노래歌 노래謠

수많은 사람 사이에서 즐겨 불려 온 세속적(世俗的)인 노래. **통속가요**(通俗歌謠)

대중계몽 큰大 무리衆 열啓 어두울蒙

노동자(勞動者), 농민(農民)을 비롯한 근로계층(勤勞 階層) 등의 대중을 사상적(思想的)·문화적(文化的)으로 가르쳐 깨우침.

민중계몽(民衆啓蒙)

대중공양

큰大 무리衆 이바지할供 봉양할養

신자(信者)가 여러 승려(僧侶)에게 음식(飮食)을 차리어서 먹게 하는 일.

대중매체 큰大 무리衆 중매媒 몸體

신문(新聞)·잡지(雜誌)·영화(映畫)·텔레비전 따위처럼 많은 사람에게 대량(大量)으로 정보(情報)와 사상(思想)을 전달(傳達)하는 매체. **매스미디어**(mass media)

대중문화 큰大 무리衆 글월文 될化

사회(社會)를 구성(構成)하는 대다수(大多數)를 위해 생산(生産)되고 소비(消費)되는 문화. 경제력(經濟力)의 향상(向上)과 교육(敎育)의 확대(擴大), 매스컴의 발달(發達) 등을 기반(基盤)으로 형성(形成)됨.

대중발락 큰大 무리衆 필發 떨어질落

여러 사람의 의견(意見)에 따라 결정(決定)하여 발표(發表)하는 일.

대중지정 큰大 가운데中 이를至 바를正

크고 치우치지 않고 지극(至極)히 바름.

입극수통(立極羞統) 대중지정의 도(道)를 세움.

대중추수 큰大 무리衆 좇을追 따를隨

인기(人氣)를 좇아 대중을 동원(動員)하여 권력(權力)을 유지(維持)하려고 함.

대증지약 대할對 증상證 어조사之 약藥

대증투제 對 症 던질投 약 지을劑

대증하약 對 症 아래下 藥

「증세(症勢)에 맞게 약을 써야 함」 문제(問題)의 핵심(核心)을 바로 보고 대처(對處)해야 함.

거두절미(去頭截尾) 머리는 버리고 꼬리는 끊어버림.

일침견혈(一針見血) 침을 한 번 놓아 피를 봄.

↔ **도비순설**(徒費脣舌) 쓸데없는 말만 하여 입술과 혀만 수고롭게 함.

대지부지 큰大 슬기智 아닐不 智

큰 지혜(智慧)를 가진 사람은 꾀가 많은 사람처럼 그 지혜를 쓰지 않음.

대지약우 큰大 슬기智 같을若 어리석을愚

대지여우 大 智 같을如 愚

「큰 지혜(智慧)는 어리석은 것처럼 보임」 현인(賢人)은 재능(才能)을 뽐내지 않아 어리석어 보일 뿐임.

대교약졸(大巧若拙) 매우 공교(工巧)한 솜씨는 서투른 것같이 보임.

대용약겁(大勇若怯) 대단히 용맹(勇猛)한 사람은 함부로 날뛰지 않아서 도리어 겁쟁이같이 보임.

장교어졸(藏巧於拙) 재능을 감추고 졸렬(拙劣)한 듯이 보임.

황중내윤(黃中內潤) 재덕(才德)을 깊이 간직하고 겉모양에 나타내지 않는 일.

대지원망 큰大 뜻志 멀遠 바랄望

뜻을 크게 갖고 희망(希望)을 원대(遠大)하게 품음.

대지한한 큰大 알知 한가로울閑 閑

큰 지혜(智慧)는 여유(餘裕)가 있음.

대직약굴 큰大 곧을直 같을若 굽을屈

대의(大義)를 위하는 자는 소절(小節)에 구애(拘礙)하지 않으므로 언뜻 보기에는 곧은 사람이 아닌 것같이 보임.

대질심문 대할對 바탕質 살필審 물을問

원고(原告), 피고(被告), 증인(證人)들의 말이 서로 다를 경우(境遇), 이들을 맞대면(-對面)시켜 진술(陳述)할 기회(機會)를 주는 일.

양조대변(兩造對辯) 원고와 피고를 대질시켜 변명(辨明)하게 함.

대질지차 큰大 여든 살耋 어조사之 탄식할嗟

노인(老人)이 한숨지어 탄식(歎息)하는 것. 耋은 나이 팔십(八十)이 된 것을 말함.

대차무예 큰大 수레車 없을無 끌채 끝輗

「소달구지의 채에 마구리가 없음」 마구리가 없는 큰 수레. 신용(信用)이 없는 사람은 처세(處世)하기가 곤란(困難)하다는 말.

대창제미 큰大 곳집倉 돌피稊 쌀米

「큰 창고(倉庫)에 쌀 한 톨」 보잘것없고 미미(微微)한 것. **태창제미**(太倉稊米)

구우일모(九牛一毛) 아홉 마리 소에 털 하나.

대해일속(大海一粟), **창해일속**(滄海一粟) 푸른 바다에 좁쌀 한 톨.

대해일적(大海一滴), **창해일적**(滄海一滴) 푸른 바다에 물 한 방울.

우지일모(牛之一毛) 소의 터럭 하나.

조족지혈(鳥足之血) 새 발의 피.

대찬불이 큰大 칭찬할讚 아닐不 이미已

크게 칭찬(稱讚)하기를 마지않음.

격절탄상(擊節嘆賞) 무릎과 궁둥이를 치면서 탄복(歎服)하며 칭찬함.

극구찬송(極口讚頌) 온갖 말로 칭찬함.

만구칭찬(萬口稱讚) 많은 사람이 모두 칭찬함.

박수갈채(拍手喝采) 손뼉을 치고 소리를 질러 환영(歡迎)하거나 칭찬함.

칭지불용구(稱之不容口) 온갖 말을 다 하여 칭찬함.

대처승 데리고 있을帶 아내妻 중僧

아내나 자식(子息)을 두면서 때에 따라 육식(肉食)하는 승려(僧侶).

반승반속(半僧半俗), **비승비속**(非僧非俗) 중도 아니고 속세(俗世)의 인간(人間)도 아닌 반 거들 충이.

화택승(火宅僧) 살림을 차리고 아내와 자식을 거느린 승려(僧侶).

대처식육 데리고 있을帶 아내妻 食 고기肉

대처육식 帶 妻 肉 먹을食

중의 몸으로 아내를 두고 고기를 먹음.

대천지수 일戴 하늘天 어조사之 원수讐

「함께 하늘을 이고 살 수 없는 원수(怨讐)」 임금이나 어버이에 대해 원수는 하늘을 함께 하고 살지 않음.

불공대천(不共戴天), **불구대천**(不俱戴天)

견원지간(犬猿之間) 개와 원숭이처럼 서로 으르렁거리는 사이.

무수지수(貿首之讐) 서로 상대(相對)의 목을 베고자 하는 깊은 원수, 특히 아버지를 죽인

원수.

빙탄지간(氷炭之間) 얼음과 숯 사이.

욕식기육(欲食其肉) 그 사람의 살을 먹고 싶다.

대체식량 대신할代 바꿀替 먹을食 양식糧

기존(旣存)의 식량을 대신(代身)할 새로운 식량. 흔히 쌀을 대신할 먹을거리.

대총융 큰大 거느릴總 병기戎

대장(大將) 중에서 가장 높은 대장.

대원수(大元帥).

대춘지수 큰大 참죽나무椿 어조사之 목숨壽

대춘이란 사람이 장수(長壽)하였다는 데서 나온 말. 8천 살을 가을로 하였다 함.

대택뇌공 큰大 못澤 작은 구멍礨 빌空

큰 못과 작은 구멍.

대하고루 큰大 처마廈 높을高 누각樓

「큰 집과 높은 누각(樓閣)」 웅장(雄壯)하고 큰 건물(建物).

고각대루(高閣大樓) 높고 크게 지은 집.

고대광실(高臺廣室) 매우 크고 좋은 집.

대하동량 큰大 처마廈 용마루棟 들보梁

「큰 집을 지을 때 쓰는 기둥과 들보」 국가(國家)의 중요(重要)한 임무(任務)를 맡을 인재(人材).

대한 큰大 찰寒

지독(至毒)한 추위.

24 절후(節侯)의 마지막 절후. 소한(小寒)의 다음, 양력(陽曆) 1월 21일 무렵으로, 태양(太陽)의 황경(黃經)이 300°인 때.

대한불갈 큰大 가물旱 아닐不 마를渴

「큰 가뭄에도 마르지 않음」 혼탁(混濁)한 세상 속에서 인의(仁義) 정치(政治)를 베풀 지도자(指導者)가 나타나기를 희구(希求)함.

대한색구 큰大 찰寒 찾을索 갖옷裘

「혹한(酷寒)이 닥쳐오자 비로소 갖옷(가죽옷)을 구함」 이미 지나간 일에 쓸데없는 말과 행동(行動)을 보태는 경우(境遇).

망양보뢰(亡羊補牢) 양을 잃고 우리를 고침.

실마치구(失馬治廏) 말 잃고 나서 외양간을 고침.

실우치구(失牛治廏) 소 잃고 나서 외양간을 고침.

십일지국(十日之菊) 국화(菊花)는 9월 9일이 절정(絶頂)으로, 이미 때가 늦었음.

우후송산(雨後送傘) 비 온 뒤에 우산(雨傘)을 보냄.

적출관문(賊出關門) 도둑이 나가고 난 후에야 문을 잠금.

투이주병(鬪而鑄兵) 「전쟁(戰爭)이 일어난 뒤에야 병기(兵器)를 주조(鑄造)함」 때를 잃음.

사후약방문(死後藥方文) 죽은 뒤에 약을 지음.

사후청심환(死後淸心丸) 죽은 뒤에 청심환을 냄.

대한운예 큰大 가물旱 구름雲 무지개霓

「가뭄이 계속(繼續)되면 비의 조짐(兆朕)인 구름을 몹시 기다림」 자기(自己)가 목적(目的)하는 바의 달성(達成)을 몹시 초조하게 바람.

대한자우 큰大 가물旱 자애로울慈 비雨

「큰 가뭄에 쏟아진 자애(慈愛)로운 비」 어지러운 세상에 인의(仁義)의 정치(政治)를 베풀 임금이 나타나기를 갈망(渴望)함.

구한감우(久旱甘雨) 「오랜 가뭄 끝에 단비를 만남」 오랜 괴로움이 지나고 즐거운 일이 닥침.

한천자우(旱天慈雨) 「가문 하늘에 자애로

운 비」 곤경(困境)에 처했을 때 구원(救援)을 받음.

대해일속 큰大 바다海 한一 조粟

「큰 바다에 좁쌀 한 톨」 썩 많은 가운데 섞여 있는 하찮은 작은 물건(物件).

창해일속(滄海一粟)

구우일모(九牛一毛) 아홉 마리 소에 털 하나.

우지일모(牛之一毛) 소의 터럭 하나.

조족지혈(鳥足之血) 새 발의 피.

태창제미(太倉稊米) 큰 곳간 안의 돌피.

묘창해지일속(渺滄海之一粟) 아득히 넓은 바다에 한 톨의 좁쌀.

대해일적 큰大 바다海 한一 물방울滴

「넓고 큰 바다에 물방울 하나」 많은 것 가운데 아주 작은 것.

대현군자 큰大 어질賢 군자君 스승子

어질고 점잖은 사람.

대인군자(大人君子) 말과 행실(行實)이 바르고 점잖은 사람.

도덕군자(道德君子) 도학(道學)을 깊게 닦고 익힌 점잖은 사람.

목계양도(木鷄養到) 수양(修養)이 높고 매우 점잖은 사람.

유지군자(有志君子) 좋은 일에 깊은 뜻을 둔 점잖은 사람.

후덕군자(厚德君子) 덕행(德行)이 두텁고 점잖은 사람.

대현신수 큰大 나타날現 몸身 손手

충분(充分)히 기량(技倆)을 드러냄.

한껏 실력(實力)을 뽐냄.

대유작위(大有作爲) 충분히 능력(能力)을 발휘(發揮)할 여지(餘地)가 있음.

분발유위(奮發有爲) 분발하여 뭔가를 이루어 냄.

대현신통 큰大 나타날現 몸身 통할通

크게 신통력(神通力)을 발휘(發揮)함.

대혹불해 큰大 의심할惑 아닐不 풀解

크나큰 의혹(疑惑)이 종신(終身)토록 풀리지 않음, 또는 매우 의심(疑心)스러워 도무지 이해(理解)되지 않음.

대혹자종신불해(大惑者終身不解)

대화만담 대할對 말씀話 흩어질漫 이야기談

두 사람 이상(以上)이 대화하는 형식(形式)으로, 재미있고 익살스럽게 세상이나 인정(人情)을 비판(批判)·풍자(諷刺)하는 이야기.

대화유사 큰大 될化 있을有 넉四

사람은 일생(一生)에 네 번 크게 변화(變化)함. 유년기(幼年期)·청년기(青年期)·노년기(老年期)·사망시(死亡時).

대후자험 기다릴待 뒤後 스스로自 증험할驗

지나고 나면 자연(自然)히 알 수 있음.

대흔고징 큰大 아침昕 북鼓 두드릴徵

해 뜰 무렵에 큰 북을 쳐서 여러 사람을 부름.

덕건명립 덕德 세울建 이름名 설立

항상(恒常) 덕을 가지고 세상일을 행하면 자연(自然)스럽게 이름도 서게 됨.

덕건명립 형단표정(德建名立 形端表正) 덕이 세워지면 이름이 서게 되고, 몸매가 깔끔하면 겉모습이 똑바르게 됨.

덕고망중 덕德 높을高 바랄望 무거울重

인격(人格)이 높고 명망(名望)이 큼.

존영(尊榮) 지위가 높고 영화(榮華)로움.

현달(顯達) 지위(地位)가 높고 명망이 높아서 세상에 드러남.

낙락난합(落落難合) 뜻이 높고 커서 다른

사람과 서로 맞지 않음.

위고망중(位高望重) 지위가 높고 명망이 큼.

덕고양굉 덕德 높을高 헤아릴量 클宏

인격(人格)이 높고 도량(度量)이 큼.

강해지량(江海之量) 생각이 깊고 도량이 큼.

관홍대도(寬弘大度) 너그럽고 도량이 큼.

관후굉박(寬厚宏博) 너그럽고 후하며 넓고 큼.

활달대도(豁達大度) 도량이 큼.

회확대도(恢廓大度) 마음이나 도량이 넓고 큼.

덕륭망존 덕德 융성할隆 바랄望 높을尊

덕행(德行)이 높고 인망(人望)이 두터움.

덕무상사 덕德 없을無 항상常 스승師

「덕을 닦는 데는 일정(一定)한 스승이 없음」 마주치는 환경(環境), 마주치는 사람 모두가 수행(修行)에 도움이 됨.

덕박이화 덕德 넓을博 말 이을而 될化

공덕(功德)을 널리 베풀어 백성(百姓)을 교화(敎化)함.

덕본재말 덕德 근본本 재물財 끝末

사람이 살아가는 데 덕(德)이 뿌리가 되고 재물(財物)은 사소(些少)한 부분(部分)임.

덕불고 덕德 아닐不 외로울孤

덕이 있는 사람은 덕으로 다른 사람을 감화(感化)시켜 따르게 하므로 절대(絶代) 외롭지 않음.

덕필유린(德必有鄰), **덕불고 필유린**(德不孤必有隣) 덕이 있으면 따르는 사람이 있으므로 외롭지 않음.

덕성예공 덕德 이룰成 예도禮 공손할供

덕이 높은 사람은 반드시 예의(禮儀)가 바름.

덕수후예 덕德 드리울垂 뒤後 후손裔

생전(生前)에 베푼 덕이 후손(後孫)에게까지 드리워짐.

덕후류광(德厚流光) 덕이 두터우면 자손(子孫)이 번성(繁盛)함.

적선여경(積善餘慶) 쌓이고 쌓인 선행(善行)의 갚음으로 경복(慶福)이 자손에게 미침. ↔ **앙급자손**(殃及子孫) 죄악(罪惡)을 저지르면 그 재앙(災殃)이 자손에게 미침.

적악여앙(積惡餘殃) 쌓이고 쌓인 악행(惡行)의 보복(報復)으로 재앙이 자손에게 미침.

덕업상권 덕德 업業 서로相 권할勸

좋은 행실(行實)은 서로 권장(勸奬)할 것. 향약(鄕約)의 네 강목(綱目) 중의 하나.

과실상규(過失相規) 잘못은 서로 규제(規制)함.

예속상교(禮俗相交) 예의(禮儀)로 서로 사귐.

환난상휼(患難相恤) 어려운 일은 서로 도움.

덕위인표 덕德 할爲 사람人 겉表

덕망(德望)이 높아 세상(世上) 사람의 사표(師表)가 됨.

덕유여모 덕德 가벼울輶 같을如 털毛

도덕(道德)을 실행(失行)하는 것은 가벼운 털을 드는 것처럼 용이(容易)한 일임.

덕음무량 덕德 소리音 없을無 좋을良

말에 실(實)이 없음. 유덕(有德)하다는 소문(所聞)뿐이고 그럴 만한 내용(內容)이 없음.

낭득허명(浪得虛名) 평판(評判)은 좋으나 아무런 실속이 없음.

유명무실(有名無實) 이름은 있으나 그 열매는 없음.

허명무실(虛名無實) 헛된 이름뿐 실속이 없음.

덕치사상 덕德 다스릴治 생각思 생각想

덕치주의 德 治 주장할主 옳을義

덕망(德望) 있는 사람이 도덕적(道德的)으로 어두운 사람을 다스려야 한다는 정치사상(政治思想). **왕도정치**(王道政治)

지치주의(至治主義) 권력(權力)을 가진 사람들이 인(仁)·의(義)·예(禮)·지(智)의 유교적(儒教的) 이념(理念)을 철저(徹底)히 실천(實踐)하여 군자(君子)가 되어야만 제대로 된 정치(政治)를 할 수 있다는 공자(孔子)의 사상.

↔ **전제주의**(專制主義) 한 사람 또는 소수(小數)의 지배자(支配者)가 법이나 제도(制度)의 구속(拘束)을 당하지 않고 통치(統治)하는 것.

덕필유린 덕德 반드시必 있을有 이웃隣

덕이 있으면 따르는 사람이 있어 외롭지 않음. **덕불고**(德不孤),

덕불고 필유린(德不孤 必有隣)

무사불복(亡思不服) 덕을 사모(思慕)하여 복종(服從)하지 않는 자가 없음.

악목불음(惡木不蔭) 「나쁜 나무는 그늘이 지지 않음」 덕망(德望)이 있는 사람 주변(周邊)에 따르는 무리가 많음.

이덕복인(以德服人) 덕으로써 사람을 복종시킴.

↔ **수청무대어**(水淸無大魚) 「물이 맑으면 큰 고기가 없음」 지나치게 결백(潔白)하면 사람들이 가까이하지 않는다는 의미(意味).

덕탕호명 덕德 쓸어버릴蕩 어조사乎 이름名

덕은 명예(名譽)를 구하려고 하면 허물어짐.

덕화만방 덕德 될化 일만萬 모方

덕행(德行)으로 교화(敎化)하여 중생(衆生)을 감화(感化)시키는 능력(能力)이 세상(世上)에 두루 미침.

근열원래(近悅遠來) 부근(附近)의 사람들이 즐거워하고, 먼 곳의 사람들이 흠모(欽慕)하여 모여듦.

시우지화(時雨之化) 초목(草木)이 때맞추어 내리는 비에 힘입어 잘 자라는 것처럼 제때 교육(教育)이 이루어지거나 교화가 널리 미침.

요풍순우(堯風舜雨) 요순 두 임금의 어진 덕이 천하에 널리 퍼진 것을 비바람의 혜택(惠澤)이 이르지 않는 곳이 없음.

인언이박(仁言利博) 인덕(仁德)이 있는 사람의 말과 행동(行動)은 널리 대중(大衆)에게까지 이익(利益)이 미침.

인집앙류(鱗集仰流) 「물고기들이 모여서 물 위에 입을 내놓고 벌름거림」 사방(四方)의 백성(百姓)들이 덕(德)을 흠모하여 모여듦.

적덕누인(積德累仁) 「어진 덕을 세상에 널리 베풂」 인덕이 널리 세상에 미침.

근자열원자래(近者說遠者來) 이웃에 있는 백성은 은혜(恩惠)에 감복(感服)하여 기뻐하고, 먼 곳에 있는 백성도 그 소문(所聞)을 듣고 흠모하여 찾아옴.

덕후류광 덕德 두터울厚 흐를流 빛날光

덕이 두터우면 자손(子孫)이 번성(繁盛)함.

덕수후예(德垂後裔) 생전(生前)에 베푼 덕이 후손(後孫)에게까지 드리워짐.

도가이변 길塗 노래할歌 里 손뼉 칠抃

도가이영 塗 歌 마을里 읊을詠

「길 가는 사람이나 마을 사람들이 민요(民謠)를 부르고 손뼉을 침」 백성(百姓)이 모두 태평(太平)을 칭송(稱頌)하며 노래함.

도간지모 성씨陶 강직할侃 어조사之 어머니母

「도간의 어머니」 진나라 도간이라는 가난한 선비 집에 친구(親舊)가 찾아왔으나 마침 식량(食糧)까지 떨어져 차려 낼 음식(飮食)이 아무것도 없자 도간의 모친 잠 씨가 자기의 두발(頭髮)을 잘라서 팔아서 술을 사서 손님을 대접(待接)했다는 고사(故事). **절발역주**(截髮易酒)

전발역서(翦髮易書) 「머리카락을 잘라 책(冊)과 바꿈」 어머니나 아내가 자식(子息)이나 남편(男便)을 위해 눈물겨운 뒷바라지를 함.

도강즙 건널渡 강江 노楫

임무(任務)를 다하지 못하면 두 번 다시 이 강을 건너지 않겠다는 결의(決意). 전쟁터(戰爭-)에 나갈 때 맹세(盟誓)하는 말.

도거정확 칼刀 톱鋸 세발솥鼎 가마솥鑊

궁형(宮刑)에 쓰는 칼, 월형(刖刑)에 쓰는 톱, 팽형(烹刑)에 쓰는 가마솥.

참혹(慘酷)한 형벌(刑罰).

목불인견(目不忍見), **불인정시**(不忍正視) 차마 바로 볼 수 없음.

비우참척(悲憂慘戚) 매우 참혹하고 끔찍한 사건(事件)으로 슬퍼함.

참불가언(慘不可言) 너무도 참혹하여 차마 말할 수가 없음.

참불인견(慘不忍見) 너무나 참혹하여 차마 눈으로 볼 수 없는 정도(程度).

천참만륙(千斬萬戮) 천만(千萬) 동강으로 쳐서 죽임.

도거지여 칼刀 톱鋸 어조사之 남을餘

궁형(宮刑), 월형(刖刑) 등 형벌(刑罰)을 당하여 불구자(不具者)로 사는 일. 또는 그 사람.

고자대감(鼓子大監) 환관(宦官) 내시(內侍). 鼓子는 엄인(閹人), 화자(火者)라고도 함.

훈부지여(熏腐之餘) 궁형을 당하고 후궁(後宮)에 출사(出使)하는 사람.

도견상부 길道 볼見 뽕나무桑 지어미婦

「길에서 뽕잎 따는 여자를 보고 사통(私通)함」 눈앞의 일시적(一時的)인 이익(利益)을 좇다가 가지고 있던 모든 것을 잃음.

갈택이어(竭澤而漁) 연못의 물을 말려 고기를 잡음.

근시안적(近視眼的) 일의 앞날이나 사물(事物) 전체(全體)를 파악(把握)하지 못하고 눈앞의 단편적(斷片的)인 현상(現狀)에만 사로잡힌 것.

낙이사촉(樂而思蜀) 타향(他鄕) 생활(生活)이 즐거워 고향(故鄕) 생각을 하지 못함.

당랑규선(螳螂窺蟬) 이슬을 먹으려는 매미는 그 뒤에서 사마귀가 노리는 줄을 모름.

목전지계(目前之計) 앞날을 내다보지 못하고 눈앞의 일만 생각하는 계책(計策).

분림이렵(焚林而獵) 숲을 태워 짐승을 잡음.

살계취란(殺鷄取卵) 닭을 죽여 달걀을 꺼냄.

도견와계 질그릇陶 개犬 기와瓦 닭鷄

「흙으로 구워 만든 개와 기와로 만든 닭」 외모(外貌)만 훌륭하고 실속이 없어 쓸모가 없는 사람.

목우인의(木偶人衣) 「나무 인형(人形)에 옷을 두른 것」 아무 능력(能力)이나 소용(所用)이 없는 사람.

반갱주낭(飯坑酒囊) 배를 밥이 지나가는 굴(窟)로 삼고, 장(腸)을 술을 담는 부대(負袋)로 삼음.

반식재상(伴食宰相) 곁에 모시고 밥을 먹는 재상.

용지하처(用之何處) 어디에 쓰겠느냐?

육대반낭(肉帒飯囊) 주머니 같은 살덩이와 밥통.

의가반낭(衣架飯囊) 옷걸이와 밥주머니.

잉여인간(剩餘人間) 아무짝에도 쓸모없는

무기력(無氣力)하고 무능(無能)한 인간.

저력지재(樗櫟之才) 쓸모없는 사람.

주낭반대(酒囊飯袋) 술과 밥을 넣는 포대(包袋).

주시행육(走尸行肉) 달리는 시체(屍體)와 걸어 다니는 고깃덩이.

주옹반낭(酒甕飯囊) 술 항아리와 밥통.

파려지오(跛驢之伍) 절뚝거리는 당나귀 같은 무리.

행시주육(行尸走肉) 살아 있는 송장이요 걸어 다니는 고깃덩어리.

도경화누 칼刀 밭 갈耕 불火 김 맬耨

도경화종 刀 耕 火 씨 뿌릴種

산지(山地)의 숲을 베어 이를 불사르고 그 자리에 곡식(穀食)의 씨를 뿌림.

화전(火田)

도고마성 도道 높을高 마귀魔 무성할盛

도가 높아지면 덩달아서 마귀(魔鬼)가 날뜀.

도고익안 길道 높을高 더할益 편안할安

도덕(道德)은 높이 쌓으면 쌓을수록 몸이 편안(便安)하여짐.

도광양회 감출韜 빛光 기를養 숨길晦

「칼의 빛을 감추고 어둠 속에서 힘을 기름」 자신(自身)의 재능(才能)이나 명성(名聲)을 드러내지 않고 때를 기다리며 실력(實力)을 기름. 1980년대 중국의 대외정책(對外政策)을 일컫는 용어(用語).

마권찰장(摩拳擦掌) 「주먹과 손바닥을 비빔」 기운을 모아서 돌진(突進)할 태세(態勢)를 갖추고 기회(機會)를 엿봄.

불비불명(不飛不鳴) 새가 삼 년간을 날지도 않고 울지도 않음.

비지중물(非池中物) 용이 때를 만나면 못을 벗어나 하늘로 오르듯이 영웅(英雄)도 때를 만나면 세상에 나와 큰 뜻을 폄.

삼년불비(三年不蜚) 삼 년 동안 한 번도 날지 않음.

용반봉일(龍蟠鳳逸) 「물속에 서리고 있는 용과, 숨어서 모습을 나타내지 않는 봉황(鳳凰)」 뛰어난 재주를 가진 선비가 아직 세상에 쓰이지 않음.

유위지재(有爲之才) 장차(將次) 큰일을 할 수 있는 재능(才能), 또는 그 사람.

잠룡불용(潛龍不用) 물에 잠겨 있는 용은 쓰지 않음.

장기대시(藏器待時) 재주와 기질(器質)을 쌓고 때가 오기를 기다림.

장룡와호(藏龍臥虎) 숨은 용과 누운 호랑이.

준양시회(遵養時晦) 도를 좇아 덕을 기르고, 때가 오지 않으면 언행(言行)을 삼가며 자기(自己)를 나타내지 않고 숨음.

집린잠익(戢鱗潛翼) 용은 비늘을 움츠리고 새는 깃을 숨김.

침과대단(枕戈待旦) 창(槍)을 베고 자면서 아침을 기다림.

쾌독파거(快犢破車) 기세(氣勢) 좋은 송아지가 이따금 제가 끄는 수레를 깨뜨림.

혹약재연(或躍在淵) 장차(將次) 크게 뛰려 하나 아직은 깊은 못 속에 있음.

화광동진(和光同塵) 빛을 부드럽게 하여 속세(俗世)의 티끌에 같이 함.

도구과두 뛸跳 곱을跔 과정科 머리頭

「맨발, 맨머리의 병사(兵士)」 용기(勇氣) 있는 병사. 跳跔는 맨발, 科頭는 투구(鬪具) 따위를 쓰지 않은 맨머리.

도구염불 헛되이徒 입口 생각念 부처佛

「신심(信心)이 없이 입 끝으로만 하는 헛된 염불」 말만 앞세우고 실제(實際)가 없음.

실행(實行)이나 내용(內容)이 없는 주장(主

張)이나 선전(宣傳). **공염불**(空念佛)

구두선(口頭禪) 몸소 수행(修行)은 하지 않고, 선(禪)에 대해 장황(張皇)하게 말만 늘어놓음.

구두삼매(口頭三昧) 경문(經文)의 글귀만 읽고 참된 선(禪)의 도(道)를 닦지 않는 태도(態度).

공언무시(空言無施) 빈말만 하고 실천(實踐)이 따르지 않음.

↔ **실천궁행**(實踐躬行) 실제(實際)로 밟고 몸소 행함.

도국근성 섬島 나라國 뿌리根 성품性

「섬나라 사람들에게 뿌리박힌 성질(性質)」 옹졸하고 너그럽지 못하지만, 단결(團結)과 독립성(獨立性)이 강하고 배타적(排他的)인 성질.

구간계장(狗肝鷄腸) 「개의 간과 닭의 창자」 작은 일로 따짐. 속이 좁음.

직성협중(直性狹中) 곧은 성질에 속이 좁음.

도궁비현 그림圖 할窮 비수匕 나타날見

도궁비수현 圖 窮 匕 머리首 見

「지도(地圖)를 펼치자, 비수(匕首)가 나타남」 일이 탄로(坦路) 남.

도규법수 길道 헤아릴揆 법法 지킬守

도리(道理)로서 사리(事理)의 옳고 그름을 판단(判斷)하고, 법으로써 스스로 지켜나감.

도근상망

길道 굶어 죽을殣 서로相 바라볼望

길에서 굶어 죽는 사람이 많음.

도기혼식 질그릇陶 그릇器 혼인할婚 의식式

결혼(結婚) 9주년. 〈결혼기념일 참조〉

도난어기이 꾀할圖 어려울難 어조사於 基 易

도난우기이 圖 難 어조사于 터基 쉬울易

어려운 일을 하려고 함에는 그 일의 쉬운 곳부터 해나가야 함.

선이후난(先易後難) 쉬운 것을 먼저, 어려운 것을 나중에 함.

하학상달(下學上達) 「아래를 배워 위에 달함」 쉬운 것부터 배워 어려운 것을 깨달음.

도남붕익 꾀할圖 남녘南 붕새鵬 날개翼

도남지익 圖 南 어조사之 翼

「구만리(九萬里)를 난다는 붕새가 남쪽으로 향하여 날개를 폄」 대업(大業) 또는 원정(遠征)을 계획(計劃)함.

만리붕익(萬里鵬翼) 만 리를 대붕(大鵬)의 날개로 남.

붕정만리(鵬程萬里) 「붕새를 타고 만 리를 낢」 아주 양양(洋洋)한 장래(將來).

승풍파랑(乘風破浪) 먼 곳까지 부는 바람을 타고 끝없는 바다를 헤치며 배를 달림.

장풍파랑(長風波浪) 먼 곳까지 불고 가는 큰바람을 타고 끝없는 바다 저쪽으로 배를 달림.

도년죄인 인부徒 해年 죄罪 사람人

도형(徒刑)에 해당(該當)하는 죄인. 徒刑은 비교적(比較的) 중한 죄를 지은 자를 관(官)에 붙여 두고 노역(勞役)에 종사(從事)하게 하는 형벌(刑罰).

도능독 헛되이徒 능할能 읽을讀

글의 깊은 뜻은 알지 못하며 다만 읽기만 잘함.

임기응변(臨機應變)의 재능(才能)이 없음.

도당강소 무리徒 무리黨 굳셀强 하소연할訴

떼를 지어 불평불만(不平不滿) 따위를 호소(呼訴)함.

도대막용 도道 큰大 없을莫 담을容

공자(孔子)의 도(道)는 지극(至極)히 커서 천하(天下)에 용납(容納)되지 않음.

도덕관세 도리道 덕德 빗장關 세금稅

보석(寶石), 귀금속(貴金屬) 따위 사치품(奢侈品)의 소비(所費)를 금지(禁止)하기 위하여 높은 관세(關稅)를 부과(賦課)하는 일. 또는 그 관세. **사치세**(奢侈稅)

도덕군자 도리道 덕德 군자君 스승子

도학이 깊고 덕(德)이 높은 사람.

도학군자(道學君子)

성덕군자(成德君子) 덕이 매우 높은 사람.

성인군자(聖人君子) 성인과 군자.

청운지사(青雲之士) 학문(學文)과 덕(德)을 고루 갖춘 높은 인물.

현인군자(賢人君子) 어질고 덕망(德望)이 높은 사람.

후덕군자(厚德君子) 덕행(德行)이 두텁고 점잖은 사람.

도덕명망 도리道 덕德 이름名 명성望

도덕과 아울러 명성(名聲)과 인망(人望).

도덕지부 도리道 덕德 어조사之 부신符

도덕을 행한 공과(功課)인 자연(自然)의 표적(表迹).

도(道)를 행하는 효험(效驗).

도도달달 근심할忉 忉 슬퍼할怛 怛

근심하고 슬퍼하는 모양(模樣).

도도발섭 물 넘칠滔 滔 밟을跋 건널涉

차근차근 걸어서 찾아감.

여러 곳을 돌아다님.

우왕마왕(牛往馬往) 소와 말이 다닌 곳을 다 다님.

도도올올 달리는 모양陶 陶 우뚝할兀 兀

술 취하여 흐뭇이 즐기고 비틀거리는 모양(模樣).

도독필묵 잡을屠 독毒 붓筆 먹墨

읽어서 도리어 해(害)가 되는 글과 책.

↔ **미진보벌**(迷津寶筏) 「길을 헤매는 나루의 훌륭한 배」 삶에 가르침을 주는 책(冊).

암구명촉(暗衢明燭) 「어두운 거리에 밝은 등불」 삶의 가르침을 주는 책.

도둑합례 - - 합할合 예도禮

어른들 모르게 지내는 합례(신랑(新郎), 신부(新婦)가 첫날밤을 치름).

도둔부득 달아날逃 숨을遁 아닐不 얻을得

몰래 숨어서 달아날 수 없음.

달아나 피할 길이 없음.

옹중착별(甕中捉鱉) 「자라를 잡아 항아리 안에 넣어 둠」 탈주(脫走)할 수 없음.

주복무지(走伏無地) 도망(逃亡)치고 숨으려 해도 그럴 만한 곳이 없음.

장벽무의(墻壁無依) 의지할 만한 곳이 없음.

도란흉용

큰 물결濤 물결瀾 물살 세찰洶 샘솟을湧

큰 물결이 세차게 일어나는 모양(模樣).

도랑방자 뛸跳 뛸踉 놓을放 방자할恣

행동(行動)이나 태도(態度)에서 너무 똑똑하게 굴어 아무 거리낌이 없는 모양(模樣).

〈'도량(度量)이 넓고 큼'을 나타내는 말〉

강해지량(江海之量) 생각이 깊고 도량이 큼.

관인대도(寬仁大度) 마음이 너그럽고 어질며 도량이 넓음. 또는 그러한 사람을 일컫는 말.

관즉득중(寬則得衆) 마음이 너그러우면 민심(民心)을 얻게 됨.

관홍대도(寬弘大度) 마음이 너그럽고 도량이 큼.

관후굉박(寬厚宏博) 마음이 너그럽고 후하며 넓고 큼.

뇌뢰낙락(磊磊落落) 마음이 매우 활달(豁達)하여 작은 일에 구애(拘礙)받지 않음.

대인대이(大人大耳) 덕이 높고, 마음에 여유(餘裕)가 있는 사람은 자질구레한 일에 초연(超然)함.

덕고양굉(德高量宏) 인격(人格)이 높고 도량이 큼.

융통무애(融通無碍) 거침없어 막히지 않음.

천공해활(天空海闊) 하늘이 창창(蒼蒼)하고 바다가 광활(廣闊)하듯이 기상(氣像)이 상쾌(爽快)하고 도량이 넓음.

청탁병탄(淸濁倂呑)「맑은 것과 탁한 것을 함께 삼킴」선악(善惡)을 가리지 않고, 있는 그대로 받아들임.

호탕불기(豪宕不羈) 사람됨이 기개(氣槪)가 세차고 호걸(豪傑)스러워서 사소(些少)한 일에 얽매이지 않음.

활달대도(豁達大度) 도량이 큼.

회확대도(恢廓大度) 마음이나 도량이 넓고 큼.

도량모 벼稻 기장粱 꾀할謀

「벼와 기장을 얻을 꾀」가난한 살림에서 그저 겨우 먹고살아 가는 모책(謀策).

구복지계(口腹之計) 겨우 먹고 살아가는 방법(方法).

구생지계(口生之計) 먹고 살 일에 대한 계획(計畫).

생도지방(生道之方) 살아나갈 방책(方策).

자신지책(資身之策) 한 몸의 생활(生活)을 꾀해 나갈 계책(計策).

취식지계(取食之計) 근근(僅僅)이 얻어먹고 사는 꾀.

호구지책(糊口之策) 입에 풀칠할 방도(方途).

도량발호 뛸跳 들보梁 밟을跋 따를扈

권세(權勢)나 세력(勢力)을 제멋대로 부리며 함부로 날뛰는 행동이 만연(蔓延)함.

도랑방자(跳踉放恣) 행동이나 태도(態度)에서 너무 똑똑하게 굴어 아무 거리낌이 없음.

무장무애(無障無礙) 아무런 장애(障礙)가 되는 것이 없음.

방약무인(傍若無人) 주위(周圍)를 의식(意識)하지 않고 제멋대로 행동(行動)함.

방자무기(放恣無忌) 하는 짓이 몹시 건방지고 거리낌이 없음.

분방자재(奔放自在) 일반적(一般的)인 규정(規定)이나 규칙(規則)에 거리끼거나, 얽매이지 않고 제멋대로 함.

자휴자용(恣畦自用) 제멋대로 행함.

종회여류(從懷如流) 거리낌 없이 제멋대로 함.

도로난삽 길道 길路 어려울難 껄끄러울澁

길로 다니기가 매우 어려움.

도로무공 헛될徒 힘쓸勞 없을無 공로功

도로무익 徒 勞 無 유익할益

한갓 헛되게 애만 쓰고 아무 보람이 없음.

금의야행(錦衣夜行)「비단옷을 입고 밤길을 걸음」알아주는 이가 없어 보람이 없음.

노이무공(勞而無功) 애썼는데 보람이 없음.

도비심력(徒費心力) 마음과 힘을 기울여 애를 쓰나 아무런 보람이 없음.

암중순목(暗中瞬目)「남이 이해(理解)할 수 없는 방법으로 자기 의사(意思)를 나타냄」남이 보지 못하는 데에서 아무리 애써 일을 하여도 아무 효력(效力)이 없음.

야행피수(夜行被繡)「수놓은 좋은 옷을 입고 밤길을 감」공명(功名)이 세상에 알려지지 않아 아무 보람도 없음.

종정구인(從井救人) 「우물에 들어가 남을 구함」 남을 구하려다 도리어 내가 죽음. 해놓은 일에 아무런 이득(利得)이 없음.

도로이목 길道 길路 써以 눈目

학정(虐政)에 대한 불만(不滿)이 있어도 벌을 받는 것이 무서워서 공공연(公公然)히 비난(非難)을 못 하고 노상(路上)에서 눈짓으로 의사(意思)를 소통(疏通)함.

도로측목(道路側目)

목지기사(目指氣使) 「눈짓과 얼굴빛으로 사람을 부림」 위세(威勢)가 대단함.

도로지언 길道 길路 어조사之 말言

「길에서 주고받는 말」 세상(世上)의 평판.

이명취사(以名取士) 세상의 평판(評判)으로 사람을 채용(採用)함.

도로지인 길道 길路 어조사之 사람人

「길거리의 사람」 아무런 관계(關係)가 없는 사람.

도로측목 길道 길路 곁側 눈目

도로이목(道路以目)

도룡지기 잡을屠 용龍 어조사之 재주技

「용을 잡는 기술(技術)」 용이 이 세상에 없는 동물(動物)이므로, 세상(世上)에 쓸모없는 기술.

천하용공(天下庸工) 가장 못생기고 재주 없고 어리석고 변변치 못한 장인(匠人).

도류부처 흐를徒 흐를流 줄付 처리할處

도형(徒刑)과 유형(流刑)과 부처형(付處刑).

도류생도 길道 흐를流 사람生 무리徒

조선(朝鮮) 전기(前期), 도교(道敎)에 관한 서적(書蹟)과 문장(文章) 및 제의(祭儀) 절차(節次) 따위를 연구(硏究)하는 사람들로 소격서(昭格署)에 소속(所屬)되어 있음.

도리만문 복숭아桃 자두李 찰滿 문벌門

도리문전 桃 李 門 앞前

재지(才智)나 풍모(風貌)가 뛰어난 제자(弟子)가 문하(門下)에 가득함.

도리만천하(桃李滿天下)

만문도리(滿門桃李), **문장도리**(文墻桃李) 스승이 길러낸 제자, 인재(人材)들이 도처(到處)에 있음.

도리불언 복숭아桃 자두李 아닐不 말言

「복숭아나무와 자두나무는 말하지 않아도 그 밑에 절로 길이 남」 덕행(德行)이 있는 사람은 무언(無言)중에 남을 심복(心服)시킴.

도리상영 거꾸로倒 신발履 이끌相 맞이할迎

도리영객 倒 履 迎 손님客

도리영지 倒 履 迎 어조사之

「신발을 거꾸로 신고 나가 손님을 맞이함」 손님이 찾아와 너무 반가워서 신을 거꾸로 신고 나가 환영(歡迎)을 함.

개문영입(開門迎入) 문을 열어 반기이 맞이함.

경광도협(傾筐倒篋) 「광주리를 기울이고 상자(箱子)를 엎음」 가진 것을 남김없이 다 내놓아 극진(極盡)히 환대(歡待)함.

옹혜소문(擁彗掃門) 「빗자루를 잡고 문을 쓺」 삼가 손님을 맞이함.

하당영지(下堂迎之) 윗사람이나 반가운 사람이 올 때 마당으로 내려와서 맞이함.

흔연대접(欣然待接) 기꺼운 마음으로 잘 대접함.

↔ **잔배냉적**(殘杯冷炙) 「마시다 남은 술잔과 다 식은 산적(散炙)」 푸대접받음.

안면박대(顔面薄待) 잘 아는 사람을 푸대접함.

차계기환(借鷄騎還) 「닭을 빌려 타고 돌아

감」 손님을 박대(薄待)하는 것을 빗대는 말.

차래지식(嗟來之食) 푸대접으로 주는 음식.

도리앵화 복숭아桃 오얏李 앵두櫻 꽃花

복숭아꽃, 자두꽃, 앵두꽃. 자연(自然)의 풍요(豐饒)로움을 나타내는 말.

앵화도리(櫻花桃李)

〈'도리어(생각과는 반대(反對)되거나 다름)'가 들어간 말〉

가모수거(家母手鉅) 「가정주부(家庭主婦)가 손이 큼」 아무 데에도 소용(所用)이 없고 **도리어** 해로움.

거폐생폐(去弊生弊) 폐단(弊端)을 없애려다가 **도리어** 폐단이 생겨남.

계총납모(啓寵納侮) 지나치게 총애(寵愛)하면 **도리어** 경멸(輕蔑)을 받게 됨.

과공비례(過恭非禮) 지나치게 공손(恭遜)함은 **도리어** 예에 벗어남.

노인발피(老人潑皮) 「하는 일 없이 떠돌아다니는 늙은 부랑자(浮浪者)」 아무 데에도 소용이 없고 **도리어** 해로움.

농교성졸(弄巧成拙) 지나치게 기교(技巧)를 부리다가 **도리어** 서툴게 됨.

다지위잡(多知爲雜) 여러 가지를 너무 많이 알면 **도리어** 뒤섞여 어지러움.

대용약겁(大勇若怯) 대단히 용맹(勇猛)한 사람은 함부로 날뛰지 않으므로 **도리어** 겁쟁이 같이 보임.

도독필묵(屠毒筆墨) 읽어서 **도리어** 해(害)가 되는 글과 책.

맹자효도(盲者孝道) 「눈먼 자식(子息)이 효도함」 무능(無能)하다고 여긴 사람이 **도리어** 인간다운 일을 함.

명주암투(明珠闇投) 「밝은 구슬을 어두운 밤중에 집어 던짐」 남을 도울 때도 방법(方法)이 나쁘면 **도리어** 원망을 사게 됨.

목강즉절(木强則折) 「나무가 강하면 곧 부러짐」 너무 강한 것은 **도리어** 부러지기 쉬움.

무승자박(無繩自縛) 「새끼도 없는데 스스로 묶음」 깨우쳤지만 **도리어** 사리(事理)에 어두워 갈피를 잡지 못하고 자유(自由)롭게 되지 못함.

미진약석(美疢藥石) 좋은 맛을 가진 것은 **도리어** 사람을 병들게 하고, 약과 돌로 만든 침은 **도리어** 사람의 병을 낫게 함.

박자부지(博者不知) 모든 일에 다 통한다고 하는 따위의 사람은 한 가지에도 정통(精通)하지 못했으므로 **도리어** 아무것도 모름.

반불여초(反不如初) 처음과 같지 못하고 **도리어** 나빠짐.

반수기앙(反受其殃) 남에게 재앙(災殃)을 끼치려다가 **도리어** 재앙을 받음.

배은망덕(背恩忘德) 은혜(恩惠)를 잊고 **도리어** 배반(背叛)함.

복과재생(福過災生) 복이 지나치면 **도리어** 재앙이 생김.

선기자타(善騎者墮) 「말을 잘 타는 사람이 말에서 떨어짐」 한 가지 재주에 뛰어난 사람이 그 재주만 믿고 자만(自慢)하다가 **도리어** 재앙을 당함.

승인취주(僧人醉酒) 「중이 술에 취함」 아무짝에도 쓸모없고 **도리어** 해로움.

새옹지마(塞翁之馬) 복(福)이 **도리어** 화(禍)가 되고, 화가 **도리어** 복이 됨.

식자우환(識字憂患) 학식(學識)이 있는 것이 **도리어** 근심을 사게 됨.

아가사창(我歌查唱) 「내가 부를 노래를 사돈(査頓)이 부름」 책망(責望)을 들어야 할 사람이 **도리어** 책망함.

알묘조장(揠苗助長) 「싹을 뽑아 자라도록 도와줌」 급하게 이익(利益)을 보려다가 **도리어** 해를 입음.

영만지구(盈滿之咎) 달도 차면 기울듯이 세

상만사(世上萬事)가 다 이루어졌을 때 **도리어** 재앙이 닥침.

예번즉난(禮煩則亂) 예의(禮儀)가 너무 까다로우면 **도리어** 문란(紊亂)해짐.

완육작창(剜肉作瘡) 「일부러 살을 깎아서 종기(腫氣)를 만듦」 도(道)를 탐구(探究)하여, **도리어** 미혹(迷惑)이 생겨남.

욕교반졸(欲巧反拙) 너무 좋게 만들려다가 **도리어** 그대로 둔 것만 못한 결과(結果)를 가져옴.

욕속부달(欲速不達) 너무 서두르면 **도리어** 일이 진척(進陟)되지 않음.

월지적구(刖趾適屨) 「발뒤꿈치를 베어 신에 맞춤」 잘해 보려던 일이 **도리어** 나빠짐.

위총구작(爲叢驅雀) 자기(自己)를 이롭게 하려다가 **도리어** 남을 이롭게 함.

은반위구(恩反爲仇) 은혜(恩惠)를 베푼 것이 **도리어** 원수(怨讐)가 됨.

은심원생(恩甚怨生) 은혜를 베푸는 것이 도에 지나치면 **도리어** 원망(怨望)을 사게 됨.

인패위공(因敗爲功) 유능(有能)한 사람은 실패(失敗)를 **도리어** 성공(成功)으로 바꾸어 놓음.

종정구인(從井救人) 「우물에 들어가서 남을 구함」 남을 구하려다가 **도리어** 내가 죽음.

지부작족(知斧斫足) 「믿는 도끼에 발등 찍힘」 믿고 있던 사람에게서 **도리어** 배신(背信)을 당함.

집자실지(執者失之) 굳게 지키고자 애쓰는 자는 **도리어** 잃어버리는 결과가 됨.

철부경성(哲婦傾城) 영리(怜悧)한 여자(女子)는 **도리어** 성을 멸망(滅亡)시킴.

치사분지(治絲棼之) 가리는 데 차근차근히 하지 못하고 급히 하느라고 **도리어** 엉키게 함.

토라치리(兎羅雉罹) 「토끼를 잡으려고 쳐 놓은 그물에 꿩이 걸림」 소인(小人)이 계고(計考)를 써서 죄(罪)를 벗어나고 군자(君子)가 **도리어** 화를 입음.

포신구화(抱薪救火) 「섶을 안고 불을 끔」 재난(災難)을 구하려다가 **도리어** 더 크게 하거나 자멸(自滅)함.

해광구실(蟹筐俱失) 「게와 광주리를 모두 잃음」 이익(利益)을 보려다가 **도리어** 밑천까지 잃음.

후자처상(後者處上) 남에게 앞을 양보(讓步)하는 사람은 **도리어** 남의 위에 있게 됨.

도리쟁연 복숭아桃 오얏李 다툴爭 고울姸

복숭아 꽃과 자두 꽃이 아름다움을 다툼.

도림처사 복숭아桃 수풀林 살處 선비士

「도림의 들로 풀림」 소(牛)를 의인화(擬人化)하여 부르는 말. 소의 이칭(異稱).

도마죽위 벼稻 삼麻 대나무竹 갈대葦

촘촘히 들어선 모양(模樣). 어진 이가 구름처럼 모여드는 낙원(樂園)을 비유(比喩)함.

도마지희 내기賭 말馬 어조사之 희롱할戲

격구(擊毬)할 때 말에 돈을 걸어서 내기하는 놀이.

도말만폭 칠할塗 칠할抹 찰滿 폭幅

화면(畫面) 전체(全體)를 모두 칠해 여백(餘白)의 미가 없는 그림.

답답하고 죽은 듯한 그림으로 느껴짐.

도말시서 진흙塗 바를抹 시詩 책書

시집(詩集)이나 책(冊)에 먹칠하거나 줄을 그어 지움. 어린애들이 거리낌 없이 그렇게 하므로 '어린아이'를 가리키는 말로도 씀.

도명자 훔칠盜 이름名 글자字

외람(猥濫)되게 스스로 왕(王)이라고 일컬음.

도모시용 길道 꾀할謀 옳을是 쓸用

길옆에 집을 짓는데, 길 가는 사람과 어떻게 짓는 것이 좋은가 상의(相議)하면 그들의 생각이 구구하여 일치(一致)되지 않아 집을 지을 수 없음.

작사도방(作舍道傍) 「길가에 집짓기」 어떤 일을 여러 사람의 의견(意見)이 서로 달라서 얼른 결정(決定)하지 못함.

축실도모(築室道謨) 「집을 지으면서 행인(行人)과 상의함」 무슨 일을 함에 주관(主觀)이나 계획(計劃)이 없음.

도목정사 도읍都 눈目 정사政 일事

고려(高麗)・조선시대(朝鮮時代)에, 이조(吏曹)・병조(兵曹)에서 벼슬아치의 치적(治績)을 심사(審査)하여 면직(免職)하거나 승진(昇進/陞進)시키던 일.

세말도목(歲末都目)

도무종시 도道 없을無 마칠終 처음始

도(道)에는 처음도 끝도 없음.

도문계살 죽일屠 문門 경계할戒 죽일殺

「푸줏간에서 죽이기를 경계(警戒)함」 전혀 있을 수 없는 일.

마생각(馬生角) 말 대가리에 뿔이 남.

고빙구화(敲氷求火) 얼음을 두드려 불을 구함.

귀배괄모(龜背刮毛) 거북 등의 털을 깎음.

누진취영(縷塵吹影) 먼지에 새기고 그림자를 입으로 붊.

빙공착영(憑空捉影), **포풍착영**(捕風捉影) 바람을 잡고 그림자를 붙듦.

오두마각(烏頭馬角) 까마귀 머리가 희고 말 머리에 뿔이 남.

육지행선(陸地行船) 육지로 배를 끌고 가려고 함.

일수탁천(一手托天) 한 손에 하늘을 얹음.

일중도영(日中逃影) 한낮에 그림자를 피하고자 함.

도문담불 죽일屠 문門 말씀談 부처佛

「고기를 파는 저잣거리에서 불도(佛道)를 논함」 말과 행동(行動)이 모순(矛盾)되고, 주위환경(周圍環境)과도 맞지 않음.

남원북철(南轅北轍) 「수레의 끌채는 남을 향하고 바퀴는 북으로 감」 마음과 행위(行爲)가 모순됨.

모순당착(矛盾撞着) 같은 사람의 말이나 행동이 앞뒤가 맞지 않음.

이율배반(二律背反) 논리적(論理的)으로나 사실적(事實的)으로 동등(同等)한 근거(根據)로 성립(成立)하면서도 서로 양립(兩立)할 수 없는 모순된 두 명제(命題) 사이의 관계(關係).

자가당착(自家撞着) 자기(自己)의 말과 행동에 앞뒤가 서로 맞지 않음.

창가책례(娼家責禮) 기생(寄生) 집에서 예절(禮節)을 따짐.

도문대작 잡을屠 문門 큰大 씹을嚼

「고기를 파는 집을 지나면서 입을 벌리고 씹는 흉내를 내면, 고기를 먹지 않아도 그것으로 기분(氣分)이 만족(滿足)해함」 좋아하는 것을 실현(實現)하지 못하더라도 상상(想像)만 해도 유쾌(愉快)하다는 말.

도문잔치 이를到 문門 - -

과거(科擧)에 급제(及第)한 사람이 집에 돌아와서 베풀던 잔치.

도문질욕 이를到 문門 꾸짖을叱 욕할辱

도문질타 到 門 叱 꾸짖을咤

남의 집 앞에 와서 꾸짖어 욕하고 책망(責望)함.

구혈분두(狗血噴頭) 「개의 피를 머리에 뿜음」 욕을 심하게 함.

극구참욕(極口慘辱) 몹시 참혹(慘酷)하게 욕함.

악구잡언(惡口雜言) 「나쁜 입과 잡된 말」 입에서 나오는 대로 온갖 욕을 함.

여성대매(勵聲大罵) 성난 목소리로 꾸짖으며 크게 욕함.

육두문자(肉頭文字) 상스럽거나 음탕(淫蕩)한 말을 점잖게 이르는 말.

음담패설(淫談悖說) 음탕(淫蕩)한 이야기와 도리(道理)에 벗어난 천(賤)한 말.

적구독설(赤口毒舌) 붉은 입과 독한 혀.

준답배증(噂沓背憎) 만나서는 추켜올려 이야기하고 돌아서서는 욕함.

퇴유후언(退有後言) 뒤에서 욕함.

도물귀주 길道 물건物 돌아갈歸 주인主

길에 떨어진 물건(物件)은 주인(主人)에게 돌려주어야 함.

도방고리 길道 곁傍 쓸苦 오얏(자두)李

「길가에 있는 쓴 자두 열매」 남에게 버림받음.

도방비 길道 곁傍 비석碑

길가에 세운 선정비(善政碑).

도불습유 길道 아닐不 주울拾 남길遺

「길에 떨어진 것을 줍지 않음」 법(法)이 잘 지켜져 나라가 태평(太平)함.

노불습유(路不拾遺)

계견불경(雞犬不警) 닭이나 개도 경계(警戒)하지 않음.

국무도적(國無盜賊) 나라 안에 도적이 없음.

문불야관(門不夜關) 밤이 되어도 대문(大門)을 닫지 않음.

영어공허(囹圄空虛) 감옥(監獄)이 텅 빔.

영어생초(囹圄生草) 감옥에서 풀이 남.

지평천성(地平天成) 천지(天地)가 잘 다스려짐.

천하일가(天下一家) 세상(世上) 모든 사람이 한집안 사람처럼 화목(和睦)함.

치국거지(治國去之) 잘 다스려진 나라에서는 군자(君子)가 할 일이 없어 떠남.

폐절풍청(弊絶風淸) 폐단(弊端)이 없고 풍습(風習)이 맑아짐.

화서지몽(華胥之夢) 아주 잘 다스려진 나라인 화서국(華胥國)에 가 본 꿈.

조정약무인(朝廷若無人) 조정에 사람이 없는 것과 같음.

↔ **시랑당도**(豺狼當道) 승냥이와 이리가 길을 막음.

혼용무도(昏庸無道) 온통 어둡고 어지러운 세상.

도불원인 도리道 아닐不 멀遠 사람人

도는 사람의 본성(本性)일 뿐, 먼 곳에 있지 않음.

도붕해아

거꾸로倒 묶을绷 어린아이孩 아이兒

「아이를 거꾸로 묶음」 급할 때 실수(失手)할 수 있으니 늘 경계(警戒)해야 함.

도비순설 헛될徒 비용費 입술脣 혀舌

「쓸데없는 말만 하여 입술과 혀만 수고롭게 함」 말을 많이 하나 보람이 없음.

도비심력(徒費心力)

격화소양(隔靴搔癢) 신을 신고 가려운 발을 긁음.

도로무공(徒勞無功) 헛되이 수고만 하고 아무런 이득(利得)을 얻지 못함.

도비실보 도회都 천할鄙 잃을失 걸음步

「도시(屠市-백정이나 장사꾼)가 비루(鄙陋)하여 걸음걸이 방식(方式)을 잃어버림」 자기(自己)가 지켜야 할 본분(本分)을 모르고 마구 남의 흉내를 내면 두 가지 다 잃음.

도비심력 헛될徒 비용費 마음心 힘力

「마음과 힘을 기울여 애를 쓰나 아무런 보람이 없음」 부질없는 일에 애를 씀.

도사금수 그림圖 베낄寫 새禽 짐승獸

궁전(宮殿) 내부(內部)에는 유명(有名)한 화가(畫家)들이 그린 그림 조각(雕刻) 등으로 장식(裝飾)되어 있음.

도사금수 화채선령(圖寫禽獸 畫彩仙靈) 온갖 날짐승과 길짐승을 그림으로 그렸고, 신선(神仙)과 신령(神靈)스러운 것들을 색칠(色漆)하여 그림.

도사무익 헛될徒 죽을死 없을無 더할益

헛된 죽음은 아무 이익(利益)도 없음.

경우구독(經于溝瀆) 「스스로 목을 매고 구렁에 빠져 죽음」 개죽음.

위육호혜(委肉虎蹊) 「자기(自己)의 육신(肉身)을 굶주린 범이 다니는 산길에 둠」 개죽음이나 무익(無益)한 죽음.

비명횡사(非命橫死) 뜻밖의 재앙(災殃)이나 사고(事故) 따위로 제 수명(壽命)대로 살지 못하고 죽음.

↔ **선화**(仙化) 「신선(神仙)이 됨」 늙어서 병(病)이나 탈(頉)이 없이 곱게 죽음.

와석종신(臥席終身) 「자리에 누워 신명(身命)을 마침」 제 명(命)을 다 살고 편안(便安)히 자리에 누워서 죽음.

도사영 거꾸로倒 짚신屣 맞을迎

「신을 거꾸로 신고 손님을 맞음」 내객(來客)을 반기어 급히 맞이함.

도리상영(倒履相迎)

도산검수 칼刀 메山 칼劍 나무樹

「도검이 산과 나무를 이룸」 가혹(苛酷)한 형벌(刑罰).

아주 험하고 위험(危險)한 지경(地境).

도산화해 칼刀 메山 불火 바다海

「칼을 꽂은 산과, 불로 덮인 바다」 대단히 위험(危險)하고 열악(劣惡)한 환경(環境).

지옥(地獄) 같은 곳.

도삼이사 복숭아桃 석三 오얏나무李 넉四

「복숭아꽃은 심은 지 삼 년 만에 열매를 맺고, 오얏(자두)은 사 년 만에 맺음」 무슨 일이든 이루어지는 데에는 그에 상응(相應)하는 시간(時間)이 필요(必要)함.

도삼촌설 흔들掉 석三 마디寸 혀舌

「세 치의 혀를 흔듦」 변설(辯舌)이나 웅변(雄辯)을 함.

웅사굉변(雄辭閎辯) 뛰어난 문장(文章)과 깊이 있는 변설.

의변지재(倚辯之才) 변설에 뛰어난 재능(才能).

일설지임(一舌之任) 변설로 일을 처리(處理)하는 임무(任務).

도상가도 가릴睹 위上 더할加 睹

일이 거듭되면 될수록 어려움이나 부담(負擔)이 더욱 가중(加重)됨.

거익심조(去益深造) 갈수록 더욱 깊거나 심해짐.

거익태산(去益泰山) 「갈수록 태산」 점점 힘들고 어려운 지경(地境)에 처함.

격화일로(激化一路) 기세(氣勢)가 자꾸 사납고 세차게 되어 감.

매황유하(每況愈下) 갈수록 상황(狀況)이 나빠지거나 악화함.

악화일로(惡化一路) 상태(狀態), 성질(性質), 관계(關係) 따위가 자꾸 나쁘게 되어 감.

유왕유심(愈往愈甚) 갈수록 더욱 심함.

첩첩산중(疊疊山中) 여러 산이 겹치고 겹친 산속. 갈수록 어려움이 더함.

도상무명 도道 항상常 없을無 이름名

「도에는 언제나 이름이 없음」 실질적(實質的)으로 무의미(無意味)하다는 것을 말함.

도상습고 밟을蹈 떳떳할常 엄습할襲 연고故

선인(先人)의 의논(議論)·시문(詩文) 또는 주장(主張) 등을 도용(盜用)하여 자기(自己) 것으로 함.

규사효모(窺伺傚慕) 그 모양(模樣)을 엿보고 흉내를 냄.

생탄활박(生呑活剝「산 채로 껍질을 벗기고 산 채로 삼킴」남의 시가(詩歌)·문장(文章) 등을 그대로 흉내를 내 조금도 독창적(獨創的)인 점이 없음.

슬갑도적(膝甲盜賊) 남의 시문(詩文)을 표절(剽竊)하여 쓰는 사람.

습인아혜(拾人牙慧)「남의 입에서 흘러나온 지혜(智慧)를 주움」남의 말이나 글 또는 주장(主張)을 그대로 답습(踏襲)함.

의양호로(依樣葫蘆)「본을 떠서 조롱박을 그림」독창성(獨創性)이라고는 전혀 없이 남의 것을 그대로 모방(模倣)함.

초재진용(楚材晉用)「초나라 재목(材木)을 진나라에서 씀」남의 것을 자기 것으로 함.

탈태환체(奪胎換體) 남의 작품(作品)의 형식(形式)을 고치고 바꾸어 자기의 것으로 함.

택선종지(擇善從之) 모방(模倣)은 사람이 높은 곳으로 나아가려는 욕망(慾望)의 움직임.

카피캣(copycat) 독창적(獨創的)이지 않고 남을 모방하는 사람이나 기업(企業)이나 제품(製品).

활박장창령 생탄곽정일(活剝張昌齡 生呑郭正一) 장창령을 산 채로 벗겨 가고 곽정일을 생으로 삼켰네.

도서음 달아날逃 더위暑 마실飮

더위를 피하고자 여는 술잔치.

도석지교

도교道 석가모니釋 어조사之 가르칠敎

도교(道敎)와 불교(佛敎).

도선불여악

헛될徒 착할善 아닐不 같을如 악할惡

헛되이 착한 것은 악한 것만도 못함.

도성덕립 도道 이룰成 덕德 설立

도를 이루어 덕이 섬.

도소지양 잡을屠 곳所 어조사之 양羊

「도수장(屠獸場)으로 끌려가는 양」죽음이 눈앞에 닥쳐온 사람이나, 무상(無常)한 인생(人生).

고어지사(枯魚之肆) 어물전(魚物廛)의 목마른 물고기.

부중지어(釜中之魚) 솥 안에 든 물고기.

불면정조(不免鼎俎) 솥에 삶아지고 도마 위에 오르는 것을 면치 못함.

어유부중(魚遊釜中) 고기가 솥 속에서 노닒.

우제지어(牛蹄之魚) 소 발자국에 괸 물에 있는 물고기.

조상지어(俎上之魚) 도마 위에 오른 고기.

철부지급(轍鮒之急) 수레바퀴 자국에 괸 물에 있는 붕어의 급함.

학철부어(涸轍鮒魚) 수레바퀴 자국에 괸 물에 있는 붕어.

도수공권 헛될徒 손手 빌空 주먹拳

맨손, 맨주먹을 강조(强調)하는 말.

적수공권(赤手空拳)

무일물(無一物) 아무것도 가진 것이 없음.

무소유(無所有) 가진 것이 없이 모든 것이 존재(存在)하는 상태(狀態).

소지무여(掃地無餘) 싹 쓸어 낸 듯 아무것도 없음.

적빈여세(赤貧如洗) 씻은 듯이 몹시 가난함.

도수화 밟을蹈 물水 불火

「물과 불을 밟음」 위험(危險)을 무릅씀.

도식부도 거꾸로倒 심을植 뜰浮 그림圖

「절의 탑(塔)을 거꾸로 세움」 위급(危急)한 형세(形勢).

간두지세(竿頭之勢) 긴 장대 끝에 서 있는 것처럼 위태(危殆)로운 형세(形勢).

누란지위(累卵之危) 포개놓은 알처럼 무너지기 쉽고 위태로운 상태(狀態).

박빙여림(薄氷如臨) 살얼음을 밟는 것처럼 위태로움.

발인천균(髮引千鈞) 한 올의 머리카락으로 천균의 무게를 당김.

부절여발(不絶如髮) 가는 실이나 머리털처럼 끊어질 듯 끊어질 듯하면서도 겨우 버팀.

사생관두(死生關頭) 죽고 사는 것이 달리어 있는 매우 위태(危殆)한 고비.

소미지급(燒眉之急), **연미지급**(燃眉之急) 불길이 눈썹을 태울 지경(地境).

위기일발(危機一髮), **위여일발**(危如一髮) 머리털 하나로 묶인 물건(物件)을 들어 올리듯 위험한 상황(狀況).

위약조로(危若朝露) 위험하기가 마치 아침해에 곧 마를 이슬과 같음.

위여누란(危如累卵) 알을 쌓아 놓은 것 같이 위태(危殆)함.

절체절명(絶體絶命) 어찌할 수 없는 궁박(窮迫)한 경우(境遇).

조로지위(朝露之危) 아침이슬과 같은 위험.

초미지급(焦眉之急) 눈썹에 불이 붙은 것처럼 매우 위급함.

태재태재(殆哉殆哉) 몹시 위태로움.

풍전등화(風前燈火) 바람 앞의 등불.

도식주의 그림圖 법式 주장할主 옳을義

모든 사물(事物)이 이미 이루어진 틀이나 공식(公式)에 맞추어 조금도 바꾸지 않고 곧이곧대로 다루려는 경향(傾向).

경정직행(徑情直行) 조금도 꾸밈이 없이 마음 내키는 대로 곧이곧대로 함.

도식화 그림圖 법式 될化

사물(事物)의 구조(構造), 관계(關係), 변화(變化) 상태(狀態) 따위를 그림이나 양식(樣式)으로 만듦.

사물의 본질(本質)이나 특성(特性)이 구체적(具體的)으로 밝혀지기 위한 인간(人間)의 창조적(創造的) 태도(態度) 없이, 일정(一定)한 형식(形式)이나 틀에 기계적(機械的)으로 맞춰짐.

도신단단 칼刀 몸身 끊을段 段

칼이 몇 번이고 꺾어지는 일.

도심실도 슬퍼할悼 마음心 잃을失 계획圖

슬픔으로 말미암아 계획(計劃)을 잃어버림.

도야단련

질그릇陶 쇠 불릴冶 단련할鍛 단련할鍊

「도자기(陶瓷器)를 굽고 쇠붙이를 달구어 두드려서 튼튼하게 함」 타고난 품성(品性)이나 재능(才能)을 온전(穩全)한 것으로 만들기 위해 잘 가르치고 몸이나 마음을 길러 굳세게 함.

사상마련(事上磨鍊) 실무(實務)를 맡아보며 정신(精神)의 수양(修養)과 의지(意志)의 단련(鍛鍊)을 쌓음.

숙수연단(熟手練鍛) 잘 단련되고 숙달(熟達)한 사람.

지려능리(砥礪能利) 숫돌에 갈아야 날카로워질 수 있음.

도약대 뛸跳 뛸躍 대臺

높이뛰기・장대높이뛰기의 경기(競技)를 할 때 그 높이를 재기 위하여, 양쪽에 눈금을 그린 나무를 세우고, 그 사이에 나무를 건너지른 것. 가로대는 몸이 닿으면 떨어지게 되어 있음.

더 높은 단계(段階)로 발전(發展)하는 것의 발판이 되는 기회(機會).

도역유도 도둑盜 또亦 있을有 도리道

도둑에게도 도둑 나름의 도리(道理)가 있음.

· 어떤 집의 소장품(所藏品)을 추측(推測)하는 것은 **성**(聖),

· 도둑질할 때 남 먼저 들어감은 **용**(勇),

· 맨 나중에 나옴은 **의**(義),

· 훔칠 것의 가부(可否)를 아는 것은 **지**(知),

· 도둑질한 물품(物品)의 평균(平均) 분배(分配)는 **인**(仁)이라 했음.

도영화기 이끌導 맞이할迎 화할和 기운氣

온화(穩和)한 기색(氣色)으로 남의 환심(歡心)을 삼.

구합취용(苟合取用) 아부(阿附)하여 남의 환심을 사려고 힘씀.

매소헌미(賣笑獻媚) 환심을 사기 위해 웃음을 짓고 아양을 떪.

엄연미세(閹然媚世) 「음험(陰險)하게 세상에 아첨(阿諂)함」 자기(自己)의 본심(本心)을 숨기고 남의 환심을 삼.

도외시 법도度 바깥外 볼視

도외치지 度 外 둘置 어조사之

문제시(問題視)할 것 없음.

안중(眼中)에 두지 않고 무시(無視)함.

문제로 삼지 않고 생각 밖으로 내버려 둠. **치지도외**(置之度外)

돈불고견(頓不顧見) 아주 완벽(完璧)히 돌아보지 않음.

불문곡직(不問曲直) 일의 시비(是非)를 따지지 않음.

속지고각(束之高閣) 한쪽에 내버려 두고 관심(關心)을 두지 않음.

여사풍경(餘事風景) 필요(必要)하지 않아 생각에 두지 않음.

전불고견(全不顧見) 전혀 돌보지 않음.

천만몽외(千萬夢外) 전혀 생각하지 않은 상태(狀態).

치지망역(置之忘域) 잊어버리고 생각하지 않음.

치지불문(置之不問) 「도외시하여 묻지 않음」 불문에 부침.

포기불고(拋棄不顧) 내던져 버리고 돌보지 않음.

풍류삼매(風流三昧) 풍류에 몰입(沒入)하여 다른 일을 돌보지 않음.

도요시절 복숭아桃 요염할夭 때時 마디節

「복사꽃이 아름답게 피는 때」 처녀(處女)가 시집가기에 좋은 꽃다운 시절.

도우탕화 밟을蹈 어조사于 넘어질湯 불火

「탕화(끓는 물과 뜨거운 불)를 밟음」 위험(危險)한 곳에 들어감.

탐호혈(探虎穴) 호랑이 굴을 뒤짐.

기호발수(騎虎拔鬚) 호랑이 등에 타고 그 수염(鬚髥)을 뽑음.

단석지위(旦夕之危) 매우 절박(切迫)한 위험.

맹인할마(盲人瞎馬) 시각장애인이 외눈박이 말을 탐.

섭우춘빙(涉于春氷) 봄철의 얼음을 건넘.

아호지혜(餓虎之蹊) 굶주린 호랑이가 다니는 길.

암장지하(巖牆之下) 무너져 가는 돌담 아래.

약도호미(若蹈虎尾) 호랑이 꼬리를 밟은 것 같음.

약섭대수(若涉大水) 맨발로 큰 강을 건너는 것과 같음.

약섭연수(若涉淵水) 깊은 못을 건너는 것 같음.

약섭춘빙(若涉春氷) 봄 얼음 위를 건넘.

위험천만(危險千萬) 위험하기 짝이 없음.

일촉즉발(一觸卽發) 한 번 닿기만 하면 터져버릴 듯 위험한 상황.

임심리박(臨深履薄) 깊은 못에 임하고, 얇은 얼음을 밟음.

호구지액(虎口之厄) 호랑이의 입을 맞대함과 같은 대단한 위험.

호두착슬(虎頭捉蝨) 호랑이의 머리에서 이를 잡음.

호랑지혈(虎狼之穴) 호랑이·이리와 같은 맹수(猛獸)가 사는 소굴(巢窟).

호미춘빙(虎尾春氷) 호랑이 꼬리와 봄철의 얼음.

호미춘수(虎尾春水) 호랑이 꼬리와 봄날의 물.

막상지연소(幕上之燕巢) 장막(帳幕) 위의 제비집.

후삭어육마(朽索御六馬) 썩은 새끼줄로 여섯 마리 말을 부림.

도운평담 도道 운치韻 평평할平 맑을淡

도를 닦는 사람의 인품(人品)이 맑고 깨끗함.

도원결의 복숭아桃 동산園 맺을結 의리義

「복숭아밭에서 형제(兄弟)의 의리(義理)를 맺음」 뜻이 맞는 사람끼리 하나의 목적(目的)을 이루기 위해 행동(行動)을 같이할 것을 약속(約束)함.

결약형제(結約兄弟) 남남끼리 결의하여 형제와 같은 관계(關係)를 맺음.

의기투합(意氣投合) 품고 있는 마음이나 뜻이 서로 잘 맞음.

작의형제(作義兄弟) 의리로써 형제 관계를 맺음.

지기상합(志氣相合) 두 사람의 의지(意志)와 기개(氣槪)가 서로 맞음.

팔배지교(八拜之交) 성(姓)이 다른 사람이 서로 형제의 의(義)를 맺고 사귐.

도원경 복숭아桃 근원源 지경境

무릉도원(武陵桃源)의 세계(世界).

평화(平和)스러운 이상향(理想鄕).

도원일모 길道 멀遠 날日 저물暮

「갈 길은 멀고 날은 저묾」 사태(事態)가 급박(急迫)하여 서둘러도 미치지 못함.

일모도원(日暮途遠)

낭패불감(狼狽不堪) 난감(難堪)한 처지(處地).

사면수적(四面受敵) 사방(四方)으로부터 적의 공격(攻擊)을 받음.

사면초가(四面楚歌) 사방이 초나라 노래임.

산진수궁(山盡水窮) 산이 막히고 물줄기가 끊어져 더 갈 길이 없음.

진퇴무로(進退無路) 앞도 뒤로도 길이 없음.

진퇴양난(進退兩難) 나아갈 수도 물러설 수도 없는 궁지(窮地)에 빠짐.

진퇴유곡(進退維谷) 앞으로도 뒤로도 나가거나 물러서지 못함.

도원지기 길道 멀遠 알知 천리마驥

「먼길을 달린 후(後)에야 천리마(千里馬)의 재능(才能)을 앎」 난세(亂世)를 당해서야 비로소 그 인물(人物)의 진가(眞價)를 알 수 있음.

가빈사현처(家貧思賢妻) 가난해지면 살림을 잘한 어진 아내를 생각하게 됨.

국난사충신(國亂思忠臣) 나라가 어지러워지면 충신을 생각함.

세란식충신(世亂識忠臣) 세상이 어지러운

연후(然後)에 비로소 누가 충신인지 알 수 있음.

세한지송백(歲寒知松柏) 「소나무와 잣나무의 푸른 기상(氣像)은 겨울이 되어야 앎」 지사(志士)의 높은 뜻은 나라가 어지러울 때 알게 됨.

질풍지경초(疾風知勁草) 「거친 바람에도 부러지지 않는 억센 풀」 역경(逆境)을 겪어야 비로소 그 사람의 절개(節槪)나 진가(眞價)를 알 수 있음.

도위이 헛될徒 할爲 그爾

쓸데없는 일.

세간명리 도위이(世間名利 倒爲爾) 세상(世上)의 명예(名譽)와 이익(利益)은 쓸데없는 일일 뿐임.

도유승강 길道 있을有 오를升 내릴降

「길에는 오르고 내림이 있음」 천지자연(天地自然)의 도리(道理)에는 크게 융성(隆盛)함과 쇠망(衰亡)함의 두 가지가 있음.

권불십년(權不十年) 십 년 가는 권세(權勢)가 없음.

낙극생비(樂極生悲) 즐거움이 극도(極度)에 달하면 슬픔이 생김.

물극필반(物極必反) 사물(事物)의 전개(全開)가 극에 달하면 반드시 반전(反轉)함.

영고성쇠(榮枯盛衰) 꽃이 피고 지고, 융성(隆盛)했다가 쇠퇴(衰退)함.

흥망성쇠(興亡盛衰) 흥하여 일어남과 쇠하여 멸망(滅亡)함.

흥진비래(興盡悲來) 흥이 다하면 슬픔이 옴.

합구필분(合久必分) 합쳐진 지 오래면 반드시 나뉘게 됨.

도유우불 도읍都 점점兪 탄식할吁 어길咈

요(堯)임금이 군신(君臣)과 정사(政事)를 의논(議論)할 때 쓰인 말. 군신 간의 토론(討論)·심의(審議)의 뜻으로 쓰임. 都兪는 찬성(贊成), 吁咈은 반대(反對). 都兪, 吁咈은 요나라의 관직(官職).

도은무명 도道 숨을隱 없을無 이름名

「도(道)는 숨어 있어서 이름이 없음」 '도는 영원(永遠)하고 이름이 없고 다듬지 않은 통나무이다. 다듬어졌을 때 비로소 이름이 있다'는 노자(老子)의 말.

도읍화하 동서이경 도읍都 고을邑 빛날華 여름夏 동녘東 서녘西 두二 서울京

중국의 서울은 동경(東京)과 서경(西京)으로, 둘로 나뉘어 있음.

황제(皇帝)의 도읍지(都邑地)가 광대(廣大)한 규모(規模)를 갖추었음.

도의연해 도道 옳을義 못淵 바다海

도의가 흘러나온 출원지(出源地)라는 말.

도이불경 길道 말 이을而 아닐不 지름길徑

대로(大路)를 걷고 좁은 지름길을 걷지 않음.

대도무문(大道無門) 큰길을 가는 데는 문이 없음.

행불유경(行不由徑) 길을 가는 데 지름길이나 뒤안길을 취하지 않고 큰길로 감.

주이불유 도이불경(舟而不游 道而不徑) 배를 타지 헤엄치지 않고, 길을 갈 때 큰길로 감.

도이지란 섬島 오랑캐夷 어조사之 난리亂

「섬나라 오랑캐가 일으킨 난리(亂離)」 임진왜란(壬辰倭亂)을 낮추어 부르는 말.

도자갱곽 잡을屠 사람者 국羹 콩잎藿

「백정(白丁)은 자기(自己) 손으로 소를 잡아도 고기를 먹지 못하고 콩잎을 쪄서 먹음」 남을 위하여서 하고 자기(自己)를 위하여서 하지 못함.

산저귀저(山底貴杵) 산 밑에 절굿공이가

귀함.

도자용결분(陶者用缺盆) 도공(陶工)은 깨진 동이만 사용(使用)함.

야가무식도(冶家無食刀) 대장장이 집에 식칼이 없음.

도자고이 헛될徒 스스로自 힘쓸苦 어조사耳

스스로 헛된 고생(苦生)을 함.

도자용결분

질그릇陶 사람者 쓸用 이지러질缺 옹기盆

「도공(陶工)은 깨진 동이만 사용(使用)함」 남을 위해서는 하지만 자기(自己)를 위해서는 하지 못함.

도장불가 칼刀 몽둥이杖 아닐不 더할加

남을 칼로 해치거나 몽둥이로 치지 않음.

도장왈자 길道 주장할掌 가로曰 사람子

아무 일에나 나서서 잘난 체하는 사람.

도장청정 진리道 마당場 맑을淸 깨끗할淨

불승(佛僧)들이 수도(修道)하는 장소(場所)는 맑고 깨끗함.

도재간과 거꾸로倒 둘載 방패干 창戈

「방패(防牌)와 창을 뒤쪽으로 향하게 하여 수레에 실음」 전쟁(戰爭)을 그만둠.

권갑도기(卷甲韜旗) 갑옷을 말아 개고 군기(軍旗)를 치움.

귀마방우(歸馬放牛) 전쟁에 썼던 말과 소를 놓아 보냄.

대우패독(帶牛佩犢) 「칼을 팔아 소를 삼」 전쟁을 그만두고 농사(農事)를 지음.

도치간과(倒置干戈) 무기를 거꾸로 놓음.

매검매독(賣劍買犢) 「칼을 팔아서 송아지를 삼」 전쟁을 그만두고 고향(故鄕)에 돌아가 농업(農業)에 종사(從事)함.

소봉주거(銷鋒鑄鐻) 병기(兵器)를 녹여서 북 받침을 만듦.

수문언무(修文偃武) 무예(武藝)를 그만두고 학문(學文)을 닦음.

언기식고(偃旗息鼓) 전쟁터에서 군기를 누이고 북을 쉼.

재즙간과(載戢干戈) 전란(戰亂)이 끝나 무기(武器)를 거두어 감.

투병식과(投兵息戈) 병기를 던지고 창을 쉬게 함.

방우우도림지야(放牛于桃林之野) 전쟁에 쓰던 소를 도림의 들판에 방목(放牧)함.

도재시뇨 도道 있을在 똥屎 오줌尿

「도는 똥이나 오줌에도 있음」 도는 어디에나 있음.

도적와주 도둑盜 도둑賊 움집窩 주인主

물건(物件)을 훔친 자(者)나 강도의 우두머리.

강도와주(强盜窩主) 강도를 숨겨준 자. 장물(贓物)을 은닉(隱匿)한 자.

녹림호객(綠林豪客) 녹림의 도적(盜賊) 떼.

명화집장(明火執仗) 「불을 밝히고 몽둥이를 잡음」 강도.

무본대상(無本大商) 「밑천 없이 하는 큰 장사」 도둑을 비꼬는 말.

서절구투(鼠竊狗偸) 쥐나 개처럼 가만히 물건을 훔침.

양상군자(梁上君子) 「들보 위의 군자」 '도둑'을 완곡(婉曲)하게 부르는 말.

천유지도(穿窬之盜) 벽을 뚫거나 담장을 넘는 좀도둑.

초두천자(草頭天子) 강도의 우두머리. 노상강도(路上强盜)의 두목(頭目).

도전양리 벼稻 밭田 기를養 잉어鯉

논에서 잉어를 양식(養殖)하는 일.

도절사의 지킬蹈 절개節 죽을死 옳을義

절조(節操)를 지키고 의로움을 위하여 죽음.

비궁지절(匪躬之節) 자기(自己) 한 몸의 이해(利害)를 돌아보지 않는 충성(忠誠).

사기위인(捨己爲人) 남을 위해 자기의 이익(利益)을 버림.

사생취의(捨生取義) 목숨을 버리고 의를 따름.

살신성인(殺身成仁) 의롭게 죽어 인을 이룸.

살신입절(殺身立節) 자기의 몸을 희생(犧牲)하여 절개(節槪)를 세움.

수절사의(守節死義) 「절개(節槪)를 지키고 의롭게 죽음」 죽음을 무릅쓰고 절의(節義)를 지킴.

종용취의(從容取義) 삶을 버리고 의로움을 취함.

사이불의비용야(死而不義非勇也) 의로운 죽음을 하지 않는 자는 용자(勇者)가 아님.

도절시진 칼刀 부러질折 화살矢 다할盡

「칼은 부러지고 화살은 다 써서 없어짐」 싸울 대로 싸워 다시 더 싸워나갈 도리(道理)가 없음.

앙비식(仰鼻息) 「콧김을 더듬음」 내로라하는 세력(勢力)이 궁지(窮地)에 빠져 기진맥진한 모습.

갱무도리(更無道理) 다시 어찌할 도리가 없음.

계궁역진(計窮力盡) 「꾀가 다하고 힘을 전부(全部) 써 버림」 더는 어찌할 도리가 없음.

궁절시진(弓折矢盡) 활은 부러지고 화살은 다 없어짐.

기진역진(氣盡力盡) 스스로 몸을 가누지 못할 정도로 기력(氣力)이나 기운이 다함.

만사휴의(萬事休矣) 「모든 일이 끝났음」 어찌 손을 써볼 도리가 없음.

말여지하(末如之何) 아주 엉망이 되어서 어찌할 도리가 없음.

말유야이(末由也已) 어찌할 방도가 없음.

무위무책(無爲無策) 하는 일도 없고 할 방안(方案)도 없음.

병진시궁(兵盡矢窮) 병사(兵士)들이 거의 희생(犧牲)되고 화살이 모두 떨어짐.

산궁수진(山窮水盡) 산이 앞을 가로막고, 물줄기가 끊어져 더 나아갈 길이 없음.

세궁역진(勢窮力盡) 기세(氣勢)가 꺾이고 힘이 다 빠져 어찌할 수가 없음.

요개부득(撓改不得) 도무지 고칠 도리가 없음.

정로역굴(情露力屈) 실제(實際)의 사정(事情)이나 정세(情勢)가 드러나고 힘이 꺾여 계책(計策)을 쓸 방도(方途)가 없음.

도제제도 무리徒 제자弟 법도制 법도度

중세(中世) 유럽 도시(都市)의 수공업(手工業) 기술자(技術者) 양성(養成) 제도.

도주의돈

질그릇陶 붉을朱 불깐 개猗 조아릴頓

「도주와 의돈과 같은 큰 부자(富者)」 막대(莫大)한 재산(財産)이나 돈이 많은 부자.

도주지부

질그릇陶 붉을朱 어조사之 부유할富

큰 부자(富者)를 일컫는 말로 사기(史記)에 나오는 월나라 범려에 대한 고사(故事).

대부장자(大富長者) 큰 부자.

누보리치(Nouveau Riches) 부동산(不動産)이나 주식(株式), 혹은 상속(相續) 등으로 갑작스레 부자가 된 사람들을 지칭(指稱)함.

리치스탄(Rich Stan) 부자를 의미(意味)하는 '리치(rich)'에 장소(場所)를 나타내는 어미(語尾)인 '스탄(stan)'을 붙인 단어(單語)로, 적어도 1,000만 달러(약 100억 원)의 재산(財産)을 가진 사람들.

도중하차 길途 가운데中 내릴下 수레車

차를 타고 가다가 목적지(目的地)까지 가기 전에 중간(中間)에서 내림.

중도(中途)에 그만둠.

도증주인 도둑盜 미울憎 주인主 사람人

「도둑은 주인(主人)이 자기(自己)를 제지(制止)하여 재물(財物)을 얻지 못하게 하므로 이를 미워함」 사람은 다만 자기 형편(形便)에 맞지 않으면 이를 싫어함.

도지태아 거꾸로倒 가질持 클太 언덕阿

「칼을 거꾸로 잡고 자루를 남에게 줌」 남에게 이롭게 해 주고 오히려 자기(自己)가 해를 입음.

도처낭패 이를到 곳處 이리狼 이리狽

하는 일마다 모두 실패(失敗)함.

동첩견패(動輒見敗) 무슨 일이든지 해보려고 문득 움직이기만 하면 번번(番番)이 패하고 손해(損害)를 봄.

반간불계(反間不界) 모든 일을 진행(進行)하여 관철(貫徹)하지 못함.

백사불성(百事不成), **매사불성**(每事不成) 하는 일마다 모두 이루지 못함.

사사무성(事事無成) 한 가지 일도 이루지 못하거나 하는 일마다 다 실패함.

십전구착(十顚九錯) 열 번 엎어지고 아홉 번 넘어짐.

일사무성(一事無成) 하나도 이룬 일이 없음.

전돈낭패(顚頓狼狽) 자빠지고 엎어지며 갈팡질팡하는 모양(模樣).

촉처봉패(觸處逢敗) 가서 닥치는 곳마다 낭패(狼狽)를 당함.

상하사불급(上下寺不及) 위에 미치기에는 짧고, 아래에 대기에는 깊.

↔ **백사대길**(百事大吉) 모든 일이 다 길함.

도처청산 이를到 곳處 푸를靑 메山

가는 곳마다 살기 좋은 조건(條件)이 마련되어 있음.

도처춘풍 이를到 곳處 봄春 바람風

「이르는 곳마다 봄바람」 좋은 얼굴로 남을 대(對)하여 사람들에게 호감(好感)을 사려고 처신(處身)하는 사람.

가는 곳마다 기분(氣分) 좋은 일.

두루춘풍(--春風) 원칙(原則)을 따지거나 까다롭지 않고, 누구에게나 좋은 얼굴로 대하는 일.

무골호인(無骨好人) 「뼈가 없이 좋은 사람」 성질(性質)이 아주 순하여 모두의 비위(脾胃)에나 두루 맞는 사람.

사면춘풍(四面春風) 「사면이 봄바람」 언제 어떠한 경우(境遇)라도 좋은 낯으로만 남을 대함.

사시춘풍(四時春風) 누구에게나 늘 좋은 낯으로 대하며, 무사태평(無事太平)한 사람.

도척침협 칼刀 자尺 바늘針 가위鋏

바느질에 쓰이는 여러 도구(道具)인 칼, 자, 바늘, 가위를 통틀어 일컫는 말.

도천악 클滔 하늘天 악할惡

하늘에 사무칠 정도(程度)의 큰 악.

하늘을 업신여겨 두려워하지 않는 것.

도천지세

물 넘칠滔 하늘天 어조사之 기세勢

「하늘까지 창일(漲溢)하여 흐르는 기세(氣勢)」 대단한 기세.

건령지세(建瓴之勢) 높은 곳에서 물동이의 물이 쏟아지는 기세.

기세난당(氣勢難當) 그 기세가 아주 대단해서 당해내기 어려움.

단할지세(斷割之勢) 칼로 가르듯이 그칠 줄

모르는 맹렬(猛烈)한 기세.

분왕매진(奮往邁進) 씩씩하고 세찬 기세로 달려감.

여화여도(如火如荼) 불꽃이 활활 타오르는 것 같고, 띠꽃이 흐드러진 것 같음.

신호지세(晨虎之勢) 굶주린 새벽 호랑이의 기세.

파죽지세(破竹之勢) 대나무를 쪼갤 때의 맹렬한 기세.

호랑지세(虎狼之勢) 흉악(凶惡)하고 맹렬한 기세.

사자분신지세(師子奮迅之勢) 사자가 몸을 떨쳐 성내는 신속(迅速) 용맹(勇猛)한 기세.

도청도설 길道 들을聽 진흙 길塗 말씀說

「길거리에서 들은 이야기를 곧 그 길에서 다른 사람에게 말함」 무슨 말을 들으면 그것을 깊이 생각하지 않고 다시 옮기는 경박(輕薄)한 태도(態度).

공전도지(公傳道之) 비밀(祕密)로 하여야 할 일을 공개(公開)하여 퍼뜨림.

무근지설(無根之說) 터무니없는 뜬소문.

봉인즉설(逢人卽說) 만나는 사람마다 붙들고 지껄이어 소문을 퍼뜨림.

이구전파(異口傳播) 이 사람 저 사람의 입으로 전하여 퍼짐.

주작부언(做作浮言) 아무 근거(根據) 없는 엉뚱한 말을 지어냄.

풍설유포(風說流布) 거짓 소문(所聞)을 여기저기에 퍼뜨림.

도청지도 길道 들을聽 어조사之 무리徒

도청도설(道聽塗說) 하는 무리.

천박(淺薄)한 사람.

도출일원 길道 날出 한一 근원原

도리(道理)는 한 근원(根源)에서 나옴.

도측기보 길道 곁側 기이할奇 보배寶

「길가에 떨어져 있는 진기(珍奇)한 보화(寶貨)」 민간(民間)에 파묻혀 있는 현사(賢士).

암거혈처(巖居穴處) 바위틈에 살고 동굴(洞窟)에 삶.

초망지신(草莽之臣) 벼슬하지 않고 민간에 묻혀 사는 사람.

호해지사(湖海之士) 호탕(豪宕)한 기풍(氣風)으로 초야(草野)에 묻혀 사는 사람.

도치간과 거꾸로倒 둘置 방패干 창戈

「무기(武器)를 거꾸로 놓음」 세상(世上)이 평화(平和)로워졌음.

도재간과(倒載干戈) 방패(防牌)와 창을 뒤쪽으로 향하게 하여 수레에 실음.

재즙간과(載戢干戈) 전란(戰亂)이 끝나 무기를 거두어 감.

도탄지고 진흙塗 숯불炭 어조사之 괴로울苦

「진흙 수렁에 빠지고 숯불에 타는 듯한 고통(苦痛)」 학정(虐政)에 시달리는 백성(百姓)들의 어려움.

각기삭골(刻肌削骨) 살을 에고 뼈를 깎음.

가렴주구(苛斂誅求) 관리(官吏)들이 혹독(酷毒)하게 세금(稅金)을 걷어 백성들이 살아가기 힘든 정치적(政治的) 상황(狀況).

불한이율(不寒而慄) 날씨가 춥지 않아도 떨릴 만큼 두려워함.

솔수식인(率獸食人) 짐승을 몰아다가 사람을 잡아 먹이는 것과 다름이 없음.

수심화열(水深火熱) 물은 깊고 불은 뜨거움.

여랑목양(如狼牧羊) 늑대가 양을 기르는 것같이 매우 악하고 잔혹(殘酷)함.

주구무이(誅求無已) 세금과 재물(財物)의 착취(搾取)가 끝이 없음.

준민고택(浚民膏澤) 백성의 고혈(膏血)을 뽑아냄.

취렴지신(聚斂之臣) 백성을 가혹하게 다루

고 세금이나 뇌물(賂物)을 긁어모으는 신하.

타가겁사(打家劫舍) 백성의 집을 때려 부수고 재물을 마구 빼앗음.

할박지정(割剝之政) 고을 원이 백성의 재물을 갈취(喝取)하여 긁어모으는 정사(政事).

횡정가렴(橫征苛斂) 멋대로 취하고 가혹(苛酷)하게 거둠.

가정맹어호(苛政猛於虎) 가혹한 정치(政治)는 호랑이보다 무서움.

도태신부 길道 통할泰 몸身 막힐否

행실(行實)은 바르건만 입신출세(立身出世)를 못 함.

도태신비 길道 통할泰 몸身 아닐否

행하는 바는 바르나 입신(立身)할 수가 없음.

도피행각

달아날逃 피할避 다닐行 걸음걸이脚

여기저기로 도망치거나 피하여 다리로 걸어 다니는 일.

여기저기 도망(逃亡)치는 일.

도필지리 칼刀 붓筆 어조사之 벼슬아치吏

글씨를 쓰는 관리(官吏). 천직(賤職). 옛적에는 죽간(竹簡)에 글씨를 쓰다가 잘못 쓰면 칼로 깎아 냈기 때문에, 글씨 쓰는 것을 刀筆이라고 했음.

도학군자 도道 배울學 군자君 스승子

도학을 닦아서 덕행(德行)이 높은 사람.

도덕군자(道德君子)

도행역시 거꾸로倒 行 거스를逆 베풀施

도행폭시 倒 행할行 사나울暴 施

「차례(次例)를 거꾸로 시행(施行)함」 도리(道理)에 순종(順從)하지 않고 일을 행하며 상도(常道)를 벗어나서 일을 억지로 함.

↔ **여시부앙**(與時府仰) 시대(時代)의 조류(潮流)를 따라 행동(行動)함.

도현지급 거꾸로倒 매달懸 어조사之 급할急

거꾸로 매달린 위급(危急)·절박(切迫)한 고난(苦難).

매우 곤란(困難)함.

간일발(間一髮) 단 한 오라기의 머리카락을 끼울 만한 사이.

단석지위(旦夕之危) 매우 절박한 위험(危險).

일촉즉발(一觸卽發) 한 번 닿으면 곧 터짐.

도홍이백 복숭아桃 붉을紅 오얏李 흴白

「복숭아꽃은 다홍빛이고 자두 꽃은 흼」 미인의 아리따운 모습. 〈미인 참조〉

도화랑 복숭아桃 꽃花 물결浪

복숭아꽃이 필 무렵, 얼음이 녹아 많이 불어난 물.

도화불열 밟을蹈 불火 아닐不 뜨거울熱

도를 깨쳐 진리(眞理)를 깨달은 사람은 불을 밟아도 조금도 데지 않고 자약(自若-놀라지 않고 침착(沈着))함.

도화수 복숭아桃 꽃花 물水

복숭아꽃이 필 무렵, 얼음이 녹아 많이 불어난 물.

도화수 밟을蹈 불火 물水

「물과 불을 밟음」 나아가 위험(危險)을 무릅씀.

날호수(捋虎鬚) 호랑이의 수염(鬚髯)을 어루만짐.

탐호혈(探虎穴) 호랑이 굴을 뒤짐.

도회지술 감출韜 어둠晦 어조사之 꾀術

「자기(自己) 본래(本來)의 모습을 숨기는

술책(術策)」 이렇게 하면 합당(合當)한 환경(環境)에서 상대방(相對方)이 경계(警戒)하지 않을 때 그 예정(豫定)한 기도(企圖)를 실현(實現)할 수 있음.

독각대왕 홀로獨 다리脚 큰大 임금王

「다리가 하나인 대왕」 귀신(鬼神)의 한 가지. 말썽 많고 까다로운 사람.

독각선인 홀로獨 뿔角 신선仙 사람人

오래전에 바라내(波羅奈) 국(國)의 산 중에서 사슴의 배 속에서 태어났다고 하며 머리에 한 개의 뿔이 나서 '독각선인'이라 한다. 이 선인은 선정(禪定)을 닦아 신통력(神通力)을 얻었으나 선타(扇陀)라는 음녀(淫女)에게 유혹(誘惑)되어 신통력(神通力)을 잃고 산에서 내려와 그 나라의 대신(大臣)이 되었다.

독격골 홀로獨 칠擊 송골매鶻

「홀로 공격(攻擊)하는 송골매(松鶻-)」 남의 힘을 빌리지 않고 자기 단독(單獨)으로 처리(處理)함.

독견지명 홀로獨 볼見 어조사之 밝을明

남이 보지 못하는 것을 보고, 남이 깨닫지 못하는 것을 깨닫는 총명(聰明)함.

독문지총(獨聞之聰) 남이 알아듣지 못하는 것을 들어 깨치는 총명.

독과점 홀로獨 적을寡 점령할占

몇몇 기업(企業)이 어떤 상품(商品) 시장(市場)의 대부분(大部分)을 지배(支配)하는 상황(狀況).

파지행시(把持行市) 자기(自己) 세력(勢力)의 강함을 믿고, 다른 사람을 억압(抑壓)하여 매매(賣買)의 이익(利益)을 독점(獨占)하는 일.

독단비평 홀로獨 결단할斷 비평할批 평할評

자신(自身)의 주관(主觀)과 견해(見解)에 따라 하는 비평. 표준(標準)이 되는 일정(一定)한 이론(理論)이 없어 객관성(客觀性)과 보편성(普遍性)이 없으나, 때로는 특색(特色) 있는 비평이 되기도 한다.

독단전행 홀로獨 결단할斷 오로지專 행할行

자기(自己) 혼자만의 판단(判斷)으로 멋대로 행동(行動)함.

독단주의 홀로獨 결단할斷 주장할主 옳을義

일반적(一般的)으로 불완전(不完全)한 점이나 잘못된 점을 검토(檢討)하지 않고 주관적(主觀的) 편견(偏見)으로 어떤 판단(判斷)을 주장(主張)하거나 긍정(肯定)하는 태도(態度).

독당일면 홀로獨 마땅當 한一 방향面

혼자서 한 방면(方面)을 담당(擔當)하기에, 충분(充分)한 재능(才能)이 있음.

독로시하 도타울篤 늙을老 모실侍 아래下

일흔 살이 넘는 부모(父母)를 모시는 처지(處地).

독립독보 홀로獨 설立 獨 걸음步

남에게 의지(依支)하지 않고 독자적(獨自的)으로 행동(行動)함.

나란히 겨룰 만한 것이 달리 없음.

일하무쌍(日下無雙) 천하(天下)에 견줄 만한 것이 없음.

지용무쌍(智勇無雙) 슬기와 용기(勇氣)를 서로 겨루어 짝할 만한 것이 없음.

천하무쌍(天下無雙) 세상에서 그에 비길 만한 것이 없음.

천하무적(天下無敵) 천하에 겨룰 상대(相對)가 없음.

천하일품(天下一品) 매우 뛰어나서 세상에서 견줄 만한 것이 없음.

독립독행 홀로獨 설立 獨 행할行

남을 의지(依支)하지 않고 독자적(獨自的)

으로 행동(行動)함. **독행독보**(獨行獨步)

자식기력(自食其力) 남에게 의지하지 않고 자기 힘으로 생활(生活)하여 감.

독립불기 홀로獨 설立 아닐不 굴레羈

「독립하여 남에게 속박(束縛)을 받지 않음」 남에게 제어(制御)되지 않고 자기(自己) 소신(所信)대로 일을 처리(處理)함.

독립신문 홀로獨 설立 새新 들을聞

건양(建陽) 원년(1896)에 독립협회(獨立協會)의 서재필(徐載弼), 윤치호(尹致昊)가 창간(創刊)한 우리나라 최초(最初)의 민간(民間) 신문.

독립운동 홀로獨 설立 움직일運 움직일動

일제강점기(日帝强占期)에, 우리 민족이 독립하기 위하여 벌인 여러 가지의 민족운동(民族運動).

독립이불개

홀로獨 설立 말 이을而 아닐不 고칠改

절대(絶對)의 독자적(獨自的)인 존재(存在)로서 영원(永遠)히 변하지 않음.

독립자존 홀로獨 설立 스스로自 중히 여길尊

남에게 의존(依存)하거나 속박(束縛)되지 않고 홀로 서서 자기(自己)의 인격(人格)과 품위(品位)를 높게 지킴.

독립자활 홀로獨 설立 스스로自 살活

남에게 의존(依存)하지 않고 스스로 힘으로 살아감.

독립투사 홀로獨 설立 싸울鬪 선비士

나라의 독립을 이룩하려는 뜻을 품고 싸우는 지사(志士).

항일투사(抗日鬪士) 일제(日帝)에 항거(抗拒)하는 독립투사.

독목교원가조 홀로獨 나무木 다리橋 원통할冤 집家 만날遭

「원수(怨讐)는 외나무다리에서 만남」 회피(回避)할 수 없는 경우(境遇)를 가리킴.

일이 나쁜 형태(形態)로 공교(工巧)롭게 마주침.

독목불림 홀로獨 나무木 아닐不 수풀林

독목불성림 獨 木 不 이룰成 林

「홀로 선 나무는 숲을 이루지 못함」 여럿이 힘을 합쳐야 일이 이루어짐.

독문지총 홀로獨 들을聞 어조사之 귀 밝을聰

남이 알아듣지 못하는 것을 들어서 깨치는 총명(聰明). **독견지명**(獨見之明)

독불장군 홀로獨 아닐不 장수將 군사軍

「혼자서는 장군이 될 수 없음」 무슨 일이든 자기(自己) 생각대로 혼자서 처리(處理)하는 사람.

따돌림을 받는 외로운 사람.

독사사헐 독毒 닮을似 뱀蛇 전갈蠍

「뱀과 전갈(全蠍)의 독과 같음」 매우 악랄(惡辣)함.

간악무도(奸惡無道) 간사(奸詐)하고 악독(惡毒)하여 인도(人道)에서 어긋남.

극악무도(極惡無道) 악한 모습이 극에 달하여 어떤 도리(道理)도 갖지 못함.

대악무도(大惡無道) 아주 모질고 도의심(道義心)이 없음.

독취악조(毒嘴惡爪) 「독이 있는 주둥이와 날카로운 손톱」 더할 수 없이 포학(暴虐)함.

봉시장사(封豕長蛇) 「큰 돼지와 긴 뱀 탐욕(貪慾)스럽고 잔인(殘忍)한 사람.

사헐심장(蛇蠍心腸) 「뱀과 전갈(全蠍)의 심장」 매우 악랄(惡辣)함.

살육지변(殺戮之變) 무엇을 트집 잡아 사

람을 잔인(殘忍)하게 마구 죽이는 변고(變故).

시랑당로(豺狼當路) 승냥이와 이리에 비길 만큼 사악(邪惡)하고 잔인한 인간이 요로(要路)를 점거(占據)하여 권세(權勢)를 떨침.

잔인무도(殘忍無道) 더할 수 없이 잔인함.

잔인박행(殘忍薄行) 잔인하고도 야박(野薄)한 행위(行爲).

잔학무도(殘虐無道) 잔인하고 사나워 사람의 도리(道理)가 전혀 없음.

치목호문(鴟目虎吻) 「올빼미의 눈과 범의 입술」 탐욕이 많은 상(相). 사납고 잔인함.

포학무도(暴虐無道) 성질(性質)이 포학(暴虐)하고 잔인하여 도리에 어긋남.

호랑지심(虎狼之心) 호랑이와 이리처럼 사납고 잔인한 마음.

횡나작경(橫拏作梗) 불법(不法)으로 체포(逮捕)하여 잔인하고 포학한 행위를 가함.

살인부잡안(殺人不眨眼) 사람을 죽이면서 눈도 깜짝거리지 않음.

독서담론 읽을讀 글書 이야기談 의논한論

글을 읽고 서로 의견(意見)을 이야기함.

독서망양 읽을讀 책書 잊을亡 양羊

「책(冊)을 읽느라 양을 잃어버렸음」 마음이 밖에 있어 도리(道理)를 잃어버림.

다른 일에 정신(精神)을 뺏겨 중요(重要)한 일이 소홀(疏忽)하게 됨.

독서삼도 읽을讀 책書 석三 이를到

책을 읽는 데 지켜야 할 세 가지 길.

<u>책을 읽는 법 세 가지</u>

첫째. **구도**(口到) 입으로 다른 말을 하지 않아야 하며,

둘째. **안도**(眼到) 눈으로는 다른 것을 보지 말아야 하며,

셋째. **심도**(心到) 마음을 하나로 가다듬고 열심(熱心)히 반복(反復)해서 정독(精讀)해야 함.

독서삼매 읽을 讀 책書 석三 어두울昧

오직 책을 읽는 데만 골몰(汨沒)하여 아무런 잡념(雜念)이 일어나지 않는 상태(狀態).

한곳에 정신(精神)을 집중(集中)함.

삼매경(三昧境) 잡념을 버리고 한 가지 대상(對象)에만 정신을 집중하는 경지(境地).

신량등화(新涼燈火) 가을의 서늘한 기운(氣運)이 처음 생길 무렵에 등불 밑에서 글 읽기가 좋음.

조침도사(蓧枕圖史) 책(冊)을 깔고 책을 베개로 함.

침경자서(枕經藉書) 경서(經書)를 베개로 베고, 책을 깔개로 삼음.

협책독서(挾策讀書) 오로지 한마음으로 공부(工夫)에 집중함.

독서삼여 읽을讀 책書 석三 남을餘

독서 하기에 적당(適當)한 세 여가(餘暇). 겨울·밤·비 올 때. **삼여독서**(三餘讀書)

독서상우 읽을讀 책書 숭상할尙 벗友

「책(冊)을 읽으면 옛사람과도 벗이 될 수 있음」 책을 읽음으로써 옛 현인(賢人)과 벗함.

여고위도(與古爲徒) 옛사람을 벗으로 삼음.

독서백편 읽을讀 글書 일백百 횟수遍

「글 읽기를 백 번 함」 되풀이하여 몇 번이고 숙독(熟讀)하면 뜻이 통하지 않던 것도 저절로 알게 됨.

독서백편의자현(讀書百遍義自見)

독서종자 읽을讀 책書 씨種 자식子

가문(家門) 대대(代代)로 책(冊)을 읽으며 학문(學問)하는 자손(子孫).

독선기신 홀로獨 착할善 그其 몸身

자기(自己) 한 몸의 선(善)만을 꾀함.

겸선천하 독선기신(兼善天下 獨善其身) 나아가 벼슬하면 천하 사람을 모두 착하게 하고 궁하게 살면 자기 몸 하나만 착하게 함.

독수공방 홀로獨 지킬守 빌空 방房

독숙공방 獨 잘宿 空 房

「빈방에서 혼자 잠」 부부(夫婦)가 서로 별거(別居)하여 부인(婦人)이 남편(男便) 없이 혼자 지냄.

고침단금(孤枕單衾) 「외로운 베개와 얇은 이불」 홀로 쓸쓸히 자는 여자의 이부자리.

분수향원(紛愁香怨) 남편 없는 여자가 빈방을 지키며 수심(愁心)에 잠겨 자신(自身)의 신세(身世)를 한탄(恨歎)하거나 삶을 원망(怨望)함.

독수독과 독毒 나무樹 毒 실과果

「독이 있는 나무의 열매도 독이 있음」 고문(拷問)이나 불법(不法) 도청(盜聽) 등 위법(違法)한 방법(方法)으로 수집(蒐集)한 증거(證據)는 증거로 사용(使用)할 수 없음.

독안룡 홀로獨 눈眼 용龍

「외눈박이 용」 애꾸눈의 용맹(龍猛)한 장수(將帥).

독야청청 홀로獨 어조사也 푸를青 青

「홀로 푸르고 푸름」 굳은 의지(意志)로 변치 않고 늘 한결같은 자세(姿勢)로 있는 모습.

낙락장송(落落長松) 가지가 길게 늘어진 키가 큰 소나무.

독청독성(獨淸獨醒) 온 세상이 다 혼탁(混濁)해도 홀로 맑으며, 뭇사람이 다 취해 있어도 홀로 깨어있음.

상풍고절(霜風高節) 서리와 바람 속에도 굽히지 않는 높은 절개(節槪).

설중송백(雪中松柏) 눈 속 소나무와 잣나무.

세한고절(歲寒孤節) 찬 겨울에도 높은 절개를 지킴.

세한삼우(歲寒三友) 추운 겨울철에 보기 좋은 세 가지 나무. 추위에 강한 소나무, 대나무, 매화나무.

세한송백(歲寒松柏) 추운 겨울의 소나무와 잣나무.

송죽지절(松竹之節) 소나무같이 꿋꿋하고 대나무같이 곧은 절개.

여송지성(如松之盛) 「소나무같이 푸르러 성함」 군자(君子)의 절개.

오상고절(傲霜孤節) 서릿발이 심한 추위 속에서도 굴하지 않고 홀로 꼿꼿함.

전수일절(全守一節) 절개를 온전(穩全)히 지킴.

↔ **거세개탁**(擧世皆濁) 온 세상이 다 흐림.

독양불생 홀로獨 볕陽 아닐不 날生

「양(陽)만으로는 물이 생겨나지 못함」 반드시 그 상대(相對)인 음(陰)과의 조화(造化)가 있어야 함.

홀로는 아이를 낳을 수 없음.

독음불생(獨陰不生) 음만으로는 물이 생겨나지 못함.

독천불생(獨天不生) 하늘만으로는 물건(物件)을 낳지 못함.

독오거서 읽을讀 다섯五 수레車 책書

다섯 대의 수레에 가득히 실을 만큼 많은 책(冊)을 읽음.

만첨삽가(萬籤插架) 책꽂이에 매달린 만 개의 책갈피.

서통이유(書通二酉) 책을 보관(保管)한 장서처를 나타내거나, 장서(藏書)가 아주 많음.

옹서만권(擁書萬卷) 장서가 많음.

천함만축(千函萬軸) 책이 천 개나 되는 궤짝을 채우고 만 개나 되는 축(軸)을 이룸.

한우충동(汗牛充棟) 수레에 실으면 소가 땀

을 흘리고 집에 쌓으면 대들보까지 닿게 됨.

남아수독오거서(男兒須讀五車書) 남자(男子)는 모름지기 다섯 수레에 실을 만큼의 책을 읽으라는 말.

독왕독래 홀로獨 갈往 獨 올來

아무 구속(拘束) 없이 자유자재로 노닒.

무궁자재(無窮自在) 구속이나 제한(制限)이 없이 마음대로 함.

자유자재(自由自在) 자기(自己) 뜻대로 자유(自由)롭게 마음대로 할 수 있음.

종횡무애(縱橫無礙) 사방(四方)에 조금도 거리끼는 것이 없음.

종횡자재(縱橫自在) 자기 마음대로 행함.

독위독약 읽을讀 할爲 讀 같을若

경서주법(經書注法)의 하나. '~와 같이 읽음'으로, 讀爲는 음(音)이 비슷한 글자를, 讀若은 음이 같은 글자를 들어 그 음과 뜻을 설명(說明)하는 일.

독음불생 홀로獨 음陰 아닐不 날生

「음만으로는 물이 생겨나지 못함」 반드시 그 상대(相對)인 양(陽)과의 조화(造化)가 있어야 함.

독양불생(獨陽不生) 양만으로는 물이 생겨나지 못함.

독의사창 홀로獨 기댈倚 비단紗 창窓

외로이 사창에 기댐. 紗窓은 비단(緋緞)을 바른 창.

독일무이 홀로獨 한一 없을無 둘二

오직 하나뿐이고 둘도 없음.

유일무이(唯一無二)

독작이유수

홀로獨 따르를酌 말 이을而 버릴遺 시름愁

홀로 술을 마시며 시름을 잊음.

독장난명 홀로獨 손바닥掌 어려울難 울鳴

독장불명 獨 掌 아닐不 鳴

「한쪽 손뼉은 울리지 못함」 맞서는 이가 없으면 싸움이 되지 않음.

혼자서는 일을 이루기가 어려움.

고장난명(孤掌難鳴), **척장난명**(隻掌難鳴)

거지양륜(車之兩輪) 수레의 양 바퀴.

공위순치(共爲脣齒) 입술과 이의 관계(關係)처럼 서로 의지(依支)하고 도움.

보거상의(輔車相依) 덧방나무와 수레바퀴가 서로 의지함.

순망치한(脣亡齒寒) 입술이 없으면 이가 시림.

순치보거(脣齒輔車) 입술과 이, 덧방나무와 수레바퀴.

순치지국(脣齒之國) 입술과 이의 관계처럼 이해관계(利害關係)가 밀접(密接)한 두 나라.

조지양익(鳥之兩翼) 새의 양 날개.

〈손바닥도 마주쳐야 소리가 난다〉

독좌방심 홀로獨 앉을坐 막을防 마음心

홀로 앉았을 때는 사념(邪念)이 일어나지 않도록 노력(努力)함.

신독(愼獨) 홀로 있을 때도 도리(道理)에 어그러짐이 없도록 삼감.

금영무참(衾影無慚) 이불이나 자기 그림자에 대해서도 부끄러운 짓을 하지 않음.

자숙자계(自肅自戒) 자기(自己) 행동(行動)을 스스로 조심(操心)하고 경계(警戒)함.

패령자계(佩鈴自戒) 방울을 차서 스스로 경계함.

독지지계 홀로獨 알知 어조사之 맺을契

「혼자만의 속단(速斷)」 상대방(上帶枋)에게 알리지 않고 그렇게 할 작정(作定)임.

상대방과의 합의(合意) 없는 약속(約束).

독직폭행 더럽힐瀆 직분職 사나울暴 행할行

인신구속(人身拘束)에 관한 직무(職務)를 행하는 특별(特別) 공무원(公務員)이 폭행(暴行) 또는 가혹행위(苛酷行爲)를 했을 때 성립(成立)하는 범죄(犯罪)로, 재판(裁判)·검찰(檢察)·경찰(警察), 기타 인신구속에 관한 직무를 행하거나 이를 보조(補助)하는 자가 죄(罪)의 주체(主體)가 된다.

독책지술 살펴볼督 꾸짖을責 어조사之 꾀術

조정(朝廷)에서 백성(百姓)들을 구박(驅迫)하여 심하게 부리는 술책(術策).

독천불생 홀로獨 하늘天 아닐不 날生

하늘만으로는 물건(物件)을 낳지 못함.

독양불생(獨陽不生), **독음불생**(獨陰不生)

독청독성 홀로獨 맑을淸 獨 깰醒

온 세상이 혼탁(混濁)해도 홀로 맑으며, 뭇사람이 다 취해 있어도 홀로 깨어있음.

결백청정(潔白淸淨) 깨끗하고 맑음.

독야청청(獨也靑靑) 홀로 푸르고 푸름.

중취독성(衆醉獨醒) 모두 취한 가운데에서 홀로 깨어있음.

↔ **거세개탁**(擧世皆濁) 온 세상이 다 흐림.

독초성미

도타울篤 처음初 진실로誠 아름다울美

무엇이든지 처음에 성실(誠實)하고 신중(愼重)히 해야 함은 참으로 아름다운 일임.

고근견지(固根堅枝) 뿌리가 굳세야 가지도 단단함.

근고지영(根固枝榮) 뿌리가 튼튼해야 가지가 무성(茂盛)함.

근심엽무(根深葉茂) 뿌리가 깊으면 잎이 무성함.

근심저고(根深柢固) 사물(事物)의 뿌리나 밑바탕이 되는 기초(基礎)가 깊고 단단함.

근심지영(根深枝榮) 뿌리가 깊어야 가지가 번창(繁昌)함.

본립도생(本立道生) 근본(根本)이 확립(確立)되면 도가 자연스럽게 생겨남.

정본청원(正本淸源) 일을 시작(始作)할 때 성실(誠實)하게 정성(精誠)을 다하는 것은 아름답다.

독초성미 신종의령(篤初誠美 愼終宜令) 무엇이든지 처음에 성실하고 신중(愼重)히 해야 함은 참으로 아름다운 일이나, 결말(結末)은 온전(穩全)히 마무리하도록 마땅히 경계(警戒)해야 함.

독초충기 독毒 풀草 채울充 주릴飢

마치 굶어 죽기를 앞둔 사람이 독초로 허기(虛氣)를 채우는 것 같음.

갈택분수(竭澤焚藪) 못을 말려 고기를 잡고 숲을 태워 짐승을 잡음.

갈택이어(竭澤而漁) 연못의 물을 말려 고기를 잡음.

굴실구서(掘室求鼠) 쥐를 잡으려고 집을 파헤침.

낙이사촉(樂而思蜀) 타향(他鄕) 생활(生活)이 즐거워 고향(故鄕) 생각을 하지 못함.

당랑규선(螳螂窺蟬) 이슬을 먹으려는 매미는 그 뒤에서 사마귀가 노리는 줄을 모름.

동족방뇨(凍足放尿) 언 발에 오줌 누기.

분림이렵(焚林而獵) 숲을 태워 짐승을 잡음.

살계취란(殺鷄取卵) 닭을 죽여 달걀을 꺼냄.

음짐지갈(飮鴆止渴) 짐주(짐독을 섞은 술)를 마셔 갈증(渴症)을 그치게 함.

할고충복(割股充腹) 빈속을 채우려고 허벅지 살을 베어먹음.

독취악조 독毒 부리嘴 악할惡 손톱爪

「독이 있는 주둥이와 날카로운 손톱」 더할 수 없이 포학(暴虐)함.

간악무도(奸惡無道) 간사(奸詐)하고 악독(惡

毒)하여 인도(人道)에서 어긋남.

극악무도(極惡無道) 악한 모습이 극에 달해 어떤 도리(道理)도 갖지 못함.

대악무도(大惡無道) 아주 모질고 도의심(道義心)이 없음.

독사사혈(毒似蛇蠍) 「뱀과 전갈(全蠍)의 독과 같음」 매우 악랄(惡辣)함.

봉시장사(封豕長蛇) 「큰 돼지와 긴 뱀」 탐욕(貪慾)스럽고 잔인(殘忍)한 사람.

살육지변(殺戮之變) 무엇을 트집 잡아 사람을 잔인하게 마구 죽이는 변고(變故).

잔인박행(殘忍薄行) 잔인하고도 야박(野薄)한 행위.

잔인해물(殘人害物) 사람에게 잔인하게 굴고 물건(物件)을 해침.

잔학무도(殘虐無道) 잔인하고 사나워 사람의 도리(道理)가 전혀 없음.

치목호문(鴟目虎吻) 「올빼미의 눈과 범의 입술」 탐욕(貪慾)이 많은 상(相). 사납고 잔인함.

포학무도(暴虐無道) 성질(性質)이 포학하고 잔인하여 도리(道理)에 어긋남.

호랑지심(虎狼之心) 호랑이와 이리처럼 사납고 잔인한 마음.

살인부잡안(殺人不眨眼) 사람을 죽이면서 눈도 깜짝거리지 않음.

독파만권 읽을讀 깨뜨릴破 일만萬 책卷

만 권의 책(冊)을 막힘없이 읽음.

독학고루 홀로獨 배울學 외로울孤 협소할陋

스승이 없이 혼자 배운 사람은 융통성(融通性)이 없고 견문(見聞)이 좁음.

무사독학(無師獨學) 스승 없이 혼자서 배움.

무사자통(無師自通) 스승 없이 스스로 알아냄.

무소조술(無所祖述) 조상(祖上)이나 스승의 설을 이어받음이 없음.

자학자습(自學自習) 남의 가르침이 없이 스스로 학습(學習)함.

독행기도 홀로獨 행할行 그其 길道

홀로 그 길을 행함.

고왕독맥(孤往獨驀) 외로이 가고 홀로 달림.

독행독보 홀로獨 행할行 獨 걸을步

남의 힘을 빌리지 않고 혼자의 힘으로 일을 처리(處理)하여 감.

독립독보(獨立獨步), **독립독행**(獨立獨行)

자식기력(自食其力) 남에게 의지(依支)하지 않고 자기 힘으로 생활(生活)하여 감.

독행우우 홀로獨 다닐行 홀로 갈踽 踽

고독(孤獨)하여 의지(依支, 依持)할 부모형제(父母兄弟)가 없음.

고독지옥(孤獨地獄) 너무나 외로워서 지옥과 같이 느껴지는 심정(心情).

사고무친(四顧無親) 사방(四方)을 돌아봐도 의탁(依託)할 사람이 없음.

우우독행(踽踽獨行) 홀로 쓸쓸히 걸어가는 모양(模樣).

적수단신(赤手單身) 맨손과 홀몸.

천애고아(天涯孤兒) 이 세상에 살아 있는 혈육(血肉)이나 부모가 없는 아이.

형단영척(形單影隻) 몸도 홀로요 그림자도 외짝임.

혈혈단신(孑孑單身) 의지할 곳 없는 외로운 홑몸.

독행천리 홀로獨 다닐行 일천千 거리里

혼자서 천 리 길을 여행(旅行)함.

독현애가 홀로獨 활시위弦 슬플哀 노래歌

홀로 거문고를 타며 슬픈 가락으로 노래함.

돈단무심 조아릴頓 끊을斷 없을無 마음心
돈담무심 頓 담백할淡 無 心

어떤 사물(事物)에 대하여 도무지 탐탁하게 여기는 마음이 없음.

돈목지의

두터울敦 화목할睦 어조사之 사이좋을誼

정(情)이 두텁고 화목(和睦)한 정의(情誼).

관유온유(寬裕溫柔) 너그럽고 온화(穩和)하고 부드러움.

온유돈후(溫柔敦厚) 온화하고 부드러우며 인정(人情)이 두터움.

심중은후(深中隱厚) 인정이 깊고 두터움.

풍류독후(風流篤厚) 그 전부터 오래 전하여 오늘날까지 남아 있는 풍류(風流)에 의하여, 성실(誠實)하고 인정(人情)이 두터움.

돈불고견 조아릴頓 아닐不 돌아볼顧 볼見

도무지 돌아보지 않음.

도무지 돌보지 않음.

전불고견(全不顧見) 전혀 돌보지 않음.

포기불고(抛棄不顧) 내던져 버리고 돌보지 않음.

풍류삼매(風流三昧) 풍류에 몰입(沒入)하여 다른 일을 돌보지 않음.

돈수백배 조아릴頓 머리首 일백百 절拜
돈수재배 頓 首 재차再 拜

「머리가 닿도록 거듭 절을 함」 편지(便紙) 끝에 경의(敬意)를 표하는 뜻으로 쓰기도 함.

고두사은(叩頭謝恩) 땅에 닿도록 머리를 숙이고 받은 은혜(恩惠)에 고마워함.

궐각계수(厥角稽首) 이마가 땅에 닿도록 인사(人事)를 함.

면관돈수(免冠頓首) 관(冠)을 벗고 이마가 땅에 닿도록 머리를 조아림.

백배치사(百拜致謝) 백 번 절하며 은혜에 사례(謝禮)함.

슬행돈수(膝行頓首) 무릎으로 걸어가서 머리가 땅에 닿도록 절을 함.

평신저두(平身低頭) 사죄(謝罪)하기 위하여 머리를 숙이고 몸을 낮춤.

함토고두(含土叩頭) 흙을 머금고 머리를 조아림.

오배삼고두(五拜三叩頭) 다섯 번 절을 하고, 세 번 머리가 땅에 닿도록 조아리며 절을 함.

돈수청죄 조아릴頓 머리首 청할請 허물罪

머리가 땅에 닿을 정도(程度)로 숙여 저지른 죄에 대하여 벌을 줄 것을 청함.

면박여츤(面縛輿櫬) 스스로 손을 뒤로 묶고 관(棺)을 짊어지고 사과(謝過)하는 모양(模樣). 죽을죄를 지었다고 사죄(謝罪)함.

반구저기(反求諸己) 남을 탓하지 않고 잘못의 원인(原因)을 자기에게서 찾아 고쳐나감.

반수가검(盤水加劍) 「세숫대야에 물을 받아놓고 그 옆에 칼을 놓음」 관리(官吏)가 임금에게 자신의 죄를 다스려 달라고 청함.

번연회오(幡然悔悟) 불현듯 자신의 잘못을 깨닫고 깊이 뉘우침.

부형청죄(負荊請罪) 「가시나무를 등에 지고 때려 주기를 바람」 자신의 잘못을 인정(認定)하고 사죄함.

석고대죄(席藁待罪), **석고청죄**(席稿請罪) 거적을 깔고 엎드려 윗사람 처벌(處罰)을 기다림.

인과자책(引過自責) 자기(自己) 잘못을 뉘우치고 스스로 꾸짖음.

자원자애(自怨自艾) 자신의 잘못을 스스로 책망(責望)하고 수양(修養)에 힘씀.

회과자책(悔過自責) 허물을 뉘우치고 스스로 책망함.

돈어지신 돼지豚 물고기魚 어조사之 믿을信
「돼지나 물고기에게까지 미친 신의(信義)」 지극(至極)한 신의.

돈연무려 조아릴頓 그럴然 없을無 근심할慮
전혀 걱정이 없음.
단무타려(斷無他慮) 조금도 다른 근심 걱정이 없음.
만사태평(萬事太平) 모든 일에 근심 걱정이 없어 평안(平安)함.
무사태평(無事泰平) 아무 탈(頉) 없이 편안(便安)함.
무사안일(無事安逸) 아무런 일이 없이 편안하고 한가(閑暇)함.
유유완완(悠悠緩緩) 걱정이 없어서 느긋한 모양(模樣).

돈오점수 조아릴頓 깨달을悟 점점漸 닦을修
한 번에 깨달음을 얻었다 할지라도 아직은 부족(不足)하기에 지속적(持續的)으로 부족함을 닦아 나가야 함.

돈제양전 돼지豚 굽蹄 풍족할穰 밭田
「돼지 발굽을 바치며 풍년(豊年)을 빎」 남에게 베푼 것이 적고 바라는 것은 많음.

돈제우주 돼지豚 굽蹄 사발盂 술酒
돈제일주 豚 蹄 한一 酒
「돼지 발굽 하나와 술 한 잔」 얼마 안 되는 술과 안주(按酒), 곧 적은 제수(祭需)로 풍년(豊年)을 빎.
주는 것은 적고 탐하는 것은 많음.

돈증보리 조아릴頓 증거證 보리菩 끌提
어떠한 기회(機會)에 단번(單番)에 깨달음을 얻음.
일초직입(一超直入) 여러 단계(段階)를 거치지 않고, 단번(單番)에 미혹(迷惑)의 세계(世界)를 뛰어넘어 깨달음에 들어감.

돈지항비 돼지豚 어조사之 높을亢 코鼻
돼지의 들창코.

돈책계서 돼지豚 울타리柵 닭鷄 깃들일栖
「돼지우리와 닭의 홰」 촌락(村落)의 풍경(風景).

돈후주신 도타울敦 두터울厚 두루周 삼갈愼
인정(人情)이 도탑고 조심성이 많음.
근후자(謹厚者) 조심성(操心性) 있고 인정 많은 사람.

돌노언건

갑자기突 성낼怒 쓰러질偃 절뚝발이蹇
암석(巖石) 따위가 툭툭 불거진 모양(模樣)을 사람이 성내거나 거만(倨慢)한 데 견주어 이르는 말.

돌돌괴기 놀랄咄 咄 기이할怪 기이할奇
돌돌괴사 咄 咄 怪 일事
「대단히 괴이(怪異)한 일」 놀랄 만한 괴이(怪異)한 일.
전연(全然) 뜻밖의 일.
괴괴기기(怪怪奇奇) 대단히 기괴(奇怪)함.
괴괴망측(怪怪罔測) 말할 수 없을 만큼 이상야릇함.
괴력난신(怪力亂神) 괴이한 일과 엄청난 힘.
몽외지사(夢外之事) 천만뜻밖의 일.
변출불의(變出不意) 생각지도 않은 변고(變故)가 뜻밖에 생김.
불가사의(不可思議) 미루어 헤아리기 힘들 만큼 이상야릇함.
성시의외(誠是意外) 참으로 뜻밖.
심외지사(心外之事) 뜻밖의 일.
의외지사(意外之事) 생각지 않은 일.
재귀일거(載鬼一車) 「귀신(鬼神)이 한 수레 가득 실려 있음」 괴상(怪狀)한 것이 대단히 많음.

증소불의(曾所不意) 뜻밖의 일.

천만몽의(千萬夢外) 전혀 생각하지 않은 뜻밖.

출기불의(出其不意) 뜻하지 않은 일이 일어남.

해괴망측(駭怪罔測) 헤아려 말할 수 없이 매우 괴상하고 야릇함.

수수께끼/미어(謎語) 속내를 알 수 없는 복잡(複雜)하고 괴이한 일.

↔ **불시이사**(不是異事) 이상(異常)할 것이 없는 일. 괴이한 일이 아님.

돌돌핍인 놀랄咄 咄 닥칠逼 사람人

기예(技藝) 등이 뛰어난 것을 보고 경탄(敬歎)함.

돌불연불생연

갑자기突 아닐不 탈燃 不 날生 연기煙

「불을 지피지 않으면 굴뚝에 연기(煙氣)가 나지 않음」 원인(原因)이 없는 결과(結果)는 없음.

돌연변이 갑자기突 그럴然 변할變 다를異

생물(生物)의 형질(形質)에 어버이의 계통(繼統)에 없던 새로운 형질이 갑자기 출현(出現)하는 현상(現象). **우연변이**(偶然變異)

갑작변이(--變異) 돌연변이의 북한어(北漢語).

돌입내정 갑자기突 들入 안內 뜰庭

주인(主人)의 허락(許諾) 없이 남의 집 안뜰에 불쑥 들어감. **내정돌입**(內庭突入)

돌장무전 갑자기突 장수將 없을無 앞前

군대(軍隊)의 행렬(行列).

돌제골계

부딪칠突 사다리梯 미끄러울滑 계고할稽

둥글둥글 매끄러운 모양(模樣).

분위기(雰圍氣)에 휩쓸리며 유순(柔順)하게 세태(世態)를 따르는 태도(態度).

게을러서 빈둥거리며 살아감.

돌차간 아차 할咄 창졸간嗟 사이間

「아차 하는 사이」눈 깜짝할 사이.

찰나(刹那) 탄지(彈指)의 10분의 1이 되는 수(數).

별안간(瞥眼間) 눈 한 번 돌릴 사이의 짧은 시간(時間).

순식간(瞬息間) 눈 한 번 깜짝하거나 숨 한 번 쉴 사이와 같이 짧은 동안.

돌탄막급

아차 할咄 탄식할嘆 없을莫 미칠及

「혀를 차면서 탄식을 해도 별도리가 없음」 아무리 탄식(歎息)하여도 어찌할 수가 없음.

기수소관(氣數所關) 모든 일이 운수(運數)에 관계(關係)되므로 사람의 힘으로는 어쩔 수 없음.

돌파구 구멍을 파서 뚫을突 깨뜨릴破 입口

「가로막은 것을 쳐서 깨뜨려 통과(通過)할 수 있도록 뚫은 통로(通路)나 목」 부닥친 장애(障礙)나 어려움 따위를 해결(解決)하는 실마리.

동가식서가숙

동녘東 집家 먹을食 서녘西 家 잠잘宿

「동쪽 집에서 먹고 서쪽 집에서 잠」 탐욕(貪慾)스러운 사람이나, 먹을 곳, 잘 곳이 없어 떠돌아다니며 이집 저집에서 얻어먹고 지내는 일 또는 그러한 사람.

동식서숙(東食西宿)

사해위가(四海爲家) 천하(天下)를 제집으로 만듦.

조동모서(朝東暮西) 아침에는 동쪽에 있다가 저녁에는 서쪽에 머묾.

평종미정(萍蹤靡定) 말 풀과 같이 사방(四方)으로 흩어져서 일정(一定)한 장소(場所)에 머물러 살지 않음.

행려병자(行旅病者) 일정한 거처(居處) 없이 객지(客地)로 떠돌다 병이 들어도 보살펴 줄 사람이 없는 자.

동가영접

움직일動 임금의 수레駕 맞이할迎 이을接

임금이 수레를 타고 대궐(大闕) 밖으로 나가서 맞이함.

동가이택 겨울冬 더할加 저伊 집宅

신라(新羅) 제49대 헌강왕(憲康王) 때, 겨울에 귀족(貴族)들이 유흥(遊興)하던 별장(別莊). **가이택**(加伊宅)

춘동야택(春東野宅) 봄 별장.

하곡량택(夏谷良宅) 여름 별장.

추구지택(秋仇知宅) 가을 별장.

동가지구 동녘東 집家 어조사之 언덕丘

「동쪽 이웃집에 사는 공자」 자기(自己) 마을에 공자(孔子)가 있다는 것을 모름. 공자의 이웃에 사는 한 어리석은 사람이 공자가 성인(聖人)이라는 것도, 이름이 구(丘)라는 것도 모르고 늘 '동쪽 집 丘(구) 씨'라고 부른 옛일에서 온 말.

남의 진가(眞價)를 알지 못하고 도리어 경멸(輕蔑)함.

동가홍상 같을同 값價 붉을紅 치마裳

「같은 값이면 붉은 치마」 이왕(已往)이면 더 좋은 쪽을 택한다는 말.

〈같은 값이면 과붓집 머슴살이〉

〈같은 값이면 검정 소를 잡아먹는다〉

동감공고 함께同 달甘 한가지共 쓸苦

달고 쓴 것을 함께함.

동병상련(同病相憐) 같은 병을 앓고 있는 사람끼리 서로 가엾게 여김.

동주상구(同舟相救) 한배를 탔다가 난선(難船)이 되면 너와 나의 구별(區別)이 없이 서로 도움.

동주제강(同舟濟江) 같은 배를 타고 강을 건넘.

오월동주(吳越同舟) 오나라와 월나라 사람이 같은 배에 탐.

풍우동주(風雨同舟) 폭풍우(暴風雨) 속에 한 배를 탐.

환난여공(患難與共) 어려움을 함께 대처(對處)함.

↔ **각행기사**(各行其事) 어떤 일에 각자(各自) 행동(行動)함.

반목성수(反目成讐) 서로 시기(猜忌)하고 미워하여 원수(怨讐)가 됨.

동거지정 함께同 살居 어조사之 뜻情

같이 사는 정.

동격서습 동녘東 칠擊 서녘西 습격할襲

「동쪽을 치고 서쪽을 습격(襲擊)함」 전투(戰鬪)에서, 적진(敵陣)을 이리저리 쳐서 마구 격멸(擊滅)함.

동계서계 동녘東 층계階 서녘西 階

동서(東西)의 층계(層階).

주인(主人)은 동쪽 층계로 오르고, 손님은 서쪽 층계로 오름.

동고동락 함께同 괴로울苦 同 즐거울樂

고생(苦生)도 함께 하고 기쁨도 함께함.

공도동망(共倒同亡) 넘어져도 같이 넘어지고 망하여도 같이 망함.

동생공사(同生共死) 같이 살고 함께 죽음.

동심협력(同心協力) 마음을 같이하여 서로 도움.

동주공제(同舟共濟)「같은 배를 타고 함께 물을 건넘」고락(苦樂)을 함께함.

분감공고(分甘共苦) 즐거움과 괴로움을 함께함.

빈천고락(貧賤苦樂) 가난하고 어려울 때 괴로움과 즐거움을 같이함.

사생계활(死生契闊) 죽고 사는 것을 같이 하기로 약속(約束)하고 동고동락함.

사생동고(死生同苦) 죽는 것도 같이할 정도로 어떤 어려운 고생도 같이함.

사지동고(死地同苦) 죽고 사는 어려운 고생을 같이하기로 함.

상부상조(相扶相助) 서로서로 도움.

상애상조(想愛相助) 서로 사랑하며 도움.

상의상자(相依相資) 서로 의지(依支)하고 도움.

순망치한(脣亡齒寒) 입술이 없으면 이가 시림.

십시일반(十匙一飯) 열 사람이 한 숟가락씩 모으면 한 사람이 먹을 만한 양이 됨.

일련탁생(一蓮托生) 죽은 후에 같이 극락정토(極樂淨土)의 연꽃 위에서 남. 남과 운명(運命)을 같이함.

호조호원(互助互援) 서로 돕고 서로 구원(救援)함.

환난상구(患難相救) 근심과 어려움을 서로 도움.

동고지인 함께同 괴로울苦 어조사之 사람人

고생(苦生)을 함께한 사람.

동고지환

어린 양童 검은 암양羖 어조사之 근심患

「취중(醉中)에 하는 말은 동고(童羖)를 낳게 함」 취중의 실언(失言)으로 얼토당토않은 결과(結果)가 빚어짐. 고양(羖羊-어린 양)은 원래 뿔이 없는데도 불구(不拘)하고 취중에 '새끼 고양은 뿔이 없다'고 실언(失言)하여 빈축(嚬蹙)을 삼.

동공이곡 같을同 장인工 다를異 굽을曲

「같은 악공(樂工)끼리라도 곡조(曲調)를 달리함」 동등(同等)한 재주의 작가(作家)라도 문체(文體)에 따라 특이(特異)한 광채(光彩)를 냄. **동교이곡**(同巧異曲)

동공이체 같을同 장인工 다를異 몸體

재주나 솜씨는 같지만 표현(表現)된 내용(內容)이나 맛이 다름. **동교이체**(同巧異體)

동공일체 같을同 공로功 한一 몸體

같은 공로(功勞)로 같은 지위(地位)에 있음.

동곽리 동녘東 성곽郭 신발履

「동곽 선생(先生)의 신은 밑창이 닳아 없어져서 발바닥으로 땅을 밟았음」 몹시 가난한 생활(生活).

동관삼촌 오동나무桐 널棺 석三 마디寸

「세 치 두께의 오동나무 관」 가장 질(質)이 떨어지는 관(棺).

동교각사 동녘東 들판郊 각자各 절寺

서울 동대문(東大門) 밖에 있는 모든 절.

동교이곡 같을同 공교할巧 다를異 곡조曲

같은 재주에 만든 것은 다른 곡조(曲調). **동공이곡**(同工異曲)

동교이체 같을同 공교할巧 다를異 몸體

같은 재주에 만든 것은 다른 형체(形體). **동공이체**(同工異體)

동구하갈 겨울冬 갖옷裘 여름夏 칡葛

겨울에 입는 갖옷(가죽옷)과 여름에 입는 갈옷(베옷). 사계절(四季節)의 의복(衣服). **구갈**(裘葛)

동군연합 같을同 임금君 연이을聯 합할合

한 군주(君主) 아래 둘 이상(以上)의 나라가 결합(結合)한 것.

동귀수도 한가지同 돌아갈歸 다를殊 길塗

동귀이수도 同 歸 말 이을而 殊 塗

「귀착점(歸着點)은 같으나 경로(經路)가 다름」 천하(天下)의 이치(理致)는 귀착이 같으나 도(道)에 따라 다를 수 있음.

동귀어진

한가지同 돌아갈歸 어조사於 다할盡

상대(相對)와 싸워 함께 망하거나 죽음.

양패구상(兩敗俱傷) 양측(兩側)이 싸워서 다 함께 패배(敗北)하고 상처(傷處) 입음.

동귀일철

한가지同 돌아갈歸 한一 바퀴 자국轍

「한 가지 길로 돌아감」 결과(結果)가 같아짐.

동귀일체 한가지同 돌아갈歸 한一 몸體

인간(人間)의 정신적(精神的)인 결합(結合).

천도교(天道敎)에서, 사람이 한울님의 큰 정신(精神)에 합일(合一)하면 내 마음이 곧 너의 마음이라는 경지(境地)에 도달(到達)하여 악(惡)과 분열(分裂)이 없어지고 한결같은 정신으로 통일(統一)되어 한 신체(身體)가 한 생명(生命)에 합일(合一)되고 결합하는 현상(現想).

동근연지 한가지同 뿌리根 잇닿을連 가지枝

「같은 뿌리와 잇닿은 나뭇가지」 형제(兄弟), 자매(姊妹)를 일컫는 말.

동기연지(同氣連枝)

동근철골 구리銅 힘줄觔 쇠鐵 뼈骨

동근철륵 銅 觔 鐵 힘줄肋

「동으로 된 근육(筋肉)과 철로 된 늑골(肋骨)」 강건(强健)한 신체(身體).

금강불괴(金剛不壞) 금강처럼 굳고 단단하여 파괴(破壞)되지 않음.

뇌불가파(牢不可破) 견고(堅固)하여 깨뜨릴 수 없음.

만년불패(萬年不敗) 아주 튼튼하여 절대(絶對)로 깨지지 않음.

우수불함(牛遂不陷) 소가 밟아도 깨어지지 않음.

호배웅요(虎背熊腰) 「호랑이 등과 곰 허리」 지체(肢體)가 강건함.

만독불침지체(萬毒不侵之體) 천하의 어떠한 독도 침범(侵犯)하지 못하는 신체.

동기련지 한가지同 기운氣 잇닿을連 가지枝

형제(兄弟)는 부모(父母)의 기운(氣運)을 같이 받았으니, 나무의 가지와 같음.

동근연지(同根連枝)

공회형제 동기련지(孔懷兄弟 同氣連枝) 깊게 형제를 그리워해야 하니, 같은 기운을 받아 이어진 가지와 같기 때문임.

동기부여 움직일動 틀機 붙을附 수레輿

집단(集團)이나 개인(個人) 혹은 동물(動物)에게 어떤 특정(特定)한 자극(刺戟)을 주어 목표(目標)하는 행동(行動)을 불러일으키는 일. **동기화**(動機化)

동기상구 한가지同 기운氣 서로相 구할求

기풍(氣風)과 뜻을 같이하는 사람은 서로 동류(同類)를 찾아서 모임.

동기일신 한가지同 기운氣 한一 몸身

형제(兄弟), 자매(姊妹)는 한 몸이나 다름없음.

동기지친 한가지同 기운氣 어조사之 친할親

형제간(兄弟間)의 친밀(親密)히 사랑함.

동난하정 겨울冬 따뜻할暖 여름夏 서늘할淸

「겨울옷은 따뜻하게 하고 여름옷은 시원

하게 함」 자식(子息)은 부모(父母)에게 이렇게 효도(孝道)하여야 함.

동온하정(冬暖夏凊)

동남동녀 아이童 사내男 童 여자女

사내아이와 여자아이.

동남지미

동녘東 남녘南 어조사之 아름다울美

위(魏)나라의 공융(孔融)이 우번(虞翻)의 주역(周易)에 조예(造詣)가 깊음을 칭찬(稱讚)한 고사(故事).

동당벌이 같을同 무리 지을黨 칠伐 다를異

옳고 그름을 가리지 않고 같은 의견의 사람끼리 한패가 되고 다른 의견(意見)의 사람은 물리침. **당동벌이**(黨同伐異)

성군작당(成群作黨) 여러 사람이 모여 패를 지어 무리를 이룸.

표동벌이(標同伐異) 자기(自己)와 같은 사람을 표창(表彰)하고 다른 사람을 침.

동당형제 같을同 집堂 형兄 아우弟

사촌(四寸) 관계인 형과 아우.

당형제(堂兄弟), **종형제**(從兄弟)

동대서걸 동녘東 빌릴貸 서녘西 구걸할乞

「동에서 구하고 서에서 빌림」 여러 곳에서 빚을 짐.

사방(四方)으로 다니며 구걸(求乞)함.

동서개걸(東西丐乞)

동서대취(東西貸取) 이곳저곳에 빚을 짐.

동추서대(東抽西貸) 동쪽에서 뽑아내고 서쪽에서 빌림.

여위부과(如蝟負瓜) 고슴도치가 제 가시에 오이를 짊어지듯 함.

동도서기 동녘東 도리道 서녘西 도구器

「동양(東洋)의 도리(道理)와 서양(西洋)의 과학기술(科學技術)」 동양의 정신문화(精神文化)를 그대로 계승(繼承)하고 서양의 기술만 받아들이자는 구호(口號).

중체서용(中體西用) 본래(本來)의 유학(儒學)을 중심(中心)으로 하되 부국강병(富國强兵)을 하기 위해 근대(近代) 서양문명(西洋文明)을 받아들여야 한다는 주장(主張).

화혼양재(和魂洋才) 일본(日本)의 자국(自國) 것이 혼이고, 서양 것을 재(才)로 삼음. 근대화(近代化) 시기(時期)의 구호.

동도서말 동녘東 칠할塗 서녘西 칠할抹

「이리저리 마구 칠함」 이리저리 간신히 발라맞춤. 문필가(文筆家)가 자기 글을 낮추는 말.

미봉만환(彌縫漫漶) 그때그때 겨우 발라맞춰 나가던 일이 몹시 얽히고설킴.

하석상대(下石上臺) 아랫돌을 빼서 윗돌에 괴고 윗돌을 빼서 아랫돌을 굄.

동도주 동녘東 길道 주인主

동도주인 東 道 主 사람人

주인을 가리키는 말. 주인으로서 손님의 시중을 들거나 길을 안내(案內)하는 사람.

동동촉촉 골洞 洞 이을燭 燭

사랑하는 가운데 공경하는 마음이 있음.

긍긍업업(兢兢業業) 항상(恒常) 조심(操心)하고 공경(恭敬)하고 삼감.

섭수섭각(躡手躡脚) 소리가 나지 않게 조심히 걸음.

소심익익(小心翼翼) 마음을 작게 하고 공경함.

동두서미 동녘東 머리頭 서녘西 꼬리尾

제사상(祭祀床)을 차릴 때 머리와 꼬리를 분간(分揀)할 수 있는 음식(飮食)은 머리를 동쪽으로, 꼬리를 서쪽으로 놓아 차려야 함.

두동미서(頭東尾西)

동두철신 구리銅 머리頭 쇠鐵 몸身

동두철액 銅 頭 鐵 이마額

「구리 덩이 같은 얼굴에 쇳덩이 같은 이마」 성질(性質)이 모질고 완강(頑强)한 사람.

관계패가(冠鷄佩猳) 「수탁을 관모(官帽)로 쓰고, 멧돼지를 허리에 참」 용맹(勇猛)하고 거칠며 뜻이 곧음.

만부부당지용(萬夫不當之勇) 많은 사람으로도 당해 낼 수 없는 용기(勇氣)나 용맹.

동락태평 한가지同 즐거울樂 클太 평평할平

태평과 안락(安樂)을 같이 즐김.

동고동락(同苦同樂) 같이 고생(苦生)하고 같이 즐거워함.

안과태평(安過太平) 태평하게 지냄.

여인동락(與人同樂) 다른 사람과 더불어 즐김.

동량지기 마룻대棟 들보樑 어조사之 그릇器

「마룻대와 들보로 쓸 만한 재목(材木)」 나라의 중임(重任)을 맡을 만한 큰 인재(人材). **동량지재**(棟梁之材)

동량지신 마룻대棟 들보樑 어조사之 신하臣

한 나라의 중요(重要)한 책임(責任)을 맡아 수행(遂行)할 만한 신하(臣下).

동량지재 마룻대棟 들보樑 어조사之 재목材

「마룻대와 들보로 쓸 만한 재목(材木)」 한 집안이나 나라의 중심(中心)이 되어 이끌 젊은이. **동량지기**(棟樑之器)

간성지재(干城之材) 방패(防牌)와 성(城) 구실을 하는 인재(人材).

간성지장(干城之將) 방패와 성으로 나라를 지키는 장수(將帥).

공후간성(公侯干城) 나라의 방패와 성이 되는 장수(將帥).

구국간성(救國干城) 나라를 구하는 방패와 성.

국지간성(國之干城) 나라를 지키는 군인(軍人)들.

동량지신(棟樑之臣) 한 나라의 중요(重要)한 책임(責任)을 맡아 수행(遂行)할 만한 신하(臣下).

명세지웅(命世之雄) 한 시대(時代)를 바로잡아 구할 만한 뛰어난 인재.

동력탁덕 같을同 힘力 헤아릴度 덕德

병력(兵力)이 같으면 덕이 많고 적음을 헤아려 우열(優劣)을 가리고 승부(勝負)를 예측(豫測)함.

동류합오 함께同 무리流 합할合 더러울汚

「사람이 악한(惡漢)들과 휩쓸려 나쁜 일만 저지름」 나쁜 습속(習俗)에 휩쓸려 세상을 어지럽힘.

기세도명(欺世盜名) 세상(世上) 사람을 속여 헛된 명성(名聲)을 얻음.

난지점수(蘭芷漸滫) 「난초(蘭草)와 구릿대」 향초(香草)를 오줌에 담금. 착한 사람이 나쁜 것에 물듦.

사세혹중(斯世惑衆) 세상 사람을 속이고 미혹(迷惑)하게 함.

용인자요(庸人自擾) 사람이 어리석어서 스스로 어지럽힘.

혹세무민(惑世誣民) 세상 사람들을 속여 정신(精神)을 홀리고 세상을 어지럽힘.

동리가색 동녘東 울타리籬 아름다울佳 빛色

국화(菊花)를 그린 그림에 덧붙이는 화제(畫題). **동리여흥**(東籬餘興)

동리국 동녘東 울타리籬 국화菊

동리군자 東 籬 군자君 스승子

「동쪽 울타리 밑에 있는 군자」 국화(菊花)의 별칭(別稱).

상하걸(霜下傑) 서리 아래 걸물(傑物). 국화.

오상고절(傲霜孤節) 「서릿발이 심한 추위

속에서도 굴하지 않고 홀로 꼿꼿함」 충신(忠臣) 또는 국화.

화중은일(花中隱逸)「꽃 가운데에서 속세(俗世)를 떠나 숨어 있는 꽃」 국화.

황화만절(黃花晩節)「노란 꽃이 늦게까지 만발(滿發)한 계절(季節)」 국화.

동리상사 같을同 이로울利 서로相 죽을死

「이해(理解)를 같이하는 사람은 서로 사력(死力)을 다해 도움」 백성(百姓)의 이익(利益)을 위해 일을 하면 백성은 온 충성(忠誠)을 다 바침.

동리여흥 동녘東 울타리籬 남을餘 흥겨울興

국화(菊花)를 그린 그림에 덧붙이는 화제(畫題). **동리가색**(東籬佳色)

동맹삽혈 함께同 맹세할盟 마실歃 피血

희생(犧牲)을 잡아 서로 그 피를 들이마셔 입술을 벌겋게 하고, 서약(誓約)을 꼭 지킨다는 단심(丹心)을 신(神)에게 맹세(盟誓)하는 일. **삽혈동맹**(歃血同盟)

동명고강 동녘東 밝을明 연고故 강토疆
동명구양 東 明 오랠舊 땅壤

고구려(高句麗) 시조(始祖)인 동명성왕(東明聖王) 주몽(朱蒙)이 개척(開拓)한 땅.

동명상조 한가지同 밝을明 서로相 비칠照

「함께 서로 비춤」 같은 사람을 서로 찾음.
서로의 사상(思想)에 공감(共感)함.

동명상조 동류상구(同明相照 同類相求) 의견(意見)을 같이하는 사람은 자연(自然)히 일치(一致)됨.

동명이인 같을同 이름名 다를異 사람人

같은 이름을 가진 다른 사람.

동몽구아 아이童 어두울蒙 구할求 나我

어린아이가 나에게 배우기를 원함.

동무위사 움직일動 없을無 어길違 일事

행동(行動)이 정당(正當)하여 상도(常道)를 벗어남이 없음.

동문고래 같을同 글文 옛古 올來

고서(古書)에서 글을 인용(引用)할 때 문맥상(文脈上) 불필요(不必要)한 부분(部分)도 죄다 끌어다 늘어놓는 일.

동문동궤 한가지同 글文 同 차축軌

「온 천하(天下)의 수레가 바퀴의 폭(幅)이 같고, 문서(文書)는 글자가 같음」 통일(統一)된 천하. **거동궤서동문**(車同軌書同文)

천하일가(天下一家) 온 세상(世上)이 한 가정(家庭)임.

호월일가(胡越一家)「호와 월이 한 집같이 됨」 곧 중국 온 땅이 통일되었음.

거서합혼동(車書合混同) 통일된 세상에서는 같은 궤폭(軌幅)의 수레를 쓰고 같은 글자를 씀.

동문동종 한가지同 글文 同 씨種

두 나라가 사용(使用)하는 문자(文字)도 같고 겨레붙이도 같음.

동문서답 동녘東 물을問 서녘西 답할答

「동쪽을 묻자, 서쪽을 답함」 묻는 말에 대하여 아주 엉뚱한 방향(方向)으로 대답(對答)함. **문동답서**(問東答西)

현문우답(賢問愚答) 현명(賢明)한 물음에 대한 어리석은 대답.

〈혼사(婚事)를 말하는데 상사(喪事) 말한다〉

↔ **우문현답**(愚問賢答) 어리석은 질문(質問)에 대한 현명한 대답.

동문동학 같을同 글월文 同 배울學
동문수학 同 문하門 받을受 學
동문수학 同 門 닦을修 學

「같은 스승 밑에서 함께 배움」 한 문하(門下)에서 함께 공부(工夫)하는 것.

함께 공부한 사람들.

동문위붕 한가지同 문門 할爲 벗朋

같은 스승 밑에서 공부(工夫)하는 벗.

동문이호 한가지同 글월文 다를異 지게戶

같은 성인(聖人)의 문하(門下)에서 배웠으나 지취(旨趣)가 서로 다름.

동문수학(同門受學)한 처지(處地)나 학설(學說)이 다른 경우(境遇).

동미상투

같을同 아름다울美 서로相 투기할妒

「같은 정도(程度)의 미인(美人)은 서로 지나치게 시기(猜忌)함」 비슷한 실력자(實力者)끼리는 서로 경쟁(競爭)하고 투기(妬忌)함.

동방화촉 마을洞 방房 화려할華 촛불燭

「신부(新婦)의 방에 촛불이 아름답게 비침」 혼례(婚禮)를 치르고 나서 첫날밤을 신랑(新郞)이 신부 방에서 잠을 자는 의식(儀式).

취례(娶禮), **근례**(巹禮),

화촉지전(華燭之典), **화촉동방**(華燭洞房)

동병상련 같을同 병病 서로相 불쌍히憐

같은 병을 앓고 있는 사람끼리 서로 가엾게 여김.

동감공고(同甘共苦) 달고 쓴 것을 함께함.

동우상구(同憂相救) 같은 걱정이 있는 사람끼리 서로 동정(同情)하고 도움.

동주상구(同舟相救) 같은 배에 탄 사람이 배가 전복(顚覆)될 때 서로 힘을 모아 구조(救助)함.

양과분비(兩寡分悲) 두 과부(寡婦)가 슬픔을 서로 나눔.

오월동주(吳越同舟) 오나라와 월나라 사람이 같은 배에 탐.

지분혜탄(芝焚蕙歎) 지초(芝草)가 불타는 것을 혜초(蕙草)가 한탄(恨歎)함.

풍우동주(風雨同舟) 폭풍우(暴風雨) 속에 한 배를 탐.

혜분난비(蕙焚蘭悲) 혜초가 불에 타니, 난초(蘭草)가 슬퍼함.

환난여공(患難與共) 어려움에 함께 대처(對處)함.

호사토비(狐死兔悲) 여우가 죽으니, 토끼가 슬퍼함.

↔ **각행기사**(各行其事) 어떤 일에 각자(各自) 행동(行動)을 함.

반목성수(反目成讐) 서로 시기(猜忌)하고 미워하여 원수(怨讐)가 됨.

동부서도 동녘東 도울扶 서녘西 넘어질倒

「술에 취한 사람을 부축하는 것처럼 이리 붙들면 저리 넘어짐」 기르고 가르치는 일의 어려움.

동북공정 동녘東 북녘北 장인工 한도程

중국에서 만주(滿洲) 지방(地方)의 지리(地理)·역사(歷史)·민족(民族) 문제(問題) 따위를 연구(硏究)하는 국가(國家) 연구 사업(事業). 현재(現在)의 중국 영토(領土)에서 전개(展開)된 모든 역사를 중국의 역사로 만들기 위하여 2002년부터 추진(推進)하였음.

동분서주 동녘東 달릴奔 서녘西 달릴走

「동쪽으로 뛰고 서쪽으로 뜀」 이리저리 몹시 바쁘게 돌아다님.

동서분주(東西奔走), **동주서분**(東走西奔),

동행서주(東行西走), **동치서주**(東馳西走)

남선북마(南船北馬) 「남쪽은 배, 북쪽은 말」 사방(四方)으로 바쁘게 돌아다님.

마상득천하(馬上得天下) 말을 타고 싸우며 동분서주하여 천하(天下)를 얻음.

동불실시 움직일動 아닐不 잃을失 때時

행동(行動)해야 할 그때를 놓치지 않음.

동빙가절 얼凍 얼음氷 넉넉히可 꺾을折

「흐르는 물도 겨울철에 얼음이 되면 쉽게 부러짐」 사람의 강유(剛柔) 성질(性質)도 때에 따라 변함.

동빙가절 하목가결(冬氷可折 夏木可結) 물은 부드러우나 얼음이 되면 잘 깨지고, 여름 나무는 잘 영글어짐.

동빙한설 얼凍 얼음氷 찰寒 눈雪

「얼음이 얼고 찬 눈이 내림」 추운 겨울.

동장군(冬將軍) 혹독(酷毒)한 겨울을 의인화(擬人化)한 것.

혹한기(酷寒期) 몹시 추운 시기(時期).

북풍한설(北風寒雪) 북쪽에서 불어오는 된 바람과 차가운 눈.

엄동설한(嚴冬雪寒) 눈이 오고 몹시 추운 겨울.

현동소설(玄冬素雪) 「겨울과 흰 눈」 눈이 쌓인 겨울.

동산고와 동녘東 메山 높을高 누울臥

「동산에 높이 누워있음」 속세(俗世)의 번잡(煩雜)함을 피하여 산중(山中)에 은거(隱居)함.

암거혈처(巖居穴處) 바위틈에 살고 동굴(洞窟)에 거처(居處)함.

동산금혈 구리銅 메山 쇠金 구멍穴

「구리로 된 산과 금으로 된 굴」 무진장(無盡藏)으로 많은 재원(財源).

동산재기 동녘東 메山 다시再 일어날起

「동산에서 다시 일어남」 은퇴(隱退)한 사람이나 실패(失敗)한 사람이 재기하여 다시 세상에 나옴. **재기동산**(再起東山)

권토중래(捲土重來) 흙먼지를 일으키며 다시 돌아옴.

백폐구흥(百弊俱興) 쇠(衰)하여 없어진 온갖 일이 다시 일어남.

사회부연(死灰復燃) 죽은 재가 다시 불탐.

칠전팔기(七顚八起) 일곱 번 넘어져도 여덟 번 일어섬.

↔ **일패도지**(一敗塗地) 한 번 싸움에 패하여 땅에 떨어짐.

동상례 동녘東 평상床 예도禮

「동쪽 평상(平床) 위에서 배를 드러내 놓고 밥을 먹음」 혼례(婚禮)가 끝난 후 신랑(新郎)이 신부(新婦)의 집에서 마을 사람과 친구(親舊)들에게 음식(飮食)을 대접(待接)하는 일.

동상각몽 같을同 평상床 각자各 꿈夢

동상이몽 同 床 다를異 夢

「같은 침상(寢床)에서 서로 다른 꿈을 꿈」 겉으로는 같이 행동(行動)하면서 속으로는 각기 딴생각을 함.

같은 입장(立場)·일인데도 목표(目標)가 저마다 다름.

대답양단(對踏兩端) 「상반(相反)되는 양 끝을 밟음」 서로 다른 길을 감.

동색친구 한가지同 빛色 친할親 옛舊

한 색목(色目)에 속하는 친구.

같은 당파(黨派)의 친구.

동생공사 함께同 살生 함께共 죽을死

같이 살고 함께 죽음.

힘든 일을 함께 이긴 아주 막역(莫逆)한 사이. **공생공사**(共生共死)

동서개걸 동녘東 서녘西 빌丐 빌乞

동쪽 서쪽 사방(四方)으로 다니며 구걸(求乞)함.

동대서걸(東貸西乞) 동에서 구하고 서에서 빌림.

동서대취(東西貸取) 이곳저곳에 빚을 짐.

동추서대(東抽西貸) 동쪽에서 뽑아내고 서쪽에서 빌림.

동서고금 동녘東 서녘西 옛古 이제今

「동양(東洋)과 서양(西洋) 예와 지금(只今)」 모든 때와 모든 지역(地域).

고금동서(古今東西), **고금좌우**(古今左右)

동서대취 동녘東 서녘西 빌릴貸 취할取

여기저기 여러 곳에 빚을 짐.

〈빚이 대추나무 연(鳶) 걸리듯 함〉

동추서대(東推西貸), **동취서대**(東取西貸)

부채여산(負債如山) 남에게 진 빚이 산과 같음.

여위부과(如蝟負瓜) 고슴도치가 제 가시에 오이를 짊어지듯 함.

채대고축(債臺高築) 빚의 누대(樓臺)를 높이 쌓음.

동서분경 동녘東 서녘西 달릴奔 다툴競

「동서가 서로 다툼」 동서로 분주(奔走)히 돌아다니며 싸움.

동서분주 동녘東 서녘西 달릴奔 달릴走

「서쪽으로 뛰고 동쪽으로 뜀」 사방(四方)으로 이리저리 바삐 돌아다님.

동분서주(東奔西走)

동서불변 동녘東 서녘西 아닐不 변할變

「동쪽과 서쪽을 분별(分別)하지 못함」 안개 따위가 짙게 끼어서 주위(周圍)를 분간(分揀)하기 어려움.

몽매(蒙昧)하여 아무것도 모름.

몽연좌무(蒙然坐霧) 사리(事理)에 어둡고 어리석어 아무것도 모름.

준준무식(蠢蠢無識) 굼뜨고 어리석어 아무것도 알지 못함.

박자부지(博者不知) 모든 일에 다 통한다고 하는 따위의 사람은 한 가지에도 정통(精通)하지 못했으므로 도리어 아무것도 모름.

동서이경 동녘東 서녘西 둘二 서울京

동과 서에 두 서울이 있으니, 동경(東京)은 낙양(洛陽)이고 서경(西京)은 장안(長安).

동선하로 겨울冬 부채扇 여름夏 화로爐

「겨울의 부채와 여름의 화로(火爐)」 시기(時期)에 맞지 않아 쓸모없이 된 사물(事物).

하로동선(夏爐冬扇)

추풍단선(秋風團扇) 가을철의 부채.

동선행림

감독할董 신선仙 살구나무杏 수풀林

동봉(董奉)이 심은 살구나무가 숲을 이룸.

예만행림(譽滿杏林) 행림(살구나무 숲)의 명예(名譽)가 가득함.

행림춘만(杏林春滿) 「행림에 봄빛이 가득함」 의술(醫術)이 아주 빼어남.

동섬서홀 동녘東 번쩍할閃 서녘西 돌연忽

「동에서 번쩍 서에서 얼씬함」 이리 갔다 저리 갔다 함.

우왕좌왕(右往左往) 갈팡질팡함.

일래일왕(一來一往) 왔다 갔다 함.

창황분주(蒼黃奔走) 너무 급하여 수선스럽게 왔다 갔다 함.

동성동본 같을同 성姓 同 근본本

성(姓)과 본관(本貫)이 모두 같음.

동성불혼 같을同 성姓 아닐不 혼인할婚

같은 부계(父系) 혈족(血族) 간의 혼인(婚姻)을 피하는 일.

동성상응 같을同 소리聲 서로相 응할應

「같은 소리는 서로 응대(應對)함」 의견(意見)을 같이하면 자연(自然)히 서로 통하여 친해짐.

동기상구(同氣相求) 마음이 맞는 사람끼리

는 서로 찾아 친하게 모임.

동성연애 한가지同 성씨姓 사모할戀 사랑愛

자기(自己)와 성이 같은 사람끼리 연애(성적(性的)인 매력(魅力)에 이끌려 서로 좋아하여 사귐)함.

동성이속 같을同 소리聲 다를異 풍속俗

사람은 날 때는 다 같은 소리를 가지고 있으나, 성장(成長)함에 따라 언어(言語)·풍속(風俗)·습관(習慣)이 달라짐.

사람의 성질(性質)은 본래(本來)는 같으나 자라난 환경(環境)과 교육(教育)에 따라 선악(善惡)의 차이(差異)가 생김.

동수상응 움직일動 마땅히須 서로相 응할應

위기십결(圍棋十訣)의 하나로, 돌이 움직일 때는 주위(周圍)의 돌과 호응(呼應)해야 함.

동시다발 한가지同 때時 많을多 필發

어떤 일이 같은 시기(時機)에 한꺼번에 많이 일어나는 것.

동시효빈 동녘東 베풀施 본받을效 찡그릴矉

「동시(東施), 곧 못생긴 여자가 서시(西施)의 눈썹 찌푸림을 본받음」 시비(是非)나 선악(善惡)의 판단(判斷) 없이 남을 흉내 냄.

서시빈목(西施矉目) 「서시가 눈살을 찌푸림」 서시가 눈살 찌푸리는 것을 흉내를 냄.

동식서숙 동녘東 먹을食 서녘西 잘宿

「동쪽 집에서 먹고 서쪽 집에서 잠」 자기(自己)의 잇속을 차리기 위해 지조(志操) 없이 이리저리 빌붙음.

동가식서가숙(東家食西家宿)

동심여선 아이童 마음心 같을如 신선仙

아이의 마음은 신선(神仙)과 같다. 소파(小派) 방정환(方定煥) 선생(先生)의 묘비명(墓碑銘).

동실거생 한가지同 집室 살居 살生

동실동거 同 室 同 居

한집에서 같이 살아감.

동실조과 한가지同 집室 잡을操 창戈

「같은 집안끼리 창을 잡고 싸움」 집안싸움, 형제(兄弟) 싸움.

동지(同志)끼리 서로 싸움.

골육상쟁(骨肉相爭) 「뼈와 살이 서로 다툼」 형제, 동포(同胞)처럼 친족(親族) 사이에 서로 싸우는 모습.

동족상잔(同族相殘), **민족상잔**(民族相殘) 같은 겨레끼리 서로 해침.

반액지구(反掖之寇) 「겨드랑이 밑에서 모반(謀叛)하는 적(敵)」 내란(內亂).

소장지변(蕭墻之變) 담 안에서의 변란(變亂).

자두연기(煮豆燃萁) 콩깍지를 태워 콩을 삶음.

자중지란(自中之亂) 같은 패에서 일어나는 싸움.

접혈금정(蹀血禁庭) 「대궐(大闕)의 뜰에 유혈(流血)이 낭자(狼藉)하여 그것을 밟고 건널 정도(程度)였음」 아우가 형을 잔인(殘忍)하게 죽이고 왕위(王位)를 차지함. 형제간(兄弟間)의 살육(殺戮).

형제혁장(兄弟鬩墻) 형제가 울안에서 서로 싸움.

동심동덕 같을同 마음心 同 덕德

동심동력 同 心 同 힘力

마음을 합쳐 서로 도움.

마음과 힘을 한가지로 함.

같은 목표(目標)를 위해 다 같이 힘씀.

동심인성 움직일動 마음心 참을忍 성품性

「마음을 단단히 먹고 품성(品性)을 강인

(强韌)하게 함」 사람이 사업(事業)을 성취(成就)하려면 이러한 공부(工夫)가 필요(必要)함.

동심지언 한가지同 마음心 어조사之 말言

마음을 합친 말.

동심지언 기취여란(同心之言 其臭如蘭) 서로 마음을 합치(合致)시킨 사람들의 언행(言行)은 그 향기(香氣)가 난초(蘭草)와도 같음.

동심합력 같을同 마음心 합할合 힘力

동심협력 同 心 도울協 力

마음을 같이하여 힘을 합침.

마음을 같이 하여 힘을 내어 서로 도움.

동심해목 같을同 마음心 놀랄駭 눈目

깜짝 놀람.

동악(오)상조 같을同 악할惡 서로相 도울助

「악인(惡人)도 악한 일을 이루기 위해 서로 도움」 동류(同類)끼리 어울림.

동안거 겨울冬 편안安 살居

음력(陰曆) 10월 15일부터 이듬해 1월 15일까지 3개월 동안 승려(僧侶)들이 외출(外出)을 금하고 참선(參禪)을 중심(中心)으로 수행(修行)에만 전념(專念)하는 일.

하안거(夏安居), **일하안거**(一夏安居) 승려들이 음력 4월 15일부터 7월 15일까지 일정(一定)한 곳에 머물며 수도(修道)하는 일.

동업상구 같을同 업業 서로相 원수仇

동업자(同業者)는 이해관계(利害關係)로 서로 원수(怨讐)가 되기 쉬움.

동여삼상

움직일動 같을如 별자리參 별자리商

「자칫하면 삼성(參星)과 상성(商星)같이 멀어지게 됨」 인생(人生)에는 이별(離別)이 많아 서로 만나기 힘듦.

상견하만(相見何晩) 서로 만나기가 늦었음을 한탄(恨歎)함.

한상지만(恨相知晩) 서로 친구(親舊) 됨이 늦었음.

동여탈토 움직일動 같을如 벗을脫 토끼兎

「움직임이 달아나는 토끼 같음」 동작(動作)이 매우 민첩(敏捷)함.

탈토지세(脫兎之勢)

갈기분천(渴驥奔泉) 목마른 준마(駿馬)가 샘으로 달려감.

급어성화(急於星火) 별똥의 불빛같이 급하고 빠름.

기경유봉(機警有鋒) 기민(機敏)하고 빠름.

기기과극(騏驥過隙) 천리마(千里馬)가 틈새를 지남.

벽력섬전(霹靂閃電) 벼락과 번쩍거리는 번개.

보섭여비(步屧如飛) 걸음이 나는 듯이 매우 빠름.

성치시격(星馳矢激) 별똥이 떨어지듯, 화살이 세차게 날아가듯 함.

여마풍치(輿馬風馳) 수레와 말이 바람처럼 달림.

여조과목(如鳥過目) 나는 새가 눈앞을 스쳐 감.

오비토주(烏飛兎走) 「토끼가 달리고 까마귀가 낢」 세월이 빨리 흘러감.

전광석화(電光石火) 번개가 치거나 부싯돌이 부딪칠 때의 번쩍이는 빛.

진여격시(進如激矢) 쏜살같이 빠름.

차여유수(車如流水) 수레가 쏜살같이 흐르는 물 같음.

토기부거(兎起鳧擧) 토끼가 달리고 물오리가 날아오름.

동엽봉제 오동나무桐 잎葉 봉할封 아우弟

오동나무 잎으로 동생을 제후(諸侯)에 봉하는 것.

동오(악)상조 같을同 악할惡 서로相 도울助

「악인(惡人)도 악한 일을 이루기 위해 서로 도움」 동류(同類)끼리 어울림.

동오예현

아이童 까마귀烏 참여할預 현묘할玄

童烏는 양웅(揚雄)의 아들로, 아홉 살에 아버지와 심오(深奧)하고 시원한 노장(老莊)의 학문(學文)인 현학(玄學)을 논하였음.

동온하량 겨울冬 따뜻할溫 여름夏 서늘할凉

겨울은 따뜻하고 여름은 서늘함.

동온하정 겨울冬 따뜻할溫 여름夏 서늘할凊

겨울에는 따뜻하게, 여름에는 시원하게 돌보아 드림. **동난하정**(冬暖夏凊)

선침온금(扇枕溫衾) 베개 옆에서 부채를 부치고, 이부자리를 따뜻하게 함.

온정정성(溫凊定省) 겨울엔 따뜻하게, 여름엔 서늘하게, 밤엔 이부자리를 펴고, 아침엔 문안(問安) 드림.

혼정신성(昏定晨省) 저녁에는 잠자리를 보아 드리고 아침에는 문안 인사(人事)드림.

황향선침(黃香扇枕) 황향이 여름이면 부모님 베개에 미리 부채질을 해두어서 시원하게 주무실 수 있게 했다는 고사(故事).

동욕상추 같을同 하고자 할欲 서로相 달릴趨

「같은 생각을 하는 사람은 모두 그 일의 성취(成就)를 위하여 힘을 다함」 백성(百姓)이 생각하는 바를 따라 임금이 일하면, 백성은 모두 임금을 위하여 있는 힘을 다하여 일을 성취함. **동정상성**(同情相成)

동용서몰

동녘東 샘솟을湧 서녘西 가라앉을沒

「동쪽에서 솟아 서쪽에 가라앉음」 행동(行動)이 자유자재(自由自在)하며 신속(迅速)함.

귀출전입(鬼出電入) 귀신(鬼神)처럼 나타났다가 번개처럼 들어감.

신출귀몰(神出鬼沒), **신출귀행**(神出鬼行) 귀신처럼 나타났다가 귀신처럼 사라짐.

출몰무쌍(出沒無雙) 나타났다가 없어졌다가 하는 것이 비길 데 없이 심함.

홀현홀몰(忽顯忽沒) 문득 나타났다가 문득 없어짐.

동용주선 움직일動 얼굴容 두루周 돌旋

「몸을 갖는 태도(態度)와 일을 주선(周旋)하는 솜씨」 사람의 모든 행동(行動), 동작(動作), 용의(容儀) 및 진퇴(進退). 곧 사람의 모든 활동(活動).

기거동작(起居動作) 사람의 살아가는 일상(日常)의 모든 행동.

기거동정(起居動靜) 일상생활(日常生活)에서 몸의 움직임.

행동거지(行動擧止) 몸을 움직여 행하는 모든 동작이나 행동, 몸가짐 따위.

행주좌와(行住坐臥) 걷기・머물기・앉기・눕기 등 일상의 움직임.

동우각마 어린 소童 소牛 뿔角 말馬

「뿔이 없는 송아지와 뿔이 있는 말」 도리(道理)에 어긋남.

공화난추(空華亂墜) 허공(虛空)에 핀 꽃이 어지러이 흩어짐.

귀모토각(龜毛兔角) 거북의 털과 토끼의 뿔.

동우각마 불금불고(童牛角馬 不今不古) '동우각마'는 지금도 없고 옛적에도 없었다.

동우상구 같을同 근심할憂 서로相 구원할救

같은 걱정이 있는 사람끼리 서로 동정(同情)하고 도움.

동병상련(同病相憐) 같은 병을 앓고 있는 사람끼리 서로 가엾게 여김.

동감공고(同甘共苦) 달고 쓴 것을 함께함.

동주공제(同舟共濟) 같은 배에 탄 사람이

배가 전복(顚覆)될 때 서로 힘을 모아 구조(救助)함.

양과분비(兩寡分悲) 두 과부(寡婦)가 슬픔을 서로 나눔.

오월동주(吳越同舟) 오나라와 월나라 사람이 한배에 탐.

유유상종(類類相從) 같은 무리끼리 서로 사귐.

동우지곡 어린 소童 소牛 어조사之 우리牿

송아지를 외양간에 동여맴과 같이 자유(自由)가 없음.

농중조(籠中鳥) 조롱(새장) 속의 새.

교비역지(交臂歷指) 「팔과 손가락이 엇갈림」 속박당하는 모양(模樣).

구구이니(區區泥泥) 작디작은 일에 얽매임.

농조함원(籠鳥檻猿) 새장에 든 새와 우리에 갇힌 원숭이.

농조연운(籠鳥戀雲) 새장 속 새가 구름을 그리워함.

역마농금(櫪馬籠禽) 마구간의 말과 새장에 든 새.

우사계속(愚士繫俗) 어리석은 선비는 세속(世俗)에 얽매임.

이쇄명강(利鎖名韁) 명예(名譽)와 이익(利益)에 얽매어 신체(身體)의 자유가 없음.

지어농조(池魚籠鳥) 연못의 물고기와 새장 속의 새.

동원이파 한가지同 근원源 다를異 갈래派

「근본(根本)은 같으면서 끝이 다름」 한 근원(根源)에서 갈라진 여러 파.

동월무피 겨울冬 달月 없을無 피복被

「겨울에 의복(衣服)이 없음」 매우 가난함.

단갈불완(短褐不完) 짧은 털옷도 구비(具備)하지 못함.

수갈불완(裋褐不完) 해진 옷도 갖추지 못함.

역의병식(易衣竝食) 한 벌의 옷을 서로 바꾸어 가며 입고, 이삼일(二三日) 동안에 하루치의 밥을 먹음.

의결구천(衣結屨穿), **의리폐천**(衣履弊穿) 옷은 해져서 꿰매고 신은 떨어져 구멍이 남.

일구일갈(一裘一葛) 한 벌의 갖옷과 베옷.

착금현주(捉襟見肘) 옷깃을 여미면 팔꿈치가 드러남.

동위개념 한가지同 자리位 대개槪 생각念

같은 유개념에 딸린 같은 자격(資格)의 종개념(種槪念). 생물(生物)에서 동물(動物)과 식물(植物), 학문(學問)에 있어서 인문과학(人文科學)과 자연과학(自然--) 등.

대위개념(對位槪念), **등급개념**(等級槪念),
등위개념(等位槪念), **병립개념**(竝立槪念)

동육함기 움직일動 몸肉 머금을含 기운氣

「몸을 움직이고 숨을 쉼」 무의미(無意味)하게 그저 살아남아 있음을 탄식(歎息)함.

만시지탄(晩時之歎) 어떤 일에 맞는 때가 지났음을 안타까워하는 탄식.

망양지탄(望洋之歎) 넓은 바다를 바라보며 탄식함.

비육지탄(髀肉之嘆), **비육부생**(髀肉復生) 넓적다리에 헛된 살만 쪄 가는 것을 한탄(恨歎)함.

정설불식(井渫不食) 「아무리 우물을 깨끗하게 해도 남이 먹으려 하지 않음」 재능(才能)이 있으나 세상에 쓰이지 못함.

학명지탄(鶴鳴之歎) 벼슬하여 뜻을 펴지 못하고 초야(草野)에 묻혀 탄식함.

동음이의 같을同 소리音 다를異 옳을義

자음(字音)은 같으나 뜻이 다름.

동음이자 같을同 소리音 다를異 글자字

발음(發音)은 같으나 글자가 다름.

동이불화 같을同 말 이을而 아닐不 화할和

「부화뇌동(附和雷同)하되 조화(調和)를 이루지 못함」 진심(眞心)으로 화합(和合)을 이루지 못하는 소인(小人)의 사귐.

난만동귀(爛漫同歸) 옳지 않은 일에 함부로 어울려서 한통속이 됨.

부화뇌동(附和雷同) 아무 생각도 없이 남의 의견(意見)에 찬동(贊同)함.

수중축대(隨衆逐隊) 자기의 주견(主見) 없이 여러 사람의 틈에 끼어 덩달아 행동(行動)함.

아부영합(阿附迎合) 자기의 주견 없이 남의 말에 아부(阿附)하며 동조(同調)함.

추우강남(追友江南) 친구(親舊) 따라 강남 감.

↔ **화이부동**(和而不同) 조화(調和)를 이루지만 같아지지 않음.

동이습지 아이童 말 이을而 익힐習 어조사之

어릴 때 글을 배움.

동일지일 겨울冬 날日 어조사之 해日

「겨울날의 해」 겨울날의 태양(太陽)같이 온화(溫和)하고 화목(和睦)한 분위기(雰圍氣)가 가득함.

화기애애(和氣靄靄) 온화하고 화목한 기운(氣運)이 넘쳐흐름.

동자삭발 아이童 아들子 깎을削 터럭髮

어릴 때 출가(出家)하여 승려(僧侶)가 됨.

동자이음 같을同 글자字 다를異 소리音

글자가 같으나 음(音)이 다름.

동자지사 아이童 아들子 어조사之 스승師

어린아이의 스승.

글의 구두(句讀)와 쉬운 글과 초보적(初步的)인 학문(學問)을 가르치는 스승.

몽학선생(蒙學先生) 어린아이들을 가르치는 선생.

동자패휴 아이童 아들子 찰佩 뿔 송곳觿

「어린아이가 성인(成人)이 차는 뿔송곳을 참」 자기 분수(分數)에 넘치는 일을 함.

걸아득금(乞兒得錦) 거지 애가 비단(緋緞)을 얻음.

과분지사(過分之事) 분수에 넘치는 일.

비분지직(非分之職) 제 분수에 넘치는 직책(職責).

유만부동(類萬不同) 분수에 맞지 않음. 또는 정도(程度)에 넘침.

칠실지우(漆室之憂) 제 분수에 넘치는 일을 근심함.

동자하지 아이童 아들子 어찌何 알知

「어린아이가 무엇을 알까?」 어린아이처럼 사물(事物)의 이치(理致)를 모른다고 나무라는 말.

동작서성 동녘東 지을作 서녘西 이룰成

동작서수 東 作 西 거둘收

봄에 농사(農事)를 지어 가을에 거두어들임. 東은 춘(春), 西는 추(秋).

춘경추확(春耕秋穫) 봄에 밭을 갈고 가을에 곡식(穀食)을 거둬들임.

동장무간 한가지同 감출藏 없을無 사이間

「남녀(男女)의 의류(衣類)를 한 옷장에 넣고 따로따로 두지 않음」 늙어서 서로 스스럼이 없음.

남녀가 같은 방에서 거처(居處)함.

동절최붕

용마루棟 꺾을折 서까래榱 무너질崩

「용마루가 부러지면 서까래가 무너짐」 위에 있는 사람이 망하면 아래에 있는 사람까지도 망함.

↔ **계견승천**(鷄犬昇天) 「닭과 개들마저 하늘로

올라가 신선(神仙)이 됨」 한 사람이 출세(出世)하면 그 집에 딸린 사람들도 덩달아 덕을 보게 됨.

동점서피 동녘東 차차漸 서녘西 미칠被

차츰 동서로 옮겨 나감.

동정서벌 동녘東 칠征 서녘西 칠伐

「동쪽으로, 서쪽으로 정벌(征伐)함」 동서로 적군(敵軍)이나 죄(罪) 있는 무리를 침.

여러 나라를 이리저리 정벌함.

동정상성 한가지同 뜻情 서로相 이룰成

「같은 생각을 하는 사람은 모두 그 일의 성취(成就)를 위하여 힘을 다함」 백성(百姓)이 생각하는 바를 따라 임금이 일하면, 백성은 모두 임금을 위하여 있는 힘을 다하여 일을 성취함. **동욕상추**(同欲相趨)

동정식 한가지同 솥鼎 밥食

「한 솥의 밥을 먹음」 한 집에서 같이 삶.

동정운위 움직일動 고요할靜 이를云 할爲

사람의 언행(言行)이나 언동(言動).

동정춘색 마을洞 뜰庭 봄春 빛色

동정에서 나는 귤(橘)이 유명(有名)한 데, 그 귤로 담근 술. 송(宋)나라의 시인(詩人) 소식(蘇軾)의 글에 나온 말.

동조공관 한가지同 가지條 함께共 꿰뚫을貫

같은 조항(條項)이나 항목(項目)으로써 끝까지 같게 꿰뚫음.

맥락관통(脈絡貫通) 사물(事物)의 이치(理致)나 일의 도리(道理)가 한결같이 통하여 있음.

수미상응(首尾相應) 「머리와 꼬리」 처음과 끝이 서로 이어 통함.

수미일관(首尾一貫) 일 따위를 처음부터 끝까지 한결같이 함.

시종일관(始終一貫), **시종불투**(始終不渝) 처음과 끝, 시작(始作)과 마무리가 한결같음.

일맥상통(一脈相通) 생각이나 처지(處地), 상태(狀態) 등이 한 줄기로 서로 통함.

동조동근 같을同 조상祖 同 뿌리根

「조상(祖上)이 같고 근본(根本)이 같음」 일제(日帝)가 우리나라를 동화(同化)시키기 위해 만들어 낸 말.

동조서망 동녘東 멀리 볼眺 서녘西 내다볼望

동쪽과 서쪽을 멀리 바라봄.

사방(四方)을 바라봄.

동첨서망(東瞻西望)

동족방뇨 얼凍 발足 놓을放 오줌尿

「언 발에 오줌 누기」 잠시 효력(效力)이 있을 뿐, 그 효력은 없어지고 마침내 더 나쁘게 될 일을 함.

미봉책(彌縫策) 실로 꿰매는 방책(方策).

갈택이어(竭澤而漁) 연못을 말려 고기를 잡음.

고식지계(姑息之計) 당장(當場)의 편한 것만 택하는 일시적(一時的)이며 임시변통의 계책(計策).

구차미봉(苟且彌縫) 대충 없던 일로 하고 지나가는 태도(態度).

권의지계(權宜之計) 일관성(一貫性) 없이 즉흥적(即興的)이고 편의적(便宜的)으로 바뀌는 계책.

미봉만환(彌縫漫漶) 그때그때 겨우 발라맞춰 나가던 일이 몹시 얽히고설킨 것.

분림이전(焚林而畋) 숲을 태워 짐승을 잡음.

살계취란(殺鷄取卵) 닭을 죽여 달걀을 꺼냄.

상하탱석(上下撑石) 윗돌을 빼서 아랫돌을 괴고, 아랫돌을 빼서 윗돌을 굄.

엄이투령(掩耳偸鈴) 귀를 막고 종(鐘)을 훔

침.

엄목포작(掩目捕雀) 귀를 막고 새를 잡음.

음짐지갈(飮鴆止渴) 짐주(짐독을 섞은 술)를 마셔 갈증(渴症)을 그치게 함.

임시방편(臨時方便) 필요(必要)에 따라 그때그때 정해 일을 쉽고 편리(便利)하게 치를 수 있는 수단(手段).

임시변통(臨時變通) 예기치 않던 일을 당하여 우선(于先) 아쉬운 대로 둘러맞춰서 잠시(暫時) 처리(處理)함.

임시처변(臨時處變) 기회(機會)에 따라 처리(處理)함.

하석상대(下石上臺) 아랫돌을 빼서 윗돌을 괴고 윗돌을 빼서 아랫돌을 굄.

할고담복(割股啖腹) 빈속을 채우려고 허벅지 살을 베어먹음.

홀륜탄조(囫圇呑棗)「대추를 통째로 삼킴」사물을 흐리멍덩하게 이해(理解)하고 대충 넘어감.

↔ **교자채신**(敎子採薪)「자식(子息)에게 땔나무 캐 오는 법을 가르침」근시적(近視的)인 안목(眼目)을 지양(止揚)하고 근본적(根本的)인 대책(對策)을 마련해야 함.

동족상잔 같을同 겨레族 서로相 죽일殘
동족상쟁 同 族 相 다툴爭

동족끼리 서로 싸우고 죽임.

골육상쟁(骨肉相爭) 뼈와 살이 서로 다툼.

동실조과(同室操戈) 동지(同志)끼리 서로 싸움.

민족상잔(民族相殘) 같은 겨레끼리 싸우고 해침.

소장지란(蕭墻之亂) 담 안에서의 변란(變亂).

자중지란(自中之亂) 같은 패에서 일어나는 싸움.

형제혁장(兄弟鬩墻) 형과 동생이 울안에서 서로 싸움.

동종동문 같을同 씨種 同 글文

인종(人種)이 같고 문자(文字)도 같음.

동문동종(同文同種)

동주공제 같을同 배舟 함께共 건널濟
동주상구 同 舟 서로相 구할救

「같은 배에 탄 사람이 배가 전복(顚覆)될 때 서로 힘을 모아 구조(救助)함」이해관계(利害關係)가 같은 사람은 알거나 모르거나 간에 서로 돕게 됨.

동주제강(同舟濟江)

동고동락(同苦同樂) 괴로움도 즐거움도 함께함.

분감공고(分甘共苦) 즐거움과 괴로움을 함께함.

빈천고락(貧賤苦樂) 가난하고 어려울 때 괴로움과 즐거움을 같이함.

오월동주(吳越同舟) 오나라와 월나라 사람이 같은 배에 탐.

동병상련(同病相憐) 같은 병을 앓고 있는 사람끼리 서로 가엾게 여김.

양과분비(兩寡分悲) 두 과부(寡婦)가 슬픔을 나눔.

풍우동주(風雨同舟) 폭풍우(暴風雨) 속에 한 배를 탐.

환난여공(患難與共) 어려움에 함께 대처(對處)함.

↔ **각행기사**(各行其事) 어떤 일에 각자(各自) 행동(行動)을 함.

반목성수(反目成讐) 서로 시기(猜忌)하고 미워하여 원수(怨讐)가 됨.

동주서고 동녘東 달릴走 서녘西 돌아볼顧

「동쪽으로 달려가서 서쪽을 돌아봄」여러 곳에 마음을 씀.

↔ **일심불란**(一心不亂), **전심치지**(專心致志) 오직 한 가지 일에만 마음을 씀.

동주서분 동녘東 달릴走 서녘西 달아날奔

이리저리 바쁘게 돌아다님.

동분서주(東奔西走)

동주시대 동녘東 두루周 때時 시대代

「기원전(紀元前) 403년에서 221년 사이의 시기(時期)」 전반기(前半期)를 춘추시대(春秋時代), 후반기(後半期)를 전국시대(戰國時代)로 나눔.

군웅할거(群雄割據) 많은 영웅(英雄)이 서로 한 지방(地方)씩을 차지하여 세력(勢力)을 다툼.

동주제강 같을同 배舟 건널濟 강江

「같은 배를 타고 강을 건넘」 원수(怨讐)끼리도 한 가지 일을 위해서는 같은 배를 타고 서로 구함.

동주공제(同舟共濟), **동주상구**(同舟相救)

오월동주(吳越同舟) 오나라와 월나라 사람이 같은 배에 탐.

동즉사례 움직일動 곧則 생각思 예도禮

행동(行動)할 때는 반드시 예도(禮度)에서 벗어나지 않도록 조심(操心)함.

동지 겨울冬 이를至

이십사절기(二十四節氣)의 하나. 대설(大雪)과 소한(小寒) 사이에 들며 태양(太陽)이 동지점(冬至點)을 통과(通過)하는 때인 12월 22일이나 23일경이다. 북반구(北半球)에서는 일 년 중 낮이 가장 짧고 밤이 가장 길다.

동지시식 겨울冬 이를至 때時 먹을食

동짓날에 먹는 음식(飮食). 주로 팥죽을 먹음.

동천경지 움직일動 하늘天 놀랄驚 땅地

「하늘을 움직이게 하고 땅을 놀라게 함」 세상(世上)을 놀라게 함. **경천동지**(驚天動地)

경심동백(驚心動魄) 마음이 놀라고 혼백(魂魄)이 동요(動搖)함.

기절초풍(氣絶招風) 정신(精神)을 잃고 경기(驚氣)를 일으킬 정도(程度)로 매우 놀람.

번천흔지(翻天掀地) 하늘이 뒤집히고 땅이 흔들림.

석파천경(石破天驚) 돌이 깨지니 하늘이 놀람.

진천해지(震天駭地) 하늘을 놀라게 하고 땅을 흔듦.

진천동지(震天動地) 하늘을 진동(振動)시키고 땅을 놀라게 함.

흔천동지(掀天動地) 하늘을 치켜들고 땅을 움직임.

동천복지 골짜기洞 하늘天 복福 땅地

산으로 쌓이고 내에 둘린 경치(景致) 좋은 곳과 복(福)된 땅.

명구승지(名區勝地) 이름난 지구(地區)와 경치가 좋은 곳.

십대동천(十大洞天) 도가(道家)에서 여러 신선(神仙)이 살고 있다는 열 군데의, 산과 내로 둘러싸인 경치 좋은 곳.

제일강산(第一江山) 경치가 썩 좋기로 첫째갈 만한 산수(山水).

동첨서망 동녘東 멀리 볼瞻 서녘西 내다볼望

동쪽과 서쪽을 멀리 바라봄.

사방(四方)을 바라봄. **동조서망**(東眺西望)

동첩견패 움직일動 빈번할輒 볼見 패할敗

무슨 일이든지 해보려고 문득 움직이기만 하면 번번(番番)이 패하고 손해(損害)를 봄.

도처낭패(到處狼狽) 일마다 모두 실패함.

반간불계(反間不界) 모든 일을 진행(進行)하여 관철(貫徹)하지 못함.

백사불성(百事不成), **매사불성**(每事不成) 하는 일마다 모두 이루지 못함.

사사무성(事事無成) 한 가지 일도 이루지 못하거나 하는 일마다 다 실패함.

십전구착(十顚九錯) 「열 번 엎어지고 아홉 번 넘어짐」 하는 일마다 순조(順調)롭지 못하여 고생(苦生)함.

일사무성(一事無成) 한 가지도 이룬 일이 없음.

전돈낭패(顚頓狼狽) 자빠지고 엎어지며 갈팡질팡하는 모양(模樣).

촉처봉패(觸處逢敗) 가서 닥치는 곳마다 낭패(狼狽)를 당함.

상하사불급(上下寺不及) 위에 미치기에는 짧고, 아래에 대기에는 긺.

↔ **백사대길**(百事大吉) 모든 일이 다 길함.

동첩득구 움직일動 빈번할輒 얻을得 미움咎

자칫 남에게 욕(辱)을 먹음.

남의 원한(怨恨)을 사기 쉬움.

용동다원(勇動多怨) 용맹(勇猛)하고 실행(實行)에 잘 옮기는 사람은 원한을 사는 일이 많음.

동첩득방 움직일動 빈번할輒 얻을得 비방할謗

무엇을 하려고만 하면 남에게 비난(非難)을 받음.

동체이명 같을同 몸體 다를異 이름名

몸은 같으나 이름이 다름.

동추서대 동녘東 밀推 서녘西 빌릴貸

이곳저곳에서 빚을 짐.

동서대취(東西貸取), **동취서대**(東取西貸)

동충서돌 동녘東 찌를衝 서녘西 갑자기突

「동쪽으로 충돌(衝突)하고 서쪽으로 돌진(突進)함」 아무나 구분(區分)하지 않고 함부로 맞닥뜨림.

좌충우돌(左衝右突) 이리저리 닥치는 대로 부딪침.

동충하초 겨울冬 벌레蟲 여름夏 풀草

겨울에는 벌레이던 것이 여름에는 풀로 변한다는 버섯류. 자낭균류(子囊菌類) 맥각균목(麥角菌目) 동충하초과에 속한 버섯류.

동취서대 동녘東 가질取 서녘西 빌릴貸

이곳저곳에서 빚을 짐.

동추서대(東推西貸), **동서대취**(東西貸取)

동치서주 동녘東 달릴馳 서녘西 달릴走

「동쪽으로 뛰고 서쪽으로 뜀」 이리저리 몹시 바쁘게 돌아다님.

동분서주(東奔西走), **동서분주**(東西奔走),
동주서분(東走西奔), **동행서주**(東行西走)

동침동금 같을同 베개枕 同 이불衾

한 이부자리에서 베개를 베고 잠을 잠.

동타형극 구리銅 낙타駝 가시荊 가시棘

「구리로 만든 낙타가 가시덤불 속에 묻혀 있음」 궁전(宮殿)이나 왕족(王族)들의 산소(山所), 나라의 동산이 폐허(廢墟)가 됨.

형극동타(荊棘銅駝)

동탄부득 움직일動 쏠彈 아닐不 얻을得

곤란(困難)한 지경(地境)에 빠져서 꼼짝할 수가 없음.

갱무도리(更無道理) 다시 어찌할 도리가 없음.

계무소출(計無所出) 계책(計策)이 나올 곳이 없음.

막가내하(莫可奈何), **무가내하**(無可奈何) 어찌할 수 없음.

말여지하(末如之何) 아주 엉망이 되어서 어찌할 도리가 없음.

무위무책(無爲無策) 하는 일도 없고 취할 방도(方途)나 대책(對策)도 없음.

백계무책(百計無策) 온갖 계책이 다 소용(所用)이 없음.

백약무효(百藥無效) 온갖 약이 모두 효험(效驗)이 없음.

속수무책(束手無策) 손이 묶여 어떤 계책도 세울 수 없음.

일주막전(一籌莫展) 한 가지 방법(方法)도 생각해 내지 못함.

졸난변통(猝難變通) 뜻밖에 일을 당하여 조처(措處)할 도리가 없음.

축계망리(逐鷄望籬) 닭 쫓던 개 지붕 쳐다보듯 함.

토붕와해(土崩瓦解) 흙이 무너지고 기와가 깨짐.

↔ **기관산진**(機關算盡) 여러 가지 계략(計略)을 다 씀.

천방백계(千方百計)「백이나 천 가지의 방책(方策)과 계략」온갖 꾀.

동퇴서비 동녘東 무너질頹 서녘西 무너질圮

사람이나 물건(物件)이 이리저리 쓰러짐. 이리저리 쏠림.

동패서상 동녘東 부서질敗 서녘西 잃을喪

이르는 곳마다 실패(失敗)하거나 망함.

동표서랑 동녘東 떠다닐漂 서녘西 물결浪

정처(定處) 없이 이리저리 떠돌아다님.

남부여대(男負女戴) 사람들이 살 곳을 찾아 이리저리 떠돌아다님.

부운종적(浮雲蹤跡) 사라지거나 떠난 뒤에 그 흔적(痕迹)이 일정(一定)하지 않게 이리저리 떠돌아다님.

사해위가(四海爲家) 천하(天下)를 제집으로 만듦.

유리표박(流離漂迫) 일정한 거처(居處) 없이 이곳저곳 떠돌아다님.

일소부재(一所不在) 한곳에 오래 있지 않음.

조동모서(朝東暮西) 아침에는 동쪽에 있다가 저녁에는 서쪽에 머묾.

평종미정(萍蹤靡定) 말 풀과 같이 사방(四方)으로 흩어져서 일정한 장소(場所)에 머물러 살지 않음.

표표탕탕(飄飄蕩蕩) 바람이나 물결에 나부끼거나 흔들림. 정처 없이 떠돌아다님.

행려병자(行旅病者) 일정한 거처 없이 객지(客地)로 떠돌다 병이 들어도 보살펴 줄 사람이 없는 자.

동가식서가숙(東家食西家宿) 동쪽 집에서 먹고 서쪽 집에서 잠.

동풍신연 동녘東 바람風 새新 제비燕

동풍을 따라 새로 나온 제비.

동풍취마이 동녘東 바람風 불吹 말馬 귀耳

「말의 귀에 동풍이 붊」아무런 감각(感覺)이나 반응(反應)이 없음.

마이동풍(馬耳東風)

동학지의 같을同 배울學 어조사之 정誼

함께 공부(工夫)하여 친해진 정(情).

동해부인 동녘東 바다海 지아비夫 사람人

홍합(紅蛤)의 별칭(別稱).

해폐(海蜌), **담채**(淡菜)

동해빙석 얼凍 풀解 얼음氷 풀釋

얼음이 풀리듯 의문(疑問)이 해소(解消)됨.

골의지요(滑疑之耀) 마음속의 의심(疑心)스럽던 일이 마침내 환하게 밝아짐.

백구무하(白垢無瑕) 결백(潔白)하여 아무런 잘못이나 허물이 없음.

빙석이순(氷釋理順) 얼음이 풀리듯 순리(順理)대로 됨.

청천백일(青天白日)「맑게 갠 하늘에서 밝게 비치는 해」혐의(嫌疑)나 원죄(冤罪)가 풀려 무죄(無罪)가 됨.

환연빙석(渙然氷釋) 얼음이 녹듯이 마음에 한 점의 의심(疑心)도 남기지 않고, 의혹(疑惑)이나 미혹(迷惑)이 풀림.

동해양진 동녘東 바다海 오를揚 티끌塵

「동쪽 바다에서 먼지가 오름」 바다가 육지(陸地)로 변함.

격세지감(隔世之感) 진보(進步)와 변화(變化)를 많이 겪어서 다른 세상과 같은 느낌.

고안심곡(高岸深谷) 높은 언덕도 함몰(陷沒)되어 골짜기가 되고 골짜기도 흙이 쌓이면 언덕이 됨.

능곡지변(陵谷之變) 언덕이 변하여 골짜기가 되고 골짜기가 변하여 언덕이 됨.

상전벽해(桑田碧海) 뽕나무밭이 푸른 바다로 변함.

연변작뢰(淵變作瀨) 「연못이 변하여 여울이 됨」 세상의 변천(變遷)이 심함.

인망물재(人亡物在) 사물(事物)은 예전대로 있으나 같이 본 그 사람은 지금 없음.

창상지변(滄桑之變) 푸른 바다가 뽕나무밭이 됨.

화옥산구(華屋山丘) 화려(華麗)했던 집이 산과 구릉(丘陵)으로 변함.

동행서주 동녘東 갈行 서녘西 달릴走

이리저리 바삐 돌아다니는 일.

동분서주(東奔西走)

동호상추 같을同 좋아할好 서로相 달아날趨

취미(趣味)나 즐기고, 좋아하는 바가 같은 사람은 같은 방향(方向)으로 달려감.

기미상적(氣味相適), **기미상합**(氣味相合) 생각하는 바나 취미가 서로 맞음.

웅창자화(雄唱雌和) 새의 암컷과 수컷이 의좋게 서로 지저귐.

의기투합(意氣投合) 마음이 서로 맞음.

지기상합(志氣相合) 두 사람의 뜻이 서로 맞음.

동호지필 감독할董 여우狐 어조사之 붓筆
동호직필 董 狐 곧을直 筆

「동호의 곧은 붓」 죽음을 두려워하지 않고 사실(事實)을 바르게 기록(記錄)함.

거실현탈(據實懸頉) 「탈이 난 실상(實狀)을 사실(事實)대로 문서(文書)에 기입(記入)함」 흠(欠)을 사실대로 적어 넣음.

경정직행(徑情直行) 조금도 꾸밈이 없이 마음 내키는 대로 곧이곧대로 함.

태사지간(太史之簡) 「역사가(歷史家)의 역사」 역사를 기록함에 사실을 숨기지 않고 그대로 직필함.

동홍선생 겨울冬 횃불烘 먼저先 날生

「겨울철에 방 안에 앉아서 불만 쬐고 있는 훈장(訓長)」 학문(學文)에만 열중(熱中)하여 세상 물정(世上物情)에 어두운 사람.

백면서생(白面書生) 희고 고운 얼굴에 글만 읽는 사람.

일개서생(一介書生) 아무 쓸데 없는 독서인(讀書人).

책상퇴물(冊床退物) 글만 배우던 사람으로, 산지식이 없고 세상 물정에 어두운 사람.

폐호선생(閉戶先生) 문을 닫은 선생.

두강해우 막을杜 편안康 풀解 근심憂

「술로 근심을 풂」 杜康은 최초(最初)로 술을 만든 사람의 이름으로 술을 다르게 부르는 말.

도깨비 뜨물 '술'의 다른 이름.

소수추(掃愁帚) 수심(愁心), 근심하는 마음을 쓸어 내는 빗자루.

조시구(釣詩鉤) 「시정(詩情)을 끌어내는 갈고리」 술.

맥곡지영(麥曲之英) 알코올 성분(成分)이 들어있어 마시면 취(醉)하는 음료(飮料).

옥정추향(玉井秋香) 「옥 우물의 가을 향기(香氣)」 좋은 물과 수확(收穫)한 햇곡식(-穀食)으로 빚은 술.

차망우물(此忘憂物) 이 술이란? 시름을 잊는 물건(物件).

천지미록(天之美祿) 하늘이 내려준 좋은 녹.

벌성지광약(伐性之狂藥) 「인성(人性)을 해치고 미치게 하는 약」 술.

두거기처 굼벵이蠹 살居 바둑碁 곳處

「굼벵이가 나무 속에 살며 바둑돌이 바둑판 위에 흩어져 있음」 나쁜 사물(事物)이 여기저기 흩어져 있음.

두고종례 담을杜 짚槀 쇠북鍾 종隸

두도(杜度)의 초서(草書)와 종요(鍾繇)의 예서(隸書).

두고종례 칠서벽경(杜槀鍾隸 漆書壁經) 두도의 초서와 종요의 예서가 있고, 옻칠로 쓴, 경전(經典)이 벽 속에 있다.

두곡지록 한 말斗 한 섬斛 어조사之 녹봉祿

얼마 안 되는, 소관(小官)의 녹.

담석지록(儋石之祿) 얼마 되지 않는 녹봉.

두미관유(斗米官遊) 얼마 안 되는 녹봉(祿俸)을 받기 위해 관리(官吏)가 되어 고향(故鄕)을 멀리 떠나 근무(勤務)함.

두승지록(斗升之祿) 말과 되의 녹봉.

↔ **식육지록**(食肉之祿) 고기를 먹을 만한 녹봉.

양이천석(良二千石) 「어진 이천 섬」 이천 석의 녹봉을 받는 훌륭한 관리.

두구과족 닫을杜 입口 쌀裹 발足

「입을 다물고 아무 말도 하지 않으며 발을 동여서 걷지도 않는 것」 마음속에 우러나 반감(反感)이 있으면서도 의견(意見)을 말하지 않고 무슨 일에 함께 종사(從事)하려고도 하지 않는 태도(態度).

두구부곡

너 되 들이豆 지경區 엿 말 되들이釜 한 섬斛 넷 모두 용적(容積)을 나타내는 말.

두구탄성 닫을杜 입口 삼킬呑 소리聲

「입을 닫고 소리를 삼킴」 침묵(沈默)하고 말하지 않음.

겸구고장(箝口枯腸) 입을 닫고 말하지 않음.

금구폐설(金口閉舌) 귀중(貴重)한 말을 할 수 있는 입을 다물고 혀를 놀리지 않음.

함구무언(緘口無言) 입을 봉하여 말이 없음.

두국병민 좀먹을蠹 나라國 병들病 백성民

「나라를 좀먹고 백성(百姓)을 병들게 함」 나라와 국민(國民)에게 해독(害毒)을 끼침.

어란토붕(魚爛土崩) 「물고기가 문드러지고 흙이 무너짐」 한 권력자(權力者)의 부패(腐敗)한 정치(政治)로 인해 온 사회(社會)가 혼란(混亂)하고 국민이 해(害)를 입는 상황(狀況).

두기지유 콩豆 콩깍지萁 어조사之 이를喩

「콩깍지를 때서 콩을 볶음」 형세(兄弟)끼리 못살게 굶.

골육상쟁(骨肉相爭) 뼈와 살이 서로 다툼.

동족상잔(同族相殘), **민족상잔**(民族相殘) 같은 겨레끼리 서로 해침.

동실조과(同室操戈) 동지(同志)끼리 서로 싸움.

소장지변(蕭墻之變) 담 안에서의 변란(變亂).

자두연기(煮豆燃萁) 콩깍지를 태워 콩을 삶음.

자중지란(自中之亂) 같은 패에서 일어나는 싸움.

형제혁장(兄弟鬩墻) 형과 아우가 울안에서 서로 싸움.

화기소장(禍起蕭墻) 재앙(災殃)이 담장 안에서 일어남.

두남일인 별 이름斗 남녘南 한一 사람人

「북두칠성(北斗七星) 이남(以南)에서 제일(第一)인 사람」 온 천하(天下)에서 제일(第一)가는 현인(賢人).

계림일지(桂林一枝) 「계수나무 숲의 가지 하나」 재능(才能)과 학식(學識)이 뛰어난 사람.

극선일지(郤詵一枝) 진나라 극선이 무제(武帝)에게, '나의 대책(對策)이 천하제일이다' 라고 한 말.

재관이유(才貫二酉) 재능과 학식이 소유산과 대유산을 관통(貫通)할 정도(程度)임.

해내무쌍(海內無雙) 천하에 둘도 없음.

두동미서 머리頭 동녘東 꼬리尾 서녘西

제사(祭祀)의 제물(祭物)을 진설(陳設)할 때, 생선(生鮮)의 머리는 동쪽을 향(向)하고 꼬리는 서쪽을 향(向)하게 놓음.

동두서미(東頭西尾)

두서미동(頭西尾東) 생선의 머리는 서쪽을 향하게, 꼬리는 동쪽을 향하게 놓음.

두동치활 머리頭 아이童 이齒 뚫릴豁

산에 초목(草木)이 없음을 童이라 하고, 이가 빠져서 구멍이 보임을 豁이라 함.

머리가 벗어지고 이가 빠짐.

노인(老人)이 됨.

두두물물 머리頭 頭 만물物 物

모든 종류(種類)의 여러 가지. 가지가지.

각양각색(各樣各色) 사람마다 각각 다름.

각양각태(各樣各態) 각기(各其) 다른 여러 가지 모양(模樣)과 상태(狀態).

각인각설(各人各說) 사람마다 주장(主張)하는 의견(意見)이나 설이 제각각 다름.

각인각성(各人各姓) 각 사람이 모두 성이 다름.

각인각양(各人各樣) 사람마다 낯빛이 모두 다름.

다종다양(多種多樣) 가짓수나 양식(樣式), 모양이 여러 가지로 많음.

만단무방(萬端無方) 가지각색이어서 일정(一定)한 규정(規程)이 없음.

백인백색(百人百色) 사람마다 제각기 다른 특색(特色)이 있음.

종종색색(種種色色) 여러 가지 종류(種類).

형형색색(形形色色) 모양이나 빛깔이 서로 다른 여러 가지.

두두시도 머리頭 頭 이是 길道

일의 되어 가는 순서(順序)가 분명(分明)함.

〈'두려움'과 관련된 한자성어(漢字成語)〉

경궁지조(驚弓之鳥), **상궁지조**(傷弓之鳥) 화살을 한 번 맞아 상처(傷處)를 입었던 새.

경심도담(驚心悼膽) 마음이 놀라고 담이 떪.

골경신해(骨驚神駭) 뼈와 정신(精神)이 놀람.

골경심한(骨驚心寒) 매우 놀라워 마음이 서늘함.

국지척천(跼地蹐天) 땅이 꺼질까 봐 발끝으로 디디고 하늘에 부딪힐까 몸을 구부림.

대경차악(大驚且愕) 몹시 깜짝 놀람.

막감개구(莫敢開口) 감히 입을 열지 못함.

배궁사영(杯弓蛇影), **사영배궁**(蛇影杯弓) 술잔 속에 비친 활 그림자를 뱀으로 착각(錯覺)함.

병식외구(屛息畏懼) 숨을 죽이고 두려워함.

불감앙시(不敢仰視) 두려워서 감히 보지 못함.

불감출두(不敢出頭) 두려워서 감히 머리를 내밀지 못함.

불한이율(不寒而慄) 춥지도 않은데 몸을 벌벌 떪.

소삭축률(銷鑠縮栗) 득의(得意)한 마음이나 기개(氣槪)가 쇠하여 사그라지고 위축(萎縮)되어 두려워함.

악양파한(握兩把汗) 두 손에 땀을 쥠.

약붕궐각(若崩厥角) 짐승이 그 뿔에 무너지는 듯함.

오우천월(吳牛喘月) 오나라 소는 달을 보고도 헐떡거림.

외수외미(畏首畏尾) 머리도 두려워하고 꼬리도 두려워함.

월견폐설(越犬吠雪) 월나라 개가 눈을 보고 짖음.

유공불급(猶恐不及) 오직 미치지 못할까 두려워함.

유여강토(柔茹剛吐)「연한 것은 먹고 딱딱한 것은 뱉음」약자(弱者)를 업신여기고 강자(强者)를 두려워함.

일희일구(一喜一懼) 한편으로 기뻐하고 한편으로는 두려워함.

징갱취제(懲羹吹虀) 뜨거운 국에 데더니 냉채(冷菜)를 먹을 때도 붊.

징선기여(懲船忌輿) 뱃멀미에 데었거나 난선(難船) 당한 적이 있어서 수레 타기를 꺼림.

초목개병(草木皆兵) 초목이 모두 군사(軍士)로 보임.

촉견폐일(蜀犬吠日) 촉나라 개들이 해를 보면 신기(神奇)해서 짖음.

투서기기(投鼠忌器)「쥐를 잡으려 하나 그 옆의 그릇이 상할까 염려(念慮)함」간신(奸臣)을 제거(除去)하려 하나 임금께 해를 끼칠까 두려워함.

풍성학려(風聲鶴唳)「바람 소리와 학의 울음소리」작은 소리에도 몹시 놀람.

외인지다언(畏人之多言) 세상 사람들이 비방(誹謗)하는 것을 두려워함.

인파노래빈(人怕老來貧) 사람은 노후(老後)의 가난을 두려워함.

두로이판 머리頭 두개골顱 이미已 떨어질判

「두개골(頭蓋骨)이 이미 벌어짐」이미 늙어서 앞으로 희망(希望)이 없음.

고성낙일(孤城落日)「외로운 성에 해는 짐」목숨이 얼마 남지 않은 처량(凄涼)함.

일박서산(日薄西山) 해 질 녘. 늙어서 여명(餘命)이 얼마 남지 않음.

종명누진(鐘鳴漏盡) 때를 알리는 종이 울리고 물시계(-時計)의 물이 다함.

풍촉잔년(風燭殘年) 바람 앞의 촛불처럼 얼마 남지 않은 인생(人生).

두루춘풍 - - 봄春 바람風

원칙(原則)을 따지거나 까다롭지 않고, 누구에게나 좋은 얼굴로 대하는 일.

무골호인(無骨好人) 뼈가 없이 좋은 사람.

사면춘풍(四面春風)「사면이 봄바람」언제 어떠한 경우(境遇)라도 좋은 낯으로만 남을 대함.

사시춘풍(四時春風) 누구에게나 늘 좋은 낯으로 대하며, 무사태평(無事太平)한 사람.

접인춘풍(接人春風) 사람을 대할 때는 봄바람처럼 부드럽게 하라.

호호선생(好好先生)「마음씨가 너그럽고 좋은 선생」남의 말에 무조건(無條件) 옳다고 하는 사람.

두리생형극 배肚 속裏 날生 가시荊 가시棘

「마음속에 온갖 가시가 돋아남」악의(惡意)와 증오(憎惡)와 고민(苦悶)이 가득 참.

두문각소 닫을杜 문門 그만둘卻 쓸掃

「문을 닫고, 청소(淸掃)를 그만둠」빈객(賓

客)을 사절(謝絶)하여 청정자적(淸靜自適)임.

두문불출 닫을杜 문門 아닐不 날出

「문을 닫고 나가지 않음」 집에만 틀어박혀 사회(社會)의 일이나 관직(官職)에 나아가지 않음.

영불출세(永不出世) 집안에 들어박혀 영영(永永) 세상(世上)에 나오지 않음.

두문사객 닫을杜 문門 사양할辭 손님客

문을 닫고 손님을 사양(辭讓)함.

두미관유 말斗 쌀米 벼슬官 떠돌遊

얼마 안 되는 급료(給料)를 받기 위하여 관리(官吏)가 되어 고향(故鄕)을 멀리 떠나 근무(勤務)함.

담석지록(儋石之祿) 얼마 되지 않는 녹봉.

두곡지록(斗斛之祿) 얼마 안 되는, 소관(小官)의 녹.

두승지록(斗升之祿) 말과 되의 녹봉(祿俸).

↔ **양이천석**(良二千石) 「어진 이천 섬」 이천 석의 녹봉을 받는 훌륭한 관리.

두미상칭 머리頭 꼬리尾 서로相 알맞을稱

머리와 꼬리가 서로 응함.

맥락관통(脈絡貫通) 사물(事物)의 이치(理致)나 일의 도리(道理)가 한결같이 통하여 있음.

선시선종(善始善終) 「처음부터 끝까지 한결같이 잘함」 처음이 좋으면 끝도 좋음.

수미일관(首尾一貫) 처음부터 끝까지 한결같음.

일맥상통(一脈相通) 생각이나 처지(處地), 상태(狀態) 등이 한 줄기로 서로 통함.

일이관지(一以貫之) 하나의 이치로써 모든 것을 꿰뚫음.

초지일관(初志一貫) 처음 먹은 마음을 한결같이 지님.

두발부예 머리頭 터럭髮 당길扶 끌曳

머리털을 잡아당기고 끌며 싸움.

의관열파(衣冠裂破) 「다툴 때 상대편(相對便)의 옷을 찢거나 갓을 부숨」 점잖음을 잊고 서로 크게 다툼.

이전투구(泥田鬪狗) 「진흙탕에서 싸우는 개」 명분(名分)이 서지 않는 일로 몰골사납게 싸우는 싸움.

두발상지 머리頭 터럭髮 위上 가리킬指

「머리털이 곧추섬」 용사(勇士)가 격분(激奮)함.

발충관(髮衝冠) 머리칼이 관을 뚫음.

발식천관(髮植穿冠) 곤두선 머리털이 관을 꿰뚫음.

두발종종 머리頭 터럭髮 씨種 種

늙어서 머리가 짧은 것.

두병지동 별 이름斗 자루柄 가리킬指 동녘東

북두칠성(北斗七星)의 첫째 별이 동쪽을 가리키면 입춘(立春)의 절기(節氣)임.

두부과분 콩豆 쪼갤剖 오이瓜 나눌分

「콩과 외같이 갈라지고 나누어짐」 국토(國土)가 손쉽게 분할(分割)됨.

두상안두 머리頭 위上 편안安 頭

「머리 위에 또 머리를 놓음」 물건(物件)을 여유(餘裕) 있게 마련하여 둠.

두상지회 제기豆 술잔觴 어조사之 모일會

술잔치. 연회(宴會).

굉주교착(觥籌交錯) 「뿔로 만든 큰 술잔과 산가지가 흐트러져 있음」 성대한 술자리가 파장(波長)에 이름.

음주고회(飮酒高會) 성대(盛大)한 술잔치를 베풂.

주식지옥(酒食地獄) 날마다 술잔치가 계속(繼續)됨.

주지육림(酒池肉林) 「술 연못, 고기 숲」

호화(豪華)롭고 사치(奢侈)스러운 주연(酒宴).

치주고회(置酒高會) 주연을 성대히 베풂.

주란인산(酒亂人散) 술잔치가 한창때를 지나고 사람들이 흩어짐.

성연난재(盛筵難再) 성대한 술잔치는 두 번 기약(期約)하기 힘듦.

두서미동 머리頭 서녘西 꼬리尾 동녘東

제상(祭床)에 제수(祭需)를 벌여 놓는 방식(方式) 중 하나. 생선(生鮮)의 머리는 서쪽을 향하게, 꼬리는 동쪽을 향하게 놓음.

동두서미(東頭西尾), **두동미서**(頭東尾西) 머리와 꼬리를 분간(分揀)할 수 있는 음식(飮食)은 머리를 동쪽으로 꼬리를 서쪽으로 놓아 차려야 함.

두서충 좀蠹 책書 벌레蟲

「책을 좀먹는 벌레」 독서(讀書)하여 활용(活用)하는 재주가 없는 사람을 조롱(嘲弄)하는 말.

두소소인 말斗 한 말 두되筲 작을小 사람人
두소지인 斗 筲 어조사之 人
두소지재 斗 筲 之 재주才

도량(度量)이 좁고 변변하지 못한 사람.

무명소졸(無名小卒) 세상에 이름이 알려지지 않은 보잘것없는 사람들.

반복소인(反覆小人) 언행(言行)을 이랬다저랬다 하는, 변변치 못한 사람.

졸때기 낮은 자리의 변변치 못한 사람.

두승지록 말斗 되升 어조사之 녹봉祿

「말과 되의 녹봉(祿俸)」 아주 적은 녹봉.

오두미(五斗米) 「닷 말의 쌀」 흔히 현령(縣令)의 얼마 안 되는 봉급(俸給)의 비유.

담석지록(儋石之祿) 얼마 되지 않는 녹봉.

두곡지록(斗斛之祿) 얼마 안 되는, 소관(小官)의 녹봉.

두미관유(斗米官遊) 얼마 안 되는 녹봉을 받기 위해 관리(官吏)가 되어 고향(故鄕)을 멀리 떠나 근무(勤務)함.

두승지수 말斗 되升 어조사之 물水

약간(若干)의 물.

두승지활 말斗 되升 어조사之 살活

약간(若干)의 은혜(恩惠)를 베풀어 목숨이 살아남.

두시한문 막을杜 시詩 나라韓 글월文

당(唐)나라 두보(杜甫)의 시(詩)와 한유(韓愈)의 문장(文章).

두실와옥 말斗 집室 달팽이蝸 집屋

「매우 작은 집」 자신(自身)의 집을 겸손(謙遜)하게 이르는 말.

두옥(斗屋), **와실**(蝸室), **와려**(蝸廬)

반부논어(半部論語) 「반 권(券)의 논어(論語)」 자신의 지식(知識)을 겸손하게 이르거나 배움의 중요(重要)함을 일컫는 말.

부신지자(負薪之資) 「땔나무를 지는 촌스러운 자질(資質)」 용렬(庸劣)한 자질. 자기의 재주를 겸손하게 말할 때도 씀.

삼동문사(三冬文史) 「가난한 사람은 농사(農事)짓느라고 여가(餘暇)가 없어 다만 삼동에 학문(學問)을 닦음」 자기를 겸손히 표현(表現)하는 말.

채신지우(採薪之憂) 「병(病)이 들어 땔나무를 할 수 없음」 자신의 병을 겸손하게 하는 말.

두양소근 머리頭 상처痒 긁을搔 발꿈치跟

「머리가 가려운데 발뒤꿈치를 긁음」 무익(無益)한 일을 함.

각선구검(刻船求劍), **각주구검**(刻舟求劍) 칼을 강물에 떨어뜨리자, 뱃전에 그 자리를 표시(標示)했다가 나중에 그 칼을 찾으려 함.

격화소양(隔靴搔癢) 신을 신고 가려운 발

을 긁음.

노이무공(勞而無功) 애만 쓰고 보람이 없음.

동족방뇨(凍足放尿) 언 발에 오줌 누기.

서과피지(西瓜皮舐) 수박 겉핥기.

슬양소배(膝痒搔背) 무릎이 가려운데 등을 긁음.

수주대토(守株待兎) 나무 그루터기에서 토끼를 기다림.

↔ **일침견혈**(一針見血) 침을 한 번 놓아 피를 봄.

단도직입(單刀直入) 한 자루 칼만 들고 곧장 들어감.

두우륙 팥배나무杜 역말郵 죽일戮

「두우라는 곳에서 죽임」 충신(忠臣)이 죄(罪) 없이 죽임을 당함.

두인촌마 작을豆 사람人 마디寸 말馬

「먼 곳 사람이나 말 등이 작게 보임」 그림 속의 원경(遠景). 寸이나 豆는 모두 작다는 말. **촌마두인**(寸馬豆人)

척산촌수(尺山寸水) 「한 자짜리 산과 한 치의 내(川)」 높은 곳에서 멀리 산수(山水)를 바라볼 때 작게 보임.

두절사행 별 이름斗 꺾일折 뱀蛇 갈行

북두칠성(北斗七星)처럼 꺾여 구부러진 모양(模樣)과 뱀이 기어가듯 꼬불꼬불한 도로(道路)나 수류(水流) 등의 모양.

두점방맹 막을杜 차차漸 막을防 싹萌

「애당초 싹이 나오지 못하도록 막음」 시초(始初)를 틀어막아 뒤탈이 없게 함.

괄장결수(刮腸抉髓) 「창자를 긁어내고 골수(骨髓)를 도려냄」 죄악(罪惡)을 남김없이 들추어냄.

만인주구(蔓引株求) 「덩굴을 더듬어 뿌리까지 찾아냄」 일망타진(一網打盡).

발본색원(拔本塞源) 근본(根本)을 빼내고 원천(源泉)을 막아 버림.

부저추신(釜底抽薪) 솥 밑의 장작(長斫)을 꺼냄.

삭주굴근(削株堀根) 줄기를 자르고 뿌리를 파냄.

서궐참단(鋤蹶斬斷) 뿌리째 뽑아 버림.

인승배근(引繩排根) 새끼줄을 걸어서 잡아당겨 뿌리째 뽑아 버림.

전초제근(剪草除根) 풀을 베고 뿌리를 캐냄.

절기본근(絶其本根) 「뿌리를 완전(完全)히 끊음」 사물(事物)이나 현상(現想)의 가장 중추(中樞)가 되는 부분(部分)을 제거(除去)함.

정본청원(正本淸源) 근본을 바로 하고 근원(根源)을 맑게 함.

참초제근(斬草除根) 풀을 베고 뿌리를 제거함.

추신지비(抽薪止沸) 솥 밑에 타고 있는 장작을 빼내서 끓고 있는 것을 멈추게 함.

호말부가(毫末斧柯) 나무는 조그마할 때 뽑지 않으면 나중에 없애는 데 도끼를 써야 함.

호모불철 장성부가(毫毛不掇 將成斧柯) 어린싹을 뽑아 버리지 않으면 마침내 큰 나무가 됨.

두족이처 머리頭 발足 다를異 곳處

참형(斬刑)을 당하여 머리와 다리가 따로따로 됨. **수족이처**(首足異處)

두주백편 말斗 술酒 일백百 편篇

술을 많이 마시고 시(詩)를 잘 지음.

두주불사 말斗 술酒 아닐不 사양할辭

「말술을 사양(辭讓)하지 않음」 주량이 셈.

경천상(傾千觴) 술 일천 잔을 기울임.

모주망태(母酒- -) 술을 늘 대중없이 많이 마시는 사람.

개락음주(豈樂飮酒) 즐거워하며 술을 마심.

금귀환주(金龜換酒) 금 거북을 술로 바꾸어 마심.

반취반성(半醉半醒) 술이 완전(完全)히 깬 듯도 하고 아직 덜 깬 듯도 하게 취한 상태(狀態).

비주작야(俾晝作夜) 대낮에도 밤처럼 술잔치를 일삼아 나랏일을 살피지 않음.

사위주호(死爲酒壺) 「죽어서 술병이 됨」 대단히 술을 즐김.

오두해정(五斗解酲) 다섯 말의 술로 숙취(宿醉)를 깸.

완월장취(玩月長醉) 달을 벗 삼아 술을 오래도록 마심.

유주망국(有酒亡國) 술로 말미암아 나라도 망할 수 있음.

유주무량(有酒無量) 주량(酒量)이 커서 술을 한없이 마심.

음담취포(飮噉醉飽) 실컷 먹고 마시는 일.

일취천일(一醉千日) 한 번 마시면 천일을 취함.

장야지음(長夜之飮) 밤을 새워 술을 마심.

장취불성(長醉不醒) 늘 술에 취해 깨지 않음.

주감이열(酒酣耳熱) 「술이 달고 귀에 열이 남」 술에 크게 취한 모양(模樣).

탄화와주(呑花臥酒) 꽃을 보면서 술을 마심.

호리건곤(壺裏乾坤) 「호리병 속의 천지(天地)」 늘 술에 취해 있음.

장경흡백천(長鯨吸百川) 「큰 고래가 많은 강물을 들이켜는 것 같음」 대주가(大酒家)가 큰 잔의 술을 단숨에 들이켬.

↔ **과맥전대취**(過麥田大醉) 밀밭만 지나가도 크게 취함.

두주척계 말斗 술酒 한 마리隻 닭鷄

「술 한 말과 닭 한 마리」 위(魏)나라 무제(武帝-조조(曹操))가 지기(知己)인 교현(橋玄)의 묘(墓)에 절하며 한 말.

죽은 벗을 생각하는 마음.

두중각경 머리頭 무거울重 다리脚 가벼울輕

「머리가 무겁고 다리에 힘이 빠짐」 정신(精神)이 어찔하여 쓰러짐.

두한족열 머리頭 찰寒 발足 더울熱

머리는 차게, 발은 따뜻하게 하면 건강(健康)에 좋음.

두화수 콩豆 꽃花 물水

두화우 豆 花 비雨

칠월(七月)에 콩 꽃이 피고 꼬투리가 맺을 무렵에 오는 비.

두회기렴 머리頭 모일會 키箕 거둘斂

「사람의 머릿수로 곡식(穀食)을 내게 하여 키(삼태기)로 이것을 거두어들임」 가혹(苛酷)하게 세금(稅金)을 징수(徵收)함.

가렴주구(苛斂誅求) 가혹하게 거두고 강제(强制)로 빼앗음.

기렴각리(箕斂榷利) 백성(百姓)을 착취(搾取)하여 이익(利益)을 마음대로 함.

두흔엽 천연두痘 흉터痕 보조개靨

반한 눈으로 보면 마마(媽媽) 자국도 보조개로 보임.

둔갑장신 숨을遁 등딱지甲 감출藏 몸身

남에게 보이지 않게 둔갑을 써서 몸을 숨김.

둔마 둔할鈍 말馬

「발걸음이 느린 말」 둔한 말. 스스로 낮추어 이르는 말.

둔세무민 숨을遁 세상世 없을無 번민할悶

속세(俗世)에서 달아나 숨어 살며 고민(苦悶)이 없음.

둔피사상 숨을遁 피할避 생각思 생각想

현실(現實) 사회(社會)로부터 멀리 피하여 숨어 살려는 생각이나 사상.

도피사상(逃避思想)

둔필승총 무딜鈍 붓筆 나을勝 총명할聰

「무딘 붓이 더 총명(聰明)함」 재치 없는 글이 더 총명함. 서툰 글씨라도 기록(記錄)하는 것이 기억(記憶)보다 나음.

둔학누공 무딜鈍 배울學 쌓을累 공들일工

학문(學問)의 재주가 둔해도 공력(功力)을 계속 쌓음.

득갑환주 얻을得 갑匣 돌아올還 구슬珠

「구슬을 담은 갑만 갖고 구슬은 돌려줌」 쓸데없는 일에 힘을 기울이고 정말 긴요(緊要)한 일은 잊음.

매궤환주(買櫃還珠), **매갑환주**(買匣還珠)

도위이(徒爲爾) 아무 쓸데 없는 일.

게부입연(揭斧入淵) 도끼를 들고 산에는 들어가지 않고 연못에 들어감.

고빙구화(敲氷求火) 얼음을 두드려 불을 구함.

귀배괄모(龜背刮毛) 없는 거북이 등의 털을 깎음.

누진취영(縷塵吹影) 먼지에 새기고 그림자를 입으로 붊.

빙공착영(憑空捉影), **포풍착영**(捕風捉影) 바람을 잡고 그림자를 붙듦.

상산구어(上山求魚) 산 위에 올라가 물고기를 구하려고 함.

연목구어(緣木求魚) 나무에 연하여 물고기를 구함.

조빙화지(凋冰畵脂) 얼음에 새기고 기름에 그림.

득과차과 얻을得 지날過 또且 過

별로 하는 일 없이 한가(閑暇)하게 세월(歲月)을 보냄.

광일미구(曠日彌久) 헛되이 세월을 보내며 일을 오래 끎.

구연세월(苟延歲月) 근근이 세월을 보냄.

낭유도식(浪遊徒食), **무위도식**(無爲徒食) 하는 일 없이 헛되이 놀고먹음.

무료도일(無聊度日), **유유도일**(悠悠度日) 하는 일 없이 세월을 보냄.

불농불상(不農不商) 농사(農事)도 장사도 하지 않고 놀고먹음.

빙빙과거(氷氷過去) 세상을 어름어름 되는 대로 지냄.

소견세월(消遣歲月), **소마세월**(消磨歲月) 별로 하는 일이 없이 헛되이 세월만 보냄.

좌식산공(坐食山空) 놀고먹으면 산도 빔.

허송세월(虛送歲月), **허연세월**(虛延歲月) 하는 일 없이 세월을 헛되이 보냄.

득기소재 얻을得 그其 바所 어조사哉

사람이나 사물(事物)이 마땅히 있어야 할 곳을 얻음.

득기환중 얻을得 그其 돌環 가운데中

그 대상(對象)의 중심(中心)으로 들어가야 함.

득능막망 얻을得 능할能 없을莫 잊을忘

사람으로서 알아야 할 것을 배운 후에는 잊지 않도록 노력(努力)해야 함.

지과필개 득능막망(知過必改 得能莫忘) 허물을 알면 반드시 고쳐서 능히 잊지 않아야 함.

득도다조 얻을得 길道 많을多 도울助

하늘이 준 때는 지리상(地理上)의 이로움

만 못하고, 지리상의 이로움은 사람들 사이의 화합(和合)만 못 함.

천시지리인화(天時地利人和) 하늘의 때는 땅의 이득만 같지 않고, 땅의 이득(利得)은 사람의 인화(人和)만 못 함.

득롱망촉

얻을得 고개 이름隴 바랄望 애벌레蜀

「농을 얻고서 촉까지 취하고자 함」 인간(人間)의 욕심(慾心)은 한(限)이 없음.

망촉지탄(望屬之歎), **평롱망촉**(平隴望蜀)

거어지탄(車魚之歎) 「수레와 고기에 대한 탄식(歎息)」 끝이 없는 욕심.

계학지욕(谿壑之慾) 「골짜기의 물이 마르지 않음」 물릴 줄 모르는 한없는 욕심.

무염지욕(無厭之慾) 싫증이 나지 않는 한량(限量)없는 욕심.

야심만만(野心滿滿) 「들에 있으려는 마음이 가득함」 큰일을 이루어 보겠다는 욕망(慾望)이나 소망(所望)이 마음속에 가득함.

차청차규(差廳借閨) 대청(大廳)을 빌려 쓰다가 집을 차지함.

탐다무득(貪多務得) 욕심이 많아 숱한 것들을 탐냄.

탐련관작(貪戀官爵) 관직(官職)과 작위(爵位)를 탐하여 늘 잊지 못함.

기마욕솔노(騎馬欲率奴) 말을 타면 종에게 고삐를 잡히고 싶어 함.

장협귀래호(長鋏歸來乎) 「장검(長劍)이 돌아가지 않겠느냐?」 만족할 줄 모르는 인간의 욕망.

호마욕남음(胡馬欲南飮) 오랑캐의 말은 남쪽의 물을 마시고 싶어 함.

↔ **고목사회**(枯木死灰) 「말라죽은 나무와 불꺼진 재」 욕심이 없거나 생기(生氣)가 없는 모습.

언서음하(偃鼠飮河), **음하만복**(飮河滿腹) 두더지가 강물을 마셔도 자기 배를 채우는 데 불과(不過)함.

초료일지(鷦鷯一枝), **소림일지**(巢林一枝) 숲에 새집을 지을 때 나뭇가지 하나로 족함.

득부상부 얻을得 도끼斧 잃을喪 斧
득부실부 得 斧 잃을失 斧

「얻은 도끼나 잃은 도끼나 마찬가지임」 얻고 잃은 것이 같아서 이익(利益)도 손해(損害)도 없음.

공과상반(功過相半) 공로(功勞)와 허물이 반반임.

득실상반(得失相半) 얻음과 잃음이 서로 반반임.

무해무독(無害無毒) 「해도 없고 독도 없음」 손해도 이익도 없음.

득불보실 얻을得 아닐不 기울補 잃을失
득불상실 得 不 갚을償 失

「얻은 것으로는 그 잃은 것을 메워 채우지 못함」 손해(損害)가 됨.

득소실다 얻을得 바所 잃을失 많을多

얻은 것은 적고 잃은 것은 많음.

진촌퇴척(進寸退尺), **촌퇴척진**(寸退尺進) 「앞으로 한 치를 나아가고, 뒤로 한 자를 물러섬」 얻은 것은 석고, 잃은 깃만 많음.

득수이실인(得獸而失人) 「짐승을 잡고 사람을 잃음」 얻은 것은 적고 잃은 것이 많음.

종신양로 불왕백보(終身讓路 不枉百步) 한평생(限平生) 동안 계속(繼續) 남에게 밭고랑을 양보(讓步)한다 해도 잃은 것의 합계(合計)는 일단도 되지 않음.

득수득파 얻을得 물水 得 깨뜨릴破

산속에서 나와 산속으로 흐르는 물. 풍수가(風水家)들의 말로, 묘지(墓地)에서 보아서 처음에 보이는 물을 得水라 하고, 나중에 보이는 것을 破門이라고 함.

득수응심 얻을得 손手 응할應 마음心

「일할 때 손에 잡히는 대로 하여 마음과 호응(呼應)함」 기술(技術)이나 솜씨가 매우 익숙하여 일하는 것이 능수능란함.

득심응수(得心應手), **득시무태**(得時無怠)

능수능란(能手能爛) 일 따위에 익숙하고 솜씨가 좋음.

숙능생교(熟能生巧) 숙련(熟練)되면 기교(技巧)가 생길 수 있음.

유인유여(遊刃有餘) 칼날을 놀리는 데 여유(餘裕)가 있음.

척단촌장(尺短寸長) 척도 짧을 때가 있고, 촌도 길 때가 있음.

↔ **일무시처**(一無是處) 장점(長點)이 하나도 없음.

득승두회 얻을得 이길勝 머리頭 돌廻

「이 이야기는 충분(忠憤)히 했으므로 다른 이야기를 함」 화제(話題)를 바꿀 때 하는 말. **각설**(却說), **차설**(且說)

득승지회 얻을得 이길勝 어조사之 모일會

구원(救援)받아 하늘로 올라간 사람이 천당(天堂)에 모임.

득시무태 얻을得 때時 없을無 게으를怠

좋은 기회(機會)를 얻으면 태만(怠慢)함이 없이 근면(勤勉)하여 놓치지 말라.

득심응수(得心應手)

물실호기(勿失好機) 결코 잃을 수 없는 절호(絶好)의 기회. 또는 절호의 기회를 잃지 않음.

득시즉가 얻을得 때時 곧則 탈駕

시기(時期)를 얻으면 곧 이 기회(機會)를 탐.

득신기정 얻을得 펼伸 그其 뜻情

그 뜻을 펼 수 있음.

그 뜻을 펼칠 기회(機會)가 옴.

득실상반 얻을得 잃을失 서로相 반半

「얻음과 잃음이 서로 반반(半半)임」 이익(利益)과 손해(損害)가 서로 엇비슷함.

이해상반(利害相半)

망극득모(亡戟得矛) 극(戟)이라는 병기(兵器)를 잃어버렸으나 자루가 긴 창(槍)을 하나 얻음.

득심응수 얻을得 마음心 응할應 손手

좋은 기회(機會)를 얻으면 태만(怠慢)함이 없이 근면(勤勉)하여 놓치지 말라.

득시무태(得時無怠)

득어망전 얻을得 물고기魚 잊을忘 통발筌

「고기를 잡으면 고기를 잡던 통발을 잊음」 뜻을 이루면 그 뜻을 이루기 위하여 쓴 수단(手段)은 버리게 됨.

득토망제(得兔忘蹄) 토끼를 잡고 나면 올가미를 잊어버림.

감탄고토(甘呑苦吐) 달면 삼키고 쓰면 뱉음.

조진궁장(鳥盡弓藏) 새를 다 잡고 나면 활은 창고(倉庫)에 넣음.

토사견기(兎死犬飢) 「토끼가 죽으면 개가 굶주림」 대상(對象)이 제거(除去)되면 쓸모없어짐.

토사구팽(兎死狗烹) 토끼가 죽으면 충실(忠實)했던 사냥개도 쓸모가 없어져 삶아 먹힘.

득의만면 얻을得 뜻意 가득 찰滿 얼굴面

뜻을 이루어 기쁜 표정(表情)을 지음.

기고만장(氣高萬丈) 기운이 만 길에 이를 만큼 치솟음.

기세등등(氣勢騰騰) 남을 압도(壓倒)할 만한 힘이 잔뜩 올라 있음.

기염만장(氣焰萬丈) 호기(豪氣)스러운 기세

(氣勢)가 만 장이나 됨.

득의망형 얻을得 뜻意 잊을忘 형체形

매우 기뻐하여 정상적(正常的)인 상태(狀態)를 벗어남.

득의양양 얻을得 뜻意 오를揚 揚

바라던 일이 이루어져서 우쭐거리며 뽐냄.

만면희색(滿面喜色) 기쁨에 넘치는 얼굴.

수무족도(手舞足蹈) 너무 좋아서 어찌할 바를 몰라 춤추며 날뜀.

심만의족(心滿意足) 마음에 만족(滿足)함.

의기양양(意氣揚揚) 뜻한 바를 이루어 만족한 마음이 얼굴에 나타난 모양.

주저만지(躊躇滿志) 일을 끝마치고 스스로 만족해하는 모습.

지고기양(趾高氣揚) 발을 높이 올리어 걸으며 의기양양하여 뽐내는 모양.

토기양미(吐氣揚眉) 기염(氣焰)을 토하며 눈썹을 치켜세움.

호기만장(豪氣萬丈) 씩씩하고 호방(豪放)한 기상(氣像)이 몹시 높음.

↔ **수두상기**(垂頭喪氣) 머리를 수그리고 기운을 잃음.

저수하심(低首下心) 머리를 낮추고 마음을 아래로 향하게 함.

득의지색 얻을得 뜻意 어조사之 빛色

바라던 일이 뜻대로 이루어진 기색(氣色).

득의지인 얻을得 뜻意 어조사之 사람人

마음에 쏙 드는 사람.

득의지추 얻을得 뜻意 어조사之 때秋

바라던 일이 뜻대로 이루어질 좋은 기회(機會).

득이수난 얻을得 쉬울易 지킬守 어려울難

얻기는 쉬워도 지키기는 어려움.

득일망십 얻을得 한一 잊을忘 열十

「한 가지 일을 알면 다른 열 가지 일을 잊어버림」 기억력(記憶力)이 좋지 못함.

↔ **문일지십**(聞一知十) 하나를 들으면 열을 앎.

득전전창 얻을得 완전할全 全 창성할昌

무릇 일을 꾀하는 데 만전지책을 쓰면 성공(成功)하여 창성(昌盛)하고 그렇지 않으면 실패(失敗)하여 망함.

만전지책(萬全之策) 실패의 위험(危險)이 없는 아주 안전(安全)하고 완전(完全)한 계책(計策).

득점여력 얻을得 젖을霑 남을餘 스밀瀝

남의 은혜(恩惠)를 입음.

득정망추 얻을得 정밀할精 잊을忘 대략麤

도(道)의 정수(精髓)를 깨닫고 그 자취를 생각하지 않음. **득추망정**(得麤忘精)

득정이폐 얻을得 바를正 말 이을而 죽을斃

바른 도(道)를 얻고서 죽음.

득중득국 얻을得 무리衆 得 나라國

대중(大衆)의 마음을 얻으면 나라도 얻을 수 있음.

득추망정 얻을得 대강麤 잊을忘 정밀할精

대강(大綱)은 이해(理解)하고 있으나 가장 중요(重要)한 내용(內容)은 터득하지 못하고 있음. **득정망추**(得精忘麤)

득촌진척 얻을得 마디寸 나아갈進 자尺

조그만큼 주니 더 큰 것을 달라는 격.

득친순친 얻을得 어버이親 순종할順 親

부모(父母)의 뜻에 들고, 부모의 뜻에 순종(順從)함.

효자(孝子)의 행실(行實).

득토망제 얻을得 토끼兎 잊을忘 올가미蹄

토끼를 잡고 나면 올가미를 잊어버림.

득토이망제(得兎而忘蹄)

득어망전(得魚忘筌) 고기를 잡으면 고기를 잡던 통발을 잊음.

득하족희 얻을得 어찌何 만족할足 기쁠喜

얻었다고 기뻐할 수만은 없음.

등가파우 오르게 할騰 멍에駕 놓을罷 소牛

지친 소에게 수레를 매어 끌게 함.

등각일전 무리等 깨달을覺 한一 구를轉

「깊은 경지(境地)에 이르러 그 길의 한 파를 새로 엶」 등각(等覺)에서 일전(一轉)하여 묘각(妙覺)의 자리에 이른다고 한 마사지관(摩訶止觀)에서 유래(由來)함.

등고능부 오를登 높을高 능할能 읊을賦

군자(君子)는 높은 산에 오르면 반드시 시(詩)를 지어 회포(懷抱)를 풂.

등고필부(登高必賦)

등고망원 오를登 높을高 멀리 볼望 멀遠

높은 곳에 올라야 먼 곳을 볼 수 있음.

등고이초 오를登 높을高 말 이을而 부를招

「높은 곳에 올라가 사람을 부름」 가장 편리(便利)한 곳을 이용(利用)함의 비유.

배움에 의해 높은 깨달음을 얻음.

등고자비 오를登 높을高 스스로自 낮을卑

「높은 곳에 오르기 위해서 낮은 곳에서부터 시작(始作)해야 함」 모든 일은 순서(順序)대로 해야 함.

지위(地位)가 높아질수록 자신을 낮추어야 함.

승당입실(升堂入室) 「마루에 올라 방에 들어감」 일에는 차례(次例)가 있음.

행원필자이(行遠必自邇) 먼길도 반드시 가까운 곳에서부터 시작(始作)됨.

척하필자이(陟遐必自邇) 먼 곳에 가려면 반드시 가까운 곳에서 출발(出發)함.

등고필부 오를登 높을高 반드시必 읊을賦

군자(君子)는 높은 산에 오르면 저절로 시정(詩情)이 발동(發動)하여 반드시 시가(詩歌)를 한 수 지어 읊조리게 됨.

등고능부(登高能賦)

등과거관 오를登 과거科 들擧 벼슬官

등과입신 登 科 설立 몸身

과거(科擧) 시험(試驗)에 합격(合格)하여 벼슬자리를 얻음.

등과외방 오를登 과거科 바깥外 모方

과거(科擧)에 급제(及第)하여 지방관(地方官)으로 임명(任命)되는 일.

등괴찬원 오를登 클傀 도울贊 으뜸元

재상(宰相)의 지위(地位)에 올라 천자(天子)를 보필(輔弼)함.

등교기봉 오를騰 교룡蛟 일어날起 봉황鳳

「뛰어오르는 도롱뇽과 날아오르는 봉황(鳳凰)」 문장(文章)이 수려(秀麗)하고 재능(才能)이 뛰어남.

등당입실 오를登 대청堂 들入 방室

「마루에 올라 방으로 들어옴」 학문(學問)이나 예술(藝術)에 대한 조예(造詣)가 깊어짐.

등도자 오를登 무리徒 사람子

여색(女色)을 밝히는 사람.

색중아귀(色中餓鬼) 여색에 굶주린 아귀.

등라반목 등나무藤 담쟁이蘿 줄絆 나무木

등나무가 다른 나무를 감고 올라가는 모양(模樣).

등량평만 고를等 헤아릴量 평평할平 찰滿

갈은 양의 살이 팽팽하여 함하지(축 늘어짐) 않은 것.

등량형만 고를等 헤아릴量 빛날炯 찰滿

어둡고 밝음이 없음.

등루거제 오를登 다락樓 제거할去 사다리梯

「누상(樓上)에 오르게 하여 놓고, 오른 뒤 사다리를 치워 버림」 처음에는 이롭게 하는 체하다가 뒤에 어려운 처지(處地)에 빠지게 함.

권상요목(勸上搖木) 나무에 오르도록 해 놓고 다시 흔들어 떨어뜨림.

상루담제(上樓擔梯) 다락에 올라가게 하고는 사다리를 치워 버림.

상수발제(上樹拔梯) 나무에 올라가게 하고는 사다리를 치워 버림.

상옥추제(上屋抽梯) 지붕으로 유인(誘引)한 뒤 사다리를 치움.

등루청소 오를登 누각樓 맑을淸 휘파람嘯

「누각에 올라가 휘파람을 붊」 누각(樓閣)에 올라가 맑은소리로 시가(詩歌)를 읊음.

등문고 오를登 들을聞 북鼓

백성(百姓)의 억울(抑鬱)한 일을 해결(解決)하여 줄 목적(目的)으로 궁궐(宮闕) 밖에 달았던 북. **신문고**(申聞鼓)

격쟁(擊錚) 조선시대(朝鮮時代), 억울(抑鬱)한 일을 당한 사람이 징이나 꽹과리 등을 쳐 이목(耳目)을 집중(集中)시킨 다음 사연(事緣)을 임금에게 호소(呼訴)하는 행위(行爲).

감간지고(敢諫之鼓) 요임금이 백성(百姓)들의 비판(批判)을 듣기 위해 궁궐 문 앞에 달아 놓았다는 큰 북.

우립간고(禹立諫鼓) 하(夏)나라 우왕(禹王)이 북을 조정(朝廷)에 세우고 임금을 간(諫)하려는 자에게 이것을 치게 하였음.

등봉조극 오를登 봉우리峰 지을造 극진할極

「봉우리에 오르고 지극(至極)함을 이룸」 한 분야(分野)의 최고(最高)가 됨.

등비급수 무리等 견줄比 등급級 셈數

서로 이웃하는 항(項)의 비(比)가 일정(一定)한 급수. 1+2+4+8+16+… 따위.

증가(增加)하는 수(數)나 양(量)이 아주 많음. **기하급수**(幾何級數)

가일배법(加一倍法) 하나에 하나를 보태어 둘이 되고, 둘에 둘을 보태어 넷이 되게 하는 산법(算法).

등산임수 오를登 메山 임할臨 물水

「산에 오르고 물가에 나아감」 명산대천(名山大川)의 명승지(名勝地)를 유람(遊覽)함.

등산질욕 오를登 메山 꾸짖을叱 욕할辱

「산에 올라가서 마구 욕함」 욕을 당한 그 자리에서는 아무 말도 못 하고 딴 데 가서 화풀이함.

노갑을이(怒甲乙移) 「갑에게 당한 노여움을 을에게로 옮김」 이편에서 당한 노염(老炎)을 저편에시 화풀이함.

식노지구(飾怒之具) 국법(國法)을 관리(官吏) 등이 사사(私私)로운 감정(感情)으로 마음대로 적용(適用)하여 자신의 화풀이 도구(道具)로 이용(利用)함.

실어노시어색(室於怒市於色) 실내(室內)에서 성내고 그 노기(怒氣)를 저자에서 보임.

등상생화 등불燈 위上 날生 꽃花

기쁜 일이 있을 조짐(兆朕).

반가운 손님이 올 징조(徵兆).

대열과망(大悅過望) 기대(企待) 이상(以上)의 기쁜 일이 있음.

희출망외(喜出望外) 기쁜 일이 뜻밖에 생김.

등시타살 기다릴等 때時 칠打 죽일殺

죄(罪)지은 자를 그 자리에서 때려죽임.

등시포착 즉시登 때時 잡을捕 잡을捉

죄(罪)를 저지른 그때 그 자리에서 곧바로 범인(犯人)을 잡음.

등용문 오를登 용龍 문門

「용이 하늘에 오름」 출세(出世)의 관문(關文)을 일컬음. 중요(重要)한 시험(試驗)을 비유하기도 함.

입신양명(立身揚名)함. 龍門은 황하(黃河) 상류(上流)에 있는 급류(急流).

등태산이 오를登 클泰 메山 말 이을而

태산에 오르니 천하(天下)가 좁은 줄 앎.

등태소천 오를登 클泰 작을小 하늘天

「태산(泰山)에 오르면 천하가 작게 보임」 큰 도리(道理)를 익힌 사람은 사물(事物)에 얽매이지 않음.

등태산이소천하(登泰山而小天下)

등하불명 등잔燈 아래下 아닐不 밝을明

「등잔 밑이 어두움」 가까이 있는 것이나, 가까이에서 일어나는 일을 도리어 잘 모를 수 있음.

암어자견(闇於自見) 스스로 돌이켜 보는데 어두움.

자시불각취(自屎不覺臭) 「제 똥은 구린 줄을 모름」 자기의 결점(缺點)은 알지 못함.

지원부지근(知遠不知近) 남의 일은 잘 알면서도 제 일은 알지 못함.

〈업은 아이 3년 찾는다〉

등홍주록 등잔燈 붉을紅 술酒 초록綠

「등불은 붉고 술은 푸름」 사치(奢侈)스럽고 향락적(享樂的)인 생활(生活).

금의옥식(錦衣玉食) 「비단옷과 흰 쌀밥」 호화(豪華)롭고 사치스러운 생활.

당종무녀(撞鐘舞女) 「종을 치고 무녀를 동원(動員)함」 욕심껏 부리고 호화로운 생활에 젖음.

목식이시(目食耳視) 「눈으로 먹고 귀로 봄」 외관(外觀)을 위해서 의식(衣食) 본래(本來)의 목적(目的)을 버리고 사치로 흐름.

미의투식(靡衣媮食) 고운 옷을 입고 맛있는 음식(飮食)을 탐내어 장래(將來)를 생각하지 않음.

식육부귀(食肉富貴) 맛있는 고기만 먹고 지내면서 누리는 부귀(富貴).

양주지몽(楊洲之夢) 지난날의 화려(華麗)한 생활이나 환락(歡樂).

이랍대신(以蠟代薪) 땔나무 대신(代身) 초를 씀.

일식만전(一食萬錢) 한 번의 식사(食事)에 많은 돈을 들임.

장주곽육(醬酒霍肉) 고기를 보기를 콩잎같이, 술을 보기를 간장같이 생각함.

지취금미(紙醉金迷) 금종이에 정신(精神)이 미혹(迷惑)되고 취함.

취금찬옥(炊金饌玉) 금으로 밥을 짓고 옥으로 반찬(飯饌)을 만듦.

취옥분계(炊玉焚桂) 옥으로 불을 때고 계수나무를 불사름.

등화가친 등잔燈 불火 가할可 친할親

「등불을 가까이할 수 있음」 가을밤은 시원하고 상쾌(爽快)하여 등불을 가까이하고 글 읽기에 좋음.

신량등화(新凉燈火) 초추(初秋)의 서늘한 기운(氣運)이 처음 생길 무렵에 등불 밑에서 글 읽기가 좋음.

천고마비(天高馬肥), **추고마비**(秋高馬肥) 하늘이 높고 말이 살찜.

등화초가친 간편가서권(燈火稍可親 簡編可舒卷) 이제 등불도 가까이할 수 있으니 책

(冊)을 펴 보는 것도 좋지 않겠는가?

등화관제 등잔燈 불火 대롱管 절제할制

적(敵)의 야간(夜間) 공습(攻襲) 시, 또는 그럴 때를 대비(對備)하여 일정한 지역(地域)에서 등불을 모두 가리거나 끄게 하는 일.

등화지희 등잔燈 불火 어조사之 기쁠喜

불을 켜 놓은 심지 끝에 불덩어리가 생기면 길조(吉兆)라 하여 기뻐하는 일.

등활지옥 무리等 살活 땅地 옥獄

팔열지옥(八熱地獄)의 하나. 살생(殺生)한 죄인(罪人)이 죽어서 가게 된다는 지옥으로, 뜨거운 불길로 고통(苦痛)을 받다가 숨이 끊어지려면 찬 바람이 불어와 깨어나서 다시 고통을 받는다고 함.

따논당상 - - 집堂 윗上

떼논당상 - - 堂 上

「정이품(正二品) 이상의 벼슬을 이미 떼어 놓음」 틀림없이 될 것이 확실(確實)함.

기정사실(旣定事實) 이미 결정(決定)된 사실.

〈'뜻밖의 일'을 나타내는 말〉

괴괴기기(怪怪奇奇) 대단히 기괴(奇怪)함.

괴괴망측(怪怪罔測) 말할 수 없을 만큼 이상야릇함.

괴력난신(怪力亂神) 괴이(怪異)한 일과 엄청난 힘.

돌돌괴사(咄咄怪事) 아주 기괴한 일. 뜻밖의 일.

몽외지사(夢外之事) 천만뜻밖의 일.

변출불의(變出不意) 변스러운 일이 뜻밖에 생김.

불가사의(不可思議) 미루어 헤아리기 힘들 만큼 이상야릇함.

석파천경(石破天驚) 돌이 깨어지니 하늘이 놀람.

성시의외(誠是意外) 참으로 뜻밖.

심외지사(心外之事) 생각 밖의 일.

의외지사(意外之事) 생각지 않은 일.

재귀일거(載鬼一車) 귀신(鬼神)이 한 수레 가득 실려 있음.

증소불의(曾所不意) 뜻밖의 일.

천만몽의(千萬夢外) 전혀 생각하지 않은 뜻밖.

출기불의(出其不意) 「뜻하지 않은 일이 일어남」 생각하지도 않은 일이 뜻밖에 일어남.

해괴망측(駭怪罔測) 헤아려 말할 수 없이 매우 괴상(怪狀)하고 야릇함.

수수께끼/미어(謎語) 속내를 알 수 없는 복잡(複雜)하고 괴이한 일.